बेनीपुरी ग्रंथावली-8

डायरी (1950-1963)

बेनीपुरी ग्रंथावली

४

सामग्री संकलन

जितेन्द्र कुमार बेनीपुरी

संपादक

सुरेश शर्मा

राधाकृष्ण

ISBN : 978-81-7119-424-7

बेनीपुरी ग्रंथावली-8

पहला संस्करण : 1998
पहली आवृत्ति : 2013

मूल्य : ₹ 7200
(आठ खंडों का पूरा सेट)

प्रकाशक
राधाकृष्ण प्रकाशन प्राइवेट लिमिटेड
7/31, अंसारी मार्ग, दरियागंज, नई दिल्ली-110 002

शाखाएँ : अशोक राजपथ, साइंस कॉलेज के सामने, पटना-800 006
पहली मंजिल, दरबारी बिल्डिंग, महात्मा गांधी मार्ग, इलाहाबाद-211 001

वेबसाइट : www.radhakrishnaprakashan.com
ई-मेल : info@radhakrishnaprakashan.com

मुद्रक
बी.के. ऑफसेट
नवीन शाहदरा, दिल्ली-110 032

BENIPURI GRANTHAVALI-8
Edited by Dr. Suresh Sharma

1968 में बेनीपुरी और सुरेश शर्मा : बेनीपुरी के जीवन की संभवतः अंतिम तस्वीर.

बेनीपुर में उनके द्वारा बनवाया गया मकान.

)968 में निधन : शव के पास बैठे हैं बेटे महेंद्र और बेटी प्रभा.

ोपुर में अपने दरवाजे पर उनका स्मारक : यहीं उनका अंतिम संस्कार हुआ.

भूमिका

ग्रंथावली के आठवें और अन्तिम खंड में बेनीपुरी की डायरी संकलित है। 'मेरी डायरी' शीर्षक से वे अपनी डायरियों का संकलन निकालना चाहते थे लेकिन उनकी यह योजना अधूरी रह गई। "नई धारा" के कुछ अंकों में उन्होंने डायरियों का प्रकाशन शुरू भी किया था लेकिन जल्दी ही यह सिलसिला टूट गया।

इस खंड में 28 मार्च 1950 से 26 अप्रैल 1963 के बीच की डायरियाँ संकलित हैं। इन तेरह वर्षों में उन्होंने नियमित रूप से डायरियाँ लिखीं। चाहे देश में रहे हों या विदेश में, उन्होंने डायरी लिखने के लिए प्रायः रोज ही समय निकाला। उनकी दोनों यात्रा-पुस्तकें—"पैरों में पंख बाँधकर" और "उड़ते चलो-उड़ते चलो" विदेश में लिखी डायरियों के ही संकलन हैं।

इन डायरियों में रोज-रोज की साहित्यिक और पत्रकारिता-सम्बन्धी व्यस्तताओं के ब्योरे हैं। राजनैतिक गतिविधियों के रेखांकन हैं। पारिवारिक जिन्दगी का वृत्तान्त है। इन डायरियों से उनके अत्यन्त मानवीय और संवेदनशील व्यक्तित्व का निकट से परिचय मिलता है। उनके जीवन तथा तत्कालीन सामाजिक-राजनैतिक तथा साहित्यिक घटनाओं के बारे में नई जानकारियाँ मिलती हैं। लेकिन बेनीपुरी की डायरी में सबसे अधिक ध्यान खींचती है व्यथा के निजी प्रसंगों की अभिव्यक्ति। डायरी लिखना शुरू करने के डेढ़ साल बाद 28 सितम्बर 1951 की डायरी में वे लिखते हैं : 'यह डायरी इसलिए तो नहीं शुरू की थी कि इसमें अपने दुःख-द्वन्द्वों को स्थायी बनाता जाऊँ। सोचा था, जब कभी कोई उमंग मन में उठे, उसे कलमबन्द कर लिया करूँ। यों थोड़े दिनों में यह अच्छी स्केच-पुस्तिका बन जाएगी, ऐसी आशा थी। किन्तु उसके बदले यह मेरी दुःख-गाथा बनती जा रही है।'

बेनीपुरी की यह दुःख-गाथा एक क्रान्तिकारी व्यक्तित्व का आत्मविश्लेषण है जिसमें सामन्ती मूल्यों से टकराने की गूँज है। लेकिन इस गूँज के साथ राजनैतिक दुनिया में बेनीपुरी के अकेले पड़ते चले जाने का सन्नाटा भी है। पहले आम चुनाव के बाद जिस तरह समाजवादी पार्टी बिखराव का शिकार हुई और उसमें समझौतापरस्ती तथा अवसरवाद का बोलबाला हुआ, उसने बेनीपुरी को लगातार मर्माहत किया। जयप्रकाश नारायण के पार्टी छोड़कर जाने का दुःख उन्हें हमेशा रहा। समाजवादी पार्टी के इतिहास-लेखन की दृष्टि से बेनीपुरी की डायरी के ये पन्ने ऐतिहासिक महत्त्व के हैं। 1951 के चुनाव में समाजवादी पार्टी की ओर से बेनीपुरी चुनाव लड़े थे। जीते नहीं, लेकिन डायरी में उस अनुभव का वृत्तान्त उल्लेखनीय है। 13 नवम्बर 1951 को वे लिखते हैं : 'राजनीति ने मुझे फिर अपनी ओर जोर से खींच लिया है। चुनाव की धूम है। मैं भी अपने थाने से खड़ा हूँ।...(लेकिन कांग्रेस वाले) नहीं चाहते कि जनता की दिलचस्पी चुनाव में हो, वे चाहते हैं कि जनता चुपचाप बैठी रहे और हर गाँव में उनके जो दो-चार एजेंट हैं, उन्हीं को लेकर वे चुनाव जीत लें। गाँधीजी की मृत्यु के बाद जनता में जो अकर्मण्यता आई, जड़ता आई, वे नहीं चाहते कि वह दूर हो। उनका फायदा इसी में है कि जनता बैठी रहे, और वे राज करते रहें।' ऐसी अनेक राजनैतिक टिप्पणियाँ हैं जिनसे छठे दशक के राजनैतिक मानस का पता चलता है। 1957 में बेनीपुरी प्रजा सोशलिस्ट पार्टी के टिकट पर विधानसभा का चुनाव लड़े थे और जीते थे। बेनीपुरी ने इस दूसरे चुनाव का भी जीवन्त वृत्तान्त लिखा है।

डायरी में अपनी साहित्यिक गतिविधियों और योजनाओं को भी उन्होंने अक्सर दर्ज किया

है। डायरी शुरू ही होती है "नई धारा" और "चुन्नू मुन्नू" के उद्घाटन समारोह से जिसमें बिहार के तत्कालीन मुख्यमंत्री श्रीकृष्ण सिंह ने शिरकत की थी। विधानसभा अध्यक्ष और उच्च न्यायालय के न्यायाधीश भी मौजूद थे। बेनीपुरी के सम्पादन में निकलनेवाली साहित्यिक और बच्चों की पत्रिका के समारोह में विभिन्न क्षेत्रों के लोगों का जमावड़ा उनकी बहुस्तरीय लोकप्रियता का परिचायक है। डायरी में वे अपनी आगामी साहित्यिक योजनाओं के बारे में लगातार जिक्र करते हैं। वे अपनी सम्पूर्ण कृतियों की ग्रन्थावली प्रकाशित करना चाहते हैं, डायरी में इसकी चर्चा उन्होंने सबसे पहले 13 नवम्बर, 1951 को की है : 'सोचता हूँ, प्रायः तय कर चुका हूँ कि अगले साल से अपना प्रकाशन शुरू करूँगा। सबसे पहले अपनी पुस्तकों का सस्ता संस्करण ग्रंथावली के रूप में निकालूँगा।'

इसके बाद अनेक स्थलों पर अपनी ग्रंथावली प्रकाशित करने के लिए लगातार भाग-दौड़ का उल्लेख मिलता है। इस प्रयास में उन्हें सफलता मिली। उन्होंने 'बेनीपुरी प्रकाशन' नाम से प्रकाशन खोला और यहीं से 1953 और 55 में ग्रन्थावली के क्रमशः दो खंड निकाले। दस खंडों में वे अपनी समग्र ग्रन्थावली निकालना चाहते थे। लेकिन 1955 के बाद काफी भाग-दौड़ करने के बाद भी वे ग्रन्थावली का कोई खंड सम्पादित करके प्रकाशित नहीं कर सके। हालाँकि इसके लिए 1959 में पक्षाघात होने तक वे लगातार प्रयत्नशील रहे। डायरियों में अपनी ग्रन्थावली के प्रकाशन के लिए वे जितने चिन्तित दिखाई देते हैं, उससे यह लगने लगता है कि जैसे 'बेनीपुरी ग्रन्थावली' का प्रकाशन उनके जीवन की अन्तिम इच्छा है ! अब उनके निधन के ठीक तीस साल बाद उनकी ग्रन्थावली के प्रकाशन से उनका अधूरा रह गया एक महत्त्वपूर्ण कार्य पूरा हो गया है।

अपनी जेल-यात्रा के दौरान बेनीपुरी ने जोश और इकबाल के काव्य का लिप्यंतरण और रवीन्द्रनाथ की कविताओं तथा कुछ पश्चिमी कवियों की रचनाओं का अनुवाद (टुलिप्स) किया था। बेनीपुरी उन्हें प्रकाशित कराने के लिए सदा व्यग्र रहे। 19 फरवरी 1952 की डायरी में उन्होंने लिखा : 'जो अधूरी पुस्तकें हैं, पटना पहुँचकर उन्हें समाप्त कर लूँगा। 'जोश' और 'इकबाल' पुस्तकों की प्रेस कापियाँ तैयार करना और भूमिका लिख लेना। रवीन्द्र भारती भी छपवा लेना और टुलिप्स की भूमिका लिखकर इन्हें भी छपवाने का प्रबन्ध करना।'

बेनीपुरी के जीवन में ये पुस्तकें भी प्रकाशित नहीं हो सकीं। लेकिन इनमें से "रवीन्द्र भारती" और "टुलिप्स" हम ग्रन्थावली के सातवें खंड में प्रकाशित कर रहे हैं। "इकबाल" की पांडुलिपि प्राप्त नहीं हो सकी। "जोश" की पांडुलिपि इतनी जर्जर अवस्था में है कि पढ़ी नहीं जाती। फिर भी उसे पढ़ने का प्रयास कर रहा हूँ। ग्रन्थावली के प्रकाशन के बाद "जोश" की कविताओं का बेनीपुरी द्वारा किया गया लिप्यंतरण भी सामने आ जाएगा। 1955 से ही बेनीपुरी अपनी डायरियाँ "मेरी डायरी" शीर्षक से पुस्तकाकार प्रकाशित कराना चाहते थे। लेकिन यह योजना भी उनके जीवन में पूरी नहीं हो सकी थी। ग्रन्थावली के इस खंड में उनकी सम्पूर्ण डायरी के प्रकाशन से उनके व्यक्तित्व तथा जीवन की घटनाओं के बारे में अनेक प्रामाणिक जानकारियाँ मिलती हैं। डायरी के छपने से उनके कृतित्व का एक नया रूप भी सामने आता है जिससे उनका पाठक अधिक वाकिफ नहीं था।

बेनीपुरी ने डायरी में अपने मित्रों और परिचितों के बारे में भी दिलचस्प ढंग से लिखा। अभिनेता पृथ्वीराज कपूर अपने पिता तथा बेटे शम्मी कपूर के साथ उनसे मिलने बेनीपुर गए थे। बेनीपुरी ने उसका दिलचस्प वृत्तान्त लिखा है। 1955 में वे पृथ्वीराज कपूर के निमन्त्रण पर बम्बई गए थे। वहाँ अनेक फिल्म स्टूडियो में गए। कई जगहों पर उन्हें मजा आया। कई स्थानों पर उदास हुए। डायरी में लिखते हैं : 'जोहरा जिस मकान में है, वहाँ कभी बम्बई टाकीज

था। हिमांशु राय का, देविका रानी का बम्बई टाकीज। आह, वह कितना सूना है !'

बेनीपुरी की बम्बई-यात्रा का एक उद्देश्य बेटी प्रभा की शादी के लिए कुछ पैसों का इन्तजाम करना भी था। राजकपूर ने इस सिलसिले में उनकी मदद की। उनसे "माटी की मूरतें" के चरित्रों पर फिल्म बनाने की बात की और उन्हें कुछ अग्रिम धनराशि भेंट की। बेनीपुरी 9 जून 1955 की डायरी में लिखते हैं : 'अन्ततः प्यारे राजू (राज कपूर) ने ही मेरी इज्जत रख दी। आज उसने 5 हजार रुपए एकमुश्त भिजवा दिए। पहले ही दिन कहा था, जहाँ तक सम्भव होगा करूँगा। राजू ने मेरी इज्जत रख दी। सोचता हूँ, इस उपकार का बदला कैसे चुका सकूँगा। यों तो "माटी की मूरतें" उन्हें दे ही दी है।'

लेकिन राजकपूर "माटी की मूरतें" पर फिल्म नहीं बना पाए। व्यावसायिकता का दबाव इतना बढ़ा कि उन्होंने फिल्म-निर्माण का अपना रास्ता बदल दिया। बेनीपुरी ने राजकपूर द्वारा किए गए निजी सहयोग के लिए डायरी में आभार माना है लेकिन फिल्म-निर्माण की उनकी तत्कालीन शैली से असहमति भी जताई है। लिखा है : 'राज तीन तस्वीरें और बना रहे हैं, 'जागते रहो', 'दिल्ली दूर नहीं' और एक का नाम भूल रहा हूँ। कहानियाँ खुद सोचते हैं, खुद बनाते हैं, खुद नायक का पार्ट अदा करते हैं—सभी तस्वीरों में एक ही मूड, एक ही ढंग के फार्मूले, एक ही चेहरे ! लोग ऊब क्यों न जाएँ ? रोते हैं, तस्वीरें नहीं चलतीं ! चले कैसे, दुनिया तो नयापन खोजती है।'

कहने की जरूरत नहीं कि बेनीपुरी की यह टिप्पणी आज की फिल्मों पर भी पूरी तरह सही ठहरती है। 1998 के पिछले सात महीनों में दर्जनों फिल्में रिलीज हुईं, लेकिन सिर्फ दो 'हिट' हो पाईं। ज्यादातर फिल्मों के फ्लाप होने की वजह 'नएपन का अभाव' है जिसकी ओर बेनीपुरी ने तीन दशक पहले लक्ष्य किया था। उनकी बम्बई-यात्रा की डायरी तत्कालीन फिल्मी दुनिया और उसके लोगों के बारे में दिलचस्प टिप्पणियों से भरी है।

बेनीपुरी ने डायरी में परिवार में रहने के आनन्द तथा परिवारजनों के बारे में बार-बार लिखा है। 30-31 मार्च 1950 की डायरी में वे लिखते हैं : 'क्या इससे भी बढ़कर कुछ सुख है—अपने नए मकान में बैठा हूँ, आधा लेटे हुए—फर्श पर। मेरी दाहिनी जाँघ का तकिया बनाए रानी (पत्नी) पूरी लेटी है। सामने तीन बच्चे हैं—दो पोते, एक नाती। लल्लन शोर मचा रहा है। वह बार-बार चेष्टा करता है मुझे लिखने से रोकने के लिए ! अभी चुन्नू मेरी कापी छीनना चाहता था। बब्बन भी हल्ला कर रहा है। एक तरफ जगदीश है—अभिन्न मित्र। एक तरफ रामेश्वर जी—दामाद। और यह कल्पना भी तो साकार दिख रही है कि एक बेटा पटना में पढ़ रहा है, बीए में, एक देहरादून मिलिट्री कॉलेज में। महेन्द्र की तबीयत कुछ सुस्त है, प्रभा अभी कान के कर्णफूल के लिए तकाजा कर गई है।...क्या इससे भी बढ़कर कोई सुख है... !'

बेनीपुरी अपने परिवार को कितना स्नेह करते थे, ये पंक्तियाँ इसका उदाहरण हैं। डायरी में परिवार के एक-एक व्यक्ति की समस्याओं के समाधान के लिए उनकी व्यग्रता दिखाई देती है। वे एकान्तसेवी साहित्यकार नहीं हैं; गृहस्थ लेखक हैं। कुछ रचनाकारों की तरह परिवार उनके लिए बाधा नहीं है बल्कि आनन्द और सृजन का स्रोत है। अपनी साहित्यिक और राजनैतिक उपलब्धियों का श्रेय वे बार-बार अपनी पत्नी को देते हैं। 31 जनवरी 1952 की डायरी में बेनीपुरी लिखते हैं : 'मेरी सारी जिन्दादिली रानी के अनुपम त्याग की नींव पर खड़ी है। मैं जेल जाता रहा, परिवार बढ़ता रहा, आमदनी घटती रही पर किसी तरह वह सँभाले रही। मैं इसी विश्वास पर कि रानी सँभाल लेगी अपने को आग में झोंक देता रहा हूँ।'

डायरी लिखना बेनीपुरी ने अचानक नहीं शुरू कर दिया था। उसकी प्रेरणा उन्हें 1947 में समाजवादी नेता युसुफ मेहर अली द्वारा भेंट की गई एक पुस्तक से मिली थी। पुस्तक थी

जेम्स एगेट की 'ए शार्टर इगो'। बेनीपुरी ने भी इस तरह की डायरी लिखने की जरूरत महसूस की। इसलिए जब 1950 में उन्होंने "नई धारा" निकालना शुरू किया तो उस पत्र में एक कॉलम रखा 'डायरी के पन्ने'। कई साहित्यिकों को डायरी प्रकाशनार्थ भेजने के लिए कहा। लेकिन लेखकों ने 'नकारात्मक उत्तर' ही दिए। बेनीपुरी लिखते हैं : 'पं. हजारी प्रसाद द्विवेदी ने तो यहाँ तक लिखा कि हिन्दी के लेखक डायरी लिख ही नहीं सकते। द्विवेदी जी के इस कथन में दो बातें रही होंगी—हिन्दी लेखकों के जीवन की एकरसता और आत्मगोपन की प्रवृत्ति। फिर अपने दुःख-दर्दों को स्थायी बनाते जाना कौन-सी बुद्धिमानी है—और हिन्दी लेखकों के जीवन में इसी की तो भरमार है।...'

लेकिन बेनीपुरी के व्यस्त यायावर जीवन में एकरसता नहीं थी। साफ और दो-टूक व्यक्ति थे, कुछ आत्मगोपन भी नहीं था। इसलिए वे लम्बे समय तक डायरी लिख पाए और इस विधा को नया रूप प्रदान किया। बेनीपुरी ने डायरी-लेखन को नया रूप देने के लिए कुछ कसौटियाँ बनाईं जिनका हमेशा खयाल रखा। बेनीपुरी लिखते हैं कि डायरी लिखने में 'प्रारम्भ से ही यह तय किया कि यह दिन-दिन का व्यापार नहीं होगा। जब कोई बात लिखने लायक आ जाए तभी लिख दूँगा। कल जब डायरी के पन्नों को देख गया तो मुझे लगा इसे आरम्भ करके मैंने बेवकूफी नहीं की। कई ऐसे मधुर प्रसंग इसमें उल्लेख पा गए हैं जो जीवन की तीव्र गति में छूट ही जाते !'

बेनीपुरी ने तेज गति से भागते जीवन के बीच आए जीवन्त क्षणों को अपनी डायरी में अमरता प्रदान कर दी है। बाद में डायरी-लेखन तो उनके जीने का हिस्सा बन गया था। 1959 में पक्षाघात के आक्रमण के बाद साहित्यिक या राजनैतिक लेखन छूट गया लेकिन उनका डायरी-लेखन रुक-रुक कर ही सही, जारी रहा। जीवन के अन्तिम वर्षों में डायरी लिखना छूट जाने पर वे असहज हो जाते थे। 10 दिसम्बर 1962 की डायरी में उन्होंने लिखा : 'आज से निश्चय किया कि डायरी जरूर लिखूँगा। देहात में रहना होता है, फिर बीमारी के कारण खाना-पीना सब निश्चित—अतः कोई बात नहीं रहती कि लिखा करूँ। किन्तु तो भी लिखना ही चाहिए। कुछ दिनों से नहीं लिखने से अच्छा नहीं लगता है।...'

लेकिन डायरी-लेखन का सिलसिला भी, वह भी कभी-कभार, वे अगले दो वर्षों तक ही चला पाए। 26 अप्रैल 1963 को उन्होंने अन्तिम डायरी सिर्फ चार पंक्तियों की लिखी : 'बड़ा ही सुहावना समय। बादल दल के दल उमड़ते रहे। खेतों में आज बैल और हल चले। बड़ा ही सुहावना समय !'

इन चार पंक्तियों में भी बेनीपुरी अपने सम्पूर्ण उन्मुक्त व्यक्तित्व और रचनात्मक शैली के साथ उपस्थित हैं। इसके बाद सम्भवतः उन्होंने कोई डायरी नहीं लिखी।

बेनीपुरी की अप्रकाशित डायरी के ग्रन्थावली में प्रकाशन के साथ उनका लगभग सम्पूर्ण लेखन प्रकाश में आ गया है। उनकी अन्य रचनाओं पर बार-बार विचार हुआ है। जरूरत इस बात की है कि उनकी डायरी पर भी विस्तार से चर्चा हो। इस खंड के अन्त में परिशिष्ट-1 के अन्तर्गत 1952 में बेनीपुरी द्वारा लिखी कुछ डायरियाँ अलग से दी जा रही हैं। इनमें उन्होंने स्वयं अपने जीवन और रचना-यात्रा का इतिहास दर्ज किया है। उनके द्वारा दी गई रचनाओं की तिथि में कुछ भूलें दिख सकती हैं क्योंकि उन्होंने उसे स्मरण के आधार पर लिखा था। उसे जस का तस रहने दिया गया है। अन्यत्र जहाँ रचनाएँ दी गई हैं, वहाँ उनकी वास्तविक रचना-तिथि का उल्लेख कर दिया गया है।

—सुरेश शर्मा

डायरी

[1951-1963 ई.]

1950

28-29 मार्च 1950

जिन्दगी में जो चन्द दिन मेरे लिए बड़े ही महत्त्व के और आनन्द के रहे हैं, उनमें ये दो तारीखें हैं। सत्ताईस मार्च को "नई धारा" का प्रकाशन हुआ है और अट्ठाईस मार्च को "चुन्नू-मुन्नू" का। प्रान्त की दो प्रसिद्ध प्रकाशन संस्थाओं ने इन्हें प्रकाशित किया है। दोनों को सुसज्जित करने में दोनों संस्थाओं ने कोई कोर-कसर नहीं रखी और मैंने भी कोशिश की है कि अपने लगभग तीस साल के पत्रकार-जीवन के अनुभवों के आधार पर इन्हें सुन्दर और सुसंपादित रूप में निकालूँ!

दोनों का उद्‌घाटन समारोह भी खूब ही रहा। 'नई धारा' का उद्‌घाटन किया बिहार राज्य के मुख्यमंत्री (चीफ मिनिस्टर) डॉ. श्रीकृष्ण सिंह जी ने। उनके अतिरिक्त राज्य के तीन और मंत्री पधारे थे; असेम्बली और कौंसिल के स्पीकर और प्रेसिडेन्ट भी पधारे थे; हाईकोर्ट के दो जज आए थे तथा राजधानी के प्रमुख नागरिकों एवं साहित्यिकों की उपस्थिति से भी यह समारोह बहुत शानदार बन गया था। श्री बाबू का भाषण भी बहुत सुन्दर था। मेरे बारे में एक बात कही; जो मुझे पसन्द आई। आपने कहा, आज संसार की फसादों की जड़ में यह बात है कि हृदय और मस्तिष्क में, दिल और दिमाग में मेल नहीं, समन्वय नहीं। किन्तु मेरे साथी बेनीपुरी में मैंने यही खूबी पाई कि भगवान ने इन्हें मस्तिष्क के साथ उदार हृदय भी दिया है, जिससे इनकी कला इनके विरोधियों के हृदय को भी अभिभूत करती है। राजा साहब (सूर्यपुराधीश राजा राधिका रमण सिंह) के स्वागत-भाषण में भाषा की कारीगरी देखने ही लायक थी। उनकी भाषा ने भी श्री बाबू के हृदय को कम सम्मोहित नहीं किया था। तभी तो वह इस विविधता से बोले। राजा साहब ने भी मेरी शैली की एवं नवीन विचारधारा की भूरि-भूरि प्रशंसा की! मेहमानों के आगत-स्वागत में अशोक प्रेस के संचालक शिवाजी (श्री उदयराज सिंह; राजा साहब के कनिष्ठ पुत्र) ने काफी सुरुचि और उदारता दिखाई थी।

"चुन्नू-मुन्नू" का उद्‌घाटन नहीं हुआ, बल्कि उसे आशीर्वाद देने के लिए एक साहित्यिक गोष्ठी हुई। राजधानी के साहित्यिकों का अच्छा-सा जमावड़ा जुटा था। बच्चों की जुटान भी अच्छी थी; माताएँ भी पधारी थीं। पण्डित जगन्नाथप्रसाद मिश्रा सभापति थे। मिश्राजी ने एवं साहित्यिकों ने आशीर्वाद दिए। आशीर्वाद-वर्षा के साथ चुहलें भी हुईं। काफी जिन्दादिली रही। तीन बच्चों ने संगीत-नृत्य में भाग लिया। उनकी प्रतिभा ने लोगों को कम विस्मित नहीं किया। समारोह के अन्तिम भाग में साथी जयप्रकाश नारायण आ पहुँचे। मैं तो जैसे निहाल हो उठा और सभी लोगों ने भी आश्चर्य-भरे आनन्द से उनका सत्कार किया! जयप्रकाश जी मुझ पर कितना स्नेह रखते हैं और मेरी साहित्य-सेवाओं में उनकी कितनी रुचि है! तभी तो उनका साथ छोड़ना इतना कठिन है!

इन दोनों मासिक पत्रों द्वारा मैं बिहार से इस कलंक को दूर करना चाहता हूँ कि यहाँ से अच्छे पत्र निकलें भी, तो स्थायी वे नहीं ही होते हैं। "चुन्नू-मुन्नू" से तो मैं निश्चिन्त हूँ क्योंकि अजंता प्रेस के संचालक पं. जगन्नाथ मिश्रा इसे अवश्य चला लेंगे—उनमें धुन ही नहीं है, काफी अनुभव भी है। "नई धारा" के लिए शिवाजी में और राजा साहब में भी काफी जोश पाया और पा रहा हूँ; किन्तु क्या उनमें धैर्य भी उसी मात्रा में है? शिवाजी इस क्षेत्र

में आए और आते ही पुस्तकों के शिक्षा-विभाग द्वारा स्वीकृत हो जाने के कारण काफी पैसे बटोरे! ''नई धारा'' में अभी फँसाना ही पड़ेगा—कहीं, उनका दम तो नहीं उखड़ जाएगा। खैर, अब 'नई धारा' निकल गई है, तो उसे किसी तरह चलाऊँगा! मैंने शिवाजी से कह भी दिया है कि जब कभी आप 'नई धारा' के आर्थिक बोझ को असह्य समझें, इसे मुझे सौंप दीजिएगा—मैं इसे ढोऊँगा; इसे बन्द तो नहीं ही होने दूँगा।

''नई धारा'' और ''चुन्नू-मुन्नू'' मेरे जीवन की अन्तिम साधना हैं। मेरी कामना है कि जब मैं मरूँ, मेरी चिता पर इन दोनों मासिकों के ताजा अंक रख दिए जाएँ! मेरी आत्मा के लिए सबसे बड़ा सन्तोष यही होगा!

वैशाली
30-31 मार्च 1950

पाँच-छह वर्षों से वैशाली-महोत्सव मनाया जा रहा है। इसकी आदि-प्रेरणा में रहे हैं श्री जगदीश चन्द्र माथुर, जो उन दिनों हाजीपुर के एस. डी. ओ. थे। आज भी उन्हीं की लगन के कारण वैशाली में कुछ-न-कुछ काम होते रहते हैं।

एक बार पहले भी, जेल से छूटने पर, शायद 1946 में यहाँ आया था। किन्तु इस बार कुछ अधिक निकट से चीजों को देखने की कोशिश की। शायद इसका कारण यह है कि पहले मैं राजनीति में डूबा हुआ था; अब सांस्कृतिक कार्यों की ओर मेरी अधिक रुचि है।

आज जब खण्डहरों में घूम रहा था—तरह-तरह की प्राचीन घटनाएँ साकार होकर आँखों के सामने नाच रही थीं।

क्या किसी ऐसी ही अमराई में न भगवान बुद्ध आकर ठहरे होंगे और उनके दर्शनों को लिच्छवियों का झुण्ड टूट पड़ा होगा ! कैसे रहे होंगे वे लिच्छवी; जिनको देखकर बुद्ध ने कहा होगा—जिन्होंने कभी देवताओं की परिषद् न देखी हो; वे इन लिच्छवियों की परिषद् को देखें।

खुदाई में जो राजपथ मिले हैं, उन पर रथों के पहिए के घिस्से स्पष्ट दिखाई पड़ते हैं। क्या अम्बपाली का रथ इसी राजपथ से उस दिन जा रहा होगा, जब लिच्छवियों ने उससे पूछा था—अम्बे, आज इतने वेग से रथ को क्यों उड़ाती जा रही हो; और उसने तमककर कहा था—क्योंकि भगवान ने मेरे घर पर जीमने का निमंत्रण स्वीकार कर लिया है।

यहाँ जो ऊँचा टीला राजा विशाल के गढ़ के नाम से मशहूर है, क्या इसी के अन्दर वृज्जियों का वह संघ-भवन भी दबा हुआ होगा जहाँ उनके आठ कुलों के, आठ रंग के वस्त्राभूषणों से सज्जित, सात हजार सात सौ सात राजे एकत्र होकर संगठन के इस सर्वप्रथम प्रजातंत्र का संचालन करते होंगे।

और जो बड़े-बड़े तालाब हैं, उनमें से ही कोई एक न 'अभिषेक मंगल पुष्करणी' होगी जिसके जल में स्नान की इच्छा श्रावस्ती के सेनापति की गर्भवती पत्नी को हुई थी? आज वे कमल कहाँ? वे भौंरे कहाँ? नाना वर्ण के पंखों वाले वे जल-पंछी कहाँ? और कहाँ वे प्रहरी, जो दिन-रात रखवाली करते थे कि इनका एक बूँद पानी किसी अ-लिच्छवी को प्राप्त न हो।

यों ही अनेक-अनेक दृश्य याद आते रहे। शाम को सभा हुई। श्री अल्तेकर सभापति थे; उनका भाषण शोधपूर्ण था। मुझे भी बोलने को कहा गया। मैंने वैशाली के पुनःसंस्कार के लिए यहीं पर एक वैशाली विश्वविद्यालय स्थापित करने का सुझाव पेश किया, जिसे लोगों ने बहुत पसंद किया।

पटना
13 अप्रैल 1950

चार बरसों से बिहार हिन्दी साहित्य सम्मेलन का प्रधानमंत्री हूँ। इसके अन्दर हिन्दी और साहित्य की अच्छी सेवा हुई। मुझे भी सन्तोष है और लोगों ने भी सराहा है। सम्मेलन का भवन जो खण्डहर-सा पड़ा था, उसे पूरा कर लिया है। इसके लिए सरकार से साठ हजार रुपया प्राप्त करने में समर्थ हो सका हूँ। बिहार के अहिन्दी क्षेत्रों में हिन्दी-प्रचार के लिए भी बहुत कुछ कर पाया। लगभग डेढ़ लाख रुपए प्राप्त किए और जब सरकार को यह काम सौंपा, उन क्षेत्रों में लगभग तीन सौ हिन्दी पाठशालाएँ चल रही थीं और छह शिक्षण-केन्द्र शिक्षकों को तैयार करने का काम कर रहे थे ! अनुसंधान विभाग और कला केन्द्र की स्थापना भी कम महत्त्व नहीं रखती। प्रान्त में साहित्यिक जागृति आ गई है और अभी बहुत-कुछ करना है। इसलिए मित्रों की यह राय है कि मैं अभी कुछ दिनों तक और प्रधानमंत्री रहूँ। किन्तु दुर्भाग्य की बात है कि कुछ ऐसे लोग भी हैं, जो खामख़ा विरोध उठाया करते हैं; शायद उनकी महत्त्वाकांक्षा हो, या उनका सहज स्वभाव भी ऐसा हो। मतभेद कोई बुरी चीज नहीं; किन्तु यह अंध-विरोध मुझे बहुत खलता है। कुछ दिन हुए पं. बनारसीदास चतुर्वेदी ने लिखा था कि ये संस्थाएँ या तो आपकी कब्र बन जाएँगी या फिर आपको दूध की मक्खी की तरह फेंक देंगी। इसमें भी सच्चाई पाता हूँ। फिर, काम इतने हैं कि सम्मेलन के लिए प्रायः प्रतिदिन दो-तीन घण्टे देना मेरे लिए मुश्किल पड़ जाता है। इसलिए प्रायः सोचने लगा हूँ कि इस बोझ को अपने सिर से उतार फेंकूँ। लेकिन कैसा मोह है, जब-जब सम्मेलन भवन में पहुँचता हूँ, तब तक इच्छा प्रबल हो उठती है कि अभी इसे और भरा-पूरा बना दूँ। बहुत से काम करने हैं—शायद मैं उन्हें आसानी से करा लूँ और मेरे अभाव में वे काम नहीं हो सकें। (खैर, 21/22/23 को गया में सम्मेलन का अधिवेशन होने जा रहा है। तब तक कोई फैसला कर ही लेना होगा।)

पटना
17 अप्रैल 1950

इधर मैं बहुत थक जाया करता हूँ। जब तक काम की भीड़-भाड़ में रहता हूँ, थकावट का अहसास नहीं होता। किन्तु, जब बिछावन पर जाता हूँ, अंग-अंग टूटने-से लगते हैं।

यह बुढ़ापा है। मेरे चेहरे को देखकर लोग कहते हैं, अपनी उम्र से 10-15 साल छोटे लगते हो तुम। बचपन और जवानी बड़े संयम से कटे, शायद यह उसी का परिणाम हो। किन्तु चमड़ी के भीतर जैसे बुढ़ापे ने घर कर लिया हो।

आजकल काम भी बहुत ले लिए हैं—दो दो मासिक पत्र; सम्मेलन के लिए रोज कुछ घण्टे; और भी फुटकर कार्य। फिर तरह-तरह की चिन्ताएँ! मकान अभी तक तैयार नहीं हुआ। खर्च बहुत बढ़ गया है—पास में संचित धन नहीं रह पाता—हमेशा हाथ खाली। परिवार बढ़ता जा रहा है और अकेले सबके लिए प्रबंध सोचना, करना!

एक प्रवृत्ति और घर कर रही है। ऐसा लगता है कि सारे काम समेट रहा हूँ। मालूम होता है, महायात्रा के लिए तैयारी कर रहा हूँ। मन में अजीब ढंग का वैराग्य!

इधर कई पुस्तकें तैयार करनी हैं। उनके लिए समय नहीं बचा पाता, जिससे मन में विफलता-जनक उद्वेग। यह उद्वेग और भी काम में बाधक।

क्यों न एक साहित्यिक सहकारी रख लूँ? शायद तब काम अधिक कर सकूँ? थोड़ी

निश्चिन्तता भी आवे!

काम करने का हौसला अभी बना हुआ है। और कई ऐसे साहित्यिक कार्यों का करना सोच रखा है, यदि उन्हें पूरा कर पाऊँ, तो अधिक अमरता पा सकूँ।

लेकिन आप ही तो अपने को उलझन में डाल रहा हूँ—इधर राजनीति में जो फिर से थोड़ी दिलचस्पी लेना प्रारंभ किया है, वह क्या उचित हो रहा है?

एक तो जयप्रकाश जी का आग्रह—फिर; वर्तमान शासन की त्रुटियों से चिढ़—और यह आशा कि यदि एक झोंक लगा दूँ, तो फिर सब कुछ ठीक हो जाए ! कभी-कभी मालूम होता है, जनता मानो कह रही है—हमें इस तरह क्यों छोड़ दिया?

तो, हो; कहाँ तक उलझनों का ताना-बाना बुना जाए? नाव धार पर छोड़ दो—कहीं न कहीं तो लगेगी ही।

पटना
18 अप्रैल 1950

आज श्री सुन्दरलाल जी से भेंट हुई—अशोक प्रेस में। बड़े प्रेम से मिले। बहुत देर तक बातें होती रहीं।

सुन्दरलाल जी को बचपन से जानता हूँ। जब मैं स्कूल में पढ़ता था, 'कर्मयोगी' के सम्पादक की हैसियत से मशहूर थे। असहयोग के दिनों में 'भविष्य' निकाला था। फिर एक लोकप्रिय नेता और वक्ता के रूप में प्रसिद्ध हुए। हिन्दी में उनकी कोटि के वक्ता तो उन दिनों थोड़े ही थे। विचारों में उग्रता—भाषण में वह शक्ति थी कि जब चाहें हँसा दें, रुला दें!

कुछ दिनों तक प्रचंड गाँधीवादी के रूप में प्रख्यात थे। गाँधीनुमा कपड़ा पहनते; उन्हीं की तरह भोजनपान में संयम, जब उनका अगला दाँत टूट गया, यारों ने शोर किया—अपने को पूरा महात्मा कहलाने को दाँत तुड़वा लिया है।

कुछ दिनों तक मध्य प्रदेश में रहे; फिर प्रयाग में आकर जम गए। वहीं रहते हुए 'भारत में अंग्रेजी राज' नामक पुस्तक निकाली, जो कुछ दिनों तक देशभक्ति की धर्म-पुस्तिका की तरह से मानी जाती। सरकार ने उसे ज़ब्त कर और भी सम्मान दे दिया!

जब हिन्दू-मुसलमान दंगे शुरू हुए, सुन्दरलाल जी ने मुसलमानों का पक्ष लिया। कानपुर के दंगे का सारा दोष हिन्दुओं पर लाद दिया। इससे कांग्रेस में जिनकी आज भी बहुलता है, ऐसे हिन्दू नाराज हुए। जो कुछ दिनों पहले महात्मा सुन्दरलाल जी कहे जाते थे, वे ही मौलाना सुन्दरलाल कहे जाने लगे।

लेकिन सुन्दरलाल जी ने अपनी टेक नहीं छोड़ी—हाँ, इसकी कीमत में उन्हें अपना नेतृत्व जरूर छोड़ना पड़ा।

गाँधीजी के हिन्दोस्तानी आन्दोलन के भी वह जबरदस्त हामी निकले। आज जब गाँधीजी की मृत्यु के बाद उनके चेलों ने भी हिन्दोस्तानी को छोड़ दिया है, सुन्दरलाल अपनी राह को पकड़े हुए बढ़ते ही जा रहे हैं।

यहाँ आए हैं हिन्दोस्तानी में भारतीय संविधान को छपवाने के लिए! कैसा आश्चर्य कि जो भारतीय संविधान भारत की तेरह भाषाओं में छप रहा है, जिसमें एक संस्कृत ऐसी मृत भाषा भी है, उसी विधान को उस भाषा में छपवाने के लिए जो महात्माजी की प्यारी भाषा थी, सुन्दरलाल जी को दिल्ली छोड़कर पटना आना पड़ा है!

जब-जब सुन्दरलाल जी को देखता हूँ, उनकी ओर एक आकर्षण होता है। अपनी धुन,

अपने विचार पर, सबकुछ खोकर भी, डटे रहना—क्या यह कम गौरव की बात है!

उनके साथ ही एक दूसरे धुनी सज्जन भी थे—महात्मा भगवान दीन जी! कमर में एक फटा हाफपैंट; शरीर पर एक छोटा-सा अंगोछा। बिखरे बाल, बेतरतीब बढ़ी हुई दाढ़ी। ये लोग पुराने ज़माने के ऋषि-मुनियों की याद दिलाते हैं।

पटना
19 अप्रैल 1950

रात में राजा साहब से भेंट हुई। उन्होंने बताया कुछ लोग उनके पास पहुँचे थे और मेरे बारे में अंटसंट बातें की थीं। 'नई धारा' को लेकर इधर राजा साहब प्रायः कहते रहते हैं—अब आप और मैं एक नाव पर सवार हैं! हाँ, हम एक नाव पर सवार तो हैं ही, और हमारी उम्र में आदमी में चौकसी भी रहती है। वह खतरे से घबराता ही है। फिर मेरा पूर्व का उग्र और उच्छृंखल जीवन ! उन्हें कैसे विश्वास दिलाऊँ कि इस बार मेरा भी यह आखिरी दाँव है। और, इन दुष्टों की क्या बात? न जाने क्यों, कुछ लोग हमेशा मेरे पीछे पड़े रहते हैं! क्या वे मेरे अभ्युदय से जलते हैं? मैं जो कुछ भी हूँ, अपने से बनाया हुआ आदमी हूँ। कभी किसी के सामने सिर नहीं झुकाया। इसलिए मुझ में आत्मविश्वास है और तद्जनित आत्म-गौरव की भावना भी। शायद इसके कारण भी लोग मुझसे ईर्ष्या करते हैं। इसमें भी कोई संदेह नहीं कि इस समय मेरे ऐसा स्वावलंबी हिन्दी-संसार में कोई नहीं है—सम्पन्न और सुखी भी। क्या जलने का एक कारण यह भी है? लेकिन, कहाँ तक इन बातों पर ध्यान दिया जाए? अपना काम करते जाना चाहिए!

गया
21 अप्रैल 1950

बिहार हिन्दी साहित्य सम्मेलन के इक्कीसवें अधिवेशन में सम्मिलित होने यहाँ आया। सरजू बाबू के साथ ठहरा हूँ। सरजू बाबू मेरे पुराने मित्रों में से हैं। जब मैं 1932 में जेल में था, इनसे परिचय हुआ। 'योगी' में था, तब घनिष्ठता बढ़ी। बड़े कार्यकुशल व्यक्ति। असिस्टेंट जेलर से गया के सैन्ट्रल जेल के सुपरिन्टेण्डेण्ट हैं। एक बार डी. आई. जी. होने की बात चली थी। नौकरी के साथ व्यवसाय की ओर भी प्रवृत्ति। झरिया में कोयले का कारोबार होता है। पिछली लड़ाई के जमाने में काफी पैसे कमाए। कुछ दिनों में पेंशन पाएँगे। पेंशन के बाद, हिन्दी के प्रकाशन-क्षेत्र में आएँगे, ऐसी बातें प्रायः करते रहे हैं। आज मैंने याद दिलाई। क्यों न 'हॉवर्ड क्लासिक्स' या 'बुक ऑफ नॉलेज' किस्म का, या इन्साइक्लोपीडिया की तरह का, बड़े पैमाने पर प्रकाशन किया जाए! सरजू बाबू में क्षमता है, पटुता भी। ऐसा हो जाए, तो एक सुनहला स्वप्न पूरा हो जाए!

पटना
25 अप्रैल 1950

सम्मेलन का गया-अधिवेशन सानन्द समाप्त हुआ। मैं वहाँ गया था भारी मन से; लौटा हलका होकर। कुछ सज्जनों ने इधर अजीब हुड़दंग मचा रखा था। तरह-तरह की ऊटपटाँग बातें;

तरह-तरह की बदतमीजियाँ। किन्तु यह देखकर प्रसन्नता हुई कि प्रान्त के साहित्यिक मेरी सेवाओं की कद्र करते हैं; यही नहीं, मेरे विरुद्ध कुछ सुनना भी उन्हें गवारा नहीं है। उन लोगों को बुरी तरह मुँह की खानी पड़ी। मेरी सेवाओं की पूरी विजय रही।

किन्तु, मालूम होता है, मुझे बिच्छु और साधु की कहानी चरितार्थ करनी पड़ेगी। अपना-सा मुँह लेकर लौटने पर भी वे कब बाज़ आने वाले? अपना स्वभाव क्यों छोड़ें? छोड़ दें, तो फिर बिच्छु कैसे ? इच्छा होती है, इन्हें कुचल दूँ। इतनी शक्ति तो है ही—फिर, साधुता क्या रही, यही प्रश्न सामने आ जाता है।

मुझे साधु ही रहना चाहिए। अनेक यंत्रणाओं में भी साधुता की रक्षा किए जाना, क्या यह भी कम गौरव की बात है? साहित्य के साथ साधुता सम्बद्ध है। हृदय में आर्द्रता, प्रहार पर भी मुस्कुराने की क्षमता; इसका अभाव रहा, तो साहित्यिकता कहाँ?

पटना
28 अप्रैल 1950

परसों खबर आई, छोटा पोता बीमार है। एक आदमी भेजा, दवा भेज दी। एक आदमी ने बताया है, वह अब अच्छा है। किन्तु, बच्चों की बीमारी मुझे बेतरह व्याकुल बना डालती है। दो दिनों से सब काम करते रहने पर भी रह-रह कर चित्त उद्विग्न हो उठता है।

अजीब हालत है मेरी। परिवार के साथ रहना चाहता हूँ, किन्तु, रह नहीं पाता। रानी को बेनीपुर से मोह है। भूमिहार की बेटी है न? भूमि से ममता तो होनी ही चाहिए। फिर इसी भूमि ने तो संकट के दिनों में—मैं जब बार-बार जेल जाता तो—उसकी मदद की! वह चाहती है कि बेनीपुर की खेती-बारी चलती रहे। और, वह खेती-बारी बिना उसके चल नहीं सकती। और जब वह बेनीपुर में है, तो पतोहू और पोते साथ न रहें, तब वह बेचारी जीये कैसे? बस, मेरे लिए यहाँ अकेला रहना बदा है जैसे !

लेकिन, अब अकेले रहा नहीं जाता। इच्छा होती है, बच्चों के बीच रहूँ, उन्हें दुलारता रहूँ, उन्हें चुमकारता रहूँ, उनके साथ खेलता रहूँ। रानी का अभाव भी खटकता रहता है। वह रहे तो खाने-पीने का आराम रहे, वह मुझ पर अंकुश रखकर मुझे आराम से रहने को बाध्य करे, सब तरह से मैं निश्चिन्त रहूँ। इस बार घर गया था, तो उससे पटना चलने को कहा भी। वह कुछ राजी हुई, तो पतोहू ने गाल फुला लिए। वह बेचारी अकेली बेनीपुर रहना नहीं चाहती—कैसे चाहे? बेनीपुर में झमेले भी तो कम नहीं !

यह अकेलापन! देवेन्द्र साथ है जरूर। किन्तु, धीरे-धीरे उसकी अपनी दुनिया भी तो बन गई है। तो भी ज्यों ही बाहर से आता हूँ, हठात् पुकार उठता हूँ—देवीन्दर! उसे देखता हूँ, बेकाम में भी उसे निकट बैठाता हूँ और उसी में सारे परिवार का आरोप करके थोड़ी देर के लिए प्रसन्न हो लेता हूँ। कैसी छलना?

बेनीपुर
30 अप्रैल 1950

क्या ऐसा देख सकूँगा?

नया मकान तैयार हो जाए—दो मंजिले पर अपने लिए एक कोठरी बना लूँ। मकान के चारों ओर फूल-फल के पौधे लग जाएँ। उस कोठरी में बैठकर कल्पना कर सकूँ कि हरियाली

के समुद्र में बैठा हूँ। मकान के चारों ओर खेत तो हैं ही—इस वैशाख में भी हरियाली का अभाव नहीं है। फिर बच्चों के लिए कोई प्रबंध हो जाए—देवेन्द्र और जित्तिन को तो कहीं-न-कहीं पद पाते हुए देख ही लूँ। तब यहीं रहकर, इस एकान्त, शान्त स्थान में कुछ रचनाएँ—ऐसी रचनाएँ जिनमें सौन्दर्य हो, स्थायित्व हो—लिख जाऊँ।

अभी तक जो कुछ लिखा, युग की माँग पर या जीविका की माँग पर। स्वभाव से मैं क्रान्तिवादी हूँ—सिर्फ युग के अनुसार चलने की ही इच्छा नहीं रही, युग को बदलने की भी चेष्टा रही। युग ने मेरी लेखनी को अपना माध्यम बनाया है, यह हमेशा महसूस किया है मैंने। अपनी रचनाओं में मैं ही नहीं बोलता, युग भी बोलता है। हमारी पुश्त का युग, क्रान्ति का युग रहा है। इसलिए, मेरी लेखनी से क्रान्ति भी प्रायः बोली है।

लेकिन, गरीब किसान का बेटा! मुझे जीने के लिए भी लिखना पड़ा है। लेकिन, मैंने कोशिश की है, लिखूँ तो ऐसी ही चीज, जो पैसे भी दे और युग की माँगों को भी अंशतः पूरी करे। इसलिए आज तक ऐसा कुछ नहीं लिखा, जिसके लिए मैं लज्जा अनुभव कर सकूँ। अपनी लेखनी को अपने हृदय से ज्यादा दूर कभी नहीं जाने दिया। शायद यही कारण है कि उन चीज़ों को भी लोगों ने युग की माँग की पूर्ति के रूप में ही ग्रहण किया। किन्तु मैं जानता हूँ, उसमें मेरी आर्थिक लाचारी कहाँ तक काम कर रही है।

अब चाहता हूँ, कुछ ऐसी चीज लिखूँ जो सत्यम्, शिवम्, सुन्दरम् का सही प्रतिनिधित्व कर सके। एक तो, एक ऐसी पुस्तक लिखना चाहता हूँ जो भारत के सांस्कृतिक जीवन का पूर्ण प्रतिनिधित्व कर सके। वह कम से कम बीस खण्डों में हो—एक-एक प्रान्त पर एक-एक जिल्द, बड़ी साइज के पाँच सौ पृष्ठों की। जिसका नाम 'शाश्वत भारत' या (सांस्कृतिक भारत?) रखना सही होगा। रहन-सहन, खान-पान, गीत-नृत्य, पर्व-उत्सव, आनन्द-विनोद आदि को लेकर भारतीय जीवन में जो एकरसता है, एकात्मता है, उसी पर जोर दिया जाए उसमें। राजनीतिक उलटफेरों के बावजूद सम्पूर्ण भारत में आदिकाल से जो एक अविच्छिन्न सांस्कृतिक धारा प्रवाहित होती रही है, उसका सचित्र चित्रण किया जाए उसमें। इस कार्य में पाँच वर्ष लगेंगे—छः महीने तक यात्राएँ की जाएँ; छः महीने बेनीपुर में बैठकर लिख दिया जाए। इसी क्रम से पाँच वर्ष व्यतीत कर दिए जाएँ।

एक काम और भी है। 1915 से मुझे कुछ-कुछ होश आने लगा था। तब से इन पैंतीस वर्षों में भारतीय जीवन में जो परिवर्तन हो रहे हैं, उन्हें देखता रहा हूँ। दो-दो विश्व-युद्ध देखे; तीन-तीन क्रांतियाँ देखीं। बड़े-बड़े व्यक्तित्वों को बनते-बिगड़ते देखा। समाज को बदलते देखा, सरकार को बदलते देखा। धर्म, नीति, आचार आदि में आमूल परिवर्तन घटित होते देखा। क्या 'जीन क्रिस्तोफे' की तरह एक नायक बनाकर इन तीस-पैंतीस वर्षों के जीवन को मूर्त रूप नहीं दिया जा सकता है? गाँव और शहर, दोनों को निकट से देखने का मौका मिला है मुझे। शब्दचित्र खींचने में भी काफी सफल सिद्ध हुआ हूँ। अतः, क्यों न इस काम में हाथ डालूँ? किन्तु क्या पटना के कोलाहलमय जीवन में यह काम उस तन्मयता से कर सकूँगा, जो इसके लिए अपेक्षित है?

क्या वैसा दिन देख सकूँगा, जब पटना से आंशिक रूप में भी मुक्ति पाऊँ और यहाँ रहकर ये सब काम कर सकूँ ? घर को बहुत पक्का इसलिए भी बनाया है कि शाम को पटना से हेलिकॉप्टर पर चलूँ और रात बेनीपुर में गुजारूँ। हेलिकॉप्टर मेरी छत पर ही उतरे! जब लोगों से यह कहा, वे हँसने लगे। वे समझते हैं, मैं हवाई बात कर रहा हूँ! क्या सचमुच मेरी ये कल्पनाएँ हवाई सिद्ध होंगी!

पटना
2 मई 1950

राजनीति मुझे फिर अपनी ओर खींच रही है।

कुछ दिन हुए, एक हस्तरेखा-विशेषज्ञ ने कहा था, तुम्हारे हाथ में दो शिरोरेखाएँ हैं—डबल हेडलाइन। तुम्हारी जिन्दगी की गाड़ी सदा दो पटरियों पर चला करेगी!

यह प्रत्यक्ष भी देख रहा हूँ। घर को देखते समय भी संसार को नहीं भूल पाता और जब संसार के कल्याण के लिए मरता-खपता रहता हूँ, घर की स्मृति बनी रहती है। घनघोर राजनीति में पड़ने पर भी साहित्य जीवन में रमा रहा और आज पाँच वर्षों से राजनीति से अपने को दूर रखने की कोशिश करने के बाद भी उसके आकर्षण से अभिभूत हो रहा हूँ।

अगले साल चुनाव होगा—उस चुनाव के नतीजे पर देश के भावी जीवन का दारोमदार है। कांग्रेस की गाड़ी लड़खड़ा रही है। उसका स्थान सोशलिस्ट पार्टी ही ले सकती है। किन्तु, वहाँ भी फूट है, प्रतिभा की कमी है। कुछ अनपेक्षित लोग बरसाती घास की तरह—उसमें घुस आए हैं। उनसे घृणा है। किन्तु उस पार्टी से घृणा कैसे करूँ, जिसके जन्म में मेरा भी हाथ है, फिर मेरे कुछ अभिन्न मित्र भी तो वहीं हैं। और, सबसे बढ़कर, मेरे एक मित्र के कथनानुसार, मैं 'सती स्त्री' जो ठहरा—तलाक की गुंजायश कहाँ? अतः इच्छा होती ही है कि सोशलिस्ट पार्टी अगले चुनाव में विजयी बने और यह इच्छा प्रेरित करती है कि उसके लिए कुछ करूँ।

लेकिन देखा है, प्रान्तीय आधार पर काम करना सम्भव नहीं। अतः, अपने जिले में ही थोड़ा काम करना शुरू कर दिया है।

अभी तेरह मई को जयप्रकाश जी मेरे जिले में जा रहे हैं। वहाँ भूमि-सेना के कार्यों का निरीक्षण करेंगे। उनके साथ पाँच-छह विदेशी पत्रकार भी जा रहे हैं। मेरे ही आग्रह पर यह सब हो रहा है, अतः मेरी जिम्मेदारी भी बढ़ गई है।

लेकिन सामंजस्य बिठाऊँ तो कैसे? दो-दो मासिक पत्र; सम्मेलन के काम। फिर, यह गर्मी का मौसम। बड़े पशोपेश में पड़ गया हूँ। जिले के काम में कोई सिलसिला भी नहीं कि निश्चिन्त हो सकूँ। बस, पीर, बावर्ची, भिश्ती, खर वाली हालत है।

देखें, कैसे निभता है।

मुजफ्फरपुर
9 मई 1950

तीन दिनों से मुजफ्फरपुर में हूँ। जयप्रकाश जी के दौरे के सिलसिले में। कई अनुभव हुए हैं—

पार्टी का संगठन बहुत ढीला है। क्या इस संगठन को लेकर हम अगले चुनाव में विजयी हो सकेंगे?

हवा में समाजवाद है। लोग उत्सुकता से पूछताछ करते हैं; नए लोग इसमें आना भी चाहते हैं। किन्तु, लोगों के पैर थरथरा रहे हैं जैसे। संसार सत्ता को पूजता है। समाजवाद के हाथ में सत्ता आ सकेगी क्या—हर आदमी का चेहरा यही पूछता है?

इन्हें विश्वास दिला दीजिए—फिर विजय आपकी!

कल बड़ी कड़ी धूप थी। हवा गुमसुम। अचानक हवा का एक झोंका उठा—धूल से आसमान भर गया; पेड़-पौधे, घर-छप्पर सब हिल उठे।

क्या राजनीति में भी ऐसे अचानक तूफान नहीं उठा करते हैं?

मुजफ्फरपुर
11 मई 1950

अभी खबर मिली है, किसी ने प्रसिद्ध कलाकार देवदत्त चित्रकार की हत्या कर दी।

कहा जाता है, यह हत्या एक अवैध प्रेम-सम्बन्ध के कारण हुई है। आततायियों ने कल रात को ही उसकी हत्या कर कुएँ में लाश डाल दी। शरीर पर छुरे के घाव थे; उसकी लाश के साथ ही उसकी साइकिल को भी कुएँ में डाल दिया था।

देवदत्त—अभी बिलकुल नौजवान था। यों तो वह चित्रकार था; किन्तु उसकी प्रसिद्धि थी बाँसुरी बजाने के कारण। गजब का बजाता था। कृष्ण की बाँसुरी की मोहकता की एक झलक मिल जाती थी। बड़ा ही नेक स्वभाव। हँसमुख, मिलनसार। प्रेम से जब जहाँ बुलाओ, हाज़िर!

ऐसे आदमी की हत्या और अवैध प्रेम के कारण!

कलाकारों के साथ प्रेम का यह व्यापार बहुत दिनों से चला आता है। कलाकार भावुक होता है। वह भावुकता फिसलाने वाली होती है। सौन्दर्य में अद्भुत आकर्षण होता है। कलाकार के पैर सौन्दर्य की फिसलन-भरी जमीन पर डगमगा जाते हैं; वह औंधे मुँह गिर पड़ता है! वह मटियामेट हो जाता है, संसार के मुँह से एक हलकी-सी आह निकलती है—फिर सब शान्त!

किन्तु क्या कलाकार के लिए उचित है कि जान-बूझकर खड्ढे में गिरे?

जिसके गले में, जिह्वा पर, उँगली में प्रकृति ने खूबी दी—ऐसी खूबी जो संसार को मुग्ध कर दे—क्या उसके लिए उचित है कि प्रकृति की इस परम देन का दुरुपयोग करे? यहाँ पृथ्वीराज से हुई एक बात की याद आ रही है। मैं बम्बई गया था। उन्होंने सिगरेट पेश की; मैंने कहा—"क्या आप नहीं पीते?" वह बोले—"पीता था, लेकिन एक दिन एक साथी ने कहा—पृथ्वी, तुम्हारी आवाज भर्रा रही है। बस, उसी दिन से सिगरेट छोड़ दी। सोचा, यह गला मेरा नहीं, राष्ट्र का है, मैं उसे क्यों बर्बाद करूँ?" फिर उन्होंने बताया कि अपने शरीर के सौन्दर्य की रक्षा के लिए वह किस तरह सचेष्ट रहते हैं।

कलाकार को अपनी कला के प्रति यही रुख तो रखना चाहिए। प्रकृति की देन को हमें बर्बाद करने का क्या हक?

देवदत्त बिहार की एक विभूति था। उसे अनुभव करना चाहिए था कि वह एक व्यक्ति मात्र नहीं। सदियों की साधना की परिणति कलाकार के रूप में साकार होती है। हमें अपने को, अपने महत्त्व को, अपने गौरव को समझना चाहिए।

यहाँ अपनी बात याद आती है! सिर्फ एक बात, कुछ दिनों के लिए—शायद दो-तीन सप्ताह के लिए—मुझ पर प्रेम का यह भूत सवार हुआ था। बस, मैं चेत गया। तब से अपने को स्त्रियों से दूर-दूर रखा। सारे प्रेम को अपनी रानी में केन्द्रित कर दिया। यह दावा कर सकता हूँ कि कभी किसी स्त्री पर बुरी निगाह नहीं डाली। जहाँ फिसलन का मौका देखा, दूर ही रहा। कभी किसी वेश्या के आमने-सामने बैठकर गाना तक नहीं सुनने गया।

इसमें थोड़ा संयम चाहिए! कलाकार को लोग मोम का पुतला समझते हैं—थोड़ी आँच पर भी पिघल जाए। यह कलाकार जीवन का कलंक है। इसे धो देना चाहिए। भावुकता कोमलता में ही केन्द्रित क्यों हो—कठोरता में क्यों नहीं परिणत की जाए? खास कर जहाँ गिरने, बिगड़ने, बर्बाद होने की बात हो।

बार-बार देवदत्त की याद आ रही है। अब उसकी बाँसुरी की कोमल शक्ति नहीं सुन सकूँगा—यह कल्पना ही कँपा डालती है! आह! जीवन कितना क्षणिक है!

पुनश्च—

अभी एक आदमी ने बताया, देवदत्त की हत्या छुरे से नहीं की गई। गला घोंट दिया गया था और सिर को कुचल डाला गया था। नाक और मुँह से खून का प्रवाह चिता पर जलाए जाने के वक्त भी जारी था। जेब में रुपए थे; हाथ में घड़ी थी, कान में सोने की लवंग। घड़ी बंद हुई तीन बजकर पन्द्रह मिनट पर। एक आदमी से वह बारह बजे रात तक बातें करता रहा। यह हत्या बारह और तीन के बीच हुई।

भला, जिसकी साँसें निर्जीव बाँस के टुकड़े में जान डाल देती थीं, दुष्टों ने किस तरह उसकी साँस गला घोंटकर सदा के लिए बन्द कर दी।

जाओ, साथी, जाओ। जाओ उस लोक में जहाँ किन्नरियाँ तुम्हारे लिए स्वागत-गान गा रही होंगी और अप्सराओं की आकुल बाहें तुम्हारी गर्दन से लिपटने को व्यग्र प्रतीक्षा कर रही होंगी। जाओ उस लोक में जहाँ सौन्दर्य है, संगीत है, सुंगध है और जहाँ प्रेम के साथ पाप नहीं जुड़ा है और न जहाँ मानव ऐसा हत्यारा जन्तु है।

मुजफ्फरपुर
12 मई 1950

कल ही भूमिसेना का वह प्रदर्शन है. जिसके लिए चार-पाँच दिनों से दिन-रात एक कर रहा हूँ।

जयप्रकाश जी ने पत्र भेजा है—पटना से :

"प्रिय बेनीपुरी जी,

यहाँ आज पहुँचा तो मालूम हुआ कि आप नहीं हैं। बड़ी चिन्ता हुई। सोच रहा था कि आपको तार दूँ, इतने में आपका पत्र मिला। अव्यवस्था तो हर जगह है। लेकिन आप डटे हैं तो कुछ होकर रहेगा।

दिल्ली से पत्र आया है। छः जन आ रहे हैं, जिनके नाम यह हैं—

डगलस स्टुअर्ट, बी.बी.सी. (इंग्लैण्ड)

जेम्स बुर्के, लाइफ (अमेरिका)

इब्राहीम अमर, अल पिसरी, काहिरा (मिस्र)

नारमैन क्लिफ, न्यूज क्रोनिकल, लंदन

मिस मार्ग्रेट पारटोन, हेराल्ड ट्रिब्यून, न्यूयार्क

एरिक ब्रिटलर, द टाइम्स, लंदन

आप देख ही रहे हैं कि कितने महत्त्व के लोग आ रहे हैं। प्रदर्शन शान का होना चाहिए।"

इस पत्र ने जिम्मेवारी और बढ़ा दी है। जयप्रकाश जी हमेशा मुझ पर भरोसा करते रहे हैं। बड़े-बड़े मौकों पर मैंने कमाल किए हैं। देखें, इस बार, कल, क्या होता है?

मुजफ्फरपुर
13 मई 1950

जिसकी एक सप्ताह से प्रतीक्षा थी, वह दिन आ गया।

भोर से ही शहर में हलचल है। जिधर देखिए, उधर ही लाल टोपी, लाल झंडा। बेचारे किसान-मजदूर! दूर-दूर से आए हैं—कितनों को 40-50 मील का सफर तय करना पड़ा है। यह चिलचिलाती धूप, हवा के ये गरम झोंके। लेकिन एक जुनून—जिसकी गर्मी के आगे सारी गरमी भूल जाती है न? पैदल आए हैं, झुलसते हुए आए हैं। चेहरों पर झुलस; झुलस पर उन्माद! नारे लगा रहे हैं—चिल्लाते-चिल्लाते गला फँसा लिया है, तो भी नारे लगाए जा रहे हैं। अधिकांश के कंधों पर कुदाल और बगल में पोटली—अपना सम्बल साथ लाए हैं। सोशलिस्ट पार्टी गरीब संस्था है न—उनके खाने-पीने का प्रबन्ध क्या वह कर सकती है?

बारह बजे की गाड़ी से जयप्रकाश जी आए हैं। विदेशी पत्रकारों में सिर्फ दो आ सके हैं—एक की तबीयत खराब हो गई, एक जवाहरलाल के साथ कश्मीर चले गए, एक को कराची से आने में सहूलियत नहीं मिली। जो आए हैं, उनमें एक महिला हैं—मिस मार्ग्रेट पारटोन। आप अमेरिका के सुप्रसिद्ध पत्र न्यूयॉर्क हेरॉल्ड ट्रिब्यून की विशेष प्रतिनिधि हैं; और दूसरे हैं एरिक ब्रिटलर, लंदन टाइम्स के विशेष प्रतिनिधि। स्टेशन पर कैसी भीड़—लोगों में कैसा जोश! स्टेशन-मास्टर ने एक सहूलियत कर दी—गाड़ी को पहले प्लेटफार्म पर ही लगाया है। गाड़ी दिखाई पड़ी और समुद्र में जैसे तूफान आ गया—वैसी ही तरंगें—हृदय में और बाहर में भी। जय-जयकार के शब्द तरंगों के कोलाहल को भी मात कर रहे हैं।

हाजीपुर स्टेशन से ही हर स्टेशन पर स्वागत का ऐसा ही समारोह! विदेशियों पर बड़ा ही अच्छा प्रभाव पड़ा। मि. ब्रिटलर थोड़ी हिन्दी भी जानते हैं। सुना, जब कुढ़नी स्टेशन पर थे, एक बच्चा उनके निकट आया। वह भी नारे लगा रहा था। उस बच्चे से उन्होंने पूछा—"सोशलिज्म क्या है, जानते हो?" बच्चे ने तुरन्त जवाब दिया—"जानता क्यूँ नहीं हूँ? सोशलिज्म का मानी है अच्छा भोजन, अच्छा कपड़ा, अच्छा मकान और बराबरी का दर्जा।" विदेशी पत्रकार उत्तर सुनकर दंग रह गए—जयप्रकाश जी ने उसकी पीठ ठोंकी—"जाओ, पास कर गए।"

स्वागत के बाद अतिथियों का विश्राम! किन्तु मुझे चैन कहाँ? धूप में भी दौड़ता रहा। तीन बजे से भूमिसेना के कर्तृत्व का प्रदर्शन! चार बजे से शुरू हुआ। बड़ी धूप थी। जयप्रकाश जी ने स्वयं कुदाल चलाकर श्रीगणेश किया। फिर कुदालियाँ चलने लगीं। धूल से आसमान भर गया—नारों से भी। बात की बात में एक फर्लांग सड़क तैयार हो गई। फिर जुलूस। पटना के पिछले प्रदर्शन में जो पद्धति मैंने चलाई, वह लोगों के मन में जैसे घर कर गई है। आगे-आगे बैलगाड़ी—माइक से नारे लगाए जा रहे हैं, रह-रह कर सिंघे गरज उठते हैं। किसान बाजे-गाजे के साथ आए हैं न? फिर दो-दो की कतारों में किसानों के जत्थे! अलग-अलग थानों के अलग-अलग लाल पट। शहर के लोग इन्हें देखकर मुग्ध थे, दंग थे।

शाम को टाउन हॉल के मैदान में सभा। पच्चीस हजार से कम लोग नहीं रहे होंगे! मैं ही सभापति बनाया गया। जयप्रकाश जी का व्याख्यान हुआ। और, आज वह कैसे बोले—तीन घंटों तक! लोग मुग्ध होकर चुपचाप सुनते रहे! व्याख्यान में तर्क था, दलील थी, किन्तु उसमें भावना की, गरमी की भी कमी नहीं थी। 'एक वर्ष में स्वराज'—1921 में गाँधीजी ने कहा था। "एक वर्ष में गरीबों का राज" आज जयप्रकाश जी ने घोषित किया। उत्साह, उमंग, नारों और जय-जयकारों के बीच सभा समाप्त हुई।

भगवानपुर-स्टेशन
14 मई 1950

आज का दिन; आज की रात! कष्टमय कहूँ या आनन्दमय!

भोर के 8 बजे विदेशी पत्रकारों के साथ हम कमतौल (कुढ़नी) के लिए रवाना हुए। कमतौल में साधुशरण ने अच्छी तैयारी की थी। उसके प्रयत्नों से भूमिसेना द्वारा तैयार सड़क को देखकर जयप्रकाशजी एवं विदेशी पत्रकार बहुत प्रसन्न हुए। स्वागत का भी अच्छा प्रबन्ध था!

किन्तु उसके बाद? लालगंज का जाना बहुत बुरा हुआ। सड़क इतनी खराब कि विदेशी पत्रकारों के लिए यात्रा असह्य हो गई। गड्ढे, धक्के, धूल का अम्बार, उस पर धूप। बेचारी महिला-पत्रकार का तो हुलिया खराब हो गया। फिर वहाँ जाने पर देखा, तैयारी कुछ भी नहीं। पार्टी में कुछ ऐसे लोग आ गए हैं, जो काम तो बस नाम का करते हैं, सिर्फ लम्बी बातें करते हैं। ऐसे ही एक सज्जन के फेर में हम पड़ गए। जयप्रकाशजी दुखित थे, मैं तो क्षुब्ध था। मैंने कहा भी कि क्यों ऐसे गैर-जिम्मेदार व्यक्ति को पार्टी से नहीं निकाल दिया जाए!

विदेशी पत्रकारों को वहीं से मुजफ्फरपुर वापस कर हम महुआ के लिए बढ़े। बड़ी देर हो गई थी। जहाँ 12 बजे पहुँचना था, वहाँ 4 बजे शाम को पहुँचे। वहाँ एक गाँव में नहर तैयार हुई थी; एक गाँव में तालाब। नहर के बारे में जयप्रकाशजी ने कार्यकर्ताओं से बातें शुरू कीं, तो उनमें से एक हमारी ही बात काटने लगे, या मुँह से छीनने लगे। जयप्रकाशजी नाराज भी हुए। तालाब का प्रयत्न सराहनीय था। महुआ की सभा भी बड़ी शानदार रही; जयप्रकाशजी यहाँ भी अच्छा बोले। नौ बजे मुजफ्फरपुर में हमें एक डिनर में शामिल होना था और 10 बजे हम महुआ से ही रवाना हुए। किन्तु रास्ते में मोटर की लाइट फेल कर गई। किसी दूसरी सवारी का भी प्रबन्ध नहीं हो सका। लाचार हमें एक बढ़ई की दुकान में सो जाना पड़ा!

वह दुकान; वह सोना। नवयुवक बढ़ई को जब मालूम हुआ, जयप्रकाशजी हैं, वह हतप्रभ हो गया। 12 बज चुके थे। वह क्या करे? एक खाट ले आया, और कहीं से सूती गलीचा। जयप्रकाश उस पर लेटे। एक छोटी-सी बेंच पड़ी थी; प्रभावतीजी उस पर लुढ़क गईं। मैं एक चटाई पर चित्त पड़ गया! ऐसी थकावट कि आँखें मूँदी और नींद आई। भोर में उठता हूँ, तो अजीब दृश्य! जयप्रकाशजी गंदे गलीचे पर हाथ का तकिया बनाए खुर्राटे ले रहे हैं; प्रभाजी सिमटकर गठरी बनी हुई हैं। इधर-उधर हमारे साथी पड़े हैं—तख्ते पर, टाट पर, पुआल पर! सबकी अजीब आकृति—कोई सिकुड़ा, कोई सिमटा! और, हनुमानजी की तरह बाबू रामबहादुर लाल मेरे पैताने बैठे हैं!

भूमिसेना के पिता तो वही हैं। कल के प्रोग्राम की गड़बड़ी ही उन्हें चिन्ताकुल नहीं बनाए हुए है, वह सोचते हैं, आज सीतामढ़ी के प्रोग्राम का क्या होगा। कहाँ पाँच बजे मुजफ्फरपुर से रवाना होना था, कहाँ छ बजे इस ग्राम में। जल्दी चलना चाहिए, किन्तु इस गाढ़ी निद्रा से उन्हें जगाया जाए तो कैसे?

किन्तु, क्या वह भी अपनी जिम्मेवारी को भुलाकर सोये हैं। तुरंत जग गए और भगवानपुर स्टेशन की ओर हम लोगों का काफिला चला। जयप्रकाशजी!—उफ, किस धातु का बना है यह आदमी? ऊपर मक्खन, मक्खन; भीतर इस्पात, इस्पात! कौन-सा वह सपना है, जिसने उन्हें इन कष्टों को सानन्द झेल लेने की यह अमानवीय शक्ति दे रखी है? साथी, तुम्हारे उस सपने को प्रणाम!

बेनीपुर
16 मई 1950

कल सीतामढ़ी में हमारा दौरा रहा। विदेशी पत्रकारों से मिलकर हम लोग मुजफ्फरपुर से चले। कंसार, मधकौल, रतनपुर, धनकौल, कन्हौली में भूमिसेना द्वारा तैयार सड़कें देखीं! "देश के लिए एक घंटा!" इस नारे पर कैसा कमाल कर दिखलाया गया है! हमारे शासक हर काम के लिए जनता से पैसे माँगते हैं—कर के रूप में या चन्दे के रूप में! जनता के पास पैसे कहाँ? नतीजा, उनके प्रति क्रोध, झिझक। जो पैसे देते भी हैं उनका दुरुपयोग—चारों ओर भ्रष्टाचार—जिसने पाया, खा गया! यदि वे पैसे न माँगकर उनसे समय माँगें, श्रम माँगे—तो देश में क्या-क्या नहीं किया जा सकता है?

दिन का खाना हम लोगों ने छः बजे शाम को परसौनी में खाया। बहुत अच्छा खाना था। राजासाहब ने विदेशी पत्रकारों के लिए अंग्रेजी खाना तैयार कराया था। वे तो आए नहीं; हमीं लोगों ने सदुपयोग किया!

रात में सीतामढ़ी में सभा। 12 बजे रात की गाड़ी से जयप्रकाश जी खगड़िया के दौरे के लिए चल दिए!

आज रास्ते में ही तय हुआ, अगले जाड़े में हम लोग भूमिसेना-सम्मेलन करें ! तब तक हर जिले में इसका संगठन किया जाए। सीतामढ़ी में ही कहीं ऐसी जगह यह सम्मेलन हो, जहाँ पचास-साठ गाँवों में भूमिसेना द्वारा रचनात्मक कार्य कर लिया गया हो। सिर्फ सड़कें ही नहीं—गल्ला बैंक, सहयोग-समिति, खाद बनाना, नए बीज का व्यवहार आदि! सम्मेलन की अवधि में कोई लम्बी सड़क या नहर बना दी जाए। मनोरंजन के लिए कृषि-सम्बन्धी विदेशी फिल्म मँगवाए जाएँ। देहाती गवैयों, नाटक-मंडलियों को बुलाया जाए। जयप्रकाश जी ने कहा—पहलवानों को भी बुलाया जाए!

जयप्रकाश जी बहुत थके थे ; किन्तु इस दौरे से उन्हें काफी सन्तोष हुआ। हमारे जिले में जो अभूतपूर्व जागृति आई, वह तो कुछ फल दिखाकर रहेगी!

बेनीपुर
17 मई 1950

मेरे कुछ सूत्र—

1. मित्र से बढ़कर कोई शत्रु नहीं !

व्याख्या—मित्र तभी तक मित्र है, जब तक तुम उसके साथ चल रहे हो। वह यह कभी नहीं चाहता कि उसका मित्र उससे अधिक आगे बढ़ जाए। इसलिए वह हमेशा उसे पीछे खींचता रहता है। इस तरह उसका प्रेम लम्बी दौड़ में मित्र के लिए बाधक और अवरोधक सिद्ध होता है! दुश्मन आगे से प्रहार करता है, उससे आदमी सावधान होता है, किन्तु मित्र की ओर से निश्चिन्त ; फलतः उससे उसकी अधिक हानि होती है।

2. परिवार से बढ़कर कोई शोषक नहीं !

व्याख्या—घर में कोई प्रतिभाशाली व्यक्ति हुआ कि सारा परिवार उसी पर निर्भर करने लगता है। ज्यों-ज्यों वह उन्हें अधिक सुखी रखने की चेष्टा करता है, त्यों-त्यों वे आलसी और निकम्मे बनते जाते हैं। वह मेहनत करता है, चिन्तित रहता है, व्याकुल बना रहता है, वे मौज मनाते हैं, गुलछर्रे उड़ाते हैं, मस्त-मौला बने रहते हैं! बेचारे का एक-एक बूँद रक्त बड़ी बेरहमी

से चूसते हैं! यदि परिवार के इस शोषण से प्रतिभाशाली व्यक्ति बच जाता, तो संसार का कितना बड़ा कल्याण हो गया होता!

3. जिसने काम पर लगाम नहीं रखी; राजनीति में उससे होशियार रहना !

व्याख्या—कामवासना मनुष्य की, भूख के बाद, सबसे बड़ी कमज़ोरी है। भूख जन्मते ही पैदा होती है, काम 15-16 वर्ष बाद। इसलिए बँधे हुए पानी का जैसा प्रवाह बाँध टूटने पर होता है, काम का वेग भी वैसा ही होता है--जिसको न चाहे फँसा ले जाय! जिसने इसके वेग को वश में कर लिया; उसने संसार पर विजय प्राप्त कर ली। राजनीति में जो दृढ़ता, अनवरतता और एकाग्रता चाहिए, वह चरित्रहीन व्यक्ति में आ नहीं सकती। वह कभी भी धोखा दे सकता है—या तो तुम्हें बीच धारा में छोड़ देगा, या स्वयं आत्महत्या कर लेगा! अपकीर्ति के साथ जीवित रहना भी तो आत्महत्या है!

4. नेतृत्व के लिए आवश्यक है कि तुम जनता से कुछ ऊपर खड़े हो।

व्याख्या—नेतृत्व के लिए सिर्फ प्रेम नहीं चाहिए, श्रद्धा चाहिए, भक्ति चाहिए! जब तक भगवान की भावना न आए, तब तक भक्ति नहीं की जा सकती। और श्रद्धा के लिए समता की भावना नहीं, महत्ता की भावना चाहिए। भगवान ऊपर है; महत्ता अपने से बड़ा होने का ही नाम है। इसलिए नेता वही हो सकता है, जिसे लोग अपने से बड़ा, अपने से कुछ दूर समझें! नेता का मंच ऊँचा बनाया जाता है—जिस पर वह खड़ा हो, तो लोग उससे छोटे दिख पड़ें। मंच का ऊँचापन प्रबंध की ही आवश्यकता नहीं है, एक मनोवैज्ञानिक सत्य की ओर निर्देश भी है !

और,

5. कला को खिलौना बनाओ, खुराक नहीं।

भगवानपुर
23 मई 1950

यहाँ के हाईस्कूल की साहित्य-परिषद् के उत्सव में आया हूँ। अब देहातों में भी साहित्य के प्रति कैसा उत्साह आ गया है!

छोटे-छोटे बच्चों ने कवि-दरबार किया; लोक-गीत सुनाए। अनेक त्रुटियों में भी उनके कर्तृत्व कैसे भले लगते थे?

कवि-सम्मेलन के लिए पटना, मुज़फ्फरपुर और दरभंगा के कुछ तरुण कवि आए थे। आधी रात तक उनकी चीजें लोग तन्मयता से सुनते रहे।

किन्तु पाया, जैसे, उनकी वाणी देहात के वे लोग ठीक से समझ नहीं पा रहे! समझ नहीं रहे, तो भी सुन रहे हैं—उत्कंठा की हद!

मैंने अपने इन कलाकारों से कहा—भई, अभी तक आप लोग शहरों के लिए या अपने ऐसे पढ़े-लिखे लोगों के लिए लिखते रहे। पहले आपके श्रोता भी वे ही लोग थे। किन्तु जब देहात की जनता आपकी चीज़ सुनना चाहती है, तो क्या उचित नहीं कि उनके लिए भी कुछ कहिए, लिखिए—

तुलसीदास ने बाल कांड और अयोध्या कांड ही नहीं लिखे, किष्किंधा कांड और सुन्दर क़ांड भी लिखे। और क्या यह सच नहीं है कि "वन्दौ गुरुपद पदुम परागा; सुरुचि सुवास सरस अनुरागा" के उच्च स्तर पर ही वह पूरी रामायण लिख गए होते, तो वह शहरों की लाइब्रेरियों में भले ही रखी जाती, गाँव-गाँव में प्रवेश तो नहीं ही पाती। गाँवों में उसका प्रवेश

कराया—"आगे चले बहुरि रघुराई, रिष्यमूक पर्वत नियराई" जैसे सरल पदों ने। अब आप लोग अयोध्या कांड से हटकर किष्किंधा और सुन्दर कांड की ओर आइए!

जो आपकी चीज़ सुनना चाहते हैं, क्या उन्हें वंचित रखना अन्याय नहीं है ? तरुणों ने मेरी बात पर ध्यान दिया!

पटना
31 मई 1950

(भोर में)

छब्बीस मई को जित्तिन देहरादून से आया और कल घर चला गया!

जित्तिन की ठाठ—फौजी पोशाक, फौजी चलन, फौजी अन्दाज़। उसे देखकर कितनी प्रसन्नता होती है!

मेरा बचपन ऐसी जगह (बंशीपचड़ा) बीता, जहाँ चारों ओर राजपूतों और यादवों की बस्ती है। ये दो लड़ाकू कौमें—सुन्दर पुष्ट शरीर; बात के धनी; आन पर जान देने वाले! उनकी संगत ने स्वभावतः ही मुझे वीर-पूजक बना रखा!

कभी सैनिक बनूँगा, ऐसा तो नहीं सोचा। लेकिन बचपन में भी राजपूती ठाठ-बाट में घुड़सवारी करने का शौक तो था ही! और आज़ादी के सैनिक की हैसियत से ही तो जवानी काट दी।

जित्तिन के सैनिक वेश में इसी से अपनापा पाता हूँ। मालूम होता है, मुझमें जो सैनिक भावना है, वही साकार होकर जित्तिन का रूप धारण कर गई है।

वही कठोरता, वही दृढ़ता—वही अड़, वही ज़िद। एक बार 'ना' कह दिया, तो फिर 'हाँ' कहला नहीं सकते। सैनिक शिक्षा के तीन वर्षों ने उसके रहन-सहन, बात में भी सैनिकता ला दी है। चलने में हमेशा सही कदम उठते हैं; बिना प्रयोजन कोई बात नहीं करेगा!

जिस तरह जित्तिन में मेरे सैनिक स्वभाव की छाप है ; देवेन्द्र में उसी तरह मेरे कलाकार रूप की!

कोमलता, आर्द्रता, भावुकता, शिथिलता—और सहनशीलता! हद दर्जे की। लिखता भी है बहुत सुन्दर—अक्षर भी अच्छे; शैली तो ऐसी कि मेरी चीजों में भी खप जाए!

मालूम होता है, ये दोनों बच्चे मेरे जीवन के दो पहलुओं के प्रतीक हैं और दोनों एक-दूसरे के पूरक भी!

और तीसरे साहब—महेन्द्र। वह अभी बच्चा है—देखें, वह कैसा निकलता है, किस ओर बढ़ता है। मनोविश्लेषण के अनुसार अन्तिम बच्चा खानदान से पृथक नई लीक बनाने वाला होता है!

सोचता हूँ, उसे साइंस या इन्जीनियरिंग की ओर बढ़ने दूँ।

(शाम में)

"नई धारा" मेरा सिरदर्द सिद्ध होने लगी है!

वीरेन्द्र कहते हैं—इस तरह काम कैसे चलेगा?

आज इकतीस मई हो गई; किन्तु अभी तक कवर नहीं छाप सका। भीतर का मैटर भी आधा ही छप पाया है।

प्रेस का काम बिल्कुल जमीनदारी ढंग से होता है।

"नई धारा" का प्रबंध-विभाग तो शून्य ही जैसा है। यह उस विभाग का काम था कि मुझसे तकाजा करके समय पर 'नई धारा' निकलवाता।

उल्टे मुझी को तकाजा करना पड़ता है।

रुपए-पैसे के बारे में भी अजीब ढीलढाल। मई के लेखकों को रुपए नहीं भेजे गए। अप्रैल के लिए भी रो-रोकर भेजे गए—बहुत देर से!

टेलपीस के ब्लॉकों की जो वी. पी. आई, वह पन्द्रह दिनों से पड़ी हुई है डाकखाने में।

शिवाजी का व्यवहार तो बहुत शिष्ट है, वह मधुरभाषी भी हैं; किन्तु व्यापार में तो इन गुणों के ऊपर चुस्ती चाहिए!

बेनीपुर
6 जून 1950

तीन दिनों से यहाँ हूँ। बेनीपुर आता हूँ, आराम करने ; और आराम का सबसे सुखद रूप है, मेरे लिए सोना। बस, यहाँ सोता हूँ, सोता हूँ, सोता हूँ।

याद आता है, कभी-कभी लगातार कई दिनों तक पन्द्रह घंटों तक सोता ही रहा हूँ—हाँ, एक ही दौर में नहीं; सोया, उठा, खाया, सोया—फिर उठा, घूमा, जलपान किया, सोया; उठा, गप्प हुई, सोया। जिस तरह मुझमें काम करने की अद्‌भुत क्षमता है, उसी तरह सोने की भी।

पटना की गर्मी में हड्डीतोड़ काम करने के बाद बेनीपुर का सोना—अहा, कैसा मज़ा!

× × ×

जिस दिन जयप्रकाश जी का दौरा मुज़फ्फरपुर में था, मेरे घर में आग लग गई थी। घर में नहीं, भुसखार में। वहीं घर के लिए लकड़ी का काम होता था, वह भी जल गया।

लेकिन, उसके कुछ दिनों के बाद ही बेनीपुर में आग लग गई और पैंतालिस मिनट के अन्दर सारा गाँव स्वाहा हो गया! भयानक आग थी। कुछ भी बचाया नहीं जा सका। जानें बच गईं; पशु बच गए—यही बहुत।

काका ने बताया है, ऐसी आग इस गाँव में 1865 फस्ली को लगी थी—जिसको 93 वर्ष हो गए!

आह! गाँव का कैसा भयावना दृश्य है! छप्पर जल गए, घर की चीज़ें जल गईं—बच गई हैं जली-अधजली दीवारें; अन्न की कोठियाँ या एकाध मोटी लकड़ियाँ! दीवारें लाल हो गई हैं; कोठियाँ आवा की तरह लगती हैं और लकड़ियाँ लुकाठियों की तरह! ये भयानकता को भीषण बना देती हैं।

पटना में मुझे ख़बर हुई तो जिला-मैजिस्ट्रेट को मैंने तार दिया। एक बार डिप्टी आकर गाँव की हालत देख भी गए हैं। लेकिन आज तक कोई सरकारी सहायता नहीं मिली।

पर, वाह रे आदमी! मालूम होता है, प्रकृति से लड़ने में वह कभी थकता नहीं। धनी-गरीब चींटों की तरह घर को बनाने में लगे हैं। हित-कुटम्बियों से सहायता भी मिल रही है!

धीरे-धीरे कुछ घर बन गए हैं। अधजली दीवारों पर नए छप्पर डल रहे हैं!

× × ×

आग और आदमी—आदमी की अभ्युन्नति का द्वार उस दिन खुला, जिस दिन उसने आग पर क़ब्ज़ा किया।

आज का सारा विश्व आग पर आदमी के प्रभुत्व का वरदान है!

आग से खाना बनाना; जंगल को जलाकर उसे खेती के लायक बनाना; सर्दी को दूर रखना—इन मामूली बातों से यह विजय प्रारम्भ हुई!

किन्तु, अब वह कहाँ तक पहुँच गई है? रेल, जहाज, तार; बड़ी-बड़ी अट्टालिकाएँ; सुख के अनेकानेक पदार्थ—सबके मूल में क्या आग पर आदमी की विजय निहित नहीं है?

वेद में ऋषि ने अग्नि की स्तुति की—

"अग्नि मीड़े पुरोहितम् होतारम् रत्नधातवम् "

लेकिन, मालूम होता है, अग्नि अपनी पराजय को भूली नहीं है! वह जब-तब आदमी से उसका बदला लेती है।

वह प्रायः ज्वालामुखी के रूप में फूट उठती है!

और गर्म देशों में ग्रीष्म आया नहीं कि अपना ताण्डव नृत्य प्रारम्भ कर देती है!

कभी आग का लगना देखा है?

मालूम होता है, संहार का देवता लपटों के रूप में सैकड़ों लाल-लाल जिह्वाएँ निकाले विश्व को उदर-सात करने पर उतारू हो गया है!

आग तब गरजती है, उछलती है,—साँय-साँय, हू हू, हाः हाः। अभी यहाँ, तुरंत वहाँ। दाहिने मुड़ी, बाएँ झपटी! झोपड़ी को फूँका, अट्टालिका को स्वाहा किया !

मनुष्य-मात्र से उसको चिढ़ है—धनी-गरीब का भेदभाव कहाँ?

रथौली
9 जून 1950

आज सावित्री की शादी में यहाँ आया!

शादी = खुशी। विवाह आदि शब्द से यह फारसी शब्द मुझे ज्यादा पसंद है।

एक बार जयप्रकाश जी से इसके बारे में चर्चा छिड़ी—उन्होंने भी उस प्रवृत्ति को बुरा बताया जिसके अनुसार लोग सादगी के नाम पर शादी को मुहर्रम बना देते हैं।

दो जीवन का मिलन—आजीवन के लिए। थोड़ी धूम, थोड़ा जश्न, थोड़ा बाजा-गाजा तो चाहिए ही इस पुण्य अवसर पर।

जब दो हृदयों के मिलन का उद्घोष हम करने चले हैं, तो नगाड़ा तो बजना ही चाहिए—आज डॉक्टर रामाशीष ठाकुर ने सीतामढ़ी में कहा था!

शादी अच्छी रही। सावित्री भाग्यवती बेटी है—पति अच्छे मिले, परिवार भी अच्छा।

शादी के बाद उसे देखा—सिन्दूर से लाल-लाल बनी उसकी माँग। कुछ लज्जा, कुछ संकोच से चेहरा लाल बना। उस पर लाल साड़ी!

दिनकर की 'बालिका से वधू' कविता की कुछ पंक्तियाँ बार-बार याद आ रही थीं।

पटना
14 जून 1950

नहीं, नहीं, कुछ अधूरे काम हैं, उन्हें पूरा कर ही लेना चाहिए।

1. "संघमित्रा" को पूरा करके छपवा लेना है।
2. "सीता की माँ" को भी प्रकाशित कराने में विलम्ब उचित नहीं।
3. "ज़ंजीरें और दीवारें" का सिलसिला भी शुरू हो जाना चाहिए।

4. ''रवीन्द्र-भारती'' के प्रकाशन में विलम्ब तो अक्षम्य है।

5. ''इक़बाल'' और ''जोश'' पर इतनी मेहनत की, क्या इन्हें सड़ते रहना ही बदा है। और

6. ''नया आदमी'' नामक वह काव्य—क्या वह अधूरा ही रह जाएगा?

× × ×

''गेहूँ और गुलाब'' छप रहा है! कलकत्ता के जनवाणी प्रकाशन द्वारा। बड़ी तैयारी से वे लोग छपवा रहे हैं उसे।

वहीं से ''ओस और आँसू'' भी प्रकाशित होगा। ये दोनों संग्रह मेरी रचनाओं में मास्टरपीस हैं।

× × ×

मेरी इतनी पुस्तकें हो गई हैं कि इच्छा होती है, अपना स्वतंत्र प्रकाशन प्रारम्भ करूँ। किन्तु, प्रकाशन के झंझटों में पड़कर लिखना-पढ़ना ही न छूट जाए, इसी से डरता हूँ।

पढ़ाई समाप्त कर देवेन्द्र इस काम में लगे, तो कैसा हो? लेकिन क्या उससे व्यापार चल सकेगा? व्यापार के लिए वणिक-वृत्ति चाहिए और वह कलात्मक प्रवृत्तियों का पुंज है!

× × ×

क्या बात है कि इधर बहुत भूलने लगा हूँ।

नामों के बारे में तो मेरी स्मृति अजीब है—कभी-कभी अपने बच्चों के नाम भी याद करने पड़ते हैं!

कोई परिचित आदमी आकर पूछ बैठता है—आपने मुझे पहचाना; तो अजीब गो-मगो में पड़ जाता हूँ। पुस्तकों और लेखकों के नाम भूल जाने से लिखने और बातचीत करने में अजीब दिक्कत होने लगती है।

आजकल फ्रायड पर किताब पढ़ रहा हूँ। भूलने के बारे में उनकी व्याख्या सही नहीं मालूम पड़ती!

हर बड़े पथप्रदर्शक (पायनीयर) की तरह उन्होंने भी एक ही पर ज्यादा ज़ोर दे दिया है, ऐसा लगता है।

पटना
18 जून 1950

जहाँ बच्चे मरते हैं, वह मेरा देश नहीं!

आप पूछ सकते हैं, यह कैसी सनकी बात। ऐसा कौन-सा देश, जहाँ बच्चे नहीं मरते हों। जीवन के साथ तो मृत्यु बँधी है!

जीवन के साथ मृत्यु बँधी है, इसे मैं बुरा नहीं समझता। अमर जीवन—उफ़ कैसा उबानेवाला जीवन होगा! जीए जाओ, जीए जाओ! अमरता चाहता हूँ तो शरीर से नहीं, कृतियों से, कर्तृत्वों से।

लेकिन मृत्यु का भी नियम होना चाहिए—बचपन में खेला-कूदा, जवानी में रंगरलियाँ कीं, बुढ़ापे में कुछ चिन्तन-मनन हुआ, फिर हँसी-खुशी चलते बने!

जवानी की मौत भी मुझे खलती है—लगता है, किसी हँसते हुए फूल को किसी निर्दयी ने अचानक तोड़ लिया!

लेकिन बच्चे की मौत!

"हसरत उन गुंचों पे है जो बे-खिले कुम्हला गए।"

न जाने इस कली का कैसा विकास होता—कैसा रंग, कैसी सुगंध! अचानक तोड़ ली गई, जमींदोज़ कर दिया गया!

बच्चों की मृत्यु मुझे संसार की सबसे अधिक करुण घटना मालूम पड़ती है। मेरे लिए यह असह्य है। जब कभी किसी बच्चे की मृत्यु की ख़बर सुनता हूँ, रोएँ सिहर उठते हैं और जब कभी लाश देख ली! उफ़—

अभी उस दिन जहाज़ घाट से आ रहा था। देखा, एक आदमी एक बच्चे को कफ़न से लपेटे श्मशान घाट लिए जा रहा है।

नए सफेद कपड़े में लिपटा दोनों तलहथियों पर रखा वह मृत बच्चा! नीचे के भाग से उसकी जाँघ के ऊपर का भाग ज़रा दिखाई दे रहा था—गोरा, तन्दुरुस्त बच्चा लगता था। फूल-सा ही हल्का-फुल्का—आसानी से उसे दोनों तलहथियों पर रखे हुए ले जा रहे थे!

कौन कहे, जब अब देश में हर बच्चे के लिए हर सुअवसर प्राप्य है, यह बच्चा क्या बन सकता था! कोई आने वाला कालिदास, चन्द्रगुप्त, रवि वर्मा। असमय में ही वह देखो चला जा रहा है—कहाँ?

तुम उसे आग की लपटों में, सिकुड़ाने वाले पानी में, सड़ानेवाली मिट्टी के अन्दर रखने जा रहे हो!

उँह, उँह—

नहीं, नहीं, जहाँ बच्चे मरते हैं, वह मेरा देश नहीं हो सकता!

पटना
19 जून 1950

पटना में अखिल भारतीय हिन्दी साहित्य सम्मेलन का विशेष अधिवेशन होने जा रहा है। मैंने हैदराबाद में निमंत्रण दिया था। अब इसका सारा बोझ मुझ पर आ गया है।

बोझ, बोझ, बोझ! बोझों से दबा जा रहा हूँ!

बार-बार सोचता हूँ, सम्मेलन के कामों से अपने को हटा लूँ—किन्तु और फँसता ही जा रहा हूँ।

इधर आर्थिक झंझटें भी बहुत आ गई हैं। इस साल मेरी पुस्तकें बच्चों की सहायक पुस्तकों में नहीं जा सकीं। [पारसाल जहाँ लगभग दस हजार रुपए मिले थे, इस साल पाँच हजार भी नहीं पूरे हो सके!

'चून्नू-मुन्नू' और 'नई धारा' से जो आठ सौ रुपए महीने (300 + 500) आ जाते हैं, पटना में मेरे निर्वाह का वही सबसे बड़ा आसरा है।]

जित्तिन का ज़ोर है, मैं मोटर खरीदूँ। मोटर रखने में आराम रहेगा; प्रतिदिन रिक्शा में जो तीन-चार रुपए खर्च होते हैं, उससे भी पिंड छूटेगा, प्रतिष्ठा भी है।

किन्तु, हो कैसे? [जनवाणी प्रकाशन (कलकत्ता) से कहा है, वे कोई प्रबंध करें। कुछ आश्वासन भी मिला है। देखना है, क्या होता है?]

पटना
20 जून 1950

आजकल सम्मेलन के कला केन्द्र में मेरे लिखे पाटलिपुत्र के बैले (Ballet) का रिहर्सल चल रहा है।

छोटी-छोटी बच्चियाँ—जब उन्हें ताल पर नाचते, हाथों और उँगलियों का नृत्यमय संचालन करते देखता हूँ, बड़ी प्रसन्नता होती है।

जो बड़ी लड़कियाँ पार्ट कर रही हैं, मालूम होता है, नृत्य लेकर ही वह पैदा हुईं और बढ़ी हैं।

बच्चों और युवकों के पार्ट में भी काफी नृत्यशीलता परिलक्षित होती है।

मालूम होता है, बिहार की भूमि में कला घुली-मिली है।

किन्तु, यह कला छिपी है, दबी है। हमारे युवक-युवतियों, बच्चे-बच्चियों को अवसर ही कहाँ मिल पाता है कि उनकी कलात्मक प्रवृत्तियों का विकास हो पाए !

यदि उन्हें अवसर दिया जाए, प्रोत्साहन दिया जाए, वातावरण दिया जाए, तो बिहार कला-भूमि के रूप में प्रसिद्ध हो जाए।

शास्त्रीय संगीत में बम्बई के बाद बिहार का ही स्थान आता है। हमारे कई ऐसे संगीतकार हैं, जिन्हें भारत के श्रेष्ठ संगीतकारों की पंक्ति में सादर बिठलाया जा सकता है।

सम्मेलन में कला-केन्द्र की स्थापना इसीलिए की कि प्रान्त की इस निहित, छिपी हुई, अधविकसित, प्रसिद्धि-वंचित कला को प्रगट होने का अवसर दूँ, उसे उजागर करूँ, देश के लोगों से उसकी श्रेष्ठता पर स्वीकृति दिलाऊँ।

किन्तु, क्या किया जाए? भले घर के लोग अपनी बहू-बेटियों, बच्चों-लड़कों को इस ओर बढ़ने नहीं देते! मान लिया गया है कि नृत्य तो वेश्या का पेशा है और संगीत बिगड़ैलों का शग़ल। जो लड़कियाँ रंगमंच पर उतरें, डर रहता है, उनकी शादी भले घर में हो सकेगी या नहीं—ऐसा मुझे बड़े और सभ्य घरों में कहा गया है।

नृत्य और संगीत को काफी बदनाम बना दिया गया है। हमारे कलाकारों का भी इसमें दोष है।

वे कला में नैतिकता का स्थान समझते ही नहीं। अपने लिए सौ खून माफ किए जाने का दावा करते हैं।

एक ओर कलाकारों का नैतिक स्तर ऊपर उठे और दूसरी ओर भले घरों के लड़के-लड़कियों को इस ओर प्रवृत्त किया जाए, तभी कला का उद्धार सम्भव है।

यदि सरकार इस ओर ध्यान दे, तो बड़ी आसानी से काम हो—लेकिन यह कांग्रेसी सरकार भी अजीब निकली! कला से जैसे इसे चिढ़ हो—हाँ, कला के नाम पर वह कुछ लोगों को अपना 'वंदीजन' ज़रूर बनाना चाहती है—वे उसके यश के गीत गाते रहें।

इस सरकार को मैं इसलिए भी बदलना चाहता हूँ।

एक बार मैंने कहा था—मेरे हाथ में साधन हों; तो दस वर्ष में मैं प्रान्त के कोने-कोने को कला से भर दूँ। लोगों की सूरत बदल दूँ—यह मेरी दर्पवाणी नहीं, निश्चित विश्वास है।

पटना
24 जून 1950

मराठी के सुप्रसिद्ध लेखक श्रीसाने गुरुजी की मृत्यु-वार्ता कुछ दिनों पहले पत्रों में आई थी।

गुरुजी विशुद्ध साहित्यिक ही नहीं थे, भारतीय स्वतंत्रता युद्ध के प्रबल सेनानी थे! 1942 के विप्लव में आपने पत्री-सरकार की स्थापना कर विदेशी सत्ता को चुनौती दी थी।

कुछ दिनों से समाजवादी पार्टी के साथ जन-आन्दोलनों में भाग लेते आए थे।

आपकी प्रसिद्धि और जनप्रियता का यह सबूत कि बम्बई में आपकी अर्थी के साथ एक लाख व्यक्ति श्मशान घाट पहुँचे थे। उनकी असामयिक मृत्यु पर मराठी, गुजराती, अंग्रेजी और हिन्दी पत्रों ने भी शोक प्रगट किया।

पहले की खबरों से मालूम होता था, किसी अप्रत्याशित गड़बड़ी के कारण आपकी मृत्यु हुई। किन्तु, अब स्पष्ट हो गया है कि आपने जान-बूझकर आत्महत्या कर ली!

ऐसे महान साहित्यिक, जनसेवी और प्रगतिशील विचार वाले व्यक्ति को अपना बहुमूल्य जीवन इस तरह विसर्जन करने को उतारू होना पड़ा—क्या यह परम आश्चर्य का विषय नहीं है?

साने गुरुजी बड़े भावुक थे। 1921 से ही राष्ट्रसेवा करते आए। उनकी लेखनी से उनकी भावुकता और आदर्शप्रवणता टपकती थी। विवाह नहीं किया था। एक माता जी रह गई थीं, थोड़े दिन हुए, वह भी चल बसीं। एकाकी जीवन। हृदय का सारा प्यार बच्चों पर, अछूतों पर, पीड़ितों पर उँड़ेलते।

कुछ दिन पहले अछूतों के लिए आपने अनशन भी किया था।

अचानक गुरुजी ने यह गम्भीर निर्णय क्यों किया—इस प्रश्न पर तरह-तरह के विचार प्रगट किए जा रहे हैं।

कुछ दिन हुए, जयप्रकाश जी से मेरी बातें हुई थी। पार्टी के लोगों ने उनसे शिकायत की थी कि अब तो मैं कल्पनालोक में—आइवरी टावर में—चला गया हूँ। मैंने उसी को लेकर उनसे कहा था—

आज के समाज में जैसी गंदगी, गरीबी और जहालत है, क्या कोई भावुक आदमी उसे दिन-रात देखते हुए जी सकता है? या तो उसे आत्महत्या कर लेनी होगी, या किसी आइवरी टॉवर में जाकर, कुछ क्षणों के लिए सारे संसार से दूर, अपने को कल्पनाओं में बहलाना पड़ेगा।

जयप्रकाश जी ने हँसते हुए कहा—उसमें अनैतिकता भी जोड़ दीजिए! गंदगी से मेरा वही मतलब था, मैंने कहा।

जब तक आज़ादी की लड़ाई होती रही, हम इस आशा पर जीते रहे कि स्वराज्य होने दो—विदेशी शासन से देश को मुक्त होने दो—फिर सब कुछ ठीक हो जाएगा।

अंग्रेज चले गए, तीन वर्ष से निखालिस भारतीय राज्य है—किन्तु आज देश की क्या हालत है? ऐसी अनैतिकता, इतनी हिंसा (गाँधी जी के अर्थों में) शायद पहले कभी नहीं देखी गई थी?

सबसे बुरी बात यह है कि जो अपने को सत्य और अहिंसा के अलमबरदार मानते हैं, जो गाँधी जी के नैतिक नियमों की दुहाई देते हैं, जो पद-पद पर गाँधी जी के नाम की क़समें खाते हैं—वे ही आज कीचड़ में, गंदगी में डूबे हुए हैं!

और, वामपक्ष में भी तो बुराइयों की कमी नहीं। अपने प्रान्त में ही क्या देख रहा हूँ? [पार्टी में कुछ तिकड़मबाज़ आ गए हैं, और वे जयप्रकाश जी को भ्रम में डालकर, सारी पार्टी

को जहन्नुम की ओर लिए चले जा रहे हैं।

जयप्रकाश जी की वही हालत देख रहा हूँ, जो गाँधी जी की कांग्रेस में हुई।

आज उनका काम है इन तिकड़मबाजों के लिए पैसे इकट्ठा कर देना—कल वे उनसे वोट इकट्ठे करवाएँगे और यदि वे विजयी हुए; तो सारी सत्ता हथियाकर उनके लिए भी क्या वे किसी 'राजघाट' की व्यवस्था नहीं कर देंगे?]

साने गुरुजी के अन्तिम लेखों में वामपक्ष की इस अनैतिकता की ओर खास निर्देश था। अशोक ने लिखा है कि जिस हाथ से गुरुजी ने इस अनन्त निद्रा के लिए गोलियाँ (टेबलेट) खाईं, क्या उस हाथ में हमारा हाथ भी शामिल नहीं था!

बात सही है, किन्तु अशोक की बात पर कितने सोशलिस्ट ध्यान देंगे?

गाँधी जी की हत्या के बाद मौलाना आज़ाद ने कहा था—मैं रात अपने हाथ को बराबर देखता रहा कि कहीं उसमें भी तो खून नहीं लगा है! किन्तु मौलाना की तरह कितने कांग्रेसियों ने अपने हाथ देखे—न उस रात देखे और न आज देख रहे हैं!

फिर गुरुजी ऐसे शुद्ध, सात्विक, तपस्वी लोग किस आशा पर जीवित रहें!

क्या जीवन का मोह ही मुझे कल्पनालोक में नहीं घसीट ले गया है?

और, एक बात और भी—गुरुजी की तरह अकेला भी तो नहीं। एक पूरा परिवार—सिर्फ नाबालिगों और स्त्रियों का एक पूरा झुंड! इन्हें किन पर छोड़ दूँ? इन्हें कैसे छोड़ दूँ?

भावुकों को उबानेवाला यह घोर अंधकार कब तक?

यह कैसा स्वराज्य हमारे देश में आया कि गाँधी जी की हत्या कर दी गई और साने गुरुजी को आत्महत्या कर लेनी पड़ी?

भारतमाता!—तुम्हारा भाग्य कैसा है?

पटना

28 जून 1950

स्वामी जी भी चल बसे।

स्वामी जी = स्वामी सहजानन्द सरस्वती। कैसी धुन, कैसी कर्मठता। जिस काम में जब पड़े, एक तूफान बरपा कर दिया।

गाजीपुर जिले के एक किसान परिवार में जन्म। विवाह हुआ; पत्नी मरीं, संन्यास लिया। शास्त्रों को शोध डाला। मीमांसा से प्रेम हुआ, तो मिथिला में जाकर प्रसिद्ध मीमांसक महामहोपाध्याय पं. चित्राधर मिश्र जी से मीमांसा सीखी।

फिर भूमिहार ब्राह्मणों के अभ्युत्थान का बीड़ा उठाया। लेख पर लेख लिखे, ग्रन्थ लिखे; दौरे पर दौरा किया। थोड़े ही दिनों में इस जाति को झकझोर कर खड़ा कर दिया।

जब राष्ट्रीय आन्दोलन में पड़े, वही धुन, वही लगन। नियमित रूप से चर्खा कातना; गाँधी जी के आदर्शों को अपने जीवन में उतारने की चेष्टा करना।

किन्तु स्वामी जी के व्यक्तित्व और नेतृत्व के जौहर तो खुले किसान-आन्दोलन के सिलसिले में।

यों तो किसानों में स्वामी जी के पहले भी लोग काम करते आए थे और आज भी कर रहे हैं; किन्तु यथार्थ रूप में भारतीय किसान आन्दोलन का पिता तो उन्हें कहा ही जाएगा।

जो कल तक सुधारों में लगा था; वह क्रान्तिमूर्ति के रूप में प्रख्यात हुआ।

स्वामी जी में कई गुण अनोखे थे—वचन की पाबन्दी, समय की पाबन्दी, भोजन-शयन

में घोर नियमितता, रुपए-पैसे के मामले में बड़ी सफाई।

स्वामी जी में कुछ दोष भी थे—उग्र स्वभाव; हठात् निर्णय; अहं से लबालब। यदि ये दोष नहीं होते, तो स्वामी जी का स्थान भारतीय राजनीति में अनुपमेय होता।

किन्तु, दोष कहाँ नहीं है? और हर आदमी सर पर ताज रखकर ही तो नहीं मरता।

भारतीय किसानों के लिए उनके हृदय में दर्द था, जलन थी। उनकी पूरी दृष्टि किसानों की हो गई थी। किसानों की भावनाओं को वह समझते थे। किसान-समस्या का अध्ययन भी उन्होंने किया था। किसान सम्बन्धी सारे कानूनों को वह बड़े मनोयोग से पढ़ गए थे। अपने पूरे जीवन को उन्होंने किसानमय बना लिया था।

ऐसे आदमी का अचानक उठ जाना सार्वजनिक जीवन में एक खाई तो छोड़ जाता ही है!

पटना
3 जुलाई 1950

और, भाई मेहरअली भी चल बसे!

यों तो वह पाँच-छः वर्षों से हृदयरोग से पीड़ित थे, किन्तु, वह सहसा चल बसेंगे, ऐसी कल्पना भी नहीं थी।

इधर पत्रों में छपा था, पार्टी की मद्रास-कान्फ्रेंस में वह सदारत करने जा रहे हैं। इससे यह समझा था कि उनका स्वास्थ्य सुधर चुका होगा कि यह अचानक मृत्यु-वार्ता!

मेहरअली को पहले-पहल बम्बई कांग्रेस में स्वयंसेवकों के जी. ओ. सी. के रूप में देखा था।

गोरा-चिट्टा चेहरा, घुँघराले बाल, छरहरा बदन! स्वयंसेवकों की वर्दी में वह बहुत अच्छे लगते!

जब सोशलिस्ट पार्टी का संगठन किया, मैं उनके साथ ही पार्टी की कार्यसमिति में लिया गया!

धीरे-धीरे मेरी उनकी घनिष्ठता हो गई थी। जब-जब मैं जेल जाता, मेहरअली पुस्तकों के पैकेट पर पैकेट भेजने में कभी नहीं चूकते!

मेरे आग्रह पर वह (1942) बम्बई से बेदौल दौड़े आए। तब तक सरकार ने मुझे जेल में डाल दिया था। बड़े हास्य में उस समय लिखा—जो बम्बई के मेयर को इस तरह घोर देहात में घसीट ले आए, उसे जेल में बन्द कर ही देना चाहिए।

1945 में जब जेल से छूटा—कई बार बम्बई जाने का अवसर आया। मेहरअली के शील-स्वभाव को और भी निकट से देखने का मौका मिला।

मेहरअली का जीवन कलामय था। राजनीति में रहते हुए उन्होंने कभी साहित्य और कला को नहीं भुलाया। उनके ऐसे व्यक्तियों का शब्दचित्र देने वाले लेखक बहुत ही कम होंगे। ''लीडर्स आफ इंडिया'' उनकी सर्वोत्तम कृति है।

पुस्तकों से बेहद शौक था। उनका व्यक्तिगत पुस्तकालय बहुत बड़ा और अच्छा था। अमुक पुस्तक की एक प्रति मेरे पास है, और एक प्रति अमुक के पास, बस देश में दो ही प्रतियाँ इसकी हैं—यह कहने में उन्हें बड़ा फख्र होता।

पार्टी के लोग सांस्कृतिक क्षेत्र की अवहेलना करते हैं, इसका दुख उन्हें भी था। इस बार अमेरिका-यूरोप से लौटे और मैं मिलने गया, तो उन्होंने इस सम्बन्ध में बड़ी बातें कीं।

उन्होंने कहा—इस बार भी यात्रा में मैंने अधिक ध्यान कला, साहित्य और संस्कृति के प्रश्नों के अध्ययन में दिया।

बैंगलोर में पार्टी की जो कन्वेंशन हुई, उसमें उन्होंने इस सम्बन्ध में एक भाषण भी दिया था।

कलकत्ता
7 जुलाई 1950

अखिल भारतीय हिन्दी साहित्य सम्मेलन के कामों से इतना थक गया था कि भागकर यहाँ आ गया।

साथ में जित्तिन को भी ले लिया।

यहाँ आकर पाया, दिनकर जी पधार चुके हैं। फिर आनन्द का क्या कहना ?

और उस आनन्द का प्रारम्भ हुआ कल संध्या से ही। हम लोग श्रीरंगम् में शिशिर भादुड़ी द्वारा खेला गया 'माइकेल मधुसूदन' नामक नाटक देखने गए। हम तीनों के अतिरिक्त श्री हजारीलाल जी और कमल जी थे!

नाटक देखकर हम लोग किस तरह मुग्ध हुए।

शिशिर बाबू ने मेघनाथ वध-प्रणेता माइकेल मधुसूदन का पार्ट किया था। शिशिर बाबू काफी वृद्ध हो चुके हैं, इसलिए प्रारम्भ में जब वह युवक मधुसूदन का पार्ट कर रहे थे, तब उनके नाट्य-कौशल के बावजूद, कुछ अस्वाभाविक-सा लगता था।

किन्तु, ज्यों-ज्यों खेल आगे बढ़ा, माइकेल प्रौढ़ हुए, वृद्ध हुए, शिशिर बाबू का जादू सबके सिर पर चढ़कर बोलने लगा।

माइकेल मधुसूदन—प्रतिज्ञा का अवतार। इतनी प्रतिभा, जो व्यक्ति को बेकाबू बना दे। भावुकता में सराबोर। यहाँ से वहाँ, वहाँ से यहाँ—पारे सा चंचल। ईसाई हुए, पिता से श्राप पाया जिस लड़की के लिए उसने उसे छोड़ दिया, एक गोरी लड़की से भी तिरस्कार मिला, फिर एक फ्रेंच लड़की की गोद में जा रहे।

प्रेमी मधुसूदन और प्रेमिका यह फ्रांसीसी लड़की! लड़की का पार्ट भी बड़ा सुन्दर हुआ है।

मधुसूदन साहित्य की ओर मुड़ते हैं और बँग्ला साहित्य में क्रान्ति मच जाती है।

किन्तु अभिशापित मधुसूदन! साहित्यिक सफलताओं के बावजूद जीवन-भर कष्ट में रहे। अन्त में एक अस्पताल में उनकी मृत्यु हुई!

उनके जीवन के प्रसंगों में ऐसे मौके आए, जब हमारी आँखें भी तर हुए बिना नहीं रहीं।

किन्तु मन में बार-बार प्रश्न उठता—

क्या हिन्दी का रंगमंच ऐसा हो सकेगा? क्या हमारे यहाँ भी कोई शिशिर पैदा हो सकेगा? और, इस रंगमंच और शिशिर को पोषण करने वाली बँगभाषी जनता की तरह हमारी जनता कब सुरुचिसम्पन्न होगी?

मधुसूदन की ही तरह भारतेन्दु के जीवन पर क्या एक उत्तम नाटक नहीं लिखा जा सकता?

मैं लिख भी दे सकता हूँ और मेरा दावा है, इस नाटक से अच्छा नाटक—कथानक और कथोपकथन की दृष्टि से—लिख दे सकूँगा; क्योंकि भारतेन्दु का जीवन और भी रंगीन है। किन्तु, कोई शिशिर कुमार हिन्दी में कहाँ? और रंगमंच ही ऐसा कहाँ?

हिन्दी का एक अच्छा रंगमंच बने, इसके लिए पटना में प्रयत्न भी शुरू किया है।

सम्मेलन भवन में स्टेज तो बना दिया है; किन्तु अभिनेता कहाँ से मिलेगा?

बार-बार पृथ्वीराज की ओर ध्यान जाता है—किन्तु, वह बम्बई छोड़कर पटना में क्यों भूखों मरने आवे?

जो नौजवान इस ओर बढ़ना चाहते हैं, मुझी से ख़त लेकर बम्बई दौड़ जाते हैं और वहाँ से महरूम, उदास, विषण्ण होकर लौटते हैं!

लेकिन, बेनीपुरी, तुम्हें इस दिशा में प्रयत्न करते ही रहना है—करते ही रहना है!

कलकत्ता-प्रवास
6 जुलाई से 16 जुलाई 1950

यह कलकत्ता का प्रवास भी क्या मज़े का रहा! अभिनन्दन, भोज, सैर-सपाटा—नए लोग, नए दृश्य!

कितनी ही संस्थाओं ने अभिनन्दन के लिए सभाएँ कीं—इनकी संख्याएँ बहुत होतीं, यदि बार-बार अनिच्छा नहीं प्रगट करता।

एक दिन कई संस्थाओं की ओर से एक बड़ी सभा हुई जिसमें दिनकर का और मेरा सम्मिलित अभिनन्दन हुआ। मैंने अपने "गुलाब-वाद" की व्याख्या की। लोगों ने बहुत पसंद किया। दिनकर ने कुछ कविताएँ सुनाईं। आयोजन खूब सफल रहा।

कलकत्ता विश्वविद्यालय की हिन्दी परिषद् की ओर से यूनिवर्सिटी में जो सभा हुई, उसका सभापतित्व श्री सुनीति कुमार चट्टोपाध्याय ने किया। मेरी हिन्दी सेवा और भाषा-शैली पर विश्वविद्यालय के हिन्दी-विभाग के अध्यक्ष श्री ललिता प्रसाद सुकुल ने बड़ा सुन्दर भाषण दिया, ऐसा कि मैं स्वयं अपनी नज़रों में कुछ बड़ा-सा जँचने लगा!

बंगीय हिन्दी परिषद् की अभिनन्दन सभा में मैंने "सीता की माँ" सुनाई।

पत्रकारों की ओर से जो सभा हुई, उसमें कुछ कम्युनिस्टों ने ऊटपटाँग बातें कहीं। बस, मेरा देवता जगा और लोगों ने कहा, मैंने बड़ा ही ओजपूर्ण भाषण दिया!

सोशलिस्ट पार्टी के सांस्कृतिक संघ की ओर से भी अभिनन्दन का आयोजन हुआ। अपने साथियों के बीच जाकर बड़ी प्रसन्नता का अनुभव मैंने किया।

कुछ खास लोगों से मिला।

सुनीति बाबू के घर पर उनके निमंत्रण पर गया। उनका घर—उनके अगाध ज्ञान, सार्वभौम दृष्टिकोण का पता प्रवेश करते ही लगता है। भिन्न-भिन्न लिपियों में सूक्तियाँ जड़ी हुई हैं। पुस्तकालय में भिन्न-भिन्न भाषाओं की पुस्तकों का अपूर्व संग्रह। रूसी भाषा में हुए तुलसीकृत रामायण का अनुवाद देखा, जिसमें चित्र भारतीय कला के ही हैं—पुराने चित्र! न जाने ये चित्र उन्होंने कैसे प्राप्त किए!

बाबू मूलचंद जी से मिला। हिन्दी पत्रकारिता में सबने खोया, इन्होंने पाया। बालीगंज में सुन्दर महल; दरवाज़े पर मोटर बँधी; भीतर गद्दे, गलीचे! बड़े स्नेह से मिले—सच्ची भावना थी, या व्यवसाय-बुद्धि!

'उग्र' भी कलकत्ता पहुँच गए हैं! एक दिन हमसे मिलने हमारे यहाँ आए। वही फक्कड़पन! दिनकर ने पूछा, कहाँ ठहरे हैं। झट कह बैठे—मैं वैश्य या वेश्या के यहाँ ठहरता हूँ। खैरियत कि इस बार वैश्य के घर ठहरे थे। नहीं, तो उनके यहाँ जाने में कैसी परेशानी होती? दिनकर तो चले गए थे, मैं उनसे मिलने गया। चाय आई तो मैंने पूछा—पान कहाँ थूकूँ।

बोले—सामने वह मूलचंद जी हैं! उनका मतलब था, कूड़े के बर्तन से!

सीताराम सेक्सरिया मेरे कलकत्ता पहुँचने पर बाहर गए थे। पीछे आए, तो उनके घर भी निमंत्रण खाने गया। वही प्रेम, वही सरल स्वभाव। व्यवसायियों में इस व्यक्ति को जब-जब देखा, श्रद्धा हुई।

'नया समाज' के श्री मोहनसिंह सेंगर बड़े प्रेम से मिले। जब तक रहा, प्रायः आते। वह सफल संपादक तो हैं ही, अच्छे चिंतक भी मालूम पड़े।

श्री भंवरमल सिंधी से मिलकर प्रसन्नता हुई—उन्होंने एक दिन भोजन के लिए भी आमंत्रित किया। उनकी पत्नी ने अच्छा भोजन तैयार किया था।

कुछ खास जगहें भी देखीं—चिड़ियाघर से दिनकर को इतना आकर्षण है, इस बार पता चला! अपने उत्साह में वह जित्तिन को भी मात कर रहे थे। हर अजीबोगरीब जानवर उन्हें आकृष्ट करता।

विक्टोरिया मेमोरियल में तो प्रायः संध्या को जाकर आनंद उठाता। वहाँ की भीड़ काफी रंगीन रहती है।

रामकृष्ण परमहंस के प्रसिद्ध दक्षिणेश्वर के दर्शन किए और स्वामी विवेकानन्द का बेलुरमठ देखा। एक जगह 'खुदा' हैं, इसी जगह 'खुदा की शान' है। स्वामियों की शान बेलुर में ही देखी जा सकती है!

प्रायः रोज ही सिनेमा देखने जाता। मेट्रो, लाइट हाउस, सोसाइटी, हिन्द—एयर कंडीशंड घरों को देखा और अँगरेजी, हिन्दी, बंगला सब के! मेरा मुख्य ध्यान इन घरों की बनावट की ओर था। हमेशा सोचा करता, क्या पटना में ऐसी चीजें देखने को नहीं मिलेंगी।

अन्त में श्री हजारीलाल शर्मा को कैसे भूलूँ! वह मेरी चार पुस्तकें प्रकाशित कर रहे हैं। उन्होंने आतिथ्य की हद कर दी। मेरे लिए वह एक मोटर का भी प्रबन्ध करना चाहते थे किन्तु, ऐसा नहीं हो सका!

शरीर और मन, दोनों की प्रसन्नता लिए वहाँ के लोग!

प्रयाग से लौटते समय
24 जुलाई 1950

कलकत्ता से लौटकर पटना में फिर झंझटों में फँसा। आजकल कई चिन्ताएँ हैं—खासकर आर्थिक। रॉयल्टी में उतने पैसे न मिले, जितने की उम्मीद कर रखी थी। और उनकी आशा में हाथ हथफेर कर लिए। नतीजा यह कि तकाज़ों के मारे नाकोंदम।

सम्मेलन की आर्थिक स्थिति भी अच्छी नहीं। यहाँ भी खाँव-खाँव।

प्रयाग आना कुछ अच्छा ही लगा। यहाँ सम्मेलन (अखिल भारतीय) की नियमावली समिति को लेकर गया था, जिसका निर्माण पटना के विशेष अधिवेशन के समय हुआ था।

एक ओर टंडनजी का मोह—दूसरी ओर प्रयागवालों का दुराग्रह! उस दुराग्रह में अशिष्टता और अभद्रता का पुट। जब वे लोग टंडनजी की शान के खिलाफ उनके मुँह पर कहते हैं, बड़ा क्रोध और दुःख होता है। इच्छा होती है, इन सब झंझटों को छोड़ दूँ—मुझे, टंडनजी को सम्मेलन से ममता है। वह उसे इनके हाथों में रखना पसंद नहीं करते हैं। किसी तरह निकालना चाहते हैं; इसीलिए सबकुछ सहकर भी वहाँ हैं और हमें भी रखना चाहते हैं।

सम्मेलन को उन्होंने ही बनाया है—जिस तरह गाँधीजी ने कांग्रेस को। अन्तिम दिनों में कांग्रेस में जो गाँधीजी की स्थिति थी, वही सम्मेलन में उनकी भी है।

दुनिया कितनी कृतघ्न है। गाँधीजी की हत्या कर दी गई, टंडनजी को अपमानित किया जाता है!

खैर, इस बार थोड़ा काम हुआ। नियमावली का एक अंश बन पाया। यही संतोष लेकर पटना जा रहा हूँ।

× × ×

इस बार पंतजी और महादेवी जी से मिल सका—हिन्दी के ये दो कलाकार उसके शृंगार हैं। मैं जल्दी-जल्दी में था, तो भी दोनों के यहाँ एक-एक घंटे के लगभग लगे।

जब तक रहा, पंतजी ही बोलते रहे—इस प्रकार लगातार बोलते हुए उन्हें नहीं देखा था। सांस्कृतिक अभ्युत्थान पर कहने लगे। जैसी देश की दशा है, कला भी तो वैसी ही बनेगी। जिस देश में दरिद्रता है, उससे उत्पन्न कुरूपता है, ज़िन्दगी में ठहराव है, सड़ाँध है—भला वहाँ प्रवाहमय, तरल, सुन्दर और पुष्ट रचनाएँ कहाँ से होंगी? हिन्दी-साहित्य हिन्दी-क्षेत्र की जड़ता से आच्छन्न है। जब तक यह जड़ता दूर नहीं होती, उच्च कोटि का साहित्य के सृजन हम कैसे कर सकेंगे? किन्तु बँग्ला साहित्य में जो ऊँचाई या भव्यता दीख पड़ती है, उसके नीचे अभिजात्य वर्ग और सामंतयुग का खोखलापन भरा है। वह उस वर्ग और युग के साथ ही भूमिसात होकर रहेगा—हो रहा है। राजनीतिक पुरुष एक नए युग के निर्माण की बात सोचते हैं, किन्तु उसके लिए साधन कहाँ हैं। उपाय एक है, कुछ व्यक्ति अपने-अपने को इस प्रकार विकसित करें कि उनसे ज्योति-किरण फूटकर दूसरे लोगों के जीवन को प्रभावित करे। गाँधी का उदाहरण हमारे सामने है। इस एक व्यक्ति ने क्या नहीं किया? गाँधी-धारा ही हमारा कल्याण कर सकती है—दूसरा कोई उपाय नहीं दीखता।

फिर रेडियो पर आए। कहा—मैंने 1921 में असहयोग किया, किन्तु देखा, राजनीति मेरा क्षेत्र नहीं। अपनी धुन पर कुछ कहता रहा—लोगों को वह पसंद आ गया। बाइबिल का यह सूत्र मुझे याद है कि जो प्रतीक्षा करते हैं, वह भी सेवा करते हैं। मैं प्रतीक्षा करता रहा और जीवन-भर करता रह सकता हूँ। इतने में मेरे एक मित्र ने इस काम के लिए आग्रह किया—मैंने स्वीकार कर लिया। किन्तु कठिनाइयाँ ही कठिनाइयाँ हैं। सरकारी काम—हर काम में देर। फिर मानवी साधनों का अभाव—अच्छे कलाकार नहीं मिलते। किन्तु विरोध को बढ़ाते जाना मेरा स्वभाव नहीं—ऐसी अवस्था में अपने में संकोचन कर लेता हूँ। देखता हूँ, क्या कर सकूँगा—नहीं तो यह संकोचन फिर अपनी सीमा पर पहुँच जाएगा। अपने को फिर पूर्व-सा आत्मस्थ कर लूँगा।

[रेडियो बहिष्कार के सम्बन्ध में भी बातें हुईं और उन्होंने कहा, मैं आप लोगों की बात सही-सही लिख दूँगा और कहूँगा कि बोलें। तभी कुछ किया जा सकेगा, नहीं तो मेरी स्थिति वहाँ निरर्थक सिद्ध होगी।]

घर से बाहर तक पहुँचाने आए। अँधेरा था। मैंने कहा रुकिए। कहा—यही तो गलत करता हूँ—भीड़भाड़ में जब निकलता हूँ, प्रायः टकरा जाता हूँ।

यही पन्त हैं। भीड़भाड़ से दूर; आत्मस्थ। हिन्दी का सौभाग्य है कि उसे पन्त जैसा कवि मिला है।

और, महादेवी जी। वह भी बोलती ही रहीं। किन्तु पन्त के कथन में जहाँ गम्भीरता की पुट थी, वहाँ महादेवी जी में हास्य की धारा। खूब हँसती रहीं। रुदन की गायिका के होठों पर खेलने वाली, यह अजस्र हँसी—उर्दू कविता का यह शे'र याद आया—

शक न कर मेरी खुश्क आँखों पर
यों भी आँसू बहाए जाते हैं!

साहित्यिकों की आर्थिक दुर्दशा और उनकी सहायता के बारे में ही अधिकांश बातें होती रहीं। बख्शीजी (भूतपूर्व सम्पादक 'सरस्वती') बीमार हैं—कैंसर हो गया है। कह-सुनकर यू. पी. सरकार से एक हज़ार रुपया भेजवाया; किन्तु जहाँ के वे रहने वाले हैं, सी. पी. की सरकार ने मेरे पत्रों का उत्तर तक नहीं दिया। यू. पी. में पुराने लेखक हैं श्री गोविन्द वल्लभ पंत—कई उत्तम नाटक लिखे, जो कोर्स में भी हैं। किन्तु न तो प्रकाशक उन्हें पूछ रहा, न उन्हीं के नामवाले हमारे चीफ मिनिस्टर—यद्यपि लोग अब भी भूल करते हैं कि चीफ मिनिस्टर ने ही वे नाटक लिखे। उन्हें इसको लेकर बधाइयाँ भी मिलीं। [किन्तु उनकी कीर्तियाँ तो उन्होंने चुपचाप अंगीकार कर लीं;] किन्तु अपने नाम के इस साहित्यिक की ज़रा सुधि न ली! वे बेचारे बड़ी आर्थिक दुर्दशा में जीवन बिता रहे हैं। बिहार में मैं गई, और वहाँ के शिक्षा-सचिव के सामने यह समस्या उपस्थित की, तो जो जवाब मिला, मुश्किल से हँसी रोक सकी—तीन रुपए पृष्ठ पर बेसिक रीडर लिखवाकर वह इस समस्या को सुलझाने का सपना देखते हैं, जहाँ सी. पी. सरकार बारह रुपए पृष्ठ और यू. पी. सरकार पाँच रुपए पृष्ठ तक देती है। यू. पी. की सरकार पुरस्कार आदि के रूप में तो करती भी है।

[पुरस्कार की बात आई, तो पूछ बैठीं—इस साल आपकी कोई पुस्तक भी मैं पेश करने वाली हूँ—कौन-सी पुस्तक रखूँ? फिर कहा—मुझे तो 'माटी की मूरतें' बहुत पसंद आई। फिर बोल उठीं—यह पूछकर मैंने अच्छा नहीं किया—यह तो मेरा कर्त्तव्य ठहरा!]

× × ×

प्रयाग में ही आगे का एक दाँत टूट गया! बड़ा मोह हुआ! बेचारा 40-42 वर्ष का साथी था—मान लूँ कि दूध के दाँत टूटने पर 7-8 वर्ष की उम्र में यह उगा होगा! इतना मोह कि बहुत देर तक उसे हाथ में लिए रहा और सोचता था, इसका क्या करूँ कि अचानक हाथ से खिसक गया। रिक्शे पर था, रात थी। कहाँ खोजता, सोचा—चलो, धूल की चीज़ अपनी बिरादरी में जा मिली! एक दिन सारी देह जिसमें मिलेगी, मानो इस दाँत ने हाथ से खिसक कर सूचना दी और चेतावनी कि मिट्टी से यह मोह ठीक नहीं!

बेनीपुर
31 जुलाई/4 अगस्त 1950

यहाँ के एकान्त में दो पुस्तकें पढ़ गया—'फेमस आर्टिस्ट्स एंड देयर मॉडल्स' और 'द पॉकेट बुक ऑफ गोल्ड मास्टर्स'। दोनों पुस्तकें पाश्चात्य कला पर हैं। पहली पुस्तक में लियोनार्दो द विंची से लेकर मार्श तक तेईस यूरोपियन-अमेरिकन कलाकारों और उनकी कृतियों पर प्रकाश डाला गया है। दूसरी पुस्तक में लियानार्दो से वर्नियर तक दस प्रसिद्ध पुराने कलाचार्यों और उनकी अनुपम कलाकृतियों का विस्तृत विवरण दिया गया है। दोनों पुस्तकें अमेरिका की सुप्रसिद्ध पुस्तकमाला पाकेट बुक सीरीज़ में गुंफित हैं। पहली पुस्तक सुप्रसिद्ध कला-आलोचक थामस क्रोवेन ने लिखी है; दूसरी पुस्तक का संकलन किया है हरमन जे. वेचस्लर ने।

लियोनार्दो, राफेल, माइकेल ऐंजेलो, सिशियन, ब्यूगेल, रुबेन्स, रेम्ब्रैंड्ट, एल. ग्रेको, वेलास्वज़े, वरमीयर—पाश्चात्य कला के इन दस आचार्यों की जीवनी और कलाकृतियों से एक साथ ही परिचय पाना क्या कम सौभाग्य की बात है? उनकी कलाकृतियों के जो नमूने दिए गए हैं, उन्हें देखकर क्या आँखें कभी थकती हैं ? यूरोप के वैभव-विलास के ही चाकचिक्य में हम अंधे हो रहे हैं—किन्तु यूरोप की आत्मा तो इन कलाकारों की कृतियों में प्रतिबिम्बित हुई है।

लियोनार्दो द विंची—यूरोपीय कला का यह पिता—किन्तु अपने पिता की अवैध सन्तान—देखने में अति सुन्दर, साथ ही अत्यन्त प्रतिभावान—बचपन से ही गाने-बजाने और चित्रकारी में रुचि—उम्र के साथ प्रतिभा का भी विकास होता गया और अन्ततः तो वह 'जादूगर' कहा जाने लगा। पृथ्वी और आकाश का कोई रहस्य नहीं, जिसके भेदन के लिए उसने चेष्टा नहीं की। वायुयान, टैंक, जल-कल सबके बारे में अन्वेषण करता रहता। वास्तुकला और चित्रकला तो उसकी जीवन-सहचरी रही। बलवान इतना कि घोड़े के नाल को हाथ से दबाकर थकचा कर देता।

लियानार्दो ने उम्र भी लम्बी पाई थी—1452 से 1519 ई.। इन सड़सठ सालों में प्रारम्भ के कुछ वर्षों को छोड़कर, पूरी उम्र तक वह कला की आराधना करता रहा। तीस वर्ष फ़्लोरेंस में, 20 वर्ष मिलान में। 19 वर्ष घूमते-घामते—इटली के इस सपूत ने फ्रांस के राजा की छत्रछाया में, अपने देश से दूर, अन्तिम समाधि ली !

इस कलाचार्य की कूची ने जिसे स्पर्श किया, वह अमर हुआ। ईसा के 'अन्तिम भोजन' पर जो चित्र बनाया, उस पर तो एक बड़े साहित्य का सृजन हो गया है। और, "मोना लिसा"—उसे तो कुछ लोग यूरोप की सर्वोत्कृष्ट कलाकृति मानते हैं। इस चित्र पर वह तीन वर्षों तक काम करता रहा और मरते समय कहता गया कि अफसोस, मैं इसे पूरा नहीं कर सका।

'ऑल द ब्यूटीफुल इवेन ह्यूमेनली ब्यूटीफुल डाइज, सेव इन आर्ट' अपने इस कथन की सार्थकता में उसने जहाँ-जहाँ सौन्दर्य देखा, सबको अमरता देने की कोशिश की। देवी, देवता, परियाँ, सुन्दरियाँ—यही नहीं, घोड़े, कुत्ते, भेड़िये भी उसकी कूची से अमरत्व प्राप्त कर सके हैं। अपने घोड़े की तस्वीर उसने बनाई, वह भी एक अमर कलाकृति है।

इतना बड़ा कलाकार—बड़े-बड़े लोग जिसके प्रशंसक—हमेशा संयम में रहा—कभी कोई स्त्री उसे विचलित नहीं कर सकी—तो भी, उसका जीवन संघर्षों में ही कटा और अपने अन्तिम दिनों में उसने अपनी डायरी में, अपने बाएँ हाथ से लिखा—"जहाँ मैं सोचता था कि मैं जीना सीख रहा हूँ, वहाँ देखता हूँ, मैं मरना सीख रहा था!"

लियोनार्दो के बाद माइकेल ऐंजेलो—महानतम व्यक्तियों में भी महानतम! कवि, इतिहासकार, आलोचक, औपन्यासिक—किसने अपनी लेखनी को इस कलाचार्य की कथा लिखकर धन्य नहीं किया! रोम्याँ रोलाँ ने उसके बारे में लिखा है—"माइकेल ऐंजेलो के समान उस समय तक कुछ नहीं देखा गया था। उसको गए इतने दिन हो गए, तो भी कला की दुनिया उसकी तूफानी आत्मा के चारों ओर चक्कर काट रही है। चित्रकला, मूर्तिकला, वास्तुकला, कविता—सबको उसने अपनी बलिष्ठ बाहुओं से पकड़ा और सबमें अपनी अलौकिक शक्ति और उज्ज्वल आदर्शवाद का संचार किया। उसे समझा कितनों ने, यह विवादास्पद है; किन्तु अनुकरण तो सभी ने किया!"

माइकेल ऐंजेलो का जन्म (फ़्लोरेंस, इटली) ग़रीब के घर हुआ। स्कूल में पढ़ते समय से ही चित्रकला की ओर उसकी रुचि देखी गई। तेरह वर्ष की उम्र में वह एक चित्रकार का सहकारी बन गया। थोड़े दिनों के बाद वह एक प्रसिद्ध मूर्तिकार का सहकारी बना। उसने लिखा है—"अच्छा हुआ कि मेरे हाथ में छेनी और हथौड़ा आया, चित्रकला तो औरतों के लिए है।"

छेनी और कूची, दोनों में ही उसने थोड़े दिनों में ही कमाल दिखलाना शुरू किया। मानवीय स्नायुओं का सही-सही चित्रण करने के लिए उसने चुपचाप मुर्दों को चीड़फाड़ कर देखना शुरू किया। मुर्दों की चीरफाड़ से उसे बार-बार उल्टी आती; पीछे तो उसकी आँत तक उलट गई, जिस कारण जिन्दगी-भर उसे खाने-पीने में रुचि नहीं रही—तो भी वह अपनी धुन

में लगा रहा। मांसपेशियों और स्नायुओं की जैसी उभाड़ और बहार माइकेल ऐंजेलो की कला में देखी जाती है, वैसी अन्यत्र दुर्लभ है।

पत्थर और रंग से जिस दुनिया का उसने निर्माण किया, उसने उसे अमर कीर्ति ही नहीं दी, धन-वैभव का भी ठिकाना नहीं रहा। किन्तु, उसके लिए ये सब तुच्छ थे—कभी बिछावन पर नहीं सोया, कभी अच्छा भोजन नहीं किया। अपनी कला में मस्त, वह दिन-रात काम करता रहा।

उसकी कलाकृतियों में काम-भावना का नितान्त अभाव है। उसकी कला में पौरुष सजीव हो उठा है। स्त्रियों की मूर्तियों में भी यौवन का वह रूप है, जहाँ वासना फटक नहीं सकती।

सिस्टाइन के प्रार्थना गृह में उसने जो मूर्तियाँ बनाईं, वे, मालूम होती हैं, देवताओं की बनाई हुई हैं। सृष्टि की पूरी कथा वहाँ अंकित है। आदम (प्रथम मानव) की आकृति तो देखते ही बनती है—मनुष्य के प्रथम पूर्वज ऐसे ही तो लगते हैं, सहसा मुँह से निकल पड़ता है! वर्षों तक ठट्ठर पर अपने को चित्त लिटाकर उसने छतों पर ये मूर्तियाँ बनाईं—343 मूर्तियाँ, जिनमें अधिकांश 10 फीट से 18 फीट तक की हैं!

लियोनार्दो की तरह, नहीं उससे भी बढ़कर, माइकेल ऐंजेलो ने लम्बी उम्र पाई थी—1475 से 1564 तक। इस उम्र का पल-पल उसने कला की आराधना में ही बिता दिया!

इन दो महान इटालियन कलाकारों के बीच में राफेल। दो चट्टानों के मध्य में संगमरमर की एक मूर्ति—कोमल, चमकीली, तुनुक। सिर्फ सैंतीस वर्ष जीवित रहा—1483-1520। लेकिन यूरोपीय कला पर अपनी स्थायी छाप छोड़ गया। छोटी उम्र में ही काफी कीर्ति पाई; काफी औज-मौज उड़ाया। अपनी प्रियतमा के घर से लौट रहा था, वर्षा हुई, ठंड लग गई, चल बसा!

फिर टिशियन—जिसकी कला में इटली की सारी रंगीनी और करुणा केन्द्रित है। तब ब्यूगेल, जिसने हालैंड के जन-जीवन को कलाक्षेत्र में आदर का स्थान दिलाया। और, टालबिन—वह जर्मन, जिसने अपनी कला पर कभी इटालियन छाप नहीं आने दी।

रुबेन—फ्लेमिश कलाकार। क्रैवेन कहता है, इसमें शक हो सकता है कि सबसे बड़ा कलाकार कौन है, किन्तु यह तो मान ही लेना है कि सबसे बड़ा चित्रकार रुबेन है। शब्दों की दुनिया में जो स्थान शेक्सपीयर का है, रंगों की दुनिया में वह स्थान रुबेन को मिला है। उसकी आकृतियों में सार्वभौमता है, उसके रंगों में विविधता है। मानवता का कोई ऐसा रूप नहीं, जिसका चित्रण उसने नहीं किया; जिसकी एक-एक रेखा बोलती है। मुँह की आकृति कह देती है कि ठीक इसके मुँह से यह निकलेगा।

एक सुखी मध्यवित्त परिवार का आदमी। अच्छी शिक्षा मिली। सात भाषाओं में वह आसानी से बातचीत कर सकता था। चित्रकला की प्रारम्भिक शिक्षा पाकर वह घोड़े पर इटली के लिए रवाना हुआ। वहाँ से जो लेकर लौटा, उसमें अपनी मौलिकता जोड़ी। स्पेन गया, इंगलैंड गया—जहाँ गया, वहीं सम्मान और ऐश्वर्य पाया। देखने में सुन्दर; व्यवहार में सज्जन। कोई बुरी लत नहीं। अपनी पत्नी में ही सन्तुष्ट। उसने भी नंगी तस्वीरें बनाईं, किन्तु, उसकी नग्नता में वासना की बदबू नहीं, विधाता के सौन्दर्य-दान की झलक मिलती है!

एन्टवर्प में उसका घर यूरोप के तत्कालीन कलाकारों का तीर्थस्थान था। वहीं से उसने यूरोप के राजभवनों, गिरजाघरों और कला केन्द्रों के लिए तीन हज़ार से ज़्यादा चित्र भेजे। फ़्लोरेंस की एक महिला के लिए उसने चित्रों के अट्ठारह पैनेल 13'x10'; तीन कैनवास 13'x24' तथा 8 फीट के कितने ही चित्र तैयार किए। माइकेल ऐंजेलो के सिस्टाइन चैपेल की चित्रावली से ही इसकी तुलना की जा सकती है।

रेम्ब्रैंड्ट—वह कलाकार, जिसे प्रकृति और समाज ने सताया, चूर-चूर किया, किन्तु जिसने

पराजय नहीं स्वीकार की। हालैंड, लीडन में 1606 ई. में जन्मा। माँ चाहती थी, पादरी बने; पिता चाहते थे डॉक्टर बने—किन्तु अपनी कापी पर वह तस्वीरें बनाता रहता। 21 वर्ष में ही अपने शहर का प्रसिद्ध चित्रकार—दिन-रात काम करता, काफी पैसे मिलते, खूब खर्च करता—बीवी के लिए जवाहरात, अपने लिए चित्रों के नमूने।

किन्तु यह अवस्था न टिकी। बच्चे पर बच्चे हुए, मरते गए। बीवी चल बसी। कला में ऐसी मौलिकता लाने लगा कि लोग समझ नहीं पाते। सब लोग सुन्दर शरीर का चित्रण करते, वह उनकी आत्मा को चेहरे पर प्रतिबिम्बित करने की चेष्टा करता। खरीदार कम होते गए; वह और भी धुन से अपने नए प्रयोग में लगा। कर्ज़। फिर कुर्की। एक चमार ने नीलामी में उसकी सारी जायदाद खरीद ली।

एक छोटे से मकान में, बचे-खुचे सामानों को लेकर वह अपनी दुनिया बसाए रहा। खाने को एकाध टुकड़ा मिल गया, वही बस। दरिद्रता ने उसके मन पर कोई कटुता नहीं आने दी। उसने जो चित्र बनाए, वह चित्रकला के अनुपम शृंगार समझे जाते हैं। अभाव में, कष्ट में, संकट में, संघर्ष में जो चीजें वह संसार को दे गया, संसार को उसकी महत्ता स्वीकार करनी पड़ी और पीछे तो 'वान लून' ने उसकी ऐसी जीवनी लिखी जिसकी इतनी कापियाँ बिकीं, जितनी किसी भी जीवनी की नहीं बिकी थीं।

एल ग्रेको—क्रीट (ग्रीस) का वह कलाकार, जो बहुत दिनों तक विस्मृत रहा—और वेलास्क्वेज पुर्तगाली कलाकार—दोनों में वह अन्तर जो दस्तोवेस्की और हेमिंग्वे में—एक प्रारम्भिक पीड़ाओं और भावनाओं का चितेरा, दूसरा दुनिया की सतह का हूबहू चित्र रख देने वाला। फिर वरमीयर—जिसने साधारण में विशेष का आरोपण किया। उसने देवी-देवता, राजा-रानी, अनुपम सुन्दरी आदि असाधारण व्यक्तियों को छोड़कर पनिहारिन, अहीरिन, सोनारिन या शहर की एक साधारण गली या नदी-तट का ऐसा चित्रण किया कि वे कला के अनुपम नमूने बन गए। अहीरिन (मिल्क वूमेन) के चित्र उसने 1696 में 14 पौंड में बेचे थे, वही दो शताब्दी बाद 24,000 पौंड में खरीदे गए!

गोया—किसान का बेटा, शारीरिक शक्ति और मेधाशक्ति, दोनों में राक्षस-सा ! कलाकार, गवैया, तलवार चलाने में उस्ताद और डाकुओं का सरदार। फ्रांस के एक पहाड़ी गाँव में पैदा हुआ। झगड़े में एक आदमी की हत्या करके स्पेन भाग गया। मैड्रिड में भी कलह किया तो रोम भागा। रोम में रंडियों का बाज़ार उसको सबसे प्रिय था और जब गिरजाघर की एक सधुइन पर लट्टू हुआ तो रात में चोरी से घुसकर, उसे उड़ा लाया! स्पेन लौटकर शादी की तो उसकी बीवी हमेशा गर्भ से ही रहती—बीस सन्तानें हुईं, जिसमें एक को छोड़ सबका असामयिक निधन हुआ!

कूची में भी वैसा ही कमाल। चार्ल्स छठे ने अपना दरबारी चित्रकार बनाया। किन्तु वहाँ भी वही बहक—सिंहासन, सेना, कानून सबके व्यंग्यचित्र बनाए जाते! पादरियों की सूरत ऐसी बिगाड़ी जाती कि राजा के हस्तक्षेप ने ही ज़िन्दा जलाए जाने से बचाया—कृतज्ञता में गिरजाघर में तीन महीने के अन्दर सौ आदमक़द चित्र बना दिए! लम्बी उम्र पाई थी—लगभग अस्सी वर्ष। कितने राजाओं को देखा, शाहज़ादियों को देखा। एल्बा की डचेज का उसके जीवन में खास स्थान है—वह उसके स्टुडियो में आया करती और कहा जाता है, कि उसने जिस सुन्दरी का नग्न चित्र बनाया है, वह यही सम्भ्रान्त महिला है!

क्या यह आश्चर्य की बात नहीं कि अब तक यूरोप की चित्रकला में कोई अँगरेज नहीं आया? इंगलैंड के जिस चित्रकार ने यूरोप के कलाकारों में सबसे पहले स्थान पाया, वह होगार्थ है—सत्तरहवीं शताब्दी के अन्त में अपने समय के अँगरेज-जीवन का सही चित्रण करने में उसने

कमाल किया है—कटु, मधु, क्रूर, दयालु; कामान्ध, साधु—सबको सही रूप उसने दिया। चित्रों में पूरी कथा अंकित कर देने की नई कला का आविष्कर्ता वही है। उसके ज़माने में गैरिक मशहूर नट (एक्टर) था। होगार्थ कहता—"मेरा चित्र मेरा रंगमंच है और उसके नर और नारी उसके नट-नटी!" किन्तु चित्रकला की दृष्टि से कहाँ लियानार्दो और कहाँ होगार्थ!

ब्लेक—जन्म से मृत्यु तक जो सपने देखता रहा और सपनों को जिसने मूर्त्त रूप दिया। यूरोप की कला अब तक 'मोडेल' के आधार पर चलती रही। उसने गम्भीर घोष किया—"सामने एक मोडेल रख लो और ऐसी तस्वीर बना दो कि आँखें धोखा खा जाएँ—भला यह भी कोई कला है? यदि प्रकृति की नक़ल करना ही कला हो, तब तो कला हाथ का कौशल-मात्र है—उसे कोई कर सकता है और बेवकूफ सबसे अच्छा—क्योंकि दिमाग़ की उसमें ज़रूरत कहाँ?" यों अपने पूर्ववर्ती कलाकारों की भर्त्सना करता हुआ, वह आगे कहता है—"अपनी कल्पना को उड़ान भरने दो—उसे तब तक विचरण करने दो जब तक तुम्हारी आँखें उन्हें मूर्त्त रूप में नहीं देखने लगें—बस, कला की नींव तैयार हो गई।" दाँते की "डिवाइन कॉमेडी" का जो चित्रण उसने किया, इस नई कला की उत्कृष्टता का स्थायी प्रमाण है!

ब्लेक का ही कला-सहोदर टर्नर—दोनों इंगलैंड के। टर्नर ने कला का एक दूसरा ही रुख़ दिया। ब्लेक ने प्रकृति की उपेक्षा की; वह प्रकृति के गूढ़ रहस्यों की वैज्ञानिक की तरह छानबीन करता और उन्हें मूर्त्त रूप देता रहा! वर्षों तक वह पैदल घूमता रहा, इंगलैंड के कोने-कोने को छान डाला, उन्हें चित्रों में अमर कर दिया। ज़मीन से उसे प्रेम था और समुद्र से उससे भी अधिक। तूफानों में वह समुद्र में चला जाता और अपने को नावों के मस्तूल से बाँध लेता जिससे तरंगों के उत्थान-पतन और बादलों के चढ़ाव-उतार को अच्छी तरह देख सके। उसने हजारों चित्रों के ख़ाके बनाए और दो हज़ार तो पूरे चित्र हैं उसके। अन्त में यह रहस्यवादी बन गया—पहाड़ी का चित्रण वह सूर्य-रश्मियों के पुंज में और नदी का चित्रण प्रकाश की धारा में करता!

अमेरिका को जिस पर नाज़ है—औडुबन। फ्रांस में पैदा हुआ, जहाज पर नौकरी की, अमेरिका में जा बसा। बचपन से कला में रुचि—अमेरिका के पंछियों को उसने अपने चित्रण का मुख्य केन्द्र बनाया और वह संसार के कलाकारों में 'चिड़ियों के कलाकार' की हैसियत से ही प्रसिद्ध है—जिनके चित्रण के लिए वह जंगलों, समुद्र-तटों, झीलों आदि के इर्द-गिर्द, जीवन के अधिकांश भाग में, चक्कर काटता रहा। पंछी जब गति में, क्रिया में होते थे, तब का चित्रण उसे अधिक प्रिय था; इसीलिए उसके चित्र जीवनमय हैं—अमर हैं।

फिर फ्रांस के तीन कलाकार—दौमिये, मैने और लाउत्रे—तीनों के तीन रंग। दौमिये—कार्टून का पिता। राजा के व्यंग्यचित्र पर जेल की हवा खाई। किन्तु, न झुका, न रुका। ज़िन्दगी भर गरीबी में—पेरिस में उसके घर पर बड़े-बड़े लोग आते। एक दिन उनमें से एक कह रहा था—अफसोस, दौमिये को इस बुढ़ापे में जीविका के लिए परेशान होना पड़ता है। उसने सुन लिया, कहा—"मेरे दयालु मित्रों, मेरी परेशानी की चिन्ता मत करो; तुम लोगों के पास आमदनी है और मेरे लिए जनता है और मैंने जनता को ही वरण किया है!" नदी के किनारे ग़रीब मछुओं को देखकर उसके मुँह से आह निकली—"मेरी सान्त्वना के लिए तो मेरी कला है, किन्तु इन बेचारे ग़रीब मर्द-औरतों के लिए?"

मैने—यथार्थवादी चित्रण का आचार्य! बेचारे को यथार्थवादिता के लिए पूरी सज़ा भुगतनी पड़ी—अश्लीलता का अवतार, सनसनीवाद का पिता—क्या-क्या उपाधि नहीं पाई! लेकिन एक दिन उसका लोहा सबको मानना पड़ा। वह उन्नीसवीं सदी के सर्वोत्तम व्यक्तियों में गिना जाने लगा है।

लाउत्रे—बड़े घराने का लाड़ला! घुड़सवारी में दोनों टाँग तोड़कर अपाहिज बन गया! उसके बाद वह समाज के निम्न स्तर में घुसा—रंडीखानों, शराबघरों, जुआ-अड्डों का वह अखाड़िया बन गया और उनके जीवन के ऐसे चित्र बनाए कि वे कला-भवनों के शृंगार बन गए! कहा जाता है, शब्दों की दुनिया में जो मोपासाँ का स्थान है, रंगों की दुनिया में लाउत्रे का!

कहीं कलाकार इतना कुरूप होता है—वान गॉग को देखकर कोई भी कह उठता! लम्बी नाक, चौड़ा मुँह, धँसी आँखें, मुँडे लाल बाल—एक साथ ही वह किसान, कैदी और ईसाई शहीद मालूम होता! ज़िन्दगी भर प्यार पाने को छटपटाता रहा, हमेशा दुत्कार ही पाया। एक बार एक रंडी से प्यार चाहा, तो उसने कहा—क्या उपहार में अपने कान दोगे? और, हज़रत ने अपने कान काटकर भेज ही तो दिए!

लेकिन कुरूपता का बदला प्रकृति ने प्रतिभा के रूप में प्रचुर मात्रा में दिया था। इस डच कलाकार ने अपनी कूची से जो रचनाएँ कीं, वे संसार की उच्चतम कलाकृतियों में गिनी जाती हैं, और जिस प्रदर्शनी में उसके चित्र देखे जाते हैं, वहाँ भीड़ लग जाती है। उसकी मृत्यु भी विचित्र हुई। कान कटने से जो घाव हुआ, उसके लिए वह अस्पताल गया। एक दिन अस्पताल में उसने अपने पेट में गोली मारकर बगल के रोगी से कहा—ज़रा निशाना आजमा रहा था! और बस—

सिज़ाने—(फ्रांस), बेलोज (अमेरिकन)—और अब हम आधुनिक चित्रकला में पहुँच गए! सिज़ाने की कला को ही लेकर पिकासो ने आधुनिक कला को जन्म दिया जो अमूर्त्त, अभौतिक, बनकर अंततः छिटपुट रेखाओं और अस्फुट चिन्हों तक पहुँच गई है।

दिल्ली से लौटते हुए ट्रेन पर
15 अगस्त 1950

दिल्ली से लौट रहा हूँ। हरियाली के समुद्र में तैरता-सा गया था और ऊभ-चूभ करता लौट रहा हूँ।

चारों ओर हरा-हरा। ज़मीन का चप्पा-चप्पा पौधों से भरा। उन पर साँवले बादल मँडला रहे। जब-तब झीसी-फुही।

दिल्ली के दो दिन भी मज़े में कटे। वेस्टर्न कोर्ट में पहुँचा, तो पाया अवधेश्वर और मथुरा प्रतीक्षा में बैठे हैं। उल्लास-पूर्ण मिलन! शौच, स्नान, जलपान। कि, श्री बालकृष्ण राव जी आए। आप स्वर्गीय चिन्तामणिजी के सुपुत्र हैं—आई. सी. एस.—आजकल भारत-सरकार में रेडियो-विभाग के इन्चार्ज डिप्टी सेक्रेटरी हैं। बताया, सरकार हिन्दी सम्मेलन के लिए क्या-क्या कर रही है—कई नियुक्तियाँ भी हो रही हैं। सम्मेलन यदि असहयोग उठा ले, तो बहुत काम हो।

सम्मेलन की रेडियो-समिति का संयोजक हूँ। उसी की बैठक के लिए यहाँ आया।

राव साहब से बातें हो रही थीं कि अवधेश्वर के एक उड़िया-मित्र सपत्नीक पधारे। उनकी पत्नी—पढ़ी-लिखी, सुन्दरी! अब तो हम लोग कविता में पहुँच गए। राव साहब ने कविता सुनाई, मैंने स्केच सुनाया। फिर सबने साथ ही भोजन किया। अच्छा भोजन, अच्छी मंडली! आनन्द ही आनन्द।

रेडियो-समिति की बैठक। सेठ गोविन्ददास, वियोगी हरिजी, श्री चन्द्रमौलि शर्मा और मैं। नवीन जी को बार-बार फोन किया। सोए हैं—सोए हैं—यही जवाब। सेठजी ने कहा—भाई,

पचास साल की उम्र के बाद की शादी, रात में कब तक जगते होंगे, दिन में भी तो सोने दो। जब हम निर्णय कर चुके, तो उनका फोन। फोन से ही उपस्थिति, स्वीकृति!

संध्या को गेट ऑफ इन्डिया के निकट चहलक़दमी! लाहौर उजड़कर नई दिल्ली बसी है–शलवार, ढीले कुर्ते, ओढ़नी–सभी रंग-बिरंग! मंडलियाँ इधर-उधर बिखरीं–देवियाँ अधिक, देवता कम! तितलियाँ फुदक रहीं–भौंरे भिन्ना रहे। क्या ये तितलियाँ थीं–उफ़, कितनी मोटी। एक पान की दुकान पर खड़ा था, तो देवियों की एक जोड़ी आ गई–डर लगा, कहीं भहरा पड़ीं, तो मैं मलबे के नीचे दब मरूँगा !

रात में 'दहेज' देखने गया। इतना भी कहीं बुरा हाउस होता है। दम घुँट रहा था। अच्छा खेल बर्बाद हो गया।

दम घुँट रहा था–हाँ, दिल्ली में मेरे ऐसे लोगों का दम घुँटना ही था।

दूसरा दिन। भोर में ही यह जानकर दुख हुआ कि पूज्य राजेन्द्रबाबू ने (हमारे प्रथम राष्ट्रपति) कल शाम को समय दिया था, बार-बार फोन भी किया गया, किन्तु, मैं तो सैर के मज़े ले रहा था। 15 अगस्त की अस्त-व्यस्तता के कारण 14 को समय नहीं निकाला जा सका। यह मलाल लेकर लौट रहा हूँ।

किन्तु, इसके अतिरिक्त यह दिन भी खूब अच्छा कटा। दस बजे भारतीय संसद देखने गया। महताब साहब ने देखा, गले से लिपट गए। जगजीवन बाबू ने भी ऐसा ही प्रेम दिखलाया! सत्यनारायण भाई भी, अपनी स्वाभाविक मंद मुस्कान से मिले। ये लोग अब भारतीय सरकार के मंत्रिमंडल में हैं–किन्तु, कितने दिन जेलों में हमने साथ-साथ काटे हैं! क्या वे स्मृतियाँ भूल सकती हैं? महताब साहब ने कहा–अब तो आप बड़े आदमी हो गए हैं। मैंने कहा–क्या आपसे भी बड़ा ! बोले–मैं बदला नहीं हूँ। क्या मैं बदल गया हूँ–मैंने हँसकर कहा! नहीं, सूरत-शक्ल तो बिलकुल वही हैं। उनके इस कथन का उत्तर यही दिया–भीतर भी वही है, विश्वास दिलाता हूँ!

सम्माननीय दर्शकों में बैठाया गया। नेहरू साहब को देखा, सरदार पटेल को देखा और उन दोनों के बीच चक्रवर्ती राजगोपालाचारी को। कभी इनके कानों में कुछ कह रहे, कभी उनके कानों में। मद्रास का यह सपूत–समूचे शरीर में जैसे मस्तिष्क ही हो! और मंत्रियों को देखा! किन्तु, मुंशी का रुख देखकर बड़ा गुस्सा लगा! बिहार और मद्रास की भुखमरी का मखौल उड़ाने में जैसे उन्हें मज़ा आ रहा हो! लोग कहते हैं, जहाँ साहित्य होता है, वहाँ सहृदयता रहती है। क्या राजनीति में आने के पहले इस भलेमानस ने साहित्य का चोग़ा कहीं उतार कर रख दिया है!

दोपहर में हरिजन-निवास देखने गए। गाँधीजी में क्या जादू था? जहाँ बैठ गए, एक लोक बस गया। जो सुनसान जगह थी, वह स्वर्ग-सी सुन्दर बन गई है! वियोगी हरिजी ने घुमा-घुमाकर सब दिखलाया। हरिजी ने अपने को हरिजन सेवा में बिलकुल समर्पित कर दिया है! हम हिन्दीवाले इस पर नाज़ कर सकते हैं कि ऐसी संस्था के संचालन में हमारे एक महारथी का भी हाथ रहा है!

शाम को दिवाकर साहब (भारत सरकार के राज्यमंत्री) के घर चाय थी। हरिजी, मौलिचन्द्र जी, मथुरा और मैं। बालकृष्णराव और लक्ष्मणन् भी आए। दो घंटे तक रहे। फोटो हुआ, बातें हुईं, काफी हुईं। रेडियो से असहयोग का प्रस्ताव हमने वापस कर लिया था, इससे वह सन्तुष्ट थे। रेडियो द्वारा हिन्दी के उत्थान में सहायता देने का आश्वासन मिला।

9 बजे रात की एक्सप्रेस से लौट रहा हूँ। दिल्ली में जो देखा, उसका सारांश–सामाजिक जीवन : 'जोश' का यह शेर उस देवी जी ने सुनाया था–

वे मुझसे खफा हैं, मैं उनसे खफा हूँ
मगर बातें करने को जी चाहता है!

ज़रा यों बदल दीजिए—

वे मुझको न जानें, मैं उनको न जानूँ
मगर बात करने को जी चाहता है!

समझे? जो न समझे, उसकी मौत!

और राजनीतिक जीवन : एक रूपक में। माँ मर गई है। उसकी अर्थी जा रही है। दो सपूत बेटे पैसे उछाल रहे हैं। भिखमंगों की भीड़। सब उनके हाथों की ओर देख रहे और ज्यों ही, जिस ओर, पैसे छूटे, सब टूट पड़े। किसी की नाक टूट गई, किसी की कुहनी छिल गई, किसी की उँगली में मोच आ गई। किन्तु क्या परवाह! उनको पैसे मिल गए, वे टेंट सम्हाल रहे; बाकी फिर उन हाथों की ओर टकटकी लगा रहे।

समझा इसका मतलब!

बुढ़िया—भारत माता। दो बेटे—नेहरू, पटेल। भिखमंगे संसद के सदस्य। उफ़, कितना पतन! कहीं सेवा की भावना नहीं। पद-लोलुपता—अर्थ लोलुपता!

अवधेश्वर—मथुरा की स्मृति लिए लौट रहा हूँ। मथुरा तो बिलकुल चिपका रहा।

पटना
21 अगस्त 1950

द गौड दैट फेल्ड

आंद्रे जीद

मैं सिर्फ अपने आनन्द में मगन नहीं रहना चाहता, बल्कि चाहता हूँ कि दूसरे भी उसे प्राप्त कर सकें। इसके लिए अपने 'स्व' का परित्याग करना आवश्यक है। इसलिए स्वयं आनन्दित रहने का मूल्य मेरे सम्मुख कुछ नहीं है; सच्चा आनन्द तो दूसरे को आनन्द पहुँचाने में है।

हर कलाकार व्यक्तिवादी होता है, चाहे वह समाजवादी हो या किसी पार्टी में हो। और ऐसा रहकर ही वह कीमती काम या समाज की सेवा कर सकता है।

बेनीपुर
24 अक्तूबर 1950

इधर दो-तीन महीने बड़ी झंझटों में रहा।

सोशलिस्ट पार्टी, बिहार के पार्लियामेंटरी बोर्ड का अध्यक्ष बनाया गया। उसकी झंझटें काफी समय लेती रहीं।

पार्टी का वार्षिक चुनाव हुआ; उसमें भी काफी समय देना पड़ा। मेरे मन के लायक चुनाव हुआ। नतीजा—उसके कामों में दिलचस्पी लेनी पड़ती है।

'जनता' की हालत बुरी : प्रेस का हाल बुरा। यदि चुनाव में पार्टी को जीतना है, तो 'जनता' को दैनिक बनाना ही है। 'जनता' और प्रेस के इन्तज़ाम को नए सिरे से सुधारना है, दैनिक के लिए पैसे इकट्ठा करना है। इसके लिए एक बार जयप्रकाशजी के साथ कलकत्ता गया। फिर दीवाली के समय जाना है।

चोरबाजारी के खिलाफ जयप्रकाशजी ने पिकेटिंग करने की घोषणा की। जब पार्टी में यह बात उठाई, लोग बग़लें झाँकने लगे। आखिर मुझे आगे बढ़ना पड़ा। मैं ही उसकी उस समिति का अध्यक्ष चुना गया। चौदह अक्तूबर से पिकेटिंग करने की तैयारी भी की। पटना के अखबारों ने बड़ा सहयोग दिया। किन्तु, सरकार इतनी भयभीत हुई कि उसने स्वयं चोर-बाजार के खिलाफ सख्त कार्रवाई शुरू की। हमसे सहयोग भी माँगा। पिकेटिंग फिलहाल स्थगित कर देना पड़ा।

यों, पार्टी के भिन्न-भिन्न कामों में बहुत समय और शक्ति का उपयोग करना पड़ा।

सम्मेलन की आर्थिक स्थिति संकटापन्न है। नए सभापति [श्री सुधांशु जी उतना ध्यान नही देते, जैसी आशा उनसे थी।] उनके कहने पर राँची गया। वहाँ भी पैसे का प्रबन्ध नहीं हो पाया। उल्टे बीमार होकर लौटा।

[प्रकाशन के काम में भी समय देना पड़ा। जनवाणी, कलकत्ता से (1) "गेहूँ और गुलाब" (2) "नेत्र-दान" (3) "सीता की माँ" प्रकाशित हो गई है। (एक रीडर का भी संकलन (8वें वर्ग के लिए) वहीं से प्रकाशित किया है।

"संघमित्रा", न्यू लिटरेचर, प्रयाग से निकल गई है।

किन्तु दुख की बात यह है कि "संघमित्रा" और "नेत्र-दान" में प्रूफ की इतनी भूलें रह गई हैं, कि किसी को देते या दिखलाते हुए भी लज्जा होती है।

अब निश्चय यह कि बिना अपने से प्रूफ देखे, अपनी पुस्तकें प्रकाशित होने नहीं दूँगा।]

इधर परिवार पटना में ही रहा। खाने-पीने, रहने-सहने में काफी आराम रहा; किन्तु आर्थिक झंझटें बढ़ीं ही।

इतने काम; इतनी दौड़धूप; इतनी चिन्ताएँ—नतीजा यह है कि स्वास्थ्य बुरी तरह गिर गया है। राँची में एक दिन के लिए बुखार हुआ; किन्तु लगता है, जैसे शरीर में शक्ति रह नहीं गई है। सोचा था, कुछ दिनों के लिए देहरादून की तरफ चला जाऊँ किन्तु रानी की तबीयत खराब हो गई। लाचार, यहीं आ जाना पड़ा है।

फिर बेनीपुर—फिर वही अधूरा मकान—फिर सामने हरियाली का समुद्र—और नीले आसमान में उजले-भूरे बादल। बच्चों का कोलाहल और हर मिनट ललन जी आकर किसी सवाल के बहाने यह याद दिला देते ही हैं कि मैं दो पोतों का 'बाबा' हूँ!

माँ की बीमारी के कारण जित्तिन भी आया हुआ है। पूरे परिवार के बीच घिरा हूँ—तीन बेटे, एक बेटी, दो पोते, रानी, पतोहू और मैं!

यों तो मैं साहित्यिक हूँ, राजनीतिक पुरुष हूँ; किन्तु मुख्यतः मैं पारिवारिक आदमी हूँ। इच्छा रहती है, यों ही बाल-बच्चों से घिरा रहूँ! पर···

पर··· इसकी व्याख्या करके क्यों मानसिक कष्ट में पड़ूँ।

बेनीपुर
29 अक्तूबर 1950

इस बार बेनीपुर में सुप्रसिद्ध फ्रांसीसी लेखक आन्द्रे मावरोई की आत्मकथा "कॉल नो मैन हैप्पी" पढ़ डाली।

मध्यम वर्ग के एक व्यापारी का पुत्र। पढ़ने-लिखने में बहुत तेज़—अनायास ही अपने वर्ग में प्रथम आता रहा। लेख लिखने की अखिल फ्रांसीसी प्रतियोगिता में प्रथम आया। एम. ए. की पढ़ाई समाप्त करने के बाद फौजी शिक्षा ली। फिर अपने खानदानी पेशे में लगा—ऊन

की एक मिल थी, उसके संचालन का भार लिया। बड़ी योग्यता से चलाया। मिल की आय काफी बढ़ गई।

इसी समय एक लड़की से परिचय। बड़ी सुन्दरी; किन्तु अनाथ। उसे इंगलैंड भेजकर पढ़ाया, फिर शादी की। शादी के प्रारम्भिक दिन बड़े मज़े में कटे।

अचानक 1914 की लड़ाई शुरू हुई। फ़ौज में भर्ती हुआ। वह अँगरेजी जानता था, इसलिए अँगरेजी फौज के साथ दुभाषिये के रूप में रखा गया।

बचपन से ही लेखक बनने की आकांक्षा। उपन्यास लिखने की ओर प्रवृत्ति—एक उपन्यास लिखा भी; उसे छपने को भी भेजा। लेकिन, प्रकाशित नहीं कराया। युद्धभूमि में लिखने की प्रवृत्ति बढ़ी। "कर्नल ब्रैम्बल" नामक पुस्तक यहीं लिखी। मित्रों ने कहा—छपवाओ। किन्तु छपे कैसे? फौजी जीवन का चित्रण—खासकर अँगरेजी अफसरों का। चित्रण में उज्ज्वल पक्ष ही; लेकिन, फौज फौज है। तय हुआ, किसी उपनाम से प्रकाशित हो। मूल नाम था इमिल हर्ज़ोग। उपनाम रखा गया—आन्द्रे मावरोई। आन्द्रे, चचेरा भाई जो इस युद्ध में मारा गया था! मोवरोई एक गाँव का नाम, जिसके करुण सौन्दर्य से विशेषतः प्रभावित। काल पाकर यही नाम जगद्विख्यात हुआ!

अध्ययन के दिनों में वह एक अध्यापक से बहुत प्रभावित हुआ था; उसका नाम था एलेन। दर्शन का अध्यापक था। मौलिक विचारक। उसके कुछ वाक्य—सत्य के सम्मुख सम्पूर्ण हृदय से जाओ; सोलह वर्ष की उम्र में जो अराजकतावादी नहीं हुआ, उसमें तीसवें वर्ष में इतनी भी शक्ति नहीं रह जाएगी कि भाड़ झोंके; अब भगवान को आदमी के निकट आना है; किसी भी प्रमाण का मेरे निकट कोई मूल्य नहीं; छः महीने के रास्ते को छोड़कर वर्ष-भर का रास्ता पकड़ो; छोटे दिमाग के लोग ही छोटे दिल से प्रशंसा करते हैं।

अपनी इस आत्मकथा में उसने बताया है कि वह क्यों सदा मध्यम मार्ग पकड़ता रहा! एलेन के प्रभाव से कुछ दिनों तक वह समाजवादी हुआ; लेकिन मुख्यतः वह सुधारवादी ही है। हाँ, अपने देश फ्रांस के लिए उसमें असीम भक्ति है और वह अँगरेजी शिष्टाचार का उपासक है! वह किपलिंग को बहुत सम्मान की दृष्टि से देखता था और उससे मुलाकात भी की थी।

पहले युद्ध से लौटने के बाद उसकी प्रवृत्ति साहित्य की ओर झुकी। 'कर्नल ब्रैम्बल" की बड़ी तारीफ हुई; संस्करण पर संस्करण होते गए। पाँच हजार, दस हजार, बीस हजार, पचास हजार! बड़े-बड़े लोगों ने तारीफ लिखी—अनातोले फ्रांस ने भेंट करने को बुलाया। अँगरेजी कमान्डर इन चीफ ने भी तारीफ की और फ्रांस के तत्कालीन राष्ट्रपति क्लीपेंसो ने भी बधाई दी।

अब व्यापार के साथ पुस्तक-लेखन। दिन-भर मिल की निगरानी, शाम और रात को लिखना-पढ़ना। कई पुस्तकें प्रकाशित हुईं। फ्रांस के सुप्रसिद्ध लेखकों से जान-पहचान। ज़िदे, चार्ल्स दुबोस, एने डेसजारडिन्स। एक बार ज़िदे ने पूछा—

"अब क्या लिख रहे हो?"

"शेली की जीवनी।"

"क्यों, मेरे घर आओ न, उसे ज़रा देख लूँगा। यहाँ से दूर नहीं है।"

"किन्तु, पुस्तक पूरी नहीं है।"

"यही तो चाहिए···जो चीज़ पूरी हो गई होती है, उसमें मेरी दिलचस्पी नहीं रहती। अधूरी चीज़ को ही तो कुछ सुधारा जा सकता है।"

शेली की इस जीवनी का नाम रखा गया 'एरियल'। 'एरियल' ने उसकी धाक

साहित्य-जगत में जमा दी। अब उसने तय किया कि व्यापार में अपना समय नहीं लगाएगा। भाई-भतीजों को सौंप, सरस्वती की पूर्ण आराधना होने लगी। इंगलैंड गया, बड़े-बड़े लोगों से मिला। वहाँ भी प्रशंसा ही प्रशंसा मिली।

पारिवरिक जीवन में तीन बच्चे जन्मे, दो बेटे, एक बेटी। किन्तु पत्नी इधर उदासीन रहने लगी। धीरे-धीरे वह बीमार हुई और चल बसी!

शोक में ही निमग्न था कि एक स्त्री ने जीवन में प्रवेश किया। ऐसी स्त्री, जिसका सम्बन्ध फ्रांस के बड़े-बड़े लोगों से था। वह जब उसके बारे में लिखना शुरू करता है, तुरंत कल्पना होती है, यह स्त्री उसकी कुछ होने तो नहीं जा रही ! मार्सेल प्राउस्ट, अनातोले फ्रांस ऐसे लोग इस पर आशिक़ तो रहते हैं जब यह छोटी बच्ची थी! सुन्दर चेहरा, सुन्दर व्यवहार, सुन्दर लिखावट! और, अन्ततः यही होता है, वह उसकी अर्द्धांगिनी बन जाती है—योग्य अर्द्धांगिनी! यह एक बड़े खानदान से थी—जहाँ फ्रांस के प्रेसिडेन्ट, प्रधानमंत्री, महान कलाकार, बड़े-बड़े सेनापति आया करते। इस विवाह से उसने बहुत-कुछ प्राप्त किया!

इसी प्रसंग में मोरियो ने फ्रांस के दो राजनीतिज्ञों का बड़ा सुन्दर चित्रण किया है—पोंइकरे और ब्रियांद का। दोनों आंद्रे की ससुराल के परिवार में आते, किन्तु कभी एक समय नहीं। पोइंकरे वकील, ब्रियांद कवि। पोइंकरे को तथ्य और अंक चाहिए; ब्रियांद को इनसे घृणा। पोइंकरे अपना भाषण अपने हाथों से लिखकर तैयार करता; ब्रियांद सिगरेट बनाता, धुआँ उड़ाता, धुआँधार बोलता जाता। पोइंकरे को जनमत से भय बना रहता; ब्रियांद अपने बारे में लिखी गई आलोचना को पढ़ता भी नहीं। एक कहावत मशहूर थी—पोइंकरे जानता सब कुछ, समझता कुछ नहीं, ब्रियांद जानता कुछ नहीं, समझता सब कुछ। दोनों की ईमानदारी उच्चकोटि की। एक बार अपनी किताब का प्रूफ भेजना था, तो अपने सेक्रेटरी से पोइंकरे ने कहा—देखो, यह मेरा निजी काम है; मिनिस्ट्री के किसी चपरासी को मत भेजो; यह पाँच फ्रांक लो, किसी आदमी को देकर भेज दो। और ब्रियांद के पास तीन करोड़ फ्रांक विदेशी विभाग के थे, जिसे खर्च करने का एकमात्र अधिकार उसी को था, किन्तु, जब उसने ऑफिस छोड़ा, पूरी रक़म—एक-एक पाई—लौटा दी। उसके बाद जो मंत्री हुए, उन्होंने ब्रियांद के बारे में कहा था—उसमें जो कुछ ऐब ढूँढ़िये, वह ईमानदार हद दर्जे का था। यदि वह चाहता, तो इन पैसों में से कुछ ही अखबारों पर खर्च करके फ्रांस का राष्ट्रपति मज़े में बन जा सकता था!

नई-नई रचनाएँ, नए-नए अनुभव। अमेरिका की यात्रा। अमेरिका के जीवन और यौवन से प्रभावित। एक मित्र को लिखा—आओ, यदि जीवन और मानवता पर विश्वास हो, तो अवश्य आओ। आओ, कुछ महीने के लिए आओ और कई सदियों की नौजवानी हासिल करो।

इसी समय एक दुष्ट आलोचक से पाला पड़ा। 'एरियल' की आलोचना करते हुए उसने तुहमत लगाई कि उसने अँगरेजी जीवन की भद्द उड़ाई है। आंद्रे बहुत अंशों में अँगरेजी जीवन का भक्त; फिर यह तोहमत! आंद्रे ने इन मिथकों के विषय में लिखा है—"हमारे सर्वोत्तम काम हमारे लिए उतने मित्र नहीं पैदा करते जितने शत्रु हमारी छोटी-छोटी भूलें पैदा कर देती हैं। अनजाने ही मैंने कुछ लेखकों के दिल दुखाए—अपने आध्यात्मिक गुरुओं में उनके नाम नहीं गिनाए, अपने घर बुलाकर उन्हें दावतें नहीं खिलाईं, उनके लोगों की तारीफ नहीं लिख भेजीं और सबसे बढ़कर इन्होंने जो अपनी पुस्तकें भेजीं, उन पर प्रशंसात्मक आलोचना नहीं लिखी! अपनी रचनाओं में अपने को डुबोकर मैंने जनमत की उपेक्षा की। यह मेरी बड़ी भूल थी!" लेकिन इस निन्दा के कारण फ्रांस के सुप्रसिद्ध लेखकों ने उसके पक्ष में लेखनी उठाई—हानि से अधिक लाभ हुआ!

अनेक रचनाओं में "बायरन" फिर चमकी। शेली से अधिक इस पर मेहनत भी की

गई थी। बायरन के घर को देखा, उसके जीवन से सम्बन्धित स्थानों को देखा, उसके अप्रकाशित पत्रों को पढ़ा, तब इसे लिखना प्रारम्भ किया। शेली ऐसी रोचकता इसमें नहीं, किन्तु विद्वानों से यह बहुत आदरित हुई।

लड़ाई के बाद फ्रांस की दुर्दशा। मंत्रिमंडल बनते, बिगड़ते। पूँजीपतियों और मजदूरों में संघर्ष : सोशलिस्टों और कम्युनिस्टों में संघर्ष। उधर जर्मनी में हिटलर का उदय। फ्रांस पर खतरा। साहित्यिक का कोमल हृदय जर्जरित। किन्तु, क्या करे बेचारा! रचनाएँ चलती रहीं—खासकर जीवनियाँ, जिसके लिए उसे प्रसिद्धि प्राप्त हो गई थी और बीच-बीच में उपन्यास। 'इंगलैंड का इतिहास' का भी इच्छा स्वागत हुआ।

और अन्त में सबसे बड़ा सम्मान—फ्रेंच एकेडमी की सदस्यता प्रदान की गई। फ्रेंच एकेडमी—यह अजीब संस्था। इसके सदस्यों की संख्या उस समय उनतालीस थी। आंद्रे को पहली बार असफलता मिली थी, एक मित्र ने कहा—घबराओ नहीं, विक्टर ह्यूगो को तीन बार असफलता मिली थी। इकत्तीस वोट में तुम्हें ग्यारह मिले, यह सौभाग्य भी क्या कम है? किन्तु इस बार मार्शल प्रेजाँ ऐसे लोग उसके समर्थक थे। सदस्यता की दरख़्वास्त पर भी बहुत-कुछ निर्भर रहता है—वह संक्षिप्त हो, उसमें सादगी हो, उसमें अलंकार नहीं हो। फिर उनतालीस व्यक्तियों से मिलना—उनमें लेखक हैं, वैज्ञानिक हैं, सेनापति हैं, मंत्री हैं, राजदूत हैं। एक-से-एक धक्कार! आंद्रे का प्रतिद्वंद्वी भी ऐरा-गैरा नहीं था। बड़ी कशमकश रही। अन्त में उन्नीस में से तेरह वोटों की विजय मिली! विजय के बाद वह ऐकेडमी-भवन में शाही स्वागत! 22 जून, 1938!

और, उसके बाद। वह लिखता है—जब-जब मैंने अनुभव किया कि मैं बहुत सुखी हूँ, अप्रत्याशित संकट आ ढहे। शायद देवताओं को मनुष्य के आनन्द से ईर्ष्या होती है!

जर्मनी ने दूसरे, विश्वयुद्ध का प्रारम्भ कर दिया। पोलैंड पर चढ़ाई। आंद्रे के दोनों बेटे, दामाद युद्धक्षेत्र में गए। उसने भी अपनी सेवा अर्पित की। अँगरेजी जानने के कारण वह फिर अँगरेजी फौज का लेजाँ अफसर बनाया गया!

युद्ध के समय फ्रांस की हालत—नौजवानों में जोश, सैनिकों में जोश। किन्तु, युद्ध के अस्त्र-शस्त्र नहीं। न बंदूक, न तोप, न वायुयान, न गोले। क्या खाकर वे जर्मनों को रोक सकेंगे? किन्तु यदि वे बेल्जियम के रास्ते से आवें? और वही किया। जर्मन सेना बाढ़ की तरह बढ़ती गई, फ्रांस को पदाक्रान्त किया। आंद्रे मुश्किल से इंगलैंड पहुँचे और वहाँ बी. बी. सी. के माइक से बोले—आप फ्रांस की मदद कीजिए, किन्तु कब? 1941 में नहीं, अगले महीने नहीं, कल नहीं—आज, इसी घड़ी, इसी क्षण! किन्तु क्या यह सम्भव था?

फ्रांस का पतन हुआ! उस अध्याय का प्रारम्भ आंद्रे शेक्सपीयर के इस कथन से करता है—But break my heart, for I must hold my tongue. जब इस पतन का समाचार आंद्रे को मिला, वह कमरे के भीतर चला गया, बिछावन पर बेतहाशा गिर गया और बच्चों की तरह फफक-फफक कर रोने लगा।

इंगलैंड से अमेरिका। वहीं यह आत्मकथा लिखी—न्यूयार्क सिटी, 8 अक्टूबर, 1941 पुस्तक के अन्त में यह दर्ज़ है!

पटना

24 नवम्बर 1950

इधर कई घटनाएँ हुईं, जिन्होंने मुझे बहुत चंचल किया! एक तो उस दिन फिर मूर्च्छा आ गई

थी। 1926 से ही हल्का दौरा समय-समय पर होता आया है। कब्ज़ीयत बढ़ती है, रात्रि में जागरण होता है, अधिक मानसिक काम करता हूँ, तो यह मूर्च्छा आ जाया करती है। मूर्च्छा तो तुरन्त जाती रहती है, किन्तु उसका असर बहुत दिनों तक रहता है—मालूम होता है, शरीर का सत्त निचोड़ लिया गया!

इधर मानसिक परेशानियाँ अधिक रहीं, काम भी बहुत रहे, दौड़-धूप भी काफी हुई, सबका यह नतीजा। डॉक्टर से दिखलाया है। कहते हैं, पेट में कीड़ा है, डिसेन्टरी भी है और पेशाब से अल्ब्युमिन भी आता है। चिकित्सा शुरू करा दी है—देखें क्या होता है?

दूसरी विशेष बात यह हुई है कि मेरी तीन पुस्तकें (जनवाणी प्रकाशन) कलकत्ता से कुछ ऐसे ठाठ-बाट से निकलीं कि यहाँ के प्रकाशक घबड़ा उठे। उनका नेतृत्व किया है मेरे एक मित्र-प्रकाशक ने। उन्होंने शायद तय किया है कि किसी तरह इस आदमी को काबू में किया जाए। पहला कदम उनका यह हुआ है कि यूनिवर्सिटी में मेरी जो दो पुस्तकें थीं, उन्हें हटवा दिया है और मेरी नई पुस्तकों को भी रद्द करवा दिया है! किन्तु, इसकी प्रतिक्रिया भयानक हुई है। अखबारों में इसको लेकर बड़ी तीखी लिखा-पढ़ी चल रही है।

यहाँ के प्रकाशकों ने एक नई चाल चली है। वे लेखकों में फूट डालकर अपना उल्लू सीधा करना चाहते हैं। भावुक लेखक—एक दूसरे पर कीचड़ ही नहीं फेंक रहे हैं, एक दूसरे पर छुरी चलाने को भी तैयार हैं। कैसा पतन?

तीसरी बात—परिवार का छकड़ा भी स्वाभाविक चाल में नहीं जा रहा है। भारतेन्दु ने राजस्थान के छकड़े का जो वर्णन किया है, उसी का नमूना हो रहा है यह—हिलडुल धकर-ढ़ों, चर्रमर्र—इसके चालक की जो दशा हो सकती है, वही मेरी है!

इन परेशानियों के भीतर एक जिम्मेवारी और भी लद गई है। बिहार हिन्दी साहित्य सम्मेलन का सभापति चुना गया हूँ। यह पद गौरव का है, इसमें सन्देह नहीं। किन्तु यह ताज काँटों का है, यह भी वर्तमान व्यवस्था में निर्विकार है। सोचता हूँ, सम्मेलन छोड़ूँ—वह और भी लिपटता जा रहा है!

आर्थिक झंझटों से मुक्ति नहीं मिल पाई है। नया घर इतना पैसा ले चुका है कि संचित कुछ क्या रह पाता! पैसे कमाओ और उन्हें सिमेंट, लोहा, चूना, ईंट में लगाते जाओ। लेकिन एक बात तो है। ज़िन्दगी में एक भी मूर्त्त चीज़ तो बना पाऊँ। मैं कहा करता हूँ, यह मेरा मकान नहीं, यह स्मृति-मन्दिर है मेरा! जो जाति अपने कालिदास और तुलसी का स्मारक नहीं बना सकी, वह बेनीपुरी की ओर ध्यान देगी! अतः अपना स्मारक, अपने हाथों। और वह इतना मजबूत तो हो कि कुछ शती तो खड़ा रहे ही!

इस सीजन में कुछ रुपए मिल जाएँ, तो शायद यह झंझट कुछ कम हो जाए। लेकिन, ये प्रकाशक मेरी पुस्तकों के गले दबा नहीं देंगे, इसका क्या विश्वास!

उफ़, ऐसे प्रकाशक कब आएँगे जिन्हें पुस्तकें देकर लेखक निश्चिन्त हो जाएँ। बेईमानों के गिरोह का ही नाम है प्रकाशक यहाँ!

राजनीति में बेईमानी, साहित्य में बेईमानी; ईमानदारी से जीने की आशा रखने वाले की मौत! उफ़!!!

पटना
2 दिसंबर 1950

चर्चा कर चुका हूँ, इस बार विश्वविद्यालय के लिए पुस्तकों के चुनाव में अजीब धाँधली मची।

इस धाँधली की जड़ में प्रकाशक हैं। किन्तु प्रकाशक तो घाघ होते हैं। उन्होंने ताश के पत्ते कुछ इस ढंग से सँजोए कि वे बेदाग़ बच गए और लेखक आपस में लड़ गए।

साहित्यिकों का लड़ना भी देखा है। जिस समय से साहित्य-क्षेत्र में प्रवेश किया, साहित्यिकों की पारस्परिक नोक-झोंक देखता आ रहा हूँ। द्विवेदी जी और चतुर्वेदी जी की छेड़खानियाँ देखीं। चतुर्वेदी जी (स्वर्गीय जगन्नाथ प्रसाद चतुर्वेदी), जब कभी मौका मिलता, द्विवेदी जी (स्वर्गीय महावीर प्रसाद द्विवेदी) से चुटकियाँ लेने में कभी नहीं चूकते! देव और बिहारी को लेकर पं. पद्मसिंह शर्मा और मिश्रबन्धुओं की नोक-झोंक भी देखी! लाला भगवान दीन जी ने दास-कवि को लेकर भी एक साहित्यिक विवाद खड़ा किया। यों साहित्यिकों में भी झगड़े देखे हैं। उन्हें भी लड़ते देखा है। किन्तु, यह झगड़ा! छीः। क्या हम सचमुच साहित्यिक हैं? इतने पतन की आशा हमने तो नहीं ही की थी!

कुछ लोगों ने इस धाँधली के खिलाफ आवाज़ उठाई। ब्रजनन्दन आज़ाद की लेखनी में बल है; वह निर्भीक भी हैं। उन्होंने एक अँगरेजी अखबार में इसके विरोध में लिखा। मेरी समझ में आज़ाद से ग़लती हुई कि उन्होंने चार-पाँच नए लेखकों के नाम धर दिए! मैं जानता हूँ, उनकी किताबें इसलिए नहीं मंजूर हुईं कि उनकी किताबें हैं। वे स्वीकृत हुईं इसलिए कि अमुक-अमुक प्रकाशकों ने उन्हें प्रकाशित किया! इन प्रकाशकों ने इन नए लेखकों से इसलिए पुस्तकें लिखवाईं कि पुराने लेखक न तो उनके आर्डर के अनुसार एक निश्चित अवधि में लिख सकते थे; न उनकी शर्तों पर लिख सकते थे। पुराने लेखकों में पैसे अधिक लगते हैं; फिर वे प्रकाशकों के कृतज्ञ न होकर अपनी सरस्वती के प्रति नाज़ाँ होते हैं। उन्होंने पुराने लेखकों से बातें भी कीं; किन्तु उस ओर से निराश होकर उन्होंने नए लेखकों के दामन पकड़े—पैसे कम देना, मनमानी शर्त रखना और यह भी कि पुराने लेखकों को बता दिया जाए कि किताबें हमारे चलते मंजूर होती हैं, तुम्हारी कला के चलते नहीं। यों जो हुआ, प्रकाशकों के चलते। हाँ, ये बेचारे नए लेखक भी कुछ कम परेशान नहीं हुए—खूब दौड़धूप की! स्वीकृति की ख़बर मिलते ही, ये बेचारे ज़रूरतमंद लोग ख्वाब देखने लगे, अब वे भी मज़े में रह सकेंगे! यह आकांक्षा कुछ बुरी नहीं। किन्तु यह क्या? आज़ाद ने इनका नाम लेकर मानो उनके पैर के नीचे से ज़मीन खिसका दी! वे बौखला गए!

और, फिर, पागलपन में जो भी कहा-सुना जा सकता है, कहा-सुना जा रहा है। हाँ, ऐसी बातें पागलपन में ही की जा सकती हैं। एक स्थानीय साप्ताहिक में दो सप्ताहों से जो छप रहा है, वैसा कभी देखा-सुना तो नहीं ही था, कल्पना भी नहीं की थी! उफ़, मालूम होता है, माता-सरस्वती को नंगा करके नचाया जा रहा है। क्या मनुष्य को भाषा इसलिए मिली? हमें लिखने की कला इसलिए दी गई कि हम सारी शिष्टता, भद्रता और सभ्यता को भूलकर जो चाहें, लिख मारा करें! आज से लगभग सत्ताईस-अट्ठाईस वर्ष पहले, इसी पटना में, एक सम्पादक जी थे, जिन्होंने गालियाँ देने में कमाल कर दिखलाया था। उन्होंने राजेन्द्र प्रसाद जी को ठगेन्द्रप्रसाद, अनुग्रह नारायण सिंह को दुराग्रह नारायण चश्मोनियत, बदरीनाथ वर्मा को छुदरीनाथ वर्मा, बलदेवसहाय को खलदेव सहाय इत्यादि-इत्यादि लिखते हुए "उल्टी गंगा" बहाना शुरू किया था। आज उसी सम्पादक महोदय को पागल की तरह पटना की गलियों में, सड़कों पर घूमते पाता हूँ और जिन्हें उन्होंने गालियाँ दीं, वे सर्वोत्तम पदों और स्थानों के भागी बने! यह तुलना पूरी घटती नहीं, भगवान न करे कि घटे क्योंकि इस साप्ताहिक में ये अंट-शंट चीजें जो लिख रहे हैं, वे मेरे प्रिय पात्रों में से हैं! किन्तु, इनकी इस बौखलाहट और लेखन प्रणाली ने बरबस उस घटना की याद दिला दी!

इस बार के बोर्ड ने मेरी भी दो पुस्तकें हटाई हैं और एक भी नई पुस्तक नहीं ली।

बोर्ड के इस निर्णय पर क्षोभ मुझे भी है। किन्तु मैं जानता हूँ, उनके इस रुख का कारण मैं भी हूँ। मैं उनकी सेवा में दौड़कर नहीं गया, बल्कि संवाद कहला दिया कि जो उनकी इच्छा हो, करें। भला ऐसी गुस्ताख़ी! यह भी जानता हूँ, पुस्तकों की स्वीकृति में लेनदेन होता है, हाँ, यह बात जरूर है कि मुझसे माँगने की धृष्टता तो वे नहीं कर सकते थे। किन्तु ज़रा खुशामद-बरामद से भी बेचारे गए! उन्होंने मुझे सबक़ सिखाया! मैं भी उसे अपने ऊपर प्रसाद रूप में ग्रहण कर चुका हूँ!

किन्तु, इस 'साप्ताहिक' के उन लेखकों में मुझे भी घसीटने की चेष्टा की जा रही है! शायद वे लोग यह भी समझते हैं कि इस विवाद में मेरा भी हाथ है। लेकिन मैं जानता हूँ कि मैं इससे सर्वथा अलग हूँ। हाँ, इस विवाद को प्रारम्भ कराया था उन लोगों ने, जिनका हित मेरी नई पुस्तकों में है। मैंने उनसे कहा भी कि व्यक्तिगत बातों में जाना अच्छा नहीं। लेकिन इस सत्य पर कौन जाए? बल्कि नई झूठें गढ़ी जा रही हैं—ऐसी झूठें, जिन्हें लिखते हुए भी मुझे शर्म लगती है! बार-बार सोचता हूँ, क्षुभित होता हूँ कि भगवान, हम कहाँ जा रहे हैं, हमारी पत्रकारिता कहाँ जा रही है, हमारे नौजवान कलाकार कहाँ जा रहे हैं? क्या इस परिस्थिति में सत्साहित्य का सृजन सम्भव है? साहित्य की बात जहन्नुम में जाए ! क्या समाज इस प्रकार चल सकता है?

राजनीति में रहा हूँ। जहाँ विवाद ही विवाद है। किन्तु वहाँ के विवादों में एक ऊँचाई, एक मर्यादा का निर्वाह तो पाता ही हूँ! लेकिन साहित्य का यह विवाद। जब-जब प्रयाग जाता हूँ, सम्मेलन की बैठकों में श्रद्धेय टंडनजी को ऐसी बातें सुनाई जाती हैं कि जी तिलमिला जाता है। प्रयाग में वह हालत; पटना में यह हालत। साहित्य की रक्षा भगवान ही कर सकते हैं!

1951

लखनऊ के रास्ते पर

10 फरवरी 1951

दो महीने तक डायरी का लिखना बन्द रहा। और, इन दो महीनों में मेरे जीवन की एक अति महत्त्वपूर्ण और कई उल्लेखनीय घटनाएँ घटित हुईं।

अखिल भारतीय हिन्दी साहित्य सम्मेलन में सम्मिलित होने मैं कोटा गया। यात्रा से मैं भागता हूँ, ज़िन्दगी में बहुत कम यात्राएँ की हैं। इसलिए यात्रा मेरे लिए बड़ी ही उत्तेजक होती है। इस बार संगति भी मज़े की थी। साथ में आरसी थे, कपिल थे, सतीश थे। कुछ और लोग थे। आगरा से गाड़ी बदलती थी। पता चला, गाड़ी में बारह घंटे की देर है। तो क्यों नहीं आगरा देख लिया जाए।

और, आगरा देखने का मतलब है ताज देखना। मैं चाहता था कि ताज नहीं देखूँ। एक भी तो ऐसी चीज़ रहे, जिसके देखने का अरमान बना रहे। और जो भारत की सबसे सुन्दर इमारत कही जाती है, वह चीज़ वही क्यों न रहे। किन्तु संयोग देखिए कि यहाँ मुफ्त को इतना समय मिल गया और ऐसी संगति! बूँदा-बूँदी हो रही थी—पूरी रूमानी फिज़ा। हम लोग चले।

पहले किला देखा। मैंने पहले मान लिया था कि मुगल महलों में सबसे अच्छा है लाल क़िला। किन्तु आगरे के किले ने उस भ्रम को दूर कर दिया। उससे बहुत बड़ा, अधिक शानदार। जब देखते-देखते उस स्थान पर पहुँचा, जहाँ से बैठकर कैदी शाहजहाँ ताज देखा करता था,

तो बरबस आँखें तर हो गईं। उस स्थान से ताज स्वप्न-भवन की तरह लगता था। बादलों का धुँधलका एक अजीब रूमानी कैफीयत तारी कर रहा था।

किले से ताज देखने चला। बूँदा-बूँदी हो रही थी। मस्तों की मंडली थी ही। यह अब हम ताज के निकट है!

सुनते हैं, ताज चाँदनी में देखने पर बहुत आकर्षक लगता है। किन्तु बादलों के बीच भी यह आज कम सुहावना नहीं लगा। जब फाटक से आगे ताज के रूबरू खड़ा था, अचानक रवि बाबू की कविता याद आ गई—काल के गाल पर आँसुओं की एक बूँद! काल के गाल पर—आँसू की एक बूँद! कैसी करुण शोभा!

दूर से देखा, निकट से देखा। आगे-पीछे से देखा, अगल-बगल से देखा। आँखें खोलकर देखा, आँखें मूँदकर देखा। बाहर देखा, भीतर देखा। प्रेमिका की तरह देखा, अर्द्धांगिनी की तरह देखा। हृदय से एक ही पुकार आती थी—उफ़, कैसी करुण शोभा! और इस भव्य दिव्य रचना में कहाँ करुणा है और कहाँ शोभा—क्या यह विलग करके देखा जा सकता है!

मैं भाव-मुग्ध था, साथी भाव-मुग्ध थे। किन्तु रह-रहकर मानव की अश्लीलता उस मुग्धता को भंग कर देती। कितने ही प्रेमी-प्रेमिकाओं को यहाँ आकर शाहजहाँ और मुमताज़ बनने की ख़्वाहिश पैदा हो जाती है। देखिए तो उस जोड़ी को! देशी चमड़े पर विदेशी पोशाक। रूप-रंग देने में भी खुदा ने कम कंजूसी नहीं दिखाई है—किन्तु ताज के साये में अपने भिन्न-भिन्न पोज़ की तस्वीरें खिंचाने की कैसी बेचैनी! कपिल ने उनके भारी-भरकम शरीर को देखकर एक ऐसा नाम उन्हें दे दिया कि कई दिनों तक जब-जब ताज की बात आती, उसका स्मरण हँसी से लोटपोट कर देता!

वहाँ से राधा-स्वामियों के अड्डे देखने गया। वहाँ इस समय संगमरमर का ही एक मन्दिर बन रहा है। शायद दूसरा ताज बनाने की हविस हो, किन्तु कहाँ राजा भोज और कहाँ...। हाँ, इनकी बस्ती की झलक ने यह सिद्ध अवश्य कर दिया कि इसी शहर में कभी मुमताज रहती होगी। एक षोडशी दरवाजे पर इस अदा से खड़ी थी कि एक साथी के मुँह से पद्माकर जी बोल उठे—एक कर कंज एक कर है, किवाड़ पर!

पटना

23 मार्च 1951

लखनऊ जाते समय जो लिखना शुरू किया, वह क्रम न जाने क्यों भंग हो गया। फिर ऊपर के ''कलकर'' ये अक्षर बताते हैं, लखनऊ से कलकत्ता जाते समय लिखना शुरू किया; किन्तु साढ़े तीन अक्षर से आगे बात नहीं बढ़ने पाई। कैसा है अव्यवस्थित जीवन—जीवन ही शायद चंचल है।

तो आगरा में उसके बाद सिकन्दरा देखा। 'सिकन्दरा' नाम से यह कल्पना नहीं की थी कि यहीं अकबर की समाधि होगी। समाधि बड़ी ही भव्य किन्तु बहुत ही सादा है। पठान और मुगल बादशाहों में अपनी समाधि बना लेने का यह चलन कुछ विचित्र है। किन्तु इसी के कारण तो बिहार को शेरशाह का मकबरा और आगरा को सिकन्दरा मिला है! अकबर की कब्र को बड़ी श्रद्धा से स्पर्श किया—अकबर सचमुच महान् था!

आगरे से कोटा—सम्मेलन की वही तूतू-मैमैं। सबसे दुखद रहा जयचंद जी का बर्ताव। वह तो प्रयागीय गुट के पूरे कब्जे में थे! किसी-किसी ने इसमें आर्थिक स्वार्थ की बात भी की! जो हो, जब-जब सम्मेलन में जाता हूँ, मन में बड़ा क्लेश और अवसाद होता है।

समाजशास्त्र-परिषद् का सभापतित्व जयप्रकाशजी ने किया—मेरे कहने पर ही उन्होंने यह पद स्वीकार किया था। जयप्रकाशजी भी खिन्न थे!

इन सम्मेलनों से एक ही लाभ है—पुराने मित्रों से भेंट हो जाती है, कुछ नए मित्र बन जाते हैं। इस बार की यात्रा में देवेन्द्र सत्यार्थी से परिचय सबसे स्मरणीय रहा।

कोटा देखा, बूँदी देखी। जहाँ कभी तलवारों की खेती होती थी, वहाँ के खेत दिसंबर में भी जलते-से देखे!

फिर बम्बई—पृथ्वीराज, नेपाली सज्जन आदि से मिला। चाहता हूँ, अपनी कुछ चीजें फिल्म में दूँ। किन्तु शायद अभी कुछ प्रतीक्षा करनी होगी।

× × ×

इस बार बिहार हिन्दी साहित्य सम्मेलन का सभापति मैं ही चुना गया था। बम्बई से आकर ही भाषण लिखना शुरू किया और फिर आरा के लिए रवाना हुआ!

बिहार हिन्दी साहित्य सम्मेलन का सभापतित्व कोई छोटी चीज़ नहीं है। चार करोड़ लोगों का यह प्रदेश। लोगों में इतना हिन्दी-प्रेम, साहित्य-प्रेम। सम्मेलन अब एक जीती-जागती संस्था है। धीरे-धीरे इसके सम्मान का स्तर बढ़ता जाता है। रेलवे स्टेशन से ही इसके लक्षण दिखे। लोगों की अपार भीड़—फूलमालाओं से लोगों ने लाद दिया। फिर जुलूस और शाम को अधिवेशन। श्री कन्हैयालाल माणिकलाल मुंशी ने उद्घाटन किया। राजा साहब ने जो मेरा परिचय दिया, वह बड़ा ही सुन्दर था। लहरदार भाषा ने और रंग डाल दिया। प्रान्त से काफी साहित्यिक पधारे थे। भाई जगजीवन राम जी, श्रम-मंत्री, भारत-सरकार भी आए थे। श्रीमती महादेवी वर्मा और बच्चन ने भी पधारने की कृपा की थी। डॉ. उदयनारायण त्रिपाठी और श्री उपेन्द्र वाजपेयी भी आए थे। सरकारी हल्कों से भी काफी लोग आए थे। शिक्षा-मंत्री आचार्य बद्रीनाथ वर्मा और शिक्षा-सचिव श्री जगदीश चन्द्र माथुर भी आए थे। मेरा भाषण भी कुछ अच्छा लिख गया था। दूसरे दिन श्री जैनेन्द्र कुमार भी आ गए। दो दिनों तक यह अधिवेशन शानदार ढंग से चलता रहा! कवि सम्मेलन और नाटक भी हुए।

इधर पाँच वर्षों से सम्मेलन की सेवा करता रहा। जैसा बन पड़ा, इसे बनाया। एक वर्ष मैं कुछ ठोस काम करना चाहता हूँ। देखें, कहाँ तक क्या कर पाता हूँ।

× × ×

इधर राजनीति ने भी मेरा बहुत समय लिया। "जनता" को दैनिक करने के लिए भी कुछ प्रयत्न किया। किन्तु देखता हूँ, वहाँ जितनी परेशानी है, काम नहीं हो पाता। असल में यहाँ की पार्टी, पार्टी है ही नहीं। पाँच-छः व्यक्ति हैं, जिनके अपने गुट हैं। वे लोग सब काम अपने मन से, अपने ढंग से करते हैं। जब कभी संयोग से वे एक साथ बैठते हैं, तो उसका नाम पार्टी हो जाता है। जयप्रकाशजी भी लाचार हैं। उन्हें पार्टी चलाना है। सबको मिलाकर ले चलना चाहते हैं। इसलिए कभी-कभी उन्हें ऐसे काम करने पड़ते हैं, जो उनके लिए शोभनीय नहीं। अभी "जनता" को लेकर उनसे ऐसा काम कराया गया जो मेरी समझ में बिल्कुल अनुचित था। मैंने उन्हें इसको लेकर दो बड़े पत्र भेजे। पत्रों में काफी कड़ी बातें थीं। परसों जब भेंट हुई, उन्होंने कैफ़ीयत दी। उनकी ईमानदारी और अपनी भूलें स्वीकार करने की क्षमता तो हृदय को छूए बिना नहीं रहती। किन्तु, वह पटना रहते कितने दिन हैं? जिन लोगों के साथ काम करना है, उनका रवैया ऐसा नहीं कि काम में कुछ उत्साह हो।

फिर अपनी सीमित शक्ति को देखता हूँ। दौरा करना मुझे सधता नहीं। पटना में इतने काम हैं कि बाहर जाना भी मुश्किल है। जाता हूँ, तो तुरन्त आँखों में पीलापन छा जाता है—जौंडिश से पिंड तो छूट गया, किन्तु वह जैसे अब तक छाया की तरह पीछे पड़ा है! पार्टी

के पार्लियामेन्टरी बोर्ड का अध्यक्ष हूँ। उसके लिए बाहर जाना जरूरी है ही। तो क्यों नहीं उससे अपने को हटा लूँ और जो कुछ कर सकूँ, वह ''जनता'' के लिए ही करूँ?

कुछ दिनों से पूरा परिवार यहीं है। बेटे, बेटी, पुतोहू-पोते, रानी सबके बीच अपने को पाकर बड़ा आनन्द आता है! हाँ आर्थिक परेशानियाँ भी हैं। किन्तु उसका रोना कहाँ तक?

पटना
14 सितंबर 1951

संध्या हो रही है। आसमान में इधर-उधर उजले-उजले मेघखंड बिखरे हुए हैं, जिनमें ज़रा-ज़रा लालिमा भी दिखाई पड़ती है। छोटे-छोटे काले-काले पंछी बड़ी तेज़ी से इधर-उधर उड़ रहे हैं। इन छोटे पंछियों के नाम नहीं जानता। जब हजारीबाग़ जेल में था, वर्षा की संध्या को इसी तरह इन्हें देखा करता। नीचे, ज़मीन पर बच्चे खेल रहे हैं—लल्लन भाग रहा है, मन्नन उसे पकड़ने की कोशिश में है। बेचारा मन्नन—बदमाश लल्लन को वह कहाँ तक पकड़ सके। महेन्द्र उसकी मदद करना चाहता है। कोलाहल है। भीतर से रेडियो की आवाज़ आ रही है। सामने देवेन्द्र बैठे हैं। हवा बंद है। पेड़ों के पत्ते भी निस्तब्ध लग रहे हैं।

छः महीने से इस पुस्तिका में एक भी शब्द नहीं लिखा गया। ऐसा ही अव्यवस्थित है जीवन। इसके बीच मैं विलायत से लौट आया। उस यात्रा को ''पैरों में पंख बाँधकर'' नामक अपनी डायरी-पुस्तक में अमर कर चुका हूँ। वह पुस्तक कल से छपने जा रही है।

वहाँ से लौटकर अपने को विचित्र स्थिति में पाया। मेरी अनुपस्थिति को कुछ मित्रों ने न-जाने क्या समझा! क्या उन्होंने इसे मेरी मृत्यु ही मान लिया? कम से कम उनके काम तो वैसे ही हुए।

सबसे बड़ी दग़ाबाज़ी की इस जयनाथ मिश्र ने। पुस्तक-भंडार से जब यह भलामानस हटा, मैंने ही अवधेश्वर से इसका सम्बन्धं जोड़ा। जब कोई पुस्तक नहीं थी, मैंने ही लिखकर पुस्तकें दीं। धीरे-धीरे अजन्ता-प्रेस का नाम हुआ। ''चुन्नू-मुन्नू'' निकला। प्रेस की शोहरत और बढ़ी। किन्तु, यह क्या? ज्यों ही मैं विलायत गया, इस भले मानस ने ''चुन्नू-मुन्नू'' के संपादक से मेरा नाम हटा दिया। यही नहीं, मुझे बदनाम करने और मेरी हानि पहुँचाने के लिए इसने कुछ भी उठा नहीं रखा! क्या यही मनुष्यता है? मुँह पर मित्र बने रहो और ज्यों ही पीठ पीछे हो कि उलट कर डँस लो!

आते ही सबसे पहला काम यह किया कि अपनी पुस्तकों के बारे में बातें साफ कर लीं। चाहता तो था कि अपनी पुस्तकें हटा लूँ, किन्तु अवधेश्वर के कहने पर एक साल के लिए खास शर्त पर छोड़ दिया!

सम्मेलन (बिहार) के बारे में भी मित्रों ने कम चक्रचाल नहीं रचे। जब तक मैं लौटूँ, तब तक उन सभी लोगों को हटा दिया, जिन्हें मैंने वहाँ रखा था। बेचारे लोगों को इस प्रकार हटाया जाना मुझे पसंद नहीं आया। एक बार तो सोचा कि इस्तीफा दे दूँ। किन्तु फिर देखा, अभी शान्त ही रहना ठीक। देखूँ तो कि आखिर दुष्टता किस सीमा तक पहुँचती है।

''नई धारा'' में भी षड्यंत्र चलाया गया। बेचारे राजा साहब? उन्होंने कई जगह अंट-संट बातें कीं। किन्तु, शिवाजी से जब मैंने बातें कीं, तो उन्होंने अपनी सफाई पेश करते हुए बताया कि उनके पास कुछ लोग जरूर आए थे जिन्होंने उनसे 'चुन्नू-मुन्नू' वाली बात दुहराने को कहा था; किन्तु उन्होंने उचित नहीं समझा। मुझसे कहा कि मैं पहले की तरह ही आप पर विश्वास रखता हूँ, आप जैसे चाहें, ''नई धारा'' चलाएँ।

मुझे सबसे दुख हुआ यह जानकर कि 'दिनकर' ने भी मेरे अहित में या तो हाथ बँटाया है, या चुपचाप अहित होने दिया है। मैंने कई लोगों से इसकी चर्चा भी की, जिसे सुनकर 'दिनकर' बहुत क्षुब्ध हुए, जैसा कि उनके व्यवहार से मालूम हुआ। जब पहली बार मिले, मुझसे भर-मुँह बातें भी नहीं कीं।

कहाँ यूरोप से लौटा था नया उत्साह, नई उमंग लिए। कहाँ, यहाँ पहुँचते ही इस तरह चारों ओर से अपने को घिरा पाया। मन और तन पर बहुत बुरा असर कर दिया।

जब मैं इसी प्रकार चारों ओर से घिरा था, उसके बीच ही "जनता" दैनिक रूप में निकली—21 जून को। मैं ही प्रधान सम्पादक बनाया गया। "जनता" में बड़ी मेहनत करनी पड़ी। दैनिक का अनुभव नहीं था, अभ्यास भी नहीं। इसलिए और भी परेशानी। खैर, दैनिक "जनता" का अच्छा स्वागत हुआ, इससे थोड़ी शान्ति मिली, किन्तु चिन्ता और परिश्रम के कारण इधर बीच में दो बार बेहोशी आ गई। बेहोशी मेरी पुरानी बीमारी है। 1926 में पहली बार इसका दौरा हुआ, जब "बालक" के सम्पादन के सिलसिले में बनारस में था। तबसे प्रायः इसका दौरा आया करता है। किन्तु इस बार इसका बहुत बुरा प्रभाव हुआ। कुछ दिनों तक ऐसा लगता था कि शरीर में दम ही नहीं है। और, इसी अवस्था में रोज "जनता" के तीन-तीन शीर्षकों के लिए लिखना।

रुपए-पैसे की भी बड़ी दिक्कत रही उन दिनों। कई आदमियों के पुराने कर्ज—फिर सारा परिवार यहीं। एक हजार मासिक मिलते हैं, तो भी परेशानी ही परेशानी रहती है। एक अजीब आदत हो गई है। हमेशा कुछ लोगों को अपने पास इकट्ठा किए रहता हूँ, जिनका खर्च मुझे ही ढोना होता है।

ख़ैर, अब धीरे-धीरे चिन्ता भी कम हो रही है। शरीर की हालत भी सुधर रही है। आर्थिक झंझटें भी सुलझने की ओर हैं। देवेन्द्रजी इधर पढ़ने लगे हैं। जित्तिन का पत्र आया है, वह फिर अपने क्लास में प्रथम आया है। रानी बेनीपुर गई हैं, उनका पत्र आया है। आशा है, इस साल खेती भी अच्छी रहेगी। यों मालूम होता है, आगे के दिन वैसे धूमिल नहीं रहेंगे।

पटना
28 सितंबर 1951

यह डायरी इसलिए तो शुरू नहीं की थी कि इसमें अपने दुख-द्वन्द्वों को स्थायी बनाता जाऊँ। सोचा था, जब कभी कोई उमंग मन में उठे, उसे कलमबंद कर लिया करूँ। यों थोड़े दिनों में ही यह एक अच्छी स्केच-पुस्तिका बन जाएगी, ऐसी आशा थी। किन्तु, उसके बदले, यह मेरी दुख-गाथा बनती जा रही है!

इधर चार-पाँच दिनों से फिर तबीयत ख़राब है। रोग क्या है, खुद नहीं जानता। ऐसा लगता है जैसे सारी शक्ति खो दी है। अँगरेज़ी में जिसे 'नर्वस ब्रेकडाउन' कहते हैं, वही चीज। बस, इच्छा होती है, पड़ा रहूँ, सोया रहूँ। साधारण बातचीत के लिए भी जैसे प्रयत्न करना पड़ता हो! अजीब हाल है?

सोचता हूँ, सब छोड़-छाड़कर घर चला जाऊँ। किन्तु, जाऊँ कैसे? दुलहिन का गर्भ पूरा हो रहा है। बच्चे स्कूलों में पढ़ रहे हैं। पास में पैसे नहीं। कमाकर ही तो खाना है। चला जाऊँ, तो खाऊँगा क्या, खिलाऊँगा क्या?

कई किताबें अधूरी पड़ीं हैं। "पैरों में पंख बाँधकर"—की बात पक्की हो गई। 'शबनम' निकाल रही हैं। इनके प्रकाशन का क्या भविष्य होगा—भगवान जाने। मुझे पैसों की ज़रूरत

थी। इन्होंने दिए। किताब प्रेस में दे दी है। दो-तीन और पुस्तकें इन्हें दे देना चाहता हूँ। आखिर वे पड़ी रहें, इसका क्या अर्थ? किसी तरह निकल जाएँ।

एक अजीब निराशा का वातावरण! इस वातावरण से कैसे निकल सकूँ ! जयनाथ मिश्र के चलते सभी प्रकाशकों पर से भी विश्वास उठ गया है। जिन्दगी-भर आखिर लिखने-पढ़ने का ही तो व्यवसाय चलाना है। अब क्या किया जाएगा। किस तरह आगे काम बढ़ाया जा सकेगा? एक ही उपाय है कि अपना प्रकाशन किया जाए? किन्तु यह करे कौन?

हुँह, फिर वही रोना-धोना। यह अच्छा नहीं। सोचता हूँ, अब ऐसी बातें नहीं दर्ज करूँगा। किन्तु, मेरी परेशानियाँ यदि मेरी पुश्त की परेशानियों के रूप में मान्यता पावें, तो इसमें नुकसान क्या है? सचमुच अपनी हालत देखकर अपने साथी लेखकों की विपता की ओर दृष्टि देता हूँ, तो और दुख होता है। उन बेचारों की हालत तो मुझसे भी बदतर है।

बहुत दिन हुए, 'नवीन' ने एक कविता लिखी थी—

"हम संक्रांति काल के प्राणी बदा नहीं सुखभोग"

शायद हमारी पुश्त परेशानियाँ भुगतने ही के लिए पैदा की गई थी।

आज सात दिन हुए, यहाँ आया। इधर तबीयत बड़ी सुस्त रहती थी। विलायत से लौटने के बाद तरह-तरह के झंझटों में रहा। काम की भी बड़ी भीड़ थी। अतः दो बार बीच में ग़श हो आया था। इधर तबीयत ऐसी ढीली मालूम पड़ती थी कि मालूम होता था, एक दिन बिल्कुल थौंस जाऊँगा। हकीम जी ने भी कहा कि दवा की अपेक्षा आराम चाहिए। रानी का बड़ा आग्रह हुआ। दस दिन के लिए यहाँ चला आया।

इधर तबीयत बहुत अच्छी हो चली है। सिर्फ खाना, सोना और थोड़ा पढ़ना। पढ़ने के लिए सिर्फ एक पुस्तक ले आया था—यों ही, चलते दिन, अपने एक सहकारी के हाथ में देखा और उससे मंगनी कर ली। यह पुस्तक है—समरसेट मौम की लिखी "ग्रेट नोवलिस्ट्स ऐंड देयर नौवेल्स"। मौम स्वयं अँगरेज़ी का एक सुप्रसिद्ध लेखक है—नाट्यकार, औपन्यासिक। उससे एक बार एक प्रकाशक ने पूछा कि आपकी सम्मति में संसार के दस सर्वश्रेष्ठ उपन्यास कौन हैं? मौम ने ये दस उपन्यास चुने—

वार ऐंड पीस—लियो टाल्सटाय
ओल्डमैन गोरियो—ओनरे बाल्ज़क
टौम जोन्स—हेनरी फियल्डिंग
प्राइड ऐंड प्रेजूडिस—जेन ऑस्टिन
रेड ऐंड ब्लैक—स्तेन्धल
वूदरिंग हाइट्स—एमिली ब्रौंटे
मादाम बोवारी—गुस्तेव फ्लाबेयर
डेविड कौपरफील्ड—चार्ल्स डिकेंस
ब्रदर्स करमजौव—फियोडोर दस्तोवस्की
मौदी डिक—हरमैन मेलविले

पीछे उस प्रकाशक ने इन दसों उपन्यासों को मौम से सम्पादित करा कर निकाला। हर उपन्यास के प्रारम्भ में एक भूमिका लिखी गई है जिसमें उपन्यासकार और उसकी उपन्यासकला पर संक्षेप में प्रकाश डाला गया। इन सारी भूमिकाओं को एकत्र करके यह पुस्तक तैयार की गई है।

मौम का कहना है कि उसकी समझ में संसार का सबसे बड़ा उपन्यासकार बाल्ज़क है, किन्तु सबसे बड़ा उपन्यास है टाल्स्टाय का 'वार ऐंड पीस'। इसमें पाँच सौ पात्र हैं! मुख्य पात्र

जीवन से लिए गए हैं। अपने पितामह, पिता, माता और कितने ही परिचितों को टाल्स्टाय ने इस उपन्यास के पात्र बनाया है। अपने व्यक्तित्व को दो हिस्सों में बाँटकर इसके दो प्रधान नायक बनाया। नताशा इसकी मुख्य नायिका है और मौम का कहना है, इससे अधिक मनोरंजक नारी उपन्यास में कभी गढ़ी नहीं गई! इस नायिका के बारे में, मौम लिखता है—She is sweet, sensitive and sympathetic, wilful, childish, womanly already, idealistic, quicktempered, warm hearted, headstrong, lapricious. इसका यह जादू अँगरेजी भाषा का भी जादू है, जहाँ थोड़े में बहुत कह दिया जा सकता है!

टाल्स्टाय के जीवन पर बड़ी कड़ी निगाह डाली गई है—वह शराबी था, जुआड़ी था, अत्यन्त कामुक था। देखने में कुरूप—किन्तु, बड़ा साहसी, बलवान—भर दिन पैदल चल सकता, बारह घंटे घोड़े की पीठ पर सवारी कर सकता। अपनी कुरूपता पर एक जगह उसने स्वयं लिखा है—"मैं प्रायः ही उदास हो जाता। मेरी समझ में आनन्द उसकी तकदीर में नहीं लिखा है जिसकी नाक ऐसी चिपटी हो, होंठ इतने मोटे हों और आँखें इतनी छोटी और भूरी हों।" वह घमंडी था, किसी के नमस्कार का भी उत्तर नहीं देता, अपनी पुस्तकों की आलोचना वह बर्दाश्त नहीं कर पाता। बड़ा चिड़चिड़ा; बात-बात पर लड़ने-मरने को तैयार!

बड़े घर का बेटा! नौजवानी में रंगरेलियाँ कीं। फौज में काम किया—एक तितलौकी; दूसरे, चढ़ी नीम पर। फिर शादी की। बीवी—बदन सुडौल, आँखें सुन्दर, बाल मुलायम, बोली मधुर। किन्तु वह भावुक थी, अतः कभी-कभी ठन जाती। उसका अक्षर सुन्दर—टाल्स्टाय की रचनाओं की प्रतिलिपि वही तैयार करती। 'वार ऐंड पीस' की सात बार उसने प्रतिलिपि तैयार की थी। टाल्स्टाय प्रतिदिन आठ-दस घंटे तक ज़रूर लिखता। हाँ, उसके अक्षर बहुत खराब होते थे।

प्रारम्भिक पारिवारिक जीवन बड़ा आनन्दपूर्ण। पत्नी बच्चे पर बच्चे दिए जाती, उनकी देखभाल करती, अपने पति को भी लिखने-पढ़ने में सहायता देती। इधर टाल्स्टाय लिखता-पढ़ता, घुड़सवारी करता, शिकार खेलता और अपनी जमीन्दारी का काम-धाम भी सम्हालता—कि वह पचासवें वर्ष के आस-पास पहुँचा। मौम उम्र के इस हिस्से के बारे में लिखता है—

"वह पचासवें वर्ष के निकट पहुँच रहा था। यह अवस्था आदमी के जीवन में बड़ी ही खतरनाक होती है। जवानी बीत गई होती है—पीछे देखने पर यह लेखा-जोखा सामने आता है कि हमने क्या किया; आगे देखने पर बुढ़ापे का स्मरण मात्र ही कँपा डालता है।"

[मैं भी इसी अवस्था में पहुँचा हूँ। मौम स्वयं इसी उम्र को पार कर रहा था, तब यह लिखा। अतः जब मैं इन पंक्तियों को पढ़ रहा था, आजकल की अपनी स्थिति के बारे में बार-बार सोचा करता। सचमुच मेरी हालत भी अजीब है। न-जाने मेरा जीवन कौन-सी करवट लेता है!]

ख़ैर, इसके बाद ही टाल्स्टाय के जीवन में परिवर्तन होता है। वह एक नए जीवन, नए धर्म का मसीहा बन जाते हैं। संसार के कोने-कोने में उनकी कीर्ति फैल जाती है। "पैसिव रेजिस्टेंस" के नाम से बुराई से लड़ने का एक नया तरीक़ा निकालते हैं—जिसका ही भारतीय रूप सत्याग्रह है। गाँधी जी ने स्वयं लिखा है कि टाल्स्टाय की इस अनोखी जीवन-पद्धति ने उन्हें सबसे अधिक प्रभावित किया।

इसके बाद ही उनमें और उनके परिवार में एक अजीब द्वंद्व मचता है। टाल्स्टाय धन को पाप मानकर उसका त्याग करने पर तुले हैं—किन्तु, उनकी पत्नी बेचारी क्या करे, घर कैसे चलाए। चेराकौव नामक उनके एक प्रशंसक ने इस आग में घी का काम किया। उसके चलते

घरेलू बातें बिगड़ती ही गईं। अन्त में उन्हें घर छोड़कर चल देना पड़ा। उनकी उम्र बयासी वर्ष की थी। रात की यात्रा। सर्दी लग गई। घर से स्टेशन; वहाँ रेल की यात्रा। बुखार। रास्ते में ही एक अपरिचित स्टेशन उतरना पड़ा। वहीं मृत्यु!

टाल्स्टाय रूसी; बाल्ज़क फ्रांसीसी। कहानी कला में आज भी ये दोनों देश-संसार में शीर्ष स्थान रखते हैं।

बाल्ज़क में विलक्षण प्रतिभा थी। "उपजाऊपन लेखक का विशिष्ट गुण है और उसे यह गुण पूरी मात्रा में मिला था।" उसकी दृष्टि बड़ी पैनी थी; उसके आविष्कार महान् थे और जितने प्रकार के पात्र उसने पैदा किए, वह तो अपूर्व हैं ही—न भूतो, न भविष्यति! "वह मानो प्रकृति की एक अदम्य शक्ति था, एक ऐसी नदी जो लहराती, किनारों को डुबाती और हर चीज़ को बहाती चलती है; एक ऐसी आँधी, जो गाँवों को झकझोरती और शहरों को चर्रमर्र करती बढ़ती जाती है।" स्वभाव में बचपना; हृदय से उदार और दयालु। वकील बाप ने चाहा बेटा वकील बने, वह लेखक बनना चाहता था। पहली पुस्तक—लोगों ने कहा, तुम लिख नहीं सकते, यह पेशा छोड़ो। किन्तु वह लिखता गया। चार वर्षों में पचास पुस्तकें लिख डालीं—ऐतिहासिक उपन्यास। इसी समय एक स्त्री से प्रेम—वह स्त्री उससे पन्द्रह वर्ष बड़ी—एक ही साथ पत्नी-प्रेम, मातृ-प्रेम! उसने रुपए दिए, प्रकाशन का काम शुरू हुआ। किन्तु बाल्ज़क ऐसे उदार आदमी से व्यापार! उदार क्या—हद दर्जे का फिजूल खर्च। तीन साल में ही रोजगार में दीवाला पिट गया !

अब वह तीस साल का था। दुनिया का काफी अनुभव पा चुका। अब गम्भीरता से लिखना शुरू किया—लोगों को उसकी प्रतिभा की धाक स्वीकार करनी पड़ी। इसके बाद इक्कीस वर्षों तक वह जीवित रहा, लिखता गया। हर साल एक-दो बड़े उपन्यास और एक दर्जन छोटे उपन्यास या कहानियाँ। कुछ नाटक भी लिखे। कुछ दिनों तक एक अखबार निकाला।

वह नोट लेने में बड़ा ही कुशल था। जहाँ कुछ खास चीज़ देखी, नोट कर लिया। अपने उपन्यासों के स्थानों की यात्रा करने में उसे कभी संकोच नहीं हुआ और वहाँ की छोटी-छोटी चीज़ों को भी नोट कर लेता।

वह ज्यादातर रात में लिखता। सवेरे खाकर सोने चला जाता। उसका नौकर उसे जगा देता। तब वह खूब साफ, उजला कपड़ा पहनकर लिखने बैठता—वह कहता, जब कपड़े पर धब्बे होते हैं, तब कागज पर भी धब्बे ही उतरते हैं। काफी की प्यालियों पर प्यालियाँ चल रही हैं और वह चील के पर की क़लम से लिखता चला जाता। सात बजे लिखना बन्द कर स्नान करता और सो जाता। नौ बजे प्रकाशक आते—प्रूफ़ लिए और नई कापी माँगने। तब वह दोपहर तक प्रूफ में लगा रहता—प्रूफ क्या होता; वह नए शब्द, वाक्य ही नहीं, नए पैरा और पृष्ठ भी जोड़ने से संकोच नहीं करता। दिन में कुछ अंडे खाकर और पानी पीकर वह फिर काम में लगता और छह बजे उसे समाप्त करता।

ज्यों ही वह सफल लेखक हुआ, एक बड़े मकान में रहने लगा। उस मकान को खूब सजाया। एक फिटन खरीदी, एक जोड़ा घोड़े खरीदे। कोचवान रखा, रसोइया और नौकर रखे। नौकरों को खूब सजाकर रखता। वर्दी, पट्टे से सजाकर। अपने नाम के आगे बड़प्पन सूचक 'ड' लगाना भी शुरू किया। फर्नीचर; मूर्तियाँ, तस्वीरें और गहने खरीदने में कभी कोताही नहीं की। खाने-पीने में भी शौकीनी की कोई हद नहीं रखी।

नतीजा यह कि वह प्रायः ही कर्ज़ में रहता और कई बार उसके सामान नीलाम भी हुए। किसी से—औरतों से भी कर्ज़ माँगने में उसे संकोच नहीं होता।

प्रेम भी उसने खुलकर किया। कभी-कभी तो दूर की कौड़ी हाँकने में भी कमी नहीं की।

एक रूसी संभ्रान्त महिला भी उसके प्रेम-जाल में फँसी। यह विचित्र बात है कि उसका प्रेम प्रायः पत्र-व्यवहार से ही शुरू हुआ। इस रूसी महिला से शादी करने के बाद ही उसकी मृत्यु हुई—यों कहिए, तो मृत्यु-शैय्या पर ही शादी हुई। साहित्य में सफलता—जीवन में असफलता ही असफलता।

"ओल्डमैन गोरियो" की खूबियाँ—शुरू से आखिर तक मनोरंजक; बूढ़े पिता का प्रेम और कृतघ्न बेटी की उपेक्षा का अजीब चित्रण—उस समय के पेरिस के भ्रष्टाचार का भी दिग्दर्शन!

यों, मौम ने शेष आठ उपन्यासकारों के जीवन और उनकी सर्वश्रेष्ठ कृतियों पर भी बड़ा ही मनोरंजक प्रकाश डाला है। इन उपन्यासकारों में क्या विशेषताएँ थीं, जो उन्हें ऐसे महान कलाकार बना सकीं—इस प्रश्न का उत्तर मौम यों देता है—

इन सबमें सबसे बड़ी विशेषता थी इनकी क्रियात्मक प्रवृत्ति। ये इतने बड़े लेखक इसलिए बने कि इनके भीतर ऐसी प्रेरणा थी जो इन्हें लिखने को मजबूर करती थी। क्रियात्मक प्रवृत्ति के साथ ही इनमें व्यक्तित्व का विकास हुआ था। जिसे लोग सनकीपन या झक्कीपन कहते हैं, वही आदमी में दूसरों की अपेक्षा अलग ढंग से देखने को प्रेरित करता है। यह विशेषत्व आपको बुरा लगे या भला, किन्तु इन्हीं के चलते वह ऐसी चीज़ें आपके सामने रख पाता है, जिसे आप अद्‌भुत कहते और जिससे चकित और विस्मित हुए रहते हैं। इन दसों व्यक्तियों में लिखने की अजीब प्रेरणा थी—वे लिखते थे, लिखते थे, लिखते थे। लिखना आसान नहीं है और अच्छा लिखना तो और भी मुश्किल है। यों कहा जा सकता है कि कोई आदमी वैसा नहीं लिख पाता, जैसा कि वह लिखना चाहता है। टाल्स्टाय और बाल्ज़क लिखते थे, काटते थे, फिर लिखते थे, फिर काटते थे। लिखने की प्रवृत्ति लोगों में वैसी ही थी, जैसी भूख प्यास की प्रवृत्ति।

इनमें से कोई भी बहुत पढ़ा-लिखा नहीं था। और लिखने की कला छोड़कर किसी दूसरी कला से वैसा अनुराग भी नहीं था। वे बहुत मेधावी आदमी भी नहीं थे—इसका मतलब यह नहीं कि मूर्ख थे! उनमें विचार के लिए वैसी रुचि नहीं थी! विचार की कमी की पूर्ति इनमें भावना द्वारा हुई थी। इनकी भावना बड़ी प्रखर थी—इनमें कल्पना थी, गहरी सूझ-बूझ थी, परख थी, और सबसे बढ़कर इनमें यह योग्यता थी कि जिसे देखा, अनुभव किया या जिसकी कल्पना की, उसे मूर्त रूप दे सकें। एक दृष्टि से देखिए तो ये स्वाभाविकता से भिन्न पड़ते थे।

यह सोचना बेवकूफी से भरा है कि कलाकार को सांसारिक सुख के प्रति विरक्ति होती है। ऐसी बात नहीं है। उसके स्वभाव में तरलता होती है जो अपने लिए जगह चाहती है! आराम चैन उसे बहुत पसंद है—मौज से रहना उसे बहुत भाता है। इन लेखकों को देखिए—किसी को कपड़ा पसंद है, किसी को शिकार, किसी को घर, किसी को सवारी। इनमें से किसी-में संन्यासवृत्ति नहीं थी। सब मज़े में रहना चाहते थे। उन्हें पैसा चाहिए था, जमा करने के लिए नहीं; उड़ाने के लिए, दोनों हाथों से उड़ाने के लिए! वे किसी भी जरिए से रुपया पाना चाहते थे और किसी के लिए भी अपनी झोली खाली कर देते थे! वे बातचीत में पटु और संगति में रसिक थे और जो उनके निकट गया, उसे बिना प्रवाहित किए रह नहीं सकते थे!

पटना
13 नवंबर 1951

चुनाव के चक्कर में

राजनीति—राजनीति ने मुझे फिर अपनी ओर पूरे ज़ोर से खींच लिया है! चुनाव की धूम है।

मैं भी अपने थाने से खड़ा हूँ। अभी तीन दिनों तक वहाँ का दौरा करके लौटा हूँ।

शायद—शायद क्या निश्चय ही—भारत में यह पहला अवसर है, उसके लम्बे से लम्बे इतिहास में यह सबसे पहला अवसर है—जब उसकी सारी बालिग़ जनता वोट देने जा रही है। अट्ठारह करोड़ मतदाता अपने झोपड़ों से, अपने दड़बों से निकलकर जब संसार को यह बताने जा रहे हैं कि उन्हें कैसा राज पसंद है!

देहातों में जाकर देख आया हूँ, लोगों में काफी हलचल है। कांग्रेस की सरकार से उनमें जो विकर्षण पैदा हो गया है, उसके प्रदर्शन के लिए वे बेचैन हैं। मुझे ऐसा लगा कि एक राजनीतिक भूकम्प होने जा रहा है। किन्तु कुछ ऐसी बातें हैं, जिनसे निराशा ही निराशा हो रही है।

एक तो ये कांग्रेस वाले—वे नहीं चाहते कि जनता की दिलचस्पी चुनाव में हो। वे चाहते हैं कि जनता चुपचाप बैठी रहे और हर गाँव में उनके जो दो-चार एजेंट हैं, उन्हीं को लेकर वे चुनाव को जीत लें! गाँधीजी की मृत्यु के बाद जनता में जो अकर्मण्यता आई, जड़ता आई, वे नहीं चाहते कि वह दूर हो। उनका फायदा इसी में है कि जनता बैठी रहे, वे राज करते रहें।

वामपक्ष इस जड़ता को दूर कर सकता था—उसमें फूट है। इन्हें आपस में ही गाली देने से फुर्सत नहीं। कम्युनिस्टों का सबसे बुरा रोल। समझ में नहीं आता, ये पढ़े-लिखे लोग किस प्रकार ऐसी दिमाग़ी दासता में जकड़े हैं।

सोशलिस्ट पार्टी से ही लोगों की आशा थी। किन्तु इसके ऊपर के लोगों में भी अजीब वैमनस्य है। एक-दूसरे पर शक करते हैं, एक-दूसरे के पैर खींचते हैं। मैंने चुनाव में कुछ विशेष दिलचस्पी दिखलाई, तो साथियों ने उड़ाया, बेनीपुरी तो बिहार का प्राइम मिनिस्टर होना चाहते हैं! "पानी में मछरी नौ-नौ कुटिया बखरा" देहाती कहावत इन पर चरितार्थ हो रही है। इसी प्रकार सभी साथियों पर कुछ-न-कुछ तोहमत। इस ईर्ष्या-द्वेष के कारण काम नहीं हो रहा, जैसा होना चाहिए। जयप्रकाश जी भी कम चिन्तित नहीं हैं। किन्तु करें तो क्या? तीन महीने से बातें चल रही हैं, आज तक उम्मीदवारों का चुनाव ख़त्म नहीं हुआ! फिर काम क्या हो?

हाँ, खुशकिस्मती की बात यह है कि पार्टी के नीचे के कार्यकर्ताओं में काफी जोश है, उमंग है। वे गाँव-गाँव में दौड़ रहे हैं। मेरे चुनाव-क्षेत्र में छः सात आदमी ऐसे धुनी हैं कि उनका उत्साह देखकर मुझे शरमा जाना पड़ा। यदि यही उत्साह पार्टी के नेताओं में होता तो न-जाने क्या-से-क्या हो जाता!

'शबनम' के एजेंट श्री तिवारी जी आए थे—उन्हें "पैरों में पंख बाँधकर" की कापी दे दी है और "ट्यूलिप्स" की भी। "अमर ज्योति" भी भेज रहा हूँ।

सोचता हूँ, प्रायः तय कर चुका हूँ कि अगले साल से अपना प्रकाशन शुरू करूँगा। सबसे पहले अपनी पुस्तकों का सस्ता संस्करण "ग्रन्थावली" के रूप में निकालूँगा। किसी धनी मित्र को इसमें शामिल करूँगा। फिर देखा जाएगा।

सीतामढ़ी
18 दिसंबर 1951

इधर कुछ दिनों से लगातार दौरे पर हूँ। "जनता" के सम्पादन में भी समय नहीं दे पाता। अब तक गया, जमुई, बेगूसराय, मोतीहारी, पटना (फतहपुर), सारन जिले के तीन स्थान और अपने जिले के सकरा थाने में दौरा कर चुका हूँ।

अपने चुनाव-क्षेत्र में तीन दिनों तक पैदल दौरा किया और तीन दिनों तक फिर जीप पर दौड़ता फिरा हूँ।

उफ़, कितनी परेशानी! थकावट के मारे चूर-चूर। प्रायः भोर से आधी रात तक दौड़ता हूँ। कहीं विश्राम नहीं, कहीं चैन नहीं।

जहाँ जाता हूँ, कांग्रेस के खिलाफ अजीब वायुमंडल। लोग भला-बुरा कहते हैं, गालियाँ तक देते हैं। औरतें अपने फटे-चिरे वस्त्र को दिखाती हैं, मर्दों के मुर्दनीवाले चेहरे चिल्ला-चिल्ला कर कहते हैं, किन मुसीबतों में उनके दिन कटे हैं।

सबसे बुरी बात यह है कि कांग्रेस ने लोगों के मन में किसी भी संस्था पर विश्वास नहीं रहने दिया है। सबसे अधिक यही समझाना पड़ता है कि हम लोग तुम्हारी मुसीबत दूर करने के लिए अवश्य कुछ करेंगे। उस दिन उस राजपूत ने कड़ककर कहा—वोट तो आपको ही देंगे, आप क़सम खाइए कि सच्चाई पर चलेंगे!

कहीं-कहीं कांग्रेस उम्मीदवारों के प्रति अशिष्टता का व्यवहार भी कर बैठते हैं। अपने चुनाव-क्षेत्र में मैं इस कोशिश में हूँ कि ऐसा नहीं होने पावे। किन्तु, लोगों में ऐसी उत्तेजना है कि वे कुछ सुनने को तैयार नहीं।

सोशलिस्ट पार्टी की जीत निश्चित थी; किन्तु सब जगह रुपए का अभाव। सवारी का कोई प्रबन्ध नहीं। ध्यान नहीं रखा। ग़रीब खड़े किए जाएँ, सोशलिस्ट पार्टी की शान इसी में है, किन्तु यह जनतंत्र तो है नहीं, यह तो धनतंत्र है! चुनाव लड़ने के लिए भी पैसे चाहिए। स्वयं दो-ढाई हज़ार रुपया खर्च कर चुका। अभी इतना और लगेगा। फिर उन बेचारों की कैसी दुर्गति, जिनके पास नामज़दगी के पर्चे दाखिल करने के लिए भी पैसे नहीं थे। उस दिन ढाई हज़ार रुपए माहेश्वर बाबू ने दिए, तो साथियों के पर्चे दाख़िल हो सके।

मैंने उस दिन जयप्रकाशजी से कहा, दो लाख रुपए लाइए और बिहार में पार्टी की हुकूमत बनकर रहेगी। किन्तु, वह लावें कहाँ से? लोगों ने शोर मचा रखा है, सोशलिस्ट पार्टी को चुनाव लड़ने के लिए अमेरिका से पैसे मिले हैं। किन्तु, पैसे कितने हैं और किस मुसीबत से जयप्रकाशजी उनका संग्रह कर पाते हैं, मैं स्वयं देख चुका हूँ।

एक तो पैसों की कमी : फिर आपस में भी वैमनस्य। जात-पाँत भी गजब ढा रहा है। अपने चुनाव-क्षेत्र में भी इसको खूब पा रहा हूँ, फिर दूसरों की क्या बात?

साथियों की परेशानी देखकर मन में दुख होता है, ग्लानि होती है। कहाँ-कहाँ जाऊँ? और जाने से भी क्या होता है? सवारी के प्रबन्ध के बिना कल समय पर महरैड़ा नहीं पहुँच सका। आज अभी दो घंटों से यहाँ बैठा हूँ। बेचारे राजेन्द्र मिश्र की सूरत अजब बन रही है और मेरे मन में भी क्या तूफान उठ रहा है?

चुनाव ने नए-नए अनुभव दिए हैं, उन अनुभवों से शायद बाद में फायदा हो। किन्तु क्या मनुष्य अनुभवों से भी लाभ उठाता है?

कमरथू
20 दिसंबर 1951

कल-परसों अजीब परेशानी रही। जीप देर से मिली। न नहा सका, न खा सका। तीन सभाओं का आयोजन था। समय पर कहीं न पहुँच सका। किन्तु लोगों में बड़ा जोश देखा। जानीपुर में जो स्वागत-सत्कार हुआ, बड़ा आकर्षक! कट्टरता का यह गढ़, आज नए समाज का अग्रदूत बन रहा है। विचित्र बात पाता हूँ; जो लोग दबे हुए रहे, जो गाँव पिछड़े हुए थे; वहाँ और

उनमें ज्यादा उभाड़, ज्यादा जोश!

खड़िका बसंत की सभा में सूर्यास्त के बाद पहुँचा। सुना, बहुत लोग गए थे, निराश होकर लौट गए, तो भी वहाँ कुछ लोग डटे ही हुए थे। एक हज़ार लोग, कड़कते जाड़े में, बिना कपड़ा-बसन के, खुले मैदान में बैठे हों—फिर वक्ता के मन में उत्साह क्यों न हो? मैं करीब डेढ़ घंटे तक बोला और हृदय से बोला।

रात खड़िका में ही; फिर कमरथू के लिए रवाना। देहात में एक बात बुरी। समय पर ध्यान नहीं देकर सत्कार पर ज़्यादा जोर देते हैं। जानीपुर के सत्कार ने खड़िका की सभा को बर्बाद किया और खड़िका का सत्कार दिन भर परेशान किए रहा। देर से चले, बैलगाड़ी की सवारी—ढ़कचों, ढ़कचों, फिर धूल और भर दिन चले अढ़ाई कोस। रास्ते में बैल बदले; फिर पैदल दौड़े, अन्त में चौदह वर्षों के बाद साइकिल पर चढ़ना पड़ा। खैर, अन्त में जीप मिली और समय पर सभा में पहुँच सका।

सभा बड़ी सफल रही। परसों और कल वाले चुनाव-क्षेत्र कुछ विचित्र। एक ओर राजेन्द्र ऐसे ग़रीब, रामबहादुरजी ऐसे निहंग लाड़ला। दूसरी ओर महन्त श्यामनारायण और दिग्विजय नारायण—दोनों ही लखपति। इस क्षेत्र में पार्टी के खिलाफ, कांग्रेस के उम्मीदवार मेरे दो परमप्रिय—अवधेश्वर और नितेश्वर! किन्तु, रण में किससे कैसा नाता। जो सन्मुख आवे वह अरि हैं, सुत पित हो चाहे हो भ्राता!

अतरार
25 दिसंबर 1951

यों तो चुनाव को लेकर प्रान्त के कई हिस्सों में दौरे किए हैं, किन्तु अपने थाने (कटरा) में जो दृश्य दिखाई पड़े, उनकी स्मृति बहुत दिनों तक बनी रहेगी। मैंने "जनता" में एक अग्रलेख लिखा था—"1942 और 1952" और उसी सिलसिले में दूसरा लेख था "चुनाव या इन्क़लाब।" मैं देख रहा हूँ यह सिर्फ चुनाव नहीं; यह तो इन्क़लाब है, जो सड़े-गले गाँवों को भी झकझोर रहा है! जहाँ जाता हूँ, मोटर के लाल झंडे देखते ही बच्चे चिल्ला उठते हैं—इन्क़लाब ज़िन्दाबाद! गाँव में मोटर रुकी नहीं कि लोगों का झुंड इकट्ठा हुआ। गाँवों में मालाओं की भरमार हो जाती है। हर जगह स्वागत, हर जगह सम्मान। प्रायः हर गाँव में लाल झंडे लहरा रहे हैं। हर गाँव में लाल झंडे लिए, लाल टोपियाँ पहने नौजवान और बच्चे प्रभात फेरियाँ करते और कहीं-कहीं शाम को मशाल जुलूस भी निकालते हैं। अभी यहाँ बैठा लिख रहा हूँ (रात नौ बजे) और कानों में नारों की आवाज़ आ रही है।

लोगों ने तरह-तरह के नारे भी गढ़ लिए हैं। पार्टी के कुछ नारे तो लगाए जाते ही हैं—इन्क़लाब ज़िन्दाबाद, सोशलिस्ट पार्टी ज़िन्दाबाद; माँग रहा है हिन्दुस्तान, रोटी, कपड़ा और मकान; कमाने वाला खाएगा, इसके चलते जो कुछ हो; जमीन को फिर से बाँटेंगे, सब मिल करके जोतेंगे; आदि आदि! किन्तु नए नारे तो बड़ी सीधी चोट करने वाले हैं—नेहरू राज की क्या पहचान, नंगा भूखा हिन्दुस्तान; बिना कफन के मुर्दे जलते, इस कांग्रेसी राज में; अन्न बिना रह-रह के मरते, इस कांग्रेसी राज में; दवा बिना तड़प कर मरते, इस कांग्रेसी राज में; कांग्रेसी राज हटायेंगे, सोशलिस्ट राज बनाएंगे; कांग्रेसी हुकूमत पर चोट दो, पेड़वाले बक्से में वोट दो; जिस पर बड़ के पेड़ का नक्शा, वही वोट का अपना बक्सा; बच्चे-बच्चे की ललकार : बदलो-बदलो यह सरकार! नया बनेगा खतियान और नक्शा, सोशलिस्ट पार्टी का पेड़ वाला बक्सा; आदि। कुछ व्यक्तिगत आक्षेप वाले नारे भी बने हैं; किन्तु मैं उन्हें लिखकर अमर नहीं

करना चाहता!

इस यात्रा में यह भी देखा कि लोगों में कितनी ग़रीबी है। जब औरतों के बदन पर चीथड़े देखता हूँ—गन्दे, काले, मुश्किल से लाज ढकने वाले; क्या इन्हें कपड़ा भी कह सकते हैं? फिर बच्चे—चेहरे पर मुर्दनी, बदन पर वस्त्र नहीं, शरीर में लहू और मांस नहीं; और बेचारे बूढ़े—उफ्! कितनी गरीबी। मेरा थाना उपजाऊ है। जब गाँधीजी मेरे गाँव में गए थे, मेरे गाँव की मिट्टी को देखकर कहा था, इस मिट्टी में सोना उपज सकता है! ऐसी ही मिट्टी थाने भर में। किन्तु, कहीं बाढ़ से तबाही, कहीं सूखे से बरबादी! भूकम्प के चलते नदियों के प्रवाह में फर्क आ गए, ज़मीन की सतह में भी परिवर्तन हुआ। यदि चार-पाँच लाख रुपए खर्च किए जाते, तो यह थाना फिर चमनिस्तान बन जा सकता था, किन्तु हमारे पं. नेहरू और उनके चेले। बस, नेहरू के दिमाग़ में दामोदर और कोसी की योजना ही समाती है, तो उनके चेलों को लूट-खसोट से ही मुक्ति नहीं। छोटी सिंचाई नाम से लाखों रुपए खर्च किए जाते हैं, तो वे ज्यादातर कांग्रेस कमेटी के मंत्रियों और उनके दलालों की जेब में ही जाते हैं। इस तरह थाने की हालत दिन-दिन ख़राब ही होती गई है।

उस पर यह कन्ट्रोल! कन्ट्रोल वहीं सफल हो सकता है, जहाँ लोगों में ईमानदारी हो और शासकों में दृढ़ता। यहाँ दोनों का अभाव। लोग रो-रो कर बताते हैं कि किस तरह कपड़े, चीनी, अन्न, सब में बेईमानियाँ होती हैं। एक गाँव में लोगों ने बताया, लोग कपड़े के अभाव में टाट ओढ़ते हैं। एक बूढ़े सज्जन कह रहे थे, किस तरह उनके पोते के जनेऊ में न चीनी मिली, न कपड़ा! चम्पारण से ब्लैक-मार्केट से चीनी मँगवाई और नेपाल से कपड़ा। एक हल्के के लोगों ने बताया कि जब अमेरिका से गेहूँ आया, तो उन लोगों के गाँव में एक छटाँक भी नहीं आने दिया गया, क्योंकि उन लोगों से थाने के कांग्रेस नेता नाराज़ थे। ऐसे गाँव भी बताए गए, जहाँ कई वर्षों से न एक गज कपड़ा गया है न एक छटाँक चीनी। लोगों को सदा ब्लैक की ही शरण लेनी पड़ी।

कांग्रेस से ऐसी नाराज़गी है कि लोग उन्हें गालियाँ देते हैं, कई जगह उनसे बदसलूकियाँ भी की गई हैं। एक तरफ उनकी वह दशा, दूसरी ओर हमारा स्वागत-सम्मान। बार-बार सोचता हूँ, यदि इसकी आशाएँ हमसे भी नहीं पूरी हुईं, तो क्या होगा? जब उस दिन की कल्पना करता हूँ, काँप उठता हूँ! उफ़! कितनी बड़ी जिम्मेदारी आ गई है हम लोगों पर!

धनौर
30 दिसंबर 1951

दो दिन पहले सुरसंड में जो दृश्य देखा, वह भूलता नहीं है। क्या यही राजनीति है? क्या गाँधीजी के सपूतों का यही कर्तव्य है? अपने थाने में घूमता रहा। बीच-बीच में अवधेश्वर और नीतेश्वर से भेंट होती रही। कितनी शिष्टता और सज्जनता हम लोगों ने बरती। हमने सुना है, वे लोग लोगों से कहते भी हैं कि हमारी सभाओं में हुल्लड़ न मचाया जाए। यों ही हम लोगों ने भी अपने लोगों से मना कर दिया है कि कोई अशिष्ट और अभद्र व्यवहार नहीं हो। किन्तु, वहाँ तो अजीब दृश्य। मेरी सभा के एक ओर एक सेठ की गाड़ी लाउडस्पीकर लगी; दूसरी ओर एक दूसरे उम्मीदवार की लाउडस्पीकर वाली गाड़ी और सामने कांग्रेसी झंडे लिए कुछ गुंडे। वे लोग तरह-तरह की भद्दी गालियाँ पढ़ते, नारे लगाते, मुँह बनाते। एक आदमी की सूरत अब भी नहीं भूलती। वह एक काली हँड़िया का मुँह अपने चेहरे के सामने रखे हुए, उसके भीतर से मुँह बनाकर कुछ विचित्र ढंग से क्या-क्या बक रहा था। जब-जब उसकी ओर नज़र जाती,

मुझे गुस्सा आने के बदले हँसी आती। जब तक सभा होती रही, वे लोग उपद्रव मचाते रहे। किन्तु, अपने लोगों की शान्ति-कामना देखकर बड़ी प्रसन्नता हुई। वे बीच में चुपचाप बैठे रहे और मैं माइक से बोलता रहा। उस शोर-दौर में क्या कहा जाता, क्या सुना जाता? तो भी, मैं जो कुछ बोला वे धैर्य से सुनते रहे। जल्दी सभा समाप्त कर कार्यकर्ताओं की बैठक की और उनमें जोश भरने की कोशिश की। इस क्षेत्र की बुरी बात यह रही, कि वह सेठ भी पार्टी का मेम्बर था, हमारे कुछ कार्यकर्ताओं को पैसे के बल से मुट्ठी में किया था, जब हमने उसे उम्मीदवार नहीं चुना, वह रुपयों के बल अब पार्टी को हराने पर तुला है! हमें पार्टी के पुनर्संगठन के समय इन बातों पर ध्यान रखना होगा।

1952

बिसौथा
3 जनवरी 1952

चुनाव-चक्कर। यहाँ-वहाँ। बीच में एक दिन लालगंज गया—शुक्लजी का चुनाव-क्षेत्र जाना—ज़रूरी था। किन्तु, दुख है, गुलाली के क्षेत्र में नहीं जा सका। बड़ी कठिनाई कि पार्टी का ज़िला ऑफिस बिल्कुल निकम्मा। मुझे मालूम था कि पोलिंग एजेंटों के नाम लिखकर देना है। किन्तु, जब बेतिया जाने के लिए मुजफ़्फरपुर आया, पता चला कि उसे तो एक खास ढंग के फार्म पर भरकर देना है और उस पर पोलिंग एजेंटों के दस्तख़त भी चाहिए। मेरे पास न फार्म; न लोगों के दस्तख़त। कौन जाता है, गुलाली के क्षेत्र में; परेशानी में इधर-उधर दौड़ता रहा और बड़ी मुश्किल से यह काम तमाम किया।

चुनाव में दो तबके के लोगों का कुछ विचित्र व्यवहार देखा। एक तो मुसलमान—जो बिल्कुल डरे हुए हैं, सहमे हुए हैं।

औराई
6 जनवरी 1952

हाँ, तो मुसलमान—बिल्कुल डरे हुए हैं, सहमे हुए हैं। कांग्रेस वालों ने उनमें प्रचार किया है कि वे या तो कांग्रेस को वोट दें, नहीं तो उन्हें पाकिस्तान जाना पड़ेगा। पाकिस्तान उन्हें कौन भेजेगा? सोशलिस्ट पार्टी? हाँ, यही कहा गया है। कैसा तमाशा है, पाकिस्तान बनवाया कांग्रेसियों ने (सोशलिस्ट पार्टी ने देश के विभाजन का विरोध किया था) और उसे आबाद कराएँगे सोशलिस्ट! किन्तु, झूठ की हद है। मैं मुसलमानों से मिला हूँ। वे बोलते एक बात हैं, किन्तु उनकी आँखें कहती हैं, करेंगे कुछ दूसरा ही। उस दिन मेहसौल में एक मुसलमान से मिला, शरीफ आदमी—अलग ले जाकर, बोला—मैं भी पार्टी का मेम्बर था तीन साल पहले। किन्तु क्या करूँ, यहाँ के जितने बड़े-बड़े ज़मीन्दार हैं, सबने आकर डराया है और जबर्दस्ती मेरा नाम अपने पोलिंग एजेंटों में रख दिया है। "हजूर ये बड़े ज़ालिम हैं!" कहते-कहते उसकी आँखें डबडबा गईं। और बताया कि किस तरह पिछले साल एक बड़ा बलवा होते-होते रुका जिसमें कितने मुसलमान अब भी मुजरिम हैं। यदि मुसलमान भाई बोलते हैं, तो उन्हें लूटा जाएगा और तुरन्त ही उस मुकदमे में जेल की हवा खानी पड़ेगी! एक कसूर पार्टी का भी

रहा। हमारे कार्यकर्ताओं ने भी मुसलमानों से सम्पर्क नहीं रखा। उनका व्यवहार भी कांग्रेसवालों ही की तरह रहा, जो मुसलमानों से सम्पर्क की बात तो कहते रहे, किन्तु कभी उनसे घुले-मिले नहीं। फिर मुसलमानों को योग्य नेतृत्व भी नहीं मिला। जो कल मुस्लिम लीग में थे, वही अब कांग्रेस के हामी हैं—कैसा तमाशा!

दूसरा तबका—पिछड़ी जातियों का। मुझे मालूम नहीं था कि मेरे थाने में भी यह ज़हर कितना फैल चुका है। जहाँ-जहाँ जाता हूँ, पिछड़ी जाति वाले शंका की दृष्टि से ही देखते हैं और दानीलाल जी के कहने पर वोट देने को भी तैयार हो जाते हैं। किन्तु, उनका पार्लियामेंट का वोट भी पार्टी को ही मिलेगा, इसमें शक है। एक व्यक्ति पार्लियामेंट के लिए खड़ा है, जो पिछड़ी जाति का है। मैं देख रहा हूँ, पिछड़ी जाति के जो लोग मेरे साथ हैं, उनमें से भी अधिकांश पार्लियामेंट के लिए उसी वकील के हामी हैं! यद्यपि वह वकील है, साहूकार है और निश्चय ही शोषक वर्ग का है।

ये दो बुरी बातें। किन्तु, आनन्द की बात यह कि इस चुनाव ने वर्ग-भावना को बहुत जाग्रत कर दिया है। धनी एक तरफ हो गए हैं, गरीब एक तरफ। और, गरीबों ने सोशलिस्ट पार्टी को अपनी पार्टी की हैसियत से स्वीकार कर लिया है। ज़मीन के बँटवारे वाली बात देहातों में खूब पसंद की गई है—"नया बनाएगा खतियान और नक्शा : सोशलिस्ट पार्टी का गाछ वाला बक्सा" या "जमीन को फिर से बाटेंगे—हिलमिल कर हम जोतेंगे"—ये दो नारे सुनते ही ग़रीबों की आँखें चमक उठती हैं।

औराई
6 जनवरी 1952

दो दिनों तक पोलिंग हो चुका है—नौ बूथों पर! एक तरह से एक तिहाई चुनाव लड़ा जा चुका और यह दावे के साथ कहा जा सकता है कि एक तिहाई चुनाव जीता जा चुका है! यों तो हमारे कार्यकर्ताओं के बड़े-बड़े दावे हैं, किन्तु, यह तो मज़े में कहा जा सकता है कि साठ से सत्तर प्रतिशत वोट मुझे मिले हैं और बाकी वोट दो हिस्सों में बँटे हैं!

वोट के बूथों पर लोगों का उत्साह देखने लायक। यह प्रायः देखा गया कि दोपहर तक ही अधिकांश वोट डाले जा चुके। हम लोग भी समझते थे कि भोर में लोग घरों से नहीं निकलेंगे, अतः चुनाव की सरगर्मी दोपहर के बाद ही होगी। किन्तु, बात उल्टी ही देखने में आई है। दो बजे के बाद ही सन्नाटा दीख पड़ता है। शाम होते-होते बूथ उजाड़!

वोट अधिक नहीं पड़ रहे हैं। किसी भी पोलिंग बूथ पर पाँच सौ से अधिक वोट नहीं पड़े (औसत वोटरों की संख्या एक हज़ार है) सिर्फ एक पोलिंग बूथ—राजखंड में—सात सौ वोट पड़े हैं। राजखंड वालों का उत्साह अद्भुत है। पोलिंग के दिन चार बजे प्रातः से ही क्यू (कतार) लगना शुरू हो गई थी। वहाँ के लोग काफी खुशहाल हैं। तो भी उस गाँव पर लाल झंडों का फहराव देखने ही लायक़।

पोलिंग में गरीबों ने पार्टी को वोट दिए हैं। मुसलमानों ने साथ नहीं ही दिया। तो भी कुछ मुसलमान पार्टी-मेम्बर सर-तोड़ कोशिश कर रहे हैं और उनकी लगन कुछ अच्छा नतीजा ला रही है। यह अजीब बात। कल मैंने अपने एक मुसलमान दोस्त से कहा भी—मुसलमान सदा जनता के खिलाफ चलते रहे। जब जनता कांग्रेस में थी, वे लीग में रहकर कांग्रेस का साथ देकर उससे अपने को अलग रख रहे हैं। यह भविष्य के लिए बड़ी खतरनाक चीज़ है। पहली नीति ने देश को टुकड़ों में बाँटा—आगे क्या होगा? एक मुसलमान कार्यकर्ता से, जो

कांग्रेस के लिए बड़ी दौड़-धूप कर रहे हैं, मैंने उस दिन कहा—देश को टुकड़ों में बाँटा जा सकता है, किन्तु देश में टापू नहीं बनाए जा सकते! जो लोग मुसलमान जनता को हिन्दू जनता से मिलने नहीं देते, वे एक महान अपराध कर रहे हैं—जिसका प्रायश्चित एक दिन करना पड़ेगा!

पिछड़ी जाति के लोगों ने, सिवाय कुछ जगहों को छोड़कर, दोनों वोट पार्टी को ही दिए। यानी, उनमें से कम लोगों ने अपने जाति-नेताओं का साथ दिया, जो निस्सन्देह ही दकियानूस हैं। यह बड़ी अच्छी बात हुई।

औरतों ने हर जगह बहुत कम वोट गिराए। वे घर से निकलीं ही नहीं। ऐसी हालत में बेदौल ने बहुत अच्छा उदाहरण पेश किया। जब मैंने उन्हें कतार बाँधकर पैदल जाते देखा, या जब उन्हें लाल झंडे उड़ाती हुई बैलगाड़ियों पर जाते देखा, तो मैं गद्गद् हो उठा!

चुनाव के नियम कुछ अफसर तक नहीं जानते—इसके चलते दिक्कत हो रही है। दो पोलिंग बूथों के अफसरों ने वोट की क्रम संख्या या पड़े हुए वोटों की कुल संख्या तक बताने से इन्कार किया। वे नहीं जानते कि वे कितनी बड़ी गलती कर रहे हैं। सुना है, एक जगह पोलिंग अफसर ने पटना और दिल्ली वाले बक्सों को एक ही साथ रखवा दिया था।

पार्टी के कार्यकर्ताओं—खासकर मुख्य कार्यकर्ताओं—एवं अपने कुछ मित्रों और हितैषियों का उत्साह और परिश्रम देखकर मुग्ध हो जाना पड़ता है। यों ही जनता का प्रेम भी कम मोहक नहीं। एक स्त्री जब वोट डालने गई, वोट डालकर बक्से को प्रणाम कर रही थी, कि हे देवता, बेनी जी को जिताना।

अतरार
7 जनवरी 1952

बेनीपुरी ज़िन्दाबाद—ये नारे चारों ओर से सुनाई पड़ते रहे, इन कई दिनों से।

जब कभी मेरी मोटर को सड़क से गुज़रते देखते, बच्चे चिल्ला उठते हैं—बेनीपुरी ज़िन्दाबाद!

(यदि बच्चों और मुँछ-उठान नौजवानों के हाथ में वोट होते, मैं कभी का जीत गया होता!)

किन्तु, जब-जब यह ज़िन्दाबाद सुनता हूँ, सिहर उठता हूँ।

यह ज़िन्दाबाद बेनीपुरी नामक व्यक्ति का नहीं है, इतना तो समझता ही हूँ। यह ज़िन्दाबाद है उन सपनों का, जिन्हें आजकल मैं बिखेरता फिर रहा हूँ।

मैंने कई मित्रों से कहा है; मैं वोट नहीं माँगता—मैं सपने बो रहा हूँ।

सपने—नए जीवन के सपने, सुन्दर, स्वस्थ और सम्पन्न जीवन के सपने।

जब लोगों से कहता हूँ, हमें एक ऐसा देश बनाना है जिसमें बच्चों के बदन पर पूरे गोश्त हों, उनके गालों पर लाली हो, उनकी आँखों में कीचड़ और बालों में जूएँ नहीं हों, वे रंग-बिरंगे वस्त्रों से आच्छादित हों, वे किलकारियाँ मारते हों, उछलते हों, कूदते हों!

हमें एक ऐसा देश बनाना है, जहाँ जवानों की आँखें धँसी न हों, गाल पिचके न हों, छाती सिकुड़ी न हो—जो सबल हों—चौड़ी छाती वाले, बलिष्ठ भुजाओं वाले, दृढ़ धारणा वाले; जो झूमते चलें तो धरती धसके; जो ठठाकर हँसें, तो आसमान गुंजित हो उठे।

हमें एक ऐसा देश बनाना है, जहाँ बुढ़ापा अभिशाप नहीं हो, सूखी टाँग, झुकी कमर, हाथ में लाठी लिए, कंकाल ऐसे लोग जहाँ घूमते-फिरते दिखाई नहीं पड़ें।

जहाँ की बच्चियाँ तितलियाँ हों, जहाँ की युवतियाँ मधुमक्खियाँ हों, जहाँ की वृद्धाएँ

आशीर्वाद बिखेरती हों!

हाँ, हमें ऐसा देश बनाना है, जहाँ गाँवों में गन्दगी न हो, जहाँ खेतों में अन्न की बालियाँ या फलियाँ लहराएँ! जहाँ किसान आसमान का गुलाम न हो; जहाँ नदियाँ बाढ़ से क़हर नहीं ढाएँ!

जहाँ सभी सुखी हों, सानन्द हों, सुन्दर हों, सम्पन्न हों—जब ऐसी बातें कहता हूँ, लोग हैरत से मुँह की ओर देखते हैं—आँखें सबकी चमक उठती हैं, किसी की आश्चर्य से, किसी की आनन्द से!

'बेनीपुरी ज़िन्दाबाद' के नारे में मेरे इन सारे सपनों के प्रति अभिनन्दन है, समर्थन है।

जब-जब यह नारा सुनता हूँ; सिहर जाता हूँ—क्या इन सपनों को साकार कर सकूँगा? क्या मैं कर सकूँगा? क्या मेरी पार्टी कर सकेगी?

फिर इस ज़िन्दाबाद में, मैं पाता हूँ, मेरे राजनीतिक जीवन की अभ्यर्थना-मात्र नहीं है, मेरी साहित्यिक साधना के प्रति भी इसमें स्वीकृति है।

जहाँ-जहाँ चुनाव के दौरे में गया, लोगों ने अभिनन्दन पत्र दिए। उन अभिनन्दन पत्रों में अधिक ज़ोर दिया गया है, मेरी साहित्यिक कृतियों पर।

बच्चे स्कूलों में मेरी पुस्तकें पढ़ना शुरू करते हैं और कॉलेज जीवन तक मेरी रचनाओं से उनका सम्बन्ध रहता है।

वे 'ज़िन्दाबाद' कहकर मेरी इस सात्विक साहित्य सेवा की ओर भी मेरा ध्यान आकृष्ट करते हैं।

मुझमें इतना बल हो कि उनके सपनों को मूर्त बनाने में अपना शेष जीवन अर्पण कर सकूँ।

माँ भारती, वरदान दो, तुम्हारी आराधना से कभी विमुख नहीं हो पाऊँ।

जजुआर
11 जनवरी 1952

एक सप्ताह से मतदान-कार्य चल रहा है। अब तक सत्रह बूथों की पोलिंग हो चुकी है और चार की चल रही है। इन चारों में दो का बहुत महत्त्व है—जजुआर और रतवारा का। रतवारा में चार दिनों का पोलिंग है, जजुआर में छः दिनों का। इन दो बूथों पर विजय प्राप्त करने का मतलब है, जीत का पूरा निश्चय। रतवारा के बारे में कहा नहीं जा सकता, किन्तु जजुआर में तो हमें अधिक वोट मिले ही हैं।

इधर कुछ और अनुभव हुए हैं। कांग्रेस का कितना पतन हो चुका है—क्या इसी संस्था को लेकर पंडित नेहरू देश का नव-निर्माण करना चाहते हैं? यह तो असम्भव है।

कांग्रेस का समर्थन दो ही तबके कर रहे हैं—हिन्दुओं में वे लोग, जो बड़े ज़मीन्दार हैं और अँगरेजी राज में जो अमन-सभा में थे। इसी जजुआर को देखिए। यहाँ के जुल्मी ज़मीन्दार के तहसीलदार और अमले कांग्रेस के कार्यकर्ता बने हुए हैं और वे लाठी से हाँककर कांग्रेस को वोट दिलाना चाहते हैं। यहाँ जाकर 1921 की हर घटना ताज़ा हो गई। उस समय चुम्बक पाठक नामक एक युवक पर यहाँ के ज़मीन्दार रायसाहब के चमचों ने लाठियों का भीषण प्रहार किया था! संयोगवश चुम्बक पाठक जीवित हैं और वह लठियल भी जिसने उनके शरीर को लाठियों से चूर-चूर किया था। आज चुम्बक पाठक सोशलिस्ट पार्टी के कार्यकर्ता हैं और वह लठियल आज भी लाठी के जोर से कांग्रेस के लिए वोट माँग रहा है, सिर पर गाँधी-टोपी पहन

कर! उसके सिर पर गाँधी-टोपी देखकर क्या गाँधीजी की स्वर्गीय आत्मा नहीं काँप उठती होगी?

जो मुसलमान कल तक लीग में थे, वे आज कांग्रेस के लिए जी-जान लड़ाए हुए हैं। उनके सिरों पर वे ही लीगी टोपियाँ हैं! उन्हीं टोपियों के बल पर उन्होंने देश को टुकड़े-टुकड़े करवाया, उन्हीं टोपियों को लेकर वे देश की प्रगति को रोकना चाह रहे हैं। कई सच्चे कांग्रेसियों को यह बात खटकी है। एक ने कहा—अब तो कांग्रेस लीग बन गई! ये लीगी क़ुरान की क़समें मुसलमानों से खिलाते फिर रहे हैं और सोशलिस्ट पार्टी के बारे में गन्दी और भोंड़ी से भोंड़ी बातों का प्रचार करते फिर रहे हैं।

किन्तु, मुझे प्रसन्नता हुई है यह देखकर कि जो कल तक नेशनलिस्ट मुसलमान थे, वे पूरे के पूरे हमारे साथ हैं। थाना पार्टी का संयुक्त मंत्री एक मुसलमान सज्जन है। वह और उनके साथी बहुत ज़ोर लगाए हुए हैं। जिला पार्टी के सहायक मंत्री उस्मानी साहब भी मेरे ही क्षेत्र में हैं और डटे हुए हैं।

इस चुनाव ने पार्टी को देहात के घोर से घोर कोने में प्रवेश करा दिया है, जहाँ पहले पार्टी कभी पहुँची नहीं थी। मैंने यह देखा कि थाने में कुछ स्थान ऐसे हैं जहाँ कार्यकर्ताओं की भरमार है। किन्तु कुछ ऐसे स्थल हैं, जहाँ पार्टी के कार्यकर्त्ताओं का बिल्कुल अभाव है। ऐसी ही जगहों में कांग्रेस ने अपने जाल बिछाए हैं और इसमें वे बहुत-कुछ सफल भी हुए हैं। मैंने उसके साथ देखा है कि मुस्लिम क्षेत्रों को हमने अधूरा छोड़ दिया है—यों कहिए कि हमने स्वयं अपने देश में पाकिस्तान बना रखा है। हम कभी उनके निकट पहुँचे नहीं और जब वे डर से, बहकावे से हमारे विपक्ष में वोट डालने जाते हैं, तो हम उन्हें गद्दार कहते हैं और गुस्से में दाँत पीसते हैं।

सोशलिस्ट पार्टी के कार्यकर्ताओं का उत्साह और लगन देखकर मैं विस्मय-विमुग्ध हो जाता हूँ। हम उन्हें खिला-पिला भी नहीं पाते, कुछ देने की बात तो दूर रही। हमने कुछ पोस्टर, कुछ इश्तहार, कुछ टोपियाँ और कुछ झंडे ज़रूर बाँटे हैं। किन्तु मैंने देखा है, पुराने कपड़े को ही लाल रंग में रँग कर लोगों ने झंडे बनाए और पार्टी के कार्यकर्ताओं में भर्ती हो गए। मैंने 1942 में देखा था, जब मेरे सभी साथी जेलों में बंद थे और संयोग से मैं जेल से छूटकर आया था और बिहार प्रान्तीय किसान सभा के सभापति की हैसियत से प्रान्त के कोने-कोने में घूमकर विद्रोह की आग सुलगा रहा था। उस समय लगा था जैसे तुम्बी की आवाज़ सुनकर गेहुँअन बांबी से निकल आए हों। पार्टी की इस अलौकिक शक्ति को देखकर मैं उस समय मुग्ध हुआ था और आज भी मुग्ध हुए बिना नहीं रह सकता!

किन्तु, कांग्रेसवाले अब जिस नीचता पर उतर आए हैं, उसकी कल्पना भी नहीं थी। सभी जमीन्दारों से, उन्होंने साँठ-गाँठ की है और वे लोग अपनी रैयतों को डरा-धमका रहे हैं। नतीजा यह हो रहा है कि वे उन्हीं से पुर्जे लेते हैं और कहते हैं कि मैं वोट वृक्षवाले बक्से में ही दूँगा। लाचार हमें भी उन्हें इसके लिए आज्ञा देनी पड़ती है। किन्तु, यह असल का आसरा मुझे तो खटकता है। हो सकता है कि वे डर के मारे उन्हें ही वोट भी देते हों, क्योंकि वे बुरी-बुरी शपथें भी उनसे दिलवाते हैं। बछिया की पूँछ पकड़ाने और तुलसी तम्बा छुलाने तक की क्रियाएँ की गई हैं!

बेनीपुर
15 जनवरी 1952

आज बेनीपुर की पोलिंग है। आज बेनीपुर का उत्साह देखकर तो मैं गद्‌गद्‌ हो गया। जितने

भाई थे, सब एक-एक करके मेरे साथ ही पोलिंग बूथ पर गए और सबने मेरे लिए वोट डाले। ऐसे लोग भी, जिनकी मुझ पर शिकायत थी, उन्होंने भी आज सभी पिछली बात भूलकर, सबसे आगे बढ़कर, मेरे लिए वोट दिया किन्तु, सबसे तो मुग्ध करनेवाला था स्त्रियों का उत्साह। मेरे गाँव में पुरुष वोटों की अपेक्षा स्त्री वोटरों की संख्या अधिक है। उनमें से कुछ वृद्धा और कुछ बिलकुल बहुरिया हैं। किन्तु वे सबकी सब एक ही साथ जोश से निकलीं और जब वे कतार में बाहर हुईं, तो यह दृश्य देखने ही लायक था। असल में पोलिंग में रंगीनी आती है स्त्रियों से। जब रंग-बिरंगी साड़ियों में निकलीं, तो आँखें तृप्त हुईं। डेढ़ मील पर पोलिंग थी, तब भी वे पैदल ही गईं। निस्सन्देह मेरे गाँव की स्त्रियों ने एक आदर्श पेश किया है। किन्तु यह आदर्श तभी उपस्थित हो सका, जब मैंने स्वयं आदर्श पेश किया। मेरी रानी घर-घर घूमीं और दुल्हिन अपने दुधमुँहे बच्चे को लेकर आगे बढ़ीं। जब महिलाओं को मतदान के अधिकार मिले हैं, तो उन्हें उसका उपयोग करना ही चाहिए। मैंने दुख के साथ देखा है, प्रायः स्त्रियाँ इसका उपयोग नहीं कर पातीं—हाँ, जिन्हें छोटी जातियाँ कहते हैं, उनकी स्त्रियाँ खुले आम वोट देने गई हैं। मेरे गाँव की सारी की सारी स्त्रियों ने जाकर निस्सन्देह एक आदर्श उपस्थित किया है।

धनौर
17 जनवरी 1952

कल कुछ विचित्र अनुभव हुए। परसों रात में जब मीनापुर पहुँचा, मालूम हुआ, यहाँ के बाबू लोग ठाकुरबाड़ी में सभा कर रहे हैं कि सर्वसम्मति से किसको वोट दिए जाएँ। यह सभा नहीं थी, चाल थी। यहाँ के एक नौजवान सज्जन कांग्रेस के कर्ताधर्ता हैं, ज़िला कांग्रेस कमेटी के मंत्री। उन्होंने ही यह प्रपंच रचा था। इस सभा का एक ही उद्देश्य था कि सारे वोट कांग्रेस को ही दिलाए जाएँ। इसमें वह सफल हुए। मन्दिर में हाथ उठवाकर शपथ खिलाई गई। किन्तु वहाँ गए थे सिर्फ पचास-साठ लोग। और जो लोग गए थे, उन लोगों ने भी अपनी-अपनी ही राह ली। मैं गाँव में घूमने गया। बाबू लोग तो हाँ-ना का मिश्रण करते रहे; किन्तु ग़रीब लोगों ने वादा किया कि वे पेड़वाले बक्से में ही वोट देंगे। पर विचित्र बात यह कि भोर होते ही बाबू लोग ग़रीबों को घर-घर घूमकर धमकाने लगे कि तुम लोग वोट देने नहीं जाओ—यदि जाओगे तो देख लेना। बुरी से बुरी धमकियाँ—गन्दी से गन्दी गालियाँ—ग़रीबों के कुछ नेता दौड़े-दौड़े आए और मुझसे सारी बातें कहीं। मैंने उन्हें समझाया और उन्हें हिम्मत दिलाने को कार्यकर्ता धनौर के रामचरित्र बाबू भी उनके साथ हुए। नतीजा यह हुआ कि बीस-पचीस ग़रीब क़तार में वोट देने गए। फिर क्या था, बाबूओं का पारा गरम हुआ और उसके बाद उन्होंने जो शर्मनाक काम किया, उसकी चर्चा करते हुए भी शर्म आती है! मैं जिस दरवाज़े पर ठहरा था, उसके सामने ही, एक बाबू ने दो ग़रीबों को, जिन्होंने मुझे वोट दिया था, पीटा और कोठरी में बंद कर दिया। मैंने पुलिस को खबर की और उनके दरवाजे पर गया। फिर तो वे भीगी बिल्ली बन गए। बलीज़ आर आलवेज़ कावर्ड्स वाली कहावत हमेशा ही चरितार्थ पाता हूँ। बात तो यों ही ख़त्म हुई किन्तु, मेरे मन पर इसका बहुत बड़ा आघात पड़ा। कैसा है मेरा यह देश, जिसमें आदमी अपने साथी आदमी को उसके प्रारम्भिक अधिकार के प्रयोग से रोकता है और यदि उसने हिम्मत कर उसका प्रयोग किया, तो उसे पीटता है! फिर कांग्रेस पर कृपा हुई—आह! जिस संस्था ने यह अधिकार लोगों को दिलवाया, वही संस्था अब लोगों को उसके प्रयोग से रोक रही है। किसी संस्था का इससे अधिक पतन और क्या हो सकता है?

किन्तु मीनापुर में जो ग्लानि हुई थी उसकी पूर्ति कर दी धनौर ने। धनौर भी बाबुओं का गाँव है। किन्तु मैंने दो बार धनौर को चुनाव में विजयी बनाया था। अतः वहाँ से मुझे आशा थी ही। फिर, वहाँ के गरीबों में ऐसा संगठन हमेशा है कि बाबू लोग ज्यादा जोर भी नहीं लगा सकते। फिर, कुछ बाबुओं का भी मुझे समर्थन था ही। जब मैंने रात में धनौर घूमना शुरू किया, सभी तरफ से समर्थन ही समर्थन मिला। ख़ासकर गरीबों का उत्साह और जोश तो देखने लायक था। मेरे बारे में गाने बना लिए हैं, यहीं सुने और मेरे नाम के नारे तो सुने ही। मालूम होता है, मीनापुर का बदला धनौर ज़रूर लेगा! यहाँ एक बात की चर्चा अवश्य करनी है। मुसहर जाति ने सदैव ही मेरा साथ दिया है और खुलकर। यहाँ की मुसहर टोली का दृश्य भी अजीब था। मुसहर जाति बिहार में गरीबों के सबसे निचले स्तर पर की जाति है। और इनमें बड़ी एकता है, जहाँ जाएँगे सब एक साथ ही। साथ ही खुलकर काम करेंगे—बेचारे छल-प्रपंच से दूर हैं। उन लोगों ने अपने मालिकों की अवज्ञा कर, खुलकर, छाती खोलकर पोलिंग बूथों पर हमारा साथ दिया है।

बेनीपुर
19 जनवरी 1952

चुनाव समाप्त हो गया। थका-माँदा हूँ—चूर-चूर। इच्छा होती है, पड़ा रहूँ, सोया रहूँ। इन दिनों कितनी धूल फाँकी! चेहरा भूत की तरह हो जाता था। कपड़े पहने नहीं कि गन्दे। बालों की अजीब हालत—धूल का घोंसला ही समझिए उन्हें। न खाने का ठिकाना, न पीने का। भोर में कसकर जलपान कर लेता था और फिर रात में ही खाता था। ऐसा इसलिए किया कि दिन में खाने-पीने में दो-ढाई घंटे बर्बाद हो जाते थे। देहात में दुकानें तो हैं नहीं कि कहीं बैठकर खा लीजिए। किसी भले आदमी के आग्रह पर 'हाँ' कह दीजिए, तो प्रबन्ध में देर होती है। यहाँ कोई बिजली नहीं कि बटन दबाया, चाय या खाना तैयार! फिर हर आदमी अच्छी तरह खिलाना चाहता। खाने बैठिए तो इतना खिलाया जाता कि पेट भी ख़राब होने लगा था। इसलिए यह प्रबन्ध सोचना पड़ा—दिन में खाओ ही नहीं। किन्तु क्या रात में सदा अच्छा या पूरा भोजन मिलता है। परसों की ही बात लीजिए। धनौर को चला, तो पता चला, लखनपुर के कुछ वोटर छूट गए हैं जिनकी पोलिंग धनौर में ही होगी। धनौर से लखनपुर आठ मील। वहाँ गया, सवारी का इन्तज़ाम कराया। फिर चिहुँटा आया। वहाँ से मुसलमान गाँवों में चला। रास्ते में ही मोटर ख़राब हो गई। चिहुँटा में एक सज्जन ने रात में ही नदी में जाल डलवाकर मछली पकड़वाई और उसे मेरे लिए बनवाया; यहाँ रात में औराई में हम सूखी मूढ़ी और कचरी फाँकते रहे!

इस दौड़-धूप में भी शरीर ने अच्छा साथ दिया। न मूर्च्छा आई, न गठिये का दौर हुआ। थकावट और परेशानी की तो कमी नहीं थी, किन्तु ज़्यादातर मैंने हँसी-खुशी में ही चुनाव के ये दौरे समाप्त किए। ज्यों ही गाँवों से निकलता, मेरी जीप से ठहाके निकलने लगते। खुद हँसता, साथियों को हँसाता, कुछ ज़िन्दादिल साथियों को अपने साथ रखता!

आशंका थी, चुनाव में दंगे-फसाद होंगे। इसलिए मैंने हमेशा शान्ति पर ज़ोर दिया था। हमारी ओर जन-बल था, इसलिए विरोधी भी समझते थे कि दंगे-फसाद में उन्हीं पर बेभाव की पड़ेगी। इस तरह दोनों ओर से शान्ति की चेष्टा रही। किन्तु, जब उन्होंने अपनी नाव डगमगाते देखी, वे आपे से बाहर हो गए। मीनापुर में जो उन्होंने किया, वह शर्मनाक बात थी ही। चिहुँटा में भी उन्होंने फसाद कराने की चेष्टा की। किन्तु उन्हें इसमें सफलता नहीं

मिली। मेरे पक्ष के लोग हमेशा यह समझते थे कि यदि दंगा हुआ, तो हमीं घाटे में रहेंगे क्योंकि हम जीतने जा रहे हैं, दंगे होने पर पुनः चुनाव की झंझट शुरू हो जाएगी। एक दिन जजुआर में भी तनाव हो गया था, जब उनके आदमियों ने हमारे एक मुसहर कार्यकर्त्ता के सिर से लाल टोपी छीन ली थी। वे तैयार थे कि शाम को उनका झंडा उतारकर इसका बदला लेंगे—किन्तु हमने उन्हें रोक दिया, वे मान गए।

चुनाव के शुरू के चार दिनों तक विरोधियों के पाँव के नीचे जमीन नहीं रही—खासकर पहले दो दिनों तक। किन्तु, धीरे-धीरे उन्होंने स्थिति सम्हाली। हमने दुख के साथ यह अनुभव किया कि जहाँ तक प्रचार और आन्दोलन की बात है, हम उनसे कहीं बढ़-चढ़कर हैं, किन्तु जहाँ दाँव-पेंच की बात है, हमारे कार्यकर्ता इसमें बिलकुल ही कच्चे हैं। यों कहिए कि हम खुली लड़ाई में उनसे कहीं पटु हैं, किन्तु लुकछिप की लड़ाई के हम आदी नहीं। चार दिनों तक बुरी तरह मार खाने के बाद उन्होंने चालें चलनी शुरू कीं। जहाँ पोलिंग होती, उनके छोटे-छोटे दल गाँवों में प्रायः रात में घुस जाते और चुपचाप काम करते। काम का तरीका यह कि हर जाति के दरवाजे पर उन्हीं की जाति के कार्यकर्ता भेजते और कोशिश करते कि वे उनके कुटुम्बियों में हों। रुपयों का भी वितरण उनकी ओर से हुआ। यों रात-रात टाट उलटने की उनकी चेष्टा रही। एक गाँव में जब मैं आठ बजे रात में पहुँचा तो देखा उनके गुरु-गुसाईं को दरवाजे-दरवाजे घुमाया जा रहा है और वह बुड्ढा महंत हाथ जोड़कर लोगों से वोट की भिक्षा माँग रहा है। कनफुक्का गुरुओं की देहात में बड़ी क़दर है—उन्हीं के कंधे पर लोगों को वैतरणी पार करनी है। फिर उनके आग्रह को कैसे काटा जाए? छोटी जाति के लोग ग़रीब होते हैं। गाँवों में जो उनके नेता हैं, उन्हें बीस से पचास रुपए में मज़े से ख़रीद लिया जा सकता है। हर गाँव में दो-ढाई सौ रुपए खर्च कर अनर्थ कराया जा सकता है। पहले से ऐसा किया जाए, तो भंडा फूटे। किन्तु, जिस रात उन्हें रुपए दिए गए, उसी रात उन्होंने घूम-घूम कर अपने लोगों को अंट-संट बातों से बरगलाया और भोर में हमारे लिए अनर्थ किया जा सका। जब हमें इसका पता चला, हमने इसे रोकने के लिए अपने जत्थे गाँवों में भेजना शुरू किया। तब कहीं यह अनर्थ रुक सका!

अन्तिम दिन की पोलिंग बड़ी शानदार रही। धनौर और चिहुँटा, ये दोनों मेरे लेनिनग्राड और स्टालिनग्राड थे। दोनों में वोटिंग भी बड़ी जबर्दस्त रही और निस्सन्देह सत्तर से अस्सी प्रतिशत वोट मुझे ही मिले।

शुरू में मैंने अपने चुनाव-क्षेत्र पर उतना ध्यान नहीं दिया—बाहर-बाहर घूमता रहा। मैं समझता था, मुझे तो सारे के सारे वोट मिलेंगे ही; क्योंकि मेरे खिलाफ जो कांग्रेस के उम्मीदवार थे, उनकी अज़हद बदनामी थी और एक प्रोफेसर खड़ा था, जो बिलकुल नया था। किन्तु, थोड़े दिनों के बाद पता चला, यह मेरी भूल थी। कांग्रेस मरी नहीं है, वह भ्रष्ट हो गई है! भ्रष्ट हुई चीज़ और अधिक संहारक होती है। हमने नारा दिया, जमीन को फिर से बाँटेंगे। इस नारे के चलते हर आदमी जिनके पास थोड़ी भी ज़मीन है, हमारे खिलाफ हो गया। वह कांग्रेस से जा चिपका, जो हर दकियानूस को लेने को अब तैयार है। फिर कांग्रेस के चलते जिनकी रोज़ी चल रही है और उनकी संख्या भी थोड़ी नहीं—गाँव-गाँव दुकानदार हैं, कन्ट्रोल के चलते वे कांग्रेस की मुट्ठी में हैं—फिर ठेकेदार हैं, परमिट के सौदे भरने वाले हैं, इनकी तादाद छोटी नहीं। इन लोगों ने देखा कि मेरी जीविका जाने पर है, अतः वे बुरी तरह कांग्रेस से जा चिपके और कांग्रेस को जिताने के लिए एक भी कल-बल-छल उठा नहीं रखा! फिर गाँव-गाँव में ऐसे लोग हैं जो सोचते हैं कि डिस्ट्रिक्ट बोर्ड, या ग्राम पंचायत में उनके लिए कांग्रेस जगह देगी। वे भी तुल पड़े कांग्रेस को जिताने में, क्योंकि यदि कांग्रेस हारी तो उनका सारा भविष्य अंधकारमय

हो जाएगा! यों, जब मैं अपने चुनाव-क्षेत्र में घूमने लगा तो देखा मामला आसान नहीं और तब बाहर से ध्यान हटाकर अपने क्षेत्र में ही पिल पड़ा।

और, जब पिला, तो फिर न जाने मुझमें कहाँ से शक्ति आ गई। चुनाव-क्षेत्र में एक सौ नब्बे गाँव हैं; शायद ही दो-चार गाँव छूट गए हों, जहाँ मैं नहीं गया। महेश्वरबाबू की कृपा से जीप मिल गई थी, उसका मुसलमान ड्राइवर भी क्या अच्छा आदमी मिला। वह मुश्किल से मुश्किल राह से भी गाड़ी निकाल लेता और जब मैं गाँव में घर-घर छानता, वह बच्चों को इकट्ठा कर नारे सिखलाता या कोई मुसलमान मिलता तो उसे समझाता कि उनका हित सोशलिस्ट पार्टी में ही रहने में है। यदि यह ड्राइवर नहीं होता, तो बड़ी दिक्कत होती। जहाँ सब पार्टियों की गाड़ियाँ बीच में ही ठप्प हो गईं, मेरी गाड़ी अन्तिम दिन तक चलती रही। पार्टी के युवक कार्यकर्ताओं ने जो उत्साह दिखलाया, जिस लगन और धुन से काम किया, उसकी कल्पना ही पुलकित कर डालती है। हमने उनके खाने-पीने का भी कोई प्रबन्ध नहीं किया, और वे भूत की तरह दिन-रात खटते और लोगों को खटाते रहे। जहाँ जाइए, वहीं देखिएगा कि कुछ नौजवान लाल टोपी लगाए घर-घर घूम रहे हैं। इस चुनाव ने सबसे बड़ा काम यह किया है कि हर गाँव में पार्टी के कुछ कार्यकर्ता पैदा कर दिए हैं। यदि हम इन कार्यकर्ताओं को काम में लगाए रख सके, तो देश में एक नई फिज़ा ज़रूर पैदा हो जाए! इस चुनाव का नतीजा जो कुछ हो, गाँव-गाँव में सोशलिस्ट पार्टी का पैग़ाम पहुँच चुका है और हर जगह कुछ ऐसे लोग पैदा हो गए हैं जो उनके लिए मर-मिटने को तैयार रहेंगे। इस दृष्टि से यह चुनाव पार्टी के लिए वरदान सिद्ध होगा।

रुपए का अभाव हमेशा खटकता रहा। यदि हमारे पास पैसे होते, तो हम कमाल कर दिखलाये होते। तो भी मैं हिसाब लगाता हूँ, तो पाँच हज़ार रुपए नक़द और पच्चीस-तीस मन चावल मुझे खर्च करने पड़े हैं। फिर उन बेचारों का क्या हाल हुआ होगा, जिनके लिए पाँच सौ रुपया भी एक बार संग्रह करना मुश्किल है। आज कल चुनाव के जो नतीजे देश-भर में घोषित किए जा रहे हैं, उनमें देखता हूँ, पार्टी को बहुत कम सफलता मिल रही है। अशोक और कमलादेवी ऐसे लोगों की हार बहुतों की हिम्मत तोड़नेवाली है। मैं सोचता हूँ, इन हारों का मुख्य कारण रुपए की कमी रहा होगा। फिर, हमने साधन-हीनता के बावजूद बहुत-से आदमियों को खड़ा कर दिया। हमारे नेताओं ने सोचा भी नहीं कि चुनाव जीतने में रुपए का भी कुछ हाथ होता है। जब पार्टी के उम्मीदवारों के बारे में हम सोच रहे थे, मैंने यह प्रश्न रखा। किन्तु जयप्रकाश जी ने इसका जोरदार खंडन किया और मैं चुप रह गया। खुशी की बात यही है कि प्रायः चारों ओर से कांग्रेस की हार की खबरें आ रही हैं। कई प्रान्तों में कांग्रेस का मंत्रिमंडल नहीं बन सकेगा, यह भी निश्चित दिखाई पड़ता है!

फलाफल जो भी हो, मुझे खुशी इस बात की है कि मैंने पूरी शक्ति लगाकर चुनाव का यह मोर्चा लिया और मुझे चारों ओर से सहायता भी खूब मिली। इस चुनाव के बहाने अपनी जनता के मैं निकटतम आया और इसका अनुभव पीछे बड़े काम का सिद्ध होगा।

इस चुनाव में कुछ व्यक्तियों और गाँवों ने मुझे इतनी सहायता दी कि मैं उनके उपकार को भूल नहीं सकता। सबसे पहले दानीलाल जी का नाम लूँ, जिनकी सहायता मुझे अचानक मिली। वह स्वयं उम्मीदवार थे किन्तु, उनकी नामज़दगी का कागज़ कांग्रेस ने रद्द करा दिया। वह मेरे साथ हुए और मैंने छः बूथों का काम उन्हें ही सौंप दिया। वह पिछड़ी जाति के हैं। अतः पिछड़ी जाति की सहायता प्राप्त करने का सौभाग्य उनके चलते भी मुझे अनायास प्राप्त हो गया। दो शिक्षकों की सहायता उनके बाद ही तुरन्त आती है—एक कृष्णदेव बाबू और दूसरे घायल जी। मेरे चुनाव को संगठित रूप देने का श्रेय कृष्णदेव बाबू को है और घायलजी के

उत्साह का क्या कहना? अपने पास से डेढ़ सौ रुपए भी खर्च कर लिए हैं। जजुआर और उसके आसपास का काम इन्हीं दोनों ने सम्हाला। चहुँटा सोशलिस्ट पार्टी का केन्द्र रहा है, थाना पार्टी के मंत्री वहीं के होते रहे हैं। सारे गाँव ने बड़ी लगन से साथ दिया और राजखंड मेरे साथ पीछे आकर के भी चहुँटा से उसने होड़ ली। एक छोटी-सी घटना ने जजुआर को मेरे साथ कर दिया और धनौर ने भी मेरी शान रख ली। जीझनबाबू और रामचरित्र बाबू ने तो साथ दिया ही, कृष्णचंद्र और वहाँ के ग़रीबों का प्रेम मैं भूल नहीं सकता। तेहवारा के सत्यदेव जी और बुधवारा के श्यामनारायण लाल जी की भी कृपा रही, यद्यपि इन दोनों को गरीब दास के चुनाव-क्षेत्र पर भी ध्यान रखना पड़ा। राय बजरंग बहादुर तो ऐसे पिले; मानो उनका अपना ही चुनाव हो। पाँच बूथों का प्रबन्ध-भार उन्हीं पर रहा और उन्होंने बड़ी चतुराई से उसे निबाहा। मेरे गाँव के लोगों ने भी पूरी मदद की। चहुँटा के वैद्यजी को जब-जब देखा, पाया जैसे मेरे चुनाव को लेकर पागल बन गए हों! बेदौल के कुछ नौजवानों ने भी आशातीत उत्साह दिखलाया।

इस चुनाव में एक खास बात पाई—चुनाव में सबसे अधिक काम करता है व्यक्तिगत सम्पर्क। लोग अभी तक इस सिद्धान्त को उतना नहीं समझ पाए हैं। उनके निकट सबसे महत्त्वपूर्ण बात यह है कि अमुक उम्मीदवार मेरे दरवाज़े पर आए। इसलिए प्रायः मैं हर गाँव में जाता रहा और कोशिश करता रहा कि हर दरवाज़े पर और हर टोले में जाऊँ। गरीबों के टोले में जाता, तो वे निहाल-से हो उठते ! विजय चाहे जिसकी हो, मालाएँ जितनी मुझे मिलीं, शायद ही किसी एक आदमी को कभी मिली हों। मेरी जीत के लिए मन्नतें भी कम नहीं मानी गई हैं—यदि जीता, तो दो सप्ताह तक तो गाँवों में जाकर उन मन्नतों के उतार में शामिल होना पड़ेगा!

बेनीपुर
27 जनवरी 1952

आज मेरे घर पर पृथ्वीराज आए थे। वह थे, उनके पिताजी थे, उनकी पत्नी थीं, उनका प्यारा बेटा शम्मी कपूर था और थे एक दर्जन उनके ट्रूपे के कलाकार—लड़कियाँ और लड़के! तीन घंटों तक वे मेरे इस गाँव में, मेरे इस नए मकान में ठहरे। बड़ी चहल-पहल रही। लड़कियाँ खेतों में घूमीं, साग खाई, गाँव की कुटीरों और आँगनों में घूमीं। पृथ्वीराज ने भी बड़े आनन्द से समय काटा। चलते समय फोटो लिए। ट्रूपे की लड़कियों की, मेरे घर की, मेरी और दिनकर की, रानी और अपनी पत्नी की, फिर मेरे पोते लल्लन को खाते समय बीच में करके दोनों ओर देवेन्द्र और शम्मी को खड़ा करके तस्वीरें लीं। उनके व्यवहारों ने सबको मुग्ध कर लिया। आसपास से काफी लोग आए थे। मेरे दरवाजे पर तीन घंटों तक भीड़ बनी रही।

पृथ्वीराज की कला की ओर मैं प्रारम्भ से ही अनुरक्त था। "राजरानी मीरा" में मीरा के पति राणा के रोल में और "विद्यापति" में राजा शिवसिंह के रोल में भीतरी व्यथा का जो प्रदर्शन किया था, वह मुझे बहुत भाया था। किन्तु पृथ्वीराज का कमाल हुआ 'सिकन्दर' में! पृथ्वीराज को ऐसा सुन्दर सुडौल शरीर मिला है कि चित्रपट में उन्हें देखकर सचमुच लगता था कि यही ग्रीक योद्धा सिकन्दर है। उनसे मिलूँ, इच्छा थी ही। जब 1945 में मैं जेल से लौटा और जयप्रकाशजी के साथ बम्बई गया, तब जयप्रकाशजी की मध्यस्थता से हम दोनों की भेंट हुई। मैं उन्हें "अम्बपाली" सुनाना चाहता था। बात तय हुई, मैं उनके घर पर गया। नाटक के शुरू का अंश सुनाकर मैंने मुख्य अंशों पर आना चाहा। किन्तु पहले के अंश से

ही वह ऐसे प्रभावित हुए कि तीन दिनों में पूरा नाटक सुन गए और सुनकर उसाँसे लेते बोले—आह, आप कलाकार एक बात भूल जाते हैं। मैंने समझा कि नाटक के अभिनय-योग्य होने पर उन्हें शंका हुई है—मैं उसके लिए क्षमा ही माँगना चाहता था कि उन्होंने कहा—यह नहीं, यह नहीं, आप लोग भूल जाते हैं कि जिस साँचे में विधाता अम्बपाली ऐसी लड़कियाँ ढालता था, वह साँचा ही टूट गया!

फिर उन्होंने बताया कि किस प्रकार उनके थियेटर के लिए योग्य लड़कियाँ नहीं मिलतीं। थियेटर के वातावरण को पवित्र रखने के लिए यह आवश्यक है कि उसमें भले घर की लड़कियाँ आवें, किन्तु एक तो वे आती नहीं और जो आती भी हैं वे मेहनत से घबराकर भाग जाती हैं। उन्होंने यह भी बताया कि सिनेमा में काम करना बहुत ही आसान है बनिस्बत थियेटर के। सिनेमा का काम टुकड़े-टुकड़े में होता है—किन्तु थियेटर में तीन घंटों तक लगातार खटना और भिन्न-भिन्न रसों का इसी अर्से में अवतरण करना—यह बड़ा मुश्किल है। फिर सिनेमा में दर्शकों और अभिनेता में कोई सम्पर्क नहीं होता; किन्तु थियेटर में दर्शक भी अभिनेता को प्रभावित करते हैं और आपने बताया कि किस तरह एक बार सरदार पटेल आए और पत्थर की मूरत-से बैठे रहे, जबकि दर्शक उसके अन्तिम दृश्य को देखकर रो पड़ते हैं! उनकी इस मुद्रा ने अभिनेताओं को घबरा दिया था; ठीक इसके विपरीत जब जयप्रकाश की आँखों से आँसू की धारा बह निकली, तो अभिनेताओं के आनन्द का पारावार नहीं रहा!

उसी समय मैंने पहले-पहल उनकी "दीवार" देखी। मेरे लिए बैठने का खास प्रबन्ध किया और अपने अन्तिम भाषण में मेरी उपस्थिति का उल्लेख करते हुए आह्वान किया कि हिन्दी के नाटककार उत्तमोत्तम नाटक दें, तो और भी कमाल किया जा सकता है।

वहाँ से लौटने के बाद "अम्बपाली" छपी और मैंने उस पुस्तक को उन्हें ही सौंपा। उन्होंने इस नाटक को खेलने का भी तय किया और अपने नाटकों की सूची में इसे रखा। किन्तु, योग्य अभिनेत्री के अभाव में न उनकी इच्छा पूरी हो सकी, न मेरी। किन्तु हमारी मित्रता चलती रही और उसी मित्रता का फल है कि आज वह मेरे घर पर सपरिवार आकर मुझे बड़भागी बना गए हैं।

जब मैं बम्बई गया था, वह सिर्फ दो खेल खेलते थे, "दीवार" और "शकुंतला"। अब "पठान", "गद्दार", "आकृति" और "कलाकार"—ये चार और जोड़ दिए हैं। बिहार में पटना, भागलपुर और मुजफ़्फ़रपुर में उनके खेल हुए हैं। मुजफ़्फ़रपुर तो मेरे ही कहने पर आए और कहते थे, यहाँ के लोगों के स्नेह ने उन्हें बहुत ही प्रभावित किया है। मैंने उन्हें सलाह दी है, वैशाली भी देख ही लीजिए, जब "अम्बपाली" के लेखक की जन्मभूमि देख चुके, तो उसकी जन्मभूमि भी आपको देखना ही चाहिए।

पृथ्वीराज ने निस्सन्देह ही भारतीय रंगमंच की बहुत बड़ी सेवा की है। बँग्ला और मराठी रंगमंच को देखते हुए, हिन्दी के रंगमंच पर ग्लानि होती थी। कोरन्थियन ने पहले कुछ किया था, किन्तु वह एकदम ही पेशेवर संस्था थी और उसमें अभिनय की उत्कृष्टता की बड़ी कमी थी। पृथ्वीराज के "पृथ्वी थियेटर" ने राष्ट्रभाषा के एक बड़े अभाव की पूर्ति की है। किन्तु, पृथ्वीराज कहते हैं, यह थियेटर भी बहुत घाटे में चलाते हैं और बाद में उन्होंने मुझे लिखा था—"जब-जब भीड़ पड़े थियेटर पर, तब-तब टूर करें।" इन टूरों से उन्हें पैसे मिल जाते हैं, जिनसे वह बम्बई में "पृथ्वी थियेटर" को चलाते रहते हैं। यह बड़े दुर्भाग्य की बात है कि जब हिन्दी राष्ट्रभाषा हो चुकी, तो उसके इस एकमात्र रंगमंच को इस तरह आर्थिक संकट में रहना पड़े। भारत सरकार फिजूल कामों में रुपए बहा रही है। दस-बीस लाख रुपए लगाकर वह एक राष्ट्रीय रंगमंच स्थापित करे और उसका संचालन पृथ्वीराज ऐसे महान कलाकार के

हाथों में दे, तो देश का कितना बड़ा कल्याण हो?

पृथ्वीराज ने रंगमंच की टेकनिक में भी बहुत परिवर्तन किया है—सादगी के साथ उसमें काफी नाटकीयता भी है। उनके अभिनय में स्वाभाविकता ही स्वाभाविकता है—ऐसा लगता है, नाटक नहीं देख रहे, जीवन की वास्तविक घटनाएँ देख रहे हैं। नाटक की वस्तु-कथा में सदा ही देशभक्ति की पुट है। "दीवार", "गद्दार", "आहुति" तीनों, देश की तीन महान समस्याओं के समाधान की ओर इंगित करते हैं। "पठान" में पृथ्वीराज ने अपनी आत्मा भरी है, क्योंकि पृथ्वीराज स्वयं पठान हैं। "शकुन्तला" में भी नवीनता का पुट है और "कलाकार" बताता है, कला को नैतिकता से दूर रखकर हम सर्वनाश की ओर ही दौड़ेंगे!

पृथ्वीराज चिरंजीवी हों, उनके कला अमर हो!

पटना
बसंत पंचमी
31 जनवरी 1952

आज बसन्त पंचमी है! किन्तु इस शहर में कहीं कुछ ऐसा लगता है नहीं कि मालूम पड़े, आज बसन्त का शुभागमन हो रहा है। स्कूल-कालेज बन्द हैं, किन्तु सरस्वती-पूजा के नाम पर। बसन्त पंचमी के साथ सरस्वती पूजा क्यों जोड़ दी गई—समझ में नहीं आता। देहातों में आज शिवजी पर जल चढ़ाते हैं, अबीर उड़ाना शुरू करते हैं और वहीं से होली गाते हुए घरों को लौटते हैं! बहुत दिनों तक बिहार बंगाल के साथ रहा। शायद उन्हीं से सरस्वती पूजा की यह परम्परा मिली है।

अपने डेरे पर बैठा हूँ। सामने पेड़ हैं, किन्तु उनके पत्ते-पत्ते धूल से भरे। इधर-उधर कुछ विद्यार्थी रहते हैं, किन्तु उनमें कुछ ऐसा नहीं पाता कि समझा जाए, ऋतुराज आ रहे हैं। हाँ, वातावरण में कुछ खुनकी है और सामने इस आम के पेड़ में मँजरियाँ झाँकने लगी हैं—वे सकुचा रही हैं कि शहर के इस अप्राकृतिक जीवन में हम कहाँ चली आईं? मँजरियों, सकुचाओ नहीं, तुम्हें मेरा सलाम। ऋतुराज, तुम कहाँ हो, मेरा अभिवादन कबूल करो!

× × ×

किन्तु, जब ऊपर बसन्त पंचमी की तिथि देकर उसके सम्बन्ध में कुछ पंक्तियाँ लिख गया, तो भी एक करुण प्रसंग हृदय को अभिभूत किए हुए है!

इस बार जब पृथ्वीराज को अपने घर से हँसी-खुशी विदा कर, दूसरे दिन बेनीपुर से रवाना होने लगा। एक छोटे से प्रसंग पर ही रानी उबल पड़ीं और रोने लगीं!

अब तक उनके आँसू-भरे नेत्र हृदय को करुणा से आप्लावित किए हुए हैं। बार-बार उस प्रसंग को भूलने की चेष्टा करता हूँ, बार-बार उसमें असफल होता हूँ।

रानी—मेरी रानी—एक बार सोचा था, अपनी इस अर्द्धांगिनी पर एक पुस्तक ही लिखकर उसके ऋणों से मुक्त होने की चेष्टा करूँ, किन्तु, ऐसा हो नहीं सका। "कैदी की पत्नी" में उसकी एक झलक भरी, किन्तु पूरी तस्वीर कहाँ उभर पाई !

मैं जो कुछ हूँ, निस्सन्देह उसकी वृद्धि और विकास में रानी का बहुत बड़ा हाथ है। उस दिन पृथ्वीराज ने मेरी पुतोहू को आशीर्वाद देते हुए कहा था—देख बेटी, अपनी इस सासु को! बेनीपुरीजी जो कुछ हैं, उसके मूल में तुम्हारी यह सासु हैं। तुम भी मेरे बेटे देवेन्द्र को ऐसा गढ़ो कि वह अपने बाप से भी दो कदम आगे बढ़ जाए।

पृथ्वीराज से मैंने कभी अपनी रानी की चर्चा नहीं की थी; किन्तु उन्होंने बातें तो सोलह

आने सत्य कहीं।

आज अचानक बड़ी-बड़ी मधुर स्मृतियाँ सामने आ रही हैं, क्या उन सबको कलमबन्द कर सकूँगा?

मैं पन्द्रह-सोलह साल का था। अपने मामा के घर पर रहा करता। एक दिन भोर-भोर जब हम घूर के चारों ओर बैठे थे एक सज्जन आए और मेरे मामा से कहा, रामवृक्ष की शादी कर दीजिए, एक लड़की है, मैंने देखी है, बड़ी अच्छी लड़की, गाँव की उस…लड़की जैसी…।

तब से वह लड़की मेरी आँखों में नाचती रही। शादी एक साल बाद हुई और वह दिन आया जब कल्पना की आँखों में नाचने वाली वह लड़की मेरे सामने खड़ी थी!

मैंने उसे प्यार किया और उसने अपने को इस तरह निछावर किया कि तब से कोई दूसरी स्त्री मेरी आँखों में नहीं जँची!

आज मैं दावा कर सकता हूँ कि इस पचास वर्ष की उम्र तक मैंने किसी दूसरी स्त्री का अंग-स्पर्श कभी किसी पाप-भावना से नहीं किया!

मेरे साथियों में मेरे चरित्र की धाक है। रानी अब बूढ़ी हो चुकी, किन्तु मेरे प्रेम में कोई कसर नहीं आ पाई। इतनी बूढ़ी, कि उस समय जेल के जमादार ने कहा था, आपकी माँ आपसे मिलने आई हैं! अभी उस दिन रिक्शेवाले ने रानी से कहा, आप बेनीपुरीजी की माँ हैं?

ऐसे कई मौके आए हैं। इन बातों पर रानी हँसती रहीं, मैं भी हँसा किया !

उस दिन चाँद बाबू ने कहा था—बेनीपुरीजी, जब आपकी जीवनी लिखी जाएगी, इस बात की चर्चा उसमें सबसे महत्त्व का स्थान प्राप्त करेगी कि रानी के प्रति आपका प्रेम समय और वय से परे रहा! और आगे वह भावुक होकर बोले—बेनीपुरीजी, इस मानी में आप देवता हैं!

और, यह देवत्व सिर्फ मेरा नहीं, इसमें रानी का भी हिस्सा है।

जब शादी हुई, मैं स्कूल में पढ़ रहा था। लोगों ने कहना शुरू किया—अब यह क्या पढ़ेगा, किताब के पन्ने उलटाएगा या आँचल का छोर! किन्तु ऐसे आलाचकों को आश्चर्य हुआ जब शादी होने के बाद भी मेरा पढ़ना जारी ही नहीं रहा; बल्कि इस तरह जारी रहा कि मैं क्लास में सदा फर्स्ट आता!

इसमें रानी भी कारण थी। ज्यों ही मैं छुट्टी में आता, वह पूछ लेती, कब मेरा स्कूल खुलता है और मेरी क्या मजाल कि उस तारीख के बाद भी घर पर ठहरने की जुर्रत करूँ?

यही नहीं, जब मैं चलने लगता, वह एक-दो रुपए भी चुपके-से जरूर देती ! उन दिनों के रुपए, आज के रुपए नहीं थे जो एक रुपया मुश्किल से डेढ़ सेर दूध दे पाए। तब का एक रुपया दस-पन्द्रह सेर दूध लाता!

मैं गरीब घर का लड़का। घर से या मामा से उतने ही पैसे मिलते, जिनसे पढ़ने-लिखने का खर्च चल सके। अतः रानी के पैसे बड़े काम के सिद्ध होते, इन पैसों से मैं कुछ आराम पा जाता—या फैयाज़ी दिखा पाता!

हम दोनों का जीवन पंडुक-दम्पति का जीवन था कि इतने में 1921 की आँधी आई—गाँधी की आँधी! मैंने स्कूल छोड़ा, घर में हाहाकार मचा, रोज यह अफवाह उड़ती कि मैं जेल गया! जिस रानी के चेहरे पर फूल खिलते, वहाँ अब करुणा आँख-मिचौनी खेलती।

असहयोग के बाद मैं फिर घर-बार में लगा—पटना आकर पत्रकारिता से पैसे कमाने लगा, खेतों से भी आमदनी हो जाती। "बालक" का सम्पादक हुआ, मेरी कई पुस्तकें निकलीं। काफी पैसे मिलते, हम आनन्द से रहने लगे। देवेन्द्र का जन्म हुआ—हमारे आनन्द में चार चाँद लग गए जैसे!

किन्तु यह चाँद ज्यादा दिनों तक ज्योत्स्ना की वर्षा नहीं कर पाया। 1930 में फिर राजनीति में। 1945 तक यह सिलसिला। इधर मैं बराबर जेलों में आता-जाता रहा। उधर रानी विपदाएँ झेलती रही। 1939 में सबसे बड़ा वज्र उसके सिर पर टूटा, जब मैं जेल में था, उसके एक बेटे की मृत्यु हो गई। तीन महीने के बाद ही जब मैं जेल से लौटा, पाया, उसके अधिकांश बाल सफेद हो चले हैं और उसके चेहरे पर बुढ़ापे का मकड़जाला छा गया है!

रानी का यह बुढ़ापा—जब-जब उसे देखता हूँ, सिहर उठता हूँ। यह बुढ़ापा मैंने दिया है उसे। और, उसने अपने पर बुढ़ापा लेकर मेरी जवानी को बरकरार रहने दिया। इन पन्द्रह वर्षों में जैसी विपदाएँ आईं, मैं भी बूढ़ा हो गया होता, यदि रानी ने ढाल बनकर उनके सारे वार अपने ऊपर नहीं झेल लिए होते।

वह अनपढ़ है, घोर देहाती है। कभी-कभी कहा करती है, हाँ, हाँ, मुझ पर जुल्म ढा लो, कोई चट्टी और चोटी वाली औरत होती, तो तुम्हें मालूम होता! भगवान आजकल की चट्टी और चोटीवाली औरतों से बचाए, जिनका सबसे पहला भोजन उनके पतिदेव को ही होना पड़ता है!

इसमें कोई शक नहीं कि यदि रानी नहीं होती, तो मैं इस प्रकार निश्चिन्त होकर न देशसेवा कर सकता, न साहित्यसेवा।

मेरी सारी जिन्दादिली रानी के अनुपम त्याग की नींव पर खड़ी है।

मैं जेल जाता रहा, परिवार बढ़ता रहा, आमदनी घटती रही—किन्तु किस तरह वह सब सँभाले रही। यही नहीं, मुझे ढाँढ़स भी बँधाती रही। एक प्रसंग भी याद आता है। रानी मुझसे मिलने (1943 में शायद) गया जेल में गई। सभी बच्चे बीमार; वह भी बीमार। मैं विचलित हुआ। कहा, देखो, इस समय मैं नज़रबन्द हूँ। यदि मैं सरकार को शर्त लिख दूँ, तो वह शायद छोड़ दे--तुम क्या कहती हो? देखा, उसकी आँखों में आँसू आ गए, किन्तु बड़ी दृढ़ता से कहा—नहीं, ऐसा न कीजिए। मैं ही अकेली अभागिन नहीं हूँ! सारे देश में मेरी ऐसी औरतें विपदा काट रही हैं। आप मेरे लिए अपने पर जिन्दगी-भर के लिए कलंक मत लगाइए—अच्छे दिन भी आएँगे, मैं यह सब झेल लूँगी।

ऐसे प्रसंग कितनी बार आए हैं, जब उसने मुझे धीरज दिया है। मुझ में जो इस्पातपन मेरे मित्र पाते हैं, उसमें भी रानी का कम हिस्सा नहीं है। मैं इस विश्वास पर कि रानी सब सँभाल लेगी, अपने को आग में झोंक देता रहा हूँ।

× × ×

उसका रुदन रह-रहकर हृदय में खुभ रहा है। वह क्यों रोई, क्यों इस प्रकार विचलित हुई?

परिवार बढ़ गया, झंझटें बढ़ गई हैं। अब जब मैं बाहर हूँ, मुझे चाहिए कि मैं उसे चिन्ताओं से मुक्त रखूँ। किन्तु, अब भी सारी झंझटें उसी पर डाले रहता हूँ।

सबसे बुरी बात यह है कि मैं नए-नए आयोजन कर बैठता हूँ और उन आयोजनों के लिए सारे साधन भी उसे ही जुटाने पड़ते हैं। पार्टी चुनाव में उसे क्या-क्या न जुटाना पड़ा? जो कुछ पैसे उसके पास थे, सब फूँक दिए; घर को अन्न से खाली कर दिया!

जवानी में सब झेल लिया उसने। उसने आशा की थी, अब मैं उसे निश्चिन्त कर दूँगा। किन्तु बात उल्टी ही रही।

यही नहीं, कभी-कभी मैं उसे झिड़क भी दिया करता हूँ। इधर इतनी परेशानियाँ रहीं कि स्वभाव में जब-तब झुँझलाहट आ जाती है और ये सारी झुँझलाहटें रानी पर ही बरसती हैं।

सोच रहा हूँ, अब से मुझे कुछ सतर्कता से काम लेना चाहिए। उस पर कम-से-कम बोझ दूँ। उसके हाथ में कुछ पैसे भी रख दूँ और एक बार उसे ज़रा बाहर घुमा-फिरा दूँ।

कई बार उसने कहा भी कि मुझे कुछ तीरथ करा दो; किन्तु, मैं टालता गया। निश्चय कर लिया है, इस बार गर्मियों में उसे हरिद्वार की तरफ ले जाऊँगा। वहाँ देहरादून में जित्तिन भी रहेगा। दो महीने घुमा-फिरा कर वापस आऊँगा।

राजगृह
4 फरवरी 1952

जहाँ तक याद आता है, उन्नीस वर्षों के बाद कल फिर यहाँ आया। जब 1933 में कैम्प-जेल से छूटा, शरीर में फोड़े-फुन्सियों की भरमार थी। इसलिए यहाँ आया और लगभग दो सप्ताह तक रहा। बड़ी अच्छी संगत थी। अम्बिका थे, गंगा थे, अवधेश्वर थे। दिन-भर हम लोग पहाड़ों और जंगलों में घूमा करते। कभी रास्ता पकड़कर नहीं चलते। अम्बिका कहता, जिस रास्ते पर सेठ चलें, उस रास्ते पर चलना हमारे लिए लानत। अम्बिका नहीं रहे; यहाँ आकर उसकी बार-बार याद आती रही।

जयप्रकाशजी के आग्रह पर यहाँ आया। वह सपरिवार हैं, गंगा है, रामनन्दन हैं, बसावन हैं। चुनाव की परेशानियों के बाद हम लोग यहाँ मिले हैं। आपस में बातें करने, घूमने-फिरने और गरम जल के झरनों में स्नान करने से शरीर और चित्त को बड़ी शान्ति मिली! चुनाव में पार्टी को जो आकस्मिक असफलताएँ मिली हैं, हमने उन पर भी बातें कीं। आगे कैसे काम हो, इस पर भी कुछ सोच-विचार किया!

किन्तु, सारे सोच-विचार के बीच मेरा ध्यान टँगा रहा इस राजगृह की प्राचीन गरिमा की ओर। जहाँ मैं बैठा हुआ लिख रहा हूँ, ठीक इसके ऊपर "जरासंघ की बैठक" के नाम से प्रसिद्ध वह पत्थर का विशाल चबूतरा है, जहाँ बुद्ध भगवान प्रायः आया-जाया करते थे और जिसके ऊपर आजकल मुस्लिम संत शाह मख़दूम की कब्र है! महाभारत की गरिमा वाला, बौद्धकालीन गरिमा वाला और अन्त में मुस्लिम युग की गरिमा से ओतप्रोत—पाँच हजार वर्षों को जिस चबूतरे ने यों ही अपलक नेत्रों से देखा हो उसे देखते हुए आदमी की आँखें कैसे थकें? इसी चबूतरे के नीचे कुछ गुफाएँ हैं, कहा जाता है, भगवान बुद्ध के प्रधान शिष्य महाकाश्यप उन्हीं में से एक गुफा में रहते थे। और भगवान गृद्धकूट से आकर उनसे मिलते और दार्शनिक विषयों पर वार्तालाप करते थे। यहाँ से तीन मील पर गृद्धकूट है, बीच में बिम्बसार की राजधानी बसी थी। कहा जाता है, जब भगवान बुद्ध राजधानी से गुजरते, उन्हें देखकर युवतियाँ कह उठतीं—कितना भोला और भला लगता है यह साधु; किन्तु कितना कठोर है इसका हृदय कि यह हमारे पतियों को हमसे छीन लेता है। यों ही माताएँ-बहनें अपने बेटों और भाइयों की सुधि कर प्रलाप कर उठतीं!

भगवान बुद्ध—कैसा जादूगर! किसी एक व्यक्ति ने क्या इतने लोगों के जीवन को नया मोड़ दिया? सहस्राब्दियों से चली आती हुई परम्पराओं को तोड़कर समाज को एक ऐसा रूप दिया जिसमें जात-पाँत के बन्धन न रहें, आसमान की ओर न देखकर आदमी इन्सान की उन्नति को ही परम सेवाधर्म माने, मानव की दया-ममता पशु-पक्षियों तक भी विस्तार पाए! कल शाम को देखा, जंगल की ओर से बहुत-सी भेड़ों के झुंड के झुंड चले जा रहे थे। ऐसा लगा कि उनके पीछे बुद्ध भगवान एक लंगड़े मेमने को कन्धे पर रखे हुए चले आ रहे हैं!

राजगृह चारों ओर पहाड़ियों से घिरा है। उन पहाड़ियों पर पत्थर की दीवारें थीं, जो

टूट-फूट गई हैं, उनके अवशेष अब भी बचे हैं। कहा जाता है, ये अवशेष भारत के प्राचीनतम निर्माण चिन्हों में से हैं। जिसे "जरासंध की बैठक" कहा जाता है, वह प्रहरियों के लिए बनाया गया था, जहाँ वे सशस्त्र रहते और आनेवाले दुश्मनों पर प्रहार कर उन्हें रोकते। ऐसी कितनी ही बुर्जियाँ भी हैं।

जरासंध-महाभारतयुग का वह दुद्धर्ष योद्धा, जिसने कृष्ण को मथुरा से खदेड़कर द्वारका जा बसने के लिए लाचार किया। कृष्ण को 'रणछोड़' का लज्जास्पद नाम इसी के पराक्रम ने दिया। जब अपने से पार नहीं पा सके, तो कृष्ण ने भीम से उसकी हत्या करवाई—छद्म भेष धारण करके, मल्लयुद्ध के नियमों की अवहेलना करके। कृष्ण ने इसी तरह छल-छद्म से कितनों की हत्या करवाई—तो भी वे महान हैं! ठीक है—समरथ के नहि दोष गुसाईं! गुसाईंजी ने यह ठीक ही कहा है!

राजगृह जरासंध की राजधानी रहा, बिम्बसार की राजधानी रहा। ये दोनों राजधानियाँ इन पहाड़ियों के अन्दर थीं। अजातशत्रु ने नया राजगृह बसाया, जो घेरे के बाहर था।

जरासंध की राजधानी के समय का एक तो वह पत्थरों का घेरा है जो चौंतीस मीलों तक फैला हुआ था। इस घेरे के चिन्ह अब भी पहाड़ियों पर दिखाई पड़ते हैं। उसका कुछ साबुत हिस्सा उत्तरी तरफ है, जहाँ दुर्ग का फाटक था। जरासंध की बैठक इसी के निकट है। इसका सबसे अधिक साबुत हिस्सा दक्षिण तरफ बानगंगा के निकट है। बीच में 'जरासंध का अखाड़ा' है; किन्तु अब पता चलता है, यह बिम्बसार के समय उसकी राजधानी के घेरे के अन्दर था और अब वहाँ पत्थरों पर उस समय के रथ की लीकें दिखाई पड़ती हैं। लीकों के आसपास जहाँ-तहाँ पत्थरों पर कुछ लिखावटें भी मिलती हैं। ये शंख-लिपि में हैं, अक्षरों के आकार शंखों की तरह के हैं। ये पढ़ी नहीं जा रही हैं। जरासंध से सम्बद्ध 'स्वर्णभंडार' है, जहाँ, कहा जाता है, जरासंध राजाओं को कैद करके रखता था। अपने समय कितने ही राजाओं को उसने कैद किया था, उसका उल्लेख महाभारत में है। महाभारतकालीन एक स्मृतिचिन्ह और है, वह है मनियार मठ। कहा जाता है, महाभारत में वर्णित मणि-नाग का यह निवास स्थान था।

बिंम्बसार के युग में जो राजधानी बसी थी, उसकी बाहरी दीवारें अभी भी कई जगहों पर बची हुई हैं। दीवारें काफी चौड़ी हैं, उन पर रथ आ-जा सकते थे। दीवारों की बगल में, बाहर की तरफ खाइयाँ हैं। एक ऐसी जगह खुदाई में मिली है, जिसे वह बंदीशाला समझा जाता है जिसमें अजातशत्रु ने अपने पिता बिम्बसार को कैद किया था। बन्दीशाला की बगल में एक कोठरी की खुदाई हुई है जिसमें से एक हथकड़ी भी मिली है।

बिम्बसार के समय से ही बुद्ध ने राजगृह में आना शुरू किया और उसकी मृत्यु के बाद जब अजातशत्रु भी बौद्ध हो गया, तो भगवान आते-जाते रहे। अतः बुद्ध के जीवन से सम्बद्ध कई स्थान हैं, जिनमें प्रमुख है गृध्रकूट। गृध्रकूट शिखर पर ही भगवान बुद्ध रहा करते थे और वहाँ से निकलकर, राजधानी की आबादी को पार करते हुए पिप्पली गुफा और वेणुवन की ओर आया करते थे। 'लाइट ऑफ एशिया' में बुद्ध के इस आवागमन का बड़ा ही चित्ताकर्षक वर्णन है। 'वेणुवन' तो उजड़ चुका है। बुद्ध भी इन गरम जल के झरनों में नहाया करते होंगे, जो उन दिनों 'तपोदाराम' कहलाता था। जहाँ हम ठहरे थे, एक जगह पर लिखा हुआ है, यहीं भगवान बुद्ध तेल लगाया करते थे। यह स्थान गरम जल के झरनों के ठीक ऊपर है। तेल मालिश करके गरमजल के झरनों में नहाना—कैसा मजा!

जब बुद्ध ने निर्वाण प्राप्त किया, अजातशत्रु के समय में ही बौद्धों की 'प्रथम संहिति' बैठी, जिसमें बुद्ध के सभी प्रधान शिष्य एकत्र हुए और "त्रिपिटक" का श्रीगणेश किया गया।

यह स्थान ''सप्तपर्णी गुफा'' के नाम से विख्यात है। जब हम इस गुफा को देख रहे थे, अशोक ने कहा, क्यों नहीं यहाँ सोशलिस्ट पार्टी की एक कान्फ्रेंस बुलाई जाए—हम खूब हँसे!

राजगृह जैनियों का भी तीर्थ है और सच पूछिए तो इस समय तो सबसे अधिक जैनियों का ही तीर्थ मालूम होता है। कोई ऐसी पहाड़ी नहीं, जिस पर जैनियों के मन्दिर नहीं हों। यहाँ एक स्थान ऐसा भी है, जहाँ कहा जाता है, महावीर ने अपने धर्म का प्रथम-प्रथम प्रचार किया था।

यों यह स्थान चार धर्मों—हिन्दू, जैन, बौद्ध और इस्लाम—का केन्द्र स्थल है। भारत के अति प्राचीन स्थानों में से है। पहाड़ियों से घिरे होने के कारण बहुत मनोरम भी है और ऐसे गरम जल के झरने भी देश में बहुत कम पाए जाते हैं। कहा जाता है, कई बीमारियाँ इनके पानी में नहाने और पीने से ही दूर हो जाती हैं। अतः सैनिटोरियम के रूप में भी इसका सुन्दर उपयोग हो सकता है। पटना से साठ मील पर ही है, अच्छी सड़क, मोटर से दो घंटे की राह।

यदि जनता और सरकार ध्यान दे, तो राजगृह आज भी एक सुन्दर सांस्कृतिक केन्द्र बन जा सकता है।

× × ×

किन्तु क्या यह सम्भव है? जयप्रकाशजी बड़ी दिलचस्पी ले रहे थे। दो-तीन लाख में ही इसकी कायापलट कर दी जा सकती है, किन्तु बिहार-सरकार क्या इसे हाथ में ले सकती है? धनी-मानी यहाँ आते हैं, कुछ पैसे फेंकते हैं, चले जाते हैं। लोगों में ऐसी तमीज नहीं—सभी ओर गन्दगी बिखेरते फिरते हैं। हम लोग सप्तपर्णी की ओर चले, बदबू से नाक फटने लगी। जैनियों और बौद्धों के पास पैसों की कमी नहीं—किन्तु, इस स्थान की पवित्रता पर तो उनको मोह है, पर इसकी सफाई और सुन्दरता पर वे ध्यान नहीं देते। झरनों के सामने पंडा-समिति ने लिखवा रखा है, हिन्दुओं के अतिरिक्त इनमें किसी को स्नान करने की इजाजत नहीं। कैसी धाँधली? चारों धर्म वाले जब मिलते हैं, तो लड़ते हैं!

आह! अपने देश में क्या-क्या करना है? क्या उसे नए ढंग से बसाने का मौका हमें मिल सकेगा?

बेनीपुर
9 फरवरी 1952

परसों मेरे चुनाव का नतीजा निकला और मैं हार गया!

मैं हार जाऊँगा, इसकी कल्पना भी नहीं थी। उस दिन अवधेश्वर ने भी कहा था, तुम तीन हजार वोटों से जीत रहे हो। खुद भी हिसाब जोड़कर देखता था, कहीं कोई ऐसी बात नहीं थी कि समझूँ, मैं हार जाऊँगा। किन्तु, कैसा तमाशा, जब मैं पटना से मुजफ्फरपुर आया, मत-गणना के लिए, उसके पहले ही शहर में शोर था कि मैं चार हजार वोटों से हार रहा हूँ और वही हुआ!

यह कैसा जादू? मेरे साथी कहा करते थे कि बेईमानियाँ हुईं; तो मुझे विश्वास नहीं होता था। मैं सोचता था, इतनी और ऐसी-ऐसी बेईमानियाँ कैसे होंगी? किन्तु, यह अपने ही ऊपर आ पड़ी, तो सोचने को लाचार होना पड़ता है।

यदि ऐसी हालत रही, तो जनतन्त्र कैसे चलेगा? जहाँ के अफसर बेईमान हों; जिनके हाथ में चुनाव का संचालन है, वे ही बेईमानियाँ करने पर तुले हों, तो फिर जनतन्त्र का सफल संचालन कैसे सम्भव है?

उस दिन मैं मुजफ्फरपुर खादी भंडार में एक काम से गया। चुनाव के लिए गए एक क्लर्क ने बताया कि किस प्रकार वह प्रतिदिन पचास वोट अवधेश्वर और पचास वोट नितेश्वर के बक्से में डाल देता था। वह मुझे नहीं पहचानता था। उसकी बात सुनकर ही मेरा माथा ठनका। किन्तु, मैंने मान लिया कि मेरे साथ ऐसा नहीं किया गया होगा!

किन्तु उस दिन नितेश्वर से भेंट हुई, तो उसने जो रुख लिया और मेरी हार पर उससे जैसा जश्न मनाया, उसके प्रगट हो गया कि मेरे हराने की साजिश में उसका भी हाथ था। और उनके दो प्रधान पात्र तो हैं ही—महेशबाबू और सुलेमान एस.डी.ओ.। इस एस.डी.ओ. ने शुरू से ही ऐसा रुख लिया कि मालूम होता था, किसी और गैरकांग्रेसी आदमी को यह जीतने नहीं देगा। ओह, यही हुआ। सदर सब डिवीजन में एक भी सोशलिस्ट विजयी नहीं हुआ। इसके विपरीत सीतामढ़ी के एस.डी.ओ. ने ईमानदारी से काम किया, तो वहाँ पाँच कांग्रेसी हारे। नतीजा, उस बेचारे की बदली कर दी गई है।

महेश बाबू ने ठीक ही किया—मैंने कहला दिया था, या तो वह मुझे हरा दें, या मैं उन्हें हरा दूँ। मैं उन्हें नहीं हरा सका। उन्होंने सारे प्रपंच रचकर मुझे हराया! इसके लिए उन्हें बधाई!

मेरे लोग उदास हैं। कुछ लोग तो बहुत उत्तेजित हैं। उनकी उत्तेजना और निराशा को किसी अच्छी राह पर लाना होगा, नहीं तो कुछ भी सम्भव है। सोशलिस्ट नेताओं के नेतृत्व की परीक्षा है। यदि उन्होंने सही नेतृत्व नहीं दिया, तो देश का भविष्य अन्धकारमय रहेगा!

इस चुनाव में एक विचित्र बात हुई है। मैंने हँसकर कहा था—यह नेता-पछाड़ चुनाव सिद्ध हुआ है। आचार्य नरेन्द्रदेव हारे, अशोक हारे, कमलाजी हारीं। अम्बेडकर हारे, टी. प्रकाशम् हारे, पी.सी. घोष हारे। कितने चीफ मिनिस्टर हारे, मिनिस्टर हारे। बात यह हुई है कि बंगाल, मद्रास और हैदराबाद में कम्युनिस्ट जीते हैं। कम्युनिस्टों की यह विजय क्यों हुई? क्या जनता 'अति' के छोर पर ही रहना चाहती है ? या तो कांग्रेस, या कम्युनिस्ट? यह निराशा से निकली, मरता क्या न करता, की प्रवृत्ति है?

मैं स्वयं कौन-सी राह पकड़ूँ, यह भी प्रश्न है। दैनिक "जनता" बन्द होने जा रहा है। जयप्रकाश जी को मैंने सलाह दी है कि उसे अर्द्ध-साप्ताहिक रूप में निकाला जाए। अब जनता को साप्ताहिक पत्रों से तुष्टि नहीं होती। देहात में सप्ताह में दो डाक का इन्तजाम भी है। मेरा खयाल है, अर्द्ध-साप्ताहिक "जनता" चलेगा और खूब चलेगा। किन्तु, उसका बोझ अपने ऊपर लेकर ही मैं उसका उत्तरदायित्व ले सकता हूँ। क्या यह बोझ बर्दाश्त कर सकूँगा?

"नई धारा" में इधर अधिक समय नहीं दे सका। अब उस ओर ध्यान देना चाहिए और उसे सांस्कृतिक पुनरुत्थान की पत्रिका बनाना होगा। कुछ नए शीर्षक, कुछ नई बातें। फिर अपनी कई साहित्यिक कृतियाँ अधूरी पड़ी हैं, उन्हें पूरा करना है और छपवा देना है। सोचता हूँ, बच्चों के लिए भी कुछ और पुस्तकें लिख दूँ। उनसे पैसे आते हैं। बच्चों को अच्छा साहित्य भी मिल जाता है।

मेरी यह हार मेरे लिए भी सबक है! मैं समझता था, मैं अजेय हूँ। किन्तु यह कलियुग है—यहाँ असत्य ही अजेय है शायद!

बेनीपुर
10 फरवरी 1952

दिन-भर दरवाजे पर रहा। रात एक जगह भोज खाया, पेट खराब हो गया। आसमान में बादल घिरे थे। घर के लोग उदास, उदास। अजीब उदासी रही सारा दिन।

दिन-भर घर के सामने देखता रहा। चारों ओर सरसों फूली—सरसों का समुद्र ही समझिए। पीले-पीले फूल। मीलों तक जहाँ देखिए, वासन्ती रंग की भरमार!

सचमुच बड़ी अच्छी जगह पर बनाया है यह मकान। प्रकृति के वैभवों के बीच में। किन्तु यह घर अधूरा पड़ा है। इस मकान को लेकर चुनाव में क्या-क्या न प्रचार किया गया। इस देश में अपनी गाढ़ी कमाई से भी अच्छी तरह से रहना जैसे पाप हो! सब सोचते हैं, सिवा चोरबाजारी के पैसे कहाँ से आ सकते हैं? लेकिन ये पैसे तो मेरी सरस्वती की कृपा हैं। खैर, पैसे तो खर्च हो ही जाते। यह अच्छा किया कि घर बनाने में लगा दिया। आज निश्चय किया कि अब सबसे पहला काम यह करूँगा कि घर बनकर तैयार हो जाए! छः महीने के अन्दर ही इसे पूरा कर लूँगा—निश्चित रूप से।

अगले छः महीने के लिए घर की व्यवस्था का एक सिलसिला भी बनाया। परिवार को यहीं रहने दूँगा। देवेन्द्र जी मुजफ्फपुर में महेमलजी (प्रो. सुरेन्द्रनाथ जी दीक्षित) के साथ रहकर बी.ए. की परीक्षा देंगे। प्रभा और महेन्द्र यहीं रहकर अपनी कोर्स की किताबें पढ़ेंगे, हरिजी से। उनके खाने का प्रबन्ध मेरे यहाँ रहेगा।

पटना जाकर रायल्टी के पैसे यहाँ भेजता जाऊँगा और उनसे घर बनेगा। छः हजार रुपए मिलनेवाले थे। इनमें नौ सौ रुपए जित्तिन को दिए। लगभग एक हजार रुपए चुनाव के हाथ-हथफेर हैं। बाकी रुपए मकान में लगाए जाएँगे। पहले एक लाख ईंट बनवा लेना है। फिर सिमेंट, चूना आदि का प्रबन्ध कर लिया जाएगा।

जो अधूरी पुस्तकें हैं, उन्हें पटना पहुँचकर ही समाप्त कर लूँगा। 'जोश' और 'इकबाल' के संग्रहों की प्रेस कापियाँ तैयार करना और भूमिका लिख लेना। "रवीन्द्र-भारती" को भी छपवा लेना और "टुलिप्प" की भूमिकाएँ भी लिखकर इन्हें छपवाने का प्रबन्ध करना है।

"पैरों में पंख बाँध कर", "अमरज्योति" और "कुछ वे, कुछ मैं" की पूरी कापियाँ लोकसेवक प्रकाशन के पास भेज देना है, अति शीघ्र।

"दीवारें और जंजीरें" तो पूरी कर ही लेनी है और उसे चेतना प्रकाशन, हैदराबाद को दे देना।

सोचता हूँ, बच्चों के लिए कुछ पुस्तकें और लिख दी जाएँ। "सिंहासन-बतीसी", "हितोपदेश" और "पुरुष परीक्षा" के बाल-सुलभ संस्करण बड़े ही अच्छे हो सकते हैं। "तपोवन" नाम से उपनिषदों की कहानियाँ भी बड़ी ही उपयोगी हो सकती हैं। बच्चों के लिए कुछ नाटक भी लिखे जा सकते हैं, वे तो अवश्य ही कोर्स में आ जा सकते हैं। "देश के नाम पर" से 1857 से 1942 तक के शहीदों की चर्चा भी कम मनोरंजक नहीं होगी।

"विजेता" नामक अधूरे नाटक भी पूरे करने हैं—अवश्य ही।

और सबसे बढ़कर—अब, जब राजनीतिक झंझटों से थोड़ी फुर्सत मिली है, पृथ्वीराज से मिलकर एक-दो नाटक तो सिनेमा में लाऊँ ही। "संघमित्रा" को फिर से लिखकर उसे अभिनय-योग्य बनाना है और उसे सिनेमा का रूप देना है। आधुनिक समस्या पर "विद्रोही" भी लिख ही देना चाहिए।

पार्टी के प्रकाशन में अपनी आठ-दस पुस्तिकाएँ भी लानी चाहिए। इसकी आवश्यकता भी है।

पटना

19 फरवरी 1952

कामों की भीड़भाड़ में ही मैंने काल की आधी सदी या जिन्दगी की तीन चौथाई पार कर ली।

यह आश्चर्य की बात है कि मैं यह नहीं जान सका कि मेरा जन्म किस सन में, किस तारीख हो हुआ।

मेरे घर पर जन्मपत्री नहीं रखी जाती। पुरोहित अपने घर में रखते और आवश्यकता पड़ने पर बता दिया करते हैं। बचपन से ही मैं ननिहाल रहने लगा। स्कूलों में अनुमान से ही जन्म-तिथि लिखा दी गई, कौन जन्मपत्री उलटने जाए ? उस समय कोई यह भी तो नहीं जानता था कि एक दिन इस व्यक्ति की जन्मतिथि की माँग होगी।

जब मैं कुछ लिखने-पढ़ने लगा, मुझे अपनी जन्मतिथि की चिन्ता हुई। मैंने पुरोहितजी से पूछा। शायद उन्होंने बतलाया भी; किन्तु वह तिथि मुझे सही नहीं जँची। मैंने जन्मपत्री की नकल माँगी—वह टालते गए; मैं भी भूलता गया। आज तक न जन्मपत्री मिल पाई, न तिथि तय हुई।

किन्तु इधर जो पूछताछ की, तो पता चलता है, मैंने पचास वर्ष अवश्य ही पूरे कर लिए हैं।

पार साल जब मैं विलायत जाने लगा, पासपोर्ट में जन्मतिथि देनी थी। यह बहुत दिनों से सुनता आ रहा हूँ, मेरा जन्म पूस महीने में हुआ। पूस को जनवरी मानकर मैंने पासपोर्ट में 5 जनवरी जन्मतिथि भर दी और साल 1902।

मेरा विश्वास तो है ही कि मैंने ५चासवाँ पार कर लिया—काल की आधी सदी मैंने देख ली और यदि अपने लिए अपने बाबा की उम्र की कल्पना करूँ, तो तीन चौथाई जिन्दगी भी समाप्त हुई। मेरे बाबा लगभग सत्तर वर्ष की उम्र में मरे थे—मेरे माता-पिता तो असमय में ही मरे; मरते समय माँ तीस साल की होंगी और पिताजी 35-36 साल के। बहुत दिनों तक मेरा भ्रम था कि मैं 33 वर्ष ही जीऊँगा! उसका ड्योढ़ा तो पार कर गया!

जिन्दगी के पचासवें मील-पत्थर पर खड़ा होकर, इच्छा होती है, एक बार मुड़कर पीछे की ओर देखूँ।

शरद कहते हैं, अपना संस्मरण लिख दीजिए—कोई बुरी सलाह नहीं; बशर्ते कि उसके लिए फुर्सत मिल पाए।

यह लम्बी राह—ऊबड़-खाबड़, कहीं कंकड़, कहीं काँटे, कहीं खड्ड, कहीं खाई; सपाट मैदान बहुत कम मिल पाया, यदि मिला भी तो तुरंत उसे छोड़कर तुरंत टेढ़ी-मेढ़ी पगडंडी पकड़ी; पैरों में कुशकाँटे गड़े, ठोकरें लगीं; ढिलमिलाया, कई बार औंधे मुँह गिरा; लोग हँसे, विरोधियों ने तालियाँ पीटीं; झल्लाया किन्तु फिर उसी राह पर बढ़ता रहा। न सम्बल खोजा, न साथी खोजे। प्रायः ही अकेले चलना पड़ा—जलती दुपहरी में, थर्राती अधरतिया में। लू की हूहू या शीत की साँय-साँय ! सुनहली धूप, चटकती चाँदनी, मन्द बयार, शीतल फुआर बहुत ही कम नसीब हो सके। मेरे पचास साल की जिन्दगी की यह पिछली राह—उस ओर देखकर रोमांज अनुभव करता हूँ; शान्तिमय आनन्द नहीं।

क्या समय आ गया है कि उस पूरी राह पर नज़र डालूँ और उसे अक्षरों में बाँधकर अमर कर दूँ?

पटना
29 फरवरी 1952

तीसरे दिन एरिक एलियट का अभिनय देखा, रह-रहकर उसकी याद आती है। एरिक एलियट इंगलैंड का सुप्रसिद्ध अभिनेता है। शेक्सपीयर के नाटकों को खेलने में इसने ख्याति प्राप्त की है। एक मंडली लेकर वह संसार-भर में घूमता रहता है—पैसे भी मिलते हैं, यश भी और अपने देश के एक महान कलाकार की कृतियों को संसार के समक्ष उपस्थित कर वह अपने देश और साहित्य की सेवा भी करता है।

एरिक एलियट एक बार बंगाल के सुप्रसिद्ध अनिभेता शिशिर कुमार भादुड़ी को लेकर अमेरिका गया था और वहाँ शिशिर बाबू ने अपना 'सीता' नाटक दिखलाया था। उस नाटक को देखकर अमेरिका के दर्शक मुग्ध रह गए थे और समाचार-पत्रों ने पड़ी प्रशंसा की थी।

एलियट भारतीय अभिनय-कला का बहुत बड़ा प्रशंसक है और उसके अभिनय को भारत ने जिस प्रकार अपनाया, उससे बहुत प्रभावित है।

मैं जिस दिन देखने गया, वह "ओथेलो" खेल रहा था। ओथेलो का पार्ट उसने स्वयं किया था। बड़ा ही अच्छा अभिनय था उसका। प्रारम्भ में तो सारे रंगमंच पर 'इयागो' छाया हुआ था, किन्तु धीरे-धीरे ओथेलो के चरित्र का विकास होता गया और अन्त में तो जैसे वही-वही था। ओथेलो के मानसिक संघर्षों को एलियट ने बड़ी खूबी से रंगमंच पर रखा—वह हब्शी, उसके प्रेम में प्रतिहिंसा, पश्चाताप में सब जगह एक वहशियाना छाप! अपनी भावनाओं को वह किस वेग से प्रगट करता!

रंगमंच की सादगी देखकर जहाँ हम मुग्ध थे, वहाँ कुछ दर्शक तो बहुत ही निराश। हमारे यहाँ तो रंगमंच पर लोग रंग ही रंग की कल्पना करते हैं—रंगमंच की बनावट में चाकचिक्य हो, पात्रों के परिधान में चाकचिक्य हो, उनके अभिनय में चटक-मटक हो। ऐसे लोगों को निराश होना ही था! किन्तु, जिनके हृदय में यह भावना हो कि अपने देश में हम रंगमंच का विकास करें, उनके लिए एलियट ने बहुत-सी सम्भावनाओं की ओर इंगित किया।

पटना
5 मार्च 1952

कल संध्या को एक अजीब बात रही। मैं एक सज्जन की प्रतीक्षा कर रहा था कि माननीय जगलाल चौधुरीजी की तरफ से एक निमन्त्रण-पत्र मिला। देश-भर की परिगणित जातियों के लिए जो एक कमिश्नर नियुक्त हुए हैं, उनके सम्मान में एक चाय-पार्टी थी। उनका नाम है कोई श्रीकान्त। चेहरे से लगा, शायद गुजराती हैं।

चाय पार्टी में पहुँचने पर परिचय कराया गया। हम लोग माननीय अतिथि के साथ उसी टेबुल पर बैठे। चाय-पान शुरू हो गया था कि बिहार के चीफ मिनिस्टर बाबू श्रीकृष्णसिंह जी पहुँचे। उनके साथ राजस्वमन्त्री कृष्णवल्लभ बाबू भी थे। दोनों से मेरा परिचय। किन्तु देखा, मुझे देखते ही उन्होंने इस तरह आँखें फेर लीं, जैसे उन्होंने मुझे देखा ही नहीं। यही नहीं, श्रीबाबू उस टेबुल पर नहीं बैठकर बगल के एक टेबुल पर जा बैठे, फलतः श्रीकान्त जी और जगलाल चौधुरी को भी उसी पर जाना पड़ा।

इधर चुनाव में बड़ी कटुता आ गई है। श्री बाबू के सबसे बड़े प्रियपात्र हैं महेशबाबू। मैंने उनके खिलाफ काम किया। श्रीबाबू ने भी मेरी कान्स्टिट्यूएंसी में जाकर मेरे खिलाफ काम

किया। लोगों को बुलाकर कहा, यह मेरी इज्जत का सवाल है, देखिए यहाँ से तो कांग्रेस को जिताइए ही। महेशबाबू ने भी मुझे हानि पहुँचाने में एक नहीं उठा रखी। यों इन दोनों के चलते मैं जीती हुई बाजी हार गया!

किन्तु मैं जिस दिन हारा, उसी दिन सारी बातें भुला दीं। लड़ाई हुई, कोई जीता, कोई हारा। फिर इसमें कटुता के लिए जगह कहाँ रह गई? किन्तु ये राजनीतिक नेता—ये तो भूलना नहीं चाहते या अपने विरोधियों को हमेशा याद दिलाना चाहते हैं कि देखो, तुमने मेरा विरोध किया था। यों मैं श्रीबाबू के प्रशंसकों में रहा हूँ और सुना है, मेरी तारीफ परोक्ष में भी वह करते हैं। यों ही कृष्णवल्लभ भी मेरे दोस्तों में हैं, जब हम जेल में थे, हम बड़े गाढ़े मित्र थे। जयप्रकाशजी को जेल से भागने में भी उन्होंने सहायता दी थी। जेल से बाहर भी मेरी उनसे मित्रता रही है। किन्तु, यह राजनीति है, इसमें लोग पूर्ण आत्मसमर्पण ढूँढ़ते हैं—इस अर्थ में राजनीतिक नेता और भगवान, दोनों की रुचि एक-सी है। दोनों ही चाहते हैं कि उनके भक्त कहते रहें—त्वमेव माता च पिता त्वमेव···

किन्तु, मेरी यह आदत नहीं रही है। जब तक कांग्रेस में था, कभी राजेन्द्रबाबू या अपने जिले के नेता रामदयालु बाबू की खुशामद नहीं की। और, पार्टी में भी यही बात है। जयप्रकाशजी को मैं बहुत मानता हूँ, उन पर मेरा स्नेह ही नहीं, श्रद्धा भी है। किन्तु, वहाँ भी लल्लो-चप्पो की बात मैं नहीं करता। कई बार तो उनसे लड़ भी चुका हूँ। और, मुझे प्रसन्नता है कि इन मतभेदों के कारण कभी उनके मन में कटुता नहीं देखी!

चुनाव के बाद देश-भर में कांग्रेसी मन्त्रिमंडल बनते जा रहे हैं। जब देखता हूँ कैसे लोगों के हाथों में राज्यसत्ता जा रही है, बड़ा दुख होता है। जिनके हृदयों में उदारता नहीं, चापलूसी करके जिनसे जो भी न करा लिया जा सकता है, आज अपने देश के निर्माण का काम उन्हीं के हाथों में आ गया है। और, यह देश—जिसका अंग-अंग शीर्ण है, इसे हर जगह पुनर्निर्माण की आवश्यकता है।

कहा गया है, जैसे लोग होते हैं, वैसा ही शासन उन्हें मिलता है। शायद हमारे देश के लोग ऐसे ही शासक पाने के योग्य थे!

बेनीपुर
9 मार्च 1952

आज अचानक दो आल्हा गानेवाले नट पहुँच गए। बचपन मेरा बंशीपचड़ा में बीता। वहाँ क्षत्रियों की बस्ती। बड़े मस्त लोग, बड़े बहादुर। आल्हा वहाँ खूब होता। आल्हा मरदानों का कड़खा है। सिर्फ एक ढोलक लेकर गाते हैं। जब जोशीली बातें आती हैं, ढोलक इस तरह जोरों से बजाते और गीत की कड़ियाँ ऐसी आवाज़ में निकालते हैं कि समाँ बँध जाता है। गानेवाले के नथुने फूल उठते हैं, सुननेवालों की छाती फूल उठती है!

किन्तु देखता हूँ, हर ग्रामीण कला की तरह इसका भी ह्रास हो गया है। अब वैसे गवैये भी नहीं और सुनवैये भी बहुत कम। नट जाति अमूमन खूबसूरत होती है। मर्द कुश्तीबाज होते हैं; औरतें बड़ी चपला। औरतें गोदना गोदती हैं, मर्द आल्हा गाते हैं। वीरों का कड़खा सबल स्वस्थ कंठ से, तभी मज़ा! जब इन दोनों से सुन रहा था, लग रहा था, पहले जैसा सुनता था, उसका विद्रूप है। तो भी प्रेम से सुना।

एक बात मन में उठती थी—आल्हा और ऊदल का इतिहास में कोई स्थान नहीं; किन्तु एक जन-कवि जगनिक ने उन्हें ऐसी अमरता दे दी है कि देहातों में न अशोक है, न अकबर,

लेकिन आल्हा-ऊदल हर जबान पर जिन्दा हैं।

बेनीपुर
होली; 1952

आज होली है। कल रात सम्वत जला। दिन-भर बच्चे इधर-उधर से फूस-फुग्गल इकट्ठे करते रहे। शाम होते ही उनका जोश बढ़ गया। जहाँ से पाया, पुआल आदि उठा लाए। संध्या से ही अपने इस घर पर बैठा सुनता रहा, अपने गाँव में, आस-पास के गाँवों में डफ बज रहे हैं—जोरों से हो-हो करके लोग होली गा रहे हैं! सम्वत भोर में जला, इसलिए प्रायः रात-भर होली का हुडदंग चलता रहा!

किन्तु असल हुडदंग तो भोर में। दोपहर तक लोग एक-दूसरे पर कीचड़ डालते हैं; दोपहर के बाद रंग-अबीर उड़ाते हैं। जब सवेरे उठा तो देखा, गाँव में कोलाहल है। फिर बच्चों और जवानों का झुंड मेरे दरवाजे की ओर मुड़ा। मेरे दरवाजे पर दो-तीन आगंतुक हैं। भला उन्हें कीचड़ में पोथे बिना यह हुड़दंग कैसे सफल हो? वे लोग हाल में भागे, नतीजा कि हाल भी कीचड़ से मथ गया! यहाँ मनमानी करके वे गाँव में गए—फिर सरेह की ओर मुड़े। दोपहर तक यह कीचड़-उछाल चलती रही।

दुपहरिया के बाद होली शुरू हुई। दो वर्षों से मेरे गाँव में आग लग जाती है—ढोलक, डम्फ, झाल—सब जल गए। किन्तु, मैंने कुछ पैसे दे दिए थे, इसलिए धीरे-धीरे इन चीजों का जुगाड़ किया जा रहा है। उन्हीं सामानों को लेकर होली जमी। मैं गाँव में गया और प्रायः सबके दरवाजे पर घूमा। इससे लोगों में बहुत उत्साह। पार साल मैं गाँव में नहीं था, होली पटना में ही कटी। लोग कहते थे, पार साल अच्छी होली नहीं रही। इतने लोगों को एक साथ लाल-पीले रंग में रँगे और गाते-बजाते देखकर मुझे भी बड़ा आनन्द आया।

होली नववर्ष का त्योहार है। रात में पुराना सम्वत जलता है, दिन में आनन्द मनाया जाता है। सम्वत जलाकर राख उड़ाते हुए लोग कहते हैं—जे जीये से खेले फाग, जे मरे से लेखा लाग। हाँ, साल के अन्दर जो मर गए, अब तो उनका लेखा ही रह गया। बेचारों को होली खेलने का सौभाग्य नहीं प्राप्त हो सका। यह तो उनके बाँटे पड़ा, जो जीवित हैं।

होली में अपने गाँव में रहना, अपने पूरे परिवार के बीच रहना, मुझे बहुत अच्छा लगता है। जब जेल में रहता, तभी इस सुख से अपने को वंचित पाता। नहीं तो सदा ही होली में बेनीपुर आ जाता हूँ। आज भी अपने पूरे परिवार में अपने को पाकर बड़ा आनन्द अनुभव किया। एक जित्तिन नहीं था; नहीं तो सबके सब। तीन पोते—तीनों नए कपड़े पहने, रंग में रँगे। देवेन्द्र, महेन्द्र, प्रभा—सब-के-सब मस्त। प्रभा के पैर जैसे जमीन पर नहीं पड़ रहे। और, लल्लन तो होली खेलने में मुझे भी मात कर देगा! दुलहिन, रानी, मौसी। रानी और दुलहिन कल रात से ही खाना पकाने में अस्त-व्यस्त!

बचपन से ही होली खेलने में रस लेता आया हूँ। किन्तु पाता हूँ, पहले ऐसा उत्साह इस त्योहार में भी नहीं दीख पड़ता। बात यों है कि लोगों के जीवन में वह निश्चिन्तता नहीं। सम्पन्नता के बिना निश्चिन्तता कैसी? चारों ओर अभाव ही अभाव। धन का अभाव, काल का अभाव। लोगों के शरीर भी वैसे नहीं रहे—हड्डियों का ढाँचा; चेहरे पर मुर्दनी ही मुर्दनी। जो लोग नौकरी-चाकरी में लगे हैं, उनके ही पास कुछ पैसे। इन अभावों में होली ऐसा उत्साह का पर्व यदि दिन-दिन सिमटता जाए, तो आश्चर्य की कैसी बात?

पटना
29 मार्च 1952

एक विचित्र बात है। इधर प्रायः ही यह सपना देखा करता हूँ कि मैं जेल में हूँ। हजारीबाग, पटना, कैम्पजेल, गया, सारे के सारे जेल सपनों में आते रहते हैं। राष्ट्रीय आन्दोलन में मैं प्रायः ही जेल जाता रहा। कोई आन्दोलन शुरू नहीं हुआ कि मैं पहली किश्त में ही जेल जा पहुँचा। कुल मिलाकर 13-14 बार जेल गया होऊँगा और 8-9 वर्षों का जीवन जेल में ही कटा होगा। फिर प्रान्तों के बहुत से जेलों में रहने का मौका मुझे मिला।

समझ में नहीं आता कि फिर जेल जाने का सपना क्यों देखता हूँ? चुनाव के बाद एक बात तो मुझे निश्चित लगती है कि जब तक हम लोग जनता की माँगों को सामने लाकर उनके लिए संघर्ष नहीं करेंगे, तब तक हम चुनाव में भी नहीं जीत सकेंगे। आजादी के लिए लड़े, तो आजादी मिली। क्या बिना लड़े और मरे ही समाजवाद मिल जाएगा?

पटना
2 अप्रैल 1952

परसों संध्या को रेडियो स्टेशन में आयोजित संगीत सम्मेलन में सम्मिलित होने जा रहा था कि तार मिला। तार खोला तो पाया, यह भाई मसानी साहब का है। वह चाहते हैं कि मैं पेरिस में होनेवाली संस्कृति-स्वाधीनता की कांग्रेस (कांग्रेस फॉर कल्चरल फ्रीडम) में शामिल होऊँ। बहुत देर तक पशोपेश में रहा; किन्तु अन्त में सभी मित्रों और प्रियजनों का आग्रह देखकर स्वीकृति का तार भेज ही दिया।

यह अजब संयोग है। परसाल इंगलैंड का आमन्त्रण मिला—अनायास! और इस साल फ्रांस जाने का यह निमन्त्रण। ठीक ही है—

भागती फिरती थी दुनिया जब तलब करते थे हम।
जबकि नफरत उससे की अब बेकरार आने को है!

मैंने नफरत तो नहीं की, किन्तु जानता हूँ, बहुत से लोग ऐसे अवसर पाने के लिए व्याकुल रहते हैं किन्तु वे बेचारे नहीं पाते। और, यहाँ सुसंयोग पर सुसंयोग मिल रहा है।

सोचता हूँ कि यदि इस बार यूरोप गया, तो वहाँ कम-से-कम तीन महीने रहूँगा और यूरोप के सभी देशों को देखकर ही लौटूँगा। यदि सुविधा मिली, तो रूस भी जाने की इच्छा है। लौटती बार मिश्र, इराक़, ईरान भी देख लेने की कामना है।

इसमें सन्देह नहीं कि इस बार मैं बाहर जाने की बात नहीं सोचता था। अपने अधूरे घर को पूरा कर लेना और अपनी पुस्तकों के प्रकाशन का एक नया सिलसिला मैं लगाना चाहता था। आजकल उसी ओर पूरा ध्यान दे रहा था। किन्तु, जैसा गंगा ने कहा, घर तो एक साल और प्रतीक्षा भी कर सकता है, ऐसा सुअवसर तो प्रतीक्षा के लिए खड़ा नहीं रहेगा।

रामनवमी, 1952

आज से ठीक दो साल पहले यह डायरी लिखना शुरू किया। इसकी प्रेरणा कैसे उत्पन्न हुई? "नई धारा" में एक शीर्षक रखा—'डायरी के पन्ने'। कई साहित्यिकों से प्रार्थना की कि यदि वे डायरी लिखते हों, तो उसके कुछ पन्ने भेजें। प्रायः हर जगह से नकारात्मक ही उत्तर मिले।

पं. हजारीप्रसाद द्विवेदी ने तो यहाँ तक लिखा कि हिन्दी के लेखक डायरी लिख नहीं सकते। द्विवेदी जी के इस कथन में दो बातें रही होगीं—हिन्दी-लेखकों के जीवन की एकरसता और आत्मगोपन की प्रवृत्ति ! फिर अपने दुख-दर्दों को स्थायी बनाते जाना कौन-सी बुद्धिमानी है और हिन्दी-लेखकों के जीवन में इन्हीं की तो भरमार है—राज भी कह लीजिए!

तो भी मैंने लिखना शुरू किया और प्रारम्भ से ही यह तय किया कि यह दिन-दिन का व्यापार नहीं होगा। जब कोई बात लिखने लायक आ जाए, तभी लिख दूँगा। कल जब इस डायरी के पन्नों को इधर-उधर से उलटकर देख गया, तो मुझे लगा, इसे प्रारम्भ करके मैंने कोई बेवकूफी नहीं की। कई ऐसे मधुर प्रसंग इसमें उल्लेख पा गए हैं, जो जीवन की तीव्र गति में छूट ही जाते, भूल ही जाते। हाँ, कुछ अप्रिय बातें भी आ गई हैं और यद्यपि ऐसे प्रसंगों में नाम छोड़ देने की मैंने कोशिश की है, किन्तु कहीं-कहीं नाम देने से अपने को रोक नहीं सका। क्या यह अच्छा हुआ?

इस डायरी का मुख्य भाग तो वह है जो इससे पृथक है; यानी मेरी विलायत-यात्रा की डायरी, जो "पैरों में पंख बाँधकर" नाम से पुस्तक रूप में छपने जा रही है। निस्सन्देह इस डायरी का लिखना शुरू नहीं किया होता तो "पैरों में पंख बाँधकर" इस रूप में नहीं लिख पाता। अब देख रहा हूँ, इस प्रकार की डायरी लिखना अपने लिए तो सन्तोषप्रद होता ही है, शायद अगली पुश्त ऐसी डायरी से अधिक लाभ उठा सके।

यूरोपियन लेखकों की डायरियाँ (जर्नल्स) बहुत प्रसिद्धि पा चुकी हैं। जब मैं 1946-47 में बम्बई गया था, भाई महेरअली ने अपनी पुरानी आदत के अनुसार चलते समय कुछ भेंट दीं, उनमें जेम्स एगेट का शॉर्टर इगो भी था। इस तरह की डायरी लिखने की प्रेरणा मुझे उसी पुस्तक से मिली थी, ऐसा लगता है। अपनी व्यक्तिगत प्रेरणा को सार्वजनिक बनाने के लिए मैंने "नई धारा" में यह शीर्षक दिया! और, मुझे यह स्वीकार करने में संकोच नहीं है कि जहाँ तथ्यों की बात है, द्विवेदीजी का कथन ही सत्य हुआ।

अपने जीवन के ये दो वर्ष कैसे रहे? चीज को अच्छी या बुरी मात्र कहना, तो उसे टालना भर है। जीवन में गति है, गति से घर्षण पैदा होता है। रुनझुन भी एक घर्षण है और वज्रनिनाद भी घर्षण का ही परिणाम है। एक पर हम रीझें क्यों? दूसरे से डरें क्यों? चले चलो, बढ़े चलो! देखता हूँ, पचासवाँ पार कर जाने के बाद भी पैरों में बल है, आँखों में दृष्टि है, हृदय में साहस है, मस्तिष्क में बुद्धि है। 'यह चिराग जब तलक जल सके, जलाए जा!' सोचता हूँ, अब आगे जो कुछ वर्ष बाक़ी के रह गए हैं, उन्हें भी हँसते-हँसते गुज़ार दूँ!

ठोकरों ने मुझे आगे बढ़ाया है, पराजयों ने मेरे लिए विजय के पथ प्रशस्त किए हैं, आँसुओं ने मेरे होठों को हँसी का बाजार बनाया है; लड़ता, झगड़ता, उलझता, सुलझता मैं आगे बढ़ता रहा हूँ, सदैव आगे, सदैव आगे—बस, यही क्रम बना रहे।

शॉ के साथ तीन साल

पटना
7 अप्रैल 1952

कहीं किसी किताब में पढ़ा था, किसी ने बर्नार्ड शॉ से कहा था—तुम स्त्रियों के लिए पिशाच हो, जिसके पीछे पड़े, उसकी खैर नहीं।

जब शॉ की सेक्रेटरी मिस पैच की लिखी "शॉ के साथ तीन साल" पढ़ रहा था, इस बात की याद बार-बार आती थी।

आजकल मैं बहुत व्यस्त हूँ। कई किताबें लिखनी हैं। घर बनाने का प्रबंध करना है, यदि पेरिस गया, तो उसकी तैयारी करनी है। किन्तु मैं तो ऐसा फँस गया था इस पुस्तक में, कि किसी दूसरे काम में मन ही नहीं लग रहा था।

बहुत दिनों से मैं शॉ का भक्त हूँ। उसकी वक्रोक्तियाँ मुझे बहुत भाती रही हैं। उसके विषयों की मौलिकता का तो संसार कायल है। उसके स्वाभिमान में मैंने संसार के साहित्यिकों का आत्मसम्मान पाया है।

यह पुस्तक पहले लेखमाला के रूप में निकल चुकी थी। अस्त-व्यस्त जीवन में कभी-कभी देख लिया करता। जैसी आशा की थी, वैसी पुस्तक यह नहीं है। असल में बात यह है कि शॉ के जीवन में ही लोगों ने खोद-खोद कर बातें निकाल ली थीं—उसने स्वयं भी इसके बारे में बहुत कुछ कह दिया था। बेचारी पैच के लिए कहने को रह ही क्या गया था?

फिर हर सेक्रेटरी अच्छी लेखिका तो हो नहीं सकती। लेखक होने के लिए एक खास क़िस्म की दृष्टि चाहिए और वह दृष्टि सेक्रेटरी होने में बाधक ही सिद्ध हो सकती है। मिस पैच अच्छी सेक्रेटरी थीं, इसी से सिद्ध है, वह अच्छी लेखिका नहीं हैं।

तो भी शॉ के जीवन के कई पहलुओं पर उन्होंने बहुत अच्छा प्रकाश डाला है।

शॉ का विश्वास था कि द्वितीय महायुद्ध होगा ही नहीं, यदि होगा भी, तो लंदन पर बमबारी नहीं होगी जब युद्ध छिड़ा और बमबारी शुरू हुई, तो जब-जब बम गिराए जाते, वह उनके कर्णकटु धड़ाकों से बचने के लिए पियानो बजाने लगता !

संगीत से उसे बड़ा शौक था। यह गुण उसने अपनी माँ से सीखा था। संगीत में भी शास्त्रीय संगीत उसे पसंद था। वह स्वयं बजाता, और गुनगुनाता भी। उसका स्वर मीठा था। कभी-कभी नाच भी लेता। मिस पैच ने लिखा है, किस प्रकार एक सुन्दरी अभिनेत्री ने जब उसे चूमा, वह उसे लेकर नाचने और गाने लगा था। यह उसके घोर बुढ़ापे की बात है!

चित्रों में हलकी रुचि थी, किन्तु चित्रों को सजाने का उसे शौक नहीं था। उसके घर बिलकुल सादे रहते। गुलदस्ते भी वहाँ नहीं होते। फोटोग्राफी से उसे शौक था। कभी-कभी कई कैमरे उसके पास होते। उसका शौक चित्र खींचने तक ही था—कैमरे के 'क्लिक' के साथ उसकी रुचि समाप्त। उन्हें धोने, तैयार करने, मढ़ने की उसे फुर्सत कहाँ थी!

गुलदस्ते के बारे में एक बड़ी हृदयस्पर्शी बात। वह कहता, फूल सुन्दर हैं, क्या इसी अपराध में उन्हें तोड़ लिया जाए; तब तो हर खूबसूरत बच्चे की गर्दन तराश लेनी पड़ेगी। फूलों के प्रति यह धारणा उसकी माँ से आई थी। उसकी माँ जब कुमारी थी, एक सज्जन उससे विवाह करना चाहते थे। शॉ की माँ भी उनसे बहुत अनुरक्त थी। किन्तु एक दिन उसने देखा, वह सज्जन अपनी छड़ी से फूलों को पीट रहे हैं—वह बेचारे खेल-खेल में ऐसा कर रहे थे; किन्तु शॉ की माँ ने सोचा, जो फूलों की यह दुर्गत कर सकता है, उससे बच्चे भी नहीं बच पाएँगे। उसने ना ही कर दी!

वह लेखनकला को अपना पेशा मानता था। प्रतिदिन लिखना। कम-से-कम पन्द्रह सौ शब्द—यह उसकी नैमेत्तिक दिनचर्या थी। अपने बंगले को छोड़कर वह उससे लगी फुलवाड़ी के माली की झोपड़ी में चला जाता और वहीं निश्चिन्तता से लिखता। शॉ तो, बस पर, जहाज पर भी लिखने से बाज़ नहीं आता। वह शॉर्ट हैंड में लिखता, बहुत ही स्पष्ट। उसका कहना था, जिस क्षिप्रता से उसके विचार आते हैं, लाँग हैंड में उन्हें वह बाँध नहीं पाता।

वह कंजूस था, ऐसी साधारण धारणा है। किन्तु मिस पैच कहती हैं, सांसारिकता के प्रति उसमें मोह नहीं था। दान को वह व्यर्थ ही नहीं, शरारत समझता। इसलिए जो लोग उससे कुछ माँगने आते, टका-सा जवाब देता। किन्तु वह दान देता था और अन्त में तो सारी सम्पत्ति

ही दान में दे दी।

हिसाब-किताब में वह कच्चा था, यद्यपि अपनी आय और व्यय के पैसे-पैसे का हिसाब रखने की उसकी प्रवृत्ति थी। संख्याओं को बढ़ा-चढ़ा कर देखने या कहने की उसकी आदत थी। हमेशा हजार या लाख में ही बातें करता। अंग्रेजी लिपि में सुधार करने के लिए ही उसने सारी सम्पत्ति दे दी। किन्तु, इसके पक्ष में उसने हिसाब दिया कि इतने लोग अंग्रेजी लिखते हैं, अतः कुल मिलाकर प्रतिदिन इतने घंटे इस बुरी लिपि के चलते बर्बाद होते हैं। जब उसे बताया गया कि न तो सभी लोग प्रतिदिन लिखते हैं, न हर दिन चौबीस घंटे लिखते हैं, हफ्ते में डेढ़ दिन की छुट्टी होती है, आठ घंटे ही काम किया जाता है, उसमें भी लिखना या टाइप करना तो दो-तीन घंटे ही होता है। तब उसने भौं टेढ़ी करके सारी बातें टाल दीं।

साइकिल चढ़ना, मोटर हाँकना, तैरना और टहलना--इनसे उसका शौक था। साइकिल के कारण उसने अपनी टाँग तोड़ ली थी। इतने जोर से पैडल चलाता, कि उसके साथ वालों को कठिनाई होती, वे हाँफने लगते। मटरगश्ती के लिए वह पेट्रोल नहीं बर्बाद करता, किन्तु स्वयं मोटर हाँकने में उसे बड़ा मजा आता। बड़ी सावधानी से हाँकता; सिर्फ एक बार दुर्घटना हुई जब वह अपनी पत्नी के साथ अफ्रीका की सैर कर रहा था! वह कहता है कि शाकाहारी होने के कारण उसमें इतनी स्फूर्ति रहती है कि तैरकर उसमें से कुछ को वह उपशमित कर लेता है!

वह शाकाहारी था। ज़िन्दगी भर न शराब छुई, न सिगरेट पी, न मांस खाया। एक बार जब उसे चोट आई, मिस पैच ने ब्रांडी की बात चलाई। उसने कहा--नहीं, नहीं, लोग शराब इसी तरह शुरू किया करते हैं! मांस को वह मुर्दार कहकर खिल्ली उड़ाता। भोजन बनाने में जो समय बर्बाद होता है, इसका भी उसे दुख था। वह कच्ची चीज़ें खाना अधिक पसंद करता। डॉक्टरों से वह सदा बचता। किन्तु किसी चीज़ को वह छू-छू कह कर कभी नहीं छुड़ाना चाहता--बुढ़ापे में जब जरूरत पड़ती, वह डॉक्टर बुला लेता। एक बार उसने कहा था, "पचास वर्षों से वह डॉक्टर के पास नहीं गया था।" डॉक्टरों के कहने पर उसने लीवर का सत्त लेना बुढ़ापे में शुरू किया था!

उसकी आँखों में एक ऐब था--नीले और हरे रंग में उसे अन्तर नहीं दिखाई पड़ता था। "हरी आँखों वाली करोड़ों की मालकिन" उसने अपनी पत्नी के बारे में लिखा है। उसकी पत्नी की आँखें हरी नहीं, नीली थीं। बुढ़ापे में वह कम सुनने लगा था!

पचास वर्ष की उम्र के बाद ही वह तुरन्त मर जाने की कल्पना कर रहा था। 'अब मेरे दिन थोड़े हैं', तभी से वह अपनी चिट्ठियों में अपने प्रियजनों को लिखा करता। बुढ़ापे में शक्तिहीनता के कारण जब वह अधिक काम नहीं कर पाता, तो अपने जीवन से वह ऊब उठता। कई बार वह मूर्च्छित होकर गिर पड़ा था। उसकी सुन्दर लिखावट, हाथ के काँपने के कारण, टेढ़ी-मेढ़ी होने लगी थी। वह बातों को भूलने लगा था--यों, वह इतना मेधावी था कि एक बार जो पढ़ गया, उसके दिमाग में अक्स हो गया! बुढ़ापे की कमज़ोरियों ने उसे ऐसा झकझोर डाला था कि जो मनुष्य के लिए कम-से-कम दो सौ वर्षों की आयु की कामना करता, वह यह सोचकर विचलित हो जाता कि उसे सौ वर्ष जीना पड़ेगा। जब उसकी पत्नी का देहान्त हो गया, वह जीवन से और भी निराश हो गया और एक दिन, उसके दो वर्ष के अन्दर ही, वह ऐसा सोया कि फिर नहीं उठा!

व्यायाम में आरी से लकड़ी चीरना और बड़ी कैंची से झाड़ियों की फुनगियाँ काटना उसे पसंद था। अपने को चुस्त रखने की सदा कोशिश करता। बुढ़ापे में जब बाहर नहीं निकलता, घर में ही एक तरह लम्बे डग लेकर टहलता, मानो कोई सन्तरी पहरे पर घूम रहा हो!

बच्चों और जानवरों से उसे प्रेम तो था, किन्तु, वह उन्हें दूर-दूर से ही देखना पसंद करता। कुत्तों और बिल्लियों से खेलकूद कर लेता, किन्तु उन्हें निकट नहीं फटकने देता। बच्चों को देखकर मुस्कुरा देना, चुटकियाँ बजा देना और फिर चल देना—उसकी आसक्ति यहीं तक परिमित थी!

सोने, उठने, खाने, टहलने—सबके लिए उसका समय बँधा हुआ था। इसमें जरा भी व्यवधान उसे पसंद नहीं था!

जिनका पावना उसके जिम्मे होता, वादे पर ज़रूर देता और इसी तरह आशा करता कि लोग समय पर अपने वादे को पूरा करें!

उसमें आत्माभिमान कूट-कूट कर भरा था। किसी के पद या वैभव की वह ज़रा भी परवाह नहीं करता। जिसके बारे में जो सोचता, कह देता! किन्तु, इसका मतलब यह नहीं कि वह अपने को सबसे बड़ा समझता। वेब के सामने मैं एक ख़ब्ती आदमी-भर हूँ, ऑलीवर के जूते बाँधने के लायक भी मैं नहीं, मौरिस मेरे ऐसे चार महापुरुषों के बराबर है, मेरी रचनाओं में अश्लीलता और वहशीपना भरा है, आदि कहने में भी उसे झिझक नहीं होती!

कपड़ों की तड़क-भड़क से भी वह दूर ही रहता! हाँ, कपड़े चुस्त हों, अच्छे सिले हों, इस ओर उसका ख़ास ध्यान था। ओवरकोट वह कभी नहीं पहनता, यद्यपि वह ठंड बहुत अधिक अनुभव करता। जब ब्लैकआउट का ज़माना था, वह उजले कपड़े पहनकर रात में निकलता, जिससे वह किसी से टकरा नहीं जाए, या दुर्घटना से बचे। अपने हाथ में छड़ी रखने की उसकी आदत थी और मौसम का रंग देखकर वह छाता लेना भी नहीं भूलता।

अपने नाटकों की रिहर्सल वह स्वयं कराता। किस ढंग या अच्छे से कहाँ खड़ा होना चाहिए, और किस लहज़े में बोलना चाहिए, अभिनेता और अभिनेत्री दोनों को ब्यौरे से बताता। अपने मुँह से वह पाँच ढंग की आवाज़ निकाल सकता था—लड़कियों की सुरीली आवाज़ से लेकर बूढ़ों की काँपती आवाज़ तक। इस दृष्टि से वह सफल अभिनेता भी था—यों तो, उसी के कथनानुसार वह जिन्दगी-भर अभिनय ही करता रहा। दुनिया को उसने अभिनेता शॉ से ही परिचित होने दिया, यथार्थ शॉ तो हमेशा ढँके रहा!

पैसे भी उसने खूब कमाए। अपना नाटक किसी सार्वजनिक संस्था को भी वह मुफ़्त में नहीं खेलने देता। इंगलैंड से अधिक अमेरिका से उसे पैसे मिले। यूरोपीय भाषाओं के अनुवाद से भी कम नहीं कमाया। यूरोप में जर्मनी ने उसे सबसे अधिक पैसे दिए। उसका एक-एक नाटक लाखों रुपए लाया। किन्तु युद्ध के ज़माने में उसे इतना अधिक टैक्स देना पड़ता कि अन्तिम दिनों में वह प्रायः चिन्तित रहता कि कहीं उसे दरिद्र न हो जाना पड़े!

मिस पैच की यह पुस्तिका घरेलू शॉ का अच्छा परिचय देती है, अतः पठनीय और संग्रहणीय है!

पटना से छपरा
25 अप्रैल 1952

यह निश्चित हो गया कि मैं पेरिस जा रहा हूँ। कैसा संयोग, दो साल से अचानक मुझे निमंत्रण मिल जाया करते हैं। स्वामी रामतीर्थ की पंक्तियाँ बार-बार याद आती हैं—

भागती फिरती थी दुनिया जब तलब करते थे हम
जबकि नफरत उससे की वह बेकरार आने को है!

यह तो नहीं कह सकता कि मैंने दुनिया से नफरत करना शुरू किया है, किन्तु, इसमें

तो शक नहीं कि अब उसके प्रति पुराना मोह नहीं रह गया है!

× × ×

पिछले दिनों कुछ अजीब बातें हो गईं। बिहार सोशलिस्ट पार्टी की कन्वेन्शन पटना में बैठी। हमारे मित्र पं. रामनन्दन मिश्र बहुत दिनों से नेतृत्व के लिए व्याकुल थे। उन्होंने सोचा, यही मौका है, जब पार्टी हार चुकी है, मैं क्रान्ति के नारे देकर अपना नेतृत्व कायम कर लूँ। एक पुस्तिका छपवा कर बँटवाई; अपने लोगों को बड़ी संख्या में बुलाया। कन्वेन्शन के चेयरमैन जयप्रकाश जी थे। मिश्र जी के पिटठू लगातार तीन दिनों तक जयप्रकाश जी को गालियाँ देते रहे! जयप्रकाश जी चुपचाप सुना किए। किन्तु तीसरे दिन जब मिश्र जी को पता चल गया, इतने गर्जन-तर्जन और उछल-कूद के बावजूद कन्वेन्शन में उनका बहुमत नहीं, तो बोलने को खड़े हुए और इतनी झूठी, पाखंड भरी बातें कीं कि जयप्रकाश जी का धैर्य छूट गया। बैठक से बाहर जाकर वह रोए और फिर घोषित किया, बिहार पार्टी से मैं सम्बन्ध तोड़ रहा हूँ! इतनी घोषणा कर वह चल दिए। चारों तरफ सन्नाटा, अधिकांश आँखों में आँसू! मैंने देखा, इस स्थिति का फायदा भी मिश्र जी के लोग उठाएँगे। मैंने हृदय को कड़ा किया, बोलने को खड़ा हुआ, सभी की कार्यवाही आगे बढ़ाने के लिए लोगों को उत्साहित किया, मिश्र जी के लोगों को मुँह की खानी पड़ी, पार्टी के लिए नई कार्य-समिति बनी, जिसमें मिश्र जी के पिट्ठूओं को अलग कर दिया गया!

किन्तु इस घटना से लोगों में बड़ी उदासी है। मिश्र जी शायद कुछ और हाथ-पैर पटकें; इसलिए ''जनता'' साप्ताहिक रूप में निकालने के लिए मैंने मित्रों को प्रेरित किया। ''जनता'' निकलने जा रही है। फिर उसका बोझ मेरे कन्धों पर! बैताल फिर पीपल की डाल पे जा लटका। बार-बार राजनीति से अलग रहने की कोशिश करता हूँ, बार-बार फँसता हूँ!

× × ×

पिछली डायरी में साने गुरूजी की आत्महत्या के प्रसंग में मैंने राजनीति में घुसी भ्रष्टता की ओर निर्देश किया था। जयप्रकाश जी के बारे में लिखा था, यदि सोशलिस्ट पार्टी का राज्य हुआ, गाँधी जी की तरह शायद उनके लिए भी किसी राजघाट की व्यवस्था कर दी जाए! पार्टी जीती नहीं, हार गई, बुरी तरह हार गई। किन्तु अब इस हार की सारी ज़िम्मेदारी उन पर थोप कर लोग उन्हें ज़िन्दा दर-गोर कर देना चाहते हैं! बेचारे जयप्रकाश जी—राजनीतिक छल-प्रपंचों से दूर, चेहरे और चाल-ढाल की तरह ही भीतर भी स्वच्छता, निर्मलता! गाँधी जी के बाद इतना विशुद्ध आदमी राजनीति में नहीं है, ऐसी मेरी मान्यता है। अपनी शक्ति का एक-एक अणु पार्टी के कामों में ही सर्फ करते हैं। जब उनकी सच्चाई, ईमानदारी पर शक किया जाता है, तो कलेजा दहल उठता है। मैंने ग़ौर से देखा था, इन तीन दिनों वह किस मार्मिक पीड़ा में थे। कन्वेन्शन छोड़ने के पहले पाँच-छः वाक्यों में उन्होंने अपनी मार्मिक पीड़ा पार्टी के सदस्यों के सामने रखी थी। मुझे क्रान्तिकारी होने का दावा नहीं, नेतृत्व करने का शौक भी मुझमें नहीं है। आप लोगों ने जो कुछ सम्मान दिया, वह मेरे लिए अप्रत्याशित है। किन्तु, एक चीज़ का दावा तो मुझे था ही—वह है सच्चाई का, ईमानदारी का। जब उसी पर लोगों का शक हो, तो मेरे लिए स्थान कहाँ? ऐसे ही कुछ शब्द थे उनके। (उनका इशारा रामनन्दन की ओर था, जिसने उन्हें अपने घर पर बुलाकर उनकी सच्चाई और ईमानदारी को चुनौती दी और जब देखा कि अब इससे काम नहीं चल सका, तो भरी सभा में बार-बार उन्हें अपना नेता बताया! रामनन्दन को बहुत दिनों से जानता हूँ। बहुत दिनों पहले मैंने जयप्रकाश जी को उससे बचे रहने की चेतावनी दी। उन्होंने एक न सुनी। गाँधी जी की तरह वह सबको मौका देना चाहते हैं। चार-पाँच वर्षों से दो हजार, एक हजार रुपया महीना उसे देते रहे, किसान-आन्दोलन के

नाम पर। इन रुपयों का ही नहीं, अपने पद, पार्टी की मर्यादा, पद का उपयोग उसने अपने तुच्छ स्वार्थ के लिए किया और अन्त में उसने इस तरह उनकी पीठ में छुरा भोंकना चाहा! उफ़, ऐसे लोगों से देश का उद्धार कब तक होगा?)

× × ×

तो, पेरिस जा रहा हूँ। सोचा था, इस साल घर को पूरा करने और अपनी पुस्तकों के प्रकाशन के बारे में अच्छी व्यवस्था करने में ही सारा समय लगाऊँगा। इसीलिए जब मसानी (बम्बई) ने आमंत्रण का तार भेजा, मैं पशोपेश में फँसा रहा। किन्तु मित्रों का आग्रह हुआ, नहीं पेरिस जाओ ही। सोचता हूँ, जब उधर जा रहा हूँ, तो पेरिस के अतिरिक्त यूरोप के कुछ और देशों को भी देख लूँ! प्रश्न है, पैसों का, किन्तु, क्या हर आवश्यकता के लिए, जैसे-तैसे पैसों का कुछ-न-कुछ प्रबंध नहीं हो गया है?

मोतीहारी
27 मई 1952

यहाँ भाई गंगाशरण की लड़की की शादी के सिलसिले में आया। बेचारे गंगा दो वर्षों से परेशान हैं। यहाँ-वहाँ की दौड़-धूप—एक अभिन्न मित्र की तरह उनकी परेशानियों में मुझे भी हाथ बँटाना पड़ा। कहाँ न गए; कितनी न आरजू-मिन्नतें की गईं। तमाशा यह कि गंगा के घर के लोग रुपए भी खर्च करना चाहते रहे; तो भी यह परेशानी। ख़ैर, राम-राम करके आज कहीं तय पाया है।

शादी-ब्याह की चर्चा जब-जब होती है, मुझमें, हालतों को देखकर अजीब ग्लानि और खेद का अहसास होता है। यहाँ बेटी पैदा करना जैसे पाप हो गया है! पहले एक बात भी थी कि पास में पैसे हों, तो जहाँ कहीं इच्छा हो, बेटी ब्याह लो। किन्तु अब बाप पैसे माँगता है, बेटा सौन्दर्य खोजता है। बेटा सौन्दर्य खोजे, यह कोई बुरा नहीं, बशर्ते कि वह अपना चेहरा भी आईने में देख ले। किन्तु वह तो सिर्फ सौन्दर्य ही नहीं खोजता, उसके बाद बाप के ज़िब्हखाने में भी भेज देता है—जाओ, वहाँ गाँठ और गर्दन कटवाओ! बेचारे बेटी के बाप की अजीब परेशानी!

यह अनर्थ, यह अनाचार कैसे दूर हो? युवक आगे बढ़ते, तो कुछ होता ! किन्तु हो नहीं रहा। युवक तो और भी समस्या को उलझा रहे हैं!

(मुझे इस बात की खुशी है कि मेरे बड़े बेटे ने इस सम्बन्ध में एक अच्छा काम किया। उसने एक ग़रीब लड़की से शादी की, जिसे वह प्यार करता था। इस विवाह से मेरे घर में आनन्द ही हुआ है। पुतोहू घर के कामकाजों को सम्भाले रहती है—उसने मुझे तीन पोतों का सौभाग्यशाली पितामह भी बनाया है। जब से वह आई है, मेरे घर में हँसी-खुशी का ही राज है। सब तरह से उन्नति है। अगर कुछ पैसे मिले होते, और ऐसी सुलक्षिणी पुतोहू नहीं मिली होती, तो घर की क्या हालत होती? पैसे तो उड़ गए होते और घर नरक बन गया होता!

मेरे खयाल से समस्या का निदान सिर्फ यही नहीं है कि युवक आगे बढ़कर बिना तिलक, दहेज के ही मनचाही लड़कियों से विवाह करें। बल्कि यह भी हो कि वे जाति को छोड़कर विवाह करें। मैंने जित्तिन से कह दिया है, बेटा, तुम भूमिहार की लड़की को छोड़कर ही किसी से शादी करना। जब इस तरह के विवाह होने लगेंगे, तभी राजनीति से भी जात-पाँत दूर हो सकेगी! आज की राजनीति में जो गंदगी है, वह भी तभी दूर हो सकेगी। यों यह विवाह की ममस्या सामाजिक के साथ राजनीतिक समस्या भी है! देखें, जित्तिन जी क्या करते हैं?)

विवाह के साथ ही स्त्रियों की समस्या भी नत्थी है। अपने देश में स्त्रियों की दुर्दशा को देखकर मेरा खून प्रायः खौलता रहता है। स्त्रियों के प्रति जो धारणाएँ हैं, उन्हीं का अक्स लड़कियों के विवाह पर पड़ता है। स्त्रियों का सम्पत्ति पर अधिकार नहीं होना भी उनकी मर्यादा समाज में निम्न स्तर पर रखता है। मैं इस पक्ष में हूँ कि लड़कियों को वे सारे अधिकार दिए जाने चाहिए, जो लड़कों को प्राप्त हैं। मानता हूँ, इसका दुरुपयोग भी होगा। किन्तु क्या लड़के इस अधिकार का दुरुपयोग नहीं करते? अधिकार से ही उत्तरदायित्व का विकास होगा। इंगलैंड में देखा, वहाँ लड़कियाँ, औरतें, कितना अधिक काम करती हैं? अपने यहाँ स्त्रियों का कार्यक्षेत्र कितना सीमित है? नतीजा यह हो रहा है कि देश की सम्पत्ति के उत्पादन में उनका कोई हाथ नहीं। यों देश की दरिद्रता का एक यह भी कारण है।

पटना
5 मई 1952

मैं सात मई को यहाँ से रवाना होता हूँ और दस मई को बम्बई से पेरिस के लिए उड़ जाना है। "नई धारा" के संचालक श्री उदयराज सिंह (शिवाजी) भी मेरे साथ जा रहे हैं। मुझे जब निमंत्रण मिला, उन्होंने इच्छा प्रकट की कि यदि अपने व्यय से भी उन्हें इस प्रतिनिधि-मंडल में शामिल कर लिया जाए, तो वह भी चल सकते हैं। मैंने मसानी को लिखा और उनके लिए भी प्रबंध हो चुका है।

31 मार्च की संध्या को भोजन करके मैं ए. आई. आर. द्वारा आयोजित एक संगीत-सभा में शामिल होने जा रहा था कि बम्बई से आया एक तार मिला जिसमें लिखा था मई में पेरिस में होने वाली सांस्कृतिक स्वतंत्रता की कांग्रेस में आप सम्मिलित होने का विचार कर सकते हैं? प्रेषक का नाम कुछ अस्पष्ट था। मैं चकित हुआ। पीछे देवेन्द्र ने पढ़कर बताया कि प्रेषक हैं मेरे प्यारे मित्र मिनू मसानी। मैं असमंजस में पड़ा था, किन्तु मित्रों का आग्रह हुआ और प्रोफेसर कपिल ने अपने ही हाथों से स्वीकृति का तार भेज दिया!

जब यह खबर लगी, तो शिवाजी ने इच्छा प्रगट की कि उन्हें इस कांग्रेस में शामिल होने का मौक़ा मिल सके, तो वह भी चल सकते हैं। मैंने मसानी को लिखा और अब सूचना आ गई है कि वह अतिरिक्त प्रतिनिधि या विशेष दर्शक की हैसियत से शामिल हो सकें, इसके लिए कांग्रेस को लिख दिया गया है। अतः वह भी चल रहे हैं।

पेरिस से इस सम्बन्ध में जो सूचनाएँ आई हैं, उनसे पता चलता है, इस कांग्रेस के सम्माननीय सभापति हैं—बेनेदेत्रो क्रोचे, जॉन डिवी, कार्ल जास्पर्स, सैलेवाडोर ड मैडारियागा, जैक्स मैरिटेने, और बर्ट्रेण्ड रसेल। इसके संचालक मंडल में हैं—नैकोलस नैवोकोव (सभापति), हर्वे डुगरडीन, जुलियस फिल्समैन, डेन्यूसे दुग्प्राल, रेने हायगे, जेम्स जौन्सन स्वीने, रौजर साइलोई, रेने टैवेरनियर, फ्रांसिस बौन्डी, फ्रेडरिक गोल्डबेक। मेरे नाम से जो निमंत्रण-पत्र आया है, उसमें रेने टेवरनियर और निकोलस नैवोकोव (साहित्यिक समिति) के दस्तख़त हैं!

यह कांग्रेस पेरिस में इस बारह मई से शुरू होने जा रही है और मई-भर रहेगी। "बीसवीं सदी की उत्कृष्टतम रचनाएँ" यही इसका विषय है। इसके चार विभाग हैं—कला (चित्रकला और मूर्तिकला) : इस विभाग में बीसवीं सदी के लगभग डेढ़ सौ आमंत्रित चित्र और मूर्तियाँ प्रदर्शित होंगी और उनके कलापक्ष पर प्रकाश डाला जाएगा। दूसरे भाग में पश्चिमी देशों के सुप्रसिद्ध संगीतकार अपने वाद्यवृंद के साथ अपनी कला का प्रदर्शन करेंगे। तीसरे भाग में साहित्य और विचार के क्षेत्र में बीसवीं सदी में जो नए-नए तत्व प्रकट हुए, उनका मूल्यांकन

होगा और चौथे भाग में नाटकों के प्रदर्शन का प्रबंध किया जा रहा है।

भारत से पाँच प्रतिनिधि जा रहे हैं—सर रुस्तम मसानी (नेता), पी. के. देशपांडे, कान्ना सुब्रमन्नैया, फिलिप स्प्रैट और मैं। इस प्रतिनिधि मंडल में मुझे सम्मिलित करने का पूरा श्रेय मसानी को है; मैं तो जानता भी नहीं था कि यह सब क्या हो रहा है?

बम्बई की राह पर
7 मई 1952

ज़िन्दगी हो या ज़मीन—कुछ ऊबड़-खाबड़ ही अच्छी।

× × ×

पहाड़ की बग़ल-बग़ल से रेल जा रही है—जो रास्ता रोकता है, उसे बहुत देर तक साथ देना पड़ता है!

× × ×

मेरे डिब्बे के सेठजी लिखे जा रहे हैं और मैं भी जब-तब लिख लेता हूँ। सेठजी 'अंक' लिख रहे होंगे और मैं 'अक्षर' लिख रहा हूँ।

× × ×

कुआँ, रहट, लाल घाघरे में एक स्त्री, एक किसान, दो बच्चे और एक लदनिया घोड़े पर सामान और अपने को लादे एक बनिया उनकी बगल से जा रहा है।

× × ×

रूखी, सूखी, पीली ज़मीन। शाम की पीली मुर्दार किरणें। टेढ़ी-मेढ़ी मेंडें; उन पर बेगत्ते के पेड़। और, यह देखिए, अभी गाड़ी एक छोटे पहाड़ी नाले के पुल से गुज़री जिसमें पानी का पतला सोना छल-छल कर रहा था और जहाँ-तहाँ हरी-हरी दूब और काई आँखों को एक क्षण के लिए हरी कर गई।

× × ×

कहाँ जा रहा हूँ—पेरिस! वह सुन्दर है, नहीं सुन्दरी है!

× × ×

इधर (मध्य प्रदेश) की औरतें लाल साड़ी बहुत पसंद करती हैं—वह पगडंडी पर से लाल साड़ियाँ जा रही हैं। इंगलैंड में भी लाल फ्राक जब-तब दिखाई पड़ते थे! औरतों को रक्त का रंग क्यों अधिक भाता है?

× × ×

यह नीलकंठ उड़ा जा रहा है। उधर ढोर चर रहे हैं। इस बड़ की पत्तियाँ कितनी हरी हैं! किसान खेत में पानी पटा रहा है। यह छोटा-सा गाँव! खजूर के लम्बे-लम्बे पेड़। बबूल की झुरमुटें। अबाबील का एक जोड़ा। तार के खम्भे! और, सबसे विरल यह गाड़ी अपनी गति में भागी जा रही है।

× × ×

आम के गुच्छे—रसाल की स्मृति ही रसना को रसीली बना देती है!

× × ×

दो कब्रें—एक बड़ी और एक छोटी! माँ की बगल में उसका बच्चा भी सोया है!

× × ×

फसलें कट गईं, किन्तु खेतों में फाल के निशान बने हुए हैं। यह गहरी जुताई का

असर है!

× × ×

अंधकार में ही रोशनी चमकती है!

× × ×

कौन अधिक लिखता है—साहित्यकार या सेठ। साहित्यकार की क़लम रुक-रुक जाती है; सेठ की क़लम लगातार चल रही है। एक सेठ बही-खातों के रूप में जितना काग़ज़ काला करता (या करवाता) है, भला कोई साहित्यकार क्या खाकर उतना लिख या लिखवा सकेगा?

× × ×

आग में ज्योति भी है, धुआँ भी। दिन में धुआँ ऊपर रहता है, रात में ज्योति ही ज्योति दीख पड़ती है।

× × ×

अंधकार पेड़ों को नई शक्लें दे रहा है—कोई गजराज बन रहा है, कोई चिंपांजी। कोई जिराफ, कोई मृगराज!

× × ×

बूढ़ा बाप सेकेन्ड क्लास में, जवान बेटा सर्वेन्ट्स अपार्टमेंट में। आर्थिक कारण तो मूल में है ही। किन्तु क्या यह नहीं कि एक की मंजिल ख़त्म हो चुकी; दूसरे की शुरू हो रही है!

× × ×

हरी बत्ती पर गाड़ी चलती है, लाल पर रुकती है। लाल साड़ी क्या यह कहती है, अपनी गाड़ी रोको! ओहो!

× × ×

धुमैले आसमान में चाँद है, बगल में एक नया तारा चकमक कर रहा। धूसर पृथ्वी पर चाँदनी है, दूर पर एक चिराग टिमटिम जल रहा!

× × ×

घर की याद आ रही है, बच्चों की याद आ रही है, रानी की याद आ रही है। मन बार-बार पीछे भाग रहा है और तन बढ़ा जा रहा है बम्बई की ओर, पेरिस की ओर! दोनों ओर खिंचाव और दोनों खिंचाव मधुर!

बम्बई
9 मई 1952

घर से चलो, तो रास्ते की पूरी तैयारी करके चलो। पेरिस जाना है। हेल्थ सर्टिफिकेट अधूरा लाया। सोचा, बम्बई में पूरा करा लेंगे! यहाँ एक उलझन खड़ी हो गई है। कहीं नहीं सुधरी, तो कैसी विपद में फँसूगा।

पृथ्वीराज के साथ ठहरा हूँ। उनकी पत्नी कैसी स्नेहमयी। बेटे शम्मी ने प्रणाम के साथ छूटते ही कहा—चाचा जी, पेरिस एक नौकर भी ले चलिए! कल रात दो बजे तक पृथ्वीराज से बातें होती रहीं। 'आहुति' के लेखक बिस्मिल भी थे। बड़ा आनन्द रहा। आज भी बहुत देर तक बातें होती रहीं!

(इसके बाद 19 जून 1952 तक की डायरी यात्रा वृत्तांत के रूप में "उड़ते चलो-उड़ते चलो" पुस्तक के अंतर्गत संकलित है। स.)

बम्बई
20 जून 1952

आखिर अपने देश सकुशल पहुँच गया। कैरो से दो हज़ार सात सौ मील उड़ते-उड़ते, नीचे की मरुभूमि गए फिर समुद्र को पार करते हुए, हम छः बजे शाम को बम्बई पहुँच गए।

जब बम्बई की तट-भूमि देखी, अकस्मात् मुँह से निकल पड़ा–

देख लिया हमने जग सारा।
अपना घर है सबसे प्यारा।

सचमुच अपना घर, वह राम मड़ैया ही क्यों न हो, कितना प्यारा लगता है। याद है, उस दिन जब हम जुंगक्राड जा रहे थे और उसकी शोभा पर सभी बलिहार थे, एक महिला से मेरे साथी ने पूछ लिया–डू यू लाइक इट? उसने कहा–'यस, इट इज़ वेरी ब्यूटीफुल बट आई लाइक माई ब्राजील बेस्ट!' ब्राज़ील की उस औरत का कथन आज सचमुच सच मालूम पड़ा।

हमने नीचे देखा, तो बम्बई सद्यस्नाता सुन्दरी-सी निखरी, सुथरी लगी। अभी-अभी वर्षा जो हुई थी।

एरोडोम पर देखा, पृथ्वीराज जी अलग से ही हाथ हिला रहे हैं।

यह मेरे जीवन का सौभाग्य है कि पृथ्वीराज ऐसे उच्च कोटि के कलाकार का मैं स्नेह और सम्मान पा सका हूँ।

कस्टम आदि की झंझटें नहीं हुईं। घर आते ही रमाजी का आतिथ्य शुरू हुआ! जब नहा-धोकर धोती-कुर्ता पहना, तब जी में जी आया। उफ़, एक महीना दस दिन कपड़ों में जकड़ा था। ये पश्चिमी कपड़े शरीर को कितना जकड़े रहते हैं!

शाम को भाई तिवारी जी आए और श्रीमुकुंद गोस्वामी जी। तिवारी जी ने कहा, वह मेरी कहानियों पर सिनेमा बनाने के बारे में अशोक कुमार जी से बातें कर रहे हैं। गोस्वामी जी ने खूब पान खिलाया–बढ़िया पान।

रात के खाने के समय सज्जन जी आए। बड़े प्रेम से मिले।

आज जब ऐरोड्रोम से आ रहा था, पृथ्वीराज जी ने कहा, वह अम्बपाली को खेलने का तय कर चुके हैं। वह फिर उसे पूरा पढ़ गए हैं, फिर कल उनके कलाकारों के सामने मुझे अम्बपाली पढ़कर सुनाना है। उसके दृश्य आदि के बारे में भी बातें होती रहीं!

आधी रात हो चुकी है। अब सोना है। शाम से ही बूँदा-बाँदी हो रही है। इस समय कानों में बूँदों की झमाझम आ रही है! वर्षा! आह, भारतीय जीवन में इसका कितना महत्त्व है। हमारा मेघ-काव्य कितना भरा-पूरा है।

किसी प्यारे मित्र के घर का प्रवास, बहुत दिनों पर स्वदेश का आगमन, और फिर वर्षा की यह बहार–बेनीपुरी, सोओ! यदि ऐसी ही प्यारी घड़ी में सदा के लिए भी सो जाना पड़े, तो वह क्या बुरा होगा?

बम्बई
24 जून 1952

चार दिन बम्बई के दौड़-धूप में ही कटे। "अम्बपाली" पूरे का पूरा पृथ्वी थियेटर्स के कलाकारों को सुना चुका हूँ। सबने एकमत से कहा, हम इसे खेलेंगे। पृथ्वीराज तो पहले से ही तैयार

थे, अतः निर्णय हो चुका है। पृथ्वीराज ने इस खेलने के लिए दो हज़ार देने की बात कही है—एक हज़ार तो दे भी चुके हैं। यदि इसे फिल्म बनाएंगे, तो तीन हज़ार और देंगे। वह चाहते हैं, कलाकारों की तैयारी हो जाए, तो सारे खेल को फिल्म में परिणत कर दें! उनका कहना है, फिल्म में यह और चमक उठेगी।

इसके दरम्यान एक दिन पूना से भी हो आया। जयप्रकाश जी पूना में 23 जून से अनशन कर रहे हैं। इक्कीस दिनों का यह अनशन है। किदवई ने भारत-सरकार के मंत्री की हैसियत से पोस्टमैनों को अठारह दिन की हड़ताल का वेतन देने का वादा किया था, किन्तु उन्होंने पीछे नहीं कर दी। यह बात ज़बानी हुई थी, अतः वैधानिक रूप से तो कुछ किया नहीं जा सकता था। अतः जयप्रकाश जी ने यह अनशन इसलिए शुरू किया कि सार्वजनिक काम में उनसे ग़लती हो गई और बेचारे डाकियों को लाखों रुपयों से वंचित हो जाना पड़ा। इसे वह सार्वजनिक जीवन की भयानक भूल समझते हैं। इस भूल के लिए वह प्रायश्चित कर रहे हैं। अपने बयान में उन्होंने स्पष्ट कहा है, यह किसी के खिलाफ़ नहीं है, न यह किसी माँग की स्वीकृति कराने के लिए है, यह एकमात्र आत्म-शोधन के लिए है!

पूना में ही अपने प्यारे पुराने साथी श्री अच्युत पटवर्धन से भेंट हुई जो पूना से बाहर एक एकान्त स्थान में रह रहे हैं। उनके भाई राव पटवर्धन से भी भेंट हुई। वहीं तय हुआ कि उन लोगों के प्रेस के लिए मैं कुछ ऐसी हिन्दी रीडरें तैयार कर दूँ जो बम्बई प्रान्त में हिन्दी के कोर्स में आ सकें। इसके लिए मुझे अगले महीने फिर पूना जाना पड़ेगा। जो करना है, उसे तो करना ही है।

कल पृथ्वी थियेटर्स में ही स्नेहप्रभा प्रधान से भेंट हुई। आज भी वह मेरे साथ ही 'पठान' देखने को बैठी थीं। स्नेहप्रभा पुरानी फिल्म तारिका हैं, किन्तु उन्हें रंगमंच अधिक पसंद है। मराठी रंगमंच पर वह अब तक उतरती हैं। आज कह रही थीं, पृथ्वी से कहिए, वह मुझे आपकी 'अम्बपाली' का पार्ट दें!

आज जाने के लिए सीट रिजर्व करा चुका था। सामान तक बाँध चुका था कि राजकपूर आ गए। वह "अजन्ता" नामक एक रंगीन फिल्म बनाने जा रहे हैं। उसमें मेरी मदद चाहते है। आग्रह करके उन्होंने मुझे कल के लिए रोक लिया। मैंने भी सोचा इस परिवार से जो संबंध है और राज का जो भविष्य है, उसे देखते हुए रुक जाना ठीक रहेगा। राज से देर तक बातें होती रहीं। अब कल जाऊँगा।

बम्बई से पटना

25-27 जून 1952

बिहार को मेरा नमस्कार कहिए, बेनीपुर को मेरा नमस्कार कहिए—इन शब्दों में भाई पृथ्वीराज जी ने कल 11/23 बजे रात को दादर-स्टेशन पर विदाई दी!

पृथ्वीराज—यह आदमी दिन-दिन मुझे अपनी ओर आकृष्ट कर रहा है! स्वयं तो अच्छे आदमी हैं ही, परिवार भी बहुत आदर्श। उनकी धर्मपत्नी ही वह धुरी है, जिस पर उनकी सारी गृहस्थी चलती है। इस बारे में वह मेरी रानी से बहुत मिलती-जुलती हैं। बड़ा लड़का राज अलग मकान लेकर रहता है। दो बेटे और एक बेटी साथ में। इन तीनों का स्नेह कलह देखने लायक। शम्मी तो ऐसे लड़ते हैं कि प्रभा और महेन्द्र की लड़ाई की याद आती है। शशि भी काफी नटखट! तीनों के हाव-भाव परम नाटकीय। शम्मी की तो जैसे ज़िन्दगी में ही नाटकीयता समा गई है।

कल ठहर गया, राज के कहने से। वह 'अजंता' बना रहे हैं। मेरी सहायता चाहते हैं। आज सबसे पहले डॉ. मोतीचंद से प्रिंस ऑस वेल्स म्यूजियम में मिला, फिर 'अजंता' के सम्बन्ध में बातें कीं। उन्होंने कुछ सलाहें दीं, कुछ पुस्तकों के नाम बताए। फिर बिहार राष्ट्रभाषा परिषद् की भूरि-भूरि प्रशंसा करने लगे। कहने लगे, सभी सरकारी संस्थाओं में यही एक संस्था है, जो ठोस काम करती है और बड़ी तत्परता से। भाई शिवपूजन जी की भी तारीफ करते नहीं थकते।

शाम को राज के घर पहुँचा। 'अजंता' की कहानी जो लिख रहे हैं, अर्जुनदेव रश्क से बातें हुईं। कहानी तो अच्छी गढ़ रहे हैं, किन्तु उसमें ऐतिहासिक भ्रान्तियाँ भरी हैं। वह इतना भी नहीं जानते कि वैशाली एक जगह है और लिच्छिवी एक जगह के निवासी! मैंने बहुत हौले-हौले अपनी बातें कह दीं। चलते समय राज ने कहा, कि आइए, नहीं तो मैं अर्जुन को ही आपके पास भेज दूँगा।

राज ने अपना मकान लिया है। बड़ी शान से रहता है। उसकी पत्नी कृष्णा ने भी आवभगत की हद कर दी। पृथ्वीराज भी अपने परिवार के साथ आ गए। राज के कुछ और मित्र भी। बड़े प्रेम से सहभोज हुआ, फिर पृथ्वीराज के साथ दादर के स्टेशन की ओर।

इंद्र नारायण झा सम्मेलन में काम करता था। आजकल बम्बई है। बम्बई में वह सदा साथ रहा। बड़ी सेवा की।

बम्बई से खंडवा। खंडवा में दादा (माखनलाल चतुर्वेदी) के चरण छुए। सिर्फ दो घंटे रह सका। वीरेन्द्र और प्रभात के मिलने से बड़ा आनन्द रहा। स्टेशन तक हँसते हुए ही आए और हँसी-खुशी में ही खंडवा छोड़ा।

खंडवा में जिस गाड़ी में बैठा, उसी में प्रेमनाथ के पिताजी (राज के श्वसुर) भी थे। उन्हें पृथ्वीराज के घर देखा था। जबलपुर तक उन्हीं के साथ बातें करते आया। पुलिस विभाग में थे—कहीं आई. जी. भी रह चुके हैं। प्रेमनाथ की शादी बीना राय से हो रही है। बड़े प्रसन्न थे इस विवाह पर। क्योंकि उन्हें खबर मिली थी कि प्रेमनाथ मधुबाला से शादी करने जा रहा है। मधुबाला मुसलमान है—अतः बेचारा बूढ़ा बहुत परेशान था।

खंडवा से शरद को तार कर दिया था, कि इलाहाबाद स्टेशन पर मिलो। उससे भेंट नहीं हुई, तो सीधे वाचस्पति के घर गया। वह भी नहीं थे, किन्तु उनकी बच्ची मुन्नी ने बड़ा आनन्द दिया। वर्षा हो रही थी। 'लीडर' के मैनेजर ठाकुर जी (बिन्दा ठाकुर) ने सवारी का प्रबंध किया; भीगते-भागते बच्चन के घर पहुँचे और उनके बच्चों को रोककर सौगात दिया। बच्चन की पत्नी भी बड़े प्रेम से मिली और मेरी इस 'कृपा' के लिए बहुत-बहुत एहसान प्रगट किया। छोटा बच्चा तो आते समय गले से लिपट गया था।

वर्षा के कारण इलाहाबाद में किसी से भी भेंट नहीं कर सका। चलते समय ठाकुर जी को कह दिया कि देवेन्द्र को एक तार कर दीजिए। न जाने आज स्टेशन पर किसी से भेंट होगी या नहीं? यहाँ से तार दूँगा, वहाँ से खबर करूँगा, इसी में पटना किसी को खबर भी नहीं कर सका हूँ।

वर्षा हो रही है—कभी झींसी, कभी रिमझिम! ज़मीन सुहावनी लग रही हैं—गीली मिट्टी की सुगंध जैसे दिमाग को तर कर रही हो। धुले-धुलाए पेड़ आगत-पत्रिका के समान जैसे स्वागत में हाथ पसारे खड़े हो। उनके नीचे कहीं चरवाहे, कहीं हलवाहे। इधर-उधर पशु चर रहे हैं—ग्रीष्म की गर्मी के बाद यह ठंडक जैसे उन्हें भी सुहावनी लग रही हो। सामने की खिड़की खोल दी है, पानी की बूँदें शरीर पर जैसे गुलाब वर्षा कर रही हों।

बिहार की प्यारी भूमि!

पटना
18 जुलाई 1952

पटना से बेनीपुर चला गया था। शुक्ल जी—श्री योगेन्द्र शुक्ल—भी पहुँचे थे। बड़ा आनन्द रहा। एक दिन शाम को नौका-विहार के लिए चौर की ओर गया, तो जैसी संध्या देखी, उसने सारे यूरोपीय दृश्यों को मात दे दी! पश्चिमी क्षितिज पर बादल छाए थे; उन्हें रंगीन बनाते, सूर्य-देवता डूबने जा रहे थे। वह रंग—क्या एक रंग था? हाँ, लालिमा की प्रचुरता थी; किन्तु बादलों के शेड के अनुसार, रंग-बिरंगी छटा दिखाई दे रही थी। एक जगह तो बादल हरा तक दिखाई पड़ता था। बहुत देर तक इस दृश्य को अपलक देखता रहा।

(पेरिस से लौटते समय जब स्टेशन से अपने डेरे की ओर जा रहा था, रास्ते में ही नवल से भेंट हुई और मालूम हुआ कि मेरे "नेत्रदान" को उन्होंने सेकेन्डरी बोर्ड में मैट्रिक के लिए रखवा दिया है। बड़ी प्रसन्नता हुई। उसके छपवाने का प्रबंध कर मैं घर चला गया था। किन्तु, जब लौटता हूँ, सुनता हूँ, मेरे कुछ मेहरबान मित्रों ने उसे फिर निकलवा देने का प्रयत्न किया था। मिनिस्टर साहब तक यह सवाल पहुँचाया गया था। ख़ैर, पुस्तक तो रह गई; किन्तु बार-बार सोचता हूँ, क्यों ये लोग मेरे पीछे पड़े हैं? उनके नेता हैं, मेरे प्यारे मित्र पं. छविनाथ पांडेय! भगवान ऐसे मित्रों से बचाए। छविनाथ जी—उफ़, कैसा पतित आदमी! किन्तु, यह भी बिहार है कि मिर्ज़ापुर का यह गुंडा एक मिनिस्टर का मुँहलगा बनकर आज बिहार के कुछ साहित्यिकों का सरताज बन गया है। पांडेय को कभी-न-कभी इसकी कीमत चुकानी पड़ेगी।)

(जब-जब बाहर जाता हूँ, मेरे मित्रों को मेरे विरुद्ध कुछ-न-कुछ खुराफात करने का सुअवसर मिल ही जाता हैं। पिछली बार "चुन्नू-मुन्नू" को लेकर हुआ; इस बार फिर "नई धारा" को लेकर षड्यंत्र हुआ। राजा साहब भी क्या शै हैं ? उनके फेर में आ गए। किन्तु, शिवाजी ने बातें बढ़ने नहीं दीं। पर, वीरेन्द्र हट गए!

मैं भाई शिवपूजन जी से इस सम्बन्ध में बातें करने गया था। शिवजी ने बताया कि किस तरह षड्यंत्र चल रहा है कि मेरे स्थान पर राजा साहब का नाम छपे और वीरेन्द्र का मुशहरा बढ़ाकर उनसे सारा काम लिया जाए, यह षड्यंत्र चल रहा है। किन्तु उन्होंने कहा—यह हो नहीं सकता। कम-से-कम मैं (शिवजी) या वीरेन्द्र इस कुकर्म में हिस्सेदार बन नहीं सकते!)

अपना प्रकाशन—यही नहीं, बेनीपुर में ही अपना प्रेस भी! वहीं से कोई पत्रिका। किन्तु क्या यह अभी सम्भव है? सबसे बड़ा जंजाल है बेनीपुर का मकान। सोचता हूँ, चाहे जैसे हो, बेनीपुर का मकान दीवाली तक तैयार कर लूँ। तभी कोई बात सोची जा सकती है। यदि अपनी यात्रा-सम्बन्धी दोनों पुस्तकों को बेचकर भी यह कर पाऊँ, तो अपने को धन्य समझूँ। करूँगा—यह निश्चय कर चुका हूँ।

मुँगेर-घाट
31 अगस्त 1951

तीन दिनों से यात्रा में हूँ। दरभंगा, मधुबनी, समस्तीपुर में सभाएँ हुई हैं, आज मुँगेर में सभा है!

इस बार की यात्रा मुख्यतः "जनता" को स्वावलम्बी बनाने की दृष्टि से कर रहा हूँ। किन्तु सभाएँ होती हैं, भाषण देने पड़ते हैं। तीनों जगहों की सभाएँ बड़ी सफल रहीं। सब जगहों पर 144 लगा था; क्या तमाशा, जिस स्वराज्य के लिए इतना मरा-खपा, अब उस स्वराज्य में

बोलने की आज़ादी भी नहीं दी जा रही है। किन्तु, हमारे साथी भी क्या खूब हैं? मेरे साहित्यिक होने का फायदा उठाया और हर जगह किसी न किसी संस्था द्वारा सांस्कृतिक जलसे के नाम पर सभाएँ कराईं। हर जगह उपस्थिति अच्छी थी। विद्यार्थी, प्रोफेसर, वकील, पढ़े-लिखे नागरिकों की भीड़ लगी। मैंने संस्कृत के माध्यम से अपनी राजनीतिक बातें भी खुलकर कहीं। यों 144 की पाबंदी हवा हो गई, काम चल गया।

किन्तु "जनता" का काम अधिक नहीं हो सका। चारों ओर पैसे की कमी है। साथी लोग सभाओं के प्रबंध में ही लगे रहे। ख़ैर, इस दिशा में भी मेरी यात्रा का असर होकर रहेगा!

कल की यात्रा खूब रही। सकरी में उतर कर सूर्यनारायण के घर नरपत नगर गया! राजनीति के चलते इस कमबख़्त ने अपनी हरी-भरी गृहस्थी उजाड़ ली है। किन्तु, जरा भी चिन्ता! क्रान्तिकारी होना क्या बात है, यह सूरज को देखने से ही पता चलता है।

सकरी में गाड़ी छूट गई—मोटर से दरभंगा—उफ़ कैसी सड़क! जल्दी थी, कई जगह ऐसा लगा कि हम गड्ढे में फिंका गए! बदमाशों ने गाँधी टोपी पहनकर बोर्डों पर कब्ज़ा कर रखा है! कोई सुधार नहीं—भ्रष्टाचार का बोलबाला।

दरभंगा पहुँचे, तो गाड़ी खुल चुकी थी। अब क्या हो? समस्तीपुर पहुँचना था। एक मालगाड़ी जा रही थी, सूरज ने उससे जाने का प्रबंध किया! ब्लैक होल में बन्द! हचड़-हचड़, धम-धम! क्या मज़े! ख़ैर, गार्ड साहब बड़े दिलचस्प निकले। रास्ते-भर मनोरंजन करते आए!

रास्ते-भर के दृश्य बड़े सुहावने लगे। चारों ओर मकई या धान के खेत। पृथ्वी पर हरियाली ही हरियाली। और आकाश में उमड़ते हुए बादल—और जब-तब बूँदा-बाँदी।

जब समस्तीपुर से आज चला, इन मकई के खेतों को देखकर बचपन की याद आ गई। अपने ननिहाल में रहता। ऐसे ही मकई के खेत। खेतों में ऐसी ही ऊँची मड़ैया! मकई से भी ऊँची—उस पर मकई के छिलकों के गद्दे बिछाकर सोना, कभी कमठा पर मिट्टी की गोली चढ़ाकर कौओं को उड़ाना, कभी मकई के खेतों में लुका-चोरी खेलना। अपने खेत में भी बालों की कमी नहीं, किन्तु तो भी दूसरे के खेतों से चुरा लाना, उन्हें ओड़ाहना, खाना, खिलाना! और, मकई के ऐसे ही एक मचान पर तो जीवन में प्रथम बार (और अन्तिम बार था) मैंने रोमांस का अनुभव किया था! कितनी शोख थी वह लड़की—कभी मैंने उसका अंग स्पर्श नहीं किया, किन्तु जब वह मेरे सामने होती, और वह कमबख़्त मेरे चारों ओर चक्कर काटती ही रहती, तो किस तरह मेरी सारी शिराएँ झिनझिना उठतीं।

आह! उस लड़की का कैसा हश्र हुआ। सुन्दरी थी वह, ग़रीब की लड़की, लाड़-प्यार में ही एक धनी बूढ़े के गले मढ़ दी गई! कुछ दिनों के बाद सुना, वह विधवा हो गई, फिर सुना, अजीब हरकतें शुरू कीं उसने और अन्त में सुना, वह चल बसी! कितनी बार इच्छा हुई थी, एक बार उसे देख आता, सुना, वह भी यह चाहती थी; किन्तु, कर्म-जाल में फँसा मैं, मुझे पुराने रोमांस को जीवित करने की फुर्सत कहाँ थी?

रास्ते में देखता आया हूँ, कहीं मकई लहलहा रही है, कहीं पक रही है, कहीं कट रही है। अन्नपूर्णा जो पृथ्वी का नाम है, इसी कारण से तो!

कई दिनों की यात्रा से थक गया हूँ—किन्तु ऐसे सुहावने दृश्य कष्ट को अनायास ही भुला देते हैं।

और, यह सामने गंगा लहरा रही हैं! कितनी बड़ी नदी है यह—यहाँ से वहाँ तक जैसे समुद्र लहरा रहा हो और उस पर वह मुँगेर! दूर से कितना सुहावना लग रहा है? क्षितिज पर खरगपुर की पहाड़ी की काली-काली रेखाएँ—उसके ऊपर काले-काले बादल और नीचे शहर के मन्दिरों के कंगूरे, अट्टालिकाओं की चमक, पेड़ों की हरियाली! एक स्वप्न-पुरी सी लगती

है यह नगरी। किन्तु, जब उसके निकट पहुँचूँगा!

आह! हमारे शहर कितने गंदे होते हैं। गंगा के किनारों को तो हम सबसे अधिक गंदा किए रहते हैं, जो नदियाँ हमारे शहर के सौन्दर्य और गौरव को दुबाला करतीं; और जिनमें हम धर्म के नाम पर स्नान भी करते हैं, उसी के कछार हमारे मल-मूत्र के स्थान बने रहते हैं!

हमारे देश का, नगरों का, गाँवों का पुनर्निर्माण होना ही चाहिए।

कलकत्ता
15 अगस्त 1952

यह कलकत्ता है। संध्या हो चुकी है। बाहर निकलने को जी छटपटा रहा है; किन्तु एक मित्र की प्रतीक्षा है। कह गए, पाँच बजे आ जाऊँगा, सवा छः बज चुके, किन्तु उनके पैरों की आहट भी नहीं सुनाई पड़ती!

वह भी क्या करें? कहते थे, आजकल नौकरी कर रहा हूँ—पूरे अर्थ में। मालिकों की मर्ज़ी पर चलना पड़ता है।

कैसी अजीब हालत है। मैं यहाँ छटपट कर रहा हूँ, इस खंडहर से निकलकर ज़रा चौरंगी की रंगीनियाँ देख आऊँ। वह छटपट कर रहे होंगे, कि रस्सी खुले कि मेरे पास दौड़कर आवें। वह भी कम नहीं छटपटा रहे होंगे।

दोनों तरफ लाचारी है—कितनी लाचारियाँ हैं, आदमी के जीवन में।

× × ×

(यहाँ "गेहूँ और गुलाब" का नया संस्करण प्रकाशित कराने आया हूँ, जनवाणी प्रेस से। प्रेस में ही ठहरा हूँ। जब हज़ारी लाल थे, कितनी चहल-पहल रहती थी। अब यह पुराना मकान जैसे खाँव-खाँव कर रहा हो।

हज़ारी लाल जयपुर रहते हैं। प्रेस का काम छोड़कर नेतागिरी अख़्तियार की है। पैसे हैं, हौसले हैं—फिर क्या नहीं किया जा सकता!

देखता हूँ, किसी प्रकार प्रकाशकों से पिंड छुड़ाना ही पड़ेगा। जब तक हज़ारी लाल थे, निभी। किन्तु अब उनके पिताजी ही प्रेस की भी देखभाल पटना से ही करते हैं! उनकी समझ में, प्रेस का काम भी दवा बेचने का काम है। कौन समझाए उन्हें कि बात ऐसी नहीं!

इधर उनका व्यवहार अजीब रहा। यहाँ आकर उसका रहस्य खुला। उनके मन में बिठला दिया गया है, बेनीपुरी जी किसी के कहने पर ही आपसे बार-बार रुपयों के तक़ाजे करते रहे! अरे राम, किसी का पेट घाव, किसी का पीठ घाव!)

नहीं, नहीं, बेनीपुरी, तुम्हें अपने प्रकाशन के लिए कोई प्रबंध करना ही पड़ेगा। तुम घबराते रहे कि प्रकाशन के प्रपंच में पड़कर तुम भी कहीं लेखक से प्रकाशक न बन जाओ। किन्तु, यदि प्रकाशक नहीं बनो, तो क्या लेखक भी बने रह सकते हो।

× × ×

एक सफल संचालक सज्जन से आज बातें हुईं। उन्होंने बड़े ज़ोर से कहा—अपना प्रकाशन! अवश्य प्रारम्भ कीजिए, आपको सफलता मिलेगी। यदि अकेले सम्भव नहीं हो, तो किसी को साझेदार बनाइए, या प्राइवेट लिमिटेड ही कर लीजिए।

साझीदारों से डर लगता है, कम्पनी से भी जी घबराता है। कहीं ऐसा नहीं हो कि पाँच वर्ष के बाद फिर इसी स्थिति में आ जाना पड़े।

स्वयं ही काम शुरू करूँ—भले ही थोड़े से ही प्रारम्भ किया जाए।

अभी अपनी किताबों का एक सूचीपत्र छपवाकर बँटवाऊँ—पत्र-पत्रिकाओं में भी विज्ञापन छपवाऊँ।

सूचीपत्र में ही 'बेनीपुरी-ग्रन्थावली' की भी सूचना दूँ और लोगों से कहूँ, जो ग्राहक होना चाहते हैं, वे सिर्फ एक पत्र डाल दें। पत्र-पत्रिकाओं में भी इसका विज्ञापन कराऊँ!

अब इस ओर क़दम उठाना ही है। इसके पहले के पाँच वर्ष में घर का प्रोग्राम रहा। घर बनकर तैयार होने जा रहा है, अब अगले पाँच वर्ष में अपने प्रकाशन की ही योजना रहे। समाजवादी ठहरा, पंचवर्षीय योजना का क्यों न पक्षपाती होऊँ।

बेनीपुर
21 सितंबर 1952

चर्चिल की जीवनी का संक्षिप्त—रीडर्स डाइजेस्ट में छपा। कुछ विशेष बातें—

ड्यूक ऑफ मार्लबौरो का पोता—उसी के लेन्हीम पैलेस में 1874 में जन्म। इस भवन में 320 कमरे हैं और 2900 एकड़ का इसका मैदान है।

जब मैं इंगलैंड गया था, शेक्सपीअर के गाँव से लौटते इस भवन को देखा था।

पिता लार्ड रैन्डोल्फ। माता एक अमेरिकन महिला—बड़ी खूबसूरत, व्यंग्य-विनोद में माहिर!

बचपन में खिलौनों से युद्ध रचाता।

पढ़ने से उदासीन। ख़ूब बेंत की मार खाता। जब हेंरो में पढ़ने भेजा गया, वहाँ भी फेल होता रहा।

एक बार बात-बात में 28 फीट ऊँचे पेड़ से कूद पड़ा। अंग भंग हुए।

सैन्टर्स्ट के सैनिक विद्यालय में भर्ती होने के लिए परीक्षा दी, तो दो बार फेल किया।

किन्तु सैनिक विद्यालय में भर्ती होते ही स्वभाव में परिवर्तन। बड़े ध्यान से पढ़ता; घुड़सवारी में तो कमाल दिखाता। वहाँ से सम्मान के साथ पास किया।

चौथे हस्सार रेजिमेंट की घुड़सवार टुकड़ी में भर्ती हुआ। इसी टुकड़ी में वह भारत आया। उस समय पठानों से युद्ध छिड़ा हुआ था। वह इस युद्ध में एक युद्ध-संवाददाता के रूप में सम्मिलित हुआ। उसने खबरें भेजने के अतिरिक्त एक पुस्तक भी लिख डाली, जिससे उसे दो वर्ष के सैनिक वेतन के बराबर रुपए मिले।

भारत से इंगलैंड—फिर अफ्रीका। वहाँ एक युद्ध चल रहा था। फिर युद्ध-संवाददाता के रूप में वहाँ गया। उसने पाया, अब उसका सैनिक जीवन और पत्रकार जीवन साथ-साथ चल सकता है।

जब युद्धक्षेत्र में था, एक सैनिक के लिए चमड़ा देने की ज़रूरत हुई। वह सिगार पीता हुआ अस्पताल में गया और अपनी बाँह से एक इंच चमड़ा कटवा कर दे दिया!

विलायत लौटकर राजनीति की ओर ध्यान। पार्लियामेंट के लिए खड़ा हुआ, जब वह पच्चीस वर्ष का था। वह हार गया। किन्तु उदास नहीं हुआ, अपने प्रतिपक्षी से कहा—अभी हमें कई दफा यों ही भिड़ना है!

हार कर फिर सैनिक पत्रकार जीवन की ओर। बुअर युद्ध अफ्रीका में चल रहा था। ढाई सौ पौंड (लगभग साढ़े तीन हज़ार रुपए) मासिक पर वह एक पत्र का युद्ध-संवाददाता बन कर वहाँ गया। सदा अगले मोर्चे पर रहता। एक बार बुअरों ने उसे गिरफ्तार किया; किन्तु

वह भाग निकला।

बुअरों ने उसकी गिरफ्तारी के लिए 25 पौंड के इनाम की घोषणा की थी। उस घोषणा को वह शीशे में मढ़ा कर रखे हुए है!

इंगलैंड लौटकर फिर उसने राजनीति में प्रवेश किया। पार्लियामेंट के लिए खड़ा हुआ और जीत गया।

पार्लियामेंट का ऊधमी सदस्य : बार-बार लोगों को टोकता। अपनी पार्टी के खिलाफ भी बोल देता। अन्त में कन्जर्वेटिव पार्टी छोड़कर लिबरल पार्टी की बेंच पर जा बैठा!

नए चुनाव में लिबरल की हैसियत से खड़ा हुआ, विजयी हुआ, इकत्तीस वर्ष की आयु में ही केबिनेट मिनिस्टर बना!

वह सभी मिनिस्टरों से अधिक काम करता। रात में भी काम में जुटा रहता—सदा यात्रा पर निकलकर अपने विभाग के कामों का निरीक्षण करता।

उस समय 1914 के महायुद्ध की धमक सुनाई पड़ने लगी थी। सेनापतियों का कहना था, युद्ध होने पर फ्रांस, जर्मनों के धावे को रोक रखेगा नौ दिनों तक; फिर वह चढ़ाई करेगा, और जर्मनों को पराजित कर छोड़ेगा!

चर्चिल ने कहा—बीस दिनों तक फ्रांस पीछे हटता रहेगा और चालीस दिनों के बाद ही वह रुकने की हालत में होगा। उसकी भविष्यवाणी अक्षरशः सत्य हुई।

उस महायुद्ध में चर्चिल को दुखान्त और सुखान्त, दोनों का पार्ट अदा करना पड़ा। वह नौसेना का मंत्री बना, फिर युद्धमंत्री। किन्तु उसकी कई युद्ध योजनाएँ असफल हुईं, उसकी बदनामी हुई। तब वह स्वयं मोर्चे पर गया, एक मामूली सैनिक अफ़सर की हैसियत से और बड़ी बहादुरी और युद्धचातुरी दिखाई।

युद्धक्षेत्र में भी ग्रामोफोन सुनने और शेक्सपीयर पढ़ने से वह बाज़ नहीं आता।

जब उसकी सेना भंग कर दी गई, वह इंगलैंड लौटा। इसी समय वह चित्रकारी की ओर प्रवृत्त हुआ। वह अच्छा चित्रकार बन गया। पिकासो ने भी उसकी चित्रकला की तारीफ की।

"पेशे में परिवर्तन सफलता की बड़ी कुंजी है। क्योंकि दिमाग के एक ही हिस्से से काम लेते-लेते वह इस तरह घिस जाता है जैसे कोट की कोहनी का कपड़ा। इसलिए नया मनोरंजन खोजो, रुचि में परिवर्तन करो।"—उसका कहना है।

युद्ध के बाद फिर कन्जर्वेटिव पार्टी में 1925 में वह चांसलर ऑफ एक्सचेकर बना, बाल्डविन की सरकार के अन्दर।

1929 में लेबर-सरकार बनी। चर्चिल का सितारा नीचे हुआ। दस वर्षों तक यह हालत रही। किन्तु अब तक का उसका रिकार्ड भी अभूतपूर्व था—

वह पाँच युद्धों में लड़ चुका था—मंत्रिमंडल में नौ पदों की जिम्मेवारी सम्भाल चुका था—आठ हजार व्याख्यान दे चुका था।

अब वह पुस्तकों के लिखने में ध्यान देने लगा। उसकी पुस्तकें ख़ूब चलीं। उसने अपने लिए एक ज़मीन्दारी ख़रीदी, उसमें 200 एकड़ में खेती होती है, 80 एकड़ में बगीचे हैं, उसके भीतर दो झीलें हैं, तीन बँगले हैं और उसके मुख्य भवन में 9 सोने के कमरे हैं।

ईंट पकाने और मकान बनाने का काम भी उसने सीखा और इसमें कमाल दिखाया। अपने घर के कई हिस्से स्वयं बनाए।

जब फासिस्टों और नाज़ियों का उदय होने लगा, उसने फिर अपने देश को चेतावनी दी। किन्तु, उसकी कौन सुने?

1939—द्वितीय महायुद्ध। चर्चिल अब फिर मंत्रिमंडल में—नौसेना का इंचार्ज। 1940—इंगलैंड

घोर संकट में, चर्लिल अब प्रधानमंत्री!

"रक्त और श्रम; पसीना और आँसू"—चर्चिल ने घोषणा की और छः वर्षों तक यही प्रजातंत्र का नारा रहा!

वह दिन-रात काम करता, सबको उत्साहित करता, हर संकट के समय उपस्थित रहता, थोड़े साधनों से बड़े काम करने की हिम्मत बँधाता। एक बार उसके एक मिनिस्टर ने कहा, एक दाहिने हाथ से दो काम एक ही बार में कैसे होंगे। झट वह अपनी उँगलियाँ मुँह में ले गया और अँगूठा नाक पर; और बोला—देखिए, एक ही साथ मैं दाँत साफ कर रहा हूँ और नाक भी मल रहा हूँ!

काम में ज़रा भी ढिलाई देखी, वह बिगड़ पड़ता, चाहे जो कोई भी हो।

निर्भीकता ऐसी कि छत पर खड़ा होकर लंदन पर की बमबारी देखता। जब एक बम 10 डाउनिंग स्ट्रीट की ओर जा रहा था, तब वह उसमें से निहत्था और अपनी छड़ी घुमाता वहाँ से पाँच सौ गज की दूरी के तहख़ाने में गया।

(जब मैं इंगलैंड में था; एक पत्रिका में उसके एक अंगरक्षक का लेख पढ़ा था। उसने एक बार अंगरक्षक को डाँटा था—क्यों मेरे लिए परेशान होते हो, क्या मैं अपने देश के हर व्यक्ति के लिए रक्षा का प्रबंध कर चुका कि अपने लिए रक्षा का प्रबंध करूँ!)

फ्रांस के पतन के बाद इंगलैंड अकेले ही युद्ध कर रहा था; किन्तु उसने हिम्मत नहीं खोई। अन्त में अमेरिका और रूस भी उससे आ मिले।

जब रूजवेल्ट से उसकी भेंट हुई, रूजवेल्ट ने अपने सेक्रेटरी से कहा था—विचित्र आदमी है यह; बातचीत में सारा समय आप ही ले लेता है।

पीछे दोनों दोस्त हो गए। जब रूजवेल्ट मर गया, वह फूट-फूट कर रोया था।

स्टालिन से मिला, तो पहले दोनों खिंचे-खिंचे रहे। फिर दोनों में ऐसी पटी कि भोज के बाद दोनों एक कमरे में चले जाते और फिर शराब और कबाब पर हाथ-पर-हाथ साफ करते!

दोनों खूब पियक्कड़; दोनों की जठराग्नि भी खूब प्रबल। एक बार भोज के बाद स्टालिन उसे दूसरे कमरे में ले गया। वहाँ एक सूअर का बच्चा भुना हुआ रखा था। स्टालिन ने कहा—आख़िरी जलपान इससे। चर्चिल ने कहा, अब मुझसे नहीं सधेगा। तब स्टालिन अकेले ही उस सूअर को खा गया।

युद्ध में वह विजयी हुआ। जिस दिन पार्लियामेंट में इसकी घोषणा उसने की—लोग पागल-से तालियाँ पीट रहे थे, उसकी आँखों से आनन्दाश्रु झर-झर झर रहे थे!

इसके दो महीने के बाद ही नए चुनाव में उसकी पार्टी हार गई। किन्तु वह गम्भीर बना रहा। उसे ड्यूक बनाने की बात उठी, उसने अस्वीकार कर दिया। जब सम्राट ने उसे गार्टर देना चाहा, उसने कहा—जब जनता ने मुझे जूते दिए हैं, तो मैं गार्टर क्यों लूँ?

दिन-भर में वह सोलह सिगार पीता है। दो घंटे में उसका खाना समाप्त होता है। खाना और पीना दोनों पुष्ट!

स्नान से उसे प्रेम है। गरम पानी के टब में बहुत देर तक पड़ा रहता है—कभी-कभी वह टब से ही डिक्टेशन देता जाता है, जिसे उसके सेक्रेटरी आड़ में खड़े लिखते जाते हैं।

वह अपनी रचनाओं के लिए स्वयं नोट तैयार करता है। फिर या तो लिखवाता है, या डिक्टेशन मशीन में रिकार्ड कर लेता है।

अपने भाषण वह याद कर लेता है। फिर आईने के सामने खड़ा होकर बोलता और देखता है, उसके इशारे प्रभावशाली हो रहे हैं या नहीं।

सभाओं में जाने में वह देर कर देता है, फिर ड्राइवर की बगल में बैठकर उसे गाड़ी

तेज हाँकने को कहता रहता है।

उसके विरोधी भी उसकी इज्जत करते हैं। उसका जन्मदिन इंगलैंड में राष्ट्रीय त्यौहार की तरह मनाया जाता है!

"कभी हार मत मानो—कभी नहीं, कभी नहीं, कभी नहीं, कभी नहीं।" उसने हैरो के अपने भाषण में एक बार कहा था।

बेनीपुर
विजयादशमी

घर के सामने धान का समुद्र लहरा रहा है—नहीं, नहीं; धरती का धानी आँचल। जहाँ तक दृष्टि जाती है, हरियाली ही हरियाली। इस साल बेनीपुर में खूब धान है। लोग प्रसन्न हैं। मेरे घर में भी प्रसन्नता है। मैं भी प्रसन्न हूँ। खेत में धान हो, घर में बाल-बच्चे हों, दिमाग़ में नई-नई कल्पना हो, फिर प्रसन्नता क्यों न हो? मकान तैयार होने पर है—बस, थोड़ी-सी कसर, फिर बेड़ा पार! सामने और बग़ल में जो आम-लीची के पेड़ लगाए, वे भी बढ़ रहे हैं। छः पेड़ लीची के, तीन पेड़ आम के। केले के भी कुछ पेड़ लगाए हैं। अरे, कुछ ही दिनों में यह मेरा नया मकान तैयार होकर कैसा खुशनुमा दिखने लगेगा? तीनों पोते 'बाबा-बाबा' किए रहते हैं। प्रभा बढ़ रही है, महेन्द्र भी सयाना हो रहा है। दोनों भाई-बहन किस तरह लड़ते-झगड़ते रहते हैं? इनके झगड़े कितने आनन्ददायी लगते हैं! इन्हें घर पर ही पढ़ाने को एक मास्टर रख दिया है। धीरे-धीरे प्रबंध कर रहा हूँ कि अधिक समय घर पर ही रहूँ। बस, अपनी ग्रंथावली का प्रकाशन अगले साल से शुरू ही कर दूँगा। सूची बना ली है—दस खंडों में वे निकलेंगी। यदि पाँच सौ स्थायी ग्राहक बन जाएँ, तो फिर यह समस्या भी हल। मकान तैयार होते ही इस पर जुट जाऊँगा!

पटना
29 सितंबर 1952

अरे, यह क्या? यहाँ पहुँचता हूँ और पाता हूँ मेरे डेरे में चोरी हो गई है—रेडियो, साइकिल, टेबुल फेन, आयरन, विदेश जाने के लिए बनाए सारे ऊनी कपड़े, यहाँ तक कि जूते भी गायब हैं। मैं पहले घर चला गया था, देवेन्द्र जी ने सारा घर यमुना पर सौंप दिया था। यमुना जी को संगीत-सभा में शामिल होने का शौक चर्राया कि सभी चीजें बंटाढार! लगभग दो हजार की चपत लगी है यह! चोरी अलग, परेशानी अलग। पुलिस वाले आते हैं, जाते हैं, किस पर शक है, कौन आया, कौन गया—जब चीज़ें चली गईं और वे लौटनेवाली नहीं, तो फिर यह कौन-सी झंझट! आजकल पूरी अराजकता है। किसी को स्वराज्य हुआ या नहीं, चोरों-चक्कारों, डकैतों, हत्यारों के लिए तो स्वराज्य हो ही गया है! आजकल अख़बारों में ऐसी घटनाएँ रोज पढ़ा करता हूँ। और, तमाशा यह कि दरोगा जी मुझे समझाते हैं कि उन लोगों का कसूर नहीं है, कसूर है सरकार का, उनकी नई नीति का! बहरी सरकार; बहरे उसके अमले!

गोंदिया (मध्य प्रदेश)
6 अक्तूबर 1952

बेनीपुर में ही था, तो निमंत्रण मिला था, गोंदिया में मध्य प्रदेश हिन्दी साहित्य सम्मलेन हो रहा है, कृपया आइए। स्वीकृति दे दी थी। सोचा, पूना जाना ही है, इधर से ही चले जाएँगे।

कल यहाँ आया। साहित्य-परिषद् का सभापतित्व मुझे करना था। दादा (पं. माखनलाल चतुर्वेदी) ने मेरा बड़ा सुन्दर परिचय दिया—पूरी कविता ही कर दी। सम्मेलन के सभापति बियाणी जी ने प्रस्ताव रखा था। मैंने भाषण दिया, सवा घंटे लिए। जरा मन से बोला, जम कर बोला। जब भाषण दे रहा था, देखा लोग बड़ी तन्यमता से, उत्सुकता से सुन रहे हैं। जब समाप्त किया—फिर तो चारों ओर से प्रशंसा की धूम मच गई! सबने कहना शुरू किया, गोंदिया सम्मेलन के हीरो तुम रहे। दादा बड़े प्रसन्न थे, डॉ. बलदेव मिश्र जी ने बार-बार प्रशंसा की। श्री पदुमलाल-पुन्नालाल बख़्शी जी ने बहुत सराहा। नौजवान साहित्यिकों ने कहा—बस, हमारी भावनाएँ आपकी ही जिह्वा से निसृत हुईं।

देख रहा हूँ, इधर मैं बहुत अच्छा बोल लिया करता हूँ। बिहार के हाल के दौरे पर भी यही असर हुआ। बात यह है कि मैं जो कुछ बोलता हूँ, दिल से बोलता हूँ, मेरे भाषणों में खून का प्रवाह ही नहीं, गरमी भी रहती है। फिर मेरी भाषा—सबसे बड़ा जादू तो उसका है। भाषणों में हँसी की पुट मिला देने से लोग और बाग़-बाग़ हो उठते हैं।

आज यहाँ से जाना था, किन्तु पार्टी के लोगों का आग्रह हुआ, एक सार्वजनिक सभा में भी मैं बोलूँ। यहाँ से कुछ दूर पर बालाघाट है। बालाघाट के साथियों ने भी मुझे आमंत्रित किया है। बुलाने को उनकी मोटर भी आ गई है।

अब कार्यक्रम यों है—कल नागपुर; परसों वर्धा। यह कितने आश्चर्य की बात है कि गाँधी जी से इतना प्रभावित होने पर भी मैं आज तक कभी न वर्धा गया, न सेवाग्राम! गाँधी जी नहीं रहे, अब उनके स्मृति-चिन्ह ही तो पथ-प्रदर्शन के लिए रह गए हैं!

नागपुर
7 अक्तूबर 1952

पं. द्वारका प्रसाद मिश्र जी के घर ठहरा हूँ। मिश्र जी अब सोशलिस्ट पार्टी में आ गए हैं। इस एक आदमी ने मध्य प्रदेश में क्या-क्या न कमाल दिखाए। 1921 में एकाकी जबलपुर गया; सेठ गोविन्ददास से सम्बन्ध हुआ। धीरे-धीरे सेठजी पर, मध्य प्रदेश की राजनीति पर छा गया। जब मंत्रिमंडल बने, उसमें शामिल।

वर्धा
8 अक्तूबर 1952

जब गाड़ी एक छोटे-से स्टेशन पर रुकी और एक धचके के साथ नींद टूटी, सामने की एक तख़्ती पर पढ़ा—पवनार!

पवनार को अब कौन नहीं जानता? विनोबा की यह भूमि, साधना की भूमि। जिस भूमि ने भूदान यज्ञ की प्रेरणा दी। इच्छा हुई, गाड़ी से उतर पड़ूँ; किन्तु वर्धा में ख़बर जो कर चुका था।

वर्धा-स्टेशन पर उमाशंकर जी मिले; राष्ट्रभाषा-प्रचार-समिति के कार्यकर्ता मिले। स्टेशन से समिति के कार्यालय में। समिति ने सचमुच एक पूरा हिन्दी-नगर बसा लिया है। इसके विस्तार, व्यवस्था और कार्यशीलता देखकर बड़ी प्रसन्नता हुई। यदि अच्छे काम को लेकर तन-मन से प्रयत्न किया जाए, तो फिर क्या नहीं सम्भव है—इस नगर को देखकर स्वभावतः ही यह धारणा पुष्ट होती है।

संध्या को सेवाग्राम देखने चला। उस ओर बढ़ा ही था कि वर्धा की उन संस्थाओं के भवन एक के बाद एक आने लगे, जिनके चलते यह छोटा-सा शहर इतनी प्रसिद्धि प्राप्त कर सका। सभी संस्थाओं में सेठ जमनालाल बजाज की आत्मा। और, जमनालाल जी की तो प्रेरणा से ही गाँधीजी वर्धा आए थे।

यह कामर्स कॉलेज है, यह महिला-आश्रम है, यह हिन्दोस्तानी प्रचार कार्यालय है, इसी अतिथिशाला में कांग्रेस कार्यसमिति के सदस्य ठहरा करते थे, इस बँगले में उसकी बैठकें हुआ करती थीं। यहीं गाँधी जी पहले-पहल आकर ठहरे थे! मुझसे ये सभी बातें कही जा रही थीं और मैं भाव-मुग्ध बना सुनता जाता था।

इन सबको देखते हम आश्रम की ओर—सेवाग्राम की ओर बढ़े। सेवाग्राम यहाँ से पाँच मील पर है। आधी सड़क बन गई है वहाँ तक। रास्ते का दृश्य बहुत मनोहारी। चारों ओर पहाड़ियाँ। आसमान में उजले-भूरे बादल। खेतों में हरी-भरी फसलें। जहाँ-तहाँ खड़ी झाड़ियाँ। और लीजिए, हम सेवाग्राम में पहुँच गए।

मोटर से उतरकर ज्यों ही हम आश्रम के अहाते में घुसे, श्री छगनलाल गाँधी मिले। वृद्ध सज्जन, गाँधी जी के साथ बहुत दिनों तक रहे। फिर चारों ओर मकान और कुटिया; बीच-बीच में बाड़ी-फुलवाड़ी। बहनें और भाई इधर-उधर घूम रहे। भोजन का समय है; प्रायः हाथों में थाल। देश के भिन्न-भिन्न भागों से आए हैं, यह उनके चेहरे और पोशाकें बता रहीं। विदेशियों की तो चमड़ी ही कहे देती है।

जब बापू की कुटिया में गया; भावनाओं के ज्वार में बह गया। उत्तर-दक्षिण एक लम्बी कुटिया, उसके तीन हिस्से। एक हिस्से में, उत्तर के हिस्से में बापू रहते थे। बीच के हिस्से में कुछ दिनों अमृतकौर रहती थीं। दक्षिणी हिस्से में स्नानघर है। तीनों हिस्सों में घूमे, देखा। इच्छा हुई, थोड़ी देर यहाँ एकान्त में बैठूँ। मन-ही-मन तय किया, कल फिर आऊँगा।

बा की कुटिया, महादेव भाई की कुटिया, आख़िरी निवास आदि देखते, उस तरफ आए, जहाँ बुनियादी तालीम का काम होता है। इस समय सबसे अधिक चहल-पहल यहीं दिखाई पड़ी।

रास्ते में गाँधी जी के सुपुत्र रामदास गाँधी से भेंट हुई। कुछ बातें भी हुईं—सीधे-सादे व्यक्ति, बापू की वाणी और कार्य पर अत्यन्त श्रद्धा! फिर आर्यनायकम् जी से मिला। मैंने समझा था; वह भी रूखे-सूखे आदमी होंगे। किन्तु जिस प्रेम से मिले और कल आकर भोजन करने और बुनियादी तालीम के कार्यों के निरीक्षण का निमंत्रण दिया, मैं उसे अस्वींकार नहीं कर सका। बिहार में बुनियादी शिक्षा का खूब काम हो रहा है। उसके कुछ शिक्षक-शिक्षार्थियों से भी मिला।

शाम को एक सज्जन के घर साहित्य गोष्ठी का आयोजन था। भाई सत्यदेव विद्यालंकार दिन-भर साथ थे। वह मेरा परिचय देते हुए जैसे भावना में बह गए हों।

स्थानीय लोगों की कविताएँ सुनीं—एक नौजवान ने तो बहुत अच्छा कहा। फिर अपनी कुछ चीज़ "गेहूँ और गुलाब" से सुनाई।

रात में राष्ट्रभाषा समिति में ही भोजन-विश्राम। आनन्द जी, सुमन जी आदि की

कहानियाँ सुनकर बहुत दुख हुआ। जब तक हममें चरित्र नहीं होगा, क्या कोई भी बड़ा काम हम कर सकेंगे? मैं धन्यवाद दूँगा कि मोहनलाल जी भट्ट और रामेश्वर दुबे जी ने किस तरह स्थिति सम्भाल ली है और काम बड़े मज़े में चल रहा है।

सेवाग्राम
बापू की कुटिया में बैठकर
9 अक्तूबर 1952

बापू,

यह तुम्हारी कुटिया में, तुम्हारे बिस्तरे के सामने बैठकर ये कुछ पँक्तियाँ लिख रहा हूँ।

जब तक तुम यहाँ थे, मैं नहीं आया। यह मेरा दुर्भाग्य तो था ही। किन्तु आज लगता है, 'देर आयद, दुरुस्त आयद' की कहानी बहुत-कुछ सच है। यदि मैं उन दिनों आता, तो क्या तुम्हारे बिस्तर के इतना निकट आ सकता था, उसे स्पर्श कर अपना जीवन सफल कर सकता था? या इतनी देर तक यहाँ, उसकी बग़ल में, इस चटाई पर बैठने का सौभाग्य प्राप्त कर सकता था?

उन दिनों अधिक से अधिक कर पाता, वह यह होता कि बिस्तरे की बगल में बाँस के डण्डे से बनी उस खिड़की से तुम्हारी एक झलक मात्र प्राप्त कर सकता!

तुम्हारा यह बिस्तरा! बापू, सचमुच लगता है, अभी तुम यहाँ से गए हो और अभी-अभी अपनी उस हृदयहारी मुस्कान लिए पधारोगे!

किन्तु, नहीं, इस कुटिया के द्वार के निकट जो यह छड़ी और खड़ाऊँ की जोड़ी है, वह कहती है, नहीं, तुम बाहर कहाँ गए हो? तुम तो यहीं हो, इसी बिस्तरे पर हो! हाँ, हाँ, इसी बिस्तरे पर, उस तकिए से तुम अधलेटे हुए हो और सामने उस शेल्फ पर रखे उन तीनों चीनी बन्दरों की ओर इशारा करके कह रहे हो, बोलो मत, सुनो मत देखो मत–हाँ, अपनी बाह्य-इन्द्रियों के द्वार बंद कर लो, फिर तो मैं तुम्हारे सामने हूँ, तुम्हारे अन्दर हूँ!

और, बापू, इस शान्त एकान्त में, जहाँ से सिर्फ मंडुकों के कूँकूँ या रहट की चर्र-चों या कहीं दूर से आने वाली बच्ची की तोतली वाणी सुन रहा हूँ, तुम्हें आज यहाँ, अपने में, प्रत्यक्ष पा रहा हूँ।

गाँधी मर गया–बापू चल बसे–अरे, वह किसी के गाँधी, किसी के बापू होंगे, जो चल बसे, मेरे बापू तो, यहाँ विद्यमान हैं!

तुम देख नहीं रहे, तो मैं क्या करूँ? मेरे बापू तो यहाँ उस बिस्तरे पर रखी माला को लेकर कुछ जप रहे हैं। अभी-अभी उस सामने रखी कलमदानी से कलम लेकर उन्होंने कुछ लिखा है। अभी कुछ रद्दी कागज के टुकड़ों को पत्रों के उस टोकरे में रखा है और अब उस छोटे-से चरखे को कातते हुए वह सामने, दो नारियल के वृक्षों की आकृति के बीच, एक गोल घेरे के अन्दर लिखे हुए 'ॐ' की ओर ध्यानमग्न होकर देख रहे हैं। ॐ की बग़ल में ही वह 'हे राम' लिखा हुआ, जिसका उच्चारण करते हुए ही उन्होंने अपना नश्वर शरीर छोड़ा!

हाँ, वह नश्वर शरीर था, जिसे उन्होंने छोड़ दिया। नश्वर को नष्ट होना ही था, हुआ। अब वह हम में अपने दिव्य रूप में, यहाँ-वहाँ-सर्वत्र विराजमान है!

ओ सवा हाथ चौड़े और चार हाथ लम्बे बिस्तरे! खजूर की चटाई पर एक गद्दा और उस पर मोटी खादी की चादर। सिरहाने में दीवार से सटी काठ की तख़्ती, जिसकी कठोरता को कम करने के लिए लगभग उतना बड़ा तकिया! ओ, बिस्तरे, तुम्हारा यह रूप देखकर

बड़े-बड़े राजसिंहासन ईर्ष्या से जल रहे होंगे? क्या कभी उन पर एक क्षण को भी उतना बड़ा आदमी बैठ सका, जितने बड़े आदमी को कितने ही दिनों, महीनों, वर्षों तक तुम्हें अपने ऊपर आसीन करने का गौरव प्राप्त हो सका!

सिरहाने के ऊपर की दीवार पर दो नारियल वृक्षों के बीच 'ॐ'। दाहिने वह खिड़की, जिससे होकर दर्शनार्थी बापू को देखा करते थे। खिड़की के नीचे, बिस्तरे के दाहिने बापू की कुछ आवश्यक चीजें—पत्रों का टोकरा, जिसमें वे रद्दी कागज-पत्रों को फेंका करते, एक बोतल जिसमें उनका पानी रहता, पीतल की थूकदानी, कलमदान जिस पर अब भी उनकी लेखनी रखी—आह! इस लेखनी ने कितने लोगों के प्राणों को अपनी नोक से उद्वेलित किया था। बग़ल में एक स्टेंड पर एक पेंसिल। एक बड़ा चक्र; एक छोटा-सा बक्सा, जिसमें कताई के कुछ फुटकर सामान। फिर एक छोटा-सा शेल्फ!

बापू को समझने के लिए इस छोटे-से शेल्फ को भली-भाँति देखना ही चाहिए—इसमें बापू का सारा मानस-संसार निहित है। उसके ऊपर एक कागज की फट्टी पर लिखा यह वाक्य—When you are in the right—you can afford to keep your temper. And when are in the wrong you can not afford it and lose it.

शेल्फ पर पत्थर का एक टुकड़ा, जो बापू के लिए पेपरवेट का काम करता। सेल्फ के दो खाने—दोनों में किताबें। एक खाने में सभी गुजराती-अंग्रेजी कोष; रीथिंकिंग क्रिश्चिएनिटी, हजरत ईसा और ईसाई धर्म, श्रीमद्भगवत गीता। दूसरे खाने में—तुलसीदास का रामचरित मानस, श्रीसखास्य वृत्ति, आश्रम भजनावली, गीता। किताबों के खानों के अन्दर—एक अल्युमिनियम का डब्बा जिसमें कुछ सूत आदि। फिर, वे तीन सुप्रसिद्ध ऐतिहासिक बंदर। लग रहा, वे तीनों भी इस सूने वातावरण को देखकर घबरा रहे हैं—नहीं, जैसे बापू की मृत्यु की ख़बर सुनकर तो एक ने कान बंद कर लिए हैं; एक आँखों पर हाथ रखकर रो रहा है और एक मुँह पर हाथ धरकर कह रहा है—अरे, अब हम-तुम क्या बोलेंगे! जिसे बोलना था, वह तो इस कुटिया को, इस बिस्तरे को खाली करके चला गया।

तीन बन्दरों की बग़ल में चिकने पत्थर का एक खुशनुमा टुकड़ा, जिस पर लिखा है 'गॉड इज लव'। फिर एक चित्रकारी की हुई डिबिया, जिसमें दो-तीन फुटकर चीज़ें।

शेल्फ के निचले खाने में कुछ पत्थर के टुकड़े भिन्न-भिन्न प्रकार के । वे सब पेपरवेट के काम आते थे फिर बिहार में प्रचलित दीये के आकार का एक मिट्टी का बर्तन!

बिस्तरे के दाहिनी ओर तीन छोटे-छोटे डेस्क, जिन्हें वे शायद लिखने के समय व्यवहार में लाते थे। डेस्कों के बाद चटाई पर एक छोटा-सा कालीन, जिस पर दीवार से लगा एक तकिया। यहीं मान्य अतिथि बैठाए जाते। फिर चटाइयाँ ही चटाइयाँ!

खजूर की ये चटाइयाँ कितनी भाग्यशालिनी रही हैं। इन्हीं पर देश-विदेश के बड़े-से-बड़े व्यक्ति बैठते और बापू के मुख से निकले अमृत का पान करते थे। बापू चर्खा कातते और उनसे बातें करते जाते। जहाँ कभी नेहरू, राजेन्द्रप्रसाद, पटेल ऐसे देश के बड़े-से-बड़े लोग और संसार के बड़े-से-बड़े राजनीतिज्ञ, पत्रकार, साहित्यकार बैठते थे, उन पर आज इस एकान्त में मैं अकेला बैठा हूँ, इस बात की कल्पना भी मंत्र-मुग्ध बना देती है।

इस कोठरी की बग़ल में एक कोठरी है, ये कहिए कि मध्य भाग में, जिसमें एक बिस्तरा सिमटा हुआ रखा है। इस कोठरी में अमृतकौर रहती थीं और अपना बिस्तरा यहीं छोड़कर बाहर गईं कि वह दुर्घटना हो गई; बेचारी फिर लौट कर नहीं आईं।

तीसरी कोठरी बापू का स्नानघर है! कैसी सफाई, कैसी स्वच्छता। बापू अपने कमोड को अपने ही हाथों कैसा साफ रखते। उसे साफ करने के लिए ब्रश है, फिनाइल की शीशी

है। कमोड के सामने एक शेल्फ है जिसमें कुछ पुस्तकें रखी रहतीं, वे वहाँ पढ़ा भी करते थे। बगल में पानी की बाल्टियाँ, लोटे, मिट्टी के हंडे आदि हैं। इस कोठरी के दो हिस्से कर दिए गए हैं। दूसरे हिस्से में एक चौकी है, कुछ तख्ते हैं—बापू के शरीर में यहीं तेल-मालिश की जाती थी!

एक-एक वस्तु को अपलक दृष्टि से देख रहा हूँ, लिख रहा हूँ। बाँस और लकड़ी की बनी हुई यह कुटिया। ऊपर खपरैल है। दीवारें बाँस और चटाई की हैं जिन पर मिट्टी का लेप है। स्वाभाविक मिट्टी का रंग है—कहीं चूना या किसी रंग का प्रयोग नहीं किया गया है। दरवाजे और खिड़कियाँ काफी हैं—काफी हवादार और प्रकाशमय!

बापू, तुम चले गए, यह धक्का हमने, सारे राष्ट्र ने किसी तरह सह ही लिया। किन्तु जब यह सोचता हूँ कि बाँस-काठ, चटाई की बनी यह कुटिया आठ-दस वर्षों के बाद भी नहीं रहने पाएगी—लाख चेष्टा करने पर भी समय का कीट इसे चाट जाएगा, कुटिया की जगह यहाँ, शून्यता ही शून्यता रहेगी, तब हृदय और भी विचलित हो जाता है। मानव को पूजकर हमें सन्तोष नहीं, तो हम उसे पत्थर की मूर्ति बनाकर सन्तोष कर लेते हैं; किन्तु उससे सम्बद्ध खर-पात से कैसी ममता हो जाती है कि हम मान लेते हैं कि इसकी मूर्ति तो हो नहीं सकती!

हाँ, नहीं हो सकती! कैसा भी संगमरमर क्या सोने का मन्दिर, एक दिन तुम यहाँ बनवा लो, इस कुटिया की क्षति-पूर्ति तो कर नहीं सकते, इच्छा होती है, यह मैं जोर देकर कहूँ।

बापू की कुटिया, क्या कोई ऐसा उपाय नहीं कि बापू के बाद कम-से-कम तुम तो अमर रहो! तुम नहीं बोल रहीं—तुम्हारा यह मौन कितना असहनीय लग रहा है, ओ बापू की कुटिया!

अब मैं बापू की कुटिया के आँगन में हूँ।

इस आँगन के तीन तरफ छोटे-छोटे पेड़ हैं। कहा जाता है, इन पेड़ों में से अधिकांश को बापू ने अपने हाथों से लगाया था। इन सब पेड़ों में बड़ा लगता है, वह पीपल का पेड़, जो आँगन के सदर दरवाजे के मुँह पर प्रहरी-सा खड़ा है। एक पीपल का पेड़ था, जिसके नीचे गौतम को बुद्धत्व प्राप्त हुआ था, और एक यह पीपल है, जो आधुनिक बुद्ध के हाथों रोपे जाने, सींचे जाने का सौभाग्य प्राप्त कर चुका है। बुद्ध गया के उस पेड़ से इस छोटे-से पेड़ की समता नहीं की जा सकती—किन्तु, मैं कल्पना की आँखों से देख रहा हूँ, ज्यों-ज्यों समय बीतता जाएगा, इसकी डालियों की तरह ही इसकी प्रसिद्धि और महिमा भी बढ़ती जाएगी और इसकी डालें भी शान्ति के सन्देश के रूप में भारत संसार के कोनें-कोने में भेजने के लोभ का संवरण नहीं कर सकेगा।

उत्तर की तरफ चार पेड़ हैं—नीम, हरसिंगार, एक अज्ञात फूल और फिर नीम ! नीम के पेड़ के नीचे एक उजड़ा-उजड़ा गुलाब का झाड़ है और एक बेला का। लोग कहते हैं, यहाँ बापू ने गुलाब भी बहुत लगाए थे, वे अच्छे फूल देते थे। किन्तु, जब संसार का चलता-फिरता गुलाब चला गया, तो फिर वे गुलाब क्यों न झड़ पड़ें, सूख जाएँ! तो, यह एकाकी झाड़ उस बसंत की याद मुझे बार-बार दिला रहा है।

पश्चिम ओर की पाँत में ये पेड़ हैं—बेल, हरसिंगार, नीम, एक अज्ञात वृक्ष, नीम, फिर हरसिंगार और इन सबका शृंगार वह पीपल का वृक्ष। दक्षिणी ओर—हरसिंगार, आम और अशोक की त्रयी—बार-बार सोचता हूँ, इन तीन पेड़ों का यह संयोग आकस्मिक हुआ, या बापू ने कुछ सोच-समझकर भारतीय वृक्षों के इन तीन शिरोमणियों को एकत्र किया था—एक में फूल-फूल, एक में पत्ती-पत्ती, एक में फल-फल।

बापू की इस कुटिया के सामने एक कुटिया है जिसमें निकटतम अतिथि आकर ठहरते

थे। उत्तर की ओर महादेव भाई की कुटिया है, वहाँ तक जाने के लिए एक पगडंडी थी, यह आज भी दिखाई पड़ती है। इसके दक्षिण में बा की कुटिया है! पूजनीय बा! जब मैं उसके भीतर घूम रहा था, बार-बार बा की महिमा हृदय में खिल उठती थी। इस नारीरत्न ने न जाने किस पुण्य के प्रताप से बापू जैसा पति प्राप्त किया था! राम की सीता की तरह बापू की बा भी इतिहास का एक आदर्श चरित्र बन गईं।

उसके भीतर एक चित्र है। बापू बाहर से थके-हारे आए हैं और एक कुर्सी पर बैठ गए हैं और बा पानी लेकर उनका पैर धो रही हैं। यही भारतीय नारी है। ओ सभ्यता के चकाचौंध में भूली हमारी बहनों! तुम इन्हें गंवार कह लो, किन्तु, भारतीय इतिहास ऐसी ही नारियों के चरित्र-चित्रण से युक्त है!

बा के घर के सामने एक खुला मैदान-सा है, वहीं बापू की प्रार्थना होती थी। आँगन के बीच लकड़ी के दो खूँटे हैं। मुझे आश्चर्य हुआ, यह क्या है? पता चला, बापू प्रार्थना के समय खूँटों से टिक कर बैठते थे, दोनों खूँटों से लगाकर एक चौड़ी तकिया रख दी जाती थी!

आज न बापू हैं, न बा हैं, न महादेव भाई हैं। अतिथिशाला भी सूनी है। किन्तु ऋषियों को खोकर भी तीर्थस्थान अपना महत्त्व नहीं खो सके, और न ये स्थान ही कभी अपना महत्त्व खो सकेंगे। बल्कि ज्यों-ज्यों समय बीतेगा, महिमा और गरिमा बढ़ती जाएगी, बढ़ती जाएगी!

यह सेवाग्राम, जिसे अपने आँगन में इस कुटिया को उगाने का सौभाग्य प्राप्त हो चुका, संसार के इतिहास में अमरता का स्थान प्राप्त कर चुका होगा। धन्य है वह तिथि, जब बापू अपनी लकुटी लिए इस छोटे-से गाँव में आए और इस गाँव की यह भूमि धन्य, जहाँ बापू की यह कुटिया बनी!

अभी-अभी भोजनघर में भोजन करने गया था। देखा, लगभग एक दर्जन विदेशी भाई-बहनें पीढ़ियों पर बैठकर खा रहे थे। आर्यनायकम् जी ने बताया, ये लोग भिन्न-भिन्न देशों से आए हैं—अमेरिका से, फ्रांस से, फिनलैंड से, जापान से। सबके सामने पीतल की थालियाँ और उनमें सूखी रोटियाँ, थोड़ा भात, कुम्हड़े की एक सब्जी और दाल! वे किस प्रेम से, चाव से, रोटियों को तोड़-तोड़कर खा रहे थे। एक गोरा बच्चा! उसका खाना देखते हुए मैं अघा नहीं रहा था। उनमें सबके शरीर पर भारतीय ढंग की ही पोशाकें थीं! तभी तो पीढ़ियों पर वे बैठ सकते थे!

दर्शक-पुस्तिका में देखा, तरह-तरह की लिपियाँ, तरह-तरह की लिखावटें, और तरह-तरह की बातें। एक कवि ने अंग्रेजी में कविता ही लिख दी है! उस छोटी-सी कविता में ही यहाँ का वातावरण किस तरह सजीव हो उठा है!

दो घंटे बीत चुके। कार्यव्यस्तता कहती है, चलो। दूर से पंडुक पुकार रहा है--अरे, क्या तुम्हें तृप्ति मिल गई कि चलें—कुकूँ-कूँ; कुकूँ-कूँ।

और, यह पंडुक का एक जोड़ा मेरे सिर के ऊपर, इस हरसिंगार की नाजुक डाली पर चोंच से चोंच मिलाकर भी तो यही कह रहा है—तुम कहाँ चले, थोड़ा और रुको, रुको!

किन्तु, कोई रुक सका है? सब गए, सबको जाना है। इस कुटिया की उस तरफ जो कुटिया है, उस पर लिखा है आखिरी निवास।

पूना
17 अक्तूबर 1952

मैं दस अक्तूबर को ही यहाँ पहुँचा। अच्युत और जयप्रकाश जी को तार दे दिया था कि आ

रहा हूँ। किन्तु जयप्रकाश जी से कल्याण-स्टेशन पर ही भेंट हो गई। वह बम्बई से पूना आ रहे थे। काफी तन्दुरुस्त दीखे। वह फर्स्ट क्लास में थे, मैं सैकेण्ड क्लास में। किन्तु अगले स्टेशन पर अपने डिब्बे से उतरकर मुझे खोजने आ रहे थे। कैसा स्नेह और सरल स्वभाव!

यहाँ स्टेशन पर अच्युत थे, उनके भाई पमा थे और उनकी भाभी सुनन्दा। यहाँ अच्युत के साथ ही ठहरा हूँ। पूना से पाँच मील दूर, विट्ठलबाड़ी के एक एकान्त, शान्त बंगले में। पीछे पहाड़ है, सामने बगीचे हैं। बगीचे के बाद पहाड़ियाँ ही पहाड़ियाँ दीखती हैं। अच्युत ने यहीं से सिंहगढ़ और तोरणगढ़ की पहाड़ियाँ दिखलाईं जो शिवाजी के इतिहास के साथ अमर हो चुके हैं!

बँगला कितना साफ-स्वच्छ! अच्युत के हृदय की निर्मलता की छाप जैसे यहाँ की हर चीज़ पर हो। आगे कुछ फूल लगे हैं, रंग-बिरंगे। बँगले के पीछे एक नहर है, जहाँ का पानी शहर में जाता है। कई दिन हम नहर पर टहल आए हैं। दोनों ओर जंगली फूल और उनकी झाड़ियों में चिड़ियों की चहचहाहट! एक दिन जयप्रकाश जी भी आकर हमारे साथ टहल गए हैं।

पीछे की पहाड़ी पर चढ़कर समूचे पुणे शहर की हम झाँकी भी ले चुके हैं। लम्बा बसा है यह शहर। दो छोटी-छोटी नदियाँ यहाँ आकर मिली हैं। पाँच लाख की आबादी है। भरा-पूरा शहर लगता है। यहाँ संस्थाओं की भरमार है; वे संस्थाएँ किस सुचारुता से काम करती हैं। हर संस्था में कुछ लोगों ने अपने-अपने जीवन उत्सर्ग कर रखे हैं। तिलक, भंडारकर, गोखले, राणाडे, कर्वे ऐसे लोगों के जीवन से जो संबद्ध हैं, वे क्यों न दिन-दिन फूले-फलें! इधर भारत सरकार ने नेशनल लेबोरेटरी कायम की है और मिलिटरी ऐकेडमी के भी भवन बन रहे हैं। पूना निस्सन्देह एक वृद्धिगत शहर है।

अच्युत के प्रेम का क्या कहना! दो वर्षों से राजनीतिक संन्यास लेकर वह यहाँ रह रहे हैं। लगता है, बुद्ध की तरह किसी सत्य की खोज में परेशान हों! आज हमारे समाज में, फलतः राजनीति में, जो भ्रष्टाचार फैला है, उसका हल ढूँढ़ रहे हों मानो। इसका हल गाँधी जी में पाते हैं, अपने ऋषियों-मुनियों के वचनों में पाते हैं। कृष्णामूर्ति का भी बहुत असर है उन पर। यहाँ अकेले धूनी रमा रहे हैं। शेष पाँच भाई अपनी-अपनी अलग दुनिया बसाए हुए हैं। किन्तु भाइयों में कितना प्रेम। उनकी पत्नियाँ तो विचित्र—कोई मद्रासी, कोई सिंधी, कोई हिंदुस्तानी—एक परिवार ही जैसे सारे भारत का छोटा रूप बन गया है।

हमारी छोटी-छोटी आवश्यकताओं का भी ध्यान। खिलाने-पिलाने में स्नेह की हद। मालूम होता है, स्नेह का कोई सिंचित स्रोत हो, जिसे हम पर उड़ेल रहे हों।

इन्हीं भाइयों के स्नेह से खिंचे हुए जयप्रकाश जी यहाँ आए और यहीं अनशन किया। कहा जाता है, जयप्रकाश को भौतिकवाद से अलग करने में अच्युत और उनके बड़े भाई राव का बहुत बड़ा हाथ है। निस्सन्देह जयप्रकाश जी दोनों भाइयों से बहुत प्रेम करते हैं और दोनों की योग्यता, न्याय, बलिदान और ईमानदारी के क़ायल हैं।

मैं यहाँ आया हूँ, हिन्दी की कुछ रीडरें तैयार कर देने, क्योंकि बम्बई-सरकार ने हिन्दी को हाई स्कूलों में अनिवार्य कर दिया है। ये रीडरें अच्युत के भाई प्रकाशित करेंगे। इनका अपना प्रेस है और रीडरों का व्यापार बहुत पुराना है। अब तक भिन्न-भिन्न प्रकाशकों ने जो रीडरें तैयार की हैं, उन्हें मँगवाया, पढ़ा गया। ये रीडरें अच्छी नहीं हैं। भाषा के प्रयोग तक ग़लत। मुझे छः रीडरें तैयार करनी हैं। आगे की रीडरों में तो कोई दिक्कत होने को नहीं; किन्तु पहली रीडर बड़ी मेहनत से तैयार कर दी है। शेष रीडरें धीरे-धीरे पटना से तैयार करके भेजूँगा।

यहाँ भी सम्मान और आदर का क्या कहना? कल राष्ट्रभाषा प्रचार समिति की ओर

से सत्कार हुआ। आज भोर में सोशलिस्ट कार्यकर्ताओं ने सत्कार किया। अभी साहित्य-संगम की ओर से सम्मान और स्वागत लेकर आ रहा हूँ। यह स्वागत बड़े ठाठ का था। उसकी अध्यक्षता महामहोपाध्याय श्री पोद्दार कर रहे थे। पोद्दार मराठी भाषा के बड़े हिमायतियों में से हैं। महाराष्ट्र में इनकी बड़ी धाक है। सरकारी हिन्दी कमेटी के भी यही अध्यक्ष हैं। इस समारोह में मैंने हिन्दी भाषा के रूप पर अपने मत दिए। पोद्दार साहब ने अंत में मेरी बड़ी बड़ाई की और मेरे मतों से अपने को सर्वथा सहमत बताया। आयोजन में मराठी साहित्य के बड़े-बड़े दिग्गज महारथी आए थे, नौजवान साहित्यकारों से तो सारा मजमा ही भरा था!

सोचता हूँ, अपनी कुछ चीज़ें मराठी में अवश्य प्रकाशित कराऊँ। अच्युत से बातें भी हुई हैं। उन्हीं के प्रेस से ये सब प्रकाशित होंगी। यह अच्छा ही होगा।

कल यहाँ के प्रसिद्ध कवि बोरकर के घर भोजन करना है। बोरकर की कविताएँ सुन चुका हूँ। बड़े ही कोमल, कान्त कवि! वहीं बसंत वापट आदि तरुण कवियों का अड्डा जमेगा। तय हुआ है, परसों मैं चल दूँगा। परसों भोर में ही जाने की बात थी, किन्तु जयप्रकाश जी ने कहा, मैं यहाँ के कुछ साथियों द्वारा संचालित सहयोगी खेती को भी देख लूँ, जो यहाँ से दस मील दूर पर है!

मैं परसों सिंहगढ़ देखने गया था। बड़ा ही आनन्द रहा। पूना से पन्द्रह मील पर है। रास्ते में वह झील है, जिसके किनारे मिलिटरी ऐकेडमी बन रही है। यह झील नौ मील तक जाती है। पहाड़ के नीचे मोटर छोड़कर हमें तीन मील पैदल चलना पड़ा। चारों ओर हरियाली, जंगली फूल, बीच में ऊबड़-खाबड़ पगडंडी। मैं तो बहुत थक जाता था! यही बुढ़ापा है। वहाँ कुछ बच्चे भी साथ हो गए। उन्हीं से चुहलें करता, सुस्ताता, किसी तरह ऊपर गया।

"गढ़ आया, पर सिंह गया"—यह कहानी बहुत प्रसिद्ध है। इस कहानी के नायक नाना जी की समाधि देखी, उस स्थान को देखा, जहाँ उनका एक हाथ कट गया था, शिवाजी के बेटे राजाराम की समाधि देखी। साथ में अच्युत की बहन विजया भी थी। वही विजया, जो 1942 के फरवरी के दिनों में जयप्रकाश जी के साथ थी। जब उन दिनों की चर्चा मैंने की, वह बोली—वह विजया मर गई, वह बिजली थी, मैं राख हूँ!

इधर रीडरों की तैयारी तथा स्वागत-सत्कार के झमेले में ऐसा लगा रहा कि डायरी तक नहीं लिख पाया। बड़ी मुश्किल से समय निकालकर रात के साढ़े ग्यारह बजे इसे लिख रहा हूँ।

आज की डायरी समाप्त करने के पहले एक मधुर स्मृति को लिखना आवश्यक है। सेवाग्राम में श्री आर्यनायकम् जी ने जैसी अभ्यर्थना की है, वह कभी नहीं भूलूँगा। बेसिक के सभी शिक्षकों और शिक्षार्थियों को उन्होंने इकट्ठा कर रखा था। उनमें कई विदेशी भी थे। मेरा स्वागत किया और आग्रह किया कि मैं उनकी प्रणाली पर कुछ साहित्य तैयार कर दूँ। इन्होंने इस बात पर दुख प्रकट किया कि आज का शासन कल के वकीलों के हाथ में है। आचार्य नरेंद्रदेव, आचार्य कृपलानी, जयप्रकाश जी आदि की भूरि-भूरि प्रशंसा की। चलते समय बेसिक एज्युकेशन संबंधी सारा साहित्य भी साथ लिया।

उनकी आशा क्या मैं पूरी कर सकूँगा? इतना कार्य अभी अधूरा पड़ा है।

बम्बई
20 अक्तूबर 1952

पूना से लौटकर घर जा रहा हूँ। रास्ते में रमा वल्लभ के लिए बम्बई उतर गया। ओपेरा हाउस

में गया, तो पता चला, पृथ्वीराज यहाँ नहीं हैं। अभी उनकी मंडली बाहर ही घूम रही है। पार्टी आफिस में गया, वहाँ प्रताप शाह से भेंट हुई। प्रताप शाह ने घुमाकर रमा वल्लभ को बम्बई दिखला दी। मेरे लिए तो वही पुरानी बम्बई है यह।

पूना से बहुत-सी मधुर स्मृतियाँ लिए जा रहा हूँ। अच्युत का भाईचारा; उनके परिवार का आकर्षक सम्बन्ध, जयप्रकाश जी से भेंट, कई संस्थाओं का स्वागत-सत्कार और सबसे बढ़कर महाराष्ट्र के तरुण कवि बोरकर और बसंत वापट से परिचय। बोरकर तो कुछ बुजुर्ग हैं, किन्तु वापट तो बिलकुल नौजवान। दोनों में कितना प्रेम। दोनों ने किस मस्ती से कविताएँ सुनाईं। मुझे बड़ी प्रसन्नता हुई यह देखकर कि इन दोनों ने अन्य कवियों की कविताएँ भी सुनाईं। हिन्दी में तो एक कवि दूसरे से जलता है।

बहुत दिनों से सोच रहा था, कोई एक दक्षिणी भाषा सीखूँ। सोचता हूँ, मराठी ही सीख लूँ। मराठी भाषा में बहुत बल है और उसमें उर्दू के शब्द भी काफी हैं, यह आश्चर्य से मैंने पाया है। मराठी में अपनी एक पुस्तक तो छपवाऊँगा ही। यहाँ आंतर भारती में श्रीपाद् जोशी हैं। वह हिन्दी-उर्दू अच्छी जानते हैं। उन्होंने कहा है कि वे मेरी पुस्तकों का मराठी अनुवाद कर देंगे।

यह पन्द्रह दिनों की यात्रा बड़ी अच्छी रही। मध्य प्रदेश में भी काफी आदर-सत्कार पाया; कई नए लोगों से सम्पर्क हुआ, जो बड़े काम का, आगे चलकर, सिद्ध होगा। महाराष्ट्र से भी परिचय हुआ। जिस तरह बंगाल का मानी कलकत्ता है; उसी तरह महाराष्ट्र का अर्थ पूना है। पूना में महाराष्ट्र की आत्मा है। इतने थोड़े दिनों में ही उसकी आत्मा की एक झलक तो मिल ही गई!

आज जब पूना से बम्बई आ रहा था, रास्ते के दृश्यों ने मेरे मन में अचानक कविता का स्फुरण भर दिया। सोचा, एक लम्बी कविता सिंहगढ़ पर लिखूँ! "सिंहगढ़, सिंहगढ़! बढ़ता चल, चढ़ता चल!" इसी तर्ज़ पर कितनी ही लाइनें आपसे आप स्फुटित होती गईं। बात यों है कि जब मैं सिंहगढ़ के ऊपर गया, थका था, अतः अच्युत ने छाँछ पीने का आग्रह किया। एक लड़की छाँछ बेच रही थी; वह छाँछ लेकर आई। मैंने देखा, उसके कपड़े ऐसे फटे हैं कि बेचारी की जाँघ भी उघाड़ है। यों ही ऊपर देखा, जहाँ बड़े लोगों के बड़े-बड़े बँगले खाली पड़े हैं, वहाँ उसके ऊपर रहने वाले बेचारे गरीब टिन के गंदे, सँकरे, बदबूदार घरों में रह रहे हैं। सोचता हूँ, लिखूँ, युग का शिवाजी आज पुकार रहा है, सिंहगढ़ की इस ग़रीबी पर विजय प्राप्त करो; किन्तु कोई नानाजी नहीं दिखाई दे रहा है, जो जान पर खेलकर भी सिंहगढ़ का इस ग़रीबी से उद्धार करे!

दूसरी कविता भी अजीब आई—"कैसे मैं प्यार करूँ, किस को दुलार करूँ। बाल नहीं तेरे हैं, गाल नहीं तेरे हैं। भौं भी न तेरी हैं, बरौनियाँ न तेरी हैं। होठों की लाली भी उधार है; यों ही बनाया हुआ छाती का उभार है! कैसे मैं प्यार करूँ।" यों ही आधुनिक लड़कियों की वेषभूषा पर मैं गुनगुनाता गया। और, आश्चर्य यह है कि अपनी गाड़ी के डिब्बे में देख रहा हूँ, ऐसी ही किशोरियों और नारियों की भीड़ लग गई है। उनमें एक छोकरी पूरा पाजामा पहने हुई है! आधी बाँह की कसी हुई कमीज के नीचे से जो उसकी छाती की दो बर्छियाँ तनी हुई हैं, क्या वह स्वाभाविक हैं? होंठो की लाली, गालों की गुलाबी, बालों की काकुलें—सभी तो बनावटी हैं! सचमुच—"कैसे मैं प्यार करूँ; किसको दुलार करूँ?"

किन्तु, यदि ऐसी कविता लिखूँ, लोग कहेंगे, कैसा ख़बीस है यह बूढ़ा—पचासवाँ पार करके भी प्यार और दुलार के पायदान खोज रहा है? किन्तु क्या कलाकार का मन कभी बूढ़ा होता है? यदि वह बूढ़ा हो जाए, तो समझ लो, उसका कलाकार पहले मर चुका है!

पटना
4 नवंबर 1952

जब पेरिस में था, इगनात्सियो सिलोने से मिलने का सुअवसर मिला था। भरे-पूरे, गोरे-चिट्टे आदमी। काफी सौम्य और शान्त। 'गॉड दैट फेल्ड' में उनका एक लेख पढ़ चुका था। उससे काफी प्रभावित था। बहुत दिनों तक कम्युनिस्टों के प्रभाव में रहे। वह मोह-जाल निजी अनुभवों ने तोड़ा। अब वह कम्युनिस्टों के खिलाफ हैं। और सभी पुराने कम्युनिस्टों की तरह, कम्युनिस्टों के प्रति उनमें काफी कटुता है, उन्हें वह संसार के कल्याण-पथ का रोड़ा मानते हैं। वह अंग्रेजी नहीं जानते; हम लोग उनकी भाषा इतालिया नहीं जानते थे। उनकी बीवी काफी चतुर हैं, अंग्रेजी अच्छी जानती हैं। उन्होंने ही दुभाषिये का काम किया। जब उनसे बातें हो रही थीं; हममें एक मित्र ने पूछ लिया—इटली में कौन-सी ऐसी शक्ति है, जो वहाँ कम्युनिज्म़ को रोक सकेगी? उन्होंने तुरंत कहा—चर्च! मुझे यह कुछ अजीब लगा। मुझे यह भी लगा, सिलोने साहब एक चर्च (मठ, शासकों) से ऊब कर अब दूसरे चर्च (धर्म) की गोद में शायद गिर पड़े हैं। किन्तु, उनके चेहरे पर जो ईमानदारी की स्पष्ट छाप थी, उसने मुझे मना किया कि इस बात को आगे नहीं बढ़ाऊँ।

इधर जब पूना गया था, सिलोने की एक पुस्तक मिली—बेड एंड वाइन, "रोटी और शराब" से, हम, अपने संस्कार के अनुसार, कोई अच्छा अर्थ नहीं निकाल सकते। किन्तु इटली में इसका अर्थ कुछ दूसरा ही है—यह किसान जीवन का प्रतीक है। जब किसान के घर कोई पैदा होता है, रोटी और शराब बाँटी जाती है; जब किसी की मृत्यु होती है, तो भी रोटी और शराब से ही उसका श्राद्ध होता है। अन्न नौ महीने में पकते हैं, अंगूर भी नौ महीने में तैयार होता है—यों रोटी और अंगूर नई मानवता के जन्म का भी प्रतीक है!

यह पुस्तक एक उपन्यास है; इसमें लेखक का जो संक्षिप्त परिचय है, उससे लगता है, सिलोने का जन्म 1900 में इटली के गाँव में, पेसिना उसका नाम है, हुआ था। उनके पिता एक छोटे किसान थे और उनकी माता बुनकर का काम करती थीं। 18 वर्ष की उम्र में ही वह पत्रकार बन गए। जब मुसोलिनी का उदय हुआ, उनके अखबार को तीन बार ज़ब्त किया गया। अन्त में उन्हें देश से ही भाग जाना पड़ा। किन्तु, फासिस्टों द्वारा अपने देश के जन-जीवन को नष्ट किया जाना उन्हें बर्दाश्त नहीं हुआ; वह जान पर खेलकर फिर लौटे। पाँच वर्षों तक गुप्त वेश में काम करते रहे। लेकिन स्थिति दिन-दिन असह्य होती गई और अन्त में जब वह 1930 में अपने देश से भागे, तो चौदह वर्षों तक उन्होंने अपने देश का दर्शन नहीं किया।

पिछले महायुद्ध में जब मित्र-राष्ट्रों की मुक्ति सेना यूरोप में घुसी तो सिलोने अज्ञातवास से फिर अपने देश में आए। एक पादरी का रूप बनाकर उन्होंने जर्मन-सेना को चकमा दिया। फिर मुक्ति-संग्राम में जुट पड़े और अब जब इटली में प्रजातंत्र कायम हो चुका है, तो उसे ऊँचे स्तर पर ले जाने में वह प्रयासरत हैं।

अज्ञातवास में वह मुख्यतः स्विट्जरलैंड में रहे। वहीं उन्होंने कई पुस्तकें लिखीं; जिनके कारण यूरोप में उनका नाम हुआ। फोनतामारा, ब्रेड एंड वाइन, सीड बिनीथ दि स्नो, ऐंड हि हिड हिमसेल्फ, आदि आपकी पुस्तकें बहुत ही मशहूर हैं। सिलोने मुख्यतः उपन्यास लिखते हैं। इस पुस्तक की भूमिका में लिखा है—आपकी रचना में गोगोल, दोस्तोयेव्स्की, मिलविले ऐसे उपन्यास-सम्राटों की प्रतिभा की झलक मिलती है। जब मैंने पढ़ा, मुझे अतिशयोक्ति-सी लगी। किन्तु जब मैंने इस पुस्तक को समाप्त किया है, मुझे इसकी सत्यता स्वीकार करने को मजबूर होना पड़ा है।

मैं यह कह सकता हूँ, गोर्की की 'मदर' के बाद मैंने ऐसा उच्च कोटि का राजनीतिक उपन्यास नहीं पढ़ा था। कई बातों में तो यह 'मदर' से भी ऊँचा स्थान रखता है। मदर में स्पष्ट ही लगता है, यह एक प्रचार साहित्य है, लेखक अपने पाठकों को प्रारम्भ से ही एक ख़ास दिशा में ले जाना चाह रहा है। किन्तु, 'ब्रेड ऐंड वाइन' में ऐसी कोई चीज़ नहीं। अन्त तक यह पता नहीं चलता कि लेखक की अपनी मान्यता क्या है? वह उसके अन्त तक सवाल ही रखता जा रहा है और वे सवाल ऐसे गहरे हैं कि हर पाठक अनुभव करेगा, ऐसे सवालों से प्रायः उसका भी सामना हुआ है!

यों ही, जहाँ घटनाएँ हैं, उन घटनाओं पर प्राकृतिक दृश्यों का पुट है, कहीं-कहीं तो जासूसी उपन्यासों का मज़ा है, वहाँ सारा उपन्यास प्रायः अन्तःसंघर्षों का इतिहास है। सिलोने की ही तरह उसके नायक ने भी रूपोशी के लिए पादरी की पोशाक पहन ली है—भीतर क्रान्ति की ज्वाला सुलग रही है, ऊपर दकियानूसीपन का चोगा लहरा रहा है—इस द्वंद्वमयी परिस्थिति में जैसे नायक की आत्मा कभी आग में झुलसती और कभी बर्फ में ठिठुरती है! फिर एक तरफ किताबी ज्ञान, दूसरी तरफ जनता के मूढ़ जीवन से निकट परिचय—किताबी ज्ञान और जन-जीवन में कितना फर्क है; यह देखकर नायक की दशा अजीब दुविधामयी हो जाती है। उसे नए-नए अनुभव होते है; ये अनुभव उसके लिए मार्मिक दुख लाते हैं; किन्तु, वह कभी विचलित नहीं होता, हमेशा कर्ममय बना रहता है! इस तरह यह पुस्तक निराशा का वातावरण नहीं उपस्थित करती, सतत प्रयत्न का ही सन्देश देती है !

उपन्यास का कथानक बहुत छोटा है। एक बूढ़ा पादरी, जो पहले शिक्षक का काम करता था। संध्या को वह प्रतीक्षा कर रहा है अपने कुछ शिष्यों की, क्योंकि आज उसका जन्मदिन है और इस अवसर पर उसके कुछ शिष्य प्रायः आते हैं। तीन शिष्य आते हैं, गुरुदेव को उपहार अर्पित करते हैं। पुराने ज़माने की याद आती है, वह पूछता है, वह लड़का कहाँ है—जिसका नाम स्पिना था। स्पिना पर उसकी ममता है, क्योंकि वह एक अजीब लड़का था—बहुत ही गम्भीर, दृढ़निश्चयी, धुन का पक्का। पता चलता है, वह राजनीति के चक्कर में पड़ा, फिर गिरफ्तारी से बचने के लिए वह विदेश भाग गया है! वह नास्तिक हो गया है। किन्तु नास्तिक होने की बात सुनकर बूढ़ा शिक्षक घबराता नहीं, वह कहता है—"जो न्याय और सत्य के लिए जीता है, वह नास्तिक नहीं है, वह भगवान में है और भगवान उसमें है।" यहीं नहीं, उस शिष्य के विदेश भागने पर उसे हार्दिक दुख होता है—"हाय, लोमड़ी के लिए माँद है और चिड़िया के लिए घोंसला; किन्तु मनु की सन्तान के लिए कोई ऐसी जगह नहीं जहाँ वह सिर घुसा सके—जब वह अपने सपनों के अनुसार जीना चाहता है, धर्म के ठेकेदार कहलाने वाले शासक उसे जंगली जानवरों की तरह खदेड़ते फिरते हैं।"

और, यही स्पिना इस उपन्यास का नायक है। वह विदेश से भागकर अपने देश में आता है। उसे क्षय का रोग हो गया है, वह छिपकर एक स्थान पर आराम और दवा के चक्कर में पड़ा है। अपने को छिपाने के लिए उसे पादरी का रूप बनाना पड़ा है। उसके जीवन में तरह-तरह के लोग आते हैं, जिनमें प्रमुख हैं, दो लड़कियाँ। एक लड़की—प्रेम की पगली; सदा नए-नए प्रेमियों की खोज में। एक लड़की—घर में रहकर भी तपस्विनी। यह तपस्विनी लड़की उसके जीवन में बहुत गहरे जाती है, वह उसकी ओर आकृष्ट भी होता है। किन्तु उसे दुख होता है यह देखकर कि वह व्यक्तिगत पवित्रता और धार्मिकता को ही सब कुछ समझ बैठी है—समाज के कल्याण की ओर उसका ध्यान भी नहीं है। वह देहात में छिपा है, उसे यह देखकर बड़ा दुख होता है कि जिन किसानों और ग़रीबों की सेवा में उसने जीवन उत्सर्ग किया है, जिन्हें वह क्रान्ति के पथ पर ले जाना चाहता है, जिनके द्वारा वह क्रान्ति कराना चाहता है,

वे अज्ञान में डूबे हैं, व्यक्तिगत स्वार्थ ही उनके लिए सबकुछ है, वह लकीर के फकीर हैं, लकीर से एक डेंग भी आगे नहीं बढ़ना चाहते। धीरे-धीरे वह अच्छा होता है; इधर फासिज्म का जोर होता है, अबसीनिया पर चढ़ाई होती है, वह सोचता है, इस लड़ाई का विरोध किया जाए, इसी को आधार बनाकर क्रान्ति का आयोजन किया जाए। किन्तु, वह देखता है, उसका सारा प्रयास व्यर्थ है। फासिस्टों के प्रचार से पागल होकर लोग अपनी गर्दनें कटाने को तैयार हो जाते हैं। जो युद्ध का विरोध करता है, उसे अपना शत्रु मान लेते हैं। वह छटपटाता है, देहात से रोम आता है। यहाँ की पार्टी टूट गई है, जो लोग बचे-बचाए हैं, उन पर आफत है। बड़े-बड़े लोगों की चुपके-चुपके हत्या की जा रही है, किन्तु कोई ज़बान नहीं हिलाता। वह फिर देहात आता है, यहाँ वह अपने गुरु से मिलता है, जो युद्ध के बारे में बेलाग बातें करता है और जिसे एक दिन विष देकर मार डाला जाता है!

वह फिर शहर जाता है। नए-नए लोगों से परिचय स्थापित करता है। यहीं उसे उस प्रेम की पगली से भेंट होती है; जो सात घाट का पानी पीकर भी इस पर मरती है। वह उसे लेकर फिर देहात जाता है; किन्तु उसी लड़की से उसे पता लगता है, उसे फँसाने के लिए जाल डाला जा चुका है, वह अपने को बचावे। वह उस गाँव में आता है, जहाँ वह छिपकर रहता था। क्योंकि वहाँ कुछ कागज हैं, जिन्हें वह नष्ट कर देना चाहता है। उन्हीं कागजों में एक पुस्तिका है, जिसमें उसने उस तपस्विनी लड़की के सम्बन्ध में अपने कुछ विचार लिख छोड़े हैं। वह पुस्तिका उसके पास भेजकर वह पहाड़ की घाटी की ओर चल देता है; जहाँ बर्फ ही बर्फ है—क्योंकि सारे रास्ते उसके लिए बंद हैं, सब जगह खुफिया खड़े हैं! वह लड़की जब वह पुस्तिका देखती है तो चौंक उठती है। ज़रा उसकी कुछ पंक्तियाँ देखिए—

हमारा प्रेम, हमारा बलिदान, हमारा त्याग सब झूठे हैं, व्यर्थ हैं जब तक कि वे भावना-मात्र हैं, अमानवीय संकेत-मात्र हैं। जब हम उनका उपयोग अपने मानव-बन्धुओं के लिए करते हैं, तभी वे सफल होते हैं। वास्तविक जीवन में ही नैतिकता जीवित और विकसित रह सकती है।

जब हम अपनी नैतिक भावना को अपने चारों ओर फैली हुई अव्यवस्था की तरफ मोड़ेंगे, तब हम क्रियाहीन रह नहीं सकते और न हम अपने को स्वर्ग की कल्पना में बहला सकेंगे। हमें तब कल्पना के शैतान से ही लड़ना नहीं रह जाऐगा, बल्कि हम उन शक्तियों से लड़ना शुरू करेंगे जो आदमी को आदमी के ख़िलाफ खड़ा करती है!

वह कैसा दिन होगा, जब तुम्हारी तरह की नैतिकता और आध्यामिक भावना रखने वाले लोग अपने को धार्मिक अनुष्ठानों में नहीं फँसाकर, अपने को सामाजिक जीवन को उन्नत बनाने के लिए उत्सर्ग कर देंगे। वह क्रान्ति का दिन होगा; उसी दिन एक नए तरह के संत, एक नए तरह के शहीद, एक नए तरह के आदमी पृथ्वी पर अवतरित होंगे।

आज के समाज में इसके सिवा अपनी आत्मा की रक्षा के लिए कोई दूसरा मार्ग नहीं है। उसी की आत्मा पतन से बच सकती है जिसने व्यक्तिगत अहंकार, पारिवारिक अहंकार, वंशगत अहंकार पर विजय प्राप्त कर ली हो; जिसने अपने चारों ओर कल्पना का घेरा नहीं बना लिया हो, जिसने अपने को हवाई किले में नहीं बंद कर लिया हो। उसी की आत्मा मुक्त है, जिसने अपने को वर्तमान सामाजिक अव्यवस्था से घबराकर भाग खड़े होने की भावना को मार भगाया है। नैतिक जीवन का अर्थ है—उत्सर्ग और बलिदान। आज के समाज में क्रान्तिकारी जीवन ही यथार्थ में नैतिक जीवन है।

क्रिस्टिना, डरने की बात नहीं; अपनी पवित्रता की रक्षा के लिए इस तरह परेशान होने की ज़रूरत नहीं। नैतिक जीवन और सुरक्षित जीवन साथ-साथ नहीं चलते। अपनी सुरक्षा के

लिए भी संघर्ष करना होगा, संकट झेलना होगा!

उस लड़की का नाम क्रिस्टिना है। उसे पता चल जाता है, यह साधु नहीं क्रान्तिकारी है। इस संध्या के समय वह बर्फ-भरी पहाड़ी की ओर गया है, रात में उसकी क्या दशा होगी। वह चल पड़ती है उस ओर—कुछ कपड़े और रोटी लेकर, एक बोतल में शराब लेकर। वह पहाड़ी की घाटी में घुस जाती है, इधर-उधर दौड़ती है, थकती है, बेहोश होती है, फिर चलती है, चिल्लाती है। किन्तु, कोई उसे उत्तर नहीं देता। इसी समय एक आवाज़ सुनाई पड़ती है—यह आवाज़ स्पिना की है? नहीं, यह भेड़िये की आवाज़ है! वह समझ जाती है, उसका अन्त निकट है, फिर चिल्लाती है—स्पिना, स्पिना। आवाज़ अब उसके सन्निकट है—वह घुटने टेक कर प्रार्थना करती है, मूर्च्छित होती है...।

उपन्यास यहीं समाप्त! किन्तु उपन्यास समाप्त करते-करते हृदय में कैसी टीस उठती है! यही तो कलाकार की सार्थकता है! निसन्देह सिलोने एक सफल, सबल कलाकार हैं!

पटना
17 नवंबर 1952

कैसी विचित्र स्थिति? घर पर मकान बनाने का काम शुरू कर दिया है। जो पैसे थे, सबका सामान खरीदकर वहाँ रख दिया। अब यहाँ यह हाल है कि कभी-कभी कुछ पैसों के लिए भी मोहताजी महसूस करता हूँ।

यह कैसा स्वभाव है मेरा? कभी कुछ संग्रह करके रखता ही नहीं। पैसों का संग्रह तो नहीं ही किया, क्या यश का भी संग्रह कर सका?

मेरी प्रशंसा में कितने बड़े-बड़े लोगों ने कैसे-कैसे पत्र भेजे—किन्तु उनमें से कितने पत्रों को मैंने रखा? पत्र-पत्रिकाओं में भी मेरे सम्बन्ध में कितने लेख निकले, उनका भी संग्रह मुझसे नहीं बन पाया।

अरे कृतियों का भी संग्रह नहीं कर सका। जिन पत्रों या पत्रिकाओं का सम्पादन किया, उनकी फाइलें भी मेरे पास नहीं। पत्र-पत्रिकाओं में मैंने जो लेख लिखे, उनके कटिंग भी मेरे पास नहीं।

यदि आज मेरे पास वे पत्र होते, पत्र-पत्रिकाओं की फाइलें होतीं, कटिंग होतीं, तो उनका अच्छे से अच्छा उपयोग कर अपने को धन्य बना सकता था।

यों ही यदि हर साल एकाध हजार रुपए भी कहीं सुरक्षित रख दिए होते, तो आज जो कभी सिगरेट और पान के लिए भी मुश्किल पड़ जाती है, वह तो नहीं होता।

तमाशा यह है कि प्रायः ही अपनी संग्रहहीनता पर अफसोस जाहिर करता है, प्रायः ही निर्णय करता हूँ कि अबसे यह गलती नहीं करूँगा, किन्तु फिर वही गलती करता हूँ और पछताता हूँ।

मुज़फ्फरपुर-स्टेशन
(ग्यारह बजे रात्रि)
8 दिसंबर 1952

घर से आ रहा हूँ; पटना जा रहा हूँ। यह खुशी की बात है कि अब मेरा गाँव का मकान समाप्तप्राय है। उफ़, इन चार-पाँच वर्षों में कितनी परेशानी उठानी पड़ी है, इस मकान के

चलते। कहाँ-कहाँ न दौड़ना पड़ा, किस-किस के पास न जाना पड़ा। इस समय जब सारे सामानों पर कन्ट्रोल है, एक-एक चीज़ का मिलना मुहाल है, यह मकान बनाने की ख़ब्त मुझ पर सवार हुई! किन्तु, अब जब मकान तैयार होने को आया है, कितना आनन्द अनुभव कर रहा हूँ।

इस मकान ने मुझमें आत्मविश्वास भर दिया है। मुश्किल से मुश्किल काम में भी आदमी जुट पड़े, तो फिर कौन-सी रुकावट है, जो उसके आड़े आए! वह कर ही लेगा, कर ही लेगा।

फिर, यह मेरा मकान तो नहीं है, यह तो मेरा स्मारक है, जैसा मैं कहा करता हूँ। इस बदनसीब देश में, जहाँ कालिदास और तुलसीदास के स्मारक नहीं बन सके हैं, तो फिर बेनीपुरी के स्मारक की याद किसे रहेगी? तो अपना स्मारक स्वयं बनाऊँ और बनाऊँ तो ऐसा कि चार-पाँच सौ वर्षों तक तो कायम रहे ही। इसीलिए सारा मकान सीमेंट से जुड़वाया, कंकरीट की ही छत दी।

एक समाधि बनवा दूँ और हाथी दाँत की एक डिबिया, जिसमें मेरी अस्थियाँ संग्रहीत रहें। जब एक दिन यह बात कही, रानी बहुत बिगड़ गई—क्या कुलच्छन बात बोलते हो! मैंने कहा, नहीं, नहीं, यह तो तुम्हारे लिए है क्योंकि तुम कहा करती हो न कि तुम मुझसे पहले मरोगी! वह कुछ आश्वस्त हुई—किन्तु, क्या ऐसी कल्पना भी ख़ब्त नहीं है? पर लगता है, यह ख़ब्त भी मैं कर ही डालूँगा ! अभी उस दिन एक मूर्तिकार से तो तय कर ही लिया है कि मेरा बस्ट बना दो, मैं उसे काँसे में ढलवाऊँगा।

इस मकान के बाद अब ग्रन्थावली का काम हाथ में लेना है। मेरा विश्वास है, यह काम भी मैं कर लूँगा। दस भागों में यह ग्रन्थावली पूरी होगी। प्रति भाग का मूल्य रहेगा दस रुपए; पूरे सेट का सौ रुपए। सोचा है, जनवरी से इसके लिए घूमूँ और ग्राहक बनाऊँ। मेरा विश्वास है, एक हज़ार ग्राहक तो मैं अग्रिम खोज ही लूँगा। ग्रन्थावली के लिए डिज़ाइन बनवाना भी मैंने शुरू कर दिया हैं।

लेकिन, फिर यह कैसी बात! पार्टी की प्रान्तीय रैली के लिए निमंत्रण दे दिया है और अब एक महीना उसी में लग जाना पड़ेगा। झंझटों को मोल लेना कोई मुझसे सीखे। किन्तु शायद बिना झंझटों के मैं जी भी नहीं सकता।

1953

पटना
2 जनवरी 1953

कल अंग्रेजी का नया साल शुरू हुआ है। पिछले साल का आख़िरी महीना मेरे लिए कितने झंझटों का रहा। एक ओर जल्द-जल्द मकान पूरा करा लेने की धुन, दूसरी ओर प्रान्तीय पार्टी रैली के लिए गाँव-गाँव का दौड़ना। इस रैली के काम से प्रायः पैदल ही घूमना पड़ता—मैंने सोचा भी नहीं था कि मुझमें इतनी शक्ति रह गई है कि पैर में गठिया लिए, नदी-नालों को हेलते, ऊँची-नीची ज़मीन की पगडंडियों पर अपने को गिरने से बचाए, इस प्रकार लगातार तीन सप्ताह तक दौड़ता चल सकता हूँ। न खाने की सुध, न सोने की सुध। काम किए जा रहा हूँ। कहीं आशा ही आशा; कहीं-कहीं निराशा ही निराशा—तो भी काम किए जाओ, किए जाओ!

रैली में जयप्रकाश जी को शामिल होना था। यह पहली बार थी जब वह मेरे जवार

में आ रहे थे। अतः उनका शानदार स्वागत होना ही चाहिए। साथियों को मुफ़्त खिलाने-पिलाने और स्टेशन से अठारह मील की दूरी—बेदोल—तक ले जाने का वादा भी कर दिया था। यह काम छोटा नहीं था, और सारा काम अकेले ही अकेले करना। पार्टी के साथियों का अजीब हाल है। वे लम्बी बातें करते हैं, सस्ते वादे करते हैं, किन्तु काम से भागते हैं। तो भी गाँव के लोगों से अप्रत्याशित सहायताएँ प्राप्त हुईं। पाँच गाँवों ने ही अतिथियों को खिलाने-पिलाने का जिम्मा लिया। और, सहायताएँ भी खुलकर दीं। किन्तु, अनुभवी साथियों के अभाव में काम का प्रबंध सुचारू रूप से नहीं हो सका, इसका मुझे दुख है!

जिस दिन लोगों को आना था, मैं मुजफ्फरपुर पहुँचा तो मेरा सर चकरा गया। तीन बुलाए तेरह आए वाली कहावत चरितार्थ हुई। तीन-चार सौ आदमियों की आशा थी, सो दो जिलों से ही इतने आदमी आ पहुँचे। ख़ैर, धन्य कहिए, गंगा मोटर सर्विस वालों को, कि उन लोगों ने सबको ढो दिया। जुलूस का प्रबंध तो बहुत ही शानदार रहा। रातों-रात पचास गेट लोगों ने बनवा दिए थे। चार मील का जुलूस था; पचास बैलगाड़ियों पर यह जुलूस निकला। बाजे-गाजे, झंडे-नारे से वातावरण प्रकंपित और गुंजित था। लोगों के उत्साह का क्या कहना? सभा में पचास हजार आदमी शामिल हुए थे।

लेकिन इतने अधिक लोगों को खिलाया कैसे जाए; इनके रहने का प्रबंध भी मुश्किल था। बस बगीचे में पुआल बिछा दिया गया; सब लोग उसी पर लेट गए। भोजन बनाने में तो देर होती ही थी। सबको किसी तरह खिला तो दिया; किन्तु समय पर खिलाना मुश्किल था। और बाहर के लोगों की ही संख्या इतनी थी कि अपने जिले वालों को खिलाने का प्रश्न भी नहीं उठ सकता था। मैंने इसकी सूचना भी पहले से ही दे रखी थी।

पर कुछ छिद्रान्वेषियों को इससे मौका मिला। वे चारों ओर कानाफूसी किया करते। हमारे कुछ अच्छे साथी भी विचलित थे। किन्तु, रैली के अन्तिम दिन क्षमा माँगते हुए मैंने एक भाषण दिया। वह भाषण शुरू से आखिर तक हास्यरस से भरा हुआ था। लोग हँसते-हँसते लोटपोट हो रहे थे और उन्होंने भी महसूस किया, कसूर मेरा नहीं, उनका है। उस एक भाषण ने कमाल कर दिया—जब लोग लौट रहे थे, 'बेनीपुरी जिन्दाबाद' के नारे लगाते हुए।

अन्तिम दो शामों का भोजन भी बड़ा अच्छा रहा। क्योंकि तब तक हमने अपने प्रबंध को भी चुस्त कर लिया था। इस व्यवस्था ने भी उन्हें शान्त किया।

जयप्रकाश जी लोगों का उत्साह देखकर बहुत प्रसन्न थे। उनके दो भाषण बड़े प्रभावशाली हुए। सभी साथियों ने माना, उनका आना सार्थक हुआ। उनकी शंकाएँ निवृत्त हुईं, उनमें काम के लिए नया उत्साह आया। जयप्रकाश जी के साथ दादा धर्माधिकारी की सुपुत्री विमला देवी आई थी। लोगों के उत्साह से वह भी प्रभावित थीं। उन्होंने दो भाषण दिए, बहुत अच्छा बोल लेती हैं।

इसी मौके पर जयप्रकाश जी बेनीपुर आए। उनके साथ प्रभावती जी तथा विमला जी भी गई थीं। कुछ और प्रमुख साथी भी गए थे। मेरे शानदार भवन को देखकर सभी प्रभावित हुए। चाँद बाबू ने कहा, लगता है, हम पटना पहुँच गए। जयप्रकाश जी ने कहा, सुना, आप मकान बना रहे हैं, यह तो महल बना लिया आपने। मैंने कहा, महल नहीं, यह मेरा स्मारक है और जिस हाल में आप बैठे हैं, यह म्यूज़ियम बनेगा!

मेरे प्यारे मित्र जीवन बाबू (धनौर) ने इन मित्रों के खिलाने-पिलाने का प्रबंध ले लिया था। सभी चीज़ें धनौर से लाए थे; रसोइया और पत्तल तक ले आए थे। पूरा शाही खाना बनाया था। गोश्त, अंडा, पूआ, खीर, सेब, अनार—सबकुछ था। बड़े प्रेम से स्वयं खड़े होकर लोगों को खिलाया। जयप्रकाश जी ने उनकी भी तारीफ़ की! मुझसे कहा—आपको दोस्त भी बहुत

अच्छे मिले हैं। इस आतिथ्य का केन्द्र तो रानी थी, तो जयप्रकाश जी ने कहा भी, यह सब कुछ रानी के पुण्य का प्रताप है! सचमुच बात भी तो यही है!

घर का अगला हिस्सा पूरा तैयार हो चुका है, कुछ शृंगार बाकी है; दो-तीन महीने के बाद उसे भी पूरा कर लूँगा। इधर काफी पैसे हाथ हथफेर हो गए हैं, उन्हें सधा कर ही अब उस ओर ध्यान दूँगा।

घर में कल लौटा, तो मालूम हुआ, मुझे बख्तियारपुर की एक सभा में जाना है। थका-माँदा था, किन्तु जाना ही पड़ा। एक बजे से सभा थी, मैं साढ़े पाँच में पहुँचा; तो भी लोग डटे हुए थे। बाजा-गाना, झंडे-नारे—एक अजीब उत्साहमय दृश्य था। आम सभा के बाद एक साहित्यिक परिषद् और एक पुस्तकालय में मेरे लिए अभिनंदन का आयोजन था। यह मुझे ही सौभाग्य प्राप्त है कि हर तबक़े और रुचिवालों से स्वागत-सत्कार पा जाता हूँ। अपने प्रति लोगों का यह आकर्षण देखकर आश्चर्य होता है। काम की भीड़ है, नहीं तो एक बार सारे प्रांत का दौरा कर जाऊँ, तो फिर रंग ही बदल जाए।

अब आज से ग्रन्थावली के प्रकाशन में जुट जाना है। इस रैली ने मेरे उत्साह को और बढ़ा दिया है। लगता है, जिस काम में जुट जाऊँगा, उसे पूरा करके ही छोड़ूँगा। यदि यह काम सम्पन्न कर लिया तो समझूँगा, जिन्दगी के एक महान् उद्देश्य की पूर्ति हो गई। जो कुछ लिखा, चारों ओर बिखरा हुआ है। उन्हें एक साथ कर देने से बोध हो सकेगा, मैंने किया क्या है। मेरा खयाल है, साहित्य को जितना मैंने दिया है, बहुत कम लोग दे सके होंगे!

छपरा
29 जनवरी 1953

माँझी में एक सांस्कृतिक सम्मेलन था, उसी का सभापतित्व करने गया था। सोचा ग्रंथावली के लिए स्थायी ग्राहक जुटाने का काम भी शुरू करूँ। इसीलिए 25 जनवरी को यहाँ आया और आज पटना लौट रहा हूँ।

माँझी, सरयू के किनारे, एक कस्बा है। यहाँ थाना है, हाईस्कूल है। काफी हरी-भरी ज़मीन। अमरूद और बेर के बगीचों की भरमार। एक डाक बँगला भी है—जिसमें छपरा के मनचले हाकिम प्रायः पहुँचते हैं। सरयू की धारा यहाँ बड़ी चौड़ी है। उस पर का पुल भी बहुत लम्बा है!

माँझी कभी ऐतिहासिक स्थान भी रहा होगा। यहाँ एक गढ़ है, जिसमें कुछ खुदाई भी पहले की गई थी। यह पुरातत्व विभाग से सुरक्षित किए गए स्थानों में से है। मालूम होता है, गढ़ बहुत ऊँचा था, चारों ओर दीवारें थीं, खाई थी। दो जगह जो खुदाई की गई, वहाँ दरवाज़े हैं, उनके भीतर सुरंगे हैं। कहते हैं, इन सुरंगों से बहुत दूर तक जाया जा सकता है।

कोई मौनी बाबा यहाँ रहते थे, उनकी कुटिया भी है।

साहित्य की दृष्टि से भी इस स्थान का बहुत महत्त्व है। यहीं बाबा धरणीदास नामक एक साधु आते हैं, जिनके पद अब तक देहातों में प्रचलित हैं! इनके द्वारा रची तीन पुस्तकों की हस्तलिपियाँ भी यहाँ थीं, जिनमें से दो डॉ. ब्रह्मचारी (पटना) ले गए। लोगों ने शिकायत की, ब्रह्मचारी जी ने न तो उन्हें लौटाया और न उनके सम्बन्ध में कोई बात ही की।

पैदल ही गढ़ की परिक्रमा करते; सरसों, चने, मटर, गेहूँ, अरहर के खेतों और बेर-अमरूद के बगीचों से गुजरते स्टेशन आया। कुछ नौजवान साहित्य रसिक उनके साथ में थे। बड़ा आनन्द आया!

जब-जब देहात में जाता हूँ, उसकी हरियाली मेरे हृदय को हरा कर देती है। स्वभावतः ही मैं देहात का आदमी हूँ।

छपरा में ग्रंथावली का काम शुरू किया। ऐसा तय किया है कि सौ रुपए के डेढ़ दो सौ स्थायी ग्राहक बना लूँ, और उन्हीं से प्राप्त रुपयों से ग्रंथावली के प्रकाशन कार्य को आगे बढ़ाऊँ। डर लगता था, लोग इस प्रबंध का कैसा स्वागत करेंगे। किन्तु यहाँ दो दिन ही दौड़-धूप की तो, एक दर्जन सज्जनों ने ग्राहक बना देने का जिम्मा लिया। यह बड़ी ही अच्छी शुरुआत है, इसमें सन्देह नहीं।

भाई मनोरंजन जी ने तो कमाल किया। पहले कहा, अपने कॉलेज को ग्राहक बना दूँगा; किन्तु जब मैंने सारी योजना रखी, तुरन्त सौ रुपए दे दिए। ढाई-तीन घंटे तक वहाँ काव्य-चर्चा और पुरानी स्मृतियों का वर्णन चलता रहा। उन्होंने राय दी, मैं अपनी कविताओं का संग्रह भी अवश्य दे दूँ।

प्यारे कपिलदेव ने बड़े आराम से रखा और सदा साथ दिया।

जब छपरा से लौट रहा था, रेल की भीड़ का क्या कहना? लोग रेल की छतों पर जा बैठे, सभी क्लासों में बेतरह घुस पड़े थे। बड़ी मुश्किल से जगह मिली। न जाने अपने देश में रेल की व्यवस्था कब सुधरेगी और लोगों में नागरिकता की भावना कब विकसित होगी।

बेनीपुर
7 फरवरी 1953

कुछ तबीयत ख़राब है। परसों यहाँ आया। अभी कुछ दिन रहूँगा।

इधर बड़ी दौड़-धूप रही। बेदौल-रैली के बाद कई जगह जाना पड़ा। जिनमें मुख्य हैं—आसनसोल और काशी। आसनसोल में बंग प्रान्तीय हिन्दी साहित्य सम्मेलन का उत्सव था। मुझे कहानी परिषद् का सभापतित्व करना था। राष्ट्रभाषा-परिषद् में भी मुझे बोलना पड़ा।

बंगला के कई साहित्यिक महारथी पहुँचे थे। सबने मेरे भाषण को सराहा।

इधर हिन्दी को राष्ट्रभाषा क्या बनाया गया, उसको लेकर तरह-तरह की बदगुमानियाँ फैल रही हैं। यही नहीं, उसके ख़िलाफ षड्यंत्र भी चल रहा है। हिन्दी के कुछ विद्वान ऐसा रुख ले रहे हैं कि लोगों को हिन्दी से चिढ़ होने लगी है।

काशी में काशी विद्यापीठ के समावर्तन-समारोह के उपलक्ष्य में एक व्याख्यान-माला प्रारम्भ की गई थी। अन्तिम दिन मुझे बोलना था, राजनीति और साहित्य पर!

दूसरे दिन आचार्य नरेंद्रदेव जी से मिला और 'आज' कार्यालय में गया। आचार्य जी हिन्दू विश्वविद्यालय के कामों में गए थे। पार्टी के नए रूप पर हँसते-हँसते कुछ-कुछ व्यंग्य कस रहे थे।

'आज' वालों ने बड़ी आत्मीयता दिखाई। उन्होंने बराबर लिखते रहने को भी कहा। मैंने उनसे आग्रह किया कि तुलसी-स्मारक और भारतेन्दु रंगमंच के लिए बराबर आन्दोलन करते रहें। 'नई धारा' में मैंने प्रायः ही इसकी चर्चा की है; किन्तु 'आज' इसे उठा ले, तो काम आगे बढ़े। विद्यापीठ के अपने भाषण में भी मैंने इस पर जोर दिया था।

काशी में ही था कि तबीयत सुस्त हुई। भागा-भागा पटना आया। वही जौंडिश का दौरा है। हकीम साहब ने कहा—घर जाइए और पूरा विश्राम कीजिए। रानी भी पटना पहुँच गई थी। उन्हीं के साथ घर आया।

इस बीमारी के चलते ग्रंथावली के काम में कुछ देर हो रही है। सोचा था, मार्च में पहली

जिल्द निकाल दूँ। किन्तु अब तो यह होने से रहा। एक तो अभी रुपए इकट्ठे नहीं हुए। जो आए भी वो फुटकर कामों में ही खर्च हो गए। फिर चित्रकारों ने तो सबसे अधिक धोखा दिया। ये कम्बख़्त जैसे समय पर काम करना जानते ही नहीं।

रुपए इकट्ठे करने में कठिनाई हो रही है। वादा तो लोग कर देते हैं, किन्तु देने के समय ढील देते हैं। लोग कहते हैं, आजकल रुपए की कमी हो गई है, बाज़ार में मंदी आ रही है, चारों ओर रुपए के लिए हाय-हाय है। मैं भी अनुभव कर रहा हूँ। पहले हज़ार-दो हज़ार रुपए बात-बात में इकट्ठे कर लेता था। किन्तु इस समय सौ-दो सौ रुपए में भी दिक्कत आती है।

सोचता था, कहीं से पाँच-छः हजार रुपए उधार ले लूँ और काम चलाऊँ। किन्तु, डर लगता है, 'युवक' वाली हालत नहीं हो। 'युवक' के लिए कर्ज लिए, तो बहुत परेशानी उठानी पड़ी। तब तो जवान था, किसी तरह सधा दिए। अब बुढ़ापे में यह जोखिम लेना क्या ठीक होगा?

दो-तीन दिनों में ही यहाँ तबीयत अच्छी हो रही है। सामने सरसों का समुद्र लहरा रहा है—यह मनभावना दृश्य, शुद्ध हवा, निश्चिन्त जीवन। बाल-बच्चों के कलरव के बीच में—तीनों पोते ऊधम मचाए रहते हैं, रत्तन तो आकर सीधे छाती पर सवार हो जाता है। मन्नन को उसके इस अधिकार पर चिढ़—वह आता है, मेरी गोद में चिपकना चाहता है। फिर दोनों भाइयों में कुहराम शुरू हो जाता है। लल्लन अब सयाना हो रहा है। मेरा सेवा करने का जैसे उसे शौक़ हो!

प्रभा अब बढ़ रही है। सोचता हूँ, 55 में उसकी शादी करके निश्‍चिंत हो जाऊँ। महेन्द्र में कितना विनोद है—कहाँ से पाया उसने इसे।

दुलहन घर के कामों में लगी। रानी बेटे-पोते में मस्त। यों सब तरह आनन्द-आनन्द। इस साल फसल भी अच्छी हुई है। घर के खर्च से तो बिलकुल निश्चिन्त रहूँगा ही।

बेनीपुर
21 फरवरी 1953

इस एकान्त में पढ़ने को गोर्की की आत्मकथा के तीनों भाग ले आया था; किन्तु, कितना आश्चर्य—बार-बार चेष्टा करने पर भी सिलसिले से पढ़ नहीं सका। पढ़ने से मन ऊब उठता है। गोर्की ने अपनी ग़रीबी और परेशानी को इतना ब्योरे के साथ वर्णन किया है और रूस के निम्न वर्ग के जीवन का जैसा घिनौना चित्रण दिया है, पढ़ते-पढ़ते अजीब विरक्ति आ जाती है। हाँ, जो लोग उस समय के रूस के सामाजिक जीवन का अध्ययन करना चाहें, उनके लिए यह पुस्तक बहुत ही काम की सिद्ध होगी। किन्तु, गोर्की ऐसे साहित्यिक की जीवनी में हम इससे कुछ अधिक देखना चाहते थे।

यहीं रोम्याँ रोलाँ के 'जीन क्रिस्तोफे' का अन्तिम भाग पढ़ा। पढ़कर मुग्ध हो गया। इसमें जीन क्रिस्तोफे की अन्तिम यात्रा का वर्णन है, किन्तु उसका शीर्षक दिया गया है—नया प्रभात! जीवन को जिस शीर्ष स्थान पर रोलाँ ने रखा है, वह साहित्य में अद्भुत है। इस भाग को उसने यों समर्पित किया है—सभी देशों की स्वतंत्र आत्माओं को, जो दुख उठा रहे हैं, लड़ रहे हैं और जो अवश्य विजयी होंगे। और उसकी भूमिका में उसने लिखा है—ओ नौजवानों, ओ आज के आदमियों, हमें कुचलते हुए आगे बढ़ते चलो, पैरों से रौंदते हुए आगे बढ़ो। हाँ, आगे बढ़ो और हमसे भी महान् बनो, हमसे भी अधिक सुखी होओ!

राँची
होली, 1953

आज होली है। आज मुझे अपने बाल-बच्चों के साथ रहना चाहिए। यही मेरा नियम भी रहा है। स्वतंत्रता की लड़ाई में जब जेलों में रहा, उसे छोड़कर यह पहली बार है, जब मैं होली में घर पर नहीं हूँ। ऐसा क्यों हुआ?

(एक दुखद प्रसंग हो गया। जित्तिन पाँच वर्षों से घर पर होली में नहीं आया। इस बार उसने चाहा था कि होली में घर पर रहूँ। किन्तु, उसे किस प्रकार बुला सकता, जबकि उसकी फीस के लिए जो चेक दिया, वही लौटकर आ गया।

फिर जयनाथ मिश्र ने मुझे धोखा दिया। उन्होंने कहा था, चेक दे दीजिए, मैं रुपए जमा करा दूँगा। किन्तु, उन्होंने रुपए नहीं जमा कराए—टके-सा जवाब दे दिया है कि अब अगले महीने में रुपए दूँगा। इधर जित्तिन ने समझ लिया, हम लोगों ने उसकी भावनाओं पर ध्यान नहीं दिया। वह तार पर तार देता रहा। बिगड़कर देवेन्द्र को पत्र भेजा कि होली को उपहार भी मत भेजिए। मैंने सोचा, मुझे प्रायश्चित करना चाहिए। उसे लिख दिया है, जब तक होली में तुम्हें नहीं बुला पाता, घर पर मैं भी होली नहीं खेलूँगा। उसी प्रायश्चित में यहाँ आ गया हूँ!)

आज दिन-भर चारों ओर होली की धूम रही, शाम को मैं भी बाहर निकला था। किन्तु,
"क्या लुत्फ़ अन्जुमन में जब दिल ही बुझ गया हो!"

यहाँ परमेश्वर के घर पर ठहरा हुआ हूँ। याद आता है, जब परमेश्वर से अपने मामा की लड़की की शादी की बात की थी, मामा के पट्टीदारों ने विरोध किया था। शादी के बाद इधर-उधर घूमता रहा। फिर पटना में बैठकर किसी तरह अपनी गाड़ी खींचे जाता। किन्तु वही परमेश्वर है, जिसने इस राँची में चालीस हजार में यह शानदार मकान खरीद लिया है। घर के साथ एक बड़ा बगीचा है। दरवाज़े पर तीन-तीन मोटरें खड़ी रहती हैं। अपने बाल-बच्चों के साथ बड़े मज़े में रहता है। रुपए हैं, दोस्त हैं, सम्मान है, पूछ है! मैं भी यहाँ इसलिए आया कि इस मुफ़लिसी के समय में उससे कुछ सहायता प्राप्त कर सकूँ—निस्सन्देह अपनी किताबों के लिए ही!

परमेश्वर में एक बड़ा गुण रहा है, वह धुनी है, लगनशील है और जानता है किस तरह काम निकाल लिया जा सकता है। उसके इस स्वभाव ने ही उसे सफलता दिलाई है।

एक तो तबीयत ख़राब रहती है, फिर तरह-तरह की मानसिक अशान्ति। अजीब स्थिति में अपने को पाता हूँ और त्राण की कोई राह नहीं दिखाई पड़ती। किन्तु, मैं भी हार मानने वाला नहीं हूँ। उद्योग करता जा रहा हूँ; हाथ-पैर पटकता जा रहा हूँ, किनारा मिलकर रहेगा।

यह दिन-दिन स्पष्ट होता जा रहा है, मुझे अपने प्रकाशन में जुट जाना है। सिवा उसके कोई दूसरा चारा नहीं—नान्यपंथाः। किन्तु प्रकाशन के लिए पाँच-छः हजार रुपए चाहिए ही; तभी काम धड़ल्ले से चल सकेगा। ये रुपए कहीं से आवें, कैसे आवें। इसी के लिए तरह-तरह के उपाय में लगा हूँ; देखिए, कब गोटी लाल होती है?

सतत उद्योग से क्या नहीं हो सकता? बेनीपुरी, ज्यादा चिन्ता नहीं किया करो, इस संकट के द्वारा तुम्हारी फिर एक बार परीक्षा हो रही है!

पटना-स्टेशन
11 मार्च 1953

कलकत्ता जा रहा हूँ। एक पुस्तक के प्रकाशन के सिलसिले में। किन्तु मुख्य ध्येय तो है ग्रंथावली के लिए कुछ काम कर लेना। एक अजीब बात देखता हूँ। मेरे मित्र मेरी इस योजना की प्रशंसा तो खूब करते हैं; किन्तु ठोस सहायता के समय न-जाने कहाँ छिपे रहते हैं। जो वादे भी करते हैं, वे भी समय पर पूरा नहीं करते।

लेकिन, मैं भी तो धुनी हूँ। लगा हुआ हूँ, लगा हुआ हूँ। अनुभव ने बताया है—"कारज धीरे होत हैं!" फिर "काहे होत अधीर।" विद्यापति ने भी तो कहा है—"समय पाय तरूवर फरे तो, कतबो सिंधु नीर।" कहीं अधिक पानी पटाने से जल्द फल आता है—उलटे पेड़ के सूख जाने का ही भय रहता है! अभी समझ में नहीं आता, यह काम कैसे सध सकेगा। किन्तु देखा है, शुभ कार्य में लगे रहने से अप्रत्याशित सहायता मिल जाती है—जहाँ से, जिससे जिसकी कल्पना भी नहीं की जाती।

दिक्कत यही है कि तबीयत ख़राब है। ज़रा भी अधिक दौड़-धूप की कि जौंडिश के लक्षण उभड़ आते हैं। यह गर्मी का मौसम तो मेरे लिए और भी कष्टप्रद है। मेरी यह बीमारी कुछ मानसिक भी है। रुपए-पैसे के अभाव के कारण प्रायः मन में खिन्नता का राज्य रहता है। तो भी हँस लेता हूँ, क्योंकि यह स्वभाव है। और, इससे लोग समझते हैं, मैं बहुत सुखी हूँ। अच्छा ही तो है, लोगों के सामने मुँह बनाते रहने या दुखड़ा रोने से क्या होने वाला है?

बुरी बात यह हो रही है कि इन प्रपंचों में फँसे रहने के कारण कोई स्थायी चीज़ लिख नहीं पाता। कई पुस्तकें अधूरी पड़ी हुई हैं; यदि उन्हें पूरा नहीं किया, तो पीछे, बहुत दिनों तक सिलसिला टूट जाने के कारण, उनको उस रूप में समाप्त नहीं कर सकूँगा, जैसी कल्पना की थी।

बेलुर-स्टेशन
12 फरवरी 1953

संयोग से ही हम बच गए!! पंजाब-मेल से कलकत्ता जा रहा हूँ। यहाँ गाड़ी रुकी, तो पाता हूँ, इंजिन का एक पहिया ही टूट गया है। यदि होशियार ड्राइवर नहीं होता, तो गाड़ी उल्टी ही थी! वैसी हालत में हम किस स्थिति में होते! चारों ओर चीख़-पुकार मची होती। हम भी बच गए होते, इसका क्या ठिकाना था!

कल रात में खाने को दही मँगाया था। दही निकाल रहा था, अन्त में उसका मिट्टी का अमखोरा चूर-चूर हो गया। खैर, दही बर्बाद नहीं हुआ। क्या उसने कुछ इसी की सूचना दी थी?

मैं यात्रा, शकुन आदि पर विश्वास नहीं करता; किन्तु कभी-कभी अजीब हालत हो जाती है। अभी उस दिन दिशा-शूल में घर से चला। डर के मारे किसी ने रोका नहीं, किन्तु पटना से बनारस गया और वहीं बीमार पड़ गया। रानी ने देवेन्द्र से कहा था, तुम उनसे कहो कि आगे नहीं जाएँ। किन्तु न रानी को, न देवेन्द्र को हिम्मत हुई कि मुझे रोकें! तो, जब बीमार पड़ा, तो उन लोगों ने याद दिलाई!

× × ×

यह बंगाल है। नारियल के लम्बे-लम्बे पेड़, जिनकी गर्दन में अमृत भरे हरे-हरे फल लटक

रहे। जहाँ-तहाँ आम-पत्रों से लदे-लदाये। बाँस की फुनगियाँ किस शान से हिल रही हैं? चारों ओर हरियाली-हरियाली। केले-केले।

स्टेशन की बगल में ये कुछ झोपड़े-छाजा, बाजा, केश : तीन बंगाला देश ! एक कनेर के पेड़ की छाया के नीचे चारपाई डालकर कुछ लोग ताश खेल रहे हैं। एक बकरी चुगाली कर रही है। अलग एक चारपाई पर दो जने खुर्राटे ले रहे हैं—एक मर्द, एक बच्चा।

कनेर में पीले-पीले फूल हैं। ज़मीन पर अनेक जंगली पौधे हैं, उनमें उजले-उजले फूल। हमारी कँटैया यहाँ भी काँटों की झुरमुट में पीले-पीले अगनित फूलों के बहाने हँस रही है।

गाड़ी रुकी है। चारों ओर से लोग देख रहे हैं। कुछ इंजिन को घेरकर खड़े हैं; कुछ दूर से ही मज़ा ले रहे हैं। यह छोटी बच्ची, खँडुकी पहने। वह युवती—साँवली-साँवली; चेहरे पर कितना रस, जिसे बालों की लम्बाई और सुधराई ने और बढ़ा दिया है। बस चेहरे तक ही देखिए—क्योंकि कहा है—चूना...दही : तीन बंगाला नहीं! देखिए न उस बुढ़िया को, खण्डहर बता देगा, इमारत कैसी होगी?

वह बच्चा, खेलवाड़—तिल्ली से पेट निकला है तो क्या? नौजवान—बालों से नारियल का तेल चू रहा है! उसे भी गर्व होगा, आमार सोनार बाँगला! उन्हीं में से तीन-चार उस गड्ढे में मछली मार रहे हैं। कुम्भी से भरा गँदला पानी—कोई उलीच रहा, कोई हापी लिए ध्यान से देख रहा, कहाँ पानी हिला, कि हापी में छ्प से मछली फँसाया!

सबके मुँह में पान—बड़े-बड़े पान उन पर कसकर सुपारी, कत्था और तरह-तरह के मसाले रखे, फिर लपेट-सपेटकर मुँह में रख लिया। एक तरफ का गाल गुठली की तरह निकल आया है! जब बातें कीजिए, काले चेहरे के बीच दाँत और जीभ की लम्बाई ऐसी शोभती है मानो अँधेरी रात में डीज की लालटेन जल उठी!

बंगला भाषा कुछ गोल-मोल लगती है—यह गोलाई इसी पान के बीड़े ने दी है, या रसगुल्ले ने! रसगुल्ले कितनों को नसीब हैं, मुख्यतः इसी बीड़े ने।

पटना
17 मार्च 1953

चार दिनों के बाद कलकत्ता से लौटा हूँ। जब कभी बाहर जाता हूँ, मन कुछ हलका हो जाता है। पाता हूँ, मेरे प्रति, मेरी रचनाओं के प्रति कैसा स्नेह है, आदर है।

यों तो गया था, एक टेक्स्ट बुक के सिलसिले में, किन्तु वहाँ ग्रंथावली का काम भी अच्छा हुआ। एक मित्र ने दस स्थायी ग्राहक और एक मित्र ने पाँच स्थायी ग्राहक बना दिए। उन लोगों ने कहा, यदि मैं यहाँ कुछ दिनों जमकर बैठ जाऊँ, तो पहले खंड के लिए तो यहीं से पैसे निकल आवें। किन्तु, समय कहाँ था? जो हो गया, उसे ही ले-देकर लौट आया।

जो टेक्स्ट बुक तैयार किया, उसके कुछ अंश देवेन्द्र ने लिखे थे, कुछ अंश मैंने। किन्तु, उस पर एक दूसरे सज्जन का नाम देना पड़ा। कैसा कुकर्म—किन्तु परिस्थितिवश ऐसा करने को मजबूर होना पड़ा मुझे। सबसे बड़ा दुख यह हुआ कि देवेन्द्र की यह पहली रचना थी, किन्तु उस पर उसका नाम नहीं। क्योंकि एक बच्चे की चीज़ को, भले ही वह कितनी उत्तम क्यों नहीं हो, टेक्स्ट बुक में किस प्रकार रखा जा सकता? चारों ओर पाखंड है, चोर बाज़ारी है और शरीफों को भी उसमें शिरकत करनी पड़ती है।

बंगीय हिन्दी परिषद् में अपनी नई पुस्तक "धरती की धड़कन" का एक अंश सुनाया—सबने खूब ही सराहा।

चलते दिन, यानी कल मोरल रिआर्मामेंट—एमआरए— द्वारा अभिनीत एक अंग्रेजी नाटक देखा—कितना सुन्दर! हमारा रंगमंच इस स्तर पर कब आ पाएगा?

मुज़फ्फरपुर
30 मार्च 1953

इस डायरी में यह अन्तिम बार कुछ पंक्तियाँ लिखने जा रहा हूँ। तीन वर्षों से डायरी लिख रहा हूँ—इसी प्रकार कभी-कभी अपने विचारों, किसी घटना या अपने अध्ययन के कुछ निचोड़ इसमें दर्ज करता आया हूँ। देवेन्द्र ने इसके लिए आग्रह किया। तीन महीने से किसी तरह उसका निर्वाह भी हो जाता है।

इस साल की डायरी को समाप्त करने के लिए इस एक साल पर एक विहंगम दृष्टि डाल लेना चाहता हूँ।

इस साल की डायरी एक निराशा के वातावरण में शुरू की थी। शुरू करने के पहले इक़बाल के दो शे'र लिख दिए थे—

सितारों से आगे जहाँ और भी हैं,
अभी इश्क के इम्तिहाँ और भी हैं।
तू शाहीं है, परवाज़ है काम तेरा,
तेरे सामने आस्माँ और भी हैं!

ऊपर के शे'र का भावार्थ यह था कि मैं जो असेम्बली के पिछले चुनाव में हार गया, उससे निराश नहीं होना चाहिए। अभी कार्य के लिए और भी क्षेत्र हैं और परीक्षा के अवसर और भी आएँगे। दूसरा शे'र अपने में सतत् परीक्षा उद्योग की भावना भरने के लिए लिखा, किन्तु, कुछ ही दिनों के अन्दर यह तो भविष्यवाणी के रूप में सिद्ध हुआ। मुझे अचानक पेरिस से निमंत्रण मिला और मैं यूरोप की दोबारा सैर कर आया।

यह एक साल कैसा बीता? मैं कह सकता हूँ, कुल मिलाकर यह साल बहुत ही अच्छा रहा। यूरोप की दूसरी बार यात्रा हुई। यह यात्रा पहली यात्रा से भी अच्छी थी। तीन सप्ताह पेरिस में रहा, बहुत देखा, बहुत जाना, बहुत सीखा। "पेरिस नहीं भूलती" नामक एक पूरी पुस्तक तैयार कर दी। यह नाम अचानक पड़ गया। जब पेरिस से लंदन आया, बी.बी.सी. के लिए एक वार्ता देनी पड़ी—उसका शीर्षक मैंने यही चुना। पीछे इसी नाम से पूरी पुस्तक का नामकरण करना पसंद आ गया। यों देवेन्द्र ने मेरी पेरिस की फाइल पर लिख दिया था, "पेरिस के क्षितिज पर"। यह नाम भी कुछ बुरा नहीं था।

स्विट्जरलैंड के सबसे सुहावने भाग को भी देखा—इन्टरलाकेन और जुंगफ्राड को। फिर इटली के वेनिस, फ्लोरेंस और रोम को देखा। रोम महान नगर है, वेनिस की चर्चा बचपन से ही सुनी थी। किन्तु, मुझे सबसे भाया फ्लोरेंस। यदि कभी कुछ दिन यूरोप में रहने की सुविधा मिली, तो मैं फ्लोरेंस को ही चुनूँगा।

एक दुखजनक बात यह हुई कि देवेन्द्र बी.ए. नहीं कर सके। इतना प्रतिभाशाली आदमी परीक्षा में दो बार फेल कर जाए, यह आश्चर्य की ही तो बात है। किन्तु मान लिया, जो कुछ हुआ, उसका फल अच्छा ही होगा। उसे साहित्यिक कामों की ओर लगाया और अब वह ग्रंथावली का काम मज़े से कर रहा है।

सबसे खुशी की बात हुई यह कि मेरा मकान लगभग तैयार हो चुका है। उफ़, पाँच

वर्षों से कैसी परेशानी थी। क्या-क्या न करना पड़ा है इस मकान के लिए? तो भी देर आयद, दुरुस्त आयद वाली बात हुई है। जब जयप्रकाश जी ने उसे देखा, बोले, सुना था आप मकान बनवा रहे हैं, यह तो महल बना लिया! सचमुच, यह महल ही बन गया है। थोड़ा काम बाकी रह गया है, अगली दीवाली तक उसे भी पूरा कर लूँगा!

"पेरिस नहीं भूलती" के अलवा "उड़ते चलो, उड़ते चलो" नामक दूसरी पुस्तक भी यात्रा पर तैयार की। यह छप भी रही है।

इस वर्ष "नेत्रदान" मैट्रिक के लिए कोर्स हुआ; उससे कुछ पैसे अनायास आ गए।

घर को पूरा करने में बहुत पैसे लग गए; काफी हाथ-हथफेर हो गया। इससे दो-तीन महीने बुरे कटे; किन्तु अब फिर स्थिति सम्भल गई है।

इस वर्ष का सबसे अच्छा शुभारम्भ हुआ है, ग्रंथावली का। बहुत दिनों से अपना प्रकाशन प्रारम्भ करने की सोच रहा था। प्रारम्भ भी किया, तो एक बारगी इतने बड़े पैमाने पर। बात यों है कि छोटी बात मेरे दिमाग़ में घुसती ही नहीं। पूरे प्रकाशन में साठ-सत्तर हजार रुपए लगेंगे। यों मैं हिम्मत नहीं करता; क्योंकि इतने ही रुपए लगाकर घर बनवा लिया, तो यह भी सम्पन्न हो ही जाएगा, इसी विश्वास पर इसे शुरू कर दिया है। प्रथम खंड को प्रेस में भी दे दिया है।

(बच्चों के लिए दो पुस्तकें नई लिख कर बिहार-प्रकाशन वाले को दी; उनमें एक पुस्तक निकल भी गई है।) यों इस साल चार नई पुस्तकें लिखीं, यह कोई कम काम तो नहीं हुआ। "विश्व संस्कृति के स्तम्भ" नाम से एक और पुस्तक तैयार की, उसके कुछ भाग देवेन्द्र ने लिखे थे। किन्तु कोर्स का खयाल कर उसके लेखक की जगह परमेश्वर का नाम रखना पड़ा। यह बुरी बात है, किन्तु परिस्थितिवश ऐसा करना पड़ा।

इस साल फुटकर लेख भी बहुत लिखे। रेडियो के लिए लगभग एक दर्जन चीज़ें तैयार करनी पड़ीं। "जब मैं बच्चा था" इस नाम से अपने बचपन के संस्मरण "बालक" में दिए जा रहा हूँ। "पत्रकार जीवन के तीस वर्ष" "आर्यावर्त" के लिए तैयार कर दिया है।

"चुन्नू-मुन्नू" तो मुझसे छीन ही लिया गया। उसकी कसक बनी हुई है। "नई धारा" को चलाता रहा। "रंगमंच-अंक" के रूप में उसका एक शानदार विशेषांक निकाला। हिन्दी के लिए यह अपूर्व आयोजन था। बड़ी प्रशंसा मिली। किन्तु, बात सही है कि "नई धारा" को जो रूप देना चाहा था, अब तक उसमें सफल नहीं हुआ। उसका विशेष कारण प्रकाशक का ढीला-ढालापन है। समय पर निकालने, अच्छी छपाई, सफाई देखने की ओर जब तक ध्यान नहीं दिया जाए, सिर्फ सम्पादक बेचारा क्या कर सकता है?

"सीता की माँ" नागपुर विश्वविद्यालय में एम.ए. के लिए रखा गया है।

ज़ब ये पंक्तियाँ लिख रहा हूँ, ख़बर मिली है, जित्तिन क्वालिफाईंग में पास कर गया। यदि सेलेक्शन बोर्ड में अच्छा किया, तो वह ऐकेडमी में ले लिया जाएगा। तब उसका भविष्य भी निश्चित हो जाएगा, और मेरी परेशानी भी बहुत-कुछ कम हो जाएगी। मुझे पूरा विश्वास है, वह बोर्ड से भी अवश्य ही निकल जाएगा।

राजनीतिक कामों से खिंचा-खिंचा रहा। सिर्फ बेदौल-रैली में मन से काम कर सका। किन्तु वहाँ का अनुभव भी कोई इतना अच्छा नहीं रहा। राजनीति में अब ऐसे लोगों की संख्या बढ़ती जाती है, जो ठोस काम नहीं करके फाँकेबाजी से ही काम निकालना चाहते हैं। सस्ती लीडरी का ही बोलबाला है। इधर पार्टी की ओर से कुछ ऐसे काम हुए हैं कि इच्छा होती है, इन झंझटों से अपने को दूर ही कर लूँ। किन्तु, जब-जब पार्टी की प्रतिष्ठा का प्रश्न आता है, सारा ममत्व जाग उठता है और उसमें पिल पड़ता हूँ। अजीब द्वंद्वमयी स्थिति है मेरी।

परिवार की हालत अच्छी रही। रानी की तबीयत जब-तब कुछ खराब होती रही, किन्तु, अधिक चिन्ता की बात नहीं रही। इस बारे में मैं कितना सौभाग्यशाली हूँ—तीन बेटे हैं, तीन पोते हैं, सिर्फ एक बेटी। बड़ी पुतोहू भी काफी कामकाजू लड़की है। जब घर जाता हूँ, अपने भरे-पूरे घर को देखकर फूला नहीं समाता।

इस साल फसल भी अच्छी रही। धान अच्छा हुआ, साल-भर निश्चिन्त रहूँगा। रबी को ओले ने बरबाद कर दिया, नहीं तो घर में अन्न-धन्न हो जाता।

सभी दृष्टियों से देखने पर यह साल बहुत अच्छा रहा—बहुत ही अच्छा।

झरिया
13 अप्रैल 1953

यों इस डायरी को रामनवमी से ही शुरू हो जाना चाहिए, किन्तु अब तक कुछ नहीं लिख सका।

बात यों है कि इधर बहुत ही व्यस्त हूँ—बहुत लिखना पड़ा, दिन-रात दौड़ना पड़ा। दम भरने की भी फुर्सत नहीं मिली।

पटना में किसानों की वह शानदार रैली हुई—सभी अखबारों ने माना, यह पटना के इतिहास की सबसे बड़ी रैली थी—बड़ी ही शान्त, सुसंगठित। इस रैली को सफल बनाने के लिए मुझे बहुत कुछ करना पड़ा।

ग्रन्थावली के स्थायी ग्राहकों के लिए भी दौड़धूप करनी पड़ी—पटना में, बाहर भी। काम बढ़ रहा है, किन्तु उतनी आसानी से नहीं, जितनी आशा की थी। किसी तरह धकाए जा रहा हूँ।

यहाँ भी किसी काम से कल आया। किन्तु प्रारम्भ में ही भद्रा पड़ गई। मेरे साथ बसावन भी आनेवाले थे। उन्होंने कहा था, चलिए, काफी काम करा दूँगा। किन्तु गोआ में ही पता चला, उनका तार आया है, वह नहीं आ रहे हैं। यहाँ आकर पाया, एक यूनियन के चुनाव को लेकर साथियों में मतभेद है।

किन्तु विघ्नों से घबरा जाऊँ, तो बेनीपुरी कैसा? जिन्दगी-भर तो इसी को साथ रहा, इस बुढ़ापे में वह मुझे क्यों छोड़े। कोशिश किए जा रहा हूँ, जो होना होगा, होगा।

कल से लीडरी ही चली है, भोर में एक सभा, शाम को एक सभा। शाम की सभा सिन्दरी में हुई थी। सिन्दरी को देखकर बड़ी प्रसन्नता हुई। जंगल में मंगल—जब रात में लेट रहा था, बिजली की बत्तियों की मालाओं ने और भी मुग्ध कर लिया।

यह एशिया का सबसे बड़ा खाद-कारखाना है। जब इंगलैंड में था, उस कारखाने को देखने गया था, जहाँ इसकी मशीनें तैयार हुई थीं। जिनके डायरेक्टर ने कहा था, यहाँ से इतनी खाद तैयार हो सकती है कि सारे एशिया को दो सौ वर्षों तक खाद आप दे सकेंगे। यों इसका अन्तर्राष्ट्रीय महत्त्व है। यह बिहार में बना, यह हम लोगों के लिए और भी सौभाग्य की बात है।

किन्तु, कैसा आश्चर्य। एक ओर हम लोग उद्योगों के राष्ट्रीयकरण की बात करते हैं, दूसरी ओर हम सरकारी उद्योग के कुप्रबन्ध को देखते हैं। बिलकुल नौकरशाही का बोलबाला है। प्रबन्ध-भार एक आई.सी.एस. अफसर को दिया गया है। जिसने बहुत अँधेर मचा रखा है। मजदूरों के लिए मकान नहीं है, अभी तक उनकी नौकरी के स्थायित्व का कोई सिलसिला नहीं रखा गया, वेतन आदि में भी बड़ी धाँधली है।

यह भी सुना, यहाँ खासकर बिहारी अफसरों और कर्मचारियों की बड़ी दुर्गत है। आई.सी.एस. अफसर बंगाली है। हर जगह उसने बंगालियों को भरने की कोशिश की है।

मैं सवा घंटे तक बोला—नेतृत्व सरकार की असफलताओं की गिनती गिनाने लगिए, तो फिर आपको जल्द फुर्सत कहाँ मिलेगी?

सोशलिस्ट पार्टी यदि डटकर काम करे, तो हर जगह उसके लिए व्यापक क्षेत्र है। लोगों को जिनसे आशाएँ भी हैं। किन्तु, दुख है, पार्टी पार्टी की तरह ठीक तरह से काम नहीं कर पाती। व्यक्तिगत आकांक्षाओं और रुचियों के कारण कर्मचारियों में हर बार वैमनस्य और विरोध पाता हूँ।

आजकल कोयस्लर का 'ऐरो इन द ब्लू' पढ़ रहा हूँ, उसकी आत्मकथा है। उसने बताया है, किस तरह यूरोप के सोशल डिमोक्रैट समय पर किंकर्त्तव्यविमूढ बने जिससे एक ओर फासिज़्म आया, एक ओर कम्युनलिज़्म बढ़ा। ऐसा न हो, सोशलिस्ट पार्टी पर भी इतिहास का फतवा यही हो।

एक ही आशाकेन्द्र—जयप्रकाश! किन्तु अकेले वह क्या कर सकेंगे, यदि हमारा रवैया यही रहा!

दिल्ली की राह में
17 अप्रैल 1953

अभी-अभी कोयस्लर का 'ऐरो इन द ब्लू' समाप्त किया है। घर पर पढ़ने की फुर्सत नही रहती, यात्रा में ही मन-भर पढ़ता हूँ। कलकत्ता की यात्रा में इसे खरीदा, दिल्ली की यात्रा में समाप्त किया।

अच्छी पुस्तक है। कोयस्लर का जीवन औपन्यासिक है। कल्पना के पात्र के जीवन में भी ऐसी विविधता कहाँ मिलेगी? धनी घर का लड़का—इन्जीनियरिंग पढ़ रहा था, जब पढ़ाई ख़त्म होने को थी, पढ़ना छोड़ दिया। यहूदी, पैलेस्टाइन में स्वर्ग बसाने की धुन में कहाँ पहुँचा; कुदाल चलाना, फेरी करना, भूखों मरना। एक बार चार दिनों तक उपवास रहना पड़ा, जिसका कैसा सजीव वर्णन किया है! मिश्र, हैका, फिर यूरोप—वियना, पेरिस, बर्लिन। जब वह सफल पत्रकार-पत्रिकारिता के ही झोंके में उत्तरी ध्रुव की यात्रा कर आता है। कि फिर नई सनक, वह कम्युनिस्ट हो जाता है।

कम्युनिस्ट बन जाने और उस पर डटे रहने के पीछे कौन-सी मनोवृत्ति काम करती है, इसका बहुत अच्छा विश्लेषण कोयस्लर ने किया है। अपनी भूलों, गलतियों, अपराधों को छिपाने की जिसने कभी चेष्टा नहीं की है। जिसने स्वयं माना है, आत्मकथा लिखते समय लेखक पूरा निरपेक्ष नहीं रह सकता, तो भी उसने निरपेक्षता की कोशिश की है और सफल हुआ है।

कई बार मैंने भी आत्मकथा लिखने की कोशिश की, छिटपुट आत्मकथात्मक निबन्ध तो प्रायः लिखता रहा हूँ, किन्तु एक सिलेसिलेवार चीज़ अभी तक नहीं दे सका। बात यह है कि मेरा जीवन कई हिस्सों में पेश हुआ है, पत्रकार बेनीपुरी, साहित्यकार बेनीपुरी, राजनीतिक बेनीपुरी, समाजवादी बेनीपुरी, फिर पारिवारिक बेनीपुरी, कि इन सब पर एक-एक पुस्तक लिखी जा सकती थी। अलग-अलग कुछ चीज़ें लिखी भी, किन्तु अब ''नई धारा'' में 'मुझे याद है' शीर्षक से एक लेखमाला शुरू कर दी है जिसमें सरसरी नज़र से जीवन के सभी पहलुओं पर दृष्टि डाल दूँ! फिर अलग-अलग चीज़ें देखी जाएँगी।

क्या करेंगे, चीज़ें तो बहुत लिखने को हैं, कम्बख़्त फुर्सत मिलती ही नहीं—कितने फुटकर कामों में समय बर्बाद करना पड़ता है।

नई दिल्ली
18 अप्रैल 1953

जब पार्लियामेंट भवन के सामने जाइए, तब पूरा पता चल जाता है कि यहाँ का वातावरण कितना अप्राकृत है!

यह विशाल भवन, जिसके नीचे एक गरीब देश की संसद बैठती है। अंग्रेजों ने जिसे अपने साम्राज्य के प्रतीक के रूप में बनाया था, उसे हमने जनतन्त्र का प्रतीक मान लिया है। कहाँ साम्राज्यवाद, कहाँ जनतन्त्र!

ये सिपाही, ये चपरासी—रिवाल्वर लटकाए, सुनहली लिवरियाँ लगाए। आँगन के नीचे हँसते-महकते फूल, हरी लान। भीतर एयर कंडिशन्ड कमरे, मखमली झालरें, गुलगुले गद्दे। यहाँ आकर लोग अपनी गरीबी अपने देश की गरीबी भूल जाएँ—तो आश्चर्य क्या?

सभी चीज़ें बनावटी लगती हैं—लोगों के चेहरे, उनकी पोशाकें, उनकी बातें। लगता है, यहाँ के वातावरण में नक़ाब है।

सुना, कल संसद में एक सदस्य ने कहा—यहाँ जिन सबसे अधिक रुखड़ी चीजों से मुठभेड़ होती है वे हैं रेशमी साड़ियाँ और साटन की चोलियाँ—किन्तु देश की स्थिति की रुखड़ाट कहीं दूसरी ही है।

बात सही है! किन्तु जहाँ रेशमी साड़ियों और साटन की चोलियों का संसर्ग बढ़ा, फिर देश की भूख और नंगेपन का ध्यान कौन रखे?

नई दिल्ली
23 अप्रैल 1953

कई दिनों से दिल्ली में हूँ—ग्रन्थावली के काम से आया, किसी काम से घूम रहा हूँ। कुछ काम हुआ है, कुछ होगा, कुछ नहीं होगा। काम का काम—गुठली के दाम की तरह अनुभव भी कुछ कम नहीं होता। एक अजीब कथा है, जिससे आशा करता हूँ, उससे पूरी नहीं होती, किन्तु दूसरे आकर काम कर देते हैं।

दिन-दिन विश्वास होता जाता है, प्रयत्न कभी विफल नहीं होता, हाँ, किसके द्वारा सफल होगा और कब सफल होगा, इसे निश्चित रूप से नहीं कहा जा सकता।

सेठ गोविन्ददास जी ने बड़ी आत्मीयता दिखलाई है। बेचारे लोगों को पकड़-पकड़ कर मिलाते रहे और मेरी प्रशंसा क़रते अघाते नहीं। बार-बार कहते हैं, मेरे योग्य सेवा से अवश्य परिचित कराते रहें। सेठ जी में हिन्दी के लिए अपार प्रेम है, सभी हिन्दी-सेवी उनके आत्मीय हैं। कल शाम को उनके घर पर हिन्दी की गोष्ठी थी—संसद के पचास से ऊपर सदस्य आए थे। श्री अनन्त राघवन आयंगर और श्री श्यामाप्रसाद मुखर्जी तथा श्री राजभोज के हिन्दी में व्याख्यान सुनने ही योग्य थे। वे टूटी-फूटी हिन्दी में बोलते थे, किन्तु उनकी भाषा कितनी प्यारी लगती थी!

किन्तु तीनों की बातों में तीन चीजें थीं—आयंगर ने तो जैसे दिल खोल दिया था। सेठजी ने कहा, हम लोग तामिल आदि दक्षिण की भाषा हिन्दीवालों को पढ़ाने की कोशिश

कर रहे हैं। आयंगर ने कहा—तामिल में समय क्यों बरबाद कर रहे हो, पहले संस्कृत सीखो, मैं सिखा दूँगा। किन्तु मुखर्जी ने दो माँगें पेश कीं—हिन्दी को सरल बनाओ और हमारा साहित्य भी पढ़ो। राजभोज दलितों का प्रतिनिधित्व करते हैं, उन्होंने कहा, मेरे लोग अंग्रेजी कहाँ पढ़ सकते हैं, उन्हें तो हिन्दी ही चाहिए।

बिहार के बन्धुओं से मिलता हूँ, बड़े प्रेम से मिलते हैं, किन्तु काम नहीं चलता। 'दिल मिलाते ही नहीं, हाथ मिलानेवाले' की कहावत चरितार्थ हो रही है। सब लोग अपना दुखड़ा ही सुनाने लगते हैं। कल अवधेश्वर ने कहा—लोग तुम्हें प्यार तो करते हैं, किन्तु उन्हें विश्वास नहीं होता कि इतना बड़ा काम तुम कर लोगे।

एक चीज़ देख रहा हूँ, यदि मैं पहला खंड तैयार कर लूँ, तो फिर काम आसान हो जाए। यहाँ से जाकर उसी काम में लग जाऊँगा। कल ही जानेवाला था, किन्तु यहाँ कुछ और काम कर लिया जा सकता है, इसी से रुक गया हूँ। 'दिनकर' मद्रास गए हैं, उनके लौटने पर चल दूँगा। मथुरा को लेकर ही दौड़धूप चल रही है।

यहाँ एक बात बहुत अखरती है। देश के इतने प्रतिभाशाली पुरुषों को पार्लियामेंट के सदस्य बनाकर क्यों बुला लिया गया है? यहाँ ये क्या करते हैं ? बात वही होती है, जो नेहरू चाहते हैं। बहसें होती हैं, किन्तु उनमें कितने आदमी शामिल हो पाते हैं? इतना समय कहाँ? जो लोग बोल पाते हैं, वे क्या बोलते हैं? झोंक में जो आया, बक गए। किसी को अध्ययन करने की फुर्सत नहीं—फुर्सत तो है ही, किन्तु चाव नहीं। बोलने के समय यह बराबर ध्यान कि पार्टी के बीस लोग नाराज़ नहीं हो जाएँ; अतः दिल भी नहीं खोल पाते। नतीजा यह है कि बरसों में भी कोई दम नहीं रह जाता। यों देखिए, तो इतने आदमियों की शक्तियाँ बिलकुल बरबाद जा रही हैं। यदि इन्हें यहाँ न बुलाकर किसी भी राष्ट्रोपयोगी काम में लगाया जाए, तो देश की शक्ल बदल जाए।

फिर, यहाँ अधिक दिनों तक रह जाने के बाद बैठा-ठाला जीवन व्यतीत करने की आदत लग जाती है। धीरे-धीरे कार्य-शक्ति ही नष्ट हो जाती है। यही नहीं, यहाँ का आमोद-प्रमोदमय जीवन उन्हें विलासी बना डालता है। जहाँ दिल्ली—नहीं, नई दिल्ली का चस्का लगा, फिर घर, देहात, झोपड़ी कब पसन्द आए? अतः दिन-रात इसी की धुन कि फिर किस तिकड़म से यहाँ पहुँच जाएँ। और इस तिकड़म के सिलसिले में सारे कुकर्म करने में जरा भी हिचक क्यों हो?

सोशलिस्ट पार्टी और कांग्रेस के मिलन को लेकर यहाँ तरह-तरह की बातें उड़ रही हैं। कल गोखले के घर खाना खाया—वह बता रहे थे, पार्टी में जयप्रकाश जी के नए रुख से बड़ी परेशानी है। संध्या को अवधेश्वर से मिला, तो वह कह रहे थे—नेहरू के बाद देश का नेतृत्व कौन लेगा? जयप्रकाश में ही तो यह क्षमता है। किन्तु, कांग्रेस का एक टुकड़ा ऐसा है, जो ऐसा होने देना नहीं चाहता! उधर तुम्हारी पार्टी में भी ऐसे लोग हैं, जो चाहते हैं कि ऐसा नहीं हो। वह पछता रहे थे कि इस समय वह पार्टी में क्यों न हुए?

अभी संसद के सेन्ट्रल हॉल में सुमित्रानन्दन पन्त जी के बड़े भाई से भेंट हुई। बड़े नेक स्वभाव के; खुलकर बात करनेवाले, संसद के सदस्य हैं। कहते थे, बात तो तय हो चुकी कि नरेन्द्रदेव जी कांग्रेस के सभापति होंगे, सुचेता और जयप्रकाश जी केन्द्रीय मन्त्रिमंडल में रखे जाएँगे और अशोक मेहता को प्लानिंग कमीशन में रखा जाएगा। उनकी बातें लोग बड़े चाव से सुन रहे थे।

सुचिता जी से भेंट हुई। भूकम्प के ज़माने में वह मेरे इलाके में काम कर चुकी हैं। बड़े प्रेम से मिलीं। इस पर दुख प्रगट किया कि विजेश्वर जी ने जो परसों मेरे सम्मान में

पार्टी के संसदीय सदस्यों को निमन्त्रित किया था, उसमें सम्मिलत नहीं हो सकीं। एक बार मेरे इलाके में चलने का भी वचन लूँगा।

झरिया
9 मई 1953

दिल्ली से पटना; पटना से बेनीपुर; फिर पटना और यहाँ।

दिल्ली में ग्रन्थावली का काम अच्छा हुआ। दिनकर ने, मथुरा ने, सेठ गोविन्ददास जी ने कोशिश की। पाया, पहला खंड निकल जाने पर काम धड़ल्ले से चल निकलेगा। लोग मेरी मदद करते हैं, रुपए भी दे देते हैं, किन्तु सारी बातें हवाई-सी लगती हैं उन्हें। अवधेश्वर ने कहा, पहला खंड निकाल लो, तो सारे खंड का ज़िम्मा मेरा। मतलब वही है!

दिल्ली में मज़े की कटी। मैथिलीशरण जी, बनारसीदास जी, नवीनजी, जैनेन्द्र जी, सत्यार्थी जी, माचवे, भट्टजी, मन्मथनाथ आदि से मिलकर, बातें कर, चित्त प्रसन्न हुआ। माचवे और सत्यार्थी के घर पर भोज भी रहा। सत्यार्थी ने मेरा और दिनकर का एक बड़ा अच्छा फोटो खींचा।

किन्तु, जब दिल्ली से लौट रहा था, रेल में ही मूर्च्छा आ गई—क़ै दस्त! उफ, कितनी परेशानी! अतः पटना आकर सीधे बेनीपुर चला गया। वहाँ चार दिनों तक पूरा विश्राम—मौसम भी बड़ा अच्छा, इस गर्मी में भी गुलाबी जाड़ा। यह घर क्या बनाया, ग्रीष्म का विश्रामागार बन गया।

पटना जाकर ग्रन्थावली का प्रूफ देखा। "माटी की मूरतें" कम्पोज से आ गई है। कम्पोज ही इतना सुन्दर—देखें, छपाई कैसी उतरती है। ऐंटिक कागज नहीं मिल सका है। किन्तु फादर ब्रेट का कहना है, छपाई बहुत अच्छी होगी, आप निश्चिन्त रहे!

सोच रहा हूँ, जून के अन्दर ही पहला खंड निकल जाना चाहिए।

यहाँ मुद्रिका के साथ आया हूँ। आज मुकुट आदि से मिलकर होनेवाले ग्राहकों की एक लिस्ट तैयार की है। लगता है, यदि चार-पाँच दिन का समय लगा दिया जाए, तो पच्चीस-तीस ग्राहक तो बन ही जाएँगे।

यों तो ग्रन्थावली का काम होता ही है, किन्तु, इसके लिए की गई यात्राओं में अनुभव भी कम नहीं होते। पाता हूँ, जिनसे अधिक आशा रखता हूँ, उनसे प्रायः निराशा मिलती है, किन्तु नए-नए लोग आकर मदद कर ही देते हैं। मानव स्वभाव को समझने-परखने का भी काफी मौका मिलता है।

जिस दिन दिनकर ने दिल्ली में कहा था, यदि तुम इस आयोजन में सफल हो गए, तो हिन्दी के प्रकाशन-क्षेत्र में भी तुम एक अमिट छाप छोड़ जाओगे, लेखकों के लिए एक रास्ता बना जाओगे।

जब इस तरह लगा हूँ, सफलता तो मिलनी ही चाहिए!

झरिया
12 मई 1953

एक ओर चिताएँ जल रही हैं, एक ओर दीवाली मन रही है—रात में झरिया को देखने से ऐसा ही लगता है।

जब चाकचिक्य कम हो जाता है, तभी तो किसी व्यक्ति या वस्तु का यथार्थ रूप प्रगट होता है।

झरिया दिन में अपना रूप छिपाने की कोशिश करे, रात में तो पर्दाफाश होना ही है।

और दिन में भी क्या इसका यथार्थ रूप छिप पाता है? चारों ओर धुआँ-धुआँ, खाई-खड्ड, झोपड़े-धौरें! बीच-बीच में सुन्दर इमारतें, चमचमाती मोटरें, चिकने चेहरे—झरिया मानव समाज के वीभत्सतम रूप का प्रतीक है।

किन्तु, रात आते ही राज़ और भी खुलने लगता है। एक ओर बिजलियों की कतारें जगमगा उठती हैं, दूसरी ओर सौफ्ट और हार्ड कोक बनाने के लिए पिजाबे जल उठते हैं। ये पिजाबे ऐसे लगते हैं, जैसे अनेक चिताएँ, एक साथ जल रही हों। वैसा ही धुआँ, वैसी ही दुर्गन्ध!

× × ×

झरिया बिहार में है। झरिया में कोयले के रूप में काला सोना है। यहाँ ढाई सौ खदान हैं, जहाँ से दिन-रात काला सोना निकलता रहता है। किन्तु, यह काला सोना किसके लिए ऊँचे महल बनाता है? किसके लिए मोटरें खरीदता है? किसके चेहरे पर रौनक उड़ेलता है?

बेचारे बिहारी—उनके चेहरे पर, शरीर पर, सिर्फ कोयले का काला धब्बा ही पड़ता है। उनके लिए धौरे हैं, झोपड़े हैं। दिन-भर खदानों में सड़ते हैं, गलते हैं, शाम को कोयले के धुएँ में खाना पकाते हुए जलते हैं, झुलसते हैं। बाहरवाले यहाँ के पीर बने बैठे हैं, बिहार के लोग बवर्ची हैं, मिस्त्री हैं, ख़र हैं! ज़्यादातर ख़र हैं—भारी बोझ ढोनेवाला, पूँछ दुबकाए, कान लटकाए चलनेवाला वह विशेष जानवर, जिसके सिर पर सींग भी नहीं कि लोग जिससे डरें!

आजकल बंगाल में शोर है, मानभूम हमें दे दो। मानभूम—यानी, झरिया! कल एक बिहारी सज्जन कह रहे थे, क्यों नहीं दे दिया जाए उन्हें? आज भी कुली का काम करते हैं, कल भी करेंगे! कुली और दरबान का काम तो बिहारी लोग सदा से बंगाल में करते रहे हैं!

यह निराशा की वाणी है—किन्तु यथार्थ बात यही है!

पटना
20 मई 1953

जब झरिया में था, एक दिन स्वप्न देखा, शिवपूजन जी का देहान्त हो गया है। बड़ी पीड़ा हुई। फिर नींद नहीं आई।

यहाँ आने पर पता चला, यथार्थतः एक दिन उनकी हालत बहुत खराब हो गई थी। अचानक मुँह से खून आने लगा, लगभग डेढ़ सेर खून थोड़ी देर में ही आया। सभी लोग व्याकुल हो गए। सुना, शिवजी भी रो रहे थे। खैर, तुरन्त दवा-दारू की गई, खून का आना बन्द हुआ और अब वह डब्ल्यू एच ओ के टी.बी. सेन्टर में रखे गए हैं।

मैं तो शिवजी के अहसानों से लदा हूँ। उन्होंने प्रारम्भ से ही मेरी मदद की है, मुझे सदा प्रोत्साहित करते रहे। प्रोत्साहन का भी उनका अजब ढंग रहा—तुम यह बनोगे, वह बनोगे। अभी उस दिन कह रहे थे, शंकर की दया से मेरी बहुत-सी बातें सत्य सिद्ध हुई,

शेष बातें भी सिद्ध होकर रहेंगी।

व्यक्तिगत बातों को बाद भी दे दीजिए! तो शिवजी ने बिहार की इस साहित्यिक पीढ़ी के लिए जितना किया है, क्या अकेले कोई व्यक्ति कर सकता है? बिहार का ऐसा कौन-सा लेखक है, जिसकी चीज़ों को सुधारने-सँवारने का काम उन्होंने नहीं किया। राष्ट्रपति राजेन्द्रप्रसाद से लेकर जितने छोटे-बड़े लोग हैं, सब उनके अनुग्रहीत हैं। मुझे याद है, राजा राधिकारमण प्रसाद सिंह की पहली रचना को उन्होंने ही सुधारा था और आज तक यह क्रम बना हुआ है।

मैं दावे के साथ कह सकता हूँ, जितने लोगों को बनाने, बढ़ाने का काम शिवजी ने किया है, उतना पं. महावीर प्रसादजी द्विवेदी से भी नहीं पार लगा था। हाँ, दोनों में फर्क सिर्फ यह रहा है कि जहाँ द्विवेदी जी की कृपा पाने के लिए लोग उनके आभार को स्वीकार करते थे, वहाँ शिवजी ने सदा अपने को गुमनाम ही रखना चाहा और रखा।

वही शिवजी बीमार हैं, टी.बी. के शिकार। अत्यन्त मेहनत के कारण ही उनकी यह दशा हुई है। जब से वह बिहार राष्ट्रभाषा परिषद् के मन्त्री के हुए, उसकी उन्नति के लिए दिन-रात एक कर दिया। उन्हें इस पद पर बिठलाने में मेरा भी हाथ रहा है। किन्तु मुझे दुख इस बात का रहा कि उन्हें क्लास टू में ही रखा गया और जहाँ इसी पद पर हजारीप्रसाद जी द्विवेदी को 750/- पर बुलाया जा रहा था, वहाँ शिवजी को 500/- पर ही काम को राजी कर लिया गया।

यही नहीं, शिवजी से काम भी अत्यधिक लिया जाता रहा। एक तो उनका स्वभाव ही ऐसा है; किन्तु देखना तो हमें भी चाहिए। शिवजी अपने से फाइल लिए शिक्षामन्त्री, शिक्षासचिव आदि के पास दौड़ते रहे, स्वयं आँख में मोतियाबिन्द हो जाने पर भी, प्रूफ देखते रहे, संक्षेप में क्लर्क, प्रूफरीडर, चपरासी सब का काम करते रहे। उनकी इस मेहनत से परिषद् की नींव तो मजबूत हुई, बहुत काम हुआ, किन्तु, इस बुढ़ापे में उनका स्वास्थ्य बिलकुल चौपट हो गया!

आज जरूरत यह है कि उन्हें शीघ्र से शीघ्र किसी अच्छे सेनिटोरियम में भेजा जाए, उन्हें एक वर्ष तक वहाँ रखा जाए, पूरे विश्राम के साथ दवा-दारू का अच्छा प्रबन्ध हो। किन्तु, उन्हें टी.बी. सेन्टर में ही भेजकर लोग निश्चिन्त हैं। मैंने इस विषय पर 'नई धारा' में एक ज़बर्दस्त संपादकीय लिखा है और उसे सभी पत्रों में छपने को भेजा है। मैंने सलाह दी है कि सभी साहित्यिक बन्धु अपनी कमाई के दस दिनों का हिस्सा शिवपूजन जी के लिए दे दें। मैंने अपना हिस्सा, एक सौ पचास रुपए, पूरा उसी दिन वीरेन्द्र को दे दिया है। देखना है, लोग क्या कहते हैं?

शिवजी की यह बीमारी हमारे लिए चेतावनी है। हम साहित्यिक पैसे बचा नहीं पाते, अतः कोई बड़ी बीमारी होने पर हमारे लिए चारों ओर अन्धकार ही नजर आता है। यदि हमने एक-दूसरे की मदद करने के लिए कुछ नहीं किया, तो हमारा राम ही मालिक है।

कैसी बात है, मेरे प्रांत के लोग एक-एक कर चल रहे हैं या चलने की तैयारी में लगे हैं। बार-बार यह शे'र याद आता है—

> पुराने अहबाब चल बसे सब,
> कहीं पे होंगे दो चार बाक़ी!

इसी चलती हुई पीढ़ी का एक सदस्य मैं भी हूँ। यों मेरा स्वास्थ्य अच्छा है, किन्तु क्या जाने, कब क्या हो? मूर्च्छा की बीमारी तो है ही, वह कभी भी अचानक उठा ले जा सकती है।

अतः, सोचता हूँ, जो अधूरे काम हैं, उन्हें जल्द-जल्द पूरा कर लूँ। अगले साल बेटी की शादी कर ही देनी चाहिए। मकान में जो थोड़ा काम रह गया है, उसे पूरा ही कर लेना चाहिए। फिर ग्रन्थावली का प्रकाशन भी 1955 के पहले समाप्त हो जाए, तो और भी तो सानन्द!

यों तो आज भी मरने को तैयार हूँ—जीवन के प्रति जो अपार मोह था, वह दिन-दिन सिमटता जा रहा है!

बनारस
21 मई 1953

यहाँ श्री उपेन्द्र महारथी के विवाह में आया हूँ। कल शाम को ख़बर दी गई, महारथी की शादी बनारस में हो रही है, बरात चली! बड़ा आनन्द आया। झट स्टेशन पहुँचा और यहाँ आया।

उपेन्द्र उत्कल के रहनेवाले हैं। कलकत्ता से चित्रकारी की शिक्षा पा बिहार आए। पुस्तक-भंडार में, लहेरियासराय रहे। यों तो पुस्तकों को सचित्र करते, किन्तु कुछ मौलिक चित्र जो बनाए, उनकी कूची की धूम मची! खासकर बुद्ध और गाँधी के जीवन पर उनके चित्र अपूर्व बने।

धीरे-धीरे उनकी कला की ओर बिहार का ध्यान गया। एक तो उत्कृष्ट कोटि के कलाकार : फिर उनका बाल-सुलभ स्वभाव। जो उनके संसर्ग में गया, उनका हो रहा!

किन्तु इस बाल-सुलभ स्वभाव के कारण उन्हें लोगों ने ठगा भी बहुत। (पुस्तक-भंडारवाले ने तो निर्मम शोषण किया ही, जिसने भी जो पाया, लूटा।)

हम लोग, जो उनके मित्र हैं, बहुत दिनों से चाहते थे, उनकी शादी हो जाए। मैं तो बहुत दिनों से चेष्टा में था। एक बार एक शादी तय भी कर दी थी, किन्तु अन्त में मुकर गए। यों ही कितनी बार कई लड़कियाँ ठीक की गईं, किन्तु शादी न हुई, न हुई। हम लोग तो निराश थे कि यह भलामानस अब यों ही रह गया। कि अचानक, यह ख़बर—फिर हमारे आनन्द का क्या कहना!

यहाँ पता चला है, ऋषिकेश के एक जन्मान्ध महात्मा हैं, जिनका प्रभाव उत्तर प्रदेश और बिहार के पढ़े-लिखे लोगों पर बहुत है। उन्हीं महात्मा ने यह शादी ठीक की है!

विवाह के समय देखा, लड़की सुशील लगी। बी.ए. है। खत्री-परिवार की है। सुन्दरी भी है। महारथी का यह विवाह सब प्रकार से मंगलमय हो!

यहाँ आया, तो सारनाथ भी देख लिया। क्या आश्चर्य : इतने दिनों तक बनारस रहा, इस स्थान को देखा नहीं था। पहले यह उजाड़-सा था। बीस वर्षों में ही कायापलट हो गई है। एक उत्तम मार्केट है, म्यूज़ियम है। एक स्कूल है, फिर बौद्ध विहार का भग्नावशेष है।

आदमी कितना बड़ा बन सकता है, जब-जब बौद्ध विहारों में जाता हूँ, पता चलता है। भगवान बुद्ध! एक राजकुमार अपनी तपस्या से, साधना से जगतवंद्य बन गया!

एक बर्मा का और एक चीन का भी मन्दिर है। बिड़ला ने एक धर्मशाला भी बना ली है—धन्य है यह सेठ!

पटना
22 मई 1953

यहाँ आने पर सुना, शिवजी की तबीयत और ख़राब हो गई है। अस्पताल में जाने पर पता चला, दो दिनों से मुँह से खून जारी है। जब मैं गया, उन्हें खून दिया जा रहा है! वीरेन्द्र परेशान थे, मंगल का मुँह सूखा हुआ! मैंने पत्रों में जो अपील छपवाई, देखता हूँ, उससे द्रवित तो बहुत लोग हुए; किन्तु बढ़ कर उनकी मदद करनेवाला कोई नहीं। क्या किया जाए? काशी में रायकृष्णदास जी से भेंट हुई थी। उन्हें मीरज भेजने की राय से वह भी सहमत थे। किन्तु, कुछ तबीयत सुधरे तब तो? और, रुकने का प्रश्न तो है ही! उफ़, हमारे वृद्ध साहित्य-महारथियों की भी यह हालत है, तो छुटभैयों को कौन पूछे! सोचता हूँ। एक बार पूरा आन्दोलन करूँ और कुछ रुपयों का प्रबन्ध कर उन्हें मीरज भेजवाऊँ। राजेन्द्रबाबू को लिखूँ और श्रीबाबू से मिलूँ, तो शायद कुछ काम निकल जाए।

रजौली-डाकबंगला
24 मई 1953

आज भोर में झरिया से चला, रात में रजौली डाकबंगला में ठहरा हूँ। कल भोर में ककोलत जाना है। वहीं तीन-चार दिनों तक रहना है।

पिछली बार जब ग्रन्थावली के काम से झरिया आया था, मुद्रिका और शिवनाथ जी ने तय किया, हम लोग कुछ दिनों तक निश्चिन्त होकर कहीं रहे। और, यह भी तय कर लिया गया, हम ककोलत चलें। गया जिले में, नवादा के निकट, यह एक झरना है।

भोर में चले थे, दुपहरिया कटी बगेदर के डाकबंगले में, रात कट रही है, यहाँ।

हम लोग ग्रैंड ट्रंक रोड से आ रहे थे। इस रोड को देखकर बिहार की प्रतिभा पर मुग्ध रह जाना पड़ना है! चाहे अशोक ने बनाया हो या शेरशाह ने, ये दोनों बिहारी ही तो थे! इस एक सड़क ने उत्तर-भारत को एक सूत्र में बाँधने का जो काम किया, वह किसी दूसरे उपादान से कहाँ सम्भव हो सकता था!

यदि इसी प्रकार एक सड़क दक्षिण भारत को एक सूत्र में बाँधने के लिए बना दी गई होती, तो आज भी जो दक्षिण में पृथकता की भावना दिखाई पड़ती है, वह सम्भव नहीं होती।

ग्रैंड ट्रंक को पकड़े हम आ रहे थे। पहाड़ियों के बीच से यह सड़क गई है। कितना सुन्दर दृश्य—जो लोग झारखंड को बिहार से अलग करना चाहते हैं, वे मानो एक जीवित सम्पूर्ण शरीर को टुकड़े-टुकड़े करना चाहते हैं।

रास्ते में वह विशाल झील मिली, जो दामोदर वैली के तिलैया डैम के कारण बन गई है। मीलों तक यह झील बनी है—दस-पन्द्रह मील से कम नहीं। यदि ठीक से इस झील का विकास किया गया, तो स्विट्ज़रलैंड की झीलों की प्रतिस्पर्द्धा यह कर सके। अभी तो उजड़ी-उजड़ी पहाड़ियाँ हैं। डूबे हुए गाँवों, पेड़ों, खेतों के संहार का दृश्य है।

रास्ते-रास्ते बिजली के खम्भे गड़े दीखे। इस दामोदर-योजना के फलस्वरूप एक दिन दक्षिण बिहार के अधिकांश भाग में ऐसे खम्भे गड़ेंगे। बिजली से खेतों की सिंचाई होगी, गाँव की गलियाँ बिजली की रोशनी से जगमग होंगी और घर-आँगन के सारे काम-काज बिजली के द्वारा हमारी कुलकामिनियाँ आसानी से कर लेंगी।

कोडरमा में शाम हो गई। चाँदनी रात में हमने घाटी को पार किया। पहाड़ की तलेटी पर, चाँद की किरणों से अबरख के खंड चकाचक झर रहे थे—बिहार का यह चाँदी का खजाना है, किन्तु इसका उपयोग कुछ स्वार्थी सेठ कर रहे हैं।

रात बड़े मजे में कटी। बड़ी ठंडक रही। यह विचित्र बात। दिन-भर लू, रात में जाड़ा; ऊनी चादर ओढ़ना पड़ा।

ककोलत

25, 26, 27 मई 1953

रजौली से चला, तो दस बजे दिन तक यहाँ पहुँच गया। यहाँ के लिए सामान रजौली में ही खरीद लिया था, जो बाकी था, अकबरपुर में। रास्ते-भर बड़ी उमंग रही। शिवनाथ, मुद्रिका, मैं—हम लोग बिलकुल फुर्सत के, आनन्द के, निश्चिन्तता के मूड में रहे। हँसते-हँसाते यहाँ पहुँचे!

जंगल के इधर ही एक डाकबंगला है, वहीं सामान पटके और एक छोटे से नाले के किनारे शौचादि से निवृत्त हो झरने की ओर चले।

डाकबंगला से झरना दो मील पर है। जंगल, जंगल—जिसके बीच से एक कच्ची सड़क! लताकुंज में हमारी गाड़ी जा रही कि लो, यह क्या हुआ? झरने के निकट पहुँचकर गाड़ी बालू में फँस गई। जलता हुआ बालू, जलती हुई गाड़ी की बॉडी, ठेलठाल कर आगे बढ़ाना मुश्किल रहा। पत्थर ढो-ढोकर चक्के के नीचे रखे, डालियाँ तोड़-तोड़कर रास्ते पर बिछाए, किन्तु गाड़ी नहीं खिसकी, नहीं खिसकी!

उसे वहीं छोड़कर झरने की ओर चले। झरने का झर-झर शब्द सुनाई पड़ रहा था। एक छोटा-सा नाला भी पार करना पड़ा। फिर पत्थर के बड़े-बड़े ढोकों को पार करते हुए, हम झरने पर जानेवाली सीढ़ियों के नीचे पहुँचे। दो सौ गज ऊपर चढ़ना पड़ा होगा, किन्तु, हम पसीने से तर-बतर थे।

किन्तु ज्यों ही झरने के निकट आए, सारी थकावट भूल गए। यहाँ झरने का पानी बहुत ऊँचे से गिरता है। गिरता हुआ पानी, ऊपर की एक चट्टान से टकराता है और फिर असंख्य बूँदों के रूप में नीचे झर-झर करता रहता है। नीचे आते-आते पानी इतना ठंडा हो जाता है कि इस गरमी में भी पाँच-दस मिनट से ज्यादा जिसके नीचे नहीं ठहरा जाता।

जहाँ झरने का पानी गिरता है, वहाँ एक कुंड बन गया है। कुंड में अथाह पानी रहता है। लोग कहते हैं, एक ताड़ के बराबर पानी है। कुंड का पानी भी बहुत ही ठंडा।

कुंड के एक तरफ एक मकान बना दिया गया है, छोटा-सा मकान। दूसरी ओर चबूतरा है। जो लोग बाहर से आते हैं, इस मकान के बरामदे पर या चबूतरे पर ठहरते हैं। प्रायः यहीं खाना बनाते हैं। खूब नहाते हैं, तैरते हैं, खा-पी यहीं दुपहरिया की गरमी इस ठंडक में काट देते हैं, शाम को लौटते हैं।

हम लोग जब पहुँचे, झरने के चारों ओर गुलज़ार। खाना पक रहा, स्नान हो रहा। मर्द भी, औरतें भी। बच्चे भी कोलाहल कर रहे, इसके आसपास से लोग तो आते ही हैं, दूर-दूर से भी लोग पहुँचते हैं। हमारे सामने एक पार्टी बिहार शरीफ से, एक पार्टी धनबाद से पहुँची थी हिन्दु-मुसलमान दोनों पहुँचते हैं। झुमके और बालियाँ—दोनों का संगम यहाँ होता है।

हम ज्यों ही पहुँचे, गरमी से व्याकुल थे ही; झट अपना सामान मकान के बरामदे

पर डालकर झरने के निकट चले गए। चट्टान के नीचे एक मोटी लोहे की जंजीर लगा दी गई है, जिससे, जिन्हें तैरना नहीं आता हो, वे फिसलकर कहीं कुंड में नहीं गिर पड़ें। मुद्रिका तैरना जानता है, मैं भी। शिवनाथ जी नहीं जानते। किन्तु, तो भी निधड़क बढ़ते गए और चट्टान पर हम तीनों बैठकर ऊपर से गिरती हुई बूँदों की ठंडक का मजा लेते रहे। झर-झर, झर, झर, पानी की बूँछें अनवरत, अविराम, हमारे सिर पर, शरीर पर गिर रही हैं। मनप्राण तृप्त हो रहे हैं।

किन्तु, मुद्रिका को इसी से तृप्ति कहाँ, एक बार उछला और कुंड में जा रहा! कुंड का पानी इतना स्वच्छ कि सारा शरीर पानी के अन्दर भी दिखाई पड़ता है। मैं भी कुंड में कूद पड़ा और बहुत दूर तक तैरता, उछलता रहा—यह बिल्कुल भूल गया कि मैं अब बावनवें वर्ष में हूँ।

बहुत देर तक इसी प्रकार तैरता, नहाता, साबुन लगाता, बार-बार झरने की बूँदों के नीचे जाकर खड़ा होता। फिर बाहर आया। इधर हम लोगों की रसोई का भी प्रबन्ध हो चुका था। साथ में खाने-पीने की पूरी सामग्री थी। चाय, शर्बत, जलपान, पराठा, भात, दाल, तरह-तरह की सब्जियाँ—जो इच्छा हो, लीजिए और बरामदे पर लेटकर निकट में ही गिरनेवाली बूँदों की तरी से अपने को मस्त बनाइए।

किन्तु, यहाँ की कुव्यवस्था देखकर दुख हुआ। कुंड के चारों ओर रसोई बनाई जाती है, जिसका धुआँ और महक सारा मजा किरकिरा कर देती है। कुंड के चारों ओर कूड़ा-करकट। लोग उसी कुंड में नहाते हैं, पानी पीते हैं और उसी में बरतन धोते, जूठन डालते हैं। धन्य कहिए, इस कुंड की उन छोटी-छोटी मछलियों को, जो जब आप स्नान करते होते हैं, आपके सारे शरीर में लिपट कर गुदगुदी लगाती हैं, साथ ही इन गन्दगियों को भी सफाचट कर जाती हैं। नहीं तो, यहाँ इतनी गन्दगी की जाती है कि पानी में पिस्सू होते और दुर्गन्ध से नाक फट जाती!

रसोई तैयार हो जाने पर फिर एक बार स्नान किया! वही झरने की बूँदों का मज़ा, कुंड में तैरने का मज़ा। मुद्रिका अपना कैमरा भी ले आए हैं। तरह-तरह के पोज में हमारे फोटो लिए गए—अब हम झरने के नीचे हैं, तैर रहे हैं, उछल रहे हैं। शिवनाथ भी थोड़ी फोटोग्राफी जानते हैं, उन्होंने मेरे साथ मुद्रिका के फोटो लिए।

इस झरने पर ही एक लड़के से भेंट हुई, जो मेरे "तथागत" नाटक को पढ़कर बुद्धत्व प्राप्त करने की इच्छा से घर छोड़कर भाग आया था और इस झरने के ऊपर के पहाड़ पर आकर एक गुफा में दो दिनों से पड़ा था। उसके घरवाले खोजते हुए यहाँ आए थे और उसे खोज कर नीचे ले आए थे। उस लड़के से बातें हुईं, उसे समझाया, अब दूसरा बुद्ध बनने की जरूरत नहीं, बुद्ध के कथनानुसार बीच का रास्ता—मज्झिम निकाय—पकड़ो और अपने को जनसेवा के लिए उत्सर्ग करो। लड़का सिर्फ सुनता रहा और फिर अपने परिवारवालों के साथ चलता बना।

सवेरे ही हम नीचे आए, क्योंकि मोटर फँसी थी और ज्यादा लोग रवाना हो रहे थे। उनकी मदद से मोटर बालू से निकली। इन लोगों को जब मालूम हुआ, मैं ही बेनीपुरी हूँ, वे चकित-से दिखे। यह रूप माँ-भारती का प्रसाद है कि जहाँ जाता हूँ, वहीं कुछ लोग ऐसे निकल आते हैं, जो मुझ पर श्रद्धा और भक्ति उड़ेल देते हैं।

रात में खाना खाकर सो गए। शिवनाथजी को खाना पकाने का बड़ा शौक है। झरिया में भी तरह-तरह के भोजन खिलाते रहे, यहाँ भी अपनी देखरेख में भोजन बनवाते हैं। थोड़े-से सामान में भी सुस्वादु भोजन बना देने की कला इनमें है!

इस डाकबंगले में एक कुतिया है—दुबली, पतली। जब सोने जा रहा था, दो-एक बार भौंकी, जो बुरा लगा। लगभग दो बजे नींद टूटी, तो पाता हूँ, कुतिया जोरों से भौंक रही है और धीरे-धीरे एक वृत्त में बढ़ रही है। बात क्या है? थोड़ी देर में सुना, जंगल की ओर से एक खूँखार आवाज़ आई, जैसे दो जंगली जानवर झगड़ रहे हों। कुतिया बोले जा रही है। वह जंगल की आवाजें जब दूसरी बार सुनाई पड़ी, हम लोगों ने समझा, ज़रूर कोई गड़बड़ी है। हमने तय किया, हम डाकबंगले के अन्दर चल पड़ें—हम उसके बाहर आँगन में पलंग बिछाकर सोए हुए थे। जब भीतर सोने का उपक्रम कर रहे थे, तीसरी बार आवाज़ आई; झट हमने सारे किवाड़ बन्द कर लिए। कुतिया भौंके जा रही थी और बहुत देर के बाद, जब हमें नींद आई, वह चुप हो रही!

दूसरे दिन मालूम हुआ, कभी-कभी भालू और चीता जंगल से निकलकर इधर आ जाते हैं। क्या कुतिया ने उस रात हमारी जान बचाई?

दूसरे दिन भोर में पाता हूँ, शिवनाथजी को कुछ बुखार आ गया है और मुद्रिका सोच रहे हैं, आज झरने पर नहीं जाएँ। किन्तु, इस डाकबंगले में दिन-भर लू में जलने से बुखार तो और बढ़ेगा, अतः मैंने राय दी, हम कहीं चले चलें, यह बहुत अच्छा हुआ। सवेरे ही हम झरने पर गए और शाम को लौटे। शिवनाथजी की तबीयत भी अच्छी हो गई। आज भी लोगों की वैसी ही भीड़ थी। आज तीन लड़कियाँ थीं, जो स्नान, शृंगार आदि में मस्त। जब हम फोटो ले रहे थे, वे ललचाई आँखों से देख रही थीं। मैंने उनके अभिभावक से कहकर उनके फोटो भी मुद्रिका से खिंचवा दिए! आत्मप्रदर्शन की भावना किस में नहीं है? किन्तु, हमारा समाज ऐसा है कि लड़कियों को चारों ओर से ज़ंजीरें पहना दी गई हैं। कुछ दुष्ट भी तो ऐसे हैं, जिनसे बचाने के लिए ऐसा किया जाता है! न जाने वे दिन कब आएँगे, जब हम नारी-जाति को समानता का अधिकार देंगे और उनके साथ सम्मान और श्रद्धा का व्यवहार करने लगेंगे!

आज भी वही फुहारों का मज़ा, स्नान का मज़ा, पिकनिक का मज़ा। आज हमारा दल बढ़ गया था। रास्ते में, अकबरपुर में एक सज्जन से भेंट हो गई थी। वह आज भोर में ही तीन मुर्गियाँ, थोड़ा चावल, थोड़ा घी लेकर आ गए। बगल में एक बाबू साहब हैं, उनके घर का एक युवक भी आ गया। उनके कारण और भी सहूलियत रही। रात में हम तो निश्चिन्त सो गए, जिनसे रास्ते में भेंट हुई थी, वह सज्जन हमारी रखवाली करते रहे। दुनिया में कैसे-कैसे लोग हैं—मानवता अभी मरी नहीं है!

तीसरे दिन भी वैसा ही मज़ा। आज बिहार शरीफ से एक सैलानी परिवार आया था, मोटर पर। वे लोग भी मुझे पहचानते ही आकृष्ट हुए। आज आख़िरी दिन था, इसलिए तीन बार स्नान किया। बार-बार सोचता रहा, प्रकृति ने हमारे देश में कैसी-कैसी न्यामतें दे रखी हैं! गया की इस लू-लपट में, इस जिले में यह शीतल झरना! यदि दस-पन्द्रह हजार रुपए ख़र्च कर दिए जाएँ, तो यह स्थान स्वर्ग बन जाए। चारों ओर के चबूतरे को पक्का कर दिया जाए, रसोई आदि के लिए नीचे जगह बना दी जाए, सीढ़ियों को उठस्थ कर दिया जाए, एक-दो आदमी रख दिए जाएँ, जो वहाँ की सफाई और सुन्दरता पर ध्यान रखें। पहाड़ के नीचे, जंगल में ही एक डाकबंगला बना दिया जाए, सड़क ज़रा दुरुस्त कर दी जाए। जहाँ के पेड़ सूख रहे हैं, वहाँ नए पेड़ रोप दिए जाएँ, कुछ जंगली फूलों को भी यहाँ लगा दिया जाए, कुछ लता-कुंजें बना दी जाएँ—तो फिर क्या कहना? किन्तु यह सब करे कौन? जिनके हाथों में शासन चला गया है, उन्हें तो आपस में लड़ने या अपने-अपने घर भरने से ही फुर्सत नहीं? जो लोग कभी त्याग की मूर्ति

थे, वे भोग के प्रतीक बन गए हैं!

हम फिर आएँगे, ककोलत फिर आएँगे, मन ही मन ऐसा कहते हुए, एक बार उस पहाड़ की ओर ललचाई निगाहों से देखकर हम संध्या को रवाना हो गए—ये तीन दिन कैसी हँसी-खुशी, व्यंग्य-विनोद, आमोद-प्रमोद में कट गए!

कोडरमा
28 मई 1953

आज यहाँ एक अजीब बात रही।

हमारी मोटर रास्ते में कुछ खराब हो गई थी; अतः कोडरमा देर से पहुँचे। तय हुआ, इस समय किसी मित्र के घर नहीं जाकर डाकबंगले में ही ठहरा जाए।

सामान पटक, भूख लगी थी, किसी होटल की तलाश में चले। कुछ दूर निकल गए, तो पता चला, कहा गया, एक होटल पीछे है, जहाँ रोटी, गोश्त वगैरह मिल जाता है।

यह होटल—इसे होटल कहा जाए, या मुद्रिका के रोष-भरे शब्दों में ब्रौथल। हाँ, पूरे अर्थ में भटियार खाना!

एक बूढ़ा, बार-बार खाँस रहा। एक अधेड़ औरत जो इस बुढ़ापे में भी कमर के नीचे तक चोटी लटकाए हुए है। किन्तु, आकर्षण का केन्द्र एक छोकरी—वह चौदह-पन्द्रह साल से ज्यादा की क्या होगी?

खाने का कुछ सामान, सामने एक चूल्हा जल रहा। तीन तरह के तीन बेंचें। तीनों बेंचों पर पंजाबी सरदार जी लोग बैठे या लेटे हुए। गन्दे-गन्दे कपड़े, लम्बी-लम्बी दाढ़ी, कोई चाय पी रहा, कोई गज़ल गुनगुना रहा, कोई खर्राटे ले रहा।

एक लम्बा पहलवान आकर एक बेंच पर चित्त लेट गया है। लड़की कहती है, कोयले की कमी है। वह कहता है, ट्रक लाते ही हैं, क्यों नहीं उतार लेती हो।

यों कैसे उतार लूँ?

अभी, तुम खुद ट्रक पर चढ़कर उतारना, कौन टोकेगा?

यदि किसी ने हाथ पकड़ लिया?

कौन पकड़ सकता है तुझे? तू किसी के हाथ आती है?

लड़की खिलखिलाती है। बेशर्म-सी!

मैंने मन ही मन कहा, यह बूढ़ा ज़रूर गया जिले का होगा? यह नज़ारा कई बार गया में देख चुका हूँ। देहात का कोई बुढ़ा खब्बीस, किसी छोकरी से आशनाई कर ली। शिकायत हुई तो शहर भाग आया! यहाँ होटल खोल दिया। वह छोकरी शिकार भी फँसाती है, बुड्ढा अब घर पर रुपए भेजकर सुर्खरू भी बन जाता है। जब वह छोकरी बुड्ढी हुई, यदि उसके पहले एक बेटी हो गई, तो क्या कहना? फिर तो पौ-बारह।

यह अधेड़ औरत एक दिन इस बुड्ढे की प्रेयसी रही होगी! जिससे यह बेटी—दोग़ली सन्तान होती ही है। कितनी सुन्दर है यह—चेहरा, नाक, आँख, होंठ, बोली—सब में मिश्री घुली हुई। क्या बम्बई की कोई भी फिल्मस्टार इससे अधिक सुन्दर है! किन्तु, इसकी सुन्दरता की यहाँ क्या क़ीमत, क्या उपयोग!

अभी यह पान की दुकान पर खड़ी थी—कुछ लौंडे उसे घेरे हुए थे। अब वह अपनी दुकान पर आई है, ये मुस्टंडे उसे घेरे पड़े हैं।

बात करती जा रही है, पराठे पकाती जा रही है। ज़बान अधिक तेज है या हाथ—कौन

बताए! आग की लपट में गोरा चेहरा और भी भभूका बन रहा है। रह-रहकर लटें लटक आती हैं, जिन्हें रह-रहकर सँभालती है। रह-रह कर आँचल खिसक जाता है, दो छोटी गेंदे जैसे मैदान में लुढ़कने को व्याकुल बन जाती हैं। सरदार जी के मुँह से आह निकलती है, वह उनकी ओर कनखियों से देखकर मुस्कुराती है—क्या यह कहती हुई, तुम मेरी माँ के कद्दू से ही उलझो, यह चीज़ पान की दुकान के उन अलबेलों के लिए है।

लगातार हाथ चल रहे हैं। आटा गूँथती है, और आटे से थोड़ा काटकर गोल बनाती है, जिसे चखुटे पर रखकर थपथपाती है, फिर सर-सर बेलन चलाती है, उलटती-पलटती है और बड़े करीने से तवे पर फेंकती है। पराठे को तवे पर रखकर घुमाती-फिराती है और सदा यह ध्यान रखती है कि कम घी में ही पराठे तैयार हो जाएँ!

एक-दो-तीन—अब पराठे तैयार हो गए। माँ को पुकारती है। जब तक माँ ज़नानखाने में चली गई है! कुढ़कर कहती है, क्या भीतर फुसुर-फुसुर कर रही हो, ग्राहक को भी देखो।

हाँ, माँ भीतर है! दो सरदारजी भी न-जाने कब खिसक गए, कहाँ खिसक गए—क्या वे भी भीतर हैं?

बूढ़े को बड़े ज़ोर की खाँसी शुरू हो गई है—ढों-ढाँ कर रहा है वह, बार-बार कलेजे को पकड़ रहा है। बुढ़ऊ, तुम्हारी जिन्दगी कितने दिनों की है? पता चला, ये लोग रजौली के हैं। रजौली का डाकबंगला रंगरलियों के लिए बदनाम है न?

बार-बार सोचता हूँ, यह हमारा समाज कहाँ है? जहाँ ऐसे घिनौने दृश्य हों, जहाँ सौन्दर्य की यह दुर्गत है, जहाँ सतीत्व कौड़ी के मोल बिकता हो—वह देश भी ऋषियों का देश है! क्या कहने हैं? हमारे ढोंग की कोई सीमा भी है !

मुद्रिका कहते हैं जिस बूढ़े को लक्ष्य कर—साला कोढ़ी। ऊपर से नहीं, तो भीतर से यह ज़रूर कोढ़ी है—अपने को बर्बाद किया, उस मोटी औरत को बर्बाद किया, अब इस बच्ची को बर्बाद कर रहा है, जो उसकी बेटी होगी! किन्तु क्या हमारे सारे समाज में कोढ़ नहीं लग गया है—चारों ओर पीक, बदबू—छीः!!

बरमो
1 जून 1953

कोडरमा से झरिया। दो दिन झरिया में ग्रन्थावली का थोड़ा काम हुआ। आम के आम—गुठली के दाम! तरह-तरह के अनुभव साथ में। आदमी ऊपर क्या है, भीतर क्या है?

शिवनाथजी के प्रेम का क्या कहना? हमारे सारे काम गुलाम की तरह करते रहे—खुद मोटर हाँकना, मेरा फोलियो और पनडब्बा ढोना, ग्राहक खोजना, रुके काम करना, तरह-तरह के भोजन बनाकर खिलाना—उन्हीं के स्नेह की स्मृति लिए कल रवाना हुआ।

बरमो—यहाँ की कोयला-खान सरकारी है। ऐसी अच्छी खान संसार-भर में नहीं। किन्तु मज़दूरी की वही बुरी हालत। पार्टी द्वारा संचालित लेबर यूनियन के दफ़्तर में ठहरा हूँ। दो ग्राहक ही बन सके।

गिरिडीह
1 जून 1953

उफ, कैसी गर्मी! जल्दी दुपहरिया में बरमो से चला। रास्ते में लू चल रही थी। यहाँ की गर्मी से परेशान हूँ। प्रकाशन के लिए यह मौसम अच्छा नहीं चुना। काम तो होता है, किन्तु जान निकल जाती है। नार्थक्लिफ ने कहा था, अख़बार शुरू करो, तो सुहावनी ऋतु में। प्रकाशन पर भी यह लागू है। हर शुभ काम में यह लागू होना चाहिए। किन्तु, यह बेनीपुरी—यह तो झोंक पर चलता रहा है। जब उमंग आई, कोई काम शुरू कर दिया और फिर जान लड़ा दी! वही कर रहा हूँ। इस लू-लपट में झारखंड की यात्रा! पिछले दो वर्षों की गर्मी यूरोप के ठंडे वातावरण में कटी—इसलिए शायद और भी खलती है। बुढ़ापा भी तो है!

फतुहा
5 जून 1953

यहाँ उपचुनाव हो रहा है। एक मिनिस्टर का चुनाव रद्द हुआ। एक उम्मीदवार, कांग्रेस की तरफ से, वही हैं यदि प्रजा सोशलिस्ट पार्टी ने उनके ख़िलाफ जो अपना उम्मीदवार खड़ा किया है, वह भी एक पुराने कांग्रेसी हैं। चुनाव डटकर लड़ा जा रहा है। किन्तु, ऊपर-ऊपर से सिद्धान्त का जामा—नीचे-नीचे जातीयता का आधार। कांग्रेस के उम्मीदवार कुर्मी हैं, पार्टी के उम्मीदवार यादव! इस क्षेत्र में इन्हीं दो जातियों का बोलबाला है और दोनों जातियाँ जमकर लड़ रही हैं। भूमिहार साथ दे रहे हैं कुर्मियों के, क्योंकि यह कुर्मी मिनिस्टर श्रीबाबू की पार्टी का है राजपूत समझते हैं, श्रीबाबू की पार्टी ने अनुग्रह बाबू को तंग किया है, अतः वे लोग यादव उम्मीदवार को जिताकर एक सबक सिखाना चाहते हैं। हम लोग सिद्धान्त की ही बातें करते हैं, लोगों को समझाते हैं चुनाव में जात-पाँत का सवाल नहीं लाया जाना चाहिए, किन्तु अपनी जीत का हिसाब-किताब लगाते हैं, जातीयता के आधार पर ही। दूसरा चारा क्या है?

कांग्रेस की ओर से धाँधलियों की कमी नहीं। दो कार्यकर्ताओं को गिरफ्तार किया गया, जिसके विरोध में जुलूस निकला, सभा हुई। जुलूस में मैं भी था। दारोग़ा पूछने आया, जुलूस के लिए लाइसेंस है, मेरा नाम भी पूछा। चुनाव के अवसर पर भी लाइसेंस—यह पहली बार सुना! मैंने फटकार दिया, किन्तु, पीछे मुकदमा तो चलकर रहेगा।

अजीब तमाशा है। कांग्रेसी सरकार के सारे साधन मिनिस्टर को जिताने के लिए काम में लाए जा रहे हैं। आधे दर्जन मिनिस्टर घूम रहे हैं, बीसियों एम.एल.ए., एम.पी.; कुछ देवियाँ भी हैं। इन देवियों में एक देवीजी तो कमाल कर रही हैं। उनके चरित्र की धूम पटना में है, दिल्ली में है, वह एम.पी. भी है! और, वही सोशलिस्टों के सम्बन्ध में ऐसी भद्दी-भद्दी बातें करती है, कि शरम भी शरमा जाए। जयप्रकाश और कृपलानी को भी गाली देने में नहीं हिचकती!

बार-बार सोचता हूँ, क्या चुनाव के ज़रिए हम समाजवाद की स्थापना कर ले सकेंगे? जिनके हाथ में शासन है, वे लोग जब सही चुनाव नहीं होने देना चाहते, तो चुनाव के नतीजे हमारे पक्ष में कैसे हो सकते हैं? लोग मेहनत करते हैं, पैसे की कमी से पैदल दौड़ते-फिरते हैं, किन्तु उनकी सारी मेहनत बरबाद जाती है। इससे उनमें निराशा आती है,

उत्साह मर जाता है। पार्टी ने इस कार्यक्रम को अपनाकर अपने को अजीब चक्कर में डाल लिया है। इस चक्कर से कैसे निकला जा सकेगा?

मुझे दो ही रास्ते मालूम होते हैं—या तो एक बार, जैसा पं. नेहरू ने चाहा था, हम सम्मिलित सरकार में शामिल हों, जिससे सरकारी अफसर और धनी लोग समझ जाएँ कि पक्षपात और अन्याय करने से उनकी ख़ैर नहीं। या नहीं तो हमें संघर्ष की शरण लेनी चाहिए, हम जेलों को भरें, गोलियाँ चलें, जिसमें उनका पाप का घड़ा भर जाए!!

बेतिया
10 जून 1953

चकक्र, चक्कर, चक्कर! घूमते रहो बेनीपुरी, घूमते फिरो।

बचपन घूमते कटा, जवानी घूमते कटी, अब बुढ़ापे में भी चक्कर के ही चक्रम में फँसे हो।

बुढ़ापा?—उस सज्जन का कहना है, 1939 में मैंने आपको जैसा देखा था, वैसा ही आज भी पाता हूँ।

वही हँसी, वही ठहाका। वही मस्ती, वही अल्हड़पन—बेनीपुरी, आप कभी बूढ़े हो नहीं सकते।

क्या सच? तीनों पोते बाबा-बाबा कहकर बूढ़ा बनाने पर तुले हैं; ये मित्र बुढ़ापे को भूल जाने के लिए प्रेरित कर रहे हैं!

कौन सच्चा?—वे तीनों बच्चे, या ये मेरे मित्र!

शायद सच्चाई दोनों से परे है—या मध्य में है।

× × ×

यहाँ स्थानीय साहित्य परिषद् के वार्षिकोत्सव में सभापतित्व करने आया हूँ।

सुधांशुजी हैं, जानकीवल्लभ जी हैं—नारायण और सदय भी हैं।

साहित्य के प्रति लोगों में झुकाव बढ़ रहा है, यह देखकर प्रसन्नता होती है।

शिवपूजन जी के बारे में मैंने पत्रों में जो लिखा, उसकी प्रायः चर्चा होती है। लोग यथासाध्य सहायता करने को भी तैयार हैं।

पटना में लौटा, तो कई ख़त मिले थे : कई लोगों ने पैसे भी भेजे थे।

लेकिन पटना में साहित्यिकों का एक गुट ऐसा है, जो नहीं चाहता, शिवजी के लिए कुछ हो। मुझे यह भी पता है, कुछ लोग ऐसे भी हैं, जो व्याकुलता से शिवजी की मृत्यु की प्रतीक्षा कर रहे हैं।

क्योंकि तब उनके लिए बिहार राष्ट्रभाषा परिषद् का मन्त्रिपद खाली हो जाएगा!

कैसी नीचता! कैसी अधमता!

और, दुख की बात यह है कि ऐसे ही नीच लोगों की समाज में चलती है। ये मुर्दाख़ोर हैं, गिद्ध से भी बुरे!

× × ×

एक तमाशा रहा। बेतिया से मुझ पर एक वारंट भी था। किसी दारोगा जी ने मानहानि का मुकदमा दायर किया है।

मैजिस्ट्रेट के सामने हाज़िर हुआ। एक हज़ार की ज़मानत पर लौटा।

बेनीपुरी—कोई सरकार हो, लगता है, तुम पर वारंट सदा निकलते रहेंगे!

किस विद्रोह-बेला में तुम्हारा जन्म हुआ!

नरपतनगर (दरभंगा)
29 जून 1953

यह सूरजनारायण का गाँव है। तीन दिनों से यहाँ हूँ। सोचा गया था, यहीं रहकर ग्रन्थावली का काम किया जाएगा। सूरज ने इसीलिए बुलवाया था। किन्तु, वर्षा ने सारा काम बंटाढार कर दिया। शुरू में ही यह हुआ कि स्टेशन से इस गाँव तक आते-जाते चश्मा ही खो गया। न लिख सकता था, न पढ़—दिन-दिन पर सोया किया।

आज मधुबनी में जिला शिक्षक सम्मेलन है, जिसका सभापतित्व करना है। जिसका उद्घाटन करेंगे बाबू अनुग्रह नारायण सिंह! कैसी अद्भुत जोड़ी। लोगों की सूझ-बूझ की बलिहारी!

इसके पहले बेनीपट्टी गया था, वहाँ किसान सम्मेलन हुआ। चाँद बाबू सभापति थे। हैदराबाद के माधव रेड्डी भी आए थे। 1942 में बेनीपट्टी में मैंने एक भाषण दिया था, जिस पर मुझे छः महीने की सजा हुई थी। मैं सम्मेलन के दूसरे दिन पहुँचा। लोग मेरे नाम पर भी एक हुए थे।

दरभंगा में ग्रन्थावली के दो ग्राहक बनाए हैं—वहाँ अधिक काम हो जाता; किन्तु, सूरज के कहने से यहाँ आया और यहाँ यह हालत! किन्तु, आनन्द ही रहा, विश्राम पूरा। फिर सूरज का घर तो क्रान्तिकारियों का अड्डा रहा है। उनके भाई इन्द्रनारायण ने बताया किस तरह दिन-रात उनके घर पर पुलिस के छापे होते रहे थे।

समस्तीपुर-स्टेशन
28 जून 1953

एक घंटे से स्टेशन पर बैठा हूँ, पौना घंटा और प्रतीक्षा करनी पड़ेगी। धन्य है यह रेलवे! तीन बार नाम बदल चुका, किन्तु वही रफ़्तार बेढंगी जो पहले थी, वह अब भी है।

पहले इसका नाम बी.एन.डब्लू.आर. था—मतलब था, बंगाल नार्थ वेस्टर्न रेलवे। यारों ने इसका मतलब लगाया—बेकार, नालायक, वाहियात रेलवे। फिर इसका नाम हुआ—ओ-टी-आर—मतलब था, अवध तिर्हुत रेलवे। एक सज्जन ने इसका अर्थ किया, ओल्ड, टायर्ड रेलवे! अब इसका नाम पड़ा है एन.ई.रेलवे—नार्थ ईस्टर्न रेलवे! अब इसका अर्थ क्या लगाया जाए—एन. को नालायक ही कह लीजिए, किन्तु ई. से?

वर्षा हो रही थी, मधुबनी आ रहा हूँ; दरभंगा तक ही टिकट था। वहाँ निकट नहीं ले सका। टिकट कलेक्टर को कहा—उन्होंने यहाँ से मुज़फ्फरपुर तक का निकट ला दिया है और दरभंगा से यहाँ तक के पैसे जेब में रख लिए!

× × ×

मधुबनी से चला, तो डब्बे में एक श्रीमती जी आ गईं। खादी पहने थीं। कहने लगीं—आप ही को देखने आई थी। दो बच्चों की माँ। एक कवित्त पढ़ गईं, "बाँके नैना मैथिलानी के!" हँसी आई—हाँ, उनकी आँखें कभी बहुत सुन्दर रही होंगी, किन्तु "तेहिनो दिवसा गताः!"—

जिन दिन देखे वे कुसुम
गई सुबीति बहार!

अब अली रही गुलाब की
अपत, कटीली डार!

तो भी सोच रही होंगी, यह भौंरा उनको लेकर उलझेगा, जिसने कभी दूसरे गुलाब की ओर भी आँख नहीं उठाई।

× × ×

परसों एक अजीब सपना देखा—चित्त अब भी उद्विग्न है। देखा, एक विशाल गेहुअन है, रानी ने जिसे एक छोटे से डंडे से ही मार डाला। किन्तु, जब साँप मर गया, अचानक उसके दाँतों से रानी की उँगली छू गई, जिसमें घाव है। मैं चिकित्सा के प्रबन्ध में दौड़ा तो पीछे से एक ने ख़बर दी, वह अधमरी हो चुकी हैं। व्याकुलता में नींद टूट गई। सोचा था, सीतामढ़ी होकर जाऊँ, जिससे उनकी कुशलवार्ता मालूम हो जाए। किन्तु वर्षा के कारण इधर से जा रहा हूँ, चित्त में उद्विग्नता लिए! सपने के बाद जब नींद टूटी थी, बार-बार सोचता था, उसे यों अकेले बेनीपुर में छोड़ना ठीक नहीं! कैसी ममता!

क्या है यह स्टेशन! चारों ओर गन्दगी। कहीं झूठी पत्तलें, कहीं छिलके। मक्खियाँ भिन्ना रहीं। कुत्ते, गन्दे, बदबूदार, घूम रहे। बारात के दिन। खचाखच लोग। साँस लेना भी मुश्किल। किन्तु, इन्हीं के बीच बैठा हूँ। कहाँ जाऊँ? कुली सामान रखकर कहीं चला गया।

एक बच्चा बहुत देर से पीछा कर रहा था—कुछ खिला दीजिए। भिखारियों को पैसे देने से घृणा है। किन्तु, वह मासूम बच्चा—दो आने के खोमचे दिला दिए हैं। वह कैसी तृप्ति से खा रहा है!

× × ×

यह एक लड़की—कैसी बेहया! सभी से हँस-हँसकर बातें कर रही है। अभी उस बीड़ीवाले के झोले में हाथ रखकर जबर्दस्ती बीड़ी निकाल ली है; जवान बीड़ीवाला हँसता रह गया और अब उस बूढ़े को डाँट रही है, क्यों इस तरह पच-पच थूक फेंक रहे हो! एक रसिक बोल रहे हैं—मुँह का दरवाज़ा टूट गया है बेचारे का ! लड़की अब उससे बातें कर रही है—उसी बेतकल्लुफी और बेहयाई से!

× × ×

सामने वह एक कोढ़ी खड़ा हो गया—इन्हें क्यों बीमारी फैलाने को छोड़ दिया जाता है! स्टेशनों पर, सड़कों पर इन्हें देखकर दया नहीं आती, गुस्सा आता है!

ये दूल्हे, ये दुलहनें—क्या कहने हैं? दूल्हे—बन्दर; दुलहनें—गठरी।

शादी-ब्याह में गीत सुनते आया था—"कैसे बनि आयो बनरा।" समझ में नहीं आता था, इस बनरा का क्या मानी! आज लगा, दूल्हों की बन्दरी सूरत की ओर ही इशारा है। जो जिन्दगी-भर धोती कुर्ते में रहे, उन्हें रंगीन सुथना पहना दिया गया है, कुरेदार अचकन, सिर पर जरी की टोपी—आँखों में काजल पुती है, ललाट पर चन्दन का लेप है! बेचारे न ठीक से बैठ पाते हैं, न चल पाते हैं। हाथ में रंगीन रूमाल है, जब चेहरे का पसीना पोंछने लगते हैं, सूरत और बिगड़ जाती है! चन्दन काजल एक हो जाते हैं। "हाँ, तो, कैसे बनि आओ बनरा!"

और ये गठरियाँ—कैसी दुर्गत कर रखी है इन बेचारी किशोरियों की। सिकुड़ी सिमटी। लाल साड़ी और ओढ़नी में जकड़ी हैं बेचारी। सिर्फ महावर रँगे पैर देख सकते हैं आप; या जब नई रेशमी ओढ़नी खिसकने लगती है तो उसको सँभालने में परेशान मेहदी लगी उँगलियाँ! गठरी की ही तरह डब्बे में धकेल दी जाती या उतार ली जाती हैं!

कब तक ऐसे ब्याह! कब तक ऐसे दूल्हे और दुलहनें? यह बन्दर और गठरी के गठबन्धन कब तक?

पहलेजा घाट
12 जुलाई 1953

गाड़ी आई, जहाज में देर है। समय काटना है, डायरी लिखिए!

सात जुलाई को पटना से चला। बसावन की लड़की प्रभा की शादी थी। बसावन—हम लोगों में एक अजीब शख़्सियत! शुक्लजी के क्रान्तिदल में था, लम्बी सजा भुगती। जब छूटकर आया, जरायमपेशा गिरोह में रखा गया—सप्ताह में एक बार थाने में हाज़िरी दो, गाँव के बाहर नहीं निकलो, नौ बजे रात से अपने घर में ही रहो। देहात में उनका घर, दिक्कत हुई तो मेरे साथ पटना में रहने लगा। मैं उन दिनों 'योगी' में था। बिहार सोशलिस्ट पार्टी बन चुकी थी। जहाँ मैं, वहीं पार्टी। समर्थकों की धूम रहती मेरे डेरे पर। बसावन को भी पार्टी का सरकारी मन्त्री बनाया गया। उन दिनों अजीब हालत थी उसकी—कोई बात ठीक से न कह पाता, न समझ पाता। लेकिन थोड़े ही दिनों में उसका जौहर खुला—जब उसने डालमियानगर के मजदूरों का संगठन किया!

अजीब संयमी। किन्तु, यह क्या? इधर उसके संयम का बाँध ऐसा टूटा कि हम लोग चकित। पहली पत्नी थी ही, दो और शादियाँ कर लीं। किन्तु, उसका वही बाल-सुलभ स्वभाव! हम लोग सदा उसे माफ करते रहे हैं।

प्रभा की शादी एक साथी की कृपा से उन्हीं के पुत्र से हुई है। प्रांत के प्रमुख मज़दूरों में काम करनेवाले साथी आए थे। किन्तु, बसावन के रहने-सहने का भी अलग प्रबन्ध पार नहीं लग सका! उसकी वही पुरानी लटरपटर चाल! कुछ दिन हुए शुक्लजी ने अपनी सौतेली बहन की शादी की थी—कैसा अच्छा प्रबन्ध था!

शुक्लजी—बिहार के शेर श्री योगेन्द्र शुक्ल! एक युग था, जब बिहार के नौजवान उन पर मरते थे; बिहार की पुलिस के लिए यह आफ़त थे! भगतसिंह, आजाद सब इनका रोब मानते थे। वारंट होने पर भी निर्द्वन्द्व घूमा करते। अन्त में, सोते समय गिरफ्तार कर लिए गए, मुक़दमे चले, कई लम्बी सजाएँ मिलीं। 1937 में जब कांग्रेसी मिनिस्टरी बनी, इन्हीं को छोड़ने के प्रश्न पर बिहार की मिनिस्टरी ने इस्तीफा दिया! जब छोड़े गए, सोशलिस्ट पार्टी में शामिल हुए। फिर गिरफ्तार; देवली कैम्पजेल भेजे गए। वहाँ से हज़ारीबाग़ लौटे तो जयप्रकाश जी के साथ भागे। जयप्रकाश जी को भगाने का बहुत-कुछ श्रेय शुक्लजी को है।

किन्तु, अब शुक्लजी वह नहीं रहे—शेर बूढ़ा हो चला है; तो भी अकड़ वही, हड्डी वही। बहुत दिन से इच्छा है, उन पर एक अच्छी-सी पुस्तक लिखूँ जिसमें बिहार के पुराने क्रान्तिकारियों का पूरा इतिहास भी हो। किन्तु उसके लिए सामग्री कहाँ से आए? सारी चीज़ें नष्ट हो चुकी हैं। लेकिन अब अधिक विलम्ब करना तो बची-खुची सामग्री को भी नष्ट करना होगा।

बसावन की लड़की की शादी से बेनीपुर गया, जहाँ जगदीश के लड़के की शादी मोरसंड हो रही थी। उस बारात में गया, सारे गाँव में धूम; लड़के लोग आते, तरह-तरह के प्रश्न पूछते! देखता हूँ, जहाँ जाता हूँ, शोहरत पहले पहुँची होती है!

दो दिन घर रहा! जित्तिन की भर्ती हवाई सेना में हो चुकी है। उसका खत भी आया

है; 15 को उसे देहरादून पहुँचना है। वह पटना चला गया है, मेडिकल सर्टिफिकेट आदि के लिए। मैं भी उसी के लिए जा रहा हूँ।

संयोग भी क्या चीज़ है। एक दिन एक मित्र से बातें हुईं कि उनका लड़का देहरादून जा रहा है! जित्तिन बीमार रहा करता था; डॉक्टरों ने राय दी थी, इसे कहीं पहाड़ी जगह पर रखिए। सोचा, क्यों न इसे भी देहरादून के मिलिटरी कालेज में भेज दूँ। खर्च बड़ा था, ढाई सौ रुपए महीना। तो भी हिम्मत कर दी। पाँच वर्षों तक वह वहाँ रह चुका है; बीमारी भी दूर हो चुकी है, ज़वान हो चला है, सैनिक शिक्षा में उसका मन भी लग गया है। यदि सारी चीज़ें ठीक गईं, तो साढ़े तीन साल के बाद वह हवाई सेना का एक अफ़सर होगा! वह दिन मेरे लिए, मेरे परिवार के लिए कितने गौरव का होगा!

काशी
14 जुलाई 1953

आज किसी मित्र ने मेरी सूरत बाबा विश्वनाथ के मन्दिर के आसपास देखी होती !

धन्य हो मेरी रानी! तुम्हारे चाहते आज क्या-क्या न करना पड़ा मुझे। किस पत्थर के टुकड़े के सामने सिर नहीं झुकाना पड़ा, किस चहबच्चे का पानी चरणामृत के नाम पर नहीं पीना पड़ा, ललाट पर तरह-तरह के लाल-पीले चन्दन का थोप, गले में धतूरे से लेकर गुलाब तक की मालाएँ! हर देवता पर रुपए-आने-पैसे चढ़ाए गए; जिसने जहाँ माँगा, उसे मुँहमाँगा दिया गया। काशी में तीन-चार वर्षों तक रह चुका हूँ, किन्तु कभी ऐसी दुर्गत नहीं हुई थी मेरी! बहुत हुआ, मन्दिरों में जाकर भीड़भाड़ देख ली और देवताओं एवं पंडों की फब्तियाँ उड़ा, लौट आया! पहले दर्शक था, आज भक्त बनना पड़ा।

आज रात में शिव-पार्वती में कैसी बहस छिड़ी होगी? पार्वती ने दर्प से कहा होगा—

देखा, यह मेरी जाति की है महिमा! पहचाना, दिन में वह कौन तुम्हारे सामने सिर झुका रहा था, मंगलजल चढ़ा रहा था, अक्षत-फूल चढ़ा रहा था, प्रसाद ले रहा था, चरणामृत पी रहा था! अरे, वही बिहार का नास्तिक-शिरोमणि बेनीपुरी है, जो भगवान को नहीं मानता, देवी-देवता नहीं मानता, जातपाँत नहीं मानता! आज भी वह वही था, किन्तु मेरी जाति की महिमा—अपनी पत्नी के आग्रह को वह अग्राह्य नहीं कर सका, उसकी दिलजमई उसे करनी पड़ी, उसने वह सब किया, जो कोई तुम्हारा भक्त करता! हमारी नारी-जाति ऐसी होती है, जिसकी यह परम महिमा है!

शिवजी पहले सकपकाए होंगे, फिर भंग के नशे में उन्हें सूझ गई होगी, वह बोले होंगे—क्यों न हो; जब वह नारी तुम्हारी समान-नामा है! वह भी तो 'उमा' है! उमा की लाश लेकर जब शंकर विक्षिप्त से लोक-लोक घूमा किए, तो यह बेचारा तुच्छ मानव जीवित 'उमा' के आग्रह पर यह सब कर ले, तो आश्चर्य क्या ?

सच बात है; मेरी रानी ने मेरे लिए इतने कष्ट सहे हैं, उसने ग्रह-प्रबन्ध से मुझे इतना निश्चिन्त रखा है और सदा ऐसी निष्ठा से सेवा की है कि उसके किसी भी आग्रह का टालना मेरे लिए असम्भव-सा है! फिर सोचता हूँ, बेचारी अब बीमार रहा करती है, न-जाने कब चल दे, अतः उसके रहे-सहे अरमान तो कम-से-कम पूरा कर ही दूँ।

× × ×

आज जित्तिन देहरादून जा रहा था। रानी ने इच्छा प्रगट की, काशी तक मैं भी चलूँगी। अतः उन्हें यहाँ ले आया। दिन-भर काशी में चक्कर लगाता रहा। विश्वनाथ आदि देवताओं

की पूजा के बाद, एक टैक्सी करके, सारनाथ से हिन्दू-विश्वविद्यालय तक के सारे दर्शनीय स्थान उसे दिखला दिए। संध्या को उसने सौदेबारी की। अगले साल बेटी की शादी करना चाहती है, उसी के लिए तरह-तरह की अंटसंट चीज़ें—साड़ी, चूड़ी, बर्तन, खिलौने, टिकुली, सिन्दूर, चन्दन, पत्थर के मलिए, क्या-क्या नहीं!

संयोग, हमारे साथ मराठी के सुप्रसिद्ध कवि बोरकर भी थे। पिछली बार जब पूना गया था, बोरकर से परिचय हुआ। "नई धारा" में उनकी कुछ कविताएँ भी सानुवाद छापीं। वह विनोबा के भूदान यज्ञ को देखने राँची आए थे। बहुत ही प्रभावित हुए। राँची से पटना आए, मुझसे मिले बिना कैसे घर लौटते! मैं बेनीपुर था, वह तीन दिनों तक पटना में मेरी प्रतीक्षा करते रहे। काशी में उन्हें अच्युत से मिलना था। हम लोग साथ ही काशी आए और अच्युत के साथ ही ठहरे।

बोरकर ने पटना से लिख दिया था कि हम लोग आ रहे हैं। पटना में ही उनका स्वागत का तार मिला। काशी-स्टेशन पर उनका आदमी हाज़िर। हम उनके साथ ही ठहरे!

अच्युत! तेजस्वी मराठा! सोशलिस्ट पार्टी के संस्थापकों में। अगस्त क्रान्ति में रूपोश होकर वह कमाल किया, कि पुलिस की लाख कोशिशों के बावजूद पकड़ नहीं सके। गाँधी जी के कहने पर बाहर आए, किन्तु, तब तक गिरफ्तारी का दौर समाप्त हो चुका था! अंग्रेज़ी में "जनता" निकाली! पार्टी के पुनर्संगठन में जुटे कि अकस्मात् न-जाने क्या हुआ, राजनीति से अलग हो गए और पाँच वर्षों से साधना में लगे हैं। पहले पूना से दूर, एक जंगल में रहते थे; यहाँ काशी में भी, राजघाट से दूर, बरुना के उस पार, एक एकान्त, शान्त बगीचे में रमे हुए हैं! राजनीति छोड़ी, किन्तु साथियों के प्रति वही प्रेम, सौहार्द्र, आत्मीयता! रानी की सेवा में कैसे दत्तचित्त लगे हैं!

पाया, बोरकर में भी बड़ी भक्ति है—विश्वनाथ के मन्दिर में, ब्रह्म के मन्दिर में वह किस तरह भाव-विभोर बने थे! भक्ति—अंतःसलिला है; कभी-कभी ही उसमें उफान आती है!

बेतिया
19 जुलाई 1953

फिर, उसी मानहानि के मुक़दमे के सिलसिले में आया। तमाशा यह कि मुद्दई ही गैरहाज़िर रहे! जब हम गैरहाज़िर हुए, तो वारंट। और, वह दारोगा है न? उसका सात खून माफ़। यह है कांग्रेसी सरकार!

रात के 11 बज रहे हैं। थका-माँदा आया, दिन-भर बोलते रहना पड़ा, पहले पार्टी की रैली में, फिर एक साहित्यिक सभा में। सोचा, सवेरे सो जाऊँ। एक घंटे से करवटें बदल रहा हूँ, किन्तु नींद आती नहीं, तब यह डायरी लिखना शुरू कर दिया है।

लगता है, चारों ओर मेरे दुश्मन खड़े हो रहे हैं। "नेत्रदान" इस साल भी कोर्स में आया। (पारसाल जनवाणी, कलकत्ता वालों ने इसे छापा। बहुत परेशान किया, हैरान किया। तब) इस साल खुद छापी है। देवेन्द्रजी ने ग़लती कर दी; कहा पाँच हज़ार छपवाओ, छपवा लिया दस हज़ार। (आज यहाँ खबर मिली है, जनवाणीवालों ने विज्ञापन दिया है, पुस्तक उनके यहाँ से मिलेगी? मालूम होता है, किसी मित्र ने उन्हें भड़काया होगा।)

अब क्या किया जाए? यहाँ कल का प्रोग्राम भी तय कर दिया गया है। वर्षा ऐसी हो रही है कि ग्रन्थावली का कुछ काम होने से रहा। अतः आज ही चलकर पटना में स्थिति

सँभालना कहाँ तक होता, कल यहीं लटक जाना पड़ रहा है।

कागज के अभाव में, बाज़ार में नहीं मिलने के कारण, ग्रन्थावली की छपाई रुकी हुई है। चिन्ता का दूसरा विषय यह रहा!

कभी-कभी नाव अजीब भँवर में पड़ जाती है। चेष्टा करने पर भी कहीं कोर-किनारा नहीं दीख पड़ता। यही हालत इस समय हो रही है मेरी।

बुढ़ापे के कारण कोई चिन्ता का विषय दिमाग़ में घुसा नहीं, कि नींद भाग खड़ी होती है। कहीं अनिद्रा रोग न हो जाए! परसों पटना में इसी प्रकार दो बजे तक नींद नहीं आई।

किन्तु घबराने से, छटपटाने से क्या होता जाता है? बेनीपुरी, धैर्य रखो। जवानी में तुमने इतने कष्ट हँस-हँसकर काट दिए। अब तो तुम्हारी स्थिति उन दिनों की अपेक्षा कहीं अच्छी है। दोनों बच्चे—देवेन्द्र, जितेन्द्र—भी दो-चार वर्षों में कमाऊ पूत बन ही जाएँगे। फिर आराम करना, शान्तिपूर्वक विश्राम करना। 55 वर्ष की उम्र में ही तो पेंशन मिलती है। अभी तीन साल और जमकर काम करो न?

हाँ, अब डैने अधिक मत फैलाओ, पंखों में अब वह उड़ान नहीं रह गई; 'पंछी, धीरे-धीरे जा।'

गया
3 अगस्त 1953

सन्त विनोबा भावे के प्राइवेट सेक्रेटरी का तार पाकर यहाँ आया। विनोबा जी बिहार के साहित्यिकों से मिलना चाहते थे। दुख है, बहुत कम लोग गए। हमारे ये साहित्यिक बन्धु—कैसे जीव हैं? जैसे सामाजिक कार्यों से इन्हें कोई दिलचस्पी नहीं। विनोबा जी भूदान-द्वारा इतना बड़ा काम कर रहे हैं। हम उनसे मिलें, यह उत्कंठा तो दूर रही, बुलाने पर भी नहीं जाते। हाँ, कवि-सम्मेलनों के नाम पर किसी ने दस-पाँच रुपए थमा दिए, तो दौड़े-दौड़े जा पहुँचे।

ग्यारह बजे हम उनसे मिलने गए। लगभग आधे घंटे तक अपनी बातें कहते रहे। उनका कहना था, आप तो भ्रमर हैं, जहाँ सुगन्ध होगी, वहाँ बिना बुलाए पहुँच जाएँगे। मैं जो काम कर रहा हूँ, लगता है, उसमें वह सुगन्ध अब तक नहीं आई कि आप पहुँच सकें। किन्तु निवेदन करूँगा, देश में जो एक महान क्रान्ति हो रही है, आप उसे देखें। आपको गणित से प्रेम नहीं, मैं भी सफलता की माप गणित के अंकों से नहीं करता। इसका उतना महत्त्व नहीं कि मुझे कितने लाख एकड़ ज़मीन मिली किन्तु, इसके द्वारा लोगों को एक जो नया दृष्टिकोण मिल रहा है, उसी का महत्त्व है। जब रामचरण नामक एक अन्धा रातों-रात बैलगाड़ी पर आकर अपना कुल जमा पाँच एकड़ दे जाता है, तो मैं समझता हूँ, इस आन्दोलन ने लोगों के हृदय को जगाया है। फिर उन्होंने कहा—अपने प्रति, अपनी रचना के प्रति ईमानदार बनिए। यदि आप में दुर्जनता है, तो उसे छिपाइए मत, उसे सच्चे रूप में आने दें। आपका, मेरी दृष्टि में तो संसार का, जो सबसे बड़ा कवि-बन्धु था, उससे बढ़कर दुर्जन कौन रहा? मेरा मतलब वाल्मीकि से है। किन्तु चूँकि वह सच्चा दुर्जन था, इसलिए वह सबसे बड़ा सज्जन और सबसे बड़ा कवि बन सका।

अन्त में उन्होंने कहा—वाणी द्वारा ही भीतर और बाहर का मिलन होता है। वाणी ही अन्तर्जगत का बहिर्जगत से समागम कराती है। आप उसी वाणी के वर-पुत्र हैं, इसलिए

नमस्य हैं। आपकी वाणी का वरदान इस यज्ञ को भी प्राप्त हो, यही मेरी कामना है। किन्तु, यह वरदान तभी आप दें, जब वह हृदय से निकले, हृदय में स्फुरण नहीं हो, तब भी आप कुछ कहेंगे, वह फलदायी नहीं होगा। हृदय से निकली वाणी ही हृदय को स्पर्श करती है।

संध्या के सात बजे हम फिर उनसे मिले। अपने साथियों की तरफ से मैंने ही निवेदन किया—

हम भौंरे हैं, जहाँ पुष्प होगा, सुगन्ध होगी, हम वहाँ पहुँच ही जाएँगे, ऐसा आपने कहा! किन्तु काश, हम भौंरे ही होते, जो स्वतःप्रवृत्ति से ही काम करता है। हम मानव हैं, हम सोचते-विचारते भी हैं, हमें मान-अपमान का भी बोध होता है। अतः हममें ऐसे भौंरे भी हो सकते हैं, जो लाख सौन्दर्य और सुगन्ध होने पर भी अनामन्त्रित किसी फूल के निकट जाने से हिचकें। हमारी शिकायत यह है कि हमारे देश के नेताओं ने हमारी उपेक्षा की है। अतः आपका निमन्त्रण हमें बहुत ही भाया।

मैंने उन्हें एक बात बताई, जिसे सुनकर वह भी चकित हुए। पिछले चुनाव में यह सौभाग्य सिर्फ हिन्दी-भाषी क्षेत्रों को ही प्राप्त हुआ कि उसने अहिंसा के पुजारियों का ही वरण किया। शिमला से नागपुर, देवधर से दिल्ली तक, जिसके अन्दर नौ प्रदेश हैं, एक भी कम्युनिस्ट नहीं चुना गया। हमारी भाषा मुख्यतः सन्तों की भाषा रही है, वही परम्परा जनता में अब भी विद्यमान है। हम आपके कामों में दिलचस्पी रखते हैं; किन्तु अभिमानी नहीं; तो आत्माभिमान तो हमारा गोत्र होना ही है। इसी से हम आपके निकट आने से झिझकते रहे।

हमारी झिझक एक और रही। हममें यह आम धारणा है कि गाँधीवाद और कला एक-दूसरे के विरोधी हैं। गाँधीजी की वेषभूषा, रहन-सहन सबसे कला टपकती थी; किन्तु साधारण गाँधीवादियों के रूखे-सूखे चेहरे, अटपटी भद्दी पोशाक, ऊटपटाँग व्यवहार हमें उनसे हटकर ही रहने को प्रेरित करता है। मुझे यह देखकर प्रसन्नता हुई कि आज बातचीत करते समय आप चार बार हँसे और दिल खोलकर हँसे। मैं कहूँगा, यही हँसी, थोड़ी मात्रा में ही सही, अपने गाँधीवादी बन्धुओं में भी दीजिए कि हम उनके निकट पहुँचने की कभी-कभी धृष्टता कर सकें!

इस पर विनोबाजी खूब हँसे। अन्त में मैंने निवेदन किया, आप जहाँ-जहाँ जाएँ, वहाँ हमारे गोत्र के लोगों को यों ही बुलाया कीजिए। हम हृदय के जीव हैं, प्रेम के भूखे हैं। हमारे पास न भूमि है, न सम्पत्ति है, लेकिन एक चीज़ तो है, वह हमसे आप भरपूर पा सकेंगे। और, किसी सन्देश के प्रचार में उसकी भी बड़ी उपयोगिता है। मैंने बताया, ईसा के सन्देश को जनता तक पहुँचाने में सन्तों के अतिरिक्त वहाँ के कलाकारों का कितना बड़ा हाथ है। यदि वाल्मीकि या तुलसी नहीं होते, तो राम का सन्देश क्या घर-घर फैल सकता था?

सन्त ने हामी भरी। हम गद्‌गद् हुए। तय हुआ, जब वह पटना आएँगे, हम प्रांत के साहित्यकारों और कलाकारों को आमन्त्रित करेंगे। और उनके सन्देश को कला के माध्यम से रखने की चेष्टा करेंगे।

फिर उनके मन्त्री मूँदड़ाजी के आग्रह पर हमने उन लड़कियों के गाने सुने, जो विनोबा के साथ चलती हैं। उनमें मेरे मित्र पी.वाई. देशपांडे की लड़की निर्मला भी है। वह ग्रेजुएट है, तो भी पैदल चलकर इस महान् यज्ञ में समिधा डाल रही है।

पटना

6 अगस्त 1953

आज पैर में गठिये का दर्द उमड़ आया है। कहीं आना-जाना नहीं है। दिन-भर घर में पड़ा रहा।

दिन-भर, रह-रहकर एक घटना उमड़ आती रही।

जिस दिन मैं समस्तीपुर स्टेशन पर था, तब एक भिखमंगे लड़के ने–'बाबू' कहकर हाथ पसार दिए। बहुत बुरा लगा। फटकार दिया, वह हट गया। थोड़ी देर के बाद, जब मैं मन ही मन, गाड़ी-लेट होने के कारण, क्रुद्ध हो रहा था, फिर वह सामने आया और हाथ फैलाए। बहुत क्रोध आया, पूछा–

"बाप नहीं है?"

"नहीं।"

"माँ है न?"

"नहीं।"

"तो खुद कोई काम क्यों नहीं करता। क्यों भीख माँगता फिरता है, जा..." इस तरह तमक कर कहा कि वह लड़का अपना-सा मुँह लिए वहाँ से चल दिया।

किन्तु थोड़ी देर के बाद, जब मैं प्लेटफार्म पर ही अपने बिस्तर के गट्ठर पर बैठा था, देखा, वह उदास मुँह किए बैठा है। सूखा-सूखा, निरीह-मुँह उसका। देखते ही दया हो आई। पूछा–"भूख लगी है?" उसने सर हिला दिया। कहा–जा उस खोमचेवाले से जो पसन्द हो लाकर खा ले, मैं पैसे दे दूँगा। लड़का बकर-बकर मेरा मुँह देख रहा था। उसे विश्वास नहीं होता था, कोई ऐसा दाता भी हो सकता है, तो मनचाहा खिला दे।

मैंने खोमचेवाले को कहा–इसे दो आने का खोमचा दे दो और फिर कुछ लोगों से बातें करने लगा, जो मुझे वहाँ पाकर, आ जुटे थे। इतने में गाड़ी आई, शोर मचा। लोग छँटे, मैं भी उठकर खड़ा हुआ, तो देखा, वह बच्चा फिर मेरे निकट खड़ा है और मुझसे पूछ रहा है–

"कौन काम करना होगा?"

मुझे हँसी आई। "तुम कौन-सा काम करोगे, मेरे घर में बच्चे हैं, उनके साथ खेलना और जो मन में आए करना।" किन्तु इतने ही में गाड़ी आई, खचाखच भरी हुई। उस भीड़भाड़ में मुझसे चढ़ना भी मुश्किल पड़ता, किन्तु, वहाँ जो लोग एकत्र हुए थे, उन्हीं में से दो नौजवानों ने मिलकर सेकेन्ड क्लास में मेरा सामान पहुँचाया, जगह बनाई और जब भीड़ शान्त हुई, मैं गाड़ी में गया।

वहाँ जाकर देखता हूँ, वह भिखमंगा लड़का भी वहाँ पहुँच चुका है और मेरी जगह पर बैठा हुआ है। मैं मुस्कुराया, सीट से उठकर गट्ठर पर बैठने को कहा। सोचा, भिखमंगा ही तो ठहरा, दो-चार स्टेशन आगे बढ़कर माँगता-मूँगता लौट जाएगा।

किन्तु, मुज़फ्फपुर में जब गाड़ी बदलनी थी, वह मेरी डोर पकड़े रहा। वहाँ दो आने और पैसे दे दिए। थोड़ी देर वह गायब रहा। मैंने समझा, पिंड छूटा। किन्तु, ज्यों ही गाड़ी आई, फिर वह मेरे डब्बे में हाज़िर!

तरह-तरह की बातें। किसी ने कहा, देखिए ये लोग बड़े धूर्त होते हैं। एक ने कहा, नहीं, एक ऐसे ही भिखमंगे बच्चे को मैंने पाला है, वह घर के आदमी-सा रहता-सहता है! मैं सुनता रहा, वह बच्चा बर्थ के नीचे बैठे ही बैठे खर्राटे भर रहा था।

रेल से जहाज पर—जहाज से अपने डेरे पर। जित्तिन ने पूछा, यह कौन? मैंने कहा, समझो, परिवार में एक आदमी और बढ़ा। जित्तिन मुस्कुराया। मैंने पूछा, क्यों यह मुस्कुराहट? उसने कहा, आज ही एक ज्योतिषी का राशि-फल पढ़ रहा था, उसमें लिखा है, इस साल तुम्हारे परिवार में एक सदस्य और बढ़ेगा!

जित्तिन ने उसे साबुन से नहलाया, उसके गन्दे, फटे-चिटे कपड़ों को हटवाया, मेरी एक धोती के दो टुकड़े करके उसे पहनाया। नहा-धोकर वह लड़का निखर उठा जैसे। गोरा रंग था ही—फिर अच्छा खाना-पीना मिलने लगा, नहाने-धोने लगा, बाल तरशवाले—कितना भला लड़का लगता था वह!

लल्लन जी उससे घुलमिल गए। दोनों बच्चे दिन-रात कोलाहल करते।

मैं कहा करता हूँ, किसी को जानवर पोसने का शौक होता है, मुझे आदमी पोसने का शौक है। तीन लड़कों को पोसा है, एक उनमें प्रोफेसर हो चुका, एक प्रसिद्ध हेडमास्टर है, एक अब कालेज में गया है। इच्छा थी, एक हरिजन बच्चे को पोसूँ। संयोग से, यहाँ पता चला, यह हरिजन ही है, बड़ी प्रसन्नता हुई थी।

किन्तु यह क्या? उसको देखते ही मेरे नौकर को न-जाने क्यों, उससे वितृष्णा हुई। वह उसी दिन से षड्यन्त्र करने लगा कि किसी तरह यह चला जाए। पहले उसे बदनाम करना चाहा, फिर उसे एक दिन न जाने कहाँ रख आया। हम से कह दिया, वह घर भाग गया!

मैंने उस नौकर को निकाल दिया है, नया नौकर रख लिया है। तो भी, बार-बार उस भिखमंगे बच्चे की सूरत याद आती है! उसके जीवन में यह कैसा सपना रहा? 'चार दिन की चाँदनी फिर अँधेरी रात।' वह कहाँ होगा? उस नौकर ने ऐसी दुष्टता क्यों की? गरीबों का दुश्मन गरीब ही होता है!

बार-बार सोचता हूँ, दुखित होता हूँ। यदि वह घर भी गया होता, तो क्या वह कम दुखित होता होगा? उसका पता वगैरह भी नहीं पूछा था—नहीं तो पता लगाता। सोचा था, उसे अनाम ही पालूँ!

10 अगस्त 1953

और वही लड़का उस दिन घूमता-फिरता आ गया है। और, जब आया है, तो उससे डर लगने लगा है। क्या यह आवारा, फिरंट लड़का तो नहीं है? उस दिन वह गया क्यों? अब लौटा है कैसे? जब इतनी दूर आ-जा सकता है, तो कौन ठिकाना किसी दिन कुछ चीज़ लेकर गुम हो जाए। उस दिन दिनकर एक ऐसे ही लड़के की बात करते थे जो उनके घर से सौ रुपया लेकर चम्पत हो गया। (और इस लड़के ने भी वैसा ही किया)

पटना
11 अगस्त 1953

दो-तीन दिन से तबीयत सुस्त है। पैर के अँगूठे में गठिये का दर्द शुरू हो गया है। यह बहुत पुरानी बीमारी है। उस दिन दिन में कुछ दौड़-धूप करनी पड़ी, जब घर लौटा, ग़श आ गया।

मूर्च्छा भी मेरी पुरानी बीमारी है। जब पेट में कब्ज़ियत होती है, रात में ठीक से

सो नहीं पाता, दौरे पर होता हूँ, या काम की भीड़ में--यह मूर्च्छा आ दबोचती है। प्रायः देखा है, पान के साथ ज़र्दा खाने के बाद ही मूर्च्छा आती रही है। कई बार जर्दा छोड़ा है, सिगरेट छोड़ी है। किन्तु यह मूर्च्छा नहीं छोड़ती।

मूर्च्छा आते ही मन में अजीब वैराग्य आ जाता है। जैसे कि उसका भी दौर आता हो। दो-तीन दिनों से उसी के दौर में हूँ।

सोचता हूँ, क्यों ऐसी परेशानी, क्यों इतनी जाँफिशानी। जब चलाचली की बेला है, तो फिर शान्ति से, मौज़ से, मस्ती से चला जाए। अब हाथ-पैर समेटे जाएँ, जो बन पड़ा, उसे ही बहुत माना जाए, जो रह गया, वह रह गया! लेकिन, मन भी क्या है? अरे, अब तो सारा सँभाल चुके हो, और एक-दो काम रह गए हैं, कर लो, सँभाल लो। घर को पूरा करके उसमें बेटी की शादी शान से कर लो, चलते-चलते एक अच्छा उत्सव तो कर ही लेना चाहिए! जितने मित्र हैं, सब को बुलाओ, उत्सव-सम्बन्धी जो अरमान हों, पूरे कर लो। और, ज़रा ग्रन्थावली का काम आगे बढ़ा दो—

ग्रन्थावली--उसमें जितनी भी देर हो रही है, मेरी प्रतिष्ठा के लिए, उस काम के लिए बुरा हो रहा है। प्रथम खंड के रुपए भी वसूल कर लिए; लेकिन प्रेस ने कागज का ऐसा अड़ंगा लगाया कि बस, सारा काम चौपट। अब कागज भी मिला है, तो उसने नए-नए काम ले लिए हैं। क्या करूँ, समझ में नहीं आता। इसीलिए किसी हिन्दोस्तानी प्रेस में नहीं देकर मिशनरियों के प्रेस में दिया, प्रारम्भ में उन्होंने बड़ी मुस्तैदी भी दिखाई, लेकिन यह क्या हो रहा है अब?

और, बेटी की शादी के लिए भी तो बीस हज़ार रुपए चाहिए! ये रुपए कहाँ से आएँगे। "नेत्रदान" से जो आशा थी, देखता हूँ उसमें दुष्टों की बुरी नज़र लग रही है।

जब यों सोचने लगता हूँ, चित्त उद्विग्न हो जाता है। इच्छा होती है, किसी तरह शान्ति पाऊँ--कैसे पाऊँ? कहाँ पाऊँ?

पटना

16 अगस्त 1953

आज संध्या को दिनकर आए। दो-ढाई घंटे तक रहे। बड़ी अच्छी संध्या कटी। कई नवीन रचनाएँ सुनाई—उनमें प्रौढ़ता तो है ही; तीखा व्यंग्य भी, जिसे वह छुरछुरी कहते हैं। बहुत से लोग कहा करते हैं, अब दिनकर की प्रतिभा समाप्त-प्राय है। किन्तु बात ऐसी नहीं है, दिनकर का विकास दिन-दिन होता जा रहा है। हाँ, अब उनकी कविता का धरातल दूसरा है, अतः लोगों को उनके समझने में कठिनाई होती है। लोग चाहते हैं, उनका कवि वही रहे, जिस रूप में उन्होंने उसे सबसे पहले देखा था। कैसी वंचना!

लोग आज तक कहा करते हैं, 'दिनकर' को मैंने बनाया। यों ही राजनीति में जयप्रकाश को चमकाने का बहुत-कुछ श्रेय लोग मुझे देते हैं। यह बात ग़लत है। दिनकर या जयप्रकाश में वह चीज़ थी, जो लोगों को चमकाती है। मैंने एकाध फूँक दे दी, जिससे राख उड़ गई, चिनगारी खिल पड़ी। मुझे अधिक-से-अधिक श्रेय इसी का मिलना चाहिए।

याद आता है, दिनकर से जब पहली बार भेंट हुई थी। एक देहाती किशोर-मात्र; सिर पर गोल टोपी पहना करते। चेहरे से भोलापन टपकता। अभी-अभी कविता के क्षेत्र में प्रवेश किया था--किन्तु, उनकी तुकबन्दियों में कहीं-कहीं ऐसी चीज़ चमक उठती, जो साबित करती थी, यह लड़का कुछ होकर रहेगा। स्वभाव से ही प्रतिभापूजक हूँ। मैंने पीठ

ठोंकी, उनकी कविताओं को अपने पत्रों में—"युवक" में, "योगी" में प्रमुख स्थान देना प्रारम्भ किया। धीरे-धीरे लोगों की नज़रों में वह चढ़े—ज्यों-ज्यों प्रशंसा मिलती गई, वह और भी निखरते गए और आज यह हैं! दिनकर को इस रूप में देखकर मुझे कितनी प्रसन्नता होती है! दिनकर की जिह्वा से प्रायः मेरी भावनाएँ बोली हैं, अतः स्वभावतः ही दिनकर को मैंने अपना समझा किया!

किन्तु, कैसा दुर्भाग्य! एक तो दिनकर को इस तरह प्रोत्साहन देने के कारण बिहार के अधिकांश कवि मुझसे नाराज़ हुए। कुछ की नाराज़ी तो आज तक नहीं गई—मैंने लाख कोशिश की, उन्होंने मुझे क्षमा नहीं किया और न करेंगे, यह निश्चित दीख पड़ता है! किन्तु, सिर्फ वही बात होती, तो मैं बर्दाश्त कर लेता—विचित्र बात यह हुई कि इधर कुछ दिनों से मैंने अनुभव किया, दिनकर स्वयं मुझसे नाराज रहने लगे। इसमें कुछ प्रपंचियों का हाथ है; लेकिन, इसमें कुछ मनोवैज्ञानिक गुत्थियाँ भी रहीं। मैं समझता रहा, दिनकर सिर्फ मेरे हैं; उधर दिनकर की उड़ान के लिए सिर्फ मेरा प्रभाव-क्षेत्र ही काफी नहीं रहा, वह उड़ने लगे, तो मूलक्षेत्र को भी भुला बैठे। बस खिंचाव शुरू हुआ। पिछले दो वर्षों में कुछ ऐसी बातें हुईं कि यह खिंचाव बढ़ता ही गया। कुछ विद्वेषियों ने इसे और भी बढ़ाया। बड़ी विचित्र स्थिति थी।

मुझ से यह नहीं देखा गया; अभी कुछ दिन हुए, मैंने कोशिश की, कुछ साफ बातें हममें हो जाएँ। एक दिन उन्हें खींचकर अपने घर ले गया और सारी बातें रखीं। उन्होंने भी दिल खोलकर बातें कीं—गुस्से में हुए, फिर पिघले। और मुझे इस बात की खुशी है कि अब हम लोग पहले के प्रेमभाव की स्थिति में हैं। यही होना भी चाहिए।

बिहार के बाहर जहाँ कहीं जाइए, जब बिहार के साहित्य की चर्चा होती है, सबसे पहले हम ही दोनों के नाम आते हैं। बेनीपुरी, दिनकर—मानो बिहार के साहित्य के ये ही दो प्रतीक हैं—एक गद्य के, एक पद्य के। हम दोनों ने बिहार के गौरव को बढ़ाया है, यह हमारे लिए कम गर्व की बात नहीं है।

इधर मेरे मन में एक नई अभिलाषा जग रही है। मैं चाहता हूँ, हम दोनों के सम्बन्ध को और भी स्थायित्व मिले। अभी उसकी चर्चा ठीक नहीं; यदि मैं इसमें सफल हुआ, तो बिहार के साहित्यिक इतिहास में यह एक अभूतपूर्व घटना होगी। हमारा व्यक्तिगत सम्बन्ध वंशगत सम्बन्ध बन जाएगा। जो-जो मनोकामना की है, वह पूरी होती गई है; देखें, इसमें क्या होता है?

पटना
31 अगस्त 1953

इधर परसों एक बात अजीब हो गई। हम लोग रात में ग्रन्थावली के सम्बन्ध में बातें करने को बैठे। प्रेस ने वादा किया है, दो अक्टूबर को पहला खंड दे देगा। अब उसके प्रबन्ध के सम्बन्ध में निश्चित बातें कर लेनी थीं।

किन्तु, इसी प्रसंग में एक नई बात निकल पड़ी—क्या हमें पटना छोड़ देना चाहिए? सोच तो बहुत दिनों से रहा हूँ, किन्तु, कोई निश्चय आज तक नहीं हो पाया। देवेन्द्र जी ने इस पर ज़ोर दिया, अब हमें पटना छोड़ देना चाहिए; कारोबार का हेड क्वार्टर मुजफ्फरपुर को और रहने का प्रमुख स्थान बेनीपुर को बनाना चाहिए।

पटना हमें जो दे सकता था, दे चुका। अब वह हमारे विकास में बाधक है। यहाँ

जी-हुजूरियों, खुशामदियों का ज़ोर है। उन लोगों ने सारे वायुमंडल को विषाक्त बना रखा है। साहित्य में घोर ईर्ष्या है कि क्यों यह आदमी उन लोगों से अधिक खुशहाल है; प्रकाशक तो अब प्रतिद्वन्द्वी बन गए हैं। वे चाहते हैं, इस वटवृक्ष को उखाड़ फेंके। "नेत्रदान" की योजना को भ्रष्ट कराने के लिए उन्होंने क्या-क्या नहीं किया है। यह तो हमारा सौभाग्य, या प्रभाव था, कि हमने उन्हें विफल किया।

फिर, यहाँ साहित्यिक कार्य में भी बाधा पड़ती है, राजनीति का तो यह कोई क्षेत्र नहीं। इतने लोग आते रहते हैं कि चार अक्षर भी आप लिख नहीं सकते; जिन्दगी काटिए पटना और उम्मीदवार बनिए कटरा से—यह कौन-सी तुक हुई!

अतः हमें पटना छोड़ देना चाहिए—ऐसी दलीलें थीं देवेन्द्रजी की। मुज़फ्फरपुर रहने से नया क्षेत्र रहेगा, वह हमारा अपना क्षेत्र है, वहाँ रहकर तिरहुत के चारों ज़िलों को हम अपने वश में रख सकेंगे—साहित्य में भी, राजनीति में भी। घर निकट है, वहाँ से चावल, दाल, घी, तेल, तरकारी—सब आसानी से हम मँगा लेंगे। कोई अतिरिक्त व्यय नहीं होगा। वहाँ बच्चों की पढ़ाई के लिए भी स्कूल, कालेजों की कमी नहीं।

यदि हम जीप ले लें, तो सूखे मौसमों में बेनीपुर रहकर भी मुज़फ्फरपुर में काम कर सकते हैं—अठारह मील, नौ बजे खा-पीकर घर से चलिए, पाँच बजे कामधाम करके बेनीपुर के लिए रवाना हो जाइए। बेनीपुर में जो शानदार इमारत बनाई, उसकी भी सार्थकता रहेगी, वहाँ की खेती-बाड़ी भी अच्छी तरह हम देख सकेंगे।

यों दलील पर दलील। रानी, दुलहन भी राजी। रानी को तो जैसे मुँहमाँगा वर मिला। इसी दिन की प्रतीक्षा वह जिन्दगी-भर करती रही है कि बाल-बच्चों के साथ अपनी भूमि में, अपने मकान में रहें।

अन्त में हम सब राजी हुए। तो, यह शुभ कर्म कब से शुरू हो? देवेन्द्रजी कहते थे, पहले खंड के प्रकाशन के बाद ही हम चले चलें। तब तक मुज़फ्फरपुर में, मेहमानजी के घर में रहेंगे। रानी दीवाली के समय चलना चाहती थी, नई दुल्हन जनवरी में, क्योंकि वह गर्भवती हैं, ऐसी हालत में पटना छोड़ना उनके लिए अच्छा नहीं। मैं चुप था। किन्तु, इधर सोच-विचार कर इस निर्णय पर पहुँचा हूँ कि अब प्रभा की शादी के बाद ही पटना छोड़ा जाए।

पटना ने हमें दिया भी कम नहीं—दुख भी अपार, सुख भी असीम। अब वह एक काम और कर दे, मेरी बेटी की शादी करा दे, फिर उसे अन्तिम सलाम कहकर चल दूँ। यों तो ज़िन्दगी-भर उससे कुछ-न-कुछ सम्पर्क रखना ही पड़ेगा!

पटना
5 सितम्बर 1953

आज दो बजे रात से ही जगा हूँ और यह चार बजे डायरी लिखने बैठा हूँ।

चारों ओर निस्तब्धता है। सामने के पेड़ भी सोए-से लगते हैं। घर में परिवार के सभी लोग सोए हैं, बरामदे पर यमुना और बहादुर सोया है।

बड़ी गरमी थी; दो बजे नींद टूट गई। इधर घर की एक छोटी बात को लेकर रानी का अजीब रुख़ है। और, इधर मेरी यह हालत कि छोटी-छोटी बातें भी नींद भुला देती है।

मैंने उसे समझाया कि पड़े रहना, दिन-भर गुमसुम रहना ठीक नहीं—आख़िर इन बातों

का असर बच्चों पर भी पड़ता है।

किन्तु, कुछ दिनों से कभी-कभी अजीब स्वभाव हो जाता है उनका। ज्यों-ज्यों समझाइए, बात उलझती जाएगी। मुझे गुस्सा हो आया; घर से बाहर आकर एक चौकी पर लेट गया।

इस स्थिति में क्या नींद आ सकती थी? फिर सिद्दत की गरमी। पसीने से लथपथ—पानी से सिर धोया, कई बार शरीर पोंछा, पानी पिया; किन्तु, नींद कहाँ—फिर रह-रहकर मच्छर की घन-घन!

लगता है, रानी को भी नींद नहीं आ रही। दो-तीन बार बाहर आकर मुझे देख गई है, भीतर जाने का आग्रह भी कर गई है। किन्तु, मेरा मन कुछ ऐसा उद्विग्न है कि मेरे लिए बाहर-भीतर एक-सा।

एक बार तो ऐसा लगा था कि मुझे मूर्च्छा हो आएगी; सिर धोया, शरीर पोंछा, आँख में पानी का छींटा दिया; तब से जी कुछ हलका है।

किन्तु, बार-बार सोचता हूँ, यह सब क्या है? क्या ये सब-कुछ बुरे दिन के सूचक नहीं है?

यह क्या हो गया है हमारा परिवार? लगता है, हमारे समाज के पारिवारिक जीवन की रीढ़ टूट गई है। मेरे ऐसा आदमी जब इस छकड़े को अच्छी तरह नहीं चला पाता; तो बेचारे दूसरों की क्या गत होती होगी?

मैंने सदा कोशिश की है, सबको स्वतन्त्रता दूँ, सबकी इच्छाएँ पूरी करूँ, अपने पर कष्ट लेकर भी परिवार के छोटे-बड़े सभी की इच्छाएँ पूरी की हैं—वही मैं दो बजे रात से जगा छटपटा रहा हूँ,

जबकि सारी दुनिया निश्चिन्त सोई है—सामने के ये पेड़ भी!

कलकत्ता
10 सितम्बर 1953

मद्रास जा रहा हूँ। कांग्रेस और कल्चरल फ्रीडम की भारतीय शाखा की कान्फ्रेंस है। बहुत व्यस्त हूँ। यों नहीं जाता, किन्तु मसानी का आग्रह था, अवश्य आओ। उन्होंने ही तो उस साल पेरिस भेजा था, उनका अनुग्रह कैसे टालूँ?

ग्रन्थावली के काम से कलकत्ता भी आना था। प्रेस ने दो ही अक्टूबर तक उसे निकाल देने का वादा किया था। उसे पूरे रुपए चुकता कर देने होंगे। सोचा है, कलकत्ता में कोशिश करूँ—यदि कुछ रुपए निकल आएँ, तो बड़ा अच्छा हो।

डूगर से भेंट हुई। उन्हें रुपए दिए। टाइटिल आदि के लिए डिज़ाइन बना देने को कह दिया है। सीताराम सेक्सोरिया जी को फोन किया, मद्रास से लौटकर उनसे काम लेना है।

फूलनजी से मिला। पार्टी को लेकर खूब बातें हुईं। मेरे "पार्टी या प्लेटफार्म" लेख की चर्चा करने लगे। वह भी दुखित थे, कि यह क्या हो रहा है। लोहिया में एक अजीब ख़ब्त आ गई है, फूलनजी की भी यही राय थी।

जनवाणी में ही ठहरा हूँ। देखता हूँ, "नेत्रदान" को लेकर कुछ उदासीनता-सी है उनमें। क्या कोई दूसरा अड्डा ठीक करूँ? अब इस बार की यात्रा में तो नहीं ठहरना है। अपनी ओर से मैं क्यों उन्हें शिकायत का मौका दूँ?

कलकत्ता से मद्रास, संध्या (बंगाल को पार करते हुए)
10 सितम्बर 1953

वन्दे मातरम्

सुजलाम्–खेत में पानी, खड्ड में पानी, पोखरे में पानी, नदी में पानी–उजला पानी, मटमैला पानी, हरा पानी–सड़ा पानी, बदबूदार पानी–बंगमाता, तुम्हारे पानी को प्रणाम!

सुफलाम्–ताड़ का फल, नारियल का फल, केले का फल–गोल फल, अंडाकार फल, लम्बा फल–नाना रूप, नाना आकार के फलों की माता, ओ बंगभूमि, तुम्हें प्रणाम!

मलयज शीतलाम्–मिल की गन्ध, सडाँध की गन्ध, मछली की गन्ध; जहाँ मलय-पवन भी नाना गन्ध से आक्रांत होकर नाक बन्द करने को बाध्य करता है, हे बंग-जननी, तुम्हें प्रणाम!

शस्य-श्यामलाम्–धान की हरियाली, पटुए की हरियाली, साग-पात की हरियाली, सेंवार की हरियाली, एक इंच जमीन भी जहाँ हरियाली से नहीं बची हो, हे बंगमाता, तुम्हें प्रणाम!

मातरम्–हाँ, तुम सात करोड़ बंगालियों की माता कभी थी, अब दो करोड़ भी तुम्हें नमस्कार करनेवाले नहीं रह गए–अतः मेरा प्रणाम लो!

ट्रेन पर मद्रास की ओर
11 सितम्बर 1953

रात-भर ट्रेन में हिचकोले खाता रहा। ऐसी भी कहीं गाड़ी होती है! यह मद्रास मेल है। इस पर चढ़कर चलते हुए लिखने की क्या बात, पढ़ना भी मुश्किल!

सुराही का पानी बार-बार लुढ़ककर गिरता रहा। डब्बे की एक श्रीमतीजी कहती हैं, एक बार वह बर्थ से नीचे जा गिरी थीं, ऐसे होते हैं इसके हिचकोले।

भारत एक है–चाहे बिहार हो या मद्रास–एक-से लोग, एक-से खेत, एक-से पेड़-पौधे!

लोगों का रंग-रूप एक है–कपड़े-लत्ते एक हैं। वही धोती, कुर्ता, कमीज़, कोट, लंगोटी। खेतों में धान की फसल लहरा रही है। चरवाहे उसी तरह गाय-भैंस चराते दीखते हैं।

हाँ, भाषा पृथक। किन्तु राष्ट्रभाषा सब जगह काम करती है, वह चायवाला कह रहा है, गरमागरम चाय!

पेड़ों में नारियल और ताड़ अधिक। ताड़ के अधिकांश पत्ते काट लिए गए हैं। नजदीक के गाँवों के घर देखने पर इसके रहस्य का पता चला। यहाँ इन्हीं पत्तों से घर की छवाई होती है।

मद्रास
12 सितम्बर 1953

स्टेशन पर रामानन्द शर्माजी आए थे, परमानन्द जी का भी एक आदमी आ पहुँचा था। कान्फ्रेंस के लोग भी मिल गए। कान्फ्रेंस के लोगों के साथ ही ठहरा।

देशपांडे मिल गए; मसानी मिले, श्रीमती पुरुषोत्तम मिलीं, के.के. मिले, दवे मिले। मालूम हुआ, "जनता" में मैंने "पार्टी या प्लेटफार्म" लिखा है, उसकी चर्चा बम्बई में भी खूब है। उसका अंग्रेज़ी अनुवाद भी अंग्रेज़ी "जनता" में छपने जा रहा है।

(देखता हूँ, मेरी चीज़ों की ओर लोगों का पूरा ध्यान आकृष्ट होता है। कलकत्ता में फूलनजी ने बताया, गंगाशरण ने पटना में उन्हें मेरा लेख सुनाया था। ज़रूर उसने जयप्रकाश जी को भी सुनाया होगा। पटना में पार्टी के जिन साथियों से भेंट हुई, सबने उसकी चर्चा की!

यहाँ भी आते ही मेरा रंग जमा।) कान्फ्रेंस की विभागीय बैठक में "लेखकों के उत्तरदायित्व" पर बहस थी। अंग्रेज़ी की छूट थी; किन्तु मैंने हिन्दी में ही भाषण दिया और सबने अन्त में उस पर स्वीकृति प्रगट की। राममूर्ति रेणु भी आ गए हैं। उन्होंने मेरे अनुकरण पर हिन्दी में ही भाषण दिया।

शाम को नृत्य का कार्यक्रम था। कथाकली आदि नृत्य को उसकी जन्मभूमि में देखा। क्या कहने हैं! श्रीमती रुक्मिनी अरंडेल के "कलाक्षेत्र" की लड़कियों और लड़कों ने यह आयोजन किया था। तरह-तरह के नृत्य! छोटे-छोटे डंडे लेकर लड़के-लड़कियों ने जो रास-नृत्य किया, कला और कारीगरी दोनों दृष्टियों से अत्यन्त प्रभावकारी था। वे बारह थे। बारह धागों को लेकर नाचते ही नाचते जूड़े-गूँथने का भी जो अभिनय किया, वह तो कमाल था।

किन्तु, हृदय को सबसे अधिक मोहित किया, भरत-नाट्यम् ने। आन्ध्र विश्वविद्यालय के प्रो. चांसलर श्री गोपाल रेड्डी ने इस अवसर पर भाषण करते हुए बताया कि भारत में यह नृत्य विशुद्ध रूप में दक्षिण में ही जीवित है–उत्तर में तो कत्थक आदि नृत्य से यह घुला-मिला दिया है।

तम्बूरा, मृदंग, झाल, शहनाई के स्वर के साथ मधुर-मधुर गीत और उसी के ताल पर नृत्य! ये गीत तेलगु के थे। तेलगू भाषा कितनी श्रुति-मधुर है! दो लड़कियों ने तो नृत्यकला की ऐसी उत्कृष्टता दिखलाई कि सभी दर्शक झूम रहे थे। गोपाल रेड्डी की क्या बात, बाबू सम्पूर्णानन्दजी का रूखा चेहरा भी रह-रहकर आनन्दाधिक्य से चमक उठता था। मेरी बगल में रेणु थे, उन्होंने गीतों की व्याख्या कर मेरे लिए आनन्द की अभिवृद्धि कर दी!

इन बच्चियों को देखकर अपनी प्रभा की बार-बार याद आती रही। रानी उसकी शादी करने को व्याकुल हैं। चाहिए यह था कि उसे और पढ़ाया-लिखाया जाता और नृत्य-संगीत की ओर उसका ध्यान आकृष्ट किया जाता। आख़िर मेरे परिवार में किसी एक को तो विशुद्ध कला की ओर बढ़ना चाहिए था। उसकी हक़दार तो प्रभा ही है। एक लड़की का चेहरा तो बिलकुल प्रभा से मिलता-जुलता था!

बिहार-सरकार ने नाट्य, संगीत, नृत्य ऐकेडमी की नींव डाली है। कैसी अच्छी बात होती कि कुछ लड़के और लड़कियों को 'कलाक्षेत्र' में इस सम्बन्ध की शिक्षा पाने को भेजा जाता।

सोचता रहा, क्यों उत्तर भारत के नृत्य की कला नष्ट हो गई, जबकि भरत-नाट्यम् की भूमि वही है। मुसलमानी काल में जहाँ की लड़कियों को घूँघट में रहने को लाचार होना पड़ा, वहाँ नृत्य की कला कहाँ बच पाती? अब आवश्यक है कि फिर उस कला को हम दक्षिण से बुलाकर अपने घरों में प्रवेश कराएँ।

पुरुष कितना कट्टर होता है। उस दिन दिनकर से बातें हो रही थीं। वह चाहते हैं,

लड़कियाँ नृत्य आदि के फेरे में नहीं पड़े; चूल्हे-चक्की की दुनिया को ही सँभालें! बिहार के सबसे बड़े कवि की यह राय है, तो बिहार में कला की उन्नति होने से रही!

शाम को हम बीच (समुद्र तट) होकर जा रहे थे। लोगों ने बताया, यह संसार के दो सुन्दरतम समुद्र तटों में से एक है। पहला है, कैलिफोर्निया का समुद्र-तट।

मद्रास
13 सितम्बर 1953

सवेरे साढ़े आठ बजे से काम का सिलसिला शुरू किया, तो वह साढ़े नौ बजे तक चलता रहा। जब लेटा, ऐसा थका हुआ था कि लेट गया मुर्दे की तरह। थोड़ा होश हुआ, तो भोजन आदि और अब बारह बजने जा रहे हैं, तो यह डायरी लिखने बैठा हूँ।

भोर में सम्मेलन का उद्घाटन राजाजी ने किया। राजाजी में वही फुर्ती देखी। इतने वृद्ध हो गए, तो भी कितने सजग। उद्घाटन करते हुए जो भाषण दिया, उसमें सांस्कृतिक स्वाधीनता का समर्थन करते हुए, संस्कृति का अर्थ किया आत्मनियन्त्रण! यानी सांस्कृतिक स्वाधीनता का अर्थ हुआ, अपने ऊपर नियन्त्रण रखने की स्वाधीनता! वाह! क्या कहने हैं?

सम्पूर्णानन्दजी ने शुरू तो ऐसा किया कि लगा, सही पथ-प्रदर्शन करेंगे। किन्तु सम्पूर्णानन्दजी जहाँ से शुरू करते हैं, उस पथ को बीच में ही छोड़ देते रहे हैं। यहाँ भी सबकी आलोचना आंड़े हाथों से की; भारत-सरकार को भी नहीं छोड़ा, देश के नेतृत्व को भी पंगु बता दिया; किन्तु सब की दवा एक बताई, भारतीय प्राचीन शक्तियों के अमूल्य उपदेशों पर चलो और भारतीय का अर्थ किया, हिन्दू!

जब-जब ऐसी सभाओं में जाता हूँ, जहाँ मिनिस्टर पहुँचते हैं, तबीयत ऊब जाती है; ऐसी घृणा होती है कि उठकर चल दूँ। इन 'बेचारों' का दिमाग़ ही सड़ गया है, करें तो क्या?

प्रतिनिधियों के सम्मेलन में प्रस्ताव आठ किए गए, जिनमें छः का सम्बन्ध विदेश से। यानी, भिन्न-भिन्न तरह से कम्युनिस्टों को और रूस-चीन को गालियाँ दो; स्वयं क्या करना है, हमारे देश में कौन-सी सांस्कृतिक समस्या है, उस पर ध्यान ही नहीं। दो देशी प्रस्तावों में एक से भूदान का समर्थन किया गया और दूसरा मेरे सुझाव को प्रस्ताव का रूप दिया गया था कि संघ की घोषणा का अनुवाद देशी भाषाओं में कराकर वितरण किया जाए। शुरू में हर प्रस्ताव के बाल की खाल निकाली गई, अन्त में जल्दी-जल्दी बाकी प्रस्तावों को पास मान लिया गया।

संध्या में नृत्य का बड़ा ही सुन्दर कार्यक्रम था, किन्तु थका-हारा दिमाग़ कितना आनन्द ढो सके। शौचादि तक के लिए फुर्सत नहीं हुई, एक प्याली चाय तक नसीब नहीं हुई, "सिगरेट पीना मना" चारों ओर टँगा—उफ कितनी परेशानी।

किन्तु, तो भी नृत्य ने मोह ही लिया। 'त्रावणकोर की तीन बहनें' इस समय दक्षिण में धूम मचाए हुए हैं। ललिता, पद्मनी, रागिनी। तीनों फिल्म में भी काम करती हैं; इनमें पद्मनी ने तो बड़ा नाम कमाया है। किन्तु इनका मुख्य पेशा है नृत्य! तरह-तरह के नृत्य—शास्त्रीय नृत्य, ग्रामीण नृत्य, कथा नृत्य! जिस विषय को लेती हैं, उसमें जान डाल देती हैं। जैसा कि मेरी बगल में बैठे, आन्ध्र विश्वविद्यालय के प्रो. चांसलर श्री रेड्डी ने कहा—एक तो जवानी, फिर सौन्दर्य, और उस पर कला! फिर रसिकों का चित्त क्यों नहीं

मुग्ध हो रहे!

सुना, इन तीन बहनों ने पाँच साल के अन्दर लाखों रुपए कमाए हैं। एक-एक रात के लिए दो-तीन हज़ार रुपए लेती हैं और लोग सानन्द देते हैं। दक्षिण में नृत्य और संगीत का कितना निखरा हुआ रूप है और लोगों की इस ओर कैसी रुचि है इसका प्रमाण है यह अनारकली-हाल जिसमें आज का सारा आयोजन हुआ है। इस भवन को संगीतकारों ने ही बनाया है। कितना विशाल, कितना भव्य, कितना सुन्दर भवन है। स्थायी मंच है और रोशनी आदि के लिए आधुनिकतम प्रबन्ध किया गया है।

इसी हाल में आज संध्या समय एक सार्वजनिक सभा हुई। मद्रास-सरकार के वित्त-मन्त्री, आन्ध्र के नेता, संजीव रेड्डी, कलकत्ता के दत्तमजूमदार, मद्रास के मेयर आदि के भाषण हुए। मुझे भी बोलना पड़ा। मैं हिन्दी में बोला—लोगों ने समझा कितना, यह तो वे जानें; किन्तु बार-बार तालियाँ पिटती रहीं। और जब हाल से निकला, एक विद्यार्थी स्वयंसवेक ने कहा, महाशय, जब आप बोल रहे थे, मुझे रोमांच हो रहा था, यद्यपि मैं बहुत कम समझ पाता था—आपकी वाणी में जादू है!

हाँ, कम्बख़्त बेनीपुरी तुम्हारी लेखनी में ही नहीं, वाणी में भी जादू है। अरे, तुम पर भी ग़ालिब का वह शे'र लागू है—

वो मसायले तसव्वुफ वो तर्ज़े बयाँ गालिब,
सब वली तुझे समझते, गर न बादाख़ार होता!

तुम्हारी बादाख़ारी क्या है? समझे? यही कि तुम सच्चे हो, मुँहफट हो, किसी की ताब में नहीं रहते हो, आदि आदि···

महाबलीपुरम्
14 सितम्बर 1953

दक्षिण के सुप्रसिद्ध पुरातत्व-स्थान महाबलीपुरम् के दीप-स्तम्भ पर बैठकर ये पंक्तियाँ लिख रहा हूँ।

सामने पूरब की ओर समुद्र लहरा रहा है। जिसकी बड़ी-बड़ी तरंगें, बीच-बीच में झागों का मुक्ता-द्वीप बनाती आतीं और तट की बालुकाराशि पर सिर पटककर फिर पीछे लौट जाती हैं!

जहाँ तक पूरब ओर देखिए, नील-नील समुद्र। यह बंगोपसागर है। जहाँ समुद्र क्षितिज से मिलता है। बादलों की धूमिल-धूमिल रेखाएँ हैं। नहीं तो समुद्र का नीलापन आकाश के नीलेपन से हिलहिल कर ज़मीन-आसमान को एक कर देता।

उत्तर-दक्षिण तट-रेखाएँ हैं, कहीं बालू-बालू, कहीं वृक्ष-वृक्ष। मेरे पीछे, जहाँ अब सूरज डूबने की तैयारी में है, समुद्र का जल, उससे दूर होकर झील-सा बन गया है। उसमें मुर्दापन है! सामने जीवन लहरा रहा है। पीछे मृत्यु का सन्नाटा है और जब सूरज उसके परे, पर्वत के पीछे मुँह छिपाने जा रहा है, तो जिनके साथ मृत्यु लगी है उन मानवों की क्या बात। उन्हें भी एक दिन इसी तरह चला जाना पड़ेगा न?

और, यह कभी का महान बन्दरगाह, पल्लव-राजाओं की कीर्ति-कथा का महान स्तम्भ, क्या आज मृत्यु के सन्नाटे में ही उसाँसें नहीं ले रहा है? तो भी यह कल्पना भी कितनी उमंग भर देती है कि कभी यहाँ वह विशाल बन्दरगाह होगा, जिससे निकलकर हमारे बड़े-बड़े समुद्री बेड़े स्वर्णभूमि को, स्वर्ण-द्वीप को जाते होंगे—यहाँ से तरह-तरह की कला-वस्तुएँ ढोकर

ले जाते होंगे और वहाँ से सोने से भरे हुए लौटते होंगे। जहाँ मैं आज बैठा हूँ, उसी पर हमारे चौकस प्रहरी रात-रात-भर दीप जलाए उनका पथ-प्रदर्शन करते होंगे और इसकी दीप-मालिका से ही हमारे उन पूर्वजों का हृदय कितना उल्लसित हो जाता रहा होगा!

हमने सिर्फ वाणिज्य और कला की वस्तुएँ ही तो वहाँ—उन द्वीप-पुंजों में, देशों में—नहीं भेजीं; हम अपनी कला और संस्कृति के दूतों को भी यहीं से भेजते रहे, जिन्होंने वहाँ हमारे देश के शाश्वत सन्देशों को वह रूप दिया कि शताब्दियों के बाद भी वे जीवित जाग्रत हैं! बर्मा में, मालवा में, जावा में, सुमात्रा में, इन्डोनेशिया में भारतीय कला और संस्कृति के जो अनुपम उपादान आज तक वर्तमान हैं, क्या उनके कल्पक और निर्माता इसी बन्दरगाह से नहीं गए होंगे?

ईसा से छः सौ वर्ष बाद ही, पल्लव राजाओं ने इस स्थान को अपनी उप-राजधानी बनाकर कितनी बड़ी दूरदर्शिता का काम किया था। यह महाबलीपुरम् ही है, जिसने हमें जहाज़रानी का सबसे बड़ा शौक दिया। इसके निर्माता नरसिंहवर्मन ने समुद्र-तट की चट्टानों पर जैसी पुरी बसाई, उसका उपमान उस युग के संसार-भर में खोजने से नहीं मिलेगा।

मैं इस द्वीप-स्तम्भ पर बैठकर अपनी नजरें धीरे-धीरे उन कला-कृतियों की ओर डाल रहा हूँ, जिन्हें देखकर अभी-अभी लौटा हूँ। कितना थक गया था, किन्तु समुद्री हवा के शीतल झोंकों ने थोड़ी ही देर में सारे ताप को दूर कर दिया।

यहाँ से दक्षिण, लगभग आधे मील पर, मन्दिरों की वह अवली दिखाई पड़ रही है, जो दक्षिण के मन्दिरों में अपना अपूर्व स्थान रखती है। शायद हम लोगों में से बहुत-से लोगों को अब तक भी यह ज्ञात नहीं है कि सुन्दर, भव्य, विशाल मन्दिरों की दृष्टि से दक्षिण भारत उत्तर भारत से कहीं अधिक महत्त्वपूर्ण स्थान रखता है! उन मन्दिरों में महाबलीपुरम् के पाँच पांडवों के मन्दिरों की बड़ी महिमा है। पाँच मन्दिर हैं, पाँचों एक ही सम्पूर्ण चट्टान को काटकर बनाए गए हैं। सम्पूर्ण चट्टानवाले जितने मन्दिर अपने देश में हैं, उनमें ये सबसे पुराने माने जाते हैं। किन्तु पुराने होने के कारण इनमें कला की त्रुटि या कमी की कल्पना नहीं कर लीजिए।

इनमें से सबसे ऊँचा मन्दिर है, धर्मराज युधिष्ठिर का और सबसे बड़ा भीम का। भीम के मन्दिर के बाद अर्जुन का मन्दिर है, जिसके चबूतरे से ही लगा हुआ द्रौपदी का मन्दिर है। नकुल-सहदेव का मन्दिर इस पंक्ति से अलग है। मन्दिरों के अतिरिक्त तीन बड़े-बड़े जानवरों की मूर्तियाँ हैं—नन्दी (बैल) की, सिंह की, गजराज (हाथी) की! इस ओर से जाइए, तो सबसे पहले सिंह की मूर्ति और द्रौपदी का मन्दिर दिखाई पड़ेगा। अर्जुन के मन्दिर के सामने हाथी की मूर्ति है और उससे सटी नकुल-सहदेव की मूर्ति! नन्दी की मूर्ति द्रौपदी और अर्जुन की मूर्ति के बीच में है।

धर्मराज के मन्दिर में अनेक मूर्तियाँ खोदी हुई हैं। उनमें से एक मूर्ति इसके निर्माता नरसिंह देव वर्मन की है। इसी मन्दिर में उत्कीर्ण अर्धनारीश्वर की मूर्ति भी बड़ी ही भव्य है और कला की दृष्टि से बड़ी ही सुघड़।

और, यह पहाड़ी का हिस्सा जिसके ऊपर यह दीप-स्तम्भ है। इस पहाड़ी में ग्यारह गुफाएँ हैं। बराह-गुफा, महिषीमर्दिनी गुफा, धर्मराज मंडप, कृष्ण मंडप, पंचपांडव मंडप, अर्जुन की तपोभूमि, त्रिमूर्ति गुफा आदि। किन्तु, इनमें सबसे सुन्दर कलाकृति है अर्जुन की तपोभूमि। कहा तो यह जाता है, समस्त भारतीय कलाकृतियों में इसका स्थान अनूठा है। चन्द्र, सूर्य, किन्नर, गन्धर्व, अप्सरा आदि देवलोक के सभी प्राणी ही नहीं, सिंह, व्याघ्र, हाथी, सूअर, आदि जानवर तथा बधिक, ऋषि, शिष्य आदि मनुष्य के अनेक भेद-उपभेद भी इस

सुघड़ता से खोदे गए हैं कि देखकर विस्मित हो जाना पड़ता है। हाथियों का झुंड तो ऐसा लगता है कि इनमें अब भी प्राण का संचार है। महाकवि भारती ने जिस कथा को लेकर किरातार्जुनीय की रचना की, उसी कथा को लेकर शिलाकार ने इस गुफा की रचना की है। और इसका निर्णय करना कठिन है कि अधिक सफल कौन हुआ—कवि या शिल्पकार!

इस पहाड़ी पर भी दो मन्दिर हैं—एक को ओलक्कनाथ का मन्दिर कहते हैं। इस मन्दिर में शिव की तीन मूर्तियाँ बड़ी ही प्रभावशाली हैं—दक्षिणामूर्ति, रावणानुग्रहमूर्ति और अलिधानृत्यमूर्ति, दूसरा मन्दिर गणेशरथ कहलाता है। यह भी एक ही पत्थर को खोदकर बनाया गया मन्दिर है।

यहाँ से उत्तर-पश्चिम की ओर एक पठार-सा दिखाई पड़ता है, सम्भवतः वहीं पल्लवों की राजधानी रही होगी। उसके प्रमाण में वहाँ टूटे-फूटे प्रासादों के ढूह हैं और, सबसे बढ़कर, वह सिंहमूर्ति आज भी विराजमान है, जिस पर अपना सिंहासन रखकर पल्लवराज अपनी विशाल राजसत्ता की घोषणा करते थे। यह सिंहमूर्ति आज भी गरजती-सी दीखती है।

और, सबसे अन्त में, यहाँ से उत्तर, लगभग आधे मील पर वह मन्दिर देखिए, जो तट-मन्दिर के नाम से आज प्रसिद्ध है। कहा जाता है, यहाँ सात ऐसे-ऐसे मन्दिर थे, किन्तु कालक्रम से उनमें से छः समुद्र के पेट में चले गए, अब सिर्फ एक रह गया है। हम बस से उतरकर सबसे पहले उसी मन्दिर में तो गए थे। अहा, समुद्र सामने गरज रहा है और बड़ी-बड़ी तरंगों को लेकर इस तरह धावे-पर-धावा कर रहा है कि इसे भी वह निगल जाना चाहता हो। किन्तु, मानव की यह कृति आज भी अक्षुण्ण है, क्योंकि मानव ने इसकी रक्षा के लिए इसके आगे एक बाँध खड़ा कर दिया है, समुद्र की तरंगें उसी से टकराकर लौट जाती हैं। किन्तु तो भी, समुद्र की नमकीन हवा का असर तो पड़ता ही है—मन्दिर का पत्थर दिन-दिन कमज़ोर पड़ता जा रहा है!

वह मन्दिर भी एक ही पत्थर का है। इसके भीतर एक ओर तो शिवलिंग है और दूसरी ओर शेषशायी विष्णु। मन्दिर के आगे बलिपीठ और ध्वजस्तम्भ है। बलिपीठ के निकट टूटी हुई उत्कीर्ण, प्रशस्तियाँ पाई गई थीं, जिनमें राजसिंह (द्वितीय नरसिंहवर्मन) की प्रशंसा कही गई है।

तीन और गुफाएँ तथा कुछ फुटकर दर्शनीय मूर्तियाँ आदि हैं; किन्तु, मेरा हृदय तो बार-बार आज से चौदह सौ वर्ष पीछे भागता है और पल्लव-राजाओं की गरिमा से अभिभूत होता जाता है।

महाबलीपुरम् का यह नामकरण, कहा जाता है, ''मामल्लीपुरम्'' का अपभ्रंश है। 'मामल्ली' यह उपाधि नरसिंह वर्मन की थी, जिनका राज्यकाल 630-70 माना जाता है। किन्तु यह स्थान इसके पहले भी एक विशाल बन्दरगाह था। एक रोमन नाविक ने ईसा की पहली शताब्दी में इसकी चर्चा की है। और उसके सौ वर्ष बाद रोमन भूगोलवेत्ता टॉलम ने 'मलांजे' कहकर इसकी चर्चा की है। ह्यूयेनचांग ने भी इसकी चर्चा की है, हाँ, इसका नाम देने में उससे अवश्य ग़लती हुई। सातवीं शताब्दी में एक इटालियन यात्री मनुची ने भी इसका वर्णन अपनी यात्रा-पुस्तक में किया। यूरोपियनों ने इसे 'सात पगोडा' कहकर पुकारा, जिस तरह उन्होंने कोणार्क को 'काला पगोडा' कहकर पुकारा था। जब समुद्र से वे आते-जाते रहे, इस तट-मन्दिर को तथा अन्य मन्दिरों की चूड़ाओं को वे देखते रहे और यह नाम दे दिया। किन्तु, मल्लाहों का कहना है, उनके पुरखों ने बताया था कि वे सातों मन्दिर इस तट पर थे, जिन्हें देखकर उन्होंने यह नाम दिया।

पल्लवों की राजधानी कोची थी। जब चालुक्यों ने उन्हें पराजित किया, उन्हें

तेलगु-जिलों से हाथ धोना पड़ा। किन्तु, उनके कुल में नरसिंह वर्मन का उत्पन्न होना उनके अभ्युदय की भूमिका हुई। उसने चालुक्यों को हराया, यही नहीं, अपने सहायक सिंहल-नरेश को भी उसने फिर गद्दी पर बिठलाया। उसकी जलसेना निस्सन्देह इसी महाबलीपुरम् के बन्दरगाह से गई होगी!

यों मद्रास में बहुत कम ठहरना था; किन्तु मित्रों ने आग्रह किया, महाबलीपुरम् तो अवश्य देख लीजिए। उनकी सलाह कितनी अच्छी थी! यदि इसे बिना देखे लौट जाता तो निस्सन्देह एक बड़ी चीज़ को छोड़ जाता।

भोर की ट्रेन ग़लती से छूट गई थी; अतः आने में देर हो गई थी; नहीं तो यहाँ पाँच-छः घंटे तो लगाना ही चाहिए।

ट्रेन छोड़कर बस से चला, तो बीच में 'पक्षी-तीर्थ' मिला। एक पहाड़ी पर शिव का मन्दिर है। कहा जाता है, दोपहर को जब शिव का प्रसाद मन्दिर के सामने रख दिया जाता है, तो समुद्र की ओर से दो पक्षी प्रतिदिन बारह बजे के लगभग, वहाँ पहुँचते हैं और प्रसाद खाकर चल देते हैं। ध्यान देने की बात है कि सिर्फ दो पक्षी आते हैं और निश्चित समय पर आकर, प्रसाद खाकर चल देते हैं। साधारण लोगों की धारणा है ये दोनों पक्षी शिव-पार्वती हैं।

हम वहाँ लगभग ढाई बजे पहुंचे थे, अतः उन पक्षियों को नहीं देख सके।

जब हम पक्षी-तीर्थ में इधर-उधर भटक रहे थे, एक बच्चा आया और हिन्दी में बातें करने लगा। बहुत आश्चर्य हुआ? पूछा, तुमने हिन्दी कहाँ से सीखी? क्या तीर्थ-यात्रियों से सीख ली? तो उसने बताया, नहीं, उसके स्कूल के हेडमास्टर ने उसे हिन्दी सिखाई! क्या पाठ्यक्रम में यह था, उसने कहा—नहीं; हेडमास्टर ने स्वयं हिन्दी सीखी थी और अपने शिष्यों को वह स्वयं सिखाते थे। मैंने मन ही मन उस हेडमास्टर को प्रणाम किया।

भाई देशपांडे और सौ. इन्दुमती शेवड़े मेरे साथ आए हैं। इन्दु जी को चित्रकला से लगाव है। वह नीचे, किस क्षिप्रता से स्केच बनाती जा रही हैं।

मद्रास
15 सितम्बर 1953

आज का दिन मेरा हिन्दी-दिवस रहा। भोर में ही आदर्श हिन्दी प्रेमी मंडल की ओर से आयोजित एक गोष्ठी में जाना पड़ा। यह संस्था नई है। मेरे लिए आकर्षण की बात यह रही कि यह संस्था विजयदशमी को मेरा "नेत्रदान" खेलने जा रही है। मेरे साथ रेणु भी थे। जलपान आदि के बाद मुझे बोलना पड़ा, संक्षेप में मैंने हिन्दी और कला का सन्देश दिया। लड़कियों की तादाद पुरुषों से अधिक थी। मैंने इन लड़कियों को खासकर धन्यवाद दिया। "नेत्रदान" की पाँच प्रतियाँ देने का वादा किया। उन तीनों लड़कियों और दोनों युवकों को देखा, जो नाटक में पार्ट करने जा रहे हैं। उन्हें विशेष धन्यवाद दिया।

उसके बाद ही श्री परमानन्दजी के घर पर गया। परमानन्द जी अभी कलकत्ता से नहीं लौटे हैं, उनके बेटे शिवजी ने अच्छा स्वागत-सत्कार किया। परमानन्दजी बहुत दिनों तक हरिजी के जियावाडी स्टेट में बर्मा रह चुके हैं। जब नेताजी सुभाषबोस ने बर्मा में राष्ट्रीय सरकार बनाई, परमानन्द जी भी उसमें थे। अब हरिजी के मद्रास प्रान्त के कारोबार को देखते हैं। बिहार के लिए इनका घर स्थायी अतिथिशाला है। जयप्रकाश जी भी यहीं आकर ठहरा करते हैं।

वहीं से हिन्दी प्रचार सभा में सत्यनारायण जी को फोन किया। वह प्रतीक्षा में ही थे। ढाई बजे उनके पास पहुँचा। कितनी बड़ी संस्था पन्द्रह वर्षों में बन गई है यहाँ। क्या ऐसी संस्था उत्तर भारत में भी है? दस लाख रुपए साल में खर्च होते हैं। दो पत्रिकाएँ निकलती हैं, लगभग सौ पुस्तकें निकल चुकी हैं, बहुत बड़ा प्रेस है, चार बड़ी मशीनें चल रही थीं। बाहर की पुस्तकें भी बेचते हैं, साल में एक-डेढ़ लाख की। एक रंगमंच भी बना लिया है। शिक्षिकाओं के लिए एक केन्द्र है, जिसकी ओर से मेरा स्वागत किया गया। मैंने कहा, जब बहनों ने हिन्दी को अपनाया है, तो दक्षिण में हिन्दी की जड़ स्थायी हो चुकी। पाठशालाओं में ही नहीं, घरों में, परिवारों में, पड़ोसियों में हिन्दी का प्रचार करते रहिए, यही मैंने उनसे निवेदन किया। लड़कियों ने हिन्दी भजन और गीत सुनाए। इनका स्वर कितना मधुर होता है!

सत्यनारायण जी बड़े प्रेम से मिले। उन्होंने बताया, इस सभा के कार्यों के अतिरिक्त, तामिल का विश्वकोष निकाल रहे हैं, हिन्दी परिषद् दिल्ली का संचालन भी उन्हीं के जिम्मे है और प्रतिदिन तामिल पत्र-पत्रिकाओं के लिए तीन-चार कालम लिखना भी पड़ता है। सचमुच अद्भुत प्रतिभा है इस व्यक्ति में संगठन की।

सभा का काम ही कितना बढ़ा लिया है—इसकी 500 शाखाएँ हैं, 10,000 सदस्य हैं, 4000 केन्द्र हैं, अभी तक 25,00,000 लोगों को हिन्दी पढ़ाई है, इस समय 2,00,000 व्यक्ति हिन्दी पढ़ रहे हैं, प्रतिवर्ष 1,00,000 व्यक्ति परीक्षाओं में बैठते हैं, 1000 परीक्षा केन्द्र हैं, 4000 प्रचारक हैं, कुल पैसे इकट्ठे किए—45 लाख रुपए !

संध्या को मद्रास हिन्दी विद्यापीठ में मेरा स्वागत समारोह था। श्री सुन्दर कृष्णमाचारी इसके संस्थापक हैं। वृद्ध से सज्जन, किन्तु हिन्दी प्रेम में पगे हुए। यहाँ स्त्रियों का एक बड़ा समूह था, कितने ही विशिष्ट व्यक्ति आए थे। "दिनमान" के सम्पादक भी थे, जो मेरे साथ विलायत गए थे। "दिनमान" दक्षिण का ही नहीं, सारे भारत का सबसे बड़ी ग्राहक-संख्या वाला दैनिक है। तमिल-लेखक-संघ के मन्त्री भी पधारे थे और उन्होंने निमन्त्रण दिया कि मैं जनवरी मैं फिर आऊँ जब उनकी संस्था का वार्षिक अधिवेशन होगा।

वहाँ से सीधे स्टेशन—कलकत्ता के लिए प्रस्थान।

कुछ खास बातें—यहाँ की स्त्रियों में कला और विद्या के प्रति बड़ी ही रुचि है।

यहाँ पान में कत्था नहीं दिया जाता।

जब महाबलीपुरम् जा रहा था, लाल-लाल रंग की ऐसी बकरियाँ देखी, जिन्हें पहले मैंने हरिनें मान ली थीं, पीछे देखा उनके पीछे कुछ चरवाहे भी हैं।

आन्ध्रवालों में तमिलवालों के प्रति कटुता है—वे उन्हें सब अवगुणों की खान समझते हैं, ठीक उसी तरह जैसे बिहार में बंगालियों के प्रति या बंगाल में हिन्दुस्तानियों के प्रति, या मध्यप्रदेश में महाराष्ट्रियों के प्रति या बम्बई में गुजरातियों की भावना महाराष्ट्रियों के प्रति या महाराष्ट्रियों की भावना गुजरातियों के प्रति। यह कितनी बुरी बात है!

जब मद्रास से महाबलीपुरम् जा रहा था, रास्ते में मँडुए की खेती देखी, बड़े पैमाने पर। इसे इस तरफ 'रागी' कहते हैं। एक मद्रासी यात्री ने बताया यहाँ के ग़रीब इसे बहुत पसन्द करते हैं। यही बात तिरहुत में भी तो है।

उस हिस्से में अभी बरसात शुरू हुई है। खेत सूने-सूने, जिनमें या तो घास अभी-अभी उग रही है, या धान के बीज सिर उठा रहे हैं। क्या तमाशा है, कहीं बरसात ख़त्म हो रही है, कहीं शुरू हो रही है—कैसा है हमारा देश!

स्टेशनों पर होटल की चीज़ों के अलावा नारियल (डाम) मोसम्बी, केले, काजू प्रायः

मिलते हैं। हर जगह कॉफी। एक स्टेशन पर छह पैसे में छह केले मिले, छोटे-छोटे किन्तु बड़े मीठे।

बगीचे अधिक नहीं दीख पड़े—बस ताड़-ताड़-ताड़। कहीं-कहीं आम के पेड़।

बाँस की एक फुनगी भी कहीं नहीं दिखाई पड़ती। ताड़ से तो घर बनाते हैं, जड़ से लकड़ी, बल्ले का काम, उसके पत्तों से उसकी छबाई का काम!

मद्रास चावल का ही देश है—उत्तर बिहार की तरह, आन्ध्र तो बिलकुल धानमय। धान के खेत लहरा रहे हैं, उनकी मेड़ों पर किसान टहल रहे हैं या घास काट रहे हैं। कहीं-कहीं स्त्रियाँ कमैनी कर रही हैं।

अधिकांश लोग काले—किन्तु शरीर का गठन सुन्दर। औरतें नाक के दोनों पूड़ों में गुलफियाँ पहनती हैं। जूड़ों में फूल बाँधती हैं। जूड़े में बाँधने के लिए स्टेशनों पर भी फूल बिकते हैं। चम्पा के ताज़े फूल केले के पत्तों में ढँककर बेचे जाते हैं, ज्यों ही खुले कि डब्बा गमगमा उठता है।

कलकत्ता
19 सितम्बर 1953

परसों ही कलकत्ता पहुँच गया। बड़ी थकावट, आकर आराम करता रहा।

यहाँ आने पर आशा की थी, पटना से कोई पत्र आया होगा, किन्तु नहीं पाया। चित्त बड़ा खिन्न हुआ। कई आवश्यक काम थे।

देवेन्द्र जी को उचित था कि पत्र भेजते। बार-बार सोचता हूँ, इस तरह काम कैसे चलेगा। जब मेरे सामने होते हैं, सब काम मुस्तैदी से करते हैं; किन्तु ज्यों ही मैं हटा कि मनमानी शुरू कर देते हैं।

सोचा था, यहाँ दो-तीन दिन रुककर ग्रन्थावली के लिए रुपए वसूल करूँगा। किन्तु, यहाँ निराला-अभिनन्दन का शोर है—हाँ, शोर ही, क्योंकि कुछ लोग विरोध में भी हैं। अभी रात एक पर्चा मिला, जिसमें इसकी चर्चा थी। सेंगर से मिला, वह कहने लगे, ये सारे सेठों के चोंचले हैं, साहित्यिकों को तो उन्होंने पूछा ही नहीं। सेंगर को भी आमन्त्रण नहीं दिया था। सुना, उग्रजी को भी निमन्त्रण नहीं मिला है।

खैर, कल निराला जी पधारे और पधारीं महादेवी जी। दोनों दो डब्बे में आए!!! काफी लोग स्टेशन पर थे। लेकिन अधिकतर सेठ ही; शायद साहित्यिकों का अकेला मैं प्रतिनिधित्व कर रहा था। उन्हीं के साथ इलाचन्द्रजी तथा वाचस्पति पाठक भी थे।

धक्कमधुक्की—रेलपेल। मैं अलग से तमाशा देख रहा था। पहले निरालाजी पर ही लोगों का ध्यान गया। उनके गले में मालाओं का गट्ठर लाद दिया गया। काफी तगड़े, झुके हुए, मालाएँ ले रहे थे। शरीर में सिर्फ एक गंजी; जब भीड़ छँटी, मैं निकट गया; नमस्कार किया। अंग्रेजी में बोले—पटना से भी लोग आए हैं। मैंने अपनी हाज़िरी बता दी। फिर अलग खड़ा हो गया। महादेवी जी को तो यों घेर लिया गया था कि उन्हें देखना भी दुर्लभ था। क़द भी तो छोटा, बेचारी बिलकुल खो गई थीं।

निराला जी को देखकर एक घटना की याद आ गई।

उन दिनों हम काशी रहते थे। शिवपूजन भाई को पत्र मिला, निराला कलकत्ता से आ रहे हैं। हम लोग स्टेशन पर पहुँचे। उनकी खोज डब्बे-डब्बे में करने लगे। नहीं मिले। वह थर्ड क्लास के डब्बे से निकलकर मुसाफिरखाने में आ गए थे। हमने जब वहाँ खोज

की, पाया वह एक जगह बैठे हैं। अस्थि-कंकाल शरीर में सिर्फ बड़ी-बड़ी आँखें ही ऐसी थीं जो बताती थीं, यह विशिष्ट पुरुष हैं। खैनी हथेली पर मल रहे थे। एक गंदा फटा कुर्ता शरीर पर था। मलेरिया से परेशान थे। पाँव में एक ज़ख़्म था, इससे चलने में कठिनाई होती थी। हम दो-तीन लोग सिर्फ वहाँ थे। वहाँ से उन्हें लिवा लाए। न धूम, न धाम। जैसे बहुत-से यात्री, उन्हीं में एक थर्ड क्लास का यात्री 'निराला'!

और, यह आज!

गाड़ी आने के पहले से ही भीड़। हाथों में मालाएँ। एक सज्जन मालाओं की एक टोकरी ही खरीद लाए हैं और लोगों में बाँटते चले जा रहे हैं। डब्बे में वह दिखाई नहीं पड़े कि लोग टूट पड़े। वह खड़े हैं, लोग मालाएँ डाले चले जा रहे हैं, फोटो लिए जा रहे हैं, कई लोग उनकी बगल में खड़े होकर अपने को भी अमर कलाकार के साथ अमर करा लेने की धुन में हैं।

दिन भी कैसे बदलते हैं?

इधर निराला जी को लेकर जो स्वाँग हो रहा है, मैं उसे पसन्द नहीं करता। उनकी आड़ में कुछ लोग खुलकर खेल रहे हैं, ऐसा मुझे लगता है। या खेल रहे हैं, या उनसे खेलवाड़ कर रहे हैं। निराला जी बीमार हैं, उनकी दवा-दारू का प्रबन्ध होना चाहिए, नहीं कि उनके नाम पर अभिनन्दन या अभिनन्दन ग्रन्थ का आयोजन होना चाहिए! उनका दिमाग़ कितना ख़राब है, उसकी सूचना स्टेशन पर ही मिली। वह रमाशंकर से पूछने लगे, टैगोर-परिवार के लोग आए हैं या नहीं? फिर कहने लगे, स्वागत-गीत उन्हीं के परिवार की कोई लड़की गाए!

बंगाल में हमारे महाकवि पधारे हैं, तो उन्हें सोचना ही चाहिए कि बंग कवि गुरु रवीन्द्र के परिवार के लोग उनसे आत्मीयता प्रकट करेंगे! किन्तु उन्हें क्या मालूम, कि यहाँ तो उनके स्वागत में कलकत्ता के हिन्दी कवि, लेखक और पत्रकार तक सम्मिलित नहीं हैं! हाँ, क्षितिमोहन जी को लोगों ने शान्ति-निकेतन से बुला लिया है। सेठों में अक्ल की कमी तो नहीं ही होती है!

खैर, मुझे तो कुछ अपने काम की ओर भी देखना था। बदरीबाबू से बातें हुई हैं, भँवरमल सिन्धी से बातें हुई हैं, रामत्रिपाठी जी से बातें हुईं। आशा करता हूँ, कुछ-न-कुछ हो ही जाएगा। सेक्सरिया जी से भी बातें कर चुका हूँ।

आज शाम को निरालाजी का अभिनन्दन-समारोह रहा। जैसे दूल्हे, वैसी बारात। इतने लोग और इतने ऊधमी लोग पहुँचे कि सभा हो नहीं पाई। स्थान भी संकीर्ण था। निराला जी को देखने की उत्सुकता भी थी ही। भवन में पहुँचना मुश्किल—धक्कम-धुक्की ऐसी कि महादेवी जी समय पर भीतर नहीं जा सकीं। ख़ैर, राम-राम करके सभा शुरू कराई गई। निरालाजी के पुत्र ने अपने पूज्यपिता की एक रचना गाकर सुनाई। क्षितिमोहन जी ने स्वागत-भाषण दिया। संक्षेप में, किन्तु सुन्दर। फिर स्वागत-मन्त्री जी ने अपना ढढ्ढर षढ़ सुनाया। इसके बाद उचित तो था कि महादेवी जी बोलतीं; किन्तु निराला जी स्वयं उठकर खड़े हुए। कुछ बोले—अनर्गल कुछ नहीं कहा, यही ख़ैरियत रही। फिर उन्हीं के आदेश पर जानकीवल्लभ जी उठकर खड़े हुए। जानकीवल्लभ जी ने अपनी रचना सुनाई होती, तो खूब जमता। किन्तु उन्होंने निरालाजी की 'यमुना' सुनाना शुरू किया कि बीच ही में रोक देना पड़ा। तब निराला जी फिर खड़े हुए और जयसिंह के नाम शिवाजी का पत्र सुनाया। किन्तु उन्हें भी बीच ही में रोक देना पड़ा, क्योंकि भीड़ ने ऐसा हमला किया कि कुछ होना-जाना मुश्किल था। तब मैंने महादेवी जी से कहा और उन्होंने बुद्धिमत्तापूर्वक

सभा समाप्त कर दी।

संध्या को क्वो वेदिस देखने गया। रोम में जिस स्थान को देख चुका था, जहाँ सन्त पीटर को आकाशवाणी हुई थी—दोमिने क्वोवेदिस, साधु कहाँ जा रहे हो? उस विशाल सभामंडप को भी देखा था, जहाँ ईसाइयों को हज़ारों दर्शकों के सामने जंगली जानवरों से नुचवाया जाता था। फिल्म बहुत ही अच्छी बनी है। अपने देश में ऐसे चित्र न-जाने कब बनने लगेंगे।

पटना
28 सितम्बर 1953

कल प्रातः जो दृश्य देखा, लगा, मेरा बहुत दिनों का सपना सत्य का रूप धारण करने जा रहा है।

''अम्बपाली'' मैंने जेल में लिखी, 1942-43 में। उस समय तक स्टेज का वास्तविक अनुभव मुझ में नहीं था। दिमाग़ में पारसी स्टेज था, जहाँ पर्दे गिरा-गिराकर दृश्य दिखलाए जाते हैं। लम्बा-चौड़ा स्टेज, छः-सात पर्दे रखे गए और एक-एक अंक के एक-एक दृश्य उस पर दिखला दिए गए।

जितने प्राचीन नाटक, हिन्दी, संस्कृत, अंग्रेजी के पढ़े थे, सब में इसी पद्धति को अपनाया गया था! फलतः अम्बपाली भी मैंने इसी पद्धति पर लिखी।

किन्तु, जेल से छूटने के बाद ही, जयप्रकाश जी के साथ मुझे बम्बई जाना पड़ा। वहाँ उन्हीं के द्वारा पृथ्वीराज जी से मेरा परिचय हुआ। मैंने अपने नाटक की चर्चा की तो उन्होंने सुनने की इच्छा प्रकट की। जब मैं सुनाने गया, कुछ आरम्भिक दृश्य सुनने के बाद ही उन्होंने पूरे का पूरा नाटक सुनने का आग्रह किया। सुनकर वह मुग्ध हुए; कितनी ही बार उनकी आँखें सजल हो उठीं। उन्होंने यह भी इच्छा प्रगट की, कि मैं इसे अपने स्टेज पर, पृथ्वी थियेटर्स पर खेलूँगा। मैं तो कृतकृत्य हो गया। जब अम्बपाली छपी, मैंने उसे उन्हें ही अर्पित कर दिया।

तब से ही वह अपने थियेटर पर इसे खेलने के मन्सूबे बाँधते रहते हैं। कई बार विज्ञापन किया, उनके कई ख़त मेरे पास हैं, जिसमें उन्होंने अपनी आतुरता प्रगट की। कितने ही लोगों से उन्होंने चर्चा भी की। किन्तु आज तक वह इसमें सफल नहीं हो सके हैं! एक बार बहुत ही दुखित होकर उन्होंने विलम्ब के लिए क्षमा माँगते हुए लिखा था—

काश, आप कलाकार लोग यह जान पाते कि जिस ढाँचे से विधाता अम्बपाली ऐसी नारियाँ ढाला करता था, वह ढाँचा ही टूट चुका है!

एक बार मुजफ्फ़रपुर में, रामदयालसिंह कॉलेज के विद्यार्थियों ने अम्बपाली खेला था! किन्तु लड़कों ने ही लड़कियों का पार्ट किया था। सुना, नाटक अच्छा बन पड़ा था। इसका सारा श्रेय था मेरे प्यारे बहनोई प्रो. सुरेन्द्रनाथ जी दीक्षित को!

हाल में मैं फिर बम्बई गया था, तो पृथ्वीराज जी ने अपने सभी कलाकारों—लड़के, लड़कियों को एक किया और मेरे मुख से नाटक सुनवाया। उन लोगों ने एक स्वर से इसे खेलने का निर्णय किया; किन्तु बात शायद जहाँ की तहाँ पड़ी है। पृथ्वीराज जी बता रहे थे, इसके लिए स्टेज का कुछ नया प्रबन्ध करना पड़ेगा।

और, कल उसी ''अम्बपाली'' को स्थानीय आर्य कन्या विद्यालय की लड़कियों ने इस प्रकार खेला कि मैं तो दंग रह गया। छोटी-छोटी लड़कियाँ, दस से लेकर पन्द्रह वर्ष तक

की—यह हाई स्कूल है, अतः छोटी ही लड़कियाँ तो यहाँ पढ़ती हैं। "अम्बपाली" का काम एक मैट्रिक की लड़की कर रही थी, नीरा वर्मा उसका नाम। उसने तो कमाल कर दिया। लगती थी जैसे कोई अनुभवी अभिनेत्री हो। वार्तालाप, भावभंगियों, नृत्य, संगीत, सबमें उत्कृष्ट कोटि का अभिनय। और लड़कियों ने भी अपने-अपने पार्ट इस शान से सम्पन्न किए कि दर्शक दंग थे। रूपक सिनेमा का विशाल हाल खचाखच भरा हुआ था। गेटमनी से तीन हज़ार रुपए आए थे। बहुत से दर्शकों को टिकट के अभाव में लौट जाना पड़ा था। नीचे-ऊपर कहीं तिल धरने की जगह नहीं थी। तो भी ज़रा भी कहीं हो-हल्ला नहीं। सभी लोग भाव-विभोर बने थे। बड़े लोगों की भी बड़ी तादाद थी। शिक्षामन्त्री आचार्य बदरीनाथ वर्मा जी भी पधारे थे। शिक्षा-सचिव श्री जगदीश चन्द्र माथुर भी थे। माथुर तो इस तरह मुग्ध थे, कि थोड़ी देर के लिए आए थे, किन्तु अन्त-अन्त तक रहे और बार-बार प्रशंसा कर रहे थे। यही नहीं, कल संध्या को परिमल की ओर से जो नाट्यगोष्ठी हुई, उसमें दो घंटे बोलते रहे और मुख्यतः "अम्बपाली" के इस अभिनय को ही आधार बनाकर!

मैं अपनी भावनाएँ क्या लिखूँ? जब देख रहा था, रह-रहकर रोमांच हो जाता था। अब भी, बीस घंटों के बाद भी, वे सारे दृश्य मेरी आँखों के सामने मूर्तिमान होकर नाच रहे हैं।

माथुर ने अपने परिमल के भाषण में ठीक ही कहा, यदि उपयुक्त पात्र और पात्रियाँ मिल जाएँ, तो कठिन से कठिन नाटक भी आसानी से खेल लिए जा सकते हैं और कल के "अम्बपाली" के अभिनय ने सिद्ध कर दिया, कि यदि उत्साह हो, विश्वास हो, हार्दिक प्रेरणा हो, तो फिर कुछ भी असम्भव नहीं है। नाटक और अभिनय के क्षेत्र में बिहार का भविष्य महान है, कल यह सिद्ध हो गया।

पहलेजा घाट
2 अक्तूबर 1953

रात के डेढ़ बजने जा रहे हैं। स्टीमर पर लेटा हुआ, ये पंक्तियाँ लिख रहा हूँ।

जयप्रकाश जी की इच्छा थी, मैं एक दिन के लिए उनके द्वारा संचालित मुज़फ्फरपुर के भू-दान शिक्षण शिविर में जाऊँ। कम-से-कम एक दिन के लिए—क्योंकि मुझे फुर्सत कहाँ है? ग्रन्थावली के प्रकाशन में बेतरह डूबा हुआ हूँ। तरह-तरह की कठिनाइयाँ आ रही हैं। यदि किसी तरह पहला भाग निकाल ले सका, तो मैं अपना अहोभाग्य मानूँ।

शिविर में एक दिन रहा—उस दिन वह समाप्त होने जा रहा था। 'मधुरेण समापयेत्' के अनुसार अन्त में मैंने कुछ साहित्यिक बातें कीं और लोगों को अपना "सिंहगढ़" सुनाया। देखता हूँ "सिंहगढ़" लोगों को अपनी ओर आकृष्ट कर रहा है ! बातों ही बातों में लोगों को खूब हँसाया भी! जो बोला, गंगाशरण ने बहुत पसन्द किया!

वहीं मालूम हुआ, जयप्रकाश जी कटरा जा रहे हैं। कटरा, मेरा अपना थाना; जहाँ से मैं चुनाव में खड़ा हुआ था। यहाँ के लोगों ने मुझे इतना प्रेम दिया था; भले ही उतने वोट मैं नहीं पा सका। उनकी मुसीबत में साथ नहीं देना क्या उचित होता?

जयप्रकाश जी के साथ कटरा तक नाव से गया और वहाँ से नाव से ही लौटा!

इस यात्रा की तकलीफ! आठ बजे मुज़फ्फरपुर से चला, तो रात में आठ बजे कटरा पहुँचा! बीच के गाँवों के लोग स्वागत-सत्कार के लिए ही नहीं, अपने दुखड़े सुनाने के लिए हर जगह खड़े थे। लोगों के कष्ट का क्या कहना? कई सालों से फसलें बहती चली आई

हैं, इस साल तो हद हो गई। दो-दो तीन-तीन बार लोगों ने धान रोपे, किन्तु बह गए! अब खेत में न फसल है, घर में न अन्न; गाँठ में न पैसे। मज़दूर वर्ग के लोगों की तो और भी बुरी हालत! फाकेकशी की नौबत। दो गाँवों में तो लोगों ने बताया, भूख के कारण मौतें तक हो चुकी हैं!

सरकारी रिलीफ की धाँधली की कहानियाँ। कांग्रेस के लोग रिलीफ अफसरों को नचा रहे हैं। जिन लोगों ने उन्हें वोट नहीं दिए, उन्हें वे सहायता नहीं देते—कहते हैं, सोशलिस्टों से माँगो, जयप्रकाश से माँगो, बेनीपुरी से माँगो। जैसे कि वे अपने घर से ख़ैरात कर रहे हों? सरकारी रुपए तो सबके हैं, सबके रुपए ही तो सरकार के पास हैं, फिर कांग्रेसी ही उसके उपभोक्ता कैसे बन गए! इस अन्धेर का क्या जवाब!

किन्तु, बात इतनी ही नहीं। रिलीफ के पैसे और अन्न का दुरुपयोग हो रहा है। कांग्रेसी कार्यकर्ता और सरकारी अफसर मिलीभगत कर उन पैसों को स्वयं हज़म कर रहे हैं। लोगों को दो दिए, चार लिखे। बिना घूस के रुपए निकलते ही नहीं। सहायता का अन्न चोर-बाज़ार में बिक रहा है। उजला गेहूँ और अरबा चावल आज हाटों में सरेआम बिकता है, दस दिन पहले जिनके दर्शन भी नहीं थे। कई जगह लोगों ने उनकी चोटी पकड़ी भी है, किन्तु सुनवाई कहाँ? उल्टे उन्हीं पर मुकदमे चलाए गए। अफ़सर रिलीफ के पैसों से नाच-रंग कराते हैं, रंडी-लौंडी नचाते हैं! ये बातें सुनकर आश्चर्य होता है; किन्तु यथार्थ बात यही है। न-जाने यह कांगेसी सरकार देश को किस जहन्नुम में ले जाने को तुली हुई है।

हम लोग रास्ते में ही थे कि वर्षा होने लगी—झमाझम। वर्षा के बावजूद साँझ तक दस हज़ार लोग कटरा में थे, ऐसा हमें कहा गया। किन्तु हम तो पहुँचे, दो घड़ी रात बीते। वर्षा में भीगे हुए लोग कब तक ठहरे रहते। अधिकांश चले गए थे, किन्तु जो थे उन्हें जयप्रकाशजी ने सम्बोधित किया, आश्वासन दिया, यही नहीं, उनसे कहा कि इस बाढ़ को रोकने के लिए स्थानीय प्रबन्ध की बात सोचें और सरकार पर अधिक निर्भर नहीं करके अपने श्रमदान से उसे काबू में लावें। मैंने रास्ते में जयप्रकाश जी को बतलाया था कि उत्तरी बिहार की यह बाढ़-समस्या दो बड़े पाटों के बीच कुचल रही है—एक तरफ है कोसी योजना, दूसरी तरफ है गंडक योजना। बस इन्हीं की चर्चा है, जिनके लिए एक अरब रुपए चाहिए। न नौ मन तेल होगा, न राधा नाचेगी। इन दोनों योजनाओं के अतिरिक्त यदि बूढ़ी गंडक, बागमती, लखनदेहई, जीवछ, कमला आदि छोटी-छोटी नदियों को काबू में करने की कोशिश की जाए, तो कम-से-कम चार जिलों—चम्पारण, मुज़फ्फरपुर, दरभंगा के बहुत बड़े हिस्से और मुँगेर के बहुत बड़े हिस्से का कल्याण हो जाए। इन नदियों को एक करोड़ रुपए में भी काबू कर लिया जा सकता है। जयप्रकाशजी सोचते हैं, लोगों से मेहनत कराकर इस योजना को पूरा करा लिया जाए! यदि उन्होंने इस पर ध्यान दिया, तो उत्तरी बिहार का कायाकल्प हो जाए—ऐसा मेरा विश्वास है। यह मेरा भी कर्त्तव्य है कि मैं उनका ध्यान इस ओर सदा आकृष्ट करता रहूँ।

हाँ, कष्ट की चर्चा मैंने शुरू में की है। सो, जयप्रकाश जी के कष्ट का कहना? दिन में भी बिना खाए-पीए, कुछ फलाहार पर ही, उन्हें रहना पड़ा। नाव की यात्रा भी कष्टकर। जब वर्षा हुई, काफी भीग गए थे। किन्तु कष्ट की पराकाष्ठा तो हो गई लौटते समय। हम लोगों ने धनौर में भोजन किया। जीवनबाबू के स्नेह और सत्कार का क्या कहना? भोजन का उत्तम प्रबन्ध था। वहाँ से हम एक बजे रात को नाव से चले। किन्तु, ज्यों ही थोड़ी दूर आए कि वृष्टि, मूसलाधार वृष्टि होने लगी। और, यह वृष्टि बारह बजे दिन तक होती रही, जब तक हम नाव पर रहे। जीवनबाबू ने नाव पर पाल आदि का पूरा प्रबन्ध

कर दिया था, किन्तु इस अनवरत वृष्टि और हवा के झोंकों में कोई रक्षा क्या काम कर सकती थी। हम लोग रात-भर भीगते रहे, दोपहर तक भीगते रहे। हवा के झोंके हमारे कलेजे को कँपाते रहे। मैं तो जयप्रकाश जी के लिए चिन्तित था। वह बीमार हैं, काफी दुबले हो गए हैं, यदि वह बिछावन पर गिरे, तो क्या होगा? किन्तु, जयप्रकाशजी ने किस तरह सब कष्टों को सानन्द सहन किया। जब नाव सड़क के किनारे लगी, मेरी हिम्मत नहीं होती थी कि उनकी ओर ताकूँ; किन्तु, उल्टे, उन्होंने ही मुझे उत्साहित किया। यही नहीं, जब मुज़फ्फरपुर एक बजे दिन में पहुँचे, तब एक प्याला चाय पी सके—तब तक बिलकुल उपवास! और, ज्यों ही भोजन किया, पारू थाने के लिए चल पड़े, तो साढ़े नौ बजे लौटे!

मैं जयप्रकाशजी की धुन को देखता हूँ, बार-बार चकित हो जाता हूँ। उफ, इस आदमी में जनसेवा की कैसी अदम्य भावना है! मालूम होता है, इसने अपने जीवन को अपना जीवन समझना छोड़ दिया है—समर्पित जीवन की तरह जनता के लिए ही उसे न्योछावर कर देने को यह आकुल-व्याकुल है!

अभी सोनपुर स्टेशन पर एक युवक कार्यकर्ता मिले, राजनीति में एम.ए. हैं वह। कहने लगे, पार्टी में बहुत कन्फ्यूज़न है! मुझे गुस्सा आ गया! मैंने कहा और सही कहा, आप लोग घर में, गाड़ी में, रेस्तराँ में बैठकर गप्पें किया कीजिए ! जबकि आपका नेता दिन-रात को एक किए, जान हथेली पर लिए, काम करता जा रहा है! बहस, बहस, बहस! यह पार्टी है या प्लेटफार्म है—मैंने हाल ही में बिगड़कर एक लेख इसी विषय पर लिखा है, जिसकी सब जगह चर्चा है। उसको अंग्रेज़ी "जनता" में भी छाप दिया गया है। बार-बार उस लेख की याद आती है—न जाने हम कब तक बहसों में फँसे रहेंगे, कब अपने नेता का सही तरह से अनुगमन करेंगे!

गया
4 अक्तूबर 1953

ज़रा रुकिए, उस आदमी से बातें करूँ—डॉ. केशव ने कहा।

जीप रुकी। एक भिखमंगा खड़ा था। केशव ने कहा—"लक्ष्मणसिंह, इधर आओ।" केशवजी की पुकार सुनकर जब वह उनकी ओर बढ़ा, पता चला, वह तो अन्धा है। जीप से टकराने-सा लगा था। "उधर नहीं, इधर"—केशवजी की ओर वह टो-टाकर बढ़ा।

केशवजी ने पूछा—"केसर का क्या हाल है?"

"अब कुछ अच्छी है बाबू, दो दिनों से बुखार नहीं आया।"

"पथ्य क्या देते हो? कुछ फल-वल देते तो हो।

भिखमंगे की अन्धी आँखें छलछला आईं!

"फल कहाँ से आएँ बाबू? रोटी और आलू दे रहा हूँ! बिना आलू के रोटी खाती ही नहीं।"

केशवजी ने कहा—"यह देखो, तुम्हारे नेता आए हैं! बेनीपुरीजी का नाम सुना है न?"

"अब सब को भूला जा रहा हूँ, बाबू। कौन किसका है इस दुनिया में।" अन्धे भिखमंगे के हृदय से एक आह निकली और वह थोड़ी देर में जैसे हमारे चारों ओर व्याप्त हो गई!

"देह में जो गोलियाँ लगी थीं, उनकी निशान कहाँ हैं लक्ष्मणसिंह।"

भिखमंगे ने फटे कुरते को हटाया—अरे यह क्या? कई भीषण चिन्ह!

डॉक्टर केशव ने दो रुपए निकालकर उसके हाथ में रख दिए। उसने कृतकृत्य होकर ले लिया। हमारी जीप बढ़ी! केशवजी ने कहानी सुनाई—

यह लक्ष्मणसिंह स्थानीय मिल में मज़दूरी करता था। मज़दूर था, किन्तु सदा देश के कामों में साथ देता। 1942 में सरकारी आज्ञा की अवहेलना करके गया में जुलूस निकाला गया, लक्ष्मणसिंह भी उसमें शामिल हुआ। पुलिस ने जुलूस को रोकना चाहा, जुलूस के लोगों ने उसकी न सुनी, उसने गोलियाँ चलाईं, कुछ शहीद हुए, कितने घायल। लक्ष्मणसिंह को भी गोलियाँ लगी थीं। शरीर तो छलनी हो ही चुका था, दोनों आँखें भी जाती रहीं।

देश में स्वराज्य हुआ। तब से बड़ी पीड़ाओं में जिन्दगी काटते हुए लक्ष्मणसिंह ने आशा की थी, अब उसके भाग्य खुलेंगे। किन्तु, जब राज़नीतिक पीड़ितों के लिए पैसे बँटने लगे, लक्ष्मणसिंह के भाग्य में सिर्फ एक हज़ार रुपए आए—क्योंकि उसकी कोई सम्पत्ति नहीं गई थी, उसकी जान भी नहीं जा सकी थी, उसका तो सिर्फ अंग-भंग हुआ था।

एक हज़ार रुपए! लक्ष्मणसिंह ने कुछ हाथ-हथफेर कर लिए थे, उसे सधाया। कुछ इधर-उधर में खर्च हुए, बाकी साढ़े चार सौ रुपयों में उसने एक साइकिल रिक्शा खरीदा, इस आशा में कि उसे निश्चित आमदनी होती जाएगी।

कुछ दिन सचमुच अच्छे रहे। किन्तु, एक दिन एक रिक्शा हाँकनेवाला जो उससे भाड़े पर रिक्शा ले गया, तो वह रिक्शा सहित ग़ायब हो गया!

लक्ष्मणसिंह खूब रोए, पुलिस में फरियाद की; किन्तु न उनके आँसू, न पुलिस की खोज-ढूँढ़ उनका रिक्शा वापस ला सकी। जब वह बार-बार दुहाई देने लगे, उन्हें एक दिन थाने से निकाल बाहर किया गया!

अब लक्ष्मणसिंह क्या करें! अकेले भी तो नहीं हैं—पत्नी है, बच्ची है। बच्ची है यही केसर! पत्नी पूरी अपाहिज हो चली है, बच्ची बीमार रहती है। अब लक्ष्मणसिंह दिन-भर भीख माँगते हैं, जो मिलता है, उसी में दोनों को खिलाकर कुछ खा लेते हैं।

थोड़े दिनों तक उन पर कृपा करके भीख अच्छी दे दी जाती थी, किन्तु अब डॉ. केशव ऐसे लोग विरल मिलते हैं, प्रायः नहीं ही मिलते हैं।

डॉ. केशव ने अपने घर ले जाकर मुझे एक तस्वीर दी, यह तस्वीर लक्ष्मणसिंह की थी, जो 1942 में ली गई थी। जिस समय लक्ष्मण हमारा 'हीरो' था, स्वराज्य संग्राम का एक बाँका सिपाही। उस समय उसकी तस्वीर ली गई थी, उस तस्वीर को शान से टाँगा गया था। शायद उसकी एक प्रति राजेन्द्र-आश्रम में अब भी टँगी हो।

इस तस्वीर को देख रहा हूँ। सर पर शानदार टोपी है, बदन पर अच्छे कपड़े हैं, चेहरा भी शानदार लगता है, जैसे शहादत का एक तेज़ छा रहा हो उस पर ! काफी हट्टे-कट्टे लगते हैं, वे!

किन्तु कहाँ तस्वीर का लक्ष्मणसिंह, और कहाँ वह लक्ष्मणसिंह जिसे अभी देख चुका हूँ। सारे शरीर में हड्डी। चेहरे पर करुणा छा रही। लाठी के सहारे चल रहे। फटे-चिटे कपड़े। जब कुर्ता हटाकर देह दिखला रहे थे, पेट जैसे पीठ में सट गया हो, ऐसा लगता था।

याद आता है, मेरे प्रिय स्वर्गीय साथी अम्बिकाकान्त ने एक लेख लिखा था—'जीवित शहीद!' शहीद और जीवित? शाब्दिक जंजाल कह लीजिए; किन्तु आखिर लक्ष्मणसिंह के लिए किस शब्द का उपयोग किया जाएगा? क्या वह जीवित शहीद नहीं है?

आज स्वराज्य है, राजनीतिक पीड़ितों के नाम पर ऐसे लोगों ने दस-पन्द्रह हजार तक रुपए पाए हैं, जिनके पास धन की कोई कमी नहीं। किन्तु, लक्ष्मणसिंह को एक हजार देकर अब उन्हें भीख माँगने को छोड़ दिया गया है।

जब तक लक्ष्मण सिंह ऐसे देशभक्त भीख माँगेंगे, इस देश को भीख माँगना ही है!

कलकत्ता
13 अक्तूबर 1953

कल से ही कलकत्ता में दौड़-धूप करता हुआ, आज संध्या को ये पंक्तियाँ लिख रहा हूँ।

जब पटना से चला, एक मित्र के आग्रह से थर्ड क्लास में ही आया। भीड़भाड़ में भी ऊपर का एक पूरा तख़्ता तो सोने को मिल गया, किन्तु रात-भर कलेजे में अजीब ढंग से दर्द होता रहा!

रात एक मित्र की ससुराल में ठहरा—कलकत्ता से अठारह मील पर। आगत-स्वागत का क्या कहना? किन्तु रात-भर बदन टूटता-सा रहा।

पटना से चलने के पहले, दो दिनों तक, भारतीय-हिन्दी-परिषद् के जलसे के कारण बड़ी दौड़धूप में रहा। उसके पहले दो-तीन दिनों तक असेम्बली के सदस्यों के साथ ग्रन्थावली के लिए दौड़ता रहा।

इतना परिश्रम अब उठाया नहीं जाता। अपने पर, अपने शरीर पर अत्याचार कर रहा हूँ। इस बुढ़ापे में यह (ग्रन्थावली का) क्या पचड़ा खड़ा कर लिया है! टालस्टाय की वह कहानी प्रायः याद आती है, जब एक आदमी अधिक ज़मीन पाने के लालच में दिन-भर दौड़ता रहा और अन्त में जान दे दी। 'आदमी को कितनी ज़मीन चाहिए' उसका शीर्षक है! कहानी के रूप में उसने उत्तर दिया है, जितनी पर उसकी क़ब्र बन सके!

क्या मैं भी उस किसान की कहानी को दुहरा रहा हूँ, यदि यही क्रम रहा, तो वही नतीजा होकर रहेगा।

लेकिन, सोचता हूँ, जो काम शुरू कर दिया, उसे किसी प्रकार सम्पन्न करना ही है। यह भी आशा बँधती है, यह सम्पन्न होकर रहेगा। काम में धीमापन जरूर है, किन्तु प्रगति तो हो ही रही है। हाँ, मुझे आराम करना चाहिए। और, एक आदमी सदा साथ रखना चाहिए, जो मुझे आराम दे सके, थोड़ी सेवा-शुश्रूषा कर दिया करे।

तीन दिनों से दवा तक नहीं खा सका हूँ। दूध के साथ खाना है, किससे कहूँ, मेरे लिए दूध का प्रबन्ध कर दो! अपने बारे में कहते हुए संकोच होता है। जिसका अतिथि बनूँ, उस पर किसी तरह का बोझ डालना—यह मेरी आदत नहीं रही है!

कैसा तमाशा है, इधर मैंने कविता लिखना प्रारम्भ किया है। तीन-चार कविताएँ लिख चुका हूँ—बड़ी, बड़ी। (बुढ़ापे में छोटी कविता क्या लिखी जाए!!) जिस दिन यहाँ के लिए चलने लगा, लगा वह कापी ही खो गई जिस पर मैंने वे कविताएँ लिखी थीं। आज देवेन्द्र ने ख़त भेजा है, उसका पता लग गया है। इस समाचार से कितना आनन्द आया! बुढ़ापे का बेटा बहुत-ही प्यारा होता है न? शायद कविताओं पर इसीलिए इतना ममत्व!!!

कलकत्ता
14 अक्तूबर 1953

स्वर्गीय महादेव भाई देसाई गाँधी जी के निजी सचिव थे। उनकी डायरी आजकल प्रकाशित हो रही है, जिससे गाँधी जी के जीवन की अनेक अज्ञात बातें लोगों के सामने आ रही हैं। क्या महादेव भाई कवि भी थे? "नवनीत" में उनकी एक कविता प्रकाशित हुई है,

मुझे बहुत पसन्द आई।

वैद्यनाथधाम
23 अक्तूबर 1953

परसों यहाँ आया। गुरुकुल के मुख्य अधिष्ठाता एक दिन पटना पहुँचे और उसके वार्षिकोत्सव में सम्मिलित होने का आग्रह किया। केशवजी और गौरीशंकर जी ने ग्रन्थावली के लिए भी आने के लिए कहा था। अतः एक पंथ दो काज—के लिए आ गया!

गुरुकुल का उत्सव बहुत ही अच्छा रहा। गाड़ी लेट थी, कुछ देर से पहुँचा; किन्तु कवि-सम्मेलन बहुत ही सफल। यह पहला अवसर था कि मैंने अपनी कुछ नई कविताएँ लोगों को सुनाईं!

गुरुकुल—स्वामी श्रद्धानन्दजी की जय! जिन्होंने इस प्राचीन शिक्षापद्धति को पुनर्जीवित किया। आज के युग में इसकी क्या उपयोगिता रह गई है, इस विवाद में कहाँ तक जाया जाए? लेकिन, शहर के शोरोगुल से दूर, विद्यार्थियों को अच्छे वातावरण में रखना ही कुछ कम महत्त्वपूर्ण नहीं है। यदि इसके साथ सुशिक्षा का भी संयोग हो जाए, तो क्या कहना?

कल दिन में संताल पहाड़िया सेवा मंडल के दफ्तर में गया। गौरीशंकर जब इसकी नींव डाल रहे थे, तब इसे देखा था, अब यह एक अट्टालिका के रूप में है। कई हाई स्कूल, कितने मिड्ल स्कूल, बहुत-सी प्राइमरी पाठशालाएँ इनके अतिरिक्त गृह-उद्योग के काम, अस्पताल और औषधालय के काम मंडल द्वारा हो रहे हैं। अब एक हलके में कुष्ठ रोग के मरीज़ों के लिए काम प्रारम्भ करने जा रहा है। जहाँ-जहाँ रचनात्मक काम होते देखता हूँ, बड़ी प्रसन्नता होती है।

शाम को साहित्यिकों की गोष्ठी हुई। साहित्य के लिए रुचि तो सर्वत्र पाता हूँ, किन्तु पथ-प्रदर्शन के अभाव में जैसे सारी प्रतिभा व्यर्थ जा रही! कुछ लड़कों ने जो चीजें सुनाईं, उनमें कुछ में बड़ी मीठी कल्पनाएँ थीं। किन्तु, तरतीब नहीं।

पंचानन मिश्र जी से बातें कर प्रसन्नता हुई। हिन्दी-विद्यापीठ का काम जैसे-तैसे चल रहा है। मिश्रजी ने समाज-शासन पर एक बड़ी ही अच्छी पुस्तक लिखी है—ग्रन्थ के लिए। किन्तु, ऐसे ग्रन्थों को छपवाने के लिए हिन्दी में प्रकाशक कहाँ मिलते हैं?

जब आ रहा था, रास्ते में ही जगतबाबू से भेंट हुई। मालूम हुआ, वह भी अनुकूलचन्द्र ठाकुर नामक एक सन्त के सत्संग में जा रहे हैं, जो बैद्यनाथ में ही रहते हैं। इस साधु की चर्चा पहले भी सुनी थी, यहाँ भी सुनने को मिली—पक्ष, विपक्ष दोनों में। अधिक विपक्ष में ही; ढोंगी है, विलासी है, कामिनी और कंचन का सारा प्रपंच है। किन्तु, क्या तमाशा, उसी सत्संग के अतिथि-भवन में यह पंक्तियाँ लिख रहा हूँ।

मैं आज भागलपुर जाने को तैयार था कि एक लड़का, जिसे मैं दुलार देता रहा, आया और मुझे यहाँ घसीट लाया। अभी-अभी ठाकुर को देख आया हूँ। बिल्कुल स्वाभाविक पुरुष जँचे—हुक्का पी रहे थे, कुशल-वार्ता पूछी, सुविधा होने पर फिर आने को कहा। किन्तु, कैसी भीड़ है आसपास! पुरुषों का, औरतों का जमघट जुटा है। दूर-दूर स्थानों से लोग आए हैं, आ रहे हैं। कई स्पेशल ट्रेनें आई हैं। अतिथि-भवन के नीचे रुपए बरस रहे हैं, लोग अपनी-अपनी पूजा-भेंट दर्ज करा रहे हैं, जमा करा रहे हैं।

बड़े-बड़े लोगों को भी ये लोग पकड़-पकड़कर बुलाते हैं। मैं भी आज उन्हीं की पकड़

में पड़ गया। एक कवि-सम्मेलन कर रहे हैं, मुझे उसमें सभापतित्व करना है—वाह!! या आह!!!

भागलपुर से लौटते हुए
25 अक्तूबर 1953

श्री सत्येन्द्र नारायण अग्रवाल के घर ठहरा था। बहुत दिनों से इन्हें जानता हूँ, एक चरित्रवान युवक की हैसियत से। साहित्य में भी रुचि है। म्यूनिसपेलिटी के चेयरमैन हैं। मद्रास के राज्यपाल श्री प्रकाशजी के दामाद हैं, यह एक और विशेषता। जैसी व्यवस्था श्री प्रकाशजी के घर में देखी थी; कुछ उसी की झलक। बहुत ही स्नेह से रखा। ग्रन्थावली के लिए दौड़धूप भी की। कुछ काम हो ही गया।

संध्या को पार्टी की ओर से एक बैठक हुई। तरह-तरह के प्रश्न। मैंने कहा, विवाद में अधिक मत पड़ो, काम करो। जयप्रकाश जी का आदर्श सामने रखो, वे जो उचित समझते हैं, हमेशा करते रहते है। पहले तो लोग खलबलाए, फिर हँसी-खुशी में बातें खत्म हुई।

उसके बाद साहित्यिक गोष्ठी हुई। अच्छी गोष्ठी रही। तीन-चार सज्जनों ने कविताएँ सुनाईं। द्विजेन्द्र की कविताएँ सुनकर बड़ी प्रसन्नता हुई—अच्छी कविता कर लेते हैं। स्वर मीठा और चेहरा भी आबदार। मेरी ही तरह सदा जवान, या सदा बहार कहिए। शहर पर अच्छा रोब है; सभी तबकों में सम्मान। ग्रन्थावली के लिए भी कुछ काम किया। देखता हूँ, पुराने मित्र बड़े काम के सिद्ध होते हैं, उनमें निश्छल प्रेम होता है।

गोष्ठी में कुछ अपनी कविताएँ सुनाईं। लोगों ने पसन्द किया, उनका आग्रह रहा, यों ही लिखता रहूँ। कविता में भी मैं नया प्रयोग कर रहा हूँ, जो मेरे गद्य की ही तरह अपनी विशेषता रखती है। क्या बुरा है, लिखता जाऊँ। देखता हूँ, यह माध्यम भी बहुत ही कारगर है; लेकिन आजकल कवियों की इतनी बाढ़ आ गई है कि उनके गोत्र में शामिल होने में संकोच होता है।

पटना
30 अक्तूबर 1953

इधर चार-पाँच दिनों से बीमार हूँ। कलेजे में दर्द होता है। डॉक्टर को दिखलाया है, उन्होंने पूरी जाँच-पड़ताल की है। कहते हैं, हृदय में कुछ गड़बड़ी नहीं है, सिर्फ माँस-पेशी में मोच आई है।

बात यही हो; किन्तु इसने बहुत ग़मगीन कर रखा है। न-जाने क्या बात है, जब-जब बीमार पड़ता हूँ, थोड़ी बीमारी से भी घबरा जाता हूँ। लगता है, कहीं अचानक न चल देना पड़े। अपने लिए कोई चिन्ता नहीं, कभी-कभी ऊबकर चलने के लिए आतुर भी हो जाता हूँ, किन्तु, परिवार की दशा देखकर बड़ी खिन्नता होती है।

ग्रन्थावली में प्रेस के कारण जो देर हो रही है, उसने मन पर और भी बुरा असर किया है। उसके कारण सारा काम ठप्प पड़ा है। कागज के कारण, जैसा चाहता था, वैसी छपाई भी नहीं हो रही है। कहाँ तक सुन्दर उतर सकेगी—यह भी सन्देहास्पद है। ये चीज़ें और भी मन पर बोझ डाल देती हैं।

शरीर और मन—दोनों पर खिन्नता, उद्विग्नता का राज्य है।

बेनीपुर
12 नवम्बर 1953

क्या इससे भी बढ़कर कोई आनन्द है?

मकान तैयार हो गया है, उसमें बैठकर यह लिख रहा हूँ। सामने धान के खेत लहरा रहे हैं, जहाँ तक नज़र जाती है धान ही धान—हरे-हरे धान, पीले-पीले धान, बालियों से झुके हुए धान, ओस के कणों से चमकते हुए धान और विस्तृत, फैले हुए, आकाश पर उजले-उजले, टुकड़े-टुकड़े बादल, नाना आकार के बादल, नाना प्रकार के बादल! मकान से सटी यह मेरी फुलवाड़ी—जहाँ तरह-तरह के पेड़ मैंने लगवाए हैं, आम, लीची, अमरूद, नींबू, गुलाब, जामुन, सपाटू, तूत, केले आदि। दो लीचियाँ तो ऐसी तैयार हो गई हैं कि लगता है, इस साल मंजरियाँ भी आएँगी उनमें। नींबू तो फलने भी लगे हैं। केले—कितने ऊँचे बढ़े हैं, कितने फैले हैं, उनके बड़े-बड़े पत्ते किस तरह शान से हिलते हैं।

फिर मेरा यह परिवार—तीन बेटे, एक बेटी, तीन पोते, जित्तिन जी देहरादून हैं, प्रभा अपनी मौसी के घर गई है। तो भी यह घर कितना भरा-पूरा लगता है। आज छठ का व्रत है। यह व्रत मेरे लिए मेरी माँ ने शुरू किया था, अब रानी उसे करती हैं। कल से ही घर में व्रत का वातावरण है। रानी उपवास में हैं, तो भी सारा कामकाज करती हुईं। दुलहन भी उसी में लगी हुई—ठकुए, कसार आदि पकाए जा रहे हैं, जिनकी सुगन्ध घर-भर में फैल रही है। बच्चे बरामदे में खेल रहे हैं—महेन्द्र, लल्लन, मन्नन, रत्तन, बब्बन भी आया है और एक मित्र का लड़का रवि ‌भी है। लड़कों ने अजीब कोलाहल मचा रखा है। कैसा आनन्द!

पटना के कोलाहल और अशान्त वातावरण के बाद यहाँ कितना आनन्द आ रहा है। कलेजे का दर्द भी यहाँ आते ही अच्छा होने लगा है; कोई कष्ट तो नहीं ही है, हाँ, कभी-कभी मीठा-सा दर्द महसूस करता हूँ। किन्तु, इस आनन्दी वातावरण में उसे प्रायः भूल ही जाता हूँ।

कैसा अच्छा होता, ग्रन्थावली के प्रकाशन का काम कुछ आगे बढ़ता; पटना छोड़ देता, देवेन्द्र इसका कार्यालय लेकर मुज़फ्फरपुर रहते, मैं यहाँ रहता; एक मोटर ले लेता, जब इच्छा होती, शहर चला जाता, नहीं तो यहीं निश्चिन्त होकर लिखता-पढ़ता। अभी कितना लिखना रह गया है? बात यों है कि अपनी शक्ति का अधिक भाग तो पत्रकारिता को ही दिया या राजनीति को। पटना में रहते हुए, इन दोनों से पिंड छुड़ाना भी मुश्किल है। अतः एक ही आकांक्षा है, इच्छा है, कामना है कि कब बेनीपुर में रहना प्रारम्भ करें, कब कोलाहल से दूर होऊँ, कब ज़रा निश्चिन्तता और आश्वस्तता का जीवन व्यतीत करूँ? शरीर का रोम-रोम जैसे यही पुकार रहा हो!

यहाँ छठ के व्रत में आया हूँ। यह व्रत मेरे लिए मेरी माँ ने प्रारम्भ किया था; रानी उसे निभा रही हैं। घर में छठ की तैयारियाँ हो रही हैं। कितनी पवित्रता का ध्यान रखा जाता है इसमें—सूर्यदेवता का व्रत है न? और, घी, गुड़, केले, अदरख, मूली, नारियल, ऊँख, पान, क्या-क्या न जुगाड़ किए जा रहे हैं। बच्चों के लिए, घर-भर के लिए नए कपड़े—सब में आनन्द है, सब में उत्साह है। रानी का उपवास प्रारम्भ हो गया है—साठ घंटे का यह उपवास! चेहरा सूखा, होंठ सूखे, किन्तु कैसी दिव्यता झलक रही है! गाँव-भर में गीत की गूँज है, चक्की का घर्रघर्र है। घर-आँगन की सफाई है, लिपाई-पुताई है। ये व्रत देहात के नीरस और एकरस जीवन में कितनी रंगीनी, कितनी सरसता भर देते हैं!

पटना
20 नवम्बर 1953

लगता है, एक अरमान और पूरा हुआ! सामने बेनीपुरी-ग्रन्थावली का पहला खंड है—कैसी सुन्दर जिल्द, कैसी अच्छी छपाई, छः किताबों के इस संग्रह ने सचमुच ग्रन्थ का रूप धारण कर लिया है। ये ही चीज़ें जब छिटपुट थीं, हलकी-फुलकी लगती थीं। जब एकत्र हो गई हैं, कितनी वज़नी, कितनी महत्त्वपूर्ण लग रही हैं।

छः-सात महीने से मैं कितना परेशान था इसको लेकर; रुपए लाओ, छपाई का प्रबन्ध करो, प्रूफ देखो, प्रबन्ध की ओर ध्यान दो, विज्ञापन आदि के लिए कुछ करते रहो। उफ, कितनी परेशानी!

अभी परेशानी दूर नहीं हुई है—अभी तो नौ खंड और भी निकालने हैं। किन्तु, सफलता से बढ़कर सफल चीज़ और कुछ नहीं। इस प्रथम खंड ने उत्साह को विश्वास में बदल दिया है। मैं इसे पूरा करके ही दम लूँगा।

अभी प्रेस से सिर्फ दो ही प्रतियाँ तैयार आईं—अभी थोड़ी छपाई भी रह गई है। देखना चाहता था, कैसी लगती है। कल शाम को प्रेस से आई; मैं लेकर जयप्रकाशजी को दिखलाने गया। देखकर वह भी मुग्ध हुए। आवरण और भीतर के चित्रों को बनाने में इन्द्र दूगड़ ने कमाल कर दिया है। संजीवन प्रेस ने छपाई भी बड़ी अच्छी की है। बड़े प्रेम से उलट-पुलटकर देखते रहे—बोले, ऐसे नौ खंड और होंगे, आपने इतना लिख लिया है?

यदि दसों खंड निकल गए, तब मेरे साहित्य का महत्त्व पूर्ण रूप से मालूम होगा। मेरे निकटतम व्यक्ति भी नहीं जानते हैं कि मैंने इतना लिख लिया है। जब सूचीपत्र में किताबों के नाम आए, तब भी कितने मित्रों को आश्चर्य हुआ था!

एक यह आनन्द! एक दूसरा आनन्द भी!!

प्रभा आज दिन-भर 'श्यामा-चकेवा' को लेकर व्यस्त रही। यह अजीब लोक-त्योहार है। बहनें 'श्यामा-चकेवा' बनाती हैं, मिट्टी की; पन्द्रह दिनों तक शरद की चाँदनी में उसको लेकर गीत गाती हैं, खेलती हैं। पूर्णिमा को उसे किसी नदी में मेंसाती हैं। श्यामा बहन है, चकेवा भाई। सात भाई, एक बहन! सात भाई, सतभैया; एक बहन खंजन! मेरे घर में छः बच्चे हैं, एक प्रभा यही लड़की है। प्रभा कितनी भाग्यशालिनी है। अपने भाग्य को जैसे वह समझती है। दिन-भर खंजन की ही तरह फुदकती रही और अभी वह देवेन्द्र, महेन्द्र, लल्लन को लेकर गंगा किनारे गई है। बहन भाइयों के 'फोंड़' भरती है—चिउड़ा और मिठाई से। भाई बहन को रुपए देते हैं! यह लूँगी, वह लूँगी, वह दिन-भर देवेन्द्र से कहती रही है! कहती रही है, गाती रही है, 'श्यामा-चकेवा' को सजाती रही है!

लल्लन ने शाम को कहा—श्यामा फूआजी की बेटी है, जैसे फूआजी दादी की बेटी हैं! फूआजी की बेटी की आज बिदागरी हो रही है! प्रभा हँस रही थी; रह-रहकर उदास भी हो जाती थी!

घर का वातावरण आनन्दी हो, तो आदमी सारे झंझट-झमेलों को भूल जाता है।

प्रभा को हम काशी पढ़ने को भेज रहे हैं। अब वह बच्ची नहीं रही। किशोरी होने को है। रानी उसकी शादी के लिए ज़िद करती रही हैं। अन्त में वह राजी हुई कि यदि हम उसे पढ़ने के लिए काशी भेज दें, जहाँ वह भाई अच्युत पटवर्धन की देख-रेख में रहे, तो वह शादी एकाध साल टाल सकती हैं। अच्युत जी को मैंने इसकी ख़बर की। वह बार-बार लिख रहे हैं कि प्रभा को जल्द लाइए, सोमवार को उसे लेकर काशी पहुँचा आना

चाहता हूँ।

अजीब ज़िन्दगी है मेरी—सुख-दुख की ऐसी आँख-मिचौनी शायद ही किसी की ज़िन्दगी में एकत्रित हुई हो। मेरे ऐसा सुखी लेखक हिन्दी-संसार में शायद ही कहीं मिले—शायद मेरी तरह झंझटों में फँसा आदमी भी कम मिलेगा! इस द्वन्द्व के जीवन ने मुझे सदा कर्ममय बना रखा है, यह बात तो है ही। निश्चिन्तता मुझे आलसी बना जाती और सदा का दुख प्रतिभा को नष्ट कर डालता! यह स्थिति भी कोई बुरी नहीं; बल्कि अच्छी ही है।

काशी से पटना ट्रेन पर;
24 नवम्बर 1953

प्रभा को काशी पहुँचाकर लौट रहा हूँ। ट्रेन की हिलडुल में लिखना मुश्किल पड़ रहा है; किन्तु भावना का ज्वार—कहता है, दो-चार पंक्तियों भी तो इस शुभ प्रसंग पर लिख दो!

हाँ, शुभ प्रसंग। इसी तरह एक दिन जित्तिन को देहरादून पहुँचाकर लौटा था! पाँच साल हुए; वह अब ऐकेडमी में है, तीन साल के बाद कमीशन-प्राप्त सैनिक अफसर बनेगा!

आज प्रभा को पहुँचाकर लौट रहा हूँ, उसका जीवन भी सफल और सुखद हो!

जब पटना-स्टेशन से गाड़ी खुली, देवेन्द्र, रवीन्द्र, लल्लन उसे पहुँचाकर वापस जाने लगे, उसकी आँखें भर आईं। रास्ते में कई बार उसकी आँखों में डबडबाए आँसू देखे!

आज भोर में ही लौटता; रेडियो पर बोलना था। किन्तु, उसकी आँखों ने ही जैसे जाने से रोक दिया।

तिपहरिया में उसे बिसेंट-कालेज में ले गए। वहाँ जगह नहीं थी। जुलाई से ही सेशन शुरू होता है यहाँ। किन्तु भाई अच्युत का प्रभाव! सब ठीक हो गया।

वहाँ के वातावरण से शायद वह प्रभावित हुई। वहीं फूलन जी की बेटी पढ़ती है, राजेन्द्र बाबू की पोती है, जयप्रकाशजी की भतीजी। फूलन जी की बेटी से भेंट भी हुई। प्रिंसिपल श्रीमती तैलंग ने भी बड़ी सहृदयता दिखलाई—प्रभा को पुचकारा, कहा, मेरी बेटी हो, उदास मत होना।

इन सबका असर था कि जब मेरी गाड़ी स्टेशन से खुली, वह अच्युत की बाँहों के बीच खड़ी मुस्कुरा रही थी!

लेकिन, लगता है, इस समय अकेले में रोती होगी! जब लिख रहा हूँ, मेरा गला भरा आ रहा है, कलेजे में कुछ अभाव अनुभव कर रहा हूँ, आँख के किसी कोने में पानी भी आया होगा।

बेटी, मेरी प्रभा बेटी, भगवान तुम्हें सानन्द रखें, तुम्हारे जीवन को उज्ज्वलतम बनाए।

पटना
30 नवम्बर 1953

इधर कुछ दिनों से जब-तब सुप्रसिद्ध यूरोपियन कलाकार वान गौग की जीवनी पढ़ रहा हूँ, इरविंग स्टोन की लिखी। इस पुस्तक की तारीफ बहुत सुनी थी, वान गौग का जीवन भी अद्‌भुत रहा। अतः पढ़ने में तल्लीन हो जाया करता हूँ।

बेचारा कलाकार—ज़िन्दगी-भर किन परेशानियों में रहा। चारों ओर से लांछना और

अपमान ही पाता रहा। सदा अभाव में रहा। किन्तु कला के प्रति कैसी अटूट निष्ठा! चित्र पर चित्र खींचता रहा, खींचता रहा! और जिस विजय की आकांक्षा की, उसे मिलकर रही; हाँ, जीवन में नहीं, मृत्यु के बाद!

कभी-कभी उसकी व्यथा पर आँखें भर आती हैं। अभी दो स्त्रियों से प्यार के बदले पत्थर पाते उसे देख चुका हूँ। एक अंग्रेज़ युवती ने उसे ठुकराया था, उसकी चचेरी बहन ने भी उसे ठुकरा दिया!

इरविंग ने उसके मानसिक कष्टों का कैसा सजीव वर्णन किया है। जब उसकी चचेरी बहन ने उसे ठुकराया, उसने अपने प्रेम का सबूत उसके बाप के सामने किस तरह दिया—मोमबत्ती पर हाथ रख दिया; त्वचा जली, माँस जल रहा है और वह निर्निमेष खड़ा है! उफ!

जीवनी लिखने की ओर मेरी बड़ी प्रवृत्ति रही है। किशोरावस्था में ही मैंने शिवाजी और गुरुगोविन्द सिंह की जीवनी लिखी! इधर तीन जीवनियाँ लिखी हैं—कार्लमार्क्स की, रोजा लुक्जेम्बुर्ग की और जयप्रकाश की। पहली दो जीवनियों में अंग्रेज़ी पुस्तकों से आधार लिया, किन्तु जयप्रकाश तो मेरी स्वतन्त्र रचना है और मेरा विश्वास है, जीवनी-लेखन-कला की दृष्टि से उस कोटि की पुस्तक हिन्दी में नहीं ही है; उसे संसार की किसी भी अच्छी जीवनी के साथ रखा जा सकता है!

एक बार मेरी एक पुस्तक की भूमिका लिखते हुए जयप्रकाशजी ने ही लिखा था, मुझ में लुडविक की तरह शब्दचित्र खींचने की क्षमता है! आज उनके कथन की सार्थकता के लिए मैं उन्हीं की जीवनी पेश कर दे सकता हूँ।

हिन्दी में अच्छी जीवनियों का सर्वथा अभाव है। कई बार सोचा, कम-से-कम चार साहित्य-महारथियों की जीवनी लिख दूँ—(1) भारतेन्दु हरिश्चन्द्र (2) महावीर प्रसाद द्विवेदी (3) गणेशशंकर विद्यार्थी (4) प्रसादजी और (5) प्रेमचन्द्र जी! ढाई-तीन सौ पृष्ठ की अच्छी जीवनियाँ, जिनमें उनके व्यक्तित्व उभर आवें। बस तीन-तीन चार-चार महीने का यह प्रयत्न होगा किन्तु, अब तक तो नहीं हो सका।

सोचता बहुत हूँ, किन्तु क्या करूँ, जीने के लिए, अपने यश की रक्षा के लिए, कभी-कभी अपनी ख़ब्त के चलते भी, ऐसे-ऐसे कामों में फँस जाता हूँ कि मन की बात हो नहीं पाती।

लेकिन, लगता है, थोड़े दिनों में कुछ निश्चिन्तता आ सकेगी। यदि ग्रन्थावली का काम चल निकला और देवेन्द्रजी में कुछ प्रबन्ध-पटुता आई और उधर जित्तिन की नौकरी लगी, तो फिर इन झंझटों से दूर होकर बहुत-कुछ कर सकूँगा।

हाँ, इधर स्वास्थ्य रह-रहकर धोखा देने लगता है। लेकिन, तो भी लगता है, दस वर्ष और मजे में काट सकूँगा।

ढेकहा (केसरिया) चंपारण
6 दिसम्बर 1953

केसरिया में उप-चुनाव हो रहा है। हम लोगों के एक साथी उम्मीदवार हैं। उन्हीं की सहायता में कल यहाँ आया। पहले आना था; किन्तु तबीयत ख़राब रही। और, ईमान की बात यह कि इन कामों में अधिक मन भी नहीं लगता।

यहाँ आकर देखा, पार्टी का शीराज़ा बिखरा हुआ है। जो साथी उम्मीदवार हैं, उन्होंने

पहले सोच लिया, मैंने बाज़ी मार ली। किन्तु, जब कम्युनिस्टों ने ज़ोर किया तब सँभले। फिर पैसों की दिक्कत आई। अतः कोई काम सिलसिले से हो नहीं पाया। कल कितने ही गाँवों में घूमा। उत्साह है, कार्यकर्ता हैं, किन्तु संगठन का अभाव—जो इस पार्टी का अभिशाप रहा है।

लगता है, पार्टी का संगठन बिखर रहा है। आपस में ईर्ष्या है, द्वेष है। मिशनरियों वाली प्रेरणा नहीं। फिर कोई काम कैसे सफल हो सकता है?

जब कल पटना से लौट रहा था, एक विद्यार्थी से रास्ते में भेंट हो गई। शत्रुघ्नजी नाम है, बड़े शीलवान; उदार विचार के युवक लगे। इनका गाँव कम्युनिस्टों का अड्डा बन रहा था। अतः दिन-भर घूम-घामकर रात में यहीं टिका। आदर-सत्कार का क्या कहना? शत्रुघ्नजी ने कुछ काम कर दिया। किन्तु, आख़िरी रात में क्या किया जा सकता था।

बूथ पर जाकर देखा, कांग्रेस और कम्युनिस्ट की गुत्थम-गुत्थी है। जात-पाँत का दौर-दौरा है। कम्युनिस्ट उम्मीदवार राजपूत हैं; अतः राजपूत उन्हें वोट कर रहे हैं। बनिया लोग कांग्रेस को वोट कर रहे हैं। इधर यूनियन है नहीं, अतः सोशलिस्ट को वोट नहीं मिला। सिद्धान्त की हत्या इन चुनावों में हो जाती है।

पटना

8 दिसम्बर 1953

वान गौग की जीवनी ने अजीब तरह से मुझे उलझा रखा है। कल केसरिया से लौटते समय रास्ते-भर पढ़ता आया। रास्ते में ही तो पढ़ने में आता है। यहाँ फुर्सत कहाँ मिलती है?

उसमें एक स्थल ऐसा आया, जहाँ वान गौग कई दिनों से भूखा है। वह भूख से व्याकुल बिछावन पर लेटा है। वह ऐसा प्रायः किया करता। किन्तु, फिर सोचा, एक सज्जन से वह कुछ पैसे उधार क्यों न माँग ले। जहाँ दूसरे लोग उसकी चित्रकला पर नाक-भौं सिकोड़ते, उस सज्जन ने एकाध बार तारीफ कर दी थी। वह स्वयं चित्रकार थे, एक प्रसिद्ध और सम्पन्न चित्रकार। जब उनके यहाँ पहुँचकर उसने अपना अभिप्राय कहा, वह चित्रकार सज्जन बोल उठे—

"नहीं बच्चे, नहीं। तुम ग़लत आदमी के पास आए। संसार में सबसे गलत आदमी के पास। मैं तुम्हें एक छदाम भी नहीं दे सकता।"

"क्या आपके पास फालतू पैसे नहीं हैं?"

"हैं, क्यों नहीं हैं? क्या मैं भी तुम्हारी तरह नौसिखिया हूँ कि पैसे नहीं होंगे। बैंक में इतना जमा कर दिया है कि तीन जन्म तक खा सकता हूँ।"

"तो मुझे कुछ रुपए क्यों नहीं देते? मेरी हालत बहुत बुरी है। घर में रोटी का एक बासी टुकड़ा तक नहीं है।"

वह सज्जन आनन्द से हाथ मलने लगे—"बहुत अच्छा, बहुत अच्छा! यही तो चाहिए। तुम्हारे लिए इसी की तो ज़रूरत है। अब तुम चित्रकार बन सकोगे।"

वान गौग दीवाल से सट रहा, वह बिना आसरे के खड़ा भी नहीं रह सकता था—"भूख में ऐसी क्या खूबी है?"

"तुम्हारे लिए यह सबसे अच्छी चीज़ है। यह तुम्हें कष्ट देगी, सताएगी, छटपटाएगी।"

"मैं कष्ट सहूँ, आप ऐसा क्यों चाह रहे हैं?"

"क्योंकि तब तुम सच्चे कलाकार बन सकोगे। जितना कष्ट पाओ, उतना ही शुक्र मनाओ। इसी घात से सच्चे कलाकार का निर्माण होता है। खाली पेट भरे हुए पेट से कहीं बेहतर हैं। टूटा हुआ दिल आनन्द से कहीं उत्तम है। इसे सदा याद रखना वान गॉग!

"ये बेहूदा बातें हैं; आप भी यह समझते हैं।"

चित्रकार-सज्जन ने अपनी कूची उसकी ओर हिलाते हुए कहा—

"जिसने पीड़ा नहीं उठाई, वह चित्रण किसका करेगा? आनन्द तो एक पाशविक वृत्ति है; यह बैल को चाहिए या व्यापारी को! कलाकार तो पीड़ा में पलता है, पीड़ा में बढ़ता है। यदि तुम्हें भूख मिलती है, निराशा मिलती है, दुर्भाग्य मिलता है तो समझो, भगवान तुम पर खुश है।"

"गरीबी बरबाद कर देती है, पीस डालती है।"

"हाँ, यह पीस डालती है, किसको? जो कमज़ोर हैं। जिसमें ताकत है, बल है, उसे यह बर्बाद कर नहीं सकती। यदि गरीबी तुम्हें पीस दे सके, तो तुम कमज़ोर हो और तुम्हें नष्ट ही हो जाना चाहिए।"

"और तब भी आप मेरी मदद को हाथ नहीं बढ़ाएँगे।"

"नहीं। यदि तुम अपने को संसार का सर्वश्रेष्ठ चित्रकार समझो, तब भी नहीं। यदि भूख किसी को मार सके, तो उसको बचाने का कोई मतलब नहीं। संसार उन कलाकारों का है जिन्हें न भगवान, न शैतान मार सके जब तक कि वे अपनी सारी चीज़ें कह न लें जिन्हें कहने को वे भेजे गए हैं!"

"किन्तु मैं तो वर्षों से भूखों मर रहा हूँ। मेरे सिर पर कभी छत नहीं रही। वर्षा में, बर्फ में मैं नंगे बदन, खाली पाँव घूमता रहा हूँ, जाड़े से काँपता, ज्वर से काँपता। कोई देखनेवाला नहीं, कोई पूछनेवाला नहीं। कष्टों से जो कुछ सीखना था मैं सीख चुका।"

"नहीं बच्चे, नहीं। अभी तो तुमने कष्ट की ऊपरी सतह ही कुरेदी है। अभी तो तुमने शुरू ही किया है। मैं कहता हूँ, पीड़ा से अधिक शाश्वत वस्तु संसार में और कुछ नहीं है। जाओ, भागो, दौड़ो, घर पहुँचकर झटपट कूची पकड़ो। पेट में जितनी ज्यादा कुलबुलाहट रहेगी, उसी फुर्ती से तुम्हारे हाथ चलेंगे।"

"और उतनी ही फुर्ती से मेरी चीज़ों को लोग रद्दी के टोकरे में डाल देंगे।"

चित्रकार सज्जन ठठाकर हँस पड़े--"हाँ, हाँ, वे रद्दी के टोकरे में डाले जाएँगे। यही तो चाहिए। इसी में तो तुम्हारी भलाई है। इससे तुम्हारा कष्ट और बढ़ेगा। तब तुम्हारा अगला चित्र पहले से अधिक अच्छा बन पड़ेगा। यों जब बहुत दिनों तक तुम भूखे रहोगे, कष्ट उठाओगे, गालियाँ सुनोगे, उपेक्षा पाओगे, तब कहीं वर्षों के बाद वह समय आ सकेगा—याद रखो आ सकेगा, आएगा ही, ऐसा मैं नहीं कह रहा हूँ—तब कहीं ऐसा समय आ सकेगा कि तुम्हारा चित्र संसार के महानतम कलाकारों के चित्रों की बगल में स्थान पा सकेगा!"

"या आपके चित्रों के साथ···"

"यह भी कह लो! किन्तु, यदि मैं आज तुम्हें पैसे दे देता हूँ तो मैं तुम्हारे लिए वह मार्ग बन्द कर देता हूँ जो तुम्हें अमरता की ओर ले जाएगा।"

"अमरता की ऐसी-तैसी! मैं तो अभी और यहाँ के लिए चित्रण करना चाहता हूँ और भूखे पेट चित्रण कर नहीं सकता।"

"बेवकूफी की बात! जितने भी सर्वोत्तम चित्र बने हैं, सब खाली पेट से ही बनाए गए हैं। जब अँतड़ियाँ भरी होती है, वे कुछ दूसरे ही चित्र बनाती हैं!" वह सज्जन फिर

मुस्कुरा पड़े।

ऐसे-ऐसे प्रसंगों से यह चरित्र भरा पड़ा है। मैं पढ़ता रहा हूँ, उत्तेजित होता रहा हूँ। एक स्थान पर वर्णन है जब वान गौग पेरिस गया। वहाँ एक दिन एक पार्टी में एमिल ज़ोला आया। ज़ोला के समालोचक उस पर यह तुहमत लगाते थे कि वह कुरूप का, अश्लील का वर्णन करता है। वान गौग पर भी तो यही अभियोग था कि वह कुरुप का चित्रण किया करता है। जोला ने 'कुरूपता धर्म' का घोषणापत्र किन शब्दों में प्रस्तुत किया—

"हमारा विचार है, सत्य सदा ही सुन्दर है, भले ही उसका चेहरा कितना भी कुरूप दिखाई पड़े!

हम प्रकृति को उसके पूरे रूप में अंगीकार करते हैं, उसके किसी अंग की भर्त्सना नहीं करते।

हमारा विश्वास है, कटु सत्य में सुहावनी झूठ से अधिक सौन्दर्य है! अट्टालिकाओं की अपेक्षा मिट्टी की दीवाल में अधिक कविता है!

हम पीड़ा को अच्छा समझते हैं क्योंकि मानवी संवेदनाओं में वह सबसे अधिक गम्भीर है!

हम काम को सुन्दर मानते हैं भले ही वह किसी वेश्या की भाव-भंगिमा में प्रस्फुटित हो या भिखमंगिन के करुण हास्य में।

हम चरित्र को रूप के ऊपर महत्त्व देते हैं, पीड़ा को रागरंग के ऊपर और कठोर अनावृत सत्य को संसार के सभी विभवों के ऊपर!

जीवन को हम एक सम्पूर्ण इकाई की तरह ग्रहण करते हैं, उस पर नैतिकता की दुहाई नहीं लादना चाहते।

हम वेश्या को भद्रमहिला के समान, गट्ठर ढोनेवाले को सेनानायक के समान और किसान को मन्त्री के समान ही समझते हैं, क्योंकि ये सब प्रकृति की रचना के अंग हैं और जीवन की बहुरंगिता के प्रमाण पेश करते हैं।

आओ भाइयो, हम कुरूपता धर्म के नाम पर, अमरता के नाम पर, इस सोमरस का पान करें, जिससे यह धर्म संसार का पुनर्निर्माण करे, उसे सौन्दर्यमय बनाए!"

ओहो! कैसी है ज़ोला की यह घोषणा!

कलकत्ता
10 दिसम्बर 1953

कल यहाँ पहुँचा। ग्रन्थावली लेकर। पुराने ग्राहकों तक पहुँचा देना है, नए ग्राहक ढूँढ़ना है। कवर की छपाई आदि का भी प्रबन्ध करना है।

रात 'निष्कृति' नामक बंगला-फिल्म देखने गया। कितनी सुन्दर फिल्म। एक तो शरत बाबू का उपन्यास; फिर सुन्दर अभिनय और वास्तविकता का वातावरण।

हिन्दी में तो अभी कृत्रिमता ही कृत्रिमता है। उसका कारण? एक तो पंजाबी अभिनेता—इनका जीवन कितना कृत्रिम होता है! फिर पंजाब तो सदा कला के लिए ऊसर-भूमि रहा है। उसकी कला उसके बनाव-शृंगार में है। उसका असर हमारी फिल्म पर भी पड़ा है।

फिर हिन्दी-फिल्म का निर्माण होता है बम्बई में। हिन्दी की आत्मा से दूर ! कलकत्ता में बंगाल है, किन्तु बम्बई में?

कब हिन्दी-प्रदेश में हिन्दी का अपना स्टूडियो बनेगा; कब हिन्दी के अपने अभिनेता अपने प्रदेश के जीवन को रजत-पट पर सही-सही अंकित करेंगे?

बिहार में यह स्वप्न कब साकार होगा?

ग्रन्थावली की छपाई, जिल्द, आवरण आदि की हर जगह प्रशंसा हो रही है। ग्राहक भी बन रहे हैं। किन्तु, जिन लोगों से मेरा परिचय है, उनके बीच सौ रुपए की बात हलकी पड़ती है। यहाँ हज़ार की बात होनी चाहिए!!

सीताराम जी सेक्सरिया मेरे पुराने प्रशंसकों में से हैं। संध्या समय उनसे बातें हुईं। उनकी इच्छा है, मैं स्वयं नहीं घूमूँ, सिवा मित्रों और परिचितों के पास जाने के। तीस व्यक्तियों की एक सूची उन्होंने बनाई और कहा, किसी को ज़िम्मा दे दीजिए, इन लोगों से मिलिए, फौन करके या पत्र लिखकर मैं काम करा दूँगा।

संध्या को तरुणसंघ की ओर से एक गोष्ठी हुई। मुझे 'समाज, संस्कृति और साहित्य' पर बोलना पड़ा। तरुणसंघ के संचालक हैं मेरे प्रिय मित्र श्री भँवरमल सिंधी। अच्छी गोष्ठी रही। अपने विचार रखे और दो कविताएँ भी सुनाईं। लोगों ने बड़ी प्रसन्नता प्रकट की! ख़ासकर मेरी 'कलकत्ता' कविता इन्हें बहुत भायी !

यह कलकत्ता नगर—कालाविहीन नगर! गुड़गुड़-गुड़गुड़—धुआँ, धुआँ, धुआँ !

उसके बाद सेंगरजी के साथ घूमता रहा। सेंगरजी ने 'नया समाज' का जैसा सफल सम्पादन किया है, इन पर ईर्ष्या होती है। बड़े ही सुधरे, सुलझे विचार। बड़े ही शिष्ट सुसंस्कृत सज्जन। स्वयं राजस्थानी हैं, किन्तु मारवाड़ी समाज के प्रति अद्‌भुत क्षोभ-रोष!

ये शुद्धता के पूजक हैं, ढोंग के अवतार हैं, झूठे हैं, बुजदिल हैं—सेंगरजी को कहने दिया जाए, तो क्या-क्या नहीं कहते जाएँगे!

बेगूसराय
15 दिसम्बर 1953

रहीमपुर (खगड़िया) से लौटकर यहाँ आया। वहाँ बिहार पुस्तकालय सम्मेलन का अधिवेशन हुआ था। गया था कि पुस्तकालयों के प्रचार के संचालकों से बातें करूँगा, किन्तु वहाँ जाने पर पता चला, अधिवेशन समाप्त हो चुका है। हाँ, जिला-पुस्तकालय सम्मेलन होनेवाला है, उसका उद्‌घाटन मुझे करना पड़ेगा। अच्छा सम्मेलन था, मैंने इस काम का सम्पादन किया, फिर रात में कवि-सम्मेलन था। जानकीवल्लभ जी सभापति थे; अच्छा रहा। मुझे भी अपना "सिंहगढ़" सुनाना पड़ा। कवि-सम्मेलन खूब जमा।

रहीमपुर एक सम्पन्न गाँव है। 1918 से ही वहाँ एक पुस्तकालय है, जिसके लिए न चन्दा लिया जाता है, न पुस्तकों के लिए कोई जमानत। एक परिवार क्या, एक धुनी व्यक्ति का प्रयत्न। उसी की ओर से यह आयोजन। यह प्रसन्नता की बात है कि देहातों में प्रान्तीय सम्मेलनों के लिए आयोजन होने लगे हैं। किन्तु, शहर के रहनेवालों के लिए देहात की सभाएँ कष्टकर होती ही हैं, अतः जल्द-जल्द सम्मेलन को समाप्त कराया गया।

वहाँ से खगड़िया आए और जितेन्द्रकुमार जी के घर ठहरा। अच्छे सम्पन्न घराने से हैं। वह अपनी कविताओं का संग्रह निकालना चाहते हैं, अच्छी बात है। मैंने सहायता का वचन दिया।

बेगूसराय में आनन्दनारायण शर्मा के साथ ठहरा। आनन्दजी पटना के हैं, सुप्रसिद्ध सिंह बाबू श्यामनारायण शर्मा के पुत्र। श्यामबाबू मुझे बहुत मानते थे। आनन्दजी के

आथित्य का क्या कहना? सुन्दरजी से भेंट हुई और वहाँ अचानक सुधांशुजी मिल गए। दोनों ग्रन्थावली के ग्राहक बन गए। फिर यहाँ के कांग्रेसी नेता सरयूबाबू और रईस विष्णुदेव नारायण के प्रयत्न से तीन ग्राहक और बन गए !

1954

बोचहाँ
2 जनवरी 1954

दो दिनों तक सन्त विनोबा के साथ पैदल-यात्रा में रहा। रात यहाँ आया, आदरणीय पारसबाबू से भेंट-मुलाकात कर लेने को वह सो चुके थे, मैं भी थका-हारा ऐसा सोया कि क्या कहने?

जब विनोबाजी ने गया में बुलाया था, मैंने उनसे कहा था, जब आप मेरे जिले में आएँगे, आपके साथ घूमूँगा! सोचा था कुछ अधिक दिन घूम सकूँगा, किन्तु, एक तो पटना में काम और दूसरा, थकावट से चूर। कल उनसे विदा ले ली। उन्होंने सानन्द छुट्टी दे दी।

दरभंगा जिले के सिंहवारा में उन्होंने छोड़ा और बुधवारा में मुज़फ्फरपुर जिले में प्रवेश किया! मुज़फ्फरपुर के लोग वहीं उनके स्वागत को एकत्र हुए थे। मैंने सिंहवारा में ही जाकर उनके दर्शन किए और अपने वादे का जिक्र किया। उनकी पार्टी के लोग बड़े प्रसन्न हुए। सन्त ने भी एक मधुर हँसी में अपने आनन्द को अभिव्यक्त किया।

विनोबा की यात्रा साढ़े चार बजे ही शुरू हो जाती है! सूर्योदय में करीब डेढ़ घंटे का विलम्ब रहता है। दशमी का चाँद एक धीमी चाँदनी की चादर संसार को ओढ़ाए हुए था। आसमान में कुछ तारे झुक-झुककर अपनी विदाई की सूचना दे रहे थे। बड़ी मधुर पुरवा हवा बह रही थी। इधर लोग 'सन्त विनोबा अमर हो', 'भूदान-यज्ञ सफल करो' के नारे लगा रहे थे। कांग्रेस वाले और सोशलिस्ट दोनों में जैसे स्वागत के लिए प्रतिद्वन्द्विता हो! आगे-आगे रोशनी का हंडा, पीछे सन्त और उनकी मंडली। सन्त को देखते ही उत्साह का समुद्र जैसे उमड़ पड़ा। वह आगे बढ़े, लोग पीछे लगे। धक्कम-धुक्की। एक ने भीड़ से कहा—रुक जाइए, कतार लगाइए, तभी बढ़ने दूँगा। विनोबा मुड़े—नहीं, हुक्म किसी पर किसी का नहीं। आप स्वयं कतार बनाकर चलिए! और वह बढ़े, काफ़िला बढ़ा!

जाड़े का मौसम। तो भी रात से ही अपने-अपने गाँव में लोग स्वागत को खड़े। जय-जयकार! रामधुन। सन्त तेजी से चलते हैं। लोग दौड़ रहे हैं। मैं पिछड़ता जा रहा हूँ। सन्त के साथ मुझे भी देखें, बड़े लोगों में यह भी भावना। इसलिए भी आगे बढ़ने के लिए भीड़। लेकिन, मुझे उनसे कुछ बातें करनी थीं। अतः धीरे-धीरे जब भीड़ छँटने लगी, उनके निकट गया, रास्ते-रास्ते कुछ बातें होती चलीं।

इस दो दिनों की यात्रा में जो बातें हुईं, जो अनुभव हुए, उन्हें अलग लिख रहा हूँ। यहाँ कुछ बातें ही। इस डायरी की सार्थकता के लिए। यदि इसका उल्लेख नहीं हो पाता, तो इसकी क्या क़ीमत रह जाती?

सन्त पहले दिन धनौर ठहरे। शाम की सभा में पाकिस्तान-अमेरिका-पैक्ट को लेकर बोले! कैसी नवीन और मौलिक व्याख्या? क्या तुम भी किसी दूसरे बड़े राष्ट्र से समझौता करो—नहीं; यह हमारी गुलामी होगी। क्या तुम शस्त्रीकरण में जुट पड़ो, नहीं, तब जनता

की ग़रीबी बढ़ जाएगी! अपने को मजबूत बनाओ, एक उपाय। और देश तब तक मजबूत नहीं होगा, जब तक धनी-गरीब, छूत-अछूत का भेदभाव बना रहेगा। गरीबी दूर करने के श्रीगणेश के रूप में यह भूदान। इसे सफल बनाओ।

कम्युनिस्टों ने कुछ प्रश्न किए थे। वे वहाँ पर कुछ पर्चे भी बाँट रहे थे। उनके जवाब में सन्त ने कुछ तेजस्विता से काम लिया। लगता था, किसी नटखट लड़के को बार-बार समझाया गया, तो भी वह नहीं माना, तो बाप उसे तमाचे पर तमाचे लगा रहा हो! हाँ, बाप का तमाचा! गुस्से के साथ उसमें स्नेह भी सना होता है न?

रात में कार्यकर्ताओं की सभा हुई। उन्होंने पूछा, कांग्रेस और सोशलिस्ट इस भूदान में साथ मिलकर क्यों नहीं काम करते। कांग्रेस की ओर से कहा गया, हम उनके साथ काम कर नहीं सकते किन्तु आपका कोटा हम अकेले पूरा कर देंगे। उन्होंने इसकी भी चर्चा कर दी कि यहाँ कितनी थोड़ी ज़मीन सोशलिस्टों को मिली है! इस पर सन्त में फिर तेजस्विता आई। उन्होंने कहा, तुम में अहम आ रहा है, अभिमान आ रहा है, तो इसका अर्थ नाश होगा। सुदामा के तंदुल का क्या मूल्य था? विधवा ने दिन-भर की कमाई के दो पैसे ईसा को दिए, उन्होंने कहा, इससे बड़ा धन कभी नहीं मिला था! तुम तो आपस में भी लड़ते रहे हो! तो सुन लो इसे डायरी में नोट कर लो, यदि यह मनोवृत्ति नहीं बदली, तो भारत में गुलामी का इतिहास फिर दुहरा कर रहेगा!!!

धनौर में दिन-भर मैं लेटा रहा। अंग-अंग टूट रहे थे। शाम को तेज़ बुखार आया। कुछ उपचार किया। फिर भोर में संत के साथ पैदल-यात्रा में निकल पड़ा।

दूसरा पड़ाव उनसर में था। यहीं मैंने अपनी ग्रन्थावली का प्रथम खंड संत को अर्पित किया। आज की सभा में इसकी उन्होंने चर्चा की और कहा, यदि ऐसे सामर्थ्यवान लेखक की लेखनी भूदान को प्राप्त हो, तो बहुत बड़ा काम हो। शाम को उनसे ख़ास बात हुई। उनकी पत्रिका 'भूदानयज्ञ-विहार' का एक साहित्य अंक निकाल देने का मैंने बोझ लिया। उन्होंने कहा, इस पत्रिका के संचालन और सम्पादन में भी योगदान हो, क्योंकि पटना रहते ही हो। फिर मैंने चार प्रश्न साहित्य और भाषा के सम्बन्ध में किए, उनके बड़े ही विशुद्ध उत्तर दिए। साहित्य का निर्माण स्वान्तःसुखाय हो या लोकहिताय? संत ने कहा सवान्तः सुखाय, तभी वह लोकहिताय भी होगा! सिर्फ लोकहिताय की दृष्टि से लिखे साहित्य में क्षणिकता रहेगी, अमरता नहीं आएगी! 'वादों' के सम्बन्ध में कहा—देश की जो स्थिति है, लेखक अपने को अच्छी तरह प्रगट नहीं कर पाता; तरह-तरह के प्रयासों में वह लगा है, जब यह स्थिति दूर होगी, वह 'वाद' नहीं देकर विचार देने लगेगा। भाषा के सम्बन्ध में वह हिन्दी को अनावश्यक रूप में संस्कृत से लादना नहीं चाहते। फेडरल कोर्ट की भाषा सिर्फ हिन्दी हो, हाईकोर्टों के फैसले मूलतः हिन्दी में लिखे जाएँ, हाँ, उनका अनुवाद प्रादेशिक भाषाओं में भी अवश्य रखा जाए, यूनिवर्सिटियों में सर्वत्र हिन्दी इतनी पढ़ाई जाए कि एक यूनिवर्सिटी के अध्यापक दूसरी यूनिवर्सिटियों में भेजे जा सकें। संक्षेप में उनके ये विचार हैं!

शाम को कार्यकर्ताओं की सभा में मुझसे हुई बातचीत की चर्चा की और 'भूदान यज्ञ-विहार' की नई रूपरेखा पर प्रकाश डाला। फिर भूदान के भविष्य के सम्बन्ध में कुछ प्रकाश डाला। एक दिन सरकार भी इसका विरोध कर सकती है; क्योंकि एक पत्र ने लिखा भी है, यह संविधान के मूल पर आघात करता है, क्योंकि उसने व्यक्तिगत सम्पत्ति को पवित्र मान लिया है। यह आन्दोलन गाँवों में आग लगानेवाला है, आग को पावक कहते हैं, पवित्र करनेवाली! यह गाँवों को शुद्ध करेगा, किन्तु कुछ पदार्थ जल भी जाएँगे, जो जलने लायक

होंगे। छठा अंश देने से समस्या का अन्त नहीं होगा, यह तो 'पच्चर'-मात्र है, जिसे लकड़ी को चीरने के लिए ठोंका जाता है—इस पर 'घन' तो पीछे पड़ेंगे। जो इसमें काम करें, वे आवश्यकता पड़ने पर अपनी पार्टियों से भी अलग हो जाने को तैयार रहें! हम विषमता को दूर करने के लिए दृढ़प्रतिज्ञ हैं, भले ही इसके पहले ही मर-मिटें। इन बातों को बड़ी तेज़स्विता से रखा।

इसके बाद मैं बोचहाँ आया। अभी राह में पारसबाबू से भेंट हुई है। बेचारे ब्लड प्रेशर से परेशान हैं। बहुत दिन हुए, पदुमलाल पुन्नालाल बख़्शी ने कहा था, हिन्दी में दो ही लेखक हैं—महावीरप्रसाद द्विवेदी और पारसनाथ सिंह। पारसबाबू ने पैसे भी खूब कमाए, लेखनी से नहीं, अपनी कार्यचातुरी से, बिड़ला के प्राइवेट सेक्रेटरी रहकर। यह शानदार बंगला, यह विस्तृत बगीचा, ये फुलवारियाँ—क्या कहने हैं? किन्तु, अस्वस्थता ने उन्हें कितना लाचार कर रखा है!

बेदौल
22 जनवरी 1954

"भाईजी, अब तो अन्तिम हो रहा है।" धरखन ने अन्त में बड़ी कातरवाणी में कहा! धरखन खादी का काम करता है। 1942 में जेल गया। तकलीफें उठाईं। जब आज यहाँ पहुँचा, एक लड़के ने एक पत्र दिया, जिसमें उसने अपने गाँव में होनेवाले अनर्थों की चर्चा की है। उसके परिवार के दो व्यक्ति शहीद हुए थे 1942 की क्रान्ति में। लड़का कहता है, अब हम लोगों की इज्ज़त लुटने पर है। कोई उपाय कीजिए।

बात संक्षेप में यों है—यहाँ एक धनी सज्जन हैं। अभागे ऐसे कि चार बीवियाँ थीं, किन्तु एक सन्तान नहीं है। एक बच्चा हुआ था, तो गबरू जवान होकर चल बसा। अब कोई आगे-पीछे देखनेवाला नहीं; किन्तु मन में तब भी ऐसी दुष्टता कि लोगों को दुख पहुँचाए बिना रह नहीं सकते!

कुछ दिन हुए, एक स्त्री रोती हुई मेरे गाँव पर पहुँची थी और आँसू गिराती हुई बिपदा सुनाई थी कि किस तरह उसकी दो-चार कट्ठे ज़मीन को भी यह महाराज हड़पने पर तुले हुए हैं!

बार-बार सोचता हूँ, इस आदमी में यह दुष्टता की बुद्धि कहाँ से आई! न-जाने कब क्या चूक की कि निस्संतान हैं। आज जो यह कर रहा है, उसका फल इसे क्या-क्या भुगतना पड़ेगा।

गाँववाले धरखन का साथ दे रहे थे। अब उसने कई आदमियों को एक झूठे मुकदमे में फँसा दिया है। अतः लोग भयभीत हो रहे हैं। मुझे यह जानकर और दुख हुआ कि एक नौजवान, जो पिछले चुनाव में, मेरे साथ था, अब भी अपने को सोशलिस्ट कहता है, उसने भी धरखन के विपक्ष में गवाही दी है क्योंकि वह दुष्ट आदमी उसका चाचा है!

पिछले चुनाव में धरखन कांग्रेस के पोलिंग एजेंट थे। वह बता रहा था, जो लोग अंग्रेज़ी राज्य में पकड़े जाने पर माफी माँगकर आए थे, वे ही लम्बी-लम्बी टोपी पहन कर कांग्रेस के नेता बने हुए हैं। जब यहाँ के कांग्रेसियों की यह हालत होगी, तो धरखन ने ज़िले के दफ्तर में चक्कर लगाया, वहाँ के कांग्रेसी नेताओं ने भी उसकी बात नहीं सुनी क्योंकि वहाँ के नेता उस महंथ की मुट्ठी में हैं, जिसकी ज़मीन को लेकर मूलतः यह झगड़ा है। ज़मीन धरखन की ही थी, धरखन ने उस पर कब्ज़ा किया, महंथ बिगड़ा और अब

उसी की शह पर गाँव का यह दुष्ट धरखन को तबाह कर रहा है।

उस महंथ को भी जानता हूँ। ग़रीब का बेटा। साधु हुआ, महंथ बना, लखपति बन गया, शादी की है, अब औज-मौज कर रहा है। हमारी बीघा ज़मीन उसके पास है, किन्तु धरखन की थोड़ी ज़मीन पर वह दाँत गड़ाए बैठा है।

यह समाज कैसे चलेगा? कब तक चलेगा? इधर सोच रहा हूँ, देहात में ही रहूँ। किन्तु देहात में जो अँधेरखाना मचा हुआ है, उसके प्रभाव से अपने हृदय को कैसे बचा सकूँगा? मुझ से ये बातें सुनी नहीं जातीं, सही भी नहीं जाएँगी। नतीजा होगा कि इनमें फँसना पड़ेगा। फिर निश्चिन्त होकर साहित्य सेवा कैसे कर सकूँगा। अजीब ज़िन्दगी है आजकल की, जिनके हृदय हैं, उन्हें कहीं भी चैन नहीं है!

इस समाज को बदलना पड़ेगा जिसमें धरखन जैसा ईमानदार आदमी पीसा जा रहा है, जिसमें वह निस्संतान क्रूर आदमी मनमानी कर सकता है, जिसमें वह दरिद्र एक दिन महंथ बन जा सकता है और फिर ग़रीबों को कुचलता फिर सकता है। इस समाज को कौन बदले! नेहरू डींग मारते फिरते हैं, किन्तु जिन्होंने कांग्रेस को बदमाशों और शोहदों का अखाड़ा बना दिया है। वह नौजवान कल तक अपने को सोशलिस्ट कहता था, आज अत्याचारों का समर्थन करता है, उसमें हाथ बँटाता है! अजीब स्थिति है!!

कल्याण
पूना की राह में
27 जनवरी 1954

कैसा तमाशा है। 26 जनवरी को प्रजातन्त्र-दिवस मनाया जाता है। 1947 में ठीक प्रजातन्त्र-दिवस को मैं बीमार पड़ा। तब से जब-जब यह तिथि आती है, मैं मना नहीं पाता। इस साल भी बाहर-बाहर रहा। बहुत हुआ, तो रिक्शेवाले और कुली को मनमाने पैसे दे दिए—सोचा, आज किसी को निराश क्यों किया जाए?

पूना जा रहा हूँ—'राष्ट्रभारती' के शेष भागों को पूरा करने के लिए। दो भाग छप चुके हैं, तीसरा भेज दिया है, सोचा है, शेष भाग वहीं तैयार करके लौटूँगा।

बीच-बीच में बादई भी आते-जाते रहता है। भाई ने आशा दिलाई है, ग्रन्थावली के लिए वहाँ अच्छा काम हो सकता है। उन्होंने तो 200 स्थायी ग्राहकों की आशा दी है, यदि 100 भी कर पाऊँ, तो बहुत बड़ा काम हो जाए।

क्या कोई कार्यक्रम नहीं बनाया जा सकता है, जिस पर एक-एक वर्ष काम करता चलूँ? बड़ी योजना अब इस उम्र में बनाना कहाँ तक उचित होगा। बस, छोटी-छोटी, आसान योजना और उसी पर जम जाया जाए। हाँ, आसान योजना ही—क्योंकि अब इतनी शक्ति नहीं कि पहाड़ से लड़ पड़ूँ—यों तो सदा पहाड़ से टक्कर लेने की आदत ही पड़ गई है।

तो, यह रहा 1954 का कार्यक्रम—

(1) 'राष्ट्रभारती' के पाँचों भाग तैयार कर लेना और उन्हें सभी अहिन्दी-प्रान्तों में चलाने की कोशिश करना—महाराष्ट्र और गुजरात का काम तो पूना से ही हो जाएगा मुझे बंगाल, आसाम और उड़ीसा के लिए प्रयत्न करना चाहिए। उड़ीसा में सबसे आसान होगा, क्योंकि वहाँ के मुख्यमन्त्री मेरे पुराने दोस्त श्रीनवकृष्ण चौधरी है। आसाम में भी काम जल्द हो जा सकता है। बंगाल में कुछ कठिनाई पड़ सकती है। पूनावालों से कहूँ, वे लोग हैदराबाद, मैसूर आदि के लिए कोशिश करें।

(2) ग्रन्थावली का दूसरा भाग मार्च तक निकाल लूँ—यदि बम्बई में काम हो गया, तो यह कोई मुश्किल नहीं पड़ेगा। इस वर्ष दो और भाग अवश्य निकाल लेना चाहिए। बच्चों वाले भाग का एक खंड जुलाई तक निकाल लेना भी आवश्यक है; तब उनकी फुटकल कापियाँ स्कूलों के लिए अच्छी बिक जाएँगी!

(3) यात्रा-सम्बन्धी दोनों पुस्तकों को जल्द छपवा लेना। एक पुस्तक "पेरिस नहीं भूलती" तो पहले पूरी है, उसे छपवाने के लिए प्रकाशन पर ज़ोर डालना। "उड़ते चलो, उड़ते चलो!" भी आधी छप चुकी है, उसकी कापी यहाँ से लौटते ही छपवा लेना।

(4) "मुझे याद है" "ज़ंजीरें और दीवारें", "कुछ वे, कुछ मैं" उन्हें तैयार कर लेना और छपवा देना। अवश्य ही। इधर मेरी नई पुस्तकें बाज़ार में नहीं आ रही हैं। यदि ये पाँच पुस्तकें (दो यात्रा-सम्बन्धी) बाज़ार में सज-धज कर आ जाएँ, तो फिर एक बार हलचल मच जाए। अब इस उम्र में यह जरूरी हो गया है कि लोगों को बार-बार याद दिलाते रहा जाए कि अब भी बहुत-कुछ दे सकता हूँ, तो यह दे रहा हूँ।

(5) सबसे बड़ा काम—अपना अड्डा पटना से हटाकर मुज़फ्फरपुर ले जाना। अपने मकान के साथ यदि एक छोटा-सा प्रेस भी बैठा सकूँ, तो क्या कहने? घर के लिए तो किसी तरह पैसे निकाले जा सकते हैं, किन्तु प्रेस के लिए तो कोई तिकड़म ही करना पड़ेगा! लेकिन न-जाने क्यों सोचता हूँ, इस उम्र में अधिक झंझट में नहीं फँसू जो कुछ करूँ, अपने बल पर, धीरे-धीरे! कुछ मित्र और हितैषी सहायता कर सकते हैं; किन्तु उसका आख़िरी नतीजा क्या होगा, समझ में नहीं आता।

जब यहाँ के लिए आ रहा था, बीच में काशी उतरा। भाई अच्युतजी से मिल लेना था, क्योंकि 'राष्ट्रभारती' में मेरे साथ उनका नाम भी छप रहा है। किन्तु, ऐसी दौड़-धूप रही कि उनसे कोई परामर्श भी नहीं कर सका। उन्होंने इसकी आवश्यकता भी नहीं अनुभव की। मुझी पर छोड़ दिया है।

काशी में प्रभा से भेंट की। इन दो महीनों में ही वह कितनी बदल गई है। बातचीत, रहन-सहन, व्यवहार आदि में काफी उन्नति की है। उसका मन भी रम गया है। यह बहुत ही अच्छा हुआ है। घर पर, या मेरे साथ भी, एक दुलारी, चहेती-बेटी मात्र। खाना, सोना, रूठना, थोड़ा पढ़ना। अब उसका सारा ध्यान पढ़ने की ओर है। घर पर रानी सदा ब्याह-व्याह की रट लगाए थीं, उसका असर भी तो उस पर होता ही होगा। अब वह उससे भी बरी है। निश्चिन्त पढ़ रही है, अच्छे वातावरण में, अच्छी संगत में रह रही है।

होस्टल में जगह नहीं होने से एक सज्जन के घर अच्युतजी ने रखवा दिया—उनका नाम है श्री पतिशरण सिंह। इस बार उनके पूरे परिवार से परिचय हुआ। बहुत ही सम्पन्न और संस्कृत परिवार है। वे लोग प्रभा को मानते भी खूब हैं।

बम्बई

2 फरवरी 1954

रात के साढ़े बारह बजे हैं, तारीख़ बदल चुकी है, किन्तु, मन में हुआ, सोने के पहले डायरी में दो-चार पंक्तियाँ लिख लूँ।

मैं कहा करता हूँ, या तो बेनीपुर में मेरा हृदय रमता है, या बम्बई। या तो ठेठ देहात का मजा लो, या एक सुसभ्य नगर का। बीच की खिचड़ी कैसी?

बम्बई की साफ-सुथरी सड़कें, सुसंस्कृत सुस्वस्थ लोग, समुद्र के तट, शाम को

सैलानियों का झुंड, रोशनी की चकमक—सब कुछ भाता है। न गर्मी में पसीने से तर होना, न जाड़े में काँपते रहना। पटना में थरथर करता था, बनारस में उस रात को तो दाँत किटकिट करते थे—और, यह बम्बई है कि शरीर पर एक चादर भी रखने की ज़रूरत नहीं। न धूल, न धुआँ, न मच्छर। बस, शहर तो बम्बई!

यहाँ आया हूँ, 'राष्ट्रभारती' के लिए चित्र बनवाने और ग्रन्थावली के ग्राहक बनवाने। आज अशोक ने कुछ लोगों को पत्र लिखा है; कल उन्हें ग्रन्थावली पहुँचा देना है और जब बारह को अशोक मद्रास से लौटेंगे और मैं पूना से लौटूँगा, तो ग्राहक बनवाने का काम प्रारम्भ कर देना है।

शाम को डिमोक्रैटिक रिसर्च इंस्टीट्यूट की साप्ताहिक बैठक थी। मसानी ने इस संस्था को अच्छा जीवित बना रखा है। जिस काम में मसानी जुटे, उसे खड़ा कर दिया। सोशलिस्ट पार्टी को खड़ा करने में भी क्या उनका कम हाथ रहा है! यह पार्टी का दुर्भाग्य रहा कि मसानी हट गए, मेहरअली चल बसे, अच्युत ने संन्यास ले लिया। धन्य कहिए अशोक को कि इस गाड़ी को धकेले जा रहे हैं!

अशोक को अलग-अलग से ही देखा था। कभी-कभी थोड़ी बातचीत हो गई। इस बार नजदीक से देखा, दिल खोलकर बातें कीं। कितनी संगठन-शक्ति है इस व्यक्ति में और साथ ही कितना बढ़िया लेखक भी। अशोक ने पार्टी को उत्तमोत्तम साहित्य भी दिया है।

बैठक में एक बात की चर्चा चली। हमें अमेरिका से मदद लेनी चाहिए या नहीं? जब ऐसा प्रश्न उठता है, मुझे गुस्सा आता है। जब कम्युनिस्ट रूस से मदद लें, तो वे क्रान्तिकारी हुए। हम यदि किसी प्रजातन्त्रवादी संस्था से मदद लें—चाहे वे अमेरिका या इंगलैंड की हों—तो हम पतित हो गए! क्या अमेरिका में सभी पूँजीवादी ही हैं? क्या उनके पैसे खाकर हम भी पूँजीवादी बन जाएँगे? क्या हम इतने छोटे हैं कि कोई हमें खरीद सकता है? तब हमें दरभंगा या टाटा क्यों नहीं खरीद सका? यह हीन-भावना है!

कभी-कभी अपने भाग्य पर आश्चर्य होता है! बेनीपुरी, तुम क्या थे, कहाँ हो? एक घोर देहात में, गरीब घर में जन्मे, अच्छी तरह पढ़-लिख भी नहीं सके, तो भी, आज तुम्हें सब सुख, पूरा यश, इतनी प्रतिष्ठा प्राप्त है। आज मैं जब हिन्दी में बोल रहा था, सब मेरा मुँह देख रहे थे और पीछे सभी ने मेरी बातों पर हामी भरी। तुरत अंग्रेज़ी से बात हिन्दी में उतर आई!!!

पूना
7 फरवरी 1954

एक बात रह-रहकर दिमाग़ में गूँज जाती है।

उस दिन बम्बई में पृथ्वीराजजी के घर गया था। पृथ्वीराज बाहर हैं, उनकी धर्मपत्नी से भेंट की। ग्रन्थावली दी।

वहाँ एक बूढ़े सज्जन थे। कभी फौज़ में भी काम किया था; इधर-उधर की चर्चा चली। उन्होंने एक वाक्य कहा—"मनी सेवड इज मनी अर्न्ड" जो रुपए बचा सके, वही कमाई!

क्यों बार-बार उस बात की याद आती है?

क्योंकि इन कई सालों में मैंने एक-डेढ़ लाख रुपए कमाएँ होंगे, किन्तु बचा कुछ नहीं सका। कुछ घर में लगा दिया, कुछ बच्चों की पढ़ाई में, कुछ औज-मौज़ में फूँक दिया।

उस दिन पूना आने को था, पास में पैसे नहीं थे। ग्रन्थावली के रुपए भी इधर-उधर खर्च कर दिया करता हूँ। बबुआजी की फीस देनी थी, तो यहाँ से तार द्वारा रुपए भिजवाए।

बार-बार सोचता हूँ, कुछ रुपए बचाऊँ। किन्तु बचा नहीं पता। बात बढ़ाते जा रहा हूँ, काम बढ़ाते जा रहा हूँ। ख़ैरियत यह है कि किसी तरह काम चल जाया करता है। किन्तु मेहनत कितनी करनी पड़ती है? कभी-कभी चिन्ता के मारे व्याकुल-सा हो जाता हूँ। अब बुढ़ापा आ रहा है। काम की शक्ति दिन-दिन घटती जाएगी, अतः कुछ सोचना ही पड़ेगा।

किन्तु कोई रास्ता भी तो नहीं दिखता। किस खर्च को कम करूँ? बेटों का पढ़ना छुड़ा नहीं सकता? बेटी को ही क्यों छुड़ा दूँ? बच्चों को अच्छा भोजन नहीं दूँ, तो फिर कमाने का क्या मतलब?

मुझ में कोई दुर्व्यसन भी तो नहीं। पान, सिगरेट—बस, इसे ही व्यसन कह लीजिए। न शराब की लत है, न किसी औरत पर कभी बुरी दृष्टि डाली। पहनने-ओढ़ने का भी कोई शौक नहीं। यहाँ बाहर हूँ, सारी धोतियाँ, कुर्ते, गंजियाँ फटी-फटी हैं। दो तकिया रखता था, न-जाने एक कहाँ ग़ायब हो गई। जो भी मिलता है, प्रेमपूर्वक खा लिया करता हूँ।

कहाँ से काटकर रुपए बचाऊँ। परिवार बढ़ रहा है, खर्च बढ़ रहा है; रहन-सहन ऊपर उठ रहा है; बचाना चाहूँ, तो क्या यह सम्भव है?

कुछ भाग्यवादी भी तो हूँ। देखा है, अब तक उसने साथ दिया है। क्या वह बुढ़ापे में धोखा दे जाएगा?

बिहारीलाल ने कहा है—खाए खर्चे जो जुड़े, तो जोड़िए करोड़। यहाँ खाने और खर्च करने से बचता कहाँ है कि सैकड़ा भी जोड़ सकूँ।

लेकिन, तो भी कुछ सोचना ही पड़ेगा। रह-रहकर तबीयत खराब हो जाती है। यदि कुछ संचय नहीं रहा, तो कोई आकस्मिक घटना घटने पर मुश्किल पड़ेगी। यदि बच्चों का पढ़ना-लिखना बन्द हुआ या उनकी परवरिश में त्रुटि हुई, तो क्या मैं यह सब सह सकूँगा?

यह ग्रन्थावली भी एक अजीब चक्कर है। इसी के लिए पैसे एकत्र करो, इसी के पैसे से उलट-पुलट किया करो, फिर इसी के लिए फँसा करो। वाह! शायद तीन खंड निकाल लूँ, तो कोई सिलसिला बँध सके। किन्तु जमाना ऐसा है कि बड़ी कठिनाई लगती है।

देखें, बम्बई में इस बार क्या होता है? अशोक ने तो पूरा इत्मीनान दिलाया है। किन्तु वहाँ के कुछ मित्रों का कहना था, अशोक को जैसी आशा है, उसकी सम्भावना नहीं।

तो भी सोचना ही है कि किस तरह कुछ रुपए बचा सकूँ।

पूना
19 फरवरी 1954

यह राष्ट्रभारती का पचड़ा भी किस तरह गले पड़ा है। समझ में नहीं आता, इसका हश्र क्या होगा?

पिछले साल भाई अच्युत ने बुलाया और इच्छा प्रगट की, मैं उनके भाइयों के लिए एक सेट ऐसी हिन्दी-रीडर तैयार कर दूँ जो अहिन्दी प्रान्तों में चले।

एक तो अच्युत ऐसे साथी का आग्रह। फिर सोचा, रीडरों से गाँव-गाँव में मेरी प्रसिद्धि होगी। अहिन्दी-भाषियों को हिन्दी पढ़ाने का पुण्य भी लूटना चाहता था। और, कुछ पैसे भी प्राप्त होंगे, यह भी बात थी ही।

स्वीकार कर लिया, एक भाग लिखकर दे दिया। दूसरा भाग भी पटना से भेज दिया।

किन्तु पिछले साल यह स्वीकार नहीं किया जा सका, क्योंकि तीन भाग होने पर ही स्वीकृति मिल सकती थी।

इधर पामाजी का बार-बार तार गया, तो आया कि यहीं दस-पन्द्रह दिनों में छः भाग तैयार करके दे दूँगा।

किन्तु, यहाँ आने पर पता चला, मेरी पहली दो रीडरों में भी कुछ दोष हैं। मैं उन्हें सुधारने को तैयार हुआ लेकिन, यह अजीब उलझन रही—जो भी आता है कुछ-न-कुछ त्रुटि बतलाता है और ज्यों ही एक त्रुटि दूर की, कि फिर कोई आकर नई त्रुटियाँ रख देता है।

यह शब्द मराठी में प्रचलित नहीं है, यह शब्द मराठी साहित्य में निषिद्ध है, यह अश्लील है—फिर व्याकरण का पचड़ा और अन्त में शिक्षण-पद्धति की पुकार ! कितना सुधार करूँ, कहाँ तक सुधार करूँ। कभी-कभी दिमाग़ ख़ब्त हो जाता है।

हिन्दी पढ़ाने के लिए सरकार ने जिन पुस्तकों को स्वीकृत किया है, भले ही वे शिक्षण-पद्धति के अनुकूल हों, भले ही उनमें व्याकरण सिलसिले से बताया गया हो; किन्तु वे प्रयोग की साधारण अशुद्धियों से परिपूर हैं। 'वह कौन आता है'—'वह हाथी आता है' जहाँ ऐसे प्रयोग धड़ल्ले से किए गए हैं, वहाँ भाषा की शुद्धि और मुहावरे के प्रयोग की बात की कल्पना भी क्या की जाए?

सोचता हूँ, यदि मेरी रीडरें तैयार हुईं तो कम-से-कम शुद्ध हिन्दी का ज्ञान तो लोगों को हो जाएगा। लेकिन व्याकरण और अभ्यास का पचड़ा जान मारे डालता है।

मैंने कभी ऐसा कुकर्म तो किया नहीं। जूते के अनुसार पैर की छँटाई की नहीं। मैंने अच्छी चीज़ें लिखीं और वे कोर्स में आईं। कोर्स के अनुसार, सिलेबस के अनुसार, मेथड के अनुसार लिखूँ, तो फिर भाषा में जान कहाँ से आए, ज़ोर कहाँ से आए। अतः यहाँ जब इन सभी चीज़ों पर ध्यान देकर चलना पड़ रहा है, जान आफत में आई है!

क्या करूँ, समझ में नहीं आता। छोड़ दूँ, यह हो नहीं सकता। हार तो कभी मानी नहीं। फिर इन लोगों ने काफी पैसे लगा दिए हैं। मेरा भी बहुत समय लग चुका है। अतः किसी तरह चलाना ही है!

यह भी सोचता हूँ, यदि रीडरें अच्छी बन गईं, तो उन्हें सारे अहिन्दी प्रान्तों में चलाने की कोशिश करूँगा। उड़ीसा में, बंगाल में, आसाम में कुछ कर लेना आसान होगा। हैदराबाद, मैसूर आदि के लिए भी कोशिशें की जा सकती हैं। अतः अब यहाँ आकर इसे छोड़ना असम्भव ही है।

लेकिन है यह कुकर्म ही। जिनमें सृजनात्मक प्रतिभा है, उन्हें इन कामों में नहीं फँसना चाहिए। इन कामों में बड़ी उलझनें हैं। सचमुच में तो ऐसे काम गधे पर बोझ हैं। कोई गधा ही इन्हें ढो सकता है। मैं तो अपने को घोड़ा ही नहीं, वह विशेष घोड़ा मानता हूँ, जो विशेष अवसरों पर ही अस्तबल से बाहर किया जाता है; फिर इस गधे के बोझ से ऊब उठूँ तो आश्चर्य क्या?

× × ×

बम्बई में जो पिछली डायरी लिखी, वह भ्रम ही भ्रम था। देवेन्द्र ने फीस जमा कर दी, वह पढ़ रहा है, वहाँ के काम भी कर रहा है—जैसा कि उसके पत्रों से पता चलता है। यह बुढ़ापा है कि कोई बात दिमाग़ में आ जाती है, तो तरह-तरह की अशोभन कल्पना करने लगता हूँ।

यदि देवेन्द्र यों ही सारे काम सँभालता रहा, तो ग्रन्थावली का काम पूरा कर ही लूँगा, यद्यपि जैसी आशा थी, बम्बई में उतनी जल्दी में काम नहीं हुआ। काफी दौड़-धूप करनी

पड़ी और फिर एक बार ज़ोर लगाकर देखना ही है। यदि पचास ग्राहक भी मैंने बना लिए, तो ग्रन्थावली का काम धड़ल्ले से चलता रहेगा।

बम्बई
23 फरवरी 1954

वाह क्या कहने?

यहाँ जाइए, वहाँ जाइए, इस समय आइए, उस समय आइए, आज आइए, कल आइए–दौड़ते रहो, दौड़ते रहो और शाम को जब थकेमाँदे घर पहुँचो तो देखो, हाथ खाली का खाली है; इधर हड्डी टूट रही है, शरीर भहर रहा है। सचमुच क्या कहने हैं?

यह क्या रोज़गार खड़ा कर लिया है मैंने। ऐसे-ऐसे लोगों के पास जाना पड़ता है, उनकी हाँ में हाँ मिलानी पड़ती है, उनसे आरजू तक करनी होती है कि अपने पर ग्लानि होती है।

श्री मैथिलीशरण गुप्त जी ने कहा था, इस काम में स्वयं मत घूमिए; अपने चिरंजीव को घूमने को कहिए; सेक्सरिया जी ने कहा था, सेठों के पास स्वयं नहीं जाया कीजिए। देखता हूँ, उन दोनों की बात बहुत-कुछ ठीक थी। गुप्त जी को साहित्यिकों की मर्यादा का ध्यान था, सेक्सरियाजी को सेठों की मनोवृत्ति का पता था।

किन्तु, तो भी अजीब उलझन है मेरी। अपनी ही दौड़-धूप से तो एक भाग निकाल चुका हूँ। यदि स्वयं नहीं घूमूँ, तो क्या यह काम आगे बढ़ सकता है? हर स्थान पर एक-दो ऐसे प्रेमी भी मिल ही जाते हैं, जो बड़े प्रेम से मदद कर देते हैं। यहाँ अशोक में सच्ची भावना देखी। नेवरियाजी ने भी कुछ कर देना चाहा, उन्होंने जो चिट्ठियाँ दीं, वे बड़ी ही अच्छी हैं। किन्तु अशोक या नेवरिया के चाहने से ही क्या होता है? यहाँ तो लक्ष्मी उनके पास है, जिन्हें सरस्वती से द्रोह है ! हंस और उल्लू का समागम है। हर समय उल्लू की ही जीत होती रही है।

बम्बई
3 मार्च 1954

पटना से खुशख़बरी आई है, फिर एक पोता हुआ है। अब सप्तर्षि-मंडल पूरा हुआ–तीन बेटे, चार पोते और अरुंधती-सी मेरी प्रभा बेटी! तुम कितने सौभाग्यशील हो बेनीपुरी!

× × ×

उस दिन फिल्म के जूनियर आर्टिस्टों ने मेरे सम्मान में, जिसमें लोहिया भी थे, एक बड़ा प्रदर्शन किया। नृत्य, संगीत, प्रहसन सबकी बहार! किन्तु वहीं पता चला, इन बेचारों और बेचारियों का कितना निर्मम शोषण होता है–इनकी कला का, औरतों की अस्मत तक का। किन्तु अब इन्होंने अपना संगठन बनाया है, बारह सौ सदस्य हैं इनके। लेकिन इस संगठन पर शिल्प-निर्माताओं की, उनके एजेन्टों की बुरी दृष्टि रहती है। कहा जाता है, इनके दो प्रमुख सदस्यों की हत्या तक की जा चुकी है। बड़ी अच्छी बात है कि इस संगठन का सूत्र सोशलिस्ट के हाथ में है।

× × ×

उस दिन पूना गया था, तो राष्ट्रभाषा सभा की ओर से परीक्षार्थियों की एक बड़ी

सभा में बोलना पड़ा। मैंने कहा–अब आप पढ़ने के लिए ही नहीं, लिखने के लिए भी हिन्दी सीखिए। विशुद्ध हिन्दी, चलती हिन्दी; फिर अपनी प्रतिभा का दान हिन्दी को दीजिए; तभी वह यथार्थ में राष्ट्रभाषा बन सकेगी। आजकल जिस तरह महाराष्ट्र के विद्वान अपने बहुमूल्य ग्रन्थों को अंग्रेज़ी में लिखना पसन्द करते हैं, जिसमें सारे भारत में उनका सम्मान हो, उसी तरह अब वैसी चीज़ों को हिन्दी में लिखना चाहिए। राष्ट्रभाषा सभा को कहा–अब आप मराठी साहित्य को हिन्दी में लाने की चेष्टा कीजिए। दान दोतरफा हो, एकतरफा दान दाता और दानार्थी दोनों को बर्बाद करता है!

× × ×

इस बार पृथ्वीराज जी का 'पैसा' देखा। अच्छा खेल है, सामाजिक खेल है। पृथ्वीराज के अभिनय का क्या कहना? किन्तु इस खेल को ढाई घंटे का खेल बनाया जा सकता है और इसकी भाषा के ऊबड़-खाबड़पन को भी थोड़े ही प्रयत्न से दूर किया जा सकता है। किन्तु, कौन करे? जिस दिन मैं खेल देखने गया था, किसी ने पृथ्वीराज से कहा, "आज हाउस भरा नहीं है।" उन्होंने कहा–"जब बेनीपुरी हैं, तो भरा ही समझो!" ज़रा जमकर दिखाओ। पृथ्वीराजजी का स्नेह–लेकिन कहूँगा, मैंने उसका लाभ नहीं उठाया। किन्तु लाभ तभी उठाया जा सकता है, जब मैं दो-तीन महीने यहाँ जमकर रहूँ। पर, इसकी फुर्सत कहाँ मिल रही है!

× × ×

इस बार सवा महीने पटना से बाहर रहा। अब जाने को चित्त में उचाट-सी लग गई है। पूना का काम तो कर दिया, लेकिन बम्बई में वैसी सफलता नहीं मिली। लेकिन यहाँ अधिक ठहर भी तो नहीं सकता। पटना का काम नुकसान हो रहा होगा। क्या करूँ–कहावत के उस बहादुर की तरह आगे लड़ूँ या पीछे लड़ूँ! यदि देवेन्द्रजी बी.ए. कर लें और काम को सँभाल लें, तो बहुत-कुछ कर सकता हूँ ! कोई रास्ता तो निकलेगा ही।

इस बार रहा इन्दु और पिनाकिन के साथ। सौ. इन्दु वह लड़की है, जिससे 1946 की यात्रा में ही पहचान हुई। उस समय वह पढ़ रही थी। फिर पिनाकिन से उसकी शादी हुई। दोनों बिहार गए, झरिया में काम किया। वहाँ से लौटकर पिनाकिन पार्टी दफ्तर में मन्त्री का काम करता है, इन्दु सामाजिक शिक्षा में काम करती है। दोनों एक छोटा-सा घर लेकर रहते हैं–कबूतर, कबूतरी की तरह। दो बच्चे हैं–बड़ा बेटा, पंकज–मुझे दादाजी कहता है और मेरी हँसी की नकल करता है! छोटी बेटी कमल–कमल की पँखुड़ी की तरह खूबसूरत, कोमल। इस घर में परिवार-सा आनन्द मिला। मेरे रहने में इनके खर्चे न बढ़ जाएँ–इसलिए प्रतिदिन कुछ चीज़ें खरीद लेता हूँ। सचमुच बम्बई ऐसे शहर में किसी के घर इतने दिनों ठहर जाना उचित नहीं–इसी का प्रतिकार इस ख़रीद-फ़रोख़्त के रूप में कर दिया करता हूँ।

× × ×

उस दिन अचानक वर्मा से भेंट हुई। वर्मा भागलपुर के रहनेवाले नौजवान हैं। पहले किसान-सभा में काम करते थे। अब टाटा इंस्टीट्यूट में रेडियम का रिसर्च कर रहे हैं। इन्होंने एक नौजवान व्यापारी से भेंट कराई; श्यामलाल केडिया। केडिया कहते हैं, बचपन में वह स्कूल की फीस भी नहीं दे पाते थे। आज जापान तक में उनका आफिस है। अभी बिलकुल नौजवान! यह मारवाड़ी जाति भी धन्य है। कहा है, ग्रन्थावली का काम कर देंगे।

× × ×

'साधना' आफिस में गया। साने गुरुजी का यह कीर्ति-स्तम्भ। राव पटवर्धन इसका

संचालन करते हैं। एक दिन 'रचना' में गया था, 'रचना' तरुण मराठी साहित्यिकों की सभा है। 'साधना' में उसकी बैठक का विस्तार से वर्णन छपा है। यों ही बीच में 'जिन्दगी' के सम्पादक शान्तिभाई से भेंट हुई। उनसे अपनी चीज़ों के गुजराती अनुवाद के बारे में बातें हुईं। देखता हूँ, 'रूपा की आजी' का गुजराती अनुवाद 'ज़िन्दगी' में छापा है। मेरा एक ग्रुप फोटो भी।

पटना
12 मार्च 1954

अभी इस संध्या को दो मित्र मेरे घर आए।

दो मित्र—एक पंडित विनोदशंकर व्यास, दूसरे डा. हेमचन्द जोशी!

जोशी जी की जर्मनी-यात्रा सम्बन्धी एक लेखमाला पढ़ी थी—बहुत दिन हुए, शायद तीस-बत्तीस साल पहले।

फिर, प्रेमचन्द जी पर इनकी एक लेखमाला पढ़ी।

फिर "विश्वमित्र" के सम्पादक-रूप में इन्हें देखा। वहाँ से हटकर एक साप्ताहिक निकाला। नाम भूलता हूँ, कलकत्ता से वह निकला था।

फिर "धर्मयुग" बम्बई से निकलने पर उस पर उनका नाम पाया।

जब मैं "योगी" में था, आए। मेरे साथ ठहरे।

जोशीजी विद्वान हैं, नई सूझ-बूझ के हैं। उनकी अपनी शैली है। किन्तु कहूँगा, हिन्दी ने हमारी प्रतिभा का पूरा फल नहीं पाया। कहीं टिके नहीं। कोई स्वाभिमानी लेखक कहाँ कहीं टिक सकता है?

इनके भाई, इलाचन्दजी जोशी। छोटे इनसे, किन्तु लेखक की हैसियत से कौन छोटा, कौन बड़ा, कौन बताए!

और, यह विनोदशंकर! सदा का दोस्त।

जब मैं काशी था, मस्ती में डूबा, 'प्रसाद' जी के अनन्य प्रेम-पात्रों में। छोटी कहानियाँ ऐसी लिखता कि प्रसाद जी की कहानियों में खप जाए।

बीच में कहीं पता नहीं—जैसे समाधिस्थ हो गया हो। अचानक दो-तीन वर्षों से सुगबुगा उठा है। थोड़े दिन हुए, तीन-चार पुस्तकें भेजीं। "नई धारा" में एक-दो लेख भी भेजे।

आज जब जनता-होटल में देखा, तुरन्त पहचान नहीं सका।

आदमी की सूरत कितनी बदल जाती है!

किन्तु वही मस्ती, वही फक्कड़पन! यहाँ आए, बैठे। बोले—कुछ मँगाओ मत; पान खाता नहीं। मिठाई आदि से भी शौक नहीं। होटल में काफी पिला ही चुके हो! बस, एक सिगरेट...

मैंने दोनों को ग्रन्थावली की एक-एक प्रति दी। दोनों ने सराहा, खूब सराहा। किन्तु ज्यों ही बातें शुरू कीं—विनोदजी ने कहा, देखा, समय हो गया, मैं चलूँगा।

वाह रे! किन्तु उसकी आँखों में जो सुर्खी थी, वह कह रही थी, तुम क्या इसे रोक सकोगे?

दोनों को सड़क पर रिक्शे में बिठाकर लौटा हूँ।

पुराने मित्र—जब मिलते हैं, लगता है कि फुलवाड़ी की चिर-परिचित सुगन्ध-वायु का

एक झोंका आ टकराया! समूचा शरीर रोमांचित हो उठता है।

और झोंके की ही तरह यदि वे चले भी जाएँ! तो कैसा सूनापन लगता है!

राँची
16 मार्च 1954

राधाकृष्ण के अभिनन्दन में आया हूँ। इस अभिनन्दन में सम्मिलित होकर कितना आनन्द प्राप्त हुआ! साहित्यिकों का अभिनन्दन! यह कितने साहित्यिकों को प्राप्त हो पाता है!

शिवजी का अभिनन्दन नहीं हो पाया, राजासाहब का अभिनन्दन नहीं हो पाया। फिर दूसरों की क्या बात?

राधाकृष्ण हम लोगों से छोटा है, राँची एक पिछड़ा हुआ जिला है। तो भी यह हो पाया, इससे बड़ी खुशी हुई।

प्रयाग से इलाचन्द्रजी आए थे, अमृत आए थे, शरद आया था। बिहार के काफी साहित्यिक जुटे थे।

मुझे ही सभापतित्व करना पड़ा। मुख्य अधिवेशन का और कवि-सम्मेलन का भी। साहित्य-विमर्श की जो गोष्ठी हुई, इलाचन्द्रजी उसके सभापति थे।

बड़ा ही सफल आयोजन रहा। नवल और परमेश्वर के प्रयत्न से ही इसे यह सफलता मिल सकी।

यहाँ से दूर, देहात में श्री तिग्गा के उद्योग से आदिवासियों ने अभिनन्दन का एक समारोह किया था। यह पहली बार मैं एक आदिवासी गाँव में गया था। अतिथियों के पैर धोना, फिर औपचारिक रीति से माला पहनाकर गाते-नाचते गाँव में ले जाना, फिर वहाँ गाँव की सार्वजनिक बैठक के सामने नाचना-गाना!

यहाँ भी मुझे ही बोलना पड़ा। मैंने कहा, देश में वह दिन आवे जब सभी प्रकार के भेद दूर हों, मेरी बेटी भी आपके साथ हिल-मिल कर नाचे! यह सुनकर बड़े ज़ोरों से उन्होंने तालियाँ पीटीं, मुँह से आनन्द-ध्वनि की।

राँची में जो शुरू हुआ, वह सिलसिला बिहार के कोने-कोने में फैले!!

बेनीपुर
होली 19 मार्च 1954

रात में सम्वत् जलाई, दिन में रंग उड़ाया—यह होली की कल्पना भी कैसी विचित्र है!

पिछले साल होली में बाहर रहा। अपने घर में तो उदासी रही है, गाँववालों ने कहा, आपके नहीं रहने से गाँव में भी होली नहीं जमी।

मैंने कोशिश की है, गाँव में ग्रामीण ढंग पर ही रहूँ। यहाँ के व्रत-त्योहार में शामिल होऊँ। लोगों को उत्साहित करूँ। अभी सुन्दरसिंह कह रहे थे—दशहरा, छठ, होली—इन्हें आप ही जिला रहे हैं; धन्य हैं आप।

दशहरे में भूत मैं खेलवाता हूँ, होली में धूल मैं डलवाता हूँ। छोटे-बड़े सबके दरवाज़े पर जाता हूँ, रंग देता हूँ, रंग लेता हूँ। मुझे साथ देने से लोगों में उत्साह आता है—सुख-दुख भूलकर एक दिन वे गा-बजा लेते हैं, यह क्या कम महत्त्व की बात है?

छः साल से जित्तिन होली में बाहर ही रहता आया है, मिलिटरी की पढ़ाई ने उसकी

होली छीन ली है! इस साल देवेन्द्र भी नहीं था, क्योंकि वह बी.ए. की परीक्षा देने जा रहा है, परसों से ही परीक्षा है।

तो भी और बाल-बच्चों के साथ होली खूब मनी!

प्रभा, महेन्द्र, लल्लन, मन्नन, रत्तन—बब्बन रामेश्वर जी, मंगलमूर्ति—इस साल शिवपूजनभाई के इस बच्चे को भी साथ ले आया! फिर घर में रानी, दुलहिन, गणेश—एक छोटी-सी बटालियन तो बन ही गई है!

एक दिन पहले से ही धमा-चौकड़ी—कभी रंग उड़ रहा है, कभी छींटे पड़ रहे हैं।

आज भोर से ही हुड़दंग—गाँव-भर में दोपहर तक कीचड़-उछाल चलती रही। मुझे भी लोगों ने बाँध दिया; यों कहिए, मैंने ही इसके लिए उत्साहित किया।

रामेश्वरजी और मंगलजी देर तक छिपे रहे—इसलिए उनकी और सूरत बिगाड़ी गई—ख़ासकर रामेश्वरजी की, वह दामाद ठहरे न? साले, सालियाँ—सब कसर निकाल रही हैं!

प्रभा पागल बन गई है। लल्लन कितना सीधा है, किन्तु आज उसकी धूम देखने लायक! छोटा रत्तन तक रंग में रमा है, तो और बच्चों का क्या पूछना!

पूआ, खीर, गोश्त—खाने में भी कचरकूट! ज़रा-सी भंग छन गई थी, उसने और कहर किया है!

अपने बाल-बच्चों के बीच, अपने स्वजन-परिजन के बीच होली ऐसा मस्त त्योहार मनाना—सचमुच एक भाग्य है! जो लोग पढ़-लिखकर इस वातावरण से अपने को दूर कर लेते हैं, उनके भाग्य पर मुझे तरस ही आता है!

मुज़फ्फरपुर में अपना पड़ाव आ जाए—तो गाँव से और भी निकट हो जाऊँ। इन त्योहारों की डोर पकड़कर देहात में सांस्कृतिक अभ्युत्थान के भी काम किए जा सकते हैं!

बेनीपुर से पटना
20 मार्च 1954

नहीं। यह बुरी बात। इस ग्रन्थावली की धुन में मैंने लिखना छोड़ ही दिया है।

मैं लेखक हूँ या प्रकाशक!

उस दिन, दस वर्ष हुए, उस ज्योतिषी मित्र ने कहा था, तुम व्यापार नहीं करना। क्योंकि तुम्हारे हाथ में संचय की रेखा है ही नहीं।

क्या उस कथन को सत्य नहीं पा रहा हूँ। क्या ग्रन्थावली के पैसों को भी मैं संचित रख सका!

''नेत्रदान'' के पैसे भी क्या यों ही नहीं उड़ गए?

दौड़ो, परेशान होओ—किन्तु, हाथ में वही शून्य का शून्य!

नहीं; बेनीपुरी तुम लेखक ही बने रहो।

ग्रन्थावली का काम शुरू कर दिया है, तो उसे चलाते जाओ; किन्तु, उसे नहीं छोड़ो, जिसके चलते तुम वह कुछ बन सके हो, जिसके चलते तुम्हारा सम्मान है, प्रतिष्ठा है!

लिखना नहीं छोड़ो बेनीपुरी!

लिखते जाओ, लिखते जाओ! बहुत कुछ लिखना है तुम्हें; यदि उसे तुम नहीं लिख सके, तो कौन लिखेगा।

प्रतिदिन तीन घंटे तो लिखो ही।

"नई धारा" को तुमने भुला दिया है—उसे उसके समय के योग्य बनाओ!

तुम उसे वह नहीं दे रहे हो, जो तुम दे सकते थे। तुम उसके साथ बेईमानी कर रहे हो।

तुम्हारी कितनी ही पुस्तकें अधूरी हैं—उन्हें तुरंत पूरा कर लो—

(1) उड़ते चलो, उड़ते चलो—अब उसे पूरा कर ही दो। प्रकाशक से मिलो, उसे जल्द प्रकाशित कराओ!

(2) देखो कि "पेरिस नहीं भूलती" जल्द छप जाए!

(3) अपने फुटकल लेखों का एक संग्रह तुरत तैयार कराओ और चाहे जहाँ से निकले, उसे निकलने दो।

(4) "जंजीरें और दीवारें"—पूरी करो और उसे बदरीविशाल जी के पास भेजो। उनके रुपए तुम्हारे जिम्मे है, इस कर्ज़ को जल्द ही सिर से उतारो। यह तुम पर कलंक है!

(5) "नया समाज" को छपवा डालो—रामनन्दन को दे दो। जो सुधार करना चाहते हो, तुरंत सुधार कर लो!

(6) "विजेता" पूरा करो; यह नाटक अब तुम्हारे दिमाग़ में सड़ रहा है! कुछ दिनों के बाद इससे सड़ाँध निकलेगी!

(7) "मुझे याद है"—इसे भी एक सुर में लिख जाओ। अब इसे भी पुस्तक रूप में आना ही चाहिए!

बस, अभी ये सात पुस्तकें ही—इन्हीं पर काम करो और देखो कि तीन-चार महीने के अन्दर ये सब की सब प्रकाशित हो जाएँ।

और, सुनो बेनीपुरी, यदि ज़िन्दा रहना चाहते हो, तो ज़र्दा छोड़ो! यह तुम्हें एक दिन अचानक ले डूबेगा—अभी एक क्षण पहले तुम्हारी क्या हालत हुई है!

याद रखो, तुम्हारी ज़िन्दगी की चादर दिन-दिन छोटी पड़ती जा रही है! अब अधिक पैर मत पसारो!

सबकी सीमा है—मेहनत की, दौड़-धूप की—अरे, ज़िन्दगी की भी! अपनी, अपनी शक्ति की, अपने शरीर की, अपनी सेवा की, अपनी ज़िन्दगी की सीमा भी पहचानो!

पहचानो और तदनुसार बर्ताव करो।

लिखना नहीं छोड़ो बेनीपुरी। लिखते चलो, लिखते चलो।

अभी 75 पुस्तकें तुमने लिखी हैं। और 75 तो और लिख लो। भला 150 से क्या कम लिखो। याद है न, एक बार तुमने कहा था, इतनी पुस्तकें लिख लूँ कि उनकी एक-एक प्रति रख दी जाए तो मेरी लाश जल जाए!

अपना कौल पूरा करो—लिखो, लिखो, लिखो!!!

बाढ़ (पटना)
26 मार्च 1954

आज मुझे फिर तीन महीने की सज़ा मिली। स्वराज्य के बाद की यह पहली सजा है!

मैंने क्या अपराध किया था?

अपराध यह हुआ कि एक मिनिस्टर को हटाने में मैं साधन बना।

फतुहा में चुनाव हो रहा था। एक मिनिस्टर का चुनाव रद्द हुआ था। उसके मुकाबले मेरी पार्टी ने एक उम्मीदवार खड़ा किया था। अजीब लड़ाई थी—

'रावन रथी विरथ रघुवीरा'

रामायण की यह पंक्ति याद आती थी। दिक्कत यह कि पुलिस तरह-तरह की दिक्कतें डाल रही थी। जुलूस पर बन्दिश, कई गिरफ्तारियाँ। तो भी हम जीत गए।

चुनाव के बाद मुझ पर, चाँद बाबू पर, कौशलेन्दु पर मुकदमा चला। आज सज़ा सुनाई गई है, 250-250 रुपए जुर्माना दो, नहीं तो तीन-तीन महीने के लिए जेल जाओ।

मुकदमे में कोई दम नहीं है, तो भी बेचारा मैजिस्ट्रेट, उसे तो सज़ा देनी ही थी--एक तो मुसलमान, फिर अभी तक बेचारा कन्फर्म नहीं किया जा सका है!

दो मुकदमे और चल रहे थे, "जनता" के कारण--मानहानि के, एक बेतिया में, एक जहानाबाद में। खैरियत है, इन मुकदमों से मुक्ति मिली--एक में समझौता हुआ, दूसरा डिसमिस हुआ!

स्वराज्य के बाद की यह पहली सज़ा--कुल मिलाकर चौदह सज़ाएँ भुगतनी पड़ीं! उफ!!

पटना
8 अप्रैल 1954

कुहू-कुहू।

आँखें खुलीं और यह कोयल बोल रही है!

भोर में, न-जाने यह कब से बोलने लगी है। यह साढ़े सात बजे भी बोले ही जा रही है।

बगीचे में यह डेरा है मेरा। आम के पेड़ इस साल फिर बौर से लदे और अब तो उन पर हरे-हरे टिकोरों की भरमार है!

आम में बौर न लगे कि कोयल बौराई! और जब तक ये टिकोरे फल बनकर, पककर, झड़ न पड़ेंगे, यह इसी प्रकार कुहू-कुहू करती जाएगी!

कुहू-कुहू!

कब से यह कोयल इसी तरह बसन्त आते ही कुहू-कुहू करती आई है?

जब बच्चा था, उसकी बोली का अनुसरण कर उसे चिढ़ाने की कोशिश करता--वह सचमुच चिढ़ जाती, ज़ोरों से बोलने लगती।

और, अब मेरा पोता, यह लल्लन, उसे चिढ़ा रहा है!

यह एक मेरा ही बगीचा नहीं है, जहाँ कोयल बोल रही है। यह चुप हुई कि दूर से वह आवाज़ आ रही है, सुदूर उत्तर से!

और, दक्षिण से भी तो!

यह सड़ा-गला पुराना शहर पटना--इसमें भी कोयल बोल रही है!

समय पर कोयल बोलेगी ही, चाहे आप झोंपड़े में हों, या महल में!

आपका घर गिरा हो या सड़ा हो, कोयल कुहू-कुहू करती ही जाएगी!

बोलती जा कोयल, बोलती जा! जब आदमी के कंठ रुँधते जा रहे हैं, तू बोलती जा, रस घोलती जा!

आदमी ने तो अपने को प्रकृति से इतना दूर कर लिया है कि उसके परिवर्तनों पर उसका ध्यान कहाँ?

तू बोलकर बताती जा, अब भी बसन्त आता है, आम बौराते हैं, टिकोरे निकलते हैं!

आदमी, तू सात बजे तक सोया रहता है, तो रह। अब भी भोर में खुमारी भरी हवा बह ही जाती है। शहर की गन्दी गलियों में भी वह मस्ती बिखेर ही जाती है!

तू बताती जा कोयल कि शहर पुराना हो जाए, बसन्त सदा नया है! आदमी का खून ठंडा पड़ जाए, उसके हृदय की गुदगुदी तब तक कायम रहेगी, जब तक वह ज़िन्दा है!

अरे, अब तो लगता है, चारों ओर से कुहू-कुहू ही सुन रहा हूँ। इनमें होड़ लग गई है क्या?

शायद वे उन्हें भी जगा देना चाहती हैं जो सोने में मेरे भी उस्ताद हैं; जो अब तक भी अँगड़ाई ले रहे हैं!

इस देश में उस्तादों की कमी नहीं!

क्या कोयल का भी कोई उस्ताद होगा?

तब उसकी बोली में यह मिठास कहाँ से आती?

बेनीपुर
15 अप्रैल 1954

इस डायरी का यह अन्तिम उल्लेख है!

यह साल कैसा रहा?—

क्या ज़रूरी है कि साल-साल का हिसाब रखा जाए?

डायरी इस उद्देश्य से लिखना शुरू भी नहीं किया था। इसमें अपने जीवन का हिसाब-किताब दिए चलने का लक्ष्य नहीं था, लक्ष्य रहा सिर्फ यह कि कोई प्रमुख प्रसंग या घटना आ जाए, तो उस पर अपनी प्रतिक्रिया का उल्लेख करता जाऊँ।

चार साल से डायरी लिख रहा हूँ। बहुत-सी बातें जो यों ही भूल गई होतीं, इस डायरी में वे अक्षर के समागम से अक्षय हो गई हैं।

यों, तो अक्षय कुछ नहीं है।

तो भी, देखता हूँ, डायरी लिखने के बहाने हर हफ्ते कुछ नियमित रूप से लिख लेता हूँ—यही क्या कम है?

× × ×

पिछला साल, कोई बुरा नहीं रहा।

ग्रन्थावली का प्रथम भाग निकल गया—यह इस साल का ही नहीं, मेरे जीवन का एक महत्त्वपूर्ण काम हुआ।

जित्तिन जी एकेडमी में गए—एयरफोर्स को उन्होंने चुना है। उनके खर्च से मैं मुक्ति पा गया, उनके लिए अब आगे का रास्ता भी प्रशस्त हो चुका है। दो वर्ष में उन्हें कमीशन मिल जाएगा, तो घर को भी वह कुछ देख सकेंगे।

प्रभा को थियोसोफिकल कालेज, बनारस में पढ़ने को भर्ती करा दिया है—अपना कर्त्तव्य मैंने पालन कर दिया, वह अब क्या कर पाती है, उसकी तक़दीर।

देवेन्द्रजी ने फिर बी.ए. में परीक्षा दी है। इस बार आशा है, वह निकल जाएँगे।

एक नया पोता पहुँचा है—अब घर में सात बेटे और एक बेटी है! कितना सौभाग्यशाली हूँ मैं।

रुपए-पैसे के हिसाब से तो यह साल बहुत ही अच्छा रहा। उस दिन मोटा-मोटा हिसाब

लगाया तो लगभग चालीस हज़ार की आमदनी कूती गई—ग्रन्थावली 18000/ + नेत्रदान 7000/ + पुस्तकों से 3700 + रायल्टी 4700/ + वेतन 5500/; फिर कुछ फुटकल ग्रन्थावली का 30000/ का स्टाक अलग है।

अब इससे अधिक क्या कमाया जा सकता है। सत्तर हज़ार का साल!

किन्तु, दिक्कत यह है कि रुपए आए और गए; जमा कुछ नहीं कर सका !

× × ×

अगले साल के लिए क्या एक कार्यक्रम बनाया जा सकता है?

संक्षेप में वह कार्यक्रम क्या हो—

(1) ग्रन्थावली के तीन भाग प्रकाशित कर लेना

(2) अपनी अधूरी और अप्रकाशित पुस्तकों को प्रकाशित कर लेना—

(1) उड़ते चलो, उड़ते चलो।

(2) पेरिस नहीं भूलती।

(3) जंजीरें और दीवारें।

(4) नया समाज।

(5) विजेता।

(6) फुटकल लेखों का संग्रह : नए-पुराने।

(7) मुझे याद है।

(3) तीन एकाउन्ट सिलसिले से रखना—

(1) ग्रन्थावली—इलाहाबाद बैंक।

(2) फुटकल (वेतन आदि) बिहार बैंक।

(3) रायल्टी—मुज़फ्फरपुर-बिहार-बैंक।

(4) जुलाई में ज्यों ही पैसे हाथ में आवें—

(1) हाथ-हथफेर सधा देना।

(2) मुज़फ्फरपुर में ज़मीन खरीद लेना।

(3) बेनीपुर का मकान पूरा कर लेना।

इधर दो साल से पुस्तक लिखने की ओर मैंने कम ध्यान दिया है। इस ओर अधिक ध्यान देना। चाहे जहाँ रहूँ, प्रतिदिन नियमित रूप से पुस्तकें तैयार करते जाना। इधर इस ओर ध्यान भी दिया है, ज़रूरत यह है कि इस क्रम को सदा जारी रखना।

यों झंझटों में रहता हूँ, किन्तु, अलग-अलग देखने पर भी जीवन का एक-एक साल भी कुछ कम सफलता नहीं दिखाता है!

बोध गया
सर्वोदय पुरी
19 अप्रैल 1954

यह क्या हुआ? यह अभी क्या सुना है? चारों ओर इसी की चर्चा है। सभी जानना चाहते हैं, इसका मतलब क्या?

अभी एक सोशलिस्ट साथी ने कहा—हमने जे.पी. को खो दिया! कहते-कहते उनकी आँखें भर आईं!

आँखें तो आज बड़े-बड़ों की भर आई थीं। जब जयप्रकाश जी ने सर्वोदय सम्मेलन में

यह घोषणा की—मैं भूदान के लिए जीवन-दान देता हूँ।

कहते-कहते उनका गला भर आया था। अन्तिम शब्द पूरा भी नहीं हुआ था कि माइक से हट गए। संत विनोबा अवाक्! देश-भर के जो बड़े-बड़े नेता आए थे, सब अवाक्, निस्तब्ध। फिर कितनों की आँखों से आँसू झर-झर बहने लगे!

तबसे यही चर्चा है—जहाँ दो आदमी मिले, इसकी चर्चा छिड़ी!

मैं यहाँ कल आया था। अप्रत्याशित इतने लोग आ गए यहाँ कि किसी के लिए भी जगह पाना मुश्किल। अतः अपना सामान जयप्रकाश जी की कुटिया नं. 49 में डाल दिया!

भोजन एक बारहअन्नी होटल में, सोना खुले आकाश के नीचे, नल पर जाकर किसी तरह नहा लिया!

देश-भर के लोग आए हैं, तरह-तरह के लोग आए हैं। अधिकतर वे लोग हैं जो अब तक गाँधी जी से प्रभावित हैं। काका कालेलकर, दादा धर्माधिकारी, सेठ गोविन्ददास, हरिभाऊ उपाध्याय, पी.सी. घोष, आचार्य कृपलानी, गोपबन्धु चौधरी, नवकृष्ण चौधरी! गोविन्द वल्लभ पंत, जगजीवन राम, लालबहादुर शास्त्री, बिहार के प्रायः सभी मिनिस्टर! ये हैं कुछ प्रमुख पुरुषों के नाम। महिलाएँ भी काफ़ी आई हैं।

कल पं. जवाहरलाल नेहरू आए थे! कल का सारा दिन उनका रहा! उफ़, कैसी भीड़भाड़! न जाने इस आदमी में कैसा आकर्षण है!

देहात तक में शोर था, यहाँ जवाहर लाल और जयप्रकाश में बातें होंगी। जब मैं बेनीपुर गया था, वहाँ लोगों ने ऐसे प्रश्न किए थे।

किन्तु, क्या तमाशा। जब नेहरूजी यहाँ पधारे, मंच पर आए, जयप्रकाश भीड़ के एक निभृत कोने में बैठे थे। प्रार्थना सभा में भी दूर-दूर रहे। जब तक नेहरू यहाँ रहे, उनसे मिले तक नहीं। सुनते हैं, दो-एक बार नेहरू ने चर्चा भी की कि जयप्रकाश कहाँ हैं? उनकी खोज भी हुई, किन्तु न मिले!

मैं सोचता था, यह क्या हो रहा है? इधर दिल्ली में फिर चर्चा छिड़ी थी कि नेहरू चाहते हैं कि जयप्रकाश को अपना डिप्टी बनाएँ—डिप्टी प्राइम मिनिस्टर ! शायद उन्होंने अपनी पार्टी की बैठक में कहा भी था।

और, एक जयप्रकाश हैं कि उनसे बातें भी नहीं करना चाहते!

एक साथी ने बताया; आजकल अद्भुत परिवर्तन हो गया है जे.पी. में। जहाँ कोई बुलाता है चले जाते हैं; जहाँ कहीं जगह मिली, बैठ जाते हैं! खाने-पीने में अजीब सादगी।

जब कल उनसे भेंट हुई, मैंने कहा—आपसे मैं नाराज़ हूँ। बोले, क्यों? मैंने कहा, अपनी सूरत तो कभी-कभी आइने में देख लिया कीजिए। मुस्कुरा पड़े। बोले, मधुमेह की शिकायत हो गई है न? मैंने कहा—और, दवा उसकी क्या हो रही है? फिर हँस दिए। वह हँसी, जो उनके दोस्तों को सदा निरुत्तर करती रही है !

इसी समय किसी ने चर्चा कर दी मेरे उस लेख की, जो 'भूदान-यज्ञ-विहार' के इस अंक में 'बोधिवृक्ष की छाया-तले' शीर्षक से मैंने लिखा था। उसकी एक प्रति मँगाकर उन्होंने पढ़ा और बोले—'बहुत अच्छा लिखा!'

उसमें मैंने एक बात लिखी थी—मैंने लिखा था, ढाई हजार वर्ष पहले इस स्थान पर एक ज्ञान का रास्ता खोजा जा सका, जिसने संसार का इतना भला किया। जो लोग आज यहाँ एकत्र हैं, क्या वे लोग अपनी जिम्मेवारी समझ रहे हैं? आज के दुखी, संत्रस्त विश्व को फिर एक नया मार्ग चाहिए!

क्या मेरे उस लेख का ही जवाब जयप्रकाश ने जीवन-दान की इस महान् प्रतिज्ञा के

रूप में दिया है?

जब-जब मैं सोचता हूँ, जे.पी. ने यह क्या किया—काँप उठता हूँ।

मैं प्रायः कहता रहा हूँ, मैं कलाकार हूँ, सगुणोपासक हूँ, जयप्रकाश ही मेरी उपासना की मूर्ति हैं, जहाँ वह रहेंगे, वहाँ मैं रहूँगा। 1934 से ही उनका साथ रहा, आज बीस वर्षों के बाद एक प्रश्न आया है—अब तुम कहाँ रहोगे, बेनीपुरी !

बार-बार बच्चों की याद आती है—नाबालिगों की एक पूरी पलटन ही है मेरे साथ! क्या मैं जयप्रकाश की अशि-धार पर चढ़ सकूँगा?

आज जयप्रकाश ने सबको अपने जीवन के बारे में फिर से सोचने को लाचार कर दिया है! भूदान-यज्ञ की इस सम्भावना पर क्या विनोबा का भी ध्यान जा सका होगा! यह आज क्या हो गया?

पटना से जमशेदपुर
26 अप्रैल 1954

यात्रा भी क्या मज़े की चीज़ होती है? ख़ासकर ऐसी यात्रा। एक पूरे डब्बे में आप ही आप हैं। आपके चारों ओर लकड़ी का यह ढाँचा है, जो भागा जा रहा है। नीचे से खटखट की ताल पर बँधी आवाज़। सारा शरीर हिल-डुल रहा है। आप अच्छी तरह लिख भी नहीं सकते।

लिख भी नहीं सकते और सिलसिले से कुछ सोच भी नहीं सकते। कभी बैठिए, कभी लेटिए, कभी पढ़िए, कभी ऊँघिए। पढ़िए—दो पृष्ठ भी एक सुर में पढ़ सकेंगे आप? कभी किताब उठाइए, कभी अख़बार उठाइए। कभी अपनी कोई पुरानी कापी को ही निकाल कर देखने लग गए कि आँखें झिंपी और ज्यों ही गाड़ी रुकी कि देखिए, यह स्टेशन है!

स्टेशन—सबका एक-सा ढाँचा! ईस्ट केबिन, वेस्ट केबिन, बीच में यह स्टेशन-घर—वहाँ टिकट कट रहा है, वहाँ पानी के हंडे काठ की तिपाई पर रखे हैं। स्टेशन मास्टर खड़े हैं, पैटमैन हरी झंडी दिखा रहा है। यह गाड़ी चल पड़ी। अब फिर अक्षर-अक्षर जोड़कर लिखिए।

छोटा नागपुर है यह। वैशाख का महीना है। सामने का पहाड़ जल रहा है। नीचे के पेड़ों के पत्ते मुड़ गए हैं, किन्हीं-किन्हीं पर लाल-लाल पत्ते निकल भी आए हैं। ये पत्ते आँखों को लुभाते हैं या जलाते हैं? यह पहाड़ी सोता—कभी इसमें पानी उछलता रहा हो, अब लाल रेत जल रहा है। यहाँ की मिट्टी भी तो लाल-लाल है!

बाहर से जो हवा आ रही है, वह भी जल रही है जैसे। खिड़की बन्द कीजिए। बत्ती जला लीजिए, दोनों पंखे तो चल ही रहे हैं—

बत्ती का कनेक्शन काट दिया गया है। यदि लिखना-पढ़ना चाहते हैं, तो धूप और लू का कुछ मज़ा लीजिए!

लीजिए, यह एक साहब आ पहुँचे। खाकी पैंट, शर्ट, मुँह में सिगार। सबसे पहले लेवोटरी में दाखिल हुए। अब किस शान से टाँगें फैलाकर बैठ गए हैं और कश पर कश ले रहे हैं। धुएँ की गन्ध से डब्बा भरा जा रहा है।

राँची तक एक और साहब साथ थे। वह पूरे समृद्ध थे—गोरे, निखालिस अंग्रेज। उनका नाम रिजर्व-कार्ड पर लिखा है—मि. बर्ट! रास्ते-भर चुपचाप आए—सिगार-सिगरेट कुछ नहीं। बिस्तरा बिछाकर ऊपर के बर्थ पर चुपचाप सो गए थे। राँची में इस तरह धीरे-से उतरकर चले गए जैसे कोई अनिमन्त्रित अतिथि अचानक चल दे!

यात्रा मज़ेदार होती है। पटना में एक नौजवान दीख पड़े। उन्हें अपने डब्बे में बुला लिया। गया तक बातें होती रहीं। कभी वह विद्रोही थे, फिर कांग्रेस में घुसे, अब भू-दान के लिए जीवन-दान करने जा रहे हैं। कहते हैं, राजनीति से ऊब गया, अब जयप्रकाश का रास्ता ही सही मालूम होता है। कल तक वह जयप्रकाश और सोशलिस्ट पार्टी के कट्टर विरोधी थे! क्या बात है? क्या हृदय-परिवर्तन हुआ है? या निराशा ने उन्हें यहाँ ला पटका है!

क्या है यह दुनिया! कैसी है यह दुनिया?

अपनी ही बात! कैसी दौड़-धूप! दो दिन पहले जयप्रकाश जी के कहने पर उनके गाँव गया। अब वह गाँव बलिया जिले में है। बलिया के नौजवान साथियों से परिचय हुआ। कई कवि भी आए थे; उनकी कविताएँ सुनीं। कितना सम्मान, कितना सत्कार!

किन्तु गरमी ने भून डाला था जैसे। और, इसी गरमी में जमशेदपुर जा रहा हूँ, फिर लखनऊ जाना है, दिल्ली जाना है। कश्मीर जाने की बात भी है!

चक्कर-चक्कर-चक्कर!

इधर कई बार कलेजे में दर्द उठा है। कभी ऐसा लगा कि एक अंग सुन्न हो गया। दाहिने हाथ में प्रायः दर्द उठा करता है। पीठ में भी जब-तब दर्द उठा करता है। शरीर पुराना पड़ रहा है। पुराने पत्ते झड़ते हैं, तो पेड़ में नए पत्ते ही आते हैं। मनुष्य को यह सौभाग्य कहाँ प्राप्त है?

लुई फिशर की 'गाँधी' नामक किताब पढ़ रहा हूँ। यह अमेरिकन अपने देश में गाँधी का सन्देश पहुँचाने के लिए कटिबद्ध है। गाँधी पर कई किताबें लिखी हैं। 'गाँधी और स्टालिन' में बताया है, संसद के सामने दो ही राह हैं—गाँधी को चुनो, नहीं तो स्टालिन चुनना पड़ेगा!

धूप कितनी तीखी हो गई। वह साहब चले गए। फिर एकाकी—सिगरेट, पान—पान सिगरेट! कभी लिखो, कभी पढ़ो, कभी आँखें मूँदो!

यह इस्पातपुरी आ गई! जमशेदपुर का यह नाम मैंने आठ वर्ष पहले दिया था। कितने दिनों के बाद इस पुरी में आ रहा हूँ?

उठिए, दाढ़ी बनाइए, बिस्तर सँभालिए, उतरिए।

जमशेदपुर
28 अप्रैल 1954

जब वैशाख महीने में आकाश बादलों से छा जाए, तो फिर कैसा मज़ा?

इधर गरमी से परेशान रहा। जब बेनीपुर गया था, वहाँ भी झुलस का अनुभव किया—फिर, पटना या जमशेदपुर का क्या कहना?

ऐसी गरमी नहीं पड़ी थी; लोग कहते थे, एटम बम या हाइड्रोजन बम के विस्फोटों के कारण ऐसा हो रहा है।

कि कल सन्ध्या को अचानक बादल उमड़ आए; कुछ बूँदाबूँदी भी हुई। वैशाख के बादल—इधर आए, उधर गए। किन्तु कल संध्या से ही बादलों का राज्य है, आज इस दुपहरिया तक! कितना सुहावना लग रहा है।

आकाश में भूरे-भूरे बादलों के दल के दल उमड़ रहे हैं। उनके नीचे अबाबील के झुंड उड़ रहे हैं—इधर-उधर, उधर-इधर। दो चार बूँद पाकर ही पेड़ों की फुनगियाँ फूली नहीं समातीं। धुली-धुली पत्तियाँ—डालियों पर पंछी किलोल कर रहे हैं, उनका कलरव कानों को तृप्त कर रहा है। सामने की छोटी बगीची में भी सावनी समाँ है—जूही की कलियाँ कितनी प्रसन्न दीखती

हैं, लाल-गुलाबी फूलों के रंग निखर उठे हैं। नीचे की दूबियाँ भी सुहागिन बनी हैं जैसे—हरी-हरी चादर मुँह से हटाकर आकाश की ओर ताक रही हों।

चाइबासा
30 अप्रैल 1954

उस दिन शिवचंद्रिका जी ने कहा, चाइबासा जाइए, कुछ ग्राहक बन जाएँगे। उन्होंने भी विश्वनाथ मूँदड़ा जी को फोन कर दिया।

यहाँ के ए.एस.पी. श्री सुधीश जी मेरे प्रियजनों में हैं। उन्होंने गाड़ी का प्रबन्ध कर दिया। अवधेश जी के साथ यहाँ आया। मूँदड़ा जी ने अच्छा सत्कार किया, चार स्थायी ग्राहक बना दिए।

मूँदड़ा जी जयप्रकाश जी के भक्तों में है, यद्यपि वह कांग्रेसी हैं। जब 1940 में जयप्रकाश जी जमशेदपुर में गिरफ्तार किए जाकर चाइबासा जेल में रखे गए थे, मूँदड़ाजी से उनका परिचय हुआ। मूँदड़ा जी उन दिनों जेल के निरीक्षकों में थे। वह जेल में जाकर जयप्रकाश जी से प्रायः मिलते। जयप्रकाश जी ने उन्हीं के हाथ गाँधी जी, जवाहरलाल जी, आचार्य नरेन्द्रदेव, अच्युत पटवर्धन, मेहरअली आदि के नाम रायगढ़ कांग्रेस में पत्र भेजे थे। प्रभावती जी मूँदड़ा के ही घर पर ठहरती थीं।

एक बार रामनन्दन मिश्र जी आए और कुछ रुपए उनसे माँगे। उन्होंने पीछे से प्रबन्ध करने की बात कही, पीछे रामनन्दन जी का पत्र आया, दो हज़ार रुपए भेजिए। वह पत्र एक कांग्रेसी के हाथ लगा। उसने मूँदड़ा जी की गैर-जानकारी में ही उसे छपवाकर बँटवा दिया, ठीक जब जयप्रकाश जी जमशेदपुर आए! मूँदड़ा जी बड़े शर्मिन्दा हुए; आज भी जब वह यह कथा कह रहे थे, उनके चेहरे पर खिन्नता थी कि उस कांग्रेसी के कारण जयप्रकाश के सामने वह मुँह नहीं दिखा सके! तभी से वह राजनीति से उदासीन हैं।

राजनीति भी क्या चीज है?

फिर यहाँ के एस.डी.ओ. से मिला, जो मेरे प्रियजनों में से हैं। उन्हीं के साथ डी.सी. से मिलने गया तो पाया, वह तो और भी मेरे निकटतम व्यक्तियों में से हैं। कह रहे थे, नए अफसर अपनी जिम्मेवारी नहीं समझते। अपने प्रति इन लोगों का स्नेह देखकर हृदय गद्‌गद् हो उठा!

लखनऊ
5 मई 1954

वही चक्कर-चक्कर-चक्कर!

सिर्फ एक दिन पटना में रहकर कल यहाँ पहुँचा। तार की कैसी अव्यवस्था ! परसों दोपहर में एक्सप्रेस तार दिया था, सो वह मित्रों के पास तब पहुँचा, जब मैं यहाँ पहुँच चुका। इसके कारण थोड़ा कष्ट उठाना पड़ा।

रामलखन जी के साथ ठहरा हूँ। लखनऊ में उन्होंने ऐसी व्यवस्था कर ही ली है कि उनके चलते सुविधा ही सुविधा रहती है।

कल यहाँ के स्पीकर खेर साहब से मिला, फिर अपने पुराने साथी गौतम जी से मिला। खेर साहब की सज्जनता का क्या कहना? गौतम जी बताते रहे, उन्हें क्यों सोशलिस्ट पार्टी

से हटना पड़ा। खैर, आज हटकर अच्छे ही हैं—मिनिस्टर हैं, बंगला है, गाड़ी है। सोशलिस्ट पार्टी क्या देती भला?

यहाँ के पार्टी-दफ्तर में सेठ दामोदर स्वरूप जी से भेंट हुई। सेठजी के त्याग और तपस्या के क्या कहने? वह प्रदेश कांग्रेस के सभापति थे; उन पर सबकी श्रद्धा आज भी है। कहने लगे, पार्टी बिखर रही है। इसमें भी वही बुराइयाँ आ रही हैं, जो कांग्रेस में हैं। आपस में झगड़े हैं, एकजुट कोई काम नहीं होता। उनका कहना था—लोहिया और जयप्रकाश में व्यक्तिगत प्रतिस्पर्द्धा है। जो कोई जयप्रकाश के पक्ष में बोलेगा, उसे लोहिया अपना दुश्मन समझते हैं। जयप्रकाश जी में यह भावना नहीं है, तो भी क्रिया की प्रतिक्रिया तो होती ही है।

मैंने बताया, अब तो जयप्रकाश ने रास्ता साफ कर दिया। लोहिया से कहिए, पार्टी को चलावें। और मैंने सेठजी से भी कहा—एक बार पार्टी को अग्नि-स्नान कराइए जिसमें लोहा गल जाए, सोना कुन्दन बने। 1957 के पहले एक ऐसा कार्यक्रम बने जिसके कारण फिर हर प्रदेश में एक-एक कैम्प जेल बन सके। जब सब लोग जेल में एक साथ होंगे, सारे भेदभाव आपसे आप दूर हो जाएँगे। यह भी पता चला जाएगा, कौन शब्दों का क्रान्तिकारी है और कौन कार्यों का?

खैर, यहाँ ग्रन्थावली के लिए आया हूँ, उसके लिए कोशिश कर रहा हूँ। देखना है, क्या होता है।

कल चन्द्रभानु गुप्ता जी से भेंट हुई। कल उनसे फिर मिलना है। आज भोर में परिपूर्णानन्दजी से मिला—इस पुस्तक पर यू.पी. सरकार का पारितोषिक दो हज़ार का मिलना चाहिए; पुस्तकालयों के लिए खरीदा जाना चाहिए, इन्टरमीडिएट बोर्ड की बैठक 25 मई को हो रही है, उसमें भी देखूँगा, आदि लम्बी-चौड़ी बातें हुई। किन्तु, जैसा मैंने एक बार हँसी-हँसी में कहा था—यू.पी. की लफ्फ़ाजी से मैं घबरा जाता हूँ।

यू.पी. की लफ्फ़ाजी—इसका प्रयोग मैंने पहले बम्बई की एक गोष्ठी में किया था। वहाँ एक सज्जन थे, उन्होंने बड़े-बड़े वादे किए; किन्तु किया कुछ नहीं। कल सन्ध्या को मैंने इसकी चर्चा की थी कि यू.पी. के एक नौजवान ने उस सज्जन का नाम भी बता दिया। यह नौजवान बनारस का रहने वाला, वह सज्जन बम्बई में रहते हैं। तो भी उसने किस तरह उनका सही नाम बता दिया, मुझे आश्चर्य लगा। उन्होंने बताया, थोड़े दिन पहले वह बम्बई गए थे और संयोगवश उन्हीं के साथ ठहरे थे। ठीक है—चोर को पहचानते हैं थोनवाले!

परिपूर्णानन्द की गाड़ी पर पं. गोविन्दवल्लभ पंतजी से मिल आया। कल पंत के दामाद पं. चन्द्रदत्त पांडेय से भेंट हुई। इन्हें तब से जानता हूँ, जब हिन्दू-विश्वविद्यालय में यह पढ़ते थे। उन्होंने ही इस भेंट का प्रबन्ध किया था। पंतजी को ग्रन्थावली दी। पांडेय ने बताया, मैं सोशलिस्ट पार्टी में हूँ, किन्तु बड़े अच्छे विचार का। पंतजी कहने लगे, अब तो सबको एक होना चाहिए। फिर हालचाल पूछा। उन्हें नमस्कार कर मैं बाहर आया; तब तक कोई गाड़ी नहीं थी, अतः फिर बाहर बैठ गया। इतने में पंत जी निकले, उन्होंने मुझे इस तरह बैठा देख आश्चर्य प्रगट किया और स्वयं बाहर आकर मोटर के लिए प्रबन्ध करने लगे। उनकी इस सज्जनता का मुझ पर बड़ा प्रभाव पड़ा।

पार्टी के साथियों से भी कल से ही भेंट हो रही है। कल त्रिपाठी मिले थे, आज गेंदा सिंह से बातें हुईं। गेंदा सिंह जी ने बड़ी आत्मीयता दिखलाई!

कल यहाँ की असेम्बली देखने गया था। देखकर दुःख हुआ। पिछली बार इसे देखा था, तो टंडन जी स्पीकर थे, आचार्य नरेन्द्रदेव आदि बड़े-बड़े लोग थे। नवाब छतारी आदि विरोधी पक्ष में थे। जो बहस होती थी, वह कितनी ऊँची सतह पर। आज तो दोनों तरह से तू-तू-मैं

में ही देखी। सोशलिस्ट ही विरोधी पक्ष में हैं। उनके नेता श्री राजनारायण को कानपुर में गिरफ्तार कर लिया गया है—बस, सारी बहस में उसका ही तनाव था!

लखनजी ने जिस घर में ठहरा दिया है, उसमें श्री वासुदेवशरण अग्रवाल जी के भाई और बड़े बेटे रहते हैं। वासुदेव जी पुरातत्व और प्राचीन कला के भारत-प्रसिद्ध विद्वान हैं। वाणभट्ट पर आपने अद्भुत अध्ययन प्रस्तुत किया है। पृथ्वीपुत्र की वैदिक कल्पना को आपने हिन्दी-संसार के सामने भाष्य के साथ प्रस्तुत किया है। उनके भाई और बेटे वहाँ व्यापार करते हैं। दोनों मुझसे घुल-मिल गए हैं। उनके बेटे स्कन्दजी काफी साहित्य-रसिक हैं, मुझसे खूब घुलमिल गए हैं। रात हम लोग छत पर साथ सोए, खूब गप्प होती रहीं।

उन्होंने 'विद्यापति पंदावली' का वह प्रथम संस्करण दिखलाया, जो सचित्र निकला था। कितने दुख की बात है, मेरी पुस्तकों की प्रतियाँ तक मेरे पास नहीं हैं। क्या किसी तरह इन्हें खोज-ढूँढ़कर नहीं निकाला जा सकता है?

सन्ध्या समय 'स्वतन्त्र भारत' (दैनिक) के ऑफिस में मेरा स्वागत-सत्कार था। यह देखकर बड़ी प्रसन्नता हुई कि प्रधान सम्पादक से लेकर छोटे-बड़े सभी मेरी लेखनी और व्यक्तित्व के प्रशंसक हैं। बिहार के भी भी कई सज्जन इसके स्टाफ में हैं। प्रधान सम्पादक स्वयं पटना में रह चुके हैं, और कहते थे आपने मुझे बहुत ही प्रभावित और अनुप्राणित किया। अपनापा का वातावरण था, खुलकर बातें की, हँसा, हँसाया। 'सरोज' (शिवसिंह सरोज) जी ने बताया, बिहार के साहित्यिकों में कितनी सहृदयता होती है और ठीक इसके विपरीत उत्तर प्रदेश के बड़े साहित्यिकों में मिथ्याभिमान और दम्भ है।

आज बड़ी गर्मी रही। यह विचित्र बात है कि मैं गर्मियों में ही बाहर निकलता हूँ। जल्द काम समाप्त कर कहीं ठंडी जगह में जा बैठना चाहिए।

लखनऊ
7 मई 1954

बेनीपुरी—यह तुम्हारी नगरी नहीं है।

यहाँ बात-ही-बात है। बढ़कर मिलना, हाथ मिलना, गले लगाना, बगल में बैठाना, हँस-हँसकर बातें करना, ख़ातिरदारी करना—कितनों दिनों पर आए, कैसे आए? और क्यों आए, यह बताओ, तो यह होगा, वह होगा। किन्तु नतीजा—चार दिन हुए, कुछ नहीं।

ओहो, क्या बात है प्यारे भाइयों!

बेनीपुरी—यह तुम्हारी नगरी नहीं है!

चार दिनों में एक भी आदमी नहीं मिला, जो कह सके, इतना कर ही दूँगा। सारी बातें उड़तीं-उड़तीं!

आज शिक्षा-मन्त्री से मिलने गया। गौतम ने कहा था, साथ चलूँगा। वहाँ गए, तो कहा, उन्होंने कहा है, मेरी क्या जरूरत, आपको ही भेज दूँ। मन्त्री जी चारपाई पर लेटे-लेटे हुक्का पी रहे थे। एक प्रकाशक से बातें हो रही थीं। किताबों की छपाई की बात—सरकार को सैंकड़े कितनी रायल्टी मिलेगी, इसी पर बहस जारी थी।

कहिए, बेनीपुरी जी, किधर आए? लेटे-लेटे बोले!

मैंने ग्रन्थावली दी, बातें शुरू कीं। बीच ही में कह उठे—बारह सौ ग्यारह रुपये की पुस्तक लेकर क्या होगा?

उनकी बगल में बैठे प्रकाशक महोदय ने कहा—क्या लखनऊ में ऐसी किताब नहीं छप

सकती? मुझे गुस्सा आया—दिक्कत यह है कि लखनऊ में बेनीपुरी कहाँ से लाइएगा!

नहीं, बेनीपुरी, यह तुम्हारी नगरी नहीं है!

चलो, भागो! यहाँ तब आना, जब तुम्हारे हाथ में भी हुकूमत की बागडोर हो! देखना, उस दिन ये कैसे मिलते हैं!

नई दिल्ली
11 मई 1954

नई दिल्ली, नई दुनिया। क्या वैसी दुनिया, जिसका हम स्वप्न देखते हैं? पूरे देश में ऐसी दुनिया कहाँ से बसाई जा सकती है? क्या बुरा हुआ, यदि एक जगह ही ऐसी दुनिया बस गई?

ये चिकनी-चौड़ी सड़कें—सड़कों के किनारे पेड़ों की कतारें। कतारों के बाद इमारतों का ताँता! फूलों की क्यारियाँ, हरी-हरी लॉन, खूबसूरत बँगलों में बहुरंगी कारपेट, नफीस फर्नीचर, पर्दे झूल रहे और रहनेवाले फूल रहे!

देश गरीब है? क्या हुआ यदि एक जगह भी ऐश्वर्य की झलक मिल गई ? एक जगह मिल गई तो सब जगह के लिए चेष्टा की जाएगी। इसमें बुरा क्या हुआ?

गरीब देश है तो उसके प्रतिनिधियों को भी सदा गरीबों में ही रहना चाहिए, यह कहाँ की बात हुई! पहले प्रतिनिधियों के कपड़े सफेद और गाल लाल होने दीजिए, फिर सारा देश लाल-सफेद हो उठेगा!

दिल्ली है, गर्मी है, काम की भीड़ है। फिर यदि कमरों को एयर-कंडीशंड करा लिया गया है, तो यह कौन-सा कुकर्म हो गया। आदमी ईर्ष्यालु होता है। यह भी कोई बात हुई कि मैं दुख में हूँ, तो तुम भी दुख में रहो?

दिल्ली हमारी राजधानी है। दिल्ली को उतना ही सजाना-सँवारना चाहिए, कि कहीं दुख-दर्द का नामो-निशान भी नहीं दिखाई पड़े। यह तो भावी भारत का नमूना है—नमूना जितना सुन्दर हो, उतना ही अच्छा! इसी नमूने पर हम देश के एक-एक गाँव का निर्माण कर लेंगे। अभी कुछ दिन देखने दीजिए कि यह नमूना कैसा उतरा है! जल्दी क्या है?

राष्ट्रपति को पाँच हज़ार, प्रधानमन्त्री को ढाई हज़ार, सदस्यों को पाँच सौ—यह कौन-सी बड़ी रकम हुई कि आप इस शासन को खर्चीला बताते हैं! अभी कल उस समाजवादी दोस्त से भेंट हुई, उन्होंने कहा—क्या कहें, पाँच सौ में काम नहीं हो पाता। मेरा यह दोस्त अपने घर पर मुश्किल से महीने में पाँच रुपए खर्च करता रहा होगा?

जैसा देश, वैसा भेष! बिहार की देहात में जिस तरह आदमी रहता-सहता था, दिल्ली में उसी तरह कैसे रह सकता है? नक्कू बनने से क्या फायदा? फिर गरीबों के लिए लड़ना और स्वयं गरीब बनकर रहना—दोनों में क्या तुक है? घर का गरीब दिल्ली में भी गरीब बनकर रहे—यह भी कोई तुक नहीं हुई!

जब यहाँ की जिन्दगी पाँच वर्ष की ही है, तो इसका अच्छी तरह उपभोग कर लो। खाओ, पीओ, पहनो, ओढ़ो—स्वर्ग यदि दो दिन के लिए तुम्हें मिले, तो क्या वहाँ तपस्या करने लगोगे? फिर रम्भा, मेनका, उर्वशी बेचारी क्या करेंगी?

नई दिल्ली
14 मई 1954

दिल्ली आए पाँच दिन हो गए। दिनकर के साथ ठहरा हूँ। मथुरा हैं। खाता हूँ, सोता हूँ, हँसता हूँ—शरीर को आराम है, दिमाग को थोड़ी शान्ति। जिस काम से आया, वह नहीं हो रहा है। ठठेरे-ठठेरे कहीं बदलौव्वल होता है! जो होना था, वह हो चुका। मैं भी निश्चिन्त हो गया हूँ। कुछ प्रकाशकों से बातें चल रही हैं, देखें, क्या होता है!

दिन-भर गप्प। गर्मी है, बाहर निकलना मुश्किल। पार्लियामेंट के सेन्ट्रल हॉल में जाकर दोस्तों से मिल आया करता हूँ। किन्तु एक बात। वे भी कन्नी काटते रहते हैं, कहीं मैं उन्हें ग्राहक बनने को नहीं कह दूँ?

यह कुकर्म है बेनीपुरी—माया समेटो! देवेन्द्र जी को कहो, वे करें, नहीं तो, मरें।

कई दिनों से कलेजे में मीठा-मीठा दर्द हुआ करता है। क्या बात है? क्यों है? मैं प्रायः कहा करता था, मेरी मृत्यु अचानक होगी, क्या उसी की यह पूर्व-सूचना है?

इधर ''नई धारा'' में पं. बनारसीदास चतुर्वेदी पर एक नोट लिख दिया। उस दिन भेंट हुई, तो बड़े तिलमिलाए-से लगे। एक घंटे तक बकते रहे। मेरी नीयत साफ है, मैं खुशामदी नहीं, मैं आपके बारे में भी बहुत-कुछ लिख सकता हूँ—आदि-आदि कहते रहे। कभी गुस्से में, कभी करुणा से भरकर। मैं सुनता रहा। दूसरे दिन कैफ़ीयत देनी चाही, तो कुछ लोग बीच में टपक पड़े, बात बढ़ ही गई।

यहाँ की अजीब हालत है। हिन्दी के कुछ कवि-लेखक यहाँ पहुँचे हैं, सबको परस्पर ईर्ष्या है, द्वेष है। सब एक-दूसरे से बढ़ना और एक दूसरे को गिराना चाहते हैं। भारत सरकार का शिक्षा-विभाग हिन्दी का गला घोंट रहा है, किन्तु, एक स्वर से विरोध कौन करे? सब इस प्रयत्न में कि किसी कमेटी में मेरे लिए भी जगह बन जाए!

मद्रास के सत्यनारायण जी से भेंट हुई। मैंने इच्छा प्रगट की, मैं दक्षिण पर एक पुस्तक लिखना चाहता हूँ। वहाँ की यात्रा करूँगा। तुरन्त तैयार हो गए। सब सहूलियतें कर देना चाहते हैं। इच्छा होती है, घूमता रहूँ, पुस्तकें लिखता रहूँ। लेकिन यदि कलेजे के दर्द की यही हालत रही, तो क्या घूम-फिर भी कर सकूँगा?

रात जगजीवन बाबू के घर पर एक भोज था। गया; वहाँ 'महाबलीपुरम' कविता सुनाई! लोगों ने पसन्द किया। सत्यनारायण जी तो गद्‌गद् हो रहे थे। देखता हूँ, यह माध्यम भी कोई बुरा नहीं है। लिखता जाऊँ—किन्तु ग्रन्थावली का झंझट जो फुरसत दे सके?

लगता है, चौराहे पर खड़ा हूँ। किस ओर बैठूँ, भौंचक्क देख रहा हूँ!

नई दिल्ली
16 मई 1954

साउथ एवन्यू के 119 नं. के कमरे के सामने घास वाली जमीन पर कुर्सी डाले बैठा हूँ और सामने मोटरों का ताँता भागा जा रहा है!

कितनी मोटरें, कितने आकारों की, कितने रंगों की? और उन पर बैठे हैं, वे कितने तरह के हैं?

आज पं. नेहरू के घर पर भोज है, सब लोग वहीं जा रहे हैं!

पं. नेहरू उस महल में रहते हैं जो अंग्रेजों ने अपने कमांडर-इन-चीफ के लिए बनाया

था। मैं भीतर नहीं गया, बाहर से ही मालूम हो जाता है, कैसी शान होगी वहाँ की!

कल्पना कर रहा हूँ, उसके विशाल अहाते में सात सौ अतिथियों के लिए टेबल सजाए गए होंगे। पार्लियामेंट के दोनों सदनों के सदस्यों को बुलाया गया है।

सभी सदस्य किस सजधज से गए हैं—दिनकर की छवि देखने लायक थी !

सब लोग कुर्सियों पर बैठे होंगे, गप्पें कर रहे होंगे, कुछ खा रहे होंगे, कुछ पी रहे होंगे! और पं. नेहरू इधर-उधर घूमकर उनका स्वागत-सत्कार कर रहे होंगे। जिससे भी दो बातें पूछ लेते होंगे, वह बेचारा निहाल हो उठता होगा।

पं. नेहरू—एक जादूगर! इतिहास इसका उल्लेख करना नहीं भूलेगा कि जिसके राज्य में इतना भ्रष्टाचार होता रहा, वह स्वयं कितना जनप्रिय था!

आज एक सज्जन से बातें हो रही थीं—नेहरू के बाद?

अरे, यह भी कोई प्रश्न है? राम के बाद, कृष्ण के बाद, या रावण के बाद, कंस के बाद? उन बादों का क्या जवाब मिला था, जो इस बाद का जवाब दिया जा सके?

बाद की सारी चर्चा व्यर्थ है।

अर्थभरी, अर्थकरी बात यह है कि अभी नेहरू का सितारा बुलन्द है और जिसकी ओर उन की कृपादृष्टि पड़ेगी, वह निहाल होकर रहेगा!

भारत सरकार का मन्त्रिमंडल देखिए—कैसे-कैसे लोग इकट्ठे हो गए हैं! जो लड़े, मरे, बिगड़े, उजड़े, आज वे कहाँ हैं? नेहरू उन्हें अपने निकट फटकने देना नहीं चाहते, जो उनके प्रतिद्वन्द्वी बन सकें। भगवान भी यही चाहते हैं—नहीं तो सरदार पटेल को वह क्यों उठा ले जाते!

गाँधी जी को ही वह क्यों उठा ले गए?

श्यामाप्रसाद जी ने सर उठाया कि वह भी गए!

अरे, नेहरू से बचो। उसका यशगान करो—या चुप रहो। यह पाठ सारी दिल्ली सीख गई है—जो अपने को लाल-अंगारे समझते थे, वे कम्युनिस्ट भी समझ चुके हैं !

नई दिल्ली
18 मई 1954

बेनीपुरी, तुम्हारा स्थान कहाँ है।

सन्ध्या को "आत्माराम एंड सन्स" के संचालक श्री रामलाल जी पुरी ने मेरे स्वागत का प्रबन्ध किया था। दिल्ली के सभी प्रमुख साहित्यिक पधारे थे वहाँ। पं. चतुरसेन शास्त्री, श्री जैनेन्द्र कुमार, पं. उदयशंकर भट्ट, श्री माधवजी, पं. बनारसीदास चतुर्वेदी, श्री 'उग्र'—सभी प्रमुख पत्र-पत्रिकाओं के सम्पादक और लेखक-कवि। अच्छी गोष्ठी जुट गई थी। इस समारोह के मूल में श्री क्षेमचन्द्र जी 'सुमन' थे।

कभी-कभी अचानक यह क्या हो जाता है? यह 'सुमन' की बात लीजिए—मुझ पर ऐसे फिदा हैं कि क्या कहने? पीछे पता चला, यह मेरे बहनोई श्री सुरेन्द्रजी के साथ गुरुकुल में पढ़े हुए हैं।

सबसे पहले मेरी यशोगाथा हुई! अपनी प्रशंसा भली लगती है; किन्तु उसे सुनते समय कितना संकोच होता है!

दिनकर ने, जैनेन्द्रजी ने, उग्र ने, चतुरसेन जी ने, बनारसीदास जी ने मेरे बारे में बहुत-कुछ कहा। जैनेन्द्र—बेनीपुरी की भाषा में विचित्र प्रवाह है। चतुरसेन—बेनीपुरी और शिवपूजन सहाय

बिहार के साहित्यिक जीवन के निर्माता हैं, और इन्हीं की तपस्या से बिहार आज साहित्य में नेतृत्व कर रहा है। उग्र—बेनीपुरी में मौलिकता और मानवता, दोनों का समन्वय हुआ है। किन्तु बनारसीदास ने छेड़ दी, जबसे वे पैसे कमाने लगे है, मैंने अपना प्यार वापस कर लिया है! दिनकर ऐसे बोले कि लगा, उन्हें सदा भय लगा हो कि कहीं लोग अपनापा का दोषारोपण न कर बैठें!

मैंने कुछ कसकर उत्तर दिया। बताया, गरीबी की बात मेरे सामने मत रखिए—मुझसे बढ़कर किसने गरीबी झेली है, झेलवाई है! सारे परिवार को जलाया है, तपाया है। किन्तु मैं उन लोगों में नहीं कि जो संघर्ष के नाम पर हवा पर घूँसा तानते हैं। मैंने लाखों कमाए, किन्तु मेरी जेब से कहीं भरी हुई जेब चौबे जी की इस समय होगी! फिर, गरीबी के लिए एक बार और लड़ना है—देखेंगे, उस दिन कौन कहाँ रहता है?

बोलते-बोलते मैं कुछ तेज हो गया था। यह अजीब बात है। हमारे ये साहित्यिक ज्यों ही सुनते हैं, उनमें से कोई खुशहाल है कि वे जल-भुनकर ख़ाक हो जाते हैं। चारों ओर उसकी शिकायतें करते फिरते हैं। इन्होंने मान लिया है कि हिन्दी लेखकों को सदा कष्ट में ही रहना चाहिए! इसी से मेरा यह क्रोध।

किन्तु जैनेन्द्र जी ने पीछे कहा, आपने बहुत अच्छा कहा। और लोगों ने भी पसन्द किया। दिनकर कहते थे, तुमने उचित स्पष्टता से बातें रखीं।

खैर, मुझे यह गोष्ठी बहुत पसन्द आई। मेरी जगह यह है। ग्रन्थावली के लिए पैसे जुगाड़ करते समय प्रायः मैंने हीनभावना का अनुभव किया है। लेकिन धन्य कहिए, यह ग्रन्थावली कि ऐसी गोष्ठियों का अवसर मिला करता है। ग्रन्थावली की एक प्रति वहाँ थी। लोग बड़ी प्रशंसा कर रहे थे। जैनेन्द्र जी ने कहा—इसकी छपाई देखकर लगता है, यह कविता-पुस्तक हो!

नई दिल्ली
19 मई 1954

(आज यह तय कर लिया कि अपना सम्बन्ध मैं आत्माराम एंड सन्स से ही रखूँगा। श्री रामलाल पुरी से बातें हो गईं। वह एक हजार रुपया नकद मुझे देंगे, मैं उन्हें ग्रन्थावली की एजेन्सी तो दूँगा ही, अपनी कुछ पुस्तकें भी उनके यहाँ से छपवाऊँगा। दिल्ली से मेरी कुछ पुस्तकें छपें, यह उचित है। पहले राजपाल एंड सन्स से बातें हुई थीं, किन्तु वहाँ तय नहीं हो पाईं। अन्ततः आत्माराम से ही तय कर लीं।

दिन में उनके साथ ही भोजन हुआ। उनके भाई कालेज में प्रिंसिपल थे। अब नागपुर में शाखा खोलने जा रहे हैं। मैंने कहा, एक शाखा पटना में भी खोलिए। उनकी राय है, भारत के सभी प्रमुख केन्द्रों में शाखाएँ खोली जाएँ, जिसमें किताब की दो हज़ार प्रतियाँ शीघ्र ही बिक जाएँ। पाया, ये लोग प्रकाशन-कला में बहुत ही चतुर हैं।)

सन्ध्या को जैनेन्द्र जी के घर पर नाश्ता हुआ। जैनेन्द्र जी ने इधर तीन उपन्यास लिखे हैं, उन्हें दिया। जैनेन्द्र जी ने भी अपना प्रकाशन प्रारम्भ किया है—कहते थे, छपवा तो लिया, बिके कैसे, यही समस्या है।

रात का भोजन पं. चतुरसेन शास्त्री के घर पर हुआ, दिल्ली से दूर, शाहदरा में। शास्त्री जी का अपना मकान है। अधूरा ही बन पाया है। उसे देखकर लगा, बेनीपुरी देखो, कहीं तुम्हारा मकान भी अधूरा नहीं रह जाए। शास्त्री जी बड़े हँसमुख हैं—श्री दुलारेलाल जी की शादी की

चर्चा इस मनोरंजक ढंग से रखी, कि हम हँसते-हँसते लोटपोट हो गए। मैंने पूछा—आपकी उम्र। बोले—पैंतीस वर्ष? साठा तो पाठा की कहावत चरितार्थ कर रहे हैं?

दिल्ली स्टेशन
21 मई 1954

दिल्ली से विदा हो रहा हूँ—देहरादून जा रहा हूँ। मथुरा पहुँचाने आए हैं। रास्ते में मैंने पूछा—मथुरा, क्या हम लोग फिर एक साथ काम कर सकेंगे? उसने कहा—सम्भावना तो है!

वे दिन भी दिन थे। बिहार के सभी प्रगतिशील विचार के लोग एक साथ काम करते। उनका केन्द्र भी "जनता" और उसके सम्पादक की हैसियत से मैं केन्द्र-बिन्दु था। स्वामीजी, यदुनन्दन शर्मा, जयप्रकाश जी, फूलन जी, गंगा, बसावन, किशोरी भाई, अवधेश्वर, शीलभद्र यात्री (जो उन दिनों लड्डू शर्मा थे) मथुरा, रामविलास—हम जिस काम में जुट पड़ते, कमाल कर दिखाते! राहुल जी भी हमारे साथ थे।

किन्तु, 1939 में द्वितीय महायुद्ध; और सारा शीराजा बिखर गया। कुछ लोग कम्युनिस्ट पार्टी में चले गए, कुछ फॉरवर्ड ब्लाक में। और, जो रही-सही एकता थी, स्वराज्य होते ही टूट गई। आज देश का नवनिर्माण करना है, सब लोगों को एक साथ काम करना चाहिए, तो हम अलग-अलग खड़े हैं! हाँ, खड़े हैं—कुछ होता-जाता नहीं, कभी-कभी गाली-गलौज करके हम दिल की आग को बुझा लेते हैं।

दिल्ली में ग्रन्थावली का प्रमुख यह हुआ कि आत्माराम से मेरी बातें पक्की हो गईं। उन्होंने एक हजार का चेक दे दिया है। मुझे आशा है, हमारा यह सम्बन्ध स्थायी और फलदायी हो सकेगा!

कल सन्ध्या को पूज्य बाबू से भेंट हुई। अब वह राष्ट्रपति हैं, किन्तु हमारे साथ वही वात्सल्यता का व्यवहार रहता है। बड़ी देर तक बातें होती रहीं—हिन्दी को लेकर जो तरह-तरह के विवाद चल रहे हैं, उससे वे दुखी थे। हिन्दीवालों की दृष्टि उदार होनी चाहिए, सभी भाषाओं के प्रति उनमें आदर और प्रेम का भाव होना चाहिए, उर्दू को लेकर हिन्दीवालों ने जो हंगामा मचाया है, उससे दूसरे भाषाभाषी भी संदिग्ध हो गए हैं, शिक्षा-विभाग में हिन्दी का कोई मान्य विद्वान नहीं, वहाँ उर्दू वालों का बोलबाला है, इससे और भी कठिनाइयाँ होती हैं, राष्ट्रभाषा का रूप सरलतम होना चाहिए—आदि विषयों पर दिल खोलकर बोले। अजीब हालत है, एक ओर मौलाना आजाद हैं, जो अनजाने ही सही, हिन्दी का अहित कर रहे हैं; एक ओर टंडनजी हैं, जिनकी कट्टरता भी हिन्दी के लिए हितकारी सिद्ध नहीं हो रही है।

जब मैंने बाबू से कहा, मैं दक्षिण भारत पर एक पुस्तक लिखना चाहता हूँ, तो वे बहुत प्रसन्न हुए और उत्साहित किया कि यह काम मैं अभी कर लूँ। दक्षिण में मुझे कहाँ-कहाँ जाना चाहिए और क्या-क्या देखना चाहिए, यह भी बताते रहे। जब मैं यूरोप जा रहा था, बाबू ने इसी तरह वहाँ की बातें बताई थीं। जब घर का लड़का बाहर जाता है, तो बड़े-बूढ़े जिस तरह समझाते हैं, बाबू का वही रुख़ था। मुझे बड़ी प्रसन्नता हुई और मैंने निश्चय कर लिया, मुझे शीघ्र ही दक्षिण जाकर इस काम को पूरा कर लेना चाहिए।

आज दिन में पार्लियामेंट गया। वहाँ भाई अशोक से बातें हुईं। मैंने कहा, देखिए, यह मथुरा मेरा चेला है! बोले, इस पार्लियामेंट में देखा है, आधे लोग आचार्य नरेन्द्रदेव के चेले हैं, और आधे लोग कृपलानी के, किन्तु मेरे साथ कोई नहीं है। ये आचार्य भी खूब रहे कि चेलों ने उन्हें रास्ते में ही छोड़ दिया! सचमुच यह विचित्र बात है!

वहीं कानपुर के शिवनारायण टंडन जी से भेंट हुई। टंडन जी मेरे पुराने प्रशंसकों में है। "बालक" में लिखते थे, "युवक" में लिखते थे। "युवक" में आर्थिक सहायता की, जब मैं बीमार होकर अस्पताल में पड़ा था, पैसे भेजे थे। टंडन जी का विवाह मुजफ्फरपुर में है, सबसे प्रतिष्ठित रईस घराने में। टंडन जी बड़े प्रेम से मिले। हाल ही में पार्लियामेंट के सदस्य चुने गए हैं, मेरी पार्टी के एक उम्मीदवार को हराकर। कहते थे, मैं लड़ना नहीं चाहता था, किन्तु हाइकमांड की आज्ञा थी। विनोबा जी ने उनसे पूछा है—क्या तुमने स्वयं खड़े होने की इच्छा प्रकट की थी। कानपुर के भू-दान के इन्चार्ज हैं आप। कहते थे, मैं तो अपना इस्तीफा लिखे जाऊँगा और बाबा के चरणों पर रख दूँगा! पाया, उनके कथनों में हृदय की भावना घुली है!

वहीं पूज्य टंडन जी से भी भेंट हो गई। बोले, कब आए। मैं शर्मिन्दा हुआ कि उनसे भेंट नहीं कर सका था। जब उन्हें मालूम हुआ, मैं आज देहरादून जा रहा हूँ, तो उन्होंने कहा, 4, 5 को वहाँ उत्तर प्रदेशीय हिन्दी साहित्य सम्मेलन हो रहा है, क्यों न रुक जाओ। स्वागत-समिति के लोगों से भी मिलाया और मैं सोचने लगा हूँ, क्यों न दो सप्ताह पहाड़ का मज़ा लूँ। शिवनाराणय जी ने जून के दूसरे सप्ताह में कानपुर बुलाया है, वह काम करके ही लौटूँ। कानपुर व्यापारिक नगर है। आशा है, अच्छा काम हो सकेगा!

किन्तु सोचता हूँ, यदि देवेन्द्र को बुला लूँ, तो कैसा रहे। रामेश्वरजी को देहरादून से वापस कर दूँ और उसे बुला लूँ। बेचारे को घूमने-फिरने का मौका नहीं मिला है। 5 को जित्तिन का कालेज बन्द हो रहा है। हम लोग यहाँ घूम-फिरकर फिर साथ ही पटना लौट चलेंगे। देवेन्द्र की इच्छा भी थी कि वह मेरे साथ घूमे-फिरे। वह अपने को एकाकी अनुभव करने लगा है—अतः प्रायः तय कर चुका हूँ कि उसे बुला ही लूँगा।

देहरादून
23 मई 1954

जब नींद टूटी, देखा, गाड़ी खड़ी है। खिड़की से बाहर झाँका, तो पाया, यह डोइवाला है!

जब जित्तिन को मिलिटरी कालेज में भरती कराना था, 1948 में देहरादून आया था। वह जाड़े के दिन थे। इस स्टेशन से गुजरा था, तुरन्त याद आ गया।

किन्तु, उन दिनों और इन दिनों में कितना अन्तर लगा।

उन दिनों सारी पृथ्वी शस्य-श्यामला लगती थी। जंगलों में हरी-भरी घास-फूँस; खेतों में धान लहरा रहे, ईख के पौधे लहलहा रहे।

अब जंगल के घास-फूस सूख गए हैं। खेत जुते-जुताए हैं।

हाँ, जंगल के पेड़ों के नए-नए पत्ते अवश्य मन को मोह रहे हैं। खेतों में जहाँ-तहाँ धान के पीले-पीले अंकुरे दिखाई दे रहे हैं; या ईख के छोटे-छोटे हरे-हरे पौधे!

ये भी अच्छे लगते हैं। उन दिनों पृथ्वी माता-सी लगती थी, आज कुँआरी-सी लग रही है।

और वह कुँआरी लड़की गायें चरा रही है। गायें हृष्ट-पुष्ट हैं; लड़की तन्दुरुस्त—लगता है, जैसे वह डब्बे गिन रही हो। और, उस खेत में काम करता हुआ नौजवान कुदाल छोड़कर सलाम करने का व्यंग्य कर रहा है!

यह छोटा-सा गाँव हैं! झोंपड़े हैं, किन्तु साफ-सुथरे। खलिहान में गेहूँ के ताजे भूसे रखे हुए हैं। खुले आँगन में एक खाट पड़ी है—एक बूढ़ी दाई उस पर बैठी ऊँघ रही है!

यह जेठ है। अपने यहाँ जेठ के सूरज उगते ही आग बरसाने लगते हैं; यहाँ उनकी किरणों

में अब भी मिठास है। ऐसी अच्छी सुबह लगती है, जैसी अपने यहाँ की फागुन की।

यह बगीचा है—आम के पेड़। किन्तु फल नहीं आए हैं इस साल। तो भी क्या हुआ; रसाला का फलहीन वृक्ष भी आँखों को तृप्त करता है।

लीची! हाँ हमारी यह लीची। कितना खूबसूरत लगता है इसका पेड़। अपने यहाँ अब फल पक रहे होंगे, सारा पेड़ लाल-लाल गुच्छों से लदा होगा।

किन्तु, यहाँ वे छोटे-छोटे फल करौंदे-से लग रहे हैं!

और, अब पक्के मकान दिखाई देने लगे। देहरादून निकट होगा।

लीजिए, हम आ भी गए। किन्तु तार देना व्यर्थ गया, कहीं लखन जी तो दीखते नहीं।

रेलवे के विश्रामागार में सामान डाल, फोन करने चला हूँ कि जित्तिन जे.एस.डब्ल्यू. से आ जाए। यह एक लड़का फोन कर रहा था, यह भी तो ऐकेडमी का ही है। क्यों भाई, तुम भी जे.एस.डब्ल्यू. में हो, किस स्क्वॉडर्न में। डी. स्क्वॉडर्न! जे.के. बेनीपुरी को जानते हो? जी हाँ, वह मेरे साथ पढ़ता है। कह देना, उसके पिताजी आए हैं। जरूर कहूँगा।

दिल्ली से दो पते ले आया हूँ, रामेश्वरजी गए उनकी तलाश में। स्वागत-समितिवाले मिले नहीं। भास्कर प्रेस के सुरेन्द्र जी गाड़ी के समय मुझे खोजने आए थे, किन्तु पहचान नहीं सके। अब वह आए हैं। उन्हीं के साथ प्रेस में।

जित्तिन को फोन कराया, पता लगा, दो बजे तक आएँगे।

किन्तु, यह तीन बजा और आए नहीं।

प्रतीक्षा—घोर प्रतीक्षा! व्याकुलता बढ़ रही है। रामेश्वरजी को स्टेशन भेजा; आप फोन पर फोन कर रहा हूँ। क्या बात है, क्यों नहीं आया? हाय रे बाप का दिल—कौन इस व्याकुलता को समझ पाएगा? क्या वह भी समझ सकेगा, जिसके लिए यों व्याकुल हूँ?

वह आ गए हैं—तो ऊपर भेज दीजिए, कहकर दौड़ पड़ता हूँ। वह आ ही रहा होगा, इतना भी सब्र नहीं!

जित्तिन आया, शुक्ला आया। गद्‌गद् हुआ। कुछ बातें। फिर शहर की ओर ! दोनों को नाश्ता कराया। तय किया कि कल हम लोग मसूरी चलें। किन्तु, रात में उसका फोन—हम लोग मसूरी नहीं जा सकते। तीन दिन पहले आर्डर ले लेना था!

एक बार जित्तिन ने रानी से कहा था, बाबू जी आठ वर्ष जेल रहे, तो मुझे नौ वर्ष का जेल दे दिया है। सचमुच बेचारे जेल में हैं! इस शहर में भी उसके लिए हदबन्दी है—सिर्फ सड़कों पर जाओ, सिर्फ इन रेस्तराँ में खाओ! बाप के साथ भी उन हदबन्दियों को नहीं तोड़ सकता!

सन्ध्या को कई सज्जनों से परिचय हुआ। एक त्रिपाठी जी हैं, सारन के। यहाँ एक विद्या भवन चला रहे हैं। सोशलिस्ट पार्टी के लोगों से भी भेंट हुई। वे लोग पहली जून से एक शिविर चलाने जा रहे हैं, बोले उसमें चलिए। उनमें से एक साथी ने एक पते की बात कही—आपने लिखा, गाँधीजी को अपने रक्त से साम्प्रदायिकता की आग को बुझाना पड़ेगा, वह होकर रहा। हाल में आपने लिखा, जयप्रकाश को हमें खो देना पड़ेगा—वह भी सत्य सिद्ध हुआ। अब कृपा कर भविष्यवाणी मत किया कीजिए! पार्टी आफिस में भी गया।

स्वागत-समिति के मन्त्री जी से मिला, जिनसे दिल्ली में भेंट हुई थी। बोले, कहिए तो आर्यसमाज में आपके रहने के लिए इन्तज़ाम कर दूँ। वाह, कैसा इन्तजाम!

अरे, यहाँ भी मच्छर हैं। तीसरे मंजिले पर सोया था, किन्तु रात-भर घुनघुन-घुनघुन आवाज़ कानों में आती रही। एक बार चेहरे पर हाथ रखा, तो एक मच्छर मर गया। यह इससे जाना कि उसका ताजा खून चेहरे पर गरम-गरम लगा ! खैरियत यह रही कि रात में ठंडक

रही—रजाई तक ओढ़ना पड़ा!

भोर में थोड़ा टहल आया। एक ओर बगीचा है, किन्तु इस ग्रीष्म में सूखा-सूखा।

ग्यारह बजे जित्तिन आया। दिन-भर साथ। तय हुआ, हम लोग परसों पटना लौट चलें। नई धारा का काम—ग्रन्थावली का काम। पैसे भी बरबाद होंगे। दिल्ली में काफी विश्राम हो ही चुका है।

सन्ध्या को जे.एस.डब्ल्यू. देखने गए। पहले यहाँ नाज़ी कैदी रखे जाते थे; अब वहाँ कैडेट्स हैं। कैम्पजेल की तरह बाड़े, घेरे। अब थोड़ा सुधार किया गया है। जित्तिन का केबिन देखा; कई प्रांतों के आठ कैड्टेस। आठों काफी सुन्दर।

ड्रिल ग्राउंड दिखलाकर जित्तिन ने कहा—यहाँ हमारा जितना पसीना गिरा है, उसे एक नई गंगा बन जा सकती थी। इसे गोड़कर धान के खेत बना डालिए, फिर जे.एस.डब्ल्यू. स्वर्ग है!

बताया, किस तरह दो दिन घुड़सवारी करते समय वह मरते-मरते बचा!

सन्ध्या को यहाँ के साहित्यिकों की मंडली जुटी। कविताएँ सुनीं, छोटा-सा प्रवचन किया। यहाँ गयाप्रसाद जी शुक्ल से भेंट हुई, जो कालेज के प्रिंसिपल हैं। कैसे बूढ़े लगते हैं!

और एक मैं हूँ, लोग कहते हैं, जवान होते चले जा रहे हो! क्या सच ?

मसूरी
24 मई 1954

सुन्दरी हो या नगरी या सुन्दरतम पहाड़ की चोटी—समय पर देखो, मौसम में देखो; नहीं तो निराश ही होना पड़ेगा!

मसूरी को आज देखकर ऐसा ही लगा!

कहा गया था, यह मसूरी नैनीताल से, शिमला से भी अधिक सुन्दर है। मैंने मान लिया था, यहाँ वह पाऊँगा जो इन्टरलाकन में पाया था। किन्तु नहीं—निराशा ही मिली मुझे!

देहरादून से एक स्टाफ कार पर चला। जब कार पहाड़ी पर चढ़ रही थी, बड़ी भली लगती थी। कारों की पाँत-सी लगी थी। कुछ आगे, कुछ पीछे। सीढ़ियों-सी बनी है सड़क—दाएँ-बाएँ हम ऊपर की ओर जा रहे हैं। कुछ कारें हमारे सिर के ऊपर जा रही है, कुछ नीचे—वन वे ट्रैफिक है, सब जा रही हैं, आती एक भी नहीं!

मानव का पौरुष दुर्द्धर्ष है—पत्थर को इंच-इंच काटकर उसने अपने लिए रास्ता बना लिया है!

कहा गया था, ऊपर काफी ठंडक रहती है। इसी से कुर्ते पर रेशमी बंडी पहन ली थी—अफसोस था कि ऊनी बंडी क्यों नहीं ला सके।

किन्तु साढ़ नौ बजे कार से उतरकर जब लाइब्रेरी से बाजार की ओर चले, पग-पग पर छाते की जरूरत महसूस होती थी।

हाँ, रंगीनियों की कमी नहीं थी। गोरी मेंमें हैं, भूरी सेठानियाँ हैं। फ्रॉक, साड़ी, सलवार—सब पर रंगीनी की बहार। बच्चे उछल रहे हैं, बूढ़े चहक रहे हैं। सड़कें साफ-सुथरी, दुकानें, सजी-सजाई! पेड़ों से नए पत्ते निकल आए हैं, जहाँ-तहाँ फूल भी दिखाई पड़ते हैं। हाँ, जहाँ-तहाँ ही।

तरह-तरह के लोग हैं—अपने देश का हर प्रांत प्रतिनिधित्व कर रहा है यहाँ ! भोटिये, नेपाली, पंजाबी, बंगाली, मद्रासी, मराठी, गुजराती—एक ही नज़र में देख रहा हूँ इन्हें! उत्तर

प्रदेश में यह है ही और मैं स्वयं बिहारी हूँ!

ये रिक्शे! एक-एक रिक्शे को खींचने को पाँच-पाँच मजदूर! इनमें से किन्हीं-किन्हीं रिक्शों को खींचनेवालों की पोशाक देखिए—लगता है, किसी रियासत के वे अलमबरदार हों!

"जब यहाँ अंग्रेज थे!"—सबके मुँह से यही आह-भरी आवाज़! अब मसूरी उजड़ रही है—जैसे जवान औरत ने पति खो दिया हो!

हाँ, मसूरी को अंग्रेजों ने बसाया था। यहाँ अंग्रेज रहते थे और रहते थे वे जो अंग्रेजों के भारतीय यार-दोस्त थे—राजे, महाराजे, नवाब, ताल्लुकेदार! नीचे लूटते थे, ऊपर लुटाते थे!

अब घोंसला ही उजड़ गया! अंग्रेज गए, राजे गए, नवाब गए! मसूरी का दम गनीमत है अब नए सेठों पर या मिनिस्टरों और उनके पिछलग्गुओं पर! ये सेठ—पैसे गिनने की इन्हें आदत है; और जो लोग जिन्दगी-भर चन्दे पर जीते रहे, वे गद्दी पर हुए तो क्या हुए, क्या देंगे, क्या दिलाएँगे!

अतः रास्ते-भर मेरा ड्राइवर उसाँसें भरता आ रहा था। दुकानदार भी उसाँसें भर रहे हैं। होटलवालों के आँसू यदि संग्रह किए जाएँ, तो कई झरने बन जाएँ, जो मसूरी की शोभा को बढ़ा दें। ये कुली-मजदूर भी कहते हैं—आह! जब अंग्रेज़ थे!

'नमस्ते बेनीपुरीजी'—लीजिए, यहाँ भी परिचित मिलने लगे। कैसा सौभाग्य—जहाँ जाता हूँ, वहीं कुछ स्नेही प्रशंसक मिल जाते हैं। रास्ता पकड़कर बढ़ रहा हूँ और लोग मिलते जा रहे हैं और इसकी पराकाष्ठा हुई, जब रतूड़ी जी मिल गए!

रतूड़ी जी "बालक" में लिखते थे। "युवक" तक हमारा सम्बन्ध रहा! फिर दोनों गायब। अब मैं कहाँ से कहाँ चला गया। वह "हिमाचल" निकाल रहे हैं! एक छोटा-सा साप्ताहिक—जिन्दगी कट रही है!

कितने प्रेम से मिले, जलपान कराया, फिर मानव भारती और राहुलजी तक जाने के लिए रिक्शा कर दिया!

दो आगे से खींच रहे हैं, तीन पीछे से ढेल रहे हैं और हमारा यह रथ बढ़ता जा रहा है! आदमी की सवारी आदमी पर—ग्लानि होती है, किन्तु चारा क्या है ? कभी चढ़ाई, कभी उतार, हर दस कदम पर मोड़। खैरियत जब तक पक्की सड़क थी—जब उसे छोड़ना पड़ा, कुली परेशान और हमें लगता, कहीं खड्ड में गिर न पड़ें!

यह मानव भारती है। शाहाबाद के मि. पांडेय की उद्योगपरता का यह कमाल है! हम बिहारी—कितने घरघुस्सन होते हैं, किन्तु एक बार जब घर छोड़ा, तो क्या कैसा कमाल कर देते हैं।

तिब्बत में, चीन में, बरमा में, श्याम में, इन्डोनेशिया में, इन्डोचाइना में, यवद्वीप, सुमात्रा, सिंहल—सर्वत्र हम बिहारियों की कीर्ति-पताका फहर चुकी है!

इस पर दो काँसे की मानव मूर्ति और फाटक की जगह एक सुन्दर लकड़ी का चक्र! इस गर्मी में भी फूलों की क्यारियाँ—कोई यहीं से कह देगा, यह एक सांस्कृतिक केन्द्र है।

पांडेय जी बड़े प्रेम से मिले। कहा, आपके लिए प्रबन्ध कर रखा है, दस-पन्द्रह दिन भी तो रहिए। इस मनोरम स्थान में टिकने की इच्छा तो जगी, किन्तु, सभी इच्छाएँ कहाँ पूरी हो पाती हैं?

वहाँ से राहुल के घर की ओर—भीतरी मसूरी का सौन्दर्य अब दिखाई पड़ा। पहाड़ों, जंगलों, वाटिकाओं और कुंजों की यह नगरी। जहाँ भीतरी मसूरी में घुसिए, आपके सिर पर रूमानियत सवार हुई। इच्छा होती है, यहीं किसी चट्टान पर, किसी पेड़ के नीचे, किसी कुंज में कुछ देर बैठ रहें और, और कुछ नहीं, तो मधुर-मधुर कल्पना करते हुए पुलकों का मज़ा

लेते रहें! जो लोग नौजवान हैं, जो अकेले नहीं हों, उनके लिए तो यह नगरी बिना किसी प्रयास के हॉलीवुड का काम कर सकती है।

कभी नीचे खड्ड की ओर, कभी ऊपर चोटी की ओर, यह पतली सँकरी सड़क जा रही है—जो पगडंडी की चचेरी बहन है। नीचे-ऊपर, अगल-बगल पेड़ ही पेड़, हरियाली ही हरियाली। समय दो बजे का है, किन्तु सड़क पर इस कदर छाया है कि जेठ की दुपहरी का कहीं आभास नहीं मिलता। बीच-बीच में बँगले बने हैं, वाटिकाएँ लगी हैं, लॉन बनाए गए हैं। उनके फाटकों पर प्रायः विदेशी नामों के धुँधले प्लेट हैं। इन प्लेटों की ही तरह इन बंगलों की रौनक पर भी धुँधलापन छाया है; तो भी ये कैसे मोहक लगते हैं!

राहुलजी ने एक ऐसा ही बँगला खरीद लिया है, जो कभी किसी रियासत का था। पच्चीस हजार के करीब लगे—फर्निश्ड हाउस! थोड़ा ही परिवर्तन करके उन्होंने इसे अपने लायक बना लिया है।

बड़े प्रेम से मिले। मसूरी में कुछ दिन रहने का आग्रह किया। बगल में ही बँगला है, चार-पाँच साल पहले, जब राहुल जी ने अपना यह मकान खरीदा, इसका मूल्य सत्तर हजार था; अब तीस हजार में ही मिल सकता है। कहा, ले लो न ? किन्तु, मैं बाल-बच्चोंवाला आदमी; इस जंगल की तपस्या कैसे बनेगी? यों तो राहुल जी भी तपस्वी न रहे—पत्नी है, एक बच्ची भी आ गई है! उस बच्ची को राहुल जी को सौंपकर उसकी माँ बाज़ार गई है। वह उसे खेला रहे हैं; मैं पुचकार रहा हूँ।

चाय आदि के बाद वहाँ से चले। फिर रतूड़ी जी के प्रेस में और वहाँ से अब नीचे की ओर···

बेनीपुर
29 जून 1954

अरे, यह मेरी मौसी थी, जो मुझे इस तरह जल्द-जल्द घसीटकर बेनीपुर ले आईं ! कहाँ मसूरी में टिकना था, कानपुर में ठहरना था, इलाहाबाद होकर आना तो पहले से निश्चित था—किन्तु, जैसे कोई डोर से बाँधकर मुझे जबरदस्ती पटना की ओर खींच रहा हो और फिर पटना से उसी प्रकार खींचकर बेनीपुर की ओर ले जाता रहा हो! कल ज्यों ही बेदौल पहुँचा, इसका रहस्य खुला। इधर मेरी मौसी मृत्युशय्या पर थीं और मेरा यहाँ पहुँचना भी नहीं हुआ कि वह चल बसीं!

मेरी माताजी मेरे बहुत बचपन में ही चल बसी थीं। दो मौसियों ने ही मेरा लालन-पालन किया, जो मेरे दो चाचाओं से ब्याही गई थीं। उनमें एक यह थीं।

ज्यों ही बेदौल में सुना, मैं दौड़ा-दौड़ा आया। उनके शव का ही दर्शन हो सका—यही गनीमत। क्योंकि यह विचित्रता रही है कि मेरे पिताजी को छोड़कर और किसी की अन्तिम क्रिया में मैं सम्मिलित नहीं हो सका था। श्मशान गया, चिता पर लकड़ी रखी, जल-दान दिया! फिर श्राद्ध में जुटा। सोचता हूँ, अच्छा श्राद्ध कर दूँ। किन्तु कैसे लोग है! आज दिन-भर परेशान रहा कि गाँव में भोजनात को लेकर जो तीन दल हो गए हैं, उन्हें एक कर दूँ। लोगों ने धोखा दिया—भोजन बनवाकर नाहीं कर दी। कल पटना से जा रहा था, एक मित्र ने कहा, गाँव में मत बसिए, गाँव के लोगों में विचित्र संकीर्णता है! उसका पहला फल तो मिल गया।

बेनीपुर
27 जून 1954

बेनीपुर का यह एक मास। कितनी झंझट, कितनी पीड़ा, आते ही श्राद्ध में उलझना पड़ा; राम राम करके किसी तरह उससे पार हुआ। किन्तु काफी पैसे खर्च हो गए ! फिर मकान बनाने में लगा—वहाँ भी झंझट ही झंझट। पजाबा खराब हो गया, लकड़ी नहीं, सीमेंट चुक गया। पर, इन झंझटों को भी पार कर जाता, यदि अचानक कमर में दर्द नहीं शुरू हो जाता!

श्राद्ध के दिन बड़ी भीड़ थी। मैं सीमेंट के फर्श पर सिर्फ दरी-जाज़िम डालकर सो गया। भोर में उठा, तो कमर में थोड़ा दर्द। सोचा, आप ही आराम हो जाएगा। थोड़ी मालिश, थोड़ी सेंक, रानी कहाँ माननेवाली, थोड़ी फूँक-फाँक! किन्तु, दर्द बढ़ता गया और एक सन्ध्या को उसने विकराल रूप धारण किया। कमर से लेकर बाएँ पैर के तलवे तक असह्य पीड़ा! मैं व्याकुल; किन्तु यह देहात। दो दिनों के बाद डॉक्टर पहुँच पाए। कराहता रहा, तड़पता रहा!

डॉक्टर आए और सूई पर सूई। आधे घंटों के अन्दर तीन-तीन सूइयाँ। एक दिन तो मूर्च्छा तक हो आई। डॉक्टर की दवा चल रही थी कि एक मित्र होम्योपैथी को लेकर आ बैठे और दवा पर दवा। मैं उसे शीलवश पीता गया, पीता गया। फिर एक मित्र एक तन्त्र-मन्त्रवाले को बुला लाए! उसकी झाड़-फूँक चली। न-जाने मन्त्र की महिमा, होम्योपैथी का जादू या सूई का असर—अब थोड़ा चल-फिर लेता हूँ। किन्तु पीड़ा है और वह अद्भुत ढंग से नीचे-ऊपर होती रहती है, कभी कमर में, कभी जाँघ में, कभी फिल्ली में! इच्छा होती है, यहाँ से भाग चलूँ! देवेन्द्रजी को पटना भेजा है, वह आए और मैं चला!

बहुत दिनों से इच्छा थी, नेपाल जाऊँ। नेपाल की राणाशाही के खिलाफ जो आन्दोलन हुआ, उसका सूत्रपात ''जनता'' के द्वारा मैंने किया था। यह 1938 की बात है। एक थे पं. शुक्लराज शास्त्री। उन्होंने एक यात्री-मित्र के द्वारा वहाँ के अत्याचारों का वर्णन भेजा। मैंने उसके आधार पर ''जनता'' में कई लेख लिखे। उन लेखों के कारण खलबली मची। नेपाल-सरकार ने ''जनता'' को अपने राज्य में निषिद्ध घोषित किया। यही नहीं, जिनके पास ''जनता'' मिलती थी, उन्हें तुरन्त गिरफ्तार करती, लम्बी सजाएँ देती, जेल में तरह-तरह से कष्ट देती। तो भी जय नगर से रक्सौल तक के नेपाल की निकटवर्ती स्टेशनों पर ''जनता'' की ऐसी बिक्री बढ़ी कि आश्चर्य होता। बाँस के चोंगे में ''जनता'' को छिपाकर लोग नेपाल के दूर-दूर भागों में भेजते! मुझे धमकियाँ दी गईं, लालच भी दी गई; किन्तु, मैं अड़ा रहा; नहीं, और भी जोरशोर से लिखता रहा। नेपाल से समाचार भी आने लगे ब्यौरे के साथ; कई नौजवान आए और उन्होंने नई-नई बातें बताईं! मेरी कलम धड़ाधड़ चलती जा रही थी। तब द्वितीय महायुद्ध शुरू हो गया था, नेपाल सरकार ने भारतीय (अंग्रेजी) सरकार पर प्रभाव डाला। अचानक एक दिन ''जनता'' के आफिस पर धावा हुआ, जब्तियाँ हुईं। फिर ''जनता'' से पाँच हजार की जमानत तलब की गई! मैं जेल गया, ''जनता'' बन्द हो गई!

किन्तु नेपाल का आन्दोलन चलता रहा। शुक्लराज शास्त्री को जेल में डाल दिया गया, तो भी यह प्रवाह रुका नहीं। शास्त्री जी और उनके साथियों ने एक 'कूप' की तैयारी की। चुपचाप छापा मारकर राज्य-सत्ता छीनने के लिए साजिश की। कूप व्यर्थ गई; कितने लोग मारे गए, फाँसी पर लटकाए गए। शुक्लराज शास्त्री ब्राह्मण थे। नेपाल में ब्राह्मण अवध्य समझे जाते हैं। तो भी उन्हें खुले आम फाँसी पर लटकाया गया और कहा जाता है, कई दिनों तक उनकी लाश लटकती छोड़ दी गई थी।

श्री विश्वेश्वर कोइराला के पिताजी नेपाल के पुराने राष्ट्रकर्मी थे। वह विराट नगर के रहनेवाले थे। नेपाल से वह निर्वासित किए गए थे। उन्होंने अपने दो बेटों—मातृका प्रसाद और विश्वेश्वर प्रसाद को शिक्षा बिहार विद्यापीठ में दिलाई। मातृका जी ने तो पीछे नेपाल-सरकार में एक छोटी-सी नौकरी कर ली, किन्तु विश्वेश्वर जी लगे रहे। वह बिहार-सोशलिस्ट-पार्टी की कार्य-समिति में थे। युद्ध छिड़ने पर विश्वेश्वर जी के पिता को काठमांडू में नजरबन्द किया गया, जहाँ उनकी बन्दी-अवस्था में ही मृत्यु हो गई। विश्वेश्वरजी हम लोगों के साथ हज़ारीबाग जेल में नजरबन्द थे। मेरी उनसे बहुत पटती थी, मैं उन्हें प्यार से 'पंडितजी' कहा करता था। पिता की मृत्यु के बाद वह रिहा किए गए। हम लोग भी जेल से छूटे। विश्वेश्वर जी ने नेपाल-आन्दोलन का सूत्र अपने हाथ में लिया। जयप्रकाश जी ने हजारीबाग जेल से छूटकर नेपाल में अपना अड्डा बनाया था। इससे वहाँ सोशलिस्ट पार्टी की बड़ी साख थी। उस साख का उपयोग विश्वेश्वरजी ने किया!

किस्सा लम्बा है; किस तरह नेपाल की भिन्न-भिन्न पार्टियों में एकता हुई, मातृकाजी को अध्यक्ष बनाया गया। फिर वहाँ क्रान्ति शुरू की गई। दोनों भाइयों ने अद्‌भुत दक्षता का परिचय दिया। क्रान्ति सफल हुई। राणाशाही खत्म हुई। विश्वेश्वर जी गृहमन्त्री बने। फिर उन्होंने इस्तीफा दिया; मातृका जी प्रधानमन्त्री बने और विश्वेश्वर जी नेपाल कांग्रेस के अध्यक्ष। दोनों भाइयों में झगड़ा हुआ। राणावंश के दो सदस्यों के चलते यह फूट बढ़ती गई, जो दोनों के दोनों नेपाल-कांग्रेस में आ गए थे। उस फूट ने यह रूप धारण किया है कि अब दोनों भाइयों में एकता की सम्भावना भी नहीं दिखती। नेपाल में भाइयों के बीच की लड़ाई परम्परागत हैं—एक भाई दूसरे भाई को प्रायः कत्ल करते रहे हैं! फिर विश्वेश्वर जी और मातृका जी सौतेले भाई हैं—दो माताओं से पैदा हुए हैं! सौतों की डाह उनके बेटों में प्रस्फुटित हुई है!

क्रान्ति के बाद से ही नेपाल जाने की इच्छा रही। पहले मुझे फुरसत नहीं थी, इधर दोनों भाइयों में झगड़ा देखकर तबीयत बैठ गई थी। पिछले जाड़े में मैंने दोनों भाइयों से चर्चा की कि मैं नेपाल देखना चाहता हूँ। दोनों ने गर्मियों में आने की सलाह दी। इधर दोनों में फिर समझौते की चर्चा थी, मैंने सोचा, एकता हो जाए, तो जाऊँ। किन्तु एकता हुई नहीं।

जब श्राद्ध से निवृत्त हुआ, सोचा, ज़रा नेपाल देख ही आऊँ। जित्तिन ने भी देखने की इच्छा प्रकट की। मैंने दोनों भाइयों को पत्र लिखा। कल एक तार मिला—जिसमें आने का न्यौता है! मातृका बाबू का ऑफिशियल तार है, प्रधानमन्त्री की हैसियत से। किन्तु क्या करूँ? इस दर्द ने बड़ा धोखा दिया। कल ही उन्हें लिख दिया है, दर्द में हूँ, एक सप्ताह के अन्दर सूचित करूँगा, कब आ रहा हूँ। अब नेपाल का कार्यक्रम इस दर्द पर निर्भर कर रहा है। हे दर्द महाराज, अब तो कृपा कीजिए।

जब देहरादून में जित्तिन से भेंट हुई थी, सोचा था, बेनीपुर चलूँ, वहाँ एक महीने तक बाल-बच्चों के बीच रहूँगा। कई अधूरी पुस्तकें हैं, उन्हें पूरी कर लूँगा। घर के प्रबन्ध के बारे में एक सिलसिला बना लूँगा। मकान को कैसे सजाया जाए, बगीचे को कैसे लगाया जाए, खेती-गृहस्थी का क्या स्थाई प्रबन्ध किया जाए, इसके बारे में ढाँचा बनाऊँगा। अब बेनीपुर रहने का विचार है, तो अब इस ओर ध्यान देना ही था। सोचता था, देवेन्द्रजी इस साल बी.ए. अवश्य कर जाएँगे—अतः उनसे कुछ किताबें लिखाने का प्रबन्ध करूँगा। उन्हें सिखाऊँगा कि कैसे और क्या लिखना चाहिए कि बाजार में उसे ख्याति प्राप्त हो सके।

किन्तु, सारे मनोरथ पूर्ण हो गए। देवेन्द्रजी फिर फेल हो गए, लल्लन बीमार पड़ा, मैं दर्द से परेशान रहा, बेचारा जित्तिन—उसकी इस बार की छुट्टी बर्बाद हो गई! अब वह कभी

बगीचे में फूलों और तरकारियों के बीज डालता है, कभी भतीजे को खेलाता है, कभी मेरी सेवा-परिचर्या करता है और अब मकान के उस कमरे को धो-पोंछ रहा है, जिसे वह अपने ढंग से सजाकर रहना चाहता है! उसे कुछ काम चाहिए, बैठकर वह रह नहीं सकता!

मौसम कितना सुन्दर है। आकाश में काले-भूरे बादल छाए रहते हैं। सूरज उनमें आँख-मिचौनी खेला करता है। पृथ्वी पर कहीं धूप, कही छाया की माया देखने लायक। आँखों के सामने आधी सरेह में धूप चमचम कर रही है, आधी में रिमझिम पानी पड़ रहा है। पृथ्वी पर नई-नई घासें उग आई हैं। दिन-दिन हरियाली बढ़ती जा रही है। खेतों की जुताई जोरों से हो रही है। कहीं हल चल रहे हैं, कहीं कुदाल चल रहे हैं। किसान अस्त-व्यस्त हैं। कभी धूप के लिए गुहार करते हैं, कभी वर्षा के लिए! बेचारे इन्द्र देवता क्या दें?

आषाढ़ का प्रारम्भ है। पृथ्वी जो विश्वम्भरा है, उसकी झलक दिखाई पड़ती है। पृथ्वी में बीज डाले नहीं कि उग आए। कुछ दिन पहले सभी सरेह सूनी-सूनी थी। अब हरी-हरी। धान के बीज डाले गए थे—भूरी जमीन पर पीले-पीले दाने बिखेरे गए। अपनी आँखों के सामने देखा, कैसे पीले-पीले सूई-से पतले अंकुर निकले, किस तरह वे हरिआए और अब पूर्वी हवा के झोंके पर वे किस शान से सिर हिला रहे हैं। ज्यों-ज्यों उनके सिर हिलते हैं, किसान का हृदय उमड़ पड़ता है।

बारह मासे की बहार, धमार की बहार। दिन-भर चरवाहों का कोलाहल सुनाई पड़ता है—वे खेलते हैं, उछलते हैं। ताज़ी नन्हीं दूबों को चरकर कुछ ही दिनों में मेरी यह बुढ़िया गाय कैसी पुष्ट हो गई है!

पटना
22 जुलाई 1954

उफ़! पैर में जो दर्द शुरू हुआ, अब तक जारी है। बेनीपुर से भागा-भागा आया कि यहाँ डॉक्टरों से दिखलाऊँगा, तुरन्त भला-चंगा हो जाऊँगा। किन्तु तीन सप्ताह हो गए, अब भी बिस्तरे पर ही पड़ा रहता हूँ।

किसी ने कहा, साइटिका है; किसी ने कहा, गाउट है। सूई पर सूई; दवा पर दवा। किन्तु मर्ज बढ़ता गया ज्यों-ज्यों दवा की। अब बिजली लग रही है। दर्द तो कुछ कम जरूर हुआ है, लेकिन दिमाग साँय-साँय किए रहता है। न लिखना, न पढ़ना—पड़े रहो, पड़े रहो। उफ़!

लगता है, अब कोई गम्भीर काम मुझसे नहीं हो पाएगा। यों ही कुछ दिनों तक बीमार-बीमार रहूँगा, और एक दिन चल दूँगा।

चल दूँ, यह कोई बुरा तो नहीं। जब काम नहीं सध सके, तो फिर जीना क्या?

बहुत काम रह गए। हाँ, यह ठीक है—किन्तु कौन है जो मरते समय कर सका हो, मैंने अपने सारे काज सहेज लिए! जो होना था, हो चुका। जो होना होगा, होगा। अब अधिक चिन्तित होने से क्या होना-जाना है।

उस दिन शिवजी आए थे। कहने लगे, घर चले जाइए, गोपालक बनिए, गाय का ताजा दूध पीजिए, गाय का ही दही, गाय का ही घी, गाय का ही मक्खन ! यह विशुद्ध भोजन कमाल कर देगा। अपना अनुभव सुनाने लगे। जब पैर टूट गया था, तो त्र्यंबक शास्त्री ने यही उपदेश दिया था। वही किया, उसके बाद ही न नई शादी की, चार बच्चे हुए! कहकर हँसने लगे।

अभी दुलहन से बातें हुई हैं। वह भी कहती है, घर चलिए, देहात का जलवायु अच्छा रहेगा। लेकिन बरसात में तो बेनीपुर रहना मुश्किल है। बरसात बीती कि मैं चला। अब दूसरा

उपाय भी नहीं दीखता!

ग्रन्थावली का क्या होगा? चिन्ता यही रहती है। तीन भाग निकल जाएँ, तो थोड़ी शान्ति मिले। यह स्वास्थ्य बुरे वक्त में धोखा दे रहा है। और कम्बख्त, तीन साल तो और काम कर लेने दे। सिर्फ तीन साल और—फिर तो मैं स्वयं अपने को इन झंझटों से दूर कर लूँगा।

यदि मुजफ्फरपुर में घर बन जाए; वहाँ से प्रकाशन का काम प्रारम्भ कर दिया जाए, प्रेस छोटा-सा हो जाए—क्या कहने हैं? बेनीपुरी, कामनाओं का जाल अब समेटो। जो हो पाता है, होने दो। जो नहीं हुआ, उसे बच्चों पर छोड़ दो। सबका कर्मदाता, भाग्य विधाता अपने को ही मत बनाओ।

तुम भागो बेनीपुर!!!

पटना
30 जुलाई 1954

जब चार बजे के लगभग कांग्रेस की पार्लियामेंट्री पार्टी के सेक्रेटरी श्री अवधेश्वर सिंह और पटना कारपोरेशन के एक्जीक्यूटिव अफसर श्री शरतचन्द्र मुखर्जी ने मेरे घर पर आकर खबर की कि उड़ीसा के चीफ मिनिस्टर श्री नवकृष्ण चौधरी मेरे घर पर आनेवाले हैं, तो मुझे बड़ा आश्चर्य हुआ। नवी बाबू मेरे पुराने साथी हैं। 1930 में हजारीबाग सेन्ट्रल जेल में उनसे पहली बार भेंट हुई। मेरी ही तरह नवयुवक थे, खेलकूद में बड़ी दिलचस्पी लेते थे, विचार भी उनके उदार थे। अतः थोड़ी आत्मीयता स्वभावतः ही बढ़ी।

1932 के आन्दोलन में भी हम फिर एक जेल में रहे। आत्मीयता बढ़ गई। जब 1934 में अखिल भारतीय समाजवादी पार्टी का संगठन किया, वह उसमें सम्मिलित हुए। तब से पिछली लड़ाई प्रारम्भ होने तक हम लोग एक पार्टी में एक साथ काम करते रहे। उनकी धर्मपत्नी श्रीमती मालती चौधरी भी एक उच्चकोटि की कर्मिणी हैं, वह भी हम लोगों के साथ रहीं।

1937 में जब चुनाव में कांग्रेस विजयी बनी, तो जिस तरह यू.पी. में आचार्य नरेन्द्रदेव जी को प्रधानमन्त्री बनाने की चेष्टाएँ हुईं, उसी तरह उड़ीसा के नवी बाबू के लिए भी चेष्टा हुई। किन्तु दोनों ने पार्टी के हुक्म पर इस महान पद को ठुकरा दिया।

किन्तु, महायुद्ध की समाप्ति के बाद नए चुनाव में फिर कांग्रेस विजयी हुई, तो उड़ीसा की राजनीतिक स्थिति को देखते हुए नवी बाबू को चीफ मिनिस्ट्री स्वीकार करनी पड़ी। किन्तु जहाँ सम्पूर्णानन्द आदि ने पार्टी से हटकर मिनिस्ट्री स्वीकार करते ही पार्टी और उसके साथियों के प्रति शत्रुता का भाव रखना शुरू किया, वहाँ नवी बाबू ने सदा स्नेह निबाहा और यह उनकी महत्ता है कि इस बार जब पटना आए, तो उन्होंने मुझसे भेंट कर लेना आवश्यक समझा। मैंने उनसे कहा, यह तुम दूसरे मिनिस्टर हो जो मेरे घर आए हो! नहीं तो उस पद पर पहुँचते ही लोगों में इतनी शिष्टता भी कहाँ रहती है कि समझें कि कोई उनका पुराना साथी जिन्दा भी है!

अभी आचार्य कृपलानी ने एक जगह कितना सही कहा है—अपने मिनिस्टर साथियों का वर्तमान व्यवहार देखकर ऐसा लगता है कि क्या कभी हम लोग साथ काम भी करते थे और क्या साथ-साथ हमने कष्ट और त्याग के इतने दिन बिताए थे? बात सही है। अपने देश में इस समय जो हो रहा है, उसकी कल्पना भी किसने कब की थी? आदमी कितना बदलता है; परिस्थिति उसे कितना बदल देती है!

पटना
15 अगस्त 1954

आज आजादी का दिन है, वही दिन, जिस दिन आज से सात साल पहले अंग्रेज हमारे देश को छोड़कर चले गए!

अभी-अभी रेडियो में वह भाषण सुना है, जिसमें पंडित जवाहरलाल नेहरू ने लाल किले पर तिरंगा फहराते हुए कहा है, आज आजादी की वर्षगाँठ है, नवभारत के जन्म की वर्षगाँठ है, हम सबकी वर्षगाँठ है, क्योंकि हमने इसी दिन एक नई जिन्दगी शुरू की!

हम सबकी वर्षगाँठ—क्या मेरी वर्षगाँठ भी? मेरे लिए यह दिन अजीब रहा है। 1947 में इसी दिन मैं बीमार पड़ा और तब से देख रहा हूँ, अगस्त आया नहीं, कि किसी-न-किसी बीमारी या परेशानी में मैं पड़ जाया करता हूँ। सच कहिए, तो मैं अगस्त से डरने लगा हूँ। मन में धारणा हमेशा है कि मैं इस महीने में जरूर ही बीमार पड़ूँगा, या किसी झंझट में पड़ूँगा।

इस साल का अगस्त भी ऐसा ही गया। अब कुछ अच्छा हो चला हूँ, किन्तु पिछले महीने कैसे बीते? और एक महीना और भी बचते-बचते ही चलना पड़ेगा। उफ, बुढ़ापे के तीन महीने इस तरह कट जाएँ?

और, अगस्त आया नहीं कि विशेषांकों की धूम मच जाती है। चारों तरफ से माँग आने लगती है, यह लिख भेजिए, वह लिख भेजिए। इस बीमारी में भी चार पत्रों के लिए चार लेख लिख देने पड़े!

जब दिल में उमंग हो, तो लिखने में मन लगे। अभी तो ऐसा लगता है कि जैसे बेगार टाल रहा हूँ। किन्तु कभी-कभी बेगार भी तो अनिवार्य हो जाता है!

अभी उस दिन दादा धर्माधिकारी से भेंट हुई। मैंने उनसे स्पष्ट कहा, आप लोगों की तपस्या उन लोगों को प्राप्त हो रही है, जो इसके सर्वथा अनाधिकारी हैं! चारों ओर भ्रष्टाचार है, किन्तु कहीं विरोध की आवाज़ नहीं। लगता है, आप लोगों ने असहयोग और सत्याग्रह सदा के लिए छोड़ दिया। दादा ने मेरी कुछ बातों से सहमति प्रकट की।

पटना
16 अगस्त 1954

इधर एक दिन 'हुँकार' के वर्तमान संचालक श्री रावणेश्वर दत्त (हरहर जी) आए। वह चाहते हैं, उनके प्रकाशन-कार्य में मैं सहायक बनूँ। कार्यीजी मेरे पुराने मित्र रहे हैं। उन्होंने अच्छी सम्पत्ति भी अर्जित की। पटना और मुजफ्फरपुर में प्रेस किए। रावणेश्वर चाहते हैं, पटना से पुस्तकों का प्रकाशन हो, कोई अच्छी पुस्तक-माला निकले। मुजफ्फरपुर का प्रेस मुझे सौंप देना चाहते हैं और मुझे प्रेरित कर रहे थे, मैं वहाँ से एक दैनिक निकालूँ। दैनिक का मोह मुझे घेरता है। किन्तु बार-बार सोचता हूँ, क्या मुझे फिर नई झंझट में फँसना चाहिए? हरहर जी बड़े धुनी आदमी हैं। बहुत-कुछ किया भी है। किन्तु न जाने क्यों, कोई नया कदम उठाते डर लगता है। ग्रन्थावली में ही अजब उलझ गया हूँ।

कल सन्ध्या को आरसी से भेंट हुई, मैं उसके घर पर गया था। आजकल यहीं रह रहा है। आरसी को मैं हृदय से प्यार करता हूँ। याद आता है, वह बी.एन. कालेज में पढ़ता था। एक भोला-भाला लड़का। पढ़ना छोड़ दिया। उधर मैं जेल गया। जब जेल से लौटकर घर पर था, यानी बेनीपुर, एक पोथा लेकर पहुँचा। मैं उसकी कविताएँ देखकर चकित हुआ। फिर तो

उसकी धूम मची। मुजफ्फरपुर से उसने अपना प्रकाशन प्रारम्भ किया—तारामंडल : 'आरसी' नाम से एक वृहद् कविता संग्रह निकाला। कुछ दिनों के बाद मालूम हुआ, वह किसी प्रेम-प्रसंग में उलझ गया है! दुख हुआ, क्योंकि मैं जानता था, आरसी जिस ओर ढुलेगा, पूरा ढुलकर रहेगा।

अचानक सुना, वह खगड़िया में प्रोफेसर हो गया है। प्रसन्नता हुई, एक जगह बैठ तो गया। हाँ, लगता था, क्या एक यथार्थ कवि प्रोफेसरी में खप सकेगा? कहाँ कविता लिखना, कहाँ कविता की व्याख्या करना और वह भी शास्त्रीय रूप में, पिटी-पिटाई लकीर पर। आखिर आशंका पूरी हुई; आरसी ने इस्तीफा दे दिया है, यह एक दिन उसी से पता चला, जब बहुत दिनों पर पटना में उससे भेंट हुई।

आरसी ने फिर "तारामंडल" खोला है, प्रकाशन प्रारम्भ किया है। 'नन्ददास' नामक एक काव्य-पुस्तक निकाली है। उसकी अग्रिम प्रति भी मेरे पास भेजी थी, मैं कुछ लिख नहीं सका, पढ़ भी नहीं सका। कुछ ऐसा व्यस्त था उन दिनों। कल उसने पुस्तक दी, पढ़ गया हूँ। अच्छी चीज़ है। शिवजी ने लिखा है, यह कवि की आत्मकथा है। हाँ, प्रेमकथा तो है यह—किन्तु कथा की परिणति हुई है, कृष्ण-प्रेम के रूप में। क्या आरसी के जीवन ने मोड़ लिया है? कल उसके घर में योगी अरविन्द की बड़ी तस्वीर देखी। इस पुस्तक को भी उसने अरविन्द को ही अर्पित किया है!

आज मैं सम्मेलन में गया था। शिवजी के सम्मेलन की बातें होने लगीं। चार वर्षों से मैं सम्मेलन से अलग हूँ। मेरे बाद जब छविनाथ जी सभापति हुए, उन्होंने अपने भाषण में मेरी निन्दा की। मैं उस समय फ्रांस में था। लौटकर मैंने शिवजी से शिकायत की, आप लोगों के सामने यह बात हुई। किन्तु, शिवजी जैसे साधु आदमी हैं, क्या बोलते? हाँ, मैंने उस दिन कह दिया, नब्बे हजार रुपए लगाकर मैंने भवन बना दिया है; अब सिर्फ एक हजार का काम बाकी है, कहिए, छविनाथ जी उसे पूरा करें, तो उनकी सारी निन्दा जायज़। किन्तु, न हुआ, न हुआ, न हुआ। इधर भवन में जगह-जगह पानी चूता है, जिसके चलते बड़ी हानि हो रही है। मैंने आज कह दिया है, इस साल के अन्दर मैं बनवा दूँगा। क्या किया जाए? मन में ममता जो है!

देवेन्द्रजी बनारस गए थे। राखी के मौके पर बेटी प्रभा ने उन्हें बुलाया था। कहते थे, प्रभा बहुत खुश है। भाई अच्युत जी का स्नेह उसे प्राप्त है। अच्छी संस्था में उसे रखवा दिया है। कुछ पैसे अधिक लग रहे हैं, किन्तु एक स्वस्थ, सुन्दर और सुरुचिपूर्ण संस्था में तो है न? देवेन्द्र कहते थे, उसकी शिक्षिकाएँ भी उसकी तारीफ करती थीं। नृत्य-संगीत में भी उसकी अच्छी व्युत्पन्नता हुई है। प्रभा बेटी सौभाग्यवती है ही—घर में सात बेटे हैं, उनमें यह एक बेटी। अब कहीं अच्छी जगह, अच्छे पात्र के साथ उसकी शादी लग जाए, तो मैं निश्चिन्त हो जाऊँ।

बेनीपुर
5 सितम्बर 1954

चार दिनों से बेनीपुर हूँ। इस साल बड़ी बाढ़ आई थी। कहा जाता है, ऐसी बाढ़ अस्सी वर्षों से नहीं आई थी। जब बाढ़ आई, मैं बीमार था। इच्छा हुई, यहाँ आकर अपने गाँव की दशा देख लूँ।

साथ ही तीन सितम्बर को विनोबा जी जनाढ़ आनेवाले थे। संत से मैंने आग्रह किया था, आपको सीतामढ़ी की ओर भी जाना चाहिए। रास्ते में मेरा गाँव भी पड़ेगा, लालच यह

था। अब जब वह इधर आए, तो मैंने पटना से आना उचित समझा!

संत आए, चले गए। बाढ़ से पीड़ित यहाँ के लोग। फिर, कार्यकर्ताओं में मायूसी। जमीन उन्हें नहीं मिली। मैंने ढाई बीघे जमीन उन्हें अर्पित की; अपनी जमीन का छठा हिस्सा। मुख्यतः इसी के लिए आया भी था।

यहाँ भी संत से अच्छी बात हुई। मैंने बताया, दादा धर्माधिकारी और जयप्रकाशजी से मेरी क्या बातें हुई हैं? मेरा कहने का अभिप्राय यह था, देश को अहिंसात्मक राजनीति नहीं मिल रही है, फलतः लोग कांग्रेस से रुष्ट होकर कम्युनिस्ट बनते जा रहे हैं। जयप्रकाश जी ने जब से घोषणा की, मैं राजनीति में नहीं रहूँगा, लोगों के निकट अब सिवा कम्युनिस्ट पार्टी के कोई दूसरा राजनीतिक ऑलटरनेटिव नहीं रह गया है। बिना जयप्रकाश के सोशलिस्ट पार्टी बिना प्राण के शरीर की तरह ही कुछ दिनों में क्षीण हो जाएगी।

मैंने यह भी कहा, गांधीजी की नीति देखिए। राजनीति का महत्त्व वह जानते थे, इसलिए कई बार कांग्रेस ने उनकी बात नहीं मानी, तो भी उससे सदा सम्पर्क बनाए रखा, उसका नेतृत्व भी किया, फलतः देश आज़ाद हुआ। किन्तु आप लोग, ऐसा लगता है, राजनीति को एक अस्पृश्य पदार्थ मानते हों, उसे छूना भी नहीं चाहते हों।

संत ने जो कुछ कहा, उससे मुझे प्रसन्नता हुई। उन्होंने कहा, यह जो कुछ मैं कर रहा हूँ, वह क्या है? यदि राजनीति से हम अलग होते, तो रामकृष्ण मिशन की तरह चुपचाप सेवा का काम किए जाते। इस समय बाढ़ आ गई है, तो हम रिलीफ बाँटते फिरते; जमीन क्यों माँगते! मैं मानता हूँ कि देश के सामने एक अहिंसात्मक राजनीति रहनी चाहिए, और मैं उसी ओर प्रेरित हूँ। मैं चाहता हूँ, ऐसी ही राजनीति के हाथ में शासन आवे, तभी हम उसके द्वारा धीरे-धीरे शासनहीन समाज की स्थापना कर सकेंगे!

उन्होंने बताया, किस प्रकार हमारी राजनीति पश्चिमीय धारणाओं से ओत-प्रोत है। हमारे प्रजातंत्र की बुनियाद भी पश्चिमीय है, जिसमें एक पक्ष का ही राज्य होता है, जिसमें विरोधी पक्ष आवश्यक समझा जाता है, आदि आदि। संत ने कहा—मैं चाहता हूँ, अपने देश में एक ऐसा प्रजातन्त्र हो, जिसकी बुनियाद भी भारतीय हो। उसका मूल अहिंसा हो। वह सबका राज्य बनाने में समर्थ हो सके, तभी वह सब के उदय के लिए सचेष्ट रहेगा। और, सबका सम्यक् उदय हो जाने पर वह राज्य आप ही झड़ जाएगा। उसकी आवश्यकता नहीं रहेगी।

किन्तु, सवाल यह है कि यह राजनीति विकसित किस तरह हो। क्या अहिंसात्मक राजनीति की भी कोई पार्टी हो? पार्टी के साथ बहुत ऐसी चीजें आ जाती हैं, जो अहिंसा के प्रतिकूल हैं। अतः हम पार्टी नहीं बना सकते। बल्कि चाहते यह हैं कि हर पार्टी में जो सज्जन व्यक्ति हैं, वे इस पक्षातीत राजनीति के महत्त्व को समझें और धीरे-धीरे वे एक हो जावें। इस तरह एक अहिंसात्मक राजनीति आपसे आप विकसित होगी।

उन्होंने यह भी कहा कि स्वयं 'राजनीतिक' शब्द में इतनी विरोधी चीजें सम्मिलित हो गई हैं कि जो अहिंसात्मक राजनीति बने, उसका एक नया नामकरण भी कर दिया जाए, इसलिए मैं उसे 'लोकनीति' कहता हूँ। मैंने कहा, यह नामकरण मुझे भी पसन्द है।

यों बातें होती रहीं। बीच-बीच में कई प्रसंग आए, संत ने कई चुटकुले कहे, हम लोग कई बार जोरों से हँसे भी। मुझे यह देखकर प्रसन्नता हुई, संत का स्वास्थ्य बहुत अच्छा है। मैंने इस ओर ध्यान दिलाया, तो बोले—वेद में 'चरैवेति चरैवेति' जो कहा है, वह क्या कोई बुरा उपदेश है! लगा, मुझे वह कह रहे हों, तुम जो सदा बैठे रहते हो, उसी का फल यह बार-बार की बीमारी है!

अब बाढ़ की बात!

अपने घर के बरामदे पर बैठा हूँ। जहाँ बैठकर कई बार लिख चुका हूँ, सामने हरियाली का समुद्र लहरा रहा है, वैसाख-जेठ में भी हरियाली नहीं जाती थी; वहीं बैठकर जब सामने देखता हूँ, उफ़, कैसा बुरा दृश्य है!

बाढ़ तो चली गई है, किन्तु सारी हरियाली को गलाकर। अब वह सड़ी हरियाली सूखकर ऐसा दृश्य उपस्थित करती है, मानो यहाँ आग लग गई हो! झुलसे-झुलसे खेत हैं, मेंड हैं। चारों ओर कीचड़-कीचड़ है। कीचड़ से दुर्गन्ध निकल रही है। यही हाल रहा, तो संक्रामक बीमारी फैलेगी ही। मेरे इस घर में ही तीन आदमी बीमार हैं।

इस बाढ़ की तरह-तरह की कहानियाँ लोग सुना रहे हैं। वर्षा देर से होने लगी थी, इसलिए लोग बड़े प्रसन्न हुए, जो दो दिनों तक झमझम वर्षा हुई। धान के बीज सूख रहे थे, लोग रोपने की तैयारी करने लगे कि अचानक एक दिन लोगों ने देखा, पानी उमड़ा हुआ आ रहा है। थोड़ी देर पहले, उन्होंने शोर सुना था, तो समझा था, आज सड़क से अधिक ट्रक और लॉरी आ-जा रहे हैं। किन्तु, शोर तो इस पानी का था। कैसा अद्‌भुत दृश्य! लोग भागे जा रहे हैं, पानी पीछे से उन्हें खदेड़ता जा रहा है। थोड़ी देर में ही हल्ला मच गया। लोग सरेह से गाँव की ओर भागे।

दो घंटे के अन्दर ही सारे खेत पानी के अन्दर थे, अब पानी गाँव में घुस रहा था। यह गाँव में घुसा, यह आँगन में घुसा, यह घर में घुसा। अब तो सारे गाँव में कोलाहल है। लोग कहाँ जाएँ? अन्न कहाँ रखें? पशु कहाँ बाँधें?

और, उधर बाढ़ के प्रवाह में लोग देख रहे हैं, पशु बहे जा रहे हैं, साँप बहे जा रहे हैं, लकड़ियाँ बही जा रही हैं, कई लाशें बही जा रही हैं। कहीं-कहीं लोगों ने हाथी और बाघ भी बहते जाते देखा। छप्पर बहे जा रहे हैं। जिन पर बच्चे चिल्ला रहे हैं।

अपने घर में चारों ओर काफी मिट्टी भरवाई थी मैंने। पेड़, पौधे भी लगाए थे। पानी इतना चढ़ा कि वे पेड़-पौधे तक पानी के भीतर समा गए। इस बरामदे के नीचे सिर्फ एक फुट चढ़ने को था, नहीं तो यह मेरी अट्टालिका में भी पानी घुस गया होता। चारों ओर के पानी में यह एक टापू-सी तो लगती ही थी।

हम लोग पटना में थे, सिर्फ रानी यहाँ थीं। लोगों की दुर्गत देखकर दो पट्टीदारों को भी उसने अपने ही घर में बुला लिया। उनमें एक तो अब तक यहीं हैं।

जब यह बाढ़ कुछ कम हुई, लोग फिर खेती-बारी में लग पड़े कि फिर बाढ़ आई और उसी प्रकार की भयानक। फिर सारी खेती-बारी, घर-आँगन पानी में। इस दूसरी बाढ़ ने लोगों की कमर तोड़ दी है।

रिलीफ का शोर है! अखबारों में पढ़ता था, यह किया जा रहा है, वह किया जा रहा है। देखता भी हूँ, रिलीफ के कर्मचारी यहाँ-वहाँ दौड़ रहे हैं। किन्तु, जिन्हें रिलीफ मिलनी चाहिए, वे त्राहि-त्राहि मचा रहे हैं।

संयोग से उस दिन रिलीफ के जोनल इंचार्ज से भेंट हो गई। मैंने कहा, अब भी धान की खेती की जा सकती है, पड़ोस के गाँवों में खरुहन भी है, लोगों को पैसे दे दीजिए, तो दस दिनों के अन्दर फिर खेती कर ली जाएगी। उन्होंने हाँ भी कर दी। मैंने आदमी भी भेजे। तो जवाब मिला, दस दिनों के बाद ही पैसे मिल सकते हैं।

यही प्रबन्ध है, जिसके लिए पटना और दिल्ली में शोर है। पाँच करोड़ रुपए खर्च किए जाएँगे—किन्तु समय पर किसी को कुछ नहीं मिलेगा।

यह प्रश्न तो है ही कि ऐसी भीषण बाढ़ क्यों आई?

पटना
14 सितम्बर 1954

यह क्या बात है—आज पन्द्रह दिनों से अपना "विजेता" नाटक लिखने को छटपटा रहा हूँ, किन्तु लिख नहीं पाता।

हजारीबाग जेल में मैंने एक मुर्गी पोस रखी थी। देखता था, जब उसे अंडे देने होते थे, वह बेचारी किस तरह परेशान होकर एकान्त खोजती-फिरती थी।

एक दिन मेरी अलमारी में ही उसने अंडे दे दिए।

लेखक की स्थिति भी कुछ ऐसी ही होती है।

पन्द्रह दिनों से लिखने के लिए निश्चिन्तता की खोज में हूँ, वह मिल नहीं पाती।

बेनीपुर गया था, सोचा था, वही लिख लूँगा, तो वहाँ बाढ़ का कोलाहल पाया।

यहाँ आया, तो तीन दिनों से दुलहन के कारण परेशान रहा।

आज से लिखने की सोच रहा हूँ।

ग्रन्थावली के दूसरे भाग में नाटकों को देना है। अतः जल्द ही लिख लेना है।

पटना
29 सितम्बर 1954

यह कभी-कभी क्या हो जाता है?

कई दिनों से परेशान हूँ। कहिए, तो मौसी के श्राद्ध के समय से ही एक-न-एक परेशानी में फँसता आया हूँ। खुद बीमार रहा, घर के लोग बीमार पड़ते रहे, रुपए-पैसे की परेशानी रही, गृहस्थी की परेशानी रही।

इधर चार-पाँच दिनों से दोनों छोटे पोतों को खाँसी हो गई है, कुकुर खाँसी। रात-भर जागते रहते और जगाए रहते हैं।

भोर में नींद आई, तो नौ बजे तक बिछावन पर रहा। वहीं डाक आई। एक पत्र पर लिखा था 'ऑन इंडिया गवर्नमेंट सर्विस'। सोचा, रेडियो से आया होगा, सबसे अन्त में खोला, तो आश्चर्य चकित रह गया। वह पत्र यों है—

शिक्षा-मन्त्रालय
नई दिल्ली
दिनांक : 25 सितम्बर 1954

श्री रामवृक्ष बेनीपुरी जी

आपको याद होगा कि 1952 में भारत-सरकार के शिक्षा-मन्त्रालय ने हिन्दी में कविता, नाटक, उपन्यास, बाल-साहित्य और साधारण साहित्य के क्षेत्रों में श्रेष्ठ मौलिक रचनाओं और अनुवादों को पुरस्कार देने की एक योजना बनाई थी। मुझे आपको यह सूचना देने में बड़ी प्रसन्नता होती है कि हमारे निर्णय-मंडल ने आपकी 'माटी की मूरतें' शीर्षक पुस्तक को उपन्यास और कथा-साहित्य (मौलिक) श्रेणी की श्रेष्ठ पुस्तकों में रखा है। इस निर्णय के अनुसार भारत सरकार ने सम्मानार्थ 2,000 रुपए आपको भेंट करने का निश्चय किया है। आशा है कि आप स्वीकार करके मुझे अनुगृहीत करेंगे।

इस अवसर पर मैं आपको हार्दिक बधाई देता हूँ और आशा करता हूँ कि भविष्य में भी आप इसी प्रकार की उच्चकोटि की पुस्तकें देश को देते रहेंगे।

आपका,
हुमायूँ कबीर
सचिव, शिक्षा मन्त्रालय
भारत सरकार

श्री रामवृक्ष बेनीपुरी
सम्पादक—'नई धारा'
अशोक प्रेस, हेमन्द्रु
पटना

इस पत्र के सभी अंक अंग्रेजी अक्षर में हैं, जैसा कि संविधान ने स्वीकार किया है। हुमायूँ कबीर साहब ने अपना हस्ताक्षर नागरी लिपि में ही किया है!

इस पत्र को पढ़कर आश्चर्य इसलिए हुआ कि मैंने न अपनी पुस्तक भेजी थी, न भिजवाई थी। इधर 'माटी की मूरतें' का कोई अच्छा संस्करण भी बाज़ार में नहीं था। जो था, वह तीन कहानियाँ हटाकर छपा स्कूली संस्करण, जिस रूप में वह बिहार के लिए मैट्रिक कक्षा व कोर्स के लिए छपा था।

लेकिन, इस पुस्तक का भाग्य! इसने मुझे कितने पैसे दिए, कितना सम्मान दिया!

यह पुस्तक कैसे लिखी गई, याद आ रहा है—

मैं हजारीबाग जेल में था कि मन में प्रेरणा हुई, अपने गाँव के कुछ लोगों को लेकर कुछ शब्द-चित्र लिखूँ। सबसे पहले 'बुधिया' नामक एक लड़की का चित्र तैयार किया। यह लड़की मेरे ननिहाल बंशीपचड़ा की थी, किन्तु मैंने उस शब्द-चित्र की पृष्ठभूमि बदलकर बेनीपुर कर दी। बुधिया के बाद ही बेनीपुर का मेरा अपना हलवाहा 'मंगर' याद आया। फिर बेनीपुर से उछलकर मैं बंशीपचड़ा पहुँचा और बलदेवसिंह लिखा। बलदेवसिंह के बाद सरजू भैया। यों ही बेनीपुर और बंशीपचड़ा के कुछ लोगों के शब्द-चित्र मैं लिखता गया। सूची बनाई थी, बाईस शब्दचित्रों की, लिख पाया सिर्फ ग्यारह। इनमें सिर्फ एक बैजू मामा, पटना जिले के, मेरे जेल के संगी रहे!

इन ग्यारह गँवई लोगों के चित्रों ने मुझे जो दिया है, वह स्वयं आश्चर्य की बात है। बेनीपुर के उस बड़े मकान की नींव में यही पुस्तक है। बिहार में मैट्रिक के लिए स्वीकृत हुई; लखनऊ विश्वविद्यालय ने बी.ए. के लिए रखा, काशी विश्वविद्यालय ने एम.ए. के लिए। लगभग पचास-साठ हजार प्रतियाँ इसकी बिकी होंगी।

किन्तु, इस पुस्तक का जौहर तो अब खुला है। स्वतंत्र भारत की केन्द्रीय सरकार ने जब प्रथम बार पुस्तकों पर पुरस्कार देने की बात सोची, तो यह ''माटी की मूरतें'' अनायास ही आ गई। हाँ, अनायास ही! और मुझे लगता है, यह कुछ और करके रहेगी। इसका एक बढ़िया संस्करण भी निकालने जा रहा हूँ।

दो हजार रुपए—कुछ नहीं हैं; जिन्दगी में साहित्य से कई लाख रुपए कमा चुका हूँ। किन्तु, यह सम्मान मुझे बहुत ही भाया, इसमें सन्देह नहीं।

बेनीपुर
3 अक्तूबर 1954

परिवार के साथ फिर बेनीपुर गया हूँ—एक महीने की छुट्टी है। सोचा है, यहाँ एकान्त में "विजेता" पूरा कर लूँगा; "मुझे याद है" भी पूरा कर लेना है।

"कुछ वे : कुछ मैं" को भी पुस्तकाकार तैयार कर लेना है। एक साहित्यिक संकलन भी तैयार कर लेना है और एक स्फुट लेखकों का संकलन हो जाए, तो लेखों का त्रिगुट बन जाए!

बेनीपुर
14 अक्तूबर 1954

क्या बात है, इधर मेरे अक्षर दिन-दिन खराब होने लगे हैं, काट-कूट भी बहुत हो जाती है, अशुद्धियाँ भी हो जाया करती हैं। क्यों? चिन्ता बहुत है, काम अधिक है, मेधा मन्द पड़ती जा रही है? या असावधानी के ये फल हैं?

"विजेता" लिख रहा हूँ। किसी-किसी तरह दो अंक लिख पाया। बड़ी धीमी प्रगति है।

बेनीपुर—सोचता हूँ, बुढ़ापा यही काटूँ। यहाँ के शान्त वातावरण में अधिक लिख-पढ़ सकूँगा, यह भी सोचता हूँ। लेकिन, पाया है, यहाँ लिख पाना नहीं। एक तो बच्चों का कोलाहल—फिर कभी दुलहन का मुँह फुलाना, रानी का बेटी के ब्याह के लिए उलाहना, कभी गाँववालों का ऊटपटाँग व्यवहार।

और जब शान्ति होती है तो ऐसी शान्ति, जो दबोचती है। लगता है चारों ओर कफन है, उससे लिपटा पड़ा हूँ। साँस रुँध रही है। धुकधुकी बन्द हो रही है। चेतना पर धुन्ध छाता जा रहा है। आँखें झिपकने लगती हैं। सो जाता हूँ—सो जाता हूँ? लगता है, अर्द्धमूर्च्छित पड़ा हूँ। यह क्या है?

आकांक्षाओं की कमी नहीं, अरमान अब भी धूम मचाए रहते हैं—यह करूँ, वह करूँ! रह-रहकर जोश आता है। योजनाएँ बनाता हूँ। पिल पड़ता हूँ। लेकिन थोड़ी ही देर में ऊब; फिर बौखलाहट—अरे, क्यों झंझटें बढ़ा रहा हूँ। समेटूँ! किन्तु न वह पार लगता है, न यह! अधर में झूलता हुआ-सा अनुभव करता हूँ।

जुलाई में गृह-प्रबन्ध की एक योजना बनी। "नेत्रदान" के पैसे से घर बनेगा; ग्रन्थावली के पैसे ग्रन्थावली में ही लगेंगे; "नई धारा" तथा फुटकर आय से पटना का काम चलेगा; रायल्टी के पैसे प्रभा की शादी के लिए सुरक्षित रहेंगे। किन्तु, हुआ क्या? नेत्रदान के पैसे खर्च हो गए, घर वैसा ही पड़ा है। ग्रन्थावली के पैसे भी उड़ गए और "नई धारा" के भी। रायल्टी के पैसे पर अब हम टूटे हैं !

घर में यह कोई सोचने को तैयार नहीं कि पैसे कैसे बचाए जाएँ। हर आदमी, हर समय अपनी इच्छा की पूर्ति चाहता है। ज़रा रोकता हूँ, तो फिर घर नरक बन जाता है! लगता है, किसी इन्द्रजाल में फँस गया हूँ—मकड़ा अपने मकड़जाले में स्वयं फँस गया है! हाथ-पैर पटक रहा है, उलझन बढ़ती जा रही है। कैसी दयनीय स्थिति!

'दिनकर' का एक पत्र आया है, दिल्ली से, 2 अक्तूबर 1954 का—

प्रिय भाई,

''माटी की मूरतें'' का सम्मान अखिल भारतीय धरातल पर हुआ, यह प्रसन्नता की बात है। कभी ''अम्बपाली'' भी पूजी जाएगी, इसे ध्रुव मानो।

हजारों साल नरगिस अपनी बेनूरी पै रोती है,
चमन में होता है तब एक कोई क़द्रदाँ पैदा!

(शे'र ठीक से याद नहीं था। इसलिए गलत हो सकता है, किन्तु भाव यही है।) बधाई। हम दोनों भाई अलग-बगल बैठे दिखाई दिए। कितनी अच्छी बात हुई !

मगर चिराग़ तले का अँधेरा नहीं मिटा। हाय री, वह बदकिस्मत जमीन, जो चिराग को लिए खड़ी है!!

तुम्हारा,
दिनकर

दिनकर ने पत्र के अन्त में जो इशारा किया है, उसके पीछे एक इतिहास है। जब 'बिहार राष्ट्रभाषा परिषद्' की स्थापना हुई, कई पुरस्कार देने का निर्णय हुआ, तो एक नियम यह रखा गया कि 1947 अगस्त के पहले की पुस्तकों पर विचार नहीं हो। उसके पहले ''माटी की मूरतें'' और ''कुरुक्षेत्र'' निकल चुके थे! यों इस एक ही ढेले से दो शिकार किए गए!

किन्तु दिल्ली ने पटना के बददिमागों के गाल पर एक ही साथ दो चपत जड़ दिए। ''कुरुक्षेत्र'' पर भी दो हजार रुपये पुरस्कार दिए गए हैं!

जब ऐसे पत्र आते हैं, उत्साह बढ़ जाता है। ढाँढ़स बढ़ता है। इच्छा होती है, फिर लिखूँ, लिखा करूँ, लिखता जाऊँ! किन्तु, ये पारिवारिक झंझटें—यदि ये थोड़ी फुरसत दे पातीं!

लेकिन आता है, किसी ऐसे ही नक्षत्र में जन्म हुआ है, जिसके साथ झंझटें सदा नत्थी रहती हैं।

हाँ, एक विचित्र बात। अब तक मुझे पता नहीं था, मेरा जन्म कब हुआ ? सिर्फ यह सुना था, पौष महीने में, शनिवार को मेरा जन्म हुआ था। मेरे यहाँ टिप्पण रखने का रिवाज नहीं है। पुरोहित अपनी पोथी में दर्ज कर लिया करते हैं और जरूरत होने पर बता देते हैं। मैंने कई बार अपने पुरोहित से कहा, वह कहते रहे, नहीं मिलता है। इधर देवेन्द्र ने फिर खोज-ढूँढ़ कराई तो उस दिन पुरोहित के बेटे ने एक टिप्पण दिया है। वह यों है—

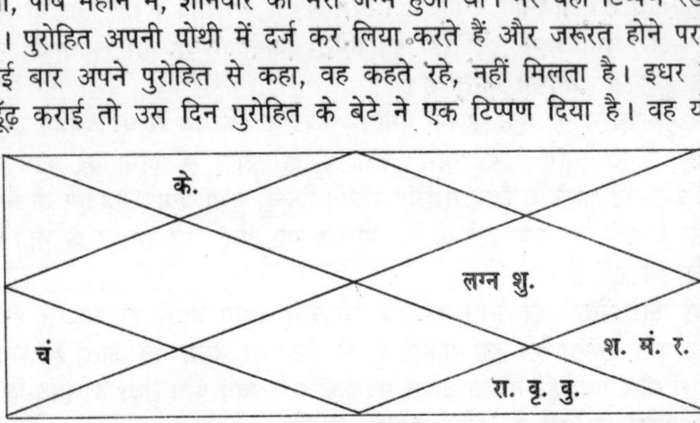

शुभ सम्वत 1959 शाक 1821 सन् 1307 साल तत् पौष कृष्णपंचम्मां तिथौ दण्डादि 22/50 पूर्व फल्गुनी नक्षत्रे दण्डादि : 50/22 प्रीतिनामयोग दंडादि 7/25 तदुपरि आयुष्मान शनिवासरे श्री सूर्यमुक्त धन्वा शकादि : 9/15 दिनमानम 25/52 रात्रिमानूभ् 34/8 उभयोर्मानम् 60/00 श्री सूर्योदादिष्ट घटय : 8/25 एतत् धनु लग्नोदये जन्म श्रीदिच्चोसं श्री जदुनन्दन शर्मण

स्यात्मजम् श्री फुलमन्त शर्मण स्वगृहे स्वधर्मभार्यायां श्रेष्ठदेवता द्विजगुरुप्रसादात् उभयः कुलानन्दकरः श्रीमान् प्रथम पुत्रोजातः तदेतस्य सदपद चक्रानुसारेण पूर्वफल्गुनी द्वितीय चरणेजन्म श्री टहलनारायण नामधार्यय्।। शुभम्।।

मैं संस्कृत जानता नहीं, इस टिप्पण की प्रामाणिकता के बारे में भी कुछ नहीं कह सकता। यदि यह टिप्पण सही हो तो मेरी उम्र स्वभावतः ही तीन वर्ष बढ़ जाती है। यानी, मैं अगले पूस में पचपनवाँ पार कर जाऊँगा। अच्छा है, अब जितना ही बुजुर्ग समझा जाऊँ, उतना ही भला।

कई हस्तरेखा विशेषज्ञों ने बताया है, मेरी आयु सत्तर वर्ष से ऊपर की ही है; तो अभी पन्द्रह साल तो काम करने को हैं ही। यदि साल में दो पुस्तकें लिख लीं, तो तीस पुस्तकें और भी लिख लेनी है।

पटना
23 अक्तूबर 1954

बेनीपुरी, तुम इस समय मोहों से आवृत्त हो!

तुममें धन-मोह है—मुझे यह प्राप्त हो, वह प्राप्त हो। बढ़िया घर बन जाए, कुछ जमीन और हो जाए, शहर में भी एक मकान हो, बेटी का ब्याह शान से कर सकूँ, बैंक में भी कुछ पड़ा रहे!

तुममें यश-मोह है—कितने लोग मुझे पूछें, कितने लोग मेरी प्रशंसा करें, कितने लोग मेरा सम्मान करें—महान् लेखक माना जाऊँ, महान् नेता माना जाऊँ, महान् पुरुष माना जाऊँ! मुझे देखते ही लोग सिर झुकावें, उच्चासन दें, सर-आँखों पर रखें।

तुममें परिवार मोह है—मेरे बेटे ऐसे बनें, मेरी बेटी ऐसी बन जाए, सुन्दर पुतोहुएँ हों, सुशील पोते हों! मेरा घर भरा-पूरा हो—अन्न-धन से भरा, उद्यमी और स्वस्थ बेटे-पोतों से भरा, बच्चों से भरा! मेरे घर में सदा हँसी रहे, कलरव रहे !

इन तीन महामोहों से तुम आवृत्त हो, बेनीपुरी!

और इनके लिए तुम क्या नहीं करते?

दिन-रात खटते रहते हो। यह लिखो, वह लिखो; ऐसे छपाओ, वैसे छपाओ। यहाँ जाओ, वहाँ जाओ। वहाँ भी जाते हो, जहाँ तुम्हें नहीं जाना चाहिए। वह भी करते हो, जो तुम्हें नहीं करना चाहिए। रह-रहकर तुम्हारा दिमाग़, तुम्हारा दिल, तुम्हारा जिस्म तुम्हें चेतावनी देता है, लेकिन इन मोहों ने इस तरह घेर लिया है तुम्हें कि तुम सुनते कहाँ हो इनकी सलाह! गिरते हो, तो भी उसी ओर बढ़ते हो! तुमने तो बच्चों को भी मात कर दिया!

यदि वह कुंडली ठीक है, तो तुम्हारा यह पचपनवाँ जा रहा है। पचपन में ही पेंशन मिलती है, काम छोड़ देना पड़ता है। और तुम हो, जो वही स्पीड रखे हुए हो, जो पच्चीसवें और पैंतीसवें में थी। अरे, यह कब तक चलेगा!

यह जो तुम्हारा दिमाग साँय-साँय करता रहता है, यह जो तुम्हारे कलेजे में दर्द उठा करता है, अभी न एक बड़ी पीड़ा से बाहर हुए हो, और प्रायः हर हफ्ते मूर्च्छा से अपने को मुश्किल से बचा पाते हो—यह सब क्या है!

बेनीपुरी, मोहों को छोड़ो! याद रखो, जो होना था, हो चुका। अब छटपटाने से कुछ नहीं होगा। ज्यों-ज्यों अधिक हाथ-पैर पटकोगे, उतना ही जल्द डूब मरोगे। अब अपने को धारा पर क्यों नहीं छोड़ देते हो मूर्ख!

हाँ, धारा पर—उतना ही करो, जितना आसानी से कर सकते हो। उसी पर सन्तोष करो जो

सुगमता से प्राप्त हो जाए! तभी अधिक कर सकोगे, पा सकोगे ! नहीं तो खड्डे में गिरोगे बेनीपुरी!

परिवार को उन पर छोड़ दो—वे लोग अपने हाथ-पैर चलाएँ। नहीं चलावें, तो डूबें। लेकिन, शायद यह तुम से नहीं होगा—उनके डूबने के पहले तुम अपने को ही डुबो लोगे! यही कर रहे हो—उफ़, बुरी तरह घिरे हो, बेनीपुरी!

पटना
6 नवम्बर 1954

जित्तिन को

प्यारे बेटे,

क्या संयोग होता है, तुम्हारा यह पत्र उस दिन मिला, जिस दिन में घर से एक गम्भीर निर्णय करके चला था!

तुम्हारी शिकायत है, मैं तुम्हें बेनीपुर में बाँध देता हूँ और वहाँ कोई दिलबस्तगी का सामान नहीं।

दुलहिन की भी यही शिकायत रही है!

किन्तु, मैं जो करता रहा, वह सिर्फ तुम्हारी माता की भावना पर ध्यान देकर। वह बेचारी चाहती है, अपने बेटों को देखे, पोतों को देखें। रोते-रोते उसकी जवानी गई, बुढ़ापे में उसे यह सुख कुछ मिलता रहे, यही मेरी मन्शा थी।

दुलहिन ने तय कर लिया है, वह बेनीपुर नहीं रहेंगी। उनकी यह भी इच्छा है कि देवेन्द्र उनके साथ रहें। मैंने कह दिया है, आप दोनों जहाँ चाहे रहें। जब तक देवेन्द्र जी कुछ कमाते नहीं हैं, अपनी कमाई से उन्हें पैसे भेजता रहूँगा!

तुम सोच सकते हो, यह निर्णय करते समय मुझे कितनी पीड़ा हुई होगी ! लगा है, जैसे जीवन का एक तन्तु ही टूट गया। न खा पाता हूँ, न सो पाता हूँ। तो भी दिन-रात काम करना ही पड़ रहा है, क्योंकि मैं काम करना छोड़ दूँ, तो तुम लोगों का पालन-पोषण कैसे चले?

बुढ़ापे में यही बदा था! "होता है वही जो मन्ज़ूरे खुदा होता है!"

खैर, मेरे लिए चिन्ता न करो। तुम वही करो, वहीं रहो, जहाँ तुम्हारी इच्छा हो, जो तुम्हारा मन भावे!

रुपए भेज दूँगा, क्योंकि अभी कमा सकता हूँ।

यही निवेदन करूँगा, अब थोड़े दिन रह गए, मन से पढ़ो कि सफलता के साथ निकलो। देवेन्द्रजी को तो समझाकर थक गया! एक बार उनके पैर पर भी मैं गिरा था। यदि वह मेरी उस आरज़ू-मिन्नत पर भी ध्यान दिए होते, तो आज ऐसी बात नहीं होती। कहीं अच्छी जगह पर बैठ गए होते, कमाते, खाते!

अब सारा भरोसा तुम्हीं पर है। यदि तुम कहीं अच्छी जगह पर लग गए, तो फिर तुम्हारे परिवार का ढाँचा बदल जाएगा! मैं वह दिन देख सकूँगा, ऐसा सौभाग्य शायद नहीं है। किन्तु मेरी आत्मा तुम्हें सदा असीस देती रहेगी।

तुम्हारे लिए जो मैं नहीं कर सका, उसे मेरी लाचारी मान लो और क्षमा कर दो। मैं कुछ ऐसा विह्वल हूँ कि अधिक लिख नहीं सकता।

तुम्हारा स्नेही पिता
श्रीरामवृक्ष बेनीपुरी

पटना
10 नवंबर 1954

कैसी है मेरी जिन्दगी!

दो दिनों से बीमार हूँ। परसों रात में अचानक बुखार आ गया। क्यों न आए? न खा पाता हूँ, न सो पाता हूँ। मूर्च्छा है, जौंडिस है। इधर मूर्च्छा का दौर बढ़ता ही गया। फिर जौंडिस का रंग आँखों पर आ जमा है।

कल देवेन्द्र जी के लिए रुपए भेज दिए। रानी को लिखा है, आ जाओ। क्या वह आ सकेगी? घर पर किसको छोड़ आएगी? बस, सिरहाने महेन्द्र से एक नाटक पढ़वाकर सुन रहा हूँ। रामेश्वर जी दवा-दारू के प्रबन्ध में लगे रहते हैं!

एक लाख पूत, सवा लाख नाती—ता रावण घर दिया न बाती।"

× × ×

और इन्हीं झंझटों के बीच एक यह झंझट—दिल्ली में भारत-सरकार 'नाटक-त्यौहार' (ड्रामा फेस्टिवल) करने जा रही है। बिहार से उसने "अम्बपाली" के लिए स्वीकृति भेजी है। मुझे मालूम नहीं था; वीरेन्द्रजी ने भेज दिया था। जिस तरह वह पुरस्कार अप्रत्याशित, उसी तरह यह स्वीकृति अचानक।

अब उसका रिहर्सल चल रहा है। यह नाटक तो लड़कियों का नाटक है। बिहार में लड़कियों का मिलना कितना कठिन। फिर दिल्ली ले जाने योग्य लड़कियाँ चाहिए। रूप चाहिए, गुण चाहिए। और इन दोनों का समन्वय कितना मुश्किल। भाई पृथ्वीराज जी इसे खेलना चाहते थे। उन्होंने लिखा था—काश, आप लेखक लोग यह जानते कि जिस साँचे में विधाता अम्बपाली-सी लड़कियाँ ढालता था, वह साँचा ही टूट गया!

और, वही असम्भव काम साधने की चेष्टा हो रही है। कुछ लड़कियाँ मिल गई हैं। उन्हें ही लेकर रिहर्सल चलाया जा रहा है। पुरुष पात्र भी मिल गए हैं।

एक जगह मैंने लिखा है, भीतर का गुलाब जिह्वा पर आते-आते कनेर बन जाता है! फिर कल्पना की, "अम्बपाली" स्टेज पर अपने उसी रूप में कैसे उतर सकेगी?

अभी-अभी वे लोग गए हैं। रिहर्सल में पाया है, अपनी कितनी बातें इस नाटक में भर दी है। कहीं-कहीं लगता है, अपने जीवन की कुछ भविष्यवाणियाँ भी भरी हैं इसमें, ऐसा लगता है!

एक घंटा पहले यहाँ ऐसा कोलाहल था। अब सब शान्त! बस, महेन्द्र नाटक पढ़ता जा रहा है! मैं लिख रहा हूँ और सुनता भी जा रहा हूँ। कितना सुन पाता हूँ लेकिन?

× × ×

इस समय बिहार के स्कूलों के लिए पहले वर्ग से नवें वर्ग तक के लिए किताबों की माँग की गई है। प्रकाशक आते हैं, मोल-तोल कर जाते हैं। मिडिल की दो किताबों के लिए दस हज़ार का ऑफर भी मिला है। बच्चों की चार और किताबों के लिए वचन दे चुका हूँ। सोचता हूँ, कुछ कर दूँ।

लेकिन क्या यह परेशानी, यह बीमारी कुछ करने देगी? फिर यह भी सोचता हूँ, पुस्तकें तो दौड़-धूप से, झूठ और फरेब से, घूस से स्वीकृत होती हैं आजकल ! क्या मेरे लिए यह उचित है कि अब इन सब झंझटों में पड़ूँ!

बच्चों को कुछ अच्छी पुस्तकें दे सकूँगा। कुछ पैसे आए, तो निश्िंचत साहित्य-सेवा कर सकूँगा—ऐसे तर्क सामने आते हैं; किन्तु, फिर हिचकिचाहट पैदा होती है! नहीं, नहीं, बेनीपुरी,

अब इन झंझटों में मत फँसो!

आजकल "तथागत" का प्रूफ ग्रन्थावली के दूसरे भाग के लिए देख रहा हूँ। उसमें बुद्ध का एक अन्तिम प्रवचन है, जिसमें एक वाक्य यह भी है—भारी बोझ दोनों के लिए बुरा है, बैल के लिए और आदमी के लिए भी!

लगता है, जैसे यह वाक्य मेरे लिए लिखा गया हो! वहीं एक दूसरा वाक्य है, जिसका आशय है—आदमी तृष्णा के वश उसी तरह फँसता है, जैसे बूढ़ा हाथी दलदल में फँस जाता है!

क्या यह वाक्य भी मुझी पर नहीं लिखा गया है?

× × ×

यही मेरी दुनिया है!

एक ओर बुखार में पड़ा, दिमाग से परेशान, यहाँ बिस्तरे पर, चार शाम का भूखा, कई रातों का जागा, बैठा हूँ।

दूसरी ओर नाटक की तैयारी है—नृत्य, गीत, राग-रंग!

तीसरी ओर, यह लिखो, वह लिखो, यश पाओ, पैसे पाओ!

और, चौथी ओर यह विराग—बोझ फेंको, अपने को कीचड़ में मत फँसाओ।

यही मेरी जिन्दगी है! क्या खूब?

पटना
17 नवम्बर 1954

यह है माता का हृदय!

मेरी बीमारी का हाल सुनकर रानी यहाँ आई है किन्तु उनका मन बेनीपुर में रमा है, जहाँ देवेन्द्र हैं, उनकी पत्नी है और हैं उनके तीन बेटे। रानी को चिन्ता है अपने बेटे और पोतों की।

बार-बार कहती है, देवेन्द्र कहाँ जाएगा, उसने कुछ सीखा नहीं, कहाँ रहेगा, कैसे रहेगा? सदा अच्छा खाया, अच्छा पहना। अब वह कैसे दुख बर्दाश्त करेगा ! फिर पोते की चिन्ता करती है और रोती है। जब मैं घर से चलने लगी, मन्नन और रत्तन किस तरह रो रहा था। छोटन को तो बीमार ही छोड़कर आई। न जाने उसे क्या हुआ? वह कैसा है?

उन्हें लगता है, जैसे उनका घर तितर-बितर हो रहा है। दिन-भर उदास बैठी रहती हैं! एक तो सिर दर्द से परेशान हैं, फिर यह मानसिक चिन्ता!

मैं क्या करूँ—किसको समझाऊँ, कितना समझाऊँ। काम की भीड़ है। शरीर क्लान्त है। हृदय अशान्त है। कुछ हो नहीं पाता। खेद और बढ़ता है।

बेटा, बेटा, बेटा! चारों ओर शोर। इसी के लिए रोना, इसी की आकांक्षा में तपना। और जब बेटे आते हैं, तो ऐसे आते हैं। उस दिन दिनकर आए थे, रानी और मेरी विपता देखकर बताने लगे, उनके घर की क्या हालत है? ऐसे ही टंटे, ऐसे ही बखेड़े। कहते थे, मेरी बीमारी का कारण भी तो चिन्ता ही है। छोड़ो इन प्रपंचों को, करो, जो करना है! करो और मरो!

पटना
24 नवम्बर 1954

आज मेरी "अम्बपाली" खेली गई। नगर के सभी गण्यमान्य कला-प्रेमी सज्जन उपस्थित थे। कल पत्रकारों और मित्रों के लिए खेली गई थी। सब लोग मुग्ध थे, चारों ओर प्रशंसा की झड़ी लगी हुई थी!

इस अभिनय ने दो बातों को सिद्ध किया—मेरी "अम्बपाली" खेली जा सकती है और सफलतापूर्वक खेली जा सकती है।

बिहार की बेटियों और बेटों में ऐसी प्रतिभा है कि वे कठिन नाटकों को भी रंगमंच पर कौशल के साथ उतार सकें।

साधनों की कितनी कमी थी।

न पर्दे थे, न परिधान या साज-सज्जा की कोई सुविधा थी।

सम्मेलन में मैंने पहले तीन पर्दे बनवा दिए थे, जब मैं उसका मन्त्री था। उन्हीं तीन पर्दों पर एक में एक वृक्ष बनवा दिया, एक पर झोपड़ी बनवा दी और तीसरे पर ईंट का स्तम्भ बनवा दिया। चौथा पर्दा उधार माँग लाया था, उस पर खल्ली से ही कुछ लकीरें खिंचवा दीं। बस इन्हीं चार पर्दों पर, पुराने पर्दों पर, भद्दे पर्दों पर, सारा खेल खेला गया, तो भी दर्शक मंत्र-मुग्ध थे।

बनारस से एक पोशाक वाले कारीगर को बुला लिया था, उसके पास जो सामान थे, उन्हीं से परिधान और साज-सज्जा का काम निकाल लिया गया!

शोभा नाम की एक छोटी-सी लड़की। मुश्किल से तेरह-चौदह साल की होगी। अभी नवीं कक्षा में स्कूल में पढ़ रही है। उसने अम्बपाली का पार्ट करके कमाल किया! अनाथ लड़की है वह—दुबली-पतली! उसकी प्रतिभा पर तो सभी मुग्ध थे। कई स्वर्ण-पदकों की घोषणा की गई!

बेचारी शोभा—हम उसे चयनिका का पाठ देने जा रहे थे। सोचा था, वह अम्बपाली का पार्ट क्या करेगी? किन्तु, उसने हम सभी को चकित कर दिया !

अमला वर्मा एम.ए. की छात्रा है। मधूलिका का पार्ट उसने किया। मेरी कल्पना की मधूलिका को उसने साक्षात् कर दिया। करुणा की मूर्ति। अरुण की मृत्यु के बाद—"मैंने इसकी जिन्दगी ढोई, तू इसकी लाश ढो!" जब उसने कहा, सभी को रोमांच हो आया।

अरुण का पार्ट वीरेन्द्र कर रहे थे। नाटक का सारा आयोजन तो उन्हीं का था। पार्ट भी करना, स्टेज बनवाना, साज-सज्जा कराना, प्रोम्प्ट करना और रस्सी भी खींचना! तो भी कमाल किया इस लड़के ने! अजातशत्रु का पार्ट भी खूब रहा। ब्रजराज सचमुच मगधपति लगता था।

अमला की बहन विमला मौसी बनी थी—खूब निभाया उसने! मीना ने नृत्य में कमाल दिखलाया।

विनोद जब बुद्ध बनकर बैठा, सोलह आने बुद्ध लगता था! और लड़कियों और लड़कों ने भी अपने-अपने पार्ट अच्छे किए।

अयोध्या बाबू नृत्य-गीत के इन्चार्ज थे। थोड़ी शिक्षा में भी वह किस तरह नृत्य-गीत में निपुण कर देते हैं। इस नाटक में उनका भी बड़ा हाथ रहा। अपनी मोटर पर सभी लड़कियों को घर-घर से ढोकर लाना और पहुँचाना भी उन्हीं का काम था!

और, सबसे बढ़कर मेरा पुराना शिष्य-मित्र गोपाल! यह काला-कलूटा आदमी। यह तो

मिट्टी को छूकर सोना बना देता है। सारे नाटक का डायरेक्शन इसी ने किया था। कितनी मेहनत की थी! उसी की मेहनत थी, जो यह रंग ला सकी!

अखबारवालों ने बड़ी मदद की। सभी दैनिक पत्रों ने दो दिनों तक छह इंच डबल कालम विज्ञापन मुफ्त छापे। पत्रों ने तारीफ भी खूब की। शोभा के लिए 'डैजलिंग' विशेषण का एक पत्र ने प्रयोग किया!

इस नाटक की सफलता ने मेरे मन में एक नई कल्पना भर दी है। क्यों न पटना में 'बिहार-नाट्य-मन्दिर' की स्थापना की जाए। मैंने नाटक के बीच में इसकी ओर इशारा किया था। मित्रों से बातें कर रहा हूँ। सब लोग इसकी आवश्यकता अनुभव कर रहे हैं, सब लोग मुझे उत्साहित कर रहे हैं। यदि दो साल लगा दूँ, तो कोई मुश्किल नहीं। सम्मेलन-भवन बनवा दिया, तो फिर यह क्या बात है!

किन्तु सम्मेलन के अनुभवों से ही डरता हूँ। ज्यों ही चीज बनी, दुष्टों के षड्यन्त्र शुरू हो जाते हैं। बड़ी मानसिक परेशानी आती है। किन्तु क्या इसी डर से सुकर्म करना आदमी छोड़ दे!

दिल्ली-स्टेशन
21 दिसम्बर 1954

आज दिल्ली से रवाना हो रहा हूँ—राजेश्वर प्रसाद नारायण सिंह के शब्दों में, दिल्ली-विजय करके!

डरते-डरते दिल्ली के लिए रवाना हुआ था। चलने के पहले 'रूपक' के हॉल में जो भद्द हुई थी, डरता था; यहाँ क्या होगा? सेट के नाम पर लोगों ने जो चीजें तैयार करवाईं, उसने बर्बाद किया, रूपक के हॉल ने बर्बाद किया, और हमारे लोगों ने भी उसमें ईंधन डाला।

किन्तु मुझे अपनी तक़दीर पर विश्वास था।

और, उसने कर्नल गुप्ते के रूप में दर्शन दिए।

गुप्ते फौजी आदमी हैं; किन्तु कला से कितना शौक। इस महोत्सव के रंगमंच का जिम्मा उनका था। मैंने तय किया था दिल्ली में पर्दे पर खेलूँगा; किन्तु अन्त समय में उनसे भेंट हुई और रातों-रात उन्होंने मंच का वैसा प्रबन्ध किया, कि हम अच्छी तरह से नाटक दिखला सके।

देखने वालों की भीड़ थी।

राष्ट्रपति (श्रद्धेय राजेन्द्र बाबू) पधारे थे। और खेल के अन्त तक रहे। अपना पदक उन्होंने बिहार-कला-केन्द्र को अर्पित किया।

मन्त्रियों में जगजीवन राम जी, लालबहादुर शास्त्री, सत्यनारायण सिंह और डा. केरकर आए थे।

राष्ट्रकवि मैथिलीशरण जी गुप्त, रायकृष्णदास जी, ऐसे साहित्यिक पधारे थे और सभी अन्त तक रहे!

बार-बार तालियाँ बजती रहीं। हाँ, अन्त में मृत्युवाले दृश्य में फिर कुछ गड़बड़ हुई। किन्तु, खेल फिर सँभल गया। और अन्त भला तो सब भला, वाली बात हुई। खेल के अन्त में राष्ट्रपति ने मंच पर आकर अपने हाथों प्रेमोपहार दिया।

इस खेल की सफलता का अधिकांश श्रेय निस्सन्देह शोभा को है। इस छोटी-सी किशोरी ने क्या कमाल किया। मेरी बगल में मामा बरेरकर बैठे थे। मामा मराठी के ही नहीं, आधुनिक भारत के सबसे बड़े नाटककार, नाटककारों में वृद्ध-विशिष्ट हैं। वह बार-बार कहते थे—यह

तो जन्मजात अभिनेत्री है। अखबारों ने जो आलोचनाएँ कीं, उन्होंने भी स्वीकार किया, यह लड़की अद्भुत प्रतिभाशालिनी है। महोत्सव के मन्त्री ने उसे भारत-सरकार की छात्रवृत्ति के लिए दरखास्त देने को कहा है, जो ढाई सौ रुपये प्रतिमास की है। यह छात्रवृत्ति उसे जरूर मिलेगी।

हाँ, पत्रों ने, अंग्रेजी पत्रों ने, खासकर 'स्टेट्समैन' और 'टाइम्स आफ इन्डिया' ने तो जैसे पहले से तय कर रखा था कि इसकी निन्दा ही करेंगे। जब कल सत्यनारायण भाई से भेंट हुई तो उन्होंने कहा—ये आलोचनाएँ विद्वेष से भरी थीं, हमें तो तुम्हारे काम से अभिमान हुआ है।

"ख़ैर, कुफ्र टूटा खुदा खुदा करके।"

किन्तु, इस नगर ने मुझे कितने पाठ पढ़ाए हैं। बाप रे, इतने लोगों को एक साथ ले चलना कितना कठिन है। सबकी अपनी सनक; सबकी अपनी झक! सँभालते-सँभालते परेशान। फिर पैसों की दिक्कत! इन्हें समझाओ, इन्हें फुसलाओ, जहाँ से भी हो, पैसे जुटाओ! सब खाँव-खाँव कर रहे! आपस में लड़-झगड़ रहे !

बेचारी शोभा! सब औरतों ने उसके खिलाफ गुट बना रखा है जैसे! इस समय जब सब लोग आनन्द-मग्न हँसते-बोलते जा रहे हैं, वह बेचारी एक कोने में उदास बैठी है! बेचारी लड़की! बिना माँ-बाप की; गरीब, निस्सहाय! परसों दिल्ली में उसकी धूम थी, आज इस रेल के डब्बे में एक कोने में पड़ी बिसूर रही है। हाँ, उसका चेहरा कहता है, वह बेचारी किस मानसिक वेदना में है।

उफ़, मुझे कितनी पीड़ा हो रही है। किन्तु, मैं क्या करूँ? अगर उसे धीरज भी दिलाऊँ, तो सब समझें, मैं उसके साथ पक्षपात कर रहा हूँ।

इच्छा हुई थी, पटना लौटकर नाटक की ओर प्रवृत्त होऊँगा, किन्तु यह अनुभव तो उत्साहदायक नहीं है। बेचारी कला! और शोभा के रूप में बेचारी कलाकार! जब सब हँस रहे हैं, दोनों रो रही हैं!

बेनीपुर
31 दिसम्बर 1954

पटना से बेनीपुर! पटना में चारों ओर प्रशंसा ही प्रशंसा। सब कहते हैं, कुछ करो, कुछ कर दिखाओ! किन्तु, दूध की जली बिल्ली मट्ठा भी फूँक-फूँक कर पीती है न?

बेनीपुर—चारों ओर सरसों फूल रही है! पीली-पीली सरसों! घर के चारों ओर के पेड़ कितने बढ़ गए हैं, लगता है, दो वर्षों में ही ये फल देने लगेंगे!

किन्तु बेचारी रानी! अकेली है यहाँ! तीन बेटे, चार पोते। किन्तु उनकी गोद सूनी! रात कहती थी, बिना किसी को गोद में सुलाए नींद नहीं आती!

यह मकान भी एक समस्या बन गया है। बनाया था, सपरिवार रहूँगा। लगता है, यह रानी के लिए कैदखाना बन गया!

1955

पहलेजा से महेन्द्र
1 जनवरी 1955

क्या यह संजोग की बात नहीं है कि आज ईस्वी सन् की पहली तारीख को—नए वर्ष के प्रथम दिन को—मैंने स्वीडेन के प्रसिद्ध लेखक पार लेजरक्वीस्त का 'बाराब्बास' नामक उपन्यास पढ़कर समाप्त किया है।

लेजरक्वीस्त स्वीडेन का प्रसिद्ध लेखक है। उसे साहित्य का नोबेल-पुरस्कार प्राप्त हो चुका है। इस छोटे-से उपन्यास ने उसकी कीर्ति में चार चाँद लगा दिए हैं।

बाराब्बास एक डकैत था। उसे फाँसी मिलने वाली थी। उसकी जगह ईसा को फाँसी मिलीं, वह रिहा किया गया। उसने अपनी आँखों से देखा, किस तरह ईसा को फाँसी की सज़ा सुनाई गई, उनके कन्धे पर सलीब ढुलवाया गया, उनके सिर पर काँटे रखे गए। किस तरह सलीब के बोझ से वह परेशान थे, उनकी कमर झुक गई थी, उनके पैर थरथराते थे, उन्हें जब प्यास लगी, तो गन्दा पानी उनके मुँह से लगाकर ठट्ठा मारा गया। फिर किस तरह उन्हें सलीब में ठोंका गया—दोनों हथेलियों से, छाती से, पैरों से खून निकलता रहा। किन्तु उन्होंने आह नहीं की—हाँ, पसीने से वह तर-बतर थे। पीड़ा से उनके चेहरे पर शिकनें खिंच आई थीं। अन्त में उन्होंने कहा था—पिता, तूने मुझे छोड़ दिया।

यह पिता कौन उसका? उसने ऐसे क्यों छोड़ दिया? कितना सीधा-सादा, दुबला-पतला आदमी। उसकी छाती में बाल तक नहीं उगे थे। ऐसे बच्चे को पिता छोड़ दे? जब वह मर गया, कुछ लोगों ने सलीब से उसकी लाश उतारी। उनमें उसका पिता नहीं था—एक औरत थी, जो निस्सन्देह उसकी माँ होगी! उस लाश को उन लोगों ने एक गुफा में रख दिया। फिर वे चले, बाराब्बास भी चला! किन्तु, उसके दिमाग में अजीब उधेड़बुन! और उस उधेड़बुन का एक प्रधान कारण—जिस समय उसके प्राण छूटे थे, चारों ओर अन्धकार छा गया था! हाँ, हाँ, दोपहर में ही अन्धकार ही अन्धकार छा गया था! यह अन्धकार क्यों हुआ? या यह उसकी आँखों का भ्रम था! भ्रम! भ्रम! कहीं दिन में अन्धकार होता है?

वहाँ से वह डाकुओं के अपने गिरोह में आता है। वहाँ मोटी औरतें हैं, शराब है, खाद्य-अखाद्य है। किन्तु, वह कुछ खा नहीं पाता! तो भी उसे खिलाया जाता है, पिलाया जाता है, एक मोटी औरत उसे अपने साथ सुलाती है। थोड़ी देर के लिए वह सब-कुछ भूल जाता है। किन्तु, अचानक उसकी नींद टूटती है। वह भागता है वहाँ, जहाँ गुफा में लाश रखी गई थी। क्योंकि उसने कल सुना था, वह फिर जी उठेगा, उसे लेने को देवदूत आएँगे। मुँह-अँधेरे वहाँ पहुँचकर वह छिपा रहता था कि उसने देखा, आकाश से देवदूत उतर रहा है, उसके पंखों की आवाज़ उसने सुनी, उसके डैनों की सुनहली चमक उसने देखी। वह देवदूत आया, गुफा का दरवाजा खुल गया और वह फिर उड़कर चला गया—क्या उसको लेकर? शायद बात यही हो—क्योंकि भोर में जब उसकी माँ और कुछ लोग आए, तो पाया, लाश वहाँ नहीं थी!

अरे, यह क्या हुआ? वह अजीब मानसिक स्थिति में है। न उसके कोई काम होता है, न वह कुछ बोल पाता है। खाने-पीने में भी कुछ रुचि नहीं। इधर शहर में उस मृत व्यक्ति को लेकर बड़ी चर्चा है—खासकर गरीबों के मुहल्ले में, लुहार, बढ़ई, मोची, दरजी आदि निम्न कोटि के लोगों के मुहल्ले में। वे कानों-कान कुछ बातें करते हैं। वे उसे त्राता मानते हैं, उसके नाम पर प्रार्थना करते हैं। किन्तु ये सारे काम छिपे-छिपे, क्योंकि उन्हें डर है, कहीं ये भेद खुल

न जाए। वह उनमें से कुछ लोगों से मिलना चाहता है, किन्तु ज्यों ही उन्हें मालूम होता है कि यह वही कैदी है, जिसकी जगह ईसा को फाँसी हुई थी कि वे लोग उसे देखते ही दूर भागते हैं, उनकी आँखों से घृणा बरसने लगती है। नहीं, वह अब इस शहर में नहीं रहेगा। उसके डकैत-साथी भी अब इस निकम्मे आदमी को साथ रखना नहीं चाहते, जो न चोरी करने में मन लगाता है, न डकैती करने में। वह उन लोगों का नेता था—किन्तु ऐसे नेता को लेकर क्या होगा, जो दूसरों की ही कमाई खाए, जो नेतृत्व नहीं करके उन्हें पीछे की ओर खींचे।

वह पशोपेश में है कि एक विचित्र घटना घटती है। जिस दिन ईसा को फाँसी हुई थी, उसने एक लड़की को देखा था। वह दुबली-पतली, कुरूप, सनकी-सी लड़की। वह लड़की गरीबों के बीच में, कुष्ठ-पीड़ित रोगी लोगों के बीच में जाती है और हर जगह ईसा का सन्देश देती है—देखो, नया युग आ रहा है, जब कोई गरीब नहीं रहेगा, कोई रोगी नहीं होगा। जब सब भाई-भाई होंगे, सब एक-दूसरे को प्रेम करेंगे। जब घी-शहद की नदियाँ बहेंगी। जब पृथ्वी पर स्वर्ग उतरेगा। उसे उतारेगा, वह, जो उस दिन फाँसी चढ़ा। वह हम गरीबों के लिए फाँसी चढ़ा, वह हमारा त्राता है—वह भगवान का दूसरा बेटा था। वह फाँसी चढ़ा कि हमारे पाप धुल जाएँ। उसकी बातों पर गरीबों को विश्वास, पीड़ितों को विश्वास। किन्तु एक आदमी ने उस पर आरोप लगाया, वह डायन है, लोगों को धर्म-पथ से विमुख करती है, एक नया धर्म चलाना चाहती है, वह उसे त्राता कहती है, जो अपराधी था, जिसे फाँसी हुई। उस लड़की पर मुकदमा चलता है, उस पर पत्थर फेंक-फेंक कर उसे मार डाला जाता है, किन्तु वह अपनी बात पर अडिग रहती है। बाराब्बास से यह नहीं देखा जाता, वह आरोप लगाने वालों की हत्या कर वहाँ से भाग जाता है—अपने घर की ओर!

वह कौन है? उसकी माँ कौन थी? उसके पिता कौन थे? उसकी माँ को डाकुओं के एक गिरोह ने बन्दी बनाया था। फिर उसे एक रंडीखाने में बेच दिया था। जब वह गर्भवती हुई, उसे वहाँ से भगा दिया गया। सड़क पर ही उसे एक बच्चा हुआ और प्रसव के बाद ही वह मर गई। और उसके पिता? वह क्या जाने? किन्तु लोग कहते हैं, वह डाकुओं के सरदार एलियाकू का पुत्र है। और उसी एलियाकू से उसकी भिड़न्त हुई। उसने (बाराब्बास ने) उसे एक खड्ड में गिराया था, उसने (पिता ने) उस पर वार किया था, जिसका दाग़ अब भी उसके चेहरे पर है। वह अब भी कभी-कभी उस खड्ड पर बैठकर नीचे झाँकता है! न जाने क्या आकर्षण है!

उसके गाँव के लोग उसकी यह विचित्र स्थिति देखकर चकित हैं। वे नहीं चाहते, ऐसा निकम्मा आदमी उनके बीच रहे। एक दिन वह वहाँ से अचानक गायब हो जाता है। लोग समझते हैं, उसने अपने को उसी खड्ड में गिराकर आत्महत्या कर ली—एलियाकू के भूत ने उससे बदला चुकाया।

बहुत दिनों तक उसका कोई पता नहीं चलता। अन्ततः हम उसे एक गुलाम की हैसियत से एक कोयले की खान के अन्दर काम करते पाते हैं। वह पचास वर्ष का हो चला है। शरीर पुराना नहीं रहा। किन्तु उसकी आँखों से वैसी ही चिन्गारियाँ निकलती हैं। वह क्यों गुलाम बनाया गया; उसे क्यों यह सज़ा दी गई, कोई नहीं जानता।

खान के अन्दर एक कैदी के साथ उसे जोड़ दिया जाता है। दिन-रात दोनों एक ही कड़ियों में बँधे रहते हैं। बाराब्बास कम बोलता है; लेकिन एक साथ रहते-रहते कुछ आत्मीयता बढ़ ही जाती है। वह कैदी अजीब तरह की बातें करता है—वह एक नए पैगम्बर की बात करता है जिसका मुख्य सन्देश है, एक दूसरे को प्यार करो, वह फाँसी पर लटकाया गया था, वह भगवान का बेटा था। गुलामों का, गरीबों का एकमात्र त्राता वही है। वह फिर आएगा,

पृथ्वी पर स्वर्ग बसाएगा, तब कोई गुलाम नहीं रहेगा, गरीब नहीं रहेगा। बाराब्बास को आश्चर्य होता है। अरे, वह यहाँ, इस खान के अन्दर भी पहुँच चुका है! उसने एक दिन कह दिया, उसने उसे फाँसी पर चढ़ते देखा है! फिर क्या था, वह कैदी उस पर लट्टू हो रहता है। धीरे-धीरे उसने सारी बातें उससे निकाल लीं। फिर कहा, देखो, मेरा यह कैदी का बिल्ला। उसके अन्दर उसने 'ईसा मसीह' खुदवा रखा है! बाराब्बास भी अपने बिल्ले के भीतर वह खुदवा लेता है। दोनों में भाई-चारा बढ़ता है। किन्तु, बाराब्बास में फिर वितृष्णा बढ़ती है, वह उस कैदी के साथ प्रार्थना में भी शामिल नहीं होता!

एक दिन एक ओवरसियर की नज़र उन पर पड़ती है। जब वह कैदी उसे ईसा के संदेश के बारे में बताता है, वह पिघल जाता है। उन दोनों को वह खान से ऊपर काम करने को भेज देता है।

देखो, यह मसीह की दया! हम उसी के प्रताप से बाहर हुए हैं। किन्तु, यह बाहर आना ही उसका काल बन गया। एक काना गुलाम था। उस कैदी ने उत्साह में उससे सारी बातें कह दीं। उस गुलाम ने वहाँ के रोमन-गवर्नर से चुगली कर दी। दोनों उसके सामने उपस्थित किए गए। कैदी ने स्वीकार कर लिया, वह ईसा को अपना प्रभु मानता है। संसार का प्रभु तो सीज़र है—यह ईसा कौन? तुमने राजद्रोह किया। उसे सूली की सज़ा मिलती है। बाराब्बास से पूछा जाता है, वह कहता है, मुझे किसी पर विश्वास नहीं! तो फिर इस बिल्ले पर यह चिन्ह क्यों? उसी कैदी ने बना दिया है। गवर्नर उस चिन्ह को काट देता है; बाराब्बास को कोई सज़ा नहीं मिलती। गवर्नर उसे अपनी सेवा में रख लेता है!

जब गवर्नर की बदली होती है, बाराब्बास को वह रोम ले जाता है। बाराब्बास बड़ी लगन से उसकी सेवा करता है। किन्तु यह क्या? उसे भनक मिलती है, यहाँ भी गरीबों के, गुलामों के मुहल्ले में ईसा मसीह के मानने वाले हैं। वे गुपचुप प्रार्थना करते हैं, हर रविवार को श्मशान में आधी रात के बाद मिलते हैं। वहीं प्रार्थना होती है, विचार-विमर्श होते हैं। वह एक रात श्मशान में जाता है। किन्तु वहाँ किसी से भेंट नहीं होती। जब उदास, विषण्ण वह वहाँ से लौटता है, देखता है, शहर में आग लगी है और लोग चिल्ला रहे हैं, यह ईसाइयों की करतूत है, उन्होंने ही आग लगाई है! उसकी आँखें चमक उठती हैं। एक लुकाठी लेकर वह घर-घर में आग लगाता फिरता है और रँगे हाथों पकड़ा जाता है। वह जेल में डाल दिया जाता है!

जेल में बहुत-से लोग है, जो आग लगाने के अपराध में पकड़कर वहाँ ठूँस दिए गए हैं। वे आपस में बातें करते हैं, हमने तो आग लगाई नहीं, यह तो हमारे खिलाफ षड्यन्त्र किया गया है। हमें मिटाने के लिए यह जाल रचा गया है। एक बूढ़ा आदमी, जो उनका नेता है, बताता है, हमें डरना नहीं है; हमारे प्रभु की भी तो यही दशा की गई—उन्हें भी तो निरपराध ही सज़ा दी गई। प्रभु ने एक दिन उनसे कहा था—हमारे ही पथ का अनुसरण करो। चलो, हम हँसते-हँसते सूली पर चढ़ जाएँ। हमारा निरपराध रक्त हमारे प्रभु के सन्देश को घर-घर पहुँचावेगा!

बाराब्बास सारी बातें सुनता है! क्या उसने गलती से आग लगाई? किन्तु यह क्या? उन बदमाशों को सजा तो मिली, जो निरपराधों को फँसाने पर तुले हैं। इन लोगों पर मुकदमा चलता है, फाँसी की सजा होती है। सजायाफ्ता लोगों की लम्बी कतार दो-दो करके निकलती है। सब को फाँसियाँ होती हैं। बाराब्बास उन सबमें पीछे था; वह अकेला था। उसे भी फाँसी पर चढ़ा दिया गया!

बस, कहानी यही समाप्त होती है। कुल सवा सौ पृष्ठ का उपन्यास है यह ! कहानी कितनी संक्षिप्त! किन्तु, मानसिक चढ़ाव-उतार का ऐसा सजीव वर्णन कि पुस्तक छोड़ने की

इच्छा नहीं होती; कहीं एक पंक्ति भी छूट जाए, तो विकलता होती। मैं पढ़ता रहा, मुग्ध होता रहा!

जब-जब ऐसी चीजें पढ़ता हूँ, इच्छा होती है, अपने जीवन के अनुभवों को उपन्यास के रूप में रखूँ। मन ही मन एक खाका भी बनाया—(1) अंकुर (2) पल्लव (3) शाखा (4) मंजरी, और (5) मकरंद—पाँच भागों में उन अनुभवों को गूँथूँ—बस यही, सवा डेढ़ सौ पृष्ठों में प्रत्येक भाग हो और कुल मिलाकर छह-सात सौ पृष्ठ हों। किन्तु, क्या इसके लिए समय निकाल सकूँगा?

[3 जनवरी 1955 को बेनीपुरी जी कुछ सप्ताह के लिए नेपाल गए। वहाँ 3 जनवरी से 23 जनवरी तक लिखी डायरी यात्रा-संस्मरण के साथ शामिल कर ली गई है। अपनी नेपाल यात्रा को लेकर बेनीपुरी जी ने कोई यात्रा पुस्तक नहीं बनाई, लेकिन वहाँ लिखी डायरी उन्होंने 'नेपाल में तीन सप्ताह' शीर्षक से 'नई धारा' में प्रकाशित की। 1955 के ही उत्तरार्द्ध में वे पुनः थोड़े-थोड़े दिनों के लिए नेपाल गए। उन दिनों लिखी डायरियाँ भी इसी नेपाल यात्रा के साथ शामिल कर दी गई हैं। यात्राखंड में इस पूरे हिस्से का शीर्षक है : 'नेपाल में'।—सुरेश शर्मा]

बेनीपुर
2 फरवरी 1955

काठमांडू से पटना : पटना से मुजफ्फरपुर : फिर बेनीपुर : सीतामढ़ी : मुशहरी : पुपरी। लौटकर बेनीपुर।

पटना में देवेन्द्रजी ने बताया, किस तरह जयप्रकाश जी ने महन्थजी से प्रभा की शादी के बारे में बात की और एक मिनट के अन्दर ही बात तय हो गई। उन्होंने यह भी बताया, मुझे ''बेटे हों तो ऐसे'' पुस्तक पर फिर भारत-सरकार ने पुरस्कार दिया है, पाँच सौ रुपए नकद, 2000 प्रतियाँ खरीद लेगी।

यह सम्मान : यह सफलता।

बेनीपुरी, क्या सचमुच इस वर्ष तुम्हारा सितारा बुलन्द है?

सोचा, महन्थजी से शादी की बात तय करके ही चैन लूँ। मुजफ्फरपुर में उनसे बातें हुईं। बातें तो तय हैं ही, उन्होंने कहा, जरा मेरे पिताजी से भी मिल लीजिए। उन्हीं से मिलने को सीतामढ़ी होकर सिंगियाही गया था। मुसहरी जाकर महन्थजी के गुमास्ता और अपने साले को भी ले लिया था।

अब पटना जा रहा हूँ। रास्ते में मुजफ्फरपुर में महन्थजी से मिलकर सगुन आदि के दिन तय कर लूँगा।

यदि कोई विघ्न नहीं हुआ और प्रभा की शादी हो गई, तो मानना पड़ेगा, प्रभा अपने भाइयों से भी अधिक भाग्य वाली है। देख आया हूँ—महन्थजी के पास कितनी बड़ी सम्पत्ति है। फिर उनकी विद्या—इस साल एम.ए. कर ही लेंगे। और, चरित्र कैसा उज्ज्वल! न सिगरेट, न पान। सादगी और सज्जनता की मूर्ति!

किन्तु, इस शादी के लिए पैसे कहाँ से आएँगे? बीस-पच्चीस हज़ार का खर्च होगा। बेनीपुरी, तुम्हारी भी परीक्षा है!

मुजफ्फरपुर
8 फरवरी 1955

कल जब पटना से रवाना हो रहा था, 'राष्ट्रभारती' में पढ़ा, प्रोफेसर रंजन का देहान्त हो गया। अभी दिसम्बर के अन्त में वह पटना आए थे। कितने हृष्ट-पुष्ट। मेरे घर पर मिलने आए, खाना भी खाया। अभी जवान ही तो थे और यों अचानक चल दिए!

प्रोफेसर रंजन धुनी आदमी थे। 1942 में बहुत काम किया। राष्ट्रभाषा-प्रचार-सभा, बर्मा में बहुत दिनों तक काम किया था। आजकल हैदराबाद में रहते थे। हैदराबाद सम्मेलन में उनसे भेंट हुई थी। एक सुन्दरी युवती से विवाह किया था। एक बच्चा भी हुआ। समाजवादी विचारों के थे। "कल्पना" के निकालने में उनका हाथ था।

बीच में कुछ दिनों बीमार थे। अब भले-चंगे थे। तरह-तरह की योजनाएँ बना रहे थे और सारी योजनाएँ यों जहाँ की तहाँ रह गईं।

यों ही पार साल डॉ. सुधीन्द्र पटना आए थे। खोजते-ढूँढ़ते मेरे घर पर आए। कितने स्नेह से मिले। कोटा-सम्मेलन में गया था, उनसे भेंट हुई थी। कोटा से बूँदी हम लोग साथ आए, साथ लौटे। सरलता उनके चेहरे से टपकती थी। सही अर्थों में पूरे कवि। रास्ते-भर कविता सुनाते रहे।

पटना में उनसे मिलकर कितनी प्रसन्नता हुई थी। किन्तु थोड़े दिनों के बाद यों ही खबर मिली, वह भी अचानक चल दिए!

जिन्दगी कितनी क्षणिक है! मृत्यु किस तरह आकस्मिक आती है! क्या एक दिन मुझे भी यों ही अचानक चल देना पड़ेगा?

पटना
20 फरवरी 1955

कई दिन हो गए, किन्तु उस बात की याद भी मन-प्राण को तृप्त कर देती है।

श्यामसुन्दर जी ने वह उदारता और महत्ता दिखलाई, जिसकी मैं कल्पना भी नहीं करता था।

उनके पिताजी से मैं मिल चुका था। उन्होंने मुझे मुजफ्फरपुर बुलाया था। किन्तु, आने में देर कर दी। और, आए, तो फिर आगे के लिए तारीख बढ़ा दी—23 को आइए! गोत्र और धन की झंझट खड़ी कर दी!

मुझे गुस्सा आया। रात में अच्छी नींद नहीं पड़ी। बेचारा बेटी का बाप। जब मुझे इतनी परेशानी उठानी पड़ रही है, तो दूसरे बेचारों की क्या हस्ती!

भोर में उनके पिताजी चले गए। मैंने उन्हें अपने निकट बुलाकर कहा—आप अपने दिमाग से शादी की बात हटा दीजिए। एम.ए. का फाइनल है, कहीं इस प्रपंच में आपकी परीक्षा न खराब हो जाए! यदि मैं जानता, आपके पिताजी ऐसी झंझटें रखेंगे, तो मैं चर्चा भी नहीं करता!

उन्होंने कहा, रात-भर मैं भी परेशान रहा हूँ। एक प्रश्न रखूँगा आपके सामने—क्या आप मुझे अपनी बेटी तब भी देना पसन्द करेंगे, यदि मेरे पास इतना धन नहीं हो!

"मेरे पास क्या धन है, जो मैं धनी खोजूँ? मुझे तो आपकी विद्या और चरित ने मोह लिया है। धन भी है, तो मैंने सोने में सुगन्ध माना।"

वह यह बोले—तो मैंने तय किया है, मैं महन्थजी का सारा धन अपने छोटे भाई को लिख देता हूँ और आपकी लड़की से विवाह कर लेता हूँ! पिताजी को धन का मोह है, तो लें वह धन! बड़े बेटे को नहीं रहा, छोटे को रहा—उनके लिए तो बराबर है।

मैं तो अवाक्! यह दूसरा अष्टम एडवर्ड कहाँ से आ पड़ा।

मैंने गद्‌गद् होकर कहा—बस, बात तय हो गई। आप निश्चिंत पढ़ें। अब आपके बाबूजी से मैं बातें कर लूँगा।

उन्होंने बताया, किस प्रकार जयप्रकाश जी को उन्होंने भू-दान में पचहत्तर एकड़ जमीन दी थी, तो उनके पिताजी को बुरा लगा था। इस शादी में भी यह जानते हुए कि मैं जयप्रकाश जी को वचन दे चुका हूँ, वह तरह-तरह की बातें उठा रहे हैं!

उनकी इस दृढ़ता की चर्चा मैंने जयप्रकाश जी से की, तो उन्होंने कहा—उनसे यही आशा थी! फिर उनकी भूरि-भूरि प्रशंसा करने लगे।

सचमुच मेरी प्रभा बेटी बड़ी भाग्य वाली है, तभी तो उसे ऐसा योग्य वर प्राप्त होने जा रहा है!

काठमांडू
26 फरवरी 1955

फिर काठमांडू!

किन्तु, थोड़े ही दिनों में काठमांडू बदल गया है।

जाड़ा गया; गरमी, धूल, धक्कड़!

इधर कई बार भूकम्प आया है।

राजनीति में भी भूकम्प! भद्रकाली जी मन्त्री नहीं रहे, टंक प्रसाद भी नहीं रहे। मातृका बाबू की नैया डग-मग है।

महाराजाधिराज ने सारा अधिकार युवराजाधिराज को दे दिया है।

युवराज ने चार विभाग अपने हाथों में ले लिए हैं। घोषणा की है, वह नई सरकार बनाएँगे। सभी पार्टियों से उनके विस्तार और कार्यों का लेखा-जोखा माँगा है।

चारों ओर हलचल है। नई-नई अफवाहें हैं।

मैं सभी से मिलता हूँ, सुनता हूँ।

आया हूँ, महन्थजी के काम से। अभी तक उनका काम लटक रहा है। न जाने क्या होता है? यहाँ न किसी की बात का ठिकाना, न किसी बात का ठिकाना।

सारी बातें गड़बड़! सोचा था, ग्रन्थावली का काम कर लूँगा, तो बी.पी. है नहीं!

काठमांडू
27 फरवरी 1955

रात बहुत देर तक नींद नहीं आई। श्यामसुन्दर जी के पिताजी ने कहला भेजा था, 28 फरवरी को वह मुजफ्फरपुर आएँगे। हम यहाँ फँसे हैं, न जाने वे क्या सोचें?

आज हमने तय किया, उन्हें तार कर दें कि ज्यों ही आपके पिताजी आवें, हमें तार से सूचित कीजिए।

दिन में भद्रकाली जी के घर खाया। मेरी भतीजी ने कितने प्रेम से मछली बनाई थी!

उस लड़की ने अपने प्रेम से मुझे जीत लिया है।

गणेश मानसिंह से मिला, उन्होंने कहा, दस ग्राहक मैं बना दूँगा। केसर शमशेर के रुपए, दो ग्राहकों के मिल गए।

ढाई बजे भारतीय राजदूत से मिला। बड़ी देर तक बातें होती रहीं। बोले, अब आइए, तो दूतावास में ही ठहरिए। कल भोजन के लिए आमन्त्रित किया।

सन्ध्या को नेपाली लेखक संघ की बैठक में गया। यहाँ के सभी साहित्यिकों से एकत्र ही भेंट हो गई। बड़े स्नेह से मिले।

सिमरा
1 मार्च 1955

बरगद का पेड़। सरपत पर बिस्तरा डाल दिया है। सामने फूस की झोपड़ियाँ हैं—उनमें दुकानें हैं, खाइए, चूड़ा-दही, भूँजा-भड़ी, पूड़ी-मिठाई। कुछ यात्री बैठे हैं। कुछ हमारे साथ ही प्लेन से उतरे हैं। कुछ प्रतीक्षा में पड़े हैं। यह रेलवे-स्टेशन है। कहाँ मुसाफिर खाना, कहाँ कोई इन्तजाम। यह नेपाल है। यात्रियों की वेशभूषा देखिए, वह भुटिया औरत धारीदार लहँगा, गुलाबी फतुही, रोएँदार टोपी पर सुनहरा गोटा! वह नेपाली औरत—गले में मूँगे की माला, कान में बालियाँ, नाक में गुल्फी, नथुनी। हरी कमीज—कमर में चारखाने का दुपट्टा लपेटे, ढीला पाजामा, कपड़े का जूता। उधर एक सिक्ख परिवार—सरदारजी भारतीय फौज के मालूम होते हैं। क्या शानदार दाढ़ी, उसे जालियों से समेट रखा है। रह-रहकर मूँछों पर ताव दे रहे हैं। एक मारवाड़ी सज्जन—जरा पगड़ी देखिए! कितने को लपेट रखा होगा इस पगड़ी में! वह एक सभ्य नेपाली युवक—नेपाली लकदक, कोट के बटन में गुलाब लगा रखा है! हमारी और देखकर घूर रहे हैं—हम हिन्दोस्तानी हैं, इनके शब्दों में मधेसिया ! चारों ओर पेड़ हैं, खेत हैं। आम में मंजरी लगी है, खेत में गेहूँ गदराया है। अरे, वे दो कुत्ते लड़े—खों खों, खाँव खाँव, कें कें। मोटा कुत्ता दुबले कुत्ते के ऊपर हावी हुआ, यह नोंच रहा; वह बेचारा केंकें कर रहा। उसे यों गिरा हुआ देखकर दो कुत्ते और आ गए और नोंचने लगे! क्या ये कुत्ते नेपाल की राजनीति का प्रतिनिधित्व करते हैं!

मुजफ्फरपुर
2 मार्च 1955

क्या तमाशा, कल मैं यहाँ दौड़ा-दौड़ा पहुँचा, तो श्यामसुन्दरजी के पिताजी वापस चले गए! यह कहकर कि शादी अगले साल हो! बेनीपुरी, बेटी जन्माया है, तो इन मानसिक यन्त्रणाओं को भुगतो! उफ़!!

बेनीपुर
11 मार्च 1955

परसों यहाँ, मेरे इस दरवाज़े पर, कैसी भीड़भाड़ थी। आज यह सूना है। बगल में चटाई पर रानी पड़ी हैं। भोर से ही उन्हें दस्त हो रहे हैं; पेट में दर्द है। आँय, आँय कर रही हैं। अभी उनके सिर में तेल मल दिया है। परसों होली थी। देवेन्द्र, महेन्द्र, दुलहिन, प्रभा, लल्लन, मन्नन,

रत्तन, छोटन—घर-आँगन भरा-पूरा। आज सिर्फ बुढ़वा, बुढ़िया! बुढ़िया बीमार—बूढ़ा तीमारदार!

हर उत्सव उदासी की एक लम्बी छाया छोड़ जाता है। यह घर कितना उदास लग रहा है।

हम उदास हो लें, प्रकृति अपने रग-उमंग को क्यों कम करे। चारों ओर चिड़िएँ चहक रही है। गौरय्ये, मैने, खरगट, कौवे, नीलकंठ—सबने बाज़ी लगा ली है कि कौन कितना बोल पाता है। वे बोलते हैं, फुदकते हैं, उड़ते हैं, फिर बैठते हैं! कुछ गौरय्ये सामने की धूल में रह-रहकर लोट-पोट जाते हैं।

मैं कहा करता हूँ—आँगन में बच्चे, क्यारियों में फूल, हवा में पंछी और आसमान में तारे न हों, तो संसार कितना सूना लगे।

मेरे सभी बच्चे चले गए हैं—क्या उनके कोलाहल को ये पंछी पूरा करना चाहते हैं। पंछी की चें-चें—कितने मोहक लगते हैं। किन्तु बच्चों की तुतलाहट उनसे भी मीठी होती है न? जब छोटन बा-बा बा-बा कहता था, कितना प्रिय लगता था?

फाल्गुन बीत गया। चैत का अवसाद चारों ओर छाया हुआ है। खेत-खलिहान, घर, मन—सब पर! सामने जो छोटे-छोटे पेड़ लगा दिए हैं, उनसे नई-नई कोंपलें फूट रही हैं। चिकने-चिकने, लाल-लाल, कोमल-कोमल पत्ते! लीचियों में मंजरियाँ फूट रही हैं!

प्रभा आई थी; उसके सामने ही उसकी शादी की चर्चा होती थी। अनमनी हो रही थी, उदास बन जाती थी, एक बार रो भी पड़ी थी। भोली बच्ची। घर की ममता, माँ की ममता। शकुन्तला में कालिदास ने बेटियों की इस ममता का कैसा करुण-कोमल चित्र खींचा है!

जब-जब होली आती है, जित्तिन की याद आती है। यह आठवीं होली थी, जिसमें वह गैरहाज़िर रहा। आठ-आठ होलियाँ घर के बाहर, अपनों से बाहर गँवा देना। कैसी कठोर साधना। इतनी होलियाँ तो मैंने जेल में भी नहीं गँवाई थीं।

चित्त अजीब ढंग से खिन्न है—श्यामसुन्दरजी के पिताजी के कारण सगुन अब तक नहीं पड़ सका; इसी झंझट में अभी तक ग्रन्थावली का दूसरा भाग नहीं निकल सका, मार्च की सप्लाई में अपनी पुस्तकों के बारे में कोई प्रबन्ध नहीं कर सका, शादी में बीस-पच्चीस हजार रुपए लगेंगे—फिर रानी का यों बार-बार बीमार पड़ जाना!

इतने सूत्र समेटूँ तो कैसे? इतने बोझ उठाऊँ तो कैसे? अजीब परेशानियों में फँसा हूँ। इस परेशानी में क्या कला सूझ सकती है?

दिनकरजी ने बताया है, जिन दस हिन्दी-पुस्तकों को भारत-सरकार भारत की बारह भाषाओं में अनुवाद कराने जा रही है, उसमें मेरी "माटी की मूरतें" भी हैं! "माटी की मूरतें"—इस पुस्तक के भाग्य का कहना? यह अभी तक मुझे क्या दे सकी है और क्या देने जा रही है, मैं स्वयं उसका अनुमान नहीं लगा पाता। दिनकर बता रहे थे, रायल्टी से अच्छे पैसे मिल जाया करेंगे, किन्तु मुझे तो सबसे बड़ी प्रसन्नता इस बात की है कि भारत की सभी भाषाओं में मेरी यह कृति आने जा रही है—एक लेखक के लिए और क्या चाहिए।

सर्वोदय-नगर
पुरी
26 मार्च 1955

गया से पुरी—सर्वोदय ने कितना लम्बा रास्ता तय कर लिया है। और सन्त विनोबा ने यह लम्बा रास्ता पैदल ही तय किया है।

जब बिहार में भेंट हुई थी, मैंने सन्त से कहा था, शंकराचार्य के बाद शायद ही किसी महापुरुष ने इतनी लम्बी यात्रा पैदल की हो! अब तो कह सकता हूँ, शंकराचार्य ने भी इतनी लम्बी पद यात्रा नहीं की होगी!

हैदराबाद से दिल्ली, दिल्ली से पटना–फिर बिहार का कोना-कोना! उसके बाद बंगाल होते हुए इस उत्कल तक!

पुरी पहली बार आया हूँ। कैसा हूँ मैं? न जाने क्यों, यात्रा से, उत्सवों से मुझे विरक्ति रही। और अब वह दबी हुई अनुरक्ति जगी है, तो दिन-रात दौड़ता ही रहता हूँ।

विनोबा ही ऐसे जन-नायक हैं, जो हम साहित्यिकों को बार-बार याद करते हैं! हमने उन्हें कुछ नहीं दिया, जरा सहानुभूति दिखलाई, और वह हमारे नाम सदा लिया करते हैं। बिहार के साहित्यिकों में बेनीपुरी और दिनकर ने हमारा साथ दिया है, ऐसा बार-बार कहा करते हैं। मैंने दिनकर से भी कहा था, पुरी चलो। वह नहीं आ सके; मैं आया।

इस बार का यह सर्वोदय सम्मेलन एक क्रान्तिकारी कदम उठाने जा रहा है, विनोबा के भाषण से प्रारम्भ से ही प्रकट हो गया। उन्होंने अपने भाषण में तीन बातों की अवतारणा की–

(1) क्या कांग्रेस देश की प्रगति में बाधक नहीं हो रही है?

(2) अहिंसा का मतलब जो धीरे-धीरे बढ़ना बताया जाता है, यह गलत है।

(3) जनतन्त्र में भी सत्याग्रह के लिए स्थान है!

गाँधीजी ने आजादी के बाद कांग्रेस को भंग कर देने की राय प्रगट की थी। कांग्रेस को भंग कर उसके सेवकों से लोक-सेवक संघ की स्थापना करने का सुझाव दिया था। मतलब यह था कि सेवकों की एक संस्था हो जो शासकों पर अंकुश रख सके। वैसा नहीं किया गया। कांग्रेस शासन की संस्था बन गई है, जिसका एकमात्र उद्देश्य चुनाव है–तीनों कालों को एक जगह केन्द्रित किया गया है–चुनाव के पहले, चुनाव के मध्य, चुनाव के बाद! अतः क्या यह अवसर नहीं आ गया है कि सर्व-सेवा-संघ को ही हम वह रूप दें, जो गाँधी जी कांग्रेस को देना चाहते थे?

कहा जाता है, देश को समाजवादी ढाँचे में ढालना है। किन्तु चूँकि इस ढाँचे को अहिंसा की पद्धति से ही ढालना है, अतः धीरे-धीरे बढ़ना पड़ेगा। यों अहिंसा को एक निर्बल अस्त्र मान लिया गया है। यह मान्यता घातक है, क्योंकि जो लोग तुरन्त ही समाज का ढाँचा बदल देना चाहें, उन्हें यह मान्यता हिंसा के मार्ग पर जाने को प्रेरित करती है! अहिंसा न कमज़ोरों का अस्त्र है, न कमज़ोर अस्त्र है। इसे सद्यःफलदायी बनाना है, तभी संसार इसको स्वीकृत कर सकेगा।

जनतन्त्र में सत्याग्रह के स्थान के बारे में भी विवाद उठा है। जब तक असत्य है, अन्याय है, तब तक उसके प्रतिकार के लिए कुछ किया ही जाता रहेगा और सभी प्रतिकारों से सत्याग्रह अति शुद्ध है, अतः प्रजातन्त्र में इस शुद्ध प्रतिकार की ही आवश्यकता है।

विनोबा के कहने का तात्पर्य यही था। मुझे प्रसन्नता इस बात की है कि इस बार सर्वोदय के मंच पर मिनिस्टर कम दीखे। मंच पर सिर्फ उत्कल के राज्यपाल थे, वह शायद इसीलिए कि राष्ट्रपति राजेन्द्र बाबू उनके अतिथि हैं।

सन्ध्या को जयप्रकाश जी, कांग्रेस सभापति ढेबर भाई और राजेन्द्र बाबू बोले। काका कालेलकर भी बोले, किन्तु वह क्या बोले–ऐसे बड़े आदमी से ऐसी अंटशंट बातों की आशा की जा सकती है?

विनोबा के भाषण में ऐसा था कि वह सभी गांधीवादियों का आह्वान कर रहे हैं कि

वे भिन्न-भिन्न क्षेत्रों में काम करना छोड़कर इस काम में ही पिल पड़ें। जयप्रकाश जी ने उसका स्पष्टीकरण रखा। बड़ी विनम्रता से उन्होंने यह रखा कि दो वर्ष का समय वे इस कार्य में दें कि यह क्रान्ति 1957 के पहले ही पूरी हो जाए। इसके चलते अन्य कार्यों के दफ्तरों में ताले भी लग जाएँ, तो कोई हर्ज नहीं—यह उन्होंने जोर देकर कहा!

बेचारे ढेबरभाई—जब विनोबा कांग्रेस के बारे में और कांग्रेसी सरकार की रीति-नीति के बारे में कह रहे थे, मैं ढेबरभाई के चेहरे की ओर देख रहा था! बेचारे परेशान से लगते थे। लोग उत्सुक थे, देखें, ढेबर भाई उसके जवाब में क्या बोलते हैं?

किन्तु क्या बोलते? शुरू से ही लगा, तुतला रहे हैं। देश में तीन ही नेता हैं, विनोबा, नेहरू और जयप्रकाश—यह कहकर उन्होंने अपनी प्रतिष्ठा की रक्षा की !

राजेन्द्र बाबू ने स्वीकार किया, यहाँ जो चिन्तन चल रहा है, वह ध्यान देने योग्य है। लोगों को इसके बारे में सोचने को बाध्य होना पड़ेगा! किन्तु, लोग तो यह चाहते थे, राजेन्द्रबाबू कब इस्तीफा दे रहे हैं?

ऐसा स्पष्ट दीख रहा है, इस आन्दोलन में विनोबा के बाद, अब जयप्रकाश का ही स्थान है। सर्व सेवा संघ ने अपने कलेंडर में विनोबा के साथ जयप्रकाश का ही चित्र रखा है। इसका क्या अर्थ?

पुरी
29 मार्च 1955

पाँच दिनों पर पुरी से लौट रहा हूँ। कितना सुख मिला, कितने अनुभव हुए।

जिस दिन आया, सन्ध्या को दौड़ा-दौड़ा समुद्र देख आया। समुद्र देखना कितना अच्छा लगता है। नीले अनन्त आकाश के नीचे असीम जल-राशि तरंगें फेंकती, झाग उड़ाती, हा-हा करती आती है और तट से टकराकर, कुछ झाग किनारे पर फेंक, फिर लौट जाती है!

बम्बई के समुद्र की अपेक्षा यहाँ के समुद्र की तरंगें ऊँची उठती हैं। बगल में ही बंग-सागर है न, जहाँ की धूर्मियाँ जग-जाहिर हैं।

तट की बलुही जमीन पर बच्चे किलोल कर रहे, नाना रंग की साड़ियों में नारियाँ टहल-घूम रहीं, युवक कभी समुद्र की ओर कभी इन साड़ियों की लहरों को निहार रहे। कुछ भक्त ध्यानस्थ बैठे मन्त्र बुदबुदा रहे। कुछ साहसी युवक समुद्र में धँसकर उसकी तरंगों से खिलवाड़ कर रहे—वे घुटने-भर पानी में खड़े हैं कि उधर से तरंगों का हिलोर आया, उन्हें ऊपर उठा लिया और किनारे पर पटककर फिर वापस चला गया!

मछुए अपने लम्बे-लम्बे जाल सुखा रहे हैं, समेट रहे हैं। उनकी नावें रेती पर पड़ी हैं। यह मछली का टोकरा—ताज़ा, ज़िन्दा मछलियाँ तड़प रहीं। कितनी सुन्दर! किन्तु उन्हें देखते ही जीभ पानी-पानी हो गई!

किनारे पर होटल ही होटल! यह पुरी समुद्र तट का अच्छा स्वास्थ्य-स्थान भी तो है।

× × ×

पुरी का विख्यात जगन्नाथ मन्दिर—दो बार देख आया। एक बार दिन में, एक बार रात में। रात में मूर्ति देखी, काठ की लुंज-पुंज मूर्ति है यह। जब आसाढ़ महीने में मलमास पड़ता है, यह मूर्ति बदल दी जाती है। इतने दिव्य, भव्य, सुन्दर मन्दिर में ऐसी कुडौल, अनगढ़ मूर्ति!

मन्दिर, क्या कहना? सड़क की सतह से चार सौ फीट ऊँचा है यह। बनावट सुन्दर, चारों ओर सुन्दर मूर्तियाँ खुदी हुईं। बोलती-सी मूर्तियाँ। किन्तु, बीच में ऐसी अश्लील मूर्तियाँ

कि कोई बहू-बेटी के साथ यहाँ आना भी पसन्द नहीं करे!

समझ में नहीं आता, ऐसा क्यों किया गया है। कहा जाता है, इस मन्दिर में भारत के सभी सम्प्रदायों को समन्वित करने की चेष्टा की गई है। ये मूर्तियाँ वामपन्थियों का प्रतिनिधित्व करती हैं।

चारों ओर पंडे ही पंडे। ये पंडे यात्रियों से चिपक जाते हैं, उन्हें ठगते हैं, लूटते हैं। यहाँ का प्रसाद भात है, भात के दोने सरेआम बिक रहे हैं! भात से सड़ाँध गन्ध निकल रही है। प्रसाद रूप में जो चीजें भी बिक रहीं, सभी बासी, दुर्गन्ध-भरी। फूलों की मालाओं में भी दुर्गन्ध!

किन्तु इस मन्दिर की विशालता और भव्यता हृदय में घर कर गई है। कैसे होंगे वे लोग, जिन्होंने इसकी रचना की होगी। बड़े-बड़े ढोंकों को काटकर, ढोकर यहाँ लाए होंगे। फिर उन्हें सुडौल बनाया होगा, उन पर इतनी बारीक नक्काशी की होगी। फिर उन्हें ऊपर चढ़ाया होगा, एक पर एक रखा होगा—ऐसे कि नक्काशी पर जरा आँच न आए और वे इस तरह स्थिर हो रहें कि सदियों के बाद भी पूर्ण रूप में स्थिर रहें, स्थापित रहें! बारहवीं सदी के अन्त में इसका प्रारम्भ हुआ था। लगभग दो सदियों तक इस पर काम होते रहे—धन्य वह पराक्रम, कौशल और अध्यवसाय!

× × ×

जब मानव गति में होता है, वह मुझे सुहावना लगता है। तनी हुई नसें, कसे हुए पुट्ठे—समूचा शरीर, लगभग अंग-अंग कितनी ही टेढ़ी-मेढ़ी रेखाएँ बनाता हुआ! फिर इस गति में कोई सिद्धान्त हो, कोई उद्देश्य हो, लक्ष्य हो, तो क्या कहना? तब आँखों में एक ज्योति होती है, चेहरे पर एक कान्ति फूटती रहती है! मैं मानव को इस रूप में देखता हुआ कभी नहीं अघाता!

मैं आजकल राजनीतिक सम्मेलनों में नहीं जाता। क्योंकि वहाँ या तो मोटी चर्बी पाता हूँ, या खिंचे-भिंचे चेहरे! किन्तु, यहाँ जो लोग एकत्र हुए थे, उनमें वह बात पाई कि मन प्रसन्न हो गया!

सचमुच यह भू-दान क्रान्ति का रूप धारण कर रहा है। उत्कल में पहुँचकर विनोबा ने अपने नारे को बदल दिया है। 'भू-दान सफल हो' को उन्होंने 'भू-क्रान्ति सफल हो' कर दिया है। सफल होगा या नहीं, किन्तु उसने क्रान्ति का रूप पकड़ लिया है, यह तो स्पष्ट पाया!

एक दिन यहाँ साहित्यिकों का आह्वान मैंने विनोबा के निकट किया और पूछा, बताओ, हम तुम्हारी इस क्रान्ति के लिए क्या करें? सन्त ने किस ऊँचाई से बातें कीं। साहित्य की कैसी निर्मल उदात्त व्याख्या की और तुकाराम का प्रसंग—कहा—राम, तुम अपने नाम की महिमा स्वयं नहीं जानते। सचमुच हम साहित्यिक क्या अपनी महिमा का अनुभव करते हैं! यदि करते, तो यह शुद्धता क्यों हममें होती।

खैर, सन्त ने कहा—तुम कुछ लिखो या न लिखो, यही कहूँगा, मैं इस काम में जो रस का अनुभव कर रहा हूँ, उसे थोड़ा तुम भी चखो!

सन्त, समझता हूँ, तुम हमें किस ओर खींच रहे हो। तुम जानते हो, हम भावना-प्रवण हैं, एक बार जिस ओर मुड़े, मुड़े। फिर तुम भी हमें उससे हटा नहीं सकते!

और, तब से मन में द्वन्द्व उठ रहा है। मैंने जयप्रकाश से कहा भी, इधर बेटी की शादी में तीन महीने फँसा रहूँगा, किन्तु सोच रहा हूँ, इसके बाद सन्त के इस क्रान्ति-रस का आस्वादन करूँ। जब कुछ साथियों को यह मालूम हुआ, वे तो उछल पड़े!

× × ×

पुरी से प्रस्थान कर रहा हूँ। वे झोंपड़े कैसे सूने दीख पड़ते हैं, जो कल तक इतने भरे-पूरे

थे कि आदमी की अँटाई नहीं हो पाती थी।

प्रबन्ध कितना उत्तम था! यहाँ के मुख्यमन्त्री भाई नवकृष्ण को देखकर कौन समझ पाता, यही आधी बाँह का कुरता वाला, नंगे पाँव इधर-उधर दौड़ता रहनेवाला, स्वयंसेवक की तरह दिन-रात खटनेवाला, इस प्रान्त का सर्वोच्च शासक है। और उनकी धर्मपत्नी--मालतीजी, खुद झाड़ू लगा रही हैं, पत्तल बटोर रही हैं। कभी ये दोनों हमारी पार्टी में थे, हमारे साथी थे, यह कल्पना ही क्या प्रफुल्लित कर देनेवाली नहीं है!

हाँ, पुरी छूट गई! चारों ओर नारियल के, केले के बगीचे हैं। खजूर और ताड़ों की भरमार। बगीचों में केंवड़े के बाड़े हैं। आज जिनमें काँट-छाँट हैं, वे जब खिलेंगे, चारों दिशा में महँमहँ हो उठेंगी।

ये देखिए, एक झील-सी दिखाई पड़ रही है, किनारे-किनारे धनखेतियाँ। कहीं धान पक गया है, कट रहा है। कहीं बुआई ही हो रही है, कहीं रोपाई चल रही है। उस खेत के धान में गम्हड़े आ गए होंगे। यह बारह-मासा धान!

खेतों में, बगीचों में, सड़क पर जाते हुए, गाय-भैंस चराते हुए, किसान और उनके बच्चे दिखाई पड़ते हैं! उड़ीसा गरीब है--उनके काले शरीर को देखकर ही कोई भी उनकी गरीबी का अन्दाज़ा लगा सकता है।

किन्तु, क्या ये हृदय के भी निर्धन हैं! नहीं, नहीं! इनकी भक्ति, इनकी सेवा, इनकी सज्जनता की छाप लिए जा रहा हूँ। जिस प्रान्त ने भाई नवकृष्ण को अपना नेता माना है, वह उन्नति करके रहेगा--आर्थिक और भौतिक उन्नति भी। मैं इस विश्वास से जा रहा हूँ, उत्कल के इन किसानों को भरा-पूरा भी देख सकूँगा!

कलाप्रियता तो उत्कल को बपौती में मिली है। उस रात छाऊ-नृत्य देखा ! कैसा उत्तम नृत्य था! फिर प्रदर्शनी में उत्कल की हस्तकला के जो नमूने देखे ! पत्थर पर कैसी कारीगरी--जिन्होंने जगन्नाथ के मन्दिर की वे मूर्तियाँ बनाईं; उनका खानदान कायम है। सींग की कारीगरी--मैं तो ऐसा मुग्ध हुआ कि उनमें से कुछ को खरीद भी लिया! बेंत की, नारियल की पत्तों के बनी थैलियाँ, टोकरियाँ! सींक की कला बिहार में मर चुकी, यहाँ अब भी जीवित है!

जो अच्छे किसान हैं, जो कुशल कारीगर हैं, उनकी उन्नति तो अनिवार्य है !

सन्ध्या हो रही है, सूर्य डूबने जा रहा है, धीरे-धीरे अन्धकार फैल रहा है। उत्कल की भूमि की श्यामलता को, उसके सुन्दर भविष्य को अभिवादन करता हुआ, मैं लिखना समाप्त कर रहा हूँ। सियाराम, जरा बिजली जला दो, भाई!

भुवनेश्वर
31 मार्च 1955

सियाराम कह रहा है, यहाँ तो पेट में सदा खाँव-खाँव मची रहती है और पलकों पर नींद मँडलाती रहती है--कैसी है यह जगह!

उत्कल ने बड़ी अच्छी जगह पर अपनी राजधानी बनाने का निश्चय किया है। यहाँ की जल-वायु क्या कहना? यदि फुरसत होती, कुछ दिनों तक यहाँ का मज़ा लेता। भाई नवकृष्ण चौधरी ने तो स्थायी निमन्त्रण ही दे रखा है।

परसों यहाँ आया। राज्य-अतिथिशाला में ठहरा हुआ हूँ। सुख-सुविधा का पूरा प्रबन्ध। दो दिनों से यहाँ नृत्य-गीत भी चल रहा है। पहले दिन स्पीकर ने पार्टी दी थी, कल लाट साहब

ने। मुझे अनायास ही यहाँ की कला देखने का अवसर मिल गया।

उत्कल का संगीत और नृत्य, दोनों मनोहर! यहाँ के अपने संगीत और नृत्य हैं। जो गाँवों में मुरझा रहे थे, वे अब राजधानी में भी अपना जौहर दिखा रहे हैं।

भुवनेश्वर एक प्राचीन स्थान है। जिधर देखिए, प्राचीन मन्दिरों की भरमार। सैंकड़ों साल पहले, कोई-कोई तो हजार साल पहले, ये मन्दिर बने। जिन्होंने बनवाए, उनका वंश नहीं रहा, पुजारी भी चल बसे, बहुत-से मन्दिरों की मूर्तियाँ भी खिसक गईं, किन्तु ये मन्दिर खड़े हैं। प्रकृति ने इन्हें गहरे झकझोरा है, अंग-अंग पर दाग़ हैं, धब्बे हैं, अंग-भंग भी हुए–किन्तु तो भी ये खड़े हैं, खड़े हैं!

स्थापत्य की दृष्टि से राजरानी-मन्दिर बहुत पुराना होने पर भी दर्शनीय है। मन्दिर का जो आकार है, आयतन है, उन पर जो मूर्तियाँ खुदी हैं, मानो उन्हीं का विकास लिंगराज के उस भव्य मन्दिर में हुआ है, जिसे भुवनेश्वर कहा मन्दिर कहा जाता है। यह मन्दिर जगन्नाथ के मन्दिर से भी सुन्दर है, इसमें तो शक ही नहीं। इसमें खुदी कुछ मूर्तियाँ तो मूर्तिकला की दृष्टि से संसार की उत्कृष्टतम मूर्तियों से मुकाबला कर सकती हैं। पंडा कहता था, यह मन्दिर जगन्नाथ के मन्दिर से पाँच हाथ ऊँचा है! हो सकता है, किन्तु जगन्नाथ के मन्दिर का प्लिंथ इतना ऊँचा है कि वह इससे कहीं शानदार लगता है! पत्र लिखती हुई नारी की एक मूर्ति ऐसी है कि उसे देखते आँखें नहीं अघातीं। इतना सुन्दर चेहरा–नाक, आँख, भौं, ललाट, कपोल, अधर, जहाँ नज़र गई, गड़ रही। केशों का विन्यास, कानों के आभूषण, शरीर के वस्त्र, छाती का उभार, हाथों के कंगन, कोमल उँगलियों में वह लेखनी, वह ताल-पत्र–धन्य है वह मूर्तिकार, जिसने यह मूर्ति बनाकर विधाता को भी चुनौती दी है!

भुवनेश्वर में कुछ जैन-गुफाएँ हैं। बगल में एक पहाड़ी है, पहाड़ी में गुफाओं की कई शृंखलाएँ हैं। हर गुफा के द्वार पर कुछ सुन्दर मूर्तियाँ खुदी हुईं। इन गुफाओं में जैन-मुनि रहा करते थे। मेरा आकर्षण इधर भगवान महावीर की ओर हो रहा है। वैशाली के इस सपूत ने जिस धर्म की नींव डाली, वह भारत के कोने-कोने में फैला, अब भी अनेक अवशेष देश के हर भाग में पाए जाते हैं–किन्तु जहाँ उनका जन्म हुआ, वहाँ कोई नामलेवा भी नहीं। कैसा आश्चर्य! ये गुफाएँ बाईस सौ वर्षों की पुरानी हैं!

नीचे जैनियों की एक धर्मशाला है, ऊपर दिगम्बर जैनियों का एक मन्दिर है। काले पत्थर की पारसनाथ की दिगम्बर मूर्ति बड़ी सुन्दर है। किन्तु मुझे तो इन मन्दिरों में जाने पर उद्विग्नता ही होती है। जगह-जगह संगमरमर पर अपने नाम खुदवा-खुदवा कर इन लोगों ने अपने धन की धौंस ही जमाने की चेष्टा कर रखी है।

जहाँ यह राजधानी बन रही है, वहाँ पहले जंगल ही जंगल था, जहाँ बनैले पशु विचरण किया करते थे। बाघ भी थे। जंगल को काटा जा रहा है, नई-नई इमारतें बनाई जा रही हैं। यूरोप के एक सुप्रसिद्ध नगर-निर्माता से इसका नक्शा तैयार कराया गया है। नगर पाँच भागों में विभक्त होगा, अभी तीन ही तैयार हो सके हैं।

कल असेम्बली देख आया। छोटा-सा, बदसूरत मकान! एक सौ चालीस ही सदस्य हैं। अधिकांश स्थान खाली। बजट पर विचार चल रहा था, और सदस्यों की यह उदासीनता! भाषण उड़िया में हो रहे थे, किन्तु प्रस्ताव आदि अंग्रेजी में ही अध्यक्ष उपस्थित करते थे!

तिपहरिया से ही एक अजीब हवा बहने लगती है, शीतल, सुखकर। प्रायः दक्षिणी हवा। जोरों से बहती है–अंग-अंग में स्फूर्ति भरती है। यहाँ का पानी भी खूब पचानेवाला है।

अभी यहाँ के डी.वी.आई. मिल गए हैं। उनका नाम है, डॉक्टर वलभद्र प्रसाद। बिहार के ही रहनेवाले हैं। नवी भाई ने बड़ी तारीफ की थी इनकी। बड़े ही सरल–बिहार की सरलता

के उत्कृष्टतम उदाहरण!

ग्रन्थावली के बारे में बातें हुई हैं। भारत सरकार हिन्दी पुस्तकों के लिए ग्रांट देनेवाली है। कहते थे, सभी हाई स्कूल के लिए खरीद लेंगे। 220 हाई स्कूल हैं, 550 मिडिल स्कूल। मिडिल स्कूलों के लिए फुटकर पुस्तकें खरीदने की कोशिश करेंगे।

बेनीपुर
23 अप्रैल 1955

बेटी का ब्याह! क्या बला है? बेटी दो, धन दो; धन के लिए धरम दो। कहाँ-कहाँ न जा रहा हूँ; क्या-क्या नहीं कर रहा हूँ।

कभी संग्रह करके रखा नहीं, कमाया, उड़ाया! अब एक साथ पन्द्रह-बीस हज़ार रुपए चाहिए। व्याकुल हूँ, परेशान हूँ। दिन-भर दौड़धूप—रात में अच्छी नींद नहीं।

ज्यों-ज्यों शादी के दिन करीब आ रहे हैं, चिन्ता बढ़ती जा रही है। मेरी परेशानी में कोई शिरकत करनेवाला नहीं। सब चूसनेवाले, झूसनेवाले। उफ़!

संयोग कहिए कि ऐसे अच्छे दामाद मिल गए। कल भेंट हुई। कहा, 24 जून की शादी तो तय है ही। देने-लेने के बारे में भी आप अधिक चिन्ता मत कीजिए!

कुछ आश्वस्त हुआ। किन्तु, सोचता हूँ, आखिर इन्हें भी तो कुछ आशा होगी। कम से कम इतना तो चाहते ही होंगे कि इस तरह शादी हो जाए, कोई हँसे नहीं, कोई यह नहीं कहे कि तुम ठगे गए।

फिर एक ही बेटी। मन में तरह-तरह के अरमान हैं।

जीवन में इस आखिरी उत्सव में तो सभी मित्रों को बुला लूँ। मित्रों की एक पलटन ही तो है। राजनीति में, साहित्य में, कला में—सब जगह मित्रों की भरमार। एक बार उन्हें घर पर बुलाकर उनकी थोड़ी आवभगत तो कर लूँ!

उस दिन दिनकर मिले, कहने लगे, तीस हजार से क्या कम खर्च करोगे? मैंने कहा—पैसे कहाँ? बोले, भूमिहार की वह शादी क्या, जिसमें खेत न बिके, कर्ज न हो।

बेचारे को मालूम नहीं कि कितना खेत मेरे पास है और कर्ज किस बिरते पर कोई मुझे देगा?

एक प्रकाशक बोले—मैं कसम खाकर कह सकता हूँ, आपके पास चालीस-पचास हजार रुपए तो जमा होंगे ही।

जब निकट के लोगों का ही यह भ्रम है, तो जो बाहर-बाहर मुझे देखते हैं, उनके बारे में क्या कहना?

प्रयास में लगा हूँ, आशा है, शादी अच्छी तरह से निभ ही जाएगी!

कभी किसी का नहीं बिगाड़ा, मेरा यज्ञ क्यों बिगड़ेगा? फिर यज्ञ तो जगदीश का!

कहा करता हूँ, ग्यारहवाँ घंटा मेरा घंटा! अभी तक ऐसा ही होता आया है। इस बार क्यों नहीं होगा?

शादी के बाद ही दामाद साहब सपत्नीक विलायत जाना चाहते हैं। जयप्रकाश जी ने लन्दन में श्रीमती विजयलक्ष्मी पंडित को लिखा है, लन्दन स्कूल ऑफ इकोनोमिक्स में इनके लिए जगह का प्रबन्ध कर दीजिए।

बड़ी इच्छा रही, अपने किसी बेटे को विलायत भेजकर पी-एच.डी. कराऊँ। बेटा न सही, दामाद ही सही! एक इच्छा तो पूरी होगी!

सोचता हूँ, इन दोनों के साथ विलायत जाऊँ अपनी मूर्च्छा की दवा करा आऊँ। बुढ़ापे में यह और तंग करेगा—अभी से तंग करने लगा है!

अभी जब इतना लिख चुका था, अचानक सर चक्कर देने लगा। सिर-पैर धोकर, पेट पर गीले कपड़े की पट्टी बाँधकर, लिखने लगा हूँ।

यह हालत और इसी गर्मी में यह दौड़धूप!

फिर कूल्हे का दर्द—पिछले साल यह दर्द उठा, फिर इस साल तंग करने लगा है। फिर बिजली लगवाई हैं। देखें, क्या करता है यह!

ये बीमारियाँ; ये परेशानियाँ। बहुत थक गया हूँ, बहुत थक जाता हूँ। मुझे चाहिए विश्राम! किन्तु विश्राम मिलता कहाँ है?

बार-बार इच्छा होती है, इन झंझटों को छोड़ूँ—किन्तु कहाँ छोड़ पाया? अब सोचता हूँ, बेटी के इस ब्याह के बाद इस बन्धन को ढीला करूँ।

पुरी में आर्यनायकम् जी से बातें हुई थीं। जब मैं सेवाग्राम गया था, उन्होंने कहा था, बुनियादी शिक्षा की कुछ रीडरें तैयार कर दें। पुरी में फिर उन्होंने इस बात की याद दिलाई। मैंने कह दिया है, बेटी के ब्याह के बाद आऊँगा और सेवाग्राम में ही बैठकर रीडरें तैयार कर दूँगा।

अच्छा होगा, एक बहुत बड़ा काम होगा और वहाँ की निश्चिंतता में आराम भी मिल जाएगा। रानी को भी साथ ले जाने की सोच रहा हूँ।

ख़ैर, पहले किसी तरह यह बेटी का ब्याह तो सकुशल सम्पन्न हो ले!

पटना
7 मई 1955

पटना में मेरा यह डेरा भी कैसी अच्छी जगह पर है। घर के सामने एक बगीचा है, यों कहिए, बगीचे में ही यह डेरा है। बगीचे के आम, कटहल, नींबू, महुआ आदि के पेड़ हैं। हमारे यहाँ शादी में एक विधि होती है—आम-महुए के ब्याह की। शादी के पहले लड़कियाँ बगीचे में लाई जातीं और यह ब्याह रचाया जाता है। हमारे इस बगीचे में, ज्यों ही लग्न के दिन आए, कि कोलाहल मचा रहता है। प्रायः प्रतिदिन, दिन में कई बार, यह विधि यहाँ रचाई जाती है। दुलहिनें आती हैं, दूल्हे आते हैं, बाजे बजते हैं, गीत गाए जाते हैं, कुछ हाहा-हीही, कुछ धमा-चौकड़ी भी। दूल्हा साहब दौड़ रहे हैं, जवान लड़कियाँ हाथ में पल्लव लिए उन्हें खदेड़ रही हैं! क्या कहने?

जब यह लिख रहा हूँ, इस बगीचे में कोलाहल है। ढोल, पीपही, ताशे आदि बज रहे हैं। लड़कियाँ गीत गा रही हैं, तरह-तरह के गीत—उमंग में उन्हें यह भी शहूर नहीं कि वे क्या गा रही हैं! अपने ही अंगों को आप उघाड़ रही हैं! बच्चों के कोलाहल के मारे अलग क़ान फट रहे। बूढ़ी-सयानी औरतें विधि को यथाविधि पूरा कराने में लगी हैं। तरह-तरह की साड़ियाँ हैं; तरह-तरह के चेहरे हैं! रंग-बिरंगी साड़ियाँ, रंग-बिरंगी किनारियाँ। सभी सज-धज कर आई हैं। गहने भी झमाझम रहे हैं! बिदियाँ चमक रही हैं! बीच-बीच में तालियाँ पिट रही हैं, ठहाके लग रहे हैं!

हमारे यहाँ एक कहावत है—फागुन के मर्द और लगन की औरत—इन्हें होश-हवास नहीं रहता! अरे क्या हुआ, यदि कुछ दिनों के लिए भी लोकलाज की कड़ियाँ कटीं, आदमी कुछ खुलकर गाया, खुलकर हँसा! हमारी अपने दिनों की जिन्दगी में कितनी उदासी है, कितनी

मायूसी है। फागुन में या लगन में यदि वह कम हुई या भूली जा सकी, तो इसमें बुराई क्या है? ये बन्ने कैसे किलक रहे हैं, ये लड़कियाँ कैसी उछल रही हैं, बूढ़ियों में भी चुहलें चल रही हैं! फागुन तुम्हारी जय, लगन तुम्हारी जय!

मेरे घर में भी तो लगन लगी है, बेटी का ब्याह है! किन्तु कैसा तमाशा, मैं बेचैन हूँ, पैसे किस तरह इकट्ठे हों; मेरे दामाद साहब बेचैन हैं, पिताजी नाक पर मक्खी नहीं बैठने दे रहे हैं। उन्हें एम.ए. की परीक्षा देनी है; मुझे ग्रन्थावली का दूसरा खंड निकाल देना है। वह पढ़े जा रहे हैं, मैं इस प्रकाशक से उस प्रकाशक के दरवाजे मारा-मारा फिर रहा हूँ। ये प्रकाशक! लगता है, मुझे सबक सिखलाना चाहते हैं! रोज वादे, रोज वादाखिलाफी! चिढ़ होती है, गुस्सा होता है!

किन्तु मेरा कौन काम रुका है, जो यह रुक जाएगा? मैंने कब किसका क्या बिगाड़ा जो मेरा यज्ञ बिगड़ेगा! झंझटें सदा आती रही हैं, फिर आई हैं। वे कटीं, यह भी कटेंगी, कटकर रहेंगी! मेरे दरवाज़े पर भी बाजे बजेंगे, गीत होंगे, उछल-कूद होगी, कोलाहल मचेगा, कचरकूट मचेगी—हाँ, बरात आएगी, मित्र इकट्ठे होंगे, हँसी-खुशी में, उत्साह-उमंग में मेरी बेटी का ब्याह सविधि सम्पन्न होगा! चिर-संचित अरमान पूरा होगा!!

पटना
17 मई 1955

कितने आश्चर्य की बात है कि कुछ दिनों से मैंने डायरी लिखना ही छोड़ दिया है; क्योंकि आजकल इतनी परेशानियों में बेचैन हूँ कि सोचता हूँ, अपनी बिपता को कहाँ तक कलमबन्द करके अमर करूँ!

इस डायरी में एक दिन प्रारम्भ भी किया, तो जैसे अपने मन को बहलाने के लिए! जैसे कभी-कभी मन रोता रहता है, तो भी किसी अपरिचित के सामने हँस देना पड़ता है!

यह छलना है! किन्तु मानव ने जान-बूझकर इसे अपनाया है। बेचारा अपने को नंगा करके किस-किस को दिखलावे!

यही देखिए न मेरी हालत!

कभी कुछ संग्रह करके रखा नहीं और छोड़ दिया बेटी के ब्याह का खटराग। कल्पनाशील हूँ ही, हिसाब कर लिया—इतना यहाँ से, उतना वहाँ से, इतना इससे, उतना उससे। बस, हिसाब पूरा। बीस-पच्चीस हज़ार तो आ ही जाएँगे। क्यों नहीं आएँगे?

और आज सत्रह मई है : ब्याह की तिथि 24 तय कर रखी है। और अभी हाथ में कितने हैं?

सोचा था, झरिया जाऊँगा, कलकत्ता जाऊँगा, लखनऊ जाऊँगा, दिल्ली जाऊँगा! किन्तु समय पर दूसरा भाग नहीं निकाल सकने के कारण सारी योजना चौपट हो गई!

काशी दौड़ा गया, तो वहाँ भी नगण्य ही रहा!

कलकत्ता में सेक्सरियाजी बीमार पड़ गए हैं।

सम्पूर्णानन्दजी को तार दिए तीन दिन हो गए, जवाबी तार था, कोई उत्तर नहीं मिला।

पृथ्वीराज जी को पत्र लिखा, उसमें तार का फार्म स्टाम्प लगाकर रख दिया था, आज तक उत्तर नहीं आया।

स्थानीय प्रकाशकों ने दस दिनों तक परेशान रखा है; वादे पर वादे! किन्तु अन्त में निराशा ही निराशा!

इधर सबसे बड़ी भद्रा यह आ पड़ी है कि श्यामसुन्दरजी ने लिखा है, मेरे पिताजी ने आँखों में आँसू भर कहा है, इस साल विवाह स्थगित रखिए। मुझे उन्होंने स्पष्ट वचन दिया था, चौबीस मई को मेरा विवाह होकर रहेगा, चाहे पिताजी राज़ी हों या नहीं? अब इस समय क्या विवाह स्थगित कर सकूँगा, जबकि चारों ओर डंका पीटा जा चुका है?

उन्होंने मुझसे पत्र लिखकर पूछा, मैं क्या करूँ? मैंने लिख दिया है, अभी एम.ए. की परीक्षा के लिए पूरा ध्यान लगाइए, मैं चौदह मई की संध्या में आपसे आकर मिलूँगा! जबकि उनकी परीक्षा समाप्त हो गई होगी!

इसमें स्पष्ट इशारा था, शादी होगी ही। किन्तु, शादी बात से ही तो नहीं होती, रुपए चाहिए। रुपए, और कम से कम पन्द्रह हज़ार रुपए!

परसों तीन बजे रात तक नींद नहीं आई!

अब भी क्या अच्छी नींद आ पाती है! और इस उद्विग्नता के कारण दिमाग़ हमेशा साँय-साँय किए रहता है। बराबर डरता रहता हूँ, कहीं मूर्च्छा के दबोच में नहीं आ जाऊँ। और संध्या होते-होते प्रतिदिन ऐसा होता है कि मूर्च्छा अनुभव करता हूँ, किन्तु तरह-तरह के उपचार से उसे शान्त किए रहता हूँ। किन्तु, ऐसा कब तक सम्भव हो सकेगा!

जेठ की यह गर्मी, यह धूप, यह लू—और उससे भी बड़ी गर्मी, धूप, लू दिल में, दिमाग़ में!

बेटी प्रभा, प्यारी बेटी, क्या तुम्हें मालूम है कि तुम्हारे चलते तुम्हारा बाबूजी आज किस परेशानी में है?

अच्छा है बेटी, कि तुम्हें कोई खबर नहीं! नहीं तो तुम्हारी क्या हालत होती ?

तमाशा तो यह है कि जिन्हें मालूम है, वे भी मेरी परेशानी की गम्भीरता नहीं अनुभव करते।

मेरे घर के लोग समझते हैं, मैं तो जादूगर हूँ, ग्यारहवें घंटे में ही काम करने वाला हूँ, कोई-न-कोई प्रबन्ध कर ही लूँगा। हर बार तो ऐसा ही हुआ है, इस बार भी कुछ हो ही जाएगा!

मेरे मित्र समझते हैं, मैं नाटक कर रहा हूँ, भला मेरे पास पैसे नहीं हों? मैंने इतना कमाया है, कहीं न कहीं कुछ छिपाकर रखा ही होगा! मेरे एक प्रकाशक मित्र अभी उस दिन कहने लगे, मैं गंगा में खड़ा होकर कसम खा सकता हूँ, आपके पास चालीस-पचास हज़ार रुपए तो जमा हैं ही! अधिकांश लोग यही समझते हैं।

इधर छः नई पुस्तकें तैयार कर ली हैं, यदि उन्हें भी कोई प्रकाशक ले लेता, तो थोड़ी थाह में आ जाता!

किन्तु कहीं कुछ नजर नहीं आता! उफ! दुखवा मैं कासे कहूँ, मोर सजनी !

मुगलसराय
22 मई 1955

आज जब डायरी लिखने लगा, अचानक रोशनाई ढलक गई। बचपन में जब परीक्षा में इस तरह रोशनाई फैली, तब माना जाता था, अवश्य पास करेंगे! बचपन और बुढ़ापा शायद एक है। तभी तो कभी-कभी सोच रहा हूँ, यह यात्रा शुभ होगी!

जब इतनी परेशानी में था, पृथ्वीराज जी का तार मिल—वेलकम। बड़ा ढाँढ़स हुआ। पटना का काम कुछ सहेज कर बम्बई जा रहा हूँ।

पृथ्वीराज जी को मैंने लिखा था, किसी फिल्म-कम्पनी को कहिए मेरी कोई चीज ले ले

सिनेमा के लिए और मेरी इस अवसर पर कुछ मदद कर दे। इसी आधार पर तो उन्होंने बुलाया होगा।

कल एक बात सूझी। अगले साल बुद्ध की पच्चीस सौवीं जयन्ती मनाई जानेवाली है। एशिया-भर में तैयारियाँ हो रही हैं। भारत सरकार इसके लिए बिहार में करोड़ों रुपए खर्च करने जा रही है। सभी बौद्ध-स्थानों—गया, नालन्दा, राजगृह के पुनरुद्धार की चेष्टा हो रही है, सड़कें बन रही हैं, धर्मशालाएँ बन रही हैं। सांस्कृतिक कार्यक्रमों की भी तैयारियाँ हैं।

यदि इस अवसर पर "संघमित्रा" नामक फिल्म बने, तो कैसा अच्छा रहे। लंका के प्रधानमन्त्री इस जयन्ती आन्दोलन के नेता हैं। लंका और भारत के इस सम्मिलन का यह फिल्म प्रतीक बन जाए। बौद्ध-भारत के सारे गौरव को इस फिल्म में सजीव कर दिया जा सकता है।

मैंने "संघमित्रा", "कलिंग-विजय" और "नेत्रदान" नाम से तीन नाटक लिखे हैं। इन तीनों को मिलाकर एक बढ़िया फिल्म बनायी जा सकती है। पृथ्वीराज इसमें अशोक का काम करें—वह भी समझेंगे कि किसी ने उनके लिए कोई योग्य पार्ट बना दिया!

यही नहीं, "माटी की मूरतें" को भी फिल्म में रूपान्तरित किया जा सकता है। एक कुम्हार चक्की चलाता जा रहा है और मूरत-पर-मूरत तैयार होती जाती है। यह रज़िया, यह बलदेवसिंह, यह मंगल, यह बुधिया, यों ही। बिलकुल नई टेकनीक! लोग देखकर दंग रह जाएँ!

यदि इन दो फिल्मों का प्रबन्ध हो जाए, तो समझूँ, प्रभा का यह ब्याह मेरे लिए वरदान ही सिद्ध हो गया।

यों ही इसी ब्याह की आवश्यकताओं को ध्यान में रखकर इधर चार पुस्तकें तैयार कर ली हैं—

(1) 'मुझे याद है'—संक्षेप में मेरी आत्मकथा।
(2) 'वन्दे वाणी विनायकौ'—मेरे साहित्यिक लेखों का संग्रह।
(3) 'कुछ वे : कुछ मैं'—संस्मरणात्मक निबन्ध।
(4) 'दृष्टि : दृश्य : द्रष्टा'—स्फुट निबन्धों का संग्रह।

मेरी ये चारों पुस्तकें भी कम तगड़ी नहीं होंगी। किन्तु इनका महत्त्व तभी है, जब ये चारों एक ही जगह से निकलें। दो अनुवाद पुस्तकें भी हैं—"रवीन्द्र भारती" और "डफोडिल"।

ज्ञानपीठ, काशी की संचालिका श्रीरमादेवी जैन हैं। आप सेठ शान्तिप्रसाद जैन की पत्नी हैं। सेक्सरिया जी ने उनसे बातें की थीं। आजकल रमाजी बम्बई में ही हैं, उनसे भी मिलूँगा। यदि वह राज़ी नहीं हुईं, तो दिल्ली जाऊँगा और राजकमल एवं आत्माराम या राजपाल से तय कर लूँगा।

सच बात है, यदि बेटी का ब्याह नहीं होता, तो यह काम—चार नई पुस्तकें तैयार कर देना—नहीं हो पाता!

कल अपने प्रदेश के मुख्यमन्त्री, श्री बाबू से मिला था। उन्हें ब्याह में सम्मिलित होने का निमन्त्रण दिया। बड़ी खुशी से उन्होंने स्वीकृति दे दी!

दौड़-धूप में कोई कसर उठा नहीं रखी है। उस दिन मुंगेर गया, कुछ काम हो गया। गया में भी डेरा डाल रखा है। सेक्सरिया जी ने लिखा है, कलकत्ता में ग्रन्थावली के लिए ग्राहक हो ही जाएँगे। यदि पचास भी हो गए, तो कुछ हो जाए। झरिया में भी एक झपट्टा लगाऊँगा।

एक अजीब बात है। जब संकट में पड़ता हूँ, मेरी बुद्धि बड़ी तीव्र और मेरी मेहनत करने की शक्ति बड़ी प्रबल हो उठती है। मैं कहा करता हूँ, ग्यारहवाँ घंटा मेरा घंटा है। यह ग्यारहवाँ पहुँच चुका है। बहुत-कुछ निर्भर करता है, बम्बई के काम पर, वहाँ सफलता पर। देखेंगे, क्या

होता है! बेचैन हूँ, किन्तु निराश नहीं।

बम्बई
26 मई 1955

आज तीसरा दिन है बम्बई में। पृथ्वीराज जी के साथ ही ठहरा हूँ। वही घर—वही घरेलू वातावरण। रमाजी हैं, शम्मी है, शशि है! पृथ्वीराज जी प्रतीक्षा में ही थे। उन्होंने कहा—मैंने तार हिन्दी में भेजना चाहा था, सिर्फ यह—मा भव! किन्तु तारघर ने नहीं लिया, तब यह वेलकम!

बात चली—बोले, आए हैं, तो कुछ होगा ही। नहीं आए होते, यदि कुछ होना नहीं होता। जिस शक्ति ने आपको यहाँ प्रेरणा दी आने की, वह शक्ति यहाँ भी किसी को प्रेरित कर रही होगी! दो-चार निर्माताओं के नाम लिए, जिनके पास पैसे हैं। मैंने "संघमित्रा" और "माटी की मूरतें" की अपनी कल्पना बताई। बहुत सराहा। उन्होंने राज से बातें कीं। आज सन्ध्या को राज से मिलना है। इसके बाद ही किसी और को पकड़ा जा सकेगा।

परसों "पठान" देख कर जयप्रकाश जी से मिला। इस बार "पठान" मुझे बहुत ही सुन्दर जँचा। बरबस आँखें उमड़ आईं।

जयप्रकाशजी जुहू में रहते हैं, ठीक उसी मकान में, जिसमें जुहू आने पर गाँधीजी ठहरते थे। जयप्रकाश जी ने बताया, उस कोठरी में गाँधीजी रहते थे और वहाँ बैठकर प्रार्थना करते थे। प्रार्थना के स्थान पर बुद्ध की एक मूर्ति रख दी गई है।

बड़ा ही रमणीक स्थान है। सामने समुद्र लहरा रहा है। जब कभी ज्वार आता है, इसके बगीचे के बाड़े से टकराता है। जहाँ तक देखिए, तरंग, तरंग। और नमकीनपन लिए कुँआरी हवा, जिसने कभी किसी के शरीर का स्पर्श तक नहीं किया। बँगला भी खूबसूरत है और चारों ओर लता-गुल्मों, फूल-पत्तियों, मूर्तियों और चित्रों से सजाया गया है। फर्नीचर, कालीन, सबमें सुरुचि!

बँगले के सामने एक चबूतरा है। चबूतरे पर एक झूला है, कुछ कुर्सियाँ रखी हैं। वहीं बैठकर हम लोग बातें करते रहे—जैसे हमने दिल खोल दिया है। जयप्रकाश जी को दुख है, लोहिया ने पार्टी को चौपट कर दिया। कहते थे, बेतुल में मुझसे गलती हो गई। आज भी वह ठीक कर सकते हैं, किन्तु अब तो राजनीति से ही उन्हें वितृष्णा है। आचार्य नरेन्द्रदेव जी शायद कुछ कर ले जाएँ, ऐसी उन्हें आशा है!

इसी को कहते हैं, पहली प्रीति! राजनीति से अलग होकर भी पार्टी से उन्हें मोह बना हुआ है। सोशलिस्ट पार्टी भारतीय राजनीति में उनकी ख़ास देन थी। जब कोई घरौंदा तोड़ता है, बच्चे चीख उठते हैं! जिस का बनाया घर तोड़ा जा रहा हो, उसके हृदय में हूक क्यों न उठे—भले ही वह मुँह सी ले!

मैंने बताया, मैं इधर घरेलू झंझटों और शहर की जिन्दगी के कोलाहलों से ऊब गया हूँ। तय किया है, बेटी के ब्याह के बाद देवेन्द्रजी पर सब कुछ छोड़ दूँ और स्वयं लिखा करूँ। लिखने की प्रवृत्ति बहुत आ गई है और स्वयं मैंने अनुभव किया है, इधर लिखता भी पहले से अच्छा हूँ। बर्नार्ड शॉ की 'सिक्स्थ सेंस' वाली कहानी सुनाई। बोले—विनोबा कहते हैं, बुढ़ापे से चिन्तनशक्ति में क्षीणता नहीं आती, जवाहरलाल भी कहते हैं, मेरा दिमाग बहुत ही अच्छा काम कर रहा है।

दवा कराई है, बीमारी अच्छी हुई है, किन्तु बहुत दुबले दीखे। मैंने राय दी, पन्द्रह जून

तक यहीं रहिए, किन्तु कार्यक्रम तो पहले से ही तय है। बेचारे की अजब जिन्दगी है।

जब तक उनके साथ रहा, लोग आते ही आते रहे—तरह-तरह के लोग!

कल बम्बई घूमा। इस बार देवेन्द्र को लेकर आया कि वह थोड़ा अनुभव प्राप्त करें। कल मैंने पाया, काफी सलीके से, होशियारी से, मेहनत से काम कर लेते हैं। जो कुछ त्रुटियाँ हैं, अनुभव स्वयं उन्हें दुरुस्त कर देगा—केवल चेतावनी, उलाहना, तम्बीह से तो कुछ बनता नहीं है।

ज्ञानपीठ, काशी के श्री लक्ष्मीचंद जैन से कल बातें हुईं। आप ही पुस्तक-प्रकाशन के संचालक हैं। मैंने अपनी पुस्तकों के बारे में कहा। सेक्सरियाजी और रमाजी से जो बातें हुई थीं, वह भी कह दिया और अपनी जरूरत भी बता दी। परसों, यानी कल, आठ बजे भोर में बातें करने को कहा—तब तक वह रमाजी से बातें कर लेंगे। आज सेकसरियाजी का पत्र मिला है; उसमें एक पत्र रमा जी के लिए भी है कि बेनीपुरी से मिलो और उनका काम हो जाए, ऐसा करो! वह पत्र रमाजी को भिजवा दिया है!

और, यह हैं पृथ्वीराज जी—

मैं जिस रात पहुँचा, उन्होंने स्टेशन पर मोटर भेजवाई थी; घर पर कह गए थे, ज्योंही मैं पहुँचूँ, स्टूडियो में फोन कर देना। आजकल "मुगले आजम" की शूटिंग चल रही है। जब बारह बजे लौटे, दो बजे रात तक गपशप करते रहे। बात ही बात यह बात निकली कि उनका जन्म भी शनिवार को ही हुआ है। यों भी कई समता है—उनके भी तीन बेटे और एक ही बेटी। बेटों और बेटी का क्रम भी वही। मेरी ही तरह कमाते हैं, फूँकते हैं! लोग समझते हैं, इतने रुपए होंगे, किन्तु वही ढाक के तीन पात! किन्तु तो भी कितना मस्त! घर को धर्मशाला ही बना रखा है! रात में छत पर जब बिस्तरे बिछा दिए जाते हैं, लगता है, कोई बरात ही उतरी हो!

कल कहीं बाहर जाना था, कपड़े दिए गए, तो पैंट बहुत पुराना था। पहनने लगे, तो अँटता ही नहीं था। दूसरे कपड़े नहीं थे। उसी को पहन लिया, बार-बार आईने के सामने खड़े होते, कहीं अधिक बुरा तो नहीं लग रहा। मुस्कुरा कर बोले, डर यही है, कहीं धम्म से बैठूँ, तो चर्र-से फट नहीं जाए! और मुस्कुराते हुए चल दिए।

जब तक घर पर रहते हैं, लोगों की भीड़ लगी ही रहती है। एक छोटा-सा कमरा है। उसमें चीज़ों का अम्बार लगा है। एक तरह मेरी तीन पेटियाँ भी एक के ऊपर एक पड़ी हैं। एक तरफ एक पलंग है, एक तरफ एक सोफा। फर्श की एक ओर एक गद्दा है। कभी-कभी उस छोटे से कमरे में एक दर्जन लोग इकट्ठे हो जाते हैं। चाय पी रहे हों, लेटे हों, लोग आते ही रहते हैं और सबका स्वागत-सत्कार भी उसी बेतकल्लुफी से हो रहा है!

यह राजस्थान से दो कम्युनिस्ट आए हैं; उन्हें फटकार रहे हैं! मद्रास की एक नाटक-मंडली के लोग आ रहे हैं, बार-बार उनकी तारीफ कर रहे हैं। दो विद्यार्थी आए, उनके प्रश्नों के उतर दे रहे हैं! एक सज्जन प्रार्थना कर रहे हैं, एक सभा में चल कर बोलिए, उनसे आजिज़ी के साथ क्षमा माँग रहे हैं; फुर्सत नहीं, क्षमा कीजिए। कल भारत-सरकार का तार आया, सांस्कृतिक शिष्टमंडल में चीन जाइए, आज तार दे दिया है—

कारे जहाँ दराज़ है, अब मेरा इन्तज़ार कर!

संध्या को छः बजे मुझे लेकर राजू से मिलाने आए। साढ़े छः का समय था, नौ बजे यहाँ से गए हैं! राजू का इन्तज़ार करते रहे, इन्तज़ार करते रहे। अन्त में फोन आया, तब मुझे छोड़ कर गए हैं। वही शूटिंग का झमेला। चाहते थे, मुझे भी ले चलें। किन्तु इस देर के कारण मुझे छोड़कर गए!

यहाँ दो घंटे रहे, तो इस कमरे को गुलज़ार किए हुए थे। एक निर्माता आ गए थे, एक अभिनेता। दोनों पुराने जान-पहचानी! किस बेपरवाई से, खुले दिल से बातें कर रहे थे—हँसते-हँसाते, यहाँ बैठते, वहाँ बैठते, चाय मँगवाते, जलपान मँगवाते!

और, राजू का यह कमरा! कैसी सजावट! एयर कंडिशंड। ये कुर्सियाँ, यह मेज़, ये आइने, यह चकमक-जगमग—कहाँ पृथ्वीराज जी का वह कमरा और कहाँ यह!

दस बजे रात को राजू आए। आते ही विलम्ब के लिए क्षमा माँगी। फिर बात चलाते ही कहा—"माटी की मूरतें" मैं फिल्म करूँगा और जो भी सम्भव होगा, इस अवसर पर आपकी सहायता करूँगा। हम तो एक घर के हैं, यदि यह पुस्तक नहीं होती, तो भी इस अवसर पर मुझे तो कुछ करना ही था। राजू की वाणी में सरलता और सहृदयता थी!

हाँ, कल राजू मद्रास जा रहे हैं; तीन-चार जून तक आएँगे, तभी कुछ सम्भव हो सकेगा। क्या तब तक मुझे यहीं ठहरना पड़ेगा?

बम्बई
30 मई 1955

तेईस की रात में यहाँ पहुँचा; यह तीस की रात है। पूरा एक सप्ताह बीत गया ! शादी के कितने कम दिन रह गए। किन्तु बात को बीच में छोड़कर जाऊँ तो कैसे ? पृथ्वीराज जी की यही राय; जयप्रकाश जी की यही राय!

लेकिन डरता हूँ, कहीं कोई गड़बड़ हुई, तो दो सप्ताह में क्या कर सकूँगा ?

पृथ्वीराजजी ने पूछा था, कितने रुपए चाहिए। मैंने कहा था, दस-पन्द्रह हज़ार चाहिए; यहाँ जो सम्भव हो! जब राजू ने "माटी की मूरतें" स्वीकार की, उन्होंने कहा—एक तिहाई काम तो हो चुका है! इस एक तिहाई का क्या मतलब?

सोहराब मोदी को, फिल्मिस्तान को पृथ्वीराज जी ने फोन किया है। मोदी ने कहा, मुझे तो ऐतिहासिक चीज चाहिए! यदि वह "संघमित्रा" ले लें, तो फिर क्या कहना? फिल्मिस्तान के लिए "पतितों के देश में" या "जुलेखा पुकार रही है"—अच्छी चीज हो सकती है। कल फिल्मिस्तान जाना है, परसों मोदी से मिलना है।

ज्ञानपीठ के लक्ष्मीचन्द जी ने इस तरह बातें कीं, जैसे मैं भीख माँगने गया होऊँ? एक हिसाब बनाया और कहा, हर किताब पर ढाई सौ रुपए हम नियमानुसार दे सकते हैं! वाह, क्या कहने? मैंने धन्यवाद दिया और फौरन उठकर चला आया!

यहाँ एक प्रकाशन संस्था है—एशिया पब्लिशिंग हाउस। अंग्रेजी पुस्तकों का अच्छा कारोबार कर रखा है। अब हिन्दी-प्रकाशन में घुसना चाहते हैं। वहाँ मेरे एक प्रशंसक हैं, जो हिन्दी-विभाग के इन्जार्च हैं। मुझे गुरुदेव कहते हैं, नौजवान हैं। वह इस प्रयत्न में लगे हैं कि मेरी ही पुस्तकों से वहाँ का हिन्दी-प्रकाशन प्रारम्भ हो। शाम को फोन किया था, कल मेरे आफिस में पधारिए। कहते थे, यहाँ सभी चाहते हैं, आपसे इस संस्था का सम्बन्ध हो।

जित्तिन की ऐकेडमी पाँच जून से बन्द हो रही है। सोचता हूँ, अब उसे साथ ही लेकर चलूँ। देवेन्द्र को पूना भेज दूँगा, वह साथ ही बुला लाएगा। पूना में मामाजी से परिचय भी कर लेगा।

यहाँ आकर पाया है, देवेन्द्र काफी मेहनती है और व्यावहारिक भी। यदि इसे कुछ दिन और अपने साथ घुमा-फिरा दूँ, तो विश्वास होता है, सारा काम सँभाल ले सकेगा।

प्रभा के ब्याह ने भी कितने नए अनुभव दिए हैं। इसी ब्याह ने कई नई राहें भी निकाली

हैं। माथुर साहब ने सभी हाई स्कूलों में ग्रन्थावली के लिए प्रबन्ध करा दिया है। चार हजार रुपए की नकद पुस्तकें भी खरीदवा दी हैं। यदि यह सिलसिला रहा, तो अब ग्रन्थावली का प्रकाशन धड़ल्ले से होने लगेगा।

बहुत दिनों से इच्छा थी, मेरी चीजें फिल्म में आएँ। प्रभा बेटी ने वह दरवाजा खोल दिया है।

कितनी सौभाग्यशालिनी है मेरी बेटी!

मुझे लगता है, यह बेटी अपने ब्याह के लिए सारा प्रबन्ध कर लेगी—झंझटें हुई हैं, हो रही हैं, किन्तु अन्त-अन्त तक सारी चीजें सुधर जाएँगी, हँसी-खुशी में यह यज्ञ सम्पन्न होगा!

बम्बई
31 मई 1955

आज संध्या समय 'फिल्मिस्तान' में गया। भाई पृथ्वीराज जी स्वयं लिवा ले गए थे। वहाँ उसके संचालक मुखर्जी साहब से बातें हुई।

मुखर्जी फिल्म के सफल संचालक समझे जाते हैं। आज 'फिल्मिस्तान' भारत की सबसे बड़ी उत्पादन-संस्था है। एक सज्जन कह रहे थे, भारत की हर तीन फिल्मों में एक फिल्म 'फिल्मिस्तान' की होती है। इस समय एक ही साथ सात फिल्मों की शूटिंग चल रही है।

पृथ्वीराज जी ने मेरा परिचय कराया। मैंने ग्रन्थावली के दोनों भाग दिए। उन्हें आश्चर्य हुआ, मैंने इतना लिख लिया है। फिर बोले, समय कहाँ कि पढ़ सकूँ। मैंने "पतितों के देश में" की कथा दो-तीन मिनट में कह दी। आरम्भ से प्रभावित हुए; किन्तु अन्त कैसे किया है?—फिर बोले, कल आइए, एक घंटा मैंने आपके लिए रखा। चलते समय कहने लगे, फिल्म में आइए; यहाँ लेखकों की कमी है, कहानियों की कमी है। यह भी देशसेवा का ही काम है। चलते समय "जागृति" देखने के लिए दो पास भी दिए!

पृथ्वीराज जी से घुल-घुलकर बातें होती रहीं। फिल्म के बारे में, नाटक के बारे में। आप आदर्शवादी हैं, मैं तो व्यावहारिक आदमी हूँ—मुखर्जी ने पृथ्वीराज से कहा। फिर बताया, किस तरह का उनका जीवन है—सभी नाराज़, लेखक, अभिनेता, निर्माता, सभी! घर के लोग भी!

ओहो! चारों तरफ असन्तोष—दोनों तरफ है आग बराबर लगी हुई!

फिर हम लोग श्रीमती जोहरा के घर गए। बड़ा आनन्द रहा। वहाँ फिल्मिस्तान के मालिक जालान की बात चल गई। हर मारवाड़ी की तरह कपड़े के दो थान से शुरू किया, लड़ाई के जमाने में हाथ मारे, मुखर्जी से भेंट हुई, उनके कहने पर फिल्म में आया, और यह लीजिए! धन्ना-सेठ बना बैठा है!

"साधो करमन की गत न्यारी,
मूरख-मूरख राज करे औ पंडित बने भिखारी!"

वहीं मुमताज साहब को देखा, मुबारक को, प्रदीप कुमार को, वैजयन्तीमाला को। स्टूडियो भी देख आया—कहीं संगीत की रिकॉर्डिंगें, कहीं शूटिंगें। बाहर में भी तरह-तरह के सामान बिखरे पड़े हैं—मूर्तियाँ, गाड़ियाँ, पालकी, क्या-क्या नहीं! इधर-उधर मेकअप लगाए अभिनेता घूम रहे हैं! कैसे-कैसे रूप, कोई हीरो, कोई विलेन! वीर और विदूषक—दुनिया शायद इन्हीं दोनों के बीच में चक्कर काट रही है।

जोहरा जिस मकान में हैं, वहीं कभी बम्बई-टॉकीज था। हिमांशु राय का, देविकारानी का बम्बई टाकीज। आह, वह कितना सूना है। शाम को ही लगता था, कहीं किसी ओर से

भूत नहीं निकल आए!

इधर पृथ्वीराज जी से बहुत बातें हो रही हैं! देख रहा हूँ, जिन्दगी के प्रति कितनी अनासक्ति है—जो होना होगा, होगा। इधर ज्योतिष से शौक हो गया है, इस नक्षत्र का यह महत्व, उस नक्षत्र की वह कमज़ोरी। चीन जाने के लिए दिल्ली से फिर ख़त आया था, अस्वीकार कर दिया। दूसरी बात, कितनी मेहनत करते हैं! शूटिंग के कारण रात-रात-भर जगते हैं; तो भी दिन के सारे काम-काज उसी स्वाभाविक ढंग से। कभी चिड़चिड़ाहट नहीं। वही सहज, सरल व्यवहार!

बम्बई

2 जून 1955

कुछ बम्बई देखो, बेनीपुरी! तरह-तरह के लोग; तरह-तरह की बात। कल एक सज्जन से कुछ रुपए माँगे—सेठ की तरह बातें करते थे; कहा, अभी तो हाथ खाली है!

मुखर्जी ने तीन बजे बुलाया था। दौड़ा-दौड़ा पहुँचा। कुछ दूर रेल पर, फिर देर होती देख, टैक्सी पर। किन्तु वहाँ डेढ़ घंटे बैठा रहा, वह नहीं आए। देवेन्द्र ने फोन किया, तो आज के लिए समय दिया है। आज क्या होता है, कौन बताए।

पृथ्वीराज जी वहाँ से मुझे लेकर जयप्रकाश जी के यहाँ गए। जयप्रकाश जी ने उनसे कहा, बेनीपुरी जी का काम करा दीजिए कि यह हमें समय दे सकेंगे। इनके आने से भूदान में प्रगति आएगी। पृथ्वीराज जी को विनोबा के साथ दो-चार दिन घूमने की भी सलाह दी। अपने आश्रम में आने का भी निमन्त्रण दिया।

पृथ्वीराज जी ने वह मनोरंजक घटना बताई, कि जब उन्होंने जयप्रकाश जी को दस हज़ार की थैली दी थी, तो सरदार पटेल ने उन्हें बुलवाया था और कहा था—सुना, तुमने दूसरी शादी कर ली है!

शान्तिकुमार मुरारजी का वह भवन भीतर से देखा, जिसमें गाँधी जी ठहरते थे। अब तो इस भवन को एक संग्रहालय के रूप में परिणत किया जा रहा है ! विट्ठलभाई झवेरी इस काम में संलग्न हैं। शान्तिभाई की पत्नी इसे देश को समर्पित कर देना चाहती हैं। बहुत ही अच्छा संग्रह है। मूर्तियों, खिलौनों, काठ की कारीगरियों, तरह-तरह के कपड़ों आदि का अच्छा संग्रह है। डेढ़ सौ किस्म के तो सरौते हैं! सुपारी काटने के ये छोटे-छोटे यन्त्र जब करीने से सजा दिए गए हैं, तो कितने सुन्दर लगते हैं!

जिस कोठरी में गाँधीजी ठहरे थे, उसमें गाँधीजी की दी हुई चीजें सुरक्षित रखी गई हैं—छड़ी, सूत के लच्छे, चप्पल आदि!

जब हम वहाँ से चले, पृथ्वीराज जी ने कहा, जयप्रकाश जी की आँखों में मैंने पुरानी चमक नहीं पाई। यदि नेताओं के चेहरे पर उदासी हो, तो जनता के हृदय में उमंग कहाँ से उठ सकेगी! मैंने बीमारी की चर्चा की, उन्होंने कहा, लगता है, उन्होंने अपने को बहुत दबाया है, ज़हर पी गए हैं, पचा भी लिया है, किन्तु उसकी छाया तो चेहरे पर छाई ही हुई है। शंकर भी तो नीलकंठ बन गए थे!

चले आ रहे थे, तो बीच में एक जगह पकौड़ियाँ बनते देखीं, पृथ्वीराज जी लपक पड़े—आठ आने की मँगवाई और खाते बढ़े। बोले, इच्छा होती है, कहूँ, जो मन आए लोगों को खाने दो, पीने दो, शर्त सिर्फ यह रखो कि प्रतिदिन कुछ ऐसा काम करो जिससे देश की उन्नति हो, बस!

घर आकर हम दोनों एक विवाह में गए। वहीं सोहराब मोदी और उनकी श्रीमती महताब से भेंट हुई। महताब बार-बार कहती रहीं, पृथ्वीराज, एयर कंडीशन थियेटर बनाओ, मुझे भी नाटक में उतारो। पृथ्वीराज उसी मस्ती में अपनी बातें करते रहे। मेरे बारे में पूछा सोहराब मोदी से कि आज क्यों फोन नहीं किया ! आज वह बाहर शूटिंग में थे, मुझे शनिवार को बुलाया है!

वहीं जयन्त देसाई से भी बातें कीं। देसाई ने सोमवार को बुलाया !

मैंने लौटते समय पृथ्वीराज जी से कहा, बड़ी देर हो रही है, अब दिन नहीं रह गए। बोले, मैं भी तो बेटी के ब्याह के बारह दिन पहले आया था। कौन कहे, उनके और मेरे में कितना फर्क है। रुपए हों, तो दस दिन में ही क्या नहीं किया जा सकता है। किन्तु अभी तो सारी बातें हवाई-हवाई लग रही हैं। खासकर मुखर्जी ने कल समय देकर भी जो टाल दिया, उससे मुझे सन्देह होने लगा है। पृथ्वीराज जी कहते थे, यहाँ की रीत ही यही है—महीनों टालते जाते हैं!

किन्तु, मेरे पास समय कहाँ? क्या करूँ, समझ में नहीं आता।

एशिया-प्रकाशनवालों से मिला था, दो पुस्तकें ले सकते हैं, ऐसा कहा; किन्तु कल कोई सूचना नहीं दी। आज दरयाफ़्त करूँगा।

संध्या को नगेन्द्र वर्मा आए, अपनी पत्नी के साथ। वर्मा आज एक बजे फिर आएँगे, संध्या को उनके ही घर खाना है। उधर ही सिद्दीकी से मिलना है। सिद्दीकी बिहार के हैं, सीवान के। यहाँ अपनी फिल्म-कम्पनी बना रखी है।

बम्बई
4 जून 1955

कल फिल्मिस्तान के मुखर्जी से भेंट हुई, बातें हुईं। तीन बजे बुलाया था, पाँच बजे बातें कीं। मैं आफिस में बैठा रहा और देखता रहा, यहाँ के रंग-रवैय्ये!

हर आदमी, चाहे वह चपरासी हो, टाइपिस्ट हो, एकाउंटेन्ट हो, सबके चेहरे पर नाटकीयता—अजीब ढंग से मुँह चमकाएँगे, सर हिलायेंगे, चलेंगे, हँसेंगे, बैठेंगे। और जो अभिनेता या अभिनेत्रियाँ हैं, उनके क्या कहने!

चार-पाँच तारिकाएँ बार-बार आफिस में आती रहीं। अभी बच्चियों-सी लगती थीं, किन्तु कितनी सेक्स-कांशस! बार-बार बालों को उलझा रहीं, सुलझा रहीं, आँचल को खिसका रहीं, सँभाल रहीं। चलतीं, तो जमीन को मसलती-सी; हँसतीं, तो आमन्त्रण देती-सी। ये क्लर्क, चपरासी सब उनसे दिल्लगी करते-से। एक देवी आईं, तो बार-बार अपने धूप-चश्मे से गालों को थपकियाँ देती थीं। एक देवी आईं, तो नखरों का बाज़ार ही बिछा दिया। एक नौजवान क्लर्क जान-बूझकर उनसे टकरा गया और मुड़कर—'सॉरी मैडम' कहकर हँस पड़ा!

इन लड़कियों को देखकर 'जोश' का यह शे'र बार-बार याद आता रहा—'नापे हुए करिश्मे, तौली हुंई अदाएँ!'

एक संगीतकार महोदय हैं, जो बार-बार अपने सिर को इस झटके से हिलाते कि लगता वायु का कोई विकार हो गया हो उन्हें। निर्माता हाथ में कागज़ लिए इधर-उधर दौड़ रहे! लेखक फाइल दबाए घूम रहे हैं। अभिनेता अपने चोग़े में ही चहलकदमी कर रहे हैं। कैसा तमाशा!

मुखर्जी से जब बातें होने लगीं, तो इधर-उधर की बातों में ही अधिक समय गया। दो-तीन कहानियाँ सुनाईं। नाटकों के बारे में भी बातें हुईं। फिर वही, प्लानिंग की बात, सरकार

की उपेक्षा की बात, समाज के नव-निर्माण की बात, भूदान तक की बात। दो घंटे तक गप्प करते रहे। बीच-बीच में फोन। लोग भी आते-जाते रहे। यह करना चाहता हूँ, वह करना चाहता हूँ। लोगों का चरित्र भ्रष्ट हो रहा है, बच्चे बिगड़ रहे हैं, लड़कियाँ घर सँभालना नहीं जानतीं!

ओहो, ''सारे जहाँ का दर्द हमारे जिगर में है!''

और, अन्त में एक सप्ताह का समय दीजिए कि कुछ और पढ़वा कर सुन लूँ! जल्दी की बात की, तो मंगलवार को बुलाया! किस लिए? क्या इसलिए कि अभी तक फुर्सत नहीं मिली?

कल संध्या को सिद्दीकी साहब से मिला। भले आदमी दिखे। बताया, किस तरह साठ हज़ार रुपए बर्बाद करके, तब यहाँ की दुनिया को समझ सका। अब अपनी फिल्में बनाना शुरू किया है। चौबीस जून को इनकी 'बिन्दिया' का उद्घाटन होगा। 'जुलेखा पुकार रही है'—की कहानी बताई। बोले, चीज़ बड़ी अच्छी है; किन्तु नायक मुसलमान होने से कम लोग देख सकेंगे, उसे हिन्दू बना दीजिए! और, अभी तो मेरा हाथ खाली है, लोग फँसे हुए हैं, हाँ, थोड़ा वक्त लगेगा, मैं कोई प्रबन्ध कर सकूँगा। सिद्दीकी साहब ने बताया, किस तरह बिहार के कुछ लोग यहाँ आकर हजारों, लाखों गँवा गए हैं।

आज संध्या को सोहराब मोदी से मिलना है। राजू कल नहीं आए, आज दो बजे तक आने की बात है!

आज देवेन्द्रजी पूना गए हैं। कल जित्तिन की एकेडमी में पासिंग आउट परेड है। पंडित नेहरू वहाँ जा रहे हैं। कल शाम तक दोनों भाई यहाँ पहुँच जाएँगे।

सोचता हूँ, यहाँ आकर फँस तो नहीं गया। किन्तु, क्या पृथ्वीराज जी अपनी जिम्मेवारी नहीं समझते होंगे?

ठीक पाँच बजे सोहराब मोदी से मिलने गया। रास्ते में हम सोच रहे थे, कहीं वह भी देर न कर दें। किन्तु मोदी साहब हमारी प्रतीक्षा में थे। कुछ देर तक पृथ्वीराज जी से ही बातें होती रहीं, इधर-उधर की! पृथ्वीराज जी जब अपने अनुभवों का वर्णन करने लगते हैं, तो जैसे थकते नहीं।

इधर ज्योतिष और ग्रह-नक्षत्रों की गणना बताते हुए भी नहीं अघाते और वेद की वाणी को गद्गद् होकर कहते हैं।

सोहराब मोदी को ऐतिहासिक पात्र चाहिए। मैंने ''संघमित्रा'' की कहानी बताई और अवसर की उपयुक्तता की भी चर्चा की। बोले, अभी तो एक शूटिंग चल रही है, उसी में उलझा हूँ। 'ला मेजरेबुल' का हिन्दी रूप तैयार कर रहे हैं। जुलाई में आपसे बातें करूँगा, उन्होंने कहा। सोचा, अपनी आवश्यकता बताऊँ, किन्तु, फिर निर्णय किया, पृथ्वीराज जी से ही यह कहलवाऊँगा।

फिर मिनर्वा का स्टूडियो देखने गया। शूटिंग चल रही थी। एक देवी जी साज-सज्जा से नाच रही थीं। यहाँ खड़ी होओ, जरा इस तरह मोड़ लो, गर्दन ऐसी झुकी रहे, नाक पर जरा सिकोड़ ले आओ, फिर आँखें इस तरह तिरछी कर फिर इस तरह कैमरे के सामने स्थिर कर लो—हाथ इस तरह घूमें, आँचल इस तरह खिसके, कमर इस तरह लचके—वाह क्या कहने? जो बतानेवाले सज्जन थे, वे स्वयं नाचकर भावभंगी करके सिखा रहे थे। बेचारी लड़की बार-बार करती, पसीने से तर, तो भी हँसती, मुस्कुराती, गीत के सुर पर होंठ हिलाती! कैसी करुण स्थिति !

इसी स्टूडियो में 'सिकन्दर' की शूटिंग हुई थी! पृथ्वीराज सिकन्दर बने थे। पुराने कलाकार उनसे घुल-घुल कर बातें कर रहे थे, नए भय-विस्मित दृष्टि से देख रहे थे। उस लड़की

और निर्माता के साथ हम लोगों का फोटो लिया गया! मैं तो अलग खड़ा था, किन्तु पृथ्वीराज जी ने घसीटकर सामने कर दिया! यहाँ के लेखक और निर्माता हैं श्री काश्यप!

रास्ते में पृथ्वीराज जी ने बताया, किस तरह बम्बई पर उर्दू के लेखक छाए हुए हैं। ये सस्ते भी होते हैं, फरमाबरदार भी। अब अपनी भाषा में कहीं-कहीं हिन्दी शब्द भी ठूँसने लगे हैं। हिन्दी के जो लेखक आए, वे टिक नहीं सके। कोई जबर्दस्त आदमी भी नहीं आया, जो उठ जाए। नतीजा है कि हिन्दी के नाम पर उर्दू का बोलबाला है।

घर पर आया, तो यहाँ राजू की पत्नी को देखा। पता चला राजू आ गए हैं। उन्होंने पृथ्वीराज जी को फोन भी किया। पृथ्वीराज जी ने पूछ लिया, बेनीपुरी जी की बात पक्की है न? उन्होंने हाँ बताई! ख़ैर, यह राजूवाला काम भी हो जाए, तो बम्बई आना-जाना बना ही रहेगा और इन लोगों को एक-न-एक दिन अपनी ओर खींचूँगा ही। सिद्दीकी ने कल कहा था, एक तस्वीर चल जाए, फिर तो फिल्मवाले स्वयं खोजने लगेंगे!

बम्बई
6 जून 1955

बम्बई में मानसून के आगमन की धमक पहुँच गई है। दो-तीन दिनों से बूँदाबाँदी हो जाया करती है। आसमान में उजले-भूरे बादल उड़ा करते हैं। हवा में ठंडक है। वह सनसनाती चलती है। पेड़ झूम उठते हैं, पत्ते खड़खड़ा उठते हैं। नए-नए पत्ते जो धूप में तप-तप कर लाल से हरे हुए हैं!

सोचता हूँ, बेनीपुर में भी क्या बादल इसी तरह छा रहे होंगे!

और, बेनीपुर की याद आते ही काँप उठता हूँ। चौबीस को बेटी की शादी है। लगता था, यहाँ इतना काम हो जाएगा कि निश्चिन्त होकर शादी कर दूँगा। किन्तु, दो सप्ताह हो गए, एक राजू को छोड़कर कोई काम नहीं हो पाया। आज आइए, कल आइए! जयंत देसाई का फोन आया है, वह कल पृथ्वीराज जी को फोन करेंगे! इसका अर्थ? मोदी का काम तो टल ही गया! और, मुखर्जी कल क्या कहेंगे? हो सकता है, उन्हें फुर्सत ही नहीं मिले!

दुलहिन का खत आया है, पटना में कोई काम नहीं हो रहा है। लोग हँचड़ कर खाते हैं, सोते हैं।

कल राजू के स्टूडियो में गया था। वहीं नरगिस मिलीं। चित्रों में जैसा देखा था, उससे भी अधिक खूबसूरत। चेहरे पर बचपना; व्यवहार में सादगी और शालीनता। पृथ्वीराज जी ने परिचय कराया, बोलीं, जानती हूँ। राजू ने चर्चा की होगी। राजू और नरगिस की यह अजीब जोड़ी है। आर.के. स्टूडियो में उसका भी हिस्सा है। प्रतिदिन आती हैं। सुनता हूँ, उनकी माँ भी आती हैं। वह जो एक काली-सी औरत देखी, क्या वह उनकी माँ है! आम खाए, काफी पी। फिर शूटिंग देखने गया!

'420' की शूटिंग हो रही है। राजू ने इसमें नायक का पार्ट किया है। आज जिस टुकड़े की शूटिंग हो रही थी, वह एक छोटा-सा टुकड़ा था। मुनीम के हाथ से थैला छीनकर राजू भागता है, एक मुसलमान बूढ़ा उससे छीन लेता है, फिर एक मुस्तंडा जवान उससे छीनकर चल देता है! कई बार रिहर्सल हुई, कई बार शूटिंग हुई। कभी कुर्सी गड़बड़ा गई, कभी थैला उछल गया, कभी छीना-झपटी में ऐसी उठापटक हुई कि सारा खेल खराब हो गया! चार बार में जो चित्र लिए जा सके, अब उन्हीं में से काट-छाँट कर सजा दिया जाएगा।

राजू तीन तस्वीरें और बना रहे हैं, 'जागते रहो', 'अब दिल्ली दूर नहीं' और एक का

नाम भूल रहा हूँ। कहानियाँ खुद सोचते हैं, खुद बनाते हैं, खुद नायक का पार्ट करते हैं। दो-एक उर्दू लेखकों को रख लिया है, जो डायलॉग आदि लिख देते हैं। एक सज्जन से गीत लिखवा लेते हैं। वैसी ही तस्वीरें बनाते हैं, जिनमें नायक का पार्ट स्वयं कर सकें। नतीजा—सभी तस्वीरों में एक ही मूड, एक ही ढंग के फार्मूले, एक ही चेहरे! लोग ऊब क्यों न जाएँ? रोते हैं, तस्वीरें नहीं चलतीं! चलें कैसे? दुनिया तो नयापन खोजती है!

हाँ, एक विचित्र बात। हर आदमी, जो फिल्म में है, कुंडली दिखवाता रहता है। हर आदमी को यह बीमारी लगी है। ज्योतिषियों की बड़ी चलती है। पृथ्वीराज जी भी हमेशा कुंडली और ग्रह-नक्षत्र की बात कहते हैं। कहने लगे, सात जून से आपके अच्छे दिन आएँगे! ओहो! कल वह भी देख लेना है।

बम्बई
8 जून 1955

परसों ही देवेन्द्र को भेज दिया। आज वह पहुँच चुके होंगे। अच्छा हुआ, यहाँ तो, दुविधा में दोनों गए, माया मिली, न राम!

कल मुखर्जी से मिला। फुर्सत नहीं मिली कि पढ़ सकूँ। अपनी पत्नी को दे दिया है। वह कल कलकत्ता जा रही हैं। मैं तो शूटिंग में परेशान हूँ। कुछ दिन ठहरिए। घबराना नहीं चाहिए; यदि एक भी फिल्म अच्छी निकल गई, तो जीवन कृतार्थ। वह पचास पुस्तकों का काम करेगी। आप तो देशसेवक हैं, देश की सेवा के इस माध्यम को भी पकड़िए। यों ही मीठी-मीठी बातें। बेटी के ब्याह की बात की, तो उसके बाद ही आइए! किस्सा खत्म!

आज जयन्त देसाई ने फोन किया, माफ कीजिए, अभी तीन-चार दिन शूटिंग में परेशान हूँ। "मैं तो आज जाना चाहता हूँ," तो बाद में ही आइए!—यों यह प्रकरण भी समाप्त।

अब एकमात्र आधार—राजू। लक्षण अच्छे नहीं दिखते। पृथ्वीराज जी ने इतने दिन क्यों घेर रखा, समझ में नहीं आता। वह स्वयं भी झंझटों में हैं। थियेटर का मुशहरा भी नहीं दिया है। कल वहीं से पैसे आनेवाले थे। नहीं आए; ज्योतिष की एक पुस्तक उठाकर ग्रह-नक्षत्र देखने लगे। दिल को खुश रखने को 'गालिब' यह ख़याल अच्छा है!

आज यहाँ से चल दूँ—अब विलम्ब ठीक नहीं। पृथ्वीराज जी रात-भर शूटिंग में रहे, अभी सोए पड़े हैं। ज्यों ही उठेंगे, राजू से बातें कर लूँगा।

पूना से जित्तिन आया है, मेरे साथ है। पूना में उसे एक टर्म और रहना है; फिर बेगमपेठ जाएगा। वहाँ एक वर्ष और। यों अभी डेढ़ वर्ष का दौर है। यदि उसे कमीशन मिल जाए, तो एक बात रहे।

उसे शादी सम्बन्धी सारी बातें बताईं। रुपए-पैसे की झंझट; महंथ जी का झंझट। चौदह को वह क्या कहेंगे, क्या करेंगे। छः महीना ठहर जाना कोई मुश्किल नहीं। किन्तु अगले टर्म में शायद उसे छुट्टी ही नहीं मिले। फिर एक बार पूरी जाँच होगी, शरीर की, आँख की। आँख में जरा भी गड़बड़ होने से एयरफोर्स में नहीं लेगे, आर्मी में भेज देंगे। वह स्वयं चिंतित है।

आज राजू से मिलकर दिल्ली जाऊँगा। सारे दरवाजे खटखटा लूँ।

उफ़, यदि इतना समय पटना, कलकत्ता, लखनऊ और दिल्ली में लगाया होता, तो अब तक बेड़ा पार कर लिया होता।

एशिया-प्रकाशन वालों से भी बात तय नहीं हो पाई। न जाने कैसी बुरी यात्रा में चला था! हर जगह झंझट आ रहा है।

प्यारी प्रभा बेटी, तुम्हारी शादी होगी; तुम सौभाग्यशालिनी हो, अच्छी तरह ही शादी होगी! किन्तु तुम्हारे पिता की पूरी परीक्षा हो रही है तुम्हारी शादी में। कभी इतनी परेशानी में, बेचैनी में, व्यग्रता में, व्याकुलता में नहीं पड़ा था। जब सोचने लगता हूँ, दिमाग़ चक्कर खाने लगता है। बेनीपुरी, यह क्या होने जा रहा है?

दिल्ली की राह में
9 जून 1955

अन्ततः प्यारे राजू ने ही मेरी इज्जत रख दी। आज पाँच हज़ार रुपए उसने एक मुश्त भिजवा दिए। पहले ही दिन कहा था, जहाँ तक सम्भव होगा, करूँगा। कम-से-कम एक तिहाई तो कर ही दूँगा। मैंने पृथ्वीराज जी से पन्द्रह हजार रुपए के खर्च की चर्चा की थी। लगता है, उन्होंने यही रकम उससे कही थी।

इधर पृथ्वीराज जी भी कम बेचैन नहीं थे। उन्हें आशा थी, सोहराब मोदी और मुखर्जी कुछ करेंगे ही। बीच में उन्होंने जयन्त देसाई को पकड़ा था। किन्तु, जब सबने टाल-टूल कर दी, तो वह बहुत चिन्तित हुए। उनके पास पैसे नहीं हैं। 'मुगले-आजम' की शूटिंग़ चल रही है, सात को वह पैसे देने वाला था; उसने भी नहीं दिए। वह सोचते थे, बेनीपुरी जी को बुला लिया, इतना टिका लिया, अब क्या होगा? राजू की कोई नई फिल्म इधर नहीं निकली, वह भी तंगदस्त है, अतः पृथ्वीराज जी को आशंका होती थी, वह क्या करेगा। किन्तु आज राजू ने उनकी आशंका और मेरी चिन्ता, दोनों को दूर कर दिया।

पृथ्वी थियेटर के शंकर चाचा स्टेशन पर पहुँचाने आए थे। कहते थे, राजू मन का राजा है। यदि वह झंझट में नहीं होता, तो आपको पूरी रकम दे देता। उसने पैसे को कभी पैसे नहीं समझा!

राजू ने मेरी इज्जत रख दी। सोचता हूँ, इस फनकार का बदला कैसे चुका सकूँगा। यों तो ''माटी की मूरतें'' उन्हें दे ही दी है।

दिल्ली जा रहा हूँ। पाँच पुस्तकों की हस्तलिपियाँ लिए जा रहा हूँ। यदि चार-पाँच हज़ार मिल गए, तो फिर मेरा बेड़ा पार! फिर तो आनन्द से, शान से शादी होगी।

हाँ, जब रुपए के बारे में कुछ थाह में आया हूँ, तो बार-बार चिन्ता होती है, महंथ जी क्या करते हैं? यदि उन्होंने ना कर दी—जिद्द कर ली, तो मैं क्या करूँगा; कहाँ रहूँगा? किन्तु महंथजी विचारवान आदमी हैं, उन्हें अब मुकरना नहीं चाहिए। किन्तु, यह कलियुग है, यहाँ जो भी नहीं हो जाए। मेरे सिर पर भी तो वह कलियुग ही सवार हुआ कि जिस वर के बारे में मन ही मन निश्चय कर चुका था, उसे छोड़ दिया। माना, सबकी राय यही थी; किन्तु, मैं तो अपने मन के निश्चय से हारा ही। क्या उसी का प्रायश्चित यह तरह-तरह की मानसिक चिन्ता के रूप में भुगत रहा हूँ। नहीं तो, जिसके अगुआ जयप्रकाश जी हों, उसमें भी बार-बार यह अडंगा!

दिल्ली से पटना
12 जून 1955

ओहो, जिसकी बेटी की शादी चौबीस को है, वह बारह को रास्ते में है। कैसी बात?

मैं कहा करता हूँ, ग्यारहवाँ घंटा मेरा घंटा है। इस ग्यारहवें घंटे में काम करना कितना

दिलचस्प होता है; किन्तु हमेशा खतरा तो रहता ही है कि ज़रा भी चूक हुई, एक चूल भी ढीला पड़ गया, तो फिर सर्वनाश! तमाशा यह कि यह सब जान-बूझकर भी वही कर दिया करता हूँ।

बम्बई से दिल्ली। श्यामनन्दन मिश्रा (डिपुटी सेक्रेटरी) को तार कर दिया था, किन्तु स्टेशन पर उनका कोई आदमी नहीं दिखा। आत्माराम एवं राजपाल की दुकानों पर गया, मालिक गायब। भागा-भागा शिवसागर जी के पास ठहरा। यों सारी संध्या बर्बाद गई।

भोर में ही किसी प्रसंग में रायबहादुर श्यामनन्दन सहाय का नाम आ गया, मैंने कहा, यह दिन खराब ही जाएगा! बिहार में कुछ लोग हैं, जिनके नाम लोग भोर में नहीं लेते! वही हुआ, दिन-भर दौड़ता रहा, हुआ कुछ भी नहीं!

राजपाल के विश्वनाथ जी मेरी तलाश दो बजे तक करते रहे; मैं सस्ता साहित्य मंडल और आत्माराम के प्रपंचों में फँसा रहा। पुरी ने अन्त में नहीं कर दी! बड़ी निराशा हुई। मार्तण्ड उपाध्याय और यशपाल जैन ने समय माँगा, हस्तलिपियाँ माँगी। मैंने पाँचों पुस्तकें क्षेमचन्द्र सुमन को दे दीं। उन्होंने कहा है कि दो-तीन दिन तक दौड़धूप करके जो भी सम्भव होगा, करूँगा।

यदि भोर में सुमन मिल गए होते, तो कुछ काम हो जाता! उन्होंने पुरी, विश्वनाथ और मार्तण्ड जी के नाम से मुझसे पत्र लिखा लिए हैं। देखें, क्या होता है?

'जनता' से लौट रहा हूँ। शोर है, थर्ड क्लास के यात्रियों के लिए यह किया जा रहा है, वह किया जा रहा है! किन्तु हो क्या रहा है, देख रहा हूँ। रात-भर सो नहीं सका हूँ, दिन-भर ऐसी भीड़ कि ठीक से बैठ भी नहीं सकते। गन्दगी की हद नहीं। बाथरूम गन्दा-गन्दा। पंखा एक है, वह कहाँ-कहाँ हवा दे। कहीं सफाई नहीं की गई। स्टेशनों पर खाने-पीने का कोई प्रबन्ध नहीं। पानी तक देने वाला कोई नहीं और शोर इतना!

मुजफ्फरपुर-स्टेशन
14 जून 1955

यह तीन बजे रात है। स्टेशन के वेटिंग रूम में बैठा लिख रहा हूँ। करूँ क्या? बारह बजे गाड़ी पहुँची है। तब से सोने की कोशिश कर रहा हूँ। किन्तु नींद बेचारी आए, तो कैसे? ज्यों ही आँखें झिपीं कि सैकड़ों मच्छर बदन पर टूट पड़े! और यहाँ आदत ऐसी कि कान में मच्छर का घनघन पहुँचा कि नींद भागी। तीन घंटों से इस करवट, उस करवट करते परेशान हो गया। अभी प्लेटफार्म पर टहल रहा हूँ; शौच से निवृत्त हो आया और लिखने लगा हूँ।

किन्तु क्या लिखा जाता है? दिमाग साँय-साँय कर रहा है, आँखें अधमुँदी हो रही हैं। ठीक से कलम नहीं पकड़ पाता। और, उधर पैरों पर मच्छरों का धावा हो रहा है! कुछ आने पैसे रोज़ाना खर्च कर डी.डी.टी. का स्प्रे कर दिया गया होता, फिर यात्रियों को आराम ही आराम रहता। किन्तु कौन ध्यान दे? चार फर्स्ट क्लास के टिकट हैं, किन्तु सोने की कोई व्यवस्था नहीं।

उधर दुलहिन पड़ी हैं, दोनों पोते छटपट कर रहे हैं। जित्तिन और मंगल भी रह-रहकर हाथ-पैर पटकते हैं। तो भी जवानी की नींद—किसी तरह सो रहे हैं। किन्तु एक तो बुढ़ापा, दूसरी चिन्ता और तीसरे ये मच्छर। यों तो रोशनी करने पर भी मेरी नींद दूर भागती है!

जब से बम्बई छोड़ा, पाँच रातें सोए बिना गुजरी हैं। ट्रेन में भीड़-भीड़! दो रातें—एक दिल्ली और एक पटना में जो गुजरीं, उनमें भी नींद नहीं आ सकी। चिन्ता-चिन्ता!

खूब चक्कर में पड़ा हूँ। अभी ग्यारह बजे महंथजी से मिलूँगा, जबकि वह परीक्षा से

लौटे होंगे। ये आठ घंटे! जब कभी सोचता हूँ, यदि उन्होंने अस्वीकार कर दिया, तब? क्या मैं बेनीपुर जा सकूँगा, क्या मैं पटना लौट सकूँगा! किन्तु ऐसा क्यों सोच रहा हूँ? क्या महन्थजी इतने अज्ञानी होंगे? यदि ऐसा ही हो, तो फिर उनके हाथ बेटी सौंपने का क्या अर्थ होगा? नहीं, नहीं मेरी आशंका निर्मूल है! ऐसा नहीं होगा, नहीं होगा। वह स्वीकृति देंगे ही, देंगे ही!

शायद मेरी परीक्षा की यह आखिरी रात है। उजाला होने से पहले अन्धकार घना हो जाता है। इससे बढ़कर परेशानी और क्या होगी कि जब सारा आलम सो रहा हो, मैं लिखने के बहाने मन को बहला रहा हूँ, समय काट रहा हूँ।

मैं लिख रहा हूँ और सामने एक मुसलमान सज्जन हैं। हेल्थ डिपार्टमेंट के इन्स्पेक्टर हैं। आज ही यहाँ पहुँचे हैं। कहते हैं, यह पहली रात का तजुर्बा कितना बुरा हुआ—न जाने यहाँ कैसे करेंगे? दो साल में इन्हें पेंशन मिलेगी। किसी तरह निभ जाए, यही इनकी चिन्ता है।

किन्तु, मैं लिखूँ भी तो कैसे? मच्छरों ने तंग कर ही रखा था और कुर्सी के खटमलों ने ऐसी चढ़ाई की है कि जैसे सैकड़ों सुई चुभाई जा रही हों—बस करो, बेनीपुरी!

बेनीपुर
16 जून 1955

किसी तरह महन्थजी ने शकुन तो ले लिया। किन्तु अन्त तक कहते रहे, बाबूजी को मनाइए। मैंने कैसी बेचारगी से बातें कीं! मानो दुनिया का सबसे पातकी, नारकी मैं ही हूँ। बेटी का बाप होना इतना बड़ा अपराध है, यह तो कभी नहीं सोचा था?

ये नवयुवक—क्या इनके हाथों में देश की बागडोर सुरक्षित रह सकेगी? हमेशा अपनी ही बात; किन्तु अपनी बात पर बाप के सामने डट नहीं सकते! और, बाप की ओट में क्या धन का मोह इन्हें अभिभूत नहीं किए हुए है?

इससे अच्छा था कि तिलक-दहेज की बात की जानी थी। उसमें बेटी का ब्याह निश्चित तो था। बेटी का बाप भी निश्चिन्त था। जो होना होता, पहले से ही तय रहता। धनी-गरीब अपनी हैसियत के अनुसार घर-वर ढूँढ़ लेता।

पिछले साल, नहीं, नहीं, कई साल पहले, गंगा की लड़की की शादी हुई थी। उसने तिलक तय करा लिया था। गंगा मुझसे कहीं अधिक दुनियादारी जानता है।

बेटी के इस ब्याह ने सिद्ध कर दिया है, मैं कितना बेवकूफ हूँ!

बिना तैयारी के ही किसी काम को शुरू कर देना—इस स्वभाव का आत्मा से प्रायश्चित कर रहा हूँ। पैसे पास में नहीं। अब क्या-क्या करूँ—पैसे इकट्ठे करूँ, शादी के दूसरे प्रबन्ध करूँ कि महन्थजी के बाप को मनाऊँ?

घर पर जाकर पाता हूँ, एक भी काम नहीं हो पाया है। घर वैसा ही पड़ा हुआ है। जाफरी की क्या बात, पैड़वे के लिए भी बाँस नहीं हैं। न जलावन का इन्तज़ाम; फिर खाने-पीने के प्रबन्ध की क्या बात?

क्या करूँ, क्या-क्या करूँ? कहाँ से शुरू करूँ, किसे छोड़ दूँ, किसे पकड़ूँ ? उधर कल जित्तिन जी बिगड़ गए कि मेरी बन्दूक नहीं खरीदी जा रही है! यहाँ सिर में आग लगी है—वहाँ एक शौक पूरा करना है!

किसमें समझ? कहाँ समझ खोजूँ? या मेरी समझ ही खत्म हो गई है ? नहीं तो क्यों मैं अपने को इतनी उलझन में डाल चुका हूँ। क्या बीच में ही इसे इधर या उधर दो टूक नहीं

कर ले सकता था?

मैंने पहले निश्चय को ठुकराया, उसी का प्रायश्चित है, यह प्रत्यक्ष पाता हूँ।

जो ध्रुव को छोड़कर अध्रुव को पकड़ता है, उसकी यही गत होती है!

बेनीपुरी! लेकिन अधीर मत हो! अपने पर, अपने सुकर्मों पर का विश्वास मत खोओ। तुम्हारी प्रतिष्ठा की रक्षा होकर रहेगी। चमत्कार के युग समाप्त नहीं हुए। सुकर्म तो अन्त में चमत्कार दिखाता ही है। कोई न कोई रास्ता निकलकर रहेगा। फिर तुम्हें उतनी ही प्रसन्नता होगी, जितनी आज चिन्ता हो रही है!

मुजफ्फरपुर
21 जून 1955

सोचता हूँ, अभी डायरी नहीं लिखूँ। कुछ देर के बाद फैसला हो जाएगा, तब लिखूँ। किन्तु क्या तब लिख भी सकूँगा। यदि स्वीकारात्मक निर्णय हुआ, तो कामों में उलझ जाऊँगा। और यदि नकारात्मक हुआ, तो···

अतः लिखना ही ठीक। यह जो इस शादी के प्रसंग में एक वृहद् उपन्यास बन रहा है, क्या उसे अलिखित छोड़ा जाए?

बेनीपुर से वहाँ का प्रबन्ध कर, मुजफ्फरपुर आया। यहाँ महन्थजी के लिए कपड़े बनने को दिए। जित्तिनजी के साथ महन्थजी के कपड़े के नाप दिए, घूमे। सन्ध्या को जित्तिन ने कहा—बाबूजी, पहले जब आपने महन्थ जी की चर्चा की थी, मुझे अच्छा नहीं लगा था कि किसी महन्थ से मेरी बहन की शादी हो। किन्तु महन्थ जी को मैंने जैसा पाया है, ऐसी अच्छी जोड़ी प्रभा के लिए दूसरी हो नहीं सकती। महन्थ जी शादी अवश्य करेंगे; पिताजी की प्रतिष्ठा का निर्वाह कर रहे हैं, जो स्वाभाविक है।

रात में बड़ी वर्षा होने लगी, भीगते-भीगते पटना पहुँचा।

वहाँ गंगा और मुद्रिका से सारी बातें कीं। उन्हें लेकर पटना से रवाना हुआ। शिवाजी को हैडनोट लिखकर दे दिया कि ढाई हज़ार रुपए का कहीं से प्रबन्ध कर दीजिए।

मुजफ्फरपुर पहुँचकर महन्थजी से गंगा और मुद्रिका ने बातें कीं। महन्थ जी ने पिताजी के पास जाने का ही निर्णय दिया। यमुना त्रिपाठी को भी ले लिया। यह मेरा मित्र यमुना—मेरी बिपताओं में कैसा साथ देता रहा है! उसने कई बार मुझे संकटों से उबारा है। मुझे ढाँढ़स दिया, होकर रहेगा और तुरन्त साथ देने को चल पड़ा।

हम लोग एक खास मोटर कर सीतामढ़ी चले। सुरेन्द्रजी पटना से ही साथ रहे।

महन्थजी ने कहा था, गुमाश्ताजी और जगदीश बाबू को लेकर जाइएगा। शेष लोगों को सरजूशरण के डेरे पर छोड़कर मैं और सुरेन्द्र जी धोधनी के लिए रवाना हुए।

उफ़, कैसा रास्ता! दो मील के बाद ही ड्राइवर ने आगे बढ़ने से इन्कार कर दिया! रास्ते पर अपने हाथों से रोड़े और ईंट हटाए; ड्राइवर की खुशामद की, किसी तरह धोधनी, फिर वहाँ से शीतल पट्टी पहुँचा और गुमाश्ताजी को लेकर लौटा, पता चला, जगदीश बाबू दरभंगा गए हैं!

सीतामढ़ी पहुँचते-पहुँचते रात हो गई। ड्राइवर ने आगे जाने से इन्कार कर दिया। फिर हम लोगों ने सरजूशरण के घर पर बातें कीं। संयोग से जगदीश बाबू भी वहीं मिल गए। जगदीश बाबू तो तुरन्त ही मेरे पक्ष में हो गए; कहा, अब तो निर्वाह होना ही चाहिए। किन्तु गुमाश्ताजी ने खुलकर बातें नहीं की। सब का यही अनुमान कि, गुमाश्ताजी स्वयं भी यह

सम्बन्ध नहीं चाहते। इसके लिए आर्थिक कारण भी हैं! किन्तु, क्यों मैं उसके चक्कर में पड़ूँ!

संयोग यह, कि तय हुआ, हम लोग भोर में महन्थजी के पिता के पास चलें। सरजूशरण ने कहा, वह विचित्र आदमी है। कभी पैसे देखे नहीं, अब बाबू साहब कहलाता है, तुमसे डरता होगा, जगदीश बाबू की ही बात कुछ सुने तो सुने।

ख़ैर, हम लोग सीतामढ़ी से रेल पर चढ़े। स्टेशन पर भी तमाशा। गाड़ी खुलने को है, किन्तु जगदीशबाबू और गुमाश्ता जी का पता नहीं। उधर सीटी हो रही है, इधर ये दोनों पहुँचे। जान में जान आई।

किन्तु पहुँचते ही पता चला, सरजू मिश्र जी तो कहीं चले गए, कल रात की ट्रेन से। हम लोगों ने सोचा, मुजफ्फरपुर बेटे से मिलने गए होंगे। गाड़ी खुल रही है और हम लोग उस पर उछल-उछल कर चढ़ रहे हैं। किन्तु गुमाश्ताजी छूट ही गए! अब क्या हो? जंजीर खींच रहे हैं। जगदीश बाबू, यमुना, मैं, सुरेन्द्रजी, सब के सब! किन्तु गाड़ी चली ही जा रही है। जब निराश होकर छोड़ दिया, तो गाड़ी रुकी। किसी-किसी तरह गुमाश्ता जी चढ़े।

दरभंगा से महन्थजी को तार दे दिया, पिताजी को रोकिए, हम आ रहे हैं।

आज ग्रहण था, गाड़ी खुलने में डेढ़ घंटा लेट। चार के बदले छह बजे मुजफ्फरपुर पहुँचे।

यहाँ स्टेशन पर ही पता चला, उनके पिताजी नहीं आए! अब क्या हो ? गंगा और मुद्रिका को डाकबंगले में ठहराया। वहाँ भी जगह नहीं थी, किन्तु चेयरमैन ने किसी तरह प्रबन्ध कर दिया।

मैं महन्थजी के डेरे पर गया। यहाँ पता चला है, उनके पिताजी कहीं लकड़ी खरीदने चले गए हैं—कहाँ गए हैं, किसी से बताया नहीं है!

अब क्या होगा?

यह इक्कीस है; चौबीस को शादी है। अब सब कुछ महन्थ जी पर निर्भर है। उनके पिताजी को अब कहाँ खोजा जाए? जब उन्हें इत्मीनान हो गया होगा कि मेरे बिना शादी नहीं हो सकती, तो उन्होंने अपने को छिपा लिया है। इतनी अनुभूति कहाँ कि दूसरे की पीड़ा समझें; वह तो आनन्दित होंगे कि इस बदमाश को खूब सताया! मेरी प्रतिष्ठा धूल में मिले, मेरी बेटी के जीवन पर इसका बुरा असर पड़े, स्वयं उनके लड़के का भविष्य बिगड़ जाए, इसकी चिन्ता उन्हें क्यों हो!

देखना अब यह है कि उनके सपूत क्या रुख़ लेते हैं?

मेरी सारी प्रतिष्ठा एक कच्चे धागे पर लटक रही है!

बेनीपुर
10 जुलाई 1955

और, सपूत साहब ने वही किया, जो उनके पिता ने उन्हें रक्त के रूप में पैतृक देन दी है!

मैंने आरजू-मिन्नत की, गिड़गिड़ाया, किन्तु, वही होंठों पर मुस्कुराहट और नाही-नाही! मुझे लगा जैसे पैर के नीचे की जमीन खिसक गई—बेहोश हुआ; क्या करूँ, कहाँ जाऊँ, किसे, कैसे मुँह दिखलाऊँ! मैं उनके डेरे पर निराश, निरीह पड़ा रहा। अन्त में गंगा और मुद्रिका आए और मुझे बेनीपुर ले आए!

आह री, वह रात। जब आँगन में गीत हो रहा था, हम लोग बेनीपुर पहुँचे। मुझे लग रहा था, मैं फिर बेहोश होकर गिरा; किन्तु, अपने को सँभाला। रानी को अलग बुलाया, उससे अपनी असफलता बताई। पहले तो वह रो पड़ी; किन्तु, फिर धीरज रखा। गंगा ने उसे समझाया,

मुद्रिका ने भी। गंगा और मुद्रिका रात में ही लौट गए। मैं सबकुछ देखने-सुनने और सहने को यहाँ रह गया।

दिन हुआ, लोग आते, पूछते, तरह-तरह की बात करते। खैरियत यही कि लल्लन-मन्नन की जनेऊ भी साथ थी। जो लोग निमन्त्रण में आ सके, उन्होंने इस यज्ञ से ही सन्तोष कर लिया! मेरे मित्रों में से तो कोई आए ही नहीं। पटना से सिर्फ बसावन आए! बसावन ने बताया, गंगा आदि दिनकर से मिले थे, प्रसंगवश उन्होंने उनके लड़के से शादी की चर्चा की, दिनकर ने कहा—किन्तु बेनीपुरी ने तो मुझसे कहा नहीं!

खैर, इस प्रसंग को बढ़ाने से क्या फायदा—जो जिल्लत उठानी थी, उठा चुका ! इस कलियुग में सत्ययुग का बर्ताव करने लगा था; कलियुग ने सज़ा दी !

जब बम्बई में था; पृथ्वीराज जी के साथ एक दिन शूटिंग देखने गया था। 'मुगले-आज़म' की शूटिंग चल रही थी; पृथ्वीराज जी उसमें अकबर का पार्ट कर रहे हैं। उस दिन जिस प्रसंग की शूटिंग थी, उसमें पृथ्वीराज जी को कहना था—एक नाचीज बाँदी ने शहंशाह अकबर का गरूर तोड़ दिया; या खुदा, इज्ज़त भी तू ही देता है और तू ही ज़िल्लत देता है! आखिरी फिकरा अरबी में था! शायद कुरान से। शहंशाह अकबर का वह कथन, क्या जाना था, मुझ पर सोलहों आना लागू होगा!

जो कुछ हो चुका, सिर पर सानन्द लेना ही है। किन्तु कुछ ऐसा धक्का लगा है कि दिमाग कुछ काम नहीं कर पाता। रानी की हालत और बुरी है। दिन-भर तो लोगों के सामने हँसती-बोलती हैं, रात में अपनी पीड़ा का इज़हार करने लगती हैं; कहती हैं, कई रात आँसू से मेरे आँचल तर हो गए! प्रभा ने ऐसा रुख लिया, जैसे यह सब खेलवाड़ हो रहा हो, हँसती, बोलती, भतीजों की जनेऊ के गीत गाती और नेग-जोग माँगती रही—किन्तु उसके हृदय पर क्या गुजरी होगी; बच्ची है, तो भी इस ठोकर ने उसे कष्ट तो दिया ही होगा!

लगभग बीस दिनों से घर पर पड़ा हूँ।

पूना जाना था, नहीं गया। पटना जाना चाहिए, टालता जा रहा हूँ? किन्तु, यह सब कब तक? क्लैव्यं, हृदय-दौर्बल्यं, त्यक्तोतिष्ठ परूतय! गीता की यह बात याद आती है! उसी गीता की, जिसकी सदा हँसी उड़ाता रहा!

जिन्दगी में कितने सदमे आए, किन्तु, ऐसा सदमा, इस बुढ़ापे में—ऐसी आशा न की थी। किन्तु क्या सदमे निमन्त्रण देकर आते हैं! और समय देखते हैं?

बेनीपुर
10 जुलाई 1955
(पुनश्च)

यह भी संयोग, कि जिस समय मैं अपने जीवन के इस महान संकट-काल से गुजर रहा था, मेरे पास हेमिंग्वे की 'दि ओल्डमैन एंड दि सी' नामक पुस्तक थी। छोटी-सी पुस्तक, किन्तु, इस अस्त-व्यस्तता में मैं यदा-कदा ही पढ़ पाता। जिसे एक दिन में, कहिए, एक बैठक में ही समाप्त कर दिया जा सकता था, उसमें मुझे एक महीना लग गया!

उस बूढ़े मछुए से मेरी स्थिति कितनी मिलती-जुलती रही! मछली के शिकार में निकला; खोज-ढूँढ़ में बहुत दूर निकल गया; अन्ततः एक बड़ी मछली फँसी; वह मछली उसकी नाव को घसीट कर और दूर ले गई; जब उसे लेकर वह लौटा, रास्ते में शार्कों की लड़ाई हुई; शार्कों से उसने लड़ाई की; कई को मारा; किन्तु, अन्त में वह पराजित हुआ; शार्कों ने उस मछली

के सारे अंगों का माँस नोच खाया; जब वह किनारे लगा, मछली का ढाँचा-मात्र था! और, वह बेदम, बेसुध हो चला था!

उसकी इस हार की स्थिति का कैसा सजीव वर्णन हेमिंग्वे ने किया है—कुछ सूक्तियाँ देखिए—

—आदमी हारने के लिए नहीं बनाया गया है, आदमी बरबाद हो सकता है, हार नहीं सकता!

—कुछ आनन्द की बातें सोचो, बूढ़े; तुम बहुत सोचा करते हो!

—यहाँ एक प्राणी दूसरे के संहार में लगा है; अपने को अधिक धोखे में नहीं रखो!

—अब क्या किया जाए? कुछ नहीं! अब मुझे तर्क-वितर्क में नहीं पड़ना चाहिए और आगे के लिए प्रतीक्षा करनी चाहिए!

—मैं बहुत दूर चला गया था! इसने हम दोनों को बर्बाद किया!

—इन बेवकूफी की बातों को छोड़ो। भाग्य नाना रूप में हमारे सामने आता है; उसे कौन पहचान सके! जो सामने आए, उसे पकड़ो और जो कीमत माँगे, दो!

—बूढ़े की साँस रुँधने लगी, उसने मुँह में एक अजीब स्वाद का अनुभव किया! कुछ कसैला-कसैला, कुछ मीठा-मीठा! वह डर गया!

—वह हार चुका था और अब कोई उपाय नहीं रह गया था। उसने पतवार हाथ में ली और बड़ी सावधानी से अपने घर की ओर बढ़ा!

—हवा हमारी मित्र है और समुद्र भी, यद्यपि उसमें दोस्त और दुश्मन, दोनों हैं। और शय्या भी हमारी मित्र है, जब आदमी हार गया हो, तो सबसे बड़ी मित्र !

—जब आदमी हार जाता है, तब लगता है, हारना कितना आसान है! इसके पहले हार कितनी भयानक लगती है!

—मैं क्यों हारा? कुछ ज्यादा दूर बढ़ गया था!

—सड़क के किनारे, अपने झोंपड़े में, चीथड़ों में लिपटा, बूढ़ा सोया हुआ था! यह औंधे मुँह सोया था, वह सिंहों के सपने देख रहा था!

मैं अपनी इस अट्टालिका में इसी प्रकार औंधे मुँह पड़ा क्या तरह-तरह के सपने नहीं देखा करता हूँ!

हेमिंग्वे की यह छोटी पुस्तक सचमुच नोबेल-पुरस्कार के योग्य है!

बेनीपुर
16 जुलाई 1955

जोगीन्दर आए थे, मुसहरी से। महन्थजी का संवाद लाए थे, प्रमोदजी का पत्र लाए थे। महन्थजी उदास हैं, पछता रहे हैं। पिता से बातें कर ली हैं। अब वह स्वतन्त्र हैं। प्रबोधजी ने लिखा है, पिछली बात भूल जाइए, बिगड़ी को बनने दीजिए ! पढ़कर, सुनकर मन में स्वामी रामतीर्थ का वह शे'र फिर याद आया—

भागती फिरती थी दुनिया जब तलब करते थे हम;
जबकि नफरत उससे की अब बेक़रार आने को है!

मैंने प्रबोध जी को लिख दिया है, अब बात मेरे हाथ की नहीं, जिनको दुख हुआ, वे लोग ही निर्णय कर सकते हैं; महन्थजी ने मुझे पिता कहा था, उन्हें मेरी शुभकामना मिलती रहेगी; कुछ लोगों ने षड्यन्त्र किया, महन्थ उसके शिकार बने; उन षड्यन्त्रियों के जाल से

वह मुक्त हो सकेंगे क्या? मैंने तो अपने दिमाग़ की उस कोठरी को बन्द कर लिया है–

होइ हैं सो जो राम रचि राखा,
को करि तर्क बढ़ावे साखा!

क्या तमाशा है? कैसी है यह दुनिया! कैसे हैं इसके लोग?

× × ×

लगभग एक महीने से यहाँ पड़ा हूँ। सोच नहीं पाता, क्या करूँ, कहाँ से शुरू करूँ ? यंत्रवत् सारे काम कर रहा हूँ। काम क्या–भूख लगी या याद दिलाया गया, खा लिया; नींद आई या मन ऊब गया, सो गया। अच्छी बात यह है कि नींद अच्छी आने लगी है। यह मौसम का प्रभाव है। आसमान में बादल, दिन-भर झींसी-फुही। पुरवैया हवा। आँखें मूँदिए, निद्रादेवी ने अपनी गोद में ले लिया!

यहाँ अकेले हूँ। शादी के बाद ही दुलहिन पटना भागने की तैयारी में लगीं। रानी को कैसे अकेले छोड़ता–खासकर इस स्थिति में। तय किया, मैं ही रहूँगा। किन्तु अचानक वह बीमार पड़ीं। दुलहिन के साथ उन्हें पटना भेज दिया है। देवेन्द्र को पहले भेज दिया था; "नेत्रदान" का सीजन है। जित्तिन जी भी चले गए हैं। प्रभा और बच्चे सब भी पहले चले गए थे। यों अकेला-अकेला। बस, रामेश्वरजी साथ में हैं–मी एंड डनलप लेफ्ट। डनलप टायर का वह विज्ञापन मुझ पर लागू है। एक्सीडेंट; इंजिन बन्द, बॉडी चूर-चूर; बच गया ड्राइवर और यह डनलप टायर!

पूना नहीं जा सका। बेचारे पामा को कितनी हानि हुई? और, मेरी भी ! किन्तु एक्सीडेंट होता है, तब हानियाँ ही हानियाँ तो होती हैं!

कुछ पेड़ लगा रखे हैं। पेड़ों में नई-नई कोंपलें फूट रही हैं, पत्ते निकल रहे हैं। दिन-भर उन्हें देखता रहता हूँ, निकट से जाकर देखता हूँ। एक-एक कोंपल और पत्ते को देखता हूँ। कितने भले लगते हैं। लीची की वह विटपी तो नन्हीं दुलहिन-सी लगती है–लाल-लाल पत्तियों की लाल साड़ी पहने! आह! प्रभा को भी तो इसी रूप में देखना चाहता था न?

ममता तू न गई मेरे मन तें!

घर की बगल में एक पीपल का पौधा उग आया था। लोगों ने कहा, घर के निकट पीपल का पेड़ रखना अच्छा नहीं। उसे दूर, उस खेत में लगा दिया है। यहीं से देखने से सन्तोष नहीं होता, तो उसके निकट-निकट जाकर दिन में कई बार देख आता हूँ!

खेतीबाड़ी चौपट। कितने खेतों में हल भी नहीं फिरे! गणेश अपने घर गया चार दिनों के लिए। आज ग्यारह दिन हो गए! उसकी शादी क्या करा दी, उससे हाथ धोना पड़ेगा, ऐसा लगता है!

× × ×

'तुलसी ग्रन्थावली' का दूसरा भाग मँगा लिया है, जिसमें उनकी छोटी-छोटी रचनाएँ हैं। कई पुस्तकें पढ़ डाली हैं। 'विनय-पत्रिका', 'गीतावली', 'कवितावली' को जहाँ-तहाँ पढ़ा करता हूँ। मानस के कितने ही प्रसंगों को इतना विस्तृत रूप दिया गया है कि पढ़कर चित्त प्रसन्न और कभी-कभी करुणार्द्र हो उठता है!

राम की बाललीला, कौशल्या की मनोव्यथा, लंकादहन, अशोक वन में सीता, आदि प्रसंगों पर 'मानस' में कितना संक्षेप कहा गया है, किन्तु 'कवितावली' और 'गीतावली' में इनका वर्णन कितना सजीव है!

'विनय-पत्रिका'! क्या कहना? एक-एक पद में भक्ति और तन्मयता ओतप्रोत। जब पढ़ रहा था,

"कबहुँक हों यहि रहनि रहौंगो"

तब लगता था, इसमें मेरी आत्मा बोल रही थी—नहीं, नहीं, मेरी आत्मा की यह बोल आज की विश्वात्मा की वाणी है! संसार की आत्मा छटपटा कर जैसे कह रही हो—

यथा लाभ सन्तोष सदा काहूँ सो कछु न यहौंगो
पर हित निरत निरंतर मन क्रम वचन नेमु निबहौंगो!
परुष वचन अति दुसह स्रवन सुति तेहि पावक न दहौंगो,
विगत मान, सम सीतल मन, पर-गुन, नहिं दोष कहौंगो!
परिहारे देह जनित चिन्ता दुख-सुख समबुद्धि सहौंगो!

यदि यह मानसिक स्थिति प्राप्त हो जाए, तो फिर संसार में क्यों पारस्परिक कलह हो!

तुलसीदास 'पर-हित' पर सदा ज़ोर देते रहे हैं—

परहित सरिस धर्म नहि भाई,
पर-पीड़ा सम नहि अधमाई!

फिर—

परहित बस जिनके मन-माहिं
तिन कहें जग दुर्लभ कछु नाहिं!

जब 'तुलसी-ग्रन्थावली' का यह भाग पढ़ रहा था, पता चला, तुलसी का शब्द-भंडार कितना विस्तृत है—कितने ही शब्दों का अर्थ मुझे भी ज्ञात नहीं है!

× × ×

आठ दिनों से दिन-रात वर्षा हो जाया करती है! कभी इधर से, कभी उधर से बादल उमड़ते हैं और झमक जाते हैं। चारों ओर कीचड़ ही कीचड़। कहीं निकल भी नहीं सकते।

बाहर की प्रकृति कितनी सुहावनी; किन्तु यहाँ मेरे इस घर में कितना सूनापन। अभी चार दिन पहले यहाँ कोलाहल-कोलाहल था, अब यह सन्नाटा जैसे काटने दौड़ता है!

मन होता है, पटना भाग जाऊँ; किन्तु घर को किस पर छोड़ूँ। अपनी ही बनाई अट्टालिका मेरे लिए कारागार बन गई है! मानव प्रयत्नों पर कितना बड़ा व्यंग्य है यह!

पटना
12 सितम्बर 1955

काठमांडू से पटना : पटना से बेनीपुर! बेनीपुर से पटना।

पटना ने, बिहार की राजधानी ने, आज फिर देखा यहाँ का जनमत यहाँ के मन्त्रिमंडल के बारे में क्या रुख रखता है!

आज से ठीक एक मास पहले बी.एन. कॉलेज के बरामदे पर शहीद दीनानाथ पांडेय की हत्या पुलिस की गोलियों से हुई थी। उसके बाद ही बारह और तेरह को अनेक निहत्थे निरपराधों की जान पुलिस ने ली!

कैसा शानदार श्राद्ध आज बिहार की जनता ने उन शहीदों का किया!

भोर में जुलूस : विधानसभा के सामने प्रदर्शन : शाम को सभा।

कम्युनिस्टों ने कहा, हम लोग साथ ही कार्यक्रम रखें। किन्तु अन्त में कैसे मुकर गए! क्यों? क्योंकि रामगढ़ के राजा की थैली मिल गई! ये धोखेबाज़ ! मौकापरस्त! हिन्दूसभा! जनसंघ! राजा-पार्टी!—ये समय पर किसी से भी मिल सकते हैं और किसी को भी धोखा दे सकते हैं।

अन्तिम समय में मैंने तय किया, **हमारा कार्यक्रम अलग रहेगा। और कैसी शानदार रही हमारी चीज! जुलूस, प्रदर्शन, सभा—सब शानदार।**

भाई अशोक मेहता दिल्ली से आए थे। पार्टी का बल और जोश देखकर कितना आनन्द हुआ उन्हें। सभा में उनका भाषण भी बड़ा ही अच्छा रहा। लोहिया के लोगों ने उनके बारे में तरह-तरह की भ्रमात्मक बातें कह रखी थीं। सारा भ्रम आज दूर हो गया!

मेरी कविता "आँसुओं को बोलने दो" नाम से एक पुस्तिका रूप में भी निकल गई है। बिहार के कोने-कोने में वह पहुँच चुकी है। एक मित्र ने उस दिन कहा—इस मोतीकांड ने जयप्रकाश और बेनीपुरी, दोनों को फिर जनता के सामने सही रूप में रख दिया है!

श्री बाबू (मुख्यमन्त्री) ने उस दिन मुजफ्फरपुर में भाषण किया, तो जयप्रकाश के साथ मेरा भी उल्लेख करने से नहीं चूके—हम दोनों को एक साथ ही खरी-खोटी सुनाई!

लोहिया कांड के बाद पार्टी में थोड़ी सुगबुगाहट आई थी; इस गोलीकांड ने फिर उसमें नई जान डाल दी है।

जुलूस में मैंने देखा, प्रान्त के कोने-कोने से लोग आए थे।

जरूरत यह है कि इस जीवन को, जोश को, कायम रखा जाए—फिर तो चुनाव में कुछ होकर रहेगा! किन्तु करे कौन? सभी कहते हैं, तुम आ जाओ—किन्तु···

नागपुर
14 सितम्बर 1955

और यह नागपुर! चरैवेति बेनीपुरी, चरैवेति! हृषिकेश शर्माजी का पटना में तार मिला—हिन्दी-दिवस के अवसर पर चौदह सितम्बर को पधारिए! कैसे टालता? एक बात और भी रही! सोचा, चलो, सी.पी. में कुछ ग्रन्थावली का, कुछ पुस्तकों का काम भी कर लेंगे।

बारह के प्रदर्शन से थका-माँदा। उसी रात को चल दिया; आज दस बजे पहुँचा हूँ। कितना विशाल है हमारा देश!

गाड़ी लेट थी; शर्माजी माला लिए रास्ते में और मैं उनके घर पहुँचा। बिहार के दो भाई अवश्य ही स्टेशन पर मिले।

खाया-पीया; भाषण के लिए कुछ पाइंट्स तैयार किए कि फोन—रेडियो से भट्टजी बुला रहे हैं। फोन पर ही बात की। आजकल शम्भू भी यहीं के रेडियो में है। वह भेंट करने आया।

संध्या को विनयमोहन जी से मिलने गया—प्रोफेसर शुकदेवप्रसाद तिवारी; कवि के रूप में वीरात्मा। किन्तु उनका 'विनयमोहन' उपनाम ही सम्पूर्णतः सार्थक। विनय की साक्षात् मूर्ति; उससे जिसको चाहें, मोह लें। धर्मसेठ की नई बस्ती में अपना मकान बना लिया है—यों हैं, उन्नाव जिले के।

ग्रन्थावली के बारे में बातें हुईं। यहाँ के शिक्षामन्त्री श्री मँडलोई जी हैं; खंडवा में उनसे घनिष्ठता हुई थी। आशा बँधी, कुछ होगा। तिवारी जी ने नागपुर विश्वविद्यालय और हाईस्कूल बोर्ड से कुछ करा देने का आश्वासन दिया। पता चला, नागपुर विश्वविद्यालय तो अब यथार्थतः मराठी विश्वविद्यालय है। हिन्दी के सारे कॉलेज तो सागर विश्वविद्यालय से संलग्न हैं। तो, सागर भी जाना ही पड़ेगा।

संध्या को सभा। विश्वविद्यालय के कन्वोकेशन हाल में। बड़ी भीड़। लड़कियाँ भी काफी तादाद में। लोगों ने बताया, यह आपके नाम का करिश्मा है! बेनीपुरी, तुम कितना छा गए हो हिन्दी-संसार पर! राष्ट्रभाषा के प्रश्न पर भाषण दिया—लगता था, नाग-नागिनों को बंशी

बजाकर नचा रहा होऊँ! बार-बार तालियाँ, बीच-बीच में हँसी के फव्वारे! समाप्त किया, तो हॉल गनगना उठा!

फिर लड़के-लड़कियों की भीड़—हस्ताक्षर के लिए! कहाँ तक हस्ताक्षर किया जाए! किसी तरह पिंड छुड़ाकर पंडित द्वारकाप्रसाद मिश्र जी के घर गया!

मिश्रजी—सी.पी. के चाणक्य! यू.पी. के रहनेवाले; सी.पी. में क्या रंग जमा रखा है! टंडन जी के प्रश्न को लेकर कांग्रेस से हटे; हमारी पार्टी में आए। किन्तु बैताल फिर पीपल के पेड़ से जा लटका! यह बंगला, यह मोटर—बेचारी सोशलिस्ट पार्टी यह कहाँ से दे सकती थी!

परसों तीन बजे उनसे मिलना है। कल बियाणीजी के घर भोजन करना है। बियाणीजी आजकल यहाँ के अर्थमन्त्री हैं—सेठों को ही तो कांग्रेसी मन्त्रिमंडल में अर्थमन्त्री बनाया जाना चाहिए!

कल संध्या को सिद्धार्थसंघ में जाना है। यहाँ के बिहारियों ने यह संघ बनाया है। अब बिहारी समझने लगे हैं, संघे शक्ति कलियुगे! जहाँ संघ का जन्म हुआ, वहाँ वाले इसे जब तक भूले रहे, यही आश्चर्य!

यहाँ के दो कॉलेजों की ओर से भी निमन्त्रण मिला। बोलते जाओ; कुछ बोते जाओ—एक-न-एक दिन बीज उगेंगे; फसल लहराएगी! लोग भी क्या कहेंगे कि कोई बेनीपुरी भी था! वह मेरा छोटा-सा गाँव—मुझे जन्म देकर वह अखिल भारतीय महत्त्व पा सका। सबका अपना-अपना भाग्य!

नागपुर
15 सितम्बर 1955

आगंतुकों को भीड़, आमन्त्रणों की भीड़। मेरे यहाँ आइए, मेरे यहाँ खाइए। कहाँ-कहाँ जाऊँ? कहाँ-कहाँ खाऊँ? तीन कॉलेज हैं, तीनों ने प्रोग्राम बनवा लिए। प्रान्तीय साहित्य सम्मेलन के लिए प्रोग्राम—सोशलिस्ट पार्टी के लिए प्रोग्राम। मन्त्रियों और विशिष्ट सज्जनों से मिलने का प्रोग्राम—प्रमुख स्थानों को देखने का प्रोग्राम। रविवार तक का प्रोग्राम बन चुका था। आज झा जी की पत्नी ने कहा; चौथचन्दा को तो रह ही आइए, व्रत का दिन—कहाँ जाइएगा!

झा जी का पूरा नाम है, रामानन्द झा जी—आर.एन. झा के नाम से प्रसिद्ध हैं। दरभंगा जिले के हैं; प्रयाग में शिक्षा पाई, नागपुर में जा रमे। आजकल मध्यप्रदेश के चेम्बर ऑफ कामर्स के मन्त्री हैं। अच्छा प्रभाव बना रखा है—हर जगह पैठ। और संध्या को उन्हीं के घर भोजन था। बिहार के सारे लोग एकत्र थे; नियोगी जी, बियाणी जी भी आए थे।

प्रवासी बिहारियों के यहाँ एक संघ बना रखा है, झा जी उसके प्रमुख केन्द्र हैं। भोजन के बाद तय हुआ, संघ की ओर से शनिवार को एक साहित्यिक आयोजन रखा जाए!

दिन का भोजन बियाणीजी के घर पर हुआ था। सार्वजनिक संस्थाओं और सरकारी संस्थाओं में क्या सम्बन्ध रहे, बातें हुईं। बियाणीजी ने सम्मेलन का भवन बनवाया है; उधर सरकार ने एक साहित्यिक परिषद् बनाई है—इन्हीं को लेकर सारी बातें हुईं।

बियाणी जी से ग्रन्थावली की बातें हुईं। स्थायी ग्राहक बन गए; सरकार से भी करा देने का आश्वासन दिया।

झा जी के घर पर माहेश्वरी जी भी आ गए थे। रामगोपाल माहेश्वरी : स्थानीय दैनिक 'नव भारत' के सर्वेसर्वा। अभी युवक ही हैं, किन्तु काफी व्यापार-कुशल। शर्माजी ने बताया था, पिछले महायुद्ध में लाखों कमाया! ये मारवाड़ी बन्धु! रुपया कमाना कोई इनसे सीखे, कोई

भी व्यापार खड़ा कर देना इनसे सीखे। जहाँ अखबार निकालकर लोग रोते हैं; ये चाँदी काटते हैं!

झा जी और मोहश्वरी जी ने ग्रन्थावली के स्थायी ग्राहक बनाने के लिए एक नामावली तैयार की—बीस नाम लिखे; यदि दस-पन्द्रह भी नकद बन गए; तो समझूँ, श्रीगणेश अच्छा हुआ! यह स्थान भी छोटा है! कल शिक्षामन्त्री और शिक्षा सचिव से मिलना है। फिर मिश्राजी हैं—कल पता चल जाएगा; हम मध्यप्रदेश से क्या आशा कर सकते हैं?

सफर में ही तो कुछ पढ़ पाता हूँ। काठमांडू गया था, तो बी.पी. के घर से जीनपाल सार्त्र का एक उपन्यास उठा लाया। नाम है नौसिया; नाम ही विचित्र! कहीं 'मतली' भी किसी पुस्तक का नाम हो सकता है! ऐसा लगता है, यह किसी लेखक की डायरी के पन्ने हैं, जो सार्त्र साहब को कहीं मिल गए हैं। वह लेखक इतिहास लिखना चाहता है और यह उपन्यास आपसे आप लिखा जाता है ! शुरू ही करते हैं—

''मुझे कुछ हो गया है। इसमें कोई सन्देह नहीं। बीमारी की तरह यह आया, कोई निश्चित गति नहीं, कोई प्रत्यक्ष चीज नहीं। धीरे-धीरे, बड़ी चालाकी से इसने मुझमें प्रवेश किया है। मैंने कुछ विचित्रता अनुभव की; लगा, कुछ बुझा-बुझा जा रहा हूँ। और अब तो इसने घर बना लिया है, गुपचुप आ बैठा है। मैंने मन को समझाया, यह कुछ नहीं है, मैं झूठ-मूठ घबरा रहा हूँ। किन्तु अब तो यह रंग लाने लगा है!''

यह 'कुछ' क्या है? यही मतली है—जिसका दौरा लेखक महाशय को हुआ करता है! जब कभी कोई अघटन घटना हुई। इसका दौरा हुआ। और एक भावुक के जीवन में ऐसी घटनाओं की तो कमी नहीं—अतः बार-बार मतली! किन्तु यह साधारण मतली नहीं है। इसका दौर शुरू हुआ नहीं कि लेखक की दृष्टि बदली ! वह विचित्र ढंग से देखता है, विचित्र ढंग से सोचता है। सारी पुस्तक में विचित्रताएँ भरी हैं। इस विचित्र दृष्टि के कारण ही एक दिन वह 'अस्तित्व' को साकार देखता है! सार्त्र के 'अस्तित्ववाद' की नींव यहीं पड़ती है!

कितने ही स्थल बड़े मार्मिक हैं। छोटी-छोटी बातों को, दृश्यों को, घटनाओं को ऐसे विस्तार से लिखा है कि वे अति मनोरंजक और सजीव बन गए हैं। उपन्यास का कोई प्लाट नहीं है, व्यक्ति, दृश्य, घटनाएँ एक-एक कर आते हैं और स्वयं कहानी बनते जाते हैं। घटना-प्रधान उपन्यासों में बीच-बीच के अंश छोड़ भी दीजिए, तो चल जाता है। यहाँ यदि एक पंक्ति भी छोड़ी, तो आपको स्पष्ट लगेगा, धागा अचानक टूट गया।

सार्त्र ने मुझे मोहित किया है। उसके कई नाटक पढ़ चुका हूँ, जब शुरू किया, समाप्त किए बिना चैन कहाँ? इस उपन्यास ने भी मुझे इसी प्रकार तीन दिनों तक अभिभूत रखा है! काश, हमारे उपन्यासकार एक बार ऐसी पुस्तकें पढ़ते—तब उनके उपन्यासों का यह हश्र नहीं होता कि मेरे ऐसा आदमी भी उनके उपन्यासों को शुरू से अन्त तक नहीं पढ़ पाए। अज्ञेय की, जैनेन्द्र की, यशपाल की कितनी ही पुस्तकें मैंने कई बार पढ़ने की कोशिश की, किन्तु उन्हें कभी पूरा नहीं कर पाया! अज्ञेय और जैनेन्द्र को तो मैं बीस-पच्चीस पृष्ठ भी एक बार में नहीं पढ़ सका और जब छोड़ा, तो फिर उठाया नहीं!

नागपुर
16 सितम्बर 1955

सबेरे सात बजे ही किवाड़ पर खटखटाहट हुई और तब से इस बारह बजे रात तक दौड़ता रहा ही हूँ। उफ़, कितना थक गया हूँ; किन्तु इसे समझे कौन? सब कोई बकाकर और खिलाकर

मारने पर तुले हैं।

भोर में बिहार के दो भाई आए; शौच भी समय पर नहीं जा सका। उनसे फुर्सत ली, शौचादि क्रिया से निवृत्त भी नहीं हो पाया था कि एक सज्जन आ गए–जो कल से ही 'इन्टरव्यू' ले रहे हैं। अजीब-अजीब प्रश्न–कहते जाइए, लिखाते जाइए!

फिर प्र. सोशलिस्ट पार्टी के भाई पहुँचे–आफिस में चलिए, मन्त्री जी प्रतीक्षा कर रहे हैं! कैसे जाऊँ–दोपहर के लिए उन्हें टालकर शिक्षामन्त्री मँडलोई जी के घर पर गया।

माँडलोईजी को बहुत दिनों से जानता हूँ; खंडवा के रहनेवाले हैं; जब खंडवा था, परिचय हुआ, निकटता हुई। पहले वकील थे, अब मन्त्री हैं। बड़े प्रेम से मिले। संयोग से वहीं शिक्षा-सचिव श्री नायक भी थे। ग्रन्थावली की बात चलाई। नायक जी ने कहा, सरकारी कॉलेजों और हाई स्कूलों के लिए खरीद लूँगा; सहायता प्राप्त कॉलेजों और स्कूलों की तो मैं सिफारिश ही कर सकता हूँ। ठीक भी है, कल दुपहरिया में सेक्रेटेरियट में बुलाया है। यदि इतना हो गया, तो रास्ता तो खुला।

दो बजे पार्टी आफिस में चाय पी; तीन बजे पंडित द्वारकाप्रसाद मिश्र से मिलने गया। कहा, मैं स्थायी ग्राहक बन जाऊँगा, शिक्षामन्त्री से कहूँगा। यह भी बताया, स्थायी ग्राहकों के लिए जबलपुर की अपेक्षा रायपुर जाना ठीक रहेगा। वहाँ तो मेरा कोई परिचित नहीं? बोले, यह प्रबन्ध मैं कर दूँगा।

खूब बातें होती रहीं, राजनीति की, साहित्य की। इधर-उधर की। दक्षिण भारत की यात्रा करने की सलाह दी और उस पर एक पुस्तक लिख देने की सलाह दी। बाबू साधुचरण प्रसाद लिखित 'भारत-भ्रमण' (पाँच खंड) का एक खंड भी दिखलाया। यह सज्जन बलिया के थे। शाहाबाद से ही यात्रा प्रारम्भ की थी!

मिश्रजी के घर से पंडित उदयशंकर भट्टजी के डेरे पर। भट्टजी आकाशवाणी, दिल्ली से बदलकर यहाँ आए हैं। पुराने मित्र; बड़े प्रेम से मिले। उनकी पुत्री सन्तोष और नातिन भारती को देखकर प्रसन्नता हुई–लगा, अपनी ही बेटी-पोती हों!

फिर विनयमोहन जी के घर। उलाहना देने लगे, मेरे घर पर अब तक भोजन नहीं किया! बाप रे! कहाँ-कहाँ खाऊँ! फिर हृषीकेश जी एक सज्जन के घर ले गए। वयोवृद्ध सज्जन। पेंशनयाफ़्ता। कहने लगे, एक तो कान से ऊँचा सुनता हूँ, फिर बुढ़ापा। किसी सभा में नहीं जाता। किन्तु उस दिन हिन्दी दिवस की सभा में गया और आपका भाषण सुनकर तृप्त हो गया! किस गद्‌गद् वाणी में बोल रहे थे वह!

वहाँ से झा जी के घर और उन्हीं के साथ अंबाझिरी और टिलनखेरी नामक दो झीलों को देखा। अंबाझिरी का पानी ही नागपुर पीता है। टिलनखेरी भोंसलों ने बनवाई थी, उसी के निकट भोंसलों का बगीचा है। बगीचे से भी हो लिया। बीच में एक तालाब–किनारे पर एक बंगला। रसिकों का क्रीड़ाभवन है यह!

फिर मौरिस कॉलेज में। कम ही लड़के थे। तो भी बकना तो पड़ा ही! वहाँ से रामगोपाल जी के घर भोजन। कितने साहित्यकार उपस्थित थे। यहीं सेठ गोविन्ददासजी के पुत्र से भेंट हुई। आप उप-शिक्षामन्त्री हैं। फिर निमन्त्रण–कल संध्या को उनके घर पर भोजन है! और दिन-भर भाषण-भाषण है! सिटी कॉलेज में, वाणिज्य महाविद्यालय में, दिन में बिहारी बन्धुओं के घर भोजन; चार बजे उनकी सभा में भाषण; छः बजे साहित्य गोष्ठी में भाषण! चार-चार सभाओं में बोलना और दिन-रात भोज खाना–क्या कहने हैं बेनीपुरी; खाओ, बको और मरो!

नागपुर
17 सितम्बर 1955

भोर से ही भीड़। रामकिशोर शर्मा जी आए। रामकिशोर जी सीतामढ़ी के हैं। पहले शिवहर राज्य के मैनेजर रहे; फिर सीतामढ़ी में वकालत शुरू की। आजकल रामबहादुर ठाकुर एंड कम्पनी के संचालक के रूप में यहाँ हैं। समस्तीपुर के ठाकुर प्रसाद शर्मा की यह मैंगनीज की कम्पनी है। ठाकुर बाबू महेशबाबू के समधी हैं। ग्रन्थावली के स्थायी ग्राहक भी। आज दिन में इस कम्पनी में ही भोजन हुआ। झा जी भी गए थे।

साढ़े नौ बजे ही सिटी कॉलेज के लड़के आ धमके। फिर अनन्तगोपाल शेवड़े आए। शेवड़े—नागपुर टाइम्स के संचालक। बताने लगे, किस प्रकार शुक्लजी (मुख्यमन्त्री) ने कई मुकदमे कर रखे हैं। उन्हीं के झंझटों में फँसे हैं बेचारे। अपनी नई पुस्तक "तीसरी भूख" दे गए हैं। इसमें उनके निबन्ध हैं। यह तीसरी भूख क्या ? फुर्सत कहाँ कि उलटकर पढ़ भी सकूँ।

सिटी कॉलेज जाने को ही था कि खबर आई मुख्यमन्त्री शुक्लजी ने दस बजे बुलाया है। कॉलेज में जैसे-तैसे आधे घंटे का व्याख्यान दिया। लोग उसी से सन्तुष्ट। भागा-भागा शुक्लजी के बंगले पर।

शुक्लजी अस्सी वर्षों के हो चले हैं, बीमार हैं—तो भी काठी कितनी अच्छी ! सिर्फ गंजी पहने थे, चमड़ी से चमक गई नहीं है। वाणी में गम्भीरता और स्पष्टता। सिवा उजली चमकती मूँछ के बुढ़ापे का कहीं नामोनिशान नहीं। जाते ही बोले, आपकी ग्रन्थावली मिल चुकी है। फिर इधर-उधर की बातें; कुछ राजनीति की, कुछ साहित्य की। मध्यप्रदेश का बँटवारा होने वाला है, राजनीतिज्ञों के सामने यही ज्वलन्त प्रश्न है इस समय। हिन्दी की एकरूपता पर जोर देने की चर्चा मैंने की; बोले, मैं करूँ, तो हल्ला मच जाए। आप लोग कीजिए; मेरी सहायता रहेगी। किस तरह हिन्दी और मराठी, दोनों को राज्य की मान्यता देकर उन्होंने इस विवाद का ही अन्त कर दिया है, इस पर प्रकाश डाला!

ग्रन्थावली के सम्बन्ध में कुछ अवश्य करेंगे, ऐसा आश्वासन दिया। रायपुर जाने की चर्चा चलाई, तो बोले, दो अक्टूबर को जा रहा हूँ, अवश्य आइए। बड़े सहृदय दीखे।

वहाँ से कॉमर्स कॉलेज—अर्थ-वाणिज्य महाविद्यालय। प्रिंसिपल मराठी सज्जन हैं, किन्तु हिन्दी के बड़े रसिक। 'हिमालय' की पूरी फाइल है उनके पास। बड़ी अच्छी सभा रही। मैं भी हृदय से बोला। हृषीकेशजी कह रहे थे, हिन्दी-दिवस से भी सुन्दर भाषण रहा यहाँ का। सभी श्रोता भाव-मुग्ध थे।

भोजन रामकिशोर जी के साथ। फिर सेक्रेटेरियट।

शिक्षा-सचिव नायक जी नवयुवक हैं। साहित्य रसिक हैं, बहुज्ञ हैं। उनसे बातें करके अपने माथुर साहब की याद आ गई। लिपि-सुधार के बारे में बातें चलीं, बताने लगे, 'र' को लेकर इतना विवाद अज्ञान के कारण हो रहा है। यह तो ब्राह्मी लिपि से आया है। इसका वर्तमान रूप और संयुक्ताक्षरों का वर्तमान प्रयोग ही उचित है। फिर कपड़े के लिए किसी अंग को ही छँटवा लेना कहाँ की बुद्धिमानी है। वर्तमान लिपि को भ्रष्ट करके हम अपने साहित्य को ही भ्रष्ट कर लेंगे! अंग्रेजी लिपि और वर्तनी में क्या कम दोष हैं? उन्होंने कहाँ बदला? सुधार के नाम पर हम अपना रूप ही बदलते जा रहे हैं।

ग्रन्थावली के सौ सेट तुरंत खरीद लेंगे, ऐसा कहा। डी.पी.आई. नहीं हैं, उनके आते ही आर्डर चला जाएगा। पुस्तकालयों के लिए दो-ढाई सौ सेट खरीद लेने का आश्वासन दिया और सभी सहायताप्राप्त स्कूलों को तो लिखेंगे ही। उनकी सूची भी हमारे पास भिजवा देंगे। नायक

को पकड़ना है; आशा है, इनके द्वारा चार-पाँच सौ सेट सी.पी. में बिक ही जाएँगे।

फिर साहित्यगोष्ठी में। फिर बोलना पड़ा; कुछ तेज़ बोला। उदयशंकरजी सभापति थे; उन्होंने शिवपूजन जी की बीमारी और उस अवसर की मेरी लेखनी की करामात की चर्चा कर दी। फिर तो साहित्य की गरिमा और महिमा पर मेरी वाणी मुखर हो उठी!

वहीं डॉ. बलभद्रप्रसाद मिश्रजी से भेंट हुई। कहने लगे, आज ही आया, कई कमेटियों में फँसा हुआ हूँ। सुना, आप आए हैं, तो दौड़ा-दौड़ा आ गया। कल भोर में यहाँ आएँगे। उनसे मैट्रिक में अपनी पुस्तकें लगवाने के बारे में बातें करूँगा। विनयमोहन जी भी आएँगे।

भोजन हुआ जगमोहन जी के घर पर। पूछने लगे, जबलपुर कब जाइएगा ? बुधवार को जाना है। कहा, मैं घर पर लिख रहा हूँ, बस स्टैंड से आपको लोग ले जाएँगे। जबलपुर के और लोगों को भी लिख दूँगा। सेठ (गोविन्ददास) जी की ही तरह उत्साही दीखे, नवयवुक ही तो हैं। शासन द्वारा साहित्य, कला के लिए क्या-क्या सम्भव है, बातें हुईं। मैंने कहा, एक बार बिहार आकर देखिए।

नागपुर
18 सितम्बर 1955

राम-राम करके आज नागपुर के तूफानी प्रोग्राम को पूरा किया। भोर में ही डॉ. बलदेवप्रसाद मिश्र और श्री विनयमोहन जी आ गए। मिश्र जी हाईस्कूल बोर्ड में हैं। अपनी किसी किताब को कोर्स में रखवाने के बारे में चर्चा की। बताया, पहले प्रकाशन-संस्था को पचास रुपए देकर रजिस्टर्ड कराना होता है। बोर्ड में अपने ही लोग हैं; किन्तु अब तो समय बीत चुका। मार्च में ही कुछ हो सकेगा। यह भी कहा; शायद यह बोर्ड नहीं रहे, सरकार नए ढंग का बोर्ड बनाना चाहती है; उसमें हाईकोर्ट का एक जज तथा उच्च शिक्षाधिकारी रहेंगे। विनयमोहन जी ने भी उनसे इसके लिए अनुरोध किया।

फिर हम लोग डॉ. सर भवानीशंकर नियोगी जी के घर पर गए। नियोगी जी यहाँ के हाईकोर्ट के चीफ जस्टिस और नागपुर विश्वविद्यालय के उपकुलपति रह चुके हैं। आन्ध्र के हैं, किन्तु नागपुर में ही बस गए। बड़े ही उदार आदर्श सज्जन। अपनी सारी सम्पत्ति विश्वविद्यालय को दे दी है। वह शानदार मकान भी जिसमें हम उनसे मिले। डेढ़ लाख का मकान है। अब स्वयं एक छोटा-सा घर बनवाकर रहने जा रहे हैं, जो पीछे विश्वविद्यालय का ही हो जाएगा। कोई पुत्र नहीं—दो पुत्रियों के लिए अलग मकान बनवा दिए हैं।

उनके बाद डॉ. वेणीशंकर झा के घर गए। झा जी पहले डी.पी.आई. थे; अब पब्लिक सर्विस कमीशन के अध्यक्ष हैं। बड़े सरस सज्जन। ग्रन्थावली के ग्राहक बन गए।

फिर विनयमोहनजी के घर पर भोजन। अच्छी मित्रमंडली जुटी थी। विनयमोहनजी सचमुच विनयमोहन हैं! सब लोगों का स्नेह उन्हें प्राप्त है।

ढाई बजे डेरे पर लौटकर सोया और फिर चार बजे से चक्कर शुरू किया। पार्टी के दफ्तर में कार्यकर्ताओं से बातचीत हुई; पार्टी द्वारा आयोजित सभा में भाषण किया। दोनों के बीच में राष्ट्रभाषा मंडल की ओर से किए गए स्वागत-आयोजन में सम्मिलित हुआ। चार घंटे तक बोलते-बोलते थक गया था। रात का भोजन शम्भूजी के घर पर। शम्भूनन्दन पटना का है, रेडियो में है। मेरा प्यारा है; बी.पी. सिन्हा का दामाद है। वहाँ बिहार के ही लोग आए थे। पारिवारिक आनन्द आया!

श्री रामानन्दजी झा से घनिष्ठता बढ़ रही है। उनका ससुराल धनकौल है, मेरे ससुराल

की बगल में ही। आज उनकी श्रीमती जी ने बाज़ाप्ता साली का पार्ट अदा करना शुरू किया। उन्हीं के आग्रह पर तो कल तक ठहर गया हूँ। कल चौथचन्दा है—मान लूँगा, त्योहार घर पर ही हुआ। झा जी मेरी ग्रन्थावली के लिए भी खूब प्रयत्न कर रहे हैं।

माहेश्वरीजी से भी घनिष्ठता बढ़ी है। पहली बार नागपुर आया था, तो उन्होंने अपने 'नवभारत प्रेस' में स्वागत का आयोजन किया था। इस बार जब से आया, सदा साथ देते रहे। ग्रन्थावली के लिए भी प्रयत्न कर रहे हैं। ''नवभारत'' का एक संस्करण जबलपुर से भी निकलता है और एक भोपाल से। जबलपुर से ''जयहिन्द'' नामक एक साप्ताहिक भी निकलता है। ये लोग कितने उद्योगी होते हैं!

नागपुर
19 सितम्बर 1955

'कुफ्र टूटा खुदा खुदा करके!' बस, आज किसी तरह यहाँ का कार्यक्रम पूरा हुआ! जब अभी रामेश्वरजी देह में तेल की मालिश कर रहे थे, लगता था, जैसे अंग-अंग में काँटे चुभ रहे हैं। यदि ऐसा प्रोग्राम रहा, तो अपने को बीमार कर लेने से बच नहीं सकूँगा! उत्साह तो वही नौजवानी का है; किन्तु बुढ़ापे का शरीर बेचारा क्या करे?

भोर में ही पार्टी के एक नौजवान अपनी पत्नी के साथ पधारे। समाजवाद के प्रचार के लिए एक संस्था बना रखी है इन लोगों ने। दोनों को कला से भी अनुराग है—कहते थे, पार्टी के लायक कोई नाटक लिख दीजिए; क्या-क्या लिखूँ ?

फिर रामकिशोर जी आए और उसके बाद ही मदनराम जी भीमसारिया पधारे। मदनलाल यहाँ मैंगनीज का व्यापार कर रहे हैं। मुँगेर जिले के पुराने कांग्रेससेवी हैं; किन्तु इधर कांग्रेस से बहुत ही क्षुब्ध! आज उन्हीं के साथ रामटेक जाने का निश्चय था।

'रामटेक' को ही कुछ लोग कालिदास के मेघदूत का 'रामगिरि' आश्रम बताते हैं। रामटेक इसलिए नाम पड़ा कि यहीं राम ने वह टेक की थी कि राक्षसों को मारकर ही दम लूँगा। 'निशिचर हीन करौं महि भुज उठाई प्रण कीन्ह।' कालिदास ने यहाँ की 'स्निग्ध छाया' और 'जनक-तनया-स्थान-पुण्योदकेषु' का वर्णन किया है। यहाँ एक सीताकुंड भी है और पेड़ों की स्निग्ध छाया का क्या कहना?

सोचा था, सबेरे चलेंगे; किन्तु मदनराम के घर पर ही देर हो गई। जब रामटेक पहुँचा, इतनी धूप तीखी हो गई थी कि पहाड़ पर चढ़ना दूभर जाना। रामटेक पहुँचते ही वहाँ की प्रजा समाजवादी पार्टी के कुछ कार्यकर्ताओं ने घेर लिया। नागपुर की पार्टी ने उन्हें खबर की थी। उन्हीं की राय से पहले खिंड्सी झील देखने चला। बड़ी मनोरम झील है। चारों ओर पहाड़ ही पहाड़। बीच में एक फाँक, जिससे होकर पानी बह जाया करता था। उस फाँक पर बाँध बाँध दिया गया है। बाँध के नीचे से थोड़ा-थोड़ा करके पानी निकलता रहता है, जिसे नहर के रूप में परिणत कर दूर-दूर तक सिंचाई की जाती है। झील के किनारे एक डाकबंगला है; उसी के बरामदे पर बैठकर झील की शोभा देखता और ठंडी हवा का मज़ा लेता रहा! रामटेक के साथियों ने कुछ फल-मूल खरीद लिएँ थे; बड़े प्रेम से खाया।

लौटकर रामटेक देखने चला। बड़ी चढ़ाई—सात सौ सीढ़ियाँ हैं। पहाड़ पर शरीफों का जंगल लगा है, जिसे यहाँ सीताफल कहते हैं। लंगूरों की भरमार। जहाँ सीता हो, सीताफल हो, वहाँ हनुमान क्यों नहीं रहें?

बार-बार सीता की याद आती है, कहाँ वह जन्मीं, कहाँ जाकर टिकीं। सीतामढ़ी में एक

बार 'सीतायन' की कल्पना उठी थी। रामटेक पर चढ़ते हुए, बार-बार इच्छा जगती, उस कल्पना को साकार करने की चेष्टा करूँ! क्या ऐसा कर सकूँगा?

पहाड़ पर राम का मन्दिर है। सबसे आगे वाराह की मूर्ति; फिर लक्ष्मण, कौशल्या आदि की मूर्तियाँ। मन्दिर में बिजली लगा दी गई है। यहाँ एक सन्त रहते हैं, उन्हीं की कृपा का यह फल है।

मन्दिर में राम-सीता का दर्शन कर, मन्दिर से सटे 'राम झरोखा' पर बैठकर चारों ओर के दृश्य देखे! बड़ा ही सुन्दर! झील सूख रही है; यह देखकर दुख हुआ। यदि विदेशों में ऐसी झील होती, किस प्रकार सरकार उसे सँवार कर रखती ! इसी पहाड़ पर, इस मन्दिर से दूर, 'नागार्जुन' का मन्दिर है। नागार्जुन—प्रसिद्ध बौद्धभिक्षु। नीचे जैनियों का भी मन्दिर है। महावीर, बुद्ध, सीता—हम बिहारियों के लिए कैसा प्यारा है यह स्थान। यहाँ कुछ शिलालेख भी मिले हैं, जो तीन हज़ार वर्ष पहले के समझे जाते हैं।

देखते, घूमते संध्या हो गई। लौटते समय मनसर में पार्टी के कार्यकर्ता श्री भीमसिंह ने अपने घर पर चाय पिलाई। नागपुर साढ़े सात बजे पहुँचा। सीधे रामानन्द झा जी के घर पर गया। आज चौथचन्दा का व्रत था। रामानन्दजी की पत्नी ने साली का नाता जोड़ लिया है। देर से पहुँचने की सज़ा में पानी देह पर डाल दिया। होली का मज़ा। फिर ऐसा खिलाया कि अब देर तक लिखना भी मुश्किल हो रहा है!

वर्धा
20 सितम्बर 1955

उस दिन रामेश्वर दुबेजी आए और वर्धा आने का निमन्त्रण दे गए। वर्धा, गाँधीजी का वर्धा; राष्ट्रभाषा प्रचार समिति का वर्धा। सबेरे ही उठना पड़ा। स्टेशन पर बागड़ी जी से भेंट हो गई। बागड़ी जी—नागपुर की 'रेड आर्मी' के संचालक। 1942 में कमाल किया। पार्टी में सम्मिलित हुए। एम.पी. बने। अब पार्टी से इस्तीफा दे चुके हैं। सारी बातें बताने लगे। जयप्रकाशजी से इनकी बातें चल रही हैं। फिर ग्यारह तारीख़ को गया पहुँचकर उनसे मिलेंगे।

वर्धा स्टेशन पर ही दुबेजी और मोहनलालजी भट्ट मिल गए। राष्ट्रभाषा प्रचार समिति के हिन्दी नगर में जब-जब पहुँचता हूँ, बड़ा आनन्द आता है। चारों ओर फूल-फूल; खूबसूरत बँगले। सारे देश में इसकी शाखाएँ—विदेशों में भी सम्बद्ध संस्थाएँ। परीक्षा और पुस्तकों से इतनी आमदनी हो जाती है कि इस ठाठ से सारे काम किए जा रहे हैं।

भट्टजी बताने लगे, किस तरह हिन्दी साहित्य सम्मेलन से नत्थी करने के कारण काम में बाधा पड़ रही है। किन्तु उससे मुक्त कैसे हुआ जाए? प्रमुख हिन्दी साहित्यिकों की एक परिषद् बुलानेवाले हैं। मेरा समर्थन चाहते हैं, इसी काम से पटना जाना चाहते थे। मैंने कहा, समिति की रक्षा के लिए जो कुछ कीजिए, मेरा समर्थन ही समर्थन है।

भट्टजी पहले गाँधीजी के साथ रहते थे। 'नवजीवन' के प्रकाशक यही थे। अब सारा समय हिन्दी-प्रचार में दे रहे हैं। गुजराती हैं, कार्यकुशल भी। तभी तो संस्था को इस रूप में चला रहे हैं।

दिन-भर विश्राम ही विश्राम। संध्या को एक सभा। वहाँ बोलकर सीधे स्टेशन। स्टेशन पर बड़ी भीड़। इन्दिरा गाँधी मेल से इसी रास्ते से गुजर रही थी। नेहरू की बेटी; कौन उनकी झाँकी लेना नहीं चाहे?

× × ×

जब नागपुर पहुँचा; पाया, रामेश्वरजी बीमार हो गए हैं। उन्हें यहीं छोड़ दिया था कि आराम करें। जबलपुर के लिए टिकट कट चुका था, वापस किया। अब कल तक यहीं रहना है। नागपुर ने अपने नागपाश में बाँध रखा है मुझे! जी ऊब गया है। भागना चाहता हूँ। खैर, कल विश्राम हो जाएगा। कौन कहे, जबलपुर में फिर कैसी दौड़-धूप करनी पड़े!

जबलपुर
23 सितम्बर 1955

नागपुर का ही कार्यक्रम यहाँ दुहर रहा है। कल भोर में नागपुर से चला, ढाई बजे जबलपुर पहुँचा। बस-स्टैंड पर मित्रों की मंडली डटी थी–भवानीप्रसाद तिवारी, 'नवभारत' सम्पादक मायारामजी, श्यामबाबू कश्मीरी, आदि-आदि। सेठ गोविन्ददास जी के महल में ठहरा–हाँ, महल ही तो। उनके पितामह गोकुलदासजी बाज़ाप्ता राजा थे–राजा गोकुलदास कहलाते थे। राजा का यह राजमहल; एक सरस्वती-सेवक वहाँ आ धमका है।

संध्या को भवानीभाई के घर गया–सोमवार तक के लिए कार्यक्रम बना लिया गया। वहाँ जाइए, वहाँ खाइए, वहाँ बकिए! 'भाई जरा बुढ़ापे की ओर भी ध्यान रखो'–हाँ, हाँ, हलका ही प्रोग्राम रहेगा!

और यह कैसा हलका होगा, आज ही पता चल गया। प्रोग्राम था, एक जगह भोर में, एक जगह संध्या को। यह दो आसानी से चार हो गया!

कल ज्यों ही यहाँ पहुँचा, कॉमर्स कॉलेज के विद्यार्थी मिले। पहला कार्यक्रम उन्हीं का रहा। यह कॉमर्स कॉलेज वर्धा और नागपुर के सेक्सरिया कॉलेज की ही शाखा है! उसके आचार्य बलदुआजी ने स्वागत किया; मैंने भाषण दिया! सचमुच नवयुवकों के निकट अपना हृदय उँड़लने में मुझे कितना आनन्द आता है। भाषण ने सभी को मुग्ध किया; लड़के तो निहाल से देखते थे।

वहाँ से इन्डियन प्रेस गया; श्री रामानुज लाल श्रीवास्तव से मिलने। रामानुज जी हिन्दी के अकेले व्यक्तित्व हैं–अपने ढंग के अनोखे। उनकी कविता दो धाराओं में फूटी है–सरस गीतों के अतिरिक्त व्यंग्य कविता 'ऊँट' नाम से लिखते हैं! शक्ल भी ऊँट की ही तरह है–लम्बी-लम्बी टाँगों पर हड्डियों का ढाँचा–वह भी लम्बा ही, चेहरा लम्बा, नाक लम्बी! हज़रत 'ऊँट' नागपुर गए थे, तो मेरे डेरे पर मिलने आए थे; मिल न सके। यहाँ देखते ही कलेजे से लिपट गए। स्वागत-सत्कार। और चट सौ रुपए का चेक काटकर ग्रन्थावली के ग्राहक बन गए !

वहीं नर्मदाप्रसाद खरे मिले! ग्रन्थावली को अपनाने और मध्यप्रदेश में खपाने का जिम्मा लिया! कल उनके घर भोजन भी होगा।

हम लोग कॉमर्स कॉलेज में ही थे, कि महिला-कॉलेज से फोन आया। तीन बजे वहाँ जाना पड़ा। सेठ गोविन्ददास के लिए ही बना, किन्तु अब बिका हुआ, गोविन्दभवन में यह कॉलेज है। गृह-विज्ञान की विशेष पढ़ाई होती है। बड़ा ही भव्य स्थान और व्यवस्था भी बड़ी सुन्दर। लड़कियों के बीच भाषण देते हुए विशेष प्रसन्नता हुई। मेरी गुलाब की दुनिया की खेती तो ये लड़कियाँ ही हैं। उन्हें बताया, नए भारत के निर्माण में तुम्हारा क्या हिस्सा होना है!

इस कॉलेज में ही हितकारिणी कॉलेज से फोन आया। अतः नौ बजे संध्या को वहाँ जाना पड़ा। यह शिक्षण-संस्था इस प्रदेश की सबसे बड़ी संस्था है–लगभग तीन हज़ार विद्यार्थी है

इसमें। लॉ कॉलेज की ओर से यह बुलाहट थी। आचार्य उपाध्याय बड़े प्रेम से मिले। वकीलों को राजेन्द्र प्रसाद, सी.आर. दास और मोतीलाल जी का आदर्श आधुनिक युग के अनुरूप अपनाने को कहा।

वहाँ से पार्टी की रैली में। जबलपुर में पार्टी की स्थिति गड़बड़ है। भाई भवानी तिवारी ने इस्तीफा ने रखा है। कुछ और प्रमुख साथी अलग हो गए हैं। तो भी रैली में कार्यकर्ताओं की बहुत अच्छी संख्या थी। पार्टी में जो फूट है, उसी पर कुछ कहा और जो कहा, दिल से कहा! यह तो जगन्नाथ का रथ है, यह चलेगा, चलता रहेगा। बड़े-बड़े आए और गए। पार्टी के तीन सदस्य इस समय तीन प्रान्तों के मुख्यमन्त्री हैं। कृपलानी, डॉ. घोष ऐसे लोग आए भी हैं। फिर एक लोहिया के हटने से क्यों यह हाय-तौबा! विश्वास रखो, प्रेम रखो, आगे बढ़ो।

मेरे कार्यक्रम का केन्द्रबिन्दु बन रहे हैं मायाराम जी। 'नवभारत' के जबलपुर-संस्करण के सम्पादक। राजस्थानी हैं, नौजवान हैं। सहृदय हैं, सभाचतुर हैं, वाक्पटु हैं। उन्हीं की गाड़ी पर उन्हीं के साथ दौड़ता हूँ; ऐसी आत्मीयता दिखलाई है कि मुग्ध बना हुआ हूँ। मेरी ग्रन्थावली के काम को इन्होंने रचनात्मक काम नाम दे रखा है। यहाँ के प्रमुख पुस्तक विक्रेता सुषमा प्रकाशन में भी ले गए। नवभारत आफिस भी देख आया। नवभारत के तीन संस्करण निकलते हैं, नागपुर से, जबलपुर से, भोपाल से। 'जयहिन्द' नाम से एक साप्ताहिक भी निकलता है।

मायाराम जी से सेठजी के घर का हाल मिला। सेठजी के पितामह लोटा-डोरी लेकर जबलपुर आए। इतना धन इकट्ठा किया कि राजा बन गए। उनकी पितामही बड़ी सुलक्षणा थीं। सेठ जी के पिता बड़े फिजूलखर्च और विलासी थे। सारी सम्पत्ति फूँक डाली। सेठजी बचपन से ही साहित्य और राजनीति के प्रेमी। पिता के मरने पर अपना घर सँभाला; किन्तु पुराना वैभव तो जा चुका था। सेठ जी के दो पुत्र हैं : जगमोहन जी, मनमोहन जी।

जबलपुर
25 सितम्बर 1955

कल चार बजे रात तक जगा रहा; फुर्सत कहाँ कि डायरी भी लिखूँ। जबलपुर ने नागपुर से भी अधिक प्रेम में लिपटा रखा है।

भोर में महाराष्ट्रीय कन्या महाविद्यालय से कार्यक्रम का प्रारम्भ हुआ। इसी महाविद्यालय में भवानी भाई प्रोफ़ेसर हैं। भवानी भाई—मेरी ही तरह साहित्य और राजनीति में एक-सा लीन। बड़े मस्त स्वभाव के। जबलपुर के; नहीं, भारत के प्रथम समाजवादी मेयर! कितने अफसोस की बात है कि वह पार्टी से हट गए हैं! क्या करें, पार्टी का रवैया ही कुछ ऐसा है। "प्रहरी" का सम्पादन करते हैं, साप्ताहिक है। बड़ा ही सुरुचिपूर्ण और साहित्यिक पत्र। भवानीजी की मस्ती का पूरा प्रतिनिधित्व करता है।

कन्या महाविद्यालय में इस समय यूनियन का चुनाव हो रहा है। भवन के आँगन में चारों ओर काले पत्थर की तख्तियाँ जड़ी हुई हैं। उन्हीं पर लड़कियों ने अपने-अपने पक्ष में, बड़े ही कलात्मक ढंग से, बेल-बूटों से सजा कर अपने-अपने पक्ष के समर्थन में प्रचार-वाक्य लिख रखे हैं—रंगीन खड़ियों से। यदि राजनीतिक चुनावों में ऐसी ही सुरुचि के दर्शन हो पाते।

भाषण में मैंने सीताजी से ही प्रारम्भ किया—सुभद्रा जी की स्मृति में सिर झुकाया। सुभद्रा जी की बेटी यहाँ अध्यापिका हैं! नए युग की नई सीता को कैसा होना चाहिए, भाषण का विषय यही रखा। लड़कियाँ तन्मय होकर सुन रही थीं। जब हृदय से बोलो, तो वह हृदय को पकड़ता ही है।

वहाँ से रॉबर्टसन कॉलेज—इस प्रान्त का सबसे पुराना और प्रतिष्ठित कॉलेज। आजकल 'अंचल' और प्रभुदयाल अग्निहोत्री जी यहाँ प्रोफेसर हैं। 'साहित्य में मेरी मान्यताएँ'—इस पर भाषण किया। तुलसी के साहित्यिक आदर्श को उपस्थित किया। जब भाषण समाप्त हुआ, यहाँ के प्रिंसिपल कहने लगे—सुना था, जब कृष्ण की बंशी बजती थी, यमुना भी स्थिर हो उठती थीं। आपके भाषण में वही जादू देखा ! एक घंटे तक बोला।

वहाँ से कारपोरेशन आफिस में गया। कारपोरेशन के सामने एक सुन्दर बगीचे में सुभद्रा जी की मूर्ति स्थापित हैं! सुभद्राकुमारी चौहान—'झाँसीवाली रानी' कविता की रचना से सारे हिन्दी-प्रान्तों में सुप्रसिद्ध है। और झाँसी की रानी की ही तरह स्वतन्त्रता के युद्ध में सदा लड़ती, जूझती रहीं। इस मूर्ति की स्थापना का श्रेय भी भवानी भाई और उनके साथियों को है। मूर्ति बड़ी सुन्दर है, इटली से बनकर आई है। मूर्ति के चरणों पर पुष्पहार अर्पित कर अपने को धन्य किया।

दिन का भोजन भवानी भाई के घर! उनकी पत्नी को जब-जब देखता हूँ, रानी की याद आती है। ऐसी पत्नी पाकर ही भवानी भाई इस प्रकार सदा अपने को विपत्तियों में झोंकते रहे हैं।

तिपहरिया में पत्रकार संघ की ओर से सम्मान। यहाँ ''नवभारत'' और ''प्रहरी'' के अतिरिक्त ''प्रदीप'' नामक एक और पत्र है। कोई मासिक पत्रिका नहीं। साढ़े तीन लाख की जहाँ आबादी है, जहाँ सत्रह कॉलेज हैं, जो महाकौशल की राजधानी बनने जा रहा है, उस नगर में पत्र-पत्रिकाओं की इतनी न्यून संख्या क्या उचित है? यहीं से तो ''श्रीशारदा'' निकली थी, यहीं तो ''कर्मवीर'' का जन्म हुआ, ''लोकमत'' ऐसा शानदार दैनिक भी यहीं से निकला। मध्यप्रदेश का बँटवारा होने जा रहा है। जबलपुर इस के प्रदेश की राजधानी बनकर रहेगा; फिर यहाँ पत्र-पत्रिकाओं की बारी आएगी ही!

अपने पत्रकार-बन्धुओं के समक्ष अपने पैंतीस वर्षों के पत्रकार जीवन के अनुभव बताए फिर विदेशों में जो पत्रकारिता देखी, उसका वर्णन किया। हिन्दी पत्रकारिता के तीन युग—तपस्या युग, बलिदान युग, और अब व्यापार युग! व्यापार युग में स्वतन्त्र पत्रकारिता का ह्रास। क्षेत्रीय पत्रकारिता की ओर अब ध्यान दिया जाना चाहिए।

संध्या को आम सभा। मायारामजी ने कहा, इधर ऐसी बड़ी सभा जबलपुर में कभी नहीं हुई थी! पटना गोलीकांड पर बोला! करुणा से प्रारम्भ किया; जोश में समाप्त किया। पटना के शहीदों की स्मृति में दो मिनट के मौन के बाद सभा समाप्त हुई।

और, इसके बाद ही भवानी भाई के घर कव्वाली का वह सिलसिला शुरू हुआ, जो चार बजे रात तक चलता रहा। लुकमान नाम का एक तरुण कव्वाल है। 'सीमाब' की ग़ज़लों पर वह रंग बाँधता है कि सारी महफिल को कव्वाल बना छोड़ता है; लोग झूमते हैं, ताल देते हैं, वाह-वाह करते हैं, गाने लगते हैं! दो-चार 'जिगर' और 'नूर' की गजलें भी गाईं। हिन्दी के कुछ गीतों को भी कव्वाली की लय में ढाल लिया है। भवानी भाई, भवानी मिश्र और 'नीरज' के गीत सुनाए—वही मस्ती, वही स्वर को साकार खड़ा कर देना। बड़ा आनन्द आया।

रात में भवानी भाई के घर पर ही सो गया—नौ बजे नींद टूटी, चाय लेकर महल में आया। लिख ही रहा हूँ कि खबर आई है, सवाईमल जी के घर भोजन है, मोटर आ रही है।

कल जगमोहन जी नागपुर से आ गए हैं। कोई कष्ट तो नहीं, पूछा। कष्ट क्या होगा! दिन-भर दौड़ो—फिर इस घोंसले में विश्राम करो, जहाँ रहने की सारी सुविधाएँ हैं!

आज रविवार था; साँसत कुछ कम रही। देर से जगा, स्नान के बाद भी खुमारी रही! संध्या की चाय श्री रामानुज लाल जी श्रीवास्तव के घर! फिर वहाँ से रॉबर्टसन कॉलेज के

अशोक छात्रावास के गणेशोत्सव में सम्मिलित हुआ!

कैसा विशाल है हमारा देश और उसमें कैसी एकात्मता। 'अशोक' के नाम पर यह होस्टल और उसकी बगल में जो पहाड़ी है, उसका नाम 'सीता-पहाड़ी'! अपना व्याख्यान मैंने इन्हीं का प्रसंग लेकर शुरू किया। भाई प्रभुदयाल त्रिपाठी ने कहा, कितना सुन्दर बोल गए आप।

नौ बजे से नवभारत-आफिस में 'साहित्यसंघ' और 'मिलन' की ओर से साहित्य गोष्ठी! जबलपुर के सभी साहित्यिक आए थे। नागपुर रेडियो स्टेशन के डायरेक्टर श्री नटराजन भी पधारे थे। प्रारम्भ में छोटा-सा भाषण देना पड़ा; अन्त में 'सिंहगढ़' कविता सुनानी पड़ी!

कहीं एक बजे रात में जाकर सोया!

इतनी थकावट होती है कि क्या जल्द नींद आती है? रामेश्वरजी तेल की मालिश भी कर देते हैं, किन्तु थकावट तो जैसे हड्डी को पकड़ चुकी हो! सचमुच अपना आदर-सत्कार भी जान ले लेता है—किन्तु पिंड कैसे छुड़ाऊँ!

सागर
27 सितम्बर 1955

कल संध्या को भवानी भाई के घर जरा भाँग ले ली; फिर मायाराम जी के घर खाने गया, तो ऐसी गोष्ठी जुटी कि बारह बजे लौटा और बिछावन पर पड़ते ही निद्रा से अभिभूत हो गया। कौन डायरी लिखे। आज सागर पहुँचकर यह लिख रहा हूँ।

कल भोर में मदन-महल देखने गया, जो जबलपुर से बाहर एक पहाड़ी पर है। यह गोंड़-राजा मदन का बनवाया हुआ है। इसी गोंड़ राजवंश की रानी दुर्गावती थी, जिसका इतिहास जग-जाहिर है।

काफी ऊँची चढ़ाई। भवानी भाई, मायाराम जी, मैं और रामेश्वर! चढ़ते गए, चढ़ते गए। जबलपुर के आसपास की पहाड़ियों का अजब रूप है। लगता है, पत्थर के ढोके पर ढोके रखे हुए हैं। गोल-गोल, चिकने-चिकने, काले-काले पत्थर ! लगता है, किसी महासर्पिणी ने ये अनेक अंडे डाल दिए हैं। कहावत तो यह है कि जब लंका में समुद्र बाँधा जा रहा था, बन्दर-भालू उत्तर से ये पत्थर के ढोके ढोकर ले जा रहे थे कि खबर आई, बाँध तैयार हो गया, लौटो। सबने अपने-अपने पत्थर पटक दिए! उन्हीं ढोकों से ये पहाड़ी टीले बन गए हैं!

पहाड़ी की ऊँची चोटी पर तिमंजिला यह महल है। सामने अँगनाई में पत्थर के मकानों का भग्नावशेष है। कुछ दूर पर एक तालाब है, उसके सामने खास महल है। तालाब में एक छोटा-सा द्वीप है। कहते हैं, उस पर गोड़-राजा रास रचाते थे और लोग नावों पर तमाशे देखते थे। सामने एक और तालाब है। कहते हैं, वहाँ वल्लभाचार्य दक्षिण से आते हुए ठहरे थे। एक मन्दिर है वहाँ!

वहाँ से चारों ओर देखने पर कितना सुन्दर लगता है। जबलपुर चारों ओर पहाड़ों से घिरा हुआ। 'जबड़' का मानी इधर पत्थर है। जबलपुर का नाम इन पत्थरों के कारण ही रखा गया है।

मदन-महल पर कुछ देर विश्राम करते हुए तरह-तरह की भावनाएँ मन में उठीं। बातें भी हुईं, कि क्यों नहीं किसी चाँदनी रात में यहाँ नृत्य, गीत, कविता, एकांकी का प्रबन्ध किया जाए। मदन-महल के ऊपर यह आयोजन हो, नीचे से लोग देखा करें! कैसा मज़ा।

वहाँ से अंचल जी के घर पर भोजन! और थोड़ा भी विश्राम नहीं करने पाया था कि

हितकारिणी सिटी कॉलेज में जाना पड़ा। जबलपुर को मैं बचपन से हितकारिणी हाईस्कूल के कारण ही जानता था। इसके प्रधानाध्यापक पंडित रघुवरप्रसाद द्विवेदी हिन्दी के सुलेखक थे। मेरे ''बालक'' में भी कुछ लिखा था। ''हितकारिणी'' नाम से एक पत्रिका भी निकालते थे। काफी लड़के, लड़कियाँ उपस्थित थे। एक घंटे तक उनके बीच बोलता रहा। देख रहा हूँ, मेरी वक्तृत्व कला फिर विकास पा रही है। बिना सोचे हुए ही उठ खड़ा होता हूँ, फिर तो नई-नई बातें आप से आप मेरी जिह्वा से प्रवाहित होने लगती हैं। बातों को दुहराना तो मुझे आता ही नहीं।

रात में मायारामजी के घर पर भोजन! सभी मित्र एकत्र थे। बड़ा मज़ा रहा। तिवारी भाई की भाँग का गुलाबी नशा, फिर कविता की झड़ी! रामानुजलाल जी 'ऊँट' के नाम से व्यंग्य कविता करते हैं—क्या सूझ पाई है। चुटकी लेने से किसी को क्षमा नहीं करते, अपने को भी नहीं, अपनी पत्नी को भी नहीं। सुरा इनकी सहचरी है! मैंने कहा, सन् अट्ठावन से तो पूरी शराबबंदी होगी; बोले, कौन बेईमान तब तक जीता है! उनके चुटकलों से मैं तो लोटपोट हुआ जा रहा था !

आकर सो गए, तो पाँच बजे मायारामजी के ड्राइवर ने ही जगाया। उन्हीं की मोटर पर स्टेशन—भागा-भागी ट्रेन पकड़ी। छः बजे भोर में जो चला, तो तीन बजे सागर!

रास्ता बड़ा ही सुहावना। जहाँ देखिए, पहाड़ी, पहाड़ी। बरसात के कारण चारों ओर हरियाली। आसमान में बादल—रह-रहकर रिमझिम फुहारें गिरने लगतीं। किन्तु रास्ते में कहीं कुछ खाने को नहीं मिला—तीन केलों पर ही एकादशी काटी। अच्छा हुआ, पेट बेचारे को आराम मिला। कितने दिनों के बाद भूख का अनुभव किया।

यहाँ पंडित नन्ददुलारे वाजपेयी जी के घर ठहरना था। स्टेशन पर ही मिले; नागपुर जा रहे थे। किन्तु, उनकी गाड़ी थी, उनके आदमी थे। उन्हीं के घर आकर ठहरा हूँ। अभी राजनाथ पांडे के घर से लौटा हूँ। शहर से भी कुछ सज्जन आए थे। दो दिनों का वह ठसाठस प्रोग्राम बना है कि क्या कहना?

सागर छोटा-सा शहर है किन्तु यहाँ एक सज्जन थे सर हरिसिंह गौड़। बड़े विद्वान। देश-भर में प्रसिद्ध। वकालत में काफी पैसे कमाए। किन्तु मरने के पहले सारी कमाई सागर में एक विश्वविद्यालय बनाने के लिए दान कर गए। उन्हीं की कीर्ति यह सागर विश्वविद्यालय है। शहर से छः मील दूर! बड़ा ही रमणीक स्थान। कहते हैं, डॉ. राधाकृष्णन ने कहा था, ऐसा रम्य स्थान संसार के किसी विश्वविद्यालय के पास नहीं!

सागर
28 सितम्बर 1955

दस बजे उपकुलपति डॉ. रामप्रसाद त्रिपाठीजी से मिला। कमेटी की मीटिंग में थे, किन्तु पुर्जा पाते ही दौड़कर आए; प्रेम से मिले। साहित्यिक चर्चाएँ हुईं; मेरी ''शाश्वत भारत'' की योजना सुनकर बड़े ही प्रसन्न हुए। तय हुआ, संध्या की सभा का सभापतित्व वही करेंगे।

वहाँ से लौटकर विश्वविद्यालय में गया। डॉ. रामरतन भटनागर ने पुस्तकालय दिखलाया। यह विश्वविद्यालय—सैनिकों के लिए युद्ध के समय बने छोटे-छोटे झोपड़ों में है। पुस्तकालय भी झोपड़े में ही। किन्तु तीस हज़ार पुस्तकों का संकलन हो चुका है। पुस्तकाध्यक्ष महोदय मुसलमान हैं; बड़े ही सज्जन। स्वयं घूमकर दिखलाया।

यहीं मेरे पुराने मित्र प्रो. रामनाथ पांडेय हैं। कल संध्या को उनसे मिला था। यहाँ के

मेरे कार्य-संचालक वही बन गए हैं। त्रिपाठी के घर वही लिवा ले गए थे। ग्रन्थावली के लिए भी एक प्रोग्राम बना लिया है।

तीन बजे फिर विश्वविद्यालय गया; पहले हिन्दी-विभाग द्वारा स्वागत किया गया। डॉ. रसाल पुराने साहित्यसेवी हैं, वाजपेयी जी के बाद वही हिन्दी-विभाग के कर्ता-धर्ता हैं। उन्हीं की अध्यक्षता में गोष्ठी हुई। फिर पाँच बजे होस्टल यूनियन की तरफ से सभा की गई। डॉ. त्रिपाठी जी के साथ सभी प्रोफेसर आए थे। विद्यार्थियों और विद्यार्थिनियों की ठसाठस उपस्थिति थी। त्रिपाठी जी ने मेरी और बिहार की साहित्यसेवा की भूरि-भूरि प्रशंसा की।

मैं यहाँ भी खूब बोला—सभी मुग्ध थे। सभा में ही, हर जगह की तरह, हस्ताक्षर के लिए भीड़ ने घेर लिया। फिर जलपान—बड़े पैमाने पर। सब लोग भाषण की तारीफ कर रहे थे!

साढ़े आठ बजे शहर के सार्वजनिक गणेशोत्सव में गया। एक महिला विद्यालय द्वारा आयोजित था। बड़ी अच्छी उपस्थिति; स्त्रियों की संख्या भी बहुत बड़ी। गोआ के विषय में वाद-विवाद था। मैं ही सभापति बनाया गया। कांग्रेस ने गोआ पर जो रुख लिया है, उसके पक्ष में कांग्रेसी लोग बोले; उनका नेतृत्व कर रहे थे, मेरे पुराने साहित्यिक मित्र पं. ज्वालाप्रसाद ज्योतिषी। विरोध में अधिकांश समाजवादी थे। एक महिला बोलीं। निस्सन्देह उन महिला का भाषण ही सर्वश्रेष्ठ था।

गणेशोत्सव की बातें सुना करता था। लोकमान्य तिलक ने इसका श्रीगणेश करवाया था। लगभग एक पखवारे का यह उत्सव होता है। उस दिन रामटेक जा रहा था, तो देखा, गाँव की स्त्रियाँ किस प्रकार सज-सजा कर इसे मना रही हैं। यहाँ आज पाया, किस तरह सर्वांगपूर्ण ढंग से इसे मनाते हैं। सिर्फ मनोरंजन ही नहीं, ज्ञानवर्धन की सामग्री भी खूब जुटाई जाती है।

कल रात ही यहाँ की पार्टी के प्रमुख कार्यकर्ता डॉ. सिलाकारी मिले थे। आज दिन में भी आए थे; फिर वही नगर में लिवा ले गए थे। मालूम हुआ, यहाँ लोहिया-ग्रुप की कुछ न चली। सब लोग सन्नद्ध। गणेशोत्सव में ही भाई अब्दुल ग़नी से भेंट हुई। पुराने राष्ट्रवादी मुसलमान! पार्टी की टिकट पर एम.एल.ए. भी रह चुके हैं। अब भी लाल टोपी ही पहनते हैं। "देहाती दुनिया" का सम्पादन कर रहे हैं। कैसी विशुद्ध हिन्दी बोलते हैं! कांग्रेस ने राष्ट्रवादी मुसलमानों को धोखा दिया—दुख से कह रहे थे!

सागर

1 अक्तूबर 1955

पद्माकर की पुरी (सागर) से आज लौट रहा हूँ। हममें कितना अज्ञान है; मैं यह भी नहीं जानता था कि कविवर पद्माकर यहीं के थे। कल संध्या को जब शहर में निकला, मित्रों ने बताया, यहाँ के प्रसिद्ध तालाब, सागर, के किनारे जो एक मन्दिर और मकान हैं, वे पद्माकर के हैं। मैंने कल्पना की, यहीं मकान के उस छज्जे पर पद्माकर जी किसी दिन बैठे होंगे और कोई युवती उस तालाब में स्नान कर रही होगी कि उनके मुख से निकल पड़ा होगा—

तैरे जहाँ ई जहाँ वह बाला,
तहाँ तहाँ ताल में होत त्रिवेणी!

कल दोपहर को विश्वविद्यालय से सरो-सामान के साथ शहर में चला आया, उसे लोकरस जी के घर पर पटककर साहित्य-गोष्ठी में गया। शहर के कुछ तरुण साहित्यिक पधारे थे। मेरे

पुराने मित्र ज्वालाप्रसाद जी ज्योतिषी भी आ गए थे; भाई ग़नी साहब भी। दो घंटों तक बड़ा आनन्द रहा। फिर हम लोग शहर में ग्रन्थावली के काम से निकले। प्रो. पांडेय भी आ गए थे।

यह छोटा-सा शहर। कितना अच्छा काम हो गया। नौ ग्राहक तो सौ रुपए के बन गए; चार पच्चीस रुपए के। यदि एकाध दिन और ठहरता, तो जैसा ग़नी भाई ने कहा था, एक हज़ार नकद लेकर लौटता ही।

परसों संध्या को एक शानदार सभा हुई थी। रात में लोकरस जी के घर पर भोजन। लोकरस जी महाराष्ट्री हैं, कांग्रेस के पुराने नेता; 1937 में कांग्रेस के टिकट पर एम.एल.ए. थे। आजकल हमारी पार्टी में हैं। पार्टी के मतभेद से कुछ दुखित। किन्तु आस्था अडिग। आप यहाँ के पुराने नेता श्री खांडेकर जी की चर्चा करने लगे। वह शहर से दूर गाँव में रहते हैं, ग्रामीणों के बीच काम करते हैं। बड़े त्यागी, तपस्वी। वह भी पार्टी में हैं।

कल रात लोकरस जी के ही घर पर ठहरा। भोर में उठा तो बिना कहे ही ग्रन्थावली के लिए सौ रुपए दे दिए। बड़ी सादगी से रहते हैं, यह रुपए लेते हुए मुझे संकोच भी हुआ। किन्तु उनका प्रेम जो ठहरा।

ज्योतिषी जी कांग्रेस में हैं, एम.एल.ए. हैं। किन्तु किस प्रकार मेरे साथ सदा घूमते रहे। शहर पर अच्छा प्रभाव। पूर्णतः गाँधीवादी। मन्त्रियों के खिलाफ आवाज़ उठाने में ज़रा भी झिझक नहीं। कहते थे, मैंने जयप्रकाशजी को भी माला पहनाई थी; यारों ने कहा, यह क्या किया; मैंने कहा—मेरी अन्तरात्मा ने जो कहा! कितने सीधे, कितने सादे और कितने सरस। उन्होंने बड़े आग्रह पर कुछ गीत सुनाए; सुनकर हृदय गद्‌गद् हो उठा। यह विज्ञापनबाजी का युग—हिन्दी के कितने हीरे छिपे पड़े हैं।

यहीं पता चला, सप्रेजी, कामताप्रसाद गुरुजी यहीं के रहनेवाले थे। भाई भवानीप्रसाद तिवारी भी यहीं के हैं।

डॉ. सिलाकारी, डॉ. पांडे, महेशदत्त भी सदा साथ रहे। किन्तु सब पर खिल रहे थे भाई ग़नी। बूढ़े हो चले हैं, किन्तु कैसी जिन्दादिली! सिर पर लाल टोपी—सोशलिस्टों का ताज, जिसे उन लोगों ने उतार दिया है! किन्तु भाई ग़नी क्यों उतारें? चौदह वर्षों से "देहाती दुनिया" चला रहे हैं! सात बार जेल गए। पाँच कसाईखानों को आन्दोलन और सत्याग्रह करके बन्द करवाया! और, उन्हीं को कांग्रेसी सरकार ने 'लीगी' कहकर गिरफ्तार किया! धन्य ज्योतिषीजी कि दौड़े-दौड़े नागपुर गए और इनकी रिहाई कराई!

सैयद अमीर अली मीर, भाई जहूरबख़्श जी और हमारे ग़नी साहब—सागर ने हिन्दी को तीन ऐसे मुसलमान दिए कि कोई भी एक हिन्दीभाषी नगर इसकी समता नहीं कर सकता!

सागर छोटा-सा शहर है, अस्सी हजार के लगभग आबादी। यहाँ एक विचित्र बात देखी; यहाँ के मुसलमानों में राष्ट्रीयता की एक अद्‌भुत परम्परा है।

शहर सुन्दर भी है—आज भोर में लोकरस जी के दुमंजिले से देखा, शहर समतल पर नहीं बसा है, बल्कि पहाड़ की ऊँची-नीची टेकड़ियों पर। चारों ओर पहाड़ से घिरा है। भोर में ऐसी ठंडक महसूस की कि लगा किसी हिलस्टेशन पर ही हूँ। जहाँ यूनिवर्सिटी बसी है, वह भी अच्छी जगह है, किन्तु जहाँ उसके नए मकान बन रहे हैं, उसकी शोभा का क्या कहना? पद्‌माकरजी के घर की बगल से जब सामने दृष्टि की, लगा, जैसे स्विट्ज़रलैंड में हूँ—यह झील, झील में कमल, सामने पहाड़ी, पहाड़ी पर कॉलेज की वह नई अट्टालिका!

गोंदिया

सागर से जबलपुर। रास्ते-भर रिमझिम बूँदें। पहाड़ी प्रदेश। हरे-हरे मैदान; काले-काले पहाड़, आकाश में बादल उमड़-घुमड़ रहे। गया था रेल से; लौटा बस से। बड़ा मज़ा रहा।

जबलपुर में भवानी भाई के घर पर ठहरा। सोया, खाया, गपशप की। संध्या को सेठ गोविन्ददास जी से मिल आए। बड़े स्नेह से मिले।

और, आज साढ़े छः बजे चला, सो साढ़े छः बजे शाम को यहाँ पहुँचा। छोटी लाइन की गाड़ी—मन्थर गति से चलती, रुकती, बढ़ती। छोटे-छोटे स्टेशन। खाने को क्या मिले? एक जगह खोया बिकते देखा, चार आने का लिया, सो आधे से अधिक खा नहीं सका। एक आने का उबाला हुआ सिंघाड़ा लिया। यों फलाहार पर ही दिन बीता।

यहाँ डॉ. जी.एन. वाजपेयी के घर ठहरा हूँ। गोंदिया एक बार और आ चुका हूँ। जब प्रान्तीय हिन्दी साहित्य सम्मेलन हुआ था। उसी समय वाजपेयी जी से परिचय हुआ था। वाजपेयी जी पार्टी में हैं। गत चुनाव में दो-चार वोट से हारे थे। इसका बदला लिया, जब चुनाव रद्द हुआ, तो भाई अशोक मेहता को जिताकर।

कितना व्यस्त आदमी—दवाखाने में ऐसी भीड़ कि बेचारे को दम मारने की भी फुर्सत नहीं।

शहर से बाहर घर बनवा लिया है। बहुत ही अच्छा मकान। इसे देखकर अपने घर की याद आ गई। उफ़, वह अब भी अधूरा है! कैसे उसे पूरा कराऊँ ? बाल-बच्चों में ही इतना खर्च हो जाता है कि कुछ बचा नहीं पाता!

गोंदिया
4 अक्तूबर 1955

बस, इतिहास दुहर रहा है। खाइए और बकिए। प्रशंसा, फूलमाला। जहाँ जाता हूँ, बस लगता है, अपना ही घर है।

चतर्भुज भाई जसानी से मिला। फिर जनपद-आफिस में गया। शायद देश-भर में यही एक स्थानीय संस्था है, जो पार्टी के हाथ में है! जनपद के चुनाव में पार्टी प्रबल बहुमत में आई, कांग्रेस को चारों खाने चित्त किया। वहाँ मित्रमंडली इकट्ठी हुई। एक झा जी भी थे। दरभंगा जिले के हैं; यहाँ बस गए हैं! मध्यप्रदेश में मैथिल ब्राह्मणों की यह आबादी—न जाने कैसे आ गए ये!

शाम को, पहले, साहित्य-गोष्ठी! काफी लोग आ जुटे थे। छोटी-सी जगह है यह; किन्तु साहित्य के लिए कैसी रुचि! फिर सार्वजनिक सभा। वर्षा हो रही थी; किन्तु लोग आए थे। कुछ कांग्रेसी लोग भी थे; एक कांग्रेसी एम.पी. भी! मुझसे बड़े प्रेम से मिले।

आज रात को ही जानेवाला था। किन्तु, यारों ने रोक लिया। रायपुर फोन से खबर दी कि कल मेल से आ रहा हूँ। उफ़; कितनी देर हो रही है लौटने में। किन्तु किया क्या जाए? अपनी जिन्दगी कितनी—अरे, मिल लो, कुछ दे लो, ले लो! फिर कौन किससे मिल पाता है? इतना सम्मान पाने का सौभाग्य कितने लोगों को मिलता है?

किन्तु बेनीपुरी, क्या समय नहीं बर्बाद कर रहे हो! कितने काम हैं अधूरे—उन्हें कौन पूरा करेगा? नहीं, अब जल्द-जल्द काम समाप्त करके पटना लौटना चाहिए। मुजफ्फरपुर में दीवाली तक अपनी दुकान तो खोल ही देनी चाहिए ! इधर जल्द काम पूरा हो, तो इलाहाबाद

में शरद से मिल लूँ।

रायपुर
6 अक्तूबर 1955

यहाँ पहुँचकर भी बार-बार डॉ. वाजपेयी की याद आती है। कैसे कर्मठ, कितनी लगन। दिन-भर काम में भिड़े हैं। शरीर भारी, तो भी बैठने का नाम नहीं। घर भी कितना सुखी। बड़े भाई तहसीलदार थे, पेंशन पा रहे हैं। दो भाई नौकरी पर हैं। ये लोग उत्तरप्रदेश से आए थे; अब तो यहाँ यह अच्छा खासा मकान भी बना लिया।

भोर में निकले और बात-बात में सात स्थायी ग्राहकों का प्रबन्ध कर दिया; स्वयं भी बन गए। श्री वापट और केवलराम जैन भी हमारे साथ थे।

कल बारह बजे से आना था; जल्दी-जल्दी स्टेशन पहुँचे। तब पता चला, गाड़ी तीन घंटे लेट है और वह पहुँची सात घंटे लेट! ये सात घंटे स्टेशन पर ही काटने पड़े।

यहाँ दस बजे रात को पहुँचा। स्टेशन पर ही सरयूकान्त झा से भेंट हुई। झा जी छत्तीसगढ़ कॉलेज के प्रोफेसर हैं। इनके पिताजी यहाँ दरभंगा जिले से आए थे। अब तो यहीं बस गए हैं। पता चला, मैथिलों की एक पूरी टोली है यहाँ। उनमें से कितने अच्छे-खासे सम्पन्न भी हैं। छत्तीसगढ़ में बिहारियों की अच्छी आबादी है। अभी प्रोफेसर शास्त्री आए थे; उनका घर शाहाबाद था। यहाँ के सुप्रसिद्ध महन्थ छपरा के रहनेवाले थे। वह कांगेस पार्टी के ह्विप हैं। प्रोफेसर झा के पिताजी कहते थे, यहाँ के प्रायः सभी साधु-संन्यासी बिहार के ही हैं!

भोर में जलपान के बाद ही एक मंडली जुटी और प्रोग्राम बन गया—ठसाठस ! यहाँ चलिए, वहाँ चलिए; यहाँ खाइए, वहाँ खाइए। अब अन्त में क्यों नाहीं करूँ। सबसे पहले स्वर्गीय ठाकुर प्यारेलाल सिंह जी के घर पर गया। उनके छोटे बेटे हरिठाकुर आए थे; अच्छे कवि हैं। स्वर्गीय ठाकुर साहब मध्यप्रदेश के उत्कट देशभक्त थे, प्रान्त के अग्रणी नेता थे। प्रजा पार्टी के सम्मेलन के बाद पार्टी में आए और जब तक रहे, स्तम्भ रहे! भूदान-यात्रा करते समय बुखार चढ़ा, तो भी चलते रहे। अचानक उनका देहान्त हो गया। उनके बड़े बेटे ठाकुर रामकृष्ण सिंह उनकी जगह पर एम.एल.ए चुने गए हैं। पं. रविशंकर शुक्ल के नगर से पार्टी टिकट पर चुना जाना क्या कोई छोटी बात है?

चाय-पान के बाद ''महाकौशल'', दैनिक के दफ्तर में गया। सुप्रसिद्ध क्रान्तिकारी वैशम्पायन जी उसके सम्पादक हैं! उसके दफ्तर में अपने एक प्रिय सज्जन हैं, जो शाहाबाद के रहनेवाले थे। अब यहीं बसे हैं। उनसे गोंदिया और नागपुर में भेंट हुई थी। प्यार का नाम है 'बच्चू'!

तिपहरिया में यहाँ के आयुर्वेदिक कॉलेज के प्रिंसिपल शर्माजी आए, आप शाहाबाद के हैं; पुराना परिचय निकला। कॉलेज देख आया। वहाँ से लौटते राजकुमार कॉलेज होते लौटा। यह कॉलेज 1914 में अंग्रेजों ने बनवाया था, देशी नरेशों को अपने साँचे में ढालने के लिए। कैसी शान है! यहीं मि. कपूर से मिले; यहाँ के वाइस-प्रिंसिपल हैं। कपूर साहब के घर में ही रायगढ़-नरेश आ गए। नौजवान हैं; ग्रन्थावली के ग्राहक बन गए।

रात में डॉ. राय के घर पर एक गोष्ठी जुटी। नागपुर से डॉ. झा आए थे। इस गोष्ठी में एक लड़की ने 'शहीदों के मज़ारों पर' शीर्षक मेरे एक लेख को अभिनय में बाँधकर प्रस्तुत किया। मैंने कभी सोचा भी नहीं था कि इसे इस रूप में उपस्थित किया जा सकता है? मुग्ध हुआ; आँखें सजल हो गईं! ठीक है, 'उपजति अनत अनत छवि लहई'!

मैंने गोष्ठी में ''संघमित्रा'' पढ़कर सुनाया। लोगों ने अच्छा पसन्द किया!

रायपुर
8 अक्तूबर 1955

इन दो दिनों में रायपुर में मेरी धूम रही। बेनीपुरी, तुम्हारे बारे में नासिख़ का यह शे'र कितना मौज़ूँ है–

असर लुभाने का नासिख तेरे बयान में है!
किसी की आँख में जादू तेरी ज़बान में है!

कल सबेरे से ही नए-नए लोग आते रहे। उनसे मिल-जुल कर मैं यहाँ के डिपुटी लीडर (लीडर हैं माननीय शुक्लजी) महन्थ लक्ष्मीनारायण दास जी के घर पर गया। सुना, यह भी बिहार के ही हैं। देखा, उनके दरबार में लोगों की भीड़ जुटी है–एक रानी साहिबा भी थीं। महन्थ जी काफी चतुर। सबकी दिलजमई कर रहे थे। उनसे फुर्सत पा, मुझसे बातें शुरू कीं। मैंने ग्रन्थावली दी : बोले, मैंने अखबारों के हेडिंग से आपके बारे में कुछ दूसरा ही सोच रखा था। ख़ैर, आपकी क्या सेवा करूँ? ग्रन्थावली के लिए दस नाम तुरन्त लिखा दिए, एक दीवान साहब से मुझे लेकर मिले भी। यहाँ एक कवि हैं, बच्चूजी। बिहार के ही हैं। उन्हीं पर यह भार सौंपा।

सन्ध्या को छत्तीसगढ़ कॉलेज में साहित्य संघ का उद्घाटन करना था। मैं डेढ़ घंटे तक बोला। सब लोग मन्त्र-मुग्ध होकर सुनते रहे! बस चारों ओर इसी भाषण की चर्चा! रात में यहाँ के साहित्य-मंडल की गोष्ठी में सम्मिलित हुआ। एक बजे तक कविता की गंगा बहती रही। कुछ स्थानीय कविताएँ बड़ी उच्च कोटि की थीं। मध्यप्रदेश में प्रतिभा की कमी नहीं; किन्तु कोई नहीं, जो इन लोगों को संगठित करे। एक अच्छा मासिक-पत्र तक नहीं।

हाँ, छत्तीसगढ़ कॉलेज जाने के पहले, पार्टी के कार्यकर्ताओं की रैली में गया। लगभग पचास कार्यकर्ता थे। मंत्री जी ने बताया, किस प्रकार ये सबके सब नीचे के तबके से आए हैं, किन्तु कितने धुनी हैं कि रायपुर में कांग्रेस की एक नहीं चलने देते!

आज भोर में श्री शंकरानन्द झा के घर पर जलपान किया। यहाँ के सबसे धनाढ्य मैथिल यही हैं। मकान आलीशान : मन्दिर, बगीचा। क्या कहने हैं? कोई एक तांत्रिक मैथिल यहाँ आज से दो सौ वर्ष पहले पहुँचे। दरबारों में उनकी चल गई। कीर्ति मिली, सम्पत्ति मिली। अब उन्हीं के वारिस उसे भोग रहे हैं। शंकरानन्द जी उन्हीं में से हैं!

उनके घर से यहाँ के किशोर-पुस्तकालय में। एक अग्रवाल सज्जन ने यह पुस्तकालय बनवाया है। अपना घर : पुस्तकालय से संलग्न एक छात्रावास। पुस्तकालय के खर्चे के लिए कई मकान लिख दिए; जिनसे तीन सौ रुपए मासिक आमदनी हो जाती है। वह सज्जन भी आ गए थे। कल उनके भतीजे से मिला था। वह भी सज्जन नौजवान : बड़ी आवभगत की थी। आज भी आवभगत में कोई कमी नहीं। दोनों ग्राहक बन गए।

वहाँ से यहाँ के सबसे बड़े मन्दिर में गया। यह मन्दिर दूधाधारी मन्दिर कहलाता है। महन्थ जी ने हाल ही में तीन लाख रुपए देकर एक संस्कृत कॉलेज की स्थापना की है। महन्थ जी सारन जिले के हैं। सीधे-सादे सज्जन ! स्वयं ग्राहक बन गए और कॉलेज को भी बनवा देने का वादा किया।

मन्दिर जाने के पहले छत्तीसगढ़ कॉलेज के प्रिंसिपल के घर गया। नाम है ज. योगानन्दम्! वकालत करते थे; अच्छी आमदनी थी। उसे छोड़कर कॉलेज बनवाने पर तुल गए। एक सज्जन

ने एक लाख रुपए दे दिए। रायपुर का यही पहला कॉलेज! सरयूकान्त जी ने बताया, योगानन्दजी ने यह कॉलेज खोलकर स्थानीय जनता का कितना उपकार किया। भेंट होने पर बोले, रात में मेरे यहाँ खाए बग़ैर आप जा नहीं सकते। क्या करता? स्वीकार करना पड़ा।

दो बजे से न्यू आर्ट कॉलेज में साहित्य संघ का उद्घाटन करना था। बड़ी भीड़। महन्थ लक्ष्मीनारायण जी भी आए थे। मेरा भाषण यहाँ भी लोगों को मुग्ध करता रहा।

बात यह है कि मैं कभी एक जगह अपने को दुहराता नहीं। सदा नई चीज़ें देता हूँ। फलतः जो एक भाषण सुन चुके होते हैं, वे भी नया रस पा जाते हैं।

सन्ध्या को वैशम्पायन जी के घर पर जलपान किया। वैशम्पायन जी अपने 'महाकौशल' में मेरा भाषण प्रमुखता से छापते रहे हैं। उनकी एक पुस्तक के लिए एक छोटा-सा परिचय भी लिख दिया। कई युवकों ने भी प्रशंसापत्र लिखवाए।

बच्चू जी ने कुछ सुस्ती कर दी; अतः महन्थ जी वाले सभी ग्राहकों को नहीं पकड़ा जा सका।

सात बजे से किशोर-पुस्तकालय में गोष्ठी : फिर योगानन्दजी के घर पर भोजन! पूरी व्यवस्था! गोश्त, मछली। तृप्त हुआ। योगानन्द जी आन्ध्रवासी हैं। यहीं रम गए हैं। कई बड़े-बड़े अफसरों को भोजन के लिए बुलाया था!

कटनी
9 अक्तूबर 1955

चार बजे भोर में रायपुर से चला, तो सात बजे सन्ध्या को कटनी पहुँचा। विलासपुर को छोड़ दिया : ग्रन्थावली की प्रतियाँ बची नहीं थीं। बहुत थका भी था।

कटनी पहुँचने पर पता चला, भाई मायाराम जी ने सबको सूचना दे रखी थी कि मैं भोर में ही पहुँच जाऊँगा। ऐसा ही कार्यक्रम भी था। किन्तु रायपुर में ही लोगों ने ऐसा रोका कि यहाँ का कार्यक्रम पूरा नहीं कर सका।

स्टेशन पर ही मंडली जुट गई। कटनी के सभी सार्वजनिक कार्यकर्ता और साहित्यिक जन जुटे थे। रात एक बजे तक गोष्ठी चलती रही।

अचानक स्टेशन पर भोपाल के विरोधी पक्ष के नेता गुलाबचन्द से भेंट हो गई। नवयुवक ही हैं। लोहिया के ग्रुप में हैं। किन्तु बड़े प्रेम से मिले। जब तक ढाई बजे तक गाड़ी नहीं आ गई; मेरे पीछे लगे रहे। भोपाल के लिए निमन्त्रण दिया!

लो, बेनीपुरी हर स्थान के लिए तुम्हारा पथ प्रशस्त हो रहा है; किन्तु जाओगे कहाँ-कहाँ?

कटनी में मित्रों ने यह वचन देने पर पिंड छोड़ा कि दो महीने के अन्दर ही मैं लौटूँगा और दो दिन उन्हें दूँगा! सोचा है, बम्बई जाते समय एक बार यहाँ अवश्य उतरूँगा!

काशी
10 अक्तूबर 1955

सात बजे भोर में प्रयाग पहुँचा। रुक गया कि शरद से मिलकर मुजफ्फरपुर में दुकान खोलने के बारे में बातें कर लूँ। बाद की ट्रेन चार घंटे लेट—दिल्ली में बाढ़ आई है; गाड़ी बेचारी रुक-रुककर न चले, तो क्या उलटे!

समय मिल गया। लीडर प्रेस गया; फिर अश्क के घर। श्रीपत से भी मिल लिया—प्रेमचन्द

जी के पुत्र। स्टेशन पर अनुग्रह बाबू के सुपुत्र श्री सत्येन्द्रजी मिल गए। विलायत से लौटे हैं। पार्लियामेंट के सदस्य; पार्लियामेन्टरी डेलिगेशन में गए थे। राम नाम की लूट है, लूट सके तो लूट!

मुगलसराय : वहाँ से काशी। राजघाट स्कूल में पहुँचा, तो अच्युतभाई मिल गए। प्रभा को बुलवाया और उसे लेकर बाजार गया!

प्रभा बेटी! अप्रत्याशित बाधा आ जाने के कारण उसका विवाह नहीं कर सका; वह काशी आई; तब से यहाँ पहली बार उसे मिला। उसे देखते ही लगा, उसे छाती से चिपका लूँ। प्यारी बेटी! दुलारी बेटी! कितनी भोली; कितनी बच्ची ! आज अनुभव किया, अच्छा हुआ इसकी शादी नहीं हुई। माना, रानी की प्रबल इच्छा थी; किन्तु एक व्यक्ति, जो जिन्दगी समाप्त करने जा रहा है, उसके लिए, जिसकी जिन्दगी शुरू होने जा रही है, ऐसे दूसरे व्यक्ति के विकास-पथ को रोकना कौन-सी बुद्धिमानी हुई होती!

जब हम शहर की ओर जा रहे थे, रास्ते-भर बातें करती रहीं। उसकी बोली; मैं उसमें आज भी दूध की गन्ध पा रहा था! दुधमुँही बच्ची।

आज उसकी गुरुआनी जनकदिदा से बातें हुईं। वह कहती थीं, इधर इसने पढ़ने-लिखने में बहुत मन लगाया है। बहुत अच्छा कर रही है। स्वतन्त्र लेख लिख लेती है; कविता भी करने लगी है। एक दिन दिखाने आई, शुद्ध कर दीजिए, मैंने कहा, लिखती जाओ। मालूम होता है, आपसे ही इसने यह पाया है—कहकर वह हँसने लगीं।

रास्ते में बातें करते हुए, उसने कहा, मेरी सखियाँ कहती हैं, मुझे भी लिखना सिखा दो। मैं क्या सिखा दूँ बाबूजी! पहले से सोचकर कुछ थोड़े ही लिखती हूँ—लिखने बैठती हूँ और नए-नए विचार आपसे आप आने लगते हैं। मुझे यह सुनकर आश्चर्य हुआ—लिखने की यह पद्धति तो मेरी है! क्या सचमुच मेरी बेटी ने यह गुण मुझसे पाया है?

पहले श्रीपत बाबू के घर गया। वहाँ से लौटकर उसे एक होटल में खिलाने ले गया। बेचारी को इस स्कूल में माँस-मछली मिलती नहीं; तरसती रहती है! किन्तु खाने के बाद बोली, न जाने क्यों; अब यह सब खाती हूँ, तो मन कैसे तो करने लगता है!

पूछा, कुछ खरीदेगी? तुरन्त उत्तर—क्या खरीदूँ, सबकुछ तो है ही। तो भी एक अलबम और फोटो के कुछ सामान खरीद दिए। कैमरा उसने पहले से खरीद लिया है—यह नया शौक है उसका!

उसे होस्टल में पहुँचाकर अभी लौटा हूँ। पन्द्रह से उसका स्कूल बन्द हो रहा है। अपना सितार दे दिया कि लेते जाइए; साथ में कई सामान होंगे, एक झंझट तो कम रहेगा। सामने उसका सितार है और डायरी लिख रहा हूँ। जनकदिदा कहती थीं, सितार का अच्छा अभ्यास शुरू किया है। नृत्य और गीत का उसको शौक है ही; यह वाद्य भी आ गया!

बेटी, दीर्घजीवी हो : अपना और मेरा नाम उजागर करो!

काशी

1 नवम्बर 1955

मध्यप्रदेश से पटना : पटना से बेनीपुर : बेनीपुर से फिर काशी! उड़ते चलो पंछी : उड़ते चलो। जब तक डैनों में बल है, वह तुम्हें बैठने भी कहाँ देगा?

किन्तु स्थान का कितना प्रभाव होता है? आया था, भाई कृष्णदेव गौड़ जी की हीरक-जयन्ती में। दिन-भर उसी की धूमधाम। किन्तु रात में जब भाई अच्युत पटवर्धन की

कुटिया में सोने जा रहा हूँ, तो तरह-तरह के विचारों ने चढ़ाई कर दी है जैसे!

मैं किसी मृग-तृष्णा में तो नहीं पड़ गया हूँ?

पचपन बरस का हो गया; और अब भी अपना जाल फैलाता जा रहा हूँ। सेवा-जाल नहीं; माया-जाल! यह कर लिया; वह भी कर लो। यह पा लिया, वह भी पा लो। दौड़ो, इनसे मिलो, उनसे मिलो। प्राप्ति हुई, गद्‌गद् हो उठो। न पा सके, उद्विग्न बनो। और, फिर दौड़ो!

मैं यह हूँ : उधर भाई अच्युत। यह क्या नहीं पा सकता था? किन्तु सबको छोड़ दिया। इस शान्त-एकान्त में आ बैठा है। जो बन पड़ता है, लोकसेवा के लिए कर देता है। नहीं तो अपने में मगन!

जयप्रकाश ने भी तो इसे ही अपनाया है।

समझ में नहीं आता; क्या करूँ? मोह नहीं छोड़ता, ममता नहीं छोड़ती। धन की इच्छा : यश की इच्छा। और इच्छा-पूर्ति के लिए सभी कर्म-कुकर्म करना। जहाँ नहीं भी जाना : वहाँ भी जाना।

मानव नहीं हुआ : कठपुतली बन गया। इच्छाएँ नचा रही हैं; मैं नाच रहा हूँ। 'अब मैं नाच्यो बहुत गुपाल'--सूर की तरह आत्मा कभी-कभी चिल्ला उठती है। किन्तु मैं उसकी भी कहाँ सुनता हूँ?

बनारस
2 नवम्बर 1955

इस प्रजा सोशलिस्ट पार्टी का क्या भविष्य है?

इसके एक-एक महारथी अलग होते जा रहे हैं। लोहिया ने अलग रागिणी छेड़ी है। कार्यकर्ता किंकर्त्तव्यविमूढ़ हो रहे हैं।

समाजवादी प्रवृत्तियों को एक भारतीय संस्था में परिणत किया जयप्रकाशजी ने। जयप्रकाशजी ने भूदान के लिए जीवन-दान दे दिया है। अभी तक पार्टी के सदस्य बने हुए थे। मुजफ्फरपुर में उस दिन कहने लगे, अब सदस्यता भी छोड़ दूँगा।

मुझे बड़ा दुख हुआ; क्रोध भी। मैंने एक लम्बा पत्र उन्हें लिखा। यह क्या बात?--एक तरफ आप कहिए कि मैं इस पार्टी को ऐतिहासिक आवश्यकता मानता हूँ : दूसरी ओर उससे रहा-सहा सम्बन्ध भी तोड़ लीजिए! यदि आप समझते हैं कि देश में एक निष्पक्ष लोकनीति चलनी चाहिए, तो इतनी हिम्मत कीजिए कि कहिए, इस पार्टी को तोड़ दो, जैसे गाँधीजी ने कांग्रेस के बारे में कहा था और यदि वह जीवित होते, तो ऐसा करके दिखा देते!

इस सम्बन्ध में इस पत्र के बाद उनसे बातें भी हुईं। मैंने कहा, पार्टी की मृत्यु कोढ़ी के रूप में हो, एक-एक अंग गल-गलकर गिर रहा है; लोग घृणा और उपेक्षा की दृष्टि से इसे देखें; इससे कत्ल की मौत अच्छी।

उन्होंने अपनी बातें रखीं : मैंने सुन लिया, हँसते-हँसते वहाँ से चला, किन्तु मन की पीड़ा नहीं गई।

कल पंडित कमलापति त्रिपाठी से बातें हुईं। त्रिपाठी जी पार्टी में थे, अब कांग्रेस में हैं, कांग्रेसी मिनिस्टर हैं। स्वभावतः ही दो साथियों के बीच हृदय से बातें हुईं।

उन्हें सबसे बड़ा दुख था कि पार्टी के कारण आचार्य नरेन्द्रदेव की प्रतिभा का लाभ देश को नहीं मिल सका। अब वह रोगशय्या पर हैं; यक्ष्मा हो गई है; वजन घटन कर चौरानवें पौंड हो गया है; कब चल देंगे, कहा नहीं जा सकता।

जयप्रकाश जी के बाद आचार्य जी पर ही पार्टी का भविष्य निर्भर करता था; उनकी यह हालत है। एक बार जयप्रकाश जी ने ही कहा था, जब आचार्य जी बीमारी के बावजूद, पार्टी के लिए दौरे कर रहे थे—हमने मेहरअली की जान ली, अब आचार्य जी पर हमारी चढ़ाई है! लगता है, जयप्रकाश जी की भविष्यवाणी पूरी होकर रहेगी।

जिस समय लोहिया नई पार्टी बनाने बिहार आए थे, मैंने एक छोटा-सा लेख लिखा था—स्वागत भाई लोहिया! उस लेख का अनुवाद हाल ही अंग्रेजी "जनता" (बम्बई) में छपा है। उस लेख को पढ़कर बर्मा, रंगून से, गोखले ने बीस पृष्ठों का एक लम्बा खत मेरे पास भेजा है। हर जगह जयप्रकाश जी के लिए 'हुज़ूर' शब्द का प्रयोग किया है।

मध्यप्रदेश से लौटते समय, कटनी में, भोपाल के गुलाबचन्द जी से अचानक भेंट हुई। जयप्रकाश जी के लिए वह 'महन्थजी' शब्द का प्रयोग कर रहे थे!

जो लोग लोहिया के साथ हैं, वे जयप्रकाश जी को किन बुरे नामों से नहीं पुकारते हैं। किन्तु जो लोग लोहिया से अलग हैं, वे भी क्या एकमत के हैं?

बिहार की प्रान्तीय कान्फ्रेंस मुजफ्फरपुर में होने जा रही है। अभी से तलवारों पर शान रखी जा रही है। चेयरमैन कौन रहे, इसी के लिए लड़ाई है। कुछ लोग महामाया बाबू को रखना चाहते हैं, कुछ लोग उन्हें निकालना चाहते हैं और इसके मूल में सिद्धान्त नहीं, जात-पाँत है!

सोचा था, अगले चुनाव में स्वयं नहीं खड़ा होऊँ, किन्तु एक बार ज़ोर लगाऊँ कि पार्टी के लोग अच्छी संख्या में विधानसभा जाएँ और एक तगड़ी विरोधी पार्टी बनाएँ। किन्तु क्या इस परिस्थिति में कुछ काम हो सकेगा?

1945 में, जब जेल में ही था, मैंने एक बार गंगा से कहा था, क्यों न अब पार्टी तोड़ दी जाए, हम कांग्रेस में शामिल हो जाएँ और देश के नवनिर्माण में हाथ बटाएँ। हमारा विश्वास था, अंग्रेज तो इस लड़ाई के बाद भागेंगे ही। किन्तु गंगा ने कहा—इस बात को दुहराना नहीं, नहीं तो लोग तुम्हारी नीयत पर शक करेंगे।

मैं चुप हो गया। किन्तु अब सोचता हूँ, क्या हम लोगों ने उस समय एक गलती नहीं की? उस समय 1942 की कमाई की प्रतिष्ठा हमारे साथ थी; हम कांग्रेस में बहुत-कुछ कर और करा सकते थे।

आज तो हम उस कमाई को भी धूल में मिला चुके। जयप्रकाश जी ने पार्टी से हटकर रही-सही इज्ज़त भी हर ली।

अब क्या किया जाए? जब जयप्रकाश जी भी नहीं थे, तभी हमने यह पार्टी बनाई। किस कीमत पर इसे सींचा, बढ़ाया। आज यह पार्टी सूख रही है, झड़ रही है। शायद खून की खाद ही इसमें जीवन का संचार कर सके। किन्तु कौन अपना खून देने को तैयार है? आज की राजनीति तो सुविधा की राजनीति, प्रपंच की राजनीति, तिकड़म की राजनीति हो गई है!

इस लाश पर रोओ बेनीपुरी और तैयार रहो, जब इसका तर्पण करके, उदास, विषण्ण अपने घर में बैठोगे!

पटना
30 नवम्बर 1955

अभी उस दिन शुकदेव आए थे। वह मेरी जीवनी लिखना चाहते हैं। कुछ पूछताछ की, कुछ पुराने कागज़-पत्र उलटे। मेरी उम्र इस समय क्या है? पारसाल जो जन्मपत्री मिली थी, उससे

गणना कर बताया, मैं अगले पौष मास की कृष्ण पंचमी को छप्पनवां साल पूरा कर लूँगा—यानी, सत्तावनवें वर्ष में प्रवेश करने में सिर्फ एक महीने की कसर है। बस, तीन साल और, और मनाइए मेरी हीरक-जयन्ती!

जब-जब सोचता हूँ इतने दिनों का हो गया, तो कितना आश्चर्य लगता है। मेरे पिताजी छत्तीस-सैंतीस वर्ष की उम्र में ही चल बसे थे। मेरी माँ उनसे पाँच-छह वर्ष पहले मरी थीं। अतः दोनों का योग कर, उसे आधे में बाँट, मैं अपनी आयु यही तैंतीस-चौंतीस की मान बैठा था। क्या मुझे माता-पिता की उम्र के योगफल को अकेले पूरा करना होगा? मेरी दादी और मेरे बाबा की उम्र लम्बी थी। क्या उनसे ही मैंने लम्बी उम्र बाँट में पाई है?

लम्बी उम्र कोई बुरी चीज़ नहीं! कुछ लोग मानते हैं कि बर्नार्ड शॉ, समरसेट मॉम, बर्टेण्ड रसेल, आइन्स्टीन आदि की अति ख्याति में उनकी लम्बी उम्र भी कारण रही है। अपने यहाँ रवि बाबू ने भी काफी लम्बी उम्र पाई थी। यदि स्वास्थ्य काम देता रहे, तो लम्बी आयु अच्छी चीज़ है। किन्तु प्रायः ऐसा होता नहीं। अपने ही बारे में देखता हूँ, इस तरह नियम-संयम से रहने पर भी बार-बार तबीयत सुस्त हो जाया करती है। तब चित्त उद्विग्न हो उठता है। बिस्तरे पर पैर रगड़ते हुए जीना भी कोई जीना है!

जब मैं सोचता हूँ, मैं छप्पनवाँ पूरा कर रहा हूँ; तो चोट यह लगती है कि उफ़, मैं उन्नीसवीं सदी का आदमी हूँ। किसी के दकियानूसीपन की खिल्ली उड़ाते समय नौजवान कहा करते हैं, ये उन्नीसवीं सदी के लोग हैं। मैं अब तक समझता रहा, चलो, यह तोहमत तो मुझ पर नहीं लगाई जा सकती! किन्तु इस जानकारी ने यह पूँजी भी छीन ली! मैं उन्नीसवीं सदी का हूँ, उफ़।

किन्तु आज भी दुनिया जिनसे प्रभावित है, वे सबके सब तो उन्नीसवीं सदी के ही थे या हैं। लेनिन, गाँधी, रोम्या रोलाँ, रवीन्द्र, आइन्स्टीन—यह क्या कम गौरवशालिनी मालिका है? इनके चरणों में भी स्थान पा जाऊँ, तो क्या बुरा हुआ ? एक ज़माना होता है, जब आदमी अपने को कमउम्र समझ कर या बताकर ही अपनी आँखों पर या लोगों की आँखों पर चढ़ने की कोशिश करता है। किन्तु यह भी सही नहीं है कि एक जमाना यह भी आता है, जब उम्र की लम्बाई उसकी इज्ज़त बढ़ा देती है! फिर, सत्य को क्यों छिपाना? बेनीपुरी, अपनी हीरक जयन्ती की तैयारी अभी से शुरू करो!

हाँ, यहाँ किसे फिक्र है तुम्हारी हीरक या कौड़ी जयन्ती से। और, यह बाहरी जयन्ती क्या है? प्रशस्ति के कुछ शब्द, कुछ मानपत्र, कुछ मालाएँ, अधिक हुआ, तो सौ-दो-सौ पृष्ठों का कोई अभिनन्दन-ग्रन्थ! अपनी जयन्ती आप मनाओ, उत्सव के रूप में नहीं, कर्तव्य के रूप में। सोच लो, इस साठवें वर्ष तक पहुँचते-पहुँचते तुम्हें क्या-क्या कर लेना है! बनाओ कोई त्रिवार्षिक योजना और पूस, वदी, पंचमी से उसमें लग पड़ो, जुट पड़ो! तुम में इतनी शक्ति तो है कि तीन साल तक अच्छी मेहनत कर सको—हाँ, संयम की ओर कुछ और ध्यान देना है!

और अपनी उस योजना में एक बात तो रखो ही—साठवाँ पूरा करके घर-गृहस्थी से अपने को बिलकुल मुक्त कर लो। पूरी जिन्दगी 'गृह-कारज-नाना-जंजाला' में ही देना क्या श्रेयस्कर है। कभी कुछ तपस्या की होगी, तभी तो आज विपरीत परिस्थितियों से लड़ते-झगड़ते हुए भी इस प्रकार सुखी-सम्पन्न हो! फिर कुछ तप करो, परमार्थ करो, अपने जीवन को सम्पूर्णतः जनसेवा में उत्सर्ग करो!

पूना
6 दिसम्बर 1955

आज के दिन को मैं अपने जीवन के सर्वोत्तम दिनों में क्यों नही शुमार करूँ?

आज जित्तिन ने नेशनल डिफेंस ऐकेडमी की सैनिक शिक्षा पूरी कर ली। आज उसे पासिंग आउट परेड में देखकर क्या मैं फूला समाता था? जिस समय वह पासिंग आउट परेड समाप्त कर 'डेक' पर आया; मेरी आँखों में आँसू छलछला आए थे। अहा! यह दिन भी देखने को मिला! पुरानी बातें, एक-एक नज़रों के सामने सिनेमा की तरह नाचने लगीं!

जित्तिन : छुटपन से ही बीमार; मैं इस जेल से उस जेल; सदा चिन्ता, लौटकर उसे देख पाऊँ या नहीं; खाँसी, बुखार; सूखकर काँटा हो गया था! जब बाहर होता, घर पर उसे कलेजे से सटाकर सोता : उसकी छाती की धड़कन अपनी छाती में महसूस करता!

वही जित्तिन : अब ऐकेडमी से पास करके निकल रहा है। जिसकी जिन्दगी के लिए चिन्ता थी; वही आज एक पूरा सैनिक बनकर आँखों के सामने खड़ा है।

यह काली पोशाक; यह तिरछी टोपी; ये चमकते बटन; ये सुनहले बैज! लगता था, उछल कर उसे गले लगा लूँ!

विपत्ति भी कभी-कभी क्या नियामत लाती है। न जित्तिन बीमार होता; न उसे फौजी शिक्षा के लिए भेजते। डॉक्टरों ने कहा, इसे क़हीं पहाड़ी जगह पर रखिए ! वह कुछ अच्छा हो चला था; खाँसी रुक गई थी; बुखार भाग चुका था; शरीर पर कुछ गोश्त आ गया था। इसी समय सैनिक शिक्षा के लिए 11-12 वर्ष के लड़कों की माँग का विज्ञापन पढ़ा। देहरादून में पढ़ाई होगी। सोचा भेज दूँ; पढ़ाई की जगह है; खाने-पीने की अच्छी व्यवस्था; क्या हुआ, यदि छः महीने के बाद वापस ही कर दिया गया!

और आज आठ वर्षों के बाद उसे एक भरा-पूरा नौजवान देख रहा हूँ; सैनिक वर्दी में; और यदि सब-कुछ इसी तरह सकुशल गया, तो डेढ़ साल के बाद कमीशन-प्राप्त सैनिक अफसर; वायुसेना का!

एक नियम-सा है, ऐकेडमी की पढ़ाई समाप्त होने के समय माता-पिता आएँ। साथ में रानी भी आई हैं। रानी के आनन्द का क्या कहना? उनकी आँखों से तो अश्रुधारा बह चली थी!

1948 की जनवरी में यह भरती हुआ; 1955 के दिसम्बर में उसकी यह शिक्षा पूरी हुई है। इन आठ वर्षों में न तो उसने कभी होली देखी; न दीवाली! कैसी साधना साधी है उसने!

सात साल देहरादून रहा; पिछले साल यहाँ आया। पूना से आठ मील दूर खड़गवासला में यह ऐकेडमी बनी है। छः करोड़ रुपए लगे हैं इसके बनाने में; अभी पूरी भी नहीं हुई है। किन्तु जो बन चुकी; वह कितनी भव्य!

चारों ओर पहाड़ी; बीच में यह ऐकेडमी। सामने सिंहगढ़ है। नीचे एक झील है।

बीच में केन्द्रीय भवन—तीन मंजिल का। कैसी शानदार इमारत! इसे भव्य और दिव्य बनाने में न खर्च की परवाह की गई है, न स्थापत्य कला का एक अंग छोड़ा गया है! सामने से देखते ही एक रौब छा जाता है!

एक ओर भोजन-गृह है; एक ओर विज्ञान-भवन!

भोजन-गृह; ओहो! एक पूरी पलटन यहाँ एक साथ बैठकर खा सकती है। रसोई बनाने में विज्ञान के आधुनिकतम साधनों का उपयोग किया जाता है। भोजन-घर के बीच में नृत्य-मंच है! लकड़ी के खम्भों और दीवारों पर संसार के सभी नृत्यों की खुदाई कर दी गई है—भारतीय

नृत्य के सभी प्रकारों की भी! भीतर घुसते ही यह भवन अपनी विशालता और सौन्दर्य से मन मोह लेता है।

विज्ञान-भवन में विज्ञान की पढ़ाई के सारे साधन जुटा दिए गए हैं। विज्ञान के सभी अंगों की पढ़ाई की सुव्यवस्था!

कैडेटों के होस्टल भी बड़े शानदार। सभी मकान तिमंजिले। हर कैडेट के लिए अलग-अलग कोठरी! स्नानघर भी शानदार!

अस्पताल, बाज़ार, अफसरों के क्वार्टर, सिनेमाघर—सभी से शानदारी टपकती है!

कल चार बजे मैं यहाँ पहुँचा। चारों ओर घूम-फिर कर देख लिया! संध्या को एक नाटक खेला गया। अंग्रेजी में था वह नाटक; लेकिन बड़ा ही अच्छा उतरा था—मंच, अभिनय, परिधान, साज-सज्जा—सभी दृष्टियों से क्लास वन!

आज साढ़े सात बजे ही वहाँ पहुँचा। कार्ड नहीं थे; किन्तु ज्यों ही मैंने बताया, हम पेरेन्ट्स हैं, बड़े ही आदर से बिठाया गया। पौने नौ बजे से कार्यारम्भ हुआ ! लोगों की, अफसरों की, नागरिकों की, कैसी भीड़! किन्तु कितनी सुव्यवस्था!

किस शान से मनाते हैं इस पासिंग आउट परेड को! बैंड बजा; कैडेट सामने के 'गढ़' से निकले। कतार में खड़े हुए। उनमें से एक जोड़ा कैडेट निकलकर फाटक पर आया। खड़ा हुआ। कुछ इधर-उधर खड़े हुए। कमान्डेंट आए। फिर नौसेना के अध्यक्ष आए। उन्हें ही सलामी लेनी थी। फिर बैंड परेड। इधर से उधर! सबके हाथ एक साथ हिल रहे; सबके पैर एक साथ उठ रहे! ये शेर-बच्चे! कितने मनोरम लगते थे देखने में। इन्हीं पर तो भारत की सुरक्षा निर्भर करती है!

जहाज के आकार का यह क्वार्टर डेक! जिसके मस्तूल पर तिरंगा लहरा रहा। यही तिरंगा—जिसके नीचे हम लगतार सत्ताईस वर्षों तक अंग्रेजों से लड़ते रहे!

फिर पासिंग आउट होने वाले लड़कों की टोली आगे बढ़ी। किस शान से! उधर वह टोली बढ़ी, इधर कुछ कैडेट आकर जहाज के मस्तूल तक लगी सीढ़ियों पर किस फुर्ती से चढ़ गए। बैंड; सलामी। वह देखिए; दो-दो की कतार में वे आगे बढ़ रहे हैं।

और, दूसरी कतार में वह पहला कैडेट हमारा जित्तिन है!

युगयुग जीयो जित्तिन! अपने देश का नाम ऊँचा करो; अपने खानदान का नाम ऊँचा करो।

परेड के बाद पेरेंट्स काफी! वहाँ प्रोफेसर भट्टाचार्यी ने कमांडेंट से तथा सभी बड़े अफसरों से मेरा परिचय कराया। प्रिंसिपल और प्रोफेसरों से भी। सभी बड़े प्रेम से मिले। कमांडेंट मुसलमान हैं—मेजर जेनरल हबीबुल्ला! उन्होंने भोज में शामिल होने का आग्रह किया। प्रिंसिपल व्यास ने कहा—हम अगले साल हिन्दी नाटक खेलना चाहते हैं, "गोदान" को नाटक बना दीजिए!

जब भोज में गया—अपनी पूरी रचना को कमांडेंट को अर्पित किया। उन्हें आश्चर्य हुआ, उफ़, मैंने इतनी चीजें लिखी हैं!

भोजन का क्या कहना? बैंड की तान; रसीला भोजन; क्या कहने हैं?

बम्बई

8 दिसम्बर 1955

अहा! कल का सारा दिन कितने आनन्द में कटा। बम्बई कितनी बार आया हूँ; किन्तु कल

की बम्बई तो स्वप्नपुरी लगती थी। इसलिए नहीं कि कुछ खास सजधज थी; खास बात यह थी कि रानी साथ में थी, जित्तिन थे, कन्हैया और मंगल थे। और सबसे बढ़कर साथ में थे गोस्वामी बन्धु! अपनी कार; अपनी धुन! जहाँ तक दिखला सकते थे; दिखाते रहे। शाम को हमने थोड़ी भंग भी छान ली थी–फिर क्या कहना? लगता था, इस क्षिप्रगामी मोटर में उड़े जा रहे हैं!

पामाजी के घर से चलने में थोड़ी देर हो गई–अतः सबको छोड़कर मैं अकेले बम्बई चला आया। स्टेशन पर ही मधुजी मिल गए! गाड़ी साथ में थी; मेरिन ड्राइव से चाय पी आया। रानी वगैरह मेल से आए। उन्हें लेकर गोविन्द भवन। मेरे लिए एक पूरा फ्लैट खाली करा दिया था–बड़ा आरामदेह, सुसज्जित। स्नान के बाद भोजन! जब-जब यहाँ भोजन करने आता हूँ, पता चलता है, भोजन किसको कहते हैं! हम लोगों ने बड़े प्रेम से खाना खाकर थोड़ा विश्राम किया; फिर मुकुन्दराय जी के साथ मटरगश्ती में। सभी प्रमुख बाजार; फोर्ट; गेट वे ऑफ इंडिया; कोलाबा; चौपाटी; मालाबार हिल और उसके ऊपर का हैंगिंग गार्डन और कमला नेहरू गार्डन!

यहाँ से नीचे की ओर देखिए! दीपमालिका! दीपमालिका; दीपमालिका! जगमग–झलमल। रंग-बिरंगी रोशनी; दीपमालिका का प्रतिबिम्ब समुद्र में; ओहो, सचमुच बम्बई स्वप्नपुरी!

फिर वर्ली : नेपियन सी : इधर-उधर चक्कर काटते, हँसते-हँसाते गोविन्द-भवन। वहाँ भंग छनी : और हम चले माटुंगा पृथ्वीराज जी के घर!

वह एक घंटा भी क्या घंटा रहा! हम लोग हँसते रहे, हँसाते रहे! 'सज्जन' भी वहाँ थे। जोधपुर में अपने घर का पता उन्होंने जित्तिन को दिया। फिर एक साथ फोटो–बीच में रानी और रमाजी। मैं और पृथ्वीराज जी सज्जन को बीच में करके पीछे खड़े हो गए। लड़के सब दोनों माताओं के आगे!

लौटते समय माधवजी ने अपनी ड्राइविंग का चमत्कार दिखलाया। यह तीस मील, चालीस मील, पचास मील, साठ मील–अरे, अरे, भाई बस करो। लगभग बारह बजे रात को घर पहुँचे और कहीं एक बजे जाकर सोए!

आज स्वभावतः ही देर से जगे; खाया-पीया, सोया। संध्या को फिर मटरगश्ती शुरू हुई। जुहू निकल गए। समुद्र हिलोरें ले रहा था; किनारे नारियल, चाट आदि बिक रहे थे। रानी के साथ समुद्र की हिलोरों का मज़ा लेते रहे। याद आया, अरे, कुछ खरीद-बिक्री तो हुई नहीं। मुख्य बाजार तो बन्द हो चुका होगा–दादर की तरफ बढ़े। रानी ने ऊन, साड़ियाँ आदि खरीदे। फिर सो गए।

9 दिसम्बर 1955

गाड़ी भागी जा रही है, भागी जा रही है। इतना थक गए थे कि कौन वर्धा जाए ! खंडवा भी नहीं उतर सके। अब इलाहाबाद में ही दौड़ रुकेगी!

लखनऊ
12 दिसम्बर 1955

एक दिन इलाहाबाद में विश्राम कर लखनऊ। आचार्य नरेन्द्रदेवजी के घर पर ठहरे। आचार्यजी को देखकर प्रसन्नता हुई। उनका स्वास्थ्य सुधर गया है। वजन अब एक सौ दस पौंड हो गया है। यहाँ प्रजा सोशलिस्ट पार्टी की कार्यकारिणी की बैठक हो रही है। सभी साथियों से मिल

लिया। फरीद अंसारी ने जब देखा, बड़ी देर तक चेहरे को निकट से देखते रहे—बोले, क्या कायाकल्प कराया है! लगता है, तुम बूढ़े नहीं होगे! क्या सचमुच मैं जवान ही लगता हूँ? बेनीपुरी, तुम्हारा चेहरा कितना धोखा देता है!

हाँ, इधर एक गलती कर ली है। बम्बई से ही कन्हैया के मारफत तीन चिट्ठियाँ भेजीं—आचार्यजी के लिए, जयप्रकाशजी के लिए और गंगा के लिए। मैंने लिखा, सुना है, बिहार से राज्यसभा के लिए एक सीट खाली हो रही है, मुझे उसके लिए उम्मीदवार बनाइए। आचार्य जी ने कहा; मुझे प्रसन्नता ही होगी! जयप्रकाश जी चले गए हैं। अशोक से कहा—उन्होंने भी प्रसन्नता प्रगट की। किन्तु, आश्चर्य, गंगा ने इस सम्बन्ध में बातें नहीं कीं! क्यों? जब आचार्यजी ने उनसे चर्चा की, उन्होंने कहा—पहले बिहार से तय कर लेना होगा न? इसका अर्थ?

यहाँ आया था मुख्यतः ग्रन्थावली के काम से। सम्पूर्णानन्द जी ने बुलाया था। कमलापति जी ने भी वादा किया था। कमलापतिजी से कल संध्या को मिले; उन्होंने फिर 'हाँ' की। आज भोर में सम्पूर्णानन्द जी के घर पर मद्रास के गवर्नर श्री श्रीप्रकाश जी की चाय-दावत थी। वहीं कमला जी और सम्पूर्णानन्द जी ने बातें कीं और श्री भगवतीशरण सिंह, डाइरेक्टर सूचना-विभाग को यह जिम्मेवारी दी कि ग्रन्थावली अभी चार हज़ार रुपए की खरीद ली जाए!

शहर में मित्रों से मिलते रहे। राजवल्लभ ओझा से 'नवजीवन' में मिला। पहली बार यूरोप में मेरे साथ रहे। बड़े स्नेह से मिले; संध्या को हम लोगों ने साथ ही खाया-पीया। बोले, फिर यूरोप चलिए—उन्होंने इसके लिए डौल लगा देने की बात भी की। भगवतीचरणजी और गिरिजाकुमार से रेडियो में मिला। 'स्वतन्त्र भारत' में त्रिपाठी से मिला। क्या सौभाग्य है—जहाँ जाता हूँ, वहीं सब लोग प्रेम से घेर लेते हैं! जब मैं हार्दिक प्रेम देता हूँ, तो मुझे क्यों नहीं मिले?

आचार्य जी के सुपुत्र प्यारे अशोक ने जैसा आदर-सत्कार किया, वह क्या भूलने की चीज है? उसकी पत्नी ने भी बड़ा सम्मान दिखलाया। वह मेरी रचनाओं की उत्सुक पाठिका है। कहती थी, मैं अक्षर-अक्षर पढ़ जाती हूँ, कई बार पढ़ती हूँ। अशोक को एक बेटा, एक बेटी है—दोनों कितने सुन्दर! मियाँ-बीबी भी तो सुन्दर हैं!

आचार्य जी के घर पर ही श्री श्रीप्रकाश जी को अपनी ग्रन्थावली दी। आचार्य जी ने "माटी की मूरतें" की भूरि-भूरि प्रशंसा की। अशोक की पत्नी ने भी सिफारिश की, आप जरूर पढ़ जाइए! बड़ी सुन्दर चीज़ है। आचार्य जी जनवरी में मद्रास जा रहे हैं, स्वास्थ्य-सुधार के लिए! किस उत्सुकता से श्रीप्रकाश जी उनके स्वागत-सत्कार के बारे में ब्योरे से पूछ रहे थे!

आचार्य नरेन्द्रदेव! देश के महान नेता—प्रगाढ़ विद्वान! यदि वह कांग्रेस में रह गए होते, तो आज क्या नहीं होते? उत्तर प्रदेश के मुख्यमन्त्री; भारत के शिक्षा-मन्त्री—कौन-सी जगह उनके लिए बड़ी थी! किन्तु अपने सिद्धान्त पर कैसे अटल!

गया
18· दिसम्बर 1955

गया में 26 से 30 दिसम्बर तक अखिल भारतीय प्रजा सोशलिस्ट पार्टी का द्वितीय अधिवेशन होने जा रहा है। मुद्रिका का आग्रह—गुरु, सहायता कीजिए। मुद्रिका ने मेरे लिए जो किया है, क्या उसे भूला जा सकता है? हाँ करनी पड़ी और पन्द्रह को इलाहाबाद से लौटकर यहाँ चला आया!

सब जगह अव्यवस्था, अव्यवस्था! इस पार्टी को क्या हो गया है? विन्ध्येश्वरजी, मुद्रिका, मदनजी, सहदेवजी, लल्लू बाबू डटे हैं अपने जिले की लाज बचाने को! किन्तु प्रान्त के नेता कहाँ हैं? बस, गंगा आए हैं!

मैंने अपने जिम्मे प्रचार, सजावट और सांस्कृतिक आयोजन, ये तीन काम ले लिए हैं। और जो कुछ हो, यहाँ एक हवा बँध जाए, एक लाख लोग एकत्र हो जाएँ—यही चेष्टा है। जो कार्यकर्ता मिल गए हैं, उन्हें अलग-अलग कामों में जोत रहा हूँ। न समय पर काम करते हैं, न सिलसिले से काम करते हैं। हर आदमी हर काम में नाक घुसड़ेना चाहता है—हर जगह अपने को देखना चाहता है! फिर काम हो सके कैसे?

तो भी रेत से तेल निकालना ही है! इस सम्मेलन की सफलता पर पार्टी का भविष्य निर्भर करता है। अगले चुनाव में हम क्या कर सकेंगे, यही सम्मेलन फैसला कर देगा। किन्तु हमारे साथी इसकी गम्भीरता कहाँ समझ रहे हैं ?

गया
30 दिसम्बर 1955

और, आखिर रेत से तेल निकलकर रहा! सम्मेलन सफल रहा, शानदार रहा! दस दिनों में ही जादू चलकर रहा। जयप्रकाशजी ने कहा था, आप चले जाइए, तो दस दिनों में भी सम्मेलन सफल हो जाएगा। उनकी बात रही; मेरी सफलता रही।

किन्तु मानता हूँ, अकेले चना भाड़ नहीं फोड़ता। बस, दस साथी भिड़ गए और काम सध गया। मुझे फिर एक बार पार्टी पर, उसके कार्यकर्ताओं पर विश्वास हुआ। वे यदि लग जाएँ, तो क्या नहीं कर सकते हैं? सवाल यहाँ यह उठता है, वे लगें कैसे, लगाए कौन?

पार्टी का नेतृत्व बिखर गया है। मैंने लोगों से कहा भी और इसको सबने स्वीकार किया है, यह पार्टी मोह और मुरौव्वत में मरी जा रही है। मोह यह कि अमुक आएँ, उनका नेतृत्व मिले। मुरौव्वत यह कि यदि वे गलत भी कहते या करते हैं, तो उनसे कहा कैसे जाए? शरीर में अब भी पूरी शक्ति है, किन्तु दिमाग़ ही खराब हो गया है।

इसी अवसर पर मुझे एक नारा सूझ गया।—"हंडे हटाओ, दिए जलाओ!" ये दो-चार नेता! गैस के हंडे की तरह प्रकाश देते रहे—सबने अपने चिराग़ बुझा दिए। अब उनमें से एक-एक कर बुझते जा रहे हैं, तो लोग परेशान हैं। अरे, ऐसा क्यों? हम गरीब, हमारी पार्टी गरीब! गरीबों के घरों को तो दिए से ही प्रकाश मिलता रहा है! जो हंडे रोशनी नहीं दे पाते, उन्हें हटाओ और अपने दिल के दिए को, घर के दिए को जलाओ। बाती उकसाओ, फिर चारों ओर जगमग हो उठेगा!

और, इस सम्मेलन में वही हुआ—कह सकता हूँ मेरा नारा चल गया! जयप्रकाशजी आए, खुले अधिवेशन में बोले तक नहीं। मैंने आग्रह किया, तो मुँह फुला लिया। प्रतिनिधियों के बीच बोले, तो कह दिया, मेरे नाम का दुरुपयोग नहीं कीजिए; मैं अब राजनीति में आ नहीं सकता!

आचार्य नरेन्द्रदेवजी का थीसिस यहाँ पेश किया गया, तो कृपलानी, अशोक, पुरुषोत्तम ने खुलकर विरोध किया; जो 'बड़े' नेता बोले नहीं, वे भी मसलहत से। धमकियाँ दी गईं, चर्चाएँ फैलाई गईं कि यह थीसिस पास हुआ, तो अमुक-अमुक नेता अलग हो जाएँगे। किन्तु कार्यकर्ताओं ने उनकी एक न सुनी, न कोई परवाह की। थीसिस पास होकर रहा!

मुझे प्रसन्नता हुई कि कार्यकर्ताओं ने बल दिखलाया, नेताओं की परवाह न की, अपने

लिए एक रास्ता बना लिया। और यदि इसी उत्साह से इस रास्ते पर चलते भी रहे, तो कुछ ही दिनों में पार्टी में फिर नवजीवन का संचार होकर रहा!

स्वागत-संगठन में भी नेतापन की बदबू आती रही। तमाशा यह कि स्वागत-समिति बनने ही नहीं पाई। हमारे प्रान्त के अध्यक्ष महोदय स्वागताध्यक्ष बनने को कितने लालायित थे। और, दूसरा तमाशा यह हुआ कि जिन नेताओं ने स्वयं पैसे इकट्ठे किए, उन्होंने अब तक हिसाब नहीं दिया है, यही नहीं; पैसे भी अपनी-अपनी जेब में रखे हुए हैं।

मैंने अपने जिम्मे तीन काम लिए थे—प्रचार, पंडाल और सांस्कृतिक आयोजन। प्रचार—अखबारों में; नोटिस-पोस्टर द्वारा; शहर और देहातों में। इसके अतिरिक्त को-आर्डिनेशन का जिम्मा भी मेरा रहा। प्रतिदिन संध्या को सब विभागों के लोगों को एक साथ करके देखना कि कौन-से काम कहाँ तक हो सके।

प्रचार में तो कमाल हुआ। इस जिले के कोने-कोने को आठ दिन में ही गुँजा दिया। पोस्टर बैनर, नोटिस की भी भरमार। मेरी इच्छा थी, एक लाख आदमी इकट्ठा कर दूँ कि पार्टी में, खासकर नेताओं में आत्मविश्वास आए। समय और साधन की कमी के कारण मेरी लालसा पूरी नहीं हुई; किन्तु जो उपस्थिति हुई, उसे अखबारों ने एक स्वर से पचास हज़ार छापा।

अखबारों के प्रतिनिधियों से पूरी साँठ-गाँठ कर ली। उनके लिए खाने, रहने का अच्छा प्रबन्ध किया। प्रतिदिन उनसे मिलता और पूछताछ करता रहा। नतीजा यह हुआ कि अखबारों ने इस तरह सम्मेलन के समाचार छापे कि लोग दंग रह गए।

पंडाल भी ऐसा शानदार (और इतने कर्म खर्च में) तैयार करा दिया कि देखने वाले चकित रहे।

हाँ, सांस्कृतिक आयोजन मन के लायक नहीं हो सका। एक तो समय की कमी, दूसरे पैसों की कमी। और, सबसे बुरी बात तो यह कि हमारे लोग इसका महत्त्व ही नहीं समझते। पन्द्रह हजार रुपए के खर्च में सिर्फ तीन सौ रुपए इसके लिए दिए गए, तो भी कुछ लोग कुड़बुड़ाते ही रहे। मेरे मन में बड़ा दुख हुआ। खैर, गया के ही कलाकारों से किसी तरह रस्म-अदाई कर दी गई। तो भी लोगों ने पसन्द किया।

कह सकता हूँ, इस सम्मेलन ने फिर एक बार पार्टी के कर्तव्य पर मेरी आस्था बढ़ा दी है। यह पार्टी आज भी ऐसी है कि बहुत-कुछ इसके द्वारा हो सकता है। गया-सम्मेलन ने पार्टी की प्रतिष्ठा लोगों की ही नज़रों में नहीं, पार्टी के लोगों की नज़रों में भी बढ़ा दी है। थोड़ा आत्मविश्वास आया है—सही नेतृत्व मिला, तो हम बहुत-कुछ कर सकते हैं।

1956

मुजफ्फरपुर
8 जनवरी 1956

परसों यहाँ आया। आज तक लगा हूँ। अपने प्रकाशन की शाखा खोलने की तैयारी है। आलमारियाँ, काउन्टर, रैक, टेबुल-कुर्सी, साइनबोर्ड आदि के इन्तजाम में लगा हुआ हूँ। उनतीस जनवरी को इसका उद्घाटन कर देना है। हजारीप्रसाद द्विवेदी से बातें कर चुका था; उन्हें लिख दिया है, आइए, उद्घाटन कीजिए।

बहुत दिनों से सोच रहा था, पटना से मुख्य केन्द्र हटाकर मुजफ्फरपुर ले आऊँ। यहाँ

से बेनीपुर निकट है, सिर्फ अठारह मील। बड़ी अच्छी सड़क; यातायात के साधन भी अच्छे—हर घंटे बसें उस ओर के लिए छूटती रहती हैं। बस, एक घंटे में बेनीपुर पहुँच जाइए। यहाँ मुख्य कार्यालय हो जाने से घर का सुख भी प्राप्त कर सकूँगा।

उत्तर बिहार का सबसे प्रमुख नगर है यह। सभी विषयों के लिए उच्च पढ़ाई का प्रबन्ध—कॉलेजों की भरमार; यहाँ विश्वविद्यालय भी बनकर रहेगा। अतः बच्चों की पढ़ाई-लिखाई का भी उत्तम प्रबन्ध हो सकता है यहाँ। फिर उत्तर बिहार में कोई अच्छी प्रकाशन-संस्था नहीं। पूर्णिया से सारन-चम्पारण तक का यह भू-भाग प्रकाशन की दृष्टि से सूना-सूना है। कोई अच्छा पुस्तक-विक्रेता भी नहीं। नेपाल के लिए भी यहाँ से चेष्टा करना आसान होगा। अतः सब प्रकार से ही पुस्तक-व्यवसाय के लिए यह स्थान उपयुक्त जँचता है।

दुकान के लिए मोती झील में, जो पुस्तक-विक्रेताओं का ही मुहल्ला बन गया है, एक अच्छी जगह मिल गई है। मकान बन जाए, तो धीरे-धीरे बच्चों को पटना से हटाकर यहीं के स्कूल-कॉलेजों में पढ़ने की व्यवस्था कर देना चाहता हूँ।

इस बुढ़ापे में फिर यह एक नया आयोजन! बेनीपुरी, नए-नए घोंसले बनाने की यह साध कब तक जारी रखोगे? जब तक जीना, तब तक सीना—दर्जी मत बनो; तुम कलाकार हो न?

कलकत्ता
17 जनवरी 1956

ग्रन्थावली के तीसरे खंड (बच्चों का साहित्य) की छपाई का प्रबन्ध करने के उद्देश्य से कल यहाँ आया। ऑफसेट में खूब सुन्दर और रंगीन छपवाना चाहता हूँ, पटना में ऐसा प्रेस कहाँ? और, इस खंड के पैसों का प्रबन्ध भी कलकत्ता से ही कर लूँ, यह भी मन्सूबा है। अपने परम हितू श्री सीताराम सेक्सरिया जी के साथ ठहरा हूँ—बालीगंज में! कैसा शान्त वातावरण है यहाँ का!

कल संध्या को सीतारामजी की सुपुत्री पन्ना के घर संध्या कटी। पन्ना का पूरा परिवार था; उसकी बेटी भारती कैसी अच्छी कलाकार है। पुआल के तिनकों से एक ऐसा लैंडस्केप बनाया है कि देखते नयन नहीं अघाते!

वहीं कला की बात चली, गाँधीजी और रवि बाबू की बातें चलीं। सेक्सरिया जी के ही शब्दों में, इन दोनों के कृपापात्र होने का सौभाग्य उन्हें प्राप्त हुआ था। रविबाबू की प्रशंसा करते नहीं अघाते थे। कई मनोरम प्रसंग सुनाए। एक विचित्र बात बताई—हम लोगों के पैर में, जहाँ टाँगें तलवे से मिलती हैं, वहाँ हड्डियों का कूबड़ा-सा होता है, गाँव की बोली में जिसे फिल्ली कहते हैं। लगता है, दो हड्डियों को जोड़ने के लिए बीच में पच्चर ठोंक दिया गया हो। किन्तु रविबाबू के पैर में यह कूबड़-सा नहीं था, घुटनों के नीचे से पैर के अँगूठे तक वह ऐसा सुडौल और सुन्दर लगता था, मानो पॉलिश किया हुआ हाथी दाँत हो।

अपनी पहली मुलाकात की बात सेक्सरियाजी ने बताई। उन दिनों 'विश्वभारती' आर्थिक संकट में थी। रविबाबू ने बड़े दर्द से इसकी चर्चा की; सेक्सरियाजी कोई धनी व्यक्ति तो हैं नहीं—पुष्प-पत्र के रूप में तुरन्त पाँच सौ दे दिए। इसका असर उन पर इतना हुआ कि जब कलकत्ता जाते, उन्हें आते ही सूचित करते, बुलाते, कविताएँ सुनाते। यही नहीं, उनके व्यक्तिगत प्रतिनिधि के रूप में 'विश्वभारती' के संचालक मंडल में दो प्रतिनिधि होते थे, वह जब तक जीवित रहे, उनमें एक सेक्सरिया का ही नाम देते!

रविबाबू कैसे विनोदी थे और कला के प्रति उनकी कैसी अनुरक्ति थी, इसकी एक घटना

बताई। एक बार वह बहुत बीमार पड़े—पाँच दिनों तक बेहोश रहे। डॉक्टर सर नीलरतन सरकार उनके प्रेमी लोगों में थे। वह अपनी प्रैक्टिस छोड़कर शान्ति-निकेतन दौड़े और कवीन्द्र की जान बचाई। जब उन्हें होश हुआ, उन्होंने अपनी दाढ़ी पर हाथ फेरा—अरे, यह क्या, दाढ़ी गायब। उन्होंने डॉक्टर सरकार की ओर देखा—डॉक्टर साहब ने क्षमा माँगी! दूसरा होता, गुस्सा करता, खेद प्रकट करता! किन्तु कविजी मुस्कुरा पड़े, बोले—समझा, समझा, यम मुझे पकड़ने आया था। मेरी जो सबसे प्यारी चीज़ थी उसी पर उसने हाथ डाला, अब जाओगे कहाँ ? चट तुमने कैंची से उसे कतर दिया, बेचारे के हाथ में सिर्फ दाढ़ी रह गई, मैं झटक कर अलग खड़ा हुआ—इस दाढ़ी ने मुझे बाल-बाल बचा लिया!

सब लोग हँस पड़े, कविजी भी हँसते रहे। फिर डॉक्टर साहब ने पूछा, अब कहिए, क्या लीजिएगा! उनका अर्थ था भोजन से। किन्तु कविगुरु ने कहा, कुछ नहीं, थोड़ा कागज और तूलिका दो, कुछ बनाऊँ! मृत्यु के मुख से निकलकर भी जो सर्वप्रथम कला की ही आराधना की याचना करे, उसके निकट कौन नहीं सिर नवाएगा!

सेक्सरियाजी ने एक कहानी और बताई। एक बार कवि-गुरु कलकत्ता आए और सेक्सरियाजी को बुलाया। वहाँ जाने पर रविबाबू ने उनसे कहा, देखो, मैंने अपना सबकुछ 'विश्वभारती' को दे दिया है। रह गया था यह कलकत्ता का मकान। उसे भी लिख दिया है। किन्तु दिक्कत यह है कि टैगोर-परिवार के मकान कभी किराए पर दिए नहीं गए। तब तो यह मकान किसी काम का न हुआ 'विश्वभारती' के लिए। मेरे मरने के बाद तो यह किराए पर और भी नहीं दिया जा सकेगा। अतः तय किया है, अपने सामने ही इसे किराए पर उठा दूँ—तुम किराएदार खोज दो। संकोच मत करो, इससे तुम मेरा बोझ कुछ हलका करोगे और 'विश्वभारती' का भी उपकार! सेक्सरिया जी इसे कहते-कहते आज भी भाव-मुग्ध हो चले थे। ऐसा सर्वस्व दानी कहाँ मिलेगा।

डॉक्टर बी.सी. राय द्वारा सुनी एक कहानी भी बताई। जब देशबन्धु चितरंजनदास मर गए, उनका एक बड़ा फोटो लेकर डॉ. राय रविबाबू के पास गए और कहा, इसके नीचे आप कुछ लिख दीजिए। कवि ने कहा, डॉक्टर मेरे पास तुम्हारी तरह कोई आला तो है नहीं कि छाती पर रखूँ और उसके भीतर की सारी क्रिया मालूम हो जाए, चित्र दे दो, कुछ सूझेगा, लिख दूँगा। फिर इधर-उधर की बातें होने लगीं। बीच में वह उठे, चित्र हाथ में लेकर बगल के कमरे में गए। लोगों ने सोचा, शायद सँभालकर रखने गए हों। किन्तु तुरंत ही चित्र लेकर लौटे और उसके नीचे वे दो अमर पंक्तियाँ थीं, जिन्होंने उस चित्र को अमर बना दिया है! और उस चित्र को डॉ. राय को लौटाते हुए बोले—इससे काम तो चल जाएगा न!

रामानन्द बाबू ('माडर्न रिव्यू' के सम्पादक) की कही एक बात सुनाई। रामानन्द बाबू बहुत सबेरे जागा करते थे। उन्होंने बताया, जब-जब वह शान्ति-निकेतन गए, सबेरे उठने पर उन्होंने रविबाबू को या तो टहलते देखा, या प्रार्थना करते, या कुछ लिखते! और, ऐसे आदमी को विलासी बताते हुए भी कुछ दुष्ट नहीं अघाते थे!

रविबाबू जब कलकत्ता जाते थे, प्रायः ही अपने प्रेमी जनों को एकत्र करते। पचास-साठ व्यक्ति होते, लड़कियाँ, लड़के, जवान, बूढ़े। बड़े करीने से सब बैठते। रविबाबू एक पीढ़े पर बैठते, पहले गद्यकाव्य सुनाते, फिर कविताएँ। लड़के-लड़कियाँ आग्रह करते, कुछ गाइए। फिर गाते भी। यह क्रम ढाई-तीन घंटे तक चलता। किन्तु पीढ़े पर जिस आसन से वह बैठते, मूर्तिवत् उसी आसन से बैठे रहते। सिर्फ हाथ से थोड़ा उलटते-पलटते और होंठ से बोलते जाते! बीच-बीच में तो कविता में ऐसे तल्लीन हो जाते कि जरा भी स्पन्दन किसी अंग में नहीं होता—एक अद्भुत दैवी छटा उनके मुखमंडल पर खेलने लगती!

संयोग देखिए, अभी तक मैंने शान्ति-निकेतन नहीं देखा! हाँ, रविबाबू को सिर्फ एक बार देखा था, जब वह शान्ति-निकेतन के लिए पैसा इकट्ठे करने को, शान्ति-निकेतन के कलाकारों को लेकर पटना गए थे और वहाँ "चित्रांगदा" का अभिनय हुआ था। रविबाबू मंच पर बैठे थे—जब तक अभिनय होता रहा, वह बैठे रहे! उनका वह लबादा, वह श्वेत-शुभ्र श्मश्रु, वह दिव्य मुखमंडल—उफ़, क्या उसे कभी भूल सकूँगा! और, दो-ढाई घंटे तक वहाँ भी तो वह मूर्तिवत ही बैठे रहे! कभी-कभी भ्रम हो जाता, वह रविबाबू हैं या उनकी मूर्ति रख दी गई है !

जब वह जीवित रहें, सोचता रहा, शान्ति-निकेतन अब जाऊँगा, तब जाऊँगा। एक बात यह भी है कि किसी अपरिचित विशिष्ट पुरुष के निकट अकारण जाने से मैं सदा झिझकता रहा हूँ। सात दिनों तक आनन्द-भवन में रहा, किन्तु मित्रों के आग्रह पर भी जवाहरलाल जी से नहीं मिला! जब विदेश से लौटा था, दिल्ली में मित्रों ने कहा, जवाहरलाल जी से मिल लो, हम प्रबन्ध कर देते हैं; किन्तु मैं नहीं गया। यही झिझक शायद शान्ति-निकेतन जाने से रोकती रही। और, अब सोचता हूँ, जब रविबाबू नहीं रहे, क्या जाऊँ—आत्माहीन शरीर को देखना क्या?

कलकत्ता
20 जनवरी 1956

कल, जब हम लोग भोजन कर रहे थे, प्रसंगवश सेक्सरियाजी ने अपनी आत्मकथा सुनाई। आज जब शहर से घर (बालीगंज) लौट रहे थे, उसका उत्तरार्द्ध भी सुना दिया!

आदमी का जीवन कैसा होता है, उसमें कैसे उलट-फेर हुआ करते हैं। आदमी क्या होना चाहता है, क्या हो जाता है?

राजस्थान का एक गँवई लड़का। अनाथ, आठ वर्ष की उम्र में, पिता मर गए, दूसरे वर्ष माँ भी चल बसीं। पितामह भी जा चुके थे—उनके एक भाई ने पाला-पोसा। नौ वर्ष की उम्र में ही शादी हो गई थी; आज जो धर्मपत्नी हैं, वह तो उस स्त्री के मर जाने पर, दूसरी पत्नी हैं।

पितामह अच्छे गृहस्थ थे; पिता बिल्कुल साधु-पुरुष। घर में कुछ अच्छी पूँजी नहीं थी, किन्तु लोग समझते, धनी आदमी हैं। यहाँ यह हाल कि जो पूँजी थी, उससे सिर्फ सात रुपए मासिक आय आती। दो प्राणियों का खर्च; किसी तरह किफ़ायत करने पर भी दस रुपए खर्च आते! सोचते, आह, यदि यह आमदनी बढ़कर दस रुपए मासिक की हो जाती!

प्रारम्भ से ही साधु स्वभाव—दिन में पाँच बार स्नान, पूजा-पाठ। यदि किसी अछूत की छाया पड़ी, तो स्नान के बार में वृद्धि ही हो जाती।

अपने जानते साधुता निबाही जाती; लोग धीरे-धीरे समझने लगे, निकम्मा आदमी है! तभी तो कुछ कमाता-धमाता नहीं, पूजा-पाठ में लगा रहता है!

वे खुलकर भी कह देते। बात कचोटती, किन्तु चारा क्या? फिर लोक-निन्दा से डरकर साधुता क्यों छोड़ी जाए।

इसी समय इनके गाँव का एक युवक कलकत्ता गया और वहाँ उसे पैंतालीस रुपए मासिक की नौकरी मिल गई! गाँव-भर में उसकी तारीफ होने लगी!

हृदय-मंथन! क्या मैं पैंतालीस रुपए नहीं कमा सकता?

एक दिन घर से निकले। दिल्ली आए! अरे, क्या शहर ऐसा ही होता है? मकान की छत पर शौच करो, नल का पानी पियो जिसे सब गन्दे हाथों से, अपवित्र हाथों से छूते हैं।

क्या किया जाए, लौटा जाए? तब गाँव के लोग और निकम्मे कहेंगे। खैर, खोज-ढूँढ़ के बाद एक कूप मिला, स्नान किया, पानी पिया। दिल्ली में नौकरी का कोई डौल नहीं, कलकत्ता के लिए रवाना!

हावड़ा स्टेशन : किन्तु किसके पास जाऊँ; कोई परिचित नहीं। घर पर कलकत्ते की एक दुकान का नाम सुना था, जहाँ एक दूर के रिश्तेदार रहते थे। भूलते-भटकते वहाँ! नौकरी की तलाश!

नौकरी मिली तो सिर्फ पच्चीस रुपए की और काम झाड़ू भी दो, चिलम भी सुलगाओ। न बाबा, यह काम मुझसे नहीं होगा! किन्तु लौटा जाए कैसे! रिश्तेदार समझाते हैं, धीरज रखो। और धीरज ने सचमुच काम किया। उस फर्म के मालिक से मिले; उसने भी धीरज रखने को कहा। और, थोड़े ही दिनों में उस फर्म के कैशियर हो गए! किन्तु, मुशाहरा तो वही पच्चीस रुपए। अरे, पैंतालीस कब मिलेगा?

पैंतालीस भी मिला, साठ हुआ। घर से बीवी बुला ली। कलकत्ता में मन रमने लगा। किन्तु फिर भद्रा आ गई। कैश में कुछ कमी हो गई—बड़ी चौकसी रखने पर भी। मालिक ने सस्पैंड कर दिया!

भागो घर—किन्तु कलंक लेकर क्या जाओगे? मालिक का सन्देह दूर हुआ, फिर जमकर नौकरी होने लगी। कुछ पैसे इकट्ठे हुए। क्यों न अपना रोजगार करूँ?

और आठ-दस साल में ही यह हालत कि हर महीने पाँच-छः हजार रुपए बचने लगे! शहर में प्रतिष्ठा; सार्वजनिक कामों में दिलचस्पी। किन्तु आत्मा बेचैन। इतने रुपए लेकर क्या करूँगा? घर में एक बेटी : उसकी शादी कर दूँगा। फिर निश्चिंत! तो क्यों नहीं अभी से इन कामों को छोड़-छाड़कर सार्वजनिक कामों में ही अपने को लगा लूँ। साधुता बचपन की फिर जगी!

गाँधीजी के दर्शन हो चुके थे; जमुनालालजी से परिचय हो चुका था। जमुनालाल से वर्धा में मिले; गाँधीजी से मिले। उन्होंने खादी का काम दिया। शुद्ध खादी भंडार कलकत्ता में स्थापित; गाँधीजी द्वारा उद्घाटन। कुछ समय उसको; कुछ सार्वजनिक कामों में। बड़ी निश्चिन्तता! बहुत सन्तोष!

किन्तु यह क्या? अचानक एक बेटी और आ गई—फिर दो बेटे आ गए! इनका क्या होगा? किन्तु अब जीवन-रथ जिस पथ पर इतना बढ़ चुका था, क्या वहाँ से उसे मोड़ा जा सकता है?

बेटियों की शादी हो चुकी; किन्तु ये दो बेटे! दोनों का स्वभाव भी कुछ विचित्र है! उनके लिए क्या किया जाए?

स्त्री-शिक्षा के प्रति अगाध अनुराग। उनके लिए दो शिक्षा संस्थाएँ चला रहे हैं। अभी-अभी 'श्री शिक्षायतन' बनवाया है, सात लाख रुपए लगे हैं। प्रारम्भिक कक्षा से कॉलेज तक की पढ़ाई! इनका चलाया हुआ सेक्सरिया-पुरस्कार तो हिन्दी-जगत में प्रसिद्ध है।

विशुद्ध गाँधीवादी—किन्तु प्रगतिशील विचार! जब हमने 1937 में "जनता" निकाला, हमारी मदद की; उसके संचालक-मंडल में भी थे। जयप्रकाशजी को बहुत मानते हैं; किन्तु खिन्न—आजकल उन्हें यह क्या हो गया है?

कांग्रेस के रवैय्ये से और दुखी!

किन्तु अपने को शिक्षा-सम्बन्धी रचनात्मक कार्यों में ऐसा लगा रखा है कि फुर्सत कहाँ कि अपने को चिन्तित भी कर सकें। शुद्ध सात्विक जीवन—कामों में लगे हैं, लगे हैं।

कलकत्ता
21 जनवरी 1956

आज कलकत्ता में हड़ताल रही। क्यों? सीमा-आयोग की सिफारिशों को लेकर। हर प्रान्त चाहता है, हमें यह मिले, वह मिले। जैसे यह एक देश नहीं हो। जिन्ना ने कहा था, भारत में दो राष्ट्र हैं। आज भारत का एक-एक प्रान्त सोच रहा है, वह अलग राष्ट्र है! उन दिनों हिन्दू-मुसलमान लड़े—आज बिहारी-बंगाली लड़ रहे हैं, गुजराती-मराठी लड़ रहे हैं! बम्बई में तो ऐसा दंगा मचा है कि शर्म से सिर झुक जाता है! एक दिन पुलिस को 114 बार गोलियाँ चलानी पड़ीं! भय था, कहीं कलकत्ता में भी कुछ वैसा ही नहीं हो। हर हिन्दीभाषी भयभीत था। बच्चों को, औरतों को, धन और गहनों को लोग निरापद स्थानों में पहुँचा रहे थे। ख़ैरियत कि कुछ घटना नहीं हुई। घटना इसलिए नहीं हो सकी कि लोगों ने आत्मार्पण कर दिया—अच्छा भाई जो कहो, हम करें! दुकानें बन्द, ऑफिस बन्द, ट्राम बन्द, रेल बन्द, हवाई जहाज़ तक बन्द! डाकखाने भी बन्द रहे! इस बड़ी कीमत पर शान्ति मिली—जान बची, लाखों पाए!

कलकत्ता
22 जनवरी 1956

नहीं बेनीपुरी, नहीं। इतना मत दौड़ो। न वह पुराना शरीर; न वह पुरानी स्फूर्ति ! दिन-भर दौड़ो; रात में अंग-अंग टूटे! ऐसा करेंगे, तो कितने दिन जी सकोगे! अरे, इतने काम बाकी हैं, यदि इस प्रकार अपने को थका डालोगे, तो फिर कैसे जी सकोगे? भगवान के नाम पर, अपने पर कृपा करो बेनीपुरी!

लो, एक निश्चय! इस बार मध्य-भारत, राजस्थान, उत्तरप्रदेश, दिल्ली की यात्रा मार्च तक समाप्त करने के बाद ग्रन्थावली के काम से दौड़-धूप नहीं करूँगा, नहीं करूँगा।

हाँ, दो महीने तक जो भी सम्भव होगा, कर ही डालूँगा। फिर निश्चिन्त बैठकर लिखूँगा, प्रकाशन का काम चिट्ठी-पत्री से ही जो हो सकेगा, करता रहूँगा। और, मेरा विश्वास है, अब बैठकर भी बहुत-कुछ कर सकूँगा। इस यात्रा के बाद मेरा विश्वास है, ऐसा जाल बना सकूँगा कि सभी हिन्दी-प्रदेशों में मेरे प्रकाशन के लिए आप-आप मछलियाँ फँसती रहें। और यदि नहीं फँसें, तो क्या उसके लिए जान दे दूँगा?

हेमिंग्वे की 'ओल्डमैन एंड द सी' की कहानी एक बार चरितार्थ कर चुके हो, अपने जीवन पर, पूरे भावी जीवन पर उसे चरितार्थ नहीं करो, नहीं करो! अपनी नाव किसी बड़ी मछली के लोभ में दूर तक मत ले जाओ!

जो कर चुके हो, क्या वही बहुत नहीं है? क्या तुम्हें नहीं मिला है, जो एक लेखक को मिल सकता है? इतना किस लेखक को मिला! अब तृष्णा समेटो, समेटो। ग्रन्थावली! अब तुमने उसे ऐसी राह पर रख दिया है कि वह स्वयं अपना रास्ता तय कर ले सकेगी—बशर्ते कि अपने हाथ-पैर समेटो—आय के अनुसार खर्च करो; जो अधूरे काम हैं, उन्हें पूरा करने में जल्दीबाजी न करो—कारज धीरे होत हैं, काहे होत अधीर!

हाँ, यह आज निश्चय करता हूँ, मार्च के बाद ग्रन्थावली या प्रकाशन के काम से दौरे पर नहीं निकलूँगा, नहीं निकलूँगा! अन्य साहित्यिक या राजनीतिक कामों के दौर में इसका भी कुछ काम स्वभावतया हो जाए, सो हो जाए! यह हाय, हाय, यह जाँफिसानी, नहीं, नहीं, नहीं!

मुजफ्फरपुर
29 जनवरी 1956

बहुत दिनों से जिस पर सोचता आ रहा था, वह पूरा हुआ। आज मुजफ्फरपुर में बेनीपुरी-प्रकाशन का केन्द्र खुल गया!

केन्द्र ही क्यों? इसे तो मैं मुख्य केन्द्र बनाने जा रहा हूँ। हाँ, उत्तर बिहार को ही आधार मानकर अपने प्रकाशन को आगे बढ़ाऊँगा। घर निकट है; यातायात की पूरी सुविधा; बेनीपुर की सुख-सुविधा का भी उपयोग कर सकूँगा।

उद्घाटन समारोह कितना अच्छा, कितना सुन्दर, कितना शानदार रहा। आचार्य शिवपूजन सहाय जी ने रुग्ण होते हुए भी पधारने की कृपा की। संयोग, श्री जगजीवन राम जी (मन्त्री, भारत सरकार) इस शहर में आए थे। वह भी पधारे ! शहर के सभी गण्यमान्य साहित्यिक और साहित्यप्रेमी आ जुटे थे। ढाई-तीन घंटे तक साहित्य और आनन्द की रस-धारा बहती रही!

पहले से तय था, आचार्य हजारीप्रसाद द्विवेदी आएँगे। ट्रेन आई, वह नहीं आए, बड़ी रंजिश हुई! ये लोग क्या हैं? क्यों नहीं साफ अस्वीकार कर देते ?

खैर, संध्या को सारा क्लेश मिट गया।

शिवजी—हमारे वृद्धवशिष्ठ—उनका रोम-रोम जैसे आशीर्वाद की वर्षा कर रहा था! डॉक्टरों ने बोलने से मना कर दिया है, तो भी बोलते रहे—अपने अनुभव की पुट देकर रस घोलते रहे!

किन्तु, कमाल तो कर दिया जगजीवन बाबू ने! ऐसा बोले कि जानकीवल्लभ जी ने पीछे कहा, यह तो काव्य बोल गए। हँसते-हँसते यह भी कह दिया, अब मेरा विश्वास हो गया कि रैदास भी कवि हो सकते हैं। यह उनका स्वाभिमानी ब्राह्मणत्व बोल रहा था!

साहित्य पर बोले, साहित्य की समस्याओं पर बोले, अन्त में मेरी तारीफ करने लगे—खुले हृदय से, खुले कंठ से! मैं भाव-मुग्ध था, सब लोग आश्चर्य से उनका मुँह देख रहे थे!

मुजफ्फरपुर के मित्रों ने बड़ी सहृदयता दिखलाई। यह तो मेरा पैंतीस वर्षों के बाद फिर अपने घर में आना था। 1921 में ही मैंने मुजफ्फरपुर छोड़ा। तब से इधर-उधर भटकता रहा! पटना, दरभंगा, खंडवा। अधिकांशतः पटना ही। जब बहुत दिनों के बाद घर लौटो और स्वजन-परिजन अँकवार भर कर तुम्हें लें, तो जो आनन्द किसी को हो सकता है, वही मैंने भी अनुभव किया।

शरद आ गए थे; दुकान को ऐसा सजा दिया था कि वह दुलहन लगती थी! छोटा-सा शामियाना भी खड़ा कर दिया गया था। लोगों के आदर-सत्कार में भी कोई कसर मैंने नहीं होने दी। जलपान आदि का भी प्रबन्ध कर दिया था।

जित्तिन को पहली जनवरी को जोधपुर पहुँचना है, इसीलिए जल्द-जल्द यह काम सम्पन्न कर लिया। उद्घाटन की विधियाँ देवेन्द्र से कराईं। मैंने उन्हें ही इस आयोजन की प्रमुखता दी—क्योंकि उन्हें ही तो चलाना है इसे।

जिम्मेवारी की एक कड़ी और बढ़ गई! लेकिन आनन्द इस बात का है कि मैं अब अपने घर लौटने का आयोजन कर रहा हूँ। यदि तीन-चार साल मैंने कोशिश कर दी, तो फिर बुढ़ापा कितनी निश्चिन्तता में कटेगा! घर पर रहूँगा, बाल-बच्चों के साथ रहूँगा, कुछ अपने गाँव की भी सेवा कर सकूँगा—यह कल्पना ही मुझे मुग्ध बनाती है।

मैं आज सपना देख रहा हूँ, अपना प्रेस हो जाए, नई-नई पुस्तकें (नहीं, ग्रन्थ) निकलें,

एक मासिक पत्र (नहीं, दो, एक बच्चों के लिए भी) निकले—छोटी मोटर रखूँ, दिन-भर मुजफ्फरपुर में काम; रात में बेनीपुर में आराम!

जयपुर
4 फरवरी 1956

राजस्थान! बचपन के सपनों का राजस्थान, जवानी की उमंगों का राजस्थान। राजस्थान, जहाँ वीरता ने तलवार की होली खेली थी, जहाँ के सतीत्व ने आग की लपटों को गले लगाया था! राणा सांगा का राजस्थान! जयमल और पन्ना का राजस्थान! सबसे बढ़कर राणा प्रताप का राजस्थान, हल्दी घाटी का राजस्थान ! कितना आश्चर्य, उसी राजस्थान के दर्शन का सौभाग्य अब तक नहीं प्राप्त कर सका था! अब जाऊँगा, तब जाऊँगा—इसी में सारी जवानी बिता दी। तीसरेपन में कहीं आ सका हूँ!

किन्तु वह राजस्थान तो अभी दूर है! अभी तो मानसिंह के राजस्थान में पहुँचा हूँ, जयसिंह के राजस्थान में पहुँचा हूँ! मानसिंह—जिसके चलते हल्दी घाटी रची, जयसिंह—जिसके कारण शिवाजी को कैद होना पड़ा!

यह जयपुर—जयसिंह की बसाई नगरी! भोर-भोर आज जब इसमें प्रवेश कर रहा था, कितनी सुन्दर लग रही थी यह! चौड़ी-चौड़ी साफ-सुथरी सड़कें। सड़कों के किनारे सुन्दर-सुन्दर मकान। जहाँ-तहाँ वृक्षों की कतारें भी। जगह-जगह शानदार फाटक, लम्बे-चौड़े चौराहे! और कबूतरों के झुंड! सौ-सौ, हज़ार-हज़ार। बिजली के तारों पर पंक्तियों में बैठे, झुंड के झुंड हवा में उड़ रहे या ढेर के ढेर सड़कों पर चुग रहे! मोटरें दौड़ रहीं, बगल से ताँगे निकल रहे, किन्तु जैसे इन्हें कोई भय नहीं! कहीं-कहीं मोर पूँछ फैलाए, या मकानों पर इधर-उधर आ-जा रहे!

जयपुर—तुम सुन्दर हो! यदि तुम्हारा इतिहास भी इतना ही सुन्दर होता !

मानसिंह ने आमेर बसाया था। कहावत है, एक दिन जयसिंह उस किले से नीचे देख रहे थे कि एक कोठे पर किसी स्त्री को नंगे स्नान करते देखा। तुरन्त पंडितों को बुलाया और पूछा—यदि बाप अपनी बेटी को नंगी देख ले, तो उसका क्या प्रायश्चित? पंडितों ने कहा, वह उस नगर को छोड़कर अन्यत्र चला जाए। जयसिंह ने आमेर छोड़ दिया, जयपुर बसाया और उसकी ऐसी रचना कराई कि एक कोठे से दूसरे कोठे पर के प्राणी को देखा नहीं जा सके!

बड़ी अच्छी योजना है इस शहर की! और उसमें चार चाँद दिए मिर्ज़ा इस्माइल ने, जब वह जयपुर के प्रधानमन्त्री बने! मिर्ज़ा ने ही मैसूर और मँगलोर को सजाया था, जयपुर की पुनर्रचना उनके स्थापत्यकला के ज्ञान की डौंडी आज भी पीट रही है! मैंने संसार के कितने बड़े और खूबसूरत नगर देखे हैं—किन्तु जयपुर में एक अद्‌भुत सौन्दर्य पाया!

दिल्ली से पाँच बजे भोर में ही गाड़ी पहुँचती है। मैं जयपुर वाले डब्बे में था; गाड़ी उस डब्बे को छोड़कर आगे बढ़ती है। जयपुर स्टेशन पर खिड़की खोलकर देखा, कोई मित्र आए हैं क्या? रामेश्वरजी टांटिया और हजारीलाल जी को तार कर दिया था। धुँधलके में कोई जानी-पहचानी सूरत नहीं दिखाई दी। कड़ाके का जाड़ा; डब्बे में फिर लेट गया। जब भोर हुई, शौचादि से निवृत्त हो, जलपान लेकर, शहर की ओर चला। हजारीलाल के "राष्ट्रदूत" आफिस में आया। पता चला, वह नहीं हैं। तो भी डेरा डाल दिया। फिर टांटिया जी को फोन किया—पता चला, वह बेचारे पाँच बजे स्टेशन गए थे और आधे घंटे तक प्रतीक्षा कर निराश लौट आए!

दिन का भोजन उनके ही साथ! हजारीलाल भी आ पहुँचे। फिर उनके साथ जयपुर की

सैर! जितिन जी साथ हैं, उन्हें कल जोधपुर जाना है। अतः उन्हें शहर घुमा देना लाज़िमी था।

पहले म्यूजियम! कितनी खूबसूरत इमारत और कैसा अच्छा बाग़! बाग़ पुराना है, किन्तु मिर्ज़ा ने इसका भी कायाकल्प कराया था। इसे देखकर मुन्शी ने कहा था, लगता है, किसी भारतीय नारी ने अपने बाल अंग्रेजी ढंग से कटवा लिए हैं! यह व्यंग्य है—किन्तु मुझे तो पंडित विजयलक्ष्मी की तरह यह बौब्ड हेयर अच्छे लगे!

म्यूजियम छोटा है; किन्तु कितनी ही अमूल्य और बहुमूल्य वस्तुएँ वहाँ एकत्र हैं। जयपुर की कला का तो पूरा प्रतिनिधित्व हुआ ही है, सम्पूर्ण राजस्थान की कला-वस्तुओं का भी अच्छा संग्रह है। भारतीय और विदेशी वस्तुएँ भी हैं। जीवन में पहली बार यहीं इजिप्ट की ममी (शव) देखने को मिला। राजस्थान के जीवन-सम्बन्धी छोटी-छोटी मूर्तियाँ भी भायीं—तरह-तरह के लोग, तरह-तरह की पोशाक, तरह-तरह की पगड़ियाँ, तरह-तरह के पेशे! तस्वीरें भी बहुत अच्छी। महीनों और राग-रागनियों के चित्र बहुत ही सुन्दर!

फिर राजभवन में 'जन्तर-मन्तर' देखने गया। दिल्ली में भी 'जन्तर-मन्तर' है—किन्तु इसके निकट खिलवाड़। राजा जयसिंह स्वयं अच्छे ज्योतिषी थे। ज्योतिष की सारी गणनाओं के लिए यन्त्र बनवाए! एक यन्त्र तो उनका स्वयं आविष्कार है। उसका नाम है—जय-प्रकाश-यन्त्र! इन यन्त्रों से दिन के घंटे, मिनट, घड़ी, पल का ही नहीं, कौन ग्रह कहाँ है, कौन नक्षत्र कब, कहाँ है, किस राशि का आज कहाँ स्थान है—आदि बातों का भी पता चल जाता है। इन यन्त्रों में समय-समय पर सुधार भी किए जाते रहे हैं। इस साल एक विवाद उठ खड़ा हुआ, संक्रान्ति चौदह जनवरी को है या पन्द्रह जनवरी को। सभी पत्राओं में पन्द्रह जनवरी थी, किन्तु इन यन्त्रों के सहारे सिद्ध किया गया, चौदह को ही संक्रान्ति थी!

वहाँ से आमेर देखने गया। पहले राजधानी यहीं थी। कैसी विकट जगह पर यह किला बनाया गया था! दिल्ली की ही नकल पर दीवाने-आम, दीवाने-खास आदि हैं। यहाँ काली जी की एक मूर्ति है। यह मूर्ति राजा मानसिंह बंगाल से ले आए थे। कहते हैं, पहली बार उन्हें बंगाल में पराजय मिली; तब काली जी की गुहार की, विजय मिली। फिर वहीं से काली जी की यह मूर्ति लाकर स्थापित की। पहले इस मूर्ति के पुजारी मैथिल ब्राह्मण होते थे—इस समय एक बंगाली 'मोशाय' हैं! चरणामृत की जगह यहाँ शराब दी जाती है। किन्तु वैष्णवों को पानी से ही सन्तोष करना पड़ता है—हमें वैष्णव ही मान लिया गया!

जब हम लौट रहे थे, मैंने पूछा, वर्तमान महाराजा का क्या नाम है। हजारीलाल जी ने बताया, मानसिंह! मैंने कहा—क्या खूब! एक मानसिंह के जमाने में बसा, दूसरे मानसिंह के जमाने में खत्म हुआ! अब सब रजवाड़े खत्म हो चुके हैं, हाँ, जयपुर-नरेश राजस्थान के राजप्रमुख हैं। किन्तु अब वह भी खत्म होने जा रहा है!

एक विचित्र बात! यहाँ जितने फाटक हैं, सब 'पोल' कहलाते हैं। और, सबके नाम किसी न किसी देवता पर हैं—जैसे गणेश पोल, हनुमान पोल आदि। सिर्फ एक फाटक आदमी के नाम पर है—'जोरावर दरवाजा' यह कहलाता है। मैंने व्यंग्य में ही कह दिया—जयपुर में सिर्फ एक दरवाजा है, और सब 'पोल-पोल'! मित्रों ने ठहाके लगाए!

संध्या को "राष्ट्रदूत" के सम्पादक श्री दिनेश खरे से यहाँ के साहित्यिक जीवन पर बातें हुईं। यहाँ तीन दैनिक पत्र निकलते हैं, कई साप्ताहिक। मासिक एक भी नहीं। साप्ताहिक भी अनियमित! न कोई बड़ा साहित्यिक है, न कोई बड़ा कवि ! साहित्यिक संस्थानों का भी अभाव! प्रकाशक के नाम पर सिर्फ स्कूली पुस्तकों के प्रकाशक! अतः साहित्यिक जीवन प्रायः शून्य-सा! दैनिक पत्रों में "राष्ट्रदूत" खूब चलता है; "नवयुग" सरकारी पत्र—हालत डाँवाडोल! "लोकवाणी" पहले यहाँ का एकमात्र दैनिक था, किन्तु "राष्ट्रदूत" ने उसे पछाड़ दिया है!

जब टांटियाजी के साथ खाने गया, श्री कन्हैयालाल सैकिया से भेंट हुई। राजस्थान के शीर्ष स्थानीय कवि समझे जाते हैं! सुजानगढ़ के रहनेवाले हैं। बड़े आग्रह से सुजानगढ़ आने का निमन्त्रण दिया--जयप्रकाशजी के भक्त! जयपुर के मुकुल जी अच्छे कवि हैं, ऐसा सुनते हैं! कल सर्वोदय साहित्य समाज की ओर से एक साहित्यिक आयोजन मेरे लिए हो रहा है। देखें, किन-किन से भेंट होती है!

सुना, यहाँ 10-12 परिवार मैथिलों के हैं। जयपुर के राजपंडित अपने ही जिले के पं. मधुसूदन झा जी थे--वेद के प्रकांड ज्ञाता।

जयपुर
6 फरवरी 1956

कल जित्तिन जी जोधपुर गए। स्टेशन तक उन्हें पहुँचा आया। कैसा लड़का है--स्टेशन के फाटक से मैंने पीछे देखा, तो पाया, वह इस ओर पीठ किए रिजर्वेशन कार्ड पढ़ रहा है! अपनी भावनाओं को दबाने की उसकी चेष्टा--मैं यह कहा करता हूँ, मुझ में जो इस्पात है, उसी से बना है वह।

कल सर्वोदय-साहित्य-समाज की ओर से गोष्ठी थी; आज ''राष्ट्रदूत'' के दफ्तर में ही गोष्ठी जुटी। अच्छी गोष्ठी थी, जयपुर के प्रायः सभी कवि एकत्र थे। सबा साहब यहाँ के सर्वश्रेष्ठ उर्दू-कवि हैं। उर्दू-संसार में काफी नाम है। दो गज़लें सुनाईं, काफी अच्छी। बूढ़े हैं; काफी अच्छी तबीयत पाई है। कल अचानक भेंट हो गई थी; आज भी बड़े प्रेम से मिले। 'उस्तादजी' के नाम से मशहूर एक राजस्थानी कवि--राजस्थानी भाषा में बड़ी अच्छी रचना करते हैं। प्रोफेसर इन्दुशेखर जी की कविता भी बहुत भायी। अच्छा-खासा व्यक्तित्व--कहते थे, पटना दो-तीन बार गए और मुझसे मिलने की चेष्टा की, किन्तु मैं बाहर-बाहर था।

चार-पाँच नौजवानों की कविताओं ने मुझे प्रभावित किया। कितना अफसोस, हिन्दी का इतना बड़ा क्षेत्र है कि एक जगह के साहित्यिक दूसरे के बारे में जानकारी नहीं रखते। दो कवियों ने अपनी कविता-पुस्तकें दीं--'द्विरेफ' ने ''धूल के फूल'' और 'कमलाकर' ने ''एकोऽहम्''! ''एकोऽहम्' के नीचे लिखा हुआ है 'सहस्राब्दियों का श्रेष्ठतम महाकाव्य'--और 'कमलाकर' के पहले 'कविकुल किरीट'! बाप रे! यह सूचना भी छपी है, 'प्रत्येक कविता का सानुमति अनुवाद मूल्य इक्यावन रुपए। एक प्रोफेसर की सम्मति है, मैं इस पर थीसिस लिखकर डाक्टरेट लेना चाहता हूँ! विज्ञापन में इसके संस्कृत, हिन्दी, अंग्रेजी अनुवादों का उल्लेख है! किन्तु सच बात है, कमलाकर जी ने जो सुनाया, मुझे अच्छा लगा।

आज की गोष्ठी की अध्यक्षता यहाँ की विधान सभा के स्पीकर श्री जोशी जी ने की। मैंने ''विजेता'' का एक दृश्य सुनाया! दिन-भर लोग भेंट करने को आते ही रहे--मेरी सरस्वती का यह अभिनन्दन है, यह कल्पना कर प्रसन्न होता हूँ!

जयपुर
7 फरवरी 1956

आज दुपहरिया में फोन आया, कोई जागीरदार साहब मुझसे भेंट करना चाहते हैं--जागीरदार, और मुझसे भेंट करने! किन्तु यदि उनसे भेंट नहीं होती, राजपूताना आकर भी किसी राजपूत को नहीं देखा, ऐसा मान ले सकता था।

ठाकुर नरेन्द्रसिंह जी आए! पाँच हाथ के जवान—हाँ, बूढ़ा होने पर भी जवान। लट्ठ की तरह सीधे; सफेद-सफेद कड़ी-कड़ी मूँछें। चेहरे पर ज़रा भी शिकन नहीं। भवों को जड़ से मुँड़वा रखा था। नुकीली नाक, बुढ़ापे में भी दाँत चमक रहे। कछवाहा राजपूत—जयपुर के ही घराने से—जोबनेर के ठाकुर! जयपुर रियासत में बीस वर्षों तक मन्त्री रह चुके हैं।

बड़े तपाक से मिले। बोले, अखबारों में आपके आने की खबर पढ़ी, साहित्य से रुचि है, सोचा, आपसे मिल लूँ।

बताया, अंग्रेजी में कई पुस्तकें लिखी हैं, हिन्दी में भी। एक मोटी अंग्रेजी पुस्तक थी, जिसमें आपने राजा मानसिंह की विजय-गाथाओं को लिखा है। मानसिंह ने हाजीपुर, पूर्णिया, पटना आदि पर विजय प्राप्त की थी। रोहतास में गढ़ बनाकर वहाँ पूरब की राजधानी बनाना चाहते थे। इस नाते बिहार से अपनापा जाहिर किया। फिर प्राकृत से ही डिंगल भाषा की उत्पत्ति बताकर उस नाते भी बिहार से अपनापा जोड़ा।

कहने लगे, वर्तमान मन्त्रिमंडल से उनका झगड़ा है। अपनी राजधानी जोबनेर में उन्होंने आर्ट और कृषि के कॉलेज खोले। कृषि-कॉलेज को वहाँ से हटाकर यहाँ के मुख्यमन्त्री उदयपुर ले जाना चाहते हैं, जहाँ के वह हैं। झगड़े का मुख्य कारण यह!

मानसिंह के खानदान से होने के कारण कहीं मैं उनसे वितृष्णा न करूँ यह चेतावनी दी, मानसिंह की नीति के समर्थन में कई तर्क भी पेश किए।

फिर साहित्यिक वार्ता। डिंगल भाषा की खूबियाँ बताईं, उसकी पद्य-रचना की विशेषताएँ बताईं। फिर अपनी रचित 'वीर-पूजा-सतसई' के कुछ सोरठे सुनाए। किस शान से, किस बमक से, पढ़ते थे! वीरों की यह भाषा, वीर-ध्वनि में, उनके मुँह से निकलकर समूचे घर को गूँज से भर देती थी! बीच-बीच में अन्य डिंगल-चारणों के भी पद्य सुना देते थे।

दो घंटे तक रहे। मैं तो उनके चेहरे-मोहरे को ही देखता रहा। दो-तीन बार उन्होंने हाथ मिलाए, तो लगा, वज्रमुष्टि में मेरा बेचारा नाजुक हाथ कस गया है।

यह शानदार राजपूत जाति! प्रजातन्त्र की आँधी में तिनकों-सी उड़ रही है। बनियों और ब्राह्मणों का बोलबाला है। राजतन्त्र पर कब्जा जमाए रखने के लिए इन्हीं दोनों में युद्ध है। राजपूतों ने भूस्वामी-आन्दोलन के नाम से एक मोर्चा लगा रखा है इन दिनों। प्रतिदिन कुछ गिरफ्तारियाँ हो रही हैं। जिनकी तलवारों ने काबुल से पुरी तक जौहर दिखाए, उनकी सन्तानों की कैसी दुर्गत हो रही है। जो तलवार के धनी थे, उन्हें बनियों के सामने सर झुकाने को बाध्य किया जा रहा है!

जयपुर को 'गुलाबी शहर' कहा जाता है। सभी मकान प्रायः नारंगी रंग से रँगे। दुकानों के मुँडेर भी खूबसूरत। कुछ लोग इसे 'भारत का पेरिस' भी कहते हैं। पेरिस विशाल है। किन्तु खूबसूरती में इसके निकट भारत का कोई शहर नहीं टिक सकेगा, यह निस्संकोच कहा जा सकता है। कैसे करीने से, पंक्तिबद्ध, बसा है। फाटक और चौराहे देखने ही योग्य। सड़कें काफी चौड़ी।

राजभवन के पोथीखाने में हजारों पुस्तकों की पाण्डुलिपियाँ हैं। मानसिंह तलवार के ही धनी नहीं थे, गुणी भी थे। स्वयं कई ग्रन्थ लिखे। ग्रन्थों और पंडितों का अच्छा जमाव किया। यह परम्परा जयपुर में सदा कायम रही। हजारों दुर्लभ ग्रन्थ यहाँ के पोथीखाने में पड़े हैं—उनका उद्धार कौन करे? नए शासकों को आपसी झगड़ों से ही फुर्सत नहीं। खैर, गनीमत यही है कि वे अच्छी तरह सुरक्षित हैं, कभी-न-कभी कोई गुणग्राही उनकी ओर ध्यान देगा ही।

सिलहखाने में अस्त्र-शस्त्रों का अम्बार-सा है। उनमें वह तलवार भी है, छः पसेरी वजन है जिसका, जिसको लेकर मानसिंह ने काबुल की फतह की थी!

पं. श्रीनाथ चतुर्वेदी यहाँ के जनसम्पर्क विभाग में हैं। परसों उनसे बातें होने लगी। पं. मधुसूदन झा जी की चर्चा चली। उन्होंने बताया, झा जी ने दर्शन में एक नई धारा बहाई थी, जो यूरोपीय दर्शन को भी मात दे सकती है। उन्होंने अनेक ग्रन्थों की रचना भी की। किन्तु वे प्रकाश में नहीं आ सके हैं। यदि आधुनिक ढंग से उनका प्रकाशन हो, तो पंडित झा की प्रतिभा का लोहा संसार के दार्शनिकों को भी मानना पड़े। झा जी के सुपुत्र भी यहीं हैं। बड़ी इच्छा रही, उनसे मिलने की। मेरे पड़ोसी हैं। किन्तु अभी तक दौड़-धूप में ही रहा हूँ।

यहाँ के पत्रों में मेरी धूम है। "राष्ट्रदूत" में हर दिन कुछ-न-कुछ निकलता है। "लोकवाणी" में भी। दोनों पत्रों में इन्टरव्यू भी छपे हैं। भाषणों के सार और सभाओं की सूचना भी छपती रहती हैं। इसलिए नए-नए लोग दिन-भर मिलने आते रहते हैं। एक सज्जन नैनीताल से भ्रमणार्थ आए हैं। पत्रों में खबर सुन दौड़े-दौड़े मिलने आए थे। सभाओं में सम्मिलित होने के भी निमन्त्रण आते ही रहते हैं। आज पार्टी-दफ्तर में भी गया। लोगों में एक उत्साह आया!

इस धूमधाम में ग्रन्थावली का काम ठप्प—किन्तु, जो मिल रहा है, वही क्या कम है?

बीकानेर
10 फरवरी 1956

कल भोर में बीकानेर पहुँचा। श्रीजगदीशचन्द्र शास्त्री के साथ ठहरा। शास्त्री मुजफ्फरपुर के ही हैं। पुराने जान-पहचानी। जब "बालक" में था, शास्त्री के कुछ लेख छापे थे। बिहार के लोग घर-घुस्स होते हैं; शास्त्री उसके अपवाद। आठ साल की उम्र से ही बाहर-बाहर! अपने बल पर शास्त्री किया, एम.ए. किया। दिल्ली, दार्जिलिंग, वर्धा, बम्बई—जहाँ सींग घुसे, समा गए। आठ वर्षों से यहाँ के पब्लिक स्कूल में हैं। आजकल वाइस-प्रिंसिपल हैं। घर ऐसा आराम, घर का ही वातावरण !

जहाँ जाता हूँ, तूफान लेकर जाता हूँ। दो दिनों से घूम रहा हूँ, बक रहा हूँ। डूंगर कॉलेज यहाँ का सबसे बड़ा कॉलेज है; वहाँ तो मेरा अड्डा हो चला है ! हिन्दी के अध्यक्ष प्रो. मोहनवल्लभ पंत काशी के पुराने जान-पहचानी निकले। प्रो. चन्द्रदेव शर्मा जी तो स्टेशन से ही साथ लगे हैं। कैसी सरस तबीयत पाई इस आदमी ने! व्यंग्य कविता लिखते हैं, बड़ी चुभीली।

शान्तिलाल बाँटिया यहाँ के एक लखपति के सुपुत्र हैं—डूंगर कॉलेज में पढ़ते हैं। उन्होंने अपने को मेरा ड्राइवर बना रखा है। दो दिनों तक उन्हीं की मोटर में चक्कर लगाता रहा हूँ। भूपराज—शान्ति के अनन्य साथी। बड़े उत्साही!

बीकानेर—राजस्थान के सुसंगठित राज्यों में एक। देशी रजवाड़ों में खास स्थान। महाराज गंगा सिंह ने इस नगर को कैसा अच्छा रूप दे दिया था। गंगा नहर इन्हीं की निकाली हुई है; गंगाशहर इन्होंने ही बसाया। यहाँ का पार्क भारत के किसी भी सुसज्जित पार्क से समता कर सकता है! नील, श्वेत और लाल कमल आज भी खिल रहे हैं यहाँ। पार्क के निकट के तोरण, स्तम्भ, भवन, सब इतने सुन्दर कि मन मोह लें!

जोधा सिंह ने जोधपुर राज्य की स्थापना की। उनके बड़े लड़के थे बीका सिंह। एक दिन बीका सिंह अपने चाचा कान्धा सिंह के साथ दरबार में कुछ कानों-कान बातें कर रहे थे। जोधा सिंह का ध्यान उस ओर गया। हँसी-हँसी में कह दिया—क्या चाचा-भतीजा कोई नया राज्य बसाने की बात कर रहे हैं। दोनों के मन में यह बात चुभ गई। जोधपुर से निकले। नई सेना खड़ी की। युद्ध पर युद्ध करते फिरे। कान्धा सिंह युद्ध में ही मारे गए। बीका सिंह

ने बीकानेर राज्य की स्थापना की। बहुत दिनों तक जोधपुर और बीकानेर में लड़ाई चलती रही। बीकानेर शहर से थोड़ी दूर पर एक मन्दिर मुझे दिखलाया गया। इए मन्दिर की मूर्ति जोधपुर से चुराकर मँगाई गई थी। इस मूर्ति के लिए भी कुछ कम युद्ध नहीं हुए। किन्तु जोधपुर को प्रायः ही बीकानेर से हार खानी पड़ी।

बीकानेर अच्छा खासा नगर है। नगर के एक छोर पर कितने ही राजभवन हैं। पुराना किला शहर के बीच में है। इन राजभवनों में से कितने ही शिक्षण संस्थानों में परिणत हो चले हैं। अनूप पुस्तकालय में संस्कृत ग्रन्थों का बहुमूल्य संग्रह है। म्यूजियम है, थियेटर-घर हैं। कई कॉलेज हैं। डूँगर कॉलेज सबसे बड़ा कॉलेज है। ट्रेनिंग कॉलेज, विटनरी कॉलेज, महिला कॉलेज, संस्कृत कॉलेज। दो दिनों से इन कॉलेजों में भाषण देता रहा हूँ। शहर भी देखता फिरा हूँ।

यहाँ का साहित्यिक वातावरण भी बहुत अच्छा है। सात साप्ताहिक निकलते हैं। कवियों ने जो कविताएँ सुनाई, बड़ी अच्छी थीं। लेखकों और सम्पादकों की संख्या भी छोटी नहीं है। यहीं के अमरचन्द जी नाहटा हैं—नाहटा जी हिन्दी के सुलेखक तो हैं ही—राजस्थान की तीस हज़ार हस्तलिखित पोथियाँ उन्होंने संग्रहीत कर रखी हैं।

कैसा सौभाग्यशाली हूँ। जहाँ जाता हूँ, लोग हाथों-हाथ लेते हैं—शिक्षण संस्थाओं और साहित्य संस्थाओं में स्वागत-अभिनन्दन के लिए होड़-सी मच जाती है। नौजवान तो और भी आकृष्ट होते हैं।

राजस्थान की मरुभूमि की चर्चा सुन रखी थी। जब इंगलैंड जा रहा था, दिल्ली से कराची होकर हवाई जहाज़ से जाते समय ऊपर-ऊपर से राजस्थान की मरुभूमि के दर्शन हुए हैं—बालू ही बालू। आज रेगिस्तान की एक झलक निकट से देखी। बालू इस तरह इकट्ठे हो जाते हैं कि लगता है, विस्तृत समुद्र के ये बड़े-बड़े ढेहू हैं। बालू के इन अम्बारों को यहाँ धौरे कहते हैं। आज इन धौरों को निकट से देखा, उन पर टहला, दौड़ा। उनके सर पर खड़े होकर चित्र खिंचवाए। यह सब शान्तिलाल की कृपा थी! इस नौजवान ने मुझे मोह लिया है।

धौरे देखकर मीनासर और गंगाशहर देखते बीकानेर लौटा। शान्तिलाल का घर भी मीनासर है—कैसी कलापूर्ण अट्टालिका। शान्ति के पिताजी एक कलाप्रेमी सेठ हैं। उन्होंने अपना कला-संग्रह किस प्रेम से दिखलाया!

जहाँ-जहाँ भाषण दिए, प्रताप और मीरा की परम्परा पर जोर दिया! प्रताप—जो अपने आदर्शों के लिए घास की रोटी चबा सके; मीरा—जो सब बन्धनों को तोड़कर कला की आराधना कर सकी। महिला कॉलेज की बच्चियों के बीच जब यह बोल रहा था, देखा, उनकी आँखें चमक उठीं।

कल डूँगर कॉलेज में 'तुलसी के काव्यादर्श' पर बोला—तुलसी को एक नए रूप में—विशुद्ध कवि रूप में मैंने रखा! श्रोता तो मुग्ध हुए ही। आज एक सज्जन ने कहा—कल आपने कैसा व्याख्यान दिया, वहाँ से लौटकर मेरा लड़का रात-भर आपके व्याख्यान को ही दुहराता रहा और आपकी सूझबूझ की प्रशंसा करता रहा।

प्रजा सोशलिस्ट पार्टी में भी गया! कार्यकर्ताओं में नया उत्साह भर दिया। यहाँ ठीक पाँच बजे पार्टी दफ्तर में लाउडस्पीकर पर समाचार सुनाए जाते हैं। सड़क पर चार-पाँच सौ लोग सुनने को एकत्र हो जाते हैं। "लोकजीवन" पार्टी का मुखपत्र है!

जोधपुर
14 फरवरी 1956

परसों आया; आज जयपुर के लिए प्रस्थान कर रहा हूँ।

स्टेशन पर ही प्यारे देवराज और उनकी पत्नी श्री वसुमती। देवराज—वह नवयुवक, जो "युवक" के दिनों में मेरा सखा बना! बिहार के अनुपम विद्वान पंडित रामावतार शर्मा की पुत्री से जिसका विवाह हुआ। आज देवराज, प्रोफेसर देवराज उपाध्याय, एम.ए., पी-एच.डी. है। वसुमती जी एम.ए., एल.टी. हैं। बीस वर्षों से दोनों जोधपुर में हैं!

अपना ही घर : अपनापा का वातावरण! रेगिस्तान में ओएसिस! कैसा सौभाग्यशाली हूँ मैं।

ज्यों ही आया; स्नान आदि के बाद कुमार-परिषद् के तत्वावधान में साहित्य गोष्ठी! मेरा परिचय देते हुए देवराज ने जैसे कलेजा उँड़ेल दिया। इतना भावमुग्ध कि लगता था उसकी प्रशंसाओं में डूब जाऊँगा।

कई कवियों ने कविताएँ सुनाईं—हिन्दी में, राजस्थानी में भी। राजस्थानी भाषा की कविता में मैंने पहली बार मिठास का अनुभव किया! तीन कविताएँ—तीन रस की—वीर, करुण और प्रेम! हाँ, शृंगार रस को अब नया नाम देना चाहिए, यह नाम बदनाम हो चुका है! तीन रसों में ही यह भाषा कैसी उपयुक्त जँचती थी। हिन्दी कविताएँ भी अच्छी। एक श्रीमती जी ने भी कविता सुनाई—अच्छी कविता थी! संयोग देखिए, इनका नाम है शिवपुरी! कहा गया, एन.सी.सी. में लेफ्टिनेंट भी हैं। और सुन्दरी तो हैं ही!

दिन-भर लोग आते रहे हैं। तरह-तरह के लोग, तरह-तरह की बात। मेरी रचनाएँ लोगों ने पढ़ रखी हैं—हाँ, कुछ ही रचनाएँ। यह इतना लम्बा-चौड़ा हिन्दी का क्षेत्र—किस-किस की कौन-कौन-सी पुस्तकें लोग पढ़ें। फिर बिहार के प्रकाशकों ने अपनी पुस्तकें इधर खपाने के लिए चेष्टा ही कहाँ की है? बिहार से बाहर जो पुस्तकें छपीं, प्रायः उन्ही की चर्चा! "अम्बपाली" और "माटी की मूरतें" की बहुत ही कम चर्चा! "जयप्रकाश की जीवनी" और "गेहूँ और गुलाब" की ही प्रायः चर्चा!

देवराज महाराजा कुमार कॉलेज में प्रोफेसर हैं। वहाँ शानदार सभा। मैं भी खूब बोला—'तुलसी के काव्यादर्श' पर। लोगों ने बड़े उत्साह से सुना—पुरानी शराब नई बोतल में! पार्टी के दफ्तर में गया, कम ही लोग थे, उनमें ही जोश भरने की कोशिश की। श्री अचलेश्वर शर्मा पुराने पत्रकार हैं। "प्रजा सेवक" उनका साप्ताहिक है। उसके दफ्तर में पत्रकारों की गोष्ठी। फिर टाउनहाल में सार्वजनिक अभिनन्दन! अजीब बात, बोलते-बोलते गला इतना बैठ गया है कि मुश्किल से बोल पाता हूँ।

जोधपुर देख लिया। यह मध्यवर्गीय लोगों का नगर है। न जयपुर जैसी शोभा, न बीकानेर की तरह भव्यता। तो भी जीवन है इस शहर में। यहाँ से कुछ दूर पर बालसमन्द नामक झील है—बाल-समुद्र! रेगिस्तान में इस छोटी-सी झील ने भी समुद्र का नाम पा लिया है। झील पर एक भव्य भवन—महाराजा का। इसका संगमरमरी झरना, कहते हैं, निशात बाग की याद दिलाता है। मैंने अभी तक निशात बाग नहीं देखा। और झरने का पानी बन्द—जिससे उसके सौन्दर्य की भी झाँकी नहीं पा सका। एक सुन्दर बगीचा भी है इसके साथ!

किन्तु, शायद राजपूताने का ही, सुन्दर बगीचा तो है माँडौर में। राठौरों ने आकर माँडौर को ही अपनी राजधानी बनाई। पीछे जोधा सिंह ने जोधपुर बसाया। माँडौर में दो मन्दिर हैं—बड़े ही खूबसूरत। इनकी मूर्तियों को, जो खुदी हुई हैं, देखकर नालन्दा में पाई गई धातु की मूर्तियों

की याद आ गई! फिर घूम-घामकर बगीचा देखा।

संयोग देखिए, बीकानेर के पार्क को देखकर मैं मोहित हुआ था। मैंने लोगों से पूछा, इसके लगानेवालों का क्या नाम? यूरोप में अच्छे बगीचे के साथ उसके माली का नाम भी स्मरण किया जाता है। लोगों ने एक नाम बताया। जब बीकानेर से जोधपुर आ रहा था, मेरे ही डब्बे में वह सज्जन मिल गए। पहले बीकानेर में थे, अब जोधपुर आ गए हैं। यहाँ के पब्लिक पार्क का कायाकल्प किया है, अब माँडौर को नए सिरे से सजाने में संलग्न हैं। जाति के माली हैं। ओवरसियरी पढ़ी, जंगल में काम किया, अब गार्डन सुपर्ट. हैं। अपनी कथा सुनाते हुए बोले—ये फूल भी दोस्त-दुश्मन पहचानते हैं, ये हँसते और रोते ही नहीं, रूठते हैं, मनावन कराते हैं, और अपने प्रेमियों के निकट सारा हृदय उड़ेलकर दिखला देते हैं!

माँडौर के बगीचे को सजाने-सँवारने में हाथ लगा दिया है। पुराने किले की सिर्फ टूटी दीवालें बची हैं। एक बरामदे में जोधपुर के कुल-देवता और वीरों की राजस्थानी ढंग की मूर्तियाँ हैं। उन मूर्तियों पर भी रंगामेजी नए सिरे से की जा रही है। जोधपुर के पार्क में ही म्यूजियम, लाइब्रेरी और चिड़ियाघर हैं। लाइब्रेरी अच्छी। पार्क का पुष्प-विधान बड़ा ही नेत्र-रंजक!

यह सैर-सपाटा या स्वागत-अभिनन्दन तो बाद में। मैं तो यहाँ आया था, मुख्यतः जित्तिन से मिलने। अच्छी तरह मिल सकूँ, इसीलिए रविवार को आया था। किन्तु जब इन्डियन एयरफोर्स के कॉलेज में पहुँचा, देखता हूँ, इस रविवार को, दो बजे दिन में भी वह परेड में जुते हुए हैं। खैर, मैंने पहले तार कर दिया था, उन्होंने अपने अफसर को खबर दे दी थी, फलतः मुझे देखते ही उन्हें फुर्सत दे दी गई। वह जब निकट आए, उनका सूखा चेहरा देखकर मेरा 'बाप का हृदय' विचलित हो गया। किन्तु, मुझे तो ढाँढ़स देना चाहिए, तुरंत चहेरे का भाव बदल लिया और हँस-हँसकर बातें करने लगा।

जित्तिन! मेरा प्यारा बेटा। आठ वर्षों से वह वनवास में है। जो लोग अपने बच्चे को सैनिक कॉलेज में भेजते हैं, समझते हैं, मैं उन्हें राजगद्दी पर बिठला रहा हूँ। किन्तु उन्हें कितना परिश्रम करना पड़ता है, भुक्तभोगी ही जानता है। जित्तिन कहने लगे, तीन महीने तक बाहर निकलने की भी आज्ञा नहीं; फिर कुछ सुविधा होगी। और, अन्त में कहा—अब क्या है, सिर्फ चौदह महीने की बात! फिर तो आपकी ही तरह "पैरों में पंख बाँधकर!" उनका पुराना साथी सक्सेना साथ है। कहते थे, बस, हम दोनों दोस्त आपस में एक-दूसरे को देखकर समय काट लेते हैं!

उन्हें कुछ चीजों की जरूरत थी। बाजार में आकर खरीद की और भेज दिया। ले जाने वाले के हाथ एक पत्र भेजा—खैरियत थी बाबूजी कि आप उपाध्याय जी और श्रीमती उपाध्याय के साथ आए। नहीं तो चलने के समय मैं भी शायद वही दृश्य उपस्थित कर देता जो प्रभा काशी जाते समय उपस्थित कर देती है!

जयपुर
15 फरवरी 1956

अभी एक मित्र ने कहा, चित्तौड़ में क्या देखिएगा—वहाँ क्या देखने को है? और जयपुर-जोधपुर में तो देखने ही की चीजें हैं! चित्तौड़ = आदर्शवाद! जयपुर = व्यवहारवाद। एक का प्रतीक प्रताप; दूसरे का मानसिंह। स्वतन्त्र भारत ने भी राजधानी के लिए जयपुर को ही चुना! कौन बड़ा-आदर्शवाद या व्यवहारवाद!

× × ×

बेचारा देवराज! वज्र बधिर हो गया है! कागज-पेंसिल के आधार पर ही बातें हो सकती हैं। कितनी दयनीय स्थिति; तो भी उसने कितना कर लिया है, इस साल पी-एच.डी. भी कर लिया! लेकिन निकट से देखा, इस स्थिति ने उसमें कितनी हीन भावना भर दी है और इसकी छाप सारे परिवार पर पड़ती जा रही है! उफ़–दुश्मन को भी ऐसा अभिशाप नहीं मिले।

× × ×

राजस्थान में अपनी राजस्थानी भाषा के लिए बड़ा मोह है। जयपुर, बीकानेर, जोधपुर–सब जगह ऐसे कवि और कलाकार मिले, जो इस अपनी भाषा पर फिदा हैं। वे इसमें आज भी रचनाएँ करते जा रहे हैं। उनमें से कितने को यह भी विश्वास है, राजस्थान में हिन्दी को हटाकर राजस्थानी को स्थान मिल पाएगा। ठीक उसी तरह जिस तरह कुछ मैथिली और भोजपुरी के हिमायती सोचा करते हैं! कहा नहीं जा सकता यदि इन बोलियों को प्रमुखता मिली, तो फिर हिन्दी की क्या हालत होगी? मुझे तो इस कल्पना में ही आनन्द आता है कि देवधर से जैसलमेर और शिमला से नागपुर तक जो यह विशाल भाषा फैली हुई है, मैं उसका एक तुच्छ सेवक हूँ। यदि मैं मैथिली का लेखक होता, तो क्या जयपुर, बीकानेर, जोधपुर में ऐसा सम्मान पा सकता?

× × ×

जहाँ जाता हूँ, एक तूफान खड़ा कर देता हूँ। जयपुर में जब लौटा हूँ, देखता हूँ, यहाँ के तीनों दैनिकों में मुझे लेकर विवाद चल रहा है। "राष्ट्रदूत" ने मेरे बारे में प्रशंसात्मक बातें छापीं; "लोकवाणी" ने भी ऐसा ही किया। नतीजा यह है कि "नवयुग" ने विरोध में आवाज़ उठाई। फिर क्या था, पहले दोनों दैनिकों ने करारा जवाब दिया। "नवयुग" यहाँ के सत्तारूढ़ों का पत्र है। क्या उसके इस रुख का असर मेरे प्रकाशन पर भी पड़ेगा?

× × ×

गुलाब की दुनिया–आजकल यहाँ चर्चा है! यह मेरा नारा है, सबने यही मान लिया है। अभी संध्या को एक युवक आए; बोले, क्या इस मरुभूमि में आपकी दुनिया बस सकेगी? उनके शब्दों में कुछ व्यंग्य भी था। मैंने कहा, जिस शहर में गुलाब की दुकानें सजती हों, वहाँ के लोग ऐसा प्रश्न क्यों करते हैं? यहाँ के एक चौराहे पर फूलों की दुकानें लगती हैं। आज वहाँ पाया, बड़े अच्छे-अच्छे गुलाब ढेर के ढेर रखे गए हैं–अंग्रेजी गुलाब के ही रूप-रंग के! कोई नगर सांस्कृतिक दृष्टि से कितना ऊँचा है, इसका अनुमान वहाँ की फूलों की दुकानों से लगाया जा सकता है–यह मेरी मान्यता है।

× × ×

यात्रा में कैसे-कैसे लोग मिल जाते हैं? रात जिस डब्बे में आया, उसी में जोधपुर के डी.आई.जी. पुलिस भी थे। बनारस के आदिवासी; कोटा में आ बसे हैं; ससुराल शाहाबाद जिले के भगुआ में। मैंने राजस्थान के डकैतों की चर्चा की–पहले तो भभके कि शायद मैं राजस्थान की पुलिस की निन्दा कर रहा हूँ। फिर मेरी मन्शा अच्छी समझकर बताया, यहाँ के डकैत बिहार या यू.पी. के डकैतों से पृथक श्रेणी के हैं। बिहार, यू.पी. में रात में डकैती होती है–यहाँ दिन में, खुले आम! डकैत अपने नामों की भी घोषणा कर देते हैं। छोटी डकैती नहीं करते, बीस-पच्चीस हजार रुपए से कम ही डकैती होती ही नहीं। इनके पास आधुनिकतम अस्त्र होते हैं, 303 की रायफलों का व्यवहार करते हैं। देशी रियासतों में लाइसेंस की वैसी पाबन्दी नहीं थी, जैसी अंग्रेजी भारत में। फिर ये लोग सेना में रहते आए हैं! वीरता वहाँ का बाना है–पहले राज्यों और रियासतों की स्थापना में वीरता लगती थी, अब डकैतियों में लग रही है। अरावली की पर्वतमाला इनकी शरण-स्थली है और रेगिस्तान के धौरे भी इन्हें छिपाने में मदद करते हैं!

जब से देशी राज्यों का खात्मा हुआ है, 190 डकैतों को यहाँ की पुलिस शूट कर चुकी है, पुलिस की तरफ भी 40 जवान मरे हैं। यहाँ पुलिस और डकैतों की मुठभेड़ बाजाप्ता युद्ध का रूप धारण कर लेती है! दोनों ओर से डटकर गोलियाँ चलती हैं! किन्तु धीरे-धीरे इन डकैतों की संख्या कम होती जा रही है। डी.आई.जी. साहब जयपुर आ रहे थे, डकैतों के दमन के लिए बुलाई गई पुलिस के उच्चाधिकारियों की कान्फ्रेंस में शामिल होने।

× × ×

उसी डब्बे में एक जागीरदार के 'कँवर' साहब भी थे। कुँवर नहीं; यहाँ कँवर कहलाते हैं। स्वभावतः ही भूस्वामी-आन्दोलन की बात चल पड़ी। यह राजपूतों का आन्दोलन है। ये जागीरदार थे। नई सरकार ने जागीरदारी ले ली है। फलतः ये सत्याग्रह कर रहे हैं! जिन्हें कभी अपनी तलवार पर नाज़ था; उन बेचारों को यह अहिंसात्मक आन्दोलन करना पड़ रहा है—खूब धक्के-मुक्के खाते हैं! किन्तु होगा क्या? जनता इनके साथ नहीं। सदियों से जनता को लूटते रहे, उनके लिए कुछ किया नहीं, तरह-तरह के जुल्म ही ढाते रहे! नतीजा—आन्दोलन निष्प्राण-सा है, बस, एक मुट्ठी लोगों का खेल! यह खेल कब तक चलेगा?

× × ×

इसी आन्दोलन के लिए सुप्रसिद्ध देशसेवी राजा महेन्द्रप्रताप सिंह राजस्थान आए हैं और राजपूतों से कह रहे हैं, दिल्ली चलो, वहाँ नेहरू को सबक सिखाएँगे। दस हजार जवान उन्हें चाहिए—किन्तु सारे राजस्थान में उन्हें इतने जवान भी नहीं मिल रहे हैं! कहाँ से मिलें—यह सोलहवीं सदी नहीं, बीसवीं सदी है और उस प्रताप (चित्तौड़वाले) और इस प्रताप (मथुरावाले) में भी क्या अन्तर नहीं है?

× × ×

''राष्ट्रदूत'' की आर्थिक स्थिति अच्छी नहीं। सब मानते हैं, राजस्थान में दैनिक पत्रकारिता का यह अग्रदूत रहा है। आज भी राजस्थान के कोने-कोने में इसका प्रचार है। इसके बाद ही अन्य दैनिक निकले। हजारीलाल जी उत्साही पुरुष हैं, पड़ गए, तो पड़ गए। कलकत्ता में जनवाणी-प्रेस किया, साहित्यिक प्रकाशन शुरू किया। फिर राजस्थान में आए, राजनीति में पड़े, ''राष्ट्रदूत'' निकाला। उस समय पं. जयनारायण व्यास का मन्त्रिमंडल था। व्यासजी का साथ ''राष्ट्रदूत'' ने दिया। अब सुखाड़िया जी मुख्यमन्त्री हैं। अतः ''राष्ट्रदूत'' ने उनके विरोध का पक्ष लिया! नतीजा यह हुआ है कि ''राष्ट्रदूत'' के लिए सरकारी विज्ञापनों का दरवाजा बन्द कर किया गया है। अतः घाटे में चलने लगा है। यह अपने देश में अजीब बात है कि एक विरोधी पक्ष के पत्रों को विज्ञापन नहीं दिए जाते! एक ओर कहा जाए, प्रजातंत्र के लिए विरोधी पक्ष की आवश्यकता है—दूसरी ओर विरोध की आवाज़ को ही बन्द करने की कोशिश की जाए!

जयपुर
11 फरवरी 1956

कल पद्माकर जी के वंशज श्री कमलाकर जी से मिला। बड़े संत पुरुष। एक महाकाव्य लिख रहे हैं—खड़ी बोली में। कविता, प्रेरणा, कल्पना आदि उसकी पात्रियाँ हैं। भाषा बड़ी विशुद्ध! इन्हीं से पता चला, पद्माकर ने अपना ''जगतविनोद'' जयपुर के महाराज जगतसिंह के लिए ही लिखा था। 'कमलाकर' जी 'साहित्य-सदाव्रत' नामक एक संस्था चलाते हैं, जिसके द्वारा हिन्दी साहित्य का अध्ययन-अध्यापन चला करता है!

× × ×

'रुपया एक सौ पच्चीस—रुपया एक सौ पच्चीस! माल लगावे सो पावे!' कान फटा जा रहा है इस चीख से। शोरगुल का क्या कहना? और, बात क्या है? जैनियों के कोई गुरु आए हैं। एक मंच सजा है। कुछ नंगे साधु उस पर बैठे हैं। एक मूर्ति भी है। पूजा की गई; अब पूजा-सामग्री का नीलाम हो रहा है। भक्तों की भीड़; उससे भी बढ़कर भक्तिनों की भीड़। इसी बहाने राजस्थान की सभी स्त्रियों का हुजूम देख लिया। रंगीन बूटेदार, गोटे दार घाघरे, ओढ़नी, चोली! मंच पर मन्त्र पढ़ा जा रहा; नीचे शोरगुल मच रहा। अभी 'महावीर स्वामी की जय' का शोर हुआ है। महावीर स्वामी कौन? अपनी वैशाली के महावीर! जहाँ उनकी जन्मभूमि, वहाँ एक भी जैनी नहीं और यहाँ राजस्थान में यह शोरगुल! लेकिन, महान से महान व्यक्ति का आदर्श समय पाकर कैसा विकृत हो जाता है—बार-बार सोच रहा हूँ। ये नंगे साधु; यह पूजा-सामग्री की नीलामी! ये साधु—जिनके अंगों में कोई तेज नहीं, चेहरे पर कोई चमक नहीं—नंग-धड़ंग ही जिनकी विशेषता! महावीर! महावीर! तुम्हारे दिव्य धर्म की कैसी फजीहती हो रही है।

× × ×

आदमी भी कैसा अनोखा जानवर है—एक-एक आदमी चिड़ियाखाने का एक विचित्र पशु है! कौन कब क्या करेगा, कोई ठिकाना नहीं।

× × ×

क्या अपना अमूल्य समय इस दौड़-धूप में ही लगाया करूँ? क्या इस दौड़-धूप में भी कुछ स्थायी साहित्य के सृजन की ओर ध्यान नहीं दिया जा सकता? क्यों नहीं सफर में भी प्रतिदिन दो-तीन घंटे लिखने के लिए निकाल लिया करूँ? यदि प्रतिदिन कुछ रचनात्मक कार्य इस प्रकार कर लिया करूँ, तो चित्त में अवसाद नहीं हो। दो अधूरी पुस्तकें तो पूरी कर ही लेनी चाहिएँ। ''धरती की धड़कन'' को लिख ही लेना चाहिए और ''जंजीरें'' और दीवारें' कब तक सड़ती रहेंगी? इस बार पटना पहुँचकर इन दोनों को हाथ में लूँगा और यथाशीघ्र पूरा कर दूँगा!

× × ×

भारतीय संसद की राज्यसभा में कुछ जगहें खाली हो रही हैं। कुछ दिन हुए, जयप्रकाशजी और आचार्य नरेन्द्रदेव को लिखा, मुझे जाने दीजिए। आचार्य जी ने तो तुरंत हामी भर दी; जयप्रकाशजी भी ना नहीं करेंगे? किन्तु बिहार के साथियों का क्या रुख रहेगा? बसावन से कह चुका हूँ। गंगा से पहले ही कह दिया था ! कर्पूरी और मुद्रिका को यहीं से लिखा है। पटना पहुँचकर अब कुछ दिनों तक इसी झमेले में पड़ना पड़ेगा। इच्छा यही है दिल्ली रहने से कुछ अधिक काम कर सकूँ—किन्तु जिस इच्छा की पूर्ति दूसरे पर निर्भर हो, वह क्या वांछनीय है!

जयपुर
19 फरवरी 1956

अभी खबर मिली है, आचार्य नरेन्द्रदेव जी चल बसे! भारतीय राजनीति का एक स्तम्भ टूट गया!

अपने सिद्धान्तों पर अडिग; अपनी टेक पर अडिग! यदि जरा भी विचलित हुए होते, तो भारत-सरकार में कौन-सा पद उनके लिए बड़ा था? सबका यह अरमान तो था ही कि

स्वतन्त्र भारत के शिक्षामन्त्री का पद वह सुशोभित करें—शायद पं. नेहरू का भी!

काशी विद्यापीठ के आचार्य के रूप में उन्होंने देश को कितने नेता, पत्रकार, क्रांतिवादी, समाजसेवी दिए! उनके शिष्यों का एक जाल पटना से दिल्ली तक फैला हुआ है और वे सरकारों के भी उच्चतम पदों पर है!

जब समाजवादी पार्टी को अखिल भारतीय आधार पर गठित करने के लिए पटना में सम्मेलन हुआ, वह उसके अध्यक्ष थे। उस समय से ही वह पार्टी के सिद्धान्तों के स्तम्भ रहे। बहुत लोग आए, गए। कितने नेताओं ने अपने विचार बदले, स्थान बदले। किन्तु आचार्य जी 1934 में जहाँ खड़े थे, 1956 में भी वहीं खड़े रहे।

हाल ही गया-सम्मेलन में उनकी जो थीसिस पेश हुई, वह भारतीय समाजवाद के लिए प्रकाश-स्तम्भ का काम देगी। हाँ, मुझे लगता यह है कि उनको खोकर क्या यह पार्टी जीवित रह सकेगी?

और एक व्यक्तिगत प्रश्न भी? जब भाई मेहरअली मरे, मैंने लिखा था, इस पार्टी में इसीलिए हूँ कि इसमें मेहरअली, आचार्य नरेन्द्रदेव और जयप्रकाश ऐसे लोग हैं—हाय मेरे त्रिभुज की एक भुजा टूट गई! किन्तु, अब क्या स्थिति है? जयप्रकाशजी ने इस पार्टी को छोड़ ही दिया, आज नरेन्द्रदेव जी भी चल बसे! इस पार्टी से भावना का सम्बन्ध जैसे टूट गया, अब तो 'पुरातन प्रीति' को ही निभाना-भर है!

आचार्यजी की आत्मा जहाँ भी हो, उसे मेरा शत-शत प्रणाम्! आज उनकी अनेक स्मृतियाँ हृदय को हिलोड़े डालती हैं! ऐसा दिव्य, ऐसा विद्वान, ऐसा सरस, ऐसा विनोदी पुरुष फिर कहाँ मिलेगा? हाँ, भारतीय राजनीति का एक स्तम्भ टूट गया!

बेनीपुर
5 मार्च 1956

एक मोह फिर टूटा! राज्यसभा के लिए अन्त में गंगाशरण खड़े हुए! भोर में मैंने पूछा, तो नाहीं की थी। मुझसे वोटर लिस्ट की नकल भी मँगवा ली थी। और संध्या में यह रचना! क्या यही राजनीति है? मुझसे साफ क्यों नहीं कहा? क्यों लुका-चोरी!

किन्तु, बेनीपुरी, क्या यह मोह सदा के लिए टूट चुका है तुम्हारा! क्यों पुराने शराबी की तरह भट्टी के निकट पहुँचते ही उस ओर टूट पड़ते हो? यदि राजनीति करना चाहते हो, तो उसमें अच्छी तरह पड़ो, अपना गुट बनाओ, चालबाजियाँ करो, झूठ बोलो, मित्रों को भी धोखे देने से नहीं हिचको; नहीं तो हाथ-पैर समेट कर बैठो, जैसा कि तुम्हारी रानी कहा करती हैं! तुम उसे मूर्ख मानो, किन्तु दुनिया को वह तुमसे अच्छी तरह समझती है!

तुम्हारी राजनीति के त्रिभुज की तीनों भुजाएँ बिखर पड़ी हैं! वहाँ कौन है तुम्हारा? ये छोटे-छोटे लोग! क्या समझें कि तुम कौन हो? राजनीति = शक्तिपूजा! शक्ति = दाँवपेंच! यदि यह नहीं, तो वह नहीं। आज का समय यह है। और तुम पुराना सपना देख रहे हो?

× × ×

जब जयपुर में था, एक विचार उठा। बेनीपुरी, तुमने पुस्तकें लिखना क्यों छोड़ दिया है! क्या सफर में भी कुछ लिखते नहीं रह सकते। उसी दिन तय किया, सबसे पहले "जंजीरें और दीवारें" और "धरती की धड़कनें" पूरी कर दूँ। पटना लौटकर उसी में हाथ लगा देना है!

अपना प्रकाशन करके एक झंझट ही मोल ले लिया है। सोचा था, अपना प्रकाशन होगा,

तो छपाने के लिए कहीं दौड़ना नहीं पड़ेगा। लिखता जाऊँगा, प्रकाशित कराते जाऊँगा। किन्तु आए थे 'हरि-भजन को ओटन लगे कपास!'

अब दिन-रात प्रकाशन में ही लगा हूँ। नई पुस्तकें इधर लिखी नहीं। पिछले साल बेटी की शादी करना चाहता था, तो नए-पुराने लेखों को एकत्र कर पाँच पुस्तकें तैयार की थीं। उनके प्रकाशन का प्रबन्ध भी नहीं हो सका, शादी की व्यर्थ अस्त-व्यस्तता में ही फँसा रहा। चाहता हूँ; काशी से दिल्ली तक का दौरा करूँ और पहले इन पुस्तकों को ही ठिकाने लगा दूँ!

प्रतिवर्ष तीन-चार पुस्तकें तो निकल ही जानी चाहिए। उन दो अधूरी पुस्तकों को पूरा करके उपन्यास लिखने में जुट जाना चाहता हूँ। पाँच-छः उपन्यास—मुख्यतः राजनीतिक—तो लिख ही डालूँ! आधी सदी की राजनीतिक गाथा कथारूप में आने को कब से न मेरे हृदय में हड़कम्प मचाए हुई हैं! अब उसे प्रकाश मिलना चाहिए।

डाल्टेनगंज
10 मार्च 1956

पुस्तक-भंडार के श्री रामलोचन शरणजी के बेटे के ब्याह में आया हूँ। ''बालक'' की माँ मैं था, पिता वह। कितनी ही पुस्तकें वहाँ से निकलीं। कहते थे, तुम मेरे छोटे भाई हो। अपने भाई के साथ ही अच्छा व्यवहार नहीं किया, तो फिर मेरे साथ क्या करते?

किन्तु, जब उनके पुत्र के ब्याह का निमन्त्रण मिला, यहाँ आने का निश्चय किया। किन्तु यहाँ आकर देखता हूँ, दूल्हा मैं ही बन गया हूँ; मैं दूल्हा; शिवजी समधी। चारों ओर हमीं लोगों की चर्चा। चारों ओर सम्मान, अभिनन्दन। जिधर निकलिए, उँगली उसी ओर।

यहाँ आने पर दो स्वर्गीय मित्रों की स्मृतियाँ साकार हो उठीं!

भाई यदुवंश सहाय जी! वकील; एम.एल.ए.। 1942 के जेल में हमारे अनन्य साथी। वहीं समाजवादी विचारों से प्रेरित हुए। बड़े मनन से समाजवाद का अध्ययन किया। सभी कामों में हमारे साथ। जयप्रकाश जी को जेल से भगाने की जो योजना की गई थी, उसमें भी साथ। अब भी उस संध्या की याद आती है, जब जयप्रकाशजी को जेल से बाहर कर हम सोचने लगे थे, अब क्या हो, अब क्या होगा?

मैं जेल में ही था, तभी छूट गए। मेरे पारिवारिक कष्टों को जानते थे। जेल से निकलते ही देवेन्द्र को डाल्टेनगंज बुलवा लिया। स्वयं पढ़ाया, लिखाया, उसे मैट्रिक कराया। यह सच है कि यदि यदुभाई ने उस समय देवेन्द्र को नहीं सँभाला होता, तो न-जाने उसकी नाव और किस घाट लगी होती!

यही नहीं, जब तक मैं जेल में था, वह मेरे परिवार को यथासम्भव आर्थिक सहायता भी करते रहे! कह सकता हूँ, उनके ऐसा मित्र मिलना विरल है!

किन्तु कैसी अचानक मृत्यु हुई उनकी!

जेल से छूटकर एम.एल.ए. हुए। उनके मिनिस्टर होने की बातें भी सुनाई देती थीं। पलामू के एक छात्र नेता थे। किसानों और मजदूरों के प्रबल हिमायती। कांग्रेस में रहते हुए भी हमसे आत्मिक सम्बन्ध रखते थे। एक दिन मैं एम.एल.ए. क्वार्टर की ओर जा रहा था। वह जीप पर निकल रहे थे। अलग से ही अभिनन्दन और हाथ से इशारा कि तुरंत लौटूँगा।

किन्तु यह तो मृत्यु उन्हें घसीटे लिए जा रही थी। वह डाल्टेनगंज जा रहे थे; रास्ते में ही जीप उलट गई। समाचार पत्रों में पढ़ा—उस दुर्घटना में उनकी मृत्यु हो गई!

कल जब उनके परिवार में गया, कलेजा मुँह को आ रहा था। उनकी विधवा पत्नी की आँखें आँसुओं से तर थीं। चार बेटे हैं; तीन बहुएँ। आईं और पैर छू-छूकर प्रणाम किए। एक अविवाहिता बेटी है। दो लड़के पढ़-लिख गए हैं। एक ने तो देवेन्द्र के साथ ही मैट्रिक किया था। वह एम.ए. है।

यदुभाई छरहरे बदन के थे; लम्बे, गोरे। आगे के दाँत कुछ उठे हुए। सदा हँसमुख। लतीफों का खजाना था उनके पास। अपने लतीफों से जेल में हम लोगों को सदा हँसाया करते!

आह! अब उनकी याद कितनी रुलाती है!

दूसरे मित्र थे श्री गणेश वर्मा! छोटी उम्र में ही गिरफ्तार हुए। गया षड्यन्त्र केस में उन्हें लम्बी कैद की सजा हुई थी। एक गुप्त दल बनाकर अंग्रेजी राज्य को उलट देने का उन पर आरोप था।

जेल से छूटकर आए और सोशलिस्ट पार्टी में शामिल हो गए। पलामू के किसानों और मजदूरों के संगठन का स्थापन उन्होंने ही किया। उन्हीं के आग्रह पर, शायद 1938 में मैं डाल्टेनगंज आया था!

1942 के बाद ही उन्हें टी.बी. हो गई। उनका स्वर्गवास हुआ। अपने पीछे एक बड़ा परिवार छोड़ गए! गरीबी में जिन्दगी काटी। म्यूनिसिपेलिटी के वाइस चैयरमैन चुने गए; किन्तु उस पद से भी अपने लिए कुछ नहीं किया!

जब उनके घर गया, उनकी पत्नी बेटी के ब्याह के लिए परेशान देखी! बेटी, पढ़ी-लिखी, सुन्दरी। किन्तु, तिलक के पैसे कहाँ कि किसी योग्य पात्र के हाथ उसे सौंपा जाए! हाय, विधाता, लड़कियों का भाग्य कब तक ऐसा रहेगा।

यहाँ मेरे एक पुराने प्रियजन हैं, श्री ज्योतिप्रसाद। शुरू से ही लिखने-पढ़ने की अभिरुचि। किन्तु, सरस्वती की आराधना में क्यों भूखों मरा जाए! व्यवसाय की ओर ध्यान दिया, लाखों कमाए। अपने बंगले हैं, अपना सिनेमा-घर। अब फिर लिखना शुरू किया है—'दिल की गहराई से'! अच्छा लिखते हैं, मैंने भूमिका लिख दी—कृतज्ञ हुए!

सदा साथ रहे अपनी मोटर लिए! कैसे-कैसे ड्राइवर मिल जाते हैं मुझे? जंगल में ले जाकर पलामू का किला दिखला आए—घनघोर जंगल में किला! कैसे थे वे लोग!

नई दिल्ली
19 मार्च 1956

पटना से बनारस; बेटी से भेंट की। पगली बेटी, थोड़े दिन भी मिले हुए हो जाते हैं, तो हाय-तोबा मचाने लगती है! अच्छा हुआ, तबीयत कुछ खराब थी; सिरदर्द से परेशान। मुझे देखा, सिरदर्द भी गायब। ये लड़कियाँ—कितनी भावुक होती हैं !

बनारस से नई दिल्ली। दिनकर नहीं हैं, मथुरा के साथ ठहरा हूँ। कितनी भक्ति निभा रहा है! राजनीतिक मतभेदों के बावजूद स्नेह निभाया जा सकता है, इसका आदर्श उदाहरण!

सोचा था, अब अपनी नई पुस्तकें स्वयं निकालते जाऊँ। किन्तु पैसों की कमी! यहाँ आया, कुछ पुस्तकों को प्रकाशकों से ठिकाने लगाऊँ। दो-तीन दिन इसी झंझट में बीते। मित्रों से मिल भी नहीं सका। ये प्रकाशक—कैसी बनिया-वृत्ति दिखाते हैं! मोल-तोल, हीले-हवाले! जब मेरे साथ यह व्यवहार, तो नए लेखकों का भगवान ही मालिक!

"मील के पत्थर"—यह नामकरण भी अजीब ढंग से हुआ। पहले "कुछ वे, कुछ मैं" नाम से पुस्तक तैयार की। उसमें से "कुछ मैं" को निकालकर—'मैं कैसे लिखता हूँ' के नाम

से वैयक्तिक निबन्धों का अलग से संग्रह कर दिया। अब 'कुछ वे' का क्या नाम रखा जाए। पहले सोचा—'जिन्हें देखा, जिन्हें पढ़ा'—नाम रखूँ। यह नाम कुछ जँच नहीं रहा था। परेशान था।

शिवसागर जी आए, उनसे अपनी परेशानी कही। उसके निबन्धों में एक था—प्रेमचन्द : मील के पत्थर! शिवसागर ने कहा—'मील के पत्थर' ही पूरी पुस्तक का नाम क्यों नहीं दे दिया जाए!

बात जँच गई। यह नाम 'सस्ता साहित्य मंडल' के यशपाल जैन जी को भी पसन्द आया!

पुस्तकों के नामों का भी इतिहास होता है!

जब दिल्ली पहुँचा, प्रजा सोशलिस्ट पार्टी की कार्यकारिणी की बैठक चल रही थी; अखबारों में समाचार निकल रहे थे, किन्तु मैं तो अपनी धुन में लगा था। ख़ैर बाला जी से भेंट हो गयी। उन्होंने अपने यहाँ खाने का निमन्त्रण दिया।

वहीं कृपलानी जी, सुचेता जी, गंगाशरण, महामाया बाबू, फरीद अंसारी आदि मित्रों से भेंट हो गई। पार्टी की बातें चलीं—मैं चुपचाप सुनता रहा। बंगाल और महाराष्ट्र के साथी प्रान्तों के सीमा-निर्धारण के प्रश्न को लेकर पार्टी से बगावत करने को तैयार हैं। त्रावणकोर के साथी मन्त्रिमंडल बनाने को परेशान हैं। पार्टी में विशृंखलता है। गंगा अध्यक्ष हैं—क्या उनका व्यक्तित्व इन दरारों को पाट सकेगा ?

फरीद बहुत उदास दीखे। कहते थे—जेल में था, पिता की मृत्यु की खबर मिली, हँसकर टाल दिया। किन्तु आचार्य जी की मृत्यु ने तो कमर तोड़ दी। इतनी बातें हुईं, प्रायः गुमसुम ही रहे। जब पार्टी दफ्तर में उनसे मिला, उसी तरह उदास। आचार्य जी पर मैंने एक लेख लिखा है, जब सुनाया, उनकी आँखें भर आईं!

हाँ, आचार्य जी की मृत्यु ने फरीद की ही नहीं, पार्टी की भी कमर तोड़ दी है, इसे सब साथियों में फरीद अधिक समझ रहे हैं।

उस रात भी जगदीश माथुर साहब ने अपने घर खाने को बुलाया। रेडियो के डायरेक्टर जनरल हैं। कहने लगे, आप भी रेडियो को अपनी प्रतिभा का प्रसाद दीजिए। लुई मेकनिस, प्रिस्टले आदि का उदाहरण दिया। भारत में घूम-घूमकर कुछ ध्वनि-चित्र तैयार करने की बात हुई।

पहले शब्द-चित्र! अब ध्वनि-चित्र! क्यों?

लखनऊ
21 मार्च 1956

क्या बात है, मैं लखनऊ से कुछ मधुर स्मृति लेकर कभी नहीं लौट सका। जब जाता हूँ, लोग बातों से, वादों से ढँक देते हैं; किन्तु काम का समय आया कि भद्रा पड़ी। मुख्यमन्त्री का वादा, भगवती बाबू ऐसे तत्पर व्यक्ति को उसका कार्य-भार दिया गया, भाई कमलापति भी सजग रहे—किन्तु काम नहीं हो सका। कहा गया है, अब अप्रैल के दूसरे सप्ताह में अवश्य ही हो जाएगा—अच्छा है, 'तेरे वादे पे जिए हम, हम मर ही गए होते, अगर एतबार होता!'

पटना
24 मार्च 1956

कल मूर्च्छा हो आई! कैसी है यह बीमारी। इधर मैं अपने को बहुत स्वस्थ अनुभव कर रहा था। दिल्ली तक की यात्रा थर्ड क्लास में ही कर ली। मित्र भी कहते थे, तुम दिन-दिन नौजवान होते जा रहे हो! मैं फूला नहीं समा रहा था कि अचानक इस दुष्टा का दौरा। घूमते-घामते गंगा के घर पहुँचा। साथ में पान ले गया था; पान खाया, गप्प करते-करते जर्दा कितना खा गया, अन्दाज नहीं रहा। थोड़ी देर में सिर में चक्कर। कुर्सी पर से उठकर पलंग पर लेट गया; एक गिलास पानी पी लिया, पंखे को तेज करवा दिया। लगा, अब शान्त हो जाएगी। किन्तु, यह क्या; अब भी सिर घूम रहा है। सिर पर पानी डलवाया, रूमाल भिगोकर पेडू पर रखा—पर दर्द बढ़ता गया, ज्यों-ज्यों दवा की! अन्त में कै! उफ़, सारा बदन पसीना-पसीना! फिर शौच! तब थोड़ी शांति! आठ-दस मिनट में ही सारी क्रियाएँ समाप्त। किन्तु लगता है किसी ने कोल्हू में रखकर सभी सत्त चूस लिया है—बस सिट्ठी मात्र है।

बेनीपुर
28 मार्च 1956

कल होली भी हो ली! हर साल की तरह होली के लिए बेनीपुर आया; अच्छी होली रही, मज़े की रही! किन्तु अभाव तो खटकते रहे—देवेन्द्र और दुलहिन पटना ही रह गए; ओंकार शरद को भी नहीं बुला सका।

अजब मानसिक स्थिति में हूँ। चारों ओर से उलझनों का जाल बुन लिया है। कैसे सुलझाऊँ; कहाँ सुलझाऊँ—समझ नहीं पाता।

क्या इस जीवन में कोई चीज सुलझ भी पाती है? एक सुलझाइए, दूसरी उलझी रहेगी। शायद सुलझाने की यह चेष्टा ही बुरी है।

अरे, किए जाओ, बढ़े जाओ। कुछ को सुलझाओ, कुछ को तोड़ो, कुछ को छोड़ो। फिर फँसो, फिर यही क्रम! यहाँ तो हर सुलझन के साथ उलझन लगी है। यदि इस क्रम को नहीं समझो, तो मरो!

पुराने सम्वत को जलाते हैं, नए सम्वत की अगवानी में गीत गाते हैं। पुराने साल की लाश क्यों ढोई जाए—उसे जलाओ, जलाओ, धूमधाम से जलाओ; जलाओ और राख उड़ाओ कि कहीं कुछ निशान भी नहीं रह जाए!

और जो आ रहा है, उसका स्वागत करो, रंग से, अबीर से, गीत से, गाली से! हाँ, हाँ, गाली से भी—दिल के कोने में जो अश्लीलता सोई है, उसे भी निकाल दो! हँस-हँसकर निकाल दो, उछल-उछलकर निकाल दो!

देखा नहीं, कल बूढ़े भी गा रहे थे, बच्चे भी गा रहे थे! छेड़-छेड़कर लोग गालियाँ सुनने को उत्सुक थे! नए वर्ष की स्वच्छता के लिए मन का विकार भी धुल जाए, तो अच्छा!

× × ×

नए साल का यह पर्व! क्यों नहीं नए साल की डायरी भी इसी के साथ शुरू करूँ? जिस दिन ''नई धारा'' निकली, रामनवमी को, उसी दिन से डायरी शुरू कर दी थी। किसी तरह तब से यह जारी है।

खैर, इतना तो देख ही लिया जाए पिछला साल कैसा रहा? किन्तु इतनी भी हिम्मत

है! उफ, यह पिछला साल कैसा बुरा रहा मेरे लिए!

जिन्दगी की सबसे बड़ी हार! बेटी का ब्याह नहीं कर सका! तिथि तय कर ली; निमन्त्रण दे चुका! मंडप बन चुका, गीत-वाद्य होने लगे। किन्तु, विवाह नहीं हो सका!

जिन्दगी की सबसे बड़ी हार। जिन्दगी का सबसे बड़ा सबक। अब यह दुनिया ऐसी हो चली है कि किसी पर भी विश्वास नहीं किया जा सकता। न अपने पर, न पराए पर! फूँक-फूँककर चलो, फूँक-फूँककर बढ़ो! जो सध जाए, उसे गनीमत समझो; और बुरे से बुरे के लिए तैयार रहो!

किन्तु आज सोचता हूँ, क्या मैं जल्दी नहीं कर रहा था? जो कुछ बुरा हो गया, क्या उसमें भी कहीं भला नहीं छिपा था?

सबसे आश्चर्य यह होता है कि किस तरह इस संकट को हमने—सारे परिवार ने—झेल लिया! अब हम लोग ऐसी मानसिक स्थिति में हैं, जैसे कुछ हुआ ही नहीं!

उसके बाद—

इस वर्ष हमने यात्रा खूब की। मध्यप्रदेश और राजस्थान की यात्रा बड़ी आनन्ददायक रही। हिन्दी-क्षेत्र में अपना, अपनी लेखनी का प्रभाव देखकर मैं चकित रह गया। इच्छा होती है, कुछ और भ्रमण करूँ। गर्मी के बाद एक बार निकलूँगा और मध्यभारत तथा राजस्थान के शेष हिस्सों को देख लूँगा!

नेपाल की यात्रा भी बुरी नहीं रही। महन्थजी मुकदमा जीत गए। लाखों की सम्पत्ति उन्हें प्राप्त हो गई। यह जानता हूँ, यह दुनिया बुरी है, महन्थजी इस उपकार को याद रखेंगे, मुमकिन नहीं। सब भूलता है, वह भी भूल रहे हैं। किन्तु, कहने-सुनने को तो रह जाता है।

और, क्या मैं ऐसा नहीं सोच सकता कि आज नेपाल में जो फिर प्रजातन्त्र कायम हो सका है, उसमें थोड़ा मेरा भी हाथ है! यदि उस रात टंकप्रसाद और विश्वेश्वर को अन्य मित्रों के साथ ललित निवास में एकत्र नहीं करता, तो निश्चय ही वह स्थिति नहीं आती जिसमें प्रजातन्त्र सम्भव हुआ! किन्तु क्या नेपाल के मित्र इस उपकार को भी याद रख सकेंगे?

पटना गोली-कांड को लेकर मैंने पार्टी को कितनी इज्जत दिलाई। बारह सितम्बर का वह प्रदर्शन! क्या मेरे बिना सम्भव था? किन्तु क्या पार्टी ने उसे याद रखा?

राज्यसभा के चुनाव को लेकर मैंने देख नहीं लिया! जब गंगाशरण ऐसे मित्र मुझे इस प्रकार मुगालते में रख सकते हैं, तो फिर राजनीति में कौन क्या नहीं कर सकता है?

क्या अब वह समय नहीं आ गया है कि अपने को राजनीति से अलग कर लूँ?

प्रकाशन में थोड़ी गति आई। यह लगता है कि यदि अपनी सारी पुस्तकें फुटकर रूप में प्रकाशित करा सकूँ, तो एक निश्चित आय सदा होती रहेगी। किन्तु दिक्कत यह है कि जो आय आती है, वह तुरंत ही व्यय में परिणत हो जाती है। कुछ संग्रह हो, तब न व्यापार चले।

मुजफ्फरपुर में शाखा तो खोल दी; कभी करना ही था, अच्छा हुआ, अभी कर दिया। किन्तु खर्च तो दुहरा हो गया!

जब-जब इस आय-व्यय पर सोचने लगता हूँ, दिमाग चक्कर खाने लगता है। किंकर्त्तव्यविमूढ़ बन जाता हूँ। लगता है, यही एक विषय है, जिस पर कभी काबू नहीं पा सकूँगा। व्यय के अनेक मुँह बन गए हैं, आय का सिर्फ एक आधार—मैं ! मुझे करना है, मरना है, इसी पर मेरा अधिकार है। जो मेरे अधिकार में नहीं, उस पर सिरपच्ची क्यों?

तो, क्या किया जाए?—अगले वर्ष मुझे क्या करना है?

(1) किसी तरह बेनीपुर का यह मकान पूरा कर ही देना है। इसी के लिए तीन पुस्तकें

बेच चुका हूँ। किन्तु तीन और पुस्तकें बेचनी पड़ेंगी; जुलाई तक इसे पूरा करा ही दूँ। यह मकान अब तीर की तरह कलेजे को बेधता रहता है, लगता है, मेरे पुरुषार्थ का यह अधूरा रूप है!

(2) "नेत्रदान" और "विजेता" के लिए कुछ अधिक प्रयत्न किया जाए। उत्तरी बिहार में "नेत्रदान" के लिए बहुत-कुछ किया जा सकता है। यदि ये दो पुस्तकें अच्छी तरह चल निकलीं, तो सितम्बर तक इतने पैसे आ-जा सकते हैं कि ग्रन्थावली के दो खंड इस वर्ष निकाल लूँ।

(3) मुजफ्फरपुर की दुकान पर विशेष ध्यान दूँ। रामेश्वर जी को भी इसी काम में जोतूँ। कम-से-कम जुलाई सीजन तक तो वह इसी काम में रहें।

(4) ग्रन्थावली की फुटकर बिक्री बन्द कर दूँ—स्थायी ग्राहक और सरकारी सप्लाई में ही उसे दूँ। यदि ऐसा नहीं करूँ, तो फिर ग्रन्थावली के अगले भाग में नहीं लगकर पिछले भागों में ही उलझ जाना पड़ेगा।

(5) इस वर्ष तीसरा, चौथा भाग ग्रन्थावली अवश्य निकल जाए। संजीवन प्रेस का पुराना बकाया देकर काम आगे बढ़ाऊँ। यू.पी. के आर्डर के पैसे पूरे के पूरे उसे अवश्य दे दूँ। यदि आवश्यकता हुई, तो एक बार फिर स्थायी ग्राहक बनाने की ओर ध्यान दूँ। झरिया और आसनसोल में अभी बहुत-कुछ किया जा सकता है। कलकत्ता का भी एक क्षेत्र अभी खाली ही है। मुद्रिका की सहायता अपेक्षित होगी! रमैया से भी काम लेना है और बी.पी. सिन्हा से भी।

(6) सबसे जरूरी यह है कि मेरी नई-नई पुस्तकें बाजार में आती जाएँ। राष्ट्रीय आन्दोलन के छः उपन्यासों पर काम करना शुरू कर दूँ। अब प्रतिदिन कुछ-न-कुछ स्थायी साहित्य लिखा करूँ। यात्रा में भी लिखने का एक समय निश्चित रहे। जो अधूरी पुस्तकें हैं, उन्हें तो पूरा कर ही दूँ—(1) 'जंजीरें और दीवारें' (2) 'धरती की धड़कन', इन पर सबसे पहले काम करूँ। अपनी फुटकर रचनाओं का भी एक संग्रह और तैयार कर दूँ।

(7) मार्च तक बेटी के ब्याह के लिए दस हजार रुपए अवश्य इकट्ठे कर लूँ। बिहार, राजस्थान, यू.पी., मध्यप्रदेश—इन चारों सरकारों को पकड़ लूँ, तो मार्च में दस हजार रुपए अवश्य प्राप्त कर सकूँ।

बस, अगले वर्ष के लिए यही सप्तसूत्री कार्यक्रम! इसी कार्यक्रम को पकड़ना है, यह कोई बड़ा काम नहीं, मुश्किल काम नहीं।

और, अब तो झंझट एक साल का ही है। अगले साल जित्तिन भी कमीशन पा लेंगे, देवेन्द्र जी एम.ए. कर लेंगे, बेटी का ब्याह हो जाएगा—फिर निश्चिन्तता ही निश्चिन्तता! फिर तो यहाँ, एकान्त में बैठकर साहित्य-रचना; या मौज में आकर देश-विदेश-भ्रमण!

नई दिल्ली
1 मई 1956

इस कड़ी धूप में अकेले दिल्ली आऊँगा, कल्पना भी नहीं की थी!

बीच में एक बार मूर्च्छा आ गई थी। जरा से स्पर्श के बाद ही छुई-मुई की जो हालत होती है, वही मेरी मानसिक स्थिति हो जाती है मूर्च्छा की तनिक चपेट में आ जाने पर। चित्त खिन्न-खिन्न था।

फिर पाया, इतनी दौड़धूप के बाद भी पिछले साल कुछ रुपया नहीं बचा सका; ग्रन्थावली

के दोनों खंड बेच लिए, नए ग्राहक बनाए किन्तु हाथ में शून्य का शून्य—इसने भी कम चिन्तित नहीं बना रखा था।

दुलहन मुझे पाँचवाँ पोता देने को तैयार बैठी थीं, उन्हें छोड़कर कैसे बाहर निकलता।

किन्तु इसी बीच श्रीजगदीशचन्द्र माथुर पटना पहुँचे। रेडियो के लिए कुछ ध्वनि-चित्र लिख देने को तो आग्रह किया ही ("लुंबिनी और वैशाली" पर एक ध्वनि-चित्र लिखा भी, किन्तु मन के लायक नहीं बन पड़ा) साथ ही यह भी अनुरोध किया कि मैं दिल्ली में आयोजित 'आकाशवाणी साहित्य समारोह' में अवश्य सम्मिलित होऊँ।

इस समारोह के लिए सभी भारतीय भाषाओं के लगभग एक सौ साहित्यकार बुलाए गए थे; पटना से सिर्फ मैं! दिनकर को तो अब दिल्ली का ही समझा जाना चाहिए।

सोचा, एक ही जगह भारत-भर के साहित्यकारों से परिचय हो जाएगा। देवेन्द्रजी ने भी अनुरोध किया, अवश्य जाइए। रानी ने दुलहन का जिम्मा अपने ऊपर लिया।

रामेश्वरजी घर गए थे, किन्तु उसी ट्रेन से अवधेश्वर आ रहे थे, अतः अकेले ही चल दिया। यात्रा अच्छी रही—जयनाथजी, मदनबाबू, मुझ ऐसे साथी जब हों, तो धूप क्या, गर्मी क्या?

अच्छा समारोह रहा। भारत में शायद यह पहला अवसर था कि इस प्रकार सभी भाषाओं के साहित्यिक एक साथ जुटे हों! समारोह का उद्‌घाटन पंडित जवाहरलाल नेहरू ने किया। इससे इसका महत्त्व और बढ़ गया। एक संध्या को उन्होंने अपने घर की वाटिका में हम लोगों को जलपान के लिए भी आमन्त्रित किया।

'आधुनिक कविता का रुझान' और 'रेडियो तथा जन-साहित्य' पर संवाद हुए। सभी साहित्यिकों ने अपनी-अपनी रचना का एक-एक छोटा टुकड़ा सुनाया।

यह देखकर आश्चर्य नहीं हुआ कि सभी भाषाओं की कविता एक ही धारा में बह रही है और वह धारा इस समय पथ-भ्रमित-सी लग रही है, इसे भी सबने स्वीकार किया। हिन्दी कविता के बारे में बच्चन ने कहा।

'रेडियो तथा जन-साहित्य' पर हिन्दी की ओर से मैंने ही प्रारम्भ किया। डर रहा था, चार-पाँच मिनटों में क्या कह सकूँगा—ऐसे कह सकूँगा—कैसे कह सकूँगा। एक बार यह भी सोचा था कि लिखकर ही ले जाऊँ। किन्तु ऐसा नहीं किया, यह अच्छा हुआ। मैं इतना अच्छा बोल गया कि उसी केन्द्र के इर्द-गिर्द लोग बोलते रहे और प्रायः सभी लोगों ने मेरे भाषण की प्रशंसा की।

एक विशेषता यह भी रही कि सब लोगों ने अँग्रेजी में विचार प्रगट किए; हिन्दी में मैं ही बोला और वह ऐसा जमा कि अंत तक लोगों पर उसका रंग जमा रहा। अहिन्दी-भाषी प्रान्त के लोगों ने भी अपने भाषणों में ही नहीं, बाहर भी मुझसे उसकी तारीफ करते रहे। माथुर साहब भी बहुत खुश थे!

फिर समस्या आई, मैं पढ़ूँ क्या? चार मिनट का समय। माथुर साहब ने कहा, "माटी की मूरतें" या कोई अंश सुनाइए। दिनकर और सेंगर की राय थी, "गेहूँ और गुलाब" सुनाऊँ! शिवसागर का आग्रह था, "बूढ़ा कुत्ता" सुनाऊँ! लेकिन मैंने चुना, "चरवाहा"—क्योंकि यह छोटी-सी चीज़ थी!

तो भी शक था, न जाने बिहार की देहात की पृष्ठभूमि का यह छोटा-सा शब्दचित्र लोगों के हृदय को पकड़ पाता है या नहीं! किन्तु, यह भ्रम भी मिथ्या निकला। जब मैं पढ़ रहा था, देखा, डॉ. केसकर आनन्द-भरी उत्सुकता से मेरा मुँह देख रहे हैं, सब लोग एक-एक शब्द जैसे पी रहे हों और जब समाप्त किया, तालियों की गड़गड़ाहट से सप्रू-हाउस गूँज उठा।

मैं दिनकर के घर ठहरा हूँ। मराठी कवि बोरकर भी दो तरुण मराठी साहित्यिकों के साथ ठहरे हैं यहाँ। इन तीनों ने कल कहा, हिन्दी की लाज आपने ही रखी। राष्ट्रभाषा के अन्य साहित्यकारों ने हमें प्रभावित नहीं किया।

कल संध्या को पंतजी ने कहा, आपका साहित्य श्रद्धा और विश्वास का साहित्य है, इसलिए हृदय और मस्तिष्क, दोनों को प्रभावित करता है। कुछ देर तक बड़ी सहृदयता से बातें करते रहे।

धोघरडीह
10 मई 1956

यह एक छोटा-सा गाँव कोशी-योजना के कारण कितना महत्त्वपूर्ण हो गया है! यहाँ देश के ही नहीं, विदेशों के भी लोग आते ही रहते हैं। इतना बड़ा काम हो रहा है, फिर इसकी ओर लोगों का ध्यान क्यों नहीं जाए?

यह माथुर साहब का आग्रह कि मुझे यहाँ आना पड़ा। कोशी पर एक ध्वनि-चित्र तैयार कर दीजिए—अपनी भी ललक कि एक प्रयोग कर देखूँ। अतः आज भोर ही यहाँ आ पहुँचा।

आया और एक प्याली चाय पीकर जो तट-बंध देखने निकला, तो चार बजे संध्या को लौटा! इतना लम्बा, इतना चौड़ा, इतना ऊँचा तट-बंध—सिर्फ मानव श्रम से! आदमी क्या नहीं कर सकता? लोग बताते थे, पैंतीस हजार मजदूर काम कर रहे थे! अब तो बाढ़ आ गई है, वर्षा हो गई है, अतः काम रुक गया है। जहाँ-तहाँ छिटपुट काम हो रहा है—किन्तु जो काम हो चुका, वह अपनी विशालता की छाप हृदय पर डालता ही है!

पटना से बड़ी परेशानियों में चला था। भगवान ने पाँचवाँ पोता दिया है। उसकी छटी धूमधाम से की, पटना के सभी मित्रों को बुलाया और प्रेमपूर्वक खिलाया। किन्तु उसके बाद ही मस्तिष्क में अवसाद का उदय हो आया। दुलहिन ने बेनीपुर जाने से इन्कार कर दिया—उफ़, जिसके लिए जान दूँ, वह बुढ़ापे में मेरी इतनी बात भी मानने को तैयार नहीं!

दिल्ली से थका-माँदा लौटा था। पटना में आते ही छठी के भोज के प्रबन्ध में जुट गया। रात-भर जगा हुआ यहाँ पहुँचा। किन्तु वही मैं किस उत्साह से देखता रहा, बातें करता रहा, लोगों को हँसाता रहा, स्वयं हँसता रहा। क्या मुझे यह भी याद रहा कि पटना से किस दुखित और क्षुभित मन से चला था।

यह कोशी नदी—पढ़ा था; किन्तु आज बाँध पर खड़ा होकर पूरब की ओर देखा, उसके संहारकारक रूप देखकर आश्चर्य-चकित रह गया। मेरे गाँव की जो हालत बीस-बाइस साल पहले थी, उसकी याद आ गई !

गाँव पानी से घिरे। खेतों में पानी-पानी। बगीचों में पानी। पेड़ सूख गए। जो लोग दीख पड़े उनके शरीर से मलेरिया पुकार-पुकार कर अपना अस्तित्व बता रहा था। पशुओं के शरीर पर भी मांस नहीं।

और यह हालत एक या दस गाँव की नहीं—सैकड़ों, हजारों गाँव इसी दयनीय स्थिति में। उन्हीं के उद्धार के लिए यह योजना! दो वर्षों से काम हो रहा है, अभी तीन वर्ष और लगेंगे। जिस प्रकार की दानवी यह नदी—उसी प्रकार की दानवी यह योजना!

बेनीपुर
18 जून 1956

यह भी एक संयोग कि इस बार बेनीपुर में एक महीने से अधिक रह सका। तबीयत परेशान थी; अब बहुत अच्छी है। अच्छा भोजन, अच्छी हवा, पूरा विश्राम—बुढ़ापे का शरीर यही तो चाहता है। फिर सारा परिवार साथ में। प्रभा, जित्तिन, दुलहिन, देवेन्द्र—सभी आ गए हैं। कितना पारिवारिक आह्लाद प्राप्त हुआ। बच्चे के कलरव से सारा घर गूँजता रहता।

बीच में शरद अपने परिवार को लेकर प्रयाग से आ गए थे। उनकी दुलहन, उनके दो बच्चे—कहाँ प्रयाग की झुलस, कहाँ बेनीपुर की शीतल बयार! कहते थे, हमने कल्पना भी नहीं की थी कि मई-जून में यहाँ इतनी ठंडक होगी! सब लोग किस तरह घुलमिल गए थे। जिस दिन वे गए, सबकी आँखें डबडबा आई थीं।

इस निश्चिन्तता मैं मैंने अपनी अधूरी पुस्तक "जंजीरें और दीवारें" पूरा करना शुरू किया। अब लगभग समाप्तप्राय है। कुछ घरेलू काम भी हुए—एक जोड़ा अच्छा बैल खरीदा, घर के निकट थोड़ी जमीन मोल ली, घर में प्लास्तर का काम हो रहा है, थोड़ी भराई भी कराई। अब जब बेनीपुर में रहना है, तो यहाँ का सिलसिला भी बढ़ाना ही पड़ेगा।

(मुझे एक ही शक था—क्या बेनीपुर में लिख सकूँगा। इधर जब लिखना शुरू किया, लगा, यह तो लिखने के लिए आदर्श स्थान है। प्रतिदिन भोर में तीन घंटे और भोजन-विश्राम के बाद तिपहरिया में डेढ़-दो घंटे लिखता रहा। चार-पाँच घंटे से अधिक आदमी लिख भी नहीं सकता—यदि वह अच्छी चीज लिखना चाहे तो। यों कलम घिस-घिस करते रहना दूसरी बात है।

इस साल इन्डियन एडमिनिस्ट्रेटिव सर्विस में विशेष भर्ती होनेवाली है, जिसमें उम्र की कैद ढीली कर दी गई है! देवेन्द्रजी ने उसकी परीक्षा में शामिल होने की दरखास्त भेज दी है। परीक्षा तो कठिन होगी, किन्तु उनकी इच्छा थी, मैंने भी सोचा, एक लकड़ी लगा देने में कौन-सा नुकसान।

जित्तिन जी वायुयान की उड़ान में अच्छा नहीं कर पाए, उड़ान में प्रवृत्ति बहुत काम करती है। किसी-किसी की बनावट ऐसी होती है कि उड़ान उसे सधता नहीं है। जयप्रकाशजी को वायुयान में चढ़ते ही कै होने लगती है। जित्तिन जी को उनके शिक्षक ने सलाह दी है, तुम ग्राउन्ड सर्विस में ही रहो। इसके लिए लिखा-पढ़ी करके वह जोधपुर से लौट आए हैं। बेनीपुर में उनके स्वास्थ्य में भी बहुत तरक्की हुई है। आज वह मेरे ही साथ पटना आ रहे हैं, वहीं से शुक्ल से मिलने शाहजहाँपुर जाएँगे।

मुजफ्फरपुर-शाखा की प्रगति आज तक अच्छी जा रही है। अब तो इसी शाखा को विकसित करना है। बीच में दो दिन मुजफ्फरपुर जाकर इसका काम देख आया हूँ। मार्च-सीजन में दो महीने में तीन हज़ार की बिक्री हुई। जुलाई-सीजन की तैयारी है। यदि मैंने इस ओर पूरा ध्यान दिया, तो लगता है, यहाँ का काम अच्छा चल निकलेगा। दो ही दिन वहाँ गया हूँ, देखा, बिक्री के नए-नए जरिए निकल रहे हैं। बिक्री के हिसाब से यह पटना से कहीं अधिक अच्छी जगह है, यह तो अभी सिद्ध हो चुका है।

मुज़फ्फरपुर
8 जुलाई 1956

मार्च के बदले जुलाई में यह नई डायरी शुरू कर रहा हूँ। क्यों? इधर कोई ऐसी बात नहीं हुई, जिसके लिखने की उत्सुकता हो। कुछ मामूली घटनाएँ—जिन्हें पुरानी डायरी में ही लिख दिया।

राका और अमा का विचित्र मिश्रण है यह मेरा जीवन! कभी-कभी चाँदनी-ही-चाँदनी—इतनी चकमक कि उसी में भाव-विभोर! कौन लिखे? कभी काजल-सी अँधियारी—उसमें लिखा कैसे जाए!

और, यह भी कोई बात हुई कि कोई बात न भी हो, तो डायरी की खाना-पूरी करते जाओ!

डेढ़ महीने घर पर रहा—बाल-बच्चों के साथ : आनन्द-ही-आनन्द! फिर पटना पहुँचा, तो ऐसे वातचक्र में पड़ा हूँ कि समझ में नहीं आता, कहाँ उड़ा जा रहा हूँ, कहाँ गिरूँगा।

पहले एक किताब मैट्रिक के लिए स्वीकृत थी, अब तीन किताब बिहार में ही—"माटी की मूरतें", हायर सेकेन्डरी के लिए : "विजेता" आई.ए. के लिए। आन्ध्र विश्वविद्यालय ने बी.ए. के लिए "अम्बपाली" और नागपुर विश्वविद्यालय ने एम.ए. के लिए "सीता की माँ"।

लोग कहते हैं, काटिए चाँदी। किन्तु यहाँ तो सवाल है, इन्हें छपवाऊँ कैसे ! कहाँ से?

पैसे आते ही उड़ जाते हैं। क्यों न उड़ें—1500/ मासिक का तो रूटीन खर्च है; 500/ पटना डेरा; 250/ मुज़फ्फरपुर शाखा; 200/ मेरा व्यक्तिगत खर्च : 150/ प्रभारानी; 400/ जित्तिन : 150/ बीमा : 100/ बेनीपुर : 50/ इधर-उधर। और निश्चित आय सिर्फ "नई धारा" से। प्रति मास 1200/- जुटाना ही पड़ता है।

इस साल बेनीपुर में बैल खरीद लिए, खेत खरीद लिया, मकान में काम लगा दिया! पैसे आवें कितने; बचें कहाँ से?

क्या तमाशा : एक हज़ार रुपए के लिए दस दिनों से बेचैन हूँ। और हिसाब लगाया है, यदि इस सीज़न से किताबें बिकीं, तो पन्द्रह हज़ार रुपए दो-तीन महीने में बच जाएँगे। कहिए, कैसी है आपकी शानदार ज़िन्दगी श्रीमान बेनीपुरी जी!

बेनीपुर में रहते हुए "जंजीरें और दीवारें" पूरी कर दीं—एक अध्याय लिखना है, सो पटना में फुर्सत नहीं मिल पाती!

आज बेनीपुर से पटना जा रहा हूँ। यहाँ की दुकान की हालत भी अजीब है। ज्यों पैसे आते हैं, इधर-उधर ही में खर्च हो जाते हैं : जिनके उधार लिए, वे बेचारे मुँह तक रहे हैं! क्या यह तरीका है व्यापार चलाने का? लेकिन चलाना ही पड़ेगा—दूसरा चारा क्या है?

ऊपर से कितना आनन्द में दीखता हूँ : किन्तु भीतर! लेकिन आख़िर ज़िन्दगी क्या है?

अभी तेन्दुलकर-लिखित 'महात्मा' का अन्तिम ज़िल्द पढ़ गया हूँ। हममें से जो सबसे बड़ा आदमी था, महात्मा गाँधी, क्या उनके सपने सच हुए! अरे, मृत्यु के पहले उन्होंने उनमें से एक-एक को चूर होते देखा था! किन्तु क्या इससे निराश हुए—लड़ते रहे, लड़ते रहे—भले ही जान दे दी!

करते जाओ, लड़ते जाओ, बढ़ते जाओ—बेनीपुरी! यही ज़िन्दगी है। साधना पूरी हुई तो डूबने लगोगे, तो महाजनक की तरह जल-लक्ष्मी स्वयं उद्धार करने को दौड़ेंगी और यदि डूब गए—तो क्या हुआ; जल-समाधि! जीवन जीवन में मिल गया! और—

तुम्हें ज़िन्दगी में क्या नहीं मिला है? गृहस्थी में प्रवीण पत्नी, तीन बेटे : तीनों पढ़-लिख

रहे हैं, एक-न-एक दिन तुम्हारे बोझ को हलका करेंगे ही; एक बेटी—शादी हुई, निश्चिन्त; पाँच पोते, सौभाग्यशालिनी पुतोहू—अभी दो पुतोहुएँ आने को हैं। इतना यश मिला : देश-भर में ख्याति; विदेश में भी पहुँच! और इतना कमा लेते हो कि यह बड़ा परिवार पोषण पा रहा है, आलीशान भवन बन रहा है, अपना प्रकाशन चल रहा है!

क्या कमी है, तुम्हें?

मुँगेर
9 जुलाई 1956

बेनीपुर से पटना : संध्या को पहुँचा, आधी रात को यहाँ के लिए रवाना हो गया। कपिल जी के साथ ठहरा हूँ। कपिल जी अब प्रिंसिपल हैं। बहुत ही अच्छा क्वार्टर मिला है। अभी-अभी उनके परिवार के बीच बैठा था! उनकी मधुरभाषिणी पत्नी, उनके बच्चे। सब इस प्रकार घेरकर बैठे थे, लगता था, अपने परिवार में ही हूँ।

बैठा था, तो रह-रहकर एक प्रतिज्ञा की याद आती थी। जब हम लोग कोटा-सम्मेलन जा रहे थे, आगरे का ताजमहल देखने गए। कपिलजी ने कहा, एक इच्छा जगी है यहाँ—क्या अपने एक लड़के की शादी मेरी एक लड़की से कीजिएगा ? मैंने हाँ कर दी!

शादी के बारे में अपने बच्चों को स्वाधीनता दे रखी है मैंने! क्या वे मेरी प्रतिज्ञा पर ध्यान देंगे?

दिन-भर लोग आते रहे हैं। कई प्रोफेसर आए, जो विद्यार्थी जीवन से ही मुझसे अनुरक्त रहे हैं। साहित्यिक चर्चाएँ हुईं। सबको आश्चर्य होता है, मैं इतना अस्त-व्यस्त रहने पर भी इतना कैसे लिख लेता हूँ! मैं बिना लिखे रह नहीं सकता—यह साधारण बात भी समझानी पड़ती है।

मुँगेर
12 जुलाई 1956

काम हो गया। डिस्ट्रिक्ट बोर्ड के चेयरमैन श्रीजयमंगल सिंह मेरे पुराने परिचित हैं। काशी विद्यापीठ के प्रतिभाशाली छात्र—"युवक" में लिखा करते थे। अब तो पूरा समय राजनीति को ही देते हैं। जवानी में कितने सुन्दर थे—दाँत टूट गए हैं, शरीर मोटा हो गया है। हमारे देश में सौन्दर्यरक्षा की ओर कब ध्यान दिया जाएगा!

श्रीकृष्णसेवासदन के चर्चा-मंडल में मैंने साहित्यिकों के दायित्व पर भाषण दिया। कितनी अच्छी संस्था बन गई है यह—भवन सुन्दर, वातावरण सुन्दर, व्यवस्था अच्छी। थोड़ी नोटिस पर भी काफी लोग आए थे। एक मेरे पुराने मित्र आए थे। भाषण के बाद कहने लगे, बीस वर्षों के बाद आपका भाषण सुना, सारी बातें बदल गई हैं, किन्तु 'ताव' वही! यह ताव शब्द कितना अर्थव्यंजक है। भवन के वर्तमान सभापति कपिलजी ही हैं।

यहाँ आधुनिक अंग्रेज़ी कविता पर एक आलोचनात्मक पुस्तक पढ़ डाली। कितनी अच्छी पुस्तक—आधुनिक अंग्रेज़ी कविता की आत्मा को जैसे खोलकर रख दिया है। हमारे यहाँ ऐसी आलोचनात्मक पुस्तकें कहाँ लिखी जाती हैं—वही पिटी, पिटाई लकीर!

एक दिन के लिए आया था, तीन दिन रहना पड़ा। यह रुपए-पैसे का मामला जंजाल-भरा होता ही है। रामेश्वर जी कहते हैं, इस बार पाँच हज़ार रुपया फिक्सड डिपोज़िट में रख दीजिए।

बात तो अच्छी है, किन्तु क्या कर सकूँगा? करना तो चाहिए ही!

बेनीपुर
17 अगस्त 1956

कितने अर्से पर डायरी लिख रहा हूँ? डायरी लिखने से इतनी वितृष्णा क्यों? कई अच्छे प्रसंग आए, किन्तु लिखने की इच्छा नहीं हुई!

इधर तबीयत अचानक खराब हो गई। हकीम साहब की दवा खाई; कुछ सुधार नहीं। तब डॉ. गयाप्रसाद को बुलवाया। उन्होंने पूरी जाँच-पड़ताल की। कहा, और कोई झंझट नहीं; सिर्फ ब्लडप्रेशर बढ़ गया है। आराम कीजिए, अतः बेनीपुर भाग आया।

कोर्स की सारी किताबें छप गईं; बिक्री भी अच्छी जा रही है। उचित था, पटना में ही रहता। लेकिन अब तो पटना जैसे काटने दौड़ता है। वहाँ रहने, ठहरने की ज़रा भी इच्छा नहीं होती! बेनीपुर भाग चलूँ! यही भाव बने रहते हैं। अतः जित्तिन और मन्नन को लेकर यहाँ चला आया।

किताबों की बिक्री अच्छी रही। ''नेत्रदान'' साढ़े बारह हज़ार बिक चुका। ''विजेता'' सात हज़ार छपवाया, वह भी धड़ल्ले से बिक रहा है। ''नेत्रदान'' फिर पाँच हज़ार छपवा रहा हूँ। लगता है, ''विजेता'' भी अच्छा बिकेगा। प्रायः हर कालेज में इसका प्रवेश हो चुका है। ''अम्बपाली'' की लगभग ढाई सौ कापियाँ वी.पी. से आन्ध्र भेजी जा चुकी हैं। अभी ''माटी की मूरतें'' का कोई अन्दाज़ नहीं लगा—मित्रों ने लिखा है, इस साल तीन-चार सौ कापियों पर ही सन्तोष करना होगा! ख़ैर, यही सही। एक विश्वविद्यालय में प्रवेश तो हो गया!

मेरे लिए सिर्फ आर्थिक दृष्टि ही तो सब-कुछ नहीं है! तब साधारण प्रकाशक और मुझ में क्या अन्तर रह जाएगा?

मुज़फ्फरपुर की दुकान में कोर्स की किताबों की भी थोड़ी व्यवस्था की है ! अच्छा जा रहा है। अभी डरते-डरते, धीरे-धीरे कदम बढ़ा रहा हूँ।

इस सीज़न के मुनाफे से अब तक लगभग पाँच हज़ार रुपया बचाकर हाथ-हथफेर तथा प्रेस के बिलों की अदायगी कर चुका हूँ। सिर बहुत हलका लगता है। चाहता हूँ, दस हज़ार रुपए और बचा सकूँ कि ग्रन्थावली के दोनों खंड निकल जाएँ।

बेनीपुर में आराम करने आया, आराम ही आराम है। किन्तु दिक्कत यह है कि ज्यों ही तबीयत कुछ अच्छी हुई कि किसी-न-किसी काम में अपने को जोत देता हूँ। यहाँ आकर देखा, वर्षा के अभाव में लोगों की खेती चौपट हो रही है और गाँव के नालों से अनवरत पानी बहा जा रहा है। गाँव के लोगों को इकट्ठा किया, दो बाँध बँधवा दिए। आज तीसरे बाँध में हाथ लगाया था, पूरा नहीं हुआ। परसों ज़रूर बँधवा दूँगा।

अपने कुछ पैसे और अन्न लगे, किन्तु गाँव-भर का पूरा सहयोग मिला। आज तो बसंत और महितानी का भी सहयोग मिला था। थोड़ी दौड़-धूप करनी पड़ती है, धूप सहनी पड़ती है, भोजन में भी व्यवधान हो जाता है, किन्तु लोगों को सम्मिलित भाव से काम करते हुए देखकर बड़ी प्रसन्न्ता होती है!

अभी जित्तिनजी पटना गए हैं। जित्तिन छुट्टी में आया। जित्तिन ने प्रकाशन में दिलचस्पी लेना शुरू किया है। देवेन्द्रजी एम.ए. तथा आई.ए.एस. की परीक्षाओं में लगे हैं। जित्तिन ने आशातीत ढंग से काम को निभाया है। फिर पटना देखने गए हैं। कैसा अच्छा लड़का है; जो ज़िम्मेवारी ली, उसे पूरी तरह निभाया!

बेनीपुर में जो नया खेत लिया है, उसमें फुलवारी लगाने के प्रयत्न में हूँ। चार पेड़ आम लगा भी दिए हैं। कार्तिक में फुलवारी को पूरी शक्ल दे दूँगा!

बेनीपुर
22 अगस्त 1956

तीसरी बाँध नहीं बाँधी जा सकी; किन्तु बेनीपुर की बहुत-सी ज़मीन पट गई है। जो धान सूख रहे थे, पानी पाते ही लहलहा उठे हैं। कल रामकुमार ने कहा, भैया, यह पानी नहीं है, धान के लिए मदिरा है। धान के पौधे पुरवाई हवा पर सचमुच मदिरा पीकर मस्त बने-से झूम रहे हैं।

नदी बाँधने का मेरा अनुभव नया था। जब दूसरी बाँध बाँधी जा रही थी, मैंने देखा, अन्त में उस छोटे-से नाले ने कैसा विकराल रूप ले लिया था। लगता था, बनैले भैंसे के नथुने पकड़ लिए गए हों और नाथ घुसाने के पहले वह चिंघाड़ रहा हो, उछल रहा हो, सींग चला रहा हो। जब कृष्ण ने कालिया नाग को नाथा होगा, उसने जैसी फुफकार छोड़ी होगी, उस दृश्य की कल्पना भी प्रत्यक्ष हो आई!

लेकिन इस तीसरी बाँध ने तीन दिन परेशान किया, तो भी नदी काबू में नहीं आई। लगभग दो तिहाई हम बाँध सके थे। किन्तु उसके बाद—ओहो, कैसा दृश्य! हमने बाँस के जो कच्चे गाड़े थे, उन्हें बात ही बात में तहस-नहस कर दिया। तीसरे दिन फिर नए कच्चे गाड़े, अपने ताड़ के दो चीरे लगा दिए, छः लोहे के चदरे लगाए—किन्तु, बाहरी पानी की शक्ति! मानव ने पराजय स्वीकार की!

संयोग—बड़े ज़ोरों से वर्षा शुरू हो गई, उसने हमारी हिम्मत तोड़ दी। मुझे दुख है, हम इसे बाँध नहीं सके। अगर बाँध दिए होते, तो सात-आठ गाँव की खेती पूरी हो जाती! ख़ैर जितनी खेती हो गई है, उसने मुझे थोड़ा सन्तोष दिया है!

एक विचित्र बात हुई। इस गाँव में मेरे तीन सखा और स्नेही थे। सरयूभैया, हिरदे और जगदीश। सरयूभैया और हिरदे चल बसे। रह गए जगदीश। जगदीश के जीवन पर एक बार संकट आया था; तो मैंने अपने पट्टीदारों के ख़िलाफ उसकी मदद की, जिसके चलते मुझ पर कलंक भी लगा। आश्चर्य यह कि उसी जगदीश ने मेरी इस बाँध-योजना के ख़िलाफ नालिश की; पुलिस और मैजिस्ट्रेट को बुलाया! मुझे बड़ा दुख हुआ। गया कुछ नहीं; वे लोग वापस गए, क्योंकि दस गाँव के लोग मेरे साथ थे! लेकिन सोचता हूँ, यह दुनिया कैसी विचित्र है!

इतनी दौड़धूप के बाद भी तबीयत अच्छी है। हाँ, आज दाहिने पैर के अँगूठे में गठिये का दर्द शुरू हो गया है। पुराना साथी है यह; दो चार दिनों में चला जाएगा।

सोचता हूँ, कल से "धरती की धड़कन" को पूरा करने पर भिड़ जाऊँ। पिछली यात्रा में—यहीं "जजीरें और दीवारें", पूरी की। इस बार इस किताब को भी पूरा कर ही लेना है। "बूढ़ा कुत्ता" नाम से कुछ नए स्केच भी प्रकाशित करना चाहता हूँ। बाद में इसकी ओर ध्यान दूँगा।

अपने बरामदे पर बैठा हूँ। इस बाँध के चलते चारों ओर का समाँ ही बदल गया है। कहीं हल चल रहे हैं, कहीं रोशनी हो रही है। तीन-चार गाँव के सारे लोग अपने-अपने खेतों में उतर आए हैं। इस साल विचित्र स्थिति रही है। जेठ में घनघोर वर्षा हुई; आसाढ़-सावन सूखा ही गया। चारों ओर जल के लिए त्राहि-त्राहि मची है। यह मघा नक्षत्र है—जो न भरे असरेसा मघा, सो भरे असरेसा मघा। यह लोकोक्ति झूठी पड़ रही है। असरेसा बीत गया, आया

मघा भी आया। रह-रहकर बादल उमड़ते हैं, किन्तु झीसी-फुही के बाद फिर जैसा का तैसा।

रविवार को पार्टी के कुछ साथियों को बुलाया था। शुक्लजी आए थे। चाहता हूँ, स्वयं नहीं खड़ा होऊँ—किन्तु अपने ज़िले से कम-से-कम पन्द्रह आदमियों को ज़रूर जितवाऊँ। एक योजना बनाई है, साथियों को मुस्तैद किया है। किन्तु, यही उत्साह रहा, तब न कुछ हो!

बेनीपुर
8 सितम्बर 1856

आज चौथ चन्दा का पर्व है। कहते हैं, जब राजा शिवसिंह को झूठे कलंक पर दिल्ली में बन्दी बनना पड़ा, मिथिला के लोगों ने मन्नत मानी—शिवसिंह छूटकर आवें, तो वे भादो शुक्ल चतुर्थी के चाँद की वन्दना किया करेंगे। जो बात हो, जिस निष्ठा, उत्साह से यह व्रत मिथिला में मनाया जाता है, वैसा देश में अन्यत्र कहीं नहीं। महाराष्ट्र में तो यह गणेश-चतुर्थी के नाम से मनाया जाता है, जिसका रूप ही अनोखा है। लोकमान्य तिलक ने उसमें राजनीतिक अर्थ पिरो दिया था। पारसाल गणेश-चतुर्थी के समय मैं मध्यप्रदेश में था। वहाँ इस वर्ष की झाँकी देखी थी।

इधर के दस-बारह दिन विचित्र गुजरे। एक दिन रमावल्लभ आए और ख़बर की, श्यामसुन्दर जी ने प्रोफेसरी के लिए लंगटसिंह कालेज में दरख़ास्त दी है जिसमें मेरी सिफारिश की ज़रूरत आ पड़ी है। पिछले साल की सारी घटना याद आई—किस तरह शादी की बात तय होने पर भी भद्रा घटी! लेकिन मैं पशोपेश में नहीं पड़ा, तुरंत तय कर लिया, मुझे उनकी मदद कर देती है।

पैर में गठिया था; टैक्सी पर जाना पड़ा। वाइस चांसलर श्री श्यामनन्दन सहाय से मिला। उन्होंने पुरानी मैत्री की क़द्र की; तुरन्त ही ऐसा बन्दोबस्त किया कि महन्थजी (श्यामसुन्दरजी) अब प्रोफेसर हैं। कल मुज़फ्फरपुर में मिलने आए थे। शरमाए-से थे। शरमाए तो वह बहुत दिनों से हैं—उसके बाद ही उनके कई मित्र आए, पुरानी बात भूल जाइए, अब यह सम्बन्ध होने दीजिए। किन्तु क्या पुरानी बातें जल्द भुलाई जाती हैं? और सिर्फ मुझे ही तो भूल जाना नहीं है—इस घटना के साथ मेरे कितने मित्रों, हितैषियों और पूरे परिवार का सम्बन्ध है! ख़ैर, मुझे प्रसन्नता है कि मैं उनका काम कर सका।

इसी बीच पटना से खबर आई थी कि पृथ्वीराज जी पटना आए हैं, आपकी खोज कर रहे हैं। पृथ्वीराज जी पटना में हों और मैं अनुपस्थित रहूँ, यह क्या उचित था? किन्तु क्या करता, उस समय तो गठिया इस ज़ोर पर था कि चार कदम चलना भी मुश्किल था। पत्र लिखकर सन्तोष कर लिया। थोड़े दिन के बाद ही जित्तिन जी ने पटना से तार दिया—अविलम्ब आइए। मैं घबराया, लंगड़ाता हुआ भी पटना पहुँचा।

चलते दिन पृथ्वीराज जी से भेंट हो गई। बड़े प्रेम से मिले। "पैसा" भी देखा—पृथ्वीराज जी की कला का दिन-दिन निखार हो रहा है। वहीं पता चला, उसकी फिल्म बनाने जा रहे हैं—2 अक्टूबर से। शुभास्ते पंथानः।

पटना में डॉ. गया प्रसाद से अपने को दिखा लिया। उन्हें आश्चर्य हुआ, ब्लडप्रेशर से मैं बिलकुल मुक्त हो गया हूँ। गठिया भी धीरे-धीरे दूर हो रहा है।

पटना
13 सितम्बर 1956

उफ, कभी-कभी कितनी चिन्ताएँ घेर लेती हैं! यह करो, वह करो, यह कठिनाई, वह कठिनाई! यहाँ जाओ, वहाँ जाओ! दौड़ो, घूमो, मरो। ब्लडप्रेशर, गठिया! ज़र्दा छोड़ो, सिगरेट छोड़ो। खर्च कम करो, कुछ बचाओ। एक बुढ़ापा : हज़ार ज़हमत ! क्या-क्या करोगे बेनीपुरी!

(शरद को मुज़फ्फरपुर बुला लिया था। वहाँ के प्रकाशन केन्द्र का हिसाब-किताब कराया। नौ हज़ार की बिक्री सात महीने में हुई। किन्तु बचत : सिर्फ 900⁄ और वहाँ खर्च हुआ लगभग तीन हज़ार। दो हज़ार रुपए का घाटा! कैसा व्यवसाय करता हूँ मैं।) (ग्रन्थावली के दो खंड निकले : बीस हज़ार रुपए स्थायी ग्राहकों से इकट्ठे किए : 75 हज़ार का स्टाक बना। बीस हज़ार छपाई में गए : बाकी हम खा-पका गए।

उस दिन मोटा-मोटा हिसाब लगाया, तो प्रतिमास का सोलह सौ रुपए का खर्च है। साल में बीस हज़ार कमाओ : कमाना ही पड़ेगा तुम्हें! क्या मजाल कि न कमाओ—और सबको यह निर्बाध अधिकार दो कि जो चाहे, जैसे खर्च करे। इसमें तुम्हें बोलने का अधिकार नहीं और जहाँ बोले कि तुम्हारी ज़िन्दगी हराम !

क्या तीसरा खंड निकाले बिना एक कदम भी बढ़ सकते हो? लेकिन निकालोगे कहाँ से! रुपए आए नहीं कि फुर्र से उड़े। संग्रह या संचय की किसी को चिन्ता है? परिवार की प्रवृत्ति का कर्मचारियों पर भी असर होता है। यथा राजा, तथा प्रजा! सब लोग समझते हैं, हम खर्च करने में स्वच्छन्द हैं, हाँ, कमाकर ले आने की ज़िम्मेवारी सिर्फ मेरी है।

अभी-अभी डायरी लिख रहा था कि मूर्च्छा की झलक आ रही थी। सचमुच यह ज़र्दा मुझे मार डालेगा। पान-पर-पान और हर पान के साथ ज़र्दा! उस दिन डॉक्टर गयाप्रसाद ने भी सलाह दी, ज़र्दा छोड़ दीजिए, किन्तु मैंने हँसकर टाल दिया। अभी तक मैं अपने को सबल और स्वस्थ माने जा रहा हूँ, जवान मानने की भी ग़लती कर लेता हूँ, किन्तु अब मैं रोगी हूँ, अंग-अंग में रोग; उस पर बुढ़ापा। लेकिन मन मानता ही नहीं।

दिल्ली में रेडियो-ड्रामा-सेमिनार हो रहा है। बिहार से अकेले मुझे बुलाया गया है। स्वास्थ्य ऐसा है कि नहीं भी जा सकता था; किन्तु सोचा, ज़रा हो आऊँ। वहाँ कुछ व्यक्तिगत काम भी हैं। परसों जाना है और मन डर खा रहा है; इस स्वास्थ्य में जाना क्या उचित है?

इधर राजनीति भी ताक-झाँक करने लगी है। लोग समझ रहे हैं, मैं उन्हें जिता दूँगा। अतः चारों ओर डोलने लगे हैं। यही नहीं, मुझे भी खड़ा करने के मन्सूबे बाँध रहे हैं। और चारों ओर ऐसा कोलाहल है कि कभी मैं भी उस चपेट में आ जाता हूँ। पार्टी के मुज़फ्फरपुर के साथियों को बुलाया था, बातें भी की थीं। लगता है, चुनाव आते-आते मेरा संन्यास भी टूटकर रहेगा। कितनी मोहिनी है यह राजनीति।

कैसी है ज़िन्दगी। बाहर-बाहर देखकर दुनिया समझती है, मैं कितना सुखी हूँ। किन्तु भीतर के घात-प्रतिघातों को तो मेरी आत्मा ही जानती है।

नई दिल्ली
23 सितम्बर 1956

15 सितम्बर के लिए सीट रिज़र्व कराई और चला 20 को! ज्यों ही स्टेशन पर पहुँचा था, पता चला, पानी ने रेल का रास्ता रोक रखा है। हवाई जहाज से आने की कोशिश की, वह भी

नहीं सम्भव हुआ। 20 को कालका-मेल पटना होकर पहली बार आई, तो उसी से रात में यहाँ पहुँचा।

यह रेडियो नाटक सेमिनार। अधिक लोग तो रेडियो के प्रोड्यूसर ही थे। हिन्दी से बाहर के सिर्फ प्रोफेसर रामकुमार वर्मा, सीताराम चतुर्वेदी और मैं। मैं तो अन्त में पहुँचा। अधिक काम हो चुके थे। दो दिन शामिल हुआ।

अजीब बात। अब शब्दों को तोड़ने-मरोड़ने की चेष्टाएँ हो रही हैं। प्रचार-नाटक को विचार-नाटक के नाम से खपाने की चेष्टा। मुझे बहुत गुस्सा हुआ। अरे भाई, नाचना है तो घूँघट कैसा? दुख हुआ कि वर्माजी और चतुर्वेदी जी ने भी इस नए नाम से प्रचार करने के पक्ष में सहमति प्रगट की। लेकिन बात चली नहीं। यह शब्द हटाना पड़ा।

शब्द हट गया, किन्तु मनोवृत्ति तो वही है। जब कभी सरकारी निमन्त्रण मिलता है, हमारे लोग समझते हैं, सरकार की हर बात के समर्थन के लिए ही हम बुलाए गए हैं! डर शायद यह भी हो कि कहीं हमने विरोध प्रगट किया तो निमन्त्रण का दूसरा अवसर मिल पाए या नहीं।

सेमिनार के अवसर पर रेडियो विभाग के मन्त्री और सचिव ने भी अपनी उपस्थिति से हमें उपकृत किया। और हमें उपदेश भी दे गए—यह लिखिए, वह लिखिए, ऐसे लिखिए, वैसे लिखिए! मैंने केसकर साहब से अलग कहा—किन्तु 50/-60/ रुपए में कोई नाटक लिखा कैसे जा सकता है! उन्होंने यह तर्क क़बूल किया किन्तु लाट साहब ने जो योजना पेश की, मुझे लगता है, होगा कुछ नहीं।

भाई, यह लोकराज्य है, जन-कल्याण-राज्य है, लेखकों को त्याग करना चाहिए, त्याग किए जाओ, तपस्या किए जाओ—सार बात यह है!

सेमिनार के अवसर पर ही चीनी सांस्कृतिक मिशन के लोग रेडियो में पहुँचे थे। उनके गीत-वाद्य सुनने का मौका मिला। और निकट से चेहरे देखने का भी। माथुर साहब ने उसके नेता से मेरा परिचय कराया; जब उन्हें पता चला कि मैंने 1927 में ही नवोदित चीन पर "लाल चीन" नामक पुस्तक लिखी थी, तो उन्हें बहुत आश्चर्य हुआ। पूछने लगे, आप चीन गए हैं या नहीं। कैसे कहूँ कि चीन के लिए जो लोग भेजे जाते हैं, उनके चेहरे से मेरा चेहरा नहीं मिलता।

कल साहित्य-अकादमी में गया। उर्दू, बंगला, उड़िया में "माटी की मूरतें" का अनुवाद हो चुका है। मराठी, गुजराती, गुरुमुखी, तमिल, तेलगू आदि पर काम लगा हुआ है। सुमन जी मेरे प्रिय व्यक्ति हैं। उनकी चेष्टा है कि मेरी पुस्तकों के अनुवाद सभी भारतीय भाषाओं में तुरन्त निकल जाएँ। दिनकर कह रहे थे, मैंने भी सुमन को कह दिया है, हिन्दी की जो पुस्तकें चुनी गई हैं, उनमें से काम के ही अनुवाद हो सकेंगे, अतः ध्यान दो कि "माटी की मूरतें" का अनुवाद सभी भाषाओं में तुरन्त हो जाए।

सुमन जी के साथ कल हरिजन-निवास में श्रीवियोगी जी से मिलने के लिए गया। हरिजी सही अर्थों में संत हैं। उनके साथ एक-डेढ़ घंटा बिताकर मैंने बहुत ही प्रसन्नता प्राप्त की! जयप्रकाशजी, विनोबाजी, गाँधीजी आदि के बारे में बहुत-सी बातें हुईं।

माथुरसाहब चाहते हैं मैं भारत के जंगली जानवरों के बारे में एक फीचर तैयार कर दूँ। कोई एम.डी. चतुर्वेदी हैं, उन्हीं के दिए हुए मसाले पर इसे तैयार करना है। इसकी इतनी चर्चा है कि यहाँ के स्टेशन डाइरेक्टर मलिक साहब, नरेन्द्र शर्मा आदि ने भी चर्चा की। अब कल इसके सम्बन्ध में बातें होंगी।

राजपाल एंड सन्स के विश्वनाथ जी से फोन पर बातें हुई हैं। वह "तथागत" को कोर्स

में लगाना चाहते हैं। "जंजीरें और दीवारें" के बारे में भी तय कर लेना है। "मील के पत्थर" तथा "वन्दे वाणी विनायको" के बारे में पूछताछ कर लेना है और देखना है कि उनके शीघ्र प्रकाशन की व्यवस्था हो जाए!

इलाहाबाद
29 सितम्बर 1956

फीचर लिखकर माथुर साहब को दे दिया और दिल्ली से भागा। वहाँ अजीब चर्चा देखी; बेनीपुरी जी दिल्ली रेडियो में आ रहे हैं। यह क्या बात है? अब इस बुढ़ापे में सरकारी चाकरी! कुछ अच्छे फीचर तैयार कर देने का वादा माथुर साहब से कर दिया है; बस उतना ही भर!

"जंजीरे और दीवारें" राजपाल को दे दिया। दिल्ली से पाँच-सात पुस्तकें निकल जाएँ, इसी इच्छा में घट-बढ़ करके भी पुस्तकें देता जा रहा हूँ। राजपाल ने "तथागत" को कोर्स में लगाने की भी बात की है। देखें, क्या होता है?

इधर शिवसागर के तीन उपन्यास पढ़े–कितना अच्छा लिखता है यह लड़का ! सोचता हूँ, बिहार राष्ट्रभाषा परिषद् का प्रोत्साहन पुरस्कार इसे दिलाने की चेष्टा करूँ।

शरद के घर ठहरा हूँ। छोटा-सा घर आँगन, छोटा-सा परिवार का नमूना। ओमप्रकाश से मिल लिया, कौशल्या से भी। मुज़फ्फरपुर की दुकान के सिलसिले में बातें कीं। रेणु आजकल यहीं है। कितना भोला लड़का! कहीं फँस न जाए यहाँ। भारती और जितेन्द्रजी से भी भेंट हुई। अन्य मित्रों से जान-बूझकर नहीं मिला।

शरद की दुकान देखी–दिनदिन निखर रही है जैसे! अपनी दुकान ऐसी कब होगी?

मुजफ्फरपुर
5 अक्तूबर 1956

तीन दिनों से यहाँ बैठा हूँ। इधर पार्टी के लोगों ने आग्रह किया, चुनाव में थोड़ी दिलचस्पी लीजिए। मैंने तय किया था, तीन-चार साल तक अभी दूर ही रहूँ–बच्चे काम देखने लगें, लड़की की शादी कर लूँ, घर को थोड़ा और भी स्वावलम्बी बना दूँ, तो फिर इन प्रपंचों में फँसूँ। लेकिन पैंतीस वर्षों के (राजनीतिक) जीवन को आसानी से क्या मिटाया जा सकता है? फिर पार्टी की दयनीय स्थिति देखकर मन में ममता उमड़ पड़ी। पटना में "जनता" को नया रूप देने का प्रबन्ध किया। उस पर मेरा नाम भी इस अंक से छपेगा।

इधर मुज़फ्फरपुर की पार्टी का एक कैम्प कल से होने जा रहा है। उसके लिए मैंने ही प्रेरणा दी। जब चुनाव लड़ना है, तो अपनी ताकत देख लेनी चाहिए। किन्तु कल से कैम्प है; प्रबन्ध का कोई नाम नहीं! कल साथी लोग चन्दे के लिए शहर में निकले–रिक्शे का खर्च भी नहीं आया। मेरी आशा रामजन्य पर थी। रात वह अपनी स्थिति बताने लगे। बड़ा दुख हुआ। सभी साथी समझते हैं, कैम्प चलाने की ज़िम्मेवारी मेरी है। इस तरह प्रारम्भ में ही भद्रा पड़ गई है।

उस दिन पटना की रैली में जयप्रकाशजी ने कहा, यदि इस चुनाव में आप लोगों ने अच्छा नहीं किया, तो फिर पार्टी का भविष्य अन्धकारपूर्ण है। बात उन्होंने सही कही। उनके इस कथन से ही मुझे प्रेरणा हुई कि कुछ कर देना चाहिए। आखिर पार्टी बनानेवालों में से मैं भी तो हूँ। जब बेटा बीमार हो जाए, चाहे वह कपूत हो या अपाहिज–बाप उसकी

सेवा-शुश्रूषा से अपने को कैसे वंचित रख सकता है? लेकिन जब रोग असाध्य हो जाता है और बाप की शक्ति सीमित हो जाती है, तो फिर उसकी सेवा कितना फल दे सकती है, सोचना यह है!

इस ज़िले में पार्टी का चुनाव-भविष्य इस कैम्प पर निर्भर है। यही नहीं, अगले चुनाव में मुझे कितनी शक्ति देनी है, इसका भी निर्णय हो जाएगा। अच्छा है कि प्रारम्भ में ही बातें खुलासा हो जाए। अन्त में हाथ-पैर मारने से क्या होगा?

बार-बार सोचता हूँ, कहीं मैं ग़लती तो नहीं कर रहा हूँ। तबीयत अच्छी नहीं, अपना जंजाल ही पहाड़ है, फिर मैं क्यों अपने को नए जाल में उलझा रहा हूँ? लेकिन यह कम्बख़्त तबीयत मानती नहीं। इसे हमेशा कोई नया हंगामा चाहिए। कोई नई हलचल चाहिए। शेख सादी ने कहा—चहेल साल उम्रे अजीजन गुजश्त मिजाजे तु अजहाल तिफ़ली न गश्त! लेकिन सत्तावनवें वर्ष में भी जिसका बचपना नहीं जा रहा है, उसका तो खुदा ही हाफ़िज़!

पटना
24 अक्तूबर 1956

आजकल इमर्सन पढ़ रहा हूँ। उसकी सूक्तियाँ कितनी मज़ेदार हैं—

प्रेम को पाप बना दो; फिर कामुकता का ही बोलबाला हो जाएगा।

× × × ×

जीवन तो एक प्रयोग है। जितने अधिक प्रयोग कर सको, उतना ही अच्छा। क्या हुआ, यदि वे तीख़े हुए; क्या हुआ, यदि तुम असफल रहे और एकाध बार धूल में गिर पड़े। उठ खड़े हो, फिर तुम्हें ठोकर खाने से डर नहीं लगेगा।

× × ×

मितव्ययिता का अर्थ यह नहीं कि कम कोयले जलाओ, बल्कि क्षण-क्षण जलनेवाले समय का सदुपयोग है।

क्या उन सम्माननीय चोटों को रोकने का कोई उपाय नहीं जो राजनीति के मन्दिर में घुसकर उसे रौंदते रहते हैं?

× × ×

अरे, लिखो वह, जो तुम हो!

× × ×

अच्छा लेखक सदा अपने बारे में लिखता है, हाँ उसका ध्यान उस सूत्र पर रहता है जो संसार को उससे जोड़ता है!

× × ×

किसी लेखक की शैली उसके दिमाग़ की आवाज़ है। काठ के दिमाग़ से काठ की आवाज़ आएगी। सत्य वंशी की तरह सुरीला और वीणा की तरह झंकारवाला होता है।

× × ×

संस्कृति अलग चीज़ है और दिखावट अलग। जब तक विशुद्ध नैतिकता नहीं हो, उच्च संस्कृति आ नहीं सकती। एक सुसंस्कृत व्यक्ति के निकट कोई सुन्दरी, कोई बच्चा, कोई ग़रीब, कोई गुलाम सदा अपने को सुरक्षित समझेगा!

× × ×

कोई भी आदमी अपने युग के प्रश्नों से अपने को अलग नहीं रख सकता। तुम अपने

को राजनीति से उसी प्रकार अलग नहीं रख सकते जिस तरह धूप या धूल से!

× × ×

विद्वानों से बचो—उनके विचार चहारदिवारी के अन्दर बन्द पीले, पिलपिले और खोखले हैं। एक स्वस्थ पुरुष का बाहरी ज्ञान कहीं अच्छा जिसमें ताज़गी और ज़िन्दगी होती है।

तुम किसी सरकार को समझा नहीं सकते कि बेईमानों की हिस्सेदारी व्यापार की तरह राष्ट्र को भी चौपट कर डालती है।

× × ×

सदा विजय की ही बात क्यों करो, कुछ सत्य की, आराम की, आनन्द की बात भी तो करो।

× × ×

बच्चों के दिमाग़ में जोड़-घटाव, तिथियाँ और फारमूले भरने के पहले उन्हें जंगलों और खेतों में घूमने दो कि उनके रहस्य वे समझ सकें, उन्हें कुश्ती, गुल्ली-डंडा, गेंद-गेंद खेलने दो जिनसे उनके पुट्ठों में रस आए, उन्हें ख़ाली पीठ घोड़े पर उछलकर चढ़ने दो, बंसी और जाल लेकर मछली मारने दो, पेड़ों और खम्भों में धक्के देने दो, कबूतर का शिकार करने और गौरया को पकड़ने दो—तभी वे कालेज की पोशाक पहनकर प्रेमगीत गाने या सभ्य व्यवहार करने के योग्य हो सकेंगे।

× × ×

पूरी ईमानदारी की कमी ही असफलता की जननी है।

× × ×

महानता ऐसी सम्पत्ति है जिसकी साख तुरन्त नहीं स्वीकार की जाती : स्वीकृति पाने के पहले बहुत दिनों तक उसे सँजोकर रखना पड़ता है।

× × ×

मेरी डायरी में विनोद आप नहीं पाएँगे--क्योंकि अकेले में हर आदमी गम्भीर बन जाता है।

× × ×

भगवान बड़े आदमियों को चापलूसों से बचावें!

× × ×

महान कार्य, स्वभावतः ही बन्द कोठरियों में नहीं किए जाते। वे सूर्य-देवता के सामने, संसार की ओर से, किए जाते हैं!

× × ×

अफसोस, कविता की लम्बी से लम्बी उड़ान भी इसे देख नहीं सकी। इस संसार में इतनी बुराई भरी पड़ी है कि उसका अन्दाज़ नहीं लगाया जा सकता। यहाँ अच्छाई इतनी कम है, जैसे किसी असीम महासमुद्र में छोटा-सा प्रकाश-द्वीप !

× × ×

बुद्धिमानी यह है कि हम मध्यम मार्ग को पकड़ें—इससे हम भलाई ग्रहण कर लेंगे और जहाँ तक सम्भव होगा, बुराई से बच जाएँगे।

× × ×

मैं डंके की चोट कहता हूँ : अज्ञान ही पाप है; जो चोरी करता है वह अपने ही को चुराता है। जो धोखा देता है वह अपने को ही धोखे में रखता है। जो कर्ज़ लेता है वह अपना ही कर्ज़दार बनता है तथा जो दूसरे को देता है, उतना ही अपना लाभ करता है।

× × ×

प्रत्येक विचार बीज है और फल भी।

× × ×

अतिविश्वास और अविश्वास दोनों पड़ोसी हैं। आस्तिकता की अति नास्तिकता तक पहुँचा देती है।

× × ×

आदमी की पहचान के लिए देखो कि वह क्या पढ़ता है, किनकी संगत में रहता है, किनकी प्रशंसा करता है, उसकी पोशाक कैसी है? उसकी रुचि कैसी है? वह कैसी कहानी कहता है, वह चलता कैसे है, उसकी आँखें इशारा कैसे करती हैं, उसके मकान का रुख़, उसके कमरे की सजावट—ये सब उसके व्यक्तित्व की झाँकी देते हैं, क्योंकि संसार में पृथक कुछ नहीं है, सब एक-दूसरे से सम्बद्ध है।

× × ×

तुम्हारी बात लोग समझ लें, यह आशा करना भी ऐय्याशी है!

× × ×

अरे, सत्य को ढूँढ़ो, सत्य को! जो तुम नहीं जानते, कह दो, मैं उसे नहीं जानता; जिनकी परवाह तुम नहीं करते, कह दो, मैं उसकी परवाह नहीं करता!

× × ×

सबसे विचित्र बात यह है कि आदमी यह कभी कहना नहीं चाहता कि मैं यह नहीं जानता।

× × ×

वह अच्छा लिख नहीं सकता, जो शब्दों के चुनाव के ही फेर में पड़ा रहता है।

× × ×

अच्छे लेखन में शब्द विषय के अंग बन जाते हैं।

× × ×

अपनी बात कहते चलो, कहते चलो!

× × ×

एक साथ अधिक कामों में हाथ मत डालो, असीम कार्यसाधन की इच्छा दिवालियापन की ओर घसीट ले जाती है।

× × ×

मेरी पुस्तकों का भाग्य मेरे ही जैसा है। जब कोई परिचित सज्जन मिलते हैं, कह उठते हैं—ऐसा लगता है, जब पिछली बार आपको देखा था, तब से आप कुछ दुबले हो चले हैं!

× × ×

यह मत पूछो कि मैं एक साल पहले क्या सोचता था, यह या वह—पूछो यह कि मैं आज क्या सोचता हूँ!

× × ×

मैं सबसे बड़ा आनन्द अपनी अटवी में अनुभव करता हूँ। ज़्यों ही उसमें घुसा कि मेरा मन उच्छवसित हो उठता है। मुझे लगता है कि ये पंछी मुझे पहचानते हैं और वे पेड़ मुझसे बातें कर रहे हैं या इशारे से बुला रहे हैं।

बेनीपुर
3 नवम्बर 1956

इधर कुछ समय राजनीति को दिया : नतीजा—उद्विग्नता, परेशानी, जाँफिसानी! सबसे बढ़कर हर जगह बदगुमानी। सर मुँड़ाते ही ओले पड़े!

सोचा, पहले मुज़फ्फरपुर ज़िला पार्टी की गुत्थियाँ सुलझाऊँ। विश्वास था, वे लोग सहायक बनेंगे, जो अपने को मेरा आदमी समझते हैं। जब सबकुछ ठीक करने पर आया, तो उन लोगों ने अज़ीब रुख लिया।

पटना पहुँचा। सोचा, बसावन आदि से बातें करूँ। किन्तु बसावन को सबसे पहले महावीर से निबट लेना है! क्या तमाशा है, जब बाहर का दुश्मन दरवाज़े पर खड़ा चुनौती दे रहा है; हम आपस की गुत्थमगुत्थी में ही उलझ रहे हैं।

"जनता" के सम्पादक में अपना नाम दिया; वीरेन्द्रमोहन को वहाँ रख दिया। सोचा था, इस पत्र को चुनाव के लायक बना दूँ—तोप न सही, एक अच्छी पिस्तौल भी तो हाथ में रहे। किन्तु, जब जी में उमंग हो, तब तो कोई काम किया जा सके।

अपने चुनाव-क्षेत्र के कार्यकर्ताओं की एक सभा बुलाई थी। लोगों में काफी उत्साह। किन्तु इस थाने के दूसरे चुनाव-क्षेत्र में फिर वही गड़बड़। किसको खड़ा किया जाए, इसी को लेकर विवाद! जी बैठ जाता है इन बातों को देखकर।

पटना गया था, तो बिहार जाकर गंगाशरण से मिला। मैंने सारी बातें बताईं। वह भी परेशान दीखे!

पटना में प्रान्त के कुछ साथियों की सभा बुलाई गई थी। मैंने कुछ योजनाएँ रखीं; मन्जूर भी हुईं। मैंने सारन, चम्पारण और दरभंगा जाने का भार भी लिया। लेकिन, देखता हूँ, जैसे दिन-दिन जी बैठता जा रहा है।

इस पार्टी को क्या हो गया है? क्या सचमुच यह पार्टी सदा के लिए विलीन होने जा रही है? इतिहास के लिए यह कोई नई बात नहीं! ज़र्मनी की सोशल डेमोक्रैटिक पार्टी की क्या गत हुई? मिश्र की वफ़्द पार्टी आज कहाँ है?

15 नवम्बर के लगभग गंगाशरण से फिर भेंट होगी। तभी कोई निर्णय कर सकूँगा। हाँ, कुछ निर्णय कर ही लेना चाहिए। अब इतनी शक्ति भी कहाँ कि ऐसे कामों में समय लगाऊँ जिनसे कोई फल नहीं निकल सके!

× × ×

कल दीवाली थी। यह बहुत दिनों के बाद ऐसा सुअवसर आया कि जित्तिन दीवाली में घर पर रहा हो। बड़ा आनन्द आया।

अपने परिवार को देखता हूँ, तो अपने भाग्य पर स्वयं ईर्ष्या होती है—तीन बेटे, एक बेटी, पाँच पोते। पत्नी, पुतोहू। बच्चे सब पढ़ रहे। बस, एकाध साल की देर है, जित्तिन और देवेन्द्र ठिकाने लग जाएँगे; बेटी का ब्याह भी जैसे-तैसे कर लूँगा। फिर तो आराम ही आराम।

अरे, आराम न भी मिले, तो भी जितना कर चुका हूँ, बुढ़ापे में सन्तोष के लिए वही क्या कम है?

बेनीपुर
11 नवम्बर 1956

यह क्या हो गया है तुम्हें? तुमने लिखना बिल्कुल बन्द कर दिया है। रेडियो के लिए ही चार चीज़ें अभी तक तुम्हें लिख देना था। तुमने वादा भी किया था। किन्तु क्या एक अक्षर भी लिख सके।

"नई धारा" के लिए सम्पादकीय चाहिए। "जनता" के लिए सम्पादकीय चाहिए। इन दोनों को कल भेज ही देना है—लेकिन, तुम रोज़ सोचते हो, रोज टालते हो! क्या बात है?

क्या तुममें शक्ति का ह्रास इतने वेग से हो रहा है कि अब तुम कुछ कर-धर नहीं सकते? तुम्हारी मानसिक शक्ति क्षीण होती हुई वहाँ पहुँच गई है कि तुम चाहकर भी लिख नहीं सकते? या राजनीति की ओर पैर बढ़ाकर तुमने अपने को ऐसी दुविधा की स्थिति में रख दिया है कि क्रियाशक्ति ठप्प हो रही है?

या बेनीपुर का एकान्त तुममें दुर्बलता ला रहा है? उस दिन बरट्रेंड रसेल की एक सूक्ति पढ़ी थी कि रचनात्मक प्रतिभावाले को कभी अपने को एकान्त में नहीं ले जाना चाहिए। क्योंकि एकान्त में ऐसी मोहिनी है कि एक बार उसमें आदमी अभिभूत हो जाए, तो फिर क्रियाशीलता की ओर उसका मन प्रवृत्त नहीं हो सकता।

चाहे जो कारण है, तुम्हारे लिए यह स्थिति बड़ी ख़तरनाक है!

लिखने पर ही तुम्हारी सारी प्रसिद्धि और स्मृद्धि निर्भर करती है। क्या बुढ़ापे में अपने को अकिंचन और कीर्तिहीन स्थिति में ले जाना चाहते हो?

अभी उस दिन छठ की रात्रि में, जब तुम सारे परिवार के साथ बैठे थे, तब गिनती में अपने को बारह पाकर, कितना प्रसन्न हुए थे; फूले नहीं समाते थे। सोचो, जब तुम लिखना ही बन्द कर दोगे, तो फिर परिवार की यह सानन्द स्थिति ही कैसे कायम रख सकोगे?

और लिखने के लिए कितनी चीज़ें अभी तुम्हारी लेखनी की प्रतीक्षा में हैं ? कितने स्केच, कहानियाँ, उपन्यास, नाटक, बच्चों का साहित्य—अरे रे, बेनीपुरी, लेखनी पकड़ो, पकड़ो, लिखो, लिखो!

इसी पौष में तुम्हारा 56 वाँ पूरा हो जाएगा। कितना कम समय रह गया है और कितना अधिक लिखना रह गया है!

लिखो, नियमित लिखो—चाहे घर पर हो, या यात्रा में। भोर में आठ से बारह तक का समय लिखने के लिए अवश्य रखो। यदि भोर में सफर में रहो, तो संध्या को इसके लिए समय निकालो ही। अवश्य निकालो, बेनीपुरी, अवश्य!

और क्या तुम ऐसी स्थिति में नहीं आ गए हो कि फुटकर चीज़ें लिखना ही बन्द कर दो! उपन्यासों की एक माला जो तैयार करना चाहते हो, क्या अवसर नहीं आ गया है कि अब उसे प्रारम्भ ही कर दो।

तुम्हारे लिए खोने का समय नहीं रह गया है, बेनीपुरी!

बेनीपुर
15 दिसम्बर 1956

तय किया, लिखूँगा, नियमित लिखूँगा? किन्तु क्या लिख सका? कुछ भी लिख सका?

बेनीपुर से पार्टी के काम से दरभंगा, वहाँ से मोतीहारी गया—बस, बक-बक ! पटना

पहुँचा और बीमार पड़ा। क्योंकि इन दोनों जगहों पर भोजन-शयन की ऐसी अव्यवस्था थी कि ब्लडप्रेशर ने बिछावन पर लिटा दिया।

17 नवम्बर से 29 तक बीमार ही रहा; 30 को यहाँ भाग आया!

और यहाँ चुनाव की ही धूम है। प्रतिदिन कुछ साथी आते हैं, तरह-तरह की बातें करते हैं—कोलाहल में क्या लिखा जाए?

9 से 13 तक इस चुनाव-क्षेत्र में घूम गया। जहाँ गया, लोगों ने कहा, अवश्य खड़े होइए, हम आपका साथ देंगे। अधिक लोग वे थे जिन्होंने किसी कारणवश पिछले चुनाव में मेरे ख़िलाफ मत दिए थे। जो समाँ देख आया, लगता था, जीत ज़रूर मिलेगी। किन्तु क्या मिल सकेगी? पिछली बार भी तो ऐसा ही भ्रम हुआ था।

यह ज़रूर है कि स्थानीय कांग्रेस कार्यकर्ताओं से लोग बहुत असंतुष्ट हैं। जो जीत गए थे, उन्होंने क्षेत्र की ओर झाँका भी नहीं।

लेकिन कांग्रेस की माया अपरम्पार है। वह पैसे का जाल बिछा देगी। तब देखा जा सकेगा कि उस जाल से कितने लोग बच पाए।

1957

पटना
13 जनवरी 1957

यह पिछला एक महीना! कैसे-कैसे अनुभव हुए। राजनीति ने दिखाया, उसका चेहरा दिन-दिन कैसा बदरूप होता जा रहा है! स्वास्थ्य ने बताया, बेनीपुरी, तुम्हारे दौड़धूप के दिन गए।

दो दिन के लिए मुद्रिका के क्षेत्र में गया, मुद्रिका ने सब प्रकार की सुनिधा दी; किन्तु वहाँ से लौटा, तो एक दिन ऐसा लगा कि अब मेरा जनाजा उठकर रहेगा। ब्लडप्रेशर, बुखार, मूर्च्छा! डा. गयाप्रसाद दौड़े हुए आए और मेरी रक्षा कर ली। उन्होंने स्पष्ट कहा, आपको चुनाव आदि से अपने को अलग ही रखना चाहिए।

किन्तु, क्या अब ऐसा सम्भव रह गया है? अब तो अपने क्षेत्र से खड़ा होना ही पड़ेगा; हाँ, बाहर की दौड़धूप से बचना होगा।

बीच में बेनीपुर गया था। वहाँ कार्यकर्ताओं को काम समझा दिया है, कुछ झंडे, पर्चे आदि भी दे दिए हैं। कल फिर घर लौट रहा हूँ। अब वहीं जमकर काम करना है।

पार्टी में उम्मीदवारों को लेकर कैसा दंगल मचा है? गया और मुज़फ्फरपुर से ही आशा थी। दोनों जगह ऐसे-ऐसे पेच लगे हैं कि जो भी बुरी गत हो जाए, वह थोड़ी। बसावन का नेतृत्व पार्टी को ले डूबेगा—मैंने आज से छः महीने पहले यह भविष्यवाणी की थी। मुझे लोग स्वप्नदर्शी कहते हैं : लगता है, स्वप्नदर्शी अधिक दूर तक देख सकता है! ये यथार्थवादी नाक के आगे भी नहीं देख पाते!

बीच में केन्द्रीय पार्टी की ओर से फरीद अन्सारी आए थे। वह भी चक्कर में पड़ गए। सुलझाने के बदले उलझा कर चले गए!

सबसे दुखद बात हुई है कि बेचारे महावीर के राजनीतिक जीवन की हत्या कर दी गई और वह भी जयप्रकाशजी के हाथों! ये बड़े लोग—सच कहा है, बड़ों से आस रखो, उनके पास न जाओ। महावीर ने जयप्रकाशजी के लिए क्या-क्या न किया था! फल यह हुआ!

बसावन की इस नीति के विरोध में बड़ा ही क्षोभ है! कुछ लोग पार्टी से हट जाने को भी तैयार हैं। किन्तु मैं रोक रहा हूँ। यही तो बसावन चाहते हैं। पार्टी में ऐसा कोई नहीं रहे, जो उनके नेतृत्व को चुनौती दे सके। मैंने इन मित्रों को समझाया है, यारो, अपने क्षेत्रों में जाओ और चाहे जैसे हो, चुनाव जीतकर आओ—बस, आज का सवाल यही है।

मुझे भी धमकी दी जा रही है, आपको हम लोग हराकर दम लेंगे। और ऐसे ही लोगों को बसावन पार्टी के क्रान्तिकारी सदस्य समझते हैं! कैसी विडम्बना।

बेनीपुर
19 जनवरी 1957

अब तो मैं चुनाव के चक्रव्यूह में हूँ! बिगुल बज गया, फौज़ ने कूच कर दी! अब आगे-पीछे देखने का भी मौका कहाँ? जो होना होगा, होगा।

इस बार पिछले अनुभव से लाभ उठाना चाहता हूँ। पिछले चुनाव में अपने क्षेत्र में मैं बहुत ही कम समय दे सका। दैनिक "जनता" और पार्टी के अन्य उम्मीदवारों के लिए ही अधिक समय दिया। अपने क्षेत्र में जो समय भी दिया, उसमें संगठन का पक्ष बहुत कमज़ोर रहा। पटना से जब आता, दो-चार दिनों के लिए इधर-उधर दौड़ लेता, कुछ विशिष्ट लोगों से मिल लेता, लोगों में उत्साह भरता और चल देता!

उत्साह की कमी नहीं थी। बल्कि उसकी मात्रा इतनी अधिक थी कि मैंने मान लिया था कि इस बार मैं ज़ीत गया! लेकिन मैं हार गया और बुरी तरह हार गया!

इस बार शुरू से ही संगठन पर ध्यान दे रहा हूँ। तबीयत अच्छी नहीं होने से मैं बाहर आ-जा भी नहीं सकता। इसलिए भी अपने क्षेत्र की ओर अधिक ध्यान दे पाता हूँ। लोगों में मेरे लिए श्रद्धा है, अभी तो चारों ओर से मेरे ही पक्ष में बोल निकल रहे हैं, किन्तु पिछली बार की तरह, इस बार धोखे में नहीं आऊँगा।

चुनाव का एक दंगल तो पटना में ही रहा। पिछली पार्टी-कान्फ्रेंस में महामाया बाबू की जगह पर बसावन पार्टी के अध्यक्ष बनाए गए थे। चाँद बाबू और विश्वेश्वरजी ने उनके लिए एक कोशिश उठा नहीं रखी थी। किन्तु कैसा आश्चर्य—बसावनजी ने अध्यक्ष होते ही इन दोनों को दूध की मक्खी की तरह उठा फेंका। मैं कान्फ्रेंस में नहीं गया था—जान-बूझकर! लेकिन, मैंने सोचा, पार्टी के वफादार सदस्य की तरह बसावनजी को सहयोग हूँ। किन्तु, कुल सहयोग का मोल! मुज़फ्फरपुर में सभी सदस्यों के निकट मुझे झूठा सिद्ध करने की कोशिश की और जब पार्लियामेंटरी बोर्ड में जगह खाली हुई, तो मेरी उपेक्षा कर रामजन्य ओझा को उन्होंने उसका सदस्य बनाया!

मैं बसावनजी को शुरू से जानता हूँ। जिस दिन क्रान्तिकारी पार्टी में गिरफ्तार हुए, उस दिन भी उन्हें देखा था। सात साल की सज़ा काटकर आए, तो मेरे ही साथ उन्हें रखा गया था! जेल से आने पर वह अजीब ढंग से बोलते-चलते थे; लगता था, कहीं कोई चूल ढीला पड़ गया हो! धीरे-धीरे चमकने लगे और डालमिया नगर में मज़दूर-संघ बनाकर और सफल हड़ताल लड़कर तो उन्होंने सबको आश्चर्यचकित कर दिया! बहुत संयमी, बहुत मितभाषी, बहुत ही प्यारा स्वभाव। लेकिन यह आदमी भी कैसा जानवर होता है! सेक्स के मामले में उनकी ढिलाई शुरू हुई; फिर तो अजीब व्यवहार शुरू हुआ। हम लोगों से दूर रहने की कोशिश करने लगे; अपने इर्द-गिर्द नए लोगों को जुटाने की धुन में लगे और इसमें सफल भी हुए। बिहार के हर मज़दूर-क्षेत्र में उनके कुछ चेले हैं और जो कोई उनका जरा भी विरोध करें, उसे

मज़दूर-क्षेत्र से निकाल कर ही दम लेंगे। उनकी इसी प्रवृत्ति के कारण बिहार का ज़र्बदस्त मज़दूर-आन्दोलन हम लोगों के हाथ से निकल गया है!

उनके हाथों में पार्टी की यही दुर्गत होगी, मैंने छः महीने पहले घोषणा की थी। पार्टी में जो कोई उनका ज़रा भी विरोध करेगा, उसे किसी तरह दूर करने में उनमें हिचक नहीं होगी। पार्टी का घेरा सिमटकर छोटे-से-छोटा हो जाए, किन्तु उसके अन्दर वही रहें जो उनके नेतृत्व को चूँचरा किए बिना स्वीकार करें। यही नहीं, वह मज़दूर-क्षेत्र को ही प्रधानता देंगे, क्योंकि इस क्षेत्र से रुपए-पैसे का प्रश्न भी आसानी से हल किया जा सकता है, यह वह जानते हैं। किसानों या बुद्धिजीवियों पर कौन मग़ज़पच्ची करे! उनकी 'क्रान्तिकारिता' के दायरे में ये लोग आ नहीं सकते। क्या ऐसे आदमी के नेतृत्व में बिहार ऐसे कृषिप्रधान प्रदेश में पार्टी फूल-फल सकेगी?

मेरा यह विश्लेषण पूरा चरितार्थ हो चुका है। इस चुनाव में उन्होंने जो रुख लिया, सभी लोगों ने उनका अभिप्राय समझ लिया है। मैंने उनके विरोध का नेतृत्व किया! पार्टी के लिए सबसे अच्छे ज़िले दो थे—मुज़फ्फरपुर और गया। दोनों में उन्होंने ऐसी नीति अपनाई कि चाँद बाबू और सभी साथी दंग। गया ज़िले को लेकर विश्वेश्वरजी तो ऐसे क्षुब्ध कि क्या कहना?

मैंने विरोध में आवाज उठाई। बसावन चुप : सूरज तो अपने गुस्से को नहीं रोक सके! और शिशिर तथा रामजन्य ने तो शिष्टता की सीमा भी तोड़ दी। श्रीयोगेन्द्र शुक्ल एक बार ऐसे गरजे कि क्या कहना? किन्तु मैं भी तो हठी! एक प्रश्न को लेकर मैं मीटिंग से उठ गया! विश्वेश्वरजी, मुद्रिका, रियासत, उमेश्वरी, महावीर आदि साथियों ने मेरा अनुगमन किया। हम लोग इस प्रश्न को जयप्रकाशजी तथा पार्टी के मन्त्री के निकट लखनऊ तक ले गए। अन्त में हम लोगों की बात रही! फरीद आए, उनसे भी नहीं सुलझा, तो जयप्रकाशजी तथा गंगा को हस्तक्षेप करना पड़ा।

किसी-किसी तरह महावीर की जान बची। मेरे ज़िले में अधिकांशतः मेरी ही बात रही। लेकिन, रामजन्य और उनके गण उपद्रव मचाने पर तुले हैं। परसों रात महन्थ विवेकानंद गिरि आए; उन्होंने बताया, कार्यकर्ताओं की मीटिंग हो रही है, विरोधियों का ज़ोर रहेगा, आप चलिए। मैंने कहा, यह तभी सम्भव है, जब वहाँ के मन्त्री, खासकर रामचन्द्र गौड़ बुलाएँ। कोई बुलाहट नहीं आई। रात ठाकुर मुगलकिशोर मिलने आए, पता चला, वहाँ अजीब उठा-पटक रही—कुछ कांग्रेसियों ने अलग जाल बिछाया था!

अब इन लोगों का काम यही रहेगा कि पार्टी ने जिन्हें टिकटें दी हैं, उन्हें हराया जाए। जनता-आफिस में खुलेआम कहा जाता था, बेनीपुरीजी को हराना है ! पार्टी किस स्तर पर चली गई है! किन्तु, मैंने भी तय कर लिया है, मैं पार्टी-विरोधी तत्त्वों से लड़ूँगा, चाहे वे पार्टी के अन्दर हो या बाहर!

'अस्सी वर्षों की हड्डी में जागा जोश पुराना था'।

बेनीपुर
होली : 1957

क्या ऐसी होली जिन्दगी भर में कभी खेली थी? कैसा उत्साह, उमंग, उल्लास ! घर-भर रंग में डूबा है, सारा गाँव उल्लास में नाच रहा है!

चुनाव में मैं जीत गया। 12 मार्च को मतगणना हुई। मैं कांग्रेस पर 2646 वोटों से विजयी हुआ। शेष तीन उम्मीदवारों की ज़मानतें ज़ब्त हुई।

मुज़फ्फरपुर में चुनाव-आफिस के सामने भीड़ लगी थी। मेरी जीत निश्चित थी, तो भी लोग डर रहे थे, कहीं चुनाव-अधिकारियों की ओर से कोई गड़बड़ नहीं कर दी जाए। पिछले चुनाव का कटु अनुभव था। लोगों की धारणा है, उस समय भी मैं जीता हुआ था; लोगों ने अधिक वोट मुझे ही दिए थे, किन्तु कहीं कुछ गड़बड़ कर दी गई! चुनाव-प्रचार के दौरान में भी मुझसे लोग कहते थे, हम वोट तो देंगे ही, आप मतदान की पेटियों पर ध्यान दीजिएगा, कहीं चोरों की फिर बन न आए!

इस बार कमिश्नर और कलेक्टर ने बड़ी निष्पक्षता बरती थी; किन्तु मुसलमान एस.डी. ओ. पर लोगों को शक था। प्रचलित था, उसे इसी कुकृत्य के लिए यहाँ रोक रखा गया है!

मैंने कमिश्नर और कलेक्टर से मतगणना के बारे में बातें कर ली थीं। उन्होंने मेरे कहे अनुसार व्यवस्था भी करा दी थी। तो भी लोगों का सन्देह टूटता नहीं था।

जब वोट नं. 1 और 2 की पेटियाँ गिनी जा चुकीं, मैं कांग्रेस से 4560 वोटों से आगे था। मैंने जीत निश्चित समझ ली और सिगरेट पर सिगरेट फूँकने लगा।

और अन्ततः जब मेरी विजय की घोषणा हुई, लोग उल्लास में जैसे पागल हो गए। मुझे भीड़ ने इस तरह खींच लिया कि कुछ मिनटों तक पता नहीं लगता था मैं कहाँ हूँ। मालाएँ इतनी कि साँस लेना मुश्किल और ऊपर से अबीर-गुलाल की वर्षा। फिर एक जीप पर बिठलाकर सारे शहर में एक बजे रात तक घुमाते रहे!

इस बार के चुनाव ने कुछ अजब रूप ले लिया था। इसी शहर से कांग्रेसी मिनिस्टर श्री महेश प्रसाद सिंह 26 फरवरी को ही हार चुके थे और पार्टी के उम्मीदवार महामाया बाबू जीत गए थे। महामाया बाबू की जीत से वायुमंडल कुछ विचित्र बन गया था—एक ओर विजयोन्माद, दूसरी ओर प्रतिहिंसा की भावना! मेरी विजय को ख़ास महत्त्व इसलिए मिला कि मैंने महेश बाबू के ख़ास लेफ्टिनेंट राम बाबू को हराया।

इस बार मैंने निश्चय कर लिया था कि ज़रूर जीतूँगा। अतः पूरा ध्यान अपने क्षेत्र पर ही दिया—कहीं बाहर नहीं गया।

लेकिन डर था तो अपने स्वास्थ्य का। दो दिनों के लिए मुद्रिका के क्षेत्र में गया ज़िले की देहात में गया, तो लौटा कि रक्तचाप ने वह रूप धारण किया कि डॉक्टरों ने स्पष्ट कह दिया था कि आप चुनाव की झंझटों में नहीं पड़े। लेकिन क्या अपना निर्णय मैं बदल सकता था? मन से प्रेरणा आती थी, लड़ो, ज़रूर जीतोगे!

जीतूँगा, किन्तु साधन कहाँ? एक सज्जन ने चुनाव-भर के लिए मोटर देने की बात की थी। शुरू में ही वह मुकर गए। बड़ी चोट लगी। पर तुरन्त तय कर लिया, बैलगाड़ी पर ही चुनाव लड़ूँगा। एक मित्र ने हाथी दे दिया था। बस पूरी लड़ाई बैलगाड़ी और हाथी पर ही लड़ ली गई!

हाथी पर बैठे-बैठे बदन अकड़ जाता था। यह कम्बख़्त जानवर, चलता है तो सारा बदन झकझोर देता है! और बैलगाड़ी की चर्रमर्र भी तो वैसा ही। फिर देहात की सड़क—प्रायः लगता था, अब उलटी, तब उलटी!

लेकिन अब लगता है, मोटर नहीं रखकर मैंने कितना अच्छा किया। इन दो सवारियों से मैं अपने क्षेत्र के पौने दो सौ गाँवों और टोलों में जा सका; लोगों से अच्छा सम्पर्क स्थापित कर सका; लोगों ने अपनापा अनुभव किया। मैं प्रायः लोगों से कहता, पिछला चुनाव मैंने हवागाड़ी पर लड़ा, फलतः हवा में ही रह गया। इस बार मैंने ज़मीन पकड़ी है, कौन पैर उखाड़ सकेगा मेरे।

अपने लिए बैलगाड़ी और कार्यकर्ताओं के लिए साइकिल। छह-सात सौ रुपए में ही

देहात के मित्रों से लेकर तीस साइकिलों की मरम्मत करवा दी थी। ये तीस कार्यकर्ता जिस ओर चलते, गाँव-गाँव से साइकिलों का ताँता लग जाता। दो सौ साइकिलें दौड़ा करतीं।

पहले तो मैं फूँक-फूँककर पाँव रखता, किन्तु धीरे-धीरे न-जाने कहाँ से ताकत आ गई। मैं प्रतिदिन पाँच-सात मील पैदल भी चल लेता। डॉक्टरों ने सिगरेट और ज़र्दा बन्द कर दिया था। मैं खूब सिगरेट फूँकता और पान के साथ ज़र्दा चबाता, किन्तु कभी सिरदर्द तक नहीं हुआ, मूर्च्छा की क्या बात?

कार्यकर्ता भी अच्छे मिले थे और मैंने उनका संगठन भी अच्छा किया था। क्षेत्र में दो कैम्प थे। छः बीटों के लिए अलग-अलग इन्चार्ज थे। गाँव-गाँव में स्थानीय कार्यकर्ताओं की फौज़ खड़ी हो गई थी। झंडे और लाल टोपियों की भरमार थी। जहाँ जाइए, झंडे लहरा रहे हैं, टोपियाँ चमक रही हैं। जब चाँद बाबू सभा करने आए, तो यह समाँ देखकर दंग रह गए और भविष्यवाणी कर दी, आप अवश्य जीतेंगे।

मेरे खिलाफ़ कांग्रेस के अतिरिक्त एक मुसलमान, एक मैथिल ब्राह्मण और एक पिछड़ी जाति के उम्मीदवार खड़े थे। किन्तु जितने मुसलमान, मैथिल और पिछड़ी जाति के कार्यकर्ता मेरे पास थे, वे लोग सपने में भी नहीं पा सकते थे।

पिछले अनुभव के अनुसार मैं हर जाति की बस्तियों में उनकी जाति के कार्यकर्ताओं को विशेष रूप से भेजता—हाँ, स्वयं भी जाता और अन्य कार्यकर्ता भी जाते। अभी जाति की भावना तो है ही। अन्य जाति के लोगों के सामने लोग दिल नहीं खोलते। अतः यह यथार्थवादी प्रबन्ध मुझे करना पड़ा। हाँ, सदा यह ध्यान रखा कि जातिवाद को उभाड़ा नहीं जाए, बल्कि काँटे को काँटे से निकाला जाए, विषस्य विषमौषधम् का प्रयोग किया जाए।

संयोग देखिए, दो उम्मीदवारों को लेकर कांग्रेस में फूट पड़ गई थी। अन्ततः कई प्रमुख कांग्रेसी मेरे साथ खुलकर आ गए थे, उनमें से ही एक को, बच्चा बाबू को, मैंने अपना इलेक्शन एजेंट बना दिया था। इससे उन लोगों को विश्वास हो गया था कि मैं यथार्थतः उन पर भरोसा करता हूँ। फिर तो वे लोग पूरे उत्साह से काम में पिल पड़े। उनके चुनाव अनुभवों से हम बहुत ही लाभान्वित हुए। कांग्रेस की दाँवपेच से भी हम बचते रहे!

सेना एकत्र कर लेना आसान है, किन्तु उसको संगठित करना, अनुशासित रखना कितना मुश्किल है! इस मुश्किल का अहसास मैं पग-पग पर करता। फौज़ दिन-दिन बड़ी होती जाती थी। कुछ लोग पुराने थे, बहुत-से लोग नए थे। नए लोग बड़े उत्साह से काम करते, किन्तु उन्होंने जीवन में अनुशासन का तो कभी अनुभव नहीं किया था। फलतः उनकी ओर अधिक ध्यान रखना पड़ता था। भाड़े की फौज़ तो थी नहीं, अतः प्रेम से ही सब काम करना पड़ता। किन्तु ज्यों उनकी ओर अधिक ध्यान दीजिए या उन पर प्रेम दिखलाइए, पुराने लोग समझते, उनकी उपेक्षा हो रही है, वे मुँह फुला लेते। नए लोग उत्साह में ऐसे काम कर देते कि पुराने लोगों को शिकायत का मौका भी मिल जाता। अतः इन दोनों तत्त्वों में समन्वय स्थापित करने में कम परेशानी नहीं उठानी पड़ती।

रुपए पैसे की लेन-देन में भी कठिनाइयाँ आतीं। कुछ लोग मनमाने खर्च कर देते। किन्तु उनके हाथ किस तरह रोके जाएँ? रुपए जमा नहीं थे; इधर से लाओ, उधर से लाओ। जिस दिन ज़मानत के 250 रुपए जमा करने थे, उस दिन भी हाथ-हथफेर करने पड़े। किन्तु कह सकता हूँ, रुपए के अभाव में कभी काम नहीं रुक पाया। जिससे जब माँगा, उसने सहायता की। हाँ, यह भी हुआ कि जिनसे बड़ी आशाएँ थीं, उनसे प्रायः निराशा मिली; और जिनकी सहायता की कल्पना तक नहीं की थी, उन्होंने पूरी सहायता दी। ऐसे लोगों में बेदौल के श्री विजयी राय का नाम सबसे पहले ले सकता हूँ।

ख़ैर, स्वयं पूरी मेहनत करता, लोगों को काम में पिले रहने की प्रेरणा देता, रुपए के अभाव में काम नहीं रुके, इसका प्रबन्ध करता, दुश्मनों के वार को बचाता, कार्यकर्ताओं के आपसी सम्बन्ध को प्रेममय रखने की चेष्टा करता हुआ उस तिथि पर पहुँचा, जिस दिन से मतदान शुरू हो रहा था।

सभी कार्यकर्ताओं को नौ ग्रुपों में बाँट दिया और उन्हें सरकारी पोलिंग पार्टियों से जोड़ दिया। पोलिंग स्टेशनों के लिए नए झंडे, पोस्टर आदि का प्रबन्ध किया, पैसे दे दिए, सबको कार्यक्षेत्रों में भेजकर अपने को स्वतन्त्र रखा कि सभी क्षेत्रों में दौड़-धूप करता रहूँ। किन्तु, क्या अब बैलगाड़ी से यह सम्भव था? प्रारम्भ के दो दिनों के लिए अपने पार्लियामेंटरी उम्मीदवार ठाकुर युगलकिशोर से गाड़ी मँगवा ली।

संयोग देखिए, पहले दो दिन जिन 11 बूथों पर पोलिंग थी, उनमें से तीन ही मेरे पक्ष में हो सकते थे। कहीं लोग निरुत्साह नहीं हो जाएँ इसलिए ऐसा आडम्बर बनाया कि लोगों को यह भी नहीं मालूम हो सके, हम अच्छा नहीं कर रहे हैं! मेरा यह आडम्बर सफल हुआ। फिर मुज़फ्फरपुर जाकर पाँच दिनों के लिए एक टैक्सी ले आया; तब तक शहर का चुनाव हो चुका था। महामाया बाबू जीत गए थे। हमारे लोगों का उत्साह और भी बढ़ चला!

किन्तु इस हार ने कांग्रेसवालों को बौखला दिया। वे राक्षस की तरह हम पर टूटे। दूसरे ही दिन मेरे सामने ही मेरे कार्यकर्ता रामेश्वर चौधरी का सिर फोड़ दिया! तुरन्त एक बात मुझे सूझ गई। मैं उसे मोटर में लेकर मुज़फ्फरपुर चला आया और कमिश्नर से मिला। कमिश्नर श्री मजूमदार साहब से मेरा परिचय था, जब वह शिक्षा-सचिव थे। मजूमदार साहब ने ऐसा प्रबन्ध किया कि दूसरे ही दिन से मेरे क्षेत्र में सशस्त्र पुलिस की भरमार हो गई, कलेक्टर, डी.आई.जी. पुलिस, एस.डी.ओ. सुपरिन्टेन्डेंट पुलिस आदि के दौरे होने लगे। कांग्रेसियों ने देख लिया, अब उनकी एक नहीं चलेगी, लोगों ने मान लिया, सरकारी यन्त्र को भी मैं किस प्रकार संचारित कर सकता हूँ—उनका विश्वास मुझ पर दृढ़ हो गया!

अन्तिम-अन्तिम दिन तक वे लड़े—राक्षस की तरह। यह कांग्रेस सहस्र वार है, यह हाथ काटिए, तो इस हाथ से लड़ रहा है। किन्तु हम भी परसुराम बने थे, कुल्हाड़ी पर कुल्हाड़ी चलाए जा रहे थे।

हमारा ठाठ भी निराला था। जहाँ जाते, बैलगाड़ी पर सारा सामान लादे। किसी का टूटा-फूटा दालान ले लिया, फर्श लग गई, स्टोव जल उठा, चाय बनने लगी, चुल्हा जला, हंडा चढ़ा। खाइए, पीजिए—बीच-बीच में हँसी-दिल्लगी, गाना-बजाना! कांग्रेसी उम्मीदवार के धनी ससुर तक ने कहा—बेनीपुरीजी इस बार राजा की तरह लड़े हैं!

मैं राजा की तरह लड़ा और विजय के बाद राजा की तरह ही लोगों ने अभिनन्दन किया। जब दूसरे दिन मैं बेनीपुर आया, तो लगा, जैसे किसी राजा ने कोई देश फतह पर अपनी राजधानी में प्रत्यागमन किया है! बेदौल से ही लोगों ने शानदार जुलूस बनाया, बाजा-गाजा, झाल-डफ, माला, अबीर। बेदौल और जनाढ़ की गली-गली में मुझे हाथी पर बिठला कर घुमाया। बेनीपुर की सीमा पर ही लोग आ जुटे थे। गाँव-भर में घुमाकर मेरे दरवाज़े पर ले गए। बेटी प्रभा ने घर को कैसा सजा रखा था? तोरण, बन्दनवार, रास्ते पर चौक पुरा हुआ; मंगलकलश रखे हुए! गाँव-भर भी स्त्रियाँ इकट्ठी—नारे लग रहे, बाजे बज रहे, फूल बरस रहे। मेरे एक मसखरे मित्र ने रानी से कहा—आपके पिताजी के दरवाज़े पर भी बारात लगी थी; कहीं खिड़की से आपने देखी होगी; कहिए आज जो हमने दूल्हा बनाया है, उस दिन से अधिक सुन्दर और यह बारात अधिक शानदार है या नहीं?

रात हो चली थी, किन्तु भरथुआ के लोग कब मानने वाले। वे मुझे अपने गाँव ले गए!

अरे, यहाँ तो लोग उन्मत्त-से बने थे, नाच रहे थे, गा रहे थे, उछल रहे थे, कूद रहे थे। घर-घर में आरती, चन्दनमाला! उफ़, इस आनन्द का प्रतिदान क्या होगा?

दूसरे ही दिन मैं सारे क्षेत्र से घूम आया। सैदपुर, भरसौल, खंगुरा, बैगनी तक गया। रास्ते में फिर मटिहानी—मटिहानी ने सत्यनारायण की पूजा की थी इस विजय उपलक्ष्य में। चाहता था, यारो, अतरार भी हो जाऊँ, किन्तु तबीयत कुछ सुस्त हो चली थी! अतः कल घर पर ही विश्राम किया।

किन्तु आज भोर से ही गाँव में कैसा हुडदंग मचा है। दोपहर तक लोग खेलते रहे। देवेन्द्रजी ने सारे गाँव की सफाई करा दी। अब दोपहर से होली मची है! भंग में सराबोर, रंग में भीगे, गाते-बजाते लोग दरवाज़े-दरवाज़े घूम रहे हैं। मैं सदा इनका साथ देता रहा। आज भी सारे गाँव में घूम लिया। फिर मेरे दरवाज़े पर होली जमी और यहाँ से पूआ-खीर खाकर लोगों ने इस उत्सव की समाप्ति की!

इस चुनाव के दरम्यान ही जित्तिन की बुलाहट आई, वह कोयम्बटूर चले गए। बस उन्हीं का अभाव रहा, नहीं तो सारा परिवार यहीं। छोटे-छोटे पोतों ने तो पिचकारियों से सारे घर को रंग दिया।

हाँ, ऐसी होली ज़िन्दगी में बहुत कम बार आती है, जब सारा परिवार, समूचा गाँव, सारा अबार आनन्द और मस्ती में डूबा हो। मेरी जीत को मेरे सारे क्षेत्र ने अपनी जीत समझा है। मैं कह सकता हूँ, आज की होली मेरे दूर-दूर के मित्रों को भी ऐसी ही आनन्दप्रद लगी होगी—जिनके तारों और चिट्ठियों का यह बड़ा-सा बंडल आज ही इकट्ठा हो गया है!

पटना
3 अप्रैल 1957

तुम किन प्रपंचों में फँस गए हो बेनीपुरी?

पहले यह आकांक्षा कि एम.एल.ए. बनूँ। एम.एल.ए. बन गए, किन्तु किस क़ीमत पर! लगभग पाँच हज़ार रुपए लगाने पड़े, दौड़-धूप अलग। इन रुपयों को चुकाओगे किस तरह? इधर-उधर के हाथ-हथफेर! जल्द से जल्द नहीं चुकता करोगे, तो चारों ओर से उँगलियाँ उठने लगेंगी!

बैंक के रुपए हैं, मित्रों के रुपए हैं, सौदे-सुल्फेवाले बनियों के रुपए हैं। इन्हें कब तक टालोगे?

प्रकाशन के कार्य भी इस चुनाव के चलते ठप रह गए। दुकान में स्टाक नहीं है। जिनकी किताबें बेचीं, उनके पैसे चुकते नहीं कर सके। चारों ओर से तकाजे आ रहे हैं। पुस्तकों की माँग आती है, तो उन्हें दोगे कहाँ से?

फिर घर का खर्च; परिवार का खर्च। जित्तिन को रुपए चाहिए, प्रभा को रुपए चाहिए, देवेन्द्र को रुपए चाहिए। घर के किराए का मुकदमा है; पिछले साल जो ज़मीन खरीदी, उसने भी नालिश कर दी है—रुपए पूरे दे नहीं सके।

चारों ओर से रुपए, रुपए की माँग! कहाँ से लाओगे रुपए?

और जहाँ इस आर्थिक गुत्थी को सुलझाते, वहाँ यह राजनीतिक प्रपंच मोल ले रहे हो!

पार्टी में विधानसभा के लीडर का चुनाव है; पार्टी के चैयरमैन का चुनाव है। कुछ लोग चाह रहे हैं, तुम यह या वह बनो! तुम्हारे मन में भी कामनाएँ जगती हैं और इधर कई दिनों से तुम इस मृगतृष्णा के पीछे दौड़ रहे हो!

क्या अपनी स्थिति को देखते हुए तुम्हें इन प्रपंचों में फँसना चाहिए!

राजनीति—यह दुधारी तलवार! क्या इसे भाँजने की पटुता तुम में है?

राजनीति—एक फाहशा औरत! क्या इसके पीछे दौड़ने के लिए तुम्हारे पास समय और साधन हैं?

राजनीति—एक चक्रचाल! फँसे कि अपने को सुलझा सकोगे प्यारे? अरे, यह भँवर है भँवर! डर है कहीं इस भँवर की चपेट में पड़कर अपने को डुबा नहीं लो!

सोचते हो, इस साल के चुनाव में हमने कुछ अच्छा किया है। कांग्रेस की नाव देश-भर में डगमगा रही है। यदि किसी तरह पार्टी को सुसंगठित कर दूँ, तो हो सकता है, पाँच साल के बाद शासन-सूत्र पार्टी के हाथ में आ जाए?

तुम्हारा सोचना ठीक हो सकता है—लेकिन पार्टी जिस दलदल में पड़ी है, क्या उसे निकाल सकोगे? ऐसा नहीं हो कि उस दलदल में अपने को ही फँसा लो, कीचड़ में दब मरो! लाश का भी पता नहीं चले, अन्तिम क्रिया तक से भी वंचित रह जाओ!

पार्टी टुकड़ों में बँटी है—सब अपने-अपने व्यक्तित्व को ही लेकर सोचते हैं। जहाँ सामूहिक रूप से सोचा भी नहीं जाता, वहाँ कोई सामूहिक कार्य कैसे हो सकता है? पार्टी अब रही भी क्या? क्या मुर्दे में जान डाल सकोगे? और चेष्टा शुरू न की कि लोग विघ्न नहीं डालेंगे?

कहा-कहाँ लड़ोगे बेनीपुरी; किन-किन से लड़ोगे बेनीपुरी—अरे, अपने काम में लगो; लिखो, पढ़ो—स्वधर्म निधने श्रेय, परधर्म भयावहः।

पटना
25 अप्रैल 1957

एम.एल.ए. होना क्या बला है, कुछ अनुभव कर रहा हूँ।

क्वार्टर के लिए स्पीकर से मिला। उन्होंने कहा, किसी खाली मकान में घुस जाइए! सुनकर चकित हुआ और स्पष्ट कह दिया, मुझसे यह नहीं होगा। यदि ज़िन्दगी में यही करना होता, तो फिर आज मकान की क्या कमी होती? जहाँ जाऊँगा, सदर दरवाज़े से जाऊँगा, डंका बजाकर जाऊँगा। यह घुसने-घुसाने की मेरी आदत नहीं रही है।

उन्होंने एक दरख़ास्त लिखवाई! इस्टेट अफसर ने आर ब्लाक में एक मकान मेरे नाम पर अलॉट किया। किन्तु जब उस मकान में गया, एक अजीब बात!

वहाँ एक हारे उम्मीदवार का परिवार है। बातों में उन्होंने कहा, रात टेलीफोन से बातें करके भोर में ख़बर दूँगा। भोर में देवेन्द्र गए, तो पाया, एक दूसरे एम.एल.ए. साहब वहाँ आसन जमाए हुए हैं।

संध्या को गया, तो पाया, मकान के बाहरी दरवाज़े पर मोटे-मोटे ताले लटक रहे हैं और भीतर कोलाहल है। सामने के एक मकान में एक मित्र रहते हैं। उनसे बातें करने लगा। बीच-बीच में। खिड़कियाँ खुलती थीं—रोशनी होती थी, फिर खिड़की बन्द, रोशनी गायब!

मित्रों ने बड़े-बड़े दिलचस्प दास्तान सुनाए! यहाँ यही होता है। लोग घर छोड़ते नहीं, यहाँ तक कि किराए पर उठा देते हैं। जिनके नाम पर अलॉट हुआ, जब तक वे ज़बर्दस्ती नहीं करते, कोई टस से मस नहीं होता!

बेचारे चाँदबाबू ऐसे शरीफ आदमी को भी ज़बर्दस्ती पर उतारू होना पड़ा था। दस-पन्द्रह आदमियों के साथ पहुँचे, घर में घुस गए, तब कहीं वहाँ रम पाए।

एक देवीजी अभी-अभी एक मकान में पिछले दरवाज़े से घुस गई हैं! सीढ़ी लगाकर भीतर

आती-जाती हैं। अभी बाहर ताला ही लटक रहा है।

एक सज्जन किसी प्रकार घर छोड़ने को तैयार नहीं हुए, तो उन पर सरकार ने नालिश की; बिजली का सम्बन्ध काट दिया, पानी का सम्बन्ध काट दिया। तो भी दो साल तक डटे रहे!

एक सज्जन को मेरी ही तरह हाल में मकान मिला। किन्तु जो सज्जन पहले से थे, वे हटने को तैयार नहीं। तब एक दिन एक तमाशा लोगों ने देखा। पहले सज्जन एक ट्रक पर लोगों को ढोल-झाल के साथ ले आए और भीतर घुसकर ऐसा शोर-गुल करने लगे, कि दूसरे सज्जन को निकल भागना पड़ा।

बेनीपुरी, तुम भी यही करोगे?

जिस विधान-सभा के सदस्यों की यह हालत है, वहाँ से कोई अच्छा विधान कैसे निकल सकेगा? भगवान, इस राज्य के रक्षक तुम्हीं हो! और, स्वराज्य की रूपरेखा यही है!

कांग्रेस-पार्टी के नेता के चुनाव में क्या-क्या नहीं हुआ है? श्रीबाबू और अनुग्रहबाबू में चालीस वर्षों की दोस्ती थी। दोनों ऐसे लड़े कि कुत्ते भी मात! कौन-कौन से कुकर्म नहीं किए गए। लाखों रुपए बँटे, सदस्यों की चोरी हुई। कुछ बेचारे पिट भी गए। दिल्ली से लोग आए, शान्त कहाँ तक करते, आग लगाकर गए!

किसी तरह श्रीबाबू जीत गए!

अब मन्त्रिमंडल को लेकर छीछालेदर मची हुई है। पटना-दिल्ली एक हो रहा है।

चारों ओर अराजकता ही अराजकता है। जनता ने लड़कर, मरकर स्वराज्य लिया। वह स्वराज्य ऐसे हाथों में पड़ा है कि उसकी छीछालेदर हो रही है!

हमारा यह संविधान! इसमें वही जीतेगा, जिसके पास पैसे हों, तिकड़म हो, संगठन हो। जनता की इच्छा चुनावों में प्रगट नहीं हो पाती। तिकड़मी लोग जीत जाते हैं, जनता के लोग हार जाते हैं!

गाँधी जी ने कहा था, कांग्रेस को तोड़ दो। दिन-दिन सिद्ध हो रहा है, सारे अनर्थों की जड़ यही है।

गाँधीवादी भूदान में लगे हैं। नेहरूवादी शासन को हथिया कर जमे हैं। बेचारी जनता जहाँ की तहाँ मौन-मूक खड़ी है!

और मेरे ऐसे आदमी एम.एल.ए. होकर भी सड़क की धूल फाँक रहे हैं!

बेनीपुर
15 मई 1957

आज दोस्तोयवस्की की 'क्राइम एंड पनिशमेंट' को ख़त्म किया। अभी तक यह पुस्तक नहीं पढ़ी थी! क्या यह आश्चर्य की बात नहीं? बात यों है कि मोटे उपन्यासों से मैं घबराता हूँ। संघर्षमय जीवन—इतना समय कहाँ कि इतनी मोटी पुस्तकें पढ़कर समाप्त कर सकूँ। रोमाँ रोलाँ की 'जीन क्रिस्तोफे' इसी प्रकार अधूरी ही पढ़ सका। किन्तु चुनाव के बाद जिन परेशानियों में रहा, उन्हें भूलने के लिए इस पुस्तक की शरण ली। और दोस्तोयवस्की को धन्यवाद—अपने को इसमें यदा-कदा लीन रखकर थोड़ी शान्ति प्राप्त की!

कुछ विचित्र है यह उपन्यास। रास्कोलनिकोव बाईस-तेईस वर्ष का युवक है। देहात में रहता है, सेंट पिट्सबर्ग में पढ़ने आया है। ग़रीब है; उदार है। सदा आर्थिक परेशानियों में रहता है। ऊबकर एक दिन सोचता है, क्यों न उस बुढ़िया को मार डाला जाए, जिससे वह

कर्ज़ लिया करता है! बुढ़िया बड़ी चंट है, उसने बहुत पैसे इकट्ठे कर रखे हैं। वह अकेली है, उसे मारना भी आसान है। रास्कोलनिकोव एक दिन जाता है और उसकी हत्या कर डालता है।

हत्या करना आसान है, किन्तु उसको पचाना—छिपाना! ख़ासकर एक आदर्शवादी युवक के लिए! उफ, कैसा हृदय-मन्थन प्रारम्भ होता है और घटनाओं का कैसा घटाटोप बँधता चला जाता है।

एक जगह समरसेट मॉम ने लिखा है—हर उपन्यास में ऐसे स्थल होते हैं, बीच-बीच में पृष्ठ-के-पृष्ठ—जिन्हें छोड़कर भी उस उपन्यास का पूरा मज़ा आप उठा सकते हैं। आप उन अंशों को अलग कर दीजिए, तो पाठकों के लिए सुविधा ही हो जाए, कम समय लगे, कम पैसे लगें!

किन्तु क्या 'क्राइम एंड पनिशमेंट' में ऐसे स्थल कहीं भी हैं, पृष्ठ की क्या बात, कोई पैरा भी, जिन्हें आप हटा सकेंगे! इस उपन्यास को पढ़ते समय मैंने इस पर सदा ध्यान रखा; सोचा, थोड़ा समय कम लगे, तुरंत समाप्त कर लूँ, क्योंकि न-जाने फिर किसी काम में फँस जाऊँ और यह अधूरा ही रह जाए। किन्तु, पाया, दस-पाँच पंक्ति भी छोड़कर बढ़ा नहीं जा सकता। मुझे पंक्ति-पंक्ति पढ़ने को लाचार होना पड़ा।

इस हत्या के पहले ही इस युवक की भेंट एक भट्ठीखाने में एक विचित्र पुरुष से होती है, जो कभी सरकारी नौकर था, अब बेकार बना, परिवार पर बोझ है, शराब की लत है, बीवी के पैसे चुरा-चुराकर पीता है, यहाँ तक हालत है कि इसकी बेटी को नन्हीं उमर में वेश्यावृत्ति करने को लाचार होना पड़ता है! हृदय की किस सरलता से अपनी सारी कमज़ोरी और पाप को प्रगट कर देता है! उस समय क्या यह युवक जानता था कि उसकी यही बेटी, सोनिया, अन्त में उसके लिए शरणस्थली बनेगी, वह साइबेरिया तक उसका साथ देगी, उसे नवजीवन की ओर प्रेरित करेगी!

युवक की माँ है और एक बहन! माँ ने क्या-क्या आशाएँ बाँध रखी हैं अपने इस बेटे से! और बहन को इसी के कारण दासी का काम करना पड़ा है! इसकी बहन से शादी करने को तैयार है एक धन-पति! किन्तु वह कैसा नीच है! तीनों ही युवक से मिलने शहर में आते हैं!

घटनाएँ उलझनपूर्ण होती जा रही हैं। पुलिस हत्या का पता लगाने में ऐड़ी चोटी का पसीना एक कर रही है। सरकारी वकील कितना होशियार है। वह धीरे-धीरे पता लगा लेता है, यह युवक ही हत्याकारी है! किन्तु यह क्या? जो लोग सन्देह में गिरफ़्तार होते हैं, उनमें से एक स्वीकार कर लेता है, बुढ़िया की हत्या उसने की। वकील के लिए क्या चारा—किन्तु उसका मन स्वीकार नहीं करता कि रास्कोलनिकोव के अतिरिक्त किसी दूसरे ने हत्या की होगी!

रास्कोलनिकोव की दिमाग़ी उलझन बढ़ती जाती है! वह बीमार पड़ जाता है, अर्द्धविक्षिप्त-सा रहता है। कई बार वह अपराध स्वीकार करने को उद्यत हो जाता है, पुलिस-आफिस तक जाता है, किन्तु उसका आत्माभिमान उसे फिर रोक देता है! वह अपने को असाधारण व्यक्ति समझता है। अपराध साधारण व्यक्तियों के लिए है, जो असाधारण व्यक्ति हैं, उन्हें तो खून को ठेलकर ही आगे बढ़ना होता है! एक तरफ यह दम्भ; लेकिन दूसरी ओर, बुढ़िया के पैसों तक का उपयोग वह नहीं कर पाता है, डर के मारे उसे गाड़ देता है, उस ओर झाँकता भी नहीं।

उपन्यास के अन्त में एक विचित्र व्यक्ति आता है, स्वीद्रीगाइलौव! वह धनी है, उसने अपनी पत्नी को ज़हर देकर मार डाला है, वह रास्कोलनिकोव की बहन को फँसाना चाहता

है, इस हत्या का रहस्य जानता है, इस अस्त्र का उपयोग करना चाहता है, अन्त में अपना सारा धन लुटाकर आत्महत्या कर लेता है!

दोस्तोयवस्की ने स्वयं लिखा है, स्वीद्रीगाइलोव निराशाजनक साहस की प्रतिमूर्ति है, बिलकुल ख़ब्त! और सोनिया आशा की मूर्ति है, ऐसी आशा की जिसकी पूर्ति नहीं हो पाती! और रास्कोलनिकोव इन दो छोरों के बीच चक्कर काटता अन्त में स्वीकारोक्ति कर लेता है!

दोस्तोयवस्की अन्तर्जगत और अन्तर्भूमि का चितेरा समझा जाता है। इस उपन्यास में लगभग एक दर्जन पात्रों की सृष्टि कर उसने गरीबों की ज़िन्दगी से सम्बद्ध हर मनोवृत्ति और मनोदशा का ऐसा सजीव चित्रण किया है कि सारी पुस्तक अक्षर रूप में भी चलचित्र देखने का मज़ा देती है!

दोस्तोयवस्की—रूस के चार सर्वश्रेष्ठ लेखकों में एक। चारों का चार रंग—गोगोल का अलग, तुर्गनेव का अलग, ताल्स्ताय का अलग और दोस्तोयवस्की का अलग! नवयुवक ही था, तो उसकी लेखनी की धूम मच गई। 'भैया, मुझ में नवीनता और मौलिकता प्रकृति ने ही दे रखी है—मेरा भविष्य प्रोज्ज्वल है, आप विश्वास रखें!'

इंजीनियरिंग पढ़ने को भेजा गया, बन गया लेखक। अपने उग्र विचारों के कारण साइबेरिया के बनवास की सज़ा भुगती। सदा रुपए-पैसे की तंगी—इस तंगी से बचने के लिए लगातार लिखता रहा! जुआड़ी एक नंबर का। कर्ज़दारों से बचने के लिए पश्चिम यूरोप भाग आया करता। अन्त में एक लड़की से शादी—उसने इसके जीवन को नया मोड़ दिया। उसकी सारी पांडुलिपियों और पत्रों को सँजोकर रखा। उसकी मृत्यु पर रूस-भर में मातम छा गया—बड़े धूमधाम से उसे दफनाया गया!

अपनी पुस्तकों का विस्तृत ख़ाका पहले से तैयार कर लेता। 'क्राइम एंड पनिशमेंट' का ख़ाका 300 पृष्ठों में प्रकाशित हुआ है।

पटना
22 मई 1957

विधानसभा के पाँच दिनों का क्या अनुभव हुआ?

17 मई को शपथ-ग्रहण हुआ। जीवन में पहली बार विधानसभा के सदन में सदस्य की हैसियत से प्रवेश किया। यों तो मैं प्रायः नहीं ही उस ओर जाता रहा, किन्तु जब पिछले आम चुनाव में हार गया, तब तो निश्चय कर लिया, जीतकर ही उस सदन में पैर रखूँगा। मेरी यह पैज पूरी हुई। जब भीतर प्रवेश किया, थोड़ा आत्मसन्तोष हुआ। नया वातावरण, नए-नए चेहरे, नए-नए क़ायदे, शिष्टाचार के नए-नए ढंग! एक कुतूहलजनक आनन्द का अनुभव किया। बहुत से पुराने साथियों को, जिनके साथ स्वतन्त्रता संग्राम में, जेलों में, इतने दिन व्यतीत किए, इस नए वातावरण में एक साथ देखकर, मिलकर आनन्द क्यों नहीं पाता! इतनी महिलाएँ भी चुनकर आई हैं, यह देखकर और भी प्रसन्नता हुई!

किन्तु विधानसभा की जो कल्पना मेरे मास्तष्क में थी, वह चूर होने लगी, जब शपथ-ग्रहण का कार्य प्रारम्भ हुआ। अरे, इस सदन में ऐसे सदस्य और सदस्याएँ हैं, जिनके लिए चार पंक्तियों की यह शपथ पढ़ना भी मुश्किल है। माना, हमारे देश में अनपढ़ लोगों की संख्या बड़ी है और उनका 'सच्चा' प्रतिनिधित्व भी होना ही चाहिए; किन्तु उन्हें जिन कर्तव्यों का पालन करना है, क्या वे कर सकेंगे?

शपथ की भाषा भी विचित्र थी—'प्रतिज्ञान' और 'निर्वहन' का अर्थ क्या प्रति + ज्ञान

ज्ञान का प्रतिलोम नहीं समझा जा सकता और 'वहन' के पीछे का 'निः' निषेधात्मक रूप में नहीं लिया जा सकता? किन्तु रघुवीरी शब्दकोष को मानने का फल और क्या हो सकता है?

विधानसभा के सदन की शान-शौकत का क्या कहना? कहाँ 'हाउस ऑफ कौमन' की सादगी और यह चमक-दमक! ऐसी शान-शौकत तो 'हाउस ऑफ लौर्ड्स' में भी नहीं! शीत-ताप-नियन्त्रित सदन! मखमली आसन! सदस्यों के लिए सभी सुविधाएँ! यदि इसमें बैठकर बाहर की लूइ-लपट को लोग भूल जाएँ, तो आश्चर्य क्या? और यदि इसमें फिर आने के लिए लोग दिल्ली-पटना एक करें, बेहिसाब ख़र्च करें, वोट खरीदें, बोगस चलाएँ, तो उन्हें कौन दोष दे?

कांग्रेस ने इस बार स्त्रियों को अधिक टिकट दिए और औरतों में सिर्फ एक-दो ही हारीं, सबकी सब जीत गईं। उनमें कई विदुषी भी हैं! कुछ गृहिणी और कुछ तितली भी! ठीक है—जैसा समाज वैसे ही तो प्रतिनिधि होंगे! सीता और सावित्री हर घर में मिल जाएँ, तो इनकी महिमा क्या रह जाए?

संख्या में सबसे बड़ी हमारी पार्टी—प्रजा सोशलिस्ट पार्टी है। फिर झारखंड, तब जनता। इस बार कम्युनिस्ट पार्टी के लोग भी चुने गए। स्वतन्त्रों की संख्या बहुत कम रही। बेचारे लोहिया के एक ही प्रतिनिधि आए! हम वामपंथियों ने कितना ज़ोर लगाया, लेकिन कांग्रेसवालों की संख्या हमसे लगभग दूनी रही! कांग्रेस की विजय का रहस्य! उनके पास पैसे हैं, संगठन है, तिकड़म है। सबसे बढ़कर इतने लोग खड़े हो जाते हैं कि विरोधी वोट अनायास ही बँट जाते हैं और वे कम वोट पाकर भी जीत जाते हैं। मेरे ही क्षेत्र में तो तीन स्वतन्त्र खड़े थे, तीनों की जमानत ज़ब्त हुई, किन्तु ग्यारह हज़ार वोट तो उन्होंने बर्बाद किए ही!

सोचता हूँ, यहाँ आ गया हूँ, तो बता दूँ, मैं एक अच्छा विधायक भी हो सकता हूँ। अभी तक चीज़ों को समझने की ही कोशिश की है। मेरे साथी उछलकूद मचाने लगे हैं, मैं चुपचाप बैठा रहता हूँ। जितने विधायक आए हैं, चाहे वे जिस भी पार्टी के हों, उनसे मिलने-जुलने का प्रयत्न करता हूँ। हाँ, मन्त्रियों से बचने का प्रयत्न करता हूँ। जो एकदम निकट हैं, उन्हीं में से एक-दो से बातें हो पाई हैं। बहुत से ऐसे लोग हैं, स्वतन्त्रता-संग्राम में जिनके साथ वर्षों जेलों में रहना पड़ा! उनसे मिल-जुलकर आनन्द ही अनुभव करता हूँ, भले ही वे यमुना त्रिपाठी की तरह कांग्रेस में हो या कार्यानन्द शर्मा की तरह कम्युनिस्ट पार्टी में।

विधानसभा
23 मई 1957

आज मेरा पहला भाषण हुआ! इसे मैडन स्पीच कहा जाता है; कुमारी-सम्भाषण ? राज्यपाल के भाषण पर संशोधन पेश करते हुए बोला। ऐक्ट बन चुका है, 29 नवम्बर 57 तक सारे राजकाज हिन्दी में होंगे। सातवाँ वर्ष बीत रहा है, किन्तु आज भी हिन्दी की भरमार। सरकार सांस्कृतिक जागरण के प्रति उदासीन है। शिक्षा का स्तर नीचे जा रहा है। निरक्षरता दूर करने की गति ऐसी है कि यही रफ़्तार रही, तो 115 वर्ष में बच्चे शिक्षित होंगे—बड़े-बूढ़ों को तो निरक्षर रूप में ही मरना है। पाठ्य पुस्तकों में धाँधली है। इन्हीं विषयों पर बोला—कांग्रेस की ओर से शोरगुल ! किन्तु लोग कहते हैं, अच्छा बोला!

पटना
25 मई 1957

मेरा 'कुमारी-सम्भाषण' कैसा हुआ? हाँ, अंग्रेजी में जिसे 'मैडन स्पीच' कहते हैं, उसका रघुवीरी हिन्दी में यह अनुवाद क्यों न हो? मैंने अपने भाषण के अन्त में धन्यवाद देते हुए इस शब्द का प्रयोग किया और लोग खूब हँसे! अख़बारों में भी इसकी चर्चा रही!

जब हिन्दी पर बोल रहा था, मैंने बताया कि किस प्रकार हिन्दी-भाषी ही हिन्दी की उपेक्षा करते हैं। यह कहना ग़लत है कि अहिन्दीभाषी लोगों के चलते देर हो रही है। प्रमाणस्वरूप मैंने कई अहिन्दीभाषी सदस्यों के व्याख्यान की तारीफ़ की और बताया, किस प्रकार हिन्दीभाषी मिनिस्टर हिन्दी की टाँग तोड़ते हैं। एक मिनिस्टर के संक्षिप्त भाषण से ही मैंने लिंग ग़लतियाँ बतलाईं—जहाँ जीवन, उद्देश्य आदि शब्द स्त्रीलिंग बन जाते हैं और सरकार, उपयोगिता आदि शब्द पुल्लिंग!

बस इस पर हल्ला मचा! एक मिनिस्टर तमक कर उठे, अध्यक्ष को भी कुछ कहना पड़ा; तब से सदन में इसकी चर्चा है! कुछ लोग कहते हैं, अच्छा किया। कुछ का कहना है, पहले भाषण में यह अच्छा नहीं। लेकिन, देखता हूँ, तब से लोग भाषण देने में भाषा पर ध्यान रखने लगे हैं। हाँ, कुछ लोगों ने ख़ाम-ख़्वाह अंग्रेजी में बोलना शुरू कर दिया है—आज एक मन्त्री और एक भूतपूर्व मन्त्री अंग्रेज़ी में बोले। हाँ, एक भूतपूर्व मन्त्री ने तथा कई कांग्रेसी सदस्यों ने भी मेरा समर्थन किया!

साहित्यिक जागरण के प्रति सरकार की उदासीनता के प्रति मैंने जो कुछ कहा, उसका भी असर अच्छा हुआ। शिक्षा के स्तर को ऊँचा उठाने के बारे में तो सभी सहमत थे। और जब सरकारी आँकड़ों के ही आधार पर मैंने बता दिया कि यदि शिक्षा की प्रगति यही रही, तो 115 वर्ष के बाद सभी बच्चे साक्षर होंगे, तो देखा, जैसे सबकी आँखें खुल गईं। टेक्स्ट बुक कमेटी के बारे में भी मेरी राय को समर्थन मिला है।

अख़बारों में मेरे भाषण का प्रायः स्वागत ही किया गया है। मैंने प्रथम भाषण में ही अच्छा प्रभाव डाला, मेरी भाषा और उच्चारण अच्छे थे, मैंने विधानसभा में एक नई बात जोड़ी, उसे राजनीतिक और आर्थिक प्रश्नों में ही उलझे रहने से हटाकर सांस्कृतिक और साहित्यिक धरातल पर पहुँचा दिया—आदि टिप्पणियाँ की गई हैं। अधिकांश पत्रों ने प्रथम पृष्ठ पर ही मेरा भाषण छापा। एक विचित्रता रही, "इन्डियन नेशन" और "अर्यावर्त" की अपेक्षा "सर्चलाइट" और "प्रदीप" ने अधिक जगह दी, अच्छे ढंग से छापा! यों ही जहाँ "नवराष्ट्र" ने यों ही दो चार पंक्तियाँ दे दीं, वहाँ "राष्ट्रवाणी" ने चार कॉलम का हेडिंग देकर उसे प्रथम पृष्ठ पर छापा। सबसे कमाल किया "अमृतबाज़ार पत्रिका" ने। उसके संवाददाता ने मेरा पूरा भाषण तार से कलकत्ता भेजा और पटना के अख़बारों के साथ ही उसमें डबल कॉलम हेडिंग के साथ अन्तिम पृष्ठ के प्रथम स्थान पर वह छपा!

आजकल मैं नियमित रूप से विधानसभा जाता हूँ। नए-नए लोगों से आत्मीयता स्थापित करने की कोशिश करता हूँ। आत्मीयता में मैंने पार्टी की हदबन्दी कभी रखी ही नहीं। कुछ अच्छे लोगों से दोस्ती बढ़ी है। सोचता हूँ, नदी-नाव संयोग, इस मौके का अच्छे-से-अच्छा उपयोग क्यों न करूँ? हाँ, इस गरमी और लू के दिन में डेरे से आने-जाने में बहुत ही कष्ट होता है। लेकिन, वहाँ तो अँधेर-नगरी है। हमारे अध्यक्ष महोदय की लटर-पटर की नीति अँधेरखाता मचाए हुए है। उफ, यह दुनिया कैसी हो गई? बिना धक्कमधुक्की किए कोइ किसी को उसके घर में भी घुसने नहीं देता।

इस 'कुमारी-सम्भाषण' के बाद मैं फिर 57 साल का बूढ़ा ही रहा हूँ—यह मैंने भाषण के अन्त में कहा था। पहले दिन कुछ भूल-भ्रांति भी हो गई है, अब से एक बुजुर्ग सदस्य की तरह विधानसभा में रहने-सहने की कोशिश कर रहा हूँ। हाँ, इतनी बुज़ुर्गी नहीं कि ज़िन्दादिली ही ख़त्म हो जाए।

पटना
1 जून 1957

कल संध्या को नए डेरे में आ गया। कुफ़्र टूटा खुदा-खुदा करके! लेकिन देर आए, दुरुस्त आए। डेरा बहुत अच्छा मिला। यह बोरिंग रोड पर है। ऊपर, दो तल्ले पर जगलाल चौधुरीजी हैं, नीचे मैं हूँ। सामने ही महेश्वरनाथ और रामचरित्र बाबू के मकान हैं। बगल में शिल्पकला अनुसंधानशाला है, जहाँ महारथीजी काम करते हैं। खुली जगह; उन्मुक्त हवा। सब तरह से यह डेरा अच्छा मिला।

इधर विधान-सभा में मेरा दूसरा भाषण हुआ। मैंने कुछ ऊँचे स्तर पर बातें रखीं? बजट क्या है, क्या आँकड़ों का समूह! नहीं, समाज का दर्पण—आनेवाले समाज का, आज के समाज का और पिछले कल के समाज का भी। आपको कैसा समाज बनाना था? गाँधीजी ने रामराज्य कहा, फिर सर्वोदय की संज्ञा दी, कांग्रेस ने, राष्ट्रपति ने, प्रधानमन्त्री ने, समाजवादी समाज कहा! इस बजट में क्या रामराज्य की झलक है? सर्वोदय की? या समाजवाद की? मैंने सप्रमाण सिद्ध किया, इसमें इन तीनों की कहीं झलक नहीं दिखाई पड़ती—चारों ओर गरीबी है, भुखमरी है, बीमारी है, मृत्यु है, शासन ही सबसे बड़ी शोषण-संस्था बन गई है, वर्गभेद, वर्णभेद अपनी चरम सीमा पर पहुँच रहा है। इस बजट में इन दुरावस्थाओं के निदान के लिए कहीं कोई बात दीख नहीं पड़ती!

आप एक कल्याणकारी राज्य का दावा कर सकते थे! किन्तु कल्याण किसका? गाँधीजी ने कहा था, गाँव के कल्याण में ही देश का कल्याण, गाँव स्वस्थ, स्वावलम्बी और सुन्दर बन जाए, देश स्वभावतः ही ऐसा हो जाएगा। ज़रा इस बजट को देखिए। इसमें 46 मद हैं, हर मद में लाखों, करोड़ों का खर्चा दिखाया गया है। किन्तु इसमें एक अभागा मद है, जिसमें एक पैसे का भी खर्च नहीं है—वहाँ शून्य ही शून्य है। वह कौन-सा मद है, वह है इस बजट का 22 वाँ मद, जिसका शीर्षक है—'ग्राम-विकास'! यह मद आपकी मनोवृत्ति का डंका पीट रहा है!

फिर मैंने गाँव की तीन आवश्यकताओं पर ज़ोर दिया—स्वास्थ्य, शिक्षा, उन्नत जीवन-स्तर! 'जन-स्वास्थ्य-विभाग' तो यथार्थ 'जन-रोग-विभाग' है—नहीं 'महामारी-विभाग' है। क्योंकि जब कभी महामारी फैलती है—हैजा, प्लेग, मलेरिया, चेचक—तभी यह विभाग अपना अस्तित्व सिद्ध करता है! स्वास्थ्य-विभाग क्या है, मैंने इंगलैंड के कल्याणकारी राज्य में देखा! ज़रा उनका अनुकरण कीजिए।

फिर शिक्षा—एक अरब के बजट में शिक्षा पर सिर्फ 10 करोड़; यानी 10 प्रतिशत। और जहाँ 88 प्रतिशत लोग अशिक्षित हों, वहाँ प्रौढ़ शिक्षा पर सिर्फ 6 लाख और बच्चों की शिक्षा पर 3.93 करोड़! लगता है, इस सरकार को हमारे संविधान की प [illegible] ह नहीं है, जहाँ दस साल में निरक्षरता दूर कर देने का उल्लेख है!

ग्रामोद्योग के बारे में भी थोड़ा कहा, क्योंकि इस पर बहुत [illegible] I बोल चुके थे। फिर इस बजट में दिए गए 'आयोजन करो या मरो' वाक्य की व्याख्या व.. आयोजन कौन करे?

जनता? जनता से आपने कुछ पूछा, उसकी आवश्यकता पर ध्यान रखा? यह आयोजन न जनता का है, न हमारा, न आपका। यह आयोजन अफ़सरों का है, उन्होंने ही बनाया, उन्हें ही भला-बुरा करना है, करें। हाँ, 'मरो' यह शब्द जनता के लिए ज़रूर कहा गया है। क्योंकि इतने कर आपने लगाए हैं कि वह जीवित रह नहीं सकती—कपड़े पर कर; बर्तन पर कर, दवा पर कर, किताब पर कर, जलावन पर कर, बस, एक कर बाकी है, आग पर कर लगा दीजिए, फिर हमारी लाश की दुर्गत होकर रहेगी!

एक सदस्य ने कहा—दियासलाई पर कर है! मैंने कहा, मैं भूल गया था, बस, अब हमारी लाश की दुर्गन्ध से वातावरण विषाक्त होकर रहेगा।

लेकिन, मैंने कहा, करो या मरो का मन्त्र गाँधीजी ने 1942 में दिया था। इस मन्त्र के उच्चारण के बाद देश में कैसी विद्रोहाग्नि फैली! क्या हमारे वित्तमन्त्री फिर उसी विद्रोह का आह्वान कर रहे हैं। हो, ऐसा ही हो, मैं इससे नहीं घबराता। क्योंकि इस मन्त्र के बाद पाँच वर्षों में ही देश को राजनीतिक स्वतन्त्रता का स्वर्णविहान देखना पड़ा, अगला पाँचवाँ वर्ष हमें आर्थिक स्वतन्त्रता का स्वर्ण-विहान दिखाए और यों हमारे वित्तमन्त्री के मुख से उच्चरित यह मन्त्र सफल हो, यही मेरी कामना है?

मेरे इस भाषण पर मेरे मित्र बहुत प्रसन्न हुए। सबने एक स्वर से कहा, दूसरे ही भाषण में आपने सिद्ध कर दिया, आप अच्छे पार्लियामेंटेरियन भी हैं। पहले दिन स्वर कुछ ऊँचा हो गया था, तर्ज कुछ सार्वजनिक भाषणों की थी। आज इन बातों में कहीं त्रुटि नहीं रही। हाँ, मैं जिस विस्तार से कहना चाहता था, वह नहीं हुआ, क्योंकि अध्यक्ष ने मुझे बीस मिनट का ही समय दिया था और मैंने चेष्टा रखी कि इतने समय में ही बातें रख दूँ। विलायत में देखा था, बड़े-बड़े राजनीतिज्ञ और वक्ता आधे घंटे में ही अपनी सारी बातें रख देते हैं।

लेकिन मैंने अनुभव किया, इस सदन में ऊँची बातें कही नहीं जातीं—बस, शिकायतों की सूची ही पेश की जाती है और उसी को लोग बड़े प्रेम से सुनते और अख़बारवाले छापते हैं। एक कांग्रेसी भाई ने मेरे भाषण के बाद सचमुच सही कहा—

कर लै, सूँघि, सराहि कै, सबै रहे गहि मौन,
गंधी-धंध गुलाब कौ गँवई गाहक कौन!

मुझे कहना चाहिए था—

यहि आसा अटक्यों रहै अलि गुलाब कौ मूल,
अइहैं बहुरि बसंत रित, इन डारन वै धूल!

विधानसभा में बोलने के अवसर तो कम ही आते हैं, अतः प्रश्नों के द्वार स्थानीय समस्याओं पर ध्यान दिलाना आवश्यक होता है। मैंने अभी तक भरथुआ चौर, रतवारा चौर, 1954 की रिलीफ के बँटवारे में भ्रष्टाचार, टेक्स्ट बुक के प्रकाशन और वितरण में अव्यवस्था, अपने क्षेत्र में हरिजनों के लिए बने कुओं की संख्या और उनमें किए गए गोलमाल, भैरव स्थान मेले की आय से वहाँ के तालाबों और कुओं के उद्धार—इन विषयों पर प्रश्न दिए हैं। पटना कैम्प जेल में शहीद हुए देशभक्तों की नामावली तथा उनके लिए स्मारक बनाने की आवश्यकता पर भी एक प्रश्न दिया है। संक्षेप में कोशिश कर रहा हूँ, विधानसभा की अपनी स्थिति से लोगों को अनुभव कराऊँ!

विधानसभा-सम्बन्धी एक काम और भी शुरू कर दिया है। "आर्यावर्त" में विधानसभा के सम्बन्ध में दो लेख दिए हैं। पहला लेख "आर्यावर्त" में प्रथम दिन के अनुभव पर पहले ही पृष्ठ में छपा। लोगों में उसकी बड़ी चर्चा रही! फिर दूसरा लेख छपा है और अब प्रति सप्ताह एक लेख छपा करेगा। आर्यावर्त बिहार में सबसे अधिक जनप्रिय पत्र हो चला है। लगभग एक लाख पाठक हैं उसके! सप्ताह में इन लाख आदमियों से अपने अनुभव कह सकूँ, यह क्या कुछ कम है ?

बेनीपुर
4 जून 1957

परसों मुज़फ्फरपुर में मालूम हुआ जीअनबाबू चल बसे! जीअनबाबू मेरे प्यारे दोस्तों में, अन्तरंग मित्रों में थे। जब मैं मुज़फ्फरपुर कोलेजिएट स्कूल में पढ़ता था, वह मेरे सहपाठी थे। फिर बीच में सम्बन्ध टूट-सा गया। जब मैं 1934 में जेल से बाहर आया, उनसे घनिष्ठता बढ़ने लगी। वह डिस्ट्रिक्ट बोर्ड के लिए खड़े हुए; मैंने उनकी मदद की, वह जीत गए। तब से लगातार बीस-बाईस वर्षों तक निकटतम सम्बन्ध रहा। धनी आदमी थे। जब कोई काम पड़ता, मदद को हाज़िर। बेदौल में अखिल भारतीय किसान-सम्मेलन 1942 में हो रहा था। मैं गिरफ़्तार हो गया, ख़बर हुई; पूरे साज-सामान के साथ पहुँचे और मेरे परोक्ष में बाहर के सभी सम्मान्य अतिथियों को ठाठ-बाट से रखा, खिलाया-पिलाया। पिछले चुनाव के बाद, फिर बेदौल में ही, पार्टी की रैली हुई। फिर उसी तरह साज-सामान के साथ पहुँचे और मित्रों की मेहमानदारी की! जब कभी संकट में पड़ता था, या घर में कोई उत्सव होता था, सदा मदद करने को तत्पर हो जाते थे। इस साल मैं जो खड़ा हुआ, उसमें उनका भी आग्रह था। पटना गए, मेरे डेरे पर हठ ठान दी कि मैं ज़रूर खड़ा होऊँ। जब मालूम हुआ, रानी इसके विरुद्ध है, तो वह बेनीपुर आए और उनसे आग्रह कर इसके लिए वचन लिया। लेकिन अफसोस, वह अचानक बीमार पड़ गए; तो भी जब भेंट होती, मेरी मदद के लिए छटपटाते दिखाई पड़ते! दवा-दारू में कोई कसर घरवालों ने नहीं रखी। पटना ले गए, अच्छे से अच्छे डॉक्टरों का इलाज करवाया। फिर एक कविराजी वैद्य से चिकित्सा कराने बनारस गए और वहीं, छः दिन पहले, उनका स्वर्गवास हो गया!

उनकी मृत्यु का अफसोस था ही कि कल जब अख़बार खोला, पता चला, फूलन जी चल बसे! फूलन प्रसाद वर्मा, हमारे फूलन जी, बहुत ही कम पाए जानेवाले उच्चकोटि के प्रतिभाशील लोगों में थे। उनका ननिहाल जयप्रकाशजी के परिवार में था। दोनों में घनिष्ठ मैत्री—दोनों लँगोटिया साथी। विद्यार्थी जीवन से ही नौजवानों के नेता। जयप्रकाश जी अमेरिका चले गए; वह पटना में रहकर ही अपने अध्ययन के साथ राजनीतिक और सामाजिक क्षेत्रों में काम करते रहे। कलम के भी धनी। 'सर्चलाइट' के सम्पादकीय विभाग में भी काम किया और बड़े-बड़े लोगों से भिड़ जाने में जरा कोर कसर न की। एक बार स्वर्गीय सिन्हा साहब की लेखनकला पर भी आक्षेप कर दिया; सिन्हा साहब अपने को बेजोड़ लेखक मानते थे। उनके गुस्से का क्या कहना? लेकिन, फूलनजी में ऐसी जिन्दादिली थी कि कोई उनसे अधिक दिनों तक नाराज़ क्या रह सकता था! पटना-युवक-संघ के जन्मदाताओं में थे; बिहार-सोशलिस्ट-पार्टी के प्रथम मन्त्रिमंडल के जाज्वल्यमान सदस्य थे। बिहार में समाजवादी आन्दोलन को गति और दिशा देने में उनका ज़बर्दस्त हाथ था। स्वाधीनता संग्राम में थीं वह सदा अग्रणी रहे। 1942 में हम लोग बहुत दिनों तक जेल में साथ रहे। उन्हें कितने चुटकुले याद थे! जेल में अपने

चुटकुलों से वहाँ की मनहूसी भगाए रहते। जिस दिन जयप्रकाशजी जेल से निकल भागे, वह किस प्रकार विचलित हुए थे! दोनों में ऐसा अटूट सम्बन्ध था ! जब देश स्वाधीन हुआ और देश की सबसे बड़ी योजना—दामोदर-घाटी-योजना—का शुभारम्भ हुआ, फूलनजी उसकी कारपोरेशन के एक सदस्य बनाए गए। तब से इस योजना को सफल बनाने में लगे थे। हम लोग पटना में उनका अभाव पग-पग पर अनुभव करते, किन्तु सन्तोष होता, हमारा एक साथी इतना बड़ा काम कर रहा है। पंडित नेहरू भी उनकी प्रतिभा और कार्यशक्ति से बहुत प्रभावित थे।

फूलनजी कुछ दिनों से बीमार रहा करते थे; डायबिटीज की शिकायत थी। अन्तिम बार कलकत्ता में उनसे भेंट हुई थी। अपने घर के लॉन पर एकान्त में दो कुर्सियाँ डलवाईं और बड़े प्रेम से बातें करते रहे, विशेषतः व्यक्तिगत बातें, जो मित्रों से ही की जा सकती हैं। कलकत्ता के अनुभव, विदेशों के अनुभव, जहाँ कारपोरेशन के काम से उन्हें बार-बार जाना पड़ता! मैं क्या जानता था, यह उनसे आखिरी भेंट सिद्ध होगी! अभी जब पटना से घर आ रहा था, स्टीमर पर बसावन से उनके बारे में चर्चा छिड़ी और फूलनजी की चर्चा छिड़े, तो क्या वह तुरन्त ख़त्म होती थी! आह! जब हम वह चर्चा कर रहे थे, कलकत्ता में वह मृत्युशय्या पर पड़े होंगे! कैसे विधि-विधान। उर्दू का एक शेर है

पुराने अहबाब चल बसे सब
कही पे होंगे दो-चार बाकी!

एक-एक कर सभी साथी छोड़ते चले जा रहे हैं! दुनिया मेरे लिए धीरे-धीरे सूनी होती जा रही है! मेरा स्वास्थ्य इधर बहुत अच्छा है। किन्तु इन मित्रों के उठ जाने की ख़बर अपने बारे में भी अनिश्चितता ला देती है! मेरे ये दो मित्र भी कम स्वस्थ नहीं थे! लेकिन मृत्यु अचानक बीमारी के रूप में आई और इन्हें उठा ले गई! आह!!!

बेनीपुर
7 जुलाई 1957

2 जुलाई को ही विधानसभा का यह अधिवेशन समाप्त कर दिया गया। पहले सूचना दी गई थी, 25 जुलाई तक चलेगा, किन्तु न जाने क्यों, असमय ही समाप्त कर देने का सरकारी निर्णय हुआ।

इस निर्णय का प्रमुख कारण है, मन्त्रिमंडल की निर्बलता तथा अक्षमता। नए मन्त्रिमंडल में ऐसे लोग लिए गए हैं जो विधानसभा का सामना कर नहीं सकते। कई मन्त्रियों की कई बार फज़ीहत हुई! न तो वे अच्छा भाषण कर सकते हैं, न प्रश्नों के उत्तर दे सकते हैं। अपनी जगह पर उपमन्त्रियों को खड़ा कर देते हैं। कुछ उपमन्त्री नए हैं, योग्य भी हैं, लेकिन उनका दम्भ इतना खलता है कि उनकी अच्छी बातें भी महत्त्व खो देती हैं! ऐसे मन्त्रिमंडल को लेकर कहाँ तक जगहँसाई कराई जाए!

फिर सरकारी अफसर नहीं चाहते कि विधानसभा का अधिवेशन अधिक दिनों तक चले। भाषणों और प्रश्नों के द्वारा उनके कुत्सित कामों का भंडाफोड़ होता रहता है। जितनी जल्द बला टले, उनके लिए अच्छा। और वे जो चाहते हैं, मन्त्रिमंडल से करा लेते हैं। ये घाघ लोग—अयोग्य मन्त्रियों को नचाना तो इनके बाएँ हाथ का खेल है!

लोकसभा, दिल्ली के अधिवेशन साल में छः महीनों के होते हैं; उत्तर प्रदेश की विधानसभा की भी यही स्थिति है। किन्तु बिहार की विधानसभा चार महीने तक ही बैठ पाती

है। शनिवार और रविवार की छुट्टी; दिन में चार घंटे ही काम। नतीजा यह होता है कि किसी विधेयक या प्रस्ताव पर अच्छी तरह विचार नहीं हो पता। सौ करोड़ रुपए के बजट पर क्या सौ घंटे भी बहस हो सकी! बार-बार जनतन्त्र की दुहाई दी जाती है, किन्तु जनतन्त्र में सबसे आवश्यक तत्त्व है जनमत, इसे भुला दिया जाता है। किसी-न-किसी तरह चुनाव जीतो, मन्त्रिमंडल बनाओ और फिर पाँच वर्षों तक निर्बाध शासन करो—कांग्रेसी जनतन्त्र यह है!

कांग्रेसी नाव किस तरह फूटी हुई है, इस अधिवेशन ने सिद्ध कर दिया। कांग्रेस के सदस्यों ने कांग्रेसी मन्त्रिमंडल और उसके शासन पर जैसी कीचड़ उछाली, देखकर आश्चर्य होता था! अभी हाल ही नेता के चुनाव को लेकर जो तू तू-मैं मैं मची थी, उसकी स्पष्ट झलक विधानसभा में दिखाई पड़ती थी। कुछ मन्त्रियों और भूतपूर्व मन्त्रियों की पगड़ी उछालने में लोग तुले हुए थे। अध्यक्ष महोदय शान्ति-शान्ति चिल्ला रहे हैं और उधर निन्दाओं के गोले दनादन बरसाए जा रहे हैं।

यह नाव अधिक दिन चलेगी नहीं; यह स्पष्ट है; किन्तु इसकी जगह लेगी कौन नाव, यह भी तो अस्पष्ट ही है। लोग कहते थे, इस बार विरोधी दल में अधिक जान है। अपनी पार्टी में भी अच्छे लोग आए हैं, ऐसा कहा जाता था; किन्तु इसके प्रमाण तो बहुत कम आए।

कुछ दिनों तक मैं विधानसभा के काम में अच्छी दिलचस्पी लेता रहा—समय पर जाता, समाप्ति के बाद ही लौटता। किन्तु, अन्ततः यह क्रम चल नहीं सका। बहस का स्तर बहुत ही नीचा—केवल शिकायत, शिकायत, निन्दा, निन्दा। एक दूसरे पर कीचड़ उछाल। एक ही बात को बार-बार दुहराते जाना। हर आदमी बोलने को व्याकुल—भले ही मुँह खोलते ही जबान लड़खड़ा जाए! इस सभा में जो 319 आदमी चुनकर आए हैं, यदि वे ही हमारे 'समाज के मक्खन' हैं, तो हमारा समाज बौद्धिक दृष्टि से कितना नीचे है, इसका अनुमान सहज ही लगाया जा सकता है !

विधानसभा में कुल चार बार मैं बोल सका। दो की चर्चा कर चुका हूँ। शिक्षा पर फिर बोला—पाँच वर्षों में ही निरक्षरता दूर करने के लिए एक 'शिक्षा-सेना' संगठित किए जाने का सुझाव रखा। देहात में जितने पढ़े-लिखे लोग हैं, उन्हें संगठित किया जाए; विधानसभा के सदस्यों को अपने-अपने क्षेत्रों की 'शिक्षा-सेना' की टुकड़ी का संचालक बनाया जाए; मन्त्रिगण भी मुस्तफा कमाल पाशा की तरह हाथ में खड़िया लेकर देहातों में जाएँ—आदि-आदि! प्राथमिक शिक्षा को प्रमुखता मिले—हाईस्कूलों के स्तर को ऊँचा किया जाए, एसेसमेंट की प्रणाली को हटा दिया जाए; कालेजों के स्तर को भी ऊँचा किया जाए—टेक्स्टबुक में सुधार किया जाए, अध्यापकों की योग्यता बढ़ाई जाए! दूसरी बार के भाषण में अपने क्षेत्र के अभावों की ओर ध्यान आकृष्ट किया और चुनौती दी कि इस बजट को लेकर कोई मन्त्री अपने क्षेत्र में जनमत ले और यदि एक का बहुमत भी उन्हें प्राप्त हो जाए, तो मैं इस्तीफा दे दूँगा!

विधानसभा की सदस्यता के चलते दो काम अच्छे हो गए। एक तो, एक अच्छा मकान मिल गया, बोरिंग रोड पर! पाँच बड़े-बड़े कमरे; अच्छा स्नानघर; आँगन, बरामदा। शान्त, एकान्त स्थान है। दूसरा, बिहार विश्वविद्यालय के सिनेट के लिए भी चुना गया! अब सिनेट द्वारा शिक्षा के लिए कुछ कर सकूँगा—ऐसी आशा है!

बेनीपुर
8 जुलाई 1957

सब अधूरे—यह घर बनाया, अधूरा पड़ा है। सामने का बगीचा—अधूरा! परिवार बसाया,

अधूरा-ही-अधूरा! बड़े साहब, मँझले साहब, छोटे साहब—सभी अब तक अधर में लटक रहे हैं! मेरी पत्रकारिता अधूरी रही; क्या एक भी ऐसा पत्र या पत्रिका निकाल सका, जिसने पूरा सन्तोष दिया हो! मेरी लेखन कला—वह भी अधूरी! जो लिख गया, उससे तृप्ति नहीं हुई, जो लिखना चाहता हूँ, लिख नहीं पाता। प्रकाशन शुरू किया, वह भी अधूरा पड़ा है। मेरी राजनीति पर तो सदा से 'अधूरी' की छाप पड़ी हुई है!

मेरी यह पूरी ज़िन्दगी, जैसे, अधूरी ही पड़ी हो! सत्तावनवाँ गुज़ार रहा हूँ, दस साल तक अपने को खींच-खाँच कर ले जाऊँ; किन्तु जो चालीस साल में नहीं कर सका (प्रारम्भ का 16 वर्ष यों ही जाने देता हूँ) क्या उसे दस साल में कर सकूँगा? नहीं, नहीं, यह ज़िन्दगी अधूरी ही समाप्त होगी!

अधूरी ज़िन्दगी! क्या किसी को कभी यह सन्तोष प्राप्त हुआ होगा कि मुझे जो करना था, कर चुका! जब गाँधीजी कहते थे, मैं 125 वर्ष जीना चाहता हूँ, तो क्या इसके अन्दर उनकी यह भावना नहीं थी कि अभी बहुत-से काम अधूरे पड़े हैं, चालीस साल और मिल जाएँ, तो उन्हें पूरा कर लूँ! सिकन्दर-नेपोलियन; कालिदास-तुलसीदास; न्यूटन-आइंस्टीन, मार्क्स-लेनिन; हिटलर-स्टालिन—क्या इनमें से किसी को भी मरते समय यह तृप्ति प्राप्त हुई होगी कि उन्होंने अपने जीवन के सारे काम पूरे कर लिए?

आदमी आता है, सरल दृष्टि लिए, सीधा-सादा जीवन लिए! ज्यों-ज्यों बढ़ता जाता है, जीवन का पथ टेढ़ा-मेढ़ा होता जाता है, उस एक पथ से अनेक उप-पथ फूटते जाते हैं। दृष्टि में परिवर्तन होता है। हृदय और मस्तिष्क स्वाभाविक सरलता और समरसता खोते जाते हैं—जटिलता की सृष्टि होती है, उलझनों के जाल बुनते जाते हैं! आदमी अन्त में पाता है, कहाँ से उसने शुरू किया, कहाँ वह पहुँच गया है! और इतने कामों में उसने हाथ डाला है कि सबके सब अधूरे पड़े हैं !

वह घबरा उठता है, जल्द-जल्द अपने कामों को पूरा कर लेना चाहता है। लेकिन अफसोस, तब तक उसमें इतनी शक्ति भी कहाँ रह जाती है कि वह उन कामों को पूरा कर सके। और, तुर्रा यह कि उन कामों के ही सिलसिले में नए-नए काम उसके सामने आ जाते हैं; अब वह करे तो क्या? पछताता है, रोता है, इस क्रिया में अपनी शक्ति और भी क्षीण कर लेता है!

अपने पर मैं इसे लागू देख रहा हूँ। सोचता हूँ, अब नए काम नहीं लूँगा; जिन्हें शुरू किया, उन्हें पूरा कर लूँगा, तब कुछ आगे का सोचूँगा। किन्तु क्या ऐसा हो पाता है? अभी बेनीपुर का यह मकान पूरा भी नहीं हुआ कि मुजफ्फरपुर में मकान बनाने के लिए जमीन ले ली। पटना में प्रकाशन था, वही मुश्किल से चला पाता था, कि मुजफ्फरपुर में शाखा खोल दी। साहित्यिक कामों से ही फुर्सत नहीं थी कि चुनाव में पड़ गया और जीतने के बाद राजनीति में उलझ गया हूँ ! दिन-रात की चिन्ता, दिन-रात की दौड़-धूप—बूढ़ा मृग मृगजल के पीछे दौड़ा जा रहा है। कब दम टूट जाए, कब गिर पड़े, कब ढेर हो जाए, क्या ठिकाना?

कितना व्याकुल हूँ कि थोड़ा आराम मिले, थोड़ी शान्ति मिले। जो कुछ मिले, खा लूँ; और मन-भर सोऊँ! हाँ, मन-भर सोने के लिए भी ललचाता हूँ। बहुत-कुछ लिखना चाहता हूँ, किन्तु निश्चिन्त कहाँ हो पाता हूँ कि लिखूँ। यह बड़ा परिवार; इसका ऊँचा जीवन-स्तर। अकेले कमाते-कमाते थक जाता हूँ! कभी-कभी लगता है, कलेजा उलटकर मुँह को आ गया! लेकिन तो भी काम करते जाना है! और इतना काम करते रहने पर भी सदा झींखना है कि सभी काम अधूरे रह गए! शरीर क्लान्त, चित्त अशान्त! बुढ़ापा सर पर सवार और वह मृत्यु सामने खड़ी है—मुँह बाए, उसकी रक्तभरी जीभ और कराल दाँत—उफ!

पटना
15 जुलाई 1957

तीन सूत्र, एक मित्र से बातें करते समय, अचानक मुँह से निकल पड़े–

(1) यदि लम्बी उमर चाहते हो तो स्वजन-प्रियजन के बिछोह-दुख को बर्दाश्त करने के लिए तैयार रहो!

(2) यदि बड़ा परिवार चाहते हो, बेटे हों, बेटियाँ हों, पुतोहू हों, दामाद हों, पोते हों, नाती हों–तो अधिक से अधिक झंझटें बर्दाश्त करने के लिए तैयार रहो।

(3) यदि चाहते हो कि बड़ी कीर्ति मिले, तो उससे भी बड़ी गाली सुनने के लिए तैयार रहो।

पटना
26 जुलाई 1957

कलाकार देख रहा है, यही वह है–

यह कमरा–सामने वह पलंग है; उस पर सबसे छोटा पोता रंजन सोया हुआ है। दो तकिए बेसिलसिला पड़े हुए हैं; वह चश्मे का खोल पड़ा है, पायताने अख़बार उड़ रहा है। कुर्ता, चादर, तौलिया–सब बेठिकाने, इधर-उधर पड़े हैं!

पलंग के परे दो ट्रंक रखे हैं–एक मेरा, एक रानी का। दोनों को सटा दिया गया है, कभी-कभी रानी अपना तकिया डालकर उन्हीं पर सो जाती है! किसान की बेटी, देहात में रही, यदि गद्दा नहीं हुआ, तो क्या हुआ?

कोने में वह टेबल–दवा की शीशियाँ, ब्रश-रेजर, आईना-कंघी, तेल-साबुन, इत्र की छोटी शीशी–सब बेतरतीब। जब रंजन जगा होता है, इन चीज़ों को उलट-पुलट करता रहता है।

अलमारी–ऊपर तक किताब ठसाठस भरीं।

रैक–कागज-पत्रों का अम्बार लगा है हर खाने में।

यह टेबल, जिस पर लिख रहा हूँ; इस पर लिखा है, एम.एल.सी.। और कुर्सी के पीछे लिखा है, एम.एल.ए.। एम.एल.ए. हूँ; किसी एम.एल.सी. का टेबल दे दिया गया है!

बोरिंग रोड का यह मकान–जिसके हर कमरे में पर्दे झूल रहे हैं, हर खिड़की में पर्दे लगे हैं, रंगीन पर्दे, चकाचक पर्दे–ये एम.एल.ए. होने के वरदान हैं!

'मँगनी के जामा-जोड़ा झलकि दैखौले रे''

देहात में औरतें गीत गाती हैं–वह गीत चरितार्थ हो रहा है!

यह क्या हुआ कि इस एम.एल.ए. बनने के लिए पाँच-छः हज़ार रुपए खर्च करने पड़े हैं और दो-तीन महीने तक गाँव-गाँव की धूल फाँकनी पड़ी है! लोग यही समझते हैं कि हम ये सब मुफ्त पा रहे हैं।

घर-भर में फ्लू का ज़ोर है! सात आदमी बीमार हैं। ख़ैरियत हुई कि रानी आ गई है, नहीं तो मेरी कैसी दुर्गत होती!

चाहता हूँ, कुछ लिखूँ। क्या लिखूँ, कैसे लिखूँ! बगल में बैठकर रतन रो रहा है, पड़ोस से कुछ महिलाएँ आई हैं, कोलाहल मचा हुआ है! यह छोटन आए, रोते हुए कह रहे हैं, दीदी जूते नहीं पहनाती! कहते हैं, जूते पहना दीजिए। लिखूँ या जूते पहनाऊँ!

ढेर की ढेर चिट्ठियाँ इस टेबल पर पड़ी हैं। उनका जवाब भी तो नहीं दे पाता।

बाहर अशान्ति; भीतर अशान्ति!

सोनपुर
2 नवम्बर 1957

नियम बना लिया है, दीवाली और होली में बेनीपुर ही रहूँगा। दीवाली वहीं बीती ! किन्तु कैसा तमाशा—एक बेटा कोयम्बटूर; एक दिल्ली, एक राँची; दुलहिन कन्हमा ! तो भी घर गुलज़ार रहा—चार पोते, बेटी और रानी साथ थीं।

जब परिवार बढ़ता रहे, तो यह सोचना कि हम सब सदा इकट्ठे होते रहेंगे, मूर्खता है। बड़ा होने के साथ विस्तार भी बढ़ता जाता है। हम एक ही मनु की संतानें न है, किन्तु कोई उत्तर ध्रुव में कोई दक्षिण ध्रुव में—एशिया, यूरोप, अफ्रीका, अमेरिका—महादेशों, देशों, महाद्वीपों, द्वीपों सबको छा लिया है हमने! मेरा परिवार भी इसी तरह अलग-अलग, दूर-दूर स्थानों को छा ले, यह क्या कम सौभाग्य की बात!

लेकिन ममता कैसी!

मुज़फ्फरपुर
11 दिसम्बर 1957

इधर डायरी लिखने की प्रवृत्ति भी कम होती जा रही है। ऊपर की पंक्तियाँ देखिए; वे अधूरी ही बनी रहीं। लगता है, बेनीपुर से पटना जाते समय लिखने बैठा सोनपुर-स्टेशन पर। बीच में कुछ व्याघात आए होंगे—अधूरी ही रह गई!

आज बेनीपुर से पटना लौट रहा हूँ। इधर 15 नवम्बर से ही भाई अशोक मेहता के चुनाव के चक्कर में रहा। वह मुज़फ्फरपुर-सदर निर्वाचन क्षेत्र से पार्लियामेंट के उम्मीदवार थे। आज से मतगणना शुरू हुई है; तीन थानों में—आधे निर्वाचन क्षेत्र में—2700 वोटों से जीत गए हैं। आधे में भी विजयी होंगे, ऐसा विश्वास है।

अजीब चुनाव रहा यह। भाई अशोक की विद्वत्ता पर ख़याल कर कांग्रेस ने यह सीट छोड़ दी। साथियों ने सोचा, अब क्या है, आसानी से विजय मिल जाएगी। किन्तु बीच में कम्युनिस्ट आ टपके! हमारे किशोर भाई उनके उम्मीदवार! फिर क्या था; सिद्धान्त गया ताख़े पर—जाति के नाम पर, जिले के नाम पर वह बावला मचाया गया, कि हम चकित रहे और प्रान्त-भर के कम्युनिस्ट कार्यकर्ता गाँव-गाँव में डेरे डालकर पड़ गए! कोई भी उपाय नहीं छोड़ा गया! हमें कदम-कदम पर लड़ना पड़ा। आज की गणना से थोड़ा इत्मीनान हुआ है।

कांग्रेस ने, पंडित नेहरू का रुख देखकर सीट तो छोड़ दी। किन्तु स्थानीय कांग्रेस-नेताओं और कार्यकर्ताओं ने तरह-तरह के तमाशे रचे। कांग्रेस कार्यकर्ताओं को कम्युनिस्टों के साथ का गठबन्धन देखकर तो हैरान रह जाना पड़ा।

मैं कह सकता हूँ, इतनी परेशानी मैंने अपने चुनाव में भी नहीं उठाई थी। 15 नवम्बर से दिन-रात चक्कर में ही रहा! इधर तबीयत भी सुस्त थी। किन्तु, न-जाने कहाँ से ऐसी शक्ति आई कि दिन-रात दौड़ता रहा। न समय पर खाना, न सोना। दिन-रात जीप पर उड़ते रहना। धूल और धुएँ के मारे दम घुटता रहा। तो भी काम में कभी कोई ढील नहीं होने दी।

अशोक हमारी पार्टी के संस्थापकों में से हैं। 'कांग्रेस सोशलिस्ट पार्टी' के यशस्वी सम्पादक। विचारक, अर्थशास्त्री। मुझसे शुरू से ही जान-पहचान है। हम दोनों पत्रकार, लेखक।

अतः परस्पर का आकर्षण भी। यदि पार्टी के साथ चिपके नहीं रहते, तो केन्द्रीय सरकार के यशस्वी मन्त्री होते। किन्तु कैसा तमाशा; दो बार आम चुनाव में खड़े हुए और हार गए। पहली बार मध्यप्रदेश के उपचुनाव में जीते; लगता है, इस बार बिहार को यह गौरव मिलेगा।

पटना
12 दिसम्बर 1957

और वही होकर रहा; अशोक जीत गए। चौदह हज़ार वोटों से। कम्युनिस्ट हारे; जातिवाद की हार हुई; प्रान्तवाद की हार हुई। अशोक की जीत, जनतन्त्र की जीत; समाजवाद की जीत; राष्ट्रीयता की जीत; विद्वत्ता की जीत; देशभक्ति की जीत! हिप-हिप हुर्रे!!

पटना
14 दिसम्बर 1957

लगता है, मेरी आर्थिक इमारत एकाएक भहराकर गिरने जा रही है!

जब यहाँ आया, पाया, बच्चे पढ़ने नहीं जा रहे हैं! क्यों? क्योंकि फीस दो महीने से नहीं दी गई! फीस के चलते बच्चों का पढ़ना बन्द—क्या इससे भी बुरी कोई बात हो सकती है?

क्या कभी ऐसा हुआ? इतने दिनों तक जेल में रहा, तो भी बच्चों के लिए सदा प्रबन्ध रखा? आज बाहर हूँ और बच्चों की पढ़ाई रुक गई?

कितनी ग्लानि हो रही है!

और तो और—आज एक सम्मेलन में जाना था; इतने पैसे नहीं कि रिक्शा पर जा सकूँ! वहाँ देर से पहुँचा। शरमाया हुआ, पीछे की एक कुर्सी पर आ बैठा और फिर थोड़ी देर में मुँह छिपाकर उठ आया!

यह क्या हो रहा है?

कल हिसाब जोड़ने लगा; कि चार-पाँच हज़ार रुपए लोगों के हाथ-हथफेर हैं। तीन डिग्रियाँ हो चुकी हैं। जब्ती-कुर्की या वारंट की बारी आ सकती है। एक बैंक का ओवरड्राफ्ट है, उसने भी रजिस्ट्री चिट्ठी भेजी है। जिन्होंने हाथ-हथफेर दिए, उनके तकाज़े पर तकाज़े आ रहे हैं। कुछ लोग तो शिकायत भी करते फिर रहे हैं।

अब क्या होने जा रहा है?

अकेले कमाते-कमाते मरने पर तुला हूँ। कितना कमाऊँ; कहाँ से लाऊँ? इतना बड़ा परिवार; सौभाग्य की बात! किन्तु सबको अच्छी तरह रखना तो चाहता हूँ। फिर मेरी आदत; सारे परिवार पर वह सवार हो गई। सब खुले हाथ खर्च करते हैं; जैसे पैसे का कोई मोल ही नहीं। जब दो दर्जन हाथ खर्च के लिए खुले हों, तो दो हाथ की कमाई कैसे पूरी पड़ेगी!

लेकिन, झींखने से, सर पटकने से क्या होनेवाला है?

कोई उपाय करना ही पड़ेगा। क्या उपाय करूँ?

जित्तिन को इसी 21 को कमीशन मिलने वाली है। यदि ऐसा हो पाया, तो कुछ इत्मीनान मिल सकेगा।

देवेन्द्र ने एम.ए. कर लिया। किन्तु क्लास दूसरा आया। कई कालेजों के दरवाज़े खटखटाए अभी तक कोई हीला नहीं लग सका। यदि देवेन्द्र को कोई नौकरी मिल जाए, तो

दोनों बेटों की कमाई से मेरा बोझ बहुत हलका हो जाएगा।

सोचता हूँ, इस साल प्रभा की भी शादी कर दूँ।

एक ही सूरत नज़र आती है। कल हिसाब जोड़ा, 21 हज़ार रुपए की पुस्तकें अपने प्रकाशन की मेरे पास हैं। यदि यह स्टाक खपा सकूँ, तो फिर बेड़ा पार!

ये किताबें कैसे खपें?

योजना तो बनाता हूँ, किन्तु काम में आ सकें तब तो? तो भी चेष्टाएँ तो करूँगा ही!

21 दिसम्बर 1957
पटना

हाँ, आज तारीख़ ही ऊपर रहे। क्योंकि यह तारीख़ मेरे लिए, मेरे परिवार के लिए बड़ी ही शुभ है, महत्त्वपूर्ण भी सिद्ध होगी।

अभी-अभी जित्तिन का तार आया है; उसे कमीशन मिल गई है।

उफ, दस वर्षों से इस तिथि की कैसी घोर प्रतीक्षा कर रहा था। 1948 की जनवरी में जित्तिन देहरादून मिलिटरी कालेज में गया। वहाँ से खडगवासला; फिर जोधपुर; अन्त में यह कोम्बटूर। वहाँ एयरफोर्स एडमिनिस्ट्रेटिव कालेज से शिक्षा पाकर वह कमीशन पा सका है।

मैं आज कितना खुश हूँ--लगता है, मेरे सिर से आधा बोझ हट गया। देवेन्द्र की भी कहीं नौकरी लग जाए, तब तो निश्चिन्त ही हो जाऊँ।

तब रह जाएगी बेटी की शादी!

कहीं से हाथ-हथफेर करके इससे भी छुट्टी पा ही लूँगा।

श्यामसुन्दरजी शादी के लिए तैयार हैं ही। रानी, देवेन्द्र, दुलहिन--इनकी भी सहमति मिल चुकी है। अब जित्तिन जी को राजी कर लेना है। जित्तिन के मन में कुछ गुस्सा है; यह स्वाभाविक ही है। यदि जित्तिन राजी हो गए, तो सोचा है, अधिक धूमधाम किए बगैर, इसी पटना में शादी कर लूँगा।

यहाँ तरद्दुद भी कम रहेगी; खर्च भी कम पड़ेगा।

लेकिन अभी इस बारे में अधिक कपोल-कल्पना नहीं करना चाहता। एक बार धोखा खा चुका हूँ--कैसा बड़ा धोखा! अब इसकी सम्भावना नहीं दीखती, किन्तु सबकुछ सानन्द निभ जाए, तो अपना भाग्य मानूँ!

बेटी का ब्याह!--अपने समाज में कितनी बड़ी समस्या है!

किन्तु इस समय इस पर क्यों माथापच्ची करूँ। इस समय तो खुश हूँ; प्रसन्न हूँ। चाहता हूँ, उत्सव मनाऊँ! क्या पाऊँ जो लुटाऊँ! क्योंकि मेरा विश्वास है, यह घटना मेरे परिवार की प्रतिष्ठा तो बढ़ाएगी ही; परिवार को एक नया मोड़ भी देगी?

क्या दुनिया है--जित्तिन को वहाँ भेजने के पहले कभी सोचा था कि मेरा परिवार कभी सेना में प्रवेश कर सकेगा!

जित्तिन बीमार रहा करता था। डॉक्टरों ने कहा, कहीं पहाड़ पर इसे भेजिए। उसी समय मिलिटरी कालेज की भर्ती के लिए विज्ञापन निकला--सोचा, एक पंथ दो काज! और सचमुच दोनों काज सध गए। जित्तिन भला-चंगा भी हो गया और आज यह शुभ समाचार पाने का भी सौभाग्य मिला।

फौज में, वह भी एयर फोर्स में--सबसे अधिक वेतन : एडमिनिस्ट्रेटिव सर्विस में : कोई

अधिक ख़तरा भी नहीं।

जित्तिन बेटा शतायु हो; वह अपना और अपने परिवार का नाम ऊँचा करे !

1958

पटना

3 जनवरी 1958

नया साल शुरू हो गया है! पुराना साल कैसा रहा!

अच्छा ही तो। मैं चुनाव में जीता। देवेन्द्रजी ने एम.ए. कर लिया। महेन्द्र मैट्रिक पास कर इन्टरमिडिएट सांइस में पढ़ रहा है! और सबसे बढ़कर जित्तिन—जब वह उस दिन कमीशन लेकर लौटा, मेरी आँखों में पानी आ गया—हर्षातिरेक से। कम-से-कम एक बच्चे की नाव तो किनारे लगी!!

रानी आई थीं; वह जित्तिन को लेने बनारस तक गई थीं। मन्नत मान रखी थी बेचारी ने। वहाँ से बेटे के साथ लौटीं, तो लगता था, कहीं से दिग्विजय करके लौटी है! फिर उसे लेकर खुश-खुश घर गई।

अभी उस दिन भाई अच्युत पटवर्धन जी पटना आए; मेरे घर पर पधारे। बोले, अब प्रभा की भी शादी कर दीजिए। उनको श्यामसुन्दरजी ही पसन्द हैं—कहते थे, आपने पहले जिस वर को चुना, निश्चय ही वह प्रभा के लिए सर्वथा उपयुक्त होगा। उन्होंने यह भी कहा कि प्रभा से वह इस विषय में बातें करेंगे।

जित्तिनजी ने आते ही कहा, इस साल प्रभा की शादी हो जानी चाहिए और मेरी भी। यह भी कहा, प्रभा की शादी में वह रुपए की भी कुछ मदद कर सकेंगे, अपने मुशहरे का एक अंश कटा देने के नाम पर उन्हें सरकार कर्ज भी दे सकती है! यदि ये दो ब्याह हो जाएँ, तो यह नया वर्ष मेरे लिए कितना शान्तिप्रद सिद्ध हो जाए।

ये दो ब्याह हो जाएँ और देवेन्द्रजी को कोई उपयुक्त काम मिल जाए, फिर क्या कहने हैं! देवेन्द्र की प्रतिभा कुंठित हो रही है; इधर वह अजब ढंग से उदास रहता है! मुझे बड़ी दया आती है—कैसा है समाज यह, देवेन्द्र ऐसे लोगों को भी बैठा-ठाला रहने को मजबूर होना पड़ता है जिसमें। कई जगहें कोशिश कीं; अभी डौल नहीं लग पाया है!

कई सफलताओं के बावजूद पिछला साल आर्थिक दृष्टि से बड़ा ही संकट का रहा! ऐसी बुरी और दयनीय परिस्थिति में तो कभी नहीं रहा। कर्ज़ से दबा, तकाजों के मारे दम घुटता है। थोड़े-थोड़े पैसों के लिए भी काम रुकता है, टुकुर-टुकुर देखता रह जाता हूँ।

यही देखिए न?—आज मुझे लखनऊ जाना है, साढ़े आठ बजे गाड़ी है, साढ़े सात बजे तक कोई प्रबन्ध नहीं हो सका—गो, लखनऊ में पहुँचने का तार भी कर दिया है!

क्या मैं आशा करूँ, यह नया साल मेरे लिए आर्थिक दृष्टि से भी अच्छा रहेगा!

सोचता हूँ, इन आर्थिक झंझटों से निवृत्त होकर कुछ काम करूँ—साहित्यिक काम; अपने निर्वाचन क्षेत्र के नवनिर्माण का काम! कई किताबें अधूरी पड़ी हैं। कई किताबें अप्रकाशित पड़ी हैं। ग्रन्थावली का काम भी ठप्प पड़ा है! किन्तु क्या लिखा जाए; कैसे प्रकाशन बढ़े, जब दिन-दिन के खर्च के लिए ही जान साँसत में रहती है!

तो भी आश्चर्य है, कुछ-न-कुछ लिख लेता ही हूँ! अधिक चिन्ता होने पर पहले नींद

आ जाती थी। अब नींद नहीं आती, तो कलम लेकर कुछ लिखने लगता हूँ। यों मेरी लेखनी विपत्ति में मेरी रक्षा करती है। और यह भी देखा है, चिन्ता से चूर होने पर भी जो कुछ लिख लेता हूँ, वह अच्छी ही चीज़ बन जाती है!

पुराना वर्ष–तुम्हें सलाम! तुमने कुछ कष्ट दिए, तो कई शानदार सफलताएँ भी दीं! नया वर्ष, नमस्कार! आओ, शुभ बनकर आओ, मंगल बनकर आओ, आनन्द बनकर आओ!

हाँ, इस वर्ष की सफलता में यह भी रहा कि मेरी तीन नई पुस्तकें निकलीं–"जंजीरें और दीवारें", राजपाल से; "मील के पत्थर", सस्ता साहित्य मंडल से; "वन्दे वाणी विनायको", आत्माराम से। तीनों प्रकाशक दिल्ली के हैं। सोचा, अपनी कुछ चीज़ राजधानी से भी निकलवाऊँ! देखता हूँ, इन पुस्तकों से कैसी प्राप्ति होती है!

और सबसे बड़ी साहित्यिक सफलता तो यह रही कि "माटी की मूरतें" का सभी भारतीय भाषाओं में अनुवाद प्रकाशित होने लगा है–गुजराती, मराठी, उर्दू और पंजाबी के अनुवाद तो प्रकाशित होकर मेरे टेबल को सुशोभित भी कर रहे हैं। जब इन्हें देखता हूँ, छाती फूल उठती है!

सुनने में आया है, इसका रूसी और फ्रेंच भाषा में भी अनुवाद हो गया है!

ज्यों ही यह पुस्तक निकली थी; राष्ट्रकवि श्री मैथिलीशरण गुप्त ने लिखा था–आपके स्पर्श मात्र से ये माटी की मूरतें सोने की हो गई हैं! राष्ट्रकवि की वाणी सचमुच सत्य सिद्ध हुई!

लखनऊ
4 जनवरी 1958

कभी-कभी अपनी उपलब्धियों को देखकर स्वयं आश्चर्य होता है!

कितनी परेशानियों में पटना से चला। पटना स्टेशन पर ही श्रीजगदीशचन्द्र माथुर, डायरेक्टर जनरल, ऑल इन्डिया रेडियो से भेंट हो गई। आप दिल्ली लौट रहे थे, मैं लखनऊ आ रहा था। पहले से ही बात तय थी कि हम लोग रास्ते में बातें करेंगे। दानापुर से आरा तक उनसे बातें हुईं।

उन्होंने बताया, ऑल इन्डिया रेडियो का पहला फीचर यथार्थतः मेरा तैयार किया हुआ 'आँसू की नदी' ही था। उसका अंग्रेज़ी अनुवाद कराकर विदेशों में भी भेजा गया। भारत की सभी भाषाओं में तो उसका अनुवाद कराकर प्रसारित किया ही गया था। पंडित नेहरू ने भी इस फीचर को पसन्द किया था। अब वह चाहते हैं कि जमशेदपुर, दुर्गापुर, राउरकेला और भिलाई के इस्पात-नगरों पर भी मैं फीचर तैयार कर दूँ!

रेडियो की अपनी टेकनीक यदि कहीं विकास पाती है, तो फीचर में ही। मैं चाहता हूँ, कुछ अच्छे फीचर हिन्दी को दूँ। यदि संस्कृति और प्रकृति के अवदानों पर फीचर तैयार होते, तो सर्वोत्तम होता। लेकिन अपने देश में तो इस समय निर्माण पर ही सर्वाधिक ध्यान है। ख़ैर यही सही। उन्होंने इसके लिए सारे साधन जुटाने का वचन दिया है। मुझे इन स्थानों में घूमना भी पड़ेगा; किसी अच्छे ध्वनि-विशेषज्ञ के साथ।

इसी प्रसंग में देवेन्द्र के बारे में बातें हुईं। फीचर के क्षेत्र में वह अच्छे-से-अच्छा कर सकेगा; ऐसा मेरा विश्वास है। उसकी भाषा अच्छी है, आवाज़ भी बहुत अच्छी है; बारीक कलपुर्जों के व्यवहार में भी रुचि है। माथुर साहब ने भी उसे इस क्षेत्र में डालने की सहमति दी; वह उसके लिए कोई रास्ता भी निकालेंगे।

यहाँ सरकारी अतिथिशाला में ठहराया गया हूँ। सेठ गोविन्ददासजी भी साथ में हैं।

सचिवालय में पं. कमलापति त्रिपाठी जी की अध्यक्षता में सभा हुई। हिन्दी साहित्य सम्मेलन को वर्तमान ग्रह से छुड़ाने के लिए सभी में व्याकुलता देखी। इसके लिए आर्डिनेंस निकालने की ज़रूरत पड़े, इसके लिए भी कमलापति जी तैयार हैं। यदि यह काम हो जाए, तो हिन्दी-संसार का बहुत बड़ा कल्याण सधे।

संध्या को पंडित श्रीनारायण चतुर्वेदी जी के घर पर स्थानीय साहित्यिकों तथा सम्मेलन के अन्तरिम मंडल की बैठक में सम्मिलित होने के लिए आए हुए सज्जनों की एक गोष्ठी बैठी। पंडित अम्बिकाप्रसाद वाजपेयी थे; सेठ गोविन्ददास जी थे, डॉ. धीरेन्द्र वर्मा, डॉ. दीनदयाल गुप्त, पं. रूपनारायण पांडेय, कविवर अनूप जी, 'नवनीत' और 'स्वतन्त्र भारत' के सम्पादकीय विभाग के प्रमुख व्यक्ति पंडित इलाचन्द्रजी, यशपालजी, सुमनजी, आदि दो दर्जन से ऊपर गिने-चुने लोग एकत्र हुए थे। हिन्दी का जो विरोध हो रहा है, उस सम्बन्ध में हमें क्या करना चाहिए—चतुर्वेदी जी के आग्रह पर मैंने ही इसकी चर्चा उठाई! "नई धारा" के दो लेखों में जो अपनी सम्मति प्रगट कर चुका हूँ, उसे रखा।

लोगों ने बड़े ध्यान से सुना और प्रायः सभी लोगों ने मेरे विचारों से सहमति प्रगट की! ऐसी विशिष्ट गोष्ठी में किसी विषय का उद्घाटन करने और उस पर इतना समर्थन पाने का सौभाग्य प्राप्त करना—मैं मन-ही-मन कितना आनन्द अनुभव कर रहा था। न-जाने कब कितना पुण्य किया था कि लोगों से इतना स्नेह, सम्मान अनायास प्राप्त कर लेता हूँ! काश, घर की झंझटों से फुर्सत पा लेता, तो अपने यश की वृद्धि के लिए और भी अधिक प्रयत्न कर पाता!

हिन्दी जिस संक्रान्ति काल से गुजर रही है, मेरे ऐसा आदमी थोड़ी दौड़-धूप कर दे, तो हिन्दी की अपार सेवा के साथ, वह अपना नाम भी अमर कर ले!

कुछ दिन हुए, उमानाथ ने कहा था, टंडन जी चाहते हैं कि मैं अखिल भारतीय हिन्दी साहित्य सम्मेलन के संगठन की ओर ध्यान दूँ, तो इस कार्य के लिए वे रुपए का भी प्रबन्ध कर सकते हैं! कभी-कभी ऐसा जोश तो आता है; लेकिन, अभी चार-छः महीने तक इस लोभ को रोकना ही पड़ेगा। बेटी का ब्याह हो जाए और देवेन्द्र को कहीं बिठा दूँ, तो फिर काफी समय निकाल सकूँगा।

उस गोष्ठी में ही कल-परसों के लिए निमन्त्रणों की धूम मच गई। यशपालजी परसों स्थानीय लेखकों की एक बैठक कराना चाहते हैं; जोशीजी ने लेखकों के लिए निमन्त्रण दिया; 'नवनीत' और 'स्वतन्त्र भारत' के सम्पादकों को भी निमन्त्रण दिया। कल स्वतन्त्र लेखक संघ की बैठक है—बेनीपुरी, जहाँ जाते हो, एक तूफान खड़ा कर देते हो!

लखनऊ

4 जनवरी 1958

आज भोर-भोर एक बात मन में उमड़ी। बहुत काम करना चाहता हूँ; बहुत दिन जीना चाहता हूँ। तो फिर जिस प्रकार की लटर-पटर ज़िन्दगी बना ली है, उसमें कुछ परिवर्तन करने की आवश्यकता नहीं है क्या?

यही देखिए न—भोर में आठ बजे तक सोता रहता हूँ, कभी-कभी इससे भी अधिक समय तक। भोर के दो-तीन घंटे मुफ्त में बर्बाद हो जाते हैं—भोर के ये घंटे, कितने शान्तिमय, प्राणमय!

रात को अधिक देर तक जगता हूँ; आदत ऐसी लग गई है कि आधी रात के बाद ही, मेरे शब्दों में जब तारीख बदल जाती है तब, नींद आती है! फिर भोर में देर तक सोना ही

पड़ता है। क्यों न सबेरे सोऊँ; सबेरे जगूँ। सबेरे नींद आएगी? क्यों नहीं आएगी? क्योंकि आदत लग गई है! जो लग गई है, या लगा ली गई है, वह छूट क्यों नहीं सकती, या छुड़ाई क्यों नहीं जा सकती? मेरे पूज्य पितामह कितने सबेरे जगते थे! कितने स्वस्थ रहे, कभी सिर-दर्द तक नहीं हुआ! और किस प्रकार देवता की तरह उनकी मृत्यु हुई; तुलसीदास का कथन सार्थक हुआ—

सुमन माल जिमि कंठ ते गिरत न जानत नाग!

पता नहीं, पिताजी की कैसी आदत थी। किन्तु मैं स्वयं सबेरे उठा करता था। यह बुरी आदत जेल में लगी। वहाँ इसकी ज़रूरत थी। दिन-भर कोहराम मचा रहता था। नौ बजे रात में जेल का दरवाजा बन्द होता था। बस, वही समय एकान्त का था। मैं उसी समय से लिखना-पढ़ना शुरू कर देता था, जो बारह-एक बजे तक चलता था! अब भी सोता हूँ, इसी समय। किन्तु पहले की तरह, रात में काम कहाँ हो पाता है—गपशप में समय बिता देता हूँ।

एक और बुरी बात हुई है। सारे परिवार में यह आदत लगती जाती है। देवेन्द्र, जित्तिन, प्रभा, महेन्द्र—सब बच्चों ने यही आदत सीख ली है—रामेश्वरजी तक नहीं बचे हैं। मैं इस बुरी आदत को छोड़ दूँ, तो उन पर भी असर पड़े। डॉक्टरों का कहना है, रक्तचाप के रोगी को भोर में टहलना चाहिए। किन्तु जो आठ-नौ बजे जगेगा ही, वह क्या ख़ाक टहल सकेगा!

नहीं, नहीं; मुझे इस आदत को छोड़ना ही है—सूर्योदय के पहले शय्या छोड़ ही देना है; कुछ टहल-घूम आना ही है। फिर यदि ज़रूरत महसूस हुई तो दिन में दो-एक घंटे सो लिया जाए। आज भी तो दिन में कुछ सोता ही हूँ।

डॉ. गयाप्रसादजी ने कई बार कहा, ब्लड प्रेशर के लिए तम्बाकू घातक है। उन्हीं के कहने से ज़र्दा खाना छोड़ दिया है। उससे निस्सन्देह ही फायदा हुआ है। फिर सिगरेट क्यों न छोड़ दी जाए? एक तो इस मद में हुए खर्च को देखकर आश्चर्य लगता है। प्रतिदिन दो-तीन रुपया खर्च हो ही जाता है। महीने में 70-75 रुपए ज़रूर खर्च हो जाते हैं। जबकि कभी-कभी दो-चार रुपए के लिए भी काम रुक जाता हो; फिर इस खर्च का क्या मानी? यदि प्रतिमास इस मद का पचास रुपए भी जमा करता जाऊँ; तो साल में एक इनार तो जरूर खुदवा सकूँ! सिगरेट में जला देता हूँ, उसी से लोगों को पानी क्यों न पिलाऊँ?

इधर खाँसी भी बहुत होने लगी है। जब-जब सिगरेट मुँह से लगाता हूँ, खाँसी शुरू हो जाती है। क्या इसका मतलब यह नहीं है कि मेरा फेफड़ा कहता है कि मैं इसे बर्दाश्त नहीं कर सकता! क्या मैं उसके साथ अत्याचार नहीं कर रहा हूँ?

बचपन से मैं किसी भी व्यसन से परहेज़ करता रहा। 1940 में जब जेल गया, जयप्रकाशजी के आग्रह पर इसे अपनाया; अब तो यह गले पड़ गया है। कई बार छोड़ने की कोशिश की; किन्तु हर बार उस अमेरिकन लेखक की कथा चरितार्थ हुई—कौन कहता है कि सिगरेट नहीं छूटती; मैंने तो सैकड़ों बार छोड़ दिया है!

तमाशा है, यह लिख रहा हूँ और अभी-अभी सिगरेट मँगाकर फूँक रहा हूँ ! प्रवंचना की भी कोई सीमा होनी चाहिए न?

कभी-कभी सोचता हूँ, कहीं, सिगरेट छोड़ दूँ, तो लिखने में कोई त्रुटि न आ जाए—क्योंकि लिखने के समय अवश्य ही सिगरेट पीता हूँ। क्या कहने हैं ? जैसे तुलसीदास ने सिगरेट पीकर रामचरितमानस लिखा, या कालिदास ने इसकी कश लेते हुए शकुन्तला का निर्माण किया! बर्नार्ड शॉ ने सिगरेट छुई भी नहीं ! वह तो इसी युग का लेखक था!

नहीं, नहीं, कोई निर्णय लेना ही होगा और शीघ्र ही!

सबेरे उठना और सिगरेट छोड़ना—यदि मैं स्वस्थ रहना चाहता हूँ, तो इतना तो करना ही पड़ेगा! और अस्वस्थ जीवन भी कोई जीवन है?

लखनऊ
6 जनवरी 1958

भोर में श्री भगवतीशरण सिंह, डायरेक्टर, सूचना-विभाग के घर पर जलपान किया। फिर उन्हीं के साथ डॉ. रामप्रसाद त्रिपाठी के घर गया। त्रिपाठी : सागर विश्वविद्यालय के भूतपूर्व उपकुलपति। आजकल यू.पी. सरकार के हिन्दी-परामर्शदाता। इस बात पर विचार-विमर्श कि किस प्रकार सभी हिन्दी-राज्यों में तुरन्त-से-तुरन्त सभी काम हिन्दी में होने लगें। हिन्दी पत्रों में मेरा एक लेख अभी छपा है—'हिन्दीभाषियों को चुनौती'! उसी के आधार पर बातें हुईं—त्रिपाठीजी ने मेरे विचारों को पसन्द किया और इस काम को आगे बढ़ाने के लिए तत्परता दिखाई।

फिर पंडित कमलापति त्रिपाठीजी के घर पर मिलने गया। लोगों की भीड़। कौंसिल जाने की तैयारी में थे, लेकिन तो भी बड़े स्नेह से, अपनी सहज मुस्कान में मिले! मैंने ''माटी की मूरतें'' के उर्दू, मराठी, गुजराती और पंजाबी अनुवाद किए—देखकर खुशी हो गई। वहाँ से यू. पी. पार्टी के स्तम्भ श्री गेंद सिंह के घर जलपान करने गया। पार्टी के प्रमुख लोग आ जुटे थे बिहार और यू.पी. के पार्टी काम में किस प्रकार एकात्मता आवे, तथा पार्टी को विधानसभा में हिन्दी के सम्बन्ध में क्या रुख रखना चाहिए, इस पर बातें हुईं। वहाँ से सूचना-विभाग में गया। ''त्रिपथगा'' सम्पादक को 'मासानाम् मार्गशीर्षोऽहम्' नामक लेख छपने को दिया। फिर रेडियो-स्टेशन—आरसी से भेंट हुई; सुमित्रा जी से भेंट हुई! 'गाँधी-चर्चा' के लिए दो प्रसंग-रेकार्ड करा दिए।

संध्या को मेरे सम्मान में यशपाल जी ने एक गोष्ठी बुलाई थी। यशपाल जी—अपनी लेखनी और कार्यकुशलता के सम्मिश्रण से कैसा अच्छा घर-बार बसा लिया है! यह ड्राइंग-रूम : यह सजावट : यह खातिरदारी : यह जलपान : सचमुच कुछ आदमी होते हैं जिन्हें जीना आता है। मित्रों की खासी मंडली जुटी थी। भगवतीचरण वर्मा भी थे; कहते थे, आपका ही नाम सुनकर चला आया!

मैंने आज ही लौट जाने का तय कर लिया था; टिकट भी कट चुकी थी; लेकिन पता चला, रामलखन यहीं है। अतः टिकट वापस कर दी और गोष्ठी के बाद सरोज जी के साथ उसी की खोज में चले। लखनजी हैं, नरेन्द्र भी है। दोनों किस प्रेम से मिले। अब किराए का एक अच्छा मकान भी ले लिया है। आज मकान है, यह मकान पाकर दोनों—बाप बेटे—खुश थे।

यह रामलखन—प्रायः सोचता हूँ, यदि यह कुछ और पढ़ा-लिखा होता, तो क्या नहीं कर पाता। मिडिल तक पढ़ा—फिर इधर-उधर मारा-मारा फिरने लगा। घर के लोग परेशान; गाँववाले उसकी धज्जियाँ उड़ाते। कुछ दिन मेरे साथ रहा; फिर लखनऊ कांग्रेस देखने के लिए (1936 में) यहाँ आया। बीमार पड़ा; मेरा नाम लिया, इससे लोगों ने आवभगत की। फिर तो तब से यहीं बैठ गया। पहले नरेन्द्रदेवजी के साथ रहा; फिर खेरसाहब का दामन पकड़ा—अब तो स्वतन्त्र है; बेटे को भी बुला लाया है, पढ़ा रहा है। घर पर पैसे भी देता है। कोई नौकरी नहीं, बड़े-बड़े लोगों से दोस्ती गाँठ रखी है। लोगों के काम चलते हैं, इसका अपना काम भी चलता है। अद्‌भुत स्वभाव पाया है इस व्यक्ति ने। यदि शिक्षा ऊँची मिली होती, तो न-जाने किस ऊँचाई तक पहुँच पाता। किन्तु, अपनी ही शिक्षा कहाँ तक हो पाई, जो रामलखन के लिए

चिन्ता करूँ। हो सकता है, शिक्षा पाने पर वह एक चलता-पुर्जा क्लर्क-मात्र होता।

संध्या को लखन के साथ बाज़ार निकला। काफी हाउस में सुमन से भेंट हुई; बोले, पहले की तरह की अकृत्रिम मित्रता अब नए लोगों में कहाँ? फिर लखनजी के मित्र बहुगुणा से भेंट हुई। बातचीत के दौरान उन्होंने गर्मियों में बदरीनाथ के आस-पास रहने का आमन्त्रण दिया। सोचता हूँ, दो महीने हर साल वहीं शान्त-एकान्त स्थान में विश्राम करूँ—या तो हिमालय की तलहटी में या कहीं सागर-तट पर! अब कोलाहलों से रह-रहकर जी घबरा उठता है।

बेनीपुर
16 जनवरी 1958

सच कहो, बेनीपुरी, तुम इन दो दिनों से इतने उदास क्यों हो?

क्या इसका कारण यह नहीं कि जित्तिन ने अपने विवाह के बारे में तुमसे जो बातें कीं, उनसे इस सम्बन्ध के तुम्हारे सपने टूट गए!

देवेन्द्र की शादी के समय तुम नहीं थे। उस शादी से तुम्हें पाँच पोते मिले; कितना बड़ा सौभाग्य! किन्तु तुम सदा सोचते रहे, यह विवाह तुम्हारी मान-मर्यादा के अनुकूल नहीं हुआ।

तुमने सोच रखा था, जित्तिन की शादी शान से कराऊँगा, किसी ऐसे परिवार में जो तुम्हारी पद-प्रतिष्ठा के अनुकूल हो! तुम पहली क्षति की पूर्ति भी कर लेना चाहते थे। लेकिन जित्तिनजी ने जो निर्णय सुनाया, तुम्हारे सारे अरमान धूल में मिल गए।

तुम सोचते हो, 'समधी' बनने की तुम्हारी आकांक्षा यों ही घुटकर मर गई!

यही नहीं, इधर दुलहिन ने जो रुख़ लिया, तुम प्रायः सोचते थे, अब इस वृद्धावस्था में जब कभी रोगों ने दबोचा, तो तुम्हारी या तुम्हारी रानी की देखभाल कौन करेगा? तुम्हारी आशा थी, जित्तिन जी ऐसी पत्नी ला सकेंगे, जो इस बुढ़ापे में तुम लोगों की सेवा पर ध्यान दे सके!

इस आशा पर भी तुषारपात हो गया!

अतः तुम मन ही मन उद्विग्न हो—यद्यपि बाहर से चेहरा बनाए रखने की कोशिश करते हो!

लेकिन, सोचो बेनीपुरी, ऐसी उदासी क्यों; यह उद्विग्नता कैसी?

तुमने कुछ कबूतर पाल रखे हैं! देखते नहीं; कबूतर-दम्पति किस प्रकार अंडे सेते हैं, बच्चों को दाने पहुँचते हैं! दोनों प्राणी बच्चों के लालन-पालन में अपने शरीर की सुरक्षा की सुध भी नहीं रखते!

लेकिन, ज्यों ही बच्चों के पंख फूटे, वे उड़ने लायक हुए और उड़े—फिर क्या वे ऐसी आशा रखते हैं कि वे बच्चे कभी उन्हें दाना दे सकेंगे या अपने घोंसले में रहने देंगे! माँ-बाप की एक दुनिया! मेरे बेटे-बेटी की दूसरी दुनिया।

तुम कह सकते हो, मानव को पशु-पंछी से ऊपर उठना चाहिए न?

हाँ, उठना चाहिए—किन्तु क्या यह इतना आसान है! अरे,

'आदमी को भी मयस्सर नहीं इन्साँ होना!'

तर्क किया जा सकता है, आख़िर बेटे-बेटी के व्यक्तित्व के निर्माण में माता-पिता को इतना कष्ट उठाना पड़ता है; त्याग करना पड़ता है। क्या बेटे-बेटी के लिए उचित नहीं कि इन सामाजिक प्रश्नों पर माँ-बाप की रुचि का खयाल रखें।

यदि माँ-बाप उन्हें इस रूप में नहीं ढालते तो क्या वह लड़की ही उनकी ओर ताकने

जाती? या कोई लड़का ही उन पर इस तरह मरता!

क्या यह कृतघ्नता नहीं कि माँ-बाप को इस प्रकार भुला दिया जाए?

लेकिन, तुम्हारा यह तर्क, बेनीपुरी, बाप-माँ का तर्क है। बेटे-बेटी इसके जवाब में और भी तीखे तर्क पेश कर सकते हैं! इन तर्कों को सुनकर तुम्हें और कष्ट होगा! जले पर नमक! छिड़कना होगा।

अतः, जिस प्रसन्नता से तुमने जित्तिनजी उसे कह दिया, तुम्हारी जहाँ इच्छा हो, शादी करो—उसी के अनुरूप अपने को ढालो। सदा याद रखो यह दुनिया अजीब है—यहाँ सबके सब अरमान पूरे नहीं होते; अधिकतर अधूरे ही रह जाते हैं!

पटना
27 जनवरी 1958

अहा! आज कितना आनन्दमय दिन है। आज जित्तिन का 'सगुन' पड़ गया। कहाँ ? जहाँ में चाहता था; जहाँ के लिए आज से दस साल पहले मैंने वचन दिया था ! प्रिंसिपल कपिल आज सबेरे आए; सगुन चढ़ाया, दिन-भर आनन्द मनाया जाता रहा; रात में धूमधाम से भोज किया गया। पटना की पूरी मित्र-मंडली पधारी थी। रामचरित्र बाबू कपिलजी के गोतिया हैं; समधी वही रहे। बड़ी मौज में थे; भात खिलाओ, गाली खिलाओ—इसके बिना कहीं सगुन पूरा होता है! महेश्वरबाबू, विश्वमोहन बाबू, शिवपूजन भाई, अविनाश पांडेय, गंगाशरण, अवधेश्वर, चाँदबाबू, राजबंशी, श्रीमती टी.पी. सिंह, वीरेश्वर जी, जयदेवबाबू, कौशलेन्द्रजी, आदि-आदि। संयोगवश प्रो. सुरेन्द्र जी भी पहुँच गए थे! लगभग सौ आदमी इस भोज में सम्मिलित हुए!

कल रानी आ गई थीं। उनके आनन्द का क्या कहना? और दुलहिन की मत पूछिए—आज तो जैसे उसके पैर में पंख लग गए थे। दिन-भर अतिथियों के खिलाने-पिलाने के काम में लगी रही—उसने तो कमाल कर दिखाया है आज! वह अकेले दस औरतों का काम कर सकी है!

बार-बार सोचता हूँ, यह क्या हुआ? अभी उस दिन की डायरी में अपनी व्यथा का वर्णन किया है। मैं बेनीपुर रह गया; जित्तिन यहाँ लौट आए। जब मैं 18 जनवरी को यहाँ लौटा, बात बदली हुई पाई। जित्तिन ने कहा, वह मुँगेर जाना चाहता है। संयोग, बिहार-विश्वविद्यालय के समावर्तन-उत्सव में कपिलजी पहुँचे हुए थे। मैंने उनसे बातें कीं। फिर तो एक ही सप्ताह में जल्दी-जल्दी सारी बातें तय हो गईं। जित्तिन जी मुँगेर गए—देवेन्द्र के साथ। वहाँ से लौटकर स्वीकृति दी। रानी को घर से बुला लिया गया। आज कपिलजी अपने बड़े भाई, भतीजे और वाइस-प्रिंसिपल को साथ लेकर आए। दस बजे भोर में सगुन चढ़ा; रात में भोज-भात हुआ! दो-तीन घंटे की सूचना पर ही इतने मित्र इकट्ठे हो गए। सभी लोग इस शुभ सम्बन्ध पर मुझे बधाई दे रहे थे।

जित्तिन ने मेरा वचन रख लिया, मेरी प्रतिष्ठा बढ़ा दी, मेरी इच्छा पूरी कर दी—रोम-रोम उसे शुभाशीष दे रहा है!

ज्यों ही जित्तिन आया, उसने साफ कहा—बाबूजी, दो काम तय करके ही मैं लौटना चाहता हूँ—(1) प्रभा की शादी और (2) अपनी शादी! हाँ, अपनी शादी भी—कहकर वह मुस्कुराए। मैंने कहा, बहुत ठीक; दोनों का निश्चय, ठीक-ठाक, तुम ही करो। तुम जो चाहोगे, वही होगा।

पहले उन्होंने प्रभा की शादी को अपने हाथ में लिया। वह मुज़फ्फरपुर गए।

श्यामसुन्दरजी से मिले। साफ-साफ बातें कीं। उनकी स्वीकृति लेकर वह बनारस गए, प्रभा से मिले और उसकी स्वीकृति की ख़बर भी मुझे दी। यह जित्तिन का ही काम था कि ऐसी उलझन को इस आसानी से सुलझा दे! मैं प्रायः सोचा करता था, जित्तिन और प्रभा की ओर से ही कठिनाई होगी। श्यामसुन्दरजी तो तैयार ही थे। लेकिन जित्तिन ने न सिर्फ अपने विरोध को वापिस लिया, किन्तु प्रभा की स्वीकृति भी ले ली।

इस झंझट को सुलझाकर उन्होंने हँसते-हँसते कहा—"अब मेरी शादी!" "तुम जहाँ चाहो, मेरी स्वीकृति है।" लेकिन जब उन्होंने एक प्रस्ताव बाजाप्ते रखा, तो मैं कुछ विचलित हुआ। जित्तिन ने जो पहला प्रस्ताव रखा था, वह मुझे पसन्द नहीं था। लेकिन, मैंने सोचा, मुझे हस्तक्षेप नहीं करना चाहिए; अपनी स्वीकृति तो तुरंत दे दी; किन्तु, इस सम्बन्ध में वह ठंडे दिल से सोच-समझकर निर्णय करें, यह अनुरोध भी कर दिया। हाँ, किसी भी हालत में उनकी इच्छा ही सर्वोपरि रहेगी, इसकी गारंटी भी दे दी!

न-जाने बीच में क्या हुआ; जब बेनीपुर से लौटता हूँ, सारा दृश्य ही बदला हुआ पाया। यही नहीं, जित्तिन अब असमंजस में अपने को नहीं रखना चाहते थे; वह शीघ्र ही तय कर लेना चाहते थे। जरा भी विलम्ब उनके लिए दूभर हो रहा था। मेरे घर में फोन; कपिलजी के घर में फोन; ट्रंकफोन पर ही सारी बातें तय हो गईं।

अभी-अभी उनकी श्रीमती ने फोन किया है; कपिलजी, जित्तिन और मुझ से भी बातें कीं। बेचारी कितनी प्रसन्नता में बोल रही थी—"अब तो उषा आपकी बेटी हो गई!" लड़की का नाम है, 'उषा'!

हमने तिलक-दहेज की चर्चा भी नहीं आने दी है। मैं कहा करता हूँ, मेरे घर में आठ बच्चे हैं, आठ बेटीवालों का उद्धार कर दूँगा। दो बेटीवाले तो उद्धार पा गए—देवेन्द्रजी के ससुरजी तथा कपिलजी। देखिए, आगे-आगे किन महानुभावों को यह सौभाग्य मिलता है! जो इस तरह सौभाग्य बाँट सके, उसके सौभाग्य का क्या कहना?

पूर्णिया
18 फरवरी 1958

कैसा आश्चर्य : तीस वर्षों के बाद मैं इस शहर में आया हूँ। जो दिन-रात घूमता ही फिरता रहे, वह अपने प्रान्त के एक ज़िले के सदर-शहर में तीस वर्षों के बाद आए, क्या यह आश्चर्य की बात नहीं है?

जब "युवक" निकाल रहा था, एक प्रेस खरीदने के लिए यहाँ आया था। वह प्रेस एक सहयोग-समिति का था; खरीदने के बाद कुछ झंझट भी हुई थी; आठ-दस दिन रह जाना पड़ा था! उन दिनों के कई मित्र मिले और सारी बातों की याद दिलाई!

किन्तु उन दिनों के पूर्णिया और आज के पूर्णिया में कितना अन्तर हो गया है, वह कटिहार से ही दिखाई पड़ने लगा। उन दिनों का पूर्णिया कितना हरा-भरा था; बारह मास हरियाली; गड्ढों-नालों में सदा पानी-ही-पानी। फलतः मलेरिया का दौरदौरा। जिस अफसर की बदली पूर्णिया हो जाती थी, वह समझने लगता था, उसे कालापानी भेजा जा रहा है। एक कहावत प्रसिद्ध थी—न ज़हर खा, न माहुर खा; मरे के मन होय तो पूरैनिया जा।

कटिहार से ही दिखाई पड़ने लगा, चारों ओर उजाड़-झंखार! न खेतों में फसलों की हरियाली, न गाँवों के निकट पेड़-पौधों की भरमार! बेर, झरबेर, बबूल के पेड़। कहीं-कहीं आम; जिनके बौर ज़रूर मन को मोहते थे।

दस वर्षों से यहाँ कालेज चल रहा था। हमारे अभिन्न मित्र श्री जनार्दनप्रसाद 'द्विज' जी इसके प्रिंसिपल हैं। इसके मन्त्री है सुधांशुजी : हमारे अनन्य मित्रों में। करीब डेढ़ सौ एकड़ की ज़मीन के बीच में यह कालेज है—किन्तु ज़मीन सूखी-सूखी; दमगनीमत आम के पेड़। किसी नीलहे साहब की कोठी थी; शोषण का केन्द्र अध्ययन का केन्द्र बन गया है और साहब का जो मुर्गीखाना था; वह प्रिंसिपल साहब का बँगला है! जमाना भी क्या-क्या रंग बदलता है!

द्विजजी के साथ ठहरा हूँ। विद्यार्थी-काल से देख रहा हूँ, द्विजजी रहने-सहने, खाने-पीने के शौकीन। कोई भम्भड़-भड़कीलापन नहीं, किन्तु स्वच्छता और सुघड़ता जैसे उनकी नसों में बसी हो। इस मुर्गीखाने को ही कैसा सजा-सँवार दिया है। सभी चीज़ें अपनी-अपनी जगह पर। पलंग, कुर्सी, टेबल, रेडियो, टेलिफोन—सब क़रीने से रखे गए। चादर, तकिए, खूँटी, कपड़े—सबमें सदा सौन्दर्यभावना पर ध्यान ! इस उजाड़ में बारी-फुलवारी भी लगा रखी हैं! फूल हैं, सब्जी है, फल है और उनमें भी लगावट की सुघड़ता!

भगवान ने घर भी हरा-भरा दिया है। छः बेटे हैं, चार बेटियाँ हैं। बच्चे सब ही बड़े हँसमुख, सफाई-पसन्द, तन्दुरुस्त, पढ़-लिख रहे। उनके बच्चों ने कल फुलवारी में घुमाया; एक-एक पौधे के फल-फूल की व्याख्या-सी करते जाते हैं। घर की चीज़ों को भी कभी अस्त-व्यस्त नहीं करते!

इनका घर देखकर अपने पर शरम आई! इतने पैसे खर्च करता हूँ, रहना नहीं आया। मेरी लटर-पटर आदत का प्रभाव बच्चों पर भी। सारी चीज़ें इधर-उधर बिखरीं; बर्बाद हो रहीं, गन्दी हो रहीं, सड़-गल रहीं। बच्चों के कोलाहल, हो-हल्ला, उठापटक से परेशान। मानता हूँ, बच्चों की ये हरकतें सुख ही देती हैं, लेकिन यदि उनमें अनुशासन और अनुज्ञा की भावना भी बचपन से ही पनपती जाए, तो और भी अच्छा है, नहीं?

संध्या को, कल, कालेज की हिन्दी-साहित्य-परिषद् का वार्षिकोत्सव था; इसका सभापतित्व करने को मुझे आमन्त्रित किया गया था। यह कालेज शहर से दो मील दूर पर है; तो भी काफी लोग आ गए थे। इससे सूचित होता है कि शहर के लोगों को कालेज के जीवन से कितनी समीपता है; शायद मेरे आगमन की सूचना ने ही आकर्षण ला दिया है। उत्सव बहुत अच्छा रहा; संगीत, नृत्य, कविता, एक बात बहुत खटकी। संगीत-नृत्य में सिर्फ बंगाली लड़कियाँ ही हिस्सा ले रही हैं—कब बिहारियों में सांस्कृतिक रुचि जगेगी; कब वे अपनी बेटी, बहन, बहू, पुतोहू में इन कलाओं का विकास आवश्यक समझेंगे! कुछ पढ़-लिख लो, बढ़िया खाना बनाओ, खिलाओ और अब यह भी कि कुछ कमा सको, तो कमा लाओ—हेड-मिस्ट्रेस होकर या प्रोफेसर, नर्स या डॉक्टर होकर!

ख़ैर, उत्सव अच्छा रहा; मैं 'हिन्दी', 'साहित्य' और 'परिषद्' पर बोला। 1960 के पहले ही हिन्दी-राज्यों का सम्पूर्ण हिन्दीकरण हो जाना चाहिए। कचहरियों में, शिक्षण संस्थाओं में, व्यापार के कामकाज में, दिन-दिन के व्यवहार में—बस हिन्दी-हिन्दी! 1960 में फिर राष्ट्रपति एक कमीशन नियुक्त करेंगे, तब तक हिन्दी-राज्यों से अंग्रेज़ी का पूर्ण बहिष्कार हो जाना चाहिए—नहीं तो हिन्दी के लिए राष्ट्रभाषा पर अधिकार प्राप्त करना असम्भव हो जाएगा; प्रोफेसरों, वकीलों, सरकारी कर्मचारियों और व्यापारियों को भी फटकार बताई। मैं जोश में बोल गया। फिर साहित्य पर आया—ऐसा साहित्य गढ़ो, जो मास्को, लन्दन, पेरिस, न्यूयार्क, पेरिस और टोकियो में स्थान पाए। पटना, प्रयाग, दिल्ली में प्रशंसा पाए तो क्या हुआ? नए-नए विषय, नई-नई टैकनिक! हिन्दी का साहित्य आज भी महान्; किन्तु भारत की राष्ट्रभाषा के अनुरूप होने के लिए अधिक प्रयत्न की आवश्यकता। फिर परिषद्—कालेज की परिषदें सृजनात्मक साहित्य की ओर ध्यान दें। आलोचना साहित्य की तो पढ़ाई होती ही है। तराजू फेंको; कुदाल

पकड़ो—साहित्य का भी यही सन्देश! बड़ी रात-भर सम्मेलन होता रहा; लोग डटे रहे!

चाहता था, कल ही लौट जाऊँ! किन्तु 'द्विज' का स्नेह! ज्यों ही मैंने बात चलाई; काट दी और अपने सभी बाल-बच्चों को लगा दिया कि वे मुझे रोकें। तीस साल के बाद आया हूँ, फिर यह आग्रह—मान गया। रह गया तो कुछ काम भी हो जाए—रामेश्वरजी को बनमनखी और कटिहार के लिए भेज दिया कि पुस्तकालयों के लिए नियुक्त बुक सेलरों से बातें करें। जलपान करने सुधांशुजी के घर गया। शहर में जो घर बनाया है, उसका नाम रखा है 'अवन्तिका'! 'अवन्तिका' (मासिक पत्रिका) के सम्पादक रहे हैं न? नाम का मोह नहीं गया—पत्रिका तो वह हो चुकी! काफी चौड़ी जगह—पेड़-पौधे भी लगा दिए गए हैं, किन्तु मुख्य इमारत अभी नहीं बनी है। सुधांशु को रहना आता है। पटना में भी कितने अच्छे ढंग से रहता है। और इस हाते में पहले-पहल 'आम्र-लतिका' देखी—जब यह फल देता है, डालियाँ ज़मीन पर लोटने लगती हैं। इच्छा होती थी, इसकी एक कलम अपने गाँव के लिए ले चलूँ।

उसके बाद कला-भवन की नींव देखने गया। हाँ, नींव ही तो। सोचा गया है, इस पर भवन बनेगा, मंच बनेगा, चारों ओर फूल लगेंगे, लताएँ लगेंगी! आदमी, तुम भी कितना कल्पनाशील हो! अभी फेरा ही डाला गया है कि कागज पर सबकुछ तैयार है। सुधांशुजी की ही यह कल्पना भी है। पूर्णिया पिछड़ी हुई जगह! ऐसी पिछड़ी जगह के नेता बनना भी एक सौभाग्य ही है—'खाली स्लेट पर जो चाहे लिख लो।'

अपराह्न में कालेज की समाज-सेवा-समिति का उत्सव—सुधांशु सभापति। मुझे भी कुछ कहना पड़ा। संध्या को मेरे सम्मान में पूर्णिया ज़िला, हिन्दी साहित्य सम्मेलन की ओर से आयोजित साहित्य गोष्ठी! अच्छी गोष्ठी रही। चार-पाँच कविताएँ बड़ी अच्छी थीं। मैंने सिंहगढ़ सुनाया; द्विजजी ने भी अपनी एक नई कविता सुनाई! दो-तीन घंटे के आनन्दमय वातावरण के बाद, खा-पीकर, मोटर से कटिहार के लिए प्रस्थान। साथ में सुधांशुजी का सुपुत्र पद्मनारायण और हिन्दी विभाग के अध्यक्ष विजयकुमारजी! गाड़ी जैसे प्रतीक्षा में ही खड़ी थी; डब्बे में घुसा, बिस्तरा बिछा कि गाड़ी खुली—हप्, हप्-हप्!

इधर कितनी परेशानियों में रहा! इतनी परेशानी कि पटना से आते समय इतने पैसे भी नहीं थे कि रात में भरपेट भोजन करता या भोर में जलपान कर पाता! कभी-कभी अपने ऊपर कष्ट बुला लेना भी कुछ बुरा नहीं है और यदि उस कष्ट के बाद इन दो दिनों का आनन्द मिल जाए, तो फिर क्या कहना? जरा जी बहल गया, सिर हलका हुआ, पुरानी मित्रता हरी हुई, नए लोगों से जानपहचान हुई, पता चला, कहाँ क्या किया जा रहा—यात्रा सफल पूर्णतः।

सोनपुर
26 फरवरी 1958

मुज़फ्फरपुर से पटना लौट आया हूँ! सोनपुर और पटना के पाँच मील—भगवान बचाए इससे। कभी तीन-चार घंटे से कम नहीं लगते : गर्चे दोनों के बीच की दूरी चार-पाँच मील से अधिक की नहीं। रेल और जहाज की वह लबड़-धोंधों कि तबीयत भिन्ना उठे। आम तमाशा रहा; जब तक मेल पहुँचे; तब घाट की गाड़ी खुल चुकी थी।

एक मित्र से बातें होने लगीं। आजकल परेशानी में हूँ, किन्तु विश्वास है, थोड़े दिनों के बाद आराम से रह सकूँगा। बेटी का ब्याह हो जाए; देवेन्द्र को कहीं नौकरी लग जाए। जित्तिन की नाव तो घाट लग ही गई। ताम्बरम से उन्होंने लिखा है, प्रतिमास दो सौ रुपया आप को भेज सकूँगा। मेरे लिए तो मेरी अपनी ही कमाई बहुत है—बेटे लोग यदि अपने घर-बार

देखने लगें, तो फिर मुझे आराम ही आराम है।

और आराम हुआ, तो बेनीपुर रहूँगा, यह चाहता हूँ। बेनीपुर में क्या करूँगा? लिखना-पढ़ना तो रहेगा ही, कुछ धर्म-पुण्य करना चाहिए, प्रायः ऐसा सोचता हूँ। 'बड़े भाग मानुस तन पावा'—बाबा तुलसीदास कह गए हैं। और मनुष्य होने के बाद जो 'एषणा' है, उसकी भी पूर्ति हो गई। अतः अगले जन्म के लिए कुछ फिर तैयारी चाहिए। अगला जन्म गड़ोप की बातें भी हों, लेकिन बुढ़ापे में कुछ जनसेवा हो जाए, यह तो सब लोगों को मान लेना चाहिए।

बेनीपुर में रहूँ, तो चार-पाँच अच्छी गाएँ पोसूँ और उनका दूध गरीबों के बच्चों को पिला दिया करूँ। अपने देश में बच्चों की ओर ध्यान नहीं दिया जाता। मुझे इंगलैंड ने सबसे अधिक आकृष्ट किया, क्योंकि वहाँ हर बच्चे के लिए सरकार की ओर से दूध पिलाने का प्रबन्ध है। मैं चाहता हूँ, अपने देश में ऐसी व्यवस्था हो; इसी से कभी-कभी राजनीति की ओर दौड़ जाता हूँ। किन्तु र सम्भव नहीं दिखाई पड़ता। राजनीति तो राक्षसों के हाथ में जा फँसी है। अतः यदि व्यक्तिगत रूप में ही कुछ कर सकूँ, तो क्या बुरा है! सुकर्म संक्रामक होता है—कुछ और लोगों का ध्यान भी उस ओर जाए!

जब-जब कल्पना करता हूँ, भोर-भोर वे गाएँ दूही जा रही हैं और गाँव के बच्चे दूधे पीने के लिए खड़े मेरे दरवाजे पर कोलाहल कर रहे है, तो मैं मुग्ध हो जाया करता हूँ। क्या ऐसा कर सकूँगा? देख सकूँगा? आजकल तो ऐसी हालत है कि पैसे के अभाव में कभी-कभी ऐसा लगता है कि अपने बच्चों का भी दूध बन्द हो जाए।

बेनीपुर में रहकर दूसरा काम जो सोचता हूँ, वह है गाँवों में अपनी ओर से कुएँ खुदवाओ। यदि मरने के पहले गाँव के अड़ोस-पड़ोस में पचास कुएँ भी खुदवा दूँ; तो मेरी आत्मा तृप्त हो जाए। गाँवों की गरीबी का क्या कहना? अन्न तो लोगों को नहीं ही मिलता है, पानी भी स्वच्छ नहीं मिल पाता। देहात में घूमिए; शायद ही किसी गाँव में कोई अच्छा कुआँ मिल पाए। कच्ची बँधाई, कच्चा जगत, चारों ओर कीचड़, गन्दगी। पानी में दुर्गन्ध, कीचड़, गन्दगी। तो भी लोग पीए जा रहे हैं।

बच्चों के लिए दूध; लोगों के लिए पानी—यदि इस दिशा में कुछ भी कर पाऊँ, तो समझूँ, मेरा बुढ़ापा सार्थक हुआ!

इसी तरह की बातें करता रहा; उनमें से एक ने ध्यान दिलाया, और ग्रन्थावली पूरी नहीं कर लीजिएगा। ग्रन्थावली की चर्चा होते ही लगता है जैसे किसी ने पुराने घाव को छू दिया। किस उत्साह से दो खंड निकाले! किन्तु उसके बाद ही जैसे गाड़ी पटरी पर से उतर जाए! सोचा था, 57 तक ग्रन्थावली पूरी कर लूँगा—कहाँ हो पाया वह?

ग्रन्थावली के पैसे घर में खर्च हो गए। आजकल तो कर्ज़ में भी डूबा हूँ। यह कर्ज़ कटे, और ज्यों ही पैसे आएँ कि इस काम में लग जाऊँ। आशा तो यह करता हूँ कि जुलाई के बाद अपना पूरा समय इसी काम में दूँगा। बेटी का ब्याह हो जाए; देवेन्द्र की नौकरी लगे—फिर तो मैं अपनी पूरी शक्ति इस काम को दे सकूँगा। चूँकि यह दोनों काम अब सम्पन्न होने को है इसलिए बेचैनी और बढ़ गई है!

पटना
3 मार्च 1958

यदि आर्थिक संकट से उद्धार पाना है, तो मुझे प्रकाशन को कुछ गहरे पकड़ना होगा। हमने इस

ओर ढील की; उसी का फल है कि आज दस-बीस रुपए के लिए भी सोच में पड़ जाता हूँ।

कोशिश में हूँ, स्टाक में जितनी पुस्तकें हैं, उन्हें खपा दूँ! लगभग बीस हज़ार का स्टाक है। यदि ये खप जाएँ, तो पुराने कर्ज़ों से दूर हो जाऊँ; नए सिरे से फिर इन्तज़ाम करने में सहूलियत हो!

देख रहा हूँ, प्रकाशन को हमने बर्बाद कर दिया है। ग्रन्थावली का प्रथम भाग है नहीं; आठ-दस प्रतियाँ भी नहीं! दूसरे भाग की मुश्किल से चालीस-पचास प्रतियाँ होंगी। दूसरे भाग की पुस्तकों को अलग-अलग बँधवा लिया है कि छोटी कीमत होने के कारण उन्हें जल्द-जल्द बेचकर रुपए निकाल लूँ! कोई चारा जो नहीं था।

प्रथम भाग की कई पुस्तकें—"कैदी की पत्नी", "लालतारा", "गेहूँ और गुलाब" की प्रतियाँ ही नहीं हैं! मेरी ये पुस्तकें कितनी चलनेवाली हैं! किन्तु बाज़ार में उपलब्ध नहीं। क्या इन्हें तुरंत ही प्रकाशित करने की आवश्यकता नहीं है?

"पैरों में पंख बाँधकर", "उड़ते चलो, उड़ते चलो" और "पेरिस नहीं भूलती"—इनकी भी बाज़ार में अच्छी माँग है। पहली दो पुस्तकें दूसरे प्रकाशकों ने छपवाईं—वे भी अब अनुपलब्ध हैं।' 'पेरिस नहीं भूलती" मेरी सबसे प्यारी रचना थी। उस श्रीमान परमेश्वरजी डकार गए! उफ, रुपए की ज़रूरत होने से मैंने किस कसाई के हाथ इस बाछी को बेच दिया!

आज अपना सूचीपत्र देख रहा था। अभी छः पुस्तकें ऐसी हैं, जिन्होंने प्रकाश भी नहीं देखा है। क्या उनकी पांडुलिपियाँ तैयार कर उन्हें प्रकाशित करने का प्रयत्न नहीं करना चाहिए?

"मुझे याद है!"—यह मेरे जीवन का संस्मरण है; बिलकुल संक्षिप्त; किन्तु सारी बातें आ गई हैं इनमें! दो वर्षों से तैयार है सारी पांडुलिपि! किन्तु इसे प्रकाशित नहीं करा सका। अब अधिक दिनों तक इसे अप्रकाशित रखना असह्य है!

अपने जीवन और लेखन पर कुछ फुटकर चीज़ें लिखी हैं। "मैं कैसे लिखता हूँ"—नाम से उनका संकलन भी तैयार है। इसे भी तुरन्त प्रकाशित करा देना है। सोचता हूँ इसका नाम "साहित्य और व्यक्तित्व" क्यों न रख दूँ! शायद यह नाम अधिक उपयुक्त हो!

"बूढ़ा कुत्ता"—नाम से एक शब्दचित्र लिखा; लोगों ने बहुत पसन्द किया! "बाढ़ का बेटा" नाम का स्केच भी अच्छा उतरा है। "सुच्चा सिंह" हाल ही में लिखा है! कुछ और भी स्केच हो सकते हैं—"बुद्धगुरु"—अपने गुरुजी बुद्धिनाथ लाल पर एक स्केच तैयार करने को कब से न सोच रहा हूँ! 'बिहारी' पर भी एक अच्छा स्केच हो सकता है! कुछ और छोटे-मोटे स्केच लिखकर इसे पूरा कर ही देना है और तुरन्त छपवा भी लेना है! "पंडुक और भुजंगा" नामक स्केच भी इसमें दिया जा सकता है।

इधर दो-तीन वर्षों से "धरती की धड़कन" नामक एक स्केच-बुक तैयार करना चाहता हूँ; किन्तु उसका काम बहुत ही धीमे जा रहा है। अभी कुल चार स्केच लिख सका हूँ, पाँचवाँ अधूरा ही है। इसे तो तुरन्त ही पूरा कर लेना है। मेरा खयाल है, "माटी की मूरतें" की तरह यह पुस्तक भी लोगों को पसन्द आएगी। "तोरी फुलाथल, होरी आयल", "रिमझिम, रिमझिम", "जानि शरद ऋतु खंजन आवा" तथा "मासानाम्" मार्गशीर्षोऽहम तैयार हैं—'जब मँजरियाँ फूटीं' अधूरी पड़ी है।

आठ वर्षों से डायरी लिख रहा हूँ। इधर उसके कई अंश पत्र-पत्रिकाओं में छपवाए; लोगों ने पसन्द किया है! क्या उसके कुछ अंशों को "मेरी डायरी" के नाम से एक पुस्तक के रूप में नहीं छपवाया जा सकता? सूचीपत्र में इसकी सूचना भी दे दी गई है!

"कुछ इधर की, कुछ उधर की"—यह भी एक अच्छी पुस्तक हो सकती है; जिसमें अपने देश और विदेश के उन स्थलों का वर्णन हो, जिनकी चर्चा मैंने फुटकर रूप से की है।

"अत्र-तत्र" भी इसका नाम दिया जा सकता है!

इधर मैंने आल इन्डिया रेडियो के नेशलन प्रोग्राम में कुछ ध्वनि-चित्र दिए हैं। 'कोसी' नाम से जो ध्वनिचित्र दिया, वह तो रेडियो के इतिहास में 'डाक्युमेंटरी फीचर' का प्रथम नमूना माना जाता है। इसी तरह अभी 'इस्पातपुरी' नामक ध्वनि-चित्र दिया है। 'वैशाली और लुम्बिनी' पर मैंने दो ध्वनि-चित्र बुद्ध-जयन्ती के समय दिए थे। 'गंगापुल' पर भी एक ध्वनि-चित्र दे चुका हूँ। 'जंगल में मंगल' करके एक ध्वनि-चित्र जंगली जानवरों के जीवन पर दिल्ली में दिया था। क्या यह अच्छा नहीं होगा कि 'ध्वनि-चित्र' नाम से एक अलग संग्रह इनको तैयार कर दूँ। हिन्दी में सर्वश नई चीज़ होगी।

'मशाल' को भी नया रूप दे ही देना चाहिए।

और क्या मेरी बच्चों की पुस्तकें प्रकाशकों द्वारा फटीचर रूप में निकाली गईं, वे अच्छी साज-सज्जा नहीं पा सकेंगी? उन्होंने मुझे कितने पैसे दिए हैं! क्या उनकी माँग नहीं है कि मैं उन्हें घूर पर से हटाऊँ; ज़रा नहला दूँ, सजा दूँ ! लगभग दो दर्जन पुस्तकें हैं, मुझे उनका उद्धार करना ही पड़ेगा। करना ही पड़ेगा !

संक्षेप में यह—

1960 तक ग्रन्थावली के दसों खंड निकल जाएँ—मेरी सारी पुस्तकें नई साज-सज्जा में हिन्दी-संसार के सामने चली आवें। बेटी की शादी के बाद, पूरे ढाई साल का समय मुझे प्रकाशन को ही देना है। बच्चे लोग अपने घर सँभालें, देवेन्द्रजी अपना परिवार देखें, उनकी जो कमी हो उसे जित्तिनजी पूरा कर दें। दोनों भाई महेन्द्र को देखें—मैं अपनी कृतियों की ओर ही पूरा ध्यान दे सकूँ।

पटना
14 मार्च 1958

यह करो, वह करो। यह योजना, वह योजना। लेकिन एक को पूरा नहीं किया कि दूसरी समस्या आ गई। उससे उलझे कि सामने यह तीसरी खड़ी! मनुष्य, तू कितना लाचार है! क्या-क्या करोगे! क्या-क्या बनाओगे? अपनी लाचारी पर रोओ, पछताओ, तुम्हारी तकदीर में यही बदा है!

× × ×

अपनी ही ज़िन्दगी को देखता हूँ, कहाँ से शुरू किया, कहाँ पहुँच गया। कुछ बातें ऐसी हो गईं, जिनकी आशा भी नहीं करता था—आशा की क्या बात? कल्पना भी नहीं कर पाया था। मैं इतना बड़ा लेखक हो जाऊँगा, क्या कभी यह सोच सका था? लोग मुझे बड़े आदमी में शुमार कर सकेंगे, इसकी कल्पना भी की थी? गरीब का बेटा, पढ़ना-लिखना छोड़ दिया, स्वभाव का उद्दंड—सोचता था, किसी तरह काट लूँगा। सफलता-असफलता की वैसी बात भी नहीं थी। लेकिन वह हुआ, और जो हुआ, वह निश्चय ही किसी भी व्यक्ति के लिए गौरवप्रद माना जा सकता है!

× × ×

किन्तु जो चाहा, वह क्या हुआ? और जो चाहता हूँ, वह क्या हो सकेगा ? स्वप्नदर्शी हूँ; कई अच्छे-अच्छे स्वप्न देखे; आज भी देखता हूँ! सोचता था, जब अंग्रेज़ चले जाएँगे, अपना राज होगा। मैंने देश को आज़ाद करने के लिए इतना किया है; देश के नव-निर्माण में भी मेरा शानदार हिस्सा होगा। किन्तु क्या हो पाया! सत्ता ऐसे लोगों के हाथ में चली गई है; जो

हमारी छाया से भी घबराते हैं। मेरी शक्तियों के उपयोग की बात कहाँ तक सोचेंगे, उपेक्षा की ही नहीं, दिन-रात मुझे नष्ट करने की ही तरकीबें लगाया करते हैं! सबसे बड़ा दुख तब होता है, जब कभी-कभी छोटी-छोटी बातों के लिए भी उनके निकट जाने को लाचार होना पड़ता है! ग्लानि से मरने लगता हूँ; तो भी जाता हूँ और प्रायः ही निराश लौटता हूँ—हाँ, बातें बड़ी लम्बी-लम्बी कह दी जाती हैं।

× × ×

सबसे बड़ा दुख इस बात का होता है कि मैं टुकुर-टुकुर देख रहा हूँ और जनता को लूटा जा रहा है, उसे धोखा दिया जा रहा है, उसे फँसाया और उलझाया जा रहा है। चारों ओर भ्रष्टाचार है। जनता भी भ्रष्टाचार में फँस गई है। कहीं आदर्शवाद की बू नहीं दिखाई पड़ती है—चारों ओर गन्दगी-गन्दगी है, बदबू-बदबू है! साँस लेना भी कठिन! किन्तु कहाँ जाऊँ? घुटकर मरना है या चमड़ी और नाक बनानी है!

× × ×

एक ही उपाय : साहित्य की ओर ही पूर्णतः उन्मुख रहो! किन्तु क्या यह भी इस वातावरण में सम्भव है। साहित्य से इतना तो कमाना ही है कि बाइज़्ज़त रह सकूँ; बाल-बच्चों को पाल-पोस और पढ़ा-लिखा सकूँ? प्रकाशकों ने धोखे दिए, तो अब लेखन के साथ प्रकाशन भी शुरू किया। किन्तु क्या दोनों का चला ले जाना सम्भव है? पग-पग पर द्वन्द्व पाता हूँ, किन्तु कोई चारा नहीं दिखाई पड़ता।

× × ×

इधर तो बुरी तरह उलझन में फँसा हूँ। प्रारम्भ से ही खरचीला रहा! इधर पैसे मिलते गए, तो भी खर्च बढ़ाता गया। भगवान ने भी मदद की—वह कृपापूर्वक मेरा परिवार बढ़ाते गए। इतना बड़ा परिवार : सबको औज-मौज़ से रखना! दिन-रात की परेशानी रही! लेकिन इस कोढ़ में खाज पैदा कर ली पिछले साल; चुनाव में खड़ा हुआ, छः-सात हज़ार रुपए कर्ज़ कर लिए! उफ, आजकल जैसी परेशानी में हूँ, क्या कभी ऐसी भुगतनी पड़ी थी!

तकाज़े, तकाज़े, तकाज़े! माँग, माँग, माँग! कभी-कभी तो लगता है, कहीं भाग जाऊँ! किन्तु जाऊँ कहाँ? हिम्मत बाँधता हूँ; यह करूँ, वह करूँ! नई-नई योजनाएँ! लेकिन कुछ ऐसा संयोग कि बनते-बनते बातें बिगड़ जाती हैं। जिन पर भरोसा करता हूँ, उन्हीं से धोखे मिलते हैं। बेचैनी में इधर ठीक से नींद भी नहीं आती—रक्तचाप का मरीज—न-जाने कब क्या हो जाए!

× × ×

आज की सी परेशानी, किन्तु छोटे दायरे में एक बात और हुई थी। कर्ज़ से लदा था; घर टूटा-फूटा था; बहिन की शादी थी। समझ में नहीं आता था, क्या करूँ? कि एक मित्र ने धीरज दिलाया—घबराइए मत; विपत्तियों और झंझटों की भी एक उम्र होती है; देखिएगा, एक दिन कुछ ऐसा संयोग लग जाएगा कि सारी आपदाएँ इस तरह कट जाएँगी कि आपको आश्चर्य होगा कि यह कैसे हुआ! और, मेरे उस मित्र की बात सच सिद्ध होकर रही—एक-दो वर्ष के अन्दर ही मेरी स्थिति बिलकुल सुधर गई; कर्ज़ सध गया, शादी हो गई, घर का भी प्रबन्ध हो गया! क्या फिर एक बार ऐसा नहीं होगा? मैं तो उसी आशा में परिश्रम किए जा रहा हूँ!

लेकिन जितनी मेहनत और उद्योग कर रहा हूँ; फल नहीं मिल रहा है। कभी-कभी सोचता हूँ, कहीं मेरे लिए सदा के बुरे दिन तो नहीं आ गए? कहीं कोई दुर्घटना तो नहीं होनेवाली है? लेकिन फिर सोचता हूँ, मैंने कभी किसी का अपमान नहीं किया, किसी को कष्ट नहीं

पहुँचाया, पापों से भी बचता रहा; सुकर्म भी कम नहीं किए हैं, फिर मेरा अन्त बुरा क्यों होगा? शायद सूर्योदय के पहले का यह घना अँधेरा है—अँधेरा कटेगा, कुहासा फटेगा, सूरज निकलेगा—किरणों से घर-आँगन जगमग होगा। होकर रहेगा, बेनीपुरी, यह परीक्षा की घड़ी है, घबराओ मत!

× × ×

अभी उस दिन कर्ज़ों की सूची बनाई; लगभग आठ हज़ार रुपए का देनदार हो गया हूँ। इधर मार्च के सीजन के लिए लगभग पन्द्रह हज़ार रुपए की किताबों की बिक्री का जुगाड़ किया है। मान लें, दस हज़ार रुपए भी आ गए, तब तो सारी झंझटों से पार पा जाऊँगा। किन्तु कुछ ऐसा हो गया है कि विश्वास नहीं होता कि ऐसा हो सकेगा! आज भी पग-पग पर बाधाएँ अनुभव कर रहा हूँ। यदि पाँच हज़ार रुपए भी आ जाएँ, तो कम-से-कम साँस लेने की तो फुर्सत मिल जाए। कम-से-कम इतना विश्वास तो रखना ही चाहिए।

× × ×

तब रही बेटी की शादी; तो वह जित्तिन की शादी से बँध गई है। जित्तिन की शादी की बात पक्की हो गई, तब फिर यह आसान हो जाएगी! बस इस कोठी का धान उस कोठी में!

× × ×

काश, इस कर्ज़ से और बेटी की शादी से निश्चिन्त हो पाता! फिर मेरा विश्वास है, मैं दस वर्षों तक और काम कर सकूँगा—बड़े ही मज़े से। और इन दस वर्षों में मैं साहित्य को इतना दे सकूँगा कि लोग आश्चर्यचकित रह जाएँगे। अपनी ग्रन्थावली के ही दसों भाग निकाल दूँ, तो हिन्दी-संसार में मेरा झंडा सबसे ऊँचा फहराने लगे! और यदि ''शाश्वत भारत'' लिख सका, तो इस युग का व्यास तो माना ही जाऊँगा!

× × ×

व्यास! यह क्या लिख गए बेनीपुरी; ओहो, तुम्हारी महत्त्वाकांक्षा की भी कोई सीमा नहीं है! कभी झींखते हो, सर पीटते हो; कभी हवा में उड़ते हो, सातवें आसमान को छूना चाहते हो! महत्त्वाकांक्षा : तो इसमें बुरा क्या है? कुछ पूरी हो, कुछ अधूरी रहे, कुछ की कल्पना दिमाग़ में ही लिए चल दूँ! छोटी-छोटी बातों में उलझने से तो बड़ी बातों की कल्पना कहीं अच्छी!

पटना
29 मार्च 1958

जयप्रकाशजी यूरोप जा रहे हैं। अभी उस दिन पटना ने उन्हें शानदार विदाई दी। पटना-कारपोरेशन ने अभिनन्दन का शान-बान से प्रबन्ध किया था। उसके लिए अभिनन्दन-पत्र मैंने लिख दिया था। लेजिस्लेटर क्लब में भी अच्छा अभिनन्दन रहा। स्टेशन पर भी काफी लोग एकत्र थे। सब ठीक रहा—किन्तु क्या वैसा; जैसा कि मैं चाहता था। मैं इससे सौगुनी शानदार चीज़ की कल्पना करता था।

जयप्रकाशजी ने राजनीति छोड़ दी है। प्रजा सोशलिस्ट पार्टी से बिलकुल हट गए हैं। पूरा समय सर्वोदय को ही देते हैं। गाँधीजी का यह देश—गाँधीजी के आदर्शों को काम में लाने के लिए अधिक-से-अधिक त्याग करनेवाले को सिर-आँखों पर ले, उचित यह था। किन्तु क्या वैसा हो रहा है? मेरे खयाल से दिन-दिन जयप्रकाश की ओर से लोग खिंचते जा रहे हैं। वह भी अनुभव करते हैं, तभी तो इधर कहने लगे हैं कि मैं राजनीति से अलग नहीं हुआ; मैं

पलायनवादी नहीं हूँ, आदि-आदि। अपनी नई स्थिति को समझाने के लिए एक लेखमाला भी निकाली; उसे पुस्तिकाकार भी छपवाया है। लेकिन लोग समझने लगे हैं, जयप्रकाश ने उन्हें बीच धार में छोड़ दिया! आज राजनीति में उनकी आवश्यकता थी; यह दिन-दिन तीव्र रूप में अनुभव करने लगे हैं। फलतः उनके प्रति लोगों के मन में विरक्ति की भावना जग रही है!

मेरे मन में भी कम क्षोभ नहीं है। मुझे लगता है, राजनीति को छोड़कर जयप्रकाशजी ने कम्युनिस्टों के लिए खुला मैदान छोड़ दिया है। कांग्रेस को वे लोग धीरे-धीरे निगल जाएँगे। कांग्रेस में न वह शक्ति रह गई, न उत्साह रह गया। भ्रष्टाचारों का वह अखाड़ा बन गया है। यह संस्था टिक नहीं सकती; नेहरू के दम तक जो कुछ भी हो। और, ज्यों ही कांग्रेस टूटी, कम्युनिस्टों के धावे को कौन रोक सकता है? सोशलिस्ट पार्टी यह कर सकती थी; एक समय ऐसा लगता था कि सोशलिस्ट पार्टी कांग्रेस का स्थान ग्रहण करने जा रही है; किन्तु वह सपना अब टूट चुका है। भाई मेहरअली और आचार्य नरेन्द्रदेव जी नहीं रहे। अच्युत ने वैराग्य लिया। लोहिया ने तो इस घर में आग ही लगा दी! और जो कसर थी, वह जयप्रकाशजी के इस संन्यास ने पूरी कर दी है!

रात उनसे मिलने महिला चर्खा समिति में गया था। 1942 में प्रभावतीजी ने इस संस्था की स्थापना की। धीरे-धीरे अट्टालिकाएँ उठ गई हैं। अब जयप्रकाशजी का घर पटना-निवास बन गया है। चाँदनी रात; हम छत पर थे; बहुत देर तक बातें होती रहीं। चाहते हैं, प्रजा सोशलिस्ट पार्टी अधिक कर्मशील बने। कम्युनिस्टों की बाढ़ को भी रोकना चाहते हैं! लेकिन यह हो कैसे। उनके बिना पार्टी में क्या वह पुरानी जान लौट सकती है? और जब तक पार्टी में जान न आए, कम्युनिस्टों की बाढ़ को कौन रोकेगा?

एक बात—जयप्रकाशजी में अब भी मित्रों के प्रति अटूट विश्वास है, निष्कपटता और निर्मलता है। वह बात बार-बार याद आती है—अमेरिका के एक प्रोफेसर ने इनके बारे में लिखा था, तुम इतने निष्कपट हो कि राजनीतिक नेता बन नहीं सकते! क्या उसकी भविष्यवाणी सिद्ध नहीं हो रही है? किन्तु सर्वोदय ही इन्हें शान्ति दे सकेगा, इसकी क्या गारंटी?

जयप्रकाश : एक बेचैन आत्मा! विशुद्ध आत्मा; निष्कपट आत्मा!

पटना
9 मई 1958

जित्तिन की शादी के लिए 16 मई 1958 तय है और प्रभा की शादी के लिए 28 मई 1958। ये दो शादियाँ सानन्द सम्पन्न हो जाएँ, तो मैं कितना आनन्द अनुभव कर सकूँ?

इन शादियों की झंझटों में ही बेनीपुर का मकान भी पूरा होने जा रहा है—पाँच हज़ार रुपए इधर लग गए हैं ज़रूर। लेकिन खुशी होती है, एक यह महान यज्ञ भी पूरा होने जा रहा है!

मकान पूरा हो गया; बेटी का ब्याह हो गया; एक और बेटे का ब्याह हो गया! जित्तिनजी को नौकरी मिल गई, देवेन्द्र ने एम.ए. कर लिया; महेन्द्र कालेज में पढ़ रहा है। पाँच पोते हैं, सब स्वस्थ, सुन्दर, हँसमुख, सुशील। दिन-भर बाबा-बाबा; बाबूजी, बाबूजी! बताइए, इससे बढ़कर अब मनुष्य को क्या प्राप्त करना रह जाता है! सचमुच ये दोनों विवाह सानन्द निभ जाएँ, तो मेरे ऐसे बहुत कम लोग सौभाग्यशाली होंगे!

बाधाओं से खेलता रहा हूँ। आज तक उनसे पिंड नहीं छुड़ा पाया! बेटी के ब्याह में

विघ्न देख चुका हूँ। अतः इन दोनों विवाहों की निर्विघ्न समाप्ति की कामना करता हूँ। हाँ, इतना तो विश्वास है ही कि बाधाओं ने मुझे आगे ही बढ़ाया है; मेरे कामों को और भी पक्का किया है।

बस, तीन सप्ताह! ये तीन सप्ताह मेरे जीवन के लिए बहुत ही महत्त्वपूर्ण सिद्ध होकर रहेंगे। अतः सदा जी भय-त्रस्त बना रहता है—कहीं अचानक कोई चीज़ सामने आकर खड़ी न हो जाए।

दुनिया में कुछ लोग तो ऐसे हैं ही जो दूसरे का सुख-आनन्द बर्दाश्त नहीं कर सकते! वे लोग कब क्या कर बैठेंगे, क्या ठिकाना?

लेकिन मुझे अपने सुकर्मों पर विश्वास है; मेरा आचरण सदा धर्ममय रहा है। मैं और मेरे बच्चे सदा सुख से ही रहेंगे।—बाढ़य पूत पिता के धरम्!

जित्तिन जी की शादी में मैं आर्थिक चिन्ता से मुक्त हूँ! कपिलजी जो भी सम्भव है, कर रहे हैं। रह गई बेटी की शादी; तो किसी तरह आधा प्रबन्ध तो कर चुका हूँ। आधे के लिए चिन्ता है। तत्पर हूँ; किसी तरह निभ ही जाएगा!

इधर किसी दुष्ट ने एक ऐसा षड्यन्त्र किया है कि भय होता है, कहीं कोई गम्भीर बात न हो जाए। देवेन्द्रजी मुझे आश्वस्त करना चाहते हैं, किन्तु इधर दिन-भर व्याकुल रहता हूँ; रात में बार-बार जग पड़ता हूँ; नींद ठीक से आती नहीं !

यह क्या बात है, जब-जब घर में विवाह की बात आती है; कोई-न-कोई विघ्न इधर-उधर से झाँकने लगता है!

ओ मेरे जीवन-भर के संचित सुकर्म! इस बार तो हँसी-खुशी मेरी नाव पार लगा!

इधर जित्तिन के कुछ ऐसे पत्र आए, कि मुझे थोड़ा रंज हुआ। दो पत्र लिखे और फाड़ डाले! सोचा, बच्चा है, विवाह की उमंग है, कल्पना की नई-नई दुनिया बसा रहा है। सोचता है, हम पुराने लोग हैं; खूसट हैं, कहीं उसके स्वच्छन्द आहार-विहार में विघ्न नहीं डाला करें। उसे मुझसे डर नहीं है; डर है अपनी माँ से। आह! बेचारी माँ। बच्चों के लिए क्या-क्या नहीं करती; किन्तु एक ऐसा समय आता है जब बच्चे उसे अपने विकास में बाधक समझ लेते हैं।

किन्तु मैं जित्तिन को जानता हूँ; वह पितृभक्त है और मातृभक्त भी। लेकिन वह क्या करे—शुरू से ही वह स्पष्टवक्ता रहा है, जो सोचता है, कह देता है! उसके मन में कहीं भी कलुष और खोट नहीं है!

पटना : गाँधीघाट
12 मई 1958

पिछले अड़तालीस घंटे कैसे बीते? आशंका, भय, विस्मय, आनन्द; फिर आशंका, फिर भय, फिर विस्मय, फिर आनन्द! लगता था किसी ऐसे झूले पर हूँ, जो कभी आसमान में फेंक देना चाहता है; कभी पृथ्वी पर पटक देना चाहता है; कभी सुहाना राग सुनाता है, कभी हा-हाकार पर उतारू कर डालता है!

लेकिन, अहा! लगता है, जैसे एक दुःस्वप्न कटा। कितने आनन्द में, कितने उछाह में, किस उल्लास में, किस हास्यमय वातावरण में सपरिवार बेनीपुर जा रहा हूँ—तीनों बेटे, बेटी, पुतोहू, पाँच पोते, बहन, दो भान्जे, हो सकता है थोड़ी देर में बहनोई भी आ जाएँ—सबके सब दोनों विवाहों का हास-लास मन में लिए बेनीपुर की ओर जा रहे हैं।

कल जित्तिन हवाई जहाज से पटना पहुँचा। ऐरोड्रोम पर देखा, बहुत चिन्तित, बहुत

गम्भीर। बोला, कई रात से नहीं सो सका! कई रात से क्या मुझे भी नींद आई थी? हम डेरे पर पहुँचे। बातें हुईं। इच्छा हुई, इस बेटे को कलेजे से लिपटा लूँ। इतना उदार, इतना महान; संकट की अति में भी मानसिक सन्तुलन नहीं खोनेवाला। बाबूजी, इससे सामना करना पड़ेगा; मैं तैयार हूँ, हाँ, मुझे मुँगेर जाने दीजिए!

मैं क्यों नहीं राजी होता। दोनों भाई टैक्सी से मुँगेर के लिए रवाना हुए। चार बजे चले थे; जब नौ बजे मुँगेर ट्रंक किया, पता चला, वे लोग वहाँ नहीं पहुँचे। मेरा माथा ठनका। फिर ग्यारह बजे ट्रंक—वे अभी तक नहीं पहुँचे! अरे, यह क्या हुआ? मैंने कपिलजी को कह दिया, ज्यों ही वे पहुँचे, मुझे ट्रंक कर दीजिएगा। थका-माँदा, नींद आ गई। फिर डेढ़ बजे नींद टूटी—अरे, ट्रंक क्यों नहीं आया? मेरा तो होश गायब—दौड़ा-दौड़ा दुलहिन को जगाया, लगता था, कलेजा उलट गया! अरे मेरे दोनों लाल! रास्ते में कोई दुर्घटना हुई क्या? दुलहिन ने मुझे धैर्य दिलाना शुरू किया। मैंने फिर मुँगेर के लिए ट्रंक किया। साढ़े तीन बजे, कपिलजी ने कहा, वे आए और लौट भी गए!

तब कहीं जान में जान आई! जब आज भोर में दोनों भाई लौटे, तो पता चला, किस तरह मेरे भाग्य ने दोनों भाइयों की रक्षा की! बख्तियारपुर में ही उनकी मोटर एक ट्रक से टकरा गई; टैक्सी तो चूर-चूर हो गई, किन्तु ये बाल-बाल बच गए। फिर ट्रेन से ही मुँगेर गए और ट्रेन से ही लौटे।

ख़ैर, विघ्न कटा। मुँगेर में भी सारी बातें आनन्द में कट गईं। आज जब भोर में फोन किया, कपिलजी आनन्द-विह्वल थे। उषा से फोन पर बात की। जित्तिन ने कुछ चुहलें कीं, प्रभा ने तो दिल्लगी की झड़ी लगा दी।

फिर हम लोग बाज़ार गए—जेवर खरीदे, साड़ियाँ खरीदी। साढ़े पाँच हज़ार रुपए इन चीज़ों में लगाकर कितना आनन्द अनुभव किया! मैं तो यह खरीद-बिक्री जानता नहीं। महेश्वरबाबू की पुतोहू मन्जूजी ने सारी खरीद-फरोख़्त कर दी। देखने में तो बहुत अच्छी चीज़ें हैं। भीतर की बात तो भीतर जाननेवाला ही जानता है !

बच्चों के लिए, प्रभा के लिए, दुलहन के लिए, तीनों बेटों के लिए दो हज़ार रुपए के कपड़े वगैरह पहले खरीद चुका हूँ। सब लोग आनन्द में हैं। सब लोग बेनीपुर पहुँचने के लिए बेचैन हैं। किन्तु ज्यादा लोग, ज्यादा सामान—जब तक हम लोग घाट पर पहुँचे; जहाज खुल चुका था। अब जेटों पर हम बैठे हैं। बच्चे कोलाहल कर रहे हैं; मैं एकान्त में बैठकर लिख रहा हूँ!

हाथीदह
28 जुलाई 1958

कैसा आश्चर्य—बेटे की शादी हुई, बेटी की शादी हुई। दोनों शादियाँ मनोनुकूल हुईं। बड़ा आनन्द आया—ऐसा आनन्द कि शायद ही फिर पा सकूँ। किन्तु इस डायरी में इन मंगलमय प्रसंगों पर एक अक्षर तक नहीं लिख सका।

यहाँ, गंगा-पुल पर रेडियो फीचर तैयार करने को आया हूँ। भोर-भोर थोड़ा समय मिल गया है, तो लिखने बैठा हूँ।

आदमी भी क्या है? वह अपनी थोड़ी-सी पीड़ा को भी अमर कर लेना चाहता है और अपार आनन्द को यों ही भूल जाता है! आनन्द की घड़ियों में आदमी ऐसा तल्लीन हो जाता है कि लिखने की फुर्सत भी कहाँ रहती है—जब तक शक्ति है, आनन्द मनाओ; आनन्द मनाओ

और थक-थकाकर सो जाओ! लिखने की ज़हमत कौन उठाए?

यदि विघ्न न आए, तो आनन्द क्या? चि. जित्तिन की शादी में अप्रत्याशित एक विघ्नराज उपस्थित हुआ। वह दुपहरिया याद है जब जित्तिन हवाई जहाज से पटना एरोड्रोम में पहुँचा। उसका वह चेहरा; मैं काँप गया। फिर वह अधरतिया, जब वह देवेन्द्र के साथ टैक्सी से मुँगेर के लिए गया और मुझे ख़बर नहीं मिल सकी कि वह वहाँ पहुँचा या नहीं! बार-बार ट्रंकफोन करता रहा; रात-भर जगता रहा। लेकिन भोर हुई और लगा विघ्नों का जाल कट गया!

फिर शादी की तैयारियाँ, धूमधाम। हम लोग बाजे-गाजे के साथ बेनीपुर से रवाना हुए। रास्ते-भर आनन्द ही आनन्द। मुँगेर में कपिलजी ने स्वागत-सत्कार का ऐसा प्रबन्ध किया था कि हम लोग दंग रह गए। बेनीपुर के जो लोग गए थे, वे निहाल। एक मित्र ने कहा, बेनीपुर के लोगों को तीन दिनों तक बेनीपुरीजी ने जीवित स्वर्ग का सुख भोगवा दिया!

मुँगेर से लौटे और बेटी के ब्याह में लग गए! कहाँ-कहाँ से रुपए आ गए ! आज भी आश्चर्य होता है! कैसे सारा प्रबन्ध हो गया! बेटी की बरात भी बड़ी शानदार रही! हाथी, घोड़े, मोटर, बाजे, नाच, तम्बू, शामियाने—तीन दिनों तक बेनीपुर ने जो देखा, क्या वह फिर देख सकेगा? मेरा गाँव निम्न मध्यम वर्ग के लोगों का है! लोग कहते हैं, ऐसा धूमधाम गाँव में कभी नहीं हुआ था और निकट भविष्य में होगा, इसकी भी सम्भावना नहीं है!

इन दो विवाहों के साथ ही मैंने मकान के काम को भी पूरा करा लिया ! मेरे मकान को देखकर लोग चकित हो रहे! सचमुच देहात में इतना विशाल, इतना पुख़्ता, इतना सुन्दर मकान बहुत कम है! मैं दावा कर सकता हूँ, सीतामढ़ी और मुज़फ्फरपुर के बीच ऐसा एक भी मकान नहीं है!

बेटी का ब्याह सम्पन्न होते-न-होते एक विघ्न और आया! मुँगेर में ही महेन्द्र के पेट में दर्द शुरू हुआ; डॉक्टर ने कहा, एपेंडिसाइटीज़ है! मैं काँप गया! मैं स्वयं इस बीमारी को भुगत चुका हूँ—आपरेशन ही एक उपाय! संयोगवश वहाँ दर्द दब गया, किन्तु बेनीपुर में, जब बरात रवाना हो गई, उसका दर्द फिर उठा। मैंने विलम्ब करना उचित नहीं समझा। उसे लेकर पटना चला आया!

राम-राम करके आपरेशन भी सफलतापूर्वक सम्पन्न हुआ! इस आपरेशन के समय पटना में बेटी, दामाद, बेटा, पुतोहू, समधी सब एकत्र हो चले थे! अन्ततः दुख भी सुख में परिणत हो गया। जित्तिन ताम्बरम् चले गए हैं, छोटी दुल्हन मुँगेर गईं। महेन्द्र राँची गया। बेटी ने मुज़फ्फरपुर महिला-कालेज में नाम लिखाया है। मैं कितना सुखी और निश्चिन्त अनुभव कर रहा हूँ। लगता है, सारे अरमान पूरे हो गए! अब क्या करना रह गया है? दो बेटों को पढ़ा-लिखा कर जवान बना दिया। बेटी की शादी कर ली। मकान बनवा लिया। एम.एल.ए. हो गया। रह गए हैं सिर्फ महेन्द्रजी; सो वह भी पढ़ ही जाएँगे।

करने को तो अब भी बहुत-कुछ करना रह गया है, लेकिन अब जो कुछ करूँगा, निश्चिन्तता से, मौज़ से, शौक से। ज़रूरत की छड़ी पर नाचना नहीं पड़ेगा !

कुछ हाथ-हथफेर हैं, चुकता कर देना है। एक मोटर खरीदना है। ग्रन्थावली के दसो खंड निकाल देना है—दो खंड छापे, वे भी चुक गए हैं।

और इनके बाद, या साथ ही, "शाश्वत भारत" वाली मेरी विशाल योजना। पूज्य राजेन्द्रबाबू को मैंने इस सम्बन्ध में लिखा है। अगले महीने दिल्ली जाऊँगा। चाहता हूँ, पहला खंड सुदूर दक्षिण पर ही निकले। हमारे यहाँ चरण-वन्दना से ही कार्यारम्भ किया जाता है न! अतः कन्याकुमारी की वन्दना से ही अपने इस महान कार्य का शुभारम्भ करना चाहता हूँ।

जनरल हॉस्पिटल, पटना
4 अगस्त 1958

मैं जनरल हॉस्पिटल के 'काटेज' के 12 नं. कमरे में हूँ। कल भोर में यहाँ आया; अभी दस दिनों के लिए कमरा रिज़र्व कराया है, देखिए, कब तक रहना होता है।

इधर तबीयत सुस्त रहा करती थी। दोनों शादियों में काफी परेशानी हुई। बहुत थक गया हूँ। इधर मूर्च्छा तो नहीं आई; किन्तु थोड़े परिश्रम या परेशानी में भी सिर घूमने-सा लगता है। दो-तीन दिनों से कलेजे में दर्द भी हो गया था।

मित्रों और डॉक्टरों की राय हुई, एक बार पूरी शारीरिक प्रक्रियाओं की जाँच-पड़ताल—चेकअप—करा लिया जाए। मैं तो टालता जा रहा था; किन्तु देवेन्द्रजी ने ज़ोर लगाया; मैंने भी समझा, एक बार यह भी कर लिया जाए।

संयोगवश प्रिय मित्र चाँदसाहब (अबुल हयात चाँद) इसी काटेज में हैं। उनके आग्रह ने भी इस निर्णय तक पहुँचने में मदद की। परसों उनकी हालत बहुत ख़राब थी। कल से अच्छे हैं; वह कुछ और चंगे हो जाएँ, तो कुछ दिन और रह जाऊँगा।

बीस वर्षों पर हॉस्पिटल आने का मौक़ा मिला है। इसके पहले एपेंडिसाइटीज के आपरेशन के लिए 1938-39 में आना पड़ा था।

यों मेरा स्वास्थ्य अच्छा रहा है। कल ही एक मित्र कह रहे थे, अपनी उम्र से दस साल छोटे लगते हैं आप। मेरा जीवन भी काफी संयम का रहा है। किन्तु, न-जाने क्या बात है, जब मैं "बालक" का सम्पादन करता था (1926-28) अचानक काशी में मूर्च्छा आ गई थी। एक पान की दुकान पर खड़ा था कि लगा, सिर घूम रहा है और जब तक सम्भलूँ-सम्भलूँ, ज़मीन पर गिर पड़ा! तब से ही यह चुड़ैल साथ लगी है। मुख्यतः इसके ही कारण मैं 1942 में जयप्रकाशजी के साथ जेल से भाग नहीं सका। यह अफसोस आज तक बना हुआ है!

कल से ही जाँच-पड़ताल शुरू हो गई है। डॉक्टर हई की मातहत अपने को रखा है। काफी अनुभवी डॉक्टर हैं। खून, पेशाब, पाखाना, फेफड़ा, दिल—सबकी जाँच जारी है। दो-दो बार खून लिया गया है। एक्स-रे किया गया है, कार्डियोग्राम लिया गया है। कल जब इन सबकी रिपोर्ट आ जाएगी, तो पता चल सकेगा, मेरे स्वास्थ्य का घुन कहाँ है?

सबसे बढ़कर मैं बहुत थक गया था! जब तक घर पर रहिए, लोग तंग कर डालते हैं! कहिए कि बीमार हूँ, तो लोग विश्वास नहीं करते! यहाँ चलिए, यह कर दीजिए! मेरा स्वभाव ही ऐसा है कि बीमारी में भी खुशदिल रहता हूँ और जब तक शक्ति है, किसी को टालता नहीं। फलतः अपने स्वास्थ्य पर ख़तरा लेकर भी काम करता रहता हूँ। अब इस अस्पताल में थोड़ा आराम भी तो मिल जाएगा!

जगह भी अच्छी है। सामने गंगा बह रही है; उफनाती हुई गंगा। अपने बिस्तरे पर से ही देख रहा हूँ—कितनी विशाल, विस्तृत धार। जहाँ तक नज़र जाती है, मटमैले पानी की चादर-सी बिछी है! कहीं-कहीं पाल उड़ाती नावें। अभी शोर मचाता हुआ एक जहाज पूरब से पश्चिम के रुख गया है!

उस दिन चाँदबाबू ने कहा, जीने या मरने के लिए इससे अच्छी जगह कहाँ मिलेगी! एक छोटे से साफ-सुथरे कमरे में आप हैं! नर्स, स्टाफ, हाउस सर्जन, डॉक्टर आकर आपको देख जाते हैं; मुफ्त दवाएँ, बढ़िया भोजन; मित्रों की मंडली आती-जाती रहती है। और, यदि कदाचित मरना ही पड़ा, तो गंगा के दर्शन बिस्तरे से ही करते-करते गंगा-लाभ कीजिए।

मैं अपने या अपने मित्रों के लिए अन्तिम बात तो नहीं चाहता; मैं कम-से-कम बारह साल जीना चाहता हूँ; किन्तु मानता हूँ, जब आदमी कुछ आराम चाहे, कुछ बीमार हो, तो 'काटेज' के दुमंजिले के 12 नंबर कमरे में आ जाया करे, तो कोई बुरा नहीं!

जनरल हॉस्पिताल, पटना
6 अगस्त 1958

अभी ''कर्मवीर'' में श्रीगोपालदास व्यास का एक लेख पड़ा—श्रद्धेय पंडित बालकृष्ण शर्मा 'नवीन' जी की वाणी अवरुद्ध हो गई है! वह बोल नहीं पाते, लिख नहीं पाते, पढ़ी हुई चीज़ें याद रख नहीं पाते—बड़ी मुश्किल से एकाध शब्द मुँह से निकल पाता है; व्यासजी का नाम भी शुद्ध रूप में नहीं लिख सके और पढ़ते समय पिछला शब्द भी नहीं स्मरण रख पाते, तो उसका अर्थ क्या समझते होंगे।

एक साहित्य-महारथी—कवि, पत्रकार, लेखक; भावनाओं के धनी, शब्दों के धनी—जिनकी वाणी में स्फुलिंग थे; एक राष्ट्र-महारथी—देश के लिए लड़ते-लड़ते ही जिनकी जवानी बीती; जीवन के सभी सुखों को भूलकर मातृभूमि की स्वतन्त्रता के लिए जिन्होंने अखंड धूनी जमाई थी; आज उनकी यह दशा! चौड़ी छाती, ऊँचे कन्धे, सुपुष्ट बाहें, ओजपूर्ण मुखमंडल—अलग से ही जिनका व्यक्तित्व दिखता रहता; आह, वह व्यक्ति शय्या-शयी बन गया है!

उम्र भी क्या थी—यही 61 वर्ष के हैं! यानी मुझसे कुल तीन साल बड़े !

आदमी क्या-क्या मनसूबे बाँधता है; और प्रकृति किस तरह उसे धता बताती है! भाई 'नवीन' जी के मन में क्या कम अरमान रहे होंगे! बेनीपुरी, तू क्या-क्या कल्पना-महल बनाता जा रहा है। चेत रे चेत! जो बन पड़े, कर ले; कल क्या होगा, कौन बताए?

जनरल हॉस्पिटल, पटना
10 अगस्त 1958

चाँदबाबू की तबीयत दिन-दिन ख़राब होती जा रही है। रात तो ऐसा लगता था कि वह सुबह नहीं देख सकेंगे। किन्तु, किसी तरह रात कट गई है, तो दिन की चिन्ता है। बेहोश पड़े हैं, ऑक्सीजन पर जी रहे हैं।

11 अगस्त 1958

कल ऊपर की दो चार पंक्तियाँ ही लिख पाया। उनकी तबीयत ख़राब ही होती रही। डॉक्टर आते-जाते रहे। मित्रों की आवाजाही लगी रही। पटेल, मुनीजी, जगतबाबू—पटना में ये तीन मिनिस्टर थे; तीनों ने भी बड़ी तत्परता दिखाई। जहाँ तक सम्भव था, चिकित्सा में कोई कोर-कसर नहीं उठा रखी गई। किन्तु होनहार पर किसका वश! आज सुबह ही, चार बजकर पैंतीस मिनट पर उन्होंने सदा के लिए आँखें मूँद लीं।

मैंने कभी किसी को अपनी आँखों के सामने दम तोड़ते नहीं देखा था। वह भी देखना पड़ा। परसों भोर से ही वह प्रायः बेहोश रहे। कल दिन-भर अर्द्धश्वास ही चलता रहा। धीरे-धीरे निश्चेष्टता घटती गई। रात में फिर डॉक्टर आए और कह गए, हालत पूर्ववत् है। हमने समझा, यह रात भी किसी तरह कट जाएगी। किन्तु, भोर-भोर किवाड़ पर थपथपाहट हुई। दौड़कर

गया, तो चाँदबाबू के बड़े लड़के ने कहा, 'अब्बा सिंक' कर रहे हैं। दौड़ा-दौड़ा उनके कमरे में गया। देखा, पूर्णतः निश्चेष्ट पड़े हैं—साँस भी बन्द। इतने में तीन बार हिचकी—तीसरी हिचकी में मुँह से थोड़ा फेन-सा निकल आया। फिर सदा के लिए शान्त!

भाई मेहरअली के बाद यह दूसरी मौत है, जिस पर मैं अधिक-से-अधिक रोया। माँ की मृत्यु तो मेरी शिशुता के ही समय हो गयी थी। पिता की मृत्यु पर रोया, क्योंकि सब लोग रो रहे थे। चाचाओं की मृत्यु ने हृदय पर चोट तो दी, किन्तु अपने को सँभाल लिया। बेटे की मृत्यु पर तो लगता था, आंसुओं की झड़ी रुकेगी ही नहीं! मामाजी मरे, मैं आँसुओं को पी गया! दादा-दादी की मृत्यु ने चंचल किया था। किन्तु आह, जब भाई मेहरअली की कब्र पर फूल चढ़ाने गया, तो लगा, कलेजा उलट आया। और आज! जब उनकी लाश अस्पताल से जाने लगी, मैं धीरज खो बैठा; लगा, उस लाश के साथ कोई मेरा कलेजा निकाले जा रहा है!

ज़िन्दगी में बहुत से मित्र आए और गए। किन्तु चाँदबाबू ऐसे सहृदय, सज्जन, सुधी, सुरुचि-सम्पन्न मित्र कितने मिल सके हैं!

15 अगस्त 1958

बड़ी विचित्र बात! 15 अगस्त के आसपास मैं बीमारी में, या किसी संकट में, रहता ही हूँ। यह बात 1949 से ही देख रहा हूँ। सबके लिए 15 अगस्त स्वराज्य लाया, किन्तु मेरे लिए?

चाँदबाबू की याद इस अस्पताल में बार-बार आती ही है। एक घटना याद आ रही है, चाँदबाबू ने कहा था, कई बार कि बेनीपुरीजी इस घटना को कभी अमर कर दीजिएगा! आज उसकी बारी आई है!

पिछली लड़ाई के समय हम लोग किसानों को क्रान्ति के लिए तैयार कर रहे थे। हमारे तूफानी दौरे हो रहे थे। उन्हीं दौरों के दरम्यान हमने बेनीपुर पहुँचने का तय किया—उसी ओर से हम लौट रहे थे। चाँदबाबू थे, श्यामनन्दन बाबा थे, बसावन था, पंजाब के एक नौजवान साथी पीरज़ादा साहब थे। मैंने बेनीपुर खबर कर दी थी कि नाव लेकर कोई बेदौल चला आवे। क्योंकि उन दिनों बरसात में बेनीपुर पहुँचने का एक ही साधन था, नाव से जाना। सरयू भैया उन दिनों जीवित थे। वे ही एक नाव लेकर बेदौल आ पहुँचे।

नाव छोटी थी, उस पर एक बेंच रख दी गई थी कि हम अच्छी तरह बैठ सकें। शायद एक-दो कुर्सी भी थी। सड़क से उतरकर तालाब के निकट पहुँचे जहाँ नाव रखी गई थी। नाव छोटी; हम लोगों के पास कई होलडाल थे, सूटकेस थे। सामान किसी तरह रखे गए। किन्तु ज्यों ही हम नाव पर चढ़ने लगे कि वह विचित्र ढंग से डगमग करने लगी। बेंच के कारण हिलडुल और बढ़ गई थी। किसी तरह अपने-अपने को साध-सँभाल कर हम लोग बैठे! किन्तु बीच में जो पंजाबड़ा (हमारा पीरजादा) बैठा था, वह कब माननेवाला! चाँदबाबू ने ज़रा शह दी, पीरज़ादा साहब ऊँट की तरह करवट लेने लगे और अरे-अरे, हा-हा के बीच नाव पानी के नीचे!

सूटकेस और होल्डाल तो ऊपर तैरने लगे। किन्तु चाँदबाबू और पीरजादा तैरना जानते नहीं थे। वे डुबकियाँ खाने लगे! अभी नाव किनारे पर ही थी; हमने किसी तरह घसीटकर उन्हें किनारे लगाया। सारे कपड़े सराबोर; होल्डाल, सूटकेस—सब पानी-पानी। चाँदबाबू के पास सिगरेट का टिन था—वह भी लथपथ! और हम लोग बेतहाशा अट्टहास लगाए जा रहे! गाँव के लोग इकट्ठे हो गए। क्या उन्होंने हमें पागल नहीं समझा होगा जो अपने सारे सामान के

साथ नाव डुबाकर, खुद डुबकियाँ खाकर भी इस तरह हँस रहा हो!

उन लोगों...

18 अगस्त 1958

लिखना चाहता हूँ, लिख नहीं पाता। उफ, यह भी कोई स्थिति है। हाय! चाँदबाबू !

हाँ, तो उन लोगों की ही सहायता से नाव को पानी से निकाला गया; फिर हम किसी तरह सिमट-सिमटकर बैठे। सरयू भैया नाव खेते चले। किसी-किसी तरह हम बेनीपुर पहुँचे।

बेनीपुर पहुँचकर समस्या खड़ी हुई—हम सबके सब पहनें क्या? सारे कपड़े सराबोर हो चुके थे। उनके सूखने में देर लगेगी; तब तक कुछ तो पहनने को मिलना चाहिए।

मेरे घर में रानी और सिर्फ बच्चे। मैं बाहर ही बाहर रहता। पड़ोस में जो किसान भाईबन्द थे, उनके कपड़े कादो-कीचड़ से ऐसे गन्दे रहते थे कि उनसे माँगना भी फिजूल था। हाँ, रानी की कुछ नई और धुली-धुलाई साड़ियाँ थीं। सोचा गया, हम लोग किसी तरह उन साड़ियों को लपेट लें और कपड़ों को सूखने के लिए डाल दें। जब तक हम लोग खा-पीकर आराम करेंगे, तब तक हमारे कपड़े सूख जाएँगे।

यही किया गया। कपड़े बदलकर या साड़ियाँ लपेटकर हम लोग खाने को आँगन में गए। इधर गाँव में शोर हुआ कि नेता लोग गाँव में पहुँचे हैं। दरवाज़े पर दर्शकों की भीड़ लग गई। अब क्या हो? हम आँगन से कैसे बाहर निकलें ? इस वेष में लोग हमें देखकर क्या कहेंगे? चाँदबाबू का गोरा-भभूक सफाचट चेहरा साड़ी के अन्दर खप भी जाए, किन्तु बेचारे पीरजादा का क्या होगा? वह काली-काली लम्बी दाढ़ी!

श्यामनन्दन बाबा कहाँ चूकनेवाले! उन्हें तो अपनी ज़िन्दादिली दिखाने का नायाब मौका मिला; किन्तु हम सब तो कटकर रह गए। मुँह ढाँपकर इस तरह सो गए कि हमारे चेहरे दिखाई न पड़े। किन्तु देहात के लोग और टट्टी का घर—लोगों की ताक-झाँक बनी रही!

किसी-किसी तरह सूखे-अधसूखे कपड़े पहनकर हम दरवाज़े पर बैठ गए, किन्तु जब-जब बात की याद आती, हम हँसी से लोट-पोट हो जाते!

इस घटना को पन्द्रह वर्ष हो गए, किन्तु अब भी हम इसे भूल नहीं पाए ! अभी उस दिन उस घटना का वर्णन चाँदबाबू ने बेगम नकी इमाम (जज, हाईकोर्ट) को किस खूबी के साथ सुनाया! हम लोग लोट-पोट हो गए और मुझसे कहा, आप इस पर एक स्केच जरूर लिखिए!

लिखूँ क्या ख़ाक? चाँदबाबू के वियोग ने इस कलम को न जाने कैसी भोथरी बना दी है। क्या चाहकर भी हम इसमें पुरानी रवानी भर पाते हैं!

19 अगस्त 1958

अस्पताल से कल संध्या को लौट आया।

मालूम होता है, चाँदबाबू को आभास मिल गया था कि इस बार वह इस बीमारी से बचेंगे नहीं। रक्तचाप की उनकी पुरानी बीमारी थी। 1942 में जब हम लोग हज़ारीबाग़ में थे, तब भी उन पर इसका दौरा आता था! चेहरा लाल सुर्ख हो जाता था; नसें तन आती थीं, बड़ी-बड़ी आँखों में लाल-लाल डोरे उमड़ आते थे! वह अर्द्ध-मूर्च्छित-से हो जाते थे।

जेल से बाहर आने पर भी रक्तचाप उन्हें परेशान करता रहा। तो भी उससे सदा उदासीन

रहकर देश और समाज की सेवा में लगे रहे! प्रान्त के कोने-कोने में उनके दौरे होते रहे। स्वामी सहजानन्दजी के बाद शायद ही कोई दूसरा नेता किसानों के इतना निकट पहुँच पाया हो।

स्वास्थ्य दिन-दिन ख़राब होता गया। हाल ही एक दिन मुँह और नाक से इतना खून निकला था कि डॉक्टरों को भी आश्चर्य हुआ था कि वह कैसे बच गए! बहुत दिनों तक अस्पताल रहे; फिर अच्छे होने पर आर. ब्लाक के अपने आवास में चले गए। हम सब लोगों की प्रसन्नता का ठिकाना नहीं रहा।

किन्तु यह प्रसन्नता कितनी छलनापूर्ण थी! हमने सुना, फिर उनकी तबीयत ख़राब हो गई और वह अस्पताल चले गए। मैं अस्पताल आया, तो पाया, जैसे फूल मुरझा गया हो, वह झड़ने के ही इन्तज़ार में हो।

हाँ, बात भी यही थी; इस बार आर. ब्लाक से रवाना होने के समय ही उन्होंने कह दिया था, मैं अब अस्पताल से नहीं लौट सकूँगा! इधर आठ-दस दिन पहले से ही अपने बड़े दामाद को निकट बुलाकर समझाया करते थे, मेरे मरने पर मेरे अमुक मित्रों को ख़बर देना, मेरी लाश अमुक स्थान पर रखना, अमुक स्थान पर दफनाना, आदि-आदि। उनकी बातों से घरवाले घबराते; मुझसे आकर कहते। मैं समझाने जाता, तो चुप हो रहते! उनका वह मौन कहता था, तुम क्या समझो मेरी बात? मैं तो अब चलने की तैयारी में हूँ।

सचमुच मैं नहीं समझ पाता था कि वह इतनी जल्दी में हैं। संयोग देखिए, अभी तक किसी की भी मृत्यु, मेरे परिवार में या बाहर, मेरे सामने नहीं हुई थी ? जब मैं अस्पताल में भर्ती हुआ (3 अगस्त को) मैंने मान लिया था कि मेरी उपस्थिति-मात्र ही चाँदबाबू को मरने से रोक लेगी। मैं अपनी यह मूढ़ धारणा भी उनसे कहता। किन्तु क्या इस पर उनका कभी विश्वास हुआ।

मैं 3 अगस्त को अस्पताल आया। इसके एक दिन पहले उनकी तबीयत बहुत ख़राब हो गई थी। अतः मित्रों का आना-जाना लगा रहा—उनको देखने के लिए और मुझे देखने के लिए भी। अख़बारों में भी समाचार छप गया था। अस्पताल आने पर पता चला कि चाँदबाबू के लिए रुपए-पैसे की भी बड़ी दिक्कत है। महामायाबाबू और बसावनजी से बातें हुईं। मैंने समझा, बातों से कुछ होने का नहीं; अपनी ओर से 500/ रुपए का प्रबन्ध कर देने की मैंने ज़िम्मेवारी ली।

श्यामनन्दन बाबा आए, तो उन्होंने बताया, किस प्रकार ज़मीन की बन्दोबस्ती से उन्हें छः लाख रुपए मिल रहे थे। किन्तु किसानों का यह सच्चा नेता—जो जोते उसकी ज़मीन का हिमायती—एक पैसा भी नहीं लिया और यों ही मुफ्त सभी किसानों को बुलाकर रसीदें काट कर दे दीं! जो आज लखपति होता, वह अपनी बीमारी के खर्चे की चिन्ता में घुल रहा था।

23 अगस्त 1958

एक दिन बसावन और महामाया बाबू आए और इस पर भी बातें हुईं। विचार हुआ, कुछ पैसे इकट्ठे किए जाएँ। पता नहीं, उन लोगों ने क्या किया—हाँ, मुझे खुशी है कि मैं कुछ कर सका!

चाँदबाबू विलक्षण पुरुष थे। अरबी-फारसी के विद्वान, हिन्दी-अंग्रेज़ी भी सीख ली थी! भाषा बड़ी चुस्त; भाषण की कला के आचार्य। जब बोलते समाँ बँध जाता। पिछले चुनाव के समय मेरे क्षेत्र में गए थे। दो भाषणों में ही मुसलमान जनता का दिल मेरी ओर फेर दिया!

देखने में भी बड़े सुन्दर—गोरा भभूका चेहरा! बड़ी-बड़ी आँखें जिन पर लाल-लाल डोरे खेलते रहते। चेहरे पर चेचक के कुछ दाग थे, किन्तु वे गोराई में ऐसे घुल गए थे कि पता

नहीं चलता था। दाँतों की पाँत भी बड़ी सजीली। होठों पर, बिना पान खाए भी लाली। उस लाली पर सदा मुस्कान खेला करती।

पटना जिले के रही नामक गाँव में आज से 49 साल पहले वह पैदा हुए थे—एक सुप्रसिद्ध मुस्लिम परिवार में! माँ-बाप के एकलौते बेटे—बड़ी नाज़ो-अदा में पले थे। घर पर ही पढ़ाई हुई थी; घुड़सवारी, कुश्ती आदि की तालीम भी दी गई थी। इसलिए शरीर उनका सदा कसा हुआ था।

पढ़ाई ख़त्म की और देश-सेवा में कूद पड़े। 1930 में जब गाँधीजी का नमक-सत्याग्रह चल रहा था, उन्हें दो साल की सज़ा हुई! फिर जब अंग्रेज़ी सरकार ने हिन्दोस्ता।नेयों की मर्ज़ी के खिलाफ़ 1939 में भारत को द्वितीय महायुद्ध में शरीक कर दिया, तो चाँदबाबू ने इसके खिलाफ़ आवाज़ बुलन्द की। उन पर बगावत का मुकदमा चलाया गया और एक साल के लिए जेल में बन्द कर दिए गए। जब 1942 की अगस्त-क्रान्ति शुरू हुई, चाँदबाबू फरार होकर क्रान्ति-यज्ञ की अग्नि को प्रज्वलित करते रहे। पाँच महीनों के बाद उन्हें गिरफ्तार किया जा सका और नज़रबन्द करके उन्हें महायुद्ध की अवधि भर हज़ारीबाग़ जेल में रखा गया।

इस हज़ारीबाग़ जेल में ही मेरी निकटता चाँदबाबू से हुई। विचारों में अत्यन्त प्रगतिशील : भावनाओं से ओतप्रोत : शराफत और सदाकत के पुतले : साहित्य और कविता से अत्यन्त रुचि : पूरे दोस्तनवाज़ और फक्कड़, राजनीति के दाँवपेंच से दूर : दयानतदारी और कुर्बानी को ही ज़िन्दगी का सरमाया समझनेवाले—हम ऐसे मिले कि उनकी मौत ने ही मुझसे उनका बिछोह कराया!

राजनीति में प्रगतिशील विचारों के पोषक; फलतः अपने राजनीतिक जीवन के प्रारम्भ से ही हमारे साथ रहे! किसानसभा में काम किया : प्रान्तीय किसानसभा के अध्यक्ष हुए। हमारी पार्टी में आए, तो उसके पार्लियामेंट बोर्ड के अध्यक्ष बनाए गए। पार्टी की ओर से एम.एल. सी. हुए—इसी पद पर उनका अन्त हुआ। कांग्रेस ने भी उनकी इज्ज़त की; प्रान्तीय कांग्रेस के मन्त्री बनाए गए और यदि पार्टी के हुक्म पर कांग्रेस नहीं छोड़े होते, तो निस्सन्देह मिनिस्टर बनाए गए होते!

बार-बार चाँदबाबू की याद आती है। बारह दिन हो गए, जब कोई मित्र आते हैं, उन्हीं की चर्चा छेड़ बैठता हूँ। सबसे बड़ी चिन्ता यह है कि उनके परिवार का क्या होगा? दो बेटे, दो बेटियाँ, जिनमें एक अविवाहित, स्त्री और कुछ अन्य आश्रित! निश्चय किया है, उनके बड़े बेटे को अपने साथ रखकर पढ़ा दूँगा। बी.ए. में पढ़ रहा है; दो साल में कमाने-खाने लायक हो जाएगा! और एक काम—उनकी क़ब्र खूबसूरत बनवा दूँगा, जो उनके ही अनुरूप हो!

पटना
28 अगस्त 1958

अब जो आयु के थोड़े दिन रह गए हैं, उनका उपयोग क्या किया जाए, यही सवाल इधर मेरे सामने उपस्थित हो गया है। यही दस-बारह साल और काम के लायक रह सकूँगा। जो जवान हैं, वे जीवन के दो-चार साल ख़राब भी कर दें, तो उनका क्या बनता-बिगड़ता है? किन्तु जिस बेचारे के पास दस-बारह आने ही पैसे हों, उसे तो कौड़ी-कौड़ी के खर्च पर ध्यान देना पड़ेगा!

जो काम शुरू किए, उनमें एक ही अधूरा रह गया है; ग्रन्थावली का प्रकाशन ! किसी तरह इस सूत्र को पकड़ना है। प्रकाशन से जो पैसे आते हैं, वे इधर-उधर खर्च हो जाया करते हैं! पटना का खर्च ही सात-आठ सौ रुपए महीने है। इनमें निश्चित आमदनी सिर्फ पाँच सौ

रुपए की है; अतः हर साल तीन-चार हज़ार रुपए अतिरिक्त यहाँ के लिए चाहिए। ये वहाँ से आते हैं? फिर घर बनाने में अतिरिक्त खर्च हुए। इस साल शादियों में दस-बारह हज़ार रुपए का कर्जदार हो गया हूँ। ये कहाँ से सधेंगे। तो क्या एक-दो साल के लिए प्रकाशन का काम स्थगित ही रखा जाए? ऐसा करना तो घातक होगा। तो कहीं से, किसी उपाय से, पैसे लाकर प्रकाशन के काम में गति लाई जाए!

ग्रन्थावली के दो भागों ने ही साहित्य-संसार में मेरे लिए कितने सम्मान का स्थान बना दिया है। यदि दसों खंड निकल जाएँ, तो फिर क्या कहना?

लेकिन रुपयों के लिए कोई रास्ता नहीं सूझ रहा है! जब तक हाथ-हथफेर नहीं सध जाता, किससे माँगू? कहाँ से लाऊँ?

और, दूसरा चक्र यह है कि मैं अपना अधिक ध्यान किस ओर लगाऊँ—राजनीति की ओर या साहित्य की ओर! भारत की राजनीति डगमग हालत में है। एक ओर नव-निर्माण हो रहा है; दूसरी ओर लोग भूखों मर रहे हैं ! जनता असन्तुष्ट है। बिहार की हालत ही देखिए। पिछले चुनाव में 318 में 110 विरोधी पक्ष के लोग चुनकर आए। यदि पचास आदमी विरोधी पक्ष में और रहते, तो दूसरी सरकार ही बन गई होती! क्या अगले चुनाव में यह होना असम्भव है? सिर्फ पचास! कोई बड़ी बात नहीं! प्रजा सोशलिस्ट पार्टी ला सकती है; किन्तु क्या ला सकेगी? सोचता हूँ, मैं कोशिश करूँ। किन्तु एक महीने में ही देख लिया है; ज्यों ही काम करना चाहो, लोग तरह-तरह के अर्थ लगाते हैं, बाधाएँ डालते हैं! मुझे ऐसा लगता है, इस दिशा में प्रयत्न करना पानी को मथकर मक्खन निकालना होगा। तो भी मित्र लोग आते हैं, आग्रह करते हैं। उनका कहना है, मुझी से यह काम सम्भव हो सकेगा! क्या यह सच है, या छलावा है? क्या इस अध्रुव के लिए अपने जीवन के बचे-खुचे सालों को बर्बाद कर दूँ!

एक निश्चित काम है : वही "शाश्वत भारत" या "संस्कृति-भारत" के लिए काम करना! बहुत बड़ा काम है; क्या अपने वर्तमान स्वास्थ्य को देखते हुए इस काम में हाथ बढ़ाना चाहिए? पैसे कहाँ से आएँगे? साथी कौन मिलेंगे? लेकिन एक बार जहाँ सिलसिला बँधा तो फिर यह काम मुझे ही नहीं अमर कर देगा, हिन्दी के गौरव को भी बढ़ा देगा! सोचता हूँ, तबीयत कुछ अच्छी हुई तो दिल्ली चला जाऊँ, राजेन्द्र बाबू से बातें करूँ और जो कुछ भी सहायता मिल सके, उसे लेकर कन्याकुमारी चला जाऊँ। अरे, यही न होगा कि तीन महीने बर्बाद जाएँगे। किन्तु, बर्बाद क्यों होंगे, कहाँ होंगे? दक्षिण पर एक अच्छी भ्रमण-पुस्तक तो तैयार हो ही जाएगी!

सचमुच यह मेरी 'मास्टर' योजना है! 25 खंडों में यह समाप्त होगी। एक-एक खंड भारत की सभी भाषा-भूमियों पर। संस्कृत, उर्दू को बाद दीजिए; क्योंकि इनकी कोई पृथक भूमियाँ नहीं हैं। हाँ, इनके बदले हिन्दी-क्षेत्र पर तीन खंड। एक खंड आदिवासियों पर। एक पृथक हिमालय पर! शेष खंड जहाँ कभी भारतीय सभ्यता गई थी; या जहाँ वह भारत के बाहर आज है। काकेसिया से हिन्दचीन तक, बरमा, इंडोनेशिया आदि; या मारिशस, अफ्रीका, फीजी, ट्रिनिडाड आदि में। घूमूँ। लिखूँ! यह क्या अंटसंट के कामों में फँसा हूँ?

या एक काम और बनाया जा सकता है! मुज़फ्फरपुर और सीतामढ़ी के बीच, सम्भवतः जनाढ़ में, एक कालेज की स्थापना की जाए। एक लाख रुपए चाहिए; पचास एकड़ भूमि चाहिए। अपना शेष जीवन (दस-बारह वर्ष) लगा दिया जाए, तो क्या यह कोई मुश्किल बात है! तब बेनीपुर में रह भी सकूँगा।

पार्टी : शाश्वत भारत : कालेज—बस, तिमुहानी पर खड़ा हूँ! न जाने कौन खींच लेता है!

पटना
7 सितम्बर 1958

और उस तिमुहानी पर मैं किंकर्त्तव्यविमूढ़ बना खड़ा हूँ। कुछ समझ नहीं पाता, कुछ कर नहीं पाता।

दिन-भर बिछावन पर लेटा रहता हूँ! या तो पढ़ता होता हूँ या जो कोई मित्र यहाँ पहुँच जाते हैं, उनसे कुछ गपशप कर लेता हूँ।

इस किंकर्त्तव्यविमूढ़ता में तीन पुस्तकें पढ़ डाली हैं। तीनों जीवनियाँ हैं। पहली, विलियम मौरिस की जीवनी; दूसरी चेख़व की जीवनी और तीसरी शैली की जीवनी।

विलियम मौरिस—एक अंग्रेज़ कवि : स्वप्नदर्शी : क्रान्तिकारी। अंग्रेज़ी के कवियों में उसका आदर का स्थान है। किन्तु अंग्रेज़ होकर वह इतना बड़ा स्वप्नदर्शी हो सकेगा और उन स्वप्नों को चरितार्थ करने के लिए वह इस प्रकार कार्यक्षेत्र में, या क्रान्तिक्षेत्र में कूद पड़ेगा, आश्चर्य का विषय यह है।

कवि और कलाकार भी : नए ढंग के घर कैसे हों; उनकी साज-सज्जा कैसी हो; फर्नीचर कैसे हों, पर्दे कैसे हों—सब पर प्रयोग किया करता। जो कलाकार अपने हाथों या उँगलियों का प्रयोग न करें; नए-नए डिजाइन बनाकर करघे पर उन्हें उतार न सके, छेनी या रुखानी से काष्ठ या पत्थर पर मूर्तिमान न कर सके, फिर वह कलाकार क्या? यह भी उसकी धारणा। और इस धारणा को कार्यरूप में परिणत कर उसने तत्कालीन अंग्रेज़ी समाज की रुचि में ज़बर्दस्त परिवर्तन कर डाला था।

उसकी कविता में पहली बार अंग्रेज़ सर्वहारा का जीवन प्रतिबिम्बित हुआ।

और कविता में ही उस जीवन को उतारकर उसे सन्तोष नहीं हुआ। इस जीवन को नारकीय स्तर से उठाकर उसे सुपुष्ट, सुन्दर और स्वतन्त्र बनाने के लिए सर्वहारा में क्रान्ति-भावना करने की दिशा में उसने प्रयत्न किए—एक समाजवादी संस्था की स्थापना की, उसकी शाखाएँ देश-भर में खोलीं; स्वयं मजदूरों के बीच जाता और उन्हें उद्‌बोधित करता रहा! लोग उसकी खिल्लियाँ उड़ाते, उसके कलाकार बन्धु उसे पागल समझते; किन्तु वह अपनी धुन में मस्त क्रान्ति का अलख जगाता रहा।

उस युग के क्रान्ति-नेताओं—मार्क्स, ऐंगेल्स, आदि से भी उसका सम्पर्क था। जब मज़दूरों की सबसे बड़ी संस्था 'इन्टरनेशनल' की स्थापना हुई, उसने उसमें अंग्रेज मज़दूरों का प्रतिनिधित्व किया था।

बड़ा ही भव्य था व्यक्तित्व उसका : लोग स्वभावतः ही उसकी ओर आकृष्ट होते। चरित भी बड़ा ही भव्य!

लेकिन इस काल में उसे सफलता नहीं मिली; उसकी संस्था टूक-टूक हो गई; वह भी निराश हो गया और फिर अपनी कला की दुनिया में लौट आया! किन्तु, वह जो कुछ कर सका था, उसका महत्त्व इसी से सिद्ध होता है कि मिस्टर एटली ने अपने संस्मरण में बड़े गर्व से लिखा है—इंगलैंड के मज़दूर-आन्दोलन और अंग्रेज़ी समाजवाद का मूल है मौरिस; न कि मार्क्स!

दूसरी जीवनी चेख़व की पढ़ी है। चेख़व—एक गरीब का बेटा। डॉक्टरी का विद्यार्थी; किन्तु लिखने की ओर झुकाव : इससे कुछ पैसे भी तो मिल जाते। किन्तु धीरे-धीरे उसका लेखन-व्यवसाय इतना चमक उठा कि डॉक्टरी से पैसे कमाने की ज़रूरत ही नहीं रह गई। पहले व्यंग्य लेख लिखता; फिर कहानियाँ लिखना शुरू किया, जिसमें उसे कल्पनातीत सफलता मिली।

अन्त में कुछ नाटक लिखे। पहले नाटक में ऐसी असफलता हुई कि नाट्यगृह से भाग आया; रात-भर सड़कों पर घूमता रहा, मित्रों ने समझा कहीं आत्महत्या न कर ली हो! किन्तु कैसा आश्चर्य; आज भी उसके नाटक संसार-भर में सफलतापूर्वक खेले जाते हैं।

लेखन से पैसे कमाकर उसने देहात में मकान खरीदा, बाग़ों से घिरा, खेतियों से हरा-भरा एक शानदार मकान। रात में लिखता; दिन-भर गरीबों की दवा-दारु करता।

उन दिनों साखालिन द्वीप रूस का कालापानी समझा जाता था। वहाँ आजन्म कारावास की सज़ा पाए कैदी रखे जाते थे। चेख़व का हृदय उनके दुख-दर्द से इतना पसीज उठा कि उस यातायात के साधनों से हीन युग में वह साइबेरिया पार कर साखालिन पहुँचा, वहाँ की स्थिति की पूरी जाँच की, फिर लौटकर उसका ऐसा करुण चित्र खींचा कि रूस का हृदय भी काँप गया, बहुत-कुछ सुधार किए गए।

आप स्वयं डॉक्टर; किन्तु न जाने कहाँ से यक्ष्मा के कीड़े उसके फेफड़े में आ घुसे! बहुत दिनों तक उसने अपनी बीमारी को भुलाने की कोशिश की—मुँह से खखार के साथ खून आता, तो यह रूमाल से पोंछकर उस को छिपा लेता! किन्तु यह चांडाल रोग—सदा उसका पीछा करता रहा!

उस ज़माने के महान साहित्यिकों से उसका सम्पर्क हुआ। टाल्स्टाय और गोर्की उसके अति निकट आए। गोर्की भी राजयक्ष्मा का शिकार था; अतः दोनों काले समुद्र के किनारे प्रायः मिलते। चेख़व ने उस समुद्र-तट पर एक मकान भी खरीद लिया था।

चेख़व के जीवन में स्त्रियाँ बहुत ही कम आईं। अन्त में एक नटी से उसकी दोस्ती बढ़ी। वह चेख़व के नाटक में नायिका की भूमिका उतारती हुई स्वयं चेख़व के जीवन में उतर आई। वह जानती थी, चेख़व को संधानी रोग है; किन्तु वह अपने को रोक नहीं सकी; चेख़व पर अपने को उत्सर्ग कर दिया।

सिर्फ बयालीस वर्ष की आयु में उसकी मृत्यु हुई!

सादा लिखो, यही सबसे अच्छा लिखने का ढंग है; यह उसका मूलमन्त्र था। वह जटिल उपमाओं और लच्छेदार वाक्यों से सदा अपने को बचाता था। उसका जीवन भी सादेपन का नमूना था।

तीसरी जीवनी शेली की! शेली—इंगलैंड का तूफानी कवि। जब किशोर ही था, एक लड़की को लेकर भाग निकला। बड़े बाप का बेटा—उसके 'खानदानी' बाप को यह कैसे बर्दाश्त होता? पैस देना बन्द! बेचारे को तब से ज़िन्दगी-भर पैसे की हाय-हाय रही। कर्ज़ लेता, तमस्सुक लिखता, वादे करता, नहीं दे पाता, तो वारंट निकलते; इंगलैंड में कोई ऐसी जगह नहीं कि वह रात में निश्चिंत सो सके—सदा डर कि कहीं पुलिस गिरफ्तार न कर ले!

एक लड़की के बाद दूसरी लड़की—पहली ने आत्महत्या कर ली! दूसरी लड़की से दोस्ती चल ही रही कि तीसरी-चौथी झाँकने लगी। स्वास्थ्य चौपट—इंगलैंड छोड़कर यूरोप भागा; इटली में जा टिका और वहीं उसकी अकाल मृत्यु हुई!

एक बार रुपए-पैसे के अभाव में इतना तंग था कि एक मित्र को लिखा—क्या ईस्ट इन्डिया कम्पनी में उसे जगह मिल सकती है, वह भारत जाने को तैयार है ! काश शेली भारत आया होता!

किशोरावस्था से ही कविता का प्रेमी। कविता लिखता ही नहीं, पढ़ता भी और खूब पढ़ता। जब मैं यह जीवनी पढ़ रहा था, तब मुझे पता चला कि शेली कितना अध्ययनशील था! वह शायद ही कभी बिना पुस्तक के रह पाया हो। डूबने के बाद जब उसकी लाश मिली, उसकी दोनों पाकिटों में दो पुस्तकें थीं; उन्हीं पुस्तकों के कारण वह पहचाना भी गया—लाश

इतनी क्षत-विक्षत हो चुकी थी!

अंग्रेज़ी तो उसकी मातृभाषा थी—ग्रीक, लैटिन, अरबी, फारसी, फ्रेंच, इतालवी आदि भाषाओं में भी उसकी पैठ थी। यदि वह भारत आया होता, तो संस्कृत ज़रूर सीख लिया होता!

बायरन, शेली, कीट्स—एक समय में तीन महान कवि इंगलैंड ने पैदा किए। किन्तु, इन तीनों को ही इंगलैंड से दूर मरना पड़ा! इन तीनों में आपस का स्नेहभाव भी कितना गहरा था। कीट्स की मृत्यु पर शेली ने एक लम्बी शोककविता लिखी थी। जब शेली की चिता जल रही थी, बायरन उसके निकट खड़ा-खड़ा निर्निमेष दृष्टि से देख रहा था! वह शोक की मूर्ति बना हुआ था। बायरन की मृत्यु ग्रीक के स्वाधीनता संग्राम के सिलसिले में हुई!

यों तो शेली को रोमांस का कवि माना जाता है, किन्तु वह अधिकतर विद्रोह का कवि था। उसके रोमांस को अंग्रेज़-समाज बर्दाश्त भी कर लेता, किन्तु कट्टरपंथी इंगलैंड विद्रोह को कैसे बर्दाश्त करता!

शेली की मृत्यु भी कैसी करुण रही—समुद्र के किनारे रहता था; एक नाव कर ली थी। नाव पर प्रायः सैर को निकलता। एक दिन चला, तो उसकी प्रेयसी ने रो-रोकर रोका—उसने कुछ अद्भुत स्वप्न देखे थे! किन्तु शेली कहाँ माननेवाला! समुद्र-किनारे आँधी के लक्षण प्रगट हो रहे थे; लोगों ने मना किया, तो भी नहीं माना। एक मित्र के साथ पाल उड़ाता चला। और, फिर नहीं लौटा!

एक सप्ताह के बाद उसकी और उसके मित्र की लाशें मिलीं। जल-जन्तुओं ने लाश की दुर्गत कर दी थी। सिर्फ कपड़े और दो पुस्तकों के कारण शेली की लाश पहचानी गई। उनमें से एक पुस्तक कीट्स की रचना थी!

"मैं बढ़ता जाऊँगा, जब तक कि कोई रोक न दे और कोई मुझे रोक नही सकता।"—इस विद्रोही आत्मा की यह दुधर्ष वाणी थी!

और, इन तीनों जीवनचरितों के साथ ही आन्द्रे जीद की आत्मकथा 'इफ इट डाई' पढ़ रहा हूँ। विचित्र बात है, गोर्की की आत्मकथा मैं पूरा नहीं पढ़ सका और यही हालत आंद्रे जीद की इस आत्मकथा की है। इसमें बचपन और किशोरावस्था का चित्रण है और मानो लोगों को चौंकाने के लिए अपने बचपन की एक वीभत्स आदत से ही पुस्तक का श्रीगणेश किया गया है! और समाप्त किया गया है, फ्रेंच आफ्रीका के वर्णन के साथ जहाँ आस्कर वाइल्ड से आँद्रे की भेंट हुई थी। वाइल्ड के जीवन के उस वीभत्स व्यवहार की भी चर्चा है, जो उस महान कलाकार को ले डूबा! आँद्रे स्वयं उस आदत का शिकार था। अरब-बच्चों के साथ वह किस प्रकार वासना-पूर्ति करता था, भला न लिखने से क्या बिगड़ जाता!

कला का काम अपने जीवन के कलंकमय कोने का उद्घाटन करना भी है क्या?

पटना
10 सितंबर 1958

परसों हवाई डाक का एक पत्र मिला। सोचा, विदेश के मित्रों में से किसी ने याद किया होगा। खोला, तो वह जयप्रकाश जी का पत्र था—

भारतीय दूतावास काहिरा
2-9-58

प्रिय बेनीपुरी जी,

आपका स्नेह-पत्र मिला था। बड़ी प्रसन्नता हुई। जितेंद्र और प्रभा के विवाह के समय उपस्थित नहीं हो सका, इसका बड़ा खेद है। दुलहिन और दामाद, दोनों ही बड़े अच्छे मिले हैं। भगवान उन सबको दीर्घायु और सुखी करें और उनका जीवन देश तथा समाज के लिए लाभप्रद हो।

आपने अपने पत्र में 'अंटशंट' तो बिल्कुल ही नहीं लिखा है। ऐसा तो आपके ध्यान में भी नहीं आना चाहिए था। हाँ, इस बात का दुख मुझे अवश्य है कि आप जैसे मित्र भी जिनका हृदय राजनीति में नहीं बल्कि जनजीवन की गहराइयों में डूबा रहा है—मेरे आज के विचारों को समझ नहीं पा रहे हैं। राजनीति का छिछलापन तो आपके घुटनों तक भी नहीं आता होगा, फिर भी आपका मन उसमें कैसे बसा है, समझ में नहीं आता। मुझे तो खुशी होगी, जब आप अपने इष्टदेव की ही उपासना एकाग्रता से करें। आज देश को ऐसी समृद्धि की आवश्यकता है जो जनता के मानसिक मोह को मिटाकर सत्य प्रेरित रजस् की ओर उसे ज़ोर से धकेल सके। यदि आपकी लेखनी ऐसे साहित्य के निर्माण में लग सके, तो कौन-सी राजनीतिक विभूति उसका मुकाबला कर सकती है?

ख़ैर, अब तो घर लौटने के दिन आ गए। मिलने पर ही विस्तार से बातें होंगी।

परमात्मा की कृपा से हम दोनों सानन्द हैं।

आपका सस्नेह
जयप्रकाश

अभी उस दिन मैंने लिखा, मैं त्रिमुहानी पर खड़ा हूँ। क्या जयप्रकाश जी का यह पत्र मुझे मेरे निश्चित ध्येय की ओर ही जाने की प्रेरणा नहीं दे रहा है?

साहित्य : मेरा इष्टदेव : एकाग्रता से उपासना! काश, मैं ऐसा कर पाता!

अभी उस दिन एक मित्र आए; पुलिस विभाग में बड़े अफसर हैं; बोले—राजनीति मत छोड़िए। आपकी आवश्यकता है उसे, इस समय!

कल एक नौजवान आए थे; यह पत्र पढ़कर बोले—

उन्होंने हमें छोड़ दिया : अब आपको भी हमसे अलग करना चाहते हैं!

परसों कर्पूरी जी आए थे; कल प्रोफेसर रमाकान्त झा, दोनों का एक ही आग्रह—आप हमें न छोड़िए! यानी, राजनीति में ही उलझाए रहिए।

बहुत दिन हुए, श्री राजेन्द्र बाबू से मैंने अपनी इस योजना की बात की थी। उन्होंने भी पसंद किया था। बेटे-बेटी की शादियों के अवसर पर उन्होंने आशीर्वाद भेजा था। उसके लिए धन्यवाद ज्ञापन करते हुए आज ही मैंने लिखा था, अब थोड़ा निश्चिंत हूँ। उस योजना को काम में लाना चाहता हूँ, आपसे मिलकर बातें करना चाहता हूँ। उस पत्र का उत्तर यह है—

राष्ट्रपति भवन
नई दिल्ली
प्रवास कोयंबट्टूर
19 अगस्त 1958
19 श्रावण 1880 (26)

प्रिय बेनीपुरी जी

आपका दिनांक 11/7/58 का पत्र यथासमय मुझे मिल गया था। आपके पत्र से यह जानकर खुशी हुई कि आपने भारत के सांस्कृतिक जीवन पर एक महाग्रंथ लिखने का निश्चय कर लिया है।

मैं इन दिनों दक्षिण भारत की यात्रा पर हूँ और 19 अगस्त की शाम को दिल्ली पहुँच जाऊँगा। आपका जब दिल्ली आना हो, तो लिखिएगा, मैं उन दिनों दिल्ली में ही रहूँगा और मुझसे मिलने में आपको कोई दिक्कत नहीं होगी।

और सब सानन्द हैं।

आपका
राजेन्द्र प्रसाद

पटना
11 सितंबर 1958

कल 10 सितंबर रात में एक पोती और एक पोता मुझे प्राप्त हुआ। बेटा देवेन्द्र सात बच्चों का बाप हुआ। बड़ी दुलहिन कितनी सौभाग्यशालिनी है। रानी की बड़ी लालसा थी, एक पोती पाने की। उनकी सारी साधें पूरी हुईं! जब पता चला था, इस बार दुलहिन को जुड़वाँ सन्तान हुई, मैं कुछ चिन्तित हो चला था। किन्तु सब सानन्द समाप्त हो आया है अब तक—परम्परा क्यों टूटे? कभी किसी का बुरा नहीं किया; भले का भला होना ही चाहिए।

पटना
19 सितंबर 1958

बेनीपुरी, यह तुम्हें क्या हो गया है?

भर दिन पड़े रहते हो; कोई काम नहीं; कहीं आना-जाना नहीं। कभी कुछ पढ़ लिया, कभी कोई मित्र आये, तो उससे गप्पें कीं। पत्रोत्तर देना भी तुमसे पार नहीं लगता! पन्द्रह दिनों से तुम अजीब मुग्धता में पड़े हुए हो !

तबीयत अच्छी नहीं—तो हुआ क्या है? दवा खाए जा रहे हो; पथ्य पर पल रहे हो! कभी सिर भारी; कभी पेट में गड़बड़। एक दिन के लिए मुज़फ्फरपुर गए थे, तो अपने साथ, सिर दर्द ले आए!

यह तुम्हें क्या हो गया है, बेनीपुरी!

क्या अब तुमसे कुछ होने जानेवाला नहीं है? बस, इसी तरह बिस्तरे पर पड़े रहो! झींकते

रहो या कुछ अंटशंट पढ़ते रहो! क्या तुम्हारे काम के दिन समाप्त हो गए? यदि यही बात है, तो फिर क्यों तरह-तरह के प्रोग्राम बनाया करते हो?

यह क्या बीमारी है? तन की बीमारी है, या मन की? तन की बीमारी के लिए तो दवाएँ खाए जा रहे हो; किन्तु मन की बीमारी का क्या हो?

और मन की यह बीमारी ही क्या है? ज़िंदगी-भर झंझट में रहे हो—कोई नई बात तो हुई नहीं है! नई बात हुई है तो यही कि तुम्हें लगता है, अब थोड़ी निश्चिंतता आई है तुम्हारी ज़िन्दगी में। क्या निश्चिंतता की यह भावना ही तुममें कर्त्तव्यहीनता ला रही है?

दस-बारह हज़ार का क़र्ज़ लदा है तुम पर! कम-से-कम इसे तो दूर कर लो! यह आखिरी क़र्ज़ है? क्या इसका बोझ लेकर जाना चाहते हो? नहीं बेनीपुरी, इसे तो कम-से-कम उतार लो!

इस प्रयत्न में ही नई राह भी मिल जा सकती है?

कुछ किताबें तैयार करो; थोड़ा प्रकाशन की ओर ध्यान दो! देवेन्द्रजी अब प्रकाशन में काम करना चाहते हैं, उन्हें ऐसी मदद कर दो कि उनकी नाव पार लग जाए! उन्हें पढ़ा-लिखा कर कब तक घर बैठाए रहोगे?

इसके साथ ही 'सांस्कृतिक भारत' की दिशा में प्रयत्न शुरू करो। योजना बनाओ; राजेन्द्र बाबू को पत्र लिखो। दिल्ली जाओ।

कुछ समय पार्टी को भी दो। गाँव में कॉलेज बने, इसके लिए भी कुछ करते चलो।

तुम सबकुछ कर सकते हो। अपनी शक्ति की असीमता पर तुम्हारा विश्वास क्यों टूट गया है?

यह बीमारी? यह कुछ नहीं है। अपने को काम में प्रवृत्त करो, सब ठीक हो जाएगा।

तबीयत अच्छी नहीं; यह बात नहीं है। तबीयत ऊब गई है तुम्हारी—एक जगह रहते-रहते, एक काम करते-करते। जगह बदलो, काम बदलो। दो-तीन महीने के लिए कहीं चले जाओ! कहाँ? कहीं भी! बगल में राँची है, दिल्ली है, कश्मीर है; पूना है, बम्बई है।

जगह बदल जाएगी, तो मन भी बदल जाएगा? फिर काम के लिए रुचि जगेगी।

इस मृत्यता के वातावरण से अपने को हटाओ।

सोनपुर-स्टेशन
23 सितंबर 1958

यह स्टेशन है।

लाउडस्पीकर से तरह-तरह की सूचनाएँ उगली जा रही हैं। मेल आज लेट है। जिन्हें मेल से जाना है, वे प्लेटफार्म नं. 1 पर जाएँ। मेल में टिकट अधिक लगता है; अपना टिकट बदलवालें। प्लेटफार्म नं. 3 पर पहलेजा जानेवाली गाड़ी खड़ी है। प्लेटफार्म नं. 2 पर जो पैसेंजर गाड़ी खड़ी है, वह पूरब जाएगी। जिन्हें हाजीपुर, मुजफ्फरपुर, समस्तीपुर, बरौनी जाना है, वे उस गाड़ी पर सवार हों, आदि-आदि। हाँ, सूचनाएँ उगली जा रही हैं।

लोग प्लेटफार्म पर टहल रहे हैं, मुँह धो रहे हैं, खा रहे हैं। एक बच्चा नीम का दंतवन चिल्ला-चिल्ला कर बेच रहा है—खरीदिए, और सामने उस नल पर मुँह धोइए। वह बेचारी गरीबिन नल के निकट आकर बैठ गई है; फटी धोती से खोलकर सत्तू निकालती है, अलमुनियम के बरतन में रखती है, फिर बरतन में पानी भर कर किस संकोच से मुँह लटकाए बैठ जाती है और सत्तू सुड़क रही है। घर से अचार लाना नहीं भूली है। उसकी बगल में उसका बच्चा

बैठ गया है, वह भी सत्तू सुड़क रहा है, किन्तु उनका मन अधिक अचार पर है—बच्चे चटकार चाटते हैं न?

फर्स्ट क्लास से वह देवीजी निकली हैं—कमसिन हैं, कलाकार हैं! बड़ा तम्बूरा भी उनके साथ है। और तम्बूरे सी ही लंबाई पाई है उन्होंने! रह-रह कर सलवार को देखती हैं, चादर सम्हालती हैं।

फर्स्ट क्लास में ही एक नेताजी हैं। अखबार पढ़ने से फुर्सत कहाँ कि प्लेटफार्म पर निकलें। बेरा आया है, छोटी हाज़िरी कर हुक्म दे दिया है। न जाने क्यों अखबार से उनका ध्यान उचट आया करता है और कनखियों से देवीजी को झाँक लेते हैं।

केले बिक रहे हैं, खरीद कर गटागट मुँह में रख लिया और छिलके फेंक दिए! बला से कोई फिसलकर गिरे। ख़ैर, कहीं से वह मरियल बकरी आ गई है, छिलके को निगल रही है।

और वह कुत्ता कैसा घिनौना! शरीर के बाल झड़ गए हैं, खाल पर चकत्ते निकल आए हैं, बज-बज कर रहे हैं—लहू, पीव! उफ़! और उस सज्जन ने पूड़ी खाकर खोमचा फेंका कि दौड़कर चाटने लगा!

पान-बीड़ी—बीड़ी-पान—क्या चाहिए आपको?

अखबार पढ़िए, अखबार—गरमागरम ख़बर! वह बच्चा बोले जा रहा है!

प्लेटफार्म पर चहलक़दमी करनेवालों की सूरतें देखिए। वह सरदार जी, लम्बी शानदार दाढ़ी को जाली से जकड़ रखा है। सूट में हैं—कैसी रंगीन टाई! थोड़ी देर चलते हैं, रुककर चारों ओर देखते हैं! वह बेचारी देहाती सुन्दरी—माँग में सिन्दूर की मोटी लकीर; हाथ में चाँदी के कँगने के ऊपर लाह की लहरदार चूड़ियाँ; ढीलीढाली चोली, नीचे के कई बटन खुले ,जिससे उसकी पेटी दिखाई पड़ती है। चौड़े कोर की साड़ी! वह रह-रहकर जैसे चौंक उठती है—क्यों?

टिकट कलक्टर साहब घूम रहे हैं—कैसी है सधी हुई उनकी आँख! डब्ल्यू.टी. को खूब पहचानते हैं वह। देखिए न, उस नौजवान को पकड़ ही तो लिया। क्यों जनाब, सेकेंड में सफर कर रहे थे और टिकट का नाम नहीं। पहले नोक-झोंक : फिर आरजू-मिन्नत और अन्त में—मुट्ठी गरम, झमेला ख़तम!

बाबू, दाढ़ी बना लीजिए; मालिश, बाबू, मालिश! चाय गरमागरम!

हाँ, हाँ, सफर में हैं, तो चेहरा तो साफ रहे। एक की दाढ़ी पर छुरा चल रहा है, दूसरे की बुलबुली छँट रही है! और सिर में किरासन के तेल में सुगंधि डालकर बनी वह लाल चीज़ रखकर मालिश वाले ने आपके बालों को जुम्बिश नहीं की कि नींद आई—बाबू, रग-रग की थकावट हम खींच लेते हैं। और यदि, तो भी थकावट नहीं गई, तो पीजिए मिट्टी की कुलिया में वह काली-काली पेया—ठीक ही तो कहा है—

> कामरूप के कामिनी श्याम बरनि सुकुमारि
> अधर धरति नस-नस रमति काटति सकल खुमारि !

बाबू, एक पैसा! ओहो, ये भिखमंगे तो कहीं भी जान नहीं छोड़ेंगे! सीटी, हलचल; जान बची, लाखों पाए; कि चलते-चलते बाबूजी, मिजाज पसंद! यानी ये गोशालावाले हैं; आपको देख कर ही दौड़ पड़े। कभी ऊबकर आपने चवन्नी दे दी थी—यह उसी का प्रतिदान है! ख़ैरियत, गाड़ी तेज़ हो चुकी है। प्लेटफार्म छूटा नहीं, यह भारतवर्ष है, एक साहब उछलकर आपके डब्बे में आ गए! साहब उछलकर ही चढ़ते हैं और जब तक गाड़ी अगले स्टेशन पर रुके-रुके, तड़प कर ही भाग जाते हैं !

पटना
14 अक्तूबर 1958

क्या बात है, आज रात-भर सपने में चाँदबाबू आते रहे! क्या मैं उन्हें भूल रहा हूँ? फिर क्यों मुझे अपनी याद दिलाने को रात बार-बार आते रहे? उनके परिवार का क्या हुआ? उनकी क़ब्र के लिए तो अब नवम्बर में ही कुछ किया जा सकेगा! चाँदबाबू, मैं आपको भूला नहीं हूँ—आजन्म नहीं भूलूँगा—बेनीपुरी ऐसा दोस्त नहीं जिसकी 'मुँह देखे की मिताई' होती है!

महेन्द्रू स्टेशन
20 अक्तूबर 1958

जब कोई काम नहीं, डायरी लिखने बैठो!

आज खूब रहा। दो बार स्टेशन पर पहुँचकर, स्टीमर के निकट पहुँचकर उसे छोड़ चुका हूँ। ऐसा कभी नहीं किया था कि लगातार दो-दो बार स्टीमर या ट्रेन छूट गई हो! भोर में साढ़े चार बजे ही जगा, डेरे से घाट पर आते-आते जहाज का भोंपू हो गया। तो भी दौड़ा—निकट पहुँचा तो जहाज सरक रहा था। साथ में रानी हैं, उछलकूद के लिए भी कहाँ गुंजायश! डेरे पर गया, फिर 10 बजे चला, तो फिर निकट पहुँचते-पहुँचते जहाज़ खुल गया।

तब से इस महेन्द्रू घाट पर ही हूँ! कोई किताब भी नहीं लाया। क्या करूँ—डायरी लिखो !

अभी कुछ दिन पहले, आँद्रे ज़ीद का 'जर्नल' पढ़ने का मौका मिला है। 'जर्नल' डायरी का ही एक अंग। ठीक वैसा ही, जैसा कि मैं लिखता हूँ—जब कभी कोई विशेष बात हुई, लिख लिया। ज़ीद ने फ्रेंच-परम्परा निबाही। वहाँ हर बड़ा लेखक 'जर्नल' लिखता है, प्रकाशित करता है! ज़ीद ने मान लिया था, वह बड़ा लेखक होगा। अतः शुरू से ही 'जर्नल' लिखने लगा।

जैसा होता है, शुरू के हिस्से में आत्म-प्रदर्शन की भावना भरी हुई है। धीरे-धीरे प्रौढ़ता आती है, गेहूँ और भुस्से के चुनाव की तमीज़ आती है। जो अति आवश्यक है, उसी का उल्लेख होता है। एक दिन उसके सामने चूहेदानी में पकड़े चुहिया और उसके बच्चों को गरम पानी में डुबोकर हत्या की गई। इस दर्दनाक घटना के उल्लेख में ही उस दिन उसनें छुट्टी कर दी!

अपने मित्रों पर, अपनी रचनाओं पर, अपने मित्रों की रचनाओं पर भी उसने बहुत कुछ लिखा है। धीरे-धीरे उसकी मित्रमंडली में फ्रांस के प्रायः सभी साहित्यकार और कलाकार आ गए थे। उनका शब्दचित्र देखने ही लायक है। ज़ीद भी बहुत पढ़ाकू था। उसने कई भाषाओं का ज्ञान प्राप्त किया था। यूरोप के सभी साहित्यिकों की प्रमुख रचनाएँ उसने पढ़ डाली थीं।

जब मैंने यह डायरी लिखना शुरू किया, मैं नहीं जानता था कि मैं अनजाने ही 'जर्नल' लिख रहा हूँ। 'डायरी' वह है, जिसमें प्रतिदिन के जीवन का उल्लेख है। 'जर्नल' वह जिसमें कोई लेखक अपने अनुभवों, विचारों या भावनाओं को लिपिबद्ध करता है!

यह मेरी अपनी परिभाषा है!

'जर्नल' को प्रकाशित करने के पहले ज़ीद ने उसका सफाया कर दिया है। भूल से कुछ अंश हटा भी दिए थे। यदि लेखक के जीवन में उसके 'जर्नल' का प्रकाशन हो, तो ऐसा करना आवश्यक हो जाता है। आज कल 'नई धारा' में मेरी डायरी छपा करती है। मुझे उसमें

कहीं-कहीं परिवर्तन, परिवर्द्धन, संशोधन और सम्पादन करना पड़ रहा है!

अपनी डायरी में कभी-कभी कोई बात बहुत संक्षेप में लिख दी। छपने के पहले कहीं-कहीं विस्तार कर दिया जाए, यह लोभ आता है। शुरू में तो मैं नए सिरे से लिखकर देता रहा। लेकिन फिर सोचा, यह ठीक नहीं। अब तो सिर्फ किसी अंश को हटाकर ही सन्तोष कर लेता हूँ। लिखे को फिर से लिखना, जबकि लिखने को इतनी चीजें रह गई हैं, कुछ फालतू-सा काम लगा।

यह अच्छा हुआ कि मैंने यह 'जर्नल' लिखना शुरू किया; शायद हिन्दी में यह पहला जर्नल होगा, जब यह पुस्तक रूप में छपेगा। 1950 से शुरू किया; 1990 में इसका प्रथम भाग निकाल दूँगा!

बेनीपुर
दीवाली : 10 नवंबर 1958

अभी कल अपने निर्वाचन-क्षेत्र के दौरे से लौटा हूँ। चार दिनों तक घूमता रहा। बेनीपुर से औराई; खंगुरा, बैगनी, बसंत, चकमबदा, तेहवारा, बुधवारा, भगवानपुर, मेहसौल, लखनपुर; जजुआरा, सैदपुर, बिसनपुर, चंगेल, डुमरी, बसुधा, बैगना। पहली रात खंगुरा, दूसरी रात भगवानपुर, तीसरी रात सैदपुर। ज्यादातर बैलगाड़ी की सवारी; कातिक की तीखी धूप, ऊबड़-खाबड़ सड़क, खाने-पीने में कुव्यवस्था—उफ़, कितना थककर चूर होकर लौटा! सात-आठ बीट की स्थिति बड़ी ख़राब; चारों ओर धान-धान; किन्तु यहाँ दो आने धान भी नहीं। किसानों में हाय-हाय; मजदूरों में त्राहि-त्राहि! चारों ओर सरकारी कर्मचारियों की धाँधली की शिकायत! उन कर्मचारियों की पीठ पर कांग्रेसी—जो अब मुख्यतः ठेकेदारी या एजेंसी का काम करते हैं!

रास्ते में एक बूढ़े कांग्रेसकर्मी से भेंट हुई। 1921 से ही इन्हें देख रहा हूँ। पहले सिर्फ ठेकेदार थे, अब नेता भी हैं। तो भी ईमानदारी का दम भरते हैं; प्रगतिशील भी बनते हैं। मैंने कहा, भाई साहब, यह क्या हो रहा है? आजादी की लड़ाई हम साथ लड़े। अब गद्दी पर आप हैं—आपके सौभाग्य को बधाई! किन्तु सोचिए, आपका राज कैसे चल रहा है? आप विदेशों से भीख और कर्ज़ लाते हैं, हर बजट के बाद आपका वित्तमंत्री विदेशों में भिक्षा की झोली लिए हुए जाता है; क्या किसी देश में ऐसा होता है? करों की भरमार कर दी है—एक ज़जिया लगा रहे हैं। इस तरह जनता को चूसकर और विदेशों से भीख माँगकर आप जो रुपए इकट्ठे करते हैं, उनका कैसा दुरुपयोग हो रहा है। निर्माण या रिलीफ के नाम पर रुपए पानी की तरह बहाए जा रहे हैं। जो पाता है, हड़प जाता है—मुश्किल से सैकड़े-पच्चीस का काम हो पाता है! भ्रष्टाचार की हद हो गई। ज़रा रोकिए तो : प्रजातंत्र को बचाइए। सारे एशिया में क्या हो रहा है? ज़रा देखिए तो, क्यों आप अपने ही साथ देश को भी रसातल लिए जा रहे हैं ?

उन्होंने मेरी बात ध्यान से सुनी; एक-एक बात की ताईद की। फिर अपनी असमर्थता प्रगट की। यही तो विचित्र बात है! देश रसातल जा रहा है, यह सब मानते हैं। किन्तु इसका दोष अपने ऊपर लेने को कोई तैयार नहीं! सब लोग दूसरे ही के सिर पर खेलने को तैयार। कांग्रेस की इस दुर्दशा के कारण नौकरशाही की बन आई है। साधारण डिपुटी तक वैसी मनमानी करता है, जैसा पहले कलक्टर तक नहीं सोच पाता था। आज हर दारोगा अपने को ही आई.जी. समझ रहा है। हर क्लर्क की हैसियत आज उसके अफसर से भी ऊपर है! देश

बन रहा है—यह कैसा देश बन रहा है हे भगवान? क्या इसी के लिए हमने, हमारे देशभक्तों ने इतनी तकलीफें उठाईं—अंगरेजों से लड़े, मरे, बर्बाद हुए!!

दौरे से घर पहुँचा, तो देखा, प्रभा बेटी पहुँच गई है! उसकी बिदागरी को लेकर इधर मैं बहुत परेशान था। इसने हठ ठान ली थी; इसके ससुर बहाने करते जाते थे। अतः इसकी सास ने इसका पक्ष लिया। सास-पुतोहू की हठ चल गई—हमारे समधी साहब को झुकना पड़ा। अच्छी बिदागरी की है। कपड़े-लत्ते बहुत अच्छे दिए हैं। सौगात की चीजें भी अच्छी और प्रचुर—सोलह आदमी पर सामान आए हैं! प्रभा के पहुँचने से घर की रौनक ही बदल गई है। चारों ओर जीवन और हलचल। कल संध्या समय प्रभा और उषा ने अपने हाथों से घर-द्वार को दीपक-मालिका से जगमग बना दिया! जो थोड़ी कसर थी, रात में पूरी हुई। दस बजे रात में बड़ी दुलहिन और देवेन्द्र बच्चों को लेकर पहुँच गए। आते ही बच्चों ने पटाखे फोड़ना और फुलझड़ियाँ छोड़ना शुरू किया। घर-आँगन गनगना उठा। दोनों पुतोहुएँ, बेटी, रानी, दो बेटे (जित्तिन नहीं आ सके), छः पोते, एक पोती—इन्हें एक साथ इस शुभ पर्व पर देखकर मन क्यों नहीं आनन्द-मग्न हो रहे! यमुना (मुसहर) और रामेश्वरजी भी साथ हैं।

दीवाली—प्रकाश की रात, फुलझड़ियों की रात, हँसी-खुशी की रात, लक्ष्मी की रात, मौज और रंग-रेलियों की रात—इसका दूसरा नाम 'सुख-रात्रि' कितना सार्थक है! मेरी यह कामना है, ऐसी रातें मेरे जीवन में सदा आती रहें, मेरे मित्रों के जीवन में भी!

पटना

?

कभी-कभी आदमी ऐसा दृश्य अचानक देख लेता है कि वह उसके दिमाग़ पर स्वप्न-सा छाया रहता है, धुँधला-धुँधला, मोहक, मादक।

बेनीपुर से आ रहा था; संध्या हो गई थी। बस पर बढ़ा, तो एक सज्जन ने पूछ दिया, वही सामने आपका घर है न?

डेढ़ मील दूर सड़क पर से ही मेरा घर दिखाई पड़ता है; कई बार देखा है, लोगों को दिखाया है। किन्तु ऐसी शोभा तो कभी नहीं देखी थी।

धान की बालियाँ पकने लगी हैं। सड़क से बेनीपुर तक धान-ही-धान। सूर्य की अन्तिम किरणों ने उन सुनहली बालियों पर यथार्थ सोना चढ़ा दिया था। यहाँ-से-वहाँ तक सोने का—नहीं दीप्ति लिए कुंदन का—समुद्र फैल रहा था। हवा नहीं, नीरव, निस्पन्द! और उस सोने के समुद्र में मेरा बेनीपुर का मकान एक हंस-द्वीप ऐसा लगता था, उजला, दपादप। हाँ, सुनहलेपन की एक छाईं उस पर भी पुती हुई।

उस ओर देखते ही जैसे मेरी आँखों में टकटकी बँध गई। ओहो, कितना सुन्दर! प्रकृति भी कैसी मोहिनी है! वह जब जहाँ चाहे, एक जादू का देश खड़ा कर दे।

उसका जादू रोज़ की देखी चीज़ को भी नया रूप, नया सौंदर्य दे देता है। कुरूप भी सुन्दरतम दिखाई पड़ता है। लेकिन यहाँ तो सौन्दर्य पर सौन्दर्य की एक नई परत दे दी है उसने।

बस सरसर आगे बढ़ती गई; वह दृश्य कहीं पीछे छूट गया; लेकिन बहुत देर तक आँखों पर वह छाया रहा और आज दस दिनों के बाद भी ज्यों ही उस ओर ध्यान गया, वह झलमला उठता है!

अभी उस दिन राजनीति का वह बीभत्स रूप देखा है। मेरे गाँव के ही निकट एक आदमी भुखमरी से मर गया है। मैंने उस पर विधानसभा में कार्यस्थगन का प्रस्ताव दिया। मैंने पूरा चित्र रखा कि किस प्रकार वहाँ के सर्किल अफसर की असावधानी और उपेक्षा के कारण ऐसा सम्भव हो सका है! मेरे समर्थन में कई लोग बोले। मैंने यह भी कहा कि उसी अफसर ने जाँच की है; अतः उसपर विश्वास नहीं किया जाए। लेकिन कैसा तमाशा है, हमारे खाद्यमंत्री ने उसी रिपोर्ट को अमिट सत्य मानकर मुझ पर व्यंग्य कसना शुरू किया? समूची सभा ने विरोध में आवाज उठाई। ऐसा हो-हल्ला मचा कि सभा स्थगित कर देनी पड़ी! कैसा तमाशा है, जिसने जिन्दगी-भर देश की सेवा की, उस पर विश्वास नहीं करके डेढ़-दो सौ रुपल्ली के नौकर की रिपोर्ट को ही अकाट्य सत्य मान लिया जाए। मैंने यहाँ तक कहा कि यदि मेरी बात असत्य सिद्ध हो तो मैं इस्तीफा दे दूँगा, आप फिर से जाँच कराइए, या मेरे साथ स्वयं चलिए। किन्तु, कौन ध्यान देता है, इन बातों पर! यहाँ तो नौकरशाही का बोलबाला है। मैंने खाद्यमंत्री को बहुत डाँटा भी क्योंकि वह सदा नौकरशाही का गुण गाते फिरते हैं!

जब-जब ऐसी घटनाएँ होती हैं, मन में या तो क्रोध आता है या घृणा। क्रोध आता है तो सोचता हूँ, क्यों न पूरा समय राजनीति को देकर इसे नया मोड़ देने की कोशिश करूँ? किन्तु अपनी पार्टी और साथियों का रवैया सब किए-दिए पर पानी फेर देता है। तब फिर घृणा हो जाती है, क्यों न इस घिनौनी स्थिति से अपने को दूर कर लूँ! राजनीति ने मुझे क्या दिया है, जो चिपका रहूँ! रही जनता को सुख-समृद्धि दिलाने की बात, सो क्या सम्भव रह गया है? जब तक जात-पाँत रहेगी, मूर्खता रहेगी, पैसे पर वोटों की ख़रीद-बिक्री सम्भव रहेगी, तब तक राजनीति को कौन बदल पाएगा?

× × ×

इधर पैसों की बड़ी दिक्कत हो गई है! दो-दो शादियाँ, फिर बिदागरियाँ। जो पैसे आते हैं, इधर-उधर खर्च हो जाते हैं। दस हज़ार रुपए का क़र्ज़ सिर पर आ गया है।

सोचता हूँ, प्रकाशन को फिर से पकड़ूँ। ग्रंथावली में जो मेहनत कर दी थी, अब तक उसी पर जी रहा हूँ। एक दो साल प्रकाशन पर फिर ध्यान दे दूँ, तो बहुत-कुछ कर लिया जा सकता है।

पटना और मुज़फ्फरपुर—इस दो नावों पर चढ़ने से काम न चलेगा। हमें मुज़फ्फरपुर को ही अपना प्रमुख स्थान बनाना पड़ेगा। पटना को जो देना था, दे चुका। अब हम चलकर मुज़फ्फरपुर को दें।

कोई मुश्किल नहीं, यदि पाँच साल जमकर काम कर लिया जाए, तो प्रकाशन की पूँजी हम एक लाख कर दें। बीस हज़ार रुपए नक़द से पुस्तकें छपवा ली जाएँ, तो एक लाख की पूँजी तुरत बन जाए। यह कौन मुश्किल काम है?

आज भी आमदनी कम नहीं होती। लेकिन हम सब खा-पी जाते हैं।

मुज़फ्फरपुर रहने से बेनीपुर से ही हम अधिकांश खाने-पीने की चीज़ें मँगा सकेंगे। चावल, तरकारी, दही-दूध तो वहाँ से ही आ-जा सकता है। पटना में जो ख़र्च हम कर रहे हैं, उससे आधे में ही हम वहाँ राजा की तरह रह सकेंगे।

इसी आधे को, हर महीने पाँच सौ को भी, हम प्रकाशन में लगाते चलें, तो हर महीने हमारी पूँजी दो हज़ार की बढ़ती जाए!

मुज़फ्फरपुर या अपना मकान भी हम वहीं रहकर धीरे-धीरे बनवा सकेंगे। मोटर भी हो जाएगी।

सबसे बढ़कर बेनीपुर से हमारा निकटतम संपर्क रहेगा। हर शनिवार-रविवार को बेनीपुर

की मौज हम प्राप्त कर सकेंगे।

बस : जनवरी : मुज़फ्फरपुर—यह निश्चय !

पटना
29 नवंबर 1958

विश्वविद्यालय की सिनेट की बैठक से आया हूँ। कल फैकल्टी ऑफ आर्ट्स का चुनाव हुआ; हमारे कपिलजी जीत गए। पूरा संघर्ष रहा। मेरा सेंडीकेट में चुना जाना; उनका फैकल्टी में चुना जाना—लोग कह रहे हैं, यह अजीब जोड़ी विश्वविद्यालय में इकट्ठी हो गई है! बोर्डों के चुनाव में भी हमने जिनका साथ दिया, वे जीत गए!

अभी-अभी सिनेट में हिन्दी का प्रश्न आया था। सब लोग हिन्दी के पक्ष में; किन्तु ज्योंही महेश बाबू ने लोगों का रुख देखकर टालने का प्रस्ताव रखा, कि सब लोगों का मन डोल गया। मैंने एक जबर्दस्त भाषण दिया; फिर सारा रुख़ उलट गया। लाला बाबू ने कहा, यह तो आपने जादू की लकड़ी फेर दी। किन्तु, कब तक यह जादू? थोड़ी देर के बाद फिर दुविधा : एक समझौते का प्रस्ताव स्वीकृत हो गया!

मैं जब-जब अपने पढ़े-लिखे लोगों के चरित और मनोविज्ञान पर ध्यान देता हूँ, आश्चर्य होता है! एक क्षण में ये बदल जा सकते हैं। क्या कहते हैं, क्या करते हैं! मालूम होता है, जैसे इस प्रश्न ने अपनी जड़ खो दी है। एक झोंका, और गिरे!

जित्तिन का एक पत्र आया है। मैंने अपनी मनोव्यथा लिखी थी; उसका जवाब देते हुए उसने जिन शब्दों में आश्वासन दिया है, बड़ा ही मनोरंजक है! उसका कहना है, मैं क्यों चिंता करता हूँ। क्या नहीं किया या हो रहा है, उस पर ज्यादा ध्यान नहीं देकर क्यों नहीं यह देखता हूँ कि मैंने क्या-क्या नहीं कर लिया—सब बच्चों को पढ़ा-लिखा दिया, घर बनवा लिया, बेटी की शादी कर ली, ग्रंथावली निकाली, यश कमाया, दो-दो बार विलायत गए, मेरी किताबें भारत-भर में प्रसिद्ध हैं, बार-बार पुरस्कृत हुई हैं। इतना कर लिया, तो जो बाकी दो-एक काम रह गए हैं, वे क्यों नहीं पूरे होंगे? एक बार मैंने एक पत्र में उसे लिख दिया था—

"समय पाई तरुवर फर रे कतबो सिंचु नीर"

विद्यापति के इस पद की ओर उसने मेरा ध्यान खींचा है। सब होकर रहेगा, हाँ, समय पर ही होगा, इसलिए धैर्य रखना चाहिए! ठीक ही तो है! घबराने से होता है क्या? चलो प्यारे, तुम्हारी ही बात सही! कभी-कभी ऊब जाता हूँ ज़रूर! कभी-कभी यह भी सोचने लगता हूँ, क्या उचित समय से अधिक जी रहा हूँ? लेकिन इन सबसे ऊपर इच्छा यह है कि मैं बेनीपुर रहूँ। बस, खाऊँ, सोऊँ, थोड़ा-बहुत काम करूँ। रानी बेचारी वहाँ अकेली पड़ी होगी, यह कल्पना व्यथा देती है। ज्यों-ज्यों बुढ़ापा आता जा रहा है, उस बेचारी के प्रति मेरा प्रेम, स्नेह, ममता, एकात्मता बढ़ती जा रही है। चाहता हूँ, सदा उसके निकट रहूँ। जवानी में जिसे निर्भयता से छोड़ता रहा, बुढ़ापे में वह उतनी ही ममता वसूल कर रही है।

अभी-अभी पुश्किन की जीवनी समाप्त की है। कितनी अच्छी जीवनी है; उपन्यास का मज़ा। बेचारे कवि का जीवन मूर्तिमान हो उठा है इस पुस्तक में! उसकी रगों में हब्सी का रक्त था! रूस के सम्राट पिटर ने उस हब्सी बच्चे का लालन-पालन किया था; पेरिस में रख कर पढ़ाया था। फिर उसका विवाह एक डच रूसी परिवार में कराया था। पुश्किन की चमड़ी रूखी थी; नसों में ऊष्ण अफ्रीकी रक्त दौड़ता था। बचपन से ही औरतें उसकी ज़िन्दगी में

आती रहीं और औरत के ही चलते, सिर्फ 39 वर्ष की उम्र में द्वंद्वयुद्ध में गोली का शिकार होकर वह मरा।

उसने फौजी शिक्षा प्राप्त की थी; किन्तु बचपन से ही उसके हृदयासन पर कविता देवी आसीन हो गई थीं। उसकी कविता पर रूस के युवक जान देते थे, उसकी ज़िन्दादिली पर युवतियाँ बलिहारी जाती थीं। ज़ार का कृपापात्र था; किन्तु अपने उग्र विचारों के कारण वनवास का दुख भी उठाना पड़ा। 30 साल की उम्र तक छैला बना रहा—दासी, किसान की स्त्री, सैनिकों की पत्नियाँ, राजमहल की महिलाएँ—कोई ऐसी नहीं थी, जो पुश्किन पर आशिक नहीं हुईं और जिन्हें पुश्किन ने छाती से नहीं लगाया। अंत में एक अनिन्द्य सुन्दरी षोडशी से उसने विवाह किया, उससे चार बच्चे हुए, किन्तु इस चार बच्चों की माँ पर भी लोग मरते रहे और आख़िर उन्हीं में से एक से द्वंद्वयुद्ध करता हुआ, वह घायल हुआ और मरा!

ज्यों ही मरा, रूस-भर में उस पर मातम मनाया जाने लगा। कहीं इस विद्रोही कवि की लाश को लेकर कोई उपद्रव नहीं खड़ा हो जाय, इसलिए ज़ार के हुक्म से एक घोर देहात में उसे दफनाया गया।

विचारों में उग्र—ज़ार निकोलस ने सोचा, इस विद्रोही कवि को वश में करने का एक ही तरीका—उसे राजमहल में ही रखा जाए! ज़ार के बच्चों को पढ़ाने के नाम पर उसे एक मोटी रक़म प्रतिमास मिलने लगी। लेकिन, रुपए और पुश्किन—दिन-दिन क़र्ज़ बढ़ता गया! जुए में उस्ताद; पीने में उस्ताद; प्रेम करने में उस्ताद! ज़ार को खूबसूरत औरतों से बड़ी ही दिलचस्पी! पुश्किन की स्त्री पर भी उसने डोरे डाले और पुश्किन की मृत्यु के बाद तो उसको अपने क़ब्ज़े में कर लिया! राजमहल में रहते हुए पुश्किन सदा मनोव्यथा में गलता रहा। वह एक क्रांतिकारी गिरोह में था, जिसके सभी सदस्यों को लम्बी-लम्बी सज़ा दी गई थी; कई को फाँसी हुई थी! सोने के पिंजड़े में कैद पंछी; वह छटपटाता रहा!!!

साहित्य और राज्याश्रय : यह प्रश्न आज भी है। आज भी कितने पुश्किन राजमहलों की छत्रच्छाया में, वैभव-विलास के बीच भी, छटपटा रहे हैं! उनके चेहरे की रौनक, उनके चमड़ों की चमक-दमक उनकी उस छटपटाहट पर पर्दा डालती है, किन्तु सत्य को कब तक छिपाया जा सकता है? सभी अनुभव कर रहे हैं; कुछ लोग भाग खड़े हुए, कुछ लोग भागने पर हैं जो रह जाएँगे, क्या उन्हें पुश्किन की ही मृत्यु नहीं मिलेगी? अकाल मृत्यु और निभृत-निर्जन में अन्तिम क्रिया! यह दूसरी बात है कि इसके बावजूद उनकी सरस्वती उनके सिर पर अमरता का मुकुट रख दे !

पटना
7 दिसंबर 1958

पाँच दिनों के बुख़ार के बाद कल पथ्य खाया, आज बिछावन पर लेटा हूँ।

कई मित्र आए, मिल गए। अच्छे हैं न?—यही मिजाज़पुरशी। लेकिन अधिक लोग वे आए, जो मुझसे कोई-न-कोई काम निकालना चाहते हैं। ये बीमारी में भी छोड़नेवाले नहीं—ग़रज के बावले।

आज रविवार है; पोते सब घर पर ही हैं। भर-दिन कोलाहल। खासकर छोटन और रंजन बार-बार निकट आते। किसी-न-किसी बहाने। दोनों पुतोहुएँ भी सेवा में सदा तत्पर। उनमें बड़ी दुलहिन का क्या कहना! मेरी बीमारियों में सदा शरीक रही है, बेचारी!

उषा कह रही थी, जित्तिन जी ने उसे मद्रास बुलाया है, अपने साथ रखेंगे! ठीक ही

तो है। दोनों साथ रहें। हम लोगों का वह युग कहाँ रहा कि बीवी गाँव में कुटान-पिसान कर रही हो और हम लोग नेता बने इधर-उधर घूमते फिरें, या जेल में धूनी रमाएँ! अब के युवकों और युवतियों में वैसा आत्मसंयम कहाँ से आवे? और किसलिए?

इस बीमारी ने और मन में उचाट ला दिया है; पटना छोड़ो, मुज़फ्फरपुर में जा बसो। लेकिन ज्यों-ज्यों जाने के दिन निकट आ रहे हैं, कुछ भय होता है!

अपनी जगह होने पर भी नई जगह; नया वातावरण; अभी हाथ खाली-खाली! पर, कब तक टाला जाए?

घर! घर! घर! बेनीपुर! बेनीपुर! बेनीपुर! बुढ़ापे में यह अद्भुत आकर्षण पा रहा हूँ। याद है, जवानी में जब पटना रहता था, जहाँ सिर-दर्द भी हुआ, बेनीपुर भाग गया! मित्र लोग इसकी दिल्लगी भी उड़ाते थे। लगता है, इतिहास दुहरा रहा है! मुज़फ्फरपुर तो 'रैनबसेरा' का काम करेगा, मुख्यतः रहने का तो विचार है बेनीपुर में।

टेलीफोन लाइन तो गाँव की बगल से गई है; 1991 में उस ओर होकर बिजली की लाइन भी जाएगी। यदि मैं जवान होता, तो अब यह प्रोग्राम भी बना लेता कि बेनीपुर में ही प्रेस किया जाए, वहीं से प्रकाशन का पूरा काम हो—पत्र-पत्रिकाएँ भी निकलें! यदि देवेन्द्रजी इस ओर ध्यान दें, तो यह कोई मुश्किल काम नहीं!

अपनी एक पुरानी डायरी में मैंने इस ओर इशारा भी किया था! वह डायरी आज से तीस-पैंतीस साल पहले लिखी गई थी; जब मैं लहेरिया सराय में था। वह संभव हो सकेगा?

यदि विरासत का, वंशानुगत जीविका का क्रम वैज्ञानिक सत्य हो, तो अवश्य ही कभी-न-कभी मेरे परिवार में कोई ऐसा व्यक्ति—पुरुष या नारी—पैदा होगा, जो इस दिशा में कुछ सोचेगा, शायद कुछ कर भी ले जाए!

यदि मैं अपने को तिम्रतानी से हटा लूँ, राजनीति, कॉलेज आदि के सपने छोड़ सिर्फ साहित्य की दिशा पर चल दूँ, तो अब भी बहुत-कुछ कर दे सकता हूँ। किन्तु क्या सम्भव है यह? हाथ में दो शिरोरेखाएँ तिमुहानी जो हैं—डबल हेडलाइन!

संध्या हो गई है। रत्तन बग़ल से सटकर सो रहा है। छोटन पूछ रहा है, बाबा क्या यह पूरी किताब आज ही लिख दोगे? लल्लन सिनेमा गया है; मन्नन को मना किया गया, वह बेचारा रोता-रोता अभी चुप हुआ है! क्या बात है, रंजन कुछ समय से मेरे पास नहीं आया! छोटन अधीर हो रहे हैं—बाबा, अब तो लिखना पूरा हो गया! हाँ बाबा, पूरा हुआ!

पटना
16 दिसंबर 1958

परसों अचानक मेरी पोती प्रतिमा का देहान्त हो गया! बेचारी तीन महीने की थी—कितनी खूबसूरत : कितनी प्यारी! हँसते-हँसते सोई और सोते ही सोते अनन्त निद्रा में विलीन हो गई!

यह पहली बार है, जब मेरे किसी परिवार के सहृदय की मेरे सामने मृत्यु हुई हो! ज़रा दवा-दारू भी नहीं करा सका। कितनी पीड़ा अनुभव कर रहा हूँ! भर घर ग़मगीन है! बड़ी दुल्हन, तो रोते-रोते बेज़ार बनी हैं!

अभी उस दिन कहा था, पटना जितना दे सकता था, दे चुका! डर है अब कहीं कुछ छीन न ले! एक पोती तो छीन ही ली इसने! बेनीपुरी, पटना छोड़ो, भागो!

पटना
18 दिसंबर 1958

अकबर का यह शे'र है—

जब ग़म हुआ चढ़ा लीं दो बोतलें इकंट्ठी
वायज़ की दौड़ मस्जिद अकबर की दौड़ भट्ठी!

बोतलों का चस्का तो कभी नहीं लगा। पढ़ने का चस्का सदा से रहा है! इस समय जब बहुत ही गम में हूँ, सदा एक-न-एक पुस्तक खोले रहता हूँ। जो पढ़ता हूँ, दिमाग में कहाँ तक जमा पाता हूँ कह नहीं सकता। लेकिन मन तो बहल ही जाता है!

अभी परसों डॉ. विद्यार्थी के घर से आन्द्रे जीद का 'जर्नल' ले आया। इसका एक भाग पटना-कालेज से मँगाकर पढ़ चुका था। यह संस्करण उससे पृथक है। प्रारम्भ में एक अच्छी भूमिका है, अन्त में उन लोगों का संक्षिप्त परिचय जिनकी चर्चा इस 'जर्नल' में आई है।

आन्द्रे ज़ीद—अट्ठारह-उन्नीस वर्ष की उम्र से ही जिसमें महान लेखक बनने का हौसला था। वह स्कूल से निकाल दिया गया था। अपनी जन्मभूमि पेरिस में ही रहता था। कभी-कभी पैतृक जमींदारी नार्मंडी की देहात में। घर का खुशहाल : कभी आर्थिक कष्ट में नहीं रहा। संगीत का शौक—घंटों पियानो बजाता रहता। पियानो के बाद उसका चिरसंगी था ईसाइयों का धर्मग्रंथ बाइबल। यही नहीं, उसका प्रारम्भिक जीवन कठोर सदाचार से पूर्ण था। उसने एक जगह लिखा है, तेईस साल की उम्र तक वह पूरा ब्रह्मचारी था!

स्कूली शिक्षा के प्रति जितना विराग, उतना ही बाहरी ज्ञान के प्रति उलटे अनुराग। किशोरावस्था में ही वह फ्रेंच भाषा के सभी उत्कृष्ट ग्रंथों को पढ़ गया था और दाँते, गेटे, शेक्सपीयर ऐसे विदेशी साहित्यकारों तथा जर्मन दार्शनिकों के ग्रंथों में डुबकियाँ लगाया करता था।

नौजवानी में लम्बा, तगड़ा; लेकिन स्वभाव लजालु, स्त्रीसुलभ सौकुमार्य उसके चेहरे पर; बड़े-बड़े बाल जो कंधे तक झूलते! नुकीली नाक, पतले अधर, काली आँखें; मुलायम और ढीली-ढाली पोशाक : पहले दाढ़ी बढ़ाई; फिर मुड़ा दी, क्योंकि दाढ़ी से उसके चेहरे की भाव-गरिमा का उभार नहीं हो पाता था। इस शरीर के अन्दर एक अति प्रखर बुद्धिवादी आत्मा पल रही है, कोई भी उसे देखकर कह सकता था!

उसकी पहली रचना थी एक गद्य-पद्य-मयी कृति, जिसे उसने एक छद्म नाम से प्रकाशित किया था।

1899 ई. से उसने 'जर्नल' लिखना शुरू किया और पचास वर्ष तक उसे गोपनीय रखकर अब 1939 में उसने उसे प्रकाशित किया, तो वह तेरह सौ पृष्ठों का एक महाग्रंथ बन गया। इन वर्षों में वह यूरोप के साहित्याकाश का एक ज्योतिपुंज ग्रह बन गया था। उपन्यास, नाटक, निबंध, समालोचना, संस्करण, भ्रमण के क्षेत्र में वह ऐसा साहित्य दे सका था कि उसे विश्वव्यापी कीर्ति प्राप्त हो चुकी थी। उसकी ग्रंथावली पन्द्रह खडों में प्रकाशित हो चुकी थी।

लेकिन आश्चर्य, तो भी वह फ्रेंच-एकेडमी का सदस्य नहीं बनाया जा सका था और न उसके देशवासियों ने उसे ऐसा सम्मान दिया था जिसका चिन्ह वह अपनी छाती पर लटकाए फिरे! जैसा उसने एक बार कहा—प्रारम्भ में सम्मान उससे दूर-दूर भागा फिरता था, और बाद में वह स्वयं सम्मान को खदेड़कर दूर भगाता रहा!

आन्द्रे ज़ीद ने भ्रमण भी खूब किया, संसार का भ्रमण और अपने भीतर का भ्रमण भी!

कहाँ वह कट्टरपंथी नौजवान; बालब्रह्मचारी : कहाँ वह 'अनैतिक' का लेखक, लौंडेबाजी तक का खुलेआम समर्थन करनेवाला, आत्मस्वीकृति देनेवाला! वह चिल्लाकर कहता है—

"तुम किस भगवान के नाम पर, किस आदर्शवाद के नाम पर मुझसे प्रकृति की पुकारों के विरुद्ध चलने को कहते हो? अभी तक मैंने ईसा के उपदेशों पर चलने की कोशिश की है। किन्तु फल क्या हुआ? मेरे मानसिक और आध्यात्मिक जगत में उथल-पुथल मचती रही! अन्ततः मैंने इस द्वैत को तोड़ने की चेष्टा की, जिसमें मैं समन्वय का जीवन व्यतीत कर सकूँ। और अब मैं कह सकता हूँ, जीवन का औचित्य इस समन्वय में ही है।"

बंधनों को तोड़ो—वह अधिकाधिक इस पर ज़ोर देने लगा। अपनी एक पुस्तक में वह पाठकों से कहता है—"जब तुम इस पुस्तक को पढ़ जाओ, इसे फेंक दो और बाहर निकलो। बाहर कहाँ जाऊँ, तुम पूछोगे! तो सुनो, शहर से बाहर निकलो, घर से बाहर निकलो, परिवार से बाहर निकलो, अपने विचारों के घेरे से बाहर निकलो, यहाँ-वहाँ सब जगह से बाहर निकलो।"

ज़ीद के विचारों ने उसके प्रति लोगों में वितृष्णा भी और कभी-कभी घृणा को भी उत्पन्न किया। संसार में कुहराम तो तब मच गया, जब उसने अपने को रूस का प्रशंसक घोषित किया! रूसी भाषा में उसकी पुस्तकें खूब बिकने लगीं। उसे रूस में आमंत्रित किया गया। किंतु यह आमंत्रण ही उसके लिए आँख खोलनेवाला सिद्ध हुआ। वहाँ रूस में उसने व्यक्तित्व का जैसा हरण देखा, विचारों पर लौह-अंकुश पाया, वह बिदक गया; खुले आम उसने कम्युनिज़्म के खिलाफ बोलना शुरू किया। "हर कलाकार व्यक्तिवादी होता है, भले ही उसमें कम्युनिज़्म के प्रति सच्ची आस्था हो, या पार्टी के प्रति अटूट भक्ति हो! और यह व्यक्तिवाद ही उसे कला की सृष्टि और संसार की सेवा का उपयुक्त पात्र बनाता है।" भला कम्युनिस्ट इस आलोचना को कैसे बर्दाश्त करते—रूस ने उसकी रायल्टी तक ज़ब्त कर ली!

इस 'जर्नल' में ज़ीद ने अपने पचास वर्षों के लेखक जीवन का सांगोपांग वर्णन किया है। उसने किस प्रकार अपना निर्माण किया, उसके मित्र कौन लोग थे, उसने किन पुस्तकों का अध्ययन किया, उसे प्रेरणा कहाँ-कहाँ से मिली, कहाँ-कहाँ से बाधाएँ आईं; वह कहाँ-कहाँ घूमा, क्या-क्या देखा, सुना, किया, कराया! संक्षेप में यह जर्नल इस युग के एक महान लेखक के निर्माण और विकास की कहानी है!

"तुम इसका ख़याल न करो कि तुम कैसे लगते हो; ध्यान इस पर दो कि तुम क्या हो?" किशोरावस्था में लिखा हुआ उसका यह वाक्य उसके सारे जीवन का संचालन करता रहा।

बेनीपुर
20 दिसंबर 1958

श्यामनंदन जी ने अनशन किया था, औराई के अंचलाधिकारी के ख़िलाफ—उसके लिए मुज़फ्फरपुर आया। कमिश्नर, कलक्टर आदि से मिला; जेल में जाकर उनसे अनशन तुड़वाया! फिर जनाढ़ आया—जहाँ एक संगीन डाका पड़ा है; घर के मालिक की हत्या कर दी गई, गोली से। यह व्यक्ति बहुत ही जनप्रिय था; उसके घर पर गया; औरतें रो उठीं, मैं भी काफी दुखित हुआ। वहाँ से बेनीपुर आया हूँ। उफ़, दो घंटे ठहरा; किन्तु ऐसा लगा कि अब मुझे यहीं रह जाना चाहिए। आ रहा हूँ बेनीपुर, आ रहा हूँ। घबराओ मत!

बेनीपुर
30 दिसंबर 1958

मेरी जन्मतिथि, एक जन्मपत्री के अनुसार, जिसे देवेन्द्र ने पुरोहित के घर से प्राप्त किया था, पौष कृष्ण पंचमी, शनिवार, साके 1821, सम्वत् 1959 है। आज पौष कृष्ण पंचमी है। मैंने आज 59वाँ वर्ष समाप्त कर लिया। कल से 60वाँ वर्ष प्रारम्भ हो रहा है। अगले साल की पौष कृष्ण पंचमी, 20 दिसम्बर को पड़ेगी! रविवार को!

क्या ही अच्छा होता, अगले साल अपने कुछ मित्रों और सभी सम्बन्धियों को, एक अवसर पर, बेनीपुर बुला लेता। कुछ उत्सव आनन्द मनाया जाता!

लेकिन यह वर्ष कैसा जाएगा, कौन कहे? सबसे बड़ा प्रश्न है स्वास्थ्य का।

यह डायरी 8 जुलाई 1956 को प्रारम्भ की गई। लगभग ढाई वर्षों की अवधि तक की इसमें चर्चा है! वे ढाई वर्ष कैसे बीते? कोई बुरे तो नहीं। बल्कि तीन बड़े-बड़े काम पूरे हुए—

(1) बेटी प्रभा का शुभ विवाह सम्पन्न हुआ।

(2) जित्तिन जी को एयरफोर्स में कमीशन मिल गई और उनका शुभ विवाह भी संपन्न हो गया।

(3) बेनीपुर का मकान भी पूरा कर लिया गया।

यों तो देवेन्द्रजी का इसी अवधि में एम.ए. कर लेना और महेन्द्र का मैट्रिक करके आई. एस.सी सेकेंड इयर तक पहुँच जाना भी दो उल्लेखनीय उपलब्धियाँ हैं!

और, इसी अवधि में तो एम.एल.ए. हुआ, बिहार विश्वविद्यालय की सेंडिकेट का सदस्य चुना गया।

तीन नई पुस्तकें भी निकलीं—

(1) मील के पत्थर (2) ज़ंजीरें और दीवारें (3) वन्दे वाणी विनायकौ।

यों जिस दृष्टि से देखिए, यह अवधि बहुत ही अच्छी रही।

अब लालसा एक ही रह गई है—बेनीपुरी ग्रंथावली को पूरा कर लेना। और मुख्यतः इसी के लिए मुज़फ्फरपुर को अपना हेडक्वार्टर बनाना चाहता हूँ। पटना में एक तो स्वास्थ्य अच्छा नहीं रहता; वहाँ मन भी नहीं लगता, फिर वहाँ के ख़र्च-वर्च का ऐसा सिलसिला बँध गया है कि किसी स्थायी काम के लिए पैसे बचा नहीं पाता।

मुज़फ्फरपुर में रहकर दो-तीन वर्षों के अन्दर ग्रंथावली के दसों खंड प्रकाशित देख लूँ, फिर कितने आनन्द से रहूँ!

ग्रंथावली के दो खंडों ने ही मुझे कितना यश दिया है! राजकमल प्रकाशन ने भारतेन्दु हरिश्चन्द्र से आधुनिक काल तक के पच्चीस सर्वश्रेष्ठ लेखकों की चित्रावली प्रकाशित की है। उसमें मुझे भी स्थान दिया है।

ग्रंथावली के चलते पैसे भी बहुत मिले। अतः मेरा पहला प्रोग्राम यही होना चाहिए। लगभग सौ पुस्तकें हैं मेरी! ये सौ कमाऊ पूत! ये बाज़ार में घूमने-फिरने लगें, तो फिर मुझे पैसे की भी कोई दिक्कत न रह जाए! कुछ हाथ-हथफेर हैं, वे भी धीरे-धीरे सध जाएँ। मुज़फ्फरपुर में एक छोटा-सा मकान भी तैयार कर लूँ!

बस, ग्रंथावली, ग्रंथावली, ग्रंथावली—मेरा नारा अब यह होना चाहिए!

एक-एक हज़ार का संस्करण भी कराता चलूँ। फिर पुनर्मुद्रण होता रहेगा!

मुज़फ्फरपुर में पहुँचूँ, तो कोई नया काम हो! इसी दृष्टि से 'वासंती' का प्रकाशन तथा बिहार-पुस्तक मेला का आयोजन—यह भी सोच रहा हूँ! किन्तु, आर्थिक दृष्टि से इस पर विचार

कर लेना है। कम-से-कम 'वासंती' का काम कर लिया जाए, तो अच्छा हो। किन्तु जो धूमधाम चाहता हूँ, वह तो 'मेला' से ही सम्भव हो सकता है! आज मुज़फ्फरपुर जा रहा हूँ, तब इसका निर्णय हो जाएगा।

अगले वर्ष का कार्यक्रम यह होना चाहिए—

(1) हाथ-हथफेर तुरन्त से तुरन्त सधा देना।

(2) ग्रंथावली के प्रकाशन पर सबसे अधिक ध्यान देना।

(3) 'वासंती' का प्रकाशन।

(4) 'बिहार-पुस्तक-मेला' का आयोजन।

(5) मुज़फ्फरपुर में अपना मकान बना लेना।

यदि स्वास्थ्य अच्छा रहा, तो ये सारे काम बड़े मज़े में पूरे कर लिए जा सकते हैं! सौ बात की एक बात--एक मेरा स्वास्थ्य--यह अच्छा, तो सब अच्छा!

रामदयालुनगर-स्टेशन
31 दिसंबर 1958

गाड़ी लेट है, दो घंटों के लिए। यह एकान्त स्टेशन। बाहर की बेंच पर बैठा हूँ। मीठी धूप : पछवा हवा! उत्तर बिहार की यह रेलवे--कई बार नाम बदले, किन्तु काम वही पुराने--टख-टख गाड़ी, गंदे कमरे, दुर्गंध से भरे बाथरूम, जिनमें कभी-कभी पानी तक नहीं! और समय पर नहीं चलने की कसम जो खा रखी है इसने!

सबेरे ही जानकीवल्लभजी और कामेश्वर जी से मिल आया--'वासंती' के बारे में बातें हुईं। रात नीतिश्वर से बातें हुई थीं। तय हुआ, 'पुस्तक-मेला' के लिए पहले पूरी तैयार कर ली जाए। हाँ, 'वासंती' शीघ्र निकल ही जाए। अतः उसके बारे में उपर्युक्त दो स्नेहियों से बातें कीं; एक रूपरेखा तैयार की गई!

जल्दी-जल्दी खाकर स्टेशन आया; यहाँ गाड़ी लेट है। अब पछवा हवा खाइए, या धूप तापिए!

सामने आंद्रे ज़ीद की जर्नल है, कुछ पढ़िए, कुछ नोट कीजिए :

सच बात यह है कि ज्योंही जीवन-यापन की चिन्ता हमें प्रेरित करना छोड़ देती है, हम नहीं जानते कि ज़िन्दगी का इस्तेमाल कैसे करें और हम उसे निर्दयतापूर्वक विनष्ट करना शुरू कर देते हैं।

सबसे बड़ा दुष्प्रयत्न यह है कि हम अपने पापों की गठरी सिर पर लादे हुए स्वर्ग में प्रवेश करने की चेष्टा करें।

साहित्यिक ढोंगियों से सावधान : सच्चा साहित्यिक न अद्भुत रूप में रहना चाहेगा और न साहित्य के सम्बन्ध में गली-कूचे में चर्चा करता फिरेगा!

अपने व्यवहारों में मैं महान जँचूँ, अब यह इच्छा नहीं रही। महान प्रयत्नों के बाद भी कोई अच्छी कृति निर्मित कर सकूँ, अब आकांक्षा यह है।

1959

पटना

1 जनवरी 1959

सबेरे ही जगा! पोतों से घिरा। रतनजी साथ ही सोये। मेरे पैरों की धमक से ही जगकर छोटनजी आ पहुँचे हैं। थोड़ी देर के बाद 'बाबा-बाबा' कहते रंजनजी आ धमके। पं. बनारसीदास चतुर्वेदी ने रामप्रसाद बिस्मिल की आत्मकथा भेजी है; पूरा पढ़ गया। उनका कहना है, यह हिन्दी की सर्वश्रेष्ठ आत्मकथा है! हिन्दी में आत्मकथाएँ लिखीं ही कहाँ गई हैं कि किसी की किसी से तुलना की जाए ? दामोदर घाटी कारपोरेशन पर फीचर तैयार करने को उस क्षेत्र में जाना है। देवेन्द्रजी उसी की तैयारी में लगे हैं। प्रभा और महेन्द्र यहाँ आ गए थे; अभी मुज़फ्फरपुर गए हैं। दुलहिन छोटे पोते रमण को लेकर गोद में रख गई है! कैसा अच्छा परिवार बन गया है! कितना सुखी हूँ। ऐसा ही सुख सबको मिले, यही कामना है!

2 जनवरी 1959

(क) तिलैया डाम

दामोदर घाटी कारपोरेशन के गेस्टहाउस में ठहरा हूँ। यह शानदार गेस्टहाउस : बताता है, कारपोरेशन ने उपयोगिता पर ही ध्यान नहीं रखा है, शान और महान की भावना भी उसमें बसी है!

गेस्टहाउस के गुलगुले गद्दे पर लेटा जमा लिख रहा हूँ। दाहिनी ओर झील लहरा रही है; उसकी तरंगों का हहरान कानों में गूँज रहा है! 25 वर्गमील में यह झील फैली है। अधिक से अधिक 86 फीट गहरी है। झील के बीच्-बीच् में पहाड़ की टेकड़ियाँ हैं, हरे-भरे द्वीपों की तरह लगती हैं। उन टेकड़ियों में स्वास्थ्य-गृह और मनोरंजन-गृह बनाने की योजना है। पहाड़ी की जो धूसर शृंखला इसको घेर रही है, उस पर नारियल, काजू आदि के पेड़ लगाए जाएँगे। झील में नावें तैरती होंगी, उन पर युवक-युवतियाँ किलोल करते होंगे, मनोरंजन-गृहों से संगीत के सुर निकलते होंगे, चारों ओर रंगीनी-रंगीनी, हरियाली-हरियाली! सचमुच स्विट्ज़रलैंड का एक टुकड़ा बन जाएगा यह!

इस डाम के पहले यहाँ छोटे-छोटे गाँव बसे हुए थे। 56 गाँव थे। सबके सब जलमग्न। उनके निवासियों को अलग बसाया गया है।

यह डाम—बारह सौ फीट चौड़ाई है इसकी। और 98 फीट ऊँचाई। यह पूरी कंकरीट की बनी हुई है।

डाम की बाहरी ओर, हमारी दाहिनी ओर जल-विद्युत का पावर हाउस है। झील के पानी को एक सँकरी राह से निकालते हैं, उस पानी के जोर से मशीनें घूमती हैं और आप ही आप बिजली पैदा करती जाती हैं। अभी ऐसी दो मशीनें चालू हैं, जो चार हज़ार किलोवाट बिजली देती हैं। कोडरमा और हज़ारीबाग में यहीं से बिजली जाती हैं। अब तीसरी मशीन भी चालू करने की तैयारी हो रही है!

पावर हाउस के बाद एक छोटी-सी पुरी बस रही है। छोटे-छोटे बँगले; बाड़ी-फुलवाड़ी। वह एक पुराना मन्दिर; दूर पर वह गाँव और वहाँ बहुत दूर झुमरी-तिलैया और कोडरमा!

हाँ, हाँ, एक नई पुरी ही बस रही है।

बराकर नदी पर यह बाँध है। यह आगे जाकर दामोदर से मिलती है। दोनों मिलकर संहार मचाती थीं; अब नई-नई पुरियाँ बस रही हैं!

''बिजली और बालियाँ''—कारपोरेशन के राजचिन्ह हैं; यह चिन्ह उपेन्द्र महारथी ने बनाया था। कलाकार ने इस छोटे-से चिन्ह में जो भाव भरे, विज्ञान और मानव के पुरुषार्थ के द्वारा वे साकार होने जा रहे हैं! 'जंगल में मंगल' हम एक मुहावरा ही मानते थे; अब वह हमारे सामने प्रत्यक्ष हो रहा है!

मानव के इस प्रयत्न को देखने के लिए लोग आते ही रहते हैं। दर्शकों के कई झुंड आए-गए हैं इन दो-तीन घंटों में ही। क्या यह उचित नहीं होता कि उनके ठहरने, आराम करने, जलपान करने के लिए कोई सर्वसुलभ व्यवस्था कर दी जाती ! यह गेस्टहाउस कितनों के लिए सुलभ है। दुख की बात है, जनता के राज्य में भी जनता की सुख-सुविधा पर ध्यान नहीं दिया जा रहा है। क्या यह राज्य सचमुच जनता का है?

(ख) तिलैया डाम से चलकर पंचमाथी नामक गाँव में। यह गाँव उन चार गाँवों के नामों के पहले अक्षरों को लेकर बसाया गया है, जोकि तिलैया डाम में जलमग्न हो गए। कारपोरेशन ने नया गाँव बसाया, नए घर बनवाए, कुएँ खोदे, मन्दिर बनवाया, स्कूल बनवाया, तालाब खुदवाया, लोगों को ज़मीन दी, रुपए दिए, लेकिन लोग सन्तुष्ट नहीं। पुराने घर और ज़मीन के सपने उन्हें परेशान कर रहे हैं। ज़मीन अच्छी नहीं; चार वर्षों के सूखे ने और तबाही ला दी है। लोग और पैसे चाहते हैं, सहूलियतें चाहते हैं! कोई यह सोचने को तैयार नहीं कि कल उन्हें इस योजना से लाभ होगा। वर्तमान ने भविष्य को ढाँप रखा हैं।

वहाँ से देवचन्दर गाँव में। यहाँ दामोदर घाटी कारपोरेशन का कृषि-प्रयोग केन्द्र है। 1950 में इसकी स्थापना हुई। केन्द्र का मुख्य उद्देश्य है, उन उपायों को खोजना जिससे भूमि की सतह लगातार की वर्षा से जो बर्बाद हो रही है, उसकी रक्षा करना और इससे घाटी के जलाशयों के भर जाने की सम्भावना को दूर करना। यहाँ की ज़मीन ऊबड़-खाबड़ है, वर्षा सिर्फ बरसात में ही होती है, वह भी बड़े ज़ोरों से। यह वर्षा ज़मीन के ऊपरी हिस्से को धो-धाकर नदी-नालों में ले जाती है; फलतः ज़मीन दिन-दिन बंजर और सूखी होती जा रही है। यहाँ पशुओं की संख्या अधिक है, ज़मीन में जो घास उगती है, उन्हें तुरंत चबा-खा जाते हैं।

इस केन्द्र के संचालक श्री गुहा ने बताया कि प्रयोगों द्वारा उन्होंने ज़मीन की रक्षा के कई ऐसे सुगम उपाय खोज निकाले हैं कि यदि किसान उन्हें काम में लाएँ, तो छोटानागपुर की कायापलट हो जाए। खेतों में मेड़ देकर ऐसा कर देना कि ऊपर का पानी नीचे की ज़मीन को धो-पोंछ नहीं ले; ऐसी फसलों को लगाना जो ज़मीन की उर्वरता में वृद्धि कर सके, ऐसी घासों को लगाना जो पानी के प्रवाह से ज़मीन की रक्षा कर सके, वृक्षों को लगाना जो अच्छे फल दे सकें और वर्षा के वेग को ज़मीन पर सीधे नहीं आने दें। अमरूद, शरीफा, नारंगी, नींबू ऐसे फल हैं जो यहाँ बड़े पैमाने पर लगाए जा सकते हैं। कई तरह की, लगभग दो दर्जन तरह की, दालें हैं, जिनकी खेती यहाँ के लिए बड़ी उपयोगी हो सकती है; लगभग तीस तरह की घासें हैं, यदि उन्हें लगाया जाए और थोड़ा बढ़ने दिया जाए, तो आज से दस गुनी ज्यादा घास पशुओं को मिल सके।

मुझे यह जानकर और भी खुशी हुई कि यहाँ के किसान इन उपायों को काम में

ला रहे हैं। मेरे ख़्याल से कारपोरेशन का यह काम बहुत ही उपयोगी है और इस केन्द्र के प्रचार और प्रसार की ओर अधिकाधिक ध्यान दिया जाना चाहिए।

लगभग आठ बजे हज़ारीबाग पहुँचा और कारपोरेशन के गेस्टहाउस में ठहराया गया हूँ। यहाँ भी वही शान-शौकत है। कार्मचारियों की आवभगत भी बहुत अच्छी है।

बोकारो

3 जनवरी 1959

वही दामोदर घाटी निगम का अतिथि-भवन! वही शान-शौकत! वही आवभगत। यहाँ के दारोगाजी ने एक सिपाही भी अर्दली में खड़ा कर दिया है !

हज़ारीबाग से कोनार ताल-बाँध पर आए। यह कोनार-नदी को बाँधकर बनाया गया है। सामने एक विशाल झील बन गई है। झील का घेरा 11 वर्गमील है। बाँध की लम्बाई लगभग ढाई मील है और ऊँचाई नदी की तलपट्टी से 160 फुट है।

हम बाँध को नीचे जाकर देख आए। बाँध के बीच में एक सुरंग है, जिससे होकर लोग इस ओर से उस ओर आ-जा सकते हैं। यह सुरंग कंकरीटवाले हिस्से में है, जो ठीक नदी की धारा पर बाँधा गया है। दोनों ओर मिट्टी का ऊँचा बाँध है। मिट्टी के बाँध पर झीलवाली ओर में पत्थर के ढोके डाले गए हैं और दूसरी ओर एक प्रकार की घास लगाई गई है। यह घास आस्ट्रेलिया से मँगाई गई है।

इस बाँध के साथ चालीस हज़ार किलोवाट का विद्युत-केन्द्र बननेवाला है। यह केन्द्र ज़मीन के नीचे पाँच सौ फीट गहरे पर बनेगा। अभी इस योजना को स्थगित कर दिया गया है।

झील में मछली पालने और उसके किनारे ऐसे धान उपजाने, जो गहरे पानी में भी हो सके, के प्रयोग हो रहे हैं। देसरिया धान का एक डंठल दिखलाया गया, जो 15 फीट का था। यानी 15 फीट पानी में भी यह धान किया जा सकता है।

यहाँ के इन्जीनियर श्री प्रसाद मुज़फ्फरपुर के हैं। बड़े प्रेम से मिले।

यह स्थान बिल्कुल निर्जन है। न कोई स्कूल, न अस्पताल, न कोई बाज़ार ही निकट है। बस, जंगल में मंगल मनाने की तैयारी हो रही है!

कोनार से बोकारो। बोकारो पर ही वह ताप-विद्युत केन्द्र—थर्मल पावर स्टेशन—है, जो कलकत्ता से लेकर पटना तक बिजली पहुँचा रहा है। एशिया में इतना बड़ा ताप-विद्युत-केन्द्र नहीं है। अभी डेढ़ लाख किलोवाट बिजली पैदा की जा रही है; 75 हज़ार किलोवाट की एक नई मशीन बैठाई जा रही है। निकट से ही खोदे गए घटिया कोयले से बिजली बनाई जा रही है!

इस विद्युत केन्द्र में शीतल जल पहुँचाने को एक ताल बनाया गया है, जिसमें 60 करोड़ घनफुट पानी सुरक्षित रहता है। इसके अतिरिक्त कोनार बाँध के ताल से प्रति सेकेण्ड 400 घनफुट जल लाने की व्यवस्था की गई है। कोनार-बाँध की सबसे बड़ी उपयोगिता इस समय यही है!

अभी-अभी इस कारख़ाने को देखकर लौटा हूँ। ओहो, कैसा दैत्याकार! ज़मीन के नीचे से ऊपर तक लगभग डेढ़ सौ फुट की ऊँचाई। मशीनों को दैत्याकार देखकर और उनकी आवाज़ सुनकर आदमी भय-कंपित रह जा सकता है!

भोर में हज़ारीबाग की दर्शक-पुस्तिका में लिखकर आया हूँ।

"डी. वी. सी. : प्रकृति की विकरालता पर मानव की कुशलता की विजय का प्रतीक!"

किन्तु प्रकृति की विकरालता पर विजय प्राप्त करने के लिए मनुष्य को कैसी-कैसी विकराल सृष्टियाँ करनी पड़ती हैं। तिलैया और कोनार के ताल-बाँध ही क्या कम विकराल हैं और यह विद्युत केन्द्र तो विकरालता का बाप ही जँचता है!

रेडियो की फीचर बनाना तो एक निमित्त था; मैं चाहता यह था कि इस विशाल निर्माण को एक बार अति निकट से देख लूँ क्योंकि इसके निर्माण में ही मेरे प्रिय साथी श्री फूलनप्रसाद वर्मा ने अपने जीवन को होम कर दिया! इस घाटी में फूलनजी की याद क़दम-क़दम पर आती है!

माइथान : दामोदर घाटी
4 जनवरी 1959

अभी-अभी रात के नौ बजे जो देख आया हूँ, उसे जादू कहा जाए, या क्या ? अलाउद्दीन की गुफा से निकल रहा हूँ, ऐसा लगा, जब मैं माइथान की उस सुरंग से निकल रहा था, जिसमें एशिया भर में पहला पृथ्वी-तल में स्थापित यह बिजलीकेन्द्र है! पृथ्वी की सतह से दो सौ फीट नीचे, एक पहाड़ के उदर को विदीर्ण कर, यह बिजली केन्द्र स्थापित किया गया है!

ऊपर पहाड़, नीचे पहाड़ और बीच में यह जादूपुरी, जिससे साठ हज़ार किलोवाट बिजली पैदा की जा रही है।

माइथान का ताल-बाँध दामोदर घाटी योजना का तीसरा ताल-बाँध है—पहला तिलैया, दूसरा कोनार और तीसरा यह। कोनार की तरह यह मिट्टी और कंकरीट, दोनों से बनाया गया है। लगभग तीन मील में यह बाँध है, जिसमें कंकरीट की लम्बाई 618 फीट और ऊँचाई 164 फीट है। इस ताल-बाँध का क्षेत्रफल 41 वर्गमील है।

माइथान का यह ताल-बाँध भी बड़ाकर नदी पर है, जिस पर तिलैया ताल-बाँध है। इस ताल-बाँध के बनाने में अद्भुत कौशल का प्रयोग किया गया है। दामोदार घाटी की सबसे बड़ी बस्ती यही है, जहाँ कर्मचारियों के रहने के लिए 750 नए डिजाइन के मकान बनाए गए हैं। संध्या को ताल-बाँध पर जाकर देखिए तो लगेगा, माइथान दीवाली मना रहा है—यह दीवाली कहाँ हर दिन मनती है!

पहाड़ में सुरंग खोदकर, पहाड़ की सतह से 290 फीट नीचे यह बिजली केन्द्र स्थापित किया गया है। नदी का पानी तीन नालियों से वहाँ ले जाया जाता है। भीतर बिजली बनाने की तीन मशीनें हैं; हर मशीन बीस हज़ार किलोवाट बिजली बनाती है। 800 फीट लम्बी सुरंग से वहाँ तक पहुँचा जा सकता है। इसी सुरंग से सब मशीनें ले जाई गईं, उन्हें वहाँ बैठाया गया, अब उनसे काम लिया जा रहा है। असम्भव को सम्भव कर दिखाया गया!

हम भीतर जाकर उन सारी मशीनों और उनकी क्रियाओं को देख आएँ, जिनसे बिजली बनती हैं। जहाँ तिलैया में सिर्फ छः हज़ार किलोवाट बिजली बनती है, वहाँ इस स्थान पर उससे दस गुनी बन रही है, इसका रहस्य सुरंग में जाने से ही मालूम होता है। इन्जीनियरों ने सारे तत्व बतलाए।

इस सुरंग में हवा, पानी और आग के लिए पूरा प्रबंध किया गया है। सदा ताज़ी और स्वच्छ हवा आती रहे और गरम हवा का निकास होता रहे; आग लग जाने पर उसे

तुरत बुझा दिया जा सके और आग के उपद्रव होने पर भागकर जान बचाई जाए, इसके लिए 'फूल-प्रूफ' प्रबंध कर लिया गया है। ज़मीन की सतह से नीचे होने के कारण सदा पानी का सोता फूटता रहता है, उसे रोकने और पानी को निकालते रहने के लिए भी प्रबंध है।

हम लगभग दो घंटे भीतर रहे; बड़े ही आश्चर्य से हम देखते-सुनते रहे!

इसके पहले हम पंचेत से हो आए हैं। मुख्य दामोदर नदी पर यह एक ही बाँध है। बाँध का मिट्टीवाला अंश तो पूरा हो चुका है, कंकरीट का अंश भी जून तक पूरा हो जाएगा। अभी वहाँ बड़े ज़ोरों से काम किया जा रहा है। दामोदर घाटी योजना का यह सबसे बड़ा ताल-बाँध होगा। इससे बनी झील का क्षेत्रफल 40 वर्गमील है। बाँध की लम्बाई माइथान से थोड़ी अधिक ही है। इस बाँध के बिजली केन्द्र से चालीस हज़ार किलोवाट बिजली पैदा की जा सकेगी।

इस बाँध पर एक सूचना-पट अंग्रेजी में है, जिसमें बताया गया है कि 1958 के सितम्बर में 1943 की बाढ़ से दुगुना पानी आया था, किन्तु इस बाँध के कारण तथा माइथान बाँध के कारण, वह पानी ऊपर ही रोक लिया गया और इस प्रकार इस एक साल में ही बाढ़ की क्षति नहीं होने से देश को 35 करोड़ रुपए की बचत हो गई! क्या एक साल की यह बचत ही दामोदर-योजना पर खर्च की जानेवाली मोटी रक़म की सार्थकता नहीं सिद्ध कर देती! निस्सन्देह यह दावा सार्थक है!

हाँ, एक बात देख रहा हूँ, बोकारो से ही इस घाटी-योजना में बंगालियों की प्रभुखता स्पष्ट होने लगती है। प्रायः सभी ऊँचे पदों पर वही हैं। बिहारियों की संख्या नगण्य है और वह भी नीचे के पदों पर ही। ऐसा क्यों हुआ? सभी ताल-बाँध बिहार में और सभी प्रमुख कर्मचारी बंगाल के! बात क्या है? क्या यह बिहार-सरकार की दूरदर्शिता के अभाव की सूचना नहीं देता। राँची में मुख्य कार्यालय के लिए मकान नहीं देकर बिहार-सरकार ने प्रारम्भ में ही बिहारी युवकों के भाग्य पर कुठाराघात किया!

मुझे प्रसन्नता इस बात से हुई कि अधिकांश पदाधिकारी और कर्मचारी नौजवान हैं! उनकी कार्यक्षमता पर गर्व हुआ और आशा बँधी ये अपने को तुच्छ भावनाओं से ऊपर रख सकेंगे!

माइथान
5 जनवरी 1959

अभी दुर्गापुर से लौटा हूँ; रात के साढ़े नौ बज रहे हैं! यह दिन-रात की पिराई; ख़ैर, आज तो यात्रा सानन्द समाप्त होने जा रही है!

आज सबेरे ही यहाँ के इन्चार्ज इन्जीनियर श्री पार्थसारथीजी आए। कैसा अद्भुत आदमी। आते ही हमें प्रभावित कर लिया और दिन-भर हमारे साथ घूमकर हमें सब प्रकार सुविधा देकर चार दिनों की कसर पूरी कर दी।

आज हम फिर पंचेत गए और वहाँ काफी रेकार्डिंग कर सके। शावेल से, स्क्रेपर से, डम्पर से किस तरह मिट्टी खोदी, उठाई, ढोई और गिराई जाती है, फिर किस तरह मशीन से ही पत्थर को तोड़कर रोड़े बनाए जाते हैं तथा उन्हें सीमेंट में मिलाकर कंकरीट बनाते हैं, सबकी ध्वनियाँ ली गईं। संताली स्त्री-पुरुषों ने नाच-गान भी किया। फिर यहाँ के एग्जिक्युटिव इन्जीनियर मि. प्रसाद और श्री बी. पी. सिंह को रेकार्ड कराया गया। मि. प्रसाद

मुजफ्फरपुर जिले के हैं और सिंह बाढ़ कॉलेज व प्रिंसिपल सूरज के भाई हैं!

पंचेत में ही भोजन कर हम दुर्गापुर चले। दुर्गापुर में वह विशाल बराज है, जिसके दोनों ओर से दो नहरें निकलेंगी और दस लाख एकड़ ज़मीन को सींच सकेंगी। इसी एक नहर से जहाज़ आया-जाया करेंगे, यहाँ से कलकत्ता तक!

यह बराज बालू पर ही बनाया गया है। नींव की बालू के नीचे, चट्टान तक, नहीं ले जाया गया है। ऊपर बराज है और भीतर बालू के नीचे से पानी भी जाता रहेगा। इस तरह यह बराज़ पानी के ऊपर उतरता हुआ बराज (फ्लोटिंग बराज) है! यह बराज सड़क का भी काम दे रहा है!

दुर्गापुर के गेस्टहाउस में ही, संयोग से, दामोदर घाटी निगम के एक सदस्य श्री गांगुली से भेंट हो गई; उनसे भी कुछ रेकार्ड लिया! लौटते समय श्री पार्थसारथी ने बताया किस तरह मलाया में नेताजी सुभाषचन्द्र बोस की आजाद हिन्द सेना बनी। उस समय पार्थसारथी मलाया में थे; इस सेना से सम्बद्ध थे।

आज पंचेत तक श्रीमती बनर्जी साथ गई थीं। श्रीमती बनर्जी पहले मिस भटनागर थीं। बी. ए. में मेरी 'अम्बपाली' पढ़ी थी। मेरे प्रशंसकों में अपनी गिनती करती थीं।

भोर में पटना के मि. प्रसाद आए। वह यहाँ के एक छोटे औज़ारों के कारखाने का संचालन कर रहे हैं जिसकी स्थापना दामोदर घाटी निगम ने की थी, किन्तु अब बिहार-सरकार के अधीन है। लुहारी के अच्छे-अच्छे औज़ार बनाए जाते हैं। मि. प्रसाद के ही घर पर आज रात का भोजन हुआ!

पाँच दिनों की इस यात्रा ने यह सिद्ध किया कि मैं अभी यात्रा के योग्य हूँ—बशर्ते कि भोजन-पान और विश्राम की अच्छी व्यवस्था हो, अच्छे लोगों का साथ हो और सियारामजी की तरह के अनुचर हों—सेवक, स्वामि, सखा सिय-पिय के—जिन पर पूर्णतः लागू हो। मैं घबरा रहा था, क्या "शाश्वत भारत" स्वप्न में ही रह जाएगा—क्योंकि उसके लिए भ्रमण आवश्यक है और रक्तचाप लेकर क्या भ्रमण किया जा सकता है?

अपने राजनीतिक जीवन पर आश्रित चार खंडों में एक वृहत उपन्यास लिखने की योजना भी इस यात्रा में याद आती रही! एक अच्छी कापी मँगाकर अब इसका प्रथम खंड लिखना शुरू ही कर देना चाहिए—देखा जाए, चीज़ कैसी उतरती है!

मुज़फ्फरपुर
19 जनवरी 1959

दामोदर योजना पर फीचर तैयार करके रेडियो स्टेशन को भेज (लहराती चल, दामोदर!) बेनीपुर गया। बेनीपुर में तबीयत कितनी अच्छी रही! वहाँ बगीचा लगाने के प्रयत्न में हूँ। मिट्टी की कटाई-भराई शुरू कर दी है। बैसासी तरकारियाँ भी लगवाईं। लगता है, मेरे खून के अन्दर व्याप्त किसान की प्रवृत्ति अचानक जग उठी है! चर्चिल ने कहा है, कोट की बाँहों की तरह लगातार रगड़ से प्रतिभा फट न जाए, इसके लिए आवश्यक है कि एक दूसरा पेशा भी रखा जाए! मेरे लिए यह खेती ही दूसरा मनोरंजक पेशा बन सकती है, यह स्पष्ट है। यों, इच्छा होती है, इस बुढ़ापे में या तो सितार को अपनाऊँ या चित्रकारी को!

सबसे कठिन प्रश्न यह हो गया है कि अपने प्रकाशन का क्या करूँ? शरदजी को बेनीपुर बुलाया था, उनसे बातें हुईं। स्वयं भी सोचता रहता हूँ। अपने मित्रों से भी सलाह लिया करता हूँ। किंतु अभी तक गुत्थियाँ सुलझ नहीं रही हैं। दो प्रश्न हैं—व्यवस्था का;

पूँजी का। यह स्पष्ट है कि इधर इतने हाथ-हथफेर कर लिए हैं कि जो पैसे आते हैं, वे सब उसी मद में खर्च हो जाते हैं। सोचता हूँ कि एक बार निश्चिन्त हो जाऊँ, तो फिर हाथ-हथफेर करके प्रकाशन में पिल पड़ूँ! सिर पर बोझ लेकर क्या आदमी नदी में तैर सकता है? लेकिन क्या प्रकाशन में यह बल रह गया है कि मुझे इस बोझ से वह मुक्त कर दे? दूहते-दूहते उसे हमने बिसुकी गाय बना दिया है!

प्रकाशन का सूत्र पकड़ा जाए, तो कहाँ से? शरद का कहना है, ग्रंथावली का बच्चों वाला भाग किसी तरह निकाल दिया जाए। इससे कम-से-कम दस-बारह नई पुस्तकें हो जाएँगी; लाइब्रेरी और इनाम के लिए इनकी ख़रीद भी अच्छी हो सकेगी। फिर एक नया भाग निकलने से स्थायी ग्राहकों को भी सहूलियत रहेगी, वे समझेंगे, उनके रुपए डूबे नहीं हैं। फिर बिहार, यू.पी., राजस्थान और मध्यप्रदेश की सरकारों द्वारा जो ख़रीद होती आई है, उनके लिए भी सहूलियत होगी। लगभग पाँच-सात सौ प्रतियाँ अनायास ही निकल जाएँगी!

इधर छः नई पुस्तकें तैयार हैं। क्या उन्हें प्रकाशकों को देकर कुछ रुपए निकालूँ और उन्हीं को प्रकाशन में लगाऊँ? लेकिन किसी तरह इनसे तीन-चार हज़ार से अधिक पैसे नहीं आ सकेंगे? इनसे क्या होगा? उलटे ये बेचारी पुस्तकें बंधक में पड़ जाएँगी!

कभी-कभी सोचता हूँ, प्रकाशन करके अपने को झंझट में तो नहीं फँसा लिया ? लेखक को प्रकाशक बनने की चेष्टा करनी चाहिए क्या? किन्तु करूँ तो क्या; ऐसे प्रकाशक कहाँ मिले, जिन्हें पुस्तकें देकर निश्चिन्त हो जाऊँ? यहाँ तो चूसनेवाले ही मिले। क्या दूसरे प्रकाशक से हम ग्रंथावली निकलवा सकते थे? ग्रंथावली ने मेरे यश को बहुत आगे बढ़ा दिया है, क्या यह सच नहीं है? और क्या यह बात नहीं है कि राज प्रकाशन के मद से ही जित्तिन की पढ़ाई, प्रभा की पढ़ाई, प्रभा का विवाह, मकान का पूरा करना—इन सबमें मदद मिली है। अब तो पीछे मुड़ना नहीं है; किसी तरह प्रकाशन की गाड़ी को आगे ठेलना ही है।

प्रकाशन के मूल में था, देवेन्द्रजी के लिए काम की व्यवस्था! जब वह बी. ए. में सफल कर गए; तो मैंने यह प्रपंच रचा। अब वह एम. ए. करके पी. एच. डी. की तैयारी में लगे हैं। अतः ऐसा लगता है कि मुझे ही इस गाड़ी को अकेले खींचते जाना होगा।

लेकिन इससे मेरे लिखने-पढ़ने में बाधा आती है, यह तो स्पष्ट है! मन में उद्विग्नता भी आती है। प्रबंध में हूँ कि प्रकाशन का सारा काम मुज़फ्फरपुर में समेट लूँ और अपने प्रियजनों पर सारा भार देकर थोड़ी निश्चिन्तता से बेनीपुर रहूँ और जो सम्भव हो, लिखूँ, पढ़ूँ। संयोग से दीक्षितजी यहाँ आ गए हैं, महंथजी हैं ही, रमावल्लभ कुछ कर ही रहा है, रामेश्वरजी और पन्नाजी ऐसे दो गण भी साथ में हैं। कमी है तो सिर्फ रुपए की। यदि कहीं से आठ-दस हज़ार रुपए एकत्र कर लूँ, तो फिर बेड़ा पार। कई तरह से, कई प्रयत्न कर रहा हूँ। सोचता हूँ, कुछ-न-कुछ हो ही जाएगा।

प्रायः पाया है, जब निराश हो गया हूँ, कोई राह नहीं सूझ रही है, तो अचानक किसी अप्रत्याशित कोने से ज्योति की किरण फूटी और सब चिंताएँ दूर हुईं। अब तक यह होता आया है; फिर ऐसा नहीं होगा, ऐसा क्यों मान लूँ? यह मेरी आर्थिक परीक्षा की घड़ी है। मुझे बढ़ते जाना है, कुछ करते जाना है; मेरा अन्त भी अच्छा ही होगा, ऐसा मेरा दृढ़ विश्वास है। इसी विश्वास पर जी रहा हूँ। यह विश्वास सार्थक होगा, अवश्य, अवश्य, अवश्य!

मुज़फ्फरपुर
24 जनवरी 1959

पटना गया था, बिहार यूनिवर्सिटी की सेंडिकेट में शामिल होने। पटना रेडियो स्टेशन की एडवाइज़री कमेटी में भी शामिल हुआ। पटना में ही "लहराती चल दामोदर" का ब्रॉडकास्ट सुना। बहुत ही अच्छा उतरा है! महेश्वर बाबू की लड़की के विवाह में भी शामिल हुआ—ओहो, कैसी धूमधाम!

सेंडिकेट की बैठक में जब-जब सम्मिलित होता हूँ, बड़ी निराशा होती है। पूरे बिहार की उच्च शिक्षा का सूत्र है इस छोटी-सी कमेटी के हाथ में। लगभग पचासी कॉलेज हैं। साठ हज़ार विद्यार्थी हैं। इन विद्यार्थियों पर ही बिहार का भविष्य निर्भर करता है। इस तरह सेंडिकेट की सदस्यता का बड़ा महत्त्व है। मैं चाहता हूँ, मैं अपने को इसके लिए उपयोगी सिद्ध करूँ। किन्तु क्या ऐसा हो पाता है ?

हमारे सार्वजनिक जीवन की सारी बुराइयाँ भी यूनिवर्सिटी में घुस आई हैं। यहाँ भी जात-पाँत का विषाक्त वातावरण है। कभी-कभी तो ऐसा नंगा नृत्य दीख पड़ता है कि इच्छा होती है, यहाँ से भी हट जाऊँ। किन्तु हटकर जाऊँ कहाँ ? और मेरे हटने से क्या कुछ बन सकेगा—

सेंडिकेट में पूरे एक साल से हूँ, कभी वहाँ शिक्षा-सम्बन्धी समस्या उपस्थित नहीं की गई! भारतीय नौकरियों में बिहार के लड़के अच्छा नहीं कर पा रहे हैं। यह स्थिति आज भी चिंतनीय है; कल तो यह भयावह रूप धारण कर सकती है; बिहार के शासन के सभी उच्च पदों पर जब बाहर के ही लोग रहेंगे। अतः, हमें सोचना चाहिए और इसके लिए चेष्टा करनी चाहिए कि हमारे विद्यार्थियों की योग्यता बढ़े, उनकी त्रुटियाँ दूर हों; वे अन्य राज्यों के विद्यार्थियों से हर क्षेत्र में प्रतियोगिता में विजयी बन सकें।

कॉलेजों में अव्यवस्था है; अनुशासन दिन-दिन ढीला होता जा रहा है। प्रोफेसर गुटों में बँटे हुए हैं, विद्यार्थी दलों में विभक्त हैं। कब किसकी पगड़ी उछाल दी जाय; कब किसका जीवन ख़राब हो जाय। एक-एक कॉलेज से दो सौ, तीन सौ विद्यार्थियों को परीक्षाओं में गड़बड़ी करने के कारण सजाएँ दी जाती हैं। न अनुसंधान की व्यवस्था हैं, न योग्यता बढ़ाने के लिए कोई प्रोत्साहन है। प्रोफेसरों का काम पढ़ाने की अपेक्षा तिकड़म करना ज्यादा हो गया है।

ऐसी स्थिति में उचित था कि सेंडिकेट या सिनेट में या एकेडेमिक कौंसिलों में इन विषयों पर विचार-विमर्श होता। किन्तु कभी इस ओर ध्यान भी नहीं दिया जाता। सेंडिकेट का काम रह गया है सिर्फ नियुक्तियाँ करना, किसी को ऊपर बढ़ाना, किसी को नीचे हटाना, गवर्निंग बॉडीज़ के गड़बड़ घोटाले में कुछ और गड़बड़ी जोड़ना, नए-नए कॉलेजों की स्वीकृति देते जाना; यूनिवर्सिटी का प्रतिनिधि बनकर अपनी धौंस कॉलेजों पर जमाना—उस दिन एक मित्र ने सेंडिकेट के दो वकील मेम्बरों के बारे में कहा, उन लोगों का नाम तो हाईकोर्ट में दर्ज है, किन्तु वे वकालत करते हैं यूनिवर्सिटी में। सचमुच सेंडिकेट की बैठकों में वे उसी तरह तैयार होकर आते हैं जैसे कचहरी के लिए वकील लोग सारे कागज़ात तैयार करके आते हैं और प्रायः देखा है, बैठकों के पूरे समय के अधिकांश को वे दोनों आपस में बाँट लेते हैं!

देश के लिए यह कैसा दुर्भाग्य का समय है—जिधर देखिए, वही अंधेरखाता है! जिस देश को आज़ाद कराने में पूरी जवानी गँवा दी, उसी देश की यह स्थिति बुढ़ापे में देखना

कितना दुखद है! किन्तु देखना ही है; क्योंकि अकेले चना भाड़ कहाँ फोड़ सकता? एक बार इच्छा हुई थी, दो-तीन साल राजनीति में देकर बिहार की राजनीति को पलटने की कोशिश करूँ, फिर पूर्ण विश्राम लूँ, किन्तु हमारे साथी ऐसा नहीं चाहते। उन्हें डर है कि कहीं मैं ही सत्ता न हथिया लूँ। जयप्रकाश जी को लिखा था; उन्होंने मेरे विचारों का स्वागत किया था; किन्तु उन्होंने भी लिखा कि अब तो पद और आफिस का मोह बढ़ गया है! अतः—"सहिये सबै जो दैव सहाया!"

बेनीपुर
26 जनवरी 1959

आज छब्बीस जनवरी है : 1930 में पहली बार हमने स्वतंत्रता-दिवस मनाया था। कैसा उत्साह था? आज स्वतंत्रता-प्राप्त किए बारह साल हो गए। किन्तु कहाँ है वह उत्साह? अब स्वतंत्रता-दिवस सरकारी नौकरों का दिवस हो गया है। हाँ, स्वतंत्रता उन्हें ही मिली है; मनमाने ढंग से वे जनता को जिस प्रकार चूसें, लूटें! बेचारी जनता पहले विदेशी सरकार से लूटी जा रही थी : आज देशी नौकरशाही से।

बेनीपुर में हूँ! यहाँ आते ही बीमारी न जाने कहाँ भाग जाती है। नया जीवन अनुभव करने लगता हूँ। आजकल बेनीपुर की छटा भी निराली हो जाती है। सरसों के समुद्र के एक टापू में बैठा हूँ जैसे। चारों ओर प्रकृति की वासंती चादर लहरा रही है। हवा में मस्ती है, सुगंध है। यहाँ आते ही भूल जाता हूँ कि अब मैं बूढ़ा हो चला!

एक बाग़ लगाने की तैयारी में हूँ। दो साल हुए, घर के निकट ज़मीन का एक टुकड़ा खरीदा—पास में पैसे नहीं थे, ज़मीन ख़रीदने की प्रवृत्ति भी नहीं है; ज़मीन महँगी थी—तो भी ख़रीद लिया क्योंकि घर के निकट की ज़मीन है। उसी साल उसमें चार पेड़ आम के लगा दिए। और तय किया, इसमें एक बाग़ लगाऊँगा। किन्तु एक साल चुनाव में फँसा रहा, पिछले साल विवाहों के प्रपंच में रहा। इस साल इच्छा हुई, बाग़ लगा ही डालूँ।

पटना से मिथिलेशजी साथ में आए। मैं पहले नहीं जानता था, उनकी रुचि भी बाग़वानी की ओर है! अब क्या हम एक-से-दो हुए। बाग़ के लिए पहले हत्ता काटना था; पौधों के लिए भिंडा बनाना था। क्योंकि यह बाढ़ की ज़मीन ठहरी। लगभग एक सप्ताह से हम उसी में लगे हैं। मिथिलेशजी दिन-भर मजदूरों के ही साथ रहते हैं। मैं भी प्रायः वहीं चक्कर काटा करता हूँ। दिन-भर कुर्सी पर बैठने की आदत! सो, रात में पैर, टखने दर्द करने लगते हैं। तोभी भोर में वहाँ हाज़िर।

कुल 21 पेड़ लग सकेंगे। मालहट के छः, सुकुल और सिपिया के तीन-तीन, बम्बई और ज़र्दा के दो-दो तथा राढ़ी, लटकालू, किसुनभोंग, बथुआ, दलिया के एक-एक—ये ही इक्कीस पेड़ लगाने का विचार है। कल मिथिलेशजी मुज़फ्फरपुर जाएँगे और पेड़ लाएँगे। आज रामेश्वरजी वहाँ की किसी नर्सरी से बात करके रखेंगे।

"बाग़ लगाए, लगने न पाए"—एक लोकोक्ति है! इसका अर्थ है, पेड़ इतनी दूरी पर लगाए जाएँ कि बड़े होने पर भी वे दूर-दूर रहें, एक की डाल दूसरे से छूने नहीं पाए। इसी लोकोक्ति के अनुसार हम पेड़ कुछ दूर-दूर पर ही लगाते जाएँगे।

बचपन मेरा ननिहाल में कटा। वहाँ की ज़मीन ऐसी है कि जहाँ चाहिए, पेड़ लगा दीजिए, चार-पाँच साल में पेड़ तैयार हो जाएँगे! वहाँ हर गृहस्थ के पास कुछ-न-कुछ पेड़ हैं। वहीं का संस्कार मेरी नसों में रमा है। जब से नया मकान बनाने की चेष्टा शुरू की,

कुछ पेड़ लगाना भी प्रारम्भ कर दिया। दो पेड़ लीची, चार पेड़ अमरूद, तीन पेड़ नींबू, एक पेड़ आम, एक पेड़ नारियल, एक पेड़ मौलश्री (मनसरी), एक पेड़ सफतालू, एक पेड़ पाम तैयार हो चुके हैं। आम में मुझे सफलता नहीं मिल सकी है; बार-बार लगाता हूँ, बार-बार सूखते हैं। चार पेड़ पारसाल भी लगाए। देखिए, इस बाग़ का क्या हश्र होता है! इसके चार पेड़, जो पहले के हैं, अभी तक मज़े में जा रहे हैं!

इस साल तरकारियों और सब्जियों पर भी खूब ध्यान दिया है। पिछले चार महीनों से रामतोरई, कद्दू, बैंगन, मूली, फूलगोभी, शलजम की बहार रही। यहाँ बाँटे गए, मुज़फ्फरपुर, पटना भेजे गए। खूब कचरकूट रही। गर्मियों में होनेवाली सब्जियों और तरकारियों के भी भरपूर बीज डाले जा रहा हूँ।

सबसे मज़ा दे रहे हैं पपीते। तीसरे साल एक दर्जन पेड़ लगा दिए। उनमें छह-सात खूब बढ़े और पिछले साल से ही फल दे रहे हैं। इस साल भी खूब आए हैं। प्रतिदिन दो-चार पके निकल आते हैं, खाता हूँ, खिलाता हूँ।

आम की ही तरह केलों में मुझे सफलता नहीं मिल पाई है। केले तो बहुत लगाए और तरह-तरह के लगाए। वे फले भी। किन्तु या तो बीच में ही पेड़ गिर गए; या फल सूख गए, सड़-गल गए। इधर एक पेड़ नए किस्म का वंशीवट लगाया है; पहली बार एक घौद सही सलामत घर में आया है।

जब-जब बेनीपुर रहने की बात सोचता हूँ, खेती, बाग़वानी, पशुपालन की ओर ध्यान जाता है! खेत मेरे पास बहुत ही कम है। इच्छा होती है, थोड़ी ज़मीन और ले लूँ और नए ढंग की खेती करूँ-कराऊँ। लेकिन देहात में मजदूरों की अजीब समस्या खड़ी हुई है। मजूदर मिलते नहीं; मिले भी तो ठीक से काम नहीं करते। अतः हिचक जाता हूँ। पशुपालन के लिए भी चरवाहे और घसियारे नहीं मिलते। चार बैल, एक गाय, दो भैंसे—और बछड़े, पाड़े आदि पाले हैं; किन्तु उनकी दुर्दशा देखकर तरस आता है। कहाँ विलायत की वे गायें, वे घोड़े—और कहाँ हड्डियाँ निकली; हमारे यहाँ के पशु। कई बार नए-नए आदमी रखे, किन्तु वे भाग जाते हैं।

अतः बाग़वानी ही ऐसी है, जिसमें थोड़ा मन लग पाता है। हाथ में खुरपी लेकर किरौनी कर दी; थालों में पानी डलवा दिया; थोड़ा करने से भी कुछ-न-कुछ हो ही जाता है। उसी से संतोष कर लेता हूँ; उसी में मन रमा देता हूँ!

बभनगाया
29 जनवरी 1959

आज ज़िले का कलेक्टर औराई आने वाले थे; इसी काम से कल संध्या को यहाँ आया। औराई के पार्टी आफिस में भीड़भाड़ देखकर यहाँ प्रिय श्री रेवतीरमण शाही के घर पर ठहरा हूँ।

कल रात से ही वर्षा हो रही है—लगातार, अनवरत। माघ में भी कहीं ऐसी वर्षा होती है। कुछ दिन पहले थोड़ी वर्षा हो गई थी; लोग, किसान, बहुत ही खुश थे। रबी की फसल के लिए वह अमृत सिद्ध हुई थी। एक सप्ताह के अन्दर ही रबी की सूरत बदल गई थी। लगता था, अगहनी की कसर लोग इस रबी से पूरी कर लेंगे। किन्तु इस वर्षा ने, लोगों की सारी आशा दूर कर दी। रबी चौपट हो जाएगी। आलू आदि की खेती भी बर्बाद हुई!

किसानों के लिए यह दैवी विपत्ति है। कलेक्टर भी नहीं आए। आ भी नहीं सकेंगे; लिख ही रहा था कि उनका आदमी आया है। वह मुज़फ्फरपुर से चलकर सैदपुर में रुके हुए हैं; पूछा है क्या करूँ? यदि आना चाहें, तो आएँगे कैसे?

एक विचित्र स्थिति रही कि जबसे स्वराज्य हुआ है, कभी लगातार दो-तीन फसलें अच्छी नहीं हो सकी हैं। अगहनी हुई तो बैसाखी गायब, बैसाखी हुई तो भदैया गायब। किसान करे तो क्या? प्रथम पंचवर्षीय योजना में कहा गया, देश को अन्न की दृष्टि से स्वावलम्बी बना लिया गया! किन्तु कैसा तमाशा कि उसके बाद ही फसलें ऐसी ख़राब हुईं कि यदि विदेशों से अन्न नहीं मँगाया जाता, तो लाखों लोग भूख से तड़पकर मर जाते! कहा गया, इतने कुएँ, ताल, नहरें, आदि बना लिए गए हैं कि अन्न की उपज अत्यधिक बढ़ गई है। किन्तु न जानें क्या हुआ, उधर इन्द्रदेव ने कोप किया; इधर सिंचाई की ये सभी योजनाएँ चौपट सिद्ध हुईं। इस साल अगहनी कुछ अच्छी हुई है, तो रबी पर यह आफ़त!

हमारा देश कृषि-प्रधान है! लगभग अस्सी प्रतिशत लोग कृषि पर ही निर्भर करते हैं। कृषि की हानि का मतलब है जनता की आर्थिक स्थिति का बिगड़ना ! शहरों में जाइए, तो कुछ खुशहाली भी दिखाई पड़ती है। नए-नए मकान बन रहे हैं; सड़कें, नालियाँ, संस्थाएँ कहीं कुछ-न-कुछ बन रहा है। किन्तु देहात तो दिन-दिन उजाड़ बनता जा रहा है। इसी से कभी-कभी तो जनता यहाँ तक मान लेती है कि सभी अनर्थों की जड़ यह स्वराज्य है। स्वराज्य नहीं था तो हम कितने खुश थे! उस समय भी जनता दुखी थी, किन्तु स्वराज्य से जो आशा थी, वह पूरी नहीं हुई तो पिछला दुख भी अब सुख की तरह दिखाई देता है!

यह माघ, यह वर्षा, यह पुरबैया का झकोरा—ऐसा जाड़ा लगता है कि हड्डी तक हिल जाय। सारे किवाड़, खिड़कियाँ बंद कर घर में बंद हूँ—एक बर्तन में आग सामने रखी है। आग की चिनगारियाँ कैसी प्यारी लगती हैं, जैसे किसी ने डाली में लाल-लाल फूल सजाकर रख दिए हों!

पटना
1 फरवरी 1959

आज भोर-भोर सपने में, अपने प्रिय मित्र चाँद बाबू को देखा! आँखें खुलीं; तो उजाला हो चुका था, फिर नींद नहीं आई, हाँ जब-जब झपकियाँ लगीं, तो उन्हें ही देखा!

हम लोग अस्पताल में थे, तब उनकी मृत्यु हुई। देखा, वह अस्पताल से जा रहे हैं। कुछ उदास-उदास चेहरा है। गोरे चेहरे में वे बड़ी-बड़ी आँखें, जिनमें लाल डोरे। कुछ दुबले-से लगते थे! जब ये पंक्तियाँ लिख रहा हूँ, लगता है, वह सामने खड़े हैं!

जब से नींद टूटी है, उन्हीं के बारे में सोच रहा हूँ। उनके दफन के समय मैं नहीं था। सोचा था, उस जगह एक अच्छी कब्र संगमरमर की बनवाऊँगा। उनके बड़े बेटे इशरत को अपने साथ रख कर पढ़ाने का विचार था! इशरत घर गए, सो लौटे नहीं। क्या पढ़ाई छोड़ दी? उनका परिवार किस हालत में है? उनकी कब्र पर जाने की इच्छा हो रही है। विधानसभा की बैठक के दरम्यान यह काम—कब्र बनवाना—भी कर ही लूँगा। आशा करता हूँ, कुछ मित्रों का सहयोग मिल जायगा।

आह! चाँद बाबू ने देशभक्ति में अपने को फकीर बना लिया था। अच्छे रईस थे, सब कुछ बाँट दिया। पार्टी के अनन्य भक्त!—यदि कांग्रेस में रह गए होते, क्या नहीं पाते।

उनकी मृत्यु के बाद उनके मित्रों ने दस हज़ार रुपया इकट्ठा कर उनके परिवार को देना चाहा था; किन्तु क्या वे ऐसा कर सके?

मैंने जयप्रकाशजी को इस बारे में लिखा था। पता नहीं, उन्होंने क्या किया? हाय री, देशभक्ति; हाय री, आज की दोस्ती! भोर से ही बेचैन हूँ!

पटना
3 फरवरी 1959

घबराओ नहीं बेनीपुरी, यह प्रारम्भ है। तुम्हें क्या हक़ है कि किसी को अपने दिए हुए वचन की भी याद दिलाओ! तुम्हारे वचन का अब क्या मोल? वह जाय जहन्नुम में; लोगों को तो अपने औज-मौज से सरोकार है! तुम अपने वचन की याद दिलाकर उस औज-मौज में विघ्न डालनेवाले होते कौन हो?

कमाते हो, कमाते जाओ! कमाना तुम्हारा काम है। तुम न कमाओगे, तो लोगों का मौज-शौक कैसे पूरा होगा? कमाना ही पड़ेगा तुम्हें! कमाओ और देते जाओ! देते जाओ और कभी यह न पूछो कि खर्च कैसे होगा? कमाना तुम्हारा काम है—खर्च से तुम्हारा क्या सरोकार? खर्च जैसे होता है, होगा। वह बढ़ता है, तो तुम्हारा क्या? कुछ और अधिक कमाओगे! अधिक कमाओगे, और अधिक कमाओ। न कमाओगे तो जिओगे कैसे? खाओगे क्या?

नहीं देख रहे हो, दो महीने से फटे चिथड़े पर गुजर कर रहे हो? एक भी धोती साबूत बची है? कई महीने तक बिछाने की दरी नहीं थी? बेटी का बिस्तरबंद लेकर घूमते हो। जब-जब घर लौटते हो, पैसे नहीं होते कि अच्छा जलपान कर सको! ख़ैर मनाओ कि अभी अच्छा खाना-पीना मिल जाता है। नहीं कमाओगे तो यह कहाँ से मिल सकेगा? अतः कमाते जाओ पट्ठे!

साठ के हो गए, अब तुम्हें आराम चाहिए। अरे साठा तो पाठा! क्या आराम की बात करते हो? सुना नहीं है, इस देश में आराम-हराम है—बुड्ढों के लिए; जवानी में आराम नहीं किया जाएगा, तो फिर कब किया जाएगा। तुम बुड्ढे हो, कमाते रहो कि सब लोग मिलकर खाते रहें। इसीलिए तो तुम्हें अच्छा खिलाया जाता है! नमकहराम मत बनो, प्यारे!

बस तुम्हारे मुँह से एक छोटी-सी बात निकल गई; मैंने वादा कर रखा है, उनके लिए भी पैसे रहने चाहिए! नतीजा—पैसे तुम्हारे मुँह पर फेंक दिए गए; तुम्हारे साथ भोजन तक नहीं किया गया! जो इतना बड़ा अपराध करे, इतनी बड़ी गुस्ताखी करे, उसके साथ खाना क्या, उससे बोलना क्या, उसके नजदीक बैठना क्या? बुड्ढे अपनी स्थिति समझो, स्थिति! नहीं समझोगे तो आँखों में उँगली डालकर समझा दिया जाएगा, तुम्हें!

घबराओ नहीं, यह प्रारम्भ है! अभी जब सब कुछ तुम्हारी ही कमाई पर हो रहा है, तभी तुम्हें समझा दिया जा रहा है कि आगे तुम्हें क्या सहना है, क्या भुगतना है? ऐसा नहीं कि तुम पीछे शिकायत करो कि मैं अशक्त हुआ, तो मेरी अवज्ञा, उपेक्षा की जा रही है? जब तुममें शक्ति है, तभी तुम्हें आगाह कर दिया जा रहा है! पीछे की शिकवा-शिकायत कैसी?

और यह तो प्रारम्भ है! क्या तुम अनुभव नहीं कर सकते हो कि आगे कैसे दिन आनेवाले हैं?

नहीं नहीं, यह सब तुम्हारा भ्रम है बेनीपुरी! ऊपर की पंक्तियाँ लिख चुकने पर तुमसे

रहा नहीं गया; अपने निकट उन्हें बुलाया। सुनकर वे अवाक्; कभी ऐसी मंशा नहीं रही! मूर्ति की तरह स्तम्भित, निश्चल, बहुत देर तक बैठे रहे। बार-बार तुम्हारे कहने पर उठे; कैसा चेहरा लेकर गए। बहुत देर तक तुम्हें नींद नहीं आई!

मानव! इसके जीवन में कितनी छलनाएँ आती हैं! अकारण ही यह ऐसे ताने-बाने बुनने लगता है कि उनमें उलझकर छटपटा उठता है! उफ़, मेरा कुछ समय कैसी बेचैनी में कटा! लगता है, किसी दुख से अभी उठकर गया हूँ। सपना टूट चुका है, किन्तु उसका भय अभी तक छाया हुआ है। कभी-कभी ऐसी छलनाओं में उलझकर कितने दुष्कर्म भी कर लेता है! हमें सदा सावधान रहना चाहिए!

पटना
5 फरवरी 1959

आज बिहार विधानसभा का नया सत्र प्रारम्भ हुआ। राज्यपाल महोदय का भाषण : मृत व्यक्तियों पर शोक-प्रकाश : एक-दो विधेयक!

यह सत्र लम्बा होगा, 15 अप्रैल तक जाएगा। बजट पास करना है; कई विधेयक पास करने हैं। राज्य के कई मसले हैं। सच जितना लम्बा होगा, सदस्यों को उतना ही मज़ा आएगा। सभी सदस्य प्रसन्न हैं, किन्तु मैं!

कल ही, इस डायरी में अंकित कर चुका हूँ—सलाम, राजनीति! राजनीति को सलाम का अर्थ क्या विधानसभा को सलाम नहीं है?

यह क्या हो गया है मुझे? अजीब-अजीब बातें दिमाग़ में उठा करती हैं—

छिम माँ चटक छिनहुँ माँ मद्धिम,
जस बुझात खन होत दिया!
ऐसे ही कुछ बूझ पड़त हैं
हमरी अक्किल कै लच्छन!

किसी एक ही काम में अपने को लगाना चाहता हूँ। यह कौन-सा काम हो ? इसी की उधेड़-बुन में कोई भी काम अच्छी तरह नहीं कर पाता हूँ!

जब तक हूँ, कुछ करना ही है। अतः राज्यपाल के भाषण पर एक संशोधन दे दिया है। विषय वही—हिन्दी : निरक्षरता निवारण : सांस्कृतिक जागरण!

आज मुझे यह देखकर बड़ी प्रसन्नता हुई कि अंग्रेजी असेम्बली के बदले "विधानसभा" नाम सभी सरकारी कागज-पत्रों में स्वीकृति पा चुका है। मेरा एक प्रयत्न तो सफल हुआ!

बेनीपुर
7 फरवरी 1959

लखनजी कल लखनऊ से आ गए। उनके साथ ही कल बेनीपुर आ गया। आने की बात नहीं थी। किन्तु सूचना मिली कि इस साल पुस्तकालयों को पुस्तकें देने की सरकारी एजेन्सी बेनीपुरी प्रकाशन की मुज़फ्फरपुर की शाखा को भी मिली है। अतः इसके प्रबंध की दृष्टि से मुज़फ्फरपुर आना जरूरी हो गया और तब बेनीपुर ही कैसे न आता।

देवेन्द्रजी और प्रभारानी भी मुज़फ्फरपुर से साथ हो लिए। बेदौल में गुरुप्रसाद चौधरी

को भी साथ ले लिया। उनके साथ पवन कुमार जी भी थे। सदलबल बेनीपुर आया—खूब मज़ा रहा।

दोपहर में हम सब बैठे थे कि जनाढ़ में कॉलेज खोलने की चर्चा बन पड़ी। हम सब लोग चल पड़े ज़मीन देखने को। गुरुप्रसाद को भी ज़मीन बहुत पसंद आई, लखनजी को भी। जनाढ़ गाँव के लोग भी जुट पड़े, सबने पूरी सहायता का वचन दिया। मैं चाहता हूँ कि कोई नौजवान इस काम के लिए मिले। गुरुप्रसाद ने इस साल एम. ए. किया। बड़ा ही गम्भीर और कर्मठ नौजवान है। यदि यह इस भार को लेना स्वीकार करे, तो मैं इस काम में हाथ डाल सकता हूँ।

आज मास्टर साहब, रामपुकार शाही को औराई में ईंट बनवाने के लिए कुछ रुपए दिए। पार्टी का आफिस बन जाय तथा कुछ कुओं का उद्धार हो जाय, यही उद्देश्य है। चाहता हूँ, मरने के पहले अपने थाने के गाँवों में सौ-डेढ़ सौ कुएँ पक्के करवा दूँ, तो थोड़ा सन्तोष हो। जब अन्न नहीं दे सकते, तो पानी भी तो दो !

अपने गाँव के स्कूल के लिए आठ कट्ठा ज़मीन रजिस्ट्री हो चुकी है। ख़र्च के लिए सत्तर रुपए देने पड़े हैं। गाँव में भी कुछ चंदा कर दिया है। किसी तरह स्कूल बनवा ही देना है!

पटना
8 फरवरी 1959

आज अचानक एक बात मेरे मन में आई—मैं क्यों बार-बार अपने को राजनीति की ओर बहका दिया करता हूँ?

कहिए, समाजवाद की स्थापना चाहता हूँ! कैसे समाजवाद की स्थापना? एक समाजवाद तो नेहरू भी क़ायम कर रहे हैं! वह नक़ली है—तो असली क्या है? वह : जिसे तुम या तुम्हारे साथी स्थापित करेंगे? छोड़ो, उस समाजवाद को। कम्युनिस्ट क्या कहेंगे; सोचो, जिसे तुम असली समाजवाद कहते हो, उसकी स्थापना कैसे होगी, कौन करेगा?

तुम्हारी पार्टी करेगी, क्या सच? क्या तुम्हारी पार्टी में ऐसे लोग हैं जो असली समाजवाद ही चाहते हैं—ठीक उसी रूप में, जिस रूप में तुम समझते हो ? ईमान से 'हाँ' कह सकोगे?

यदि नहीं, तो अस़ली-नक़ली की बात छोड़ो; कहो, तुम अपनी पार्टी का राज चाहते हो!

और कल्पना यह करते हो कि उस राज के चलाने में तुम्हारी ही बात सबसे ऊपर रहेगी : कम-से-कम तुम्हारी पूछ तो होगी; लोग यह तो कहेंगे, धन्य बेनीपुरीजी कि ऐसा असली समाजवादी राज जनता को दे सके!

यह सब धोखा है धोखा; मृगजाल, माया, भ्रमजाल, भवजाल!

छोड़ो इन बातों को। राजनीति में उन्हें उलझने दो जिन्हें राजनीति के अलावा कोई चारा नहीं : उपाय नहीं। यह भ्रम छोड़ो कि तुम या तुम्हारे साथी असली समाजवाद ला सकेंगे। जो कुछ कर सकते थे, वे या तो चले गए या बदले गए!

बस, एकमात्र साहित्य! "शाश्वत भारत" और "ग्रंथावली"—और कुछ नहीं ! कुछ नहीं! कुछ नहीं! इसी की धुन : इसी की तैयारी : इसी का कार्यक्रम!

सलाम, राजनीति!!

पटना

25 फरवरी 1959

यह करूँ कि वह करूँ—देख रहा हूँ, इस उधेड़-बुन में कुछ नहीं कर पा रहा हूँ।

"अरे, सदा काम की बात ही मत करो, कभी आराम और आनन्द की बात भी किया करो।" इमर्सन का यह कथन अपने ऊपर लागू किए जा रहा हूँ।

क्या यह बुरा है?

अच्छा तो नहीं ही है। जब ज़िन्दगी के थोड़े दिन हों, तो उन्हें काम में लगाना ही अच्छा! और वह भी किसी निश्चित काम में!

× × ×

बीच में बेनीपुर गया था। मकान तो तैयार हो गया; कुछ पेड़-पौधे भी लग गए हैं। इच्छा हुई, एक बगीचा भी लगा दूँ। 22 फरवरी को 17 आम के पेड़ लगा गया हूँ। 5 पहले से लगे थे। यदि ये पेड़ लग गए, तो आम की कमी नहीं रहेगी। पेड़ों का चुनाव ऐसा किया है कि जेठ से भादो तक लगातार पके आम मिलते रहें। एक पेड़ बरहमसिया भी लगा दिया है।

× × ×

जयप्रकाशजी पटना आए थे। गंगाशरण भी थे। जयप्रकाशजी ने मेरे दोनों पत्रों की चर्चा की। बिहार-पार्टी की दुर्गत पर बहुत क्षुब्ध थे। बसावन की चुप्पी और शिशिर के निकम्मेपन पर और भी क्षुब्ध थे। गंगाशरण ने उनसे कहा कि लोगों से मिलकर कुछ तय कर दीजिए? छह, सात, आठ मार्च को वह पटना रहेंगे। फिर बातें होंगी। क्या कोई नतीजा भी निकलेगा?

× × ×

बिहार राष्ट्रभाषा परिषद् की संचालक समिति की बैठक हुई। मेरे नाटकों पर—बेनीपुरी ग्रंथावली, द्वितीय भाग पर—एक हज़ार का पुरस्कार देने का निर्णय, इसके लिए नियुक्त निर्धारकों ने भेजा है। सोच रखा था, परिषद् का कोई पुरस्कार नहीं ग्रहण करूँ। इस समय अर्थसंकट में हूँ, कोई निर्णय नहीं कर पाता। देखा जाएगा; मई में परिषद् का वार्षिकोत्सव होगा, उसी अवसर पर पुरस्कार दिए जाते हैं, तब कोई निश्चय करूँगा।

× × ×

मेरे क्षेत्र के सी. ओ. से लोग असंतुष्ट हैं। एक कार्यकर्ता ने उसके ख़िलाफ अनशन तक किया था। मैं बीच में पड़ा, कमिश्नर ने जाँच कराने का जिम्मा लिया।

कलेक्टर जाँच में औराई गए थे। मैं भी पहुँचा था। जाँच तो हो न सकी; कांग्रेसियों से कहासुनी हो गई। मारपीट की नौबत आ सकती थी, यदि हम नहीं रोकते।

राजनीति कहाँ जा रही है? देश कहाँ जा रहा है? हम कहाँ जा रहे हैं ? उफ़!!!

बेनीपुर

1 मार्च 1959

फिर बेनीपुर : बेनीपुर खींच लाता है; बेनीपुर जाने नहीं देता है! कल संध्या को आया : भोर से ही जाने की बात कर रहा हूँ : बारह बजने जा रहे हैं और यहीं पड़ा हूँ!

इच्छा होती है, यहीं बरामदे पर पड़ा रहूँ—कुछ काम नहीं, कोई चिन्ता नहीं। जो मिले,

खा लूँ; और बिस्तरे पर पड़ा-पड़ा चारों ओर के दृश्य को देखता रहूँ !

किसी ने कहा है, एकान्त में एक मोहिनी होती है; वह मोहिनी जहाँ कलाकार पर सवार हुई, तो फिर ऐसा अभिभूत कर लेती है कि निकलने नहीं देती। अतः कलाकार को इससे बचना चाहिए। मैं देखता हूँ, ज्यों ही बेनीपुर आया कि मैं इस मोहिनी के जाल में फँस जाता हूँ!

लिखो, लिखो, बोलो, बोलो—बहुत हुआ! अब कुछ बोओ, कुछ रोपो—की इच्छा जगी है। आम जो रोप गया था, वे लग गए हैं, कई में नई मंजरी निकल रही है! बीज जो बोये थे, उनमें अंकुर आ रहे हैं। डाल फोड़कर निकलनेवाली वे मंजरियाँ; ज़मीन फोड़कर निकलनेवाले वे अंकुर—कितने सुहावने लगते हैं!

इन्हें छोड़कर जाऊँ—कहाँ, जहाँ कोलाहल है, बात तो बात है, बात में भी तीन चौथाई झूठी ही झूठी! नकली आवभगत; नकली मुस्कुराहट; चेहरे भी नकली !

तो भी जाना ही है; जाना ही पड़ेगा! न जाने किस क्षण में अपने को फँसाया—अब छटपटा रहा हूँ; निकल नहीं सकता, घिसटकर जाना ही पड़ेगा!

मुज़फ्फरपुर
2 मार्च 1959

ओहो, अफसर ऐसे होते हैं! ये स्वराजी अफसर हैं; ऐसे ही अफसरों के द्वारा पंडित नेहरू नवीन भारत का निर्माण करने जा रहे हैं।

हमारे जिले के जिलाधीश! एक मुसलमान सज्जन हैं। 1952 के चुनाव के समय आप एस. डी. ओ. थे। जिले के कांग्रेस नेता को जिताने के लिए क्या-क्या न कुकर्म किए; हमें हराने के लिए भी कुछ उठा नहीं रखा।

तरक्की पा गए हैं। अब जिले-भर के मालिक हैं। 1957 के चुनाव में इस जिले से छः हमारी पार्टी के और तीन स्वतंत्र उम्मीदवार जीत गए। पहले से ही बुलाए गए हैं कि 1962 के चुनाव के लिए मैदान साफ कर दें।

बड़े ही मधुरभाषी! बात ऐसी करेंगे कि लगेगा, आपके लिए कलेजा निकालकर दे देंगे। किन्तु, जब देने का प्रश्न आएगा, यों हँसते-हँसते टाल देंगे कि क्या कहना?

औराई की जाँच के सम्बन्ध में बातें चलीं। इसी के लिए बुलाया था। दो घंटे बरबाद हुए, किन्तु क्या हम किसी भी निर्णय पर पहुँच सके?

ड्राइंग रूम में गुलगुले सोफे पर बैठकर चमचमाती प्याली में चाय पीजिए, जलपान कीजिए, यह एक बड़ा-सा गुलाब का फूल लीजिए—ओहो, आप बुजुर्ग हैं, बड़े अदीब हैं, आप बिहार के लिए फख्र की हस्ती हैं,—उफ़, तारीफ और खातिरदारी के क्या कहने? किन्तु, जहाँ काम की बात, पकड़ की बात आई कि कभी बाहर निकलकर फुलवाड़ी दिखाने लगे, सामने की झील की तारीफ करने लगे—ऐसा, कि मैं बच्चा होऊँ, मुझे फुसला रहे हों।

तबीयत खीझती रही, झुंझलाती रही, किन्तु वज़ादारी के मारे क्या करूँ, समझ में नहीं आया। पन्द्रह दिन का समय देकर वहाँ से भाग आया हूँ। जब उनके बँगले से निकला, लगा जेल से निकला हूँ!

ये लोग कैसे बुज़दिल हैं! साफ बात नहीं करते। सामने लड़ नहीं सकते ! फँसाकर मारना चाहते हैं। एक पूरे जिले का भाग्य ऐसे अफसर पर निर्भर करता है! अंग्रेजों ने एक मशीनरी दे दी है; उसी के आधार पर राज चल रहा है।

किन्तु ऐसा कब तक चलेगा? यह हमारे लिए भी प्रश्न है और कांग्रेस के लिए भी? और देश के लिए भी?

कम्युनिस्टों का ज़ोर बढ़ रहा है; बढ़कर रहेगा। कभी-कभी सोचता हूँ, राजनीति को सुधारने की कोशिश करूँ? किन्तु क्या सम्भव है? पार्टी में घुन लग गया है! कल जिला पार्टी की बैठक हुई; सुना, हाथापाई तक की नौबत आ गई थी!

चारों ओर अव्यवस्था है! क्या करूँ, क्या छोड़ूँ, समझ में नहीं आता। साठ वर्ष की उम्र; जो दस-पाँच साल रह गए, उन्हें क्या उधेड़-बुन या व्यर्थ के कामों में ही बरबाद होने दूँ?

पटना
4 मार्च 1959

आज विधानसभा में शिक्षा के बजट पर मैंने कटौती का प्रस्ताव रखा। लगभग सवा घंटे तक बोला। कह सकता हूँ, विधानसभा में यह मेरा सबसे अच्छा भाषण था। लोगों ने बड़े चाव से सुना; अखबारों ने बड़ी प्रमुखता दी; मित्रों ने शाबासी दी, सरकारी पक्ष के लोगों ने भी वाह-वाही की।

मेरा स्वास्थ्य इधर बहुत अच्छा है; मन भी खूब प्रसन्न रहता है; 'साठा तब पाठा' की कहावत चरितार्थ हो रही है! अतः मन से बोला; खुलकर बोला; विनोद और व्यंग्य का ऐसा पुट देता रहा कि लोग तन्मय होकर सुनते और दाद देते रहे ! यदि यह बात नहीं होती, तो क्या अपने भाषण का अन्त इस तरह करता और लोग हँसी-हँसी में ही छोड़ देते।

मैंने अन्त में कहा—अध्यक्ष महोदय, शिक्षा की वृद्धि के लिए, निरक्षरता निवारण के लिए मैं जितना भी कहूँ, हमारे शासक इस पर कभी ध्यान नहीं देंगे। क्योंकि इन्होंने कबीर का यह पद अच्छी तरह हृदयंगम कर लिया है—"साधो, करमन की गति न्यारी; मूर्ख-मूर्ख राज चलावे, पंडित बने भिखारी।" लोगों को पढ़ा-लिखाकर ये लोग भिखारी क्यों बनाएँगे, लोगों को मूर्ख ही रखेंगे, कि जो उनमें महामूर्ख होगा, वही राज चलाएगा! बस, एक ठहाका मचा और उसी ठहाके के बीच मैंने भाषण समाप्त किया।

निरक्षरता निवारण की जो गति है, उसके अनुसार डेढ़ सौ वर्ष तो इसी काम में लग जाएँगे; जब मैंने यह तर्क पेश किया, तो अध्यक्ष ने बड़ी गम्भीरता से पूछ दिया—क्या आपको विश्वास है कि इतने समय में यह काम हो ही जाएगा? अध्यक्ष के इस व्यंग्य पर सदन में फिर हँसी छा गई!

विश्वविद्यालय की शिक्षा पर बोलते हुए मैंने बिहार के चारों कमिश्नरियों में एक-एक विश्वविद्यालय अविलम्ब स्थापित करने पर ज़ोर दिया और कहा—यह शिक्षा की दृष्टि से ही नहीं, राजनीति की दृष्टि से भी उपयुक्त होगा। क्योंकि आज बिहार में कुछ ऐसे शरणार्थी राजनीतिज्ञ—रिफ्यूजी पोलिटिशियन—हैं जिन्हें इन विश्वविद्यालयों में वाइस चांसलर का ट्रेनर बनाकर उन्हें पुनर्स्थापित किया जा सकेगा! मेरे इस व्यंग्य पर कुछ लोग कट कर रह गए!

स्त्री शिक्षा की कमी और स्त्री शिक्षा पर बजट की छोटी रकम पर भी मैंने ज़ोर दिया और कहा कि प्राइमरी शिक्षा के अध्यापन में स्त्रियों को ही अधिक स्थान दिया जाय। मंत्रिमंडल में भी उन्हें स्थान मिलना चाहिए, नवरत्न (नौ मंत्री) में एक महिला-रत्न रखा जाय, तभी उसकी शोभा होगी; मैंने ज्यों ही यह कहा, सभी लोग महिला-सदस्याओं की ओर देखने लगे।

राष्ट्रभाषा-परिषद् को अधिक पैसे दिए जाएँ, बिहार-साहित्य-ऐकेडमी की स्थापना की जाय, आर्ट स्कूल को समृद्ध बनाया जाय, नृत्य-नाटक संगीत ऐकेडमी का पुनर्गठन किया जाय, इन पर योग्य प्रकाश डालते हुए "साहित्य-उत्साहन" के नाम पर बजट में बारह सौ रुपए रखनेवालों को बारह बार प्रणाम करते हुए मैंने क्षुब्ध होकर कहा—साहित्य को इस तरह बदनाम न कीजिए।

आदिवासी भाषाओं तथा उर्दू और बँगला के बिहारी साहित्यकारों की कृतियों को प्रकाश में लाने की दिशा में प्रवृत्त होने की अपील की; इसका अच्छा प्रभाव आदिवासी तथा मुसलमान सदस्यों पर पड़ा। यों तो मैंने कर्त्तव्यवश ही ऐसा कहा था!

पटना
8 मार्च 1959

श्री जगदीश चन्द्र माथुर, डायरेक्टर जनरल ऑल इंडिया रेडियो, दिल्ली मेरे मित्रों में से हैं। उन्होंने ही सर्वप्रथम मेरी पुस्तक "माटी की मूरतें" का सही मूल्यांकन किया था। वह इसे अंग्रेजी में अनूदित करना चाहते थे। उस समय बिहार-सरकार के शिक्षा-सचिव थे। कार्य-व्यस्तता के कारण कर न सके। किन्तु, उनकी भविष्यवाणी पूरी हुई; "माटी की मूरतें" आज साहित्य ऐकेडमी द्वारा भारत की सभी भाषाओं में अनूदित हो रही है—पाँच भाषाओं में प्रकाशित भी हो चुकी—मलयालम, उर्दू, मराठी, गुजराती और पंजाबी। बँगला में भी छप रही है।

मुझसे उनका पत्र व्यवहार प्रायः होता रहता है। जब मैं पिछले आम चुनाव के समय विधानसभा के लिए खड़ा हुआ, तो उन्होंने लिखा था—क्यों सूरदास के "जहाज के पंछी" की तरह आप बार-बार "पुनि जहाज पर आवे" को चरितार्थ कर रहे हैं! हाल में मैंने उस बात की चर्चा फिर की, तो वह लिखते हैं—

"यदि आप 'जहाज के पंछी' की तरह भटकें और अटकें नहीं तो फिर आप बेनीपुरी होते ही क्यों? आपकी विलक्षणता तो इसी में है कि आप देश-विदेश का दाना चुग लेते हैं और फिर भी आपके परों की रंगीनियाँ और आपके स्वरों की विविधता बराबर हम लोगों का मनोरंजन करती रहती हैं। यद्यपि मैं बार-बार आपसे इस अटक-भटक से निस्तार पाने का अनुरोध करता रहता हूँ, तथापि मैं जानता हूँ कि आपके व्यक्तित्व का यही तो ताना-बाना है। इससे छुटकारा कहाँ? और फिर इसके बिना कैसे निखरेगी आपकी आहत भावनाएँ, उमड़ता उल्लास और बेमिसाल मस्ती!"

इस पत्र का उत्तर लम्बा-सा दिया है। मेरे 'उमड़ते उल्लास' और 'बेमिसाल मस्ती' पर तो बहुतों की दृष्टि गई किन्तु 'आहत' भावनाओं पर आपने ही ध्यान दिया—आपकी इस सूक्ष्मदर्शिनी दृष्टि के लिए आपको धन्यवाद! आपने यह लिखकर एक दुखती हुई रग को छू दिया है! यदि हनुमान की तरह छाती चीरकर देखा जा सकता, तो लोग मेरे हृदय पर लगी चोटों के चिन्ह और रिसते हुए घाव को देखकर चकित हो जाते! लोग तो यही देखते रहे हैं कि बेनीपुरी मौज में हैं, मस्त हैं। यह अच्छा भी है,

रहिमन निज मन की विथा
मन ही राखी गोय,
सुनि अठिलैंहे लोग सब,
बाँटि न लैंहें कोय।

कल जयप्रकाशजी से भेंट हुई। महिला-चर्खा-समिति में मेरी "संघमित्रा" खेली जा रही थी; मुझे देखकर प्रसन्न हुए, खिल पड़े। फिर पार्टी की राजनीति के सम्बन्ध में बसावन, कर्पूरी, गंगाबाबू, मैं और वह—संध्या को दो-ढाई घंटे एकान्त में बातें हुईं। जयप्रकाशजी ने बसावनजी के प्रति अपने गुस्से का इज़हार किया; किन्तु हुआ कुछ नहीं; एक छोटी-सी बात पर सारी वार्ता अटक गई। इस पार्टी की रक्षा भगवान करें!

हाथीदह : मोकामा
9 मार्च 1959

गंगापुल के ठीक नीचे जीप पर बैठा हुआ लिख रहा हूँ। रेडियो के राष्ट्रीय कार्यक्रम के लिए एक आलेख तैयार करना है, जो भारत की सभी भाषाओं में, सभी रेडियो-स्टेशनों से, एक साथ ही प्रसारित होगा। यों तो यहाँ दो बार और आ चुका हूँ, इसी काम से। दो बार दो रूपक पटना-स्टेशन पर प्रसारित हो चुके हैं!

पुल तैयार हो चुका है; पाये तैयार हो चुके हैं, ऊपर लोहे के गार्डर भी रखे जा चुके हैं, पुल का ऊपरी ढाँचा भी तैयार है, पुल के ऊपर रेलवे लाइन भी बिछ चुकी है, अब थोड़ा काम रह गया है तो रेलवे-लाइन के ऊपर की सड़क का, जिनसे मोटरें आदि जाएँगी और बगल से पैदल जाया जाएगा! अप्रैल में तैयार हो जाना है, पंडित नेहरू उद्घाटन करने आनेवाले हैं, अतः बड़े ज़ोरों से काम हो रहा है! बीच में हड़ताल हो गई थी, नहीं तो अभी तक काम समाप्त-प्रायः होता !

मोटर, जीप, पिक-अप, ट्रक आदि आ-जा रहे हैं। दूर-दूर से आए दर्शकों की भी कमी नहीं। ठक-ठुक, ठाँय-ठाँय, साँ-मों, चीख पुकार का क्या कहना? उस पार रेल का इंजन धुआँ उगल रहा है, इधर कुछ दूर पर डम्पर, स्क्रैपर की चिल्लाहट में सड़क बनाने को मिट्टी भरी जा रही है!

माथुर साहब ने लिखा है, बिहार के लिए यह पुल युगान्तरकारी काम करेगा। युगों से विलग हुए बिहार के दोनों हिस्सों को—उत्तरी बिहार और दक्षिणी बिहार को यह मिलाएगा। अभी-अभी एक पूरी मालगाड़ी उस पार से इस पार आई है। उसके शब्द कान में पड़ रहे हैं और शोर रोमांचित हो रहा है! आहा, एक असम्भव सम्भव होकर रहा!

10 मार्च 1959

कैसी आश्चर्य की बात है कि जबकि उत्तर प्रदेश में, जहाँ वह आठ सौ मील तक बहती है, गंगा पर छः रेलवे पुल बड़ी लाइन के हैं; वहाँ बिहार में, जहाँ वह तीन सौ मील तक बहती है, एक भी पुल नहीं! नतीजा कितना बुरा—गंगा बिहार के लिए एक विभाजक रेखा बन गई है, इसके उत्तरी तट का भाग उत्तर बिहार और दक्षिण तट का भाग दक्षिण बिहार कहलाता है।

दक्षिण बिहार में खनिज पदार्थों की भरमार है, उत्तर बिहार भारत के सबसे उपजाऊ हिस्सों में गिनती पाता है। दोनों भाग एक-दूसरे के पूरक हैं, किन्तु बीच में गंगा की ऐसी विस्तृत-विशाल धारा है कि दोनों एक-दूसरे से पृथक लगते हैं। कभी-कभी कोई-कोई राजनीतिज्ञ बिहार को दो टुकड़ों में बाँटने का भी स्वप्न देखते हैं।

बीसवी शताब्दी के प्रथम दशक में (1907) ऐसा सोचा गया कि मोकामा के निकट

एक रेलवे पुल बनाया जाए! तभी से जाँच-पड़ताल जारी है और अब कहीं आधी शताब्दी के बाद यह सपना पूरा हुआ है!

इस पुल में चौदह भँवारियाँ हैं। हर भँवारी चार सौ फीट लम्बी है। इसके लिए जो पाये बनाए गए हैं, उनकी नींव समुद्र की सतह से भी नीचे डाली गई है। नींव डालने की यह क्रिया भी कम आश्चर्यजनक नहीं। मैंने पहले आकर देखा था; किस तरह पुल का जमौट ज़मीन पर ही बना लेते थे और फिर किस प्रकार उसे लेकर पाये बनाने की जगह पर जमाते थे। वह क्रिया एक जादू ही लगती थी।

पुल में, पानी के अन्दर, पन्द्रह पाये हैं और दोनों किनारे पर दो-दो पाये। इनकी नींव पानी की सतह से लगभग दो सौ फुट नीचे तक गई है; जिसका अर्थ होता है, समुद्र की सतह से भी पचास फुट नीचे। इन पायों का बड़ी से बड़ी बाढ़ और प्रखर से प्रखर धारा भी कुछ बिगाड़ नहीं सकती। कदाचित कोई बड़ा भूकम्प आए; जैसा 1934 में आया, तो भी ये पाए इसी प्रकार सीधे खड़े रहेंगे।

एक-एक पाये का जमौट साढ़े तिरेपन फुट लम्बा, बत्तीस फुट चौड़ा और सत्रह फुट ऊँचा बनाया जाता था। इसके बनाने में बाहर हज़ार सात सौ ग्यारह टन लोहा लगता था। कंकरीट अलग। फिर इस जमौट को उलटकर, दो बैराजों के बीच कसकर पाए की जगह पहुँचाया जाता था। इन पायों के निर्माण में प्रतिदिन मालगाड़ी के पचास डिब्बे मिट्टी, पच्चीस डिब्बे बालू, आठ डिब्बे सीमेंट लगते थे। कुल पायों के निर्माण में साढ़े सोलह हज़ार टन लोहा, पच्चीस हज़ार टन सीमेंट और उनतालीस लाख घनफुट कंकरीट लगे हैं।

लगभग एक मील का यह पुल है। किन्तु गंगा की धारा यहाँ तीन मील तक फैली थी—दो हिस्सों में वह बँटी थी। अतः उत्तरी धारा को बंद कर दो मील तक बाँध बाँधा गया और बाँध की रक्षा के लिए रक्षक-बाँध (गाइड बंद) बनाया गया। इन दोनों बाँधों के लिए तीन करोड़ घनफुट मिट्टी और ढाई करोड़ घनफुट पत्थर के टुकड़ों की जरूरत पड़ी। पत्थर जमालपुर की पहाड़ी को तोड़कर लाया गया। इस काम में पन्द्रह रेल-इंजिन और आठ सौ मालगाड़ी के डिब्बे दिन-रात काम करते रहे। फिर इन्हें चवालीस वींच और चौबीस बैराज पर लादकर उत्तरी तट पर पहुँचाया गया। मिट्टी काटने और ढोने के लिए सोलह स्क्वेयर, बारह डोज़र और चार डम्पर काम करते रहे। इनके अतिरिक्त बारह हज़ार मजदूर खट रहे थे। इस काम को बरसात के बाद शुरू करके बाढ़ आने के पहले ख़त्म कर देना था। नवम्बर 1955 में बाँधों का काम शुरू किया और मई 1956 में वह समाप्त हुआ !

गंगा की एक प्रखर धारा बंद कर दी गई; लोगों के आश्चर्य का ठिकाना नहीं रहा, किन्तु उनका आश्चर्य तो तब सीमा को पार कर गया, जब गंगा पुल के ये पाये तैयार हो गए! लगता था, माता गंगा इन पायों के बहाने अपने अनेक हाथ उठाकर मानव पराक्रम को आशीष दे रही हों!

पायों के बन जाने पर उन पर लोहे का पुल बनने लगा। चार सौ फुट लम्बी भँवारी पर लोहे को गार्डर चढ़ाए कैसे जाएँ! कहाँ से भरसाटे लाए जाएँ। अतः एक नए ढंग, 'सेंटी लीवर' प्रणाली से यह पुल बनाया गया है। इसके लिए लोहा विदेश से मँगाया गया, जिसके आने में कुछ देर हुई। अक्टूबर 1957 से यह काम शुरू हुआ और फरवरी 1959 में पूरा कर लिया गया। इसमें बारह सौ ग्यारह हज़ार टन लोहा लगा है। यह लोहा 'हाइ टेंसिल स्टील' कहलाता है; अभी अपने देश में ऐसा लोहा बड़े पैमाने पर नहीं बनाया जाता है!

इस पुल के उत्तरी तट पर, बरौनी-जंक्शन के निकट एक नया लोक ही बस रहा है। इस पुल से बड़ी लाइन की ही गाड़ियाँ जाएँगी। बड़ी लाइन की गाड़ियों को बरौनी

तक ले जाने के लिए सत्रह सौ ग्यारह मील की नई लाइन बनाई गई है। बरौनी में ये गाड़ियाँ पहुँचेंगी और वहाँ से छोटी लाइन की गाड़ियों पर इनका माल लादकर उत्तर बिहार के कोने-कोने में पहुँचाया जाएगा। उत्तर बिहार की चीजों को यहाँ लाकर उन्हें बड़ी लाइन की गाड़ियों में भरकर बाहर भेजा जाएगा। इसके लिए एक विस्तृत ट्रान्सशिपमेंट यार्ड बनाया गया है, जिसमें बड़ी लाइन की चौंतीस मील और छोटी की पैंतीस मील रेलें बिछी हैं। प्रतिदिन बड़ी लाइन के साढ़े तीन सौ डब्बे यहाँ अदल-बदल किए जा सकेंगे। इस यार्ड में काम करनेवाले इंजनों की संख्या सौ होगी। इनके लिए लोकोशेड बनाए गए हैं!

इस यार्ड में काम करनेवालों के लिए 1400 क्वार्टर बनाए गए हैं। क्वार्टरों की यह कालोनी सभी आधुनिक सुविधाओं से लैस है। हर क्वार्टर में फ्लेश पैखाने हैं, पानी-नल हैं, बिजली-बत्तियाँ लगी हैं। कालोनी में बगीचे हैं, खेल के मैदान हैं, अस्पताल हैं।

पुल के दोनों तरफ केबुल लगे हैं, जिनसे टेलिफोन और बिजली ले जाए जाएँगे। दामोदर घाटी की बिजली बरौनी तक पहुँचाई जा सकेगी। स्वयं यहाँ थरमल पावर से बिजली बनाने का कारखाना भी बन रहा है। बरौनी में केरोसीन तेल साफ करने का कारखाना भी खुलने जा रहा है।

यह योजना पन्द्रह सौ ग्यारह करोड़ की थी, जो चौदह सौ ग्यारह करोड़ में ही पूरी होने जा रही है।

अभी-अभी मैं इस पुल के इधर से आया हूँ। भोर में रेल से गया था। पुल पर मालगाड़ी लेकर डीज़ल का इंजिन आता-जाता है। लौटा हूँ, ऊपर से, जहाँ सवारी गाड़ियाँ आया-जाया करेंगी! आने-जाने के समय कैसी अजीब खुशी हो रही थी ! आखिर बिहार में भी गंगा पर पुल बँधा! आखिर उत्तर और दक्षिण बिहार को लोहे के सूत्र से जोड़ दिया गया!

जो रूपक तैयार करूँगा, वह दो अप्रैल को प्रसारित होगा!

बेनीपुर
15 मार्च 1959

आज आस-पास के मित्रों को बुलाया, इस पर विचार करने को कि एक कॉलेज की स्थापना की जाए। जनाढ़ में लगभग बाईस बीघे ज़मीन है—ग़ैर मजरूआ; गैर आबाद। सड़क के निकट : नदी के किनारे। देखते ही मन ललच उठता है कि यहाँ कोई बड़ी संस्था बनाई जाए! जो लोग आए थे, इस प्रस्ताव का सभी ने बड़े उत्साह से समर्थन किया। ज़मीन तो है ही। रुपए का क्या होगा? एक लाख रुपया हो, तभी काम सुचारू रूप से चल पाएगा! लगभग सत्तर गाँवों की सूची बनाई है। यदि हर गाँव एक-दो हज़ार दे दे, तो कॉलेज बनकर रहेगा। सवाल है, क्या लोग दे सकेंगे? उससे भी बड़ा सवाल यह है कि क्या मैं हाथ-पैर समेटकर इसी काम को अपना पूरा समय दे सकूँगा?

बेनीपुर
27 मार्च 1959

आज जनाढ़ में, मैंने जिसे गाँधी-भूमि का आस्पद किया है, उस स्थान पर एक सभा हुई। लगभग पच्चीस-तीस गाँव के लोग एकत्र हुए। सबने एक स्वर से घोषित किया, इस जगह

एक कॉलेज की स्थापना की जाए! इसके लिए सवा लाख रुपए एकत्र करने की बात भी तय पाई। अर्थसंकट के लिए एक समिति भी बनाई गई। एक सज्जन ने दो हज़ार रुपए देने का वचन भी दिया।

मैंने इसके लिए जो नोटिस छपवाया, उसमें इन बातों का उल्लेख था—

"जब बागमती के प्रकोप से यह जबार उजड़ रहा था, खेतों में बाढ़-बाढ़ रहती थी, पेड़ सूख रहे थे, पशु मर रहे थे, लोग बारह महीनों बीमार रहते थे, चारों ओर त्राहि-त्राहि मची हुई थी, तो 1834 के भूकम्प के बाद, हमने युगपुरुष राष्ट्रपिता महात्मा गाँधीजी की पुकार की; वह पधारे, हमारा उद्धार हुआ।

पच्चीस वर्ष हो गए : किन्तु क्या इस जबार के लोग महात्माजी के इस उपकार को भूल सकते हैं?

"महात्माजी को यहाँ लाने में मेरा भी हाथ था; अतः मैं सदा सोचा करता था कि हमें कोई काम ऐसा करना चाहिए कि महात्माजी की स्मृति सदा हमारी आँखों के सामने बनी रहे! जब तक आज़ादी की लड़ाई चलती रही हम उसी में उलझे रहे। फिर तरह-तरह के जंजालों में फँसे; किन्तु क्या महात्माजी की कृपा कभी भुलाई जा सकती थी? प्रश्न था, उस स्मारक का रूप क्या हो?"

"इधर सीतामढ़ी और मुज़फ्फरपुर के बीच कोई कॉलेज नहीं है। यदि पूरब-पश्चिम देखिए, तो दरभंगा और मोतीहारी के बीच, इस सीध में, देहात में कोई कॉलेज नहीं। गाँधीजी की सदा इच्छा रही कि सुख-समृद्धि, ज्ञान-विज्ञान को, नगर से खींचकर देहात में लाया जाए। अतः यदि इस बीच में एक कॉलेज की स्थापना हो जाए, तो इससे अधिक अच्छा स्मारक और क्या हो सकता है?"

"बागमती के कारण ही महात्माजी यहाँ पधारे थे। बागमती हमारी पवित्र नदी है। हमारे धन-धान्य में उसका बड़ा हाथ है। अतः उसी के नाम पर एक कॉलेज की स्थापना कर, उसके बीच महात्माजी की एक विशाल मूर्ति स्थापित कर, हम अपनी संतानों को ज्ञान-विज्ञान की शिक्षा के साथ महात्माजी के आदर्शों पर चलने को प्रेरित करें—इससे बढ़कर उस युगपुरुष के उस शुभागमन की स्मृति में और क्या किया जा सकता है।"

"महात्माजी की वह ऐतिहासिक सभा जनाढ़ में हुई थी। संयोग से जनाढ़ में लगभग पच्चीस बीघा ऐसी ज़मीन है जिसे हम "गाँधी-भूमि" में परिणत कर, उस पर बागमती कॉलेज की स्थापना कर सकते हैं।"

मैंने अपने भाषण में भी इन्हीं बातों पर ज़ोर दिया। प्रोफेसर सुरेन्द्रनाथ दीक्षितजी को भी बुला लिया था; उन्होंने भी बड़े ही प्रभावशाली ढंग से कॉलेज की स्थापना और उसके उच्च आदर्शों पर ज़ोर डाला। मैं तो भाव-विभोर था। लोगों ने भी बहुत उत्साह दिलाया। वहीं तय हुआ, 29 अप्रैल से ही इसके लिए चंदा एकत्र करना शुरू कर दिया जाए। मैं विधानसभा का काम छोड़कर इसी में पड़ जाऊँगा।

चंदे के लिए पहला गाँव मैंने मधौल ही चुना है। मधौल और पोता बड़े ही उत्साही गाँव हैं। इन गाँवों में अच्छा श्रीगणेश हो जाए, तो यह काम सम्पन्न होकर रहे।

एक सज्जन ने राय दी, हर बीघा ज़मीन पर दो रुपए के हिसाब से लोग चंदा दे दें, तो आसानी से काम हो जाए। दो नहीं, यदि चार रुपए फी बीघे के हिसाब से चंदा देना शुरू कर दें, तो दो महीने के अन्दर ही इतने पैसे हो जाएँ कि कॉलेज को जुलाई से शुरू कर दिया जा सकेगा।

मैं इस समय अद्भुत भावना-लोक में हूँ। एक कॉलेज बन जाए; बीच में पचास फीट

ऊँचे स्तम्भ पर महात्माजी की मूर्ति हो; जहाँ गाँधीजी की सभा का सिंहासन बना था, वहाँ एक गाँधी मन्दिर बन जाए; इस गाँधी-भूमि में साहित्य, संगीत और कला की त्रिवेणी अहर्निश बहा करे; भव्य भवनों से पूरित, नाना प्रकार की पुष्प-राशि से आभूषित; युवक-युवतियों के कलकूजन से मुखरित—इस आदर्श संस्था की स्थापना के लिए यदि मैं अपना जीवन-दान कर दूँ—तो यह क्या सब प्रकार शुभ और सुन्दर नहीं होगा!

ओ मेरी कल्पना : तू साकार बन!!

सीवान
29 मार्च 1959

सीवान आया हूँ : सारन जिला हिन्दी साहित्य सम्मेलन का उद्‍घाटन करने। मेरे पुराने मित्र पांडेय जगन्नाथ इसके सभापति चुने गए हैं। प्रदेश में यही एक ऐसा जिला-सम्मेलन है जिसके अधिवेशन हुआ करते हैं। फिर सीवान मेरे लिए एक और आकर्षण का केन्द्र है—1940-41 में, उस तूफानी युग में, मुझ पर एक मुकद्दमा चला था, सीवान-कोर्ट में, मुझे यहाँ प्रायः आना पड़ता था। उसके पहले ही सुरक्षा-कानून में मुझे सज़ा मिल चुकी थी; अतः कैदी की हैसियत से ही मुझे आना-जाना पड़ता था। "कैदी की पत्नी" नाम की मेरी पुस्तक के मूल में सीवान जेल की ही घटना है।

स्टेशन पर लोग स्वागत को जुटे थे। संयोगवश डॉ. वैद्यनाथ प्रसाद सिंह यहाँ के असिस्टेंट सर्जन हैं, जो जेल के सुपरिंटेंडेंट भी होते हैं। स्टेशन पर ही चर्चा चल गई। वह मुझे स्टेशन से सीधे जेल ले गए। अट्ठारह-उन्नीस वर्षों के बाद उस स्थान को देखकर मन में क्या-क्या भावनाएँ उठीं!

यह छोटा-सा जेल! मैं हज़ारीबाग जेल से यहाँ लाया गया था! रात का समय था। जेल ठसाठस भरा था। अतः औरत-किता को खाली कराकर रात-भर मुझे वहीं रखा गया। वर्षा हो रही थी; हवा के झकोरे चल रहे थे। एक पुराना पलंग कहीं से लाकर डाल दिया गया था। पलंग में खटमल ही खटमल। एक धुएँ से काली बनी लालटेन रख दी गई थी। रात-भर मैं उस कोठरी में जगा रहा। जेल के बाहर, सामने के पेड़ों की डालियाँ झूल रही थीं। लगता था उन पर प्रेत झूले झूल रहे हों। छप्पर के अन्दर कबूतरों ने घोंसले बना रखे थे; उनकी बीट की दुर्गंध से नाक फट रही थी। खिड़कियों से पानी के झकोरे भीतर आ रहे थे। छप्पर भी चू रहा था। बिछावन भी भीगा-भींगा हो गया था। उफ़, कैसी थी वह रात!

आज दिन के प्रकाश में फिर उस कोठरी को, उसके स्थान को देखा! सीवान जेल उन दिनों भी डाकुओं के लिए मशहूर था। अब भी है। डॉक्टर वैद्यनाथ जी ने दो-तीन डाकुओं को बतलाया। उनमें से एक मुसलमान है, जो शब्दबेधी निशाना लगा लेता है। एक बार किसी आदमी की आवाज़ उसने सुन ली हो, कितने ही आदमियों की आवाज़ों में वह उस आदमी की आवाज़ को पहचान लेगा और बंदूक से ऐसा निशाना लेगा कि जिस अंग को कहिए, वहीं उसकी गोली लगेगी! ठिगना-सा आदमी, अस्त-व्यस्त, चेहरा साधारण, लेकिन आँखों में अजीब चमक। उसकी बगल में अम्बिका पांडे नामक सुप्रसिद्ध डाकू सरदार था, जिसने बिहार और यू.पी. में कोहराम मचा रखा था!

हमें स्थानीय मिडिल स्कूल में ठहराया गया। जलपान के बाद मैं श्री मुनीश्वर सिंह वकील से मिलने गया। मुनीश्वर बाबू मिडिल में मेरे मास्टर थे, पढ़ने में मदद की थी।

सीवान में जब मुझ पर मुकद्दमा चला था, मेरे ज़मानतदार वही थे। रानी जब सीवान आईं थीं मुझसे मिलने को, तो उन्हीं के घर ठहरी थीं। बड़ी आवभगत की गई थी उनकी। अब भी रानी उनके सद्व्यवहार की चर्चा किया करती हैं। एक पुराने वकील थे, कपिलदेव बाबू; मेरे मुख्य वकील उस मुकद्दमे में वही थे। मैं चाहकर भी उनसे नहीं मिल सका।

सम्मेलन धूमधाम से प्रारम्भ हुआ। मैं एक घंटे तक बोला! संध्या को कवि-सम्मेलन हुआ; वह भी पूर्ण सफल रहा। रात में डॉ. वैद्यनाथजी के घर ठहरा हूँ। डॉक्टर वैद्यनाथजी मेरे प्रिय मित्र सरयू बाबू के भाई हैं। इसी ज़िले के रहनेवाले। जब वह विद्यार्थी थे, तभी से जानता हूँ। बड़ी ही श्रद्धा-भक्ति दिखाई है!

सीवान में ही मेरे एक पुराने मित्र श्री चन्द्रिका सिंह जी रहते हैं। चन्द्रिकाजी मेरे बाल-सहपाठी हैं। 1921 में हम लोगों ने साथ ही स्कूल छोड़ा। चन्द्रिकाजी सारन चले आए, यहीं काम किया, यहीं रम गए; यहीं शादी की, यहीं गृहस्थी खड़ी की। पूरे स्वावलम्बी! अपनी बेटियों को जिस तरह की उच्च शिक्षा दी है वह अतिप्रशंसनीय है। आज सम्मेलन में उसकी बेटी 'भारती' ने भाषण किया। अच्छा बोली। लोग उसे 'जवाहरलाल' कहते हैं। कॉलेज में पढ़ रही है। रात का भोजन चन्द्रिका भाई के ही घर पर हुआ—भारती ने स्वयं रसोई बनाई थी। बड़ी तृप्ति मिली!

पटना
31 मार्च 1959

कल से ही पैर के अँगूठे में गठिये का दर्द उमड़ आया है! मित्र कहते थे, मैं भी डींग हाँकता था—"साठा तब पाठा" की कहावत मुझ पर चरितार्थ हो रही है! प्रकृति ने एक ठोकर दी है—

कह रहा है आसमाँ यह सब समाँ कुछ भी नहीं :
पीस दूँगा एक गर्दिश में जहाँ कुछ भी नहीं।

× × ×

बस, कल से ही बिस्तरे पर पड़ा हूँ। सुइयाँ चुभाई जा रही हैं, दवाएँ गले के नीचे उतारी जा रही हैं! कुछ पढ़िए; कुछ गुनिए, कुछ सिर धुनिए!

पटना
3 अप्रैल 1959

रात ऑल इंडिया रेडियो के सभी स्टेशनों से "गंगा-पुल योजना" पर मेरा एक आलेख-रूपक प्रसारित हुआ; भारत की सभी भाषाओं में!

ऑल इंडिया रेडियो से सबसे पहला आलेख-रूपक मेरा ही प्रसारित हुआ था—"आँसू की नदी"—यह कोसी नदी पर था। तबसे "इस्पात पुरी", "लहराती चल दामोदर", "वैशाली और लुम्बिनी" पर मेरे रूपक अखिल भारतीय राष्ट्रीय कार्यक्रम में सभी स्टेशनों से, सभी भाषाओं में प्रसारित हो चुके हैं।

चाहता हूँ, इन सभी आलेख-रूपकों को "आँसू की नदी" के नाम से प्रकाशित कर दूँ। एक प्रकाशक उसे प्रकाशित करने को भी तैयार हैं।

पटना
7 अप्रैल 1959

आज ताम्बरम् (मद्रास) से जित्तिन जी का पत्र आया है। उषा की तबीयत अच्छी नहीं रहा करती है, इसकी सूचना तो मिली थी। आज उनके पत्र से पता चला, वह गर्भवती है। बड़ा आनन्द आया। आजकल प्रभाजी भी यहीं हैं। उसकी भी यही हालत है। इधर बड़ी दुलहिन ने आपरेशन करा लिया था; मैं चिन्तित था, अब आगे अबोध बच्चे खिलाने को कैसे मिलेंगे। लीजिए, एक न शुद, दो शुद! बाबा-बाबा, नाना-नाना साथ-साथ सुना कीजिए। जित्तिनजी ने लिखा है कि शीघ्र दीदी (रानी) को भेज दीजिए; बेटे ने माँ की पुकार की है! बेनीपुर जाकर रानी को ले आने के लिए मुज़फ्फरपुर तार कर दिया है; जित्तिनजी को भी तार करा दिया है, तुम्हारी माँ शीघ्र ही आएँगी। कपिलजी ने उस दिन फोन किया था, उनकी पत्नी अपने बच्चे को दिखलाने के लिए आ रही हैं। कल ही आनेवाली हैं। यदि रानी भी आ गईं समधिन-मिलान भी हो जाएगा। मुँगेर के लिए ट्रंकफोन करके प्रतीक्षा में हूँ। यह अच्छा है; जब चाहा कपिलजी से बातें कर लीं। यदि बेनीपुर तक फोन हो जाए, तो फिर क्या कहने। यदि कॉलेज की योजना सफल हुई, तो फोन, तार, बिजली—क्या-क्या नहीं पहुँच जाएगा वहाँ!

पटना
9 अप्रैल 1959

डॉ. जिवागो पढ़ रहा हूँ। समझ में नहीं आता, क्यों रूसी सरकार नाराज़ है इस पुस्तक पर? टालस्टॉय के "वार एंड पीस" का बीसवीं सदी-संस्करण ! किन्तु एक ज़माना वह भी तो था, जब रूस की यही कम्युनिस्ट सरकार टालस्टॉय के साहित्य को अफीम की तरह हानिकारक समझती थी—क्योंकि उसमें भगवान है, मज़हबी तअस्सुब हैं! आज वही सरकार टालस्टॉय के साहित्य का सस्ता संस्करण निकाल रही है।

× × ×

बागमती-कॉलेज के सपने में डूबा हूँ! स्कीमें बनाता हूँ, ख़ाका बनाता हूँ, नक्शे बनाता हूँ, मित्रों से बातें करता हूँ, घर के लोगों से बातें करता हूँ। अच्छा सपना बुरे तथ्य से तो अच्छा है!

× × ×

रानी बेनीपुर से आ गई हैं। मद्रास जा रही हैं। घबराती हैं, कब तक रहूँगी, कैसे रहूँगी! उनकी घबराहट में क्या मेरे लिए उसकी चिन्ता भी नहीं बँधी है? मुझसे इतनी दूर रहेंगी? मैं बीमार पड़ जाया करता हूँ। बेनीपुर तो नहीं कि दौड़कर पहुँच जाएँगी। और बेनीपुर में जाऊँगा तो मेरी देखभाल कौन करेगा? मुझे खुद इसकी चिन्ता है। लेकिन बेटे ने अपनी माँ को पुकारा हैं—उसे जाना चाहिए। मैं हँस-हँसकर उसे उत्साहित कर रहा हूँ।

× × ×

लगता है, मुझे प्रकाशन के काम को सम्भालना पड़ेगा—कम-से-कम तब तक, जब तक कि देवेन्द्रजी पी-एच. डी. नहीं कर लेते हैं। पूरा भार उन्हीं पर देने से शक है, उनके रिसर्च में बाधा पड़े और फिर अच्छा नहीं कर सकें। पी-एच. डी. उनके लिए अन्तिम चांस है; इसमें अच्छा करना ही है!

× × ×

संगीत नाटक एकेडमी ने 'सर्वश्रेष्ठ नाटक' प्रतियोगिता में आए उनतीस नाटक भेज दिये हैं, निर्णय के लिए। पढ़कर निराशा हुई। कोई भी एक ऐसा नाटक नहीं जिन्हें आप फर्स्ट क्लास का नम्बर दे सकें। कुछ लँगड़े, कुछ लूले, कुछ गूँगे! जिनमें रंगमंच पर ध्यान दिया गया है, उनके कथानक या कथोपकथन में दम नहीं। जिनमें कथानक या कथोपकथन बन पड़े हैं, उन्हें रंगमंच पर उतारा नहीं जा सकता। दो-तीन को छोड़कर शेष सभी धनुर्धरों की रचनाएँ हैं। क्या निर्णय किया जाए? किन्तु भरना ही है। कल निर्णय भेज देने की अन्तिम तारीख़ जो है।

× × ×

इधर बिहार विधानसभा में सिर्फ आना-जाना रहा। क्या बोलता; क्यों बोलता। कभी-कभी सोचता हूँ, उस दिमाग की बलिहारी, जिसने एक ऐसे भवन की कल्पना की जिसमें लोग अविराम भाषण ही देते रहते हैं। और जहाँ ऐसी व्यवस्था हो, जहाँ लोग भाषण देने के लिए ही भाषण दें, तो आश्चर्य क्या? 319 का भवन : कोई-न-कोई रेस्त्राँ इनमें एक को बोलते रहना है। विशेषज्ञों को कौन पूछता है? दुलती झाड़नेवालों की चलती-बनती है।

× × ×

और बेनीपुरी, लिखना तुमने छोड़ ही दिया! क्या मन ऊब गया? या अपने पर विश्वास नहीं रह गया? या आग बुझ गई—बस राख का ढेर : कुछ गर्मी ज़रूर; लेकिन न चमक, न चिनगारी!!!

पटना
10 अप्रैल 1959

एक दिन था, शुक्लजी बिहार के युवकों के लिए आदर्श थे; उनके दर्शनों के लिए युवक तरसते थे, वह क्रान्तिकारी थे, वे आग से खिलवाड़ करते थे। पुलिस उनके पीछे तबाह थी, उससे आँख-मिचौनी खेलना उनकी एक साधारण दिल्लगी थी!

एक घटना की याद आती है। उन दिनों में मैं "युवक" निकालता था। वह सर्चलाइट प्रेस में छपता था। एक दिन मैं उसके आफिस में प्रूफ देख रहा था, तो एक युवक ने आकर कहा—बाहर एक सज्जन आपकी प्रतीक्षा में खड़े हैं।

काम में लगा हुआ था, इस बाधा से कुछ खीज हुई। किन्तु उस युवक का आग्रह—बाहर आया। देखा, प्रेस के एक नुक्कड़ पर एक सज्जन खड़े हैं। घुँघराले बाल, काला चश्मा, दाढ़ी-मूँछ सफाचट, रेशमी कमीज का कोट, चुन्नटदार धोती, बढ़िया जूते—लगा, कोई 'चन्द्रलोक' बंगाली बाबू हैं।

जब निकट गया, हाथ बढ़ाकर मेरा हाथ पकड़ते और कसते हुए कहा—क्या अभी तक नहीं पहचाना!

"भैया—आप!" "चुप—साला"—क्या अब भी पहचानने में कुछ कसर रह गई थी। यह योगेन्द्र शुक्लजी थे। फरार थे; उनके पकड़वा दने के लिए इनाम की घोषणा हो चुकी थी। कई षड्यंत्र-केसों में उनका नाम आ चुका था! एक क्षण के लिए मैं सिहर उठा—अपने लिए, या उनके लिए। किन्तु क्या शुक्लजी ने सोचने का भी मौका दिया--कहा, चलो मेरे साथ! और मैं यंत्रवत् उनके पीछे लगा।

सर्चलाइट प्रेस के निकट ही थाना था उन दिनों। ज्यों ही हम सड़क पर आए, देखा, पुलिस का एक दस्ता आ रहा है। क्या शुक्लजी की गिरफ्तारी के लिए ही यह दस्ता आ रहा है? किन्तु शुक्लजी ने निर्भयता से कहा, बढ़ते चलो। यह मेरी गिरफ्तारी के लिए नहीं हो सकता? शायद इनकी ड्यूटी चेंज हो रही है। और कहीं इसलिए आ रहे हों, तो निर्भय निकल जाने में ही ख़ैर है। जहाँ संकोच हुआ, उनका शक बढ़ेगा। और यदि कहीं मुठभेड़ हो ही गई, तो देखो—उन्होंने मेरा हाथ खींचकर अपनी जेब में डाल दिया! दोनों जेबों में दो हैं, छः छः नालियों के। एक दर्जन को गिराकर ही तो गिरफ़्तार होऊँगा!

शुक्लजी के निशाने का शोर था उन दिनों। वह उड़ती चिड़िया को गिरा सकते थे। शब्दबेधी निशाना था उनका। कहने लगे, इन पुलिसवालों के लिए सबसे अधिक उनकी जान प्यारी है। भाड़े के ये टट्टू अपने को बचाकर ही धावा करेंगे। यों सीधे, सामने क्या खाकर मुकाबला करेंगे।

सचमुच पुलिस का वह दस्ता हमारे निकट से निकल गया। शुक्लजी अपने दोनों हाथ जेब में डाले, हँस-हँसकर बतियाते, बढ़ते गए।

डाक बँगले के चौराहे पर पहुँचकर स्टेशन की ओर मुड़े। बोले, भूख लगी है, चलो स्टेशन के रेस्त्राँ में प्रेम से खाएँ! पटना स्टेशन की बगल में ही कपूर होटल था, हम उसी में गए और शुक्लजी भूखे शेर की तरह बड़े चाव से भोजन करने लगे।

भोजन के बाद उनके मन में उमंग आई और कहा, चलो, प्लेटफार्म पर घूम-फिर लिया जाए। मैंने ध्यान दिलाया, वहाँ पुलिस का पहरा हमेशा रहता है, शुक्लजी की गिरफ्तारी के लिए इनाम की घोषणा और उनका पूरा हुलिया स्टेशन पर चिपकाया गया है, अतः क्या वहाँ जाना ठीक होगा? कोई खुफिया मिल जाए; कोई परिचित ही मिल जाए! लेकिन शुक्लजी, कब माननेवाले थे। हमें लेकर स्टेशन के प्लेटफार्म पर आए, अपने इनाम की घोषणा के निकट खड़े होकर पढ़ते और हँसते रहे! क्योंकि उस घोषणा में जो हुलिया था, उसमें और आज के उनके रूप में कोई साम्य भी नहीं था!

जिस दिन हम लोग नमक-सत्याग्रह में शामिल होने जा रहे थे, उस दिन भी उसी फ़रारी हालत में उस भीड़-भाड़ में हमसे मिले थे! अपनी बहादुरी और हिम्मत के कारण ही उन दिनों उन्हें "बिहार का शेर" कहा जाता था।

"युवक आश्रम" में भी वह कभी-कभी आ जाते थे। एक बार मुगलसराय के स्टेशन पर भेंट हुई थी। उनका आग्रह था कि मैं उनकी क्रान्तिकारी पार्टी में सम्मिलित हो जाऊँ। "युवक" के अंकों में मैं क्रान्तिकारियों का परिचय छापा करता था, इससे उन्हें और भी उत्साह मिला था!

एक रात की बात तो मैं जीवन-भर भूल नहीं सकता। मुज़फ्फरपुर में अखिल भारतीय हिन्दी सम्मेलन हो रहा था। स्वागत का बहुत-सा भार मुझ पर था। दिन-भर मैं दौड़ता-फिरता। रात में किसी एक कलाकार-मित्र के घर जाकर सो जाता। गर्मी के दिन थे; छत पर, खुले आसमान के नीचे सो जाता। एक रात सोया था कि अचानक किसी दबाव से नींद टूट गई। पाया, शुक्लजी हैं। बातें शुरू कर दीं और अन्ततः छाती पर पिस्तौल रखकर बोले—या तो पार्टी में शामिल हो, या जहन्नुम जाओ! मैं थोड़ी देर भौंचक रह गया, फिर कहा—मार डालिए, आपके हाथ से मरकर स्वर्ग ही जाऊँगा, किन्तु किसी स्टेज में कमज़ोरी आ गई, तो अपने को कलंकित करना मैं नहीं चाहता! शुक्लजी मान गए, इस शर्त पर कि मैं फरारों के लिए शरण और अर्थ की व्यवस्था करता रहूँ!

शुक्लजी कहा करते थे, जब तक वह जगे हैं, उन्हें कोई गिरफ्तार नहीं कर सकता!

सचमुच वही बात हुई। जब वह मलखाचक में, रामविनोद भाई की गाँधी-कुटीर में, एक रात सोये थे, तो अचानक पुलिस ने धावा बोल दिया। पुलिस बड़ी तैयारी से गई थी। छपरा से एक स्पेशल ट्रेन में भरकर बड़े-बड़े अफसरों के साथ पहुँची थी। जब शुक्लजी गहरी निद्रा में थे, पुलिस के कई जवान उनकी देह पर टूट पड़े और धर दबोचा। नींद टूटने पर, तो भी, शुक्लजी ने हाथापाई की। तकिए के नीचे उनकी पिस्तौल थी; किसी तरह पिस्तौल हाथ आ जाए, इसकी चेष्टा करते रहे। मालूम होता है, पुलिस को इस पिस्तौल की बात पहले से मालूम थी। एक ने ऐसा झटका दिया कि पिस्तौल अलग जा गिरी। शुक्लजी को गिरफ्तार कर, सुअर की तरह, अंग-अंग में बाँधा और सुअर की तरह ही एक लम्बे बाँस में लटकाकर, स्पेशल ट्रेन तक ले आए और फिर छपरा जेल में ले गए!

1941 में जब मैं छपरा जेल में भेजा गया था, तो वहाँ उन दिनों की कई कहानियाँ सुनीं। शुक्लजी को एक अलग सेल में रखा गया था। उन्हें निकालने की कई चेष्टाएँ हुईं। अन्त में सोचा गया कि उनके पैर और कमर में डंडा-बेड़ी डाल दी जाए। प्रश्न था—कैसे यह काम किया जाए। फिर वही नींद की शरण ली गई। जब एक दिन शुक्लजी सो रहे थे, उन पर टूटकर उन्हें दबोचा गया और डंडा-बेड़ी डाल दी गई। किन्तु इसी उठा-पटक में शुक्लजी के हाथ में डंडा-बेड़ी डालने के लिए ले जाया गया लोहे का हथौड़ा उनके हाथ लग गया। फिर क्या था, शुक्लजी उस हथोड़े को भीम की गदा की तरह घुमाने लगे। अब किसी की मजाल थी कि उनके सेल के निकट कोई फटके!

लेकिन एक कैदी को इस प्रकार कैसे छोड़ा जा सकता था! तय किया गया, या तो शुक्लजी हथौड़ा वापस कर दें, या उन्हें गोली से उड़ा दिया जाए। यह ख़बर जेल के बाहर भी फैल गई। समूचा छपरा शहर जेल के चारों ओर इकट्ठा हो गया। नारे लगाने लगे, जय-जयकार होने लगी! उस जेल में जो राजबंदी थे, उन्होंने भी नारे बुलंद किए। मालूम होता था, यह जेल टूटकर रहेगी, यहाँ खून की नदी बहकर रहेगी!

संयोग से वहाँ का जिला-मजिस्ट्रेट बहुत ही होशियार था। उसने कुछ ऐसी चातुरी और होशियारी से काम लिया कि किसी तरह उस दिन यह मामला सुलझा!

तिरहुन षड्यंत्र केस के नाम से एक सनसनीपूर्ण मुकद्दमा मोतीहारी जेल में चलाया गया। पुलिस तो शुक्लजी के खून की प्यासी थी। कई खून का आरोप था। किन्तु इस केस के प्रति देश नेताओं का ध्यान गया। मुकदमा अच्छी तरह से लड़ा गया। शुक्लजी को सिर्फ दस साल काले पानी की सज़ा हुई!

शुक्लजी काला पानी भेजे गए। वहाँ उन्होंने अनशन प्रारम्भ किया। उन्हें सदा डंडा-बेड़ी में रखा जाता। इससे उनकी आँखें ख़राब होती गईं। आज भी उनकी आँखें उन्हें बहुत कष्ट देती हैं!

1937 में जब कांग्रेसी मंत्रिमंडल कायम हुआ, हमने राजबंदियों की रिहाई की माँग की। अंग्रेजी सरकार अन्य राजबंदियों को छोड़ने को तैयार थी, किन्तु शुक्लजी के बारे में वह ज़िद कर बैठी। इधर हमने नया नारा दिया "रिटर्न ओर रिजाइन"! राजबंदियों को रिहा करो, या गद्दी छोड़ दो। जमानत की इस माँग पर बिहार मंत्रिमंडल को इस्तीफा देना पड़ा! शुक्लजी को यह श्रेय प्राप्त है कि एक बार एक सरकार को उनके लिए इस्तीफा देना पड़ा है।

अन्त में अंग्रेजी सरकार झुकी। शुक्लजी को काला पानी से हज़ारीबाग जेल और वहाँ से पटना जेल लाया गया। पटना स्टेशन से जेल जाने के पहले शुक्लजी हमारे आफिस में आए! हम सोये थे, हमें जगाया गया। मैं शुक्लजी को देखकर चकित रह गया। वही

मस्ती, वही बेखुदी, वही निर्भीकता, वही अदम्य साहसिकता! मैं उन दिनों "जनता" निकाल रहा था, जनता का राजबंदी अंक निकला था, जिसमें शुक्लजी पर पहला प्रामाणिक लेख निकला था! शुक्लजी का पहला चित्र छापने का सौभाग्य भी "जनता" को ही प्राप्त हुआ था।

शुक्लजी की दुर्दान्त साहसिकता की कितनी कहानियाँ आज भी बिहार में प्रचलित हैं! वही शुक्लजी आज बीमार हैं और बिहार-परिषद् के फ्लैट में पड़े हैं। अभी उन्हें देखकर आया हूँ। उफ़, क्या हालत हो गई है! कहाँ गया उनका वह शरीर; कहाँ गई उनकी गठी हुई मांसपेशियाँ; कहाँ गए वे पुट्ठे! पत्थर की तरह लगते थे उनके पुट्ठे! स्वभावतः ही हाथ पकड़ते थे, तो लगता था, हम वज्र-मुष्टि की पकड़ में आ गए हैं। वही पड़े हैं बिछावन पर। साग की तरह गल गए हैं।

रक्तचाप की बीमारी है। इस बीमारी में चिन्ता से बचना चाहिए। किन्तु, नाना तरह की चिन्ताओं में घिरे रहते हैं। जीवन-भर घर से अलग रहे, उदासीन रहे। एक बेटा है, एक सौतेला भाई। बहुत चाहा कि उन दोनों के लिए कोई अच्छी व्यवस्था कर दें। इधर सरकार से, बस की परमिट से, सहायकों और मित्रों से काफी पैसे मिले। यों तो शुक्लजी की तबीयत भी बादशाह की है। आया, तो फूँक दिया। फिर इन दोनों लड़कों की भी अजीब हालत है। ये लोग भी फूँकते हैं और दिन-रात शुक्लजी को नोचते रहते हैं! बस की परमिट एक आदमी को दे दी थी; उसने सेल्स टेक्स के हज़ारों रुपए उन पर गिरा दिए हैं—जब्ती-कुर्की की बारी है।

मैं जब-जब जाता हूँ, उन्हें ढाढ़स दिलाता हूँ, चिन्ताओं से दूर करने की कोशिश करता हूँ, थोड़ा हँसाता और दिल बहलाता भी हूँ। किन्तु ज्यों ही उनके निकट से अलग हुआ, बार-बार उनकी सूरतें—वह पुरानी दबंग सूरत, यह नई करुण मूर्ति—आँखों के सामने आ खड़ी होती हैं!

बेनीपुर
19 अप्रैल 1959

बेनीपुर आया हूँ : कॉलेज के काम से। 'चैरिटी बिगिन्स फ्रॉम होम'—इस वाक्य के अनुसार पहले अपने गाँव से ही शुरू करना चाहता हूँ। परसों गाँव के लोगों को बुलाया था—बीघा पीछे पाँच रुपए के हिसाब से दीजिए—लोगों ने 'हाँ' तो कर दिया; आज हिसाब हो जाएगा कि कौन कितना दे; असल सवाल तो है कौन कितना देगा!

अपने साथ एक नोटिस छपवा लाया हूँ—"सवा लाख रुपए दान दीजिए!" गाँव-गाँव घूमूँगा। तय कर चुका हूँ, असेम्बली की बैठकों को भी छोड़ दूँगा इस काम के चलते। यदि बेनीपुर ने अच्छा श्रीगणेश किया, तो अन्य गाँव भी मदद देंगे ही। काम बड़ा है, लेकिन बकौल चकबस्त—

"अगर थोड़ी-सी हिम्मत हो,
तो फिर क्या हो नहीं सकता?"

हिम्मत तो है; लेकिन घबराता हूँ सेहत से। कल खाने-पीने में थोड़ा-सा कुसंयम हुआ, भोर में एक दस्त हो गया है! लेकिन आदमी यदि यह निश्चय कर ले—

शरीरं या पातयामि; कार्यं वा साधयामि!"

तो होकर रहेगा! साफ बात यह है, ऐसा निश्चय भी नहीं बन पाता है! बुढ़ापे में

हड्डियाँ कमज़ोर और नस-नस शिथिल पड़ जाती है। शरीर की यह अवस्था मन पर भी असर डालती है। जवानी में कोई बड़ा संकल्प निभा लेना आसान है। बुढ़ापे के संकल्प के लिए गाँधीजी की तरह, अलौकिक मनोबल की आवश्यकता है! बेनीपुरी, अब तुम्हारे लिए पीछे पैर हटाना नहीं है। अपने मनोबल को सम्भालो; तुम्हारे सारे काम देर-सवेर पूरे हुए हैं। यह भी पूरा होकर रहेगा!

बेनीपुर में शायद पहली बार है कि मैं हूँ और रानी नहीं हैं। रानी मद्रास गई हैं। जित्तिन की चिट्ठी आई है; छोटी दुलहिन गर्भवती है, बेचारी परेशान है। अतः रानी दौड़ी-दौड़ी गई है। रानी के साथ एक नौकर भी भेज दिया है—रामेश्वरजी पहुँचाने गए हैं।

रानी के बिना कैसा सूना-सूना लगता है! उस दिन पटना-स्टेशन से जब गाड़ी छूट रही थी, हाथ जोड़कर उसने जिस तरह प्रणाम किया, उसकी आँखें, उसका चेहरा, चेहरे के भाव अभी तक नहीं भूल पाया हूँ। यह पहली बार था कि उसने इस तरह हाथ जोड़कर मुझे प्रणाम किया, साधारणतः हमारा अभिवादन आँखों-आँखों में ही हुआ करता है।

रानी—इस गँवार, अनपढ़ औरत ने किस तरह मेरे व्यक्तित्व को आच्छादित कर रखा है, मुझे स्वयं आश्चर्य होता है! उसके बिना किस प्रकार यह मेरा घर सूना-सूना लगता है। जब कभी सोचता हूँ, जब वह नहीं होगी, तो मैं कैसे रहूँगा, तब घबरा उठता हूँ। कार्ल मार्क्स की जीवनी में पढ़ चुका हूँ, किस तरह जेनी की मृत्यु के बाद उसकी मृत्यु निकटतम होती गई! बर्नार्ड शा की भी यही हालत हुई, उनकी अर्द्धांगिनी के चल बसने के बाद।

रानी को विश्वास है, वह मुझसे पहले कूच करेगी; पूरे सौभाग्य के साथ, माँग में सिन्दूर लिए हुए। ऐसा ही हो। क्योंकि वह रहे और मैं नहीं रहूँ, ऐसा मैं सोचना भी नहीं चाहता। बड़ी स्वाभिमानी है वह; क्या उसके बच्चे उसके अभिमान की वह कद्र कर सकेंगे, जो मैं करता हूँ। अतः वह मेरे सामने ही जाए, यही चाहता हूँ। किन्तु यह भी जानता हूँ, उसका जाना मेरे लिए क्या होगा!

एक छोटी-सी बात। यहाँ मैं ज्यों ही पहुँचता था, अपना पर्स रानी को सुपुर्द कर निश्चित हो जाया करता था। आज संयोग से मेरा पर्स मेरे पलंग पर ही रह गया। मैं बगीचे की ओर गया, और जब तक लौटूँ, उसमें से कुछ रुपए गायब हो चुके थे? ये रुपए किसने चुराए? जिस आदमी पर शक है, (क्योंकि कई बार उसने ऐसा किया है) वह थोड़ा पढ़ा-लिखा भी है; मैं उसे किसी नौकरी में लगाने को भी उत्सुक रहता हूँ, लेकिन धन्य यह आदमी—बार-बार ऐसी घटनाओं से अपने पर अनायास अविश्वास उत्पन्न कर लेता है!

यह बीमारी है, या गरीबी का अभिशाप! जो भी हो, मुझे बड़ी परेशानी होती है इन बातों से! रुपए के लिए? नहीं—दस-बीस से क्या आना-जाना है। लेकिन इसलिए कि समाज कहाँ जा रहा है? व्यक्ति किस खड्ड में गिर रहा है ?

त्राण का उपाय : शिक्षा भी है—लेकिन वहाँ भी शर्त है, वह यथार्थतः सद्शिक्षा हो!

बेनीपुरी
20 अप्रैल 1959

श्रेयांसि बहुविघ्नानि! कॉलेज के लिए बाहर निकला, तो पहले दिन ही इसका अनुभव हुआ। मेरे गाँव के लोगों ने तो बहुत उत्साह दिखलाया; लोगों ने स्वयं पाँच रुपए बीघे के हिसाब से चन्दा लिखवाया। किन्तु ज्यों ही अपने गाँव के टोले पर गया, विघ्न की भनक मिलने

लगी। जिस जमीन पर कॉलेज बनाना है, वह ग़ैरमज़रूआ जमीन है। उसकी मिल्कियत टीले पर वालों की भी थी। अब जमींदारी गई, मिल्कियत की क्या कीमत? मुझे पहले ऐसा ही इत्मीनान दिलाया गया था। लेकिन आज कहा जाने लगा, मुझसे नहीं, मेरे साथियों से कि जनाढ़ के लोग विघ्न डालेंगे! जनाढ़ में कुछ लोग उनके पक्ष में हैं, द्रविड़ प्राणायाम की विधि अपनाई जा रही है! जब जनाढ़ गया, तो इसकी पुष्टि हुई। समूचा जनाढ़ कॉलेज के पक्ष में है। किन्तु दो-चार आदमियों ने ऐसा रुख लिया है कि यह नहीं होने पावे! वे लोग अपने को कांग्रेसी भी कहते हैं! वे लोग इसमें राजनीति घुसेड़ना चाहते हैं। वे सोचते हैं, पिछले चुनाव में मैंने उन्हें पराजित किया; यदि कॉलेज बन गया, तो मेरी शक्ति असीम हो उठेगी! अतः इसे न होने दो, न होने दो। उफ़, देश कहाँ जा रहा है! अपने से कुछ पार न लगेगा, तो दूसरे को करने भी नहीं देंगे। और, यह बेचारी कांग्रेस—कैसे लोगों के हाथ में पड़ गई है! और इसी कांग्रेस को पंडित नेहरू सामाजिक क्रान्ति का वाहन बनाना चाहते हैं। खैर, मुझे प्रयत्न करना है—मा फलेषु कदाचनः!

बेनीपुर
21 अप्रैल 1959

इस गर्मी में, धूप में, झुलस में लगभग पाँच मील घूम-फिरकर आया हूँ—यहाँ से भरथुआ, भरथुआ से कल्याणपुर! फिर गाँव-गाँव में इस दरवाजे से उस दरवाजे ! पैर टूट रहे, पसीना चू रहा। और, तरह-तरह के लोगों की तरह-तरह की बातें ! कॉलेज नया अनुभव दे रहा है, कथनी और करनी में फर्क का अनुभव तो आनेवाला ही है!

कल जनाढ़ के लोगों ने बड़ा उत्साह दिखलाया। वहाँ का विरोध समाप्त ही हो गया, ऐसा समझा जा सकता है! सबने सोत्साह साथ देने की प्रतिज्ञा की। पाँच रुपए बीघा के हिसाब से चन्दा देना भी स्वीकार किया; स्वयं नाम लिखवाया। बेनीपुर और जनाढ़, इन दो गाँवों ने जैसा उत्साह दिखलाया है, यदि अन्य आठ-दस गाँव भी ऐसा उत्साह दिखा सके, तो फिर क्या कहना?

किन्तु आज भरथुआ और कल्याणपुर का अनुभव अच्छा नहीं रहा। मैं आज मधौल जानेवाला था; जगदीश ने कहा, भरथुआ चलिए। अजीब है यह गाँव! जिस ओर ढला, ढला! बात के बतंगड़ में ही सारा समय निकल गया। कल्याणपुर का जो सबसे धनी आदमी है, वह तो गाँव से ही निकल गया: यों आज कोई उल्लेखनीय काम नहीं हुआ; हाँ, परेशानी बहुत रही! इस समय लेटा हूँ—अंग-अंग टूट रहा है!

पर, इन बातों से क्या मैं धैर्य खो दूँगा। ज़िन्दगी का यह आखिरी काम है—ज़िन्दगी की आख़िरी शक्ति तक लगा दूँगा!!!

बेनीपुर
23 अप्रैल 1959

कल मधौल गया; अच्छा रहा—बहुत अच्छा! यह विश्वास बढ़ता जा रहा है कि यदि मैं पूरा समय दे सका, लगा रहा, तो कॉलेज बनकर रहेगा। आज पटना जा रहा हूँ। फिर शनिवार को लौटूँगा!

बेनीपुर
25 अप्रैल 1959

मुजफ्फरपुर से लौट आया। पता चला, दंगे के कारण विधानसभा सोमवार तक के लिए बन्द है।

आज राहुलजी की एक पुस्तक पढ़ी। राहुलजी को देखकर चिल्का-झील का स्मरण हो आता है—विस्तार बहुत, गहराई कुछ नहीं!

लेखन को पेशा बना लिया जाए, प्रतिदिन इतने समय तक या इतने पृष्ठ लिखूँगा ही, ऐसा तय कर लीजिए, तो यही होता ही है!

ग्रन्थावली—दसों भाग निकाल ही देना है; तभी मेरी कृतियों का सही मूल्यांकन हो सकेगा।

ट्रेन पर
मुजफ्फरपुर से पटना

पटना जा रहा हूँ। बेदौल, भदई, बसन्त, मटिहानी—कॉलेज के काम से इन चार गाँवों में गया। बेदौल—जो हुक्म! भदई—आपकी बात हम रखेंगे! बसन्त—हम क्या आपसे अलग हैं? मटिहानी—हम सोचेंगे!

आज सभी गाँवों में रसीद-बहियाँ भेज दी हैं। बात जब काम में बदलेगी, तभी यथार्थता का अनुभव होगा। अभी कोई ऐसी बात नहीं जिससे निराश होना पड़े!

मधौल—रत्नावली
2 मई 1959

जब-जब बड़े गाँवों में घूमता हूँ, प्रायः सोचता हूँ, जब तक ये गाँव इसी बेतरतीब और बेढंगे रूप में रहेंगे, तब तक क्या लोगों की जिन्दगी में सुख, स्वास्थ्य या सौन्दर्य की कल्पना की जा सकती है? घनी आबादी; घर-पर-घर; रास्ते तंग, धूल या कीच से भरे; घर के आसपास गन्दगी का अम्बार; घरों में पैखाना या पेशाबखाना बनाने का रिवाज़ नहीं : बड़े-बड़े घर बना लेंगे किन्तु यह न सोचेंगे कि पर्दानशीन औरतें या बच्चे या वे स्वयं 'प्रकृति की पुकार' होने पर कहाँ जाएँगे। नतीजा : गाँव के आसपास, मल या गन्दगी का समुद्र; नाक फटने लगे, उबकाई आने लगे, रोएँ सिहर उठें, आँखें बन्द हो जाएँ। उफ़, हमारे ये गाँव—नरक के प्रतिरूप बन गए हैं।

हमें यदि नया देश बसाना है, तो सबसे पहले इन गाँवों को जला देना होगा, इन घरों को ढहा देना होगा। फिर नया गाँव बसे। जहाँ चौड़े रास्ते हों, नालियाँ हों, कतार में मकान हों। मकानों के साथ स्नानघर अवश्य हो, शौचालय हो। मकानों के आगे फुलवाड़ी हो, पीछे तरकारियों के लिए छोटा-सा बाड़ा हो। हर घर के पास दो-एक नींबू के पेड़ हों, दो-एक पपीते के पेड़ हों, केलों के पेड़ हों, अमरूद-शहतूत के पेड़ हों। गाँव से थोड़ा हटकर फूलों के बगीचे हों, हर परिवार का अपना बगीचा। जहाँ आम, लीची, अमरूद, कटहल के पेड़ पाँच वर्षों में ही फल देने लगें, वहाँ बागीचों की कमी! वहाँ गेंदे, बेला, रजनीगन्धा, जूही आदि रंग-बिरंगे, सुगन्धों से भरे फूल बिना प्रयास होते हों, वहाँ फूलों की कमी?

मैं रामपक्षजी की बेटी की शादी में आया हूँ। विदाई की बेला में वर पक्ष की ओर से निवेदन किया गया, मैं कुछ कहूँ! विवाह की मांगलिकता के बारे में कुछ कहा। मैंने कहा, चालीस-पचास साल के बाद जब हमारे पोते-परपोते पुस्तकों में यह पढ़ेंगे या तसवीरों में यह देखेंगे कि उनके हम बाप-दादा कैसे घरों में रहते थे, कैसे गाँवों में बसते थे, तो उन्हें घोर आश्चर्य होगा कि कहीं ऐसा भी हो सकता है? हम पर उन्हें घृणा भी आ सकती है! व्यंग्य में मैंने यह भी कह दिया कि बरात है, शादी है, महफिल है; किन्तु उनमें सभी मूँछ-मूँछ ही बैठे हैं! समधी-समधी मिलन का क्या अर्थ? मिलन तो होना चाहिए समधी-समधिन का! बड़ा ठहाका लगा।

चाहे विधानसभा में बैठूँ या महफिल में—कॉलेज का ध्यान तो सदा रहता ही है। यह गाँव बड़ा है; यदि यह पूरी सहायता कर दे, तो बेड़ा पार! अतः आज फिर एक बार जोर लगाया—लोग देना चाहते हैं, किन्तु कितना दें, यही झमेला खड़ा होता है। मैं अपने उसी पाँच रुपए बीघा पर डटा हुआ हूँ। आज गाड़ी कुछ आगे बढ़ी है, मंगल को फिर आऊँगा।

आज यहाँ पोता के मुनिजी (श्री रामदेव शर्मा) को बुलावा भेजा। उनकी तबीयत ठीक नहीं, तो भी आए। कॉलेज की योजना से वह भी प्रभावित हैं! अपने गाँव के लिए निमन्त्रित किया; समय देने को भी तैयार हैं! जनाढ़ में गृहनिर्माण का काम शुरू हो जाए, तो वहीं रहने को भी तैयार हैं। मुनिजी मेरे बाल-सहचर हैं। सुशिक्षित हैं; सुसभ्य हैं; घर के भी काफी खुशहाल हैं। उनके ऐसे लोगों का सहयोग इस काम को कहीं आगे बढ़ा देगा, इसमें तो कोई शक ही नहीं।

बेनीपुर
5 मई 1959

एक सुसमाचार : सन्ध्या को अपने गाँव के टोले पर गया। उन लोगों की जमीन भी कॉलेजवाली परती जमीन में पड़ती है। उन्हें लोगों ने आज स्वीकृति दे दी। बड़ी प्रसन्नता हुई। किन्तु जिम्मेवारी और बढ़ी। आजकल तो सपने में भी कॉलेज के बारे में ही सोचा करता हूँ।

जनाढ़
11 मई 1959

वैशाख शुक्ल तृतीया सोमवार : अक्षय तृतीया भी इसे कहते हैं। आज कॉलेज की नींव मैंने अपने हाथों रखी। नींव के बाद उस चबूतरे पर पूजा की, जिस पर खड़े होकर 1934 में गाँधीजी ने व्याख्यान दिया था। वह ऊँचा मन्त्र—पच्चीस वर्षों के घर्षण के बाद भी आज ऊँचा चबूतरा बना है। इसी पर एक सुचारु गाँधी-मन्दिर के निर्माण की अभिलाषा है। जब मैं कुछ बोल रहा था, अचानक मेरा गला रुँध गया। गाँधीजी के उस आगमन के बाद ही इसकी कायापलट हो गई—अब जिस ओर देखिए, धान की पुआल के ऊँचे-ऊँचे टाल हैं, पक्के मकान हैं, श्री-सम्पन्न गाँव हैं! लेकिन क्या हम लोग गाँधीजी के इस महान उपकार को याद रखे हुए हैं? मैंने मन ही मन संकल्प किया, अपना शेष जीवन इस कॉलेज और इस मन्दिर के निर्माण और विकास में ही उत्सर्ग करता हूँ! मेरे जीवन की यह अन्तिम

कामना है—क्या इसे पूर्ण होते देख सकूँगा?

मधौल
12 मई 1959

जब से कॉलेज के बारे में काम करना शुरू किया है, कभी-कभी मन में अजीब ढंग की वितृष्णा पैदा होती है! यह क्या शुरू कर दिया है मैंने? क्या इसकी पूर्ति सम्भव है? कहीं गलत ढंग से तो मैंने नहीं सोच लिया है?

कॉलेज बनाने की चर्चा में जनता की बड़ी दिलचस्पी है! गाँव-गाँव में इसकी चर्चा है। कॉलेज बने, तुरन्त बने, यह सब चाहते हैं। चूँकि मैंने यह काम उठाया है, अतः इसकी सफलता में भी लोगों को विश्वास है। किन्तु कोई यह सोचने को तैयार नहीं कि कॉलेज बनेगा तो कैसे? कॉलेज के लिए सवा लाख रुपए चाहिए; ये सवा लाख रुपए कैसे एकत्र होंगे, कौन इकट्ठा करेगा, हर आदमी का इसके प्रति क्या कर्तव्य है, कोई नहीं सोचता! अरे, आप हैं तो कॉलेज क्यों नहीं बनेगा, बनकर रहेगा, यही सुनना पड़ता है!

किसी आदमी के प्रति विश्वास हो, वह ठीक है! किन्तु यह विश्वास जब अन्धविश्वास में परिणत हो जाए, तब प्रत्येक समझदार को भयभीत हो जाना चाहिए। क्योंकि यह अन्धविश्वास आदमी में अकर्मण्यता ला देता है। यही देख रहा हूँ। सभी लोग चाहते हैं कि कॉलेज हो; किन्तु कोई यह नहीं चाहता कि इसके लिए मुझे कुछ देना पड़े, या कुछ करना पड़े! यही नहीं; बल्कि देखता हूँ, जो लोग बहुत उत्साह दिलाते रहे, बड़ी-बड़ी बातें करते रहे, वे भी अब तो कतराने लगे हैं—तरह-तरह के बहाने बनाकर!

जो लोग देने को कहते हैं, वे भी चाहते हैं कि जितने दिनों तक यह देना टल सके, उतना ही अच्छा। और, पहली बात तो यह होती है कि सब लोग एक-दूसरे का मुँह देखते हैं कि पहले कौन क्या बोलता है? यदि उसने कुछ कम कहा, तो सब लोग उसी का अनुसरण करते हैं और उस बेचारे को कोसते भी हैं। जिसने हिम्मत की, सच्चाई दिखलाई, उसे मूर्ख समझा जाता है! सबसे बुरी बात तो यह है कि वादे करके भी टल जाते हैं। बोल का कोई मोल नहीं रह गया हो जैसे।

ऐसी परिस्थिति कभी-कभी उद्विग्न कर डालती है। इस धूप में, धूल में, अपने स्वास्थ्य पर, अपने जीवन पर खतरा लेकर जो दौड़-धूप कर रहा हूँ, उसके औचित्य पर भी सन्देह होने लगता है। मन में खीझ और झुँझलाहट पैदा होती है।

किन्तु बीच-बीच में ऐसे उत्साहवर्द्धक प्रसंग आ जाते हैं, कुछ लोगों में ऐसी लगन और निष्ठा दीखती है कि फिर टूटी हुई हिम्मत जुट जाती है, विश्वास हो जाता है, यह काम पूरा होकर रहेगा। मैंने आज एक जगह कहा—चन्दा वसूलने का यह मेरा नया पेशा है। मैं सदा इससे बचता रहा। क्या जानता था, बुढ़ापे में मुझे यह पेशा सीखना पड़ेगा। सो, अच्छा हुआ, एक 'बड़े' काम के लिए यह 'नीच' पेशा भी सीख रहा हूँ! शायद इसे सीखने के लिए फिर जन्म लेना पड़ता। अच्छा है, अब मोक्ष का मार्ग प्रशस्त होता जा रहा है!

पटना
15 मई 1959

थका-माँदा यहाँ आया। बेनीपुर से छपरा : राजेन्द्र कॉलेज की साहित्य-परिषद् के वार्षिकोत्सव का उद्घाटन करने। रातों-रात यहाँ लौटा। अभी दिन में सोया था कि एक विचित्र स्वप्न देखा—मैं किसी विचित्र जगह में हूँ—शायद यह जेल है! वहीं चाँद बाबू हैं। चाँद बाबू आज रूठे हुए हैं, क्योंकि नौकर ने जो खाना बनाया, वह अच्छा नहीं बन सका। उनके साथ उनके पिताजी हैं (मैंने उनके पिताजी को कभी नहीं देखा था); वह भी उन्हें समझा रहे हैं कि यहाँ जो मिले, उसे ही गनीमत समझो; यह ज़िद छोड़ो। किन्तु चाँद बाबू नहीं मान रहे हैं, मैं भी समझा रहा हूँ, अजीब निढाल है उनका चेहरा, आँखें और सुर्ख हो गई हैं। अचानक मेरी नींद टूट जाती है। मैं कुछ देर तक व्याकुल रहता हूँ।

अपने प्यारे मित्र अबुलहयात चाँद साहब को, उनकी मृत्यु के बाद यह दूसरी बार सपने में देखा है! ऐसा तो किसी मित्र के बारे में नहीं हुआ था। मैं अस्पताल में ही था कि मेरे सामने ही उनकी मृत्यु हुई। मैं बीमार था, दफ़न के समय नहीं जा सका। सोचा था, उनकी कब्र अच्छी बनवाऊँ, वह हो नहीं सका! इतना कामकाज कि उनके परिवार की सुध भी नहीं ले सका! क्या इन्हीं बातों की याद दिलाने को वह बार-बार सपनों में आते हैं? या उनकी स्मृति मस्तिष्क पर ऐसी गहरी रेखा खींच गई है, जो बार-बार उभर आती है!

जमशेदपुर
17 मई 1959

इस्पातपुरी : यह मेरा दिया हुआ नाम! कल ही यहाँ पहुँचा। इस यात्रा के पीछे एक इतिहास है। उन दिनों मेरे मित्र माडन साहब यहाँ के जनसम्पर्क अधिकारी थे। उन्होंने चाहा कि मैं तीन पुस्तकें टाटा-कम्पनी के लिए लिख दूँ—(1) हमारा बिहार (2) जमशेदजी टाटा की जीवनी (3) इस्पातपुरी! उसके बाद ही उन्होंने इस्तीफा दे दिया। मैंने समझा, बात ख़त्म हुई!

कि, एक दिन टाटा-कम्पनी के नए एजेंट श्री राम सिंहासन पांडेय, आई.ए.एस. का पत्र मिला : आइए, इस काम को कर दीजिए। पांडेयजी बिहार के एक सफल और कुशल अफसर हैं; मानभूम में हिन्दी-प्रचार के सिलसिले में उनसे परिचय हुआ। मेरी ओर सदा श्रद्धा से देखते रहे हैं। उस पत्र में यह भी याद दिलाया और प्रसन्नता प्रगट की कि फिर एक बार हम मिलकर एक रचनात्मक कार्य कर लें। फलतः मैं कल यहाँ पहुँचा हूँ।

कल शाम को पांडेयजी से बातें हुईं। पहले जीवनी लिख देने का उनका आग्रह है। आज श्री दिलीप मुखर्जी, कमल जोशी और श्री झा आए थे, उनसे पुस्तक की रूपरेखा के बारे में बातें हुईं। फिर हम सब माडन साहब के घर पर गए। माडन ने अपनी योजना का सारांश बताया। रात में उनके घर पर ही भोजन करने का आमन्त्रण मिला। मैं चाहता हूँ, इसके बारे में उनकी पूरी सहायता ले सकूँ।

अभी तक किसी व्यक्ति-विशेष पर, विशुद्ध आर्थिक दृष्टि से, कुछ नहीं लिखा। जो कुछ लिखा, समय की पुकार पर, किसी न किसी आदर्श को सामने रखकर। अतः मन में संकोच हो रहा है, यह क्या करने जा रहा हूँ? जमशेदजी टाटा भारतीय उद्योग के पिता

थे, अग्रदूत थे, उनकी जीवनी देश को, इस नवनिर्माण के युग में, प्रेरणा ही देगी! जमशेदपुर—यह इस्पातपुरी भी एक आदर्श नगरी है, अतः इस पर लिखना अनुचित नहीं समझा जा सकता। और 'हमारा बिहार' तो एक बड़े अभाव की पूर्ति करेगा। इस प्रकार मन को सन्तोष दे लेता हूँ। आम के आम, गुठली के दाम—कुछ नगद-नारायण अलग मिलेगा, जिससे मैं कई झंझटों से दूर होकर कॉलेज और साहित्य का काम निश्चिन्त होकर कर सकूँगा; यह बात भी तो है ही!

लेकिन मन नहीं मान रहा; लगता है, कहीं समझौता कर रहा हूँ, अपने से, अपने सिद्धान्त से!

18 मई 1959

फ्रांक हैरिस की लिखी जमशेदजी टाटा की जीवनी पढ़ गया! हैरिस जीवनी लिखने में नामी हैं; किन्तु इस जीवनी में कोई भी कला नहीं। सिर्फ वर्णन-मात्र है! टाटा को एक सफल व्यापारी के ही रूप में चित्रित किया है। उसमें 'टाटा' नाम की व्याख्या है—तीखा; कहा जाता है, यह उपाधि इस वंश का उग्र स्वभाव देखकर दी गई। किन्तु इस जीवनी से भी जमशेदजी की दूरदर्शिनी दृष्टि का पता चलता है। व्यापार के चहुँमुखी विकास की ओर उनका ध्यान रहा—हर क्षेत्र में वह भारतीय उद्योग को बढ़ाना चाहते थे। आम ऐसे दुर्लभ फल को दूर देशों में भी पहुँचाना, रेशम का उत्पादन और उद्योग बढ़ाना, नए किस्म का कपास उपजाना; बम्बई को सजाना-सँवारना, उसके एक टापू को वेनिस बना देना; गृह-निर्माण की डिजाइन इंगलैंड के कवि, समाजवादी और गृह-निर्माता मौरिस से बनवाना, अपनी जहाजरानी का प्रबन्ध करना; इस्पात बनवाना, जल-विद्युत के लिए प्रबन्ध करना, बंगलौर में साईंस-संस्थान की स्थापना करना—कहाँ-कहाँ न इस व्यक्ति की दृष्टि थी! यदि दादाभाई नौरोजी को भारतीय स्वतन्त्रता का पितामह कहा जा सकता है, तो टाटा को भारतीय उद्योग का पितामह मज़े में कहा जा सकता है!

कल दिलीप मुखर्जी के घर सन्ध्या का नाश्ता हुआ और रात में भाई माडन के घर पर भोजन! दिलीपजी—चतुर, समय पारखी; माडन—सिद्धान्तवादी, अक्खड़। माडन की जगह पर अब दिलीपजी हैं। बेचारा माडन आजकल बेकार है : कहीं काम नहीं पा रहा; कुछ बेचैन। यों तो सदा अलमस्त रहा ही है; नहीं तो इस्तीफा क्यों देता?

आज श्री रामसिंहासन पांडेय और श्री पाँववाला से काम की बातें हुईं। अभी एक ही पुस्तक, जमशेदजी की जीवनी लिखने की बात है। मैंने स्पष्ट कह दिया है, मुझे दस हज़ार रुपए दीजिए, तो इसमें हाथ डालूँ। कम से कम छह महीने लगेंगे इस काम में, बशर्ते कि एक अच्छा सहकारी मिले। इस जीवनी के लिए मुझे नई सामग्रियाँ चाहिए; मैंने उसकी भी एक सूची बनाकर दे दी है।

कल कमल जोशी जी आए थे; यहाँ टिस्को-समाचार के सम्पादक हैं। पता चला, यह स्वर्गीय पं. नन्दकुमार देव शर्मा के सुपुत्र हैं। शर्माजी बड़े ही प्रकांड विद्वान और धुरन्धर लेखक थे। बचपन में मैंने उनकी बहुत-सी पुस्तकें पढ़ी थीं। मुजफ्फरपुर से निकलनेवाले 'सत्ययुग' के भी सम्पादक कुछ दिनों तक थे। कमल जी ने अपनी आधा दर्जन पुस्तकें दीं। बताते थे, यहाँ हिन्दीवालों की कोई पूछ नहीं, पांडेयजी के आने से कुछ दम मिला है। मुझसे कहने लगे, आप हिन्दी की कीमत यहाँ उठाइए; उसी हिसाब से लीजिए, जिस हिसाब से इन्होंने बेरियर एलविन को दिया है। मैं क्यों हिसाब-किताब पूछने जाऊँ? पांडेय

जी ने बताया, जयप्रकाश की जीवनी के लिए मुझे पाँच हज़ार रुपए मिले थे, इसके लिए दस हज़ार कम से कम चाहिए।

टाटा के अतिथि-भवन में ठहराया गया हूँ। यह शीत-ताप-वर्जित भवन! बाहर लू है, लपट है। यहाँ ठंडक है, शीतलता है! खाने, पीने, सोने की सभी व्यवस्था यूरोपीय ढाँचे की! कोई अभाव नहीं; सुख के सारे साधन : स्वर्ग का एक टुकड़ा : भोगिए!

बेनीपुर
24 मई 1959

जमशेदपुर से एरोप्लेन में पटना। पटना से बेनीपुर। बेनीपुर आते ही कॉलेज के चक्कर में! इस गाँव से उस गाँव! कहीं निराशा; कहीं उत्साह ही उत्साह! तो भी गाड़ी बढ़ी जा रही है। मन्द गति से ही सही, गति तो है! लेकिन समय कितना कम है; काम कितना बाकी है; पैसे कितने कम हैं!

यहाँ के कांग्रेसी नेताओं और कार्यकर्ताओं में अजीब बेचैनी है। वे समझते हैं, मैं कॉलेज के बहाने अपनी स्थिति अपने चुनाव-क्षेत्र में पक्की कर रहा हूँ। यह भी जानते हैं कि यह कॉलेज बना, तो फिर मेरी जिन्दगी-भर उनके लिए कोई चांस नहीं। अतः तरह-तरह से वे लोगों को भड़काते हैं—कॉलेज बन नहीं सकता; बनना असम्भव है; जो लोग चन्दा देंगे, उनके पैसे पानी में पड़ जाएँगे, यह बेनीपुरीजी की बहक है, बुढ़यास है; आदि आदि! उनके इस प्रकार के प्रचार से लोगों में बुद्धि-भ्रम तो फैलता ही है।

अभी किसी ने खबर दी, जनाढ़ के किसी सज्जन ने अंचल-अधिकारी के पास दरखास्त दी है कि वह जमीन तकरारी है; बेनीपुरीजी जबर्दस्ती उस पर घर बना रहे हैं। यह बेबुनियाद बात है, मैं क्यों जबर्दस्ती करने लगा! सबसे पूछकर ही मैंने हाथ डाला है। लेकिन जिन्हें विघ्न ही डालना है, वे जो न करें, जो न करावें!

सोनपुर
30 मई 1959

बिहार विश्वविद्यालय की सेंडिकेट की बैठक में शामिल होकर लौट रहा हूँ। अब तक दिमाग में एक घिनौनापन बसा हुआ है। कॉलेजों में विश्वविद्यालय की ओर से प्रतिनिधि भेजे जाते हैं। सेंडिकेट में दो वकील सदस्य हैं। दोनों ने वहीं प्रतिस्पर्द्धा कर दी कि कौन कितने कॉलेजों की कार्यसमिति में विश्वविद्यालय के प्रतिनिधि बनते हैं। तुरन्त ही वाइस चांसलर ने निवेदन किया था कि प्रतिनिधि चुनने में यह ध्यान रखा जाए कि एक सदस्य अधिक कॉलेजों में नहीं जाएँ—सिनेट के हर सदस्य को इसका मौका मिले! किन्तु, कौन सुनता है? इन दो वकील सदस्यों ने बेहयाई की हद कर दी! चिल्ला-चिल्लाकर बोलते रहे—मैं यहाँ रहूँगा, यहाँ भी रहूँगा, और यहाँ भी रहूँगा, उन्हें (दूसरे वकील को) इतने कॉलेज मिले, तो मुझे भी इतने दीजिए। उफ़! जात-पाँत का भी नंगा दृश्य देखा गया। समझ में नहीं आता, हमारी शिक्षा-संस्थाएँ इन नर-पिशाचों की चपेट से कब तक बाहर निकल सकेंगी?

अपने कॉलेज के बारे में सोचना-समझना था। सुदर्शन बाबू से बातें कीं। उन्होंने कहा, यदि रुपए का प्रबन्ध नहीं हो सका है, तो अभी चर्चा मत कीजिए। सिनेट की मीटिंग (20 जून) के बाद निरीक्षण के लिए रुपए जमा कराइए। तब एकेडमिक कौंसिल में यह बात

आएगी। हम लोग देखेंगे कि आज्ञा मिल जाए। मुझे भी यह सलाह जँची; अच्छी लगी। पहले घर बनवा लूँ, कुछ रुपए एकत्र कर लूँ, तब आगे देखा जाएगा।

जनाढ़
7 जून 1959

पटना से लौटकर प्रो. दीक्षितजी के साथ यहाँ आया। भवन-निर्माण की क्रिया देखकर दीक्षितजी खुश हुए! लेकिन खेद की बात है कि न तो प्रभानाथ तिवारीजी आए; न गुरुप्रसादजी पहुँच सके। तिवारीजी के अनुभवों से फायदा होता; गुरुप्रसादजी के हाथों में तो मैं इसका सूत्र ही देना चाहता था। समझ में नहीं आता, किस प्रकार विश्वास किया जाए, किस पर अविश्वास!

पटना से लौटकर एक दिन फिर भरथुआ गया। भरथुआ गाँव को मैंने नाश से बसाया है, मेरे चलते उन्हें फायदा-ही-फायदा हुआ है। किन्तु एक पहर रात बीतने तक रहा, लेकिन कुछ नहीं। बेनीपुर के लोगों ने भी अपने चन्दे पूरे नहीं दिए। बेदौल के लोग गरीब हैं, यथासाध्य दिया। लेकिन इन छोटो-छोटी रकमों से कॉलेज बन सकेगा? बड़ी आशा से पोता गाँव में गया। तीन दिन लगाए। लेकिन वहाँ भी उतना नहीं हुआ, जिसकी आशा थी। तो भी वहाँ अच्छा रहा।

भवन-निर्माण का कार्य चल रहा है। लगता है, इस महीने के अन्दर हम उसे पूरा कर लेंगे। तब उसके बाद? कुछ लोगों की राय है, इस साल से कॉलेज खोल दिया जाए। इस साल न खुला, तो अच्छा नहीं होगा, ऐसी बात है। किन्तु बिना उपयुक्त साधन के इतना बड़ा कदम उठाना उचित होगा या नहीं, यह भी सोचना ही है!

यह कॉलेज मेरे लिए एक कसौटी बन रहा है। मेरे धैर्य की, सहनशक्ति की, कार्यशीलता की, बुद्धि की, सारे सद्‌गुणों की परीक्षा हो रही है जैसे—बड़ी ही कठोर और निष्ठुर परीक्षा! जिन लोगों का भरोसा किया, सभी ने साथ छोड़ दिया है—अग्निस्नान में कौन किसका साथ देता है! यदि इस सबके बावजूद कुछ बना लिया, बन गया, तो फिर मेरा सौभाग्य ही सौभाग्य!

पटना
17 जून 1959

कल जब बेनीपुर से चलने लगा, छोटा पोता रमण इस तरह गले से चिपक गया कि बड़ी मुश्किल से अपने को छुड़ा सका। उसके बाद वह ज़ार-ज़ार रोने लगा। उसके गाल आँसुओं से तर हो गए। तब से ही बार-बार उसका चेहरा सामने आ जाता है, मैं रोमांचित हो उठता हूँ।

यह बच्चा—अभी एक साल का भी तो नहीं हुआ! कहाँ से आया उसमें यह स्नेह; इधर मैं उससे दूर ही दूर रहा। किन्तु हाय री रक्त की पुकार! जब-जब दिखता है, लपक जाता है, लिपट जाता है। जब बाबा-बाबा कहता है, मैं अपने को धन्य-धन्य समझने लगता हूँ।

बेनीपुरी—तुम्हारे कई रूप हैं; देशभक्त बेनीपुरी, समाजवादी बेनीपुरी, क्रान्तिकारी बेनीपुरी, पत्रकार बेनीपुरी, कलाकार बेनीपुरी; किन्तु उन सब में पारिवारिक बेनीपुरी कितना

कोमल और मधुर है! तुम ज्यों ही परिवार की परिधि में आते हो, सब कुछ भूल जाते हो; तन्मय हो उठते हो, मस्त हो जाते हो। दीन-दुनिया की सुध-बुध खो देते हो! लेकिन, हाय री दुनिया! हाय रे दीन! तुमने कभी इस बेचारे को परिवार का पूरा सुख लूटने दिया? रमण को रात में बुखार आया था, भोर में वह मुझसे चिपका था, शरीर में गर्मी बनी थी, तो भी उसे छोड़ना पड़ा, भागना पड़ा—क्योंकि यह कॉलेज का कर्त्तव्य जो लट्ठ लेकर पीछे पड़ा है!

इधर मैं बेनीपुर अकेले-अकेले रहा। कुछ दिनों से बेनीपुर में रहना भी छोड़ दिया था, कॉलेज की कुटिया में ही रहता था। उस दिन भोर में सपना देखा, मैं पटना में हूँ, लल्लन को किसी ने पीट दिया है, उसकी पीठ लहूलुहान है! व्याकुलता में मेरी नींद टूट गई। भोर में सियाराम से इस सपने की चर्चा कर रहा था; फिर सोचते-सोचते लेट गया! नींद आ गई। किसी ने पैर दबाया, जगा तो देखा, नौकर खड़ा है! क्या बात है? उसने बताया, बच्चे सब बेनीपुर पहुँच गए हैं। किस व्याकुलता से मैं घर की ओर चला और लल्लन आदि को देखकर किस तरह निहाल हो उठा!

तब से रात में प्रायः बेनीपुर चला जाता हूँ। गर्मी बेहद पड़ रही है। छहों पोतों को बाहर चौकी पर लिटाकर आप भी उनके साथ सो जाता हूँ। उस समय अपने को कितना सौभाग्यशाली समझता हूँ।

बड़ी दुलहिन आ गई हैं। उफ, घर-गृहस्थी की कैसी कुव्यवस्था! उन्हें सँभालने, सँवारने में ही उनके सारे दिन गुजरते हैं। कहती थी, बाबूजी घर की यह दुर्गति देखी नहीं जाती! तो मुझे क्या कह रही हो, यह घर तुम्हारा है, उजाड़ो या बसाओ! मैंने तो अपना नया घर बना लिया है—यह कॉलेज! कह तो देता हूँ, किन्तु क्या पीड़ा नहीं होती है घर-गृहस्थी का यह हाल देखकर!

कॉलेज के काम से ही यहाँ आया। रामजन्य ओझा भी साथ हैं। कॉलेज का घर जब तैयार होने पर है, तो सोचा, क्यों नहीं एक बार एफिलिएशन के लिए कोशिश कर देखूँ। सुदर्शन बाबू से मिला, रामधर बाबू से मिला। कॉलेज की पढ़ाई शुरू कर दीजिए, सहायता तो अब अगले वर्ष ही मिल सकेगी! जब तक इंस्पेक्शन आदि की क्रिया समाप्त कर ली जाए। यही सही! पहले भी ऐसा ही सोचा था !

आज रामजन्यजी के साथ प्रॉस्पेक्टस फार्म आदि बनवाए। दरखास्त भी तैयार की। कल छुट्टी का दिन है। परसों विज्ञापन आदि के बारे में भी तय करके घर लौटूँगा। महेश्वर बाबू से भेंट की; 21 जून को वह कॉलेज देखने जाएँगे!

संयोग देखिए, यहाँ आने पर पता चला, कपिलजी का परिवार यहाँ आया हुआ है। अभी मैं अपनी समधिन को देख आया हूँ। अपने बच्चे और बच्चियों से घिरी कितनी महिमामयी लगती थीं वह। मैंने आमन्त्रण दिया, मेरे डेरे पर आइए। जित्तिन और उषा की खूब चर्चा होती रही। शादी की घटनाएँ भी शामिल हुईं। खूब हँसा, हँसाया। मेरी समधिन मुझे 'झुनझुना' कहती हैं, जहाँ रहे, हँसते-हँसाते रहे!

आज देवेन्द्रजी प्रयाग से लौटे। रेलवे-सर्विस कमीशन की परीक्षा में सम्मिलित होने गए थे। देखिए, क्या होता है? देवेन्द्र का भविष्य उज्ज्वल है, मेरा यह विश्वास अब दृढ़ होता जाता है।

बेनीपुर
22 जून 1959

कल महेश्वर बाबू आए; उनके साथ दीक्षितजी, महन्थजी भी आए। प्रभा मेरे साथ आ गई थी। महेश्वर बाबू ने कॉलेज देखा, मेरा मकान देखा। उपस्थित सज्जनों के बीच मेरे उद्योग की प्रशंसा की। घर देखकर बहुत प्रभावित हुए! उन्हीं के साथ प्रभा, महन्थजी, दीक्षितजी लौट गए।

कॉलेज के लिए 'इन्डियन नेशन' और 'आर्यावर्त' में विज्ञापन दे आया। इंस्पेक्शन के लिए पाँच सौ रुपए का चेक जमा करा दिया। अब 15 जुलाई से क्लास शुरू हो जाए, इसकी चेष्टा करनी है।

पैर के अँगूठे में गठिया उभर आया है। कैसे दौड़-धूप करूँ?

और दौड़-धूप पूरी करनी है। अभी घर पूरा करने के लिए पाँच हज़ार रुपए चाहिए। और क्लास शुरू करने के पहले पाँच हज़ार की पूँजी भी तो चाहिए। दस हज़ार रुपए और कुल तीन सप्ताह : बीस दिन! हर दिन पाँच सौ रुपए अनवरत मिल जाया करें, तभी तो यह काम पूरा हो। क्या पैदल चलकर पार पा सकूँगा ?

पारिवारिक काम चलता रहे, इसके लिए भी पैसों का अभाव है। तीन-चार हज़ार रुपए अभी हवा में लटक रहे हैं। यदि ये रुपए मिल जाएँ, तो घर से थोड़ा निश्चिन्त हो जाऊँ। अजीब चौतरफा मार है। लगता है, अभिमन्यु की तरह चक्रव्यूह में फँसा हूँ। मुक्ति-द्वार कहाँ है, किस ओर है, समझ में नहीं आता। तो भी लड़ते जाना है, लड़ रहा हूँ।

गाँधी भूमि : जनाढ़
30 जून 1959

29 मार्च 1959 को मैंने इस भूमि में एक सभा बुलाई। इस पर विचार करने के लिए कि यहाँ एक कॉलेज बनवाया जाए। फिर इस पर काम करना शुरू कर दिया। 11 मई 1959 को इस कॉलेज की नींव डाल रहा था, मैं कितना चिन्तित था। कोई साधन नहीं; कोई प्रबल सहायक नहीं। क्या होगा; क्या भद्द होगी? क्या सफलता मिलेगी? मन में तरह-तरह के विचार उठ रहे थे; होंठ से मन्त्र निकल रहे थे, हाथ से अग्नि में हविष डाले जा रहा था। कितनी तेज हवा थी। आग से कैसी लपटें निकल रही थीं? उस भोर में थोड़े मित्र इकट्ठे हो चुके थे—सबकी आँखों से विस्मय बरस रहा था! क्या करने जा रहे हैं बेनीपुरी जी—इतना बड़ा काम; क्या अकेले कर लेंगे?

ढाई-तीन महीने के बाद उसी गाँधी-भूमि में दुपहरिया में पड़ा हूँ। वैसी ही तेज़ हवा! धूप भी तेज़। लेकिन इस भूमि की शक्ल में कैसा परिवर्तन हो गया है?

जहाँ नींव डाली थी, 85 हाथ का एक शानदार ईंट का मकान खड़ा हो गया है। पाँच बड़ी-बड़ी कोठरियाँ! नींव में सीमेंट की जोड़ाई; ऊपर मगही बँधाई। बड़ी-बड़ी खिड़कियाँ; बड़े-बड़े किवाड़। तीन कोठरियाँ तो बिल्कुल तैयार; सिर्फ छवाई बाकी रह गई हैं। जहाँ लेटा हूँ—सात पर्णकुटियाँ बन गई हैं। साफ-सुथरी; आँगन में कुछ फूल के पौधे उग आए हैं; सन्ध्या को सुगन्ध-सुगन्ध!

नोटिस कर दी गई है, 12 जुलाई से कॉलेज खुलेगा। उद्‌घाटन-समारोह की एक

रूपरेखा भी तैयार कर ली गई है। प्रोस्पेक्टस, फार्म आदि छपने को दे दिए गए हैं। विद्यार्थियों को बटोरने की कोशिश हो रही है। प्रोफेसरों के लिए विज्ञापन दिया गया, सिर्फ एक दिन; तो पैंसठ दरखास्तें आ गई हैं। चार प्रोफेसर तो अपने घर में ही हैं! बस, पाँच हज़ार रुपए चाहिए; फिर तो कॉलेज चलकर रहेगा। और क्या इतने रुपए इकट्ठे नहीं कर लूँगा?

किन्तु इधर बार-बार सोच रहा हूँ, क्या इस बुढ़ापे में इतना प्रयत्न मैं सिर्फ कॉलेज के लिए कर रहा हूँ? सेंडिकेट में हूँ, देखता हूँ, कॉलेज तो आज धनी लोगों का नया खेलवाड़ हो गया है। एकाध लाख रुपए लगाकर कॉलेज खड़ा कर दीजिए और उसका उपयोग अपनी दानशीलता की धौंस जमाने के लिए, अपनी राजनीतिक आकांक्षा की पूर्ति के लिए करते रहिए। क्या उस दिन मेरे जिले के कांग्रेसी नेता ने नहीं कहा था, वह तो बारह कॉलेज की संचालन-समिति के अध्यक्ष हैं। मैंने हँसी-हँसी में कहा था, उसमें एक और संख्या जोड़ लीजिए! अंग्रेजी में तेरह की संख्या अशुभ और कुलक्षण है न?

कॉलेज के प्रति क्या मेरी दृष्टि यही है? कुछ लोग भ्रमवश यही समझते हैं! लेकिन यदि यही बात होती, तो मैं अपने जीवन का अन्तिम भाग ऐसे तुच्छ उद्देश्य के लिए कभी अर्पित नहीं करता। सांसारिक दृष्टि से मुझे जो भी प्राप्त करना था, मैंने कर लिया! फिर क्यों मैं अपना अन्तिम काल छोटी-छोटी आकांक्षाओं की पूर्ति मैं अर्पित करूँ?

मैं इस कॉलेज को इस क्षेत्र के ग्रामीण जीवन के लिए एक प्रकाश-स्तम्भ के रूप में देखना चाहता हूँ। प्रकाश स्तम्भ—जहाँ से ज्ञान-किरणें फूटकर चारों ओर के गाँवों की गलियों को जगमग करे—वहाँ स्वच्छता, पवित्रता, वैभव और गरिमा बिखेरे! गाँव का जीवन जो सड़-गल रहा है, उसमें नए रक्त का संचार करे; नई आस्था, नया विश्वास, नई उमंग, नया उत्साह वहाँ लहराए! अगर पचास गाँवों में भी मैं नवजीवन का यह लक्षण देख सकूँ, तो किस शान्ति से मैं मरूँ!

यह कॉलेज नहीं, अपनी समझ से, मैं तो एक सांस्कृतिक पीठिका बनाने जा रहा हूँ। कॉलेज का नाम तो इसलिए रख दिया कि लोग मेरे उद्देश्य की ऊँचाई की एक झलक पा सकें। देहात में कॉलेज—अब भी लोग समझने लगे हैं, कहने लगे हैं, मैं कितना बड़ा काम करने जा रहा हूँ। यदि वे जान पाते, मैं तो जहाँ देख रहा हूँ, वहाँ के लिए यह कॉलेज तो एक प्रारम्भिक सीढ़ी-मात्र है! लेकिन, जिन बेचारों ने कभी कोई पहाड़ी नहीं देखी, वे क्या जानें, हिमालय की गगनचुम्बी चोटियाँ क्या हैं?

हाँ, एक बात मैं स्वयं अनुभव अवश्य करने लगा हूँ, जहाँ तक मेरी कल्पना जा रही है, वहाँ तक पहुँचने के लिए क्या मुझमें पर्याप्त साधना-शक्ति है?

जब मैंने "युवक" निकाला था, मैंने उस पर मोटे अक्षरों में लिखा था—शक्ति, साहस और साधना का प्रतीक'! मैंने सदा ही अपने में शक्ति की प्रचुरता का अनुभव किया है; साहस के लिए तो मैंने बार-बार अपने को परीक्षा में डाला है और खरा पाया है। किन्तु साधना! उस समय साधना का जो अर्थ मैंने लिया, उसे अपने जीवन में उतारने की कोशिश की! किन्तु अब धीरे-धीरे साधना का जो रूप मेरे सामने विकसित होता जा रहा है, मैं कभी-कभी अनुभव करता हूँ, अभी मैंने इस क्षेत्र की झाँकी भी ठीक से नहीं ली है।

साधना का जो आधिभौतिक क्षेत्र है, उसकी ओर मेरे मन में आज भी ललक नहीं है। किन्तु अपने को भौतिक प्रलोभनों, पुकारों और प्रहारों से ऊपर उठा लूँ, यह मैं बार-बार सोचता हूँ। मेरा यह नया प्रयास मुझे धीरे-धीरे इस क्षेत्र में ले आया, तभी इस कॉलेज को

मैं उस ऊँचाई तक पहुँचा सकूँगा, जिसकी कल्पना कर रहा हूँ! साधना—मैं इस नए प्रयास को इससे ढँकना, आवृत्त करना, रक्षित और पल्लवित और पुष्पित करना चाहता हूँ; क्या यह हो सकेगा?

मधौल
2 जुलाई 1959

दुपहरिया : गाँव से दूर एक बँगले में लेटा हूँ। चारों ओर अमराई-अमराई। कोयलें कोलाहल मचाए हुए हैं। इधर से, उधर से कुहू-कुहू की काकली—'मानहु मदन दुदम्भी दीनी!' कॉलेज के लिए बाँस कटवाने आया हूँ! लगभग एक दर्जन आदमी बाँस काटने को निकले हैं—हर ओर से एक बाँस। मुझे यहाँ विश्राम करने को छोड़ गए हैं!

कैसा एकान्त : कुछ बैल, वह एक बकरी, कुछ भैंसें। बैठे या खड़े, गर्मी से परेशान, आँखें मूँदकर कभी-कभी पागुर कर उठते हैं। कैसी उमस। अभी एक गेहुँअन उस अमराई से निकला था; एक नौजवान उस पर तड़ातड़ लाठी बजा रहा है!

आम, बाँस, जामुन का जंगल-सा लगा हुआ है। इस बँगले के आस-पास कुछ अमरूद, आँवला, केले। असाढ़ आधा बीत गया; अभी तक झमककर वर्षा नहीं हुई। किसान चिन्तित! 'आर्द न बरसे आदरा'। 'आद्रा' नक्षत्र का अर्थ ही है, चारों ओर नमी-नमी है। नमी के बदले सूखे-सूखे ढेलों से खेत पटे हैं। खेतों में बीहन भी नहीं डाले गए हैं—जहाँ आदरा में कुछ रोपनी भी हो जाती थी!

तीन दिनों से इस गाँव में हूँ। बाँस चाहिए, पैसे चाहिए। बाँस तो कुछ कटे भी हैं। रुपए के नाम पर लोग अभी तक राज़ी नहीं हो रहे हैं। अब दो सप्ताह का समय भी नहीं रह गया। दस हज़ार रुपए चाहिए। दो-तीन हज़ार तो तुरन्त चाहिए। और तबीयत हार रही है। आँख में दर्द, पैर में दर्द, कल सन्ध्या को ऐसा लगता था, ब्लडप्रेशर बहुत बढ़ गया है!

मुजफ्फरपुर
13 जुलाई 1959

अपने मित्र श्री मुचकुन्द शर्मा की अट्टालिका में बैठकर यह लिख रहा हूँ। भाई मुचकुन्द को पहले-पहल 1921 में एक कट्टर असहयोगी के रूप में देखा : फिर वकालत पढ़कर कचहरी में आए। एक छोटे से मकान में रहते थे, बड़े ही मिलनसार, मधुरभाषी, चतुर। वकालत में खूब उन्नति की; खूब पैसे कमाए। लेकिन विधि का विधान! कोई पुत्र नहीं है। तो भी अपने पेशे में लगे हुए हैं। घर, जमीन, पैसे—सबसे पूर्ण! किन्तु क्या पुत्रहीनता से कुछ शून्य अनुभव नहीं कर रहे हैं। अभी मैंने अपने बच्चों की चर्चा की थी, तो लगा, उनके हृदय में कोई वेदना पैदा हुई, आँखों में कुछ धुआँ-सा दिखा!

मेरे कॉलेज के काम से प्रभावित हैं। चाहते थे, कुछ पैसे मिल जाएँ। मुझे लेकर इस शहर के दो सेठों के पास गए। सेठ लोग देते ही रहते हैं, सोचा होगा, मेरे जाने से कुछ अधिक दे दें। इसीलिए अपने साथ ले गए। किन्तु हुआ क्या? वही चिर बहाना—मैं तो आजकल बड़ी झंझट में हूँ। और इसके साथ धन का धौंस—एक लाख उस काम में लगाने का विचार है, दो लाख उस काम में! अरे सेठजी, हम तो लाख-हज़ार नहीं चाहते! सौ-सैंकड़े

में भी हमारी गाड़ी ढुलक जाए, किन्तु सेठ क्यों सुनें? और दूसरे सेठ, साधुओं को लँगोटियाँ बाँट रहे थे; बोले, मेरे घर में एक रिश्तेदार–मौसी की बेटी–की मृत्यु हो गई है! जय सेठ जी की!

गाँधी भूमि
15 जुलाई 1959

आज कॉलेज की पढ़ाई का श्रीगणेश करने के उपलक्ष्य में सरस्वती-पूजन हुआ! लगा, जैसे एक स्वप्न ने आकार धारण किया! आस-पास के गाँवों से काफी लोग आए थे। मैं चाहता था, यह उत्सव संक्षेप ही हो, किन्तु धूमधाम होकर रही! एक दिन सियाराम ने हँसी-हँसी में एक भोजपुरी कहावंत कही थी–"लागी से दिआई लेकिन बाजी रसनचौकी"–और आज दो-दो गिरोह रसनचौकी बज के रही!

बारह तारीख को मुजफ्फरपुर में प्रोफेसरों की बहाली के लिए इन्टरव्यू बोर्ड बैठा था। लंगटसिंह कॉलेज के प्रिंसिपल की अध्यक्षता में उसी कॉलेज के विभागीय अध्यक्षों को लेकर मैंने यह बोर्ड बना दी थी। मैं तो निरपेक्ष भाव से यहाँ बैठा रहा। उन्होंने चुनाव बिल्कुल पक्षपातहीन ढंग से कर दिया। अभी प्रिंसिपल नहीं रखने का विचार किया। छह प्रोफेसरों को लेकर काम चलाने का तय किया गया है।

कॉलेज में पढ़ने के लिए ब़हुत कम विद्यार्थियों ने अब तक नाम लिखाए हैं। इतना कम कि लिखते हुए संकोच होता है–सिर्फ ग्यारह! इनमें भी अधिकांश गरीब विद्यार्थी ही हैं! विद्यार्थियों की यह कमी क्या खटकनेवाली नहीं? किन्तु अभी उस दिन कृपाचन्द्र जी कह गए हैं कि भगवानपुर कॉलेज की पढ़ाई सिर्फ बारह लड़कों से शुरू की गई थी। हमारे यहाँ बाज़ाप्ता पढ़ाई पहली अगस्त से शुरू होगी। लोग आशा करते हैं, तब तक पच्चीस-तीस विद्यार्थी तो हो ही जाएँगे !

मैं चाहता था, 15 जुलाई तक मकान पूरा हो जाए! अभी नहीं हो सका! कुछ ईंट, सीमेंट और लकड़ी चाहिए। मजदूरों, कारीगरों, गाड़ीवानों के बहुत पैसे बाकी रह गए हैं। पन्द्रह दिनों के अन्दर पाँच हज़ार रुपया एकत्र कर लूँ, तो बेड़ा पार लग जाए।

सरस्वती-पूजन के बाद एक सभा हुई। प्रो. सुरेन्द्रजी तथा श्यामसुन्दरजी मुज़फ्फरपुर से आए थे। सुरेन्द्रजी का भाषण हुआ; मैंने भी लोगों से निवेदन किया। लोगों ने अतिरिक्त सहायता का वचन भी दिया। सोचता हूँ, फिर एक बार दस दिनों का तूफानी दौरा करूँ। सिवा इसके कोई चारा नहीं। और, अब तो विश्वास हो चला है कि इतना तो कर ही लूँगा।

पटना
22 जुलाई 1959

कल बेनीपुर से पटना आ रहा था, तो रास्ते में ही अखबार में पढ़ा, किसी हत्यारे ने जपला के लेबर लीडर श्री महावीरप्रसाद सिंह की बन्दूक की गोलियों से हत्या कर दी! महावीर को मैं बहुत प्यार करता था, हज़ारीबाग (या गया) जेल में ही, स्वतन्त्रता संग्राम के दिनों में उससे भेंट हुई थी। पाँच हाथ का सुपुष्ट, तगड़ा नौजवान; अंग-अंग कसे, गठे हुए; चेहरा सुन्दर; हँसमुख, मिलनसार; गला बहुत मीठा; अच्छा गा लेता था। जब वह किशोर ही था, एक केस में लम्बी सज़ा पा गया था। वह जेल में ही था कि हम राजबन्दी वहाँ पहुँचे।

हमसे उसका सम्पर्क हुआ, हमारी पार्टी में आ गया। छूटने के बाद, 1942 की क्रान्ति में उसने बहुत काम किया। हमारे थाने कटरा के कांड में भी उसका हाथ था। बहुत दिनों तक फ़रार रहा। जब आज़ादी हुई, मजदूर क्षेत्र में काम करने लगा। बहुत ही कार्यदक्ष निकला; मजदूरों पर बड़ी धाक! मजदूरों के प्रतिनिधि की हैसियत्त से चीन भी हो आया था। किन्तु उसकी क्षमता और लोकप्रियता कुछ लोगों के लिए अधिक हो गई! उनमें उसके 'बड़े भैया' श्री बसावन भी थे! दोनों में तनातनी बढ़ी, जोर-आजमाई हुई, महावीर न झुका, एक बार जयप्रकाशजी भी बीच में पड़े, कई बार यह प्रश्न पार्टी में आया, बात बढ़ती गई। इधर बसावनजी ने पार्टी की अध्यक्षता का उसके विरुद्ध उपयोग किया। उसे पार्टी से निकालने पर उतारू हो गए। महावीर ने पहले प्रान्तीय पार्टी के सदस्यों से फरियाद की, फिर अखिल भारतीय पार्टी से! हममें से बहुतों ने उसका पक्ष लिया था, अखिल भारतीय पार्टी को लिखा, किन्तु यह पार्टी तो नपुंसक हो गई है—'मरद न मेहरारू बलगोबिना!' अन्ततः हारकर महावीर ने पार्टी छोड़ दी, कांग्रेस में चला गया और 'इन्टक' के दायरे में मजदूर-कार्य करने लगा! यह पार्टी के लिए दुर्भाग्य की बात थी, किन्तु पार्टी के वर्तमान कर्णधारों को इसकी क्या चिन्ता! हमारे ऐसे लोगों ने एक लम्बी साँस ली; मैंने पार्टी की कार्य-समिति में रहने से इनकार किया। इधर महावीर के साथ बहुत-से पार्टी सदस्य कांग्रेस में जाने लगे, जिनमें दो एम.एल.ए. भी हैं! शायद कुछ लोग और जाते कि यह दुष्कांड हो गया!

जब से यह समाचार पढ़ा है, बार-बार आँखों के सामने महावीर की मूर्ति आती है! वह पाँच हाथ का हट्टा-कट्टा जवान सामने खड़ा मुस्कुरा रहा है—भैया, भैया कह रहा है! उफ, चांडालों ने कैसे मारा उसे! सुना, वह मजदूर-क्षेत्र में कुछ मजदूरों से बातें कर रहा था कि एक जीप आई, कुछ लोग उतरे, नजदीक आए, और निकट पहुँचकर महावीर पर गोली चला दी! वह बोल भी न सका, गिर पड़ा, मर गया। यह कुकर्म करके जीप के लोग फिर जीप से निकल भागे !!!

इस प्रकार की घटना अपने देश में क्या कभी हुई थी? यह अमेरिकी हत्या-पद्धति अपने देश में पहुँच गई! सरेआम हत्या! इस हत्या के पीछे राजनीति है, क्या इसमें भी कोई शक है?

मैंने बार-बार बसावन को कहा था, बात मत बढ़ाओ, पंचायत करा लो। जयप्रकाश जी ने भी कहा था; आपस में बैठकर भी तय कर लिया जा सकता था; महावीर इसके लिए तैयार था। किन्तु बसावनजी ने तो इसे अपनी प्रतिष्ठा का प्रश्न बना लिया था। एक बार उन्होंने आमरण अनशन शुरू किया था। वह तो नहीं मरे; मारा गया बेचारा महावीर! अब बसावनजी की प्रतिष्ठा अक्षुण्ण हो गई न? किसने मारा, मेरे सामने इस प्रश्न का कोई मूल्य नहीं है! क्यों मारा गया, यह स्पष्ट है! यह राजनीतिक हत्या है! राजनीति में एक नई शुरुआत है—भीषण भयंकर; मेरी बात मानो, मेरे पीछे चलो, नहीं तो मरने को तैयार हो रहो! किसी दिन, किसी अलक्ष्य, अप्रकट हाथ की गोली तुम्हें जहन्नुम रसीद करेगी!

मेरे परिवार से भी महावीर की घनिष्ठता थी। दुलहिन बार-बार उसकी बीवी-बच्चों की चर्चा कर रही हैं। देवेन्द्र ने व्याकुलता में कई जगह ट्रंकफोन भी किया था। बसावनजी से इधर मेरा भी मनमुटाव चल रहा है—इन्हीं कारणों से। दुलहिन रात में ही कह रही हैं, बाबूजी, आप अपने को राजनीति से हटाइए! हाँ, अब राजनीति ऐसी नहीं रह गई कि कोई भलामानस उसमें रह सके! किन्तु यह शोर करना भी क्या उचित रह गया है कि मैं राजनीति में नहीं हूँ!

× × ×

कॉलेज के काम से ही यहाँ आया हूँ। कॉलेज शुरू हो गया, प्रारम्भ में ही अर्थसंकट लेकर। मकान बनाने में मजदूरों से काम लेते चले गए। उनके पैसे हमारे जिम्मे बाकी पड़े हैं। लगभग दो हज़ार की मोटी रकम। सोचा था, देहात में घूमकर आठ-दस दिनों में इतना वसूल कर सकूँगा। लेकिन जब भहूँटा की ओर गया, निराश वापस लौटा। ऐसी उमस; वर्षा में निकलना मुश्किल; कीचड़-कीचड़। निकलिए तो पाइएगा किसको—सब लोग कृषि कार्य में रत। लोगों के पास पैसे भी नहीं। जिनके पास पैसे; वे उसे दाँतों से पकड़े हैं।

सोचा, चलो पटना के मित्रों को आजमाएँ! यहाँ आकर भोर से ही फोन कर रहा हूँ। जिनसे आशा थी, उनमें कुछ बाहर हैं। कुछ लोगों से शाम को मिलना है। डर लगता है, कहीं यहाँ भी न निराशा मिले।

अपने कुछ पैसे हैं, पुस्तकालयाधीक्षक यदि पुस्तकें खरीदें। वहाँ भी देर! गौड़ को फोन किया, तो आश्चर्यचकित हुए; क्या अपने पैसे भी कॉलेज में लगा दीजिएगा? मैंने जब यह कहा कि यदि जरूरत हुई तो सारी पुस्तकें कॉलेज को दे दूँगा, तो कहने लगे, ऐसा न कीजिए। बच्चों पर भी रहम कीजिए। मैं तो रहम सब पर करना चाहता हूँ, किन्तु यह कॉलेज मेरी सबसे छोटी सन्तान है, अतः सबसे अधिक रहम की पात्री तो यही है!

पटना
27 जुलाई 1959

कभी-कभी चलती हुई गाड़ी अचानक धचका खाती है, रुक जाती है। बेचारा गाड़ीवान परेशान : कभी-कभी बैलों को पीटता है, कभी चक्के में हाथ लगाता है, कभी 'ओट' हटाता है—किन्तु गाड़ी टस से मस नहीं होती!

यही हालत कॉलेज की हो रही है। मकान बन गए, ऐसे कि लगा हवा-हवा में हमने बना लिए। प्रोफेसरों की भरती कर ली, छात्र प्रवेश लेने लगे। किन्तु अचानक भद्रा आ गई है। मेरा भहुँटा जाना अभिशाप सिद्ध हुआ! वहाँ से निराश लौटकर पटना गया; यहाँ भी वही हालात। एक वकील मित्र के पास पहुँचा—बड़े नाज से उन्होंने तीस रुपए का चेक दिया। एक डॉक्टर मित्र ने उनके भी कान काट लिये, नकद बाईस रुपए देकर कॉलेज के लिए भूरि-भूरि शुभकामना की! क्या इसके बाद भी किसी से कुछ कहने की हिम्मत होती?

अपनी निराशा देवेन्द्र और दुलहिन से कही; दुलहिन ने कहा, वह एक हज़ार का प्रबन्ध कर देगी! लेकिन तीन दिनों से देवेन्द्र परेशान हो रहे हैं, यह प्रबन्ध भी नहीं हो सका है! दुलहिन से एक मित्र ने देने को कहा था; किन्तु कहना एक बात है : देना दूसरी बात!

बार-बार सोचता हूँ, त्राण का एक ही उपाय है; प्रकाशन को आगे बढ़ाना ! लेकिन बढ़ा नहीं पाता। पैसे आते हैं; खाने-खर्चे में ही उड़ जाते हैं। देवेन्द्रजी में रुपए बचाने की प्रवृत्ति ही नहीं है। जितनी प्रतिभा इस लड़के में है, यदि उसका उपयोग पढ़ने-लिखने में या रुपए कमाने में लगाता, तो अब तक क्या न कर लेता ? बार-बार कहता हूँ, चुपचाप सुनता है, किन्तु करता है फिर वही! आज भी कुछ कहा! क्या कुछ असर होगा?

मुझे चाहिए था कि पहले प्रकाशन को ठीक करके फिर किसी दूसरे झंझट में हाथ डालता। किन्तु यहाँ भी स्वभाव से लाचार हूँ। एक झंझट से पार हुआ नहीं कि दूसरी में उलझा लिया अपने को!

और, इस बार की उलझन सबसे बड़ी है; इस पार या उस पार की बात है! कहीं

से पाँच हज़ार रुपए लाना ही है मुझे। कुछ किताबों की हस्तलिपियाँ हैं; दो प्रकाशकों को लिखा है, दो-दो किताबें ले लीजिए। वे ले लें, तो ढाई-तीन हज़ार रुपए आ जाएँ। बचे-खुचे स्टाक से कुछ किताबें बेचने के फेर में हूँ; इससे भी कुछ निकल आए, तो कर लूँ। संक्षेप में अपने को कॉलेज के लिए उतना करने को तैयार हूँ; यदि कोई अच्छा मोल दे सके! आज महेश्वर बाबू से भी मैंने बातें की हैं। बच्चा बाबू, रामजन्य आदि को भी लिखा है!

गाड़ी रुकी है, किसी तरह एक बार फिर ढुलका देना है; जहाँ चली, तो फिर चार-पाँच महीने चलती रहेगी। गाड़ी का यही नियम है। मैं पुराना गाड़ीवान हूँ न? दिक्कत सिर्फ यह है कि पहले-सी ताकत नहीं, न तन में, न मन में। पैर का दर्द, आँख का दर्द, छूटा, तो हाथ में दर्द शुरू हो गया है! तन की पीड़ा मन को भी उत्साहहीन कर देती है।

रानी मद्रास गई थीं; संयोग जिस दिन मैं पटना आया, वह मद्रास से लौटकर पटना से बेनीपुर रवाना हो चुकी थीं। रास्ते में कहीं हम लोगों की गाड़ियाँ अलग-अलग पटरियों पर मिली होंगी, किन्तु हम न मिले। मुजफ्फरपुर पहुँचकर उन्हें पता चला, मेरी तबीयत अच्छी नहीं है। ट्रंकफोन करवाया; हुक्म हो तो पटना लौटूँ। मैंने घर जाने की आज्ञा दी। वह बेनीपुर में होंगी। ललक होती है, शीघ्र बेनीपुर पहुँचकर उसे देखूँ—दुलहिन बता रही थीं, बहुत दुबली हो गई हैं!

पटना
5 अगस्त 1959

जब पटना से बेनीपुर पहुँचा, रास्ते में ही रामेश्वरजी ने बताया कि रानी की तबीयत दो दिनों से खराब है। किन्तु यह तो कल्पना भी न थी, कि उसी सन्ध्या को उनकी हालत इतनी खराब हो जाएगी! हम लोग बातें कर रहे थे कि अचानक उनकी पीठ में दर्द शुरू हुआ; थोड़ी देर में ही बेचैनी इतनी बढ़ी कि सारा शरीर पसीने से तर-बतर होने लगा और फिर सारा बदन ठंडा हो गया, नब्ज भी छूटने लगी। संयोगवश मेरे पास मकरध्वज की पुड़िया थी, दो तुरन्त दीं, तो नब्ज लौटी, शरीर में कुछ गरमी आई! फिर डॉक्टर आदि आए, दवाएँ होने लगीं।

दूसरे दिन मुजफ्फरपुर से महन्थजी (दामाद) तथा महेन्द्र आए; फिर दर्द का दौरा शुरू हुआ, दवाएँ दी गईं, नींद आई; किन्तु हमने सोचा, इस स्थिति में इस देहात में उन्हें रखना क्या उचित है? मोटर मँगाकर सन्ध्या तक मुजफ्फरपुर ले आए। उस रात बार-बार दर्द का दौरा होता रहा, हम लोग निराश हो गए थे। खैर, किसी तरह वह रात भी खैरियत से कटी!

मुजफ्फरपुर के डॉक्टरों ने कहा, हालत उलझन से भरी है, पूरी जाँच होनी चाहिए, पटना ले जाइए। मुजफ्फरपुर में दो दिनों तक आवश्यक चिकित्सा होती रही, बाद में हम उन्हें पटना ले आए! यहाँ अस्पताल (काटेज) में भर्ती करा दिया गया है। वहाँ की जाँच से पता चलता है, शायद गॉल-ब्लैडर में खराबी है, 'आपरेशन' करना पड़े। आपरेशन की चर्चा से ही रानी उद्विग्न हो उठी हैं। हम सब भी चिन्तित हैं। साठ साल की उम्र बहुत कमज़ोर : खून की भी कमी! क्या आपरेशन बर्दाश्त कर सकेंगी?

× × ×

''सरकार बनाम रामवृक्ष बेनीपुरी'—इस चिन्ता में यह दूसरी चिन्ता! बेनीपुर जा रहा था मुजफ्फरपुर में ही खबर हुई, कॉलेज की जमीन को लेकर मुझ पर 144 की नोटिस हुई

है। बेनीपुर में वह नोटिस देखी—'सरकार बनाम रामवृक्ष बेनीपुरी'—न जाने मेरी कैसी तकदीर है, चाहे कोई सरकार हो 'बनाम बेनीपुरी' बना ही रहता है। अंग्रेजी राज में यही बात रही; युनूस की तीन महीने की मिनिस्टरी में भी यही बात; 1939 के कांग्रेस मन्त्रिमंडल में भी 'बनाम' मेरे नाम के पीछे लगा रहा; अब बारह साला स्वराज्य होने के बाद फिर 'बनाम' आ जुड़ा है।

मैंने क्या कसूर किया? कॉलेज बनाना क्या पाप है? हाँ, इस सरकार में सभी ऐसे काम पाप हैं जिनमें सरकार की मर्जी न हो। और सरकार का मतलब—चन्द ऐसे कांग्रेसी, जिनके हिस्से कभी त्याग, तपस्या, बलिदान न पड़ा; जो सिर्फ खुशामद से, जी-हुजूरी से, तिकड़म से आज सरकारी सीढ़ी के किसी न किसी डंडे पर जा बैठे हैं!

हमारे शिक्षा-उपमन्त्री का ननिहाल चन्दौली है। चन्दौली में वह कॉलेज खोलना चाहते हैं। उन्हें बताया गया कि यदि बागमती-कॉलेज चल गया तो चन्दौली-कॉलेज चल नहीं पाएगा। बस, उन्होंने कलेक्टर को धमका दिया कि गैरमजरूआ जमीन पर क्यों कॉलेज बनने दिया। किसी तरह रोको—फिर यह 144 क्यों न किया जाए?

मैंने वकीलों से राय की है; उनका कहना है, 144 की बात लगी है, यह चल नहीं सकती : अच्छा हुआ कि सरकार ने शुरू में ही विघ्न डाला; इस विघ्न से हमारे पक्ष में मामला तय हो जाएगा। लेकिन, सबसे बड़ी बात तो यह है कि मैं बीमार को देखूँ, या इस मुकदमे को! कॉलेज के लिए पाँच सौ रुपए लेकर पटना से गया था, वह इस बीमारी में ही खर्च हो गया! कॉलेज के लिए कम से कम एक हज़ार रुपया मुझे चाहिए; यह रुपया कहाँ से लाऊँ! उफ, कैसी चिन्ता! रात में नींद नहीं आती; दिन-भर सोच में चैन नहीं आया!

पटना
15 अगस्त 1959

15 अगस्त : स्वाधीनता दिवस! 1947 में इसी तारीख को अंग्रेजों ने भारत छोड़ा था; हम स्वतन्त्र हुए थे। तब से इस तिथि को देश-भर में जश्न मनाया जाता है! किन्तु मेरा भाग्य देखिए, 1947 को ठीक इसी तारीख को सख्त बीमार पड़ा। तब से यह अगस्त का महीना आया नहीं कि मैं किसी उलझन में पड़ा। खैरियत यही कि अभी तक दुर्घटना न हो पाई है; किसी तरह कुछ कष्टों के बाद बात बन आती है।

इस साल भी यही रहा। रानी मरते-मरते बची हैं। वह कल अस्पताल से लौट आईं। आपरेशन नहीं हुआ। किन्तु अभी तक इतनी कमजोर हैं कि कब क्या हो जाए, कौन कह सकता है?

वह डेरे पर आ गई हैं, तो मैं कल जनाढ़ जा रहा हूँ। अब कॉलेजवाली चिन्ता रह गई है। कॉलेजवाली चिन्ता : जिन्दगी की सबसे बड़ी चिन्ता। मुजफ्फरपुर के हाकिमों ने 144 लगा रखा है, एक दिन यह भी खबर आई है कि 144 हो चुका है। इन दफाओं के बावजूद मकान का बाकी हिस्सा पूरा किया जा रहा है; विद्यार्थी पढ़ रहे हैं; प्रोफेसर पढ़ा रहे हैं; जनता में जोश है—ये खबरें मेरे लिए काफी उत्साहप्रद हैं। बस चिन्ता की बात यह कि कहीं से आठ-दस हज़ार रुपए आ जाएँ; फिर तो बेड़ा पार! कल जनाढ़ पहुँचते ही इस पहलू पर सोच-विचार करके पिल पड़ूँगा।

मैं सदा अपने पास तीन-चार हज़ार नकद रखा करता था। किन्तु बेटों का ब्याह,

मकान का पूरा करना; ये दो काम पिछले साल एक ही साथ पूरा कर लेने पड़े। हाथ के पैसे तो गए ही, हाथ-हथफेर भी काफी कर लेना पड़ा। इधर दिन-दिन का खर्च इतना बढ़ गया है कि जो आए दिन की आय है, इससे कुछ बचाया नहीं जा सकता। एक ही बड़ी आय हो सकती थी, वह प्रकाशन के द्वारा। वह रास्ता भी प्रायः बन्द हो चुका है। क्योंकि प्रकाशन की पूँजी में हमने एक पैसा नहीं डाला; सिर्फ निकाल-निकालकर खाते रहे। मुजफ्फरपुर की शाखा तो कुछ न कर सकी; कभी हमने ध्यान नहीं दिया।

पहले सोचता था, मैं अपने को प्रकाशन के झंझट से भी अलग कर लूँ। लेकिन अब देख रहा हूँ, यदि मुझे अपने को सार्वजनिक कामों में भी लगाना है, तो सबसे पहले मुझे आर्थिक स्थिति पर ध्यान देना होगा। और उसके लिए प्रकाशन ही एक जरिया रह गया है। कागज के महँगा होने पर भी प्रकाशन में एक रुपया डालने पर पाँच रुपए का स्टाक बनता है। यदि हर महीना हम पाँच सौ रुपया भी डालते जाएँ, तो एक साल में हम तीस हज़ार का अपना स्टाक बना ले सकते हैं! यदि तीस हज़ार का यह स्टाक बन जाए, तो दो-तीन साल में ही हम हाथ-हथफेर से मुक्त होकर एक लाख का स्टाक बना ले सकते हैं। फिर तो कोई चिन्ता नहीं।

अतः आज इस स्वाधीनता-दिवस को ही मैं तय करता हूँ कि हर महीने कहीं से किसी उपाय से पाँच सौ रुपए की पूँजी प्रकाशन में अवश्य लगाऊँगा। अब भी हमारे पास लगभग बीस हज़ार का स्टाक है। क्या हम उससे हर महीने पाँच सौ रुपए की पूँजी भी नहीं निकाल सकेंगे? चाहे इस स्टाक से निकालिए या किसी उपाय से लाइए, बेनीपुरीजी, इस 15 अगस्त से अगले पन्द्रह अगस्त तक प्रतिमाह आपको कम से कम पाँच सौ रुपए की पूँजी प्रकाशन में लगाना ही है।

इसी निर्णय को कार्यरूप में लाने पर मेरा भविष्य बहुत-कुछ निर्भर करता है। खेद है कि मैंने इसकी उपेक्षा की! मानता हूँ, मेरी लाचारी थी; किन्तु सोचता तो था कि अन्ततः हम कहाँ, किस सर्वनाश की ओर पहुँच जाएँगे। यह प्रकाशन मेरे लिए कल्पवृक्ष सिद्ध हुआ था; मैं अपने सामने इसकी डालों को काटते, जड़ों को उखाड़ते देखा किया। उसी का फल है कि आज एक-दो हज़ार के लिए भी तरसता हूँ। बस, एक साल तक इसके मूल में खाद और पानी देते जाइए; इससे एक पत्ता भी तोड़ने की इच्छा नहीं रखिए, फिर देखिए, यह पुराना कमाल दिखलाता है या नहीं।

पटना
25 अगस्त 1959

क्या बात है? यह अगस्त पिंड न छोड़ेगा। मैं कल फिर बीमार पड़ गया। कॉलेज के लिए चिन्ता बढ़ गई—अब दो-तीन दिनों के बाद ही तो जनाढ़ जा सकूँगा। उफ़!

इधर मोहन प्रेस से एक बात चल रही थी; बच्चों के लिए एक प्राइमर तैयार कर देने का। आज उसका कन्ट्रैक्ट भी हो गया। देखूँ, क्या हश्र होता है? यदि सफलता मिली; तो फिर क्या कहना?

मोहन प्रेस से ही तय किया है, हम कागज देते जाएँ, तो वे पुस्तकें छापकर देते जाएँगे। मेरी छोटी पुस्तकें लगभग 25-30 हैं। हर पुस्तक की छपाई में ढाई सौ रुपए लगते हैं; कागज के मूल्य के साथ। यदि हम कागज देते जाएँ, सवा सौ रुपए के, तो सवा सौ पुस्तकें तैयार होती जाएँगी। यदि एक रुपया दाम रहे, तो इसका मतलब हुआ, हम हर

सवा सौ रुपए पर सवा हज़ार की पुस्तकें तैयार कर लेंगे।

पाँच सौ हर महीने लगाते जाइए और पाँच हज़ार का स्टाक बनाते जाइए और उसी को बेचकर छपाई के पाँच सौ सधाते जाइए।

यदि हम इतना भी नहीं कर सके, तो हमें प्रकाशन जारी रखने का क्या अधिकार है?

एक विचित्र बात—क्या उसे लिखना चाहिए?

मेरे मित्र हैं श्री मुचकुन्द शर्मा : वकील हैं; पुराने मित्र। कॉलेज के मुकदमे के सिलसिले में उनसे फिर घनिष्ठता बढ़ी। अचानक उस दिन उन्होंने एक प्रस्ताव रख दिया—'महेन्द्र की शादी मेरी बेटी से कर दीजिए।' उन्हें सिर्फ एक बेटी है। मुजफ्फरपुर में आलीशान मकान है; बहुत ही आलीशान : शहर के निकट एक अच्छा फार्म बना रखा है; नकद रुपए भी काफी हैं—कहते थे, दोनों को विलायत भेजिए, मैं खर्च दूँगा। मैं चकित रह गया। शादी में महेन्द्र की रुचि, परिवार की रुचि प्रधान है। किन्तु सोचता हूँ, जीवन में यह दिन भी आया कि इतनी बड़ी सम्पत्ति मेरे चरणों पर अर्पित किए जाने की चर्चा चली! सचमुच आदमी के भाग्य की गति सदा अचिन्त्य रहेगी—कहाँ ले जाए, कौन कहे?

कॉलेज के लिए कौन-सी राह खुलेगी; समझ में नहीं आता। अपना स्वास्थ्य, अपने साधन देखता हूँ और चुप रहता हूँ! रात में नींद तक ठीक से नहीं आती। बस, दो हज़ार रुपए चाहिए और गाड़ी ढुलक जाए!

तीन, साढ़े तीन हज़ार रुपए अपने भी अटके हुए हैं; मैं उन्हें भी झोंक देने को तैयार हूँ; किन्तु वे भी अधर में ही लटक रहे हैं।

सोचता हूँ, छटपटाता हूँ; सोचता हूँ, छटपटाता हूँ। इस बेचैनी के कारण ही रह-रहकर स्वास्थ्य खराब होता है, ऐसा लगता है!

पटना
26 अगस्त 1959

बलदेव बाबू चल बसे, आज उनके लिए शोक-सभा है; मुख्यमन्त्री सभापतित्व करेंगे। बलदेव बाबू : एक बड़े अच्छे वकील : एडवोकेट जनरल रह चुके। पटना हाईकोर्ट के चीफ जस्टिस का पद अस्वीकार कर दिया था : जब मैं पटना गया तभी से मेरा सान्निध्य; जब-जब मुझ पर मुकदमा चलता, उस युग में उनके अतिरिक्त किसकी हिम्मत जो मेरा पक्ष लेकर सरकार को नाराज करें और पक्ष भी मुफ्त : कागज़ पत्र भी अपने पैसे से खरीदो!

एक बात बार-बार याद आती है : बार-बार मैं कहता भी हूँ। मुझ पर 124 ए का मुकदमा चल रहा था : "युवक" में सरदार भगतसिंह की शहादत पर लेख लिखने के लिए, 1931 में। लेख का शीर्षक था—'इन्कलाब जिन्दाबाद'! एक नए आई.सी.एस. आर. जगमोहन मुकदमा देख रहे थे। उन्होंने बलदेव बाबू से पूछा—इन्क़लाब हो, यह तो समझा किन्तु इन्कलाब सदा जिन्दा रहे, इसका क्या मानी? हाजिरजवाब बलदेव ने कहा—इसका अर्थ बिलकुल सीधा है। जहाँ हाकिम की कुर्सी पर आप बैठे हैं, वहाँ कोई गाँधी-टोपीवाला हाकिम होगा, जहाँ सरकारी वकील हैं, वहाँ मैं होऊँगा, जहाँ मैं हूँ वहाँ बेनीपुरी की वकालत करने को कोई होगा या नहीं, कह नहीं सकता; किन्तु जहाँ बेनीपुरी आज खड़े हैं (डौक में) उस दिन भी वह वहीं खड़े किए जाएँगे! इस उत्तर पर जगमोहन साहब हँस पड़े, हम भी मुस्कुराए!

किन्तु क्या मैं जानता था, बलदेव बाबूजी की यह भविष्यवाणी मुझ पर इस रूप में सत्य सिद्ध होगी! अभी पिछली यात्रा मैं आया था, तो उन्होंने रात में खाने पर अपने घर पर बुलाया—परिवार की, कॉलेज की, राजनीति की बातें बड़ी देर तक करते रहे—बिलकुल स्वस्थ, प्रसन्न, सानन्द! वह इतना जल्द चल देंगे, क्या कभी सोचा जा सकता था?

मुझसे मेरे मित्र कहा करते हैं कि यदि तुम राजनीति में नहीं होते, तो साहित्य में और बहुत-कुछ किए होते। मैंने कई बार इसका उत्तर दिया है। किन्तु क्या अब साहित्य भी राजनीतिक गन्दगियों, उलझनों और षड्यन्त्रों से परे है?

बिहार राष्ट्रभाषा परिषद् में मैंने ही जोर लगाकर शिवपूजनजी को रखवाया था। इधर वह बीमार रहे; अब उनका कार्यकाल समाप्त हो रहा है। मैं तो परिषद् से भी अलग-थलग ही रहता हूँ। किन्तु परसों पता चला कि शिवजी के लिए साल की माँग और की गई थी; परिषद् की ही ओर से। लोग निश्चिन्त थे, यह माँग मन्जूर कर ली जाएगी, क्योंकि शिक्षा-मन्त्री की उपस्थिति में ही परिषद् ने ऐसा प्रस्ताव भेजा था, वह भी राजी थे। किन्तु अचानक पता चला कि उनका नाम कट्टिस हो चुका है, और उनकी जगह पर एक सज्जन की भर्ती भी की जा चुकी है; अब देर है सिर्फ मुख्यमन्त्री की स्वीकृति की! जिनकी भर्ती होनेवाली है, उनमें न चरित है, न वैसी योग्यता! परिषद् का सर्वनाश होकर रहेगा। किन्तु, यह नियुक्ति बिल्कुल सरकार के हाथ में है। सरकार जिसको, जिस पद पर, जिन लोगों के सिर पर बिठला दे!

परसों ही मुझे खबर की गई। तबीयत अच्छी नहीं। क्या किया जाए? शिवजी के लिए ममता है। यदि एक साल रह जाएँ, तो परिषद् का काम और अच्छी तरह चल जाए। कम से कम वह बिहार का साहित्यिक इतिहास तो अवश्य पूरा कर दें। उसका एक खंड लिख भी चुके हैं। तय किया गया है, आज किसी तरह मुख्यमन्त्री से मिला जाए। क्या यह सम्भव है? दो बार शिक्षामन्त्री को फोन किया, तो पता चला है, वह व्यस्त हैं! फिर मुख्यमन्त्री की व्यस्तता का क्या कहना?

वहाँ जाया जाए, क्या किया जाए। हर क्षेत्र गन्दगी से भरा है, हर नदी का पानी गँदला है। कहाँ बसा जाए, किस घाट का पानी पीया जाए! ईमानदारों की मौत : बेईमानों की चाँदी!

मटियानी

पटना में गुरुप्रसादजी को बुलाया : कॉलेज का हालचाल जाना। बुखार लग आया था; तबीयत ठीक नहीं; रानी बीमार ही हैं। तो भी सोचा, चलो, कॉलेज के निकट तो रहेंगे। तीन दिन से इधर हूँ; परसों सैदपुर गया था; आज यहाँ आया।

अजब मौसम हो गया है; वर्षा का नाम नहीं, खेती-बाड़ी बिलकुल चौपट। बागमती में थोड़ा पानी आ गया था, इसलिए कुछ गाँवों में हरियाली है। नहीं तो पानी के अभाव में पौधे सूख रहे हैं; दोपहर में खेती की ओर देखिए, तो डर लगता है।

यदि आठ-दस दिन भी यह हालत रही तो भयंकर अकाल पड़ कर रहेगा ! लोगों को खिलाने और जिलाने से ही सरकार को फुरसत नहीं मिलेगी—योजना बेचारी खटाई में पड़ जाएगी।

सैदपुर गया था। डॉक्टर चौधरी ने बताया, लोगों में त्राहि-त्राहि मची हुई है। नदी बाँधो, बाँध बाँधो—मेरी कौन सुनेगा?

मँजरोहाँ
10 सितम्बर 1959

बिसुनपुर, नेदुरी, मँजरोहाँ—कॉलेज के काम से चक्कर-चक्कर। मुनिजी ने खबर भेजी, इस तरफ आइए, दौड़ा-दौड़ा पहुँच गया। किन्तु रास्ते के दृश्य ने चकित कर दिया। धान के बीज सूख गए—एक दियासलाई फेंक दीजिए, तो समूचा खेत धधकने लगे। मकई भी सूख रही है, बड़े-बड़े पौधे, ऊपर धनबाल, नीचे बाल। लेकिन बालों में दाने नहीं, असमय ही मोचे सूख गए। मडुआ में बालियाँ तो हैं, लेकिन दाने ऐसे कि नहँ में समा जाएँ। जमीन में ज़रा भी नमी नहीं रह गई—धान का बुरा हाल देखकर लोगों ने नीची जमीन में तिनपखिया मकई की है। मकई के पौधे एक-आध हाथ के होकर थमक गए हैं, बेजान, मुर्रे-से! लोगों में त्राहि-त्राहि है। फिर यात्रा का भी कुछ फल—बिसुनपुर में, नेबुरी में प्रमुख लोग बाहर चले गए हैं! सिर्फ एक सज्जन ने बावन रुपए दिए; तो मँजरोहाँ आया; चौधरी पुराने मित्र हैं, सम्बन्धी हैं। रात में लोगों से मिलाया; किन्तु बताते थे; यहाँ की हालत भी अच्छी नहीं। स्वयं देख भी रहा हूँ। खेतों में धूल उड़ रही है। लोगों के चेहरों पर हवाइयाँ उड़ रही हैं। असरेसा, मघा, पूर्वा—ऐसे तीन नक्षत्र जलकर खाली गए। बगल में ही नदी है; पानी से लबालब—लेकिन पटाने को, सिंचाई का कोई साधन नहीं। यदि नदी तट के गाँवों को सरकार पम्पिंग सेट दे दे, तो बहुत-कुछ हो जाए। किन्तु इस सरकार को गंडक और कोसी की योजना चाहिए, जिनमें अरबों लगें। छोटी योजना नेहरू और उनके क्षत्रपों के दिमाग में ही नहीं अँटती। अब भी अकाल की स्थिति आ गई है, एक-दो महीने के अन्दर ही हाहाकार मच कर रहेगा!

मेरा कॉलेज : मेरा नन्हा कॉलेज। सब लोग सहानुभूति दिखलाते हैं, किन्तु मदद कितनी कर पाते हैं, सवाल यह है। इस समय यदि पाँच हज़ार रुपए हो जाएँ, तो नाव घाट से लग जाए। आज और कल इस तरह के गाँवों में घूमूँगा। फिर अब शहरों का ही चारा है। क्यों न एक-दो दिनों के लिए नेपाल जाऊँ? एक छोटा-सा पम्फलेट छपवा लूँ। क्या हुआ, ऐसे अवसरों पर कभी-कभी अकल्पित व्यक्तियों तथा स्थानों से भी सहायता मिल जाती है। 14 से विधानसभा शुरू हो रही है; सदस्यों से भी कुछ वसूल करने की कोशिश करूँगा। उद्योग करते जाओ, देनेवाला कहीं न कहीं से देगा ही!

बेनीपुर
13 सितंबर 1959

घूम-फिर कर यहाँ आया। इस यात्रा में चार सौ नकद और दो सौ के वचन मिले। ज़हे किस्मत!

यहाँ आने पर पता चला, 144 दफा में मेरी डिग्री हुई है; पूरी 19 एकड़ जमीन कॉलेज की मान ली गई है। कितनी प्रसन्नता हुई!

सोचा था, आज विधानसभा की बैठक में सम्मिलित होने के लिए पटना जाऊँगा। बड़ी थकावट : फिर 17 के पूर्णिमा पर्व की तैयारी! न जा सका; रुक गया।

जनाढ़
17 सितम्बर 1959

आज गाँधीभूमि में 'पूर्णिमा पर्व' मनाया। उफ़, लोगों की कैसी भीड़। स्त्रियों की संख्या भी बड़ी। बहुत डर रहा था; तो भी पर्व सानन्द समाप्त हुआ।

मुजफ्फरपुर और सीतामढ़ी से भी लोग आए थे। लंगटसिंह कॉलेज के प्रिंसिपल ब्रह्मचारी धमेन्द्र जी शास्त्री ने सभापतित्व किया। कवि सम्मेलन का सभापितत्व किया, श्री जानकीवल्लभ शास्त्री जी ने। मुजफ्फरपुर के सभी कवि पधारे थे। शास्त्रीजी की पुत्री, देवेन्द्रनाथ शर्मा जी की पुत्री तथा राधा रमण टंडनजी की पुत्री ने नृत्य किया।

लोगों की इतनी बड़ी भीड़ थी कि हम उन्हें अच्छी तरह सँभाल नहीं सके। शायद पहला अवसर है, जब इस जवार में इस प्रकार का कोई सांस्कृतिक जलसा हुआ था!

सभी लोग आनन्द-मग्न थे। चाहता हूँ, इसी प्रकार प्रत्येक पूर्णिमा को कुछ न कुछ आयोजन होता रहे!

पटना
22 सितम्बर 1959

उफ़; क्या इस प्रकार का गड़बड़ घोटाला भी किया जा सकता है; और वह भी राष्ट्रपतिजी के प्रोग्राम को लेकर!

जब मुझे मालूम हुआ, राष्ट्रपति (पूज्य राजेन्द्र बाबू) का दौरा बिहार में, और मुजफ्फरपुर में हो रहा है, तो मैंने एक पत्र भेजा कि आप कृपा कर जनाढ़ पधारिए और उस स्थान पर, जहाँ महात्माजी ने 1934 में भाषण किया था, गाँधी-स्वाध्याय-मन्दिर की नींव डालिए। उसके लिए एक थैली अर्पित करने का जिम्मा भी मैंने लिया था। मेरा सौभाग्य; राष्ट्रपति ने उसे स्वीकार कर लिया और अपने प्रोग्राम में शामिल कर लिया।

यह खबर पटना और मुजफ्फरपुर के अफसरों को दी गई। कुछ लोगों ने मुझसे बिना पूछे, बिना मुझे कोई खबर दिए, भीतर-ही-भीतर न-जाने क्या करके, उसे कैंसिल करा दिया!

जब मुझे यह खबर मिली, मैंने राष्ट्रपतिजी के प्राइवेट सेक्रेटरी श्री विश्वनाथ सहाय वर्मा को ट्रंकफोन से इस षड्यन्त्र की सूचना दी। दो दिनों से ट्रंक-पर-ट्रंक कर रहा हूँ। वर्माजी को इसका दुख है; राष्ट्रपतिजी को भी इसका दुख है, किन्तु एक बार जो रद्द कर दिया गया, क्या उसे फिर मन्जूर किया जा सकता है? सरकारी महकमों का माया-जाल! कल सन्ध्या को वर्माजी ने खबर की है, आज वह फिर कोशिश करके देखेंगे।

मैं बड़ी मानसिक चिन्ता में हूँ। कॉलेज बनाओ, तो 144 दफा का मुकदमा चलाया जाए। जब उसमें जीत जाओ, तो किसी मान्य अतिथि का, वह भी भारतीय गणतन्त्र के राष्ट्रपति का, प्रोग्राम रोक दो—क्या राजनीति का मापदंड यही रह गया है?

दो दिनों से व्याकुल-व्याकुल हूँ। दिन में चैन नहीं, रात में नींद नहीं। रात तो बिलकुल ही नींद नहीं आई—आज भोर से ही बिस्तरे पर पड़ा हूँ। विधानसभा गया था, सिर्फ हाज़िरी लिखाने!

यह राजनीति हमें किस जहन्नुम में ले जाएगी? इसे बदलना चाहिए। बदले कौन? कल अपनी पार्टी के चेयरमैन गंगाशरण से मिलने गया था। एक सच्ची बात कह दी तो ऐसे तुनुक उठे कि एक घंटे तक बकते गए, बकते गए। पार्टी ने यह गलती की; बिहार

के साथियों ने इस तरह लुटिया डुबोई; ठीक है, किन्तु जब आपके हाथ में पूरी सत्ता आई, तो आपने आसमान के कौन-से और कितने फूल तोड़ दिखाए!

विश्वनाथजी आज सन्ध्या को खबर करेंगे। समझ से परे की बात में ज्यादा उधेड़-बुन क्यों की जाए? जो होना है, देखो; जो भोगना है, भोगो।

"हम संक्रान्ति-काल के प्राणी, बदा नहीं सुख-भोग"—'नवीन' जी की यह पंक्ति बार-बार याद आती है!

पटना
23 सितम्बर 1959

बेनीपुरी, तुम्हें कुछ दिनों और जीने की चेष्टा करनी चाहिए! कम से कम दस साल तो और ही! यदि बीस साल और जी सको, तो सर्वोत्तम। अस्सी साल से कम क्या जीया जाए?

वेद में कहा गया है—ब्रह्मचर्यन तपसा देवो मृत्यु मुपाध्यतः। ब्रह्मचर्य और ताप—जीवन के ये दो प्रधान सूत्र हैं।

शुरू से ही तुमने इन दोनों पर ध्यान दिया है, इसलिए इस साठ साल में भी तुम्हारा स्वास्थ्य ऐसा कि लोगों को भ्रम होता है, तुम पचास साल से अधिक के क्या होंगे, साठ कहकर बुजुर्गी लादना चाहते हो।

लेकिन, इसका साक्षी स्वयं तुम हो बेनीपुरी, कि जो बाहर दीखते हो, क्या भीतर भी वही हो?

तुमने सिगरेट छोड़ दी है, ठीक। तुमने पान-ज़र्दा छोड़ दिया, यह भी ठीक ! ज़र्दा पर कभी-कभी ललचा उठते हो! और सबसे अधिक, अभी तक काम-वासना पर तुम विजय नहीं प्राप्त कर सके। गाँधीजी ने एक बार लिखा था, साठ साल की उम्र तक वह स्वप्नदोष से पीड़ित हो जाते थे! जवानी में तुम भी इससे पीड़ित थे। किन्तु अब इस उम्र में इस वासना को तो दूर कर ही देना है!

कैसे दूर करो; गाँधीजी ने कैसे किया?

किन्तु, तुम गाँधीजी तो हो नहीं। साधारण हाड़-मांस का आदमी—बार-बार प्रतिज्ञा करते हो, तोड़ते हो। उस दिन रानी ने हँसकर कहा था, आप मुझे छोड़ नहीं सकते। उसकी हँसी में क्या मुझ पर व्यंग्य नहीं था!

अब हमारी वह उम्र कहाँ, जब हम इस वासना में फँसे रहें। जब-जब इस वासना का शिकार हुआ हूँ, तब-तब अनुभव किया है, अपना कुछ खो चुका हूँ ! खैरियत रही कि कभी पराई स्त्री की ओर ललचाई आँखें नहीं उठाईं। किन्तु क्या वह समय नहीं आया है कि पूर्ण ब्रह्मचर्य को अपनाऊँ? रानी के स्वास्थ्य का भी तकाजा तो यही है!

बेनीपुरी, बहुत-कुछ त्याग कर चुके हो। उन त्यागों के कारण ही तुम्हारी यह पूजा होती है। अब अधिक जनसेवा के लिए यह त्याग भी तुम्हें करना ही है!

तुमने क्या नहीं छोड़ा? चढ़ती जवानी में घर-द्वार छोड़कर जेल का जीवन बार-बार व्यतीत करना, क्या कम त्याग और तपस्या की बात थी? फिर, यह हिचक क्यों?

नहीं, बेनीपुरी नहीं—तुम्हें अभी दस-बीस साल जीना ही है! यह जीना अपने लिए नहीं; अपने आदर्शों के लिए। यही तो समय आया है कि घर-द्वार से निश्चिन्त होकर जनता की, साहित्य की, कला की सेवा कर सको! इस सेवा के लिए गाँधीभूमि में तुमने एक घोंसला भी बना लिया है! उस घोंसले की पुकार है—कुछ और जीयो!

कुछ और जिओ—अपनी इस एकमात्र दुर्बलता पर विजय प्राप्त करो! यह कोई बड़ी बात नहीं। तुमने बहुत गढ़ जीते हैं; यह दुर्बलता भी हटेगी, हटकर रहेगी, जरा तुम डट तो जाओ!

बेनीपुर
29 सितम्बर 1959

आखिर पूज्य राजेन्द्र बाबू ने मेरी मनुहार पूरी की। यह तय हो गया है कि 7 अक्तूबर को राष्ट्रपति डॉ. राजेन्द्र प्रसाद जी गाँधीभूमि में पधार कर 'गाँधी-स्वाध्याय-मन्दिर' का शिलान्यास कर रहे हैं!

23 सितम्बर की सन्ध्या को ही उनके प्राइवेट सेक्रेटरी श्री विश्वनाथसहाय वर्मा ने मुझे खबर की; सेक्रेटेरिएट से भी पुष्टि हुई। तब मैं दौड़ा-दौड़ा मुजफ्फरपुर पहुँचा। मुजफ्फरपुर में कलेक्टर से भेंट हुई। वहाँ से डिस्ट्रिक्ट इन्जीनियर और एस.डी.ओ. के साथ गाँधीभूमि में पहुँचा। वर्षा और बाढ़ के कारण पानी ही पानी! कैसे उस स्थान तक राष्ट्रपति पहुँचेंगे; कहाँ सभा होगी, बहुत असमंजस। अन्ततः एक योजना बनाकर एस.डी.ओ. और इन्जीनियर लौट गए। मैं लोगों से मिलता-जुलता बेनीपुर पहुँचा। 24 सितम्बर की रात में।

25 सितम्बर की भोर में ही खबर आई, कमिश्नर साहब आ रहे हैं; उनसे मिलिए। जलपान करके पहुँचा। कमिश्नर आए और उनके साथ कलेक्टर, एस.डी.ओ., डी.आई.जी. पुलिस, डी.आई.जी. सी.आई.डी., सुपरिन्टेन्डेन्ट पुलिस, सुपरिन्टेन्डेन्ट सी.आई.डी., इन्जीनियर, असिस्टेन्ट इन्जीनियर—एक पूरा काफिला। आते ही कमिश्नर ने कहा, सभा बन्द कराइए। मैंने जरा उज्र नहीं की। फिर वहाँ पहुँचे जहाँ शिलान्यास करना है। चारों ओर खड़ी फसल; पानी-पानी! मैंने ढाई बीघा जमीन देने का वचन दिया; बाँध का पानी सूख जाएगा, इसका इत्मीनान दिया। तब कहीं तय पाया। शिलान्यास की ही जगह सभा होगी। प्रारम्भ से ही मेरी यही सम्मति थी; किन्तु सुने कौन! अन्ततः मेरी टेक रही!

कार्यक्रम बनाया, व्यवस्था का सारा ब्यौरा तैयार कर, कमिश्नर आदि चले गए। संध्या को मैंने सरेजमीन पर जाकर नापी लीं, जमीनवालों से मिला। लगता है, जमीन तो मिल जाएगी। किन्तु, रुपए का क्या होगा! कल मेरे मन में हुआ, क्यों नहीं मन्दिर के लिए रुपए औरतों से ही माँगा जाए। जनाढ़ में बातचीत की; बेनीपुर में बातें करने को आया हूँ। बसन्त और मधौल के लोग मिले, उनसे भी कह आया हूँ।

क्या ये पाँच हज़ार रुपए हम इस छोटी-सी अवधि में एकत्र कर सकेंगे? कल तक कॉलेज के लिए वसूली करते रहे; आज मन्दिर के लिए माँगिए; अगहन में फिर कॉलेज के लिए पचास हज़ार माँगिए—लोग कहाँ तक देते रहेंगे?

खैरियत यह है, कि कॉलेज को देनेवाले सभी गाँवों में फसल बड़ी अच्छी है। अभी गाँव के मेरे एक लँगोटिया यार ने बताया, जबसे उन्हें होश है, यानी पचास वर्षों से ऐसी जमकर फसल अगहनी की नहीं हुई थी। रोपने आदि में, न परेशानी, न खर्च! हर साल लोग जितना खरहन या बीया खरीदने में या मजदूरों को अधिक देने में खर्च करते थे, यदि वही दे दें, तो बात की बात में पाँच हज़ार पूरा हो जाए। किन्तु इसकी समझ किन में है?

समझदारी दिखाएँ या बेवकूफी—उन्हीं से माँगना है, लेना है। गुरु बाबू कहते हैं, हो जाएगा—ऐसी आसानी से कहते हैं कि लगता है कहीं गड़ा हुआ धन है, सिर्फ उखाड़ने की

देर है। गड़ा हुआ धन कहाँ है, मुझे पता नहीं। किन्तु किसी तरह निबाह होगा ही।

गाँधीभूमि
3 अक्टूबर 1959

आज शनिवार है, बुधवार को राष्ट्रपति के पधारने का कार्यक्रम है। बीच में सिर्फ तीन दिन! और सारे काम जहाँ के जहाँ ठप्प पड़े हैं। दो दिनों से झपसी लगी है; जोरों की हवा, अनवरत झड़ी लगी है। सड़क बनाने, मंच बनाने, पुल बनाने—आदि सभी काम रुके हुए हैं। ठेकेदार लोग कुली और कारीगर लेकर उस दरवाजे, इस दरवाजे पर बैठे हैं। कैसे काम करें, क्या काम करें?

मैंने शिलान्यास की सारी सामग्रियों के लिए रामेश्वरजी को पटना भेज दिया है। गुरुबाबू पोता गाँव की तरफ गए हैं; दीक्षितजी बेहई की ओर गए हैं, ब्रजकिशोरजी को वहीं भेजा है। चर्खे की कत्तिनों से, कल में दूधवालों से, स्कूलों से रुपए वसूल कराने का प्रबन्ध किया है। मैं परसों मथौला गया था। लोगों ने उत्साह दिखाया। किन्तु वहीं जो झपसी शुरू हुई, अब तक जारी है। कल शाम को कीचड़ ठेलते, भीगते-भीगते यहाँ पहुँचा।

गुरुबाबू नहीं लौटे हैं, दीक्षितजी का क्या हुआ, कौन कहे? अभी जमीन की रजिस्ट्री की बात भी पक्की नहीं हुई है। बादल उमड़ ही रहे हैं। हवा हड्डी को हिला रही है। समय, पल-पल बीता जा रहा है। कलेजा काँप रहा है, कहीं कोई विघ्न फिर न आ पड़े। यदि मैं आस्तिक होता, तो आज अचानक कह उठता—अबकी टेक हमारी, लाज राखो गिरिधारी!

पटना
5 अक्तूबर 1959

कल दौड़ा-दौड़ा यहाँ आया। सोमपुर में ही अफवाह सुनी, राष्ट्रपति का उत्तरी बिहार का दौरा स्थगित हो गया। यहाँ आने पर उसकी पुष्टि हुई। डर था, कहीं राष्ट्रपति मुजफ्फरपुर तक जाएँ और गाँधीभूमि में नहीं जा सकें। खैर, इस झंझावात और बरसात में दौरा स्थगित हुआ, अच्छा हुआ। अब यह भी तय है, एक-न-एक दिन राष्ट्रपतिजी गाँधीभूमि में पधारेंगे ही।

× × ×

आज राष्ट्रभाषा-परिषद् के वार्षिकोत्सव के अवसर पर मुझे मेरे नाटकों के लिए (ग्रन्थावली भाग दो) एक हज़ार का पुरस्कार मिला। राष्ट्रपति जी को भी दो पुरस्कार दिए गए—एक, वयोवृद्ध साहित्यिक के नाते; दूसरा उनके "बापू के कदमों में" ग्रन्थ पर। राष्ट्रकवि श्री मैथिलीशरण गुप्त सभापतित्व कर रहे थे। राष्ट्रपति के आगमन से इस उत्सव का गौरव कहीं बढ़ गया था। जब मुझे पुरस्कार दिया जा रहा था, जोर-जोर से तालियाँ बजीं। राष्ट्रकवि गुप्तजी ने हँसकर कहा—"मेरा कमीशन न भूलना।" राष्ट्रपति जी ने पीठ पर हाथ फेरा। बड़ा आनन्द रहा। दुलहिन और लल्लन भी वहाँ थे। दोनों के आनन्द का क्या कहना?

× × ×

पुरस्कार का रुपया दुलहिन को दे दिया और तय किया, इसी पैसे से ग्रन्थावली के तीसरे भाग में हाथ लगा दिया जाए। इस कॉलेज के काम ने मुझे अपनी अकिंचनता का

अनुभव दिया है। मुझे जैसे-तैसे तीसरा भाग निकाल ही देना है। एक भाग का मतलब है, कम से कम तीस हज़ार की पूँजी। कब तक इस पूँजी से अपने को वंचित रखूँ?

× × ×

राष्ट्रभाषा परिषद् के इस उत्सव में एक बात बहुत खटकी। परिषद् के नए संचालक ने अपनी रिपोर्ट में या परिषद् के अध्यक्ष (शिक्षामन्त्री) ने अपने भाषण में शिवजी की सेवाओं का कहीं भी उल्लेख नहीं किया था। मैंने 'दिनकर' का ध्यान इस ओर आकृष्ट किया। उसने अपने धन्यवाद भाषण में शिवजी की भूरि-भूरि प्रशंसा की। मैंने देखा, कुछ लोगों के चेहरे का रंग उड़ा जा रहा था! उनकी बात मत पूछिए जो शिवजी की गद्दी पर बैठना या किसी को बिठाना चाहते थे! वे बेचारे पानी-पानी हुए जा रहे थे।

× × ×

मैं राष्ट्रपति जी की बगल में ही बैठा था। उन्होंने शुरू से आखिर तक बड़ी आत्मीयता दिखलाई। उनकी दृष्टि से वात्सल्य चू रहा था। गाँधीभूमि का प्रोग्राम वह कभी जरूर पूरा करेंगे, उन्होंने इसका भी आश्वासन दिया। राष्ट्रकवि गुप्तजी ने भी बड़ी कृपा दिखलाई। सीतामढ़ी एक बार जाएँ, इसके लिए भी वचन दिया, बशर्ते कि अधिक भीड़-भाड़ न हो। उन्हें किसी-न-किसी तरह एक बार अपने कॉलेज में अवश्य ले जाऊँगा!

पटना
21 अक्तूबर 1959

बेटी प्रभा को पुत्र हुआ है—मेरी नन्हीं बेटी, एकलौती बेटी, दुलारी बेटी, प्यारी बेटी ! यों तो मेरे घर में, कभी के किसी पुण्य के फलस्वरूप, बच्चों की कमी नहीं। किन्तु सभी बेटे-ही-बेटे; बस एकमात्र बेटी यही मेरी प्रभा! अतः मेरी दुलारी; घर-भर की दुलारी। अब तक वह गर्भवती थी, हम लोग चिन्तित-चिन्तित थे। जित्तिन जी भी आए हैं; उनका भी ध्यान टँगा था; यहाँ आने के बाद मुजफ्फरपुर भागे। परसों ता. 19.10.59 को, उन्होंने ही ट्रंकफोन कर यह शुभ सूचना दी कि उसी दिन भोर में 10 बजकर 10 मिनट पर प्रभा को पुत्ररत्न प्राप्त हुआ है। सारे घर में आनन्द छा गया—मैं तो जैसे निहाल हो उठा!

प्रभा की शादी में जिन कठिनाइयों का सामना करना पड़ा, षड्यन्त्रकारियों ने जो-जो चालें चलीं, सब एक-एककर याद आने लगे! अजीब कार्रवाइयाँ बेचारे महन्थजी से करवाई गईं। लेकिन जैसा कि आज देवेन्द्र ने कहा—यारों ने सिलेट पर पेन्सिल से कितनी चीजें लिख रखी थीं, किन्तु इस बच्चे ने आकर चाकू से उस पर ऐसी लकीर खींच दी है कि पहले का सारा लिखा-लिखाया व्यर्थ गया। भगवान इस बच्चे को चिरायु करें, शतायु करें!

कल जित्तिनजी मुजफ्फरपुर से आए, उनसे पता चला, आपरेशन करके सीधे पेट से बच्चा निकाला गया। बच्चा बहुत पुष्ट था; प्रभा एक तो छोटी, फिर दुबली, बहुत सुकुमारी। अतः वहाँ के सिविल सर्जन ने यही उचित समझा। प्रभा दस दिनों से हास्पिटल में ही थी। वहाँ के सिविल सर्जन श्री रामानुज बाबू हमारे समधी लगते हैं, परमेश्वर के बेटे, मेरे भान्जे से उनकी बेटी की शादी हुई है। अतः शुरू से ही उन्होंने विशेष देखभाल रखी थी। और जब देखा कि बच्चे के जन्म में दिक्कत हो सकती है, तो उन्होंने यह रास्ता अपनाया। स्वयं अच्छे सर्जन हैं; खुद आपरेशन किया। इस आपरेशन का यह अर्थ होगा कि जब सिर्फ एक बच्चा ही प्रभा और दे सकती है, उसे भी इसी तरह पेट से निकालना पड़ेगा। कुछ लोग

सोचते हैं, यह अच्छा न किया गया, मैं कहता हूँ, ''एकः चन्द्रः तमोहन्ति!'' अरे, मैं तो अपनी माँ की एकमात्र सन्तान हूँ, और कुल कितना उजागर है! प्रभा का यह बेटा इसी तरह कुल को उजागर करे, यही मेरा आशीष है!

आज सबेरे ही नींद टूट गई। इधर कुछ सबेरे ही सोने लगा हूँ—बीच में रक्तचाप बढ़कर 176 तक पहुँच चुका था; पैर के अँगूठे में गठिया भी उभर आया था; अतः यह सबेरे सोना; उठना। उठने के बाद इसी उधेड़बुन में लगा हूँ कि किस प्रकार इस बच्चे की बरही (12वाँ दिन) मनाई जाए! क्या पटना से भी कुछ लोगों को ले जाऊँ? क्या मुख्यमन्त्री को भी पूछ लूँ? शिवजी और दिनकर जी को तो अवश्य ही ले जाऊँगा; सुधांशु और छविनाथ जी को भी!

पटना
3 नवम्बर 1959

मुजफ्फरपुर में नाती की बरही (जन्म के बारहवें दिन) के उपलक्ष्य में एक भोज देकर यहाँ आया हूँ। पैसे पास में न हों, हौसला तो वही पुराना है।

ग्रन्थावली! ग्रन्थावली! आजकल मन में एक ही लालसा है—ग्रन्थावली के दसों भाग क़िसी तरह निकाल दिए जाएँ। अब यह विलम्ब मेरे लिए असह्य हो रहा है।

मुजफ्फरपुर की प्रकाशन-शाखा असफल रही। वह तो मेरे लिए सिरदर्द बन गई है। अब उसे अपने हाथ में लेना है; नहीं तो डूबना है!

कहीं न कहीं से, किसी-न-किसी उपाय से पाँच हज़ार रुपया एकत्र करके तीसरा भाग निकाल ही देना है। बेनीपुर में कुछ फालतू जमीन है; उसे ही बेच दूँगा।

किन्तु ग्रन्थावली में अब विलम्ब नहीं करूँगा।

पटना
5 नवम्बर 1959

आज सन्ध्या को नलिनजी ने बताया—पटना विश्वविद्यालय हिन्दी के पाँच लेखकों को 'डॉक्टरेट' देकर सम्मानित करना चाहता है, जिनमें एक मैं भी हूँ। नलिनजी ने मुझे बधाई भी दे दी—यद्यपि अभी बाजाप्ता पास नहीं हुआ है; किन्तु चूँकि उपकुलपति ही इसके प्रस्तावक हैं; अतः विश्वविद्यालय की सभी समितियों से स्वीकृति पा जाएगा, उनका विश्वास है। मुझे यह समाचार सुनकर आश्चर्य हुआ। अब भी सोचता हूँ, क्या यह सम्भव है? क्या साहित्य की मौलिक कृतियों के प्रति विश्वविद्यालयों में यह श्रद्धा जगी है? कुछ विश्वविद्यालयों ने इस ओर पग बढ़ाए हैं; किन्तु यह तो बिहार है? अभी उस दिन कपिलजी का एक प्रस्ताव सेंडिकेट में आया; बिहार विश्वविद्यालय के कर्ता-धर्ताओं ने कुछ ऐसा मुँह बनाया कि मैं क्रोध और घृणा से ऐसा आवृत्त हुआ कि कुछ बोल तक नहीं सका। कपिलजी ने राहुलजी, जयप्रकाशजी तथा देशमुख को 'डॉक्टरेट' देने की बात उठाई थी। पटना विश्वविद्यालय राहुलजी, शिवजी, राजासाहब, मुझे और दिनकर को डॉक्टरेट देना चाहता है। खैर, जो हो, बात तो उठी! यदि हमारी सेवा सच्ची है, तो कभी वह स्वीकृति पा ही लेगी।

पटना
7 नवम्बर 1959

आज छठ का व्रत था। मेरी माँ मेरे लिए छठ करती थी; अब रानी उसे निभा रही हैं। छठ में प्रायः बेनीपुर रहता हूँ, इसलिए कि रानी के सामने रहूँ। इस साल ऐसा संयोग कि दशहरे में, दीवाली में, छठ में हम बेनीपुर से बाहर ही रहे।

तो भी कैसा अच्छा संयोग कि इस साल इस छठ में मेरा पूरा परिवार एक साथ रहा—रानी हैं, तीनों बेटे हैं, दोनों पुतोहुए हैं, पोते हैं और बेटी प्रभा भी अपने बच्चे के साथ है। यों आज का दिन मेरे घर में आनन्द-ही-आनन्द का दिन होना चाहिए। लेकिन, कैसा तमाशा, मैं दिन-भर उदास घर में पड़ा हूँ, न नहाया, न हजामत की; जबरदस्ती कुछ मुँह में ठूँस-ठाँस लिया; और दिन-भर या तो चिट्ठियाँ लिखता रहा, लेटा रहा या पढ़ा किया—पढ़ूँ क्या ख़ाक, पन्ने उलटता रहा!

ऐसी बात क्यों हुई, क्या हुई?

जब से प्रभा यहाँ आई है, बड़ी दुलहिन के तेवर चढ़े रहते हैं। ज्यों ही जित्तिनजी अपनी पत्नी लेकर आए कि उनका रुख बिगड़ा; मेरे पास एक पत्र भेजा, मैंने वह पत्र देवेन्द्र जी को दे दिया। उस पत्र ने मुझे कितना दुख दिया। मैं जिनके लिए मरूँ, वे जरा अहसान मानने को भी तैयार नहीं, उलटे जली-कटी बातें! खैर, मैं सारा ज़हर पीकर रह गया। लेकिन क्या मुझे निश्चिन्त रहने दिया जा सकता है? दिन-भर खटराग, रात-दिन अंटसंट बातें। खाना-पीना बन्द—मुझे कल दोपहर में क्रोध आया? देवेन्द्रजी से पूछा, आखिर तुम या दुलहिन क्या चाहते हो? क्या तभी खाओगे, जब हम लोग घर छोड़ दें?

जित्तिन ने समझा, ठीक समझा, यह उन्हीं के चलते तो सारी बातें हो रही हैं; भावुकता में रो पड़े। रानी भी रोने लगीं। घर में कुहराम मच गया! उस कुहराम की काली छाया अब तक इस घर पर छाई है। रानी यह व्रत सदा नए कपड़े पहनकर करती थी; स्वयं पहनतीं थीं, बच्चों को पहनाती थीं। इस साल पुरानी साड़ी पर ही उनका व्रत कटा! मायूस होकर कल सन्ध्या को अर्घ्य दे आईं; आज भोर में यदि मैं नौकर को नहीं जगाता तो भोर के अर्घ्य के बाद लौटतीं, तो शायद मुँह में पानी ही डालना पड़ता!

समझ में नहीं आता, मैं क्या करूँ—कैसे करूँ? बेटों को बुला लिया, जित्तिन और उषा को बुला लिया है। क्या उन्हें छोड़कर बेनीपुर के लिए चल दूँ? क्या रानी को यहीं छोड़ दूँ? उषा को बच्चा होनेवाला है, वह बेचारी क्या कहेगी?

जब-जब सोचता हूँ, माथा फटने लगता है। अभी तो मैं ही कमाता हूँ, सभी लोग खाते हैं। तब तो मेरी यह हालत है? यदि इनकी कमाई पर जीने का मौका हो, तब क्या होगा? नहीं, मेरे लिए यह स्थिति असह्य है। मैं ममता में सब-कुछ भूल जाता हूँ, ये लोग मेरी इस कमजोरी से नाजायज़ फायदा उठाते रहे हैं। लेकिन सब चीज की एक हद होती है। मुझे अपने को इस नरक से उबारना ही होगा !

पटना
9 नवम्बर 1959

क्या इस पर विश्वास किया जाए? अभी भेजिए, मोहनप्रेस के मालिक आकर कह गए हैं कि मैंने उनके लिए जो 'बालपोथी' तैयार कर दी; वह स्वीकृत हो चुकी है। इसका मतलब?

इसका मतलब यह हुआ कि आगामी कुछ वर्षों के लिए दस-पन्द्रह हज़ार रुपए सालाना की आमदनी। यदि यह सच हो? उफ़, इधर रुपए-पैसे की कैसी तंगी में रहा मैं। यह तो देखा है, जब-जब संकट में पड़ता हूँ, कोई अलक्षित हाथ आकर अप्रत्याशित मेरी सहायता कर देता है! क्या उसी की कृपा है यह! या छलना?

पटना
10 नवम्बर 1959

तबीयत अच्छी नहीं है। क्यों अच्छी नहीं है? रक्तचाप है शायद! क्यों रक्तचाप बढ़ गया? न पढ़ पाता हूँ, न लिख पाता हूँ! यह वितृष्णा क्यों? लिखने लगूँ, तो सिर में मीठा-मीठा दर्द शुरू हो जाता है। पढ़ने बैठूँ, पढ़ूँ, तो अक्षर पढ़ रहा हूँ; शब्द भूल रहा हूँ; अर्थ की तो बात छोड़िए। यह सब क्यों? क्या इसका मानी ?

घर में शान्ति नहीं! सपने टूट रहे हैं। अधूरे काम घूर रहे हैं! बुढ़ापा अपना अलग रंग दिखला रहा है।

क्यों यह कहा गया कि "चौथे पन जाइँहि नृप कानन!" राजा को भी चौथेपन में घर छोड़ देना चाहिए। छोटा-मोटा राज तो मैंने भी खड़ा कर लिया है। आज वह राज ही काटे खाता है। वह राज ही रह-रहकर विद्रोह करता है और कहता है, हटो यहाँ से; गद्दी से क्यों चिपके हो?

क्या कभी सोचा था, जिनको जन्म दिया, पालन-पोषण किया, आज भी जिनके लिए कितने सुकर्म-कुकर्म करता हूँ, वे भी मेरी भावनाओं पर, मेरी सुविधाओं पर ध्यान नहीं देंगे! अजीब तबीयत है मेरी; तुनुकमिजाजी की हद है। मन के खिलाफ जरा भी काम हुआ, तो सारी नसें झनझना उठती हैं।

असल में मैंने एक नया प्रयोग शुरू किया था। घर में रहूँ, घर से बाहर रहूँ। यानी, रुपए-पैसे का सारा जिम्मा बड़े साहब को दे दिया था। उनकी सारी कमजोरियों को जानते हुए भी; इसलिए कि वह अपना उत्तरदायित्व समझेंगे। फल; उलटा। उन्होंने आर्थिक दृष्टि से मुझे पंगु बना डाला है—अब मैं छटपटाता रहूँ, इसके अलावा कोई चारा नहीं है।

पैसे-पैसे के लिए मुँह ताकिए! देहात के बूढ़ों को देखा है, मरते समय तक सन्दूक की कुंजी अपने पास रखते हैं! क्या इन्हीं दिनों के डर से!

कुछ काम करना चाहता हूँ, कुछ पैसे इकट्ठा करना चाहता हूँ, किन्तु लगता है, जनवरी के पहले कुछ होना-जाना सम्भव नहीं है। आज दो दिनों से ही सौ रुपए के लिए छटपटा रहा हूँ, कहीं से प्राप्त नहीं कर पाता।

सिर में दर्द, बदन में ऐंठन, रह-रहकर जीभ सूख जाती है, चाहता हूँ, सो जाऊँ, सो नहीं पाता। पढ़ भी नहीं सकता। बस मुँह ढँककर पड़े रहिए और तरह-तरह की बुरी-भली बातें सोचिए, अपने पर खीझिए, संसार पर दोष मढ़िए—यह जिन्दगी कोई जिन्दगी है? कभी-कभी इच्छा होती है, कहीं बाहर भाग जाऊँ, कहीं किसी एकान्त स्थान में जाकर ज्ञान-ध्यान में मन लगाऊँ। एक बार भाई अच्युत ने कहा था, थोड़ा ध्यान-योग में समय दीजिए, चित्त में शान्ति रहेगी। उस दिन मैंने उनकी बात में पलायनवृत्ति पाई थी, आज स्वयं उसकी ओर आकृष्ट हो रहा हूँ।

किन्तु क्या भाग सकता हूँ? एक तो रानी का प्रश्न रह गया है; दूसरा इस कॉलेज का! मैं नहीं रहूँगा तो इस बुढ़िया का क्या हाल होगा? और अब कॉलेज का काम तो पूरा

कर ही देना है।

पर शरीर ऐसा रहा, मन ऐसा रहा, तो कोई काम भी कैसे हो पाएगा?

बेचारी ग्रन्थावली : मन की मन ही माँहि रही! यह दुखद कल्पना ही उद्विग्न कर डालती है।

पटना
20 नवम्बर 1959

आज प्यारे जित्तिन को पुत्ररत्न प्राप्त हुआ! दिन के 3 बजे : पटना अस्पताल में। सन्ध्या को छोटी दुलहिन पुत्र के साथ लौटीं—कितना धन्य समझा अपने को ! 7 पोते, एक नाती, 3 बेटे, दो पुतोहुएँ, बेटी, दामाद—रानी और मैं! 'एक से इक्कीस'—यह देहाती कहावत अब जल्द ही चरितार्थ होने जा रही है!

25 नवम्बर को बच्चे की छठी भी धूमधाम से मनाई। पटना के प्रायः सभी मित्र पधारे थे! प्रीति-भोज अच्छा जमा।

गाँधीभूमि
5 दिसम्बर 1959

फिर कॉलेज के मोर्चे पर! आज यूनिवर्सिटी के इन्स्पेक्टर-द्वय—पं. झा और प्रो. बसु आए—बातों से पता चला, वे काफी प्रभावित हैं। देखें, क्या रिपोर्ट देते हैं? मुजफ्फरपुर में ही कमिश्नर साहब से सूचना मिली; 31 दिसम्बर को राष्ट्रपति राजेन्द्र प्रसादजी गाँधीभूमि में पधार रहे हैं। अब तो सारी शक्ति इसी कार्यक्रम पर!

1960

बेनीपुर
11 जुलाई 1960

आज सन्ध्या को एक विशेष बात हो गई। नौकरानी ने बताया, गोठुल्लाघर में साँप है। हम लोग वहाँ तैयारी के साथ गए; लेकिन पता चला, साँप नहीं, साँप का केंचुल पड़ा है। दो साँपों का—एक साथ कैसे आया, समझ में नहीं आया।

आज दो महीने से बेनीपुर में ही पड़ा हूँ। राजेन्द्रबाबू जब बेनीपुर आए, मैं बीमार पड़ा था। अजीब बीमारी—एक अंग में लकवे का दौरा। किसी तरह उठकर राजेन्द्रबाबू का स्वागत कॉलेज में जाकर कर आया, किन्तु तब से ही बीमार हूँ, आज छह महीने के बाद भी वही दशा है!

चार महीने तक पटना में ही रहा। वहाँ से लौटकर यहाँ, बेनीपुर आया। तब से ही रोगग्रस्त हूँ। किसी तरह टहल-घूम कर लेता हूँ। किन्तु इसके अतिरिक्त और कुछ पार नहीं पाता। दो महीने से अधिक दिनों से बेनीपुर में हूँ। किन्तु अभी तक वही हालत है!

क्या करूँ, समझ में नहीं आता!

सबसे बड़ी चिन्ता है, कॉलेज के लिए। 15 जुलाई को कॉलेज खोलना है। बस, चार दिन रह गए हैं। किन्तु समझ में नहीं आता, इन चार दिनों में क्या होगा ! पिछले दिनों मैं मुजफ्फरपुर गया था। वहाँ सुदर्शनबाबू से बातें हुईं। उनका भी कहना है कि यदि सवा सौ विद्यार्थी जुट जाएँ, तो इस समय का सारा प्रपंच हल हो जाए। मैं भी ऐसा ही समझता हूँ। यदि शरीर में दम रहता, तो मैं यह काम भी करके दिखला देता। किन्तु शरीर की इस दशा में क्या किया जाए!

बाएँ अंग में लकवे का जोर है ही। बायाँ हाथ उठ नहीं पाता। उठता भी है तो कसक लेकर। शरीर से चला नहीं जाता। किसी कदर कुछ कदम चल लेता हूँ। यों देखने में शरीर अच्छा लगता है, किन्तु कोई दम नहीं—सोचता हूँ, यह क्या हो गया है?

पैसे की अजीब चिन्ता है। पैसे मेरे पास हैं नहीं। बिना पैसे के काम कैसे चलेगा? इतना बड़ा काम—बिना दाम के कैसे चलेगा?

पिछली दफ़ा—जबकि विद्यार्थी परीक्षा दे रहे थे, किसी कदर सात या आठ सौ रुपए मिल गए। उन्हीं को लेकर परीक्षा दिलवा दी। परीक्षा का काम तो मज़े में चल गया, किन्तु उसके बाद का काम कैसे चले?

यदि 100 या 150 तक विद्यार्थी आकर नाम लिखा लें, तो मेरी सारी चिन्ता मिट जाए। किन्तु क्या इतने लड़के नाम लिखा सकेंगे? कोशिश में लगा हूँ, देखें क्या होता है?

यह क्या हुआ? ऐसे संकट में तो कभी नहीं पड़ा था!

पटना
22 नवम्बर 1960

आह! कितने दिनों पर आज फिर रोजनामचा में हाथ लगाया है!

ये दिन—कैसे कटे? कैसे कटे? किसी तरह कट ही गए हैं। अब अच्छे दिन आ रहे हैं क्या? सोचता हूँ, ऐसा ही हो।

तरह-तरह की चिन्ताएँ; तरह की बातें! उन चिन्ताओं को कहाँ तक लिखूँ ? उन बातों को याद करना भी कष्टप्रद!

अब अच्छे दिन आ रहे हैं! क्या सच? यदि सच हो, तो क्या कहना !

सबसे अधिक दो चिन्ताएँ इस बीमारी में भी परेशान करती रही हैं—(1) महाविद्यालय की, (2) अपनी बुरी आर्थिक स्थिति की। कॉलेज का क्या होगा? सुदर्शन बाबू से बातें हुईं—उन्होंने कहा है, पच्चीस हज़ार रुपए एकत्र कर दीजिए। क्या कर सकूँगा इतना!

अपनी आर्थिक स्थिति और भी खराब है—लोगों के सात-आठ हज़ार रुपए देने हैं! यदि इस चक्कर से निकलूँ, तब न कोई और बात सोची जाए?

रोज सोचता हूँ, यह किया जाए; वह किया जाए? किन्तु कुछ करते-धरते बनता नहीं!

मालूम होता है, जैसे अपंग हो गया हूँ—सोचता तो कुछ हूँ और कर कुछ नहीं पाता! भगवान ही रक्षक है!

पटना
24 नवम्बर 1960

कल का दिन मेरे लिए कितना अच्छा था!

खाने-पीने के बाद मैं सोने गया; नींद नहीं आई। बार-बार शुक्लजी के बारे में सोचता रहा। कई दिनों से उनसे मिलने की इच्छा थी। आखिर मैंने आज तय किया और उनसे मिलने के लिए चल पड़ा।

शुक्लजी (पं. योगेन्द्र शुक्ल जी) आजकल राजेन्द्रनगर में हैं। मैं वहाँ पर जा पहुँचा। एक साधारण इमारत में हैं वह। मिला, आशीर्वाद पाया। फिर उनकी आँखों में आँसू आ गए। उफ, कैसी दुर्गति है उनकी। समूचा शरीर सूख गया है। आँखें धँस गई हैं। हाथ में जोर नहीं, दम नहीं। क्या इन्हें अस्पताल में रखकर अच्छी दवा नहीं कराई जा सकती है? सोचा, इसके लिए कोशिश करूँगा। किन्तु अब क्या हो! न योगेन्द्र शुक्लजी वह पुराने शुक्ल हैं, और न बेनीपुरी वह पुराने बेनीपुरी! तो भी कोशिश तो करनी ही है। उन्हें अस्पताल में भर्ती करा दिया जाए, तो सबसे अच्छा हो।

उसके बाद दिनकर जी से मिलने गया। दिनकर जी भी बीमार ही हैं। आजकल एक डॉक्टर से दवा करा रहे हैं। कहते हैं, उसकी दवा ने फायदा किया है! भगवान करें, वह जल्द निरोग हो जाएँ।

तब मन में आया, डॉक्टर रामशरण ठाकुर जी को अस्पताल में देख लूँ। डॉक्टर साहब तीन सालों से बीमार हैं, अस्पताल में पड़े हुए हैं। उन्हें बीमारी है, वही प्राणलेवा टी.बी. की शिकायत है। तीन सालों से अस्पताल में ही हैं। आज कहते थे; शायद इस साल उनका आपरेशन हो सके! यदि आपरेशन सफल हो जाए, तो हम लोगों को कितनी खुशी हो! डॉक्टर साहब खुशमिजाज लोगों में हैं। आज उन्हें इस प्रकार रोगग्रस्त देखकर कितना दुख हुआ। जीवन का क्या ठिकाना ! अपनी ही हालत देख रहा हूँ। कहाँ एक साल पहले का बेनीपुरी—कहाँ आज का बेनीपुरी।

इन तीन मित्रों को देखकर घर पर आया। बड़ी वेदना हुई!

सन्ध्या को कुछ टहल-घूम आया।

2 दिसम्बर 1960

चाहता हूँ, प्रतिदिन कुछ-न-कुछ लिखा करूँ—किन्तु चाहकर भी ऐसा कर नहीं पाता। न जाने लिखने से ऐसी विरक्ति क्यों हो गई है!

इधर सात-आठ दिनों से यहाँ रानी पधारी हैं। उन्हें बुलाया था कि यहाँ आकर वे अपने दोनों पोतों—श्री लल्लन और श्री रंजन को वैद्यनाथ धाम ले जाएँ और उनके लिए जो मन्नत माँगी है, उसे पूरा कर लें। इन आठ दिनों से तरह-तरह की बातें होती रहीं, लेकिन आखिर कल सन्ध्या को सबके सब बबुआजी दुलहिन जी तथा सभी बच्चों को साथ लेकर वैद्यनाथ जी चले गए। आज सारा घर उजाड़ लगता है; कहाँ बच्चों का कलरव; कहाँ बड़े-बूढ़ों की महफिल—लेकिन इस उदासी में भी आनन्द है। आनन्द ही आनन्द है।

बार-बार अपने बारे में सोचता हूँ, सोचता हूँ और उदास हो जाता हूँ। यह क्या हो गया है मुझे? अब चाहता हूँ कि थोड़ा काम भी कर लूँ, लेकिन मुझसे कुछ होता नहीं है। लिख-पढ़ भी नहीं सकता। लिखने में तो और भी दिक्कत होती है।

सबसे बड़ी दिक्कत होती है, किसी चीज को याद रखने में। तुरन्त कोई चीज याद आती है, फिर तुरन्त भूल जाता हूँ। क्या करूँ—समझ में नहीं आता।

इधर प्रकाशन के सिलसिले में एक नवीनता कर ली। अब तक देवेन्द्रजी मेरे नाम पर किताबें छपवाते थे; बेचने का काम भी उन्हीं के हाथ में था। इधर मैंने सोचा, देवेन्द्र

जी को पीएच.डी. करने के लिए छोड़ दूँ और स्वयं इस पेशे में लगूँ। मेहमानजी (श्यामसुन्दर जी) ने रुपए का प्रबन्ध कर दिया, इसलिए पुस्तकों की छपाई का पूरा जिम्मा उन्हीं के सिर पर रख दिया। देवेन्द्रजी इस प्रबन्ध से खुश नहीं हैं। किन्तु मैं क्या करूँ? कोई प्रबन्ध तो करना ही था; किया।

सोचता हूँ, कल मुजफ्फरपुर जाऊँ और देख आऊँ, पुस्तकों के प्रकाशन के बारे में क्या किया जा रहा है। हो सका, तो एक दिन के लिए बेनीपुर से भी हो आऊँ।

सोचता हूँ, तो ऐसा ही; किन्तु हो पाएगा कितना—कह नहीं सकता! बड़ी बुरी स्थिति में हूँ। किसी कदर इस स्थिति से पार पाऊँ, तो कुछ समझूँ!

पटना
8 दिसम्बर 1960

मैं बेनीपुर से हो आया। वहाँ सब तरह से लोगों को प्रसन्न पाया। भगवान करें, बेनीपुर जब पहुँचूँ, तब वहाँ की हालत ऐसी ही पाऊँ।

अब बूढ़ा हो चला। चाहता हूँ, अपने को बेनीपुर में ही रखूँ। पटना से ऊब गया हूँ, मुजफ्फरपुर में मन नहीं लगता। अब बेनीपुर में रहूँ और वहीं से कुछ होता हो, तो हो। वैसी ही इच्छा है मेरी।

इधर कुछ रुपए मेरे सिर पर आ पड़े हैं। पार साल बीमार ही रहा; उसके पहले भी इस कर्ज के बोझ पर ध्यान नहीं दिया, आज देखता हूँ, तो सात-आठ हज़ार रुपए का बोझ मेरे सिर पर है, जब तक वह बोझ सिर से नहीं उतरे, तब तक क्या कुछ कर सकता हूँ?

अतः सबसे अधिक चिन्ता इस रुपए की है। और जब कुछ अच्छा हो चला हूँ, तो सबसे पहले ध्यान इस रुपए पर ही गया है। यदि किसी तरह इस साल इस कर्ज से दूर हो लूँ, तो फिर अगले साल का देखा जाएगा। अगले साल चुनाव है न!

इस साल चुनाव में दस हज़ार से कम पैसे नहीं लगेंगे। इसी चिन्ता में सोचता हूँ कि पहले का कर्ज तो चुका दूँ।

दो पुस्तकें हैं—"नेत्रदान" और "माटी की मूरतें"। दोनों को मुजफ्फरपुर में ही छपवा रहा हूँ। महन्थजी ने दोनों की छपाई आदि का जिम्मा लिया है। यदि दोनों पुस्तकें इस साल चल गईं, तो फिर मेरा सिर हलका हो जाएगा; अगले साल चुनाव का काम भी मज़े से चल जाएगा।

देखें, क्या होता है?

पटना
14 दिसम्बर 1960

रविवार को मैं मुजफ्फरपुर गया था। वहाँ प्रभा बेटी बीमार थीं। सोचा था, देवेन्द्रजी जाएँगे। किन्तु वह नहीं जा सके; मुझे ही जाना पड़ा।

प्रभा की तबीयत इधर कुछ खराब रहा करती है। न जाने क्या बात है, उसके सिर में और पेट में दर्द रहा करता है। मैं जो अपनी ओर से ही परेशान हूँ, बच्चों की बीमारी की खबर पाकर चित्त व्यग्र हो उठता है।

वहाँ से यहाँ आया। यहाँ सब लोग खुश हैं। बच्चों की परीक्षा हो रही है—दिसम्बर

महीना है न! बच्चे परीक्षा में अच्छा कर लेंगे, ऐसी उम्मीद है ही।

प्रभा को देखने के लिए देवेन्द्र जी को जाना था, वह नहीं जा सके। तब मैं गया। देवेन्द्रजी जाने को तैयार थे, किन्तु दुलहिन ने उन्हें रोक दिया। यह औरतों का झगड़ा है, मर्द क्यों इसमें पड़ें!

बार-बार सोचता हूँ, मेरा घर अच्छी तरह चले, किन्तु कैसे चले! अब तो अनेक प्राणी आ गए हैं, अलग-अलग सिर; अलग-अलग बातें। अब मुझी को कितने दिन रहना है! जैसे भी हो सके निभाते जाना है।

शुक्रवार से असेम्बली बन्द हो रही है। मुझे बेनीपुर जाना है। बेनीपुर में ही रहना कुछ शान्तिदायक मालूम पड़ता है। कॉलेज का काम भी देखना ही चाहिए।

कॉलेज!--मेरा यह सिरदर्द है; सोचता हूँ, इस साल कुछ विशेष कार्य हो जाए, तो फिर देखा जाएगा।

1962

बेनीपुर
1 जनवरी 1962

कितने दिनों के बाद डायरी लिखना शुरू किया है!

जब लिखने लगा हूँ, देखता हूँ, अक्षर कितने खराब हो गए हैं।

अच्छी बात--अब से प्रतिदिन कुछ-न-कुछ लिखा ही करूँगा। प्रतिदिन--हर रोज; चाहे जैसे भी हो।

आज वर्ष का पहला दिन है। बेनीपुर में रहूँ और यह दिन आए--कितना सुखकर।

दो वर्षों के बाद यह डायरी शुरू कर रहा हूँ। ये दो वर्ष! कितने कष्ट के रहे? लगता था, मेरी सारी शक्तियाँ विलीन हो चुकी हैं। अक्षर भी कितने बदल चुके हैं।

अब प्रतिदिन लिखा ही करूँगा! चाहे जैसे हो, जिस प्रकार से हो! दिन-भर आनंद में रहा। बेनीपुर--मेरा घर! अपना घर बनवा लिया है। घर पूरा नहीं बना सका! खैर, जो भी हो, जैसा भी हो, अपना घर तो यही है।

अपने साथ मन्नन को साथ लाया था। घर में रानी है ही। कितना सुखद! कितना शान्त!

बेनीपुर से मुज़फ्फरपुर
2 जनवरी 1962

आज पटना जाना है। जब तक बेनीपुर रहा। जाने की तैयारी में था।

भोर में यहाँ के पैमाइश करने वाले सज्जन को बुलाया। गाँव की नापी-जोखी हो रही है। मैंने उन्हें बताया, मैं किस परेशानी में हूँ, उन्होंने वचन दिया, जहाँ तक बन पड़ेगा, वह करेंगे। दोपहर के बाद बेनीपुर से मुज़फ्फरपुर के लिए प्रस्थान किया!

अरे मोटर में कैसी भीड़! खड़े-खड़े आना पड़ा।

यहाँ आकर मन्नन के लिए कपड़े ख़रीदे, फिर डेरे पर, मेहमानजी के डेरे पर पहुँचा।

बेटी से भेंट हुई। बेटी—मेरी प्यारी बेटी। बेटी को देखते ही मैं कितना उत्फुल्लित हो जाता हूँ?

महेन्द्र जी से प्रकाशन में ही भेंट हुई—महेन्द्र, मेरा सबसे छोटा बेटा! इस साल यूनिवर्सिटी में बी-एस.सी. में फर्स्ट होकर मुझे कितना सुख दिया है!

पटना
3 जनवरी 1962

सबेरे ही पटना जाने के लिए तैयार हुआ और चल पड़ा।

चार से छः तक पटना में कांग्रेस की बैठक हो रही है। कैसी भीड़! हाजीपुर जाते-जाते बैठने की भी जगह नहीं। सोनपुर पहुँचकर आठ नए डब्बे जोड़े गए। पहलेजा पहुँचकर तो जहाज को समय से पहले खोलना पड़ा।

कैसी भीड़!

एक नया जहाज घाट बनाया गया है। उसी पर हम लोग उतरे। उतरे दो बजे के करीब।

फिर डेरे पर आए! वहाँ से खा-पीकर असेम्बली के लिए रवाना! असेम्बली तब तक बन्द हो चुकी थी। हाजिरी मात्र दे दी। सब बाहर निकले। मन्नन साथ था।

पहले हम कांग्रेस देखने को गए। वहाँ चारों ओर भीड़-भीड़! कहाँ तक पैदल चलता। सीधे वापस आया। हाँ, सीधे ही, यहाँ कुछ लोग आ गए हैं—वे लोग कांग्रेस देखने आए हैं। मेरे डेरे पर भी भीड़ है। उसी भीड़ में मैं घुल-मिल गया हूँ।

कैसा अक्षर! यह अक्षर क्या बताता है?

पटना
4 जनवरी 1962

डेरे पर लोगों की भीड़ है—कई तरह के लोग यहाँ आ पहुँचे हैं। सबका सम्मान-सत्कार तो होना ही चाहिए।

आज कांग्रेस देखने को नहीं गया। घर पर ही रहा। तरह-तरह की बातें मन में आती रहीं! सोचता हूँ, कहाँ से राजनीति का आरंभ किया—आज कहाँ पर हूँ।

मैं कहाँ हूँ, इसी बात का पता नहीं। कांग्रेस कहाँ है, इस पर भी सोचता हूँ।

आज कांग्रेस में बनियों का राज है—बनियों का, वणिकों का, रोजगारियों का; किसान अब भी उससे आशा बाँधे हुए हैं, क्या उनकी आशा कभी पूरी होगी?

देवेन्द्रजी कुछ नाराज हैं। मुज़फ्फरपुर से उन्हें किताबें नहीं मिली हैं। कैसा तमाशा है—सोचता था, यहाँ से मुज़फ्फरपुर जाऊँगा, वहाँ मकान बनवाऊँगा लेकिन लगता है, यह सब सोचते ही रह जाऊँगा।

लोग यहाँ आए हैं, उन्हें देखता हूँ। सोच नहीं पाता क्या करूँ?

आज संध्या को श्री रामनारायण सिंह जी आए थे। उन्हीं से थोड़ी देर तक घुल-मिलकर बातें की हैं।

पटना
5 जनवरी 1962

कल कलकत्ता के बदरी बाबू से बातें हुईं थीं। आज सबेरे ही हरिजी के साथ उनसे मिलने चला। कांग्रेस-नगर में ज्यादा भटकना नहीं पड़ा। उनसे भेंट हुई। बातें हुईं। वह मुझे घर तक मोटर से पहुँचा गए हैं।

पुराने दोस्तों से मिलकर कितनी प्रसन्नता होती है!

आज सोचा था, जरा कांग्रेस अधिवेशन को देख लूँगा। आज जा नहीं सका। मन में कुछ ग्लानि थी। किन्तु, संध्या को मालूम हुआ, आज बड़ी भीड़ के कारण कांग्रेस का अधिवेशन हो नहीं सका।

कैसी विडम्बना! बिहार पर एक कलंक लग गया। हमारे यहाँ के नेताओं ने सोचा था, कांग्रेस के लिए कितने लोग आए हैं। यहाँ लोग इतने आ गए कि कुछ करते-धरते बना ही नहीं। सारी चीजें टाँय-टाँय फिस्स हो गईं।

आज संध्या को बातें होने लगीं। मैंने देवेन्द्र जी को बुलाया और उनसे कहा कि मेरे मरने पर मेरा श्राद्ध नहीं करना। वे चुप ही रहे। फिर बोले, आपकी जैसी आज्ञा होगी, वही किया जाएगा।

संध्या को हमारे यहाँ रमावल्लभजी आए। वह एक पत्र लाए थे, पत्र एक मित्र का था, जिनसे मैंने कुछ रुपए लिए थे। मैंने उनकी बात मान ली; उन्होंने अपने रुपए माँगे थे। मैंने कह दिया, किताबें ले लो—उन्होंने इसे मंजूर कर लिया।

चलो, एक झंझट और भी खत्म हुई।

पटना
6 जनवरी 1962

दिन-भर डेरे पर ही बैठा। कैसी तबीयत करती रही। मन में होता था, कहीं चले चलें, किन्तु कुछ पार नहीं लगा।

कल संध्या को श्रीकृष्णवल्लभ जी मिलने आए थे। कृष्णवल्लभ जी इस साल कांग्रेस के उम्मीदवार हैं। मैंने कह दिया, मैं किसी का पक्ष नहीं लूँगा। अपना वोट पार्टी को दूँगा। आप जो चाहें, कीजिए। उन्होंने दिल्ली के अपने अनुभव बताए।

कल वैद्य जी मिलने आए थे। उन्हें भी आर्शीवाद दिया और अपनी लाचारी बताई। वे भी खुश-खुश गए।

मेहमानजी आए हुए हैं—मटिहानी के बाबू।

उनसे कहा कि कॉलेज के लिए जो संभव हो कीजिए।

बस एक ही अरमान थे। जो पूरे हुए, तो हुए, नहीं तो अब तो कुछ करना-धरना नहीं है।

कैसी विडम्बना लगती है। जिसे इतना करना-धरना था वही सोच रहा है, उसे कुछ करना नहीं है।

आज एक बार मन में हुआ था क्यों नहीं मैं घर चला जाऊँ। किन्तु जा नहीं सकता। अब तो दो-तीन दिनों तक यहीं रहना पड़ेगा। फिर जो संभव होगा, होगा। चलो, मेरी नाव एक घाट लग गई।

पटना
7 जनवरी 1962

भोर से ही लोग आने लगे। सबसे बड़ी जमात थी, जो मुँगेर से आई थी। उसमें बबुआ जी की साली थीं और उनके ही लोग थे। सब लोग खुश-खुश गए।

मैं भोर से ही यहाँ पड़ा हूँ। मुझे भी जाना चाहिए। किन्तु सोचा, जरा दवा ले लूँ। आज शाम को देवेन्द्रजी को डॉक्टर के पास भेजा है। मैं खुद भी जाना चाहता था, किन्तु बहुत जाड़ा पड़ रहा है, अतः देवेन्द्र जी को ही भेजा।

आज मुझसे मिलने श्री .... आए। उनकी बेटी की शादी करनी है। जनाढ़ के एक लड़के से शादी करने की बात चल रही है। मुझे उनको सहायता देनी है।

जनाढ़ की बात याद आते ही अपने कॉलेज की याद आ जाती है। अहा! क्या कॉलेज बनाना एक स्वप्न ही रह जाएगा। मैं मन ही मन सोचता हूँ, किन्तु कुछ कर नहीं पाता। आह! यह स्वप्न कितना सुखद था! यदि इसे साकार कर पाता!

आज संध्या को पता चला कि प्रिंसिपल कपिलजी यहाँ आए हुए हैं। कल संध्या को मुझसे कुछ लोग कहने आए कि मैं उनसे अनुरोध करूँ। एक तो मुझे अनुचित लगा कि श्री मथुरा प्रसाद मिश्र के खिलाफ मैं कैसे उन्हें खड़ा करूँ! खैर, वह आए; मुझसे मिले नहीं, जैसा जो करना होगा, करेंगे।

एक पुस्तक पढ़ रहा हूँ; अच्छी पुस्तक है।

पटना से मुज़फ्फरपुर
8 जनवरी 1962

असेम्बली का प्रपंच समाप्त हो गया। मन में उद्विग्नता थी कि कब पटना छोड़ देता हूँ। आज ढाई बजे पटना छोड़ रहा हूँ। कुछ दवाएँ ले ली हैं। डॉक्टर ने कहा है, कि एक महीने के बाद दिखा लिया करें। जहाँ तक संभव होगा, उसी की बात पर चलूँगा। मैं तो मर गया था। इसी डॉक्टर ने मुझे खड़ा किया। मैं उसकी इस कृपा को कभी भूल सकता हूँ?

पटना से स्टीमर पर चला—कई बार मन में आया, अहा! पटना छोड़ रहा हूँ। मन में कुछ उद्विग्नता छाई हुई थी।

भारतेन्दु शर्मा जी से भेंट हो गई। उन्हीं के साथ मुज़फ्फरपुर पहुँचा। भारतेन्दु शर्मा—बड़े ही मस्त जीव। उनके ऐसा साथी मिल जाए तो फिर इस बुढ़ापे में भी यात्रा की जा सकती है।

साढ़े आठ बजे रात में मुज़फ्फरपुर स्टेशन पर पहुँचा; किन्तु वहाँ ही नौ बजे तक ठहरना पड़ा—इतनी भीड़; कैसे बाहर आता।

फिर किसी तरह महंथजी के डेरे पर पहुँचा। वहाँ प्रभा थी; उससे मिलकर कितनी प्रसन्नता हुई। इधर बच्चों के प्रति मेरे मन में अपूर्व स्नेह उभर आता है।

मुज़फ्फरपुर
9 जनवरी 1962

आठ बजे के बाद नींद टूटी। घर में राजू जगा था; वह अब चलने-फिरने लगा है। बोल भी

लेता है। उसे देखकर कितनी प्रसन्नता होती है।

प्रभा—बेटी प्रभा! उसका यह वरदान है। भगवान इस वरदान को अमर करें, अमर करें। प्रभा की तबीयत कुछ सुस्त है। उसकी इस सुस्ती से मेरे मन में कैसी उद्विग्नता आ जाती है!

मुज़फ्फरपुर में आते ही अपने प्रकाशन की ओर ध्यान जाता है। इस प्रकाशन के लिए मैं क्या करूँ—जरूरत है कि कुछ रुपए लगाए जाएँ। ये रुपए कहाँ से आवें। कहीं कोई उपाय नहीं सूझता। तो बेनीपुर में बैठा रहता हूँ।

अब शरीर में कुछ ताकत आई है। कई बार सोचता हूँ। प्रकाशन पर ध्यान दूँ। किन्तु ध्यान कैसे दिया जाए। कुछ रुपए हों, तब तो गाड़ी को आगे बढ़ाया जाए।

संध्या को प्रकाशन की ओर गया। वहाँ कुछ लोग मिल गए। उन्हीं लोगों के साथ हँसी-खेल में कुछ समय गुजारे। किन्तु मन में सदा ध्यान रहा, इस प्रकाशन के बारे में ही। कहीं से चार-पाँच हजार रुपए मिल जाएँ तो फिर वारा-न्यारा हो जाए।

सब्र करो बेनीपुरी—धीरज धरो, फिर तुम्हारा काम बनकर रहेगा! रहेगा!

मुज़फ्फरपुर से बेनीपुर
10 जनवरी 1962

रात कुछ अजीब सपने देखे। देखा कि चि. महेन्द्र जी की शादी हो रही है। मैं उसमें सम्मिलित होने को गया हूँ। हाजीपुर में शादी हो रही है। लड़की बहुत ही अच्छी है। एक स्कूल में शादी हुई है। मैं कितना खुश हूँ।

इस सपने की कथा मैंने महेन्द्र जी को भी सुनाई! वह मुस्कुराकर रह गए। क्या ही अच्छी बात हो कि यह स्वप्न सत्य का रूप धारण करे।

आज बेनीपुर जाना है, उसी की तैयारी में लगा हूँ। बेनीपुर—अब तो मन वहीं लगा रहता है। सबसे अधिक चिंता रहती है रानी के लिए।

एक कोट सिलवाने की इच्छा हुई। पन्ना को लेकर खादी डिपो गया। वहाँ कपड़ा अच्छा मिल गया। कपड़े को सिलने के लिए देने फिर वापस आया।

चार बजे के लगभग घर के लिए रवाना हुआ। बेदौल से पैदल ही बेनीपुर के लिए चला। रात हो गई थी। कुछ कठिनाई हुई आने में। साथ में सियाराम जी थे। किसी तरह घर पहुँचा।

रात में नींद अच्छी नहीं कटी। रानी को दर्द होता है। बार-बार उसके चलते नींद उचट जाती रही।

बेनीपुर
11 जनवरी 1962

आज भोर ही प्रिंसिपल कपिल जी का आदमी सौगात लेकर आया। कपिल जी, कितने सौम्य, कितने सुशील और कितने सुन्दर व्यक्तित्व। उनकी कन्या से मेरे पुत्र का विवाह हुआ, यह कितने सौभाग्य की बात!

वह दोपहर तक यहाँ रहे; फिर मुँगेर के लिए रवाना हुए!

उनके द्वारा लाई मिठाईयाँ मैंने खाईं; किन्तु यह क्या हुआ! दोपहर से शाम तक मेरी तबीयत कुछ खराब रही; मैं पड़ा रहा। बेचैन! क्या खाने-पीने में अब इतनी-सी ढिठाई मेरे

लिए उचित हैं! संध्या को जनाढ़ से एक सज्जन आए, उनसे बातें कीं। वह कॉलेज के बारे में बातें करने आए थे। कॉलेज! यही तो एक अधूरा काम रह गया है! मैंने बहुत ही दिलचस्पी से बातें कीं। तय हुआ, मैं अच्छा होने पर ही इसके लिए जनाढ़ जाऊँगा।

आह! यदि किसी प्रकार जनाढ़ का यह कॉलेज बन जाए तो समझूँ कि मैंने मरते समय यह एक अच्छा-सा काम कर लिया। इच्छा होती है, यदि शरीर अच्छा रहा, तो अपना शेष जीवन इसी काम में लगाऊँ।

शाम को तबीयत कुछ अच्छी रही। थोड़ा-सा भोजन किया। दिन में तो कुछ खाया नहीं! शरीर अच्छा रहे, तो कुछ किया जा सकता है।

बेनीपुर
12 जनवरी 1962

भोर में उठा। रेडियो लेकर बैठ गया। बस, रेडियो पर गाना होता रहे और मैं सुनता रहूँ—यही तो चाहिए। दिन में अपनी फुलवाड़ी देख आया। सभी बड़े अच्छे हैं। अब इस साल तीन-चार पेड़ शायद फल जाए! क्या वे फलेंगे? मेरी कुछ करनी जो बेनीपुर में हुई है, उसमें एक यह फुलवाड़ी भी है। यदि वे पेड़ बड़े हो जाएँ—हर साल आम आवे, तब कितनी खुशी की बात की जाए। संध्या को जगदीश के यहाँ गया। उसका बड़ा लड़का राजमंगल नहीं हैं; वह अपने छोटे भाई को देखने गया है। वह बी. ए. में पढ़ रहा है न? जगदीश से कुछ बातें कीं; फिर घर लौट आया। जहाँ रात आई, मैं रेडियो लेकर बैठ जाता हूँ। कुछ सुनिए; कुछ सुनाइए! घर के काम-काज से फुर्सत पाकर रानी भी आ जाती हैं। दो-एक आदमी और भी आ जाते हैं। नौ बजे तक हा-हा-ही-ही होती रहती है, फिर सोना।

बेनीपुर का प्रोग्राम प्रायः ऐसा होता है—सबेरे सात बजे उठ जाता हूँ। फिर रेडियो लेकर बैठ जाता हूँ। नौ बजे तक जल-पान कर लेता हूँ। दिन में बारह बजे भोजन; फिर रात में साढ़े सात के लगभग भोजन।

नौ बजे तक घर में चला जाता हूँ।

बस, इसी प्रकार दिन कट रहे हैं।

बेनीपुर
13 जनवरी 1962

आज कुछ सबेरे ही उठा। उठा और रेडियो खोलकर बैठ गया। बहुत देर तब उसी में मग्न रहा।

आज गणेश को पटना भेजा। कल तिल-संक्रांति है न! उसी के लिए चूड़ा, दही, मिठाई, तिलवा आदि लेने। पाँच गोबी के फूल भी लेने। रानी ने याद किया, इन गोबियों के पौधे लल्लन ले आया था; इसी से उसे भेजना कितना आवश्यक था।

लल्लन, मन्नन, रत्तन, छोटन, रंजन और रमन—ये छः पोते मेरे देवेन्द्र से। भगवान इन्हें सदा सुखी और सानन्द रखें।

आज पटना से देवेन्द्र जी का पत्र मिला—बस, वही शिकायत कि किताबें नहीं मिलीं। मैं क्या करूँ समझ नहीं आता।

संध्या के पहले खेतों की ओर गया। धान कट गया है। रबी की फसल अच्छी नहीं

है। कहीं-कहीं एकाध खेसारी या तीसी के पेड़! किन्तु, लोग बहुत ही प्रसन्न! क्योंकि इधर दस-पन्द्रह वर्षों से ऐसे धान के पेड़ नहीं आए थे।

जब सूर्य-देवता डूबने पर आए, तब मैं जगदीश के दरवाजे पर गया। कुछ इधर-उधर की बातें कीं। फिर लौटकर अपने घर आया। संध्या को खा-पीकर सोने के पहले कुछ इधर-उधर की बातें हुईं।

बेनीपुर
18 जनवरी 1962

संध्या को मैं बेनीपुर पहुँच गया। जब बेदौल आया, तब एक उसी गाँव के आदमी से भेंट हुई; वह मुझे बेनीपुर तक पहुँचा गया। कैसी बात है, अब अकेले बेदौल से बेनीपुर तक भी आया नहीं जाता।

लगभग तीन बजे मुज़फ्फरपुर से चला। मेरे यहाँ आज गंगाशरण जी आने वाले थे, मुझे यहाँ रहकर उनकी अगवानी करनी चाहिए। किन्तु क्या कहूँ, अचानक दोपहर के बाद तबीयत ऐसी उचटी कि बेनीपुर के लिए रवाना हो गया।

चुनाव की धूम है। मैं खड़ा नहीं हो रहा हूँ। आजकल चारों ओर उसी की चर्चा है। इस चर्चा में मुझे नहीं पड़ना है। बस, थोड़ी-बहुत जो शक्ति है। उसे कॉलेज के काम में लगा सकूँ, तो सबसे जरूरी काम मैं कर जाऊँ।

घर पर आया, तो रानी से भेंट हुई। बस, यही तो वह रस्सी है जिसमें अपने को उलझा हुआ पाता हूँ। रानी से पता चला, आज चुनाव के सिलसिले में मथुरा बाबू के सुपुत्र आए थे। दिन का खाना उन्होंने मेरे ही घर खाया। खैर, यह अच्छी बात हुई।

रात में अपने ही दरवाजे पर दो-ढाई घंटे तक रेडियो का मजा लेता रहा।

बेनीपुर
19 जनवरी 1962

आज कुछ देर से उठा। उठने के बाद ही रेडियो लगा दिया और कुछ देर तक उसे सुनता रहा। फिर शौचादि से निवृत्त होकर जलपान किया। फिर भोजन। भोजन के बाद सोने ही जा रहा था कि बेदौल के एक सज्जन आ गए। उनसे कुछ रुपए लिए थे; तगादे में आए थे। मैंने स्पष्ट कह दिया, अभी दो-तीन महीने तक रुपए का प्रबंध नहीं हो सकता।

रुपए का प्रबंध—इधर देख रहा हूँ, लगभग दस हजार रुपए मुझे देने हैं। इन रुपयों का क्या प्रबंध होगा? क्या मैं कर्ज लेकर ही मरूँगा? आजकल इसी की चिंता रहती है! कुछ सोचता हूँ, किन्तु कोई उपाय नजर नहीं आता। बड़ी ग्लानि होती है।

संध्या को राजमंगल से मिल आया। उसके भाई का एक काम है—क्या उस काम को कर सकूँगा। मुज़फ्फरपुर गया था, एक काम यह भी था। वहाँ के डिस्ट्रिक्ट ऑफिसर से मिला।

बेनीपुर
8 फरवरी 1962

बीच में कितने ही दिनों तक डायरी नहीं लिख सका। एक कारण तो यह लेखनी रही—यह

कब चलेगी, कब रुकेगी, कुछ भी नहीं कहा जा सकता। दूसरा, कुछ आलस्यवश भी नहीं लिख सका। सोचता रहा, कौन प्रसंग रहा, किस पर लिखूँ।

बीच में भूकम्प का शोर रहा—यह होएगा, वह होएगा। मैंने सोचा जब भूकम्प ही होने वाला है, तब फिर क्या लिखा जाए—क्यों लिखा जाए?

इसी बीच एक दिन धनौर भी जाना पड़ा। वही चुनाव का दौर-दौरा रहा मैंने नहीं सोचा था, कि वहाँ जाना पड़ेगा। लेकिन जब पहुँचा, तो अपने को धन्य समझा। सभा जो की गई थी, वह बहुत ही बड़ी थी। मैं सभाओं में बोलता नहीं, सो मुझे भी बोलना पड़ा। फिर वहाँ अवधेश्वर जी से भेंट हो गई। अपने भाई के चुनाव-आंदोलन में वह वहाँ आए हुए हैं। अगले अप्रैल में बेनीपुर आने की बात पक्की की।

फिर इसके कुछ दिन पहले जहाँ जनाढ़ में श्री अशोक मेहता जी पधारे, उनके सत्कार में गया, सो बेलसंड तक जाना पड़ा। वहाँ रामानन्द जी खड़े हैं—जब पहुँच गया, तो कुछ बोलना ही पड़ा। देखता हूँ धीरे-धीरे बोलने का अभ्यास बढ़ रहा है।

बेनीपुर
16 फरवरी 1962

इधर बहुत दिनों तक डायरी लिखना बन्द रहा। क्यों? —समझ में नहीं आता। लेकिन महेन्द्रजी आज बेनीपुर आए। उन्होंने आग्रह किया। उसी से यह लिखना शुरू किया गया है।

आज भर-दिन उदास रहा। क्योंकि इधर दो-तीन दिनों तक बाहर रहा। श्री कृष्णचन्द्र जी के क्षेत्र में गया, फिर ममहरा गया—बंशीपचड़ा। बंशीपचड़ा—करीब 16-18 वर्षों पर बंशीपचड़ा को देखकर अजीब हालत हुई, देखा, जैसे बगीचा उजड़ गया है।

देवप्रसाद, सरयू, सिंगेश्वर भाई, राजधारी, मखना, जगत भाई, रामऔतार भाई, गरीब दास—इतने ही लोग बचे हैं, जो मुझे पहचानते हैं। समूचे गाँव में नए-नए लोग; नए-नए चेहरे! आह! सब-कुछ बदल चुका है।

वहाँ से दूसरे दिन चला। हरिकिशोर जी को धन्यवाद दिया। जिनके कारण इन लोगों से मिल सका।

यहाँ आकर बीमार पड़ गया।

आज अच्छा हूँ। बेटे को अचानक पाकर बड़ा आनन्द हुआ। भगवान उसे चिरंजीवी बनावें।

बेनीपुर
17 फरवरी 1962

आज महेन्द्रजी मुज़फ्फरपुर चले गए। आए थे मुझसे इजाजत माँगने कि वह पटना जाएँ—पटना में कान का आपरेशन कराना है। यह अजीब बात है कि उन्हें कान में दर्द हो जाए करता है। मुझे चार सन्तानें हैं, उनमें से तीन संतानों को यह रोग ग्रसित किए हुए है। देवेन्द्र जी का कान खराब हो चुका है—महेन्द्र जी एवं प्रभा जी को भी यह कान-दर्द परेशान करता है। एक है जित्तिन जी! भगवान उसे इस रोग से बचावें।

दिन-भर सोचा और खोया-सा रहा। समझ में नहीं आता, ऐसा क्यों हो रहा है। लोगों को बताता हूँ कि अब मैं अच्छा हो चला हूँ। किन्तु जरा भी हलचल हुई कि मेरी स्थिति अजीब

हो चलती है। समझ में नहीं आता, क्या होने वाला है।

आज कुछ धान बेचा गया। एकदम हाथ खाली है। महीने में पचास-साठ रुपए का खर्च और हाथ में एक पैसा नहीं। मैं सोचता हूँ, क्या करूँ? किसी लड़के से कुछ रुपए मँगा लूँ। एक ही आदमी ऐसा कर सकता है—जित्तिन! क्या उससे माँगूँ?

बेनीपुर
18 फरवरी 1962

आज सबेरे से ही बाग के काम में लगा रहा। कुछ पौधों का बीज रोपना था कि अचानक गाँव का शंकर आ पहुँचा। इधर बहुत दिनों से उससे भेंट नहीं हो सकी थी, ये तो रानी थी, जो उसको पहचान सकी। इधर मेरे मस्तिष्क को क्या हो गया है! वह बहुत देर तक यहीं रहा। फिर भोजन करने के बाद वह चला। आजकल वह कलकत्ता रहता है, आह! कलकत्ता की याद आई। अब कलकत्ते को नहीं देख सकूँगा।

उधर वह गया; और उसके बाद ही मेरी तबीयत खराब होने लगी। शाम को कुछ लोग यहाँ आए। वे लोग मेरे परिचित थे। चुनाव के प्रपंच में आए थे। मेरी तबीयत की हालत देख वे वापस गए।

आज भोर में ही हरिकिशोर जी के आदमी आए थे। मैंने लिख दिया, मैं आ सकता हूँ। किन्तु इधर जैसी तबीयत हो चली है, उससे हिम्मत नहीं कि कहीं जा सकूँ।

बेनीपुर
19 फरवरी 1962

दो-तीन दिन में तबीयत अच्छी नहीं है। यह अजीब बात हुई है। जिस दिन से तीन दिनों की यात्रा में घर से निकला—गाँता-काँटा, बंशीपचड़ा—उसी से अचानक तबीयत खराब हो चली है।

और, उसी खराबी में बेटी—प्रभा—का अचानक आ जाना। ओहो! क्या खुशी हुई। बेटी आई है, उसका बेटा, छोटा-सा नाती आया है, दो लड़के जो मेरे सम्बन्धी हैं, आए हैं, और आई है मेरी बेटी के साथ ही उसकी नौकरानी! इस सबसे मेरा घर आज फिर भर गया है।

मुझे कितना आनन्द होता है, बेटी को अपने घर पाकर। तीनों बेटे तो अलग-अलग जगह पर हैं, बेटी ही एक जगह है कि जहाँ जाकर उसे देख लेता हूँ। बेटी से भी प्यारा लगता है उसका छोटा-सा बच्चा! दो वर्ष का है—जबसे घर में पहुँचा है, घर में आनन्द ही आनन्द है।

आज रानी भी बड़े आनन्द में है। मालूम होता है, जैसे उन्हें सर्वस्व मिल गया है। सब दुख-तकलीफ भूलकर वह बेटीमय हो गई हैं जैसे।

रात बड़ी देर तक इन अतिथियों के बीच आनन्द मनाता रहा।

बेनीपुर
28 अप्रैल 1962

मन में एक तरंग उठी—क्यों नहीं प्रतिदिन डायरी लिखा करूँ? फलतः आज से लिखना शुरू

किया।

आजकल बेटे के ब्याह के प्रपंचों में पड़ा हूँ—बेटे, महेन्द्रजी की। उनकी एक संगिनी है हाजीपुर की। वह भी मुज़फ्फरपुर में ही पढ़ती है, इस साल बी. ए. ऑनर्स की परीक्षा दी है। उसी से शादी होने की बात है।

एक तो लड़की अच्छी—फिर, उसके पिता मेरे छोटे मित्रों में। फिर शादी की बात क्यों न हो?

मैं सोचता हूँ यह विवाह करके मैं निश्चिंत हो जाऊँगा। इसलिए हमेशा उसी की चिन्ता बनी हुई है। वे लोग पहली मई को ही आने वाले थे; फिर बाद में आएँगे, इसकी सूचना दी है। जल्दी-से-जल्दी ये काम—शुभ काम—हो जाए, उसी में आनन्द है।

बेनीपुर
29 अप्रैल 1962

भोर से ही यही चिन्ता कि महेन्द्रजी की शादी किस तरह होगी—दिन-भर मैं यही सोचता रहा। तिलक की बात है नहीं—मेरे पास पैसे भी इतने नहीं हैं कि अपने से कुछ निर्णय कर लूँ। रामेश्वरजी यहाँ हैं—चार-पाँच दिनों से। उनसे बातें की; वह कहते हैं कि मुझे चिन्ता नहीं करनी चाहिए। समय पर सब कार्य हो जाएँगे। यदि इतना ही हो तो मुझे सबसे अधिक प्रसन्नता हो।

महेन्द्र जी पटना गए हैं; भावज को ले आने के लिए। यदि भावज आ जाएँ, तो मेरी चिन्ता कुछ कम हो जाए। इधर खेती-बारी की अलग चिन्ता है—सुना, नापी में कहीं कम-बेश हुआ है—यहाँ के नापने के अधिकारी हैं, उनसे बातें कीं, तो पता चला, मेरा कुछ खेत भरथुआ में पड़ता है। इधर कुछ खेत पर अन्य लोगों ने मुँह फैलाया है। उफ्, कैसी गोलमाल है।

दिन में नींद नहीं पड़ती है। हमेशा याद रहता है बेटे का ब्याह! खैरियत यही है कि शाम से ही सोने की इच्छा बनी रहती है।

बेनीपुर
30 अप्रैल 1962

इधर सोचा कि मुज़फ्फरपुर चलूँ और मित्रों से शादी के बारे में निर्णय करूँ कि अचानक संध्या समय यह बाद याद आई कि दो किता जो नए खेत खरीदे गए, उनका अपने नाम से लिखाना रह गया है—भरना है; एक भरथुआ का, एक बेनीपुर का। अतः तब से उसके ही बारे में सोचता-विचारता रहा।

संध्या को बिन्देसर को बुलाया और बातें कीं। उसने कहा कि हो जाएगा। रामेश्वर जी को सब कागज-पत्र लेकर समझा दिया है। वह कल जाएँगे।

यह अजीब हालत है मेरी! कोई काम समय पर सूझता ही नहीं। नहीं तो ऐसी हालत नहीं होती।

दिन-भर मन में तरह-तरह की बातें आती रहती हैं। किन्तु ज्योंही लिखने बैठता हूँ कि उनकी जड़ें कट जाती हैं। यह अजीब झमेला है। कैसा तमाशा—समझ में नहीं आता कि कैसे, क्या काम किया जाए—अकेले पड़ा रहता हूँ, यदि कोई साथी मिल भी गए तो उनसे दिल

खोलकर बातें नहीं कर पाता! उफ्!!!

बेनीपुर
1 मई 1962

आज मई-दिवस है—किन्तु मेरे मन यह सब हट ही गया है। किसी दिवस का कोई प्रभाव मेरे मन में पड़ता ही नहीं है। सबेरे रामेश्वर जी को औराई भेजा—वह दिन-भर वहाँ रहकर दोनों दस्तावेजों का काम करा लाए। मन में बड़ी प्रसन्नता हुई।

अचानक मैं सोया था कि रानी और दाई में कुछ गड़बड़ हो गई। दाई घर छोड़कर चली गई। तब से घर का सारा काम यों ही पड़ा है। अजीब उलझन है। समझ में नहीं आता कि कौन-सा काम किस प्रकार होगा।

दिन-भर चित्त उदास रहा। संध्या को मधौल के लोग आए। उन्हें अपना बाग दिखलाया। शाम होने पर वह चले गए। शाम को जगदीश के दरवाजे पर गया तो वहाँ महंथजी (जनाढ़) से भेंट हुई। उनसे कॉलेज के सम्बन्ध में बातें हुईं। आज दोपहर को जनाढ़ के महेन्द्रजी एवं शिवचन्द्र जी दोनों सज्जन आए। उनसे कॉलेज के सम्बन्ध में बातें हुईं। मैंने कहा—बेनीपुर और जनाढ़ अब ये दो गाँव ही हैं, जो कॉलेज की स्थापना कर सकते हैं।

बेनीपुर
2 मई 1962

भोर में जोरों से आँधी आई। आँधी रुकी ही थी कि नवल आ पहुँचा। मैंने उससे हालचाल पूछा, तब उसने एक खत दिया। खत पन्ना का था, उसने रुपए माँगे थे। और यह भी लिखा था, हाजीपुर के जंगबहादुर बाबू ने मुझे छः मई को बुलाया है। मुज़फ्फरपुर में ही महेन्द्र जी से मिले थे, मालूम हुआ, शायद रुपए-पैसे की बात हुई। अतः मैंने वहाँ जाने की बात की।

शाम को जगदीश आए, रामकुमार भी थे, मिल-जुलकर खूब बातें हुईं। संध्या को घर से नहीं निकले। फिर मास्टर साहब आए। सबने मिलकर फल खाए।

आजकल दिमाग में महेन्द्र की शादी की बात अड़ गई है। जब अकेले बैठता हूँ तो सिवा इस बात के, और बात आती ही नहीं। सोचता हूँ, किसी प्रकार यह बात पूरी हो जाए—फिर अन्य बातें होती रहेंगी। कॉलेज की बात भी आती रहती है। कॉलेज हो जाए, तो मनःकामना पूरी हो जाए। शादी और कॉलेज—ये ही दो बातें दिमाग में आती रहती हैं। भगवान की इच्छा हो, दोनों मनोरथ मेरे पूरे हो जाएँ, तो फिर क्या कहना?

बेनीपुर
मई 1962

भोर ही उठा। दिशा-दिसात से मुक्त हुआ। फिर रामेश्वर जी के साथ गप्पें हुईं। आज मन में यह तर्क उठा, जंगबहादुर जी ने मुझे मुज़फ्फरपुर क्यों बुलाया है। क्या उन्होंने रुपए-पैसे की बात सुनकर मन में कुछ सोचा है? जब हमारे यहाँ ही रुपए-पैसे की बात हो, तब वह मन में कुछ दूसरा क्यों नहीं सोच सकते हैं?

दोपहर के बाद फिर जगदीश आए। उनसे बातें हुईं। फिर उन्हीं के साथ उनके दरवाजे

पर गए। उनके दरवाजे पर मास्टर साहब हैं, फिर उनके साथ दरवाजे पर लौट आए। जब लौट रहे थे, देवेन्द्र दीख पड़ा–टोला पर का। उसके साथ ही अपने दरवाजे पर लौटे।

अपने दरवाजे पर कुछ जलपान किया। फिर अकेले बैठा। आजकल अकेले बैठना बहुत ही मुश्किल लगता है। तरह-तरह की बातें मन में आने लगती हैं। और सब में महेन्द्र जी की शादी की बातें आती हैं। क्या होगा उस शादी का–मन में मटियाने की बात है ही–लगता है, कहीं मटियानी की बात पक्की हो जाए तब। किन्तु मेरे मन में ऐसी बातें नहीं आनी चाहिए!!!

मुज़फ्फरपुर
6 मई 1962

मुज़फ्फरपुर गया था, खासकर यह जानने के लिए कि महेन्द्र की शादी का क्या हो रहा है? वहाँ पहुँचने पर मेहमानजी (महंथ जी) से बातें हुईं। यह मालूम हुआ कि बीच में जंगबहादुरजी आए थे, उनसे महंथजी की बातें हुईं, फिर वह प्रातः आनेवाले थे; किन्तु उल्टे उनका खत आया है कि एक आवश्यक कार्य से वह नहीं आ सके। कब आएँगे, यह बात भी नहीं लिखी है।

महंथ जी ने लिख दिया है कि जब इच्छा हो, आइए। आज शाम को किशोरी बाबू से भेंट हुई–उन्होंने सिर्फ यह कहा कि वह चार-पाँच दिनों के बाद मेरे घर पर आएँगे। समझ में नहीं आता, बात क्या है? मामला कुछ ठीक नहीं लगता है।

मुज़फ्फरपुर
7 मई 1962

आज सबेरे ही किशोरी बाबू आए थे; मैं मच्छरों से तंग होकर उनसे भी पहले जग गया था। अतः उनसे मिला। बातें कीं। बात वही हुई जिसका मैं उल्लेख कर चुका हूँ। समझ में नहीं आता, क्या होगा।

आज शाम को बेनीपुर के लिए रवाना। मन में अजीब उदासी! कुछ रात बीते बेनीपुर पहुँचे। खाकर सो गया। नींद अच्छी आई। किन्तु मन में महेन्द्र जी की शादी बसी हुई है। मैंने महंथ जी से कह दिया है कि शादी में लेन-देन से मेरा कोई सम्बन्ध नहीं रहेगा। जो वह देंगे, स्वीकार कर लूँगा। जब महेन्द्र जी को वह शादी पसन्द है, तो फिर मेरी ओर से क्या कुछ हो सकता है?

कल प्रसून शर्मा की बेटी का ब्याह था। उस लड़की के लिए महेन्द्र का नाम आया था, किन्तु मैंने एवं महेन्द्र ने उसे अस्वीकार कर दिया।

बेनीपुर
8 मई 1962

सबेरे ही उठा। रामेश्वर जी से बातें हुईं। शादी के बारे में कुछ बातें नहीं हुईं। सब जैसे-तैसे पड़ा है।

शाम को रामेश्वर जी भरथुआ गए–वहाँ की गाय को देख आए। अभी कह रहे थे,

दो महीने के बाद ही गाय बच्चा देगी। गाय काफी तन्दुरुस्त है।

यहाँ की गाय अब इस महीने के अन्दर बच्चा देगी। गाय अच्छी तरह तैयार हो। हमारी सब अरमान उसी पर लगी हुई हैं।

रात को अच्छी नींद आई। देखते हैं, सब काम निश्चित क्रम से बीत रहा है। फिर क्यों किसी बात के लिए ज्यादा अधीरता दिखलाई जाए।

बेनीपुर
9 मई 1962

दिन-भर पुराने दिनों की तरह समय काटा। आज दोपहर के बाद प्रभा के लिए कुछ चीजें मुज़फ्फरपुर गईं। मैंने महंथ जी के नाम एक पत्र लिख दिया; यहाँ हृदय की स्त्री मर गई है, अब कोई शुभ काम इसके अन्दर हो नहीं सकता है।

संध्या को जगदीश के घर गया—वहाँ मधौल के रामप्रताप से भेंट हुई। मैंने बताया, कि मुज़फ्फरपुर में कोई बात नहीं हुई। उनकी बेटी की शादी है, इसमें व्याकुल हैं।

रात में आनन्द से सोए।

बेनीपुर
10 मई 1962

आज सबेरे ही रामेश्वर जी घर को चले गए। अपना-अपना काम! उन्हें चाहकर भी अधिक नहीं रोक सका। दिन-भर हस्बे-मामूल रहा। वहीं खाना-पीना, सोना—संध्या को शिवचन्द्र जी (जनाढ़) का आगमन हुआ। वह थोड़ी देर बैठे, जलपान किया तब घर गए। कॉलेज के बारे में बातें हुईं। हाँ, अब कॉलेज के बारे में कुछ काम होना चाहिए। किन्तु इधर ऐसी उलझनों में हूँ कि समझ में नहीं आता, कैसे क्या काम शुरू किया जाए। उन्हीं से मालूम हुआ, महेन्द्र जी राँची की तरफ गए हैं। बिना महेन्द्र जी के कौन काम किस तरह किया जाए।

आज सियाराम जी से बातें हुईं। उन्हीं के साथ जगदीश जी के दरवाजे पर गया। वहाँ से लौटा, तब गाँव में एक शूद्र के दरवाजे पर गाना-बजाना चल रहा था। वहाँ कुछ देर बैठकर घर आया।

खा-पीकर चैन से सोया।

बेनीपुर
11 मई 1962

आज दोपहर के बाद आँधी का शोर हुआ—आँधी के बाद रात में पानी की वर्षा हुई।

इस पहली वर्षा से ही गाँव में खुशियाली छा गई है। सियाराम जी की कृपा से एक पेड़ सजुअन का रोपा गया। पेड़ छोटा है, किन्तु जहाँ एक पेड़ भी नहीं था, वहाँ यह पहला पेड़ रोपकर कितनी प्रसन्नता हुई।

रात में थोड़ी देर तक रेडियो सुना—खबर-मात्र! फिर सोने को गया। सोया, मन से।

पटना
16 नवम्बर 1962

जित्तिन जी के बुलाने पर आगरा जा रहा हूँ।

आज भोर में मुज़फ्फरपुर से चला, दुपहरिया में यहाँ पहुँचा। बबुआजी (देवेन्द्रजी) के घर पर ठहरा हूँ—कितना प्रसन्न हूँ। यहाँ छः पोते हैं—उनमें से पाँच तो स्कूल गए हैं, अकेले छोटा पोता है यहाँ। बाल कटवा दिए हैं, कितना खूबसूरत लगता है। अब संध्या होने को आए—पाँचों पोते भी स्कूल से चले आ रहे होंगे।

आगरा जा रहा हूँ—जित्तिन जी वहीं रहते हैं। तीन साल तो बीमार ही रहा। उसके बाद यह पहली बार कहीं, बड़ी दूर की यात्रा पर चला हूँ। मन में तरह-तरह के भाव उठ रहे हैं—कहाँ तक लिखूँ!

बेनीपुर
10 दिसम्बर 1962

आज से निश्चय किया कि डायरी जरूर लिखूँगा।

देहात में रहना होता है, फिर बीमारी के कारण खाना-पीना सब निश्चित—अतः कोई बात नहीं रहती है, कि लिखा करूँ।

किन्तु तो भी लिखना ही चाहिए। कुछ दिनों से, नहीं लिखने से अच्छा नहीं लगता है। इसलिए आज से निश्चित किया है, मुझे लिखना चाहिए।

आज सबेरे ही उठा—शौचादि से निवृत्त हो जलपान किया। फिर एक किताब पढ़ी—भगवतीचरण वर्मा लिखित एक उपन्यास है। अच्छा उपन्यास है। मन लगता है।

दोपहर का भोजन—फिर शाम का भोजन।

आज राजमंगल को खत दिया—मुजफ्फरपुर ले जाने के लिए। रात में रेडियो सुना। कई मित्र आए।

1963

बेनीपुर
1 जनवरी 1963

कई दिनों के बाद बेनीपुर लौटा हूँ। कितना आनन्द!

चार-पाँच दिन रहा। मैं मुज़फ्फरपुर चला गया था। बेटी से मिलने। वहाँ बहुत देर हुई, क्योंकि मेहमानजी घर चले गए थे! जब वह लौटे, उनसे मिलकर यहाँ आया!

यहाँ एक उदासी है—पन्ना को बेटा हुआ था—वह चल बसा। आज ही दोपहर में। मुझे बहुत अफसोस हुआ! यों तो पन्ना मेरे मुज़फ्फरपुर के प्रकाशन का काम करता है, यह प्रेम है ही, इसके अतिरिक्त वह रामकुमार का लड़का है, यह सबसे निकटतम प्रसंग है।

यहाँ आने पर पता चला। रामश्रेष्ठ की पोती की शादी की बात हो गई है। इसके बेटे महेश्वर को बुलाया। बातें कीं। रामश्रेष्ठ कहीं बाहर गए हुए हैं।

आज ही जयप्रकाश जी से मिलने को जाना था। लेकिन मालूम हुआ, जयप्रकाश जी सैदपुर नहीं आए। अतः वहाँ का जाना रुक गया।

मुसहरी
7-8 जनवरी 1963

मुसहरी में ये दो दिन बीते। एक दिन परशुरामपुर के विवेकानन्द जी के घर पर गया। उनसे भेंट कर बड़ा आनन्द आया। जब पुराने लोगों से मिलता हूँ, चित्त गद्गद् हो उठता है।

मुसहरी
9 जनवरी 1963

आज मुसहरी में ही बीता बड़े आनन्द से!

मुसहरी
10 जनवरी 1963

आज दिन-भर रामजीवन बाबू पुआल की बोझ बनाने में लगे हुए थे। शाम को जाकर हुआ—तीन गाड़ियाँ पुआल के बने हैं।

आज दिन का भोजन छः बजे सलहा में हुआ। बड़ा अच्छा भोजन था। भोजन के बाद हम लोग पुस्तकालय में आए। पुस्तकालय की सभा थी। मुझे ही सभापति बनाया गया। लाचारी, मैंने स्वीकार किया।

संध्या को परसौनी के राजा साहब के घर पर जलपान हुआ। राजा साहब बड़े अच्छे आदमी हैं, इनके पिताजी भी बहुत ही अच्छे आदमी थे। महंथजी ने स्कूल बनवाया है, इसके सबसे अच्छे समर्थकों में आप हैं। दोनों साहबों से भेंट हुई।

संध्या को अपनी मोटर से वह मुसहरी पहुँचा गए!

मुसहरी
11 जनवरी 1963

मुसहरी
13 जनवरी 1963

परसों यहाँ 'धर्मयुग' में देखा, उसमें मुझ पर एक लेख है—मेरे प्यारे 'शरद' ने लिखा है। उसे पढ़कर बड़ी प्रसन्नता हुई। आज शरद को एक पत्र लिख दिया है। लगभग तीन साल के बाद उसे पत्र लिख रहा हूँ।

बेनीपुर
14 जनवरी 1963

दोपहर के बाद मुसहरी से चला। और संध्या को बेनीपुर पहुँचा। मेरे साथ ही बाबू रामजीवन सिंह जी मुसहरी से आए।

रात में भोजन किया, सोया। रामश्रेष्ठ मेरे दरवाजे पर आया। उसकी शिकायत मेरी रानी से थी; रानी उसके लड़के की शादी में शामिल नहीं हो रही हैं।

बेनीपुर
15 जनवरी 1963

दिन-भर यहाँ रहकर, तीन बजे के लगभग रामजीवन जी चले गए। उन्हें ज्यादा रोक नहीं सका, यों मुझे बेनीपुर तक पहुँचाने के लिए ही वह आए थे।

दिन में कुहरा रहा। तो भी उस कुहरे में ही मुसहरी से लाए छः पेड़ बगीचे में रोपे। मेरे साथ रामजीवन बाबू भी पेड़ों को लगाने में थे।

बेनीपुर + मुज़फ्फरपुर
19 जनवरी 1963

आज दोपहर तक रानी सिर-दर्द से परेशान रहीं। उनका दुःख देखकर मन में बड़ी चिन्ता हो रही थी, किन्तु क्या करता, दो बजे के लगभग बेनीपर से मुज़फ्फरपुर के लिए रवाना हुआ।

[illegible] दो सप्ताह तक मुसहरी [illegible]

आँसू गिरा रहा हूँ। आह!

आह! सबसे बड़ी दुखद बात यह है कि मैं इनके लिए कुछ लिख नहीं सकता। ऐसी स्थिति में मैं आ गया हूँ।

बेनीपुर + मुज़फ्फरपुर
23 जनवरी 1963

आज रामश्रेष्ठ की पोती की बारात वापस गई। आज ही बजंसा बाबू आए। संध्या को उनके साथ ही, मैं मुज़फ्फरपुर चला। वह अपने घर को चले।

मुज़फ्फरपुर में ज्योंही पहुँचा, पता चला, भाई शिवपूजन सहाय की स्मृति में एक सभा सुहृद-संघ की ओर से मनाई जा रही है। मैं उस सभा में सम्मिलित हुआ—मुझे ही लोगों ने उस सभा का सभापति बनाया। मैं संक्षेप में कुछ बोला।

मुज़फ्फरपुर
1 मार्च 1963

आज सबेरे उठा—तो आठ बजे यह समाचार मिला कि पूज्य राजेन्द्र बाबू का निधन कल रात में 10 बजे हो गया। मैं तो निश्चल, निस्पंदन-सा हो गया।

आज कई दिनों से नेपाल के श्री तुलसी बाबा की प्रतीक्षा में था। किन्तु यह क्या हुआ? बिहार की यह क्षति तो पूरी होने की नहीं—आह! यह क्या हुआ?

बेनीपुर
26 अप्रैल 1963

बड़ा ही सुहावना समय। बादल दल के दल उमड़ते रहे। खेतों में आज बैल और हल चले। बड़ा ही सुहावना समय!

कुछ और डायरियाँ

काठमांडू
5 अगस्त 1955

बेनीपुर से पटना। पटना से काठमांडू। चक्कर-चक्कर! पटना—काम की भीड़। मुद्रिका मुझे बुलाकर आर. ब्लाक में ले आए। वहीं महंथजी (छपरा) का तार मिला—यहाँ आइए। आया हूँ।

रास्ते में हरियाली, हरियाली। बीच-बीच में बाढ़ की विभीषिका। प्लेन बादल के ऊपर-ऊपर उड़ता रहा। काठमांडू की घाटी कैसी सुहावनी लग रही थी। खेतों में धान-मकई! पेड़-पौधे सभी धुले-पुँछे!

महन्थजी कैसे चक्कर में फँसे हैं; मुझे भी चक्कर में डाल दिया है।

1942 का अगस्त-आंदोलन। इनके थाने में विद्रोह हुआ, एक पुलिस-अफसर मारा गया। जब दमन का दौर-दौरा शुरू हुआ, मन्हथजी नेपाल भाग आए। यहाँ ज़मीन खरीदी। जिसने ज़मीन बेची, उसी ने गिरफ्तार करा दिया, ज़मीन की जब्ती करवा दी, फिर ज़मीन हासिल कर ली।

उस मुकदमे से फारिग़ होकर मंहथजी ने इस ज़मीन की ओर ध्यान दिया। दिल्ली और काठमांडू एक किया। भारत सरकार ने इनका पक्ष लिया। मुक़दमे में भी जीते। लेकिन, नेपाल की कुव्यवस्था; अब तक ज़मीन नहीं मिल पाई। बार-बार झंझट उठती रही; अब तक झंझट जा रही है। पिछली बार मैंने सुलझाया था; फिर उलझकर रह गई है!

यों व्यक्तिगत कामों में अपने को उलझाना अच्छा नहीं लगता है। लेकिन महंथ का आग्रह! आना पड़ता है, फिर आया हूँ।

क्या अपनी ही झंझटें कम हैं?

ग्रन्थावली का तीसरा भाग निकालना है, जो हाथ-हथफेर है, उसे सधा देना है, बच्चों को पढ़ाना-लिखाना है, मकान को पूरा करवाना है, और बेटों का ब्याह तो रह ही गया! सोचता हूँ, बेनीपुर में थोड़ी ज़मीन और ख़रीद लूँ। 1959 के मार्च तक पच्चीस हज़ार रुपए इकट्ठे कर लेना है!

एक ही उपाय! ग्रन्थावली के कुछ नए ग्राहक बना लूँ; ग्रन्थावली की बिक्री की सुव्यवस्था करूँ; नई पुस्तकें प्रकाशित करा लूँ; सिनेमा में दो-तीन चीज़ें और दूँ। पृथ्वीराज जी को एक नाटक भी देना ही है!

यदि इन सबकी व्यवस्था ठीक से हो पाए, तो पच्चीस हज़ार रुपए कोई बड़ी रक़म नहीं है। किन्तु हो पाए, तब न?

लोहिया को लेकर पार्टी पर संकट आया है—लोग दौड़ने लगे हैं, यह कीजिए, वह कीजिए! यह कम्बख़्त राजनीति—

'छुटती नहीं है मुँह से य' कादिर लगी हुई!'

और 57 के चुनाव की धमक भी तो सुनाई पड़ने लगी है!

सोचा था, देवेन्द्र जी को प्रकाशन में लगा दूँ। किन्तु उन्हें एम.ए. करने की इच्छा है; तो वही सही। अकेले आया, अकेले जाना है। तो फिर अकेले जूझने से भागना क्यों?

लेकिन अब सकता कहाँ हूँ? यह थकावट, यह अंग-अंग टूटना, यह मूर्च्छा ! लगता है, मृत्यु की ओर तेज़ी से दौड़ता जा रहा हूँ।

काठमांडू
8 अगस्त 1955

यह नेपाल है, आया था, एक दिन में काम हो जाएगा, लौट जाऊँगा। कहा भी गया, कल काम हो जाएगा। और, यह दूसरा कल भी गया।

मित्रों से मिला हूँ—बालचंद्रजी से, बी.पी. से, टंकप्रसाद से। दूतावास में शुक्ला से, कोसी प्रोजेक्ट के नगेन्द्र कुमार से। यहाँ की राजनीति ने नई करवट ली है। लगता है, प्रजातन्त्र का बेड़ा डूब चुका। राजतन्त्र का बोलबाला है। पहले तीन सरकार का एकाधिपत्य था, अब पाँच सरकार का एकाधिपत्य है!

नए पाँच सरकार नौजवान हैं, लगता है, होशियार भी हैं। राजनीतिक दलों की फूट से फायदा उठाया है। सब लड़ रहे हैं, किसके हाथ में राज्य सौंपे! अतः राज मेरे हाथ में!

और इस मेरे का अर्थ? राणाओं के हाथ में—उनके ससुर, साले सब तो राणा ही हैं! छः नए जनरल बनाए गए हैं, सबके सब राणा! परामर्श समिति में भी राणाओं का ही बोलबाला। एक बुद्धिमानी और की है—नेवारों को मिला लिया है; नेवार और राणा—नया संयोग यह है!

दो-तीन दिनों से चर्चा थी, देखें, राजकीय घोषणा क्या होती है? आज तीन बजे वह भी हुई—चुनाव 1957 के अक्तूबर तक होगा; तब तक परामर्शदाताओं से ही काम चलाएँगे, किसी राजनीतिक दल में शासन देने से गड़बड़ी होगी! यानी, दो वर्षों तक पूर्णतः एकतन्त्र राज्य रहेगा!

हमारे ये प्रजातंत्री दलों के भाई! मुख्यतः इन्हीं की ग़लतियाँ रहीं कि यहाँ से प्रजातंत्र का यों ख़ात्मा हुआ।

दो साल के बाद चुनाव होगा—तब तक ये सारे दल खत्म हो जाएँगे। इनके पास फंड नहीं; इनका जन-आधार नहीं। ये आपस में झगड़ते भी कम नहीं हैं!

गुरखा परिषद् की चाँदी रहेगी, कम्युनिस्टों की चाँदी रहेगी। कल ही यहाँ से चीनी प्रतिनिधि-मंडल गया है। लगभग तीन सौ अभिनन्दन-पत्र उसे दिए गए! जैसे नेपाल का भविष्य चीन पर ही निर्भर करता हो! कम्युनिस्टों को उनसे बल मिलेगा। ज्यों ही चीनी दूतावास खुला, वे खुलकर खेलना शुरू कर देंगे!

भारतीय कूटनीति की नेपाल में हार हो रही है! रुपए भारत के; काम भारत के विरुद्ध। चर्चा है, अधिराजा से इशारतन कहा भी गया था, कि नया मंत्रिमंडल बना दीजिए, उसने टाल दिया! डाढ़ में खून लग गया है, शिकार को कौन छोड़े।

सभी राजनीतिक दल मिल जाएँ, तो कुछ हो। किन्तु क्या मिलेंगे? मित्रों का कहना है, आप बीच में पड़िए, किन्तु होम के नाम पर हाथ कौन जलावे?

काठमांडू
11 अगस्त 1955

लीजिए, एक सप्ताह भी समाप्त हुआ; और काम जहाँ का तहाँ धरा पड़ा है। अब कहाँ तक रुकूँ, कल चला जाऊँगा। बेचारे महन्थजी—बहुत चिन्तित हैं, दुखी हैं, लेकिन किया क्या जाए? प्रतिदिन कहा जाता है, बस आज हो जाएगा। प्रतिदिन जाइए, प्रतीक्षा कीजिए, बुलाए जाइए और यही बात लेकर लौटिए, बस, आज कर देंगे, आज कर देंगे!

''अशोक'' पर एक नाटक लिखना है, पृथ्वी-थिएटर्स के लिए। ''संघमित्रा'' को सिनेमा के योग्य बनाना है। चाहता था, इस सम्बन्ध के साहित्य को पढ़ जाऊँ। डॉ. अल्तेकर से पटना में मिला था। उन्होंने भंडारकर और मुखर्जी के अशोक-सम्बन्धी ग्रन्थ पढ़ने की सलाह दी। किन्तु, पटना में उपलब्ध नहीं हो सके। यहाँ केसर शमशेर से मिला और उनके पुस्तकालय से चार पुस्तकें ले आया जो अशोक पर हैं। इन पुस्तकों के लेखक हैं : डी.आर. भंडारकर, राधाकुमुद मुखर्जी, विसेंट ए. स्मिथ तथा जेम्स ए. मैकफेल।

चारों पुस्तकें पढ़ गया। भंडारकर की पुस्तक विद्वत्ता की दृष्टि से सर्वश्रेष्ठ है। उन्होंने अशोक के शिला-लेखों के ठोस आधार पर ग्रन्थ तैयार किया है और उन्हीं की व्याख्या कर अशोक के व्यक्तित्व और महत्त्व का बड़ा ही अच्छा चित्र खींचा है। अशोक के बारे में पच्चीस वर्षों तक उन्होंने जो अध्ययन किया है, उसका सार-संकलन इस ग्रन्थ में आया है।

मुखर्जी की पुस्तक सबसे बड़ी है। इस सम्बन्ध में जो भी साहित्य उपलब्ध हो सका

है, सबका उपयोग किया है उन्होंने। बौद्ध ग्रन्थों में—"महावंश" और "अवदानों" में—अशोक के बारे में जो असम्भव, असंगत बातें हैं, उनका भी उल्लेख कर दिया है। स्मिथ ने उन बातों का खंडन करते हुए भी बौद्ध ग्रन्थों में अशोक का जिस रूप में उल्लेख है, उसे परिशिष्ट में दे दिया है। सिंहाली और भारतीय बौद्ध-ग्रन्थों में भी बहुत भेद है; तो फिर उसकी ऐतिहासिक प्रामाणिकता में किस प्रकार सन्देह नहीं किया जाए!

कहीं महेन्द्र अशोक का भाई है, कहीं उसका बेटा। स्मिथ ने भाई ही माना है, किन्तु औरों ने बेटा। भंडारकर ने संघमित्रा की कहीं चर्चा ही नहीं की है। बौद्ध-ग्रन्थों में उल्लेख है कि अशोक ने 99 भाइयों को मार डाला था। शिलालेखों में उनके भाइयों और परिवारों की चर्चा आई है। अशोक पहले हिन्दू धर्म को मानते थे, शिव के उपासक थे, प्रतिदिन साठ हज़ार ब्राह्मणों को भोजन देते थे, ऐसी भी चर्चा आई है। अपने बड़े भाई की हत्या कराकर ही वह गद्दी पर बैठे, इसे तो सबने स्वीकार किया है।

नरक नामक एक कारागार था, जिसमें लोगों को भेजकर उनके तड़पने का तमाशा देखना अशोक को प्रिय था, ऐसा भी उल्लेख है। उनकी पाँच रानियाँ थी, चार बेटे थे, दो बेटियाँ थीं, दो पोते थे, दो दामाद, एक नाती। बेटियों में एक, चारुमती, नेपाल के देवपाल की पत्नी थी, जिसने देवपाटन नामक नगर बसाया, संघमित्रा सिंहल गई।

गुरु का नाम उपगुप्त या योगालिपुत्र तिष्य! यह तिष्य नाम अति भ्रामक। गुरु तिष्य, भाई तिष्य, सिंहल का राजा तिष्य और एक पत्नी तिष्यरक्षिता।

पिता बिन्दुसार जैनधर्मावलंबी, माता सुभद्रांगी को एक जैन भिक्षु ने ही भविष्यवाणी बतायी थी कि तुम्हारा पुत्र बड़ा प्रतापी और कीर्तिमान होगा।

एक शिलालेख से पता चलता है, कलिंग-विजय के पहले ही अशोक ने बौद्ध-धर्म स्वीकार कर लिया था। उस विजय में एक लाख आदमी मारे गए, डेढ़ लाख बंदी बनाए गए, इनसे कई गुना अधिक गल-पच कर मरे!

महेन्द्र और संघमित्रा देवी की सन्तान—कुणाल पद्मावती की सन्तान।

फिर अशोक का धर्माभियान—देश-देश में दूत भेजना, पश्चिम यवन (ग्रीक) देश से पूरब स्वर्णभूमि (बरमा) तक। दक्षिण सिंहल से उत्तर तिब्बत तक। स्तूपों और शिलालेखों का सिलसिला—अफगानिस्तान से मैसूर तक; सौराष्ट्र से कलिंग तक।

स्तूपों और शिलालेखों के दिव्य सन्देश—सभी धर्मों के प्रति श्रद्धा; सभी जीवों के प्रति दया; माँ-बाप, गुरुजन के प्रति भक्ति; पड़ोसियों और आश्रितों के प्रति स्नेहभावना; दया, ममता, कोमलता, प्रेम आदि सद्भावनाओं की वृद्धि और क्रोध, लोभ, ईर्ष्या, वासना आदि दुवृत्तियों के दमन के लिए सतत सचेष्ट रहना! फिर सड़कों के किनारे वृक्ष, कूप, विश्रामघर, जगह-जगह अस्पताल, पशुओं के लिए भी अस्पताल! सचमुच संसार में शायद ही इतना बड़ा व्यक्तित्व कभी सिंहासन पर बैठा हो!

संघमित्रा, कुणाल, महेन्द्र को लेकर तीन एकांकी लिख चुका हूँ—इनके चलते और भी कठिनाई आ जाती है! बीच में अशोक को खड़ा कर इन तीनों को अगल-बगल खड़ा कर दूँ, तो चर्वित चर्वण हो जाएगा! और इनके बिना अशोक का जीवन अधूरा ही रहेगा! समन्वय कैसे हो? काश, हमारे आलोचक हमारी कठिनाइयों को समझ पाते।

परिशिष्ट : 1

डायरी के तीन दिन

पत्रकारिता, साहित्य और जेल यात्रा

बेनीपुरी जी ने 18, 23 और 29 मार्च 1952 की डायरी में अपनी पत्रकारिता, रचनाकर्म और जेल यात्राओं की क्रमशः सूची बनाई है। 54 साल की उम्र में एक दिन उन्होंने अचानक महसूस किया कि 'पीछे मुड़कर देखें' और स्मृति के आधार पर अपने कृतित्व का संक्षिप्त लेखा-जोखा दर्ज किया। तीनों दिन की डायरियाँ यहाँ दी जा रही हैं। 1953 में छपी पुरानी बेनीपुरी ग्रन्थावली, प्रथम खंड के अन्त में बेनीपुरी का परिचय इन्हीं डायरियों के आधार पर लिखा गया है। मूल डायरी के आधार पर परिचय लिखते समय तिथि आदि में संशोधन भी किए गए हैं। पुरानी ग्रन्थावली के दूसरे खंड में भी यही परिचय छपा है। यहाँ बेनीपुरी जी की मूल डायरी दी जा रही है। पुरानी ग्रन्थावली के परिचय में जो संशोधन किए गए थे, उन्हें यथास्थान कोष्ठक में दे दिया गया है।

पत्रकारिता

18 मार्च 1952

बार-बार इच्छा होती है, अपने पिछले पचास वर्ष के जीवन पर एक दृष्टि डाल लूँ। किन्तु, न अवकाश, न समय। जीवन का रथ कितना तेज है। आप पीछे मुड़कर देखें, वह इसका सुअवसर भी आपको नहीं देता।

अपने साहित्यिक जीवन पर ही क्यों न एक दृष्टि डाल लूँ? किन्तु यह कहानी भी क्या छोटी है? कितने खट्टे-मीठे ही नहीं, तीते-तीते अनुभव? नहीं, रचनाओं के नाम-निर्देश मात्र पर ही सन्तोष करूँ।

मेरा साहित्यिक जीवन पत्रकार-जीवन से आरम्भ हुआ, इसलिए पहले उन पत्र-पत्रिकाओं के नाम, जिनमें मुझे सम्पादक की हैसियत से काम करने का सौभाग्य प्राप्त हुआ—

1921 : 'तरुण भारत' के सहकारी सम्पादक। पटना से साप्ताहिक रूप में। प्रधान सम्पादक मेरे स्कूल-युग के गुरु श्री मथुरा दीक्षित। महात्मा जी के 'यंग-इंडिया' के अनुवाद तथा समाचार और टिप्पणियाँ।

1922 : 'किसान मित्र' के सहकारी सम्पादक। यों कहने को सहकारी किन्तु आदि से अन्त तक मुझे ही काम करना पड़ता। पटना से साप्ताहिक रूप में निकलता।

1924 या 23 : 'मतवाला' ने हास्यरस के लिए जो क्षेत्र तैयार किया था, उसी से प्रभावित 'गोलमाल' नामक साप्ताहिक पत्र के सहकारी सम्पादक। किन्तु यहाँ भी सब काम स्वयं करता—हाँ, उन दिनों के मतवाला-मंडल के श्री शिवपूजन

सहाय जी की देख-रेख। पटना सिटी से प्रकाशित।

1926 : 'बालक' के सम्पादक। बच्चों का मासिक, लहेरियासराय से प्रकाशित। मेरी सम्पादन कला की धूम इसी के कारण मची। उन दिनों सभी ने स्वीकार किया था—भारत की सभी भाषाओं में प्रकाशित बच्चों के मासिकों में श्रेष्ठतम।

1927 : 'युवक' के सम्पादक और संचालक। पटना से प्रकाशित, मासिक रूप में। शक्ति, साधना और साहस का मासिक। पृष्ठ-पृष्ठ में क्रान्तिकारी भावनाएँ। इसके अंक जब्त हुए। इसके लेख पर मुझे डेढ़ साल की सजा भी भुगतनी पड़ी।

1930 : हजारीबाग जेल में 'कैदी' नामक हस्तलिखित पत्रिका निकालते थे।

1934 : मुजफ्फरपुर से प्रकाशित 'लोकसंग्रह' और खंडवा से प्रकाशित 'कर्मवीर' में काम किया। सम्पादक में नाम नहीं, किन्तु सारे काम मुझे ही करने पड़ते।

1935 : 'योगी' के सम्पादक। पटना से प्रकाशित साप्ताहिक। इसके शहीद अंक को जब्त किया गया और जमानत माँगी गई।

1937 : 'जनता' के सम्पादक। पटना से प्रकाशित। समाजवादी विचारों के बिहार में प्रचारित करने तथा किसान-मजदूर आन्दोलन को नई दिशा देने में इस पत्र का प्रधान हाथ। नेपाल-आन्दोलन का श्रीगणेश इसी पत्र द्वारा। कई अंक जब्त हुए, कई बार तलाशियाँ हुईं, अन्त में द्वितीय विश्वयुद्ध आरम्भ होने पर पाँच हजार की जमानत माँगी। अतः 1940 में प्रकाशन स्थगित।

1942 : हजारीबाग जेल में 'तूफान' नामक हस्तलिखित पत्रिका का सम्पादन। इसके अंकों के लिए जेल में कई बार तलाशियाँ।

1946 : 'हिमालय' का सम्पादन। अपने ढंग का अनूठा मासिक। सम्पादकों में मेरे साथ भाई शिवपूजन सहाय जी का भी नाम। हम दोनों के प्रयत्नस्वरूप इस मासिक का विशिष्ट स्थान हिन्दी संसार में। पटना से प्रकाशित, पुस्तक-भंडार द्वारा।

1948 : काशी से प्रकाशित 'जनवाणी' मासिक में आचार्य नरेन्द्रदेव के साथ सम्पादन मंडल में मेरा भी नाम।

1950 : 'नई धारा' और 'चुन्नू-मुन्नू' का प्रकाशन। दोनों के सम्पादक। क्रमशः अशोक प्रेस और श्री अजन्ता प्रेस पटना से प्रकाशित।

1952 : दैनिक 'जनता' का सम्पादक।

साहित्य

बेनीपुर
24 मार्च 1952

यों कुल मिलाकर 16 पत्रों से सम्बन्ध। सम्पादन कला में भी कई नवीनताएँ जोड़ीं। किन्तु यह सच है कि अब सम्पादन की अपेक्षा मेरा मन साहित्य-रचना में अधिक रमता है। अब जरा देखें, मेरे द्वारा कितनी पुस्तकें लिखीं गईं। कभी सूची नहीं रखी, किताबों की प्रतियाँ भी नहीं

रखीं। फिर फुटकल लेखों की क्या बात! यहाँ फुटकल रचनाओं पर नहीं जाकर कुछ मुख्य रचनाओं की ओर ही निर्देश उचित है।

1925-26 : 1. बिहारी सतसई की टीका, 2. बगुला भगत 3. सियार पांड़े, और 4. अश्विनी कुमार दत्त के प्रेम का अनुवाद, तथा, 5. 'कविता कुसुम' (किशोरोपयोगी) कविता संकलन का सम्पादन।

1928-29 : 1. 'विद्यापति की पदावली' सटिप्पण (1925), 2. 'बिलाई मौसी', 3. 'हिरामन तोता', 4. 'शिवाजी', 5. 'विद्यापति', 6. 'लंगट सिंह', 7. 'गुरुगोविन्द सिंह', 8. 'आविष्कार और आविष्कारक'।

1930-32 : 'पतितों के देश में' (उपन्यास), फुटकल कहानियाँ जो 'चिता के फूल' के नाम से प्रकाशित हुईं (1947)।

1935-36 : 1. साहस के पुतले, 2. झोपड़ी से महल, 3. बहादुरी की बातें, 4. क्या और क्यों? (अन्तिम दो पुस्तकें प्रकाशित नहीं हुईं। मूल कापी पुस्तक भंडार) 5. दीदी (उपन्यास—यह पुस्तक चार फार्म छपकर रह गई। मूल प्रति बर्मन कम्पनी), 6. रंगविरंग।

1938-39 : 1. लाल तारा (पहली स्केच-बुक), 2. जान हथेली पर, 3. फूलों का गुच्छा, 4. पद्चिन्ह, 5. इन्द्रधनुष (यह पुस्तक छप नहीं सकी—मूल प्रति वाणी मंदिर, छपरा के पास। 1975 में बेनीपुरी प्रकाशन से छप गई), 6. लाल चीन, 7. झोपड़ी का रुदन।

1940 (जेल में) : 1. सात दिन (उपन्यास, नहीं छपा. मूल प्रति पुस्तक भंडार), 2. जोश की कविताएँ (अप्रकाशित), 3. लाल रूस।

1941-45 (जेल में) : 1. अम्बपाली (पहला नाटक), 2. रोजा लुग्जेम्बुर्ग (अप्रकाशित), 3. रवीन्द्र भारती (अप्रकाशित), 4. इकबाल के कलाम (अप्रकाशित), 5. माटी की मूरतें (1940) (बहुत लोगों की दृष्टि में मेरी सर्वश्रेष्ठ कृति), 6. रूस की क्रांति, 7. ट्यूलिप्स (अंग्रेजी कविताओं का अनुवाद, अप्रकाशित)।

1947-48 : 1. जयप्रकाश : जीवनी, 2. जयप्रकाश की विचारधारा। 3. तथागत (नाटक), 4. चिता के फूल (कहानी संग्रह)।

1949-50 : 1. गेहूँ और गुलाब, 2. नेत्रदान, 3. सीता की माँ, 4. बेटे हों तो ऐसे, 5. बेटियाँ हों तो ऐसी, 6. हमारे पुरखे, 7. हमारे पड़ोसी (पीछे से दो पुस्तकें ही 'अमर कथाएँ' के नाम से चार भागों में), 8. पृथ्वी पर विजय, 9. प्रकृति पर विजय, 10. इनके चरण-चिन्हों पर, 11. संसार की मनोरम कहानियाँ, 12. हम इनकी सन्तान हैं, 13. अनोखा संसार, 14. अपना देश, 15. संघमित्रा, 16. नई नारी, 17. मशाल, 18. हवा पर, 19. कैदी की पत्नी (1940)

1951 : 1. पैरों में पंख बाँधकर, 2. अमर ज्योति, 3. कार्ल मार्क्स।

1952 : 1. पेरिस नहीं भूलती, 2. उड़ते चलो, उड़ते चलो, 3. अमृत की वर्षा, 4. जीव जन्तु, कई पुस्तकों पर काम चल रहा है। 1. जंजीरें और दीवारें (जेल के संग्रह), 4. धरती की धड़कनें (माटी की मूरतें की सहयोगी पुस्तक), 5. मुझे याद है (संस्मरण)।

यों लगभग साठ पुस्तकें लिख चुका हूँ। इनमें कुछ पुस्तकें पुरानी पुस्तकों के नए रूप हैं, जिनमें नए उपन्यास भी जोड़े गए हैं और मूल विषयों में भी काफी संशोधन किए गए हैं।

बचपन में भारतेन्दु हरिश्चन्द्र के जीवन से बहुत प्रभावित हुआ। 33-34 साल की आयु में ही उन्हें 175 पुस्तकों का रचयिता होने का गर्व प्राप्त हुआ। मैं कहा करता, मैं इतना लिख जाना चाहता हूँ कि जब मरूँ, तो लकड़ियों की जगह मेरी रचनाओं की एक-एक प्रति ही रख दी जाए, तो मैं उसी से जलाया जा सकूँ। पत्र-पत्रिकाओं और पुस्तकों को मिलाकर देखा जाए, तो मैंने अपना 'कोटा' बहुत अंशों में पूरा कर लिया है। किन्तु अभी तो बहुत-कुछ लिखना बाकी रह गया है।

कई बार सोचा, अपनी पुस्तकों को ग्रन्थावली के रूप में प्रकाशित करूँ। वे पाँच भागों में निकल सकती हैं–1. नाटक, रूपक, 2. स्केच, कहानी, उपन्यास, 3. जीवनियाँ, 4. बालोपयोगी, 5. संस्मरण, भ्रमण, लेख आदि।

पाँच-पाँच रुपए मूल्य रखे जाएँ, तो पूरा सेट 25/- का होगा। कोई समर्थ प्रकाशक मिले, तो यह काम आसान हो। क्यों न एक बार विज्ञापन करके देखा जाए? यदि दो हजार आदमी भी ऐसे मिल जाएँ, जो सेट खरीद सकें, तो फिर प्रकाशक या उसके लिए रुपए मिलना मुश्किल नहीं होगा।

पहला खंड– 1. अम्बपाली, 2. तथागत, 3. संघमित्रा, 4. नेत्रदान, 5. सीता की माँ, 6. विजेता, 7. फुटकल एकांकी।

दूसरा खंड– 1. लाल तारा, 2. माटी की मूरतें, 3. गेहूँ और गुलाब, 4. पतितों के देश में, 5. कैदी की पत्नी, 6. चिता के फूल, 7. धरती की धड़कनें।

तीसरा खंड– 1. कार्ल मार्क्स, 2. रोजा लुग्जेम्बुर्ग, 3. जयप्रकाश, 4. स्फुट जीवनियाँ।

चौथा खंड– 'बगुला भगत' से 'अनोखा संसार' तक चुनी हुई बालोपयोगी पुस्तकें।

पाँचवाँ खंड– 1. नई नारी, 2. मशाल, 3. हवा पर, 4. पैरों में पंख बाँधकर, 6. जंजीरें और दीवारें, 7. नए पुराने।

क्या यह अच्छा नहीं होगा कि 1. बिहारी सतसई, 2. विद्यापति की पदावली, 3. जोश, 4. इकबाल, 5. रवीन्द्र भारती और 6. ट्यूलिप्स को संयुक्त कर एक छठा खंड भी प्रकाशित किया जाए?

जेल-यात्राएँ

पटना

29 मार्च 1952

एक विचित्र बात है। इधर यह सपना देखा करता हूँ कि मैं जेल में हूँ। हजारीबाग, पटना, कैम्प जेल, गया, सारे के सारे जेल सपनों में आते रहते हैं। राष्ट्रीय आन्दोलन में मैं प्रायः ही जेल जाता रहा। कोई आन्दोलन शुरू नहीं हुआ कि मैं पहली किस्त में ही जेल जा पहुँचा। कुल मिलाकर 12-14 बार जेल गया होऊँगा और 7-8 वर्षों का जीवन जेल में ही कटा होगा। फिर प्रान्तों के बहुत से जेलों में रहने का मौका मुझे मिला। संक्षेप में मेरी जेल यात्राएँ ये हैं :

1930 : छह महीने की सजा–हजारीबाग जेल।

1932 : डेढ़ वर्ष की सजा–हजारीबाग और पटना कैम्प जेल।

1937 : तीन महीने की सजा–हजारीबाग जेल।

1938 : सिर्फ दो दिन के लिए–सिटी जेल, पटना जेल।

1939 : दो सप्ताह की सजा—पटना जेल।

1940 : एक वर्ष की सजा—हजारीबाग जेल (इसी बीच एक मुकदमे के सिलसिले में) छपरा जेल, सीवान जेल।

1941 : छह महीने की सजा (अपील से छूटा)—हाजीपुर जेल, मुजफ्फरपुर जेल।

1942 : डेढ़ साल की सजा—(अपील से छूटा) सीतामढ़ी जेल।

1942 : छह महीने की सजा—मधुबनी जेल, दरभंगा जेल।

1942 से 1945 : तीन साल की नजरबन्दी—हजारीबाग जेल, गया जेल।

किन्तु समझ में नहीं आता कि फिर जेल जाने का सपना क्यों देखता हूँ। चुनाव के बाद एक बात तो मुझे निश्चित लगती है कि जब तक हम लोग जनता की माँगों को सामने लाकर उनके लिए संघर्ष नहीं करेंगे, तब तक, हम चुनाव में भी नहीं जीत सकेंगे। आजादी के लिए लड़े, तो आजादी मिली? क्या बिना लड़े और मरे ही समाजवाद मिल जाएगा?

●●●